Autor:innengruppe Bildungsberichterstattung

# Bildung in Deutschland 2022

## Ein indikatorengestützter Bericht mit einer Analyse zum Bildungspersonal

Gefördert mit Mitteln der Ständigen Konferenz der Kultusminister der Länder in der Bundesrepublik Deutschland und des Bundesministeriums für Bildung und Forschung

2022

**Bibliografische Information der Deutschen Bibliothek:** Die Deutsche Bibliothek verzeichnet diese Publikation in der Deutschen Nationalbibliografie; detaillierte bibliografische Daten sind im Internet über https://portal.dnb.de abrufbar.

Herausgeber
Autor:innengruppe Bildungsberichterstattung

Gesamtherstellung
wbv Publikation
ein Geschäftsbereich von wbv Media GmbH & Co. KG, Bielefeld 2022

Konzeption Gestaltung
Marion Schnepf, Bielefeld

Umsetzung Gestaltung
Andreas Koch, Bielefeld
Christiane Zay, Passau

Gestaltung Umschlag und Infografiken
wbv Media, Tatjana Mönnighoff

Konzeption der ganzseitigen Infografiken
sapera_
www.sapera.com

ISBN 978-3-7639-7175-6
Bestell-Nr. 6001820h

DOI: 10.3278/6001820hw

**Das diesem Bericht zugrunde liegende Vorhaben wurde mit Mitteln der Ständigen Konferenz der Kultusminister der Länder der Bundesrepublik Deutschland und des Bundesministeriums für Bildung und Forschung gefördert.**

Umschlagfotos
links: istock/sturti
oben rechts: istock/valentinrussanov
unten rechts: Halfpoint/Adobe Stock

# Inhalt

# Vorwort

Mit dem gemeinsam von Bund und Ländern geförderten Bericht „Bildung in Deutschland 2022“ wird nun zum 9. Mal eine umfassende empirische Bestandsaufnahme für das deutsche Bildungswesen vorgelegt. Sie reicht von der Frühen Bildung im Kindesalter bis zu den verschiedenen Formen der Weiterbildung im Erwachsenenalter, schließt auch Facetten der non-formalen Bildung und des informellen Lernens mit ein und beschreibt somit Bildungsverläufe, Kompetenzentwicklungen und Erträge von Bildung inner- und außerhalb institutionalisierter Bildung.

Der Bericht wird von einer Autor:innengruppe[1] vorgelegt, die ihn zusammen mit weiteren Co-Autor:innen erarbeitet hat. Die Mitglieder der Autor:innengruppe gehören an verantwortlicher Stelle den folgenden wissenschaftlichen Einrichtungen und Statistischen Ämtern an: dem Leibniz-Institut für Bildungsforschung und Bildungsinformation (DIPF), dem Deutschen Institut für Erwachsenenbildung – Leibniz-Zentrum für lebenslanges Lernen e.V. (DIE), dem Deutschen Jugendinstitut (DJI), dem Deutschen Zentrum für Hochschul- und Wissenschaftsforschung (DZHW), dem Leibniz-Institut für Bildungsverläufe (LIfBi), dem Soziologischen Forschungsinstitut an der Universität Göttingen (SOFI) sowie den Statistischen Ämtern des Bundes und der Länder (Destatis und StLÄ).

Die Autor:innengruppe verantwortet den Bericht gemeinsam. Sie hat den Bericht unter Wahrung ihrer wissenschaftlichen Unabhängigkeit in Abstimmung mit einer Steuerungsgruppe erarbeitet, die für das Zusammenwirken von Bund und Ländern „zur Feststellung der Leistungsfähigkeit des Bildungswesens im internationalen Vergleich“ (Artikel 91b Abs. 2 GG) eingerichtet wurde. Die Steuerungsgruppe wird von einem wissenschaftlichen Beirat unter dem Vorsitz von Prof. Dr. Harm Kuper (Freie Universität Berlin) beraten. Die intensive Zusammenarbeit mit beiden Gremien hat sich für die Autor:innengruppe als hilfreich und sehr fruchtbar erwiesen.

Zahlreiche Wissenschaftler:innen haben die Autor:innengruppe durch ihre Expertise bei der Erarbeitung der einzelnen Kapitel durch kritische Beratung und konkrete Zuarbeit unterstützt.

Insbesondere für das Schwerpunktthema *Bildungspersonal* hat die Autor:innengruppe Unterstützung von Expert:innen erfahren, die ihr Fachwissen in den Beratungsprozess eingebracht haben. Dafür gilt der Dank Dr. Anke Burkhardt (Institut für Hochschulforschung an der Martin-Luther-Universität Halle-Wittenberg), Prof. Dr. Peter Cloos (Universität Hildesheim), Dr. Margit Ebbinghaus (Bundesinstitut für Berufsbildung), Prof. Dr. Birgit Eickelmann (Universität Paderborn), Prof. Dr. Uwe Faßhauer (PH Schwäbisch Gmünd), Prof. Dr. Kirsten Fuchs-Rechlin (DJI), Karl-Heinz Gröpler (Ostfalia Hochschule für angewandte Wissenschaften), Dr. Stephan Kielblock (DIPF), Prof. Dr. Mareike Kunter (DIPF), Prof. Dr. Ralf Münnich (Universität Trier), Prof. Dr. Karin Reiber (Hochschule Esslingen), Prof. Dr. Dirk Richter (Universität Potsdam), Prof. Dr. Niclas Schaper (Universität Paderborn), Dr. Christian Schneijderberg (Universität Kassel), Prof. Dr. Julia Schütz (FernUniversität in Hagen), Prof. Dr. Jürgen Seifried (Universität Mannheim), Prof. Dr. Ewald Terhart (Westfälische Wilhelms-Universität Münster), Prof. Dr. Felicitas Thiel (Freie Universität Berlin), Katja Tillmann (TU Dortmund) und weitere Personen des Teams der Weiterbildungsinitiative Frühpädagogischer Fachkräfte (WiFF), Prof. Dr. Birgit Ziegler (TU Darmstadt) sowie Prof. Dr. Ivo Züchner (Philipps-Universität Marburg).

Darüber hinaus spricht die Autor:innengruppe auch allen Mitwirkenden, die wegen der großen Zahl der Beteiligten hier nicht namentlich erwähnt werden, ihren herzlichen Dank aus.

*Berlin im Mai 2022*
Die Autor:innengruppe

1 *Mit Beginn der Arbeit an diesem Bildungsbericht hat die Autor:innengruppe sich auf eine gendersensible Schreibweise ihres Namens geeinigt.*

# Hinweise für Leser:innen

Die Kernaussagen jedes Indikators werden als **Marginalien** rechts bzw. links neben dem zugehörigen Fließtext hervorgehoben.

Bei Verwendung grafischer Darstellungen wird im Fließtext auf die entsprechende Nummer der Abbildung verwiesen.
*Lesebeispiel:* **Abb. B2-2** ist der Verweis auf die zweite Abbildung im zweiten Textabschnitt (Bildungspersonal) des Kapitels B (Grundinformationen zu Bildung in Deutschland).

Unterhalb jeder Abbildung wird die zugehörige Tabelle benannt, aus der die Datenwerte der Grafik entnommen werden können. Diese und alle weiteren Tabellen sind auf der Homepage **www.bildungsbericht.de** zu finden, worauf mit dem Zusatz **web** verwiesen wird. Diese Verweise im Text sind in der digitalen Version des Bildungsberichts zudem mit den Datentabellen im Internet verlinkt, sodass die jeweilige Tabelle mit einem Klick heruntergeladen werden kann.
*Lesebeispiel:* **Tab. B2-1web** ist der Verweis auf die erste Tabelle zum zweiten Textabschnitt (Bildungspersonal) des Kapitels B (Grundinformationen zu Bildung in Deutschland).

Fachbegriffe sind im Text mit einem hochgestellten G versehen und werden im nachfolgenden Glossar gesondert erläutert (z.B. soziale Herkunft). Auch alle übrigen Abkürzungen (z.B. Institutionen oder Länderkürzel) sind neben zentralen bildungsbereichsübergreifenden Begriffen (z.B. Migrationshintergrund) in diesem Abschnitt zusammengestellt.

Ein hochgestelltes M im Text verweist auf methodische Erläuterungen, die am Ende jedes Abschnitts in einem „Methodenkasten" zusammengefasst werden.

**Methodische Erläuterungen**

Ein hochgestelltes D im Text verweist auf Erläuterungen zu Datenerhebungen und Datensätzen, die für die Analysen im Bildungsbericht herangezogen wurden. Sie werden am Ende dieses Abschnitts erläutert.

Im Bildungsbericht 2022 sind Seiten mit Bezügen zu Entwicklungen während der Corona-Pandemie mit einem gesonderten Symbol am oberen Seitenrand markiert, um das Auffinden entsprechender Befunde zum Pandemiegeschehen zu erleichtern.

Auf der Homepage **www.bildungsbericht.de** sind neben den nationalen Bildungsberichten sämtliche Tabellen als elektronische Datenblätter sowie weitere konzeptionelle Informationen zur Bildungsberichterstattung abrufbar.

## Zeichenerklärung in den Abbildungen

| | | |
|---|---|---|
| – | = | nichts vorhanden |
| 0 | = | Zahlenwert größer als null, aber kleiner als die Hälfte der verwendeten Einheit |
| / | = | keine Angaben, da Zahlenwert nicht sicher genug |
| (n) | = | Aussagewert eingeschränkt, da die Stichprobe sehr klein ist |
| • | = | keine Daten verfügbar |
| X | = | Kategorie nicht zutreffend |
| x( ) | = | Die Daten sind in einer anderen Kategorie oder Spalte der Tabelle enthalten. |

Abweichungen in den Prozenten und Summen erklären sich durch Runden der Zahlen.

# Glossar[G]

### Absolvent:innen/Abgänger:innen/Abbrecher:innen

Im allgemeinbildenden Schulwesen werden Personen, die die Schule mit zumindest dem Ersten Schulabschluss verlassen, als Absolvent:innen bezeichnet; Abgänger:innen sind Personen, die die allgemeinbildende Schule nach Vollendung der Vollzeitschulpflicht ohne zumindest den Ersten Schulabschluss verlassen. Dies schließt auch Jugendliche ein, die einen spezifischen Abschluss der Förderschule erreicht haben.

Im Bereich der beruflichen Ausbildung gelten Personen, die einen Bildungsgang mit Erfolg durchlaufen, als Absolvent:innen. Wird ein Bildungsgang vorzeitig bzw. eine vollqualifizierende Ausbildung ohne Berufsabschluss verlassen, handelt es sich um Abbrecher:innen. Diese können gleichwohl die Möglichkeit genutzt haben, einen allgemeinbildenden Schulabschluss nachzuholen.

Im Hochschulbereich bezeichnet man Personen, die ein Studium erfolgreich mit Studienabschluss beenden, als Absolvent:innen. Studienabbrecher:innen hingegen verlassen das Hochschulsystem ohne Abschluss. Personen, die den Studienabschluss nach Wechsel des Studienfachs und/oder der Hochschule erwerben, gelten nicht als Abbrecher:innen.

### Bildungsabschlüsse (niedrig/mittel/hoch)

Nach ISCED 2011 (ISCED-A) werden die Bildungsabschlüsse in 3 Kategorien eingeteilt. Niedrige Bildungsabschlüsse werden ausgewiesen, wenn lediglich der Primarbereich (ISCED 1) sowie der Sekundarbereich I (ISCED 2) besucht wurden. Der Sekundarbereich II (ISCED 3) sowie der postsekundare, nichttertiäre Bereich (ISCED 4) werden als mittlere Bildungsabschlüsse bezeichnet. Abschlüsse im Tertiärbereich bedeuten ein hohes Bildungsniveau. Hierzu zählen kurze tertiäre Bildungsprogramme (ISCED 5), Bachelor- bzw. gleichwertige Bildungsprogramme (ISCED 6), Master- bzw. gleichwertige Bildungsprogramme (ISCED 7) sowie die Promotionen (ISCED 8). Die detaillierte Zuordnung nationaler Bildungsgänge und -einrichtungen zu den ISCED-Stufen ist in **Tab. 1** dargestellt.

### Erwerbsstatus nach dem ILO-Konzept

Das Labour-Force-Konzept der International Labour Organization (ILO) ist ein standardisiertes Konzept zur Messung des Erwerbsstatus.

*Erwerbstätige* sind demnach Personen im Alter von 15 und mehr Jahren, die in der Woche vor der Erhebung wenigstens 1 Stunde für Lohn oder sonstiges Entgelt irgendeiner (beruflichen) Tätigkeit nachgehen bzw. in einem Arbeitsverhältnis stehen, selbstständig ein Gewerbe oder eine Landwirtschaft betreiben oder einen freien Beruf ausüben. Auch Personen mit einer geringfügigen Beschäftigung im Sinne der Sozialversicherungsregelungen sowie jene, die sich in einem formalen, nur vorübergehend nicht ausgeübten Arbeitsverhältnis befinden, gelten als erwerbstätig.

*Erwerbslose* sind Personen im Alter von 15 bis unter 75 Jahren ohne Erwerbstätigkeit, die sich in den letzten 4 Wochen aktiv um eine Arbeitsstelle bemüht haben und innerhalb von 2 Wochen für die Aufnahme einer Tätigkeit zur Verfügung stehen. Zu den Erwerbslosen werden auch sofort verfügbare Nichterwerbstätige gezählt, die ihre Arbeitssuche abgeschlossen haben, die Tätigkeit aber erst innerhalb der nächsten 3 Monate aufnehmen werden.

*Nichterwerbspersonen* sind Personen, die weder als erwerbstätig noch als erwerbslos gelten.

### EU-15/EU-25/EU-27/EU-28

Europäische Union (EU). Die Zahlenangabe bezieht sich auf den jeweiligen Stand der Zahl von EU-Mitgliedstaaten. EU-15: Mitgliedstaaten vor dem 1. Mai 2004, also Belgien, Dänemark, Deutschland, Finnland, Frankreich, Griechenland, Irland, Italien, Luxemburg, die Niederlande, Österreich, Portugal, Schweden, Spanien und das Vereinigte Königreich; EU-25: Mitgliedstaaten ab dem 1. Mai 2004, also die EU-15-Staaten sowie Estland, Lettland, Litauen, Malta, Polen, die Slowakische Republik, Slowenien, die Tschechische Republik, Ungarn und Zypern; EU-27_2007: Mitgliedstaaten ab dem 1. Januar 2007, also die EU-25-Staaten sowie Bulgarien und Rumänien; EU-28: Mitgliedstaaten ab dem 1. Juli 2013, also die EU-27_2007-Staaten sowie Kroatien. Mit dem Austritt des Vereinigten Königreichs aus der EU zum 1. Februar 2020 ging die Zahl der Mitgliedstaaten der EU von 28 auf 27 zurück (EU-27_2020).

### Formale Bildung

Formale Bildung findet in Bildungs- und Ausbildungseinrichtungen statt, wird zertifiziert und führt zu staatlich anerkannten Abschlüssen.

### Freie Trägerschaft
Bildungseinrichtungen können in öffentlicher oder freier Trägerschaft errichtet werden und gemeinnütziger oder privatgewerblicher Art sein. Träger öffentlicher Einrichtungen sind in erster Linie Gemeinden, darüber hinaus Länder und in seltenen Fällen der Bund; freie Träger können Vereine, Verbände und Gesellschaften, kirchliche Organisationen, Unternehmen und Privatpersonen sein. Auch Einrichtungen in freier Trägerschaft unterstehen staatlicher Aufsicht und können nach landesrechtlicher Regelung öffentliche Finanzzuschüsse erhalten.

### Frühe Bildung
In der nationalen Bildungsberichterstattung liegt dem Begriff Frühe Bildung ein Verständnis zugrunde, das den gesamten Bildungsbereich für alle noch nicht schulpflichtigen Kinder umfasst. Als eigenständiger Begriff steht *Frühe Bildung* dann, wenn damit der Bildungsbereich bzw. das übergreifende Arbeits- und Tätigkeitsfeld in der gesamten Kindertagesbetreuung gemeint ist. Dagegen beschreibt der Begriff *frühe Bildung* den Bildungsprozess aus Perspektive der Kinder, der sowohl in der Kindertagesbetreuung als auch in der Familie stattfinden kann, und stellt damit auf das subjektive Erleben ab.

### Informelles Lernen
Informelles Lernen wird als nichtdidaktisch organisiertes Lernen in alltäglichen Lebenszusammenhängen begriffen, das von den Lernenden nicht immer bewusst als Erweiterung ihrer Kompetenzen, ihres Wissens und Könnens wahrgenommen wird.

### Kindertagesbetreuung
Das System der Kindertagesbetreuung umfasst sowohl Kindertageseinrichtungen (Kitas) als auch die öffentlich geförderte Kindertagespflege. Wenn von Einrichtungen/Kindern oder Personal in der Kindertagesbetreuung gesprochen wird, umfasst dies dementsprechend immer beide Bereiche (Kita + Tagespflege).

### Lockdown
Als Lockdown werden die Zeiträume bezeichnet, in denen durch Bund-Länder-Beschlüsse das öffentliche Leben in Deutschland erheblich eingeschränkt war. Der 1. bundesweite Lockdown erstreckte sich vom 22. März bis 4. Mai 2020. Der 2. Lockdown trat zum 16. Dezember 2020 in Kraft und endete am 10. Januar 2021.

### Migrationshintergrund
Die statistische Erfassung eines Migrationshintergrunds variiert je nach Datenquelle und kann sich auf die Staatsangehörigkeit oder das Geburtsland beziehen. Wird das Wanderungskonzept zugrunde gelegt, so wird einer Person ein Migrationshintergrund zugeschrieben, wenn sie selbst (*eigene Migrationserfahrung*) bzw. mindestens ein Eltern- oder Großelternteil (2. bzw. 3. Generation; *familiale Migrationserfahrung*) nicht in Deutschland geboren wurde. Insbesondere in amtlichen Daten basiert die Definition hingegen weitgehend auf dem Staatsangehörigkeitskonzept: Eine Person hat dann einen Migrationshintergrund, wenn sie selbst oder mindestens ein Elternteil die deutsche Staatsangehörigkeit nicht durch Geburt besitzt. Im Einzelnen umfasst diese Erfassung folgende Personen: 1. zugewanderte und nichtzugewanderte Menschen ohne deutsche Staatsangehörigkeit; 2. zugewanderte und nichtzugewanderte Eingebürgerte; 3. (Spät-)Aussiedler:innen; 4. mit deutscher Staatsangehörigkeit geborene Nachkommen der 3 zuvor genannten Gruppen. Eine weitere Differenzierung betrifft den Mikrozensus im Besonderen: Ein Migrationshintergrund *im engeren Sinne* bedeutet, dass Informationen über die Eltern nur dann verwendet werden können, wenn sie mit der befragten Person im gleichen Haushalt leben. Der Migrationshintergrund *im weiteren Sinne* bezieht alle Informationen über die Eltern mit ein (jährlich ab 2017).

### Non-formale Bildung
Non-formale Bildung findet innerhalb und außerhalb staatlicher oder staatlich anerkannter Bildungs- und Ausbildungseinrichtungen für die allgemeine, berufliche oder akademische Bildung statt und führt nicht zum Erwerb eines anerkannten Abschlusses.

### Schutz- und Asylsuchende
Schutz- und Asylsuchende sind Personen ohne deutsche Staatsangehörigkeit, die sich unter Berufung auf humanitäre Gründe in Deutschland aufhalten. Zu den Schutz- und Asylsuchenden werden folgende Kategorien gezählt: 1. Schutz- und Asylsuchende mit offenem Schutzstatus; 2. Schutz- und Asylsuchende mit anerkanntem Schutzstatus; 3. Schutz- und Asylsuchende mit abgelehntem Schutzstatus.

### Soziale Herkunft

Aussagen über die soziale Herkunft einer Person basieren größtenteils auf dem ISEI (Internationaler Sozioökonomischer Index des beruflichen Status). Anhand von Angaben zu Beruf, Bildung und Einkommen können Personen dem international vergleichbaren Indexwert im Wertebereich von 11 (niedriger Status) bis 89 Punkten (hoher Status) zugeordnet werden. Zur Ermittlung der sozialen Herkunft wird in den vorliegenden Analysen jeder Person der jeweils höchste Indexwert der Eltern dieser Person HISEI (Höchster ISEI) anhand der elterlichen Berufsangaben zugeordnet.

### Teilzeitbeschäftigung

Teilzeitbeschäftigt sind Arbeitnehmer:innen, wenn ihre regelmäßige Wochenarbeitszeit kürzer ist als die der vergleichbaren vollzeitbeschäftigten Arbeitnehmer:innen. Im Rahmen des Bildungsberichts orientiert sich die Abgrenzung zwischen Voll- und Teilzeitbeschäftigung an der jeweiligen Datenquelle.

### Vollzeitäquivalent (VZÄ)

Relative Maßeinheit für die (theoretische) Anzahl Vollzeitbeschäftigter bei Umrechnung aller Teilzeit- in Vollzeitarbeitsverhältnisse.

# Abkürzungsverzeichnis

## Territoriale Kurzbezeichnungen

### Länder

BW Baden-Württemberg
BY Bayern
BE Berlin
BB Brandenburg
HB Bremen
HH Hamburg
HE Hessen
MV Mecklenburg-Vorpommern
NI Niedersachsen
NW Nordrhein-Westfalen
RP Rheinland-Pfalz
SL Saarland
SN Sachsen
ST Sachsen-Anhalt
SH Schleswig-Holstein
TH Thüringen

### Ländergruppen

WFL Flächenländer West (BW, BY, HE, NI, NW, RP, SL, SH)
OFL Flächenländer Ost (BB, MV, SN, ST, TH)
STA Stadtstaaten (BE, HB, HH)

D Deutschland (Bundesgebiet insgesamt)
W Westdeutschland (WFL, HB, HH)
O Ostdeutschland (OFL, BE)

## Institutionelle Kurzbezeichnungen

### Allgemeinbildende Schulen

AGY Abendgymnasium
AHS Abendhauptschule
ARS Abendrealschule
EOS Erweiterte Oberschule (Schule in der DDR)
FÖ Förderschule
FWS Freie Waldorfschule
GR Grundschule
GY Gymnasium
HS Hauptschule
IGS Integrierte Gesamtschule
KO Kolleg
OS Schulartunabhängige Orientierungsstufe
POS Polytechnische Oberschule (Schule in der DDR)
RS Realschule
SKG Schulkindergarten
SMBG Schulart mit mehreren Bildungsgängen
VK Vorklasse

### Berufliche Schulen

BAS Berufsaufbauschule
BEK Berufseinstiegsklasse
BFS Berufsfachschule
BGJ Berufsgrundbildungsjahr
BOS Berufsoberschule
BS Berufsschule
BVJ Berufsvorbereitungsjahr
FA Fachakademie
FGY Fach- bzw. Berufsgymnasium
FOS Fachoberschule
FS Fachschule
SdG Schulen des Gesundheitswesens
TOS Technische Oberschule

### Hochschulen

FH Fachhochschule (Hochschulen für angewandte Wissenschaften)
U Universität (einschließlich Gesamthochschulen, Kunst-, Pädagogischer und Theologischer Hochschulen)

## Institutionen und Organisationen

### BA
Bundesagentur für Arbeit

### BAMF
Bundesamt für Migration und Flüchtlinge

### BIBB
Bundesinstitut für Berufsbildung

### BMAS
Bundesministerium für Arbeit und Soziales

### BMBF
Bundesministerium für Bildung und Forschung

**BMFSFJ**
Bundesministerium für Familie, Senioren, Frauen und Jugend

**BMWK**
Bundesministerium für Wirtschaft und Klimaschutz

**DIW**
Deutsches Institut für Wirtschaftsforschung

**HRK**
Hochschulrektorenkonferenz

**IAB**
Institut für Arbeitsmarkt- und Berufsforschung

**IEA**
International Association for the Evaluation of Educational Achievement

**IQB**
Institut zur Qualitätsentwicklung im Bildungswesen

**KMK**
Kultusministerkonferenz (Ständige Konferenz der Kultusminister der Länder in der Bundesrepublik Deutschland)

**OECD**
Organisation for Economic Co-operation and Development (Organisation für wirtschaftliche Zusammenarbeit und Entwicklung)

**UN**
United Nations (Vereinte Nationen)

## Sonstige Abkürzungen und Akronyme

**ANR**
Angebots-Nachfrage-Relation

**BAföG**
Bundesausbildungsförderungsgesetz

**BBiG**
Berufsbildungsgesetz

**BIP**
Bruttoinlandsprodukt

**DaZ/DaF**
Deutsch als Zweitsprache/Deutsch als Fremdsprache

**G8 bzw. G9**
8-jähriges Gymnasium (Abitur nach 12 Schuljahren) bzw. 9-jähriges Gymnasium (Abitur nach 13 Schuljahren)

**HISEI**
Highest International Socio-Economic Index of Occupational Status (vgl. **Soziale Herkunft** G)

**HwO**
Handwerksordnung

**ICT (IKT)**
Information and Communications Technology (Informations- und Kommunikationstechnik)

**ILO-Konzept**
Vgl. **Erwerbsstatus nach dem ILO-Konzept** G

**ISCED**
International Standard Classification of Education (vgl. **Tab. 1**)

**IT**
Informationstechnik

**Jg.**
Jahrgangsstufe

**MINT**
Mathematik, Informatik, Naturwissenschaft und Technik

**MPS**
Magnitude-Prestigeskala

**SGB**
Sozialgesetzbuch

**WIFF**
Weiterbildungsinitiative Frühpädagogische Fachkräfte

**Tab. 1: Zuordnung nationaler Bildungsgänge und -einrichtungen zur ISCED-97 und ISCED 2011**

| Stufen der „International Standard Classification of Education" (ISCED) | | ISCED 2011 | ISCED 1997 | Bildungsgänge und -einrichtungen in Deutschland („Bildungsprogramme") |
|---|---|---|---|---|
| **ISCED 0** | **Elementarbereich** | | | |
| ISCED 01 | Unter 3-Jährige | 010 | – | Krippen |
| ISCED 02 | 3-Jährige bis zum Schuleintritt | 020 | 0 | Kindergärten, Vorklassen, Schulkindergärten |
| **ISCED 1** | **Primarbereich** | | | |
| ISCED 10 | allgemeinbildend | 100 | 1 | Grundschulen, Gesamtschulen (Jg. 1–4), Waldorfschulen (Jg. 1–4), Förderschulen (Jg. 1–4) |
| **ISCED 2** | **Sekundarbereich I** | | | |
| ISCED 24 | allgemeinbildend | 241 | 2A | Orientierungsstufe (Jg. 5–6) |
| | | 244 | 2A | Hauptschulen, Realschulen, Förderschulen (Jg. 5–10), Schulen mit mehreren Bildungsgängen (Jg. 5–9/10), Gymnasien (Jg. 5–9/10)[1], Gesamtschulen (Jg. 5–9/10)[1], Waldorfschulen (Jg. 5–9/10), Abendhauptschulen, Abendrealschulen, Nachholen von Schulabschlüssen des Sekundarbereichs I und Erfüllung der Schulpflicht an beruflichen Schulen und berufliche Schulen, die zum mittleren Schulabschluss führen |
| ISCED 25 | berufsbildend | 254 | 2B | Berufsvorbereitungsjahr (und weitere berufsvorbereitende Programme, z. B. an Berufsschulen oder Berufsfachschulen) |
| **ISCED 3** | **Sekundarbereich II** | | | |
| ISCED 34 | allgemeinbildend | 344 | 3A | Gymnasien (Oberstufe)[1], Gesamtschulen (Oberstufe)[1], Waldorfschulen (Jg. 11–13), Förderschulen (Jg. 11–13), Fachoberschulen (2-jährig, ohne vorherige Berufsausbildung), Fachgymnasium und Berufsfachschulen, die zur (Fach-)Hochschulreife führen |
| ISCED 35 | berufsbildend | 351 | 3B | Berufsgrundbildungsjahr (und weitere berufsgrundbildende Programme mit Anrechnung auf das 1. Lehrjahr) |
| | | 353 | 3B | 1-jährige Programme an Ausbildungsstätten/Schulen für Gesundheits- und Sozialberufe |
| | | 353 | 3C | Beamtenanwärterinnen und -anwärter im mittleren Dienst |
| | | 354 | 3B | Berufsschulen (duales System), Berufsfachschulen, die einen Berufsabschluss vermitteln (ohne Gesundheits- und Sozialberufe, Erzieherausbildung) |
| **ISCED 4** | **Postsekundarer nichttertiärer Bereich** | | | |
| ISCED 44 | allgemeinbildend | 444 | 4A | Abendgymnasien, Kollegs, Fachoberschulen (1-jährig, nach vorheriger Berufsausbildung), Berufsoberschulen/Technische Oberschulen |
| ISCED 45 | berufsbildend | 453 | 5B | 2- und 3-jährige Programme an Ausbildungsstätten/Schulen für Gesundheits- und Sozialberufe |
| | | 454 | 4B | Berufsschulen (duales System, Zweitausbildung nach Erwerb einer Studienberechtigung)[2], Berufsfachschulen, die einen Berufsabschluss vermitteln (Zweitausbildung nach Erwerb einer Studienberechtigung)[2], berufliche Programme, die sowohl einen Berufsabschluss wie auch eine Studienberechtigung vermitteln[2], Berufsschulen (duales System, Zweitausbildung, beruflich), Berufsschulen (duales System, Umschülerinnen und -schüler) |

## Fortsetzung Tab. 1

| Stufen der „International Standard Classification of Education" (ISCED) | ISCED 2011 | 1997 | Bildungsgänge und -einrichtungen in Deutschland („Bildungsprogramme") |
|---|---|---|---|
| **ISCED 5 Kurzes tertiäres Bildungsprogramm** | | | |
| ISCED 54 allgemeinbildend | – | | – |
| ISCED 55 berufsbildend | 554 | 5B | Meisterausbildung (nur sehr kurze Vorbereitungskurse, bis unter 880 Std.)[3]<br>Aufstiegsfortbildung: Meisterausbildung (nur sehr kurze Vorbereitungskurse, bis unter 880 Stunden)[3] |
| **ISCED 6 Bachelor- oder gleichwertiges Bildungsprogramm** | | | |
| ISCED 64 akademisch | 645 | 5A | Bachelorstudiengänge an<br>• Universitäten (auch Kunsthochschulen, pädagogische Hochschulen, theologische Hochschulen)<br>• Fachhochschulen (auch Ingenieurschulen, Hochschulen [FH] für angewandte Wissenschaften), Duale Hochschule Baden-Württemberg |
| | | 5B | • Verwaltungsfachhochschulen<br>• Berufsakademien |
| | | 5A | Diplom-(FH)-Studiengang<br>Zweiter Bachelorstudiengang, Zweiter Diplom-(FH)-Studiengang |
| | | 5B | Diplomstudiengang (FH) einer Verwaltungsfachhochschule, Diplomstudiengang an einer Berufsakademie |
| ISCED 65 berufsorientiert | 655 | 5B | Fachschulen (ohne Gesundheits-, Sozialberufe, Erzieherausbildung) einschl. Meisterausbildung (Vorbereitungskurse ab 880 Std.)[3], Technikerausbildung, Betriebswirt/in, Fachwirt/in |
| | | | Ausbildungsstätten/Schulen für Erzieher/innen, Fachakademien (Bayern)<br>Aufstiegsfortbildung: Fachwirt/-in, Betriebswirt/-in, kaufmännische Prüfungen an Kammern<br>Aufstiegsfortbildung: Meisterausbildung (Vorbereitungskurse ab 880 Stunden)[3] |
| **ISCED 7 Master- oder gleichwertiges Bildungsprogramm** | | | |
| ISCED 74 akademisch | 746 | 5A | Diplomstudiengang (Universität) (auch Lehramt, Staatsprüfung, Magisterstudiengang, künstlerische und vergleichbare Studiengänge) |
| | 747 | 5A | Masterstudiengänge an<br>• Universitäten (auch Kunsthochschulen, pädagogische Hochschulen, theologische Hochschulen)<br>• Fachhochschulen (auch Ingenieurschulen, Hochschulen [FH] für angewandte Wissenschaften), Duale Hochschule Baden-Württemberg |
| | | 5B | • Verwaltungsfachhochschulen |
| | 748 | 5A | Zweiter Masterstudiengang, Zweiter Diplom-(Universität)-Studiengang |
| ISCED 75 berufsorientiert | – | | – |
| **ISCED 8 Promotion** | | | |
| ISCED 84 akademisch | 844 | 6 | Promotionsstudium |
| **ISCED 9 Keinerlei andere Klassifizierung** | | | |
| ISCED 99 Keinerlei andere Klassifizierung | 999 | 9 | Überwiegend geistig behinderte Schülerinnen und Schüler an Förderschulen, die keinem Bildungsbereich zugeordnet werden können<br>Keine Zuordnung zu einer Schulart möglich (Programme für Flüchtlinge in Hessen) |

*1) Für 8-jährige Bildungsgänge (G8) beginnt die 3-jährige Oberstufe nach der 9. Jahrgangsstufe (Einführungsstufe).*
*2) Zuordnung der vollqualifizierenden beruflichen Programme nach Erwerb einer Studienberechtigung oder mit zusätzlichem Erwerb einer Studienberechtigung zu ISCED 454 nach Definition des Statistischen Amtes der Europäischen Union (Eurostat).*
*3) Zuordnung erfolgt über die Fachrichtung der Vorbereitungskurse zur Meisterausbildung.*

# Bildungsorte und Lernwelten in Deutschland

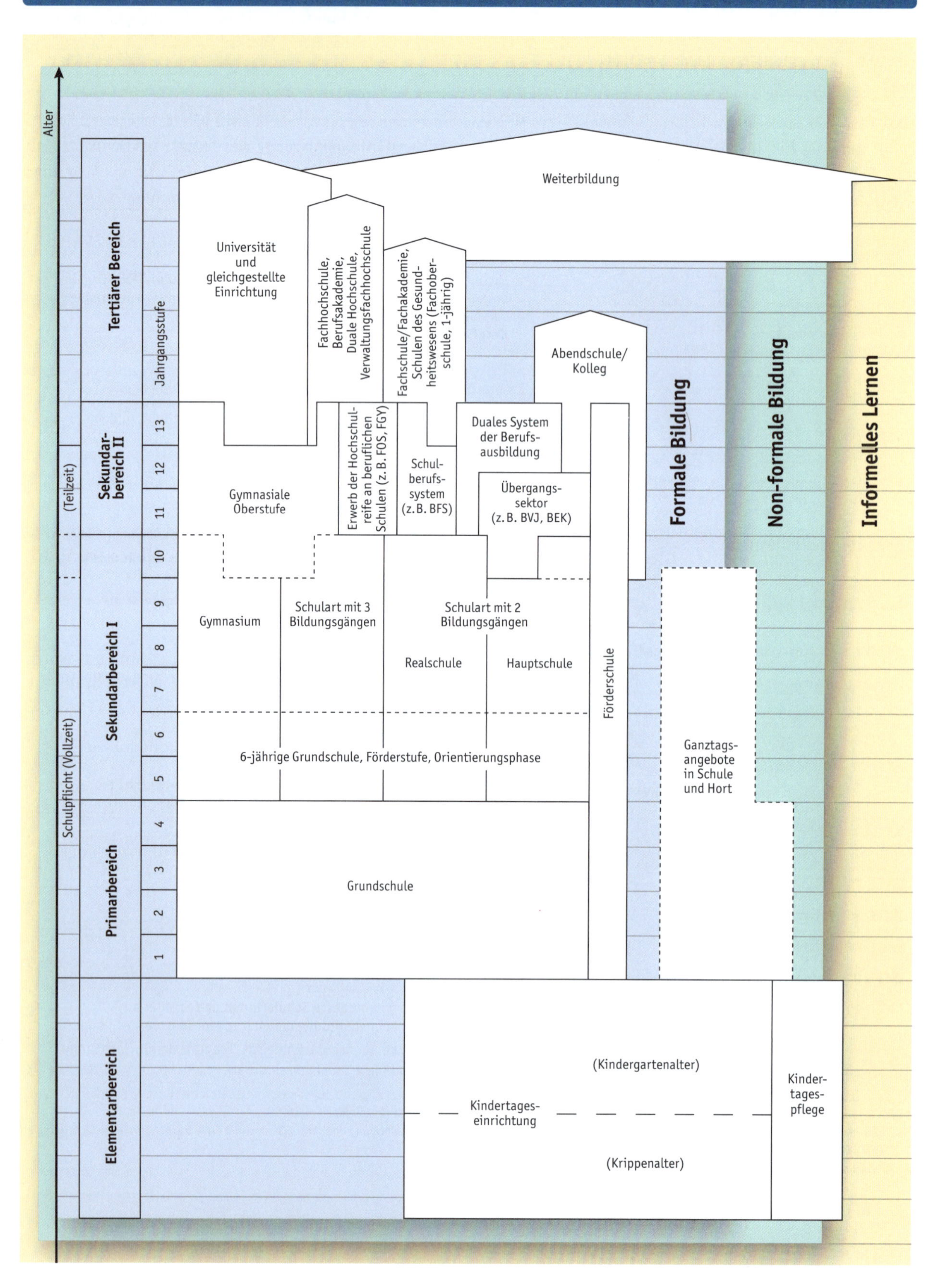

# Datenquellen[D]

### Absolvent:innenpanel des DZHW

Für das Absolvent:innenpanel wird seit 1989 in jedem 4. Jahr eine Stichprobe von Hochschulabsolvent:innen zum Verbleib nach dem Studienabschluss befragt. Das Panel umfasst bis zu 3 Wellen, mit der letzten Befragung 10 Jahre nach dem Studienabschluss. Zuletzt wurde die Kohorte des Jahres 2017 etwa eineinhalb Jahre nach dem Studienabschluss befragt. An dieser in diesem Bildungsbericht verwendeten Befragung nahmen etwa 12.100 Absolvent:innen teil, von denen knapp 6.700 bereits erwerbstätig waren. Das Absolvent:innenpanel wurde 2021 in das Student Life Cycle Panel (SLC) des DZHW überführt.

### AES – Adult Education Survey

Der AES ist eine Datenerhebung der Europäischen Union zum Lernen Erwachsener im Alter von 25 bis 64 Jahren. Sie wurde 2007, 2011 und 2016 durchgeführt und ist erneut für 2022 geplant. In Deutschland werden die Daten seit 2007 im Abstand von 2 bis 3 Jahren erhoben und das Sample wurde seither hinsichtlich der Altersspanne erweitert. Im vorliegenden Bildungsbericht werden die Daten des AES für die Jahre 2016 (n = 7.724), 2018 (n = 5.836) und 2020 (n = 5.818) für Deutschland genutzt, mit denen Aussagen über das Weiterbildungsverhalten von Personen im Alter von 18 bis 69 Jahren getroffen werden können. Aufgrund von Änderungen im Erhebungsverfahren des AES 2020 sind Trendvergleiche mit den Vorjahren mit Einschränkungen verbunden (siehe Methodische Erläuterungen in **G2**).

### AID:A – Aufwachsen in Deutschland: Alltagswelten 2019/2021

Der vom Deutschen Jugendinstitut (DJI) verantwortete und vom Bundesministerium für Familie, Senioren, Frauen und Jugend (BMFSFJ) geförderte Survey „Aufwachsen in Deutschland: Alltagswelten“, kurz: AID:A, untersucht Fragen des Aufwachsens von Kindern und Jugendlichen sowie die Lebenslagen von Familien in Deutschland. Von Oktober 2021 bis Februar 2022 wurde diese Erhebung zum 4. Mal als AID:A 2021 durchgeführt. Im Unterschied zu den bisherigen Erhebungen wurde diesmal anstelle von Telefon- oder persönlich-mündlichen Interviews eine Onlinebefragung als Panelbefragung der bereits 2019 Befragten durchgeführt. Die Grundgesamtheit für die Befragung 2019 bildeten Personen im Alter von 0 bis 32 Jahren, von denen 2019 11.878 in 6.355 Privathaushalten befragt wurden. Zusätzlich wurden 6.621 Eltern von Minderjährigen befragt. 2021 wurden von den bereits 2019 Befragten 7.271 Personen aus 3.711 Haushalten ein 2. Mal interviewt. Die in den Indikatoren **C1** und **D5** aufgeführten Analysen beruhen auf Angaben der Mütter und wurden mit designgewichteten Daten berechnet (für das Jahr 2021 handelte es sich um vorläufige Gewichte).

### Arbeitsmarktstatistik

In der Arbeitsmarktstatistik veröffentlicht die Bundesagentur für Arbeit (BA) monatlich Daten zur Arbeitslosigkeit in Deutschland und deren Strukturen sowie Daten zum gemeldeten Angebot an Arbeitsstellen. Über die Arbeitslosigkeit wird als absolute Zahl und als Quote berichtet. Die Arbeitslosenquoten setzen die (registrierten) Arbeitslosen in Beziehung zu den (zivilen) Erwerbspersonen (EP = Erwerbstätige + Arbeitslose) und zeigen die relative Unterauslastung des Arbeitskräfteangebots. Die Arbeitslosenstatistik der BA wird aus den Geschäftsdaten der Agenturen für Arbeit und der Träger der Grundsicherung für Arbeitsuchende gewonnen.

### Ausbildungsmarktstatistik

Die Ausbildungsmarktstatistik der Bundesagentur für Arbeit (BA) beinhaltet Informationen über Angebot und Nachfrage am Ausbildungsmarkt. In der Ausbildungsmarktstatistik zählt jede Person als Bewerber:in, die sich im Laufe eines Beratungsjahrs (jeweils 1. Oktober bis 30. September des Folgejahrs) mindestens einmal zur Vermittlung auf eine Berufsausbildungsstelle bei einer Agentur für Arbeit oder einem Träger der Grundsicherung gemeldet hat. Die Statistik kann somit nur einen Ausschnitt der gesamten Abläufe am Ausbildungsmarkt abbilden.

### Berufsakademiestatistik

Rechtsgrundlage für die Erhebung ist das novellierte Hochschulstatistikgesetz (HStatG) von 2016 in Verbindung mit dem Bundesstatistikgesetz (BStatG). § 6 HStatG sieht ab dem Berichtsjahr 2017 eine amtliche Erhebung zu Studierenden, Prüfungen, Personal und Finanzen der staatlich anerkannten Berufsakademien in Deutschland vor. Die Erhebung der Finanzen an Berufsakademien erfolgt im Rahmen der jährlich durchgeführten Hochschulfinanzstatistik. Erhebungseinheiten sind die Verwaltungsstellen der betreffenden Berufsakademien.

### Berufsbildungsstatistik

Die Berufsbildungsstatistik der Statistischen Ämter des Bundes und der Länder (kurz: Berufsbildungsstatistik) ist eine Totalerhebung statistischer Angaben über die duale Berufsausbildung nach Berufsbildungsgesetz (BBiG) bzw. Handwerksordnung (HwO). Die Erhebung erfolgt jährlich zum 31. Dezember. Sie erfasst verschiedene Daten, u. a. Auszubildenden-, Vertrags- und Prüfungsdaten zu staatlich anerkannten Ausbildungsberufen und Ausbildungsberufen nach Ausbildungsregelungen der zuständigen Stellen für Menschen mit Behinderung nach BBiG bzw. HwO, Prüfungsdaten zu den Externenprüfungen, den Fortbildungs- und den Umschulungsberufen sowie zum Ausbildungspersonal.

### Beschäftigungsstatistik

Den Schwerpunkt der Beschäftigungsstatistik der Bundesagentur für Arbeit (BA) bildet die Berichterstattung über den Bestand der sozialversicherungspflichtig und geringfügig Beschäftigten, ihre Beschäftigungsverhältnisse, Betriebe und Entgelte. Der Bestand wird auf Basis der Meldungen zur Sozialversicherung monatlich mit 6 Monaten Wartezeit ermittelt. Aufgrund der Abgabefristen und des Meldeflusses sind stabile statistische Ergebnisse aus der Beschäftigungsstatistik erst nach dieser Wartezeit zu erzielen. Um jedoch dem Bedürfnis nach zeitnäheren Ergebnissen gerecht zu werden, wird monatlich zusätzlich der Bestand an Beschäftigten mit 2 und 3 Monaten Wartezeit ermittelt und auf 6-Monats-Werte hochgerechnet.

### Bevölkerungsfortschreibung

Für die Fortschreibung des Bevölkerungsstands werden alle gemäß Melderecht in Deutschland gemeldeten Einwohner:innen als Bestand nachgewiesen. Nach § 5 BevStatG bildet der jeweils letzte Zensus die Grundlage für die Bevölkerungsfortschreibung. Dieser fand im Jahr 2011 statt. Bei der laufenden Fortschreibung der Zensusergebnisse werden Angaben über An- und Abmeldungen von Personen bei den Meldebehörden sowie Angaben über Geburten und Sterbefälle in Deutschland berücksichtigt, die von den Standesämtern erfasst werden. Neben der in Deutschland lebenden Bevölkerung insgesamt sind das Geschlecht, Alter, der Familienstand, die Staatsangehörigkeit und Gemeinde als Wohnort Bestandteil der Bevölkerungsfortschreibung. Die Daten werden von den Statistischen Ämtern des Bundes und der Länder zur Verfügung gestellt.

### Bevölkerungsvorausberechnung

Die 14. koordinierte Bevölkerungsvorausberechnung des Statistischen Bundesamts beruht auf dem Bevölkerungsbestand des Jahres 2018 und reicht bis zum Jahr 2060. Insgesamt 30 Varianten und Modellrechnungen mit 9 Hauptvarianten zeigen die Spannbreite der möglichen künftigen Entwicklungen. Die Vorausberechnung der Bevölkerung geht von der tatsächlichen Bevölkerung in der Gliederung nach einzelnen Altersjahren und Geschlecht zu einem bestimmten Stichtag aus und wird für jedes einzelne Jahr des Vorausberechnungszeitraums durchgeführt (Kohorten-Komponenten-Methode). Die bereits lebenden Jahrgänge werden hierbei in die nächsthöhere Altersstufe übernommen, indem sie um die erwarteten Sterbefälle vermindert und um den jeweiligen Wanderungssaldo korrigiert werden. Gleichzeitig werden die Lebendgeborenen hinzugefügt, die die neu hinzukommenden Jahrgänge bilden. Die neuen Jahrgänge werden ebenfalls von Jahr zu Jahr um die erwarteten Sterbefälle und den Wanderungssaldo berichtigt. Die Anzahl der Lebendgeborenen und der Gestorbenen wird berechnet, indem die altersspezifischen Annahmen zur Geburtenhäufigkeit und zur Sterblichkeit auf die jeweils vorhandene Bevölkerung angewendet werden. Die Wanderungen in der Vorausberechnung ergeben sich aus dem angenommenen Wanderungssaldo und seiner Altersstruktur.

### Bildung auf einen Blick

Die jährlich von der Organisation for Economic Cooperation and Development (OECD) herausgegebene Publikation „Education at a Glance" („Bildung auf einen Blick") stellt auf Basis verschiedener Datenquellen die Struktur und Leistungsfähigkeit der Bildungssysteme der OECD-Staaten und weiterer Partnerstaaten dar. Die Ergebnisse werden ebenfalls über die OECD Education Statistics Database bereitgestellt.

### Budget für Bildung, Forschung und Wissenschaft

Das Budget für Bildung, Forschung und Wissenschaft erfasst als Gesamtrechensystem die Ausgaben für Bildung, Forschung und Wissenschaft, die vom öffentlichen und privaten Bereich bereitgestellt werden. Es wird jährlich in einer Gesamtschau in internationaler und nationaler Abgrenzung aufbereitet und vom Statistischen Bundesamt veröffentlicht. Das Gesamtbudget für Bildung, Forschung und Wissenschaft setzt sich zusammen aus dem Bildungsbudget, dem Budget für Forschung und Entwicklung sowie dem Budget für sonstige Wissenschafts- und Bildungsinfrastruktur.

### Deutscher Freiwilligensurvey

Der Deutsche Freiwilligensurvey ist eine vom Deutschen Zentrum für Altersfragen (DZA) geleitete und durch das Bundesministerium für Familie, Senioren, Frauen und Jugend (BMFSFJ) geförderte repräsentative Befragung. Mittels telefonischer Befragung werden seit 1999 im 5-Jahres-Rhythmus umfassende Informationen zum freiwilligen Engagement der deutschen Wohnbevölkerung im Alter ab 14 Jahren erhoben. 2019 wurden insgesamt 27.762 Personen befragt, von denen 1.043 zwischen 14 und unter 20 Jahre alt waren; die Erhebung begann am 18. März und endete am 16. November. Durch Umstellungen im Gewichtungsverfahren 2019 kam es auch in den vorangegangenen Jahrgängen zu kleineren Änderungen, z. B. in den Engagementquoten – somit kann es zu geringen Abweichungen von den in vorherigen Bildungsberichten dargestellten Daten des Freiwilligensurveys kommen (vgl. Simonson et al., 2021).

### DIE-Weiterbildungskataster

Das Weiterbildungskataster vom Deutschen Institut für Erwachsenenbildung – Leibniz-Zentrum für Lebenslanges Lernen e. V. (DIE) enthält Standortangaben zu öffentlichen, gemeinschaftlichen und privaten Anbieter:innen von offen zugänglicher Weiterbildung (einschließlich Soloselbstständiger), die über eine eigene Internetpräsenz oder eine Listung in Datenbanken verfügen, ausschließlich innerbetrieblicher Anbieter:innen. Das Kataster wurde von infas 360 mit datengetriebenen Methoden erstellt. Insgesamt werden für das Jahr 2021 59.954 Weiterbildungseinrichtungen identifiziert. Neben den Standortangaben liegen für eine Teilgruppe befragter Einrichtungen zusätzlich Angaben zu der Anzahl an Lehrkräften bzw. der Einrichtungskategorie vor. Um diese Informationen auf die Grundgesamtheit hochzurechnen, wird ein multiples Imputationsverfahren genutzt. Für methodische Details siehe Schrader & Martin, 2021.

### DJI-Länderabfrage zu Sprachstandsdiagnostik und Sprachfördermaßnahmen

Im Rahmen der nationalen Bildungsberichterstattung werden alle 2 Jahre aktuelle Teilnahme- und Diagnostikdaten zu Sprachstandserhebungen bei den zuständigen Landesministerien erhoben. Neben Aktualisierungen der Aktivitäten zu Sprachstandserhebungen können mit diesen Daten die Anteile der als förderbedürftig diagnostizierten Kinder ausgewiesen werden. Die Länderabfrage für den Bildungsbericht 2022 ging auch auf Auswirkungen der Corona-Pandemie auf Sprachstandserhebungen und Sprachfördermaßnahmen ein.

### Erhebung über neu abgeschlossene Ausbildungsverträge

Das Bundesinstitut für Berufsbildung (BIBB) führt jährlich die Erhebung über neu abgeschlossene Ausbildungsverträge zum 30. September in Zusammenarbeit mit den für die Berufsausbildung zuständigen Stellen durch. Dabei werden die neu abgeschlossenen Ausbildungsverträge berücksichtigt, die in der Zeit vom 1. Oktober des Vorjahrs bis zum 30. September des Erhebungsjahrs neu abgeschlossen wurden und am 30. September auch noch bestanden haben.

### ERiK – Entwicklung von Rahmenbedingungen in der Kindertagesbetreuung 2020

Die Studie „Entwicklung von Rahmenbedingungen in der Kindertagesbetreuung" (ERiK) erarbeitet die empirische Grundlage für das Monitoring zum KiTa-Qualitäts- und -Teilhabeverbesserungsgesetz (kurz: KiQuTG). Die Studie wird vom Deutschen Jugendinstitut (DIJ) in Kooperation mit dem Forschungsverbund DJI/TU Dortmund durchgeführt und vom Bundesministerium für Familie, Senioren, Frauen und Jugend (BMFSFJ) gefördert. Im Rahmen der ERiK-Studie werden u. a. querschnittliche Surveys durchgeführt, die die verschiedenen Akteur:innenperspektiven von Leitungskräften und pädagogischem Personal in Kindertageseinrichtungen, von Kindertagespflegepersonen, von Jugendämtern und Trägern von Kindertageseinrichtungen sowie von Eltern umfassen. Der Erhebungszeitraum der ERiK-Surveys 2020 lag zwischen April und August 2020 für die Befragung der Leitungen und des pädagogischen Personals sowie von Mai bis September 2020 für die Befragung der Träger von Kindertageseinrichtungen, von Jugendämtern und Kindertagespflegepersonen. Insgesamt haben 3.867 Leitungskräfte, 8.833 pädagogisch Tätige, 3.875 Kindertagespflegepersonen, 381 Jugendämter und 1.901 Träger einen Fragebogen vollständig ausgefüllt. Die Ergebnisse aus den Datenauswertungen bilden die Grundlage des jährlichen Monitoringberichts des BMFSFJ. Weiterhin werden diese ausführlich in den ERiK-Forschungsberichten aufbereitet. Für methodische Details siehe Schacht et al., 2021.

### EU-SILC – LEBEN IN EUROPA

Die Erhebung EU-SILC (European Union Statistics on Income and Living Conditions – EU-SILC) liefert EU-weit harmonisierte und damit vergleichbare Indikatoren zur Messung von Armut und sozialer Ausgrenzung in der Europäischen Union (EU). Grundlage sind einheitliche Methodenstandards, die für alle EU-Mitgliedstaaten verbindlich sind.

### FbW – Förderung der beruflichen Weiterbildung

Die FbW ist Teil der öffentlich verfügbaren Statistik der Bundesagentur für Arbeit (BA) und wird regelmäßig aktualisiert. Sie enthält u.a. die Ein- und Austritte sowie Eingliederungsquoten beruflicher Weiterbildung, die durch die Sozialgesetzbücher II und III gefördert wird. Die Statistik ist auf den Internetseiten der BA abrufbar.

### Förderstatistik zum Bundesprogramm „Ausbildungsplätze sichern"

Die Förderstatistik zum Bundesprogramm „Ausbildungsplätze sichern" erfasst die Anzahl und Höhe der je Ausbildungsverhältnis positiv entschiedenen ausgezahlten oder abgelehnten Prämien und Zuschüsse sowie die Anzahl der Betriebe, die eine Prämie oder einen Zuschuss beantragt oder erhalten haben. Die Statistik wurde im November 2020 erstmals veröffentlicht und erscheint seitdem monatlich. Die Förderarten „Zuschuss zur Ausbildervergütung" und „Lockdown-II-Sonderzuschuss" werden ab August 2021 ausgewiesen.

### Ganztagsschulstatistik der KMK

Die Statistik zu den allgemeinbildenden Schulen in Ganztagsform in den Ländern der Bundesrepublik Deutschland (Ganztagsschulstatistik) wird jährlich von der Kultusministerkonferenz (KMK) veröffentlicht. Sie gibt, basierend auf einer bundeseinheitlichen Definition von Ganztagsschulen, einen differenzierten Überblick über die Entwicklung der schulischen Ganztagsangebote in den einzelnen Ländern und wird mittels koordinierter Ländermeldungen (entsprechend der KMK-Definition) erhoben. Als Ganztagsangebote werden im Bildungsbericht neben den in der KMK-Statistik aufgeführten Ganztagsschulen für Kinder im Grundschulalter auch die Angaben zu den Horten in Zuständigkeit der Kinder- und Jugendhilfe berücksichtigt, die in der amtlichen Kinder- und Jugendhilfestatistik erfasst werden.

### Hochschulfinanzstatistik

Die Hochschulfinanzstatistik erstreckt sich unabhängig von der Trägerschaft auf alle Hochschulen einschließlich der Hochschulkliniken. Hierzu zählen alle Bildungseinrichtungen, die nach Landesrecht als Hochschulen anerkannt sind. Erhoben werden die Einnahmen, Ausgaben und Drittmittel der einzelnen Hochschulen. Die Ergebnisse werden in aggregierter Form dargestellt, in der Regel nach Ländern, Hochschularten und Fächergruppen bzw. Lehr- und Forschungsbereichen.

### Hochschulkompass der Hochschulrektorenkonferenz

Beim Hochschulkompass handelt es sich um eine Datenbank der Hochschulrektorenkonferenz (HRK). Alle Hochschulen in Deutschland können hier ihre Studienangebote eintragen. Die Datenbank dient in erster Linie als Informationsquelle für Studieninteressierte und Studierende. Sie bietet zugleich den umfangreichsten Überblick über das Studienangebot an den Hochschulen.

### Hochschulstatistik

Die Hochschulstatistik wird von den Statistischen Ämtern des Bundes und der Länder bereitgestellt. Sie enthält verschiedene Teilstatistiken. Im vorliegenden Bildungsbericht werden Daten aus der Studierendenstatistik (Studienanfänger:innen, Studierende), der Prüfungsstatistik (Hochschulabsolvent:innen) sowie der Hochschulpersonalstatistik verwendet. Mit den Daten sind Auswertungen und Darstellungen nach Fächergruppen, Studienbereichen und Studienfächern, Art des Studiums, Art des (angestrebten) Abschlusses, Art und Trägerschaft der Hochschulen sowie Merkmalen der Studierenden (Geschlecht, Alter, Art, Ort und Zeitpunkt des Erwerbs der Studienberechtigung, Studiendauer) möglich.

### IAB-BeCovid-Panel

Das hochfrequente Panel „Betriebe in der Covid-19-Krise" des Instituts für Arbeitsmarkt- und Berufsforschung (IAB) untersucht die wirtschaftlichen und organisatorischen Auswirkungen der Corona-Pandemie auf die Betriebe in Deutschland. Zwischen 1.500 und 2.000 Betriebe werden in einem dreiwöchigen Rhythmus seit August 2020 regelmäßig telefonisch befragt. Neben Kernfragen sind spezifische Themen Teil der einzelnen Erhebungen; so liegen aus Welle 5 Angaben u.a. zur Weiterbildungsaktivität der Betriebe vor.

### IAB-Betriebspanel

Das Betriebspanel des Instituts für Arbeitsmarkt- und Berufsforschung (IAB) ist eine jährliche repräsentative Arbeitgeber:innenbefragung von etwa 16.000 Betrieben. Kantar Public Deutschland führt zu diesem

Zweck persönliche Interviews zu beschäftigungspolitisch relevanten Fragen. Neben einem dauerhaften Fragebogen gibt es jedes Jahr Themenschwerpunkte. Das Panel besteht in Westdeutschland seit 1993 und in Ostdeutschland seit 1996.

### iABE – Integrierte Ausbildungsberichterstattung

Die Integrierte Ausbildungsberichterstattung (iABE) zu Anfänger:innen, Teilnehmer:innen und Absolvent:innen im Ausbildungsgeschehen nach Sektoren/Konten und Ländern stellt das Ausbildungsverhalten von Jugendlichen im Anschluss an den Sekundarbereich I sowohl auf Bundes- als auch auf Länderebene systematisch dar. Das Ausbildungsgeschehen wird in der iABE anhand des vorrangigen Bildungsziels in 4 Sektoren gegliedert: Berufsausbildung, Integration in Ausbildung (Übergangsbereich), Erwerb einer Hochschulzugangsberechtigung und Studium.

### IKT-Erhebungen

Die Statistischen Ämter des Bundes und der Länder führen jährlich 2 getrennte Erhebungen zur Nutzung von Informations- und Kommunikationstechnologien, einmal in privaten Haushalten (IKT-H) und einmal in Unternehmen (IKT-U), durch. Die Erhebungseinheiten der IKT-H sind private Haushalte sowie Personen in den Haushalten ab 10 Jahren. Seit 2004 werden in jedem Land periodische Querschnittsdaten mittels selbstständig ausgefüllter Fragebögen im Papierformat von bis zu 12.000 Haushalten erhoben. Auch die IKT-U wird jährlich in schriftlicher Form durchgeführt und umfasst bis zu 20.000 Unternehmen (mit mindestens 10 Beschäftigten) und Einrichtungen zur Ausübung freiberuflicher Tätigkeit mit Sitz in Deutschland. Es stehen Daten seit 2002 zur Verfügung. Die IKT-H-und IKT-U-Erhebungen werden europaweit durchgeführt, sodass ein Vergleich der Staaten möglich ist. Die IKT-H ist seit dem Erhebungsjahr 2021 Bestandteil des Mikrozensus; durch die Integration ergeben sich künftig zahlreiche neue Auswertungsmöglichkeiten.

### Integrationskursgeschäftsstatistik

Die Integrationskursgeschäftsstatistik wird vom Bundesamt für Migration und Flüchtlinge (BAMF) jährlich veröffentlicht und enthält u.a. Kennziffern und Daten über Zuwanderungsbewegungen, Asylanträge, integrationskursteilnahmeberechtigte Personen, Integrationskursträger sowie besuchte, vollendete und abgebrochene Integrations- und Sprachkurse.

### Jugendarbeitsstatistik

In einem 2-Jahres-Rhythmus erfasst die Jugendarbeitsstatistik als Teil der umfassenden Kinder- und Jugendhilfestatistik in einer Vollerhebung Daten zu Angeboten öffentlicher und anerkannter freier Träger der Kinder- und Jugendhilfe, sofern diese Angebote bzw. Träger öffentlich gefördert werden. Die Vergleichbarkeit der Angebote untereinander ist hinsichtlich der Inhalte und des zeitlichen Umfangs eingeschränkt. Die Statistik befindet sich weiterhin im Aufbau und in der kontinuierlichen Weiterentwicklung; so liefert die 3. Erhebung aus dem Jahr 2019 stabilere Befunde als die vorangegangenen Erhebungen (Mühlmann, 2021).

### KiBS – Kinderbetreuungsstudie

Die Kinderbetreuungsstudie (KiBS) des Deutschen Jugendinstituts (DJI) erhebt in einer jährlichen und bundeslandrepräsentativen Elternbefragung u.a. die Betreuungsbedarfe von Eltern für ihre unter 11-jährigen Kinder. Die Studie wird vom Bundesministerium für Familie, Senioren, Frauen und Jugend (BMFSFJ) gefördert. Für 2020 liegen Informationen zu 33.522 Kindern vor, die im Rahmen von Elternangaben in Telefoninterviews und schriftlichen oder Onlinebefragungen erhoben wurden (für methodische Details siehe Lippert et al., 2022). Im Jahr 2021 wurden 33.819 Befragungen von Eltern mit Kindern bis zum Ende der Grundschulzeit (bis 4. Jahrgangsstufe) geführt. Die Teilstichprobe der jüngsten Altersgruppe (unter 1-Jährige) wird jährlich neu gezogen. Etwa die Hälfte der Eltern älterer Kinder wird wiederholt befragt, die andere Hälfte wird als sogenannte Auffrischungsstichprobe über die Einwohnermeldeämter nachgezogen.

### Kinderbetreuung in Deutschland – Zusatzerhebung in Zeiten der Corona-Pandemie (DJI-KiBS-Zusatzerhebung)

Die Studie „Kinderbetreuung in Deutschland – Zusatzerhebung in Zeiten der Corona-Pandemie im Rahmen der Corona-KiTa-Studie", baut auf der Elternstichprobe der Kinderbetreuungsstudie (KiBS) des Deutschen Jugendinstituts (DJI) auf. Zwischen November 2020 und August 2021 wurden zu insgesamt 10 Messzeitpunkten Eltern mit Kindern ab der Geburt bis zum Schuleintritt mittels eines Onlinefragebogens zu ihrer familialen Situation während der Corona-Pandemie befragt. Ein besonderer Befragungsschwerpunkt lag dabei auf der Betreuungssituation der Kinder während der Pandemie. Die Beteiligung variierte je nach Messzeitpunkt zwischen 3.747 und 8.917 Personen.

### Kinder- und Jugendhilfestatistik (KJH-Statistik)

Die KJH-Statistik ist eine Bundesstatistik, die von den Statistischen Landesämtern durchgeführt wird, basiert auf einer (zumeist) jährlichen Vollerhebung. Die KJH-Statistik umfasst ein Bündel von zumeist jährlich durchgeführten Vollerhebungen zu wesentlichen Leistungen und Aufgaben der Kinder- und Jugendhilfe auf Basis der §§ 98–103 des SGB VIII (Kinder- und Jugendhilfe) erfasst. Sie kommt damit dem Auftrag nach, Daten zur Beurteilung der Auswirkungen der Bestimmungen des Achten Sozialgesetzbuches und zu seiner Fortentwicklung zur Verfügung zu stellen. Die Analysen zur Frühen Bildung erfolgen vorrangig auf den Erhebungsteilen zu Kindern und tätigen Personen in Kindertageseinrichtungen und öffentlich geförderter Kindertagespflege in Deutschland, die seit 2006 jährlich zum 1. März (bis 2008: 15. März) erhoben werden. Sie umfasst u. a. Daten zu den Einrichtungen, Trägern und Öffnungszeiten, zum Personal (Qualifikation, Geschlecht, Alter) und deren Arbeitsbedingungen sowie zu allen Kita-Kindern (Geschlecht, Alter, Migrationshintergrund).

### KiTa-Register der Corona-KiTa-Studie

Im Rahmen der der Corona-KiTa-Studie erforschen das Deutsche Jugendinstitut (DJI) und das Robert Koch-Institut (RKI) in 4 Erhebungsmodulen die Rolle der Kindertagesbetreuung bei der Ausbreitung des Coronavirus SARS-CoV-2. Die Studie wird vom Bundesministerium für Familie, Senioren, Frauen und Jugend (BMFSFJ) und Bundesministerium für Gesundheit (BMG) gefördert. Das Modul „KiTa-Register" des DJI stellt eine wöchentliche, onlinebasierte Abfrage dar; alle Kindertageseinrichtungen und Tagespflegepersonen in Deutschland sind zur Teilnahme daran aufgerufen. Um möglichst den gesamten Zeitraum der Pandemie zu erfassen, werden hier Daten des DJI-KiTa-Registers und weitere Daten der Corona-KiTa-Studie zusammen betrachtet (Autor:innengruppe Corona-KiTa-Studie, 2021a, 2021b). Die Daten für den Zeitraum März bis Juli 2020 basieren auf Selbsteinschätzungen der zuständigen Landesministerien (teils Daten der Länder, teils Daten, die den Ministerien zur Verfügung gestellt wurden) (Autor:innengruppe-Corona-KiTa-Studie, 2020). Seit August 2020 liegen Daten vor, die wöchentlich von durchschnittlich etwa 5.000 teilnehmenden Kitas gemeldet werden und in einem Dashboard öffentlich einsehbar sind **corona-kita-studie.de/ergebnisse#dashboard**.

### Knappschaft-Bahn-See

Die Statistik der Knappschaft-Bahn-See zur 2. Förderrichtlinie des Bundesprogramms „Ausbildungsplätze sichern" erfasst die Anzahl der Bewilligungen der Programmsegmente Auftrags- und Verbundsausbildung und Zuschuss zur Prüfungsvorbereitung. Außerdem wird die Höhe der bewilligten Zahlungen ausgewiesen.

### LFS – Labour Force Survey (Europäische Arbeitskräfteerhebung)

Die Labour Force Survey ist die größte europäische Haushaltsstichprobenerhebung. Das Hauptziel ist es, die Bevölkerung im erwerbsfähigen Alter (15 Jahre und älter) in drei sich gegenseitig ausschließende Gruppen einzuteilen: Erwerbstätige, Arbeitslose und Nichterwerbspersonen. Die LFS stellt vierteljährliche und jährliche Daten zur Verfügung. Die Ergebnisse werde u.a. über die Eurostat LFS Datenbank bereitgestellt. In Deutschland sind bereits seit 1968 die EU-weit gestellten Fragen zur Arbeitsmarktbeteiligung in den Mikrozensus integriert.

### Mikrozensus

Beim Mikrozensus handelt es sich um eine Haushaltsbefragung, die von den Statistischen Ämtern des Bundes und der Länder seit 1957 – in den neuen Ländern seit 1991 – jährlich durchgeführt wird. Befragt wird 1 % der Bevölkerung in Deutschland. Erhebungsinhalte sind Familien- und Haushaltszusammenhänge, wirtschaftliche und soziale Lage der Bevölkerung, Erwerbsbeteiligung, Arbeitsuche, Aus- und Weiterbildung, Wohnverhältnisse, Gesundheit und Migration. Die Daten werden von den Statistischen Ämtern des Bundes und der Länder zur Verfügung gestellt.

Der Mikrozensus wurde 2020 methodisch neu gestaltet. Die Ergebnisse ab dem Berichtsjahr 2020 sind deshalb nur eingeschränkt mit den Vorjahren vergleichbar. Ausführliche Informationen zu den Änderungen sowie den Auswirkungen der Neugestaltung und der Corona-Pandemie auf den Mikrozensus sind auf einer eigens eingerichteten Sonderseite **destatis.de/mikrozensus2020** verfügbar.

### NEPS – Nationales Bildungspanel

Das Nationale Bildungspanel (National Educational Panel Study, NEPS) ist eine groß angelegte Multikohortenstudie, die vom Leibniz-Institut für Bildungsverläufe (LIfBi) in Zusammenarbeit mit einem interdisziplinär zusammengesetzten deutschlandweiten Netzwerk seit 2010 durchgeführt wird (Blossfeld & Roßbach, 2019). Ziel des NEPS ist es, repräsentative

Längsschnittdaten zu Kompetenzentwicklungen, Bildungsprozessen, Bildungsentscheidungen und Bildungsrenditen in formalen, non-formalen und informellen Kontexten über die gesamte Lebensspanne bereitzustellen. Bei der Erhebung der Daten kommen unterschiedliche Erhebungsverfahren (z. B. Interviews, Onlinebefragungen, Tests) zum Einsatz. Das NEPS besteht aus 6 parallelen Längsschnittstudien bzw. Panels, die in unterschiedlichen Altersgruppen (sogenannten Startkohorten) beginnen und im Bildungsbericht 2022 als Datengrundlage für verschiedene Analysen verwendet werden.

Startkohorte 1 (SC1) hat das Ziel, Bildung von Anfang an aufzuzeigen. Hierzu werden Kinder von ihrem 7. Lebensmonat an getestet (ab dem 8. Lebensjahr selbst befragt) und ihre Eltern, Betreuungspersonen sowie Lehrkräfte befragt. Startkohorte 2 (SC2) betrachtet Verläufe von der Frühen Bildung bis zum Sekundarbereich I. Auch hier werden Erhebungen mit Kindern, Eltern und Personal der unterschiedlichen Bildungseinrichtungen durchgeführt. Die Bildungswege von Schüler:innen ab Jahrgangsstufe 5 bis in die Ausbildung werden in der Startkohorte 3 (SC3) betrachtet. Ein besonderes Augenmerk wird dabei auf unterschiedliche Kompetenzen und deren Entwicklung gelegt. In Startkohorte 4 (SC4) stehen Schüler:innen ab Jahrgangsstufe 9 im Fokus. Dabei interessieren im Besonderen die verschiedenen Ausbildungswege sowie die Wege in und durch den Sekundarbereich II und die Übergänge in das berufliche Bildungssystem. Das Hochschulstudium und der Übergang in den Beruf werden in der Startkohorte 5 (SC5) betrachtet. Ein besonderer Fokus liegt dabei auf Kompetenzen von Studierenden und Kompetenzentwicklung im Studienverlauf. In der Startkohorte 6 (SC6) wird Bildung im Erwachsenenalter und lebenslanges Lernen betrachtet. Dabei werden Daten zu den Bildungs- und Erwerbsverläufen, Bildungsaktivitäten und Lernprozessen sowie die Kompetenzentwicklung im Lebensverlauf erfragt und erfasst.

### Personalstandstatistik

Die Personalstandstatistik erhebt nach dem Finanz- und Personalstatistikgesetz (FPStatG) Daten zu den Beschäftigten des öffentlichen Diensts. Der öffentliche Dienst umfasst hierbei das Personal von Bund, Ländern und Gemeinden/Gemeindeverbänden (Kernhaushalte und Sonderrechnungen), die Sozialversicherungsträger (einschließlich der Bundesagentur für Arbeit) sowie die rechtlich selbstständigen Einrichtungen in öffentlich-rechtlicher Rechtsform. Es handelt sich um eine Vollerhebung. Die Daten werden von den Statistischen Ämtern des Bundes und der Länder zur Verfügung gestellt.

### PISA – Programme for International Student Assessment

Die PISA-Studie ist eine internationale Schulleistungsuntersuchung, die in dreijährigem Turnus in einem Großteil der Mitgliedstaaten der Organisation for Economic Co-operation and Development (OECD) und einigen Partnerstaaten durchgeführt wird. Ziel ist es, die Kompetenzen von 15-jährigen Schüler:innen in den Domänen Lesen, Mathematik und Naturwissenschaften zu erfassen. Die Testaufgaben orientieren sich nicht an spezifischen Lehrplänen, sondern an Kompetenzen, die für den Lernprozess und den Wissenserwerb relevant sind. An der letzten Studie im Jahr 2018 haben in Deutschland 5.500 Schüler:innen der 9. Jahrgangsstufe teilgenommen.

### Schuldenstatistik

Die Schuldenstatistik erhebt in tiefer Gliederung die Schulden des öffentlichen Gesamthaushalts nach Ebenen. Die Erhebungseinheiten sind die staatlichen (Bund, Länder) und kommunalen Haushalte (Gemeinden/Gemeindeverbände), die Träger der Sozialversicherung und die Bundesagentur für Arbeit (BA). In einer verkürzten Form werden auch die Schulden der Fonds, Einrichtungen und Unternehmen, die von den öffentlichen Haushalten (auch von diesen gemeinsam) bestimmt sind, erhoben. In der Summe ergibt sich so der Schuldenstand für den öffentlichen Bereich. Die Schuldenstatistik entspricht sachlich und systematisch jeweils dem Stand zum Stichtag 31. Dezember des aktuellen Berichtsjahrs. Die Daten werden von den Statistischen Ämtern des Bundes und der Länder zur Verfügung gestellt.

### Schulstatistik

Die Schulstatistik hat die Aufgabe, Daten zu aktuellen Entwicklungen im (allgemeinbildenden und beruflichen) Schulwesen bereitzustellen. Die Statistik wird jährlich bundesweit zu Beginn des Schuljahres als koordinierte Länderstatistik in Form einer Vollerhebung mit Auskunftspflicht aller Schulen in öffentlicher und freier Trägerschaft erhoben. Eine Ausnahme bilden die Schulen des Gesundheitswesens, für die keine einheitliche Nachweispflicht besteht. Die Zusammenfassung zu Bundesergebnissen erfolgt auf der Grundlage des von der Kultusministerkonferenz (KMK) erstellten Definitionenkatalogs.

### SOEP – Sozio-oekonomisches Panel

Das SOEP ist eine repräsentative multidisziplinäre Längsschnittstudie, für die seit dem Jahr 1984 jährlich ca. 30.000 Menschen in knapp 15.000 Haushalten befragt werden. Neben der Haushaltszusammensetzung erfasst die Studie Berufsbiografien und Informationen zu Beschäftigung, Einkommen, Bildung sowie zu Gesundheits- und Zufriedenheitsindikatoren der Befragten. Die Studie wird laufend an die gesellschaftlichen Entwicklungen angepasst und weiterentwickelt: 1990 wurde die Befragung auch auf das Gebiet der ehemaligen DDR ausgeweitet, in den Jahren 1994/95, 2013 sowie 2015/16 zudem um Geflüchtetenstichproben ergänzt. Die SOEP-Daten stehen der wissenschaftlichen Forschung als faktisch anonymisierte Mikrodaten zur Verfügung. Die aktuell verfügbare Version umfasst die Jahre 1984 bis 2020 (v37).

### Statistik der Aufstiegsfortbildung

Ab dem Berichtsjahr 2018/19 werden in der nationalen und internationalen Bildungsberichterstattung Daten zu Aufstiegsfortbildungen im berufsorientierten Tertiärbereich nachgewiesen. Für diese Bildungsgänge, die zu Abschlüssen wie Meister:in, Fachwirt:in, Betriebswirt:in oder Fachkaufleute führen, liegen umfassende Daten zu Prüfungen vor, Daten zu Bildungsteilnehmer:innen und Anfänger:innen werden anhand einer Stichprobenerhebung für das Berichtsjahr 2018/19 unter Berücksichtigung der jährlichen Fortbildungsprüfungen fortgeschrieben. Mit dem neuen Berufsbildungsgesetz von Anfang 2020 wurden die Abschlussbezeichnungen Bachelor Professional und Master Professional als Zeichen der Gleichwertigkeit von beruflicher Fortbildung und akademischen Bildungsgängen und für eine bessere internationale Mobilität eingeführt.

### Statistik der Berufssprachkurse

Der Bericht zur Statistik der Berufssprachkurse wird vom Bundesamt für Migration und Flüchtlinge (BAMF) seit 2019 jährlich veröffentlicht und enthält u. a. Kennziffern und Daten zu Teilnahmeberechtigungen und -verpflichtungen an Berufssprachkursen, Kurseintritten, einzelnen Kursarten sowie Kursträgern.

### Statistik der Geburten

Die Geburtenstatistik enthält alle zwischen dem 1. Januar und dem 31. Dezember des Berichtsjahrs von einem Standesamt beurkundeten Geburten. Neben den Daten zur Geburt wie Tag und Geschlecht werden u. a. der Familienstand und die Staatsangehörigkeit der Eltern sowie das Alter der Mutter erhoben. Die regionale Gliederung ist bis auf Ebene der Gemeinden möglich. Die Daten werden von den Statistischen Ämtern des Bundes und der Länder zur Verfügung gestellt.

### Statistik der öffentlichen Ausgaben und Einnahmen

Die Statistik der öffentlichen Ausgaben und Einnahmen gibt die Rechnungsergebnisse der öffentlichen Haushalte verschiedener Erhebungseinheiten wieder. Dazu zählen Bund, Sondervermögen des Bundes (unvollständig), die Länder, Sondervermögen der Länder (unvollständig), die Gemeinden/Gemeindeverbände (Gv.), die kommunalen Zweckverbände (unvollständig), die Sozialversicherung sowie die Finanzanteile der Europäischen Union. Das Material der Rechnungsstatistik wird den Rechnungsabschlüssen der Gebietskörperschaften sowie den sonstigen zum finanzstatistischen Berichtskreis gehörenden Erhebungseinheiten entnommen (sogenannte Sekundärstatistik). Es handelt sich um eine Vollerhebung, für die nach § 11 FPStatG Auskunftspflicht besteht. Auskunftspflichtig für die Finanzen des Bundes und der Länder sind die Finanzministerien und Finanzsenate sowie die Leiter:innen der für das Haushalts-, Kassen- und Rechnungswesen zuständigen Stellen. Die finanzstatistischen Ergebnisse für die Sozialversicherung werden je nach Versicherungszweig entweder vom Bundesministerium für Gesundheit oder direkt von den Versicherungsträgern gemeldet. Die Zusammenführung der unterschiedlich gegliederten Basisdaten zum Ergebnis der öffentlichen Haushalte erfolgt in den Statistischen Ämtern des Bundes und der Länder.

### Statistik nach dem Aufstiegsfortbildungsförderungsgesetz (AFBG)

Die Statistik nach dem Aufstiegsfortbildungsförderungsgesetz (AFBG) ist eine Bundesstatistik, die jährlich als Sekundärstatistik auf Basis von Verwaltungsdaten erstellt wird. Sie erfasst detaillierte Angaben zum sozialen und finanziellen Hintergrund der Geförderten und ihrer Ehegatt:innen sowie die Höhe und Zusammensetzung des finanziellen Bedarfs der Geförderten und der errechneten Förderungsbeträge. Förderleistungen nach dem AFBG können Teilnehmer:innen erhalten, die eine Fortbildungsmaßnahme über dem Niveau einer Facharbeiter-, Gesellen-/Gehilfenprüfung oder eines Berufsfachschulabschlusses anstreben (z. B. Handwerksmeister:in, Fachwirt:in).

### Statistik nach dem Bundesausbildungsförderungsgesetz (BAföG)

Die Statistik nach dem Bundesausbildungsförderungsgesetz (BAföG) ist eine Bundesstatistik, die jährlich als Sekundärstatistik auf Basis von Verwaltungsdaten erstellt wird. Sie erfasst detaillierte Angaben zum sozialen und finanziellen Hintergrund der Geförderten, ihrer Ehegatt:innen und Eltern sowie die Höhe und Zusammensetzung des finanziellen Bedarfs der Geförderten und der errechneten Förderungsbeträge. Eine Förderung nach dem BAföG wird für Studierende sowie für Schüler:innen ab der 10. Jahrgangsstufe unter bestimmten Voraussetzungen (z. B. auswärtige Unterbringung) sowie für Schüler:innen an Abendschulen, Kollegs, Fach(ober)schulen u. Ä. gewährt.

### Statistik nach der Pflegeberufe-Ausbildungsfinanzierungsverordnung

Die Statistik nach der Pflegeberufe-Ausbildungsfinanzierungsverordnung (Pflegeausbildungsstatistik) erhebt Informationen zu den in Ausbildung befindlichen Personen zur Pflegefachkraft, einschließlich Angaben zu den zugehörigen Trägern der praktischen Ausbildung, den Pflegeschulen und den Ausbildungsvergütungen. Es handelt sich um eine Vollerhebung, die jährlich zum 31. Dezember eines Jahres erfolgt. Die Statistik wurde mit dem im Jahr 2020 in Kraft getretenen Pflegeberufegesetz eingeführt, mit dem die bisherigen Ausbildungsberufe Altenpfleger:in, Gesundheits- und Krankenpfleger:in sowie Gesundheits- und Kinderkrankenpfleger:in zum neuen Ausbildungsberuf Pflegefachkraft vereint wurden.

### Statistiken zu (Jugend-)Freiwilligendiensten

Alle 2 Jahre werden die jeweils aktuellsten von verschiedenen Ministerien zur Verfügung gestellten Daten zu jungen Menschen, die an (Jugend-)Freiwilligendiensten teilnehmen, für die nationale Bildungsberichterstattung zusammengetragen und aufbereitet. Dazu zählen die Statistiken für das Freiwillige Soziale Jahr (FSJ), das Freiwillige Ökologische Jahr (FÖJ) und den Internationalen Jugendfreiwilligendienst (IJFD) vom Bundesministerium für Familie, Senioren, Frauen und Jugend (BMFSFJ). Daten zum Bundesfreiwilligendienst (BFD) stellt das Bundesamt für Familie und zivilgesellschaftliche Aufgaben (BAFzA) zur Verfügung. Aktuelle Daten für das Programm „weltwärts“ erhebt Engagement Global im Auftrag des Bundesministeriums für wirtschaftliche Zusammenarbeit und Entwicklung (BMZ) und stellt sie dem Bildungsbericht zur Verfügung.

### Studienberechtigtenpanel des DZHW

Für das Studienberechtigtenpanel des Deutschen Zentrums für Hochschul- und Wissenschaftsforschung (DZHW) wird eine repräsentative Stichprobe der Studienberechtigten eines Abschlussjahrgangs zu mehreren Zeitpunkten vor und nach dem Schulabschluss befragt. Dabei werden allgemeinbildende und berufliche Schulen einbezogen. Die 1. Befragung findet 6 Monate vor dem Schulabschluss statt, die weiteren Befragungen 6 Monate danach sowie in mehrjährigem Abstand zum Schulabschluss. Erfragt werden u. a. Informationen zum sozialen und Bildungshintergrund der Studienberechtigten, zur (Bildungs-)Biografie vor dem Erwerb der Studienberechtigung, zu Bildungsintentionen und -entscheidungen, zum Lebens- und Bildungsverlauf sowie (langfristig) zu Bildungserträgen. Kennzeichnend für die Befragung ist, dass alle Studienberechtigten wiederholt befragt werden, unabhängig davon, ob sie ein Studium oder eine berufliche Ausbildung aufnehmen. An der in diesem Bildungsbericht verwendeten 2. Befragung des Studienberechtigtenpanels 2018 haben 8.765 Personen teilgenommen. Das Studienberechtigtenpanel wurde 2021 in das Student Life Cycle Panel (SLC) des DZHW überführt.

### TALIS Starting Strong – Starting Strong Teaching and Learning International Survey

Der Starting Strong Teaching and Learning International Survey (TALIS Starting Strong) der Organisation for Economic Co-operation and Development (OECD) ist eine internationale Fachkräftebefragung, die die Selbsteinschätzung von pädagogisch Tätigen und Einrichtungsleitungen aus 9 Mitgliedstaaten (Chile, Dänemark, Deutschland, Island, Israel, Japan, Norwegen, Südkorea und Türkei) in der Frühen Bildung erfasst. Die 2018 erstmals durchgeführte Befragung stellt eine Erweiterung der regulären TALIS-Studie dar. Befragt wurden Beschäftigte, die mit Kindern unter 3 Jahren arbeiten (U3-Teilstudie), sowie Beschäftigte, die für Kinder ab 3 Jahren bis zum Schuleintritt zuständig sind (Ü3-Teilstudie). Aus Deutschland beteiligten sich etwa 500 Kindertageseinrichtungen mit über 3.000 pädagogisch Tätigen und Einrichtungsleitungen (für methodische Hinweise siehe OECD, 2019). Ziel ist die Datengewinnung zu Arbeitsbedingungen, pädagogischen Praktiken und Orientierungen sowie zu Arbeitszufriedenheit und Belastungserleben von Kita-Personal.

### Volkshochschul-Statistik

Die Statistik der deutschen Volkshochschulen wird vom Deutschen Institut für Erwachsenenbildung – Leibniz-Zentrum für Lebenslanges Lernen e.V. (DIE) seit 1962 jährlich erstellt. Bei einer Beteiligung von über 900 Einrichtungen liegen nahezu 100 % der Volkshochschuldaten vor. Damit kann eine kontinuierliche und umfassende Datensammlung über einen Zeitraum von mehr als 50 Jahren zur Verfügung gestellt werden. Daten zu Angeboten, Finanzierung und institutionellen Aspekten ermöglichen Beobachtungen z. B. über Angebotsverläufe, Teilnahmequoten und Strukturveränderungen in Zeitreihen.

### Volkswirtschaftliche Gesamtrechnungen

Die Volkswirtschaftlichen Gesamtrechnungen (VGR) stellen das umfassendste statistische Instrumentarium der Wirtschaftsbeobachtung in Deutschland dar. Um ein solches System auch für die Länder zu erstellen, wurde 1954 der Arbeitskreis „Volkswirtschaftliche Gesamtrechnungen der Länder" gegründet. Ihm gehören die Statistischen Ämter der 16 Bundesländer sowie das Statistische Bundesamt und das Statistische Amt Wirtschaft und Kultur der Landeshauptstadt Stuttgart als Vertreter des Deutschen Städtetags an. Vorsitz und Federführung des Arbeitskreises obliegen dem Statistischen Landesamt Baden-Württemberg. Das Datenangebot des Arbeitskreises deckt weitgehend die Entstehungs-, Verteilungs- und Verwendungsrechnung auf Länderebene ab. Darüber hinaus werden ausgewählte Aggregate (z. B. Bruttoinlandsprodukt und Wertschöpfung) auf Kreisebene berechnet. Die Berechnungen erfolgen nach dem Europäischen System Volkswirtschaftlicher Gesamtrechnungen (ESVG 1995/ESVG 2010). Diese Methodik sichert vergleichbare Ergebnisse der VGR für die Staaten und Regionen Europas.

### Wanderungsstatistik

Die Wanderungsstatistik umfasst alle meldepflichtigen Wanderungsfälle über Gemeindegrenzen hinweg zu anderen Gemeinden innerhalb Deutschlands sowie die Wanderungsfälle über Bundesgrenzen hinweg. Es werden Wanderungsfälle, nicht aber die wandernden Personen nachgewiesen. Die Zahl der Wanderungsfälle in einem Jahr ist demzufolge etwas größer als die Zahl der wandernden Personen, da eine Person in einem Jahr mehrmals umziehen respektive ihren Wohnungsstatus ändern kann. Neben Alter, Geschlecht und Familienstand werden Staatsangehörigkeit, Herkunfts- und Zielland sowie Geburtsland erfasst. Geflüchtete und Schutzsuchende sind meldepflichtig und damit grundsätzlich in der Wanderungsstatistik enthalten. Die Daten werden von den Statistischen Ämtern des Bundes und der Länder zur Verfügung gestellt.

### wbmonitor

Im Rahmen des wbmonitor werden seit 2001 jährlich Weiterbildungsanbieter:innen zu ihrem Leistungsangebot und der Geschäftsentwicklung befragt (periodischer Querschnitt). Darüber hinaus gibt es jedes Jahr einen Themenschwerpunkt. In diesem Bildungsbericht werden die Daten aus den Jahren 2019, 2020 und 2021 verwendet. Der wbmonitor ist ein Kooperationsprojekt des Bundesinstituts für Berufsbildung (BIBB) und des Deutschen Instituts für Erwachsenenbildung – Leibniz-Zentrum für Lebenslanges Lernen e.V. (DIE).

### wb-personalmonitor

Der wb-personalmonitor des Bundesinstituts für Berufsbildung (BIBB), des Deutschen Instituts für Erwachsenenbildung – Leibniz-Zentrum für Lebenslanges Lernen e.V. (DIE) und der Universität Duisburg-Essen (UDE) wurde 2014 im Rahmen des wbmonitors als repräsentative Erhebung des Weiterbildungspersonals durchgeführt. Dabei wurden zunächst über Weiterbildungseinrichtungen 5.511 Beschäftigte zu ihrer bzw. ihrem derzeitigen Arbeit-/Auftraggeber:in, ihrer Tätigkeit innerhalb und ggf. außerhalb der Weiterbildung, ihren Arbeitsbedingungen sowie ihrer ökonomischen und soziodemografischen Situation befragt (vgl. Autor:innengruppe Bildungsberichterstattung, 2016, S. 155). Anschließend wurden 1.243 Beschäftigte in einer 2. Welle vertiefend zu ihrem Einstieg in die Weiterbildung, detaillierten Arbeitsbedingungen, Weiterbildungen und Zusatzqualifikationen u. a. befragt. Die Repräsentativität der Stichprobe ist jedoch insofern eingeschränkt, als der nach den AES-Teilnahmequoten dominante Weiterbildungssektor, die betriebliche Weiterbildung, nur marginal einbezogen ist.

# Einleitung

Der Bericht „Bildung in Deutschland 2022" informiert nunmehr zum 9. Mal über die Entwicklung und gegenwärtige Lage des deutschen Bildungswesens. Unter der Perspektive von Bildung im Lebenslauf werden dabei die einzelnen Bereiche des deutschen Bildungswesens im Unterschied zu anderen bereichsspezifischen Einzelberichten nicht nur für sich, sondern in ihrem Gesamtzusammenhang betrachtet. Auf diese Weise lassen sich für die verschiedenen Akteur:innen im Bildungswesen übergreifende Problemlagen und Herausforderungen sichtbar machen. Vor dem Hintergrund der Corona-Pandemie, die im Jahr 2020 einsetzte und von den Bildungsteilnehmenden bis hin zu den politisch Verantwortlichen sämtliche Teilbereiche des Bildungswesens in einer seit dem 2. Weltkrieg nicht gekannten Weise herausforderte, ist dieser übergreifende Blick von besonderer Bedeutung. Mit der Breite seines Ansatzes wendet sich der Bericht an Bildungspolitik und Bildungsverwaltung und auch an die bildungsbezogene Fachpraxis. Der interessierten Öffentlichkeit, aber auch der Wissenschaft werden umfangreiche Informationen zur Entwicklung und zur aktuellen Lage des Bildungswesens zur Verfügung gestellt.

Bildungsberichterstattung ist als Bestandteil eines umfassenden Bildungsmonitorings zu verstehen, das darauf abzielt, durch kontinuierliche datengestützte Beobachtung und Analyse Informationen für politisches Handeln aufzubereiten und bereitzustellen. Damit fügt sich auch dieser Bildungsbericht ein in die für den Schulbereich bereits im Jahr 2006 von der Ständigen Konferenz der Kultusminister in der Bundesrepublik Deutschland (KMK) erklärte und 2015 überarbeitete Gesamtstrategie zum Bildungsmonitoring in Deutschland. Während sich die weiteren Komponenten des Bildungsmonitorings zum einen auf das Schulwesen konzentrieren und zum anderen primär die darin tätigen und betroffenen Personen ansprechen, ist die Bildungsberichterstattung von Beginn an als systembezogene, evaluative, indikatorisierte Gesamtschau angelegt. Sie schließt damit auch Ergebnisse aus anderen Bildungsstudien ein (z. B. aus internationalen Schulleistungsuntersuchungen wie PISA Ⓓ oder bereichsübergreifenden Studien wie NEPS Ⓓ oder AID:A Ⓓ).

## Konzeptionelle Grundlagen des Bildungsberichts

Der nationale Bildungsbericht für Deutschland ist konzeptionell durch 3 grundlegende Merkmale charakterisiert, die die Auswahl der Berichtsgegenstände anleiten:

- Er orientiert sich an einem Bildungsverständnis, dessen Ziele in den Dimensionen *individuelle Regulationsfähigkeit, Humanressourcen* sowie *gesellschaftliche Teilhabe und Chancengleichheit* Ausdruck finden. Individuelle Regulationsfähigkeit meint die Fähigkeit des Individuums, die eigene Biografie, das Verhältnis zur Umwelt und das Leben in der Gemeinschaft selbstständig zu planen und zu gestalten. Der Beitrag des Bildungswesens zu den Humanressourcen richtet sich sowohl auf die Sicherstellung und Weiterentwicklung des gesellschaftlich benötigten Arbeitskräftevolumens als auch auf die Vermittlung von Kompetenzen, die den Menschen eine ihren Neigungen und Fähigkeiten entsprechende Erwerbsarbeit ermöglichen. Indem die Bildungseinrichtungen gesellschaftliche Teilhabe und Chancengleichheit fördern, wirken sie systematischer Benachteiligung aufgrund der sozialen Herkunft, des Geschlechts, der Nationalität und anderer Merkmale entgegen.
- Unter der *Leitidee „Bildung im Lebenslauf"* werden im Bildungsbericht über das Spektrum der Bildungsbereiche und -stufen hinweg der Umfang und die Qualität der institutionellen Angebote, aber auch deren Nutzung durch die Individuen analysiert. Zunehmend lässt sich diese Perspektive von Bildung im Lebenslauf auch empirisch über Längsschnittdaten aufgreifen.
- Die Bildungsberichterstattung erfolgt *indikatorengestützt*. Auf Basis regelmäßig erhobener, vorzugsweise amtlicher Daten werden zentrale Merk-

male von Bildungsinstitutionen und -strukturen, von Bildungsprozessen und -qualität abgebildet. Wichtige Kriterien für die Auswahl von Indikatoren sind die Relevanz der jeweiligen Themen für bildungspolitische Steuerungsfragen, die vorliegenden Forschungsbefunde zu Bildungsverläufen und zu einzelnen Phasen des Bildungsprozesses sowie die Verfügbarkeit und Aussagefähigkeit von im Regelfall fortschreibbaren Statistiken und Surveys. Damit wird keineswegs in Abrede gestellt, dass auch Aspekte, die sich nicht unmittelbar empirisch erfassen oder quantifizieren lassen, für das Bildungswesen von Bedeutung sind; sie entziehen sich aber der Darstellungsform von Bildungsberichterstattung in diesem Sinne.

Die konzeptionelle Anlage und insbesondere das Indikatorenverständnis entsprechen derjenigen der vorangegangenen Bildungsberichte (vgl. Maaz & Kühne, 2018); insoweit wird auf deren ausführliche Erläuterung an dieser Stelle verzichtet und auf die entsprechenden Informationen auf der Homepage **www.bildungsbericht.de** verwiesen.

Bildungsberichterstattung ist von ihrem Grundverständnis her problemorientiert und analytisch. Mit der Problemorientierung wird versucht, jene Stellen und Entwicklungen im Bildungswesen aufzuzeigen, die für Politik und Öffentlichkeit von besonderem Interesse sind und auch auf Handlungsbedarfe im Einzelfall hinweisen. Aufgabe der Bildungsberichterstattung ist es, Problemlagen und aktuelle wie zukünftige Herausforderungen aufzuzeigen, nicht aber politische Empfehlungen im Einzelnen abzugeben.

## Anlage des Bildungsberichts

Dieser 9. Bildungsbericht nimmt die in den seit 2006 erschienenen Berichten dargestellten konzeptionellen Überlegungen auf, folgt weitgehend dem Aufbau dieser Berichte und sichert so Kontinuität über weitgehend gleiche Indikatorenbezeichnungen, auch werden eine Vielzahl von Darstellungen – bis hin zu konkreten Abbildungen – erneut mit einbezogen. Durch die Betonung dieses Fortschreibungscharakters gewinnt der Bildungsbericht 2022 eine besondere Informations- und Aussagekraft.

Bei Anerkennung der Bedeutung einer kontinuierlichen Fortschreibung von Indikatoren wird im Bildungsbericht 2022 zugleich die Weiterentwicklung der in den letzten Berichten begonnenen Neuerungen fortgeführt. So werden die Themenfacetten und Akzentuierungen innerhalb der Einzelindikatoren auch aus neuen analytischen Blickwinkeln und mit anderen, oft komplexeren Methoden und in stärkerer Rückbindung an aktuelle fachliche und wissenschaftliche Diskurse untersucht. Auf diese Weise wird ein ausgewogenes Maß an Kontinuität und Flexibilität sichergestellt und der Bildungsbericht in seinem Neuigkeitswert gestärkt.

Gleichwohl kann der Bildungsbericht kein tagesaktueller Bericht sein, insbesondere dann nicht, wenn durch unvorhersehbare Ereignisse die öffentliche und politische Aufmerksamkeit am Ende eines Berichtszyklus' auf Aspekte des Bildungsgeschehens gelenkt wird, die wissenschaftlich (noch) nicht bearbeitet werden können. Im Bildungsbericht 2016 galt dies für die hohe Zuwanderung von Schutz- und Asylsuchenden, 2020 für die beginnende Corona-Pandemie, und 2022 stellt der Krieg in der Ukraine eine ebenso unlösbare Herausforderung für die Indikatorik einer auf Dauer angelegten, datengestützten Bildungsberichterstattung dar.

Während empirisch gestützte Aussagen zu den Folgen des Ukraine-Kriegs im vorliegenden Bericht nicht möglich waren, werden die pandemiebedingten Veränderungen der Lehr-, Lern- und Betreuungsbedingungen innerhalb und außerhalb von Bildungseinrichtungen an geeigneten Stellen aufgegriffen. Auch hier muss allerdings einschränkend auf die fehlende Aktualität und Spezifität der Datengrundlagen hingewiesen werden. Die meisten amtlichen Statistiken und Studien, auf denen die Indikatorik der bisherigen Berichte beruht, datieren auf das Jahr 2020 als letzten Erhebungszeitpunkt. Einige Untersuchungen (z. B. der IQB-Bildungstrend) wurden zudem verschoben. Diesem Dilemma zwischen akuten Herausforderungen bzw. Entscheidungsbedarfen und der Datenverfügbarkeit begegnet der Bildungsbericht 2022 in 4-facher Hinsicht:

(1) Die empirischen Ergebnisse fortgeschriebener Indikatorendarstellungen werden mit Blick auf den jeweiligen Datenstand explizit ins Zeitgeschehen eingeordnet. Auf diesem Wege soll verdeutlicht werden, ob ein Befund die Situation vor oder während der Pandemie bzw. eines Lockdowns widerspiegelt.

(2) In die Indikatorendarstellungen werden zudem ergänzende Kennziffern einbezogen, die Fragen des pädagogischen Umgangs oder der Lehr-Lern-Gestaltung unter Pandemiebedingungen ausdrücklich adressieren. Sie fußen auf Befragungen, die während der Pandemie in groß und auf Dauer angelegten Surveys (z. B. AID:A oder NEPS) erhoben

worden sind, sowie auf kleineren Studien, die auf spezifische Fragen des aktuellen Pandemiegeschehens ausgerichtet waren.

(3) Nach Möglichkeit werden darüber hinaus die veränderten Abläufe und Regularien im Bildungserwerb thematisiert und den Datenanalysen als Kontextinformationen zur Seite gestellt. Dazu zählen z. B. veränderte Übergangsregelungen, Prüfungsmodalitäten, Zusatzangebote und andere steuerungsrelevante Maßnahmen in Reaktion auf das Pandemiegeschehen.

(4) Schließlich werden im Abschnitt „Wichtige Ergebnisse" die bereichsübergreifenden Entwicklungen und Problemlagen im Bildungswesen explizit im Lichte der Corona-Pandemie bilanziert sowie daraus zentrale Herausforderungen abgeleitet. So werden die unter (1) bis (3) genannten, in den einzelnen Kapiteln aufgegriffenen Fragen und Befunde zur Corona-Pandemie über alle Bildungsbereiche hinweg an einer Stelle des Berichts gebündelt und komprimiert dargestellt.

Zur besseren Auffindbarkeit der einzelnen Teilbefunde in den Berichtskapiteln und Indikatoren sind Seiten mit entsprechenden Bezügen zur Corona-Pandemie mit einem gesonderten Symbol am oberen Seitenrand markiert.

Neben der Fortschreibung von Indikatoren wird in jedem Bildungsbericht auch vertiefend ein Schwerpunktthema behandelt, um Querschnittsfragen des Bildungssystems bildungsbereichsübergreifend und zugleich problemorientiert adressieren zu können. Anders als in den Indikatorenteilen (A bis G und I) fließen in dieses Kapitel (H) vermehrt Befunde aus einschlägigen wissenschaftlichen Studien oder sonstigen Datenbeständen jenseits der üblichen Indikatorik ein. Mit dem Thema „Bildungspersonal" legt der Bildungsbericht 2022 einen Fokus auf eine zentrale Voraussetzung für die Realisierung erfolgreicher Bildungsprozesse und damit für die Qualitätssicherung und -entwicklung im Bildungswesen insgesamt. Mit dem Ziel einer aktuellen Bestandsaufnahme werden hierfür die je nach Bildungsbereich sehr unterschiedlichen Informations- und Datengrundlagen zusammengeführt, um im Personalbestand und -bedarf, in den Ausbildungswegen, in der Fort- und Weiterbildung des Personals sowie in ausgewählten Facetten des pädagogischen Handelns aktuelle Entwicklungen aufzuzeigen.

Alle datengestützten Analysen, auf denen dieser Bericht basiert, werden als informationsreiches Tabellenmaterial in elektronischer Form auf **www.bildungsbericht.de** bereitgestellt.

## Forschungs- und Entwicklungsaufgaben im Zusammenhang mit der Bildungsberichterstattung

Die Qualität künftiger Berichte kann nur durch eine Weiterarbeit an den konzeptionellen wie empirischen Grundlagen der Bildungsberichterstattung gesichert werden. Der 9. Bildungsbericht greift die Innovationen des vergangenen Berichts auf, der auf mehr Befunden aktueller Studien und elaborierteren empirischen Methoden beruht. Damit geht die Notwendigkeit einher, den Leser:innen nicht nur ausführlichere methodische Erläuterungen und weiterführende Informationen zu den verwendeten Datenquellen, sondern auch Interpretationshilfen der Befunde an die Hand zu geben. Die inhaltlichen und methodischen Weiterentwicklungen setzen den mit den letzten Bildungsberichten eingeschlagenen Weg fort und spiegeln sich auch im Umfang des Berichts wider.

Auch im vorliegenden Bericht lassen sich manche Anliegen einer umfassenden Bestandsaufnahme des Bildungswesens und des Bildungserwerbs noch nicht indikatorengestützt darstellen. Ein besonderes Anliegen der Bildungsberichterstattung ist seit ihren Anfängen, typische Bildungsverläufe, Risikofaktoren und Gelingensbedingungen erfolgreicher Bildungsprozesse klarer und deutlicher nachzuzeichnen. Insbesondere auf der Grundlage des NEPS haben sich die Möglichkeiten in den letzten Jahren deutlich verbessert, längsschnittliche Analysen über Bildung in Deutschland in die Indikatorik der nationalen Bildungsberichte aufzunehmen. Vor diesem Hintergrund ist neben der Integration von punktuellen Verlaufsperspektiven in den einzelnen bereichsspezifischen Kapiteln auch die konzeptionelle Erweiterung des Kapitels I zu sehen. Der Bildungsbericht 2022 beinhaltet erstmals ein eigenständiges Kapitel mit bereichsübergreifenden Analysen von Bildungsverläufen. Das Kapitel erweitert die bisherige Indikatorik gemäß dem Leitgedanken von Bildung im Lebenslauf um neue, vor allem längsschnittlich angelegte Indikatorenkonstrukte. Das bisherige Kapitel I zu den Wirkungen und Erträgen von Bildung wird damit von nun an sowohl die Verlaufs- als auch die Bilanzperspektive von Bildungsprozessen aufgreifen und sie konzeptionell und empirisch stärker miteinander verzahnen.

Mit der Aufnahme neuer, fortschreibbarer Verlaufsindikatoren aus bereichsübergreifender Sicht wird nicht zuletzt unterstrichen, dass Bildungsberichterstattung ohne eine damit verknüpfte und auf Indikatorenentwicklung hin orientierte Forschung weder denkbar noch sinnvoll ist. Indikatorenforschung in diesem Sinne bleibt daher auch künftig ein integraler Bestandteil der nationalen Bildungsberichterstattung.

# Wichtige Ergebnisse im Überblick

Der nationale Bildungsbericht benennt alle 2 Jahre Stand und Entwicklungsperspektiven in den verschiedenen Bereichen des deutschen Bildungssystems. Mit seiner empirischen Bestandsaufnahme der verfügbaren repräsentativen und fortschreibbaren Daten aus amtlichen Quellen sowie sozialwissenschaftlichen Erhebungen wird bereichsübergreifend der Zustand des Bildungswesens dokumentiert und dessen Entwicklung in den vergangenen Jahren aufgezeigt. Dadurch werden aktuelle Diskussionsgrundlagen für Bildungspolitik und Öffentlichkeit zur Verfügung gestellt.

Im Folgenden werden zunächst entlang der Kapitelstruktur die zentralen Ergebnisse des Berichts resümiert (1). Daraus ergeben sich eine Reihe bereichsübergreifender Entwicklungslinien, die im Bildungsbericht 2022 unter besonderer Berücksichtigung der Corona-Pandemie bilanziert werden (2). Die datengestützte Darstellungsform des Bildungsberichts ist nicht dazu geeignet, unmittelbare Handlungsempfehlungen für politische oder pädagogische Maßnahmen abzuleiten. Gleichwohl können die Befunde dazu beitragen, bereichsübergreifende Handlungsbedarfe zu identifizieren. In diesem Sinne werden am Schluss dieses Abschnitts die aus Sicht der Autor:innengruppe zentralen Herausforderungen im Bildungswesen benannt (3).

## Zentrale Befunde aus den Kapiteln

### Bildung im Spannungsfeld veränderter Rahmenbedingungen

**Stagnation des Bevölkerungswachstums:** 2020 gab es einen Bruch in dem seit 2011 anhaltenden Bevölkerungswachstum: Gegenüber dem Vorjahr war mit einem Stand von 83.155.031 Menschen ein leichter Rückgang zu verzeichnen. Hauptgrund waren geringere Wanderungsgewinne aus dem Ausland, die auch mit den weltweiten Reisebeschränkungen aufgrund der Corona-Pandemie und einem geringeren Bedarf an ausländischen Arbeitskräften in Deutschland zu tun haben dürften (**A1**).

**Zunehmender Anteil der Bevölkerung mit Migrationshintergrund:** Heute hat jede 4. Person in Deutschland einen Migrationshintergrund; vor 10 Jahren war es jede 5. Person. Ein gutes Drittel dieser Menschen gehört der 2. oder 3. Generation an, wurde also in Deutschland geboren; rund 75 % der hier Geborenen haben die deutsche Staatsbürgerschaft. Der Anteil der Bevölkerung mit Migrationshintergrund an der Gesamtbevölkerung steigt insbesondere in den jüngeren Altersgruppen: Bei den unter 6-Jährigen beträgt er gut 40 % (**A1**).

**Trend zur späteren Familiengründung:** 1970 waren Frauen im früheren Bundesgebiet bei der 1. Geburt im Schnitt 24, in den ostdeutschen Flächenländern 22 Jahre alt; 2020 liegt das entsprechende Alter im Osten wie im Westen bei rund 30 Jahren. Als Gründe für diese spätere Familiengründung werden mit geänderten gesellschaftlichen und individuellen Erwartungshaltungen einhergehende Phänomene wie eine insgesamt gestiegene Ausbildungsdauer und eine (im Westen) zunehmende Erwerbsorientierung von Frauen angesehen. Dieser Trend wirkt sich auf das Zusammenleben in den Familien aus und führt zudem zu einer Verengung der Lebensphase, in der Frauen weitere Kinder zur Welt bringen können (**A1**).

**Öffentlicher Gesamthaushalt wieder im Minus:** Die Differenz der staatlichen Einnahmen und Ausgaben wies 2020 ein Defizit von 145,3 Milliarden Euro auf und war nach 8 Jahren mit finanziellen Überschüssen das 1. Mal wieder negativ – maßgeblich bedingt durch die Maßnahmen zur Bekämpfung der Corona-Pandemie. Die erforderlichen Mittel zur Finanzierung des Defizits wurden überwiegend durch Schuldenaufnahmen am Kreditmarkt gedeckt. Die Summe dieser jährlichen Schuldenzuwächse führte 2020 zu einem Bruttogesamtschuldenstand, der mit 68,7 % des Bruttoinlandsprodukts (BIP) deutlich über der gemäß den Bestimmungen des Stabilitäts- und Wachstumspakt der EU festgelegten Grenze von 60 % lag (**A2**).

**Rückgang bei Wirtschaftsleistung und Erwerbstätigkeit:** Nach einer Dekade robusten Wachstums rutschte die deutsche Wirtschaft im Zuge der Corona-Pandemie im Jahr 2020 erstmals seit der Finanz- und Wirtschaftskrise 2008/09 in eine Rezession. Das BIP für 2020 belief sich auf 3.368 Milliarden Euro – dies entspricht einem Rückgang der Wirtschaftsleistung um 4,6 %. Diese Entwicklung ging mit einem Rückgang der Erwerbstätigenzahl gegenüber dem Vorjahr um 0,7 % bei gleichzeitigem Anstieg der Arbeitslosenquote von 5,0 auf 5,9 % einher (**A2, A3**).

**Erwerbstätigkeit als Herausforderung für Alleinerziehende:** Für Alleinerziehende ist der Spagat zwischen Arbeit und Kinderbetreuung besonders schwierig. Knapp 9 von 10 Alleinerziehenden mit minderjährigen Kindern sind weiblich, drei Viertel davon gehen einer Erwerbstätigkeit nach – die Quote liegt auf dem gleichen Niveau wie die Erwerbstätigenquote von Müttern insgesamt. Allerdings arbeiten von den rund 1 Million alleinerziehenden Frauen 43 % in Vollzeit – deutlich mehr als bei Müttern in Paarfamilien (32 %) (**A3**).

**Risikolagen für Bildung auffallend häufig bei Kindern in Familien mit Migrationshintergrund:** Die 3 Risikolagen für Bildung – das Risiko formal gering qualifizierter Eltern, die soziale und die finanzielle Risikolage – betreffen einige Bevölkerungsgruppen in besonderer Weise. Kinder aus Familien mit Migrationshintergrund sind, wie schon in den Vorjahren, überproportional häufig von Risikolagen betroffen – so wachsen 48 % von ihnen unter der Belastung von mindestens einer Risikolage auf, bei den Kindern ohne Migrationshintergrund sind es nur 16 %. Von allen 3 Risikolagen sind Kinder mit Migrationshintergrund zu 8 % betroffen, Kinder ohne Migrationshintergrund lediglich zu 1 % (**A4**).

## Grundinformationen zu Bildung in Deutschland

**In den letzten 10 Jahren stieg der Anteil von Menschen, die über einen höheren Bildungsabschluss verfügen, um 5 Prozentpunkte auf 26 %:** Sowohl bei der Entwicklung des Bildungsstands der Gesamtbevölkerung als auch im Hinblick auf die Werte einzelner Alterskohorten ist ein positiver Trend zu verzeichnen. Der bedeutende Anteil junger Erwachsener mit hohem beruflichen oder akademischen Bildungsabschluss wirkt sich deutlich auf den entsprechenden Anteil in der Gesamtbevölkerung aus (**B5**).

**Große Unterschiede im Bildungsstand von Menschen mit Migrationshintergrund je nach Zuzugsalter:** Der Anteil der Erwachsenen mit Hochschulabschluss lag im Jahr 2019 bei 23 %. Hierbei verzeichnet Deutschland einerseits einen Braingain, da etwa 25 % der im Alter von 19 Jahren oder älter Zugezogenen über einen Hochschulabschluss verfügen. Zugewanderte Menschen, die zum Zeitpunkt des Zuzugs jünger als 19 Jahre waren, erreichen mit 14 % wesentlich seltener einen Hochschulabschluss als in Deutschland Geborene mit Migrationshintergrund (22 %) und Menschen ohne Migrationshintergrund (23 %). Weiterhin zeigt sich, dass der Anteil der Erwachsenen ohne beruflichen Abschluss oder Hochschulreife in der Bevölkerung mit Migrationshintergrund (29 %) höher ist als in der Bevölkerung ohne Migrationshintergrund (8 %). Große Bildungsstanddifferenzen weisen die 30- bis unter 35-Jährigen auf, die im Alter von 19 Jahren und älter zugezogen sind. In dieser Gruppe verfügen 38 % über einen Hochschulabschluss und gleichzeitig 29 % weder über einen beruflichen Abschluss noch über die Hochschulreife (**B5**).

**Weiter steigende Zahl von Bildungsteilnehmer:innen:** Im Jahr 2020 hat sich die Gesamtzahl der Teilnehmer:innen an der Frühen Bildung G, an allgemeinbildenden und beruflichen Schulen sowie Hochschulen und Berufsakademien auf 17,5 Millionen Personen weiter erhöht. Dies beruht nicht nur auf der demografischen Entwicklung, sondern ist auch darauf zurückzuführen, dass sich die Bildungsbeteiligung seit 2010 bei den unter 3-Jährigen erheblich und bei den über 19-Jährigen spürbar erhöht hat (**B4**).

**Der erreichte Bildungsabschluss beeinflusst die Bildungs- und Erwerbsbeteiligung junger Erwachsener:** Während junge Frauen und Männer in ähnlichem Umfang formale Bildungseinrichtungen besuchen, unterscheidet sich die Bildungsbeteiligung stark nach dem vorhandenen Bildungsabschluss. Junge Erwachsene mit Hochschulreife weisen mit 88 % die höchste Bildungsbeteiligung und mit 8 % die geringste Erwerbsbeteiligung auf. Junge Erwachsene, die eine Berufsausbildung abgeschlossen haben, integrieren sich erfolgreich in den Arbeitsmarkt und sind mit 76 % am häufigsten erwerbstätig. An weiterer formaler Bildung beteiligen sie sich am seltensten (19 %). Mit 18 % ist bei den jungen Erwachsenen, die weder einen beruflichen Abschluss noch eine Hochschulreife haben, der Anteil derjenigen am höchsten, die sich weder an formaler Bildung beteiligen noch erwerbstätig sind (**B4**).

**Bei jungen Erwachsenen mit Migrationshintergrund hat das Zuzugsalter erheblichen Einfluss auf die Bildungsbeteiligung:** Die Bildungsbeteiligung 19- bis unter 25-Jähriger mit Migrationshintergrund, die zum Zeitpunkt des Zuzugs 19 Jahre oder älter waren, liegt bei 39 %, während Personen, die zum Zeitpunkt des Zuzugs jünger als 19 Jahre waren, zu 55 % an Bildung teilnehmen. Es zeigt sich, dass im Erwachsenenalter Zugezogene eine relativ hohe Erwerbsorientierung haben (**B4**).

**Wachsende Anzahl an Beschäftigten im Bildungswesen:** Im Jahr 2020 sind 2,6 Millionen Menschen (+20 % gegenüber 2010) in Kindertageseinrichtungen und in der Kindertagespflege (759.500), an allgemeinbildenden und beruflichen Schulen (1.109.500) sowie an Hochschulen (710.000) beschäftigt. Damit sind 6 % aller Erwerbstätigen im Jahr 2020 in den genannten Bildungseinrichtungen tätig, die folglich auch für den Arbeitsmarkt eine relevante Größe darstellen (**B2**).

**Die Bildungsausgaben betrugen 241 Milliarden Euro im Jahr 2020:** Sie werden seit 2010 kontinuierlich gesteigert. Ihr Anteil am BIP stieg 2020 pandemiebedingt auf 7,2 %, nach 6,7 % 2019. Mit rund 110 Milliarden Euro entfällt die größte Position dabei auf die Schulen sowie den schulnahen Bereich. Rund 81 % der Gesamtausgaben werden von Bund, Ländern und Gemeinden finanziert, der Rest entfällt auf den privaten Bereich und das Ausland (**B3**).

**Öffentliche Haushalte fördern die Digitalisierung von Bildungseinrichtungen während der Corona-Pandemie:** Die Corona-Pandemie hat seit März 2020 einen erheblichen Einfluss auf den Bildungssektor in Deutschland. Der kurzfristige Umstieg auf digitale Lernangebote infolge von Komplett- oder Teilschließungen von Einrichtungen sowie die Umsetzung von Hygienekonzepten hatten dabei signifikante Auswirkungen auf die Bildungsausgaben von Bund, Ländern und Gemeinden (**B3**).

**Die Zahl der Bildungseinrichtungen nimmt weiter zu:** Im Jahr 2020 lag in Deutschland die Zahl der Bildungseinrichtungen mit 99.800 um 4 % über dem Stand von 2010. Aufgrund der weiterhin steigenden Bildungsbeteiligung in der Kindertagesbetreuung, an den Hochschulen und Berufsakademien wird das Bildungsangebot in diesen Bereichen weiter ausgebaut. Die Konzentration der Hochschulstandorte auf Großstädte nimmt dabei weiter zu. Aufgrund demografisch bedingt sinkender Schüler:innenzahlen ist seit 2010 dagegen die Anzahl der allgemeinbildenden Schulen um 7 % und die der beruflichen Schulen um 6 % zurückgegangen (**B1**).

## Frühe Bildung, Betreuung und Erziehung

**Ausbau der Kindertagesbetreuung hat sich weiter fortgesetzt:** Mit Beginn des Kindertagesbetreuungsausbaus für unter 3-Jährige sind zwischen 2006 und 2021 rund 9.400 zusätzliche Kitas entstanden. Gleichzeitig ist in diesem Zeitraum bis heute rund jeder 5. Kita-Platz neu hinzugekommen. Insgesamt wurde der Platzausbau in den Ländern in den letzten 15 Jahren unterschiedlich stark vorangetrieben. Der weit überwiegende Teil von rund 610.000 zusätzlichen Plätzen wurde in Westdeutschland geschaffen, da hier die Kindertagesbetreuung weniger stark ausgebaut war und besonders viele Plätze fehlten (**C2**).

**Anzahl der unter 3-Jährigen in Kindertagesbetreuung steigt bei zuletzt eher konstant bleibender Bildungsbeteiligungsquote:** Im letzten Jahrzehnt kam es zu einem Bevölkerungszuwachs von + 16 % bei den unter 3-Jährigen. Insgesamt ist die Bildungsbeteiligungsquote dieser Altersgruppe mit rund 34 % im Jahr 2021 seit 2015 ziemlich konstant. Aufgrund des starken Bevölkerungsanstiegs in dieser Altersgruppe besuchten 2021 jedoch knapp 300.000 unter 3-Jährige mehr eine Kita oder Tagespflegestelle als 10 Jahre zuvor (**C3**).

**Anzahl der Kinder je Tagespflegeperson erhöht sich weiter:** Die Anzahl der Kinder, die eine Tagespflegeperson durchschnittlich betreut, hat sich in den letzten Jahren sukzessive erhöht. 2021 betreute eine Tagespflegeperson im Durchschnitt 3,9 Kinder und damit rund 1 Kind mehr als noch vor 10 Jahren, im Vergleich zu 2006 sogar knapp 2 Kinder mehr. Während die Anzahl der Kinder – außer in der Pandemie zwischen 2020 und 2021 – über ein Jahrzehnt kontinuierlich gestiegen ist, zeigen sich bei den Tagespflegepersonen in diesem Zeitraum keine deutlichen Veränderungen. Seit 2011 schwankt die Anzahl zwischen rund 43.000 und 45.000 Tagespflegepersonen, jedoch ist sie zuletzt im Zuge der Corona-Pandemie zwischen 2020 und 2021 so deutlich wie nie zuvor zurückgegangen (**C2**).

**Personalschlüssel bleiben auf etwa konstantem Niveau und sind in Westdeutschland weiterhin deutlich besser als in Ostdeutschland:** In Gruppen für unter 3-Jährige lag der Personalschlüssel 2020 bei 1 : 3,8 und weist damit eine leichte Verbesserung zum Vorjahreswert von 1 : 3,9 auf. Bei den Altersgruppen zwischen 3 Jahren und dem Schuleintritt verhält es sich mit einem Personalschlüssel von 1 : 8,1 im Jahr 2020 und von 1 : 8,2 im Jahr 2019 ähnlich. Während in Westdeutschland auf eine Vollzeitkraft in einer Gruppe für unter 3-Jährige 2020 rechnerisch etwa 3,3 Kinder mit einem ganztägigen Kita-Platz kamen, waren es in Ostdeutschland immerhin 5,2 Kinder. Auch in den Altersgruppen zwischen 3 Jahren und dem Schuleintritt zeigt sich eine deutliche Differenz im Personalschlüssel von 1 : 7,6 in Westdeutschland und 1 : 10,2 in Ostdeutschland (**C2**).

**Der Elternbedarf für Kinder unter 3 Jahren kann bis 2025 voraussichtlich nicht gedeckt werden:** 2021 lag der Elternbedarf mit 47 % über der Beteiligungsquote unter 3-Jähriger von 34 %. Bei gleichbleibender Ausbaugeschwindigkeit wird damit voraussichtlich bis 2025 nicht allen unter 3-Jährigen ein adäquates Bildungsangebot zur Verfügung gestellt werden können. Insgesamt liegt die Differenz zwischen der Bildungsbeteiligungsquote und dem Bedarf 2021 in Westdeutschland mit 13 Prozentpunkten (Bildungsbeteiligungsquote: 31 %; Bedarf: 44 %) deutlich höher als in Ostdeutschland mit 8 Prozentpunkten (Bildungsbeteiligungsquote: 52 %; Bedarf: 60 %) (**C3**).

**Kinder von Eltern mit höheren Bildungsabschlüssen nehmen Angebote der Kindertagesbetreuung häufiger in Anspruch:** Die Bildungsbeteiligungsquote liegt bei unter 3-jährigen Kindern von Eltern mit einem Hochschulabschluss o. Ä. (ISCED 5–8) (38 %) am höchsten. Im Unterschied dazu besuchten 2020 29 % der unter 3-Jährigen, deren Eltern über eine (Fach-)Hochschulreife, Berufsausbildung o. Ä. (ISCED 3–4) verfügen, Angebote der Kindertagesbetreuung und 18 % der unter 3-Jährigen, deren Eltern keinen, einen Ersten oder Mittleren Schulabschluss besitzen (ISCED 1–2). Bei den 3- bis unter 6-Jährigen zeigt sich zwar ein leicht geringerer, aber ebenfalls gravierender Unterschied in der Bildungsbeteiligungsquote je nach höchstem Bildungsabschluss der Eltern (**C3**).

**Kaum Erkenntnisse zur Umsetzung der Bildungspläne im Kita-Alltag:** Die Bildungspläne der Länder sind inhaltlich breit aufgestellt und in Teilen stark ausdifferenziert. Unterrichtsnahe Themen wie sprachliche, mathematische und naturwissenschaftliche Bildung sind in allen Bildungsplänen fester Bestandteil. Mit Blick auf die Umsetzung der Bildungspläne im pädagogischen Alltag fehlt es jedoch an an entsprechenden thematisch übergreifenden Evaluationen (**C2**).

**Frühe Bildungsimpulse während der Pandemie stärker als zuvor von familialer Anregungsqualität abhängig:** Während des pandemiebedingt eingeschränkten Kita-Betriebs entfielen für viele Kinder wesentliche Teile an Bildungsimpulsen und spezifischen Förderungen in der Kita sowie die Anregungsqualität durch Gleichaltrige. Es ist davon auszugehen, dass sich durch den teilweisen Wegfall der Kita-Förderung die Bildungsungleichheit bereits in der frühen Kindheit verstärkt. Zusätzlich haben sich zwischen den Jahren 2019 und 2021 auch die Unterschiede in der frühen Förderung in Familien vergrößert. Zwar kam es bei allen Mutter-Kind-Aktivitäten in diesem Zeitraum zu einer durchschnittlichen Zunahme aller Aktivitäten, die Mütter mit ihren Kindern ausübten, jedoch war die Ausübung von expliziten Bildungsaktivitäten wie Vorlesen noch stärker als bislang vom elterlichen Bildungsstand abhängig. So wurde auch Kindern von Eltern mit niedrigem Bildungsabschluss 2021 mit 19 Tagen im Monat deutlich seltener vorgelesen als Kindern von höher gebildeten Eltern mit 26 Tagen pro Monat (**C1**).

**Heutzutage spricht jedes 5. Kita-Kind zwischen 3 Jahren und dem Schuleintritt zu Hause überwiegend eine nichtdeutsche Familiensprache:** Auf der kleinräumigen Ebene der einzelnen Kitas zeigt sich, dass im Jahr 2021 11 % der Kita-Kinder zwischen 3 Jahren und dem Schuleintritt eine Tageseinrichtung besuchten, die von 75 % und mehr Kindern mit einer nichtdeutschen Familiensprache frequentiert wurde. Um den damit einhergehenden Anforderungen Rechnung zu tragen, wird häufig in Kita-Gruppen mit einem höheren Anteil an Kindern mit vorrangig nichtdeutscher Familiensprache zusätzliches Personal eingesetzt. Insbesondere für diese Kinder stellen die pandemiebedingten Kita-Schließungen eine große Herausforderung dar. Vorpandemische Daten belegen zudem unterschiedliche Sprachniveaus von Kindern, je nach elterlichem Bildungsstand. Dabei weist das Niveau des rezeptiven Wortschatzes nicht nur im Alter von 3 Jahren, sondern auch noch zu Beginn der Grundschulzeit ein deutliches Gefälle nach höchstem Bildungsabschluss der Eltern auf (**C4**).

**Große Länderunterschiede bei Direkteinschulungen in Förderschulen – auch nach Staatsangehörigkeit der Kinder:** 3,2 % aller im Schuljahr 2020/21 eingeschulten Kinder wurde vor Schulbeginn ein sonderpädagogischer Förderbedarf attestiert, was einer leichten Zunahme um 0,1 Prozentpunkte seit dem Schuljahr 2018/19 entspricht. Weiterhin wurde knapp die Hälfte dieser Kinder integrativ an Grundschulen eingeschult. Wie bei der Förderquote ergeben sich auch bei der integrativen Einschulung deutliche Geschlechts- und Länderunterschiede. Auch eine Differenzierung nach der Staatsangehörigkeit der Kinder verdeutlicht Unterschiede zwischen den Ländern: Während es in einigen ostdeutschen Ländern kaum Abweichungen in der Förderquote nach der Staatsangehörigkeit der Kinder gibt, werden in westdeutschen Ländern – allen voran in Hamburg und Bayern – Kinder mit nichtdeutscher Familiensprache deutlich häufiger direkt an Förderschulen oder integrativ an Grundschulen eingeschult. In Ländern mit hohen Diskrepanzen hinsichtlich des Förderanteils nach Staatsangehörigkeit stellt sich die Frage, ob dafür allein Behinderungen oder Entwicklungsverzögerungen ausschlaggebend sind oder ob die Feststellung eines Förderbedarfs auch auf Sprachbarrieren zurückzuführen ist (**C5**).

## Allgemeinbildende Schule und non-formale Lernwelten im Schulalter

**Weitere Zunahme sonderpädagogischer Förderung ohne substanziellen Rückbau eigenständiger Förderschulangebote:** Mit einem Anstieg auf 530.000 bzw. 7,7 % aller Schüler:innen gab es 2020 erneut mehr Kinder und Jugendliche mit sonderpädagogischer Förderung als in den Vorjahren (**D2**). Obwohl in allen Ländern die gemeinsame Beschulung von Lernenden mit und ohne Förderbedarf weiter zugenommen hat, geht dies in den wenigsten Fällen mit einer substanziell verringerten Anzahl an eigenständigen Förderschulen oder -schüler:innen einher (**D1**). Bundesweit liegt der Inklusionsanteil bei nunmehr 44 % aller Schüler:innen mit sonderpädagogischer Förderung, variiert im Ländervergleich aber zwischen 31 und 90 % (**D2**). Dies hängt auch mit den Rahmenbedingungen für die inklusive Beschulung zusammen, die sich z. B. mit Blick auf Rechtsanspruch, Feststellungsverfahren, präventive Maßnahmen und Ressourcenzuweisung zwischen den Ländern ebenfalls stark unterscheiden.

**Der Ganztagsbedarf der Eltern für ihre Kinder im Grundschulalter liegt höher als die derzeitige Beteiligung:** 2021 wurde mit dem Ganztagsförderungsgesetz (GaFöG) ein ab August 2026 stufenweise in Kraft tretender Rechtsanspruch auf ein ganztägiges Angebot für Grundschulkinder bis zum Eintritt in die 5. Jahrgangsstufe verabschiedet. Im Jahr 2021 lag die Beteiligungsquote mit 54 % noch deutlich unter dem Ganztagsbedarf der Eltern (63 %). Ungeklärt ist bislang, welche bisherigen Angebotsformate dem festgelegten zeitlichen Umfang eines Ganztagsangebots entsprechen und wie künftig mit dem zusätzlichen Elternbedarf an kürzeren Betreuungsangeboten von rund 10 % umgegangen werden soll. Zudem sind bislang für die Ganztagsgrundschulen keine belastbaren Daten zum Personal erfasst worden. Damit stellen die Anzahl und Qualifikation der dort pädagogisch tätigen Personen sowie der Personalschlüssel in den jeweiligen Angebotsformaten insgesamt ein erhebliches Desiderat dar. Abzuwarten bleibt, inwieweit eine verbesserte Datenlage durch die im GaFöG gesetzlich verankerte Reform der Kinder- und Jugendhilfestatistik erreicht wird (**D3**).

**Die Jugendarbeit ermöglicht Kooperationsprojekte an Schulen jeglicher Organisationsform, insbesondere im offenen Ganztag:** 18 % der mehr als 150.000 Angebote der Kinder- und Jugendarbeit waren 2019 in Kooperation mit mindestens einer Schule organisiert. Mit 46 % fand der größte Teil an offenen Ganztagsschulen statt, während es bei teilgebundenen nur 13 % und an gebundenen 12 % sind; auf Halbtagsschulen entfallen weitere 29 %. An Grundschulen werden vor allem kontinuierliche Kooperationsformen wie offene oder gruppenbezogene Konzepte angeboten (**D5**).

**Große Unterschiede in der soziostrukturellen Zusammensetzung von Grundschulklassen:** Die Grundschulen in Deutschland unterscheiden sich teils erheblich darin, ob ihre Schülerschaft unter sozioökonomischen, migrationsbezogenen und sonderpädagogischen Gesichtspunkten als heterogen beschrieben werden kann. Zum einen variiert jeweils der Anteil der Schüler:innen mit Migrationshintergrund (von 0 bis 100 %) und mit sonderpädagogischer Förderung (von 0 bis 70 %) sowie der mittlere sozioökonomische Status der Kinder in den Klassen. Zum anderen sind in manchen Klassen bestimmte Gruppen weitaus seltener oder weniger gleichmäßig vertreten als in anderen, z. B. nach Zuwanderungsgenerationen. Vornehmlich in jenen Grundschulklassen mit überdurchschnittlich vielen Kindern aus sozioökonomisch stärkeren Elternhäusern ist eine weniger gleichmäßige Verteilung von Schüler:innen unterschiedlicher sozialer Herkunft gegeben. Positive Zusammenhänge deuten sich indessen zwischen einer diverseren Klassenkomposition und der Zugehörigkeit sowie gegenseitigen Unterstützung an, die Viertklässler:innen im Klassenverbund wahrnehmen (**D4**).

**Abbau sozialer Ungleichheiten in den Schullaufbahnen bleibt eine große Herausforderung:** Schüler:innen aus sozial schwächeren Elternhäusern besuchen nach der Grundschule deutlich seltener höher qualifizierende Schularten und Bildungsgänge als Gleichaltrige mit hohem Sozialstatus (**D7**). Bereits im Grundschulalter bestehen Leistungsrückstände von bis zu einem Lernjahr (**D6**). Eine spürbare Entkoppelung von erreichten Kompetenzen und sozialer Herkunft lässt sich in den letzten 20 Jahren ebenso wenig feststellen wie eine nennenswerte Reduzierung des Anteils kompetenzschwacher Schüler:innen insgesamt. Mit Blick auf ihre Berufsvorstellungen trauen sich Jugendliche mit niedrigem Sozialstatus bereits in Jahrgangsstufe 8 weniger zu, obwohl sie durchaus höhere Ziele anstreben (**D7**). Am Ende der Schullaufbahn bleiben sie fast 3-mal so häufig ohne Schulabschluss und erreichen nicht einmal halb so oft eine Hochschulzugangsberechtigung wie Jugendliche mit hohem sozioökomischen Status. Der Abbau solcher Ungleichheiten dürfte durch die Einschränkungen des pädagogischen wie sozialen Austauschs in der Schule (**D1**) sowie an außerschulischen Lernorten (**D5**) zusätzlich erschwert werden.

**Schulabgänge ohne Abschluss nach langjährigem Anstieg zuletzt zurückgegangen:** Mit 45.000 Abgänger:innen bzw. 5,9 % der gleichaltrigen Bevölkerung haben 2020 wieder weniger Jugendliche als in den Vorjahren die Schule verlassen, ohne mindestens den Ersten Schulabschluss erreicht zu haben (**D7**). Inwiefern dies mit der Corona-Pandemie zusammenhängt, z. B. höheren Erfolgsquoten aufgrund vereinfachter Prüfungsmodalitäten oder dem längeren Schulbesuch von Jugendlichen, deren Abschluss gefährdet ist, lässt sich nicht zweifelsfrei bestimmen. Entsprechende Hinweise darauf liefern aber die rückläufigen Übergangszahlen in berufsvorbereitende Maßnahmen und in berufliche Ausbildung (**D2**). Den meisten Jugendlichen gelingt es in späteren Jahren, einen Abschluss nachzuholen, wozu vor allem die beruflichen Schulen einen wichtigen Beitrag leisten (**D7**). Die Quote derjenigen ohne Schulabschluss reduziert sich bis zum 20. Lebensjahr auf 1,5 % (ohne Förderschulen).

## Berufliche Ausbildung

**Erheblicher Rückgang der Neuzugänge zur beruflichen Ausbildung, vor allem im dualen System:** Die Neuzugänge zur beruflichen Ausbildung haben sich zwischen 2019 und 2021 um 7 % reduziert und mit unter 900.000 Neuzugängen einen neuen Tiefpunkt erreicht. Am stärksten zeigt sich der Rückgang im dualen System, der höher ausfällt als allein aufgrund demografischer Entwicklungen zu erwarten gewesen wäre. Dies ist auch als Folge der Corona-Pandemie zu interpretieren. Die zunehmenden Schwierigkeiten der Ausbildungsintegration gehen jedoch nicht mit einer Ausweitung des Übergangssektors einher. Vielmehr ist hier die Anzahl der Neuzugänge ebenfalls rückläufig, wobei der Anteil der Neuzugänge zum Übergangssektor bei 26 % verharrt (**E1**).

**Beträchtliche Reduktion des Angebots von und der Nachfrage nach dualen Ausbildungsplätzen bei steigenden Passungsproblemen:** Sowohl das Angebot als auch die Nachfrage nach betrieblichen Ausbildungsplätzen hat sich seit 2019 deutlich reduziert. In der Folge halten sich 2021 zwar erstmals seit Jahrzehnten Angebot und Nachfrage rein rechnerisch die Waage, ohne dass damit jedoch ein auswahlfähiges Angebot realisiert ist. Dies zeigt sich in steigenden Passungsproblemen, d. h. dem gleichzeitigen Auftreten von unversorgten Jugendlichen und unbesetzten Ausbildungsplätzen, die sich zwischen 2019 und 2021 von 9 auf 12 % erhöht haben. Nachdrücklich zugenommen haben die berufsfachlichen Passungsprobleme (von 33 auf 39 %), d. h., Berufsangebot und Berufsinteresse der Jugendlichen sind seltener zusammengekommen. Die bedeutsamste Problemlage stellen mit 41 % jedoch nach wie vor eigenschafts- und verhaltensbezogene Passungsprobleme dar. Dabei liegt ein Mismatch zwischen den Ausbildungsvoraussetzungen der Jugendlichen und den Anforderungen der Betriebe oder zwischen den Erwartungen der Jugendlichen an Ausbildungsbedingungen und den vorgefundenen betrieblichen Gegebenheiten vor (**E2**).

**Steigende Anteile der Ausbildungen im Bereich Gesundheit, Erziehung, Soziales (GES), jedoch immer noch unter dem Bedarf:** Die Zahl und der Anteil der Ausbildungsanfänger:innen in den GES-Berufen sind weiterhin in allen Ländern steigend. Die größte Zunahme seit 2012 verzeichnen die Erziehungs- und Kinderpflegeberufe (+16 %), gefolgt von den Berufen des Gesundheitswesens (+14 %). Dabei ist auf der einen Seite ein erkennbarer Trend zur akademischen Ausbildung, auf der anderen Seite aber auch ein anhaltender Zuwachs in Helfer:innenausbildungen für den Pflegebereich auszumachen. Insgesamt bleibt der Anstieg jedoch immer noch weit hinter der Nachfrage nach qualifiziertem Personal in diesen Bereichen zurück. Zudem ist auch die Rückläufigkeit von Ausbildungen, für die sich ein vergleichbares Pendant im dualen System finden lässt (z. B. kaufmännische und technische Assistenzberufe), mit Blick auf ein auswahlfähiges Berufsbildungsangebot kritisch zu betrachten (**E3**).

**Soziale Disparitäten sowohl beim Ausbildungszugang als auch im Ausbildungsverlauf:** Die Zugangschancen in die 2 vollqualifizierenden Sektoren der beruflichen Ausbildung variieren nach wie vor stark nach dem schulischen Vorbildungsniveau und der Staatsangehörigkeit: Sowohl Jugendlichen mit maximal Erstem Schulabschluss als auch denjenigen mit nichtdeutscher Staatsangehörigkeit gelingt deutlich seltener die Einmündung in eine duale oder vollzeitschulische Ausbildung im Vergleich zu jenen mit Mittlerem Schulabschluss und (Fach-)Hochschulreife bzw. deutscher Staatsangehörigkeit (**E1**). Diese Ungleichheiten wirken im Ausbildungsverlauf fort. So erleben Jugendliche mit maximal Erstem Schulabschluss sowie mit Migrationshintergrund u. a. auch bei Kontrolle des sozioökonomischen Status oder der Schulleistungen häufiger einen Abbruch ihrer 1. Ausbildung (**E4**).

**Brüche im Ausbildungsverlauf häufig mit beruflicher Neuorientierung verbunden, zum Teil aber auch mit einer Abkehr von formaler Bildung:** Die Bildungswege nach Abbruch einer Ausbildung sind stark ausdifferenziert: Fast die Hälfte mündet wieder in eine Ausbildung ein. Darüber hinaus entscheiden sich 13 % für einen weiteren Schulbesuch und 4 % haben die Ausbildung abgebrochen, um ein Studium aufzunehmen. Über ein Drittel weist jedoch problematische Verläufe auf, da die Jugendlichen oftmals arbeitslos oder ungelernt auf dem Arbeitsmarkt tätig und daher verstärkt von instabilen Erwerbslaufbahnen betroffen sind. Für die Mehrheit der Jugendlichen ist dabei ein Wiedereinstieg in einen formalen Bildungsprozess in den ersten 2 Jahren nach Ausbildungsabbruch nicht erkennbar (**E4**).

**Der Besuch einer vollqualifizierenden Ausbildung oder einer Maßnahme im Übergangssektor ermöglicht den Erwerb zusätzlicher Schulabschlüsse:** Ein Fünftel der Absolvent:innen und der Abgänger:innen aus Bildungsgängen an beruflichen Schulen, die der vollqualifizierenden Ausbildung oder einer Übergangsmaßnahme dienen, erwerben einen zusätzlichen Schulabschluss. Am häufigsten wird der Mittlere Schulabschluss nachgeholt, vor allem an Teilzeitberufsschulen und Berufsfachschulen. Im Berufsvorbereitungsjahr (BVJ) wird dagegen vornehmlich der Erste Schulabschluss und an Fachschulen, von denen Teile auch zur Erstausbildung zählen, die (Fach-)Hochschulreife erworben. Frauen erwerben häufiger zusätzlich die (Fach-)Hochschulreife, Männer häufiger den Ersten Schulabschluss, nicht zuletzt weil sie öfter in Maßnahmen des BVJ vertreten sind. Zudem erlangen Personen nichtdeutscher Herkunft überdurchschnittlich häufig einen zusätzlichen Schulabschluss, was auf die wichtige Integrationsleistung des Übergangssektors für Schutz- und Asylsuchende im Zuge der fluchtbedingten Zuwanderung 2015/16 hinweist (**E5**).

**Ausbildungsabschluss verbessert deutlich Positionierung am Arbeitsmarkt, aber auffällige Differenzen nach Ausbildungsberuf und Verschlechterung im Zuge der Corona-Pandemie:** Unabhängig von der Art des beruflichen Ausbildungsabschlusses führt ein solcher mehrheitlich zu einer stabilen Integration in den Arbeitsmarkt. Im EU-27-Staaten-Vergleich weist Deutschland nach wie vor eine überdurchschnittlich hohe Beschäftigungsquote von Personen im Alter von 20 bis 34 Jahren mit allgemeinbildendem oder beruflichem Abschluss des Sekundarbereichs II oder mit postsekundärem nichttertiären Bildungsabschluss (ISCED 3–4) auf. Allerdings zeigen sich auch hier Auswirkungen der Corona-Pandemie: Die Beschäftigungsquote ist zwischen 2019 und 2020 um 2,7 Prozentpunkte zurückgegangen. Nicht zuletzt wird dies auch darauf zurückzuführen sein, dass sich die betriebliche Übernahmequote gegenüber 2019 reduziert hat. Zudem variiert die Arbeitsmarktintegration nach Berufsgruppen: Absolvent:innen aus dem Bereich Körperpflege und Wellness, den sozialpflegerischen und den Verkaufsberufen sowie den Berufen der Ernährungs- und Lebensmittelherstellung weisen eine überdurchschnittliche Erwerbslosenquote auf und arbeiten zugleich überdurchschnittlich häufig auf Hilfstätigkeitsniveau (**E5**).

## Hochschule

**Der Trend zur Akademisierung ist vorerst zum Stillstand gekommen:** Von 2013 bis 2019 lag die Studienanfänger:innenzahl bei etwa 500.000. In den letzten beiden Jahren ist sie pandemiebedingt leicht zurückgegangen. So sank die Zahl internationaler Studienanfänger:innen 2020 um 22 %, nimmt aber 2021 bereits wieder zu, auch wenn das Vor-Corona-Niveau noch nicht erreicht wird. Mittelfristig gehen aktuelle Prognosen weiterhin von Anfänger:innenzahlen in der Größenordnung von etwas unter 500.000 aus. Die inländische Studienanfänger:innenquote hat sich bei etwa 45 % stabilisiert (**F3**). Die zu erwartende leicht zurückgehende Studienanfänger:innenzahl ist demografisch bedingt. Außerdem stagniert der Anteil der Schüler:innen, die auf direktem Weg eine Studienberechtigung anstreben (zumeist das Abitur), sodass die Zahl der Studienberechtigten nicht weiter steigt (**F2**). Auch die Zahl der Erstabschlüsse ist seit 2015 leicht rückläufig, während die Zahl der Masterabschlüsse weiter gestiegen ist. 2020 wurden 477.000 Hochschulabschlüsse erworben, darunter 290.000 Erstabschlüsse und 187.000 Folgeabschlüsse (**F5**). Das entspricht einem Rückgang von jeweils etwa 6 %. Es ist zu vermuten, dass die Corona-Pandemie in einem nicht genau bezifferbaren Ausmaß zu diesem Rückgang beigetragen hat, etwa weil Prüfungen insbesondere zu Beginn der Pandemie nicht durchgeführt werden konnten.

**Die Bedeutung der Fachhochschulen wächst:** Das praxisorientierte Studium an den Fachhochschulen, das zudem häufig auch als Duales Studium oder als berufsbegleitendes Studium angeboten wird und damit viele Studieninteressierte anspricht, wurde in den letzten 15 Jahren stark ausgebaut. Die Studienanfänger:innenzahl hat sich seit Beginn der 2000er-Jahre etwa verdoppelt und lag zuletzt bei 220.000. 2021 wurde mit einem Studienanfänger:innenanteil von 47 % ein neuer Höchstwert erreicht (**F3**). Bei den Abschlüssen liegt der Fachhochschulanteil inzwischen sogar noch höher, 2020 wurden 49 % aller Erstabschlüsse an einer Fachhochschule erworben. Zum steigenden Fachhochschulanteil trägt auch die hohe Studiennachfrage an privaten Fachhochschulen bei. Mehr als ein Viertel der Studienanfänger:innen an Fachhochschulen geht an eine private Fachhochschule (**F5**).

**Das Studienangebot wird größer und spezialisierter:** Die Zahl der Studiengänge ist weiter gestiegen; sie liegt im Frühjahr 2022 bei über 21.000, davon mehr als 9.500 Bachelor- und 10.000 Masterstudiengänge sowie knapp 1.300 Studiengänge, die zu einem Staatsexamen führen. Knapp 60 % der Bachelor- und Staatsexamensstudiengänge haben keine Zulassungsbeschränkung. In den ostdeutschen Ländern liegt dieser Anteil deutlich höher, in den Stadtstaaten niedriger. Zwar dominiert weiterhin das klassische Vollzeitstudium in Präsenz, alternative Studienformate wie das Duale Studium, berufsbegleitende und Fernstudiengänge gewinnen jedoch an Bedeutung. Damit werden vermehrt Studieninteressierte angesprochen, die ein Studium in weiterbildender Perspektive aufnehmen wollen. Insbesondere die Fachhochschulen, darunter vor allem Fachhochschulen in privater Trägerschaft, haben für diese Zielgruppe Angebote entwickelt (**F1**).

**Soziale Erwartungen und Kosten- wie Erfolgseinschätzungen tragen in unterschiedlichem Maß dazu bei, dass es zu sozialen Herkunftsdisparitäten beim Übergang in das Studium kommt:** Die Schulleistungen spielen für die herkunftsspezifischen Unterschiede beim Übergang ins Studium keine entscheidende Rolle. Zum größeren Teil gehen die unterschiedlichen Studierquoten darauf zurück, dass Studienberechtigte aus Nichtakademiker:innenfamilien in ihrem sozialen Umfeld seltener zum Studium motiviert werden und sie zu hohe Kosten eines Studiums befürchten. Hinzu kommt, dass sie seltener damit rechnen, erfolgreich studieren zu können, und auch die Erträge etwas skeptischer einschätzen. Es gibt also verschiedene Ansatzpunkte, um auf soziale Ungleichheiten am Übergang in die Hochschule bildungspolitisch einzuwirken (**F2**).

**Der Trend zur Verlängerung der Studiendauer setzt sich fort:** Nur etwa ein Drittel der Studierenden schließt das Studium innerhalb der Regelstudienzeit ab. Der

Bachelorabschluss, mit dem die meisten Studierenden ihr 1. Studium beenden, wird an den Universitäten nach 7,9 Semestern, an den Fachhochschulen nach 7,5 Semestern erreicht. Die Studiendauer weicht damit vor allem an den Universitäten klar von der geplanten Regelstudienzeit von 6 Semestern ab. An den Fachhochschulen ist der Unterschied zur Regelstudienzeit geringer, die dort überwiegend bei 7 oder sogar 8 Semestern liegt. Auch im Masterstudium werden die vorgesehenen 4 Semester überschritten. Klare Indizien für durch die Corona-Pandemie verursachte Studienverzögerungen lassen sich bislang nicht ablesen, könnten sich jedoch in den kommenden Jahren bemerkbar machen (**F4**).

**Die Übergangsquote in das Masterstudium ist an Universitäten deutlich höher als an Fachhochschulen:** An den Universitäten hat sich der Masterabschluss zum Regelabschluss entwickelt. Zwei Drittel der Bachelorabsolvent:innen nehmen hier im Anschluss an den Bachelorabschluss ein Masterstudium auf. Sie streben damit einen Studienabschluss an, der dem früheren Diplom- oder Magisterabschluss entspricht und sowohl Optionen einer wissenschaftlichen Laufbahn als auch gute Arbeitsmarktchancen eröffnet. An den Fachhochschulen werden die Anschlussoptionen, die ein Bachelorabschluss bietet, ebenfalls genutzt. Die Übergangsquote ins Masterstudium ist mit etwa 30 % jedoch deutlich geringer. Da der Bachelorabschluss hier stärker dem früheren Fachhochschuldiplom entspricht, ergeben sich auch ohne Masterstudium attraktive Arbeitsmarktoptionen (**F4**).

**Eine Überakademisierung, die zur Entwertung der Hochschulabschlüsse führt, ist nicht festzustellen:** Hinweise auf die Verdrängung beruflich Qualifizierter durch Bachelorabsolvent:innen oder auf verbreitet nichtadäquate Beschäftigung liegen bisher nicht vor. Jüngere erwerbstätige Hochschulabsolvent:innen im Alter von 25 bis unter 35 Jahren sind mit ihren Berufen überwiegend auf dem Anforderungsniveau ihrer Abschlüsse beschäftigt. Das gilt auch für Bachelorabsolvent:innen, deren ausgeübte Berufe zu 48 % dem Expert:innenniveau, auf dem üblicherweise ein Hochschulabschluss nötig ist, und zu 32 % dem Spezialist:innenniveau, für das ein Bachelorabschluss oder die höhere berufliche Bildung typisch sind, zuzurechnen sind. Die verbleibenden 20 % sind als Fachkraft auf dem Niveau beruflicher Ausbildungsabschlüsse beschäftigt (**F5**).

## Weiterbildung und Lernen im Erwachsenenalter

**Weiterbildungsangebote werden digitaler und das Internet wird häufiger für Lernaktivitäten genutzt:** Knapp jede 4. non-formale Weiterbildung (24 %) wurde 2020 überwiegend oder vollständig online durchgeführt (**G1**). Unter den Anbietern führen (Fach-)Hochschulen das Feld mit einem hohen Anteil (32 %) reiner Onlineveranstaltungen an, Volkshochschulen und Wohlfahrtsverbände setzen dagegen nur einen geringen Anteil (3 %) der Veranstaltungen vollständig online um. Die Unterschiede spiegeln Differenzen zum einen in der Ausstattung, zum anderen in didaktischen Konzepten und Teilnahmemotiven wider. Unter der Erwerbsbevölkerung ist die Nutzung des Internets für Lerntätigkeiten seit 2016 konstant gestiegen, mit dem stärksten Anstieg zu Beginn der Corona-Pandemie (**G2**). Hybride Lernformate werden auch von den Teilnehmenden am positivsten bewertet – vermutlich weil zeitliche und örtliche Flexibilität mit pädagogischer Begleitung und sozialem Austausch verknüpft werden können (**G3**).

**Weiterbildungsaktivität von Betrieben deutlich zurückgegangen:** Im 1. Halbjahr 2020 waren nur noch 34 % der Betriebe in Deutschland weiterbildungsaktiv (2019: 55 %). Nicht in allen Branchen waren die Rückgänge gleich stark: In den Branchen Nahrung/Genuss sowie Beherbergung und Gastronomie ist die Weiterbildungsaktivität deutlich stärker gesunken als in den Branchen Erziehung und Unterricht oder Finanz- und Versicherungsdienstleistungen. Trotz Initiativen im Rahmen der Nationalen Weiterbildungsstrategie sind kleine und mittlere Unternehmen (KMU) weiterhin deutlich weniger weiterbildungsaktiv. Dies kann u.a. mit mangelnder Infrastruktur, fehlender personeller Kapazität oder aber mit Informationslücken in Bezug auf staatliche Förderinstrumente zusammenhängen. Zu erwarten ist, dass das Engagement der Betriebe in der Weiterbildung nur kurzfristig deutlich heruntergefahren wurde und in den Folgejahren bei stabilerer Infektions- und besserer Geschäftslage wieder ansteigen wird (**G1**).

**Niveau der Weiterbildungsbeteiligung verbleibt hoch:** Trotz deutlicher Einbrüche in der betrieblichen Weiterbildung sowie bei Volkshochschulen und im Integrationsangebot haben 57 % der 18- bis 69-Jährigen 2020 an einer non-formalen Weiterbildung teilgenommen. Darunter entfallen die meisten Aktivitäten weiterhin auf die betriebliche Weiterbildung. Informell gelernt haben 69 % der 18- bis 69-Jährigen; die Quote liegt damit deutlich höher als in vergleichbaren vorangehenden Erhebungen. Am häufigsten wird weiterhin über das Lesen von Büchern oder Fachzeitschriften informell gelernt, dicht gefolgt von Lehrangeboten am Computer oder im Internet. Das allgemein hohe Beteiligungsniveau deutet auf einen starken Weiterbildungsbedarf während der Corona-Pandemie hin, z.B. durch die verstärkte Durchdringung des Erwerbslebens mit digitalen Kommunikationstools und Werkzeugen (**G2**).

**Fortbestehende regionale Disparitäten im Weiterbildungsangebot sowie in der Teilnahme:** Bundesweit verteilen sich knapp 60.000 kommerzielle, gemeinschaftliche und staatliche Anbieter auf die Regionen Deutschlands (**G1**). Das Weiterbildungsangebot fällt in den westlichen Bundesländern etwas höher aus als in den östlichen, mit Ausnahme von Mecklenburg-Vorpommern. Dasselbe Bild zeigt sich auch bei Volkshochschulen als einem durch Erwachsenen- und Weiterbildungsgesetze öffentlich geförderten Anbietertyp. Die Ost-West-Differenzen ergeben sich u.a. aus unterschiedlichen historischen Entwicklungen, die die Erwachsenenbildung in der DDR und der BRD genommen hat. Regionale Unterschiede zeigen sich auch je nach Grad der Verstädterung: In ländlichen Gebieten nutzt die Erwerbsbevölkerung das Internet deutlich seltener für Lerntätigkeiten als in Vororten oder Großstädten (**G2**).

**Zugeschriebene Merkmale verlieren an Bedeutung für Weiterbildungsteilnahme:** Zwischen Männern und Frauen sind mittlerweile kaum noch Unterschiede in der Beteiligung an Bildungs- und Lernaktivitäten zu erkennen, wenn man die Lebens- und Arbeitssituation in Rechnung stellt. 2020 lernten sogar mehr Frauen informell (71 %) als Männer (66 %). Betrachtet man den Migrationshintergrund, sind es vor allem noch Personen mit eigener Migrationserfahrung, die sich seltener an Bildungs- und Lernaktivitäten beteiligen. Während das Alter bei organisierten (formalen und non-formalen) Bildungsaktivitäten weiterhin von Bedeutung ist, zeigen sich in der allgemeinen Teilnahme an informellem Lernen zwischen den Altersgruppen kaum noch Unterschiede. Das (Berufs-) Bildungsniveau sowie die Stellung im Erwerbsleben verbleiben dagegen weiterhin starke Prädiktoren der Weiterbildungsbeteiligung. Dies gilt auch für die Nutzung digitaler Lernformate (**G2**).

**Gesunkene Bestehensquoten in Alphabetisierungskursen und gestiegene Teilnahme an Berufssprachkursen unter B1-Niveau:** Jede:r 2. Teilnehmende (50 %) an Alphabetisierungskursen schloss den Deutsch-Test für Zuwanderer 2020 nicht mit dem curricular anvisierten Sprachniveau A2 ab (**G4**). Seit 2018 ist dieser Anteil um 9 Prozentpunkte gestiegen. Hierfür ist einerseits die Zusammensetzung der Teilnehmendengruppen ausschlaggebend, andererseits kann dies Hinweise darauf bieten, dass die Corona-Pandemie die Rahmenbedingungen für gering Literarisierte deutlich erschwert hat. Gleichzeitig ist die Anzahl der Berufssprachkurseintritte mit dem Zielniveau A2 seit 2017 deutlich gestiegen (**G2**). Die Befunde lassen offen, ob hier Steuerungsbedarf im Hinblick auf das Unterrichtsvolumen in den geförderten Integrationskursen für gering Literalisierte besteht.

## Schwerpunktthema: Bildungspersonal

**Deutliche Expansion der Anzahl an Beschäftigten im Bildungsbereich im letzten Jahrzehnt:** Gegenüber 2010 ist vor allem der Personalbestand in der Frühen Bildung und in den Hochschulen deutlich gewachsen (+75 % und +25 %). Auch im allgemeinbildenden Schulwesen und in Teilbereichen der Weiterbildung zeigt sich ein Anstieg (**H1**). 2,6 Millionen Menschen bzw. 6 % aller Erwerbstätigen in Deutschland sind inzwischen in Kindertageseinrichtungen und -tagespflege, an allgemeinbildenden und beruflichen Schulen sowie an Hochschulen beschäftigt (**B2**). Für die Weiterbildung kommen etwa 1 Million Beschäftigungsverhältnisse hinzu. Die Expansion beim Bildungspersonal folgt dabei überwiegend den Teilnehmendenzahlen, also den Veränderungen der Bildungsbeteiligung in den einzelnen Bereichen. Insgesamt zeigen sich daher trotz des größeren Personalbestands lediglich geringfügige qualitative Verbesserungen in den Betreuungsrelationen (**H1**).

**Je nach Bildungsbereich unterschiedliche Zusammensetzung und Beschäftigungsbedingungen des Personals:** Charakteristisch für das Bildungspersonal ist der nahezu durchgehend hohe Frauenanteil, der mit der Expansion noch weiter zugenommen hat. Nur beim Personal an den Hochschulen (40 %) sowie bei betrieblichen Ausbilder:innen (26 %) sind es mehr Männer als Frauen. Pädagogische Tätigkeiten werden zudem überdurchschnittlich häufig in Teilzeit ausgeübt. An allgemeinbildenden Schulen ist die Vollzeitquote der großteils hauptberuflich tätigen Lehrkräfte mit 55 %

am höchsten. In der Weiterbildung arbeiten demgegenüber nur 25 % des Personals in Vollzeit und der Anteil an nebenberuflich Beschäftigten liegt hier bei 70 %. Für die große Anzahl des nichtpädagogischen Personals, das unterstützend z. B. in den Verwaltungen oder der Gebäudetechnik tätig ist, gibt es kaum vergleichbare empirische Informationen (**H1**).

**Der Zugang zu pädagogischen Berufen erfolgt in unterschiedlichem Maße über standardisierte und reglementierte Qualifizierungswege:** Im Unterschied zu der stark formalisierten universitären Lehrkräfteausbildung für den Schuldienst sind bei den pädagogisch Tätigen in Ausbildungsbetrieben und -einrichtungen sowie den Lehrenden an Hochschulen oder in der Weiterbildung das Fachwissen und die Berufserfahrung die Basis für die pädagogische Tätigkeit, die nur teilweise durch verpflichtende pädagogische Zusatzqualifizierung ergänzt werden. Auch innerhalb der einzelnen Bildungsbereiche gibt es teilweise sehr verschiedene Qualifikationsprofile. Die Zugangswege zur Frühen Bildung reichen etwa von einer berufsfachschulischen Ausbildung zum/zur Kinderpfleger:in über die fachschulische Ausbildung zum/zur staatlich geprüften Erzieher:in bis hin zu Hochschulabschlüssen in Studiengängen wie Kindheits- oder Sozialpädagogik. Offen ist, wie in den einschlägigen Ausbildungs- oder Studiengängen für die unterschiedlichen pädagogischen Berufe jeweils die Rückbindung an die inzwischen in allen Bildungsbereichen vorliegenden Kompetenzraster oder vergleichbaren Referenzrahmen praktisch umgesetzt wird (**H2**).

**Die Regularien für und die Teilnahme an Fortbildungen variiert stark zwischen den Bildungsbereichen:** Eine kontinuierliche Weiterqualifizierung des Personals über das gesamte Berufsleben ist ein wesentlicher Baustein für die langfristige Qualitätssicherung und -entwicklung im Bildungswesen. In einzelnen Ländern und Bildungsbereichen ist die Fortbildung des Personals zwar gesetzlich verankert, bundesweit besteht jedoch keine einheitliche Verpflichtung. Die rechtlichen Bestimmungen reichen von einer Nachweispflicht zur Fortbildungsteilnahme (allgemeinbildende Lehrkräfte in einzelnen Ländern) bis hin zum bloßen Vorhalten von Fortbildungsangeboten seitens der öffentlichen Träger (Frühe Bildung, Hochschulen sowie öffentlich geförderte Weiterbildung). So ist die stetige Fortbildungsteilnahme in vielen Fällen abhängig von den Erwartungen der einzelnen Träger und Einrichtungen oder Privatsache (**H3**).

**Insgesamt überdurchschnittliche Fortbildungsquoten des Bildungspersonals bei bereichsspezifischen Unterschieden:** Vergleicht man den Anteil der Beschäftigten, die in den letzten 12 Monaten an mindestens einer beruflichen Fortbildung teilgenommen haben, bildet sich das pädagogische Personal mit 33 % fast doppelt so häufig fort wie der Durchschnitt aller Erwerbstätigen in Deutschland (17 %). Am häufigsten gibt das Personal an weiterführenden Schulen an, sich beruflich weiterzubilden (43 %), gefolgt von Beschäftigten an Berufsschulen (41 %) und Grundschulen (38 %). Über die tatsächlichen Qualifizierungsbedarfe und ihre Passung zu vorhandenen Fortbildungsangeboten ist aber nur wenig bekannt. Es mangelt insofern an einer systematischeren Erschließung von Bedarfen, die sich bei der täglichen pädagogischen Arbeit zeigen und in wissenschaftlich untermauerte Fortbildungskonzepte übersetzen lassen (**H3**).

**Qualifizierungsbedarfe nehmen insbesondere vor dem Hintergrund neuer Anforderungen an das Bildungspersonal weiter zu:** In den letzten Jahren sind zusätzliche Qualifizierungsbedarfe aus den Veränderungen im Bildungswesen entstanden. Die Diversität der Bildungsteilnehmer:innen und die verstärkten Inklusionsbemühungen erfordern spezifische Fähigkeiten zur individuellen Förderung und Adaptivität der Lernangebote. Die zunehmende Nutzung digitaler oder hybrider Lernformate während der Corona-Pandemie wiederum zeigte zusätzliche Qualifizierungsbedarfe im Bereich der Medienkompetenzen des pädagogischen Personals auf. Weitere Qualifizierungsbedarfe ergeben sich auch mit Blick auf den ab 2026 geltenden Rechtsanspruch auf Ganztagsbetreuung im Grundschulalter, da bislang das Thema Ganztag in den einschlägigen Erstausbildungen nicht systematisch verankert ist (**H3**, **H4**).

**Teils massive Personalengpässe in einigen Bereichen, die sich weiter verschärfen werden:** Trotz der deutlichen Expansion der Beschäftigtenzahl im Bildungswesen wird die Personalgewinnung in den nächsten 1 bis 2 Jahrzehnten allein mengenmäßig zu einer großen Herausforderung. Besonders groß ist der zusätzliche und nach heutigem Stand nicht gedeckte Bedarf an zusätzlichem Personal in der Frühen Bildung in Westdeutschland: Hier könnten bis 2025 mehr als 70.000 Fachkräfte fehlen. Im Schulbereich belaufen sich offizielle Bedarfsschätzungen auf etwa 17.000 fehlende Lehrkräfte an allgemeinbildenden Schulen und gut 13.000 Lehrkräfte an beruflichen

Schulen bis zum Jahr 2030. Hinzu kommt in diesem Zeitraum weiterer Zusatzbedarf von bis zu 65.600 Fachkräften durch den Rechtsanspruch auf ein Ganztagsangebot im Grundschulbereich (**H5**).

## Bildungsverläufe, Kompetenzentwicklung und Erträge

**Vielfalt von Bildungs- und Erwerbsverläufen:** Insgesamt etwa ein Drittel der Schüler:innen beginnt unmittelbar nach dem Schulbesuch entweder eine duale Ausbildung bzw. besucht eine (Berufs-)Fachschule oder nimmt ein (Fach-)Hochschulstudium auf; etwa die Hälfte aller Schüler:innen geht diesen Schritt mit zeitlicher Verzögerung. Zu einem nennenswerten Anteil gestalten sich Verläufe als nicht geradlinig oder instabil. Solche Verläufe sind u. a. durch Phasen des längeren Verbleibs außerhalb des formalen Bildungssystems, abgebrochene Ausbildungen oder Erwerbslosigkeit gekennzeichnet (**I1**).

**Instabile Bildungsverläufe selten, aber häufiger bei Personen mit Migrationshintergrund:** Ein instabiles Verlaufsmuster ist durch nichtgymnasiale Schulbesuche und meistens einen anschließendem längeren Verbleib außerhalb des Bildungswesens oder durch Erwerbslosigkeit gekennzeichnet. 9 % der Personen mit Migrationshintergrund und 5,5 % derjenigen ohne Migrationshintergrund weisen einen instabilen Verlauf auf. Dies könnte auch darauf zurückzuführen sein, dass Personen mit Migrationshintergrund ungünstigere Startbedingungen vorfinden (z. B. geringerer sozioökonomischer Status) als jene ohne Migrationshintergrund (**I1**).

**Hohe Bildungsaspiration in der 9. Jahrgangsstufe:** 67 % der Schüler:innen, die kein Gymnasium oder keine Förderschule besuchen, streben nach der 9. Jahrgangsstufe einen weiterführenden Schulbesuch an, um einen höheren schulischen Bildungsabschluss zu erwerben. Bei Schüler:innen mit Erstem oder Mittlerem Abschluss folgt im Anschluss am häufigsten eine duale Ausbildung oder der Besuch einer (Berufs-)Fachschule. Schüler:innen, die auf dem 1. Bildungsweg die (Fach-)Hochschulreife erworben haben, ziehen mit Abstand nach wie vor den Besuch einer (Fach-)Hochschule der Aufnahme einer Berufsausbildung vor (**I1**).

**Zunahme der Bedeutung der Hochschulreife, insbesondere bei Frauen:** In einem historischen Kohortenvergleich zeigt sich, dass um 1975 geborene Personen im Vergleich zu um 1955 geborenen häufiger akademische Bildungswege nehmen. Insbesondere Frauen der jüngeren Geburtskohorte erwerben im Vergleich zur älteren ca. 2-mal häufiger auf direktem oder indirektem Weg eine (Fach-)Hochschulreife. Gleichzeitig ist die jüngere Geburtskohorte häufiger von Phasen der Erwerbslosigkeit betroffen. Inwieweit sich dieser Trend auch für nach 1975 Geborene zeigt, ist noch offen (**I1**).

**In den Jahren 2014 bis 2018 ist die Erwerbsbeteiligung von Männern aller Bildungsabschlüsse nach wie vor höher als die von Frauen:** So liegt die Erwerbsbeteiligung im Jahr 2018 von Männern mit allgemeinbildendem Abschluss im Sekundarbereich II (70,5 %) um ca. 10 Prozentpunkte höher als bei Frauen mit gleichem Bildungsabschluss. Mit steigendem Bildungsstand fallen geschlechterbezogene Unterschiede in der Erwerbsbeteiligung tendenziell geringer aus. Obwohl sich die Rahmenbedingungen zur Vereinbarkeit von Familie und Beruf verbessert haben sowie die Nachfrage in frauendominierten Berufen gestiegen ist, zeigen sich weiterhin geschlechtsspezifische Unterschiede in Form einer geringeren Erwerbsbeteiligung von Frauen (**I3**).

**Wachsende Lohndifferenzen zwischen akademischen Abschlüssen und der dualen Ausbildung bzw. Ausbildung an (Berufs-)Fachschulen bei Frauen und bei Männern:** In den Jahren 2000–2019 haben sich die Unterschiede im geschätzten Bruttostundenlohn zwischen akademischen Bildungsabschlüssen und der dualen Ausbildung bzw. Ausbildung an (Berufs-)Fachschulen für Frauen und für Männer vergrößert. Unterschiede im Bruttostundenlohn zeigen sich auch zwischen akademischen Abschlüssen: So lohnt sich ein Universitätsabschluss für Frauen finanziell stärker als ein Fachhochschulabschluss. In Anbetracht der geringeren Entlohnung von Frauen im Vergleich zu Männern (Gender-Pay-Gap) sowie des größeren Anteils der Teilzeitbeschäftigung bei Frauen könnten sich langfristig soziale Disparitäten zwischen, aber auch innerhalb der Geschlechter ergeben (**I3**).

**Sorgen zu Beginn der Corona-Pandemie bei Erwerbstätigen mittleren und höheren Alters und bei Personen mit höherem formalen Bildungsstand am geringsten:** Insgesamt sind Sorgen um den Verlust des eigenen Arbeitsplatzes, die Einschränkung des Lebensstandards und ernsthafte Geldprobleme im Frühjahr 2020 bei den Erwerbstätigen gering. Gleichzeitig halten es

Personen mit maximal einem Ersten oder Mittleren Schulabschluss und Berufsausbildung tendenziell für wahrscheinlicher als höher gebildete Personen, ihren Arbeitsplatz zu verlieren, den Lebensstandard einschränken zu müssen oder in finanzielle Not zu geraten. Zudem sorgen sich ältere Erwerbstätige eher weniger als junge Erwerbstätige (**I4**).

**Kompensation von schwachen Leistungen vom Kindergarten bis zum Ende der Grundschule:** 36 % der Kinder mit niedrigem Kompetenzprofil in Mathematik und im Wortschatz zeigen vom Kindergarten bis zum Ende der Grundschule in beiden Kompetenzbereichen hohe Zuwächse. Bei Kindern mit mittlerem bis hohem Kompetenzprofil liegt der Anteil bei ca. 10 %. Kinder aus Familien mit hohem sozioökomischen Status (HISEI) haben höhere Kompetenzzuwächse als Kinder aus Familien mit niedrigerem sozioökomischen Status. Zudem weisen Mädchen in dieser Zeit höhere Kompetenzzuwächse auf als Jungen (**I2**).

**Anstiege in den mathematischen Kompetenzen vom Grundschul- bis ins junge Erwachsenenalter unterschiedlich stark ausgeprägt:** Der größte Zuwachs mathematischer Kompetenzen ist innerhalb der Grundschule zu verzeichnen, ab der 4. bis zur 7. Jahrgangsstufe ist der Zuwachs geringer. Kompetenzzuwächse bis ins junge Erwachsenenalter verlaufen zwischen den Geschlechtern, Personen mit und ohne Migrationshintergrund sowie Schüler:innen aus Familien mit unterschiedlichem sozioökonomischen Status weitestgehend parallel. Jedoch liegen die Kompetenzen über den betrachteten Zeitraum von Mädchen, Schüler:innen mit Migrationshintergrund sowie Schüler:innen aus Familien mit niedrigem sozioökonomischen Status im Durchschnitt zum Teil deutlich unter dem Niveau von Jungen, Schüler:innen ohne Migrationshintergrund und Familien mit mittlerem und hohem sozioökonomischen Status (**I2**).

**Mathematikkompetenzen und das Geschlecht beeinflussen die Chance eines Erwerbseintritts in einen MINT-Bereich:** Unabhängig von der fachlichen Ausrichtung einer Ausbildung üben Mathematikkompetenzen am Ende der 9. Jahrgangsstufe einen signifikanten Einfluss auf den Erwerbseintritt in einen MINT-Bereich aus. Je höher die Mathematikkompetenz, desto größer ist die Chance, nach einer beruflichen Ausbildung in einem MINT-Bereich erwerbstätig zu sein. So liegt die Chance eines Erwerbseintritts in einen MINT-Bereich bei Personen mit hohen Mathematikkompetenzen um ca. 62 % höher als bei Personen mit niedrigen Kompetenzen. Frauen sind nach einer Ausbildung seltener in einem Beruf im MINT-Bereich tätig als Männer. Berufsstereotype und geschlechtsspezifische Berufswahl können beim Erwerbseintritt in einen MINT-Bereich dabei eine Rolle spielen (**I3**).

**Lesekompetenzen im positiven Zusammenhang mit der allgemeinen Lebenszufriedenheit Erwachsener:** Lesekompetenzen gehen auch über den formalen Bildungsabschluss hinaus mit einer höheren Lebenszufriedenheit einher: Je höher die Lesekompetenz, desto höher ist die Lebenszufriedenheit im Erwachsenenalter. Dabei ist umgekehrt nicht auszuschließen, dass zufriedenere Personen höhere Lesekompetenzen aufweisen. Ein Zusammenhang zwischen Mathematikkompetenzen und Lebenszufriedenheit zeigt sich hingegen nicht (**I4**).

# Neuere Entwicklungen und Problemlagen im Lichte der Corona-Pandemie

Neben den in den letzten Bildungsberichten benannten bereichsübergreifenden Trends und Problemlagen, die nicht an Bedeutung verloren haben, wurde die Entwicklung des Bildungswesens in den letzten 2 Jahren maßgeblich von den Auswirkungen der Corona-Pandemie geprägt. Mehr noch als andere Ausnahmesituationen – etwa die Finanz- und Wirtschaftskrise 2008, die außergewöhnlich starke Zuwanderung 2015/16 oder auch der aktuelle Krieg in der Ukraine – berühren die pandemiebedingten Einschränkungen grundsätzlich eine Reihe tradierter Abläufe, Vorstellungen und vermeintlicher Gewissheiten über das Bildungsgeschehen in Deutschland. Bei der Beurteilung der Leistungsfähigkeit des Bildungswesens rücken nun einige neue Fragen in den Fokus – etwa nach den sozialen und ökonomischen Rahmenbedingungen, den Angebotsstrukturen und -formaten der Bildungsinstitutionen sowie den Möglichkeiten ihrer Inanspruchnahme bis hin zur Steuerung und Koordination der Teilbereiche des Bildungswesens. Die mittel- und langfristigen Konsequenzen für individuelle Bildungsverläufe sind aber derzeit nur teilweise absehbar – auch weil die Pandemie inzwischen zwar eingedämmt, aber noch nicht vorüber ist. Die verfügbaren Daten können zudem nur punktuell Einblicke in ausgewählte Facetten des Bildungsgeschehens während der Pandemie geben. Gleichwohl ermöglichen es die Indikatoren des Bildungsberichts zumindest, im Zeitverlauf auf erste Veränderungen in den Bildungsangeboten, im Bildungsverhalten oder in den Bildungsergebnissen aufmerksam zu machen, die eine unmittelbare Folge der Pandemie sind oder doch mit ihr in Zusammenhang stehen. Auf diese neueren Entwicklungen und Problemlagen wird im Folgenden über alle Bildungsbereiche hinweg ein erster bilanzierender Blick gerichtet.

**Je nach Bildungsbereich unterschiedliche Folgen von pandemiebedingten Einschränkungen im Bildungsangebot:** Seit dem 1. Lockdown im März 2020 konnten viele Bildungseinrichtungen wiederholt und über längere Zeiträume keine Präsenzangebote vorhalten. Pädagogische Betreuungs- und Unterstützungsaufgaben mussten teilweise oder gänzlich außerhalb der Bildungseinrichtungen im privaten Raum bewältigt werden oder entfielen ganz, was vor allem in Familien mit kleineren Kindern zu erheblichen Mehrbelastungen führte. Je jünger die Heranwachsenden waren, desto schwieriger erwies es sich für die Bildungsinstitutionen und das Fachpersonal, Bildungsangebote auf Distanz umzusetzen, und umso mehr Unterstützung bedurfte es seitens des engeren familialen Umfelds. Besonders einschneidend waren die zeitweiligen Schließungen von Einrichtungen oder Gruppen entsprechend im Elementar- und Primarbereich, wo auch die Schutz- und Hygienemaßnahmen sowie Kontaktreduzierungen die Planung und Gestaltung pädagogischer Arbeit empfindlich beeinträchtigten. Für Schulkinder kumulierte sich der vollständige oder partielle Verzicht auf Präsenzunterricht seit Beginn der Corona-Pandemie auf mehrere Monate des Distanzlernens. Wie die Abstimmungsprozesse zwischen Schulen und Schulverwaltung, innerhalb der Schulkollegien sowie zwischen Schulen und Elternhäusern unter den wechselnden Bedingungen von Präsenz-, Wechsel- und Distanzunterricht ausgestaltet waren, lässt sich allerdings kaum datengestützt beurteilen. Stellt man die Selbstständigkeit und Selbstorganisation von Studierenden aufgrund ihres Alters in Rechnung, so gelang an den Hochschulen der Umstieg auf Onlinelehre noch vergleichsweise am besten, allerdings auch hier um den Preis fehlender sozialer Kontakte. Im Studienalltag hat sich zudem die Studienfinanzierung bei etwa einem Drittel der Studierenden als problematisch erwiesen, weil studentische Jobs wegfielen oder Eltern wegen eigener Einkommensverluste weniger Unterstützung leisten konnten. Auch viele Lehrkräfte im Weiterbildungsbereich sahen sich vor allem zu Beginn der Pandemie mit gravierenden Einkommenseinbußen konfrontiert, sodass sich viele Soloselbstständige und Honorarkräfte der Herausforderung beruflicher Neuorientierung stellen mussten. Beeinflusst durch wirtschaftliche Unsicherheiten von Unternehmen und Dienstleistungsanbietern sowie durch Einschränkungen bei der Durchführung beruflicher Ausbildungen ist zudem ein Einbruch des Aus- und Weiterbildungsangebots festzustellen, dessen Ausmaß mit dem der Finanzkrise 2008 vergleichbar ist.

**Wachsende Dynamik beim Ausbau digitaler Bildungsangebote, aber keine vollständige Kompensation fehlender Präsenzangebote:** Die Corona-Pandemie hat den Ausbau digital unterstützter Bildungsangebote auch durch Programme des Bundes und der Länder (z. B. DigitalPakt Schule) in vielen Bereichen deutlich beschleunigt. Trotzdem ist beispielsweise für die Frühe Bildung zu konstatieren, dass nur rund ein Drittel der Kitas während der Pandemie digitale Austauschformate für die Kommunikation mit Eltern und zum Teil auch mit Kindern genutzt hat. Lehrkräfte im Schulwesen beklagten zu Beginn der Pandemie eine unzureichende digitale Ausstattung ihrer Schulen, die sich bis zum 2. Lockdown kaum verbesserte. Hinzu kam, dass die häuslichen Gelegenheitsstrukturen nicht in allen Familien hinreichend waren, um allen Schüler:innen – auch aus sozial schwächeren Elternhäusern – die notwendigen Lernfortschritte zu ermöglichen. Zwar fand die Mehrheit der Lehrkräfte Wege zur digitalen Bereitstellung von Lernmaterialien, aber die Häufigkeit der Kontakte zwischen Lehrkräften und Schüler:innen war erheblich reduziert und variierte auch deutlich zwischen den Schularten. Selbstständiges Lernen und der Umgang mit digitalen Geräten wurden zweifelsohne im Distanzunterricht gefordert und befördert; dies konnte aber vor allem in den jüngeren Altersgruppen professionelle pädagogische Arbeit in direktem Austausch nicht ersetzen. An den Hochschulen hat die relativ gute technische Ausstattung, auch der Studierenden und Lehrenden, zur schnellen Umstellung auf Onlineangebote ebenso beigetragen wie eine solide Basis an digitalen Kompetenzen (vgl. Autorengruppe Bildungsberichterstattung, 2020). Bei einigen Weiterbildungsanbietern stieß die rasche Umstellung auf digitale Formate stattdessen auf Hürden und Einschränkungen. Dies fiel u. a. bei den Volkshochschulen auf, die während des 1. bundesweiten Lockdowns nur einen geringen Anteil des geplanten Angebots umsetzen konnten. Auch das Integrationskursangebot des Bundesamt für Migration und Flüchtlinge (BAMF) ist zeitweise deutlich eingebrochen, da auch in diesem vergleichsweise stark reglementierten Bereich die Umstellung auf digitale Formate Zeit erforderte. Dass in den einzelnen Bildungsbereichen die Angebote häufig nicht kurzfristig auf ein digitales Format umgestellt werden konnten, hing wahrscheinlich auch mit fehlenden Kompetenzen und Routinen beim Personal zusammen.

**Erste Kompetenzstudien deuten auf Rückgänge bei den Schulleistungen hin:** Bundeslandspezifische Erhebungen an Schulen sowie eine nationale Studie an Grundschulen deuten darauf hin, dass der Kompetenzstand von Schüler:innen im Jahr 2021 im Vergleich zu Gleichaltrigen der Vorjahre signifikant niedriger war. Ob sich die festgestellten Leistungsrückgänge auch in anderen Bundesländern und in anderen Altersgruppen zeigen, muss vorerst offenbleiben. Da bei etwa jedem 5. Kita-Kind im Alter von 3 Jahren und dem Schuleintritt die Kita die wichtigste Lernwelt für die deutsche Sprache ist, die Einrichtungen aber zeitweilig gar nicht oder nur eingeschränkt geöffnet waren, liegt auch in der frühen Bildung die Vermutung entsprechend geringerer Kompetenzzuwächse während der Corona-Pandemie nahe. International angelegte Metaanalysen, die den Effekt des Distanzunterrichts auf die Kompetenzentwicklung in verschiedenen Staaten, Schularten, Kompetenzdomänen und Jahrgangsstufen analysieren, weisen auch darauf hin, dass die Kompetenzen der Schüler:innen – und dabei insbesondere die der jüngeren und sozioökonomisch schlechter gestellten – 2020 und 2021 geringer ausfielen als in vorherigen Kohorten. International deutet sich dabei an, dass die Kompetenzeinbußen im 1. Lockdown größer ausfielen als in den darauf folgenden Phasen der Pandemie. In Deutschland ist das Bildungsmonitoring nicht engmaschig genug, um diese Unterschiede abzubilden. Auch mussten die etablierten groß angelegten Leistungsstudien, die bereits vor der Pandemie auf negative Trends in den Schulleistungen hindeuteten, pandemiebedingt verschoben werden.

**Fehlende Unterstützungsstrukturen für sozioemotionale Beziehungen:** Bei allen offenen Fragen und berechtigten Sorgen um den Kompetenzerwerb unter Pandemiebedingungen dürfen auch die sozioemotionalen Beziehungen von Kindern und Jugendlichen nicht außer Acht gelassen werden. Bildungseinrichtungen sind für Lernende – auch durch die regelmäßige Begegnung mit Gleichaltrigen – nicht zuletzt ein bedeutsamer Sozialraum, dessen Wegfall durch die massiven Kontaktbeschränkungen sowie darüber hinausgehende Schließungen von Bildungs-, aber auch Freizeiteinrichtungen mit gravierenden psychosozialen Folgen einherging. Eltern von Kindern etwa, die phasenweise keine Kindertagesbetreuung besuchen konnten, gaben eine deutliche Abnahme des kindlichen Wohlbefindens an. Auch in einer Befragung von 11- bis 17-Jährigen

berichtete die überwiegende Mehrheit von einem erhöhten Belastungserlebnis in der Corona-Pandemie. Ob sich daraus allerdings anhaltende psychische oder sozioemotionale Auffälligkeiten entwickeln, hängt auch von den individuellen Ausgangslagen ab. Je höher bei Schulkindern etwa die Kompetenzen und je größer die Anstrengungsbereitschaft waren, desto besser kamen sie laut Elterneinschätzungen mit dem Distanzunterricht zurecht. Psychische Auffälligkeiten verzeichneten insgesamt gleichwohl einen erheblichen Anstieg: Sie wurden während der Pandemie für fast jedes 3. Kind berichtet, wogegen vor der Pandemie etwa jedes 5. Kind betroffen war. Auch unter den Studierenden beklagt die Mehrheit im Onlinestudium, dass der persönliche Kontakt zu Kommiliton:innen und Lehrenden fehlte. Dadurch wird die soziale und akademische Integration der Studierenden in die Hochschule gefährdet oder zumindest erschwert; und auch hier gibt es Hinweise auf ein erhöhtes Maß an psychischer Belastung.

**Mangelnde Personalressourcen in einigen Bildungsbereichen erschwerten den Umgang mit der Corona-Pandemie:** Das Bildungspersonal sah sich durch das Pandemiegeschehen mit teils völlig neuen Ausgangslagen für die pädagogische Arbeit konfrontiert. Insgesamt gab es einen hohen öffentlichen Druck, die Bildungseinrichtungen weitgehend offen zu halten, auch um die Vereinbarkeit von Familie und Beruf zumindest für Eltern in sogenannten systemrelevanten Berufsgruppen sicherzustellen. Zudem galt es Wege zu finden, weiterhin allen Bildungsteilnehmer:innen Bildungsangebote zu unterbreiten. Je nachdem, wie weit in den einzelnen Bildungsbereichen und Bildungseinrichtungen alternative, insbesondere digitale Lerngelegenheiten entwickelt waren, gelang dies vor allem selbstständigeren Lernenden mehr und anderen weniger gut. Insbesondere zu Beginn der Pandemie konnten dabei die eingeschränkten oder fehlenden Möglichkeiten eines direkten Kontakts und Austauschs zwischen dem Personal und den jungen Menschen an vielen Stellen nicht so aufgefangen werden, dass eine kontinuierliche Lernbegleitung sichergestellt war.

Dazu beigetragen haben dürfte die in einigen Bereichen deutlich angespannte Personalsituation, die durch zusätzliche coronabedingte Ausfälle noch verschärft wurde und zu der eine gestiegene Zahl an Quer- und Seiteneinstiegen von Personen ohne grundständige pädagogische Qualifikation hinzugekommen ist. Zwar ist der Personalbestand im Bildungswesen in der Mehrzahl der Bildungsbereiche, insbesondere aber in der Frühen Bildung und in der Hochschulbildung, im letzten Jahrzehnt erheblich gewachsen. Überwiegend folgt dieser Zuwachs jedoch der veränderten Bildungsnachfrage seitens der Teilnehmer:innen, sodass sich die Personalschlüssel und Betreuungsrelationen allenfalls geringfügig verbessert haben. Unter diesen Rahmenbedingungen unterschiedlich großer quantitativer oder qualitativer Personalengpässe war die Reaktions- und Handlungsfähigkeit der pädagogisch Tätigen entsprechend eingeschränkt.

**Größere Unsicherheiten bei Entscheidungen an den Schnittstellen des Bildungswesens:** Die Pandemie hat nicht nur die Reichweite und Qualität der Bildungsangebote beeinflusst, sondern scheint auch Unsicherheiten bei Entscheidungen über die anzustrebenden Bildungswege ausgelöst zu haben, die in einem an die Ungewissheiten angepassten Bildungsverhalten zum Ausdruck kommen. Während bislang keine direkten Auswirkungen der Pandemie auf die Häufigkeit vorzeitiger und verspäteter Einschulungen sowie auf die Übergänge in weiterführende Schulen am Ende der Grundschulzeit erkennbar wurden, zeichnen sich jedoch Veränderungen am Ende der allgemeinbildenden Schullaufbahn ab: So ist die rückläufige Zahl der Schulabgänge ohne Abschluss ein Indiz für einen längeren Schulbesuch. Dies korrespondiert mit dem deutlichen Rückgang der Nachfrage nach Ausbildungsplätzen, der auch als Resultat von wahrgenommenen Einschränkungen im Ausbildungszugang und Unsicherheiten in Bezug auf den Ausbildungsverlauf gesehen werden muss. Insbesondere Jugendliche, die die Schule unter anderen Umständen ohne oder mit Erstem Schulabschluss verlassen hätten, sind offenbar länger im allgemeinbildenden Schulwesen verblieben. An den Hochschulen ließen sich zu Beginn der Pandemie bei der Zahl der Studienanfänger:innen (aus dem Inland) zwar keine Effekte beobachten, die auf eine geringere oder verzögerte Studienaufnahme hindeuten; die Corona-Pandemie wird laut Einschätzung vieler Studierender aber zu einer längeren Studiendauer führen. Die Regelstudienzeiten für die während der Pandemie Eingeschriebenen wurden verlängert, sodass Langzeitgebühren vermieden werden und ein längerer BAföG-Bezug möglich ist. Zudem dürfte die Pandemie 2021 in einem nicht genau bezifferbaren Ausmaß zum Rückgang der Anzahl an Hochschulabsolvent:innen um rund 6 % beigetragen haben, etwa weil Prüfungen insbesondere zu Beginn der Pandemie nicht durchgeführt werden konnten

oder aufgeschoben wurden. Die Weiterbildungsteilnahme scheint trotz kurzfristiger Einbrüche unverändert hoch, ohne dass sich derzeit Hinweise auf eine Verschärfung der sozialen Selektivität abzeichnen. Es deutet sich allerdings eine Hinwendung zu kürzeren und digitalen Weiterbildungsangeboten an.

**Einschränkungen der internationalen Mobilität von Bildungsteilnehmer:innen:** Veränderungen in den Bildungsverläufen werden auch in jenen Bereichen sichtbar, die an Entscheidungen für oder gegen einen Auslandsaufenthalt geknüpft sind. Durch pandemiebedingte Reisebeschränkungen kam es z. B. einerseits zu einem Einbruch bei den Anmeldungen zu internationalen Freiwilligendiensten, andererseits verzeichneten die inländischen Jugendfreiwilligendienste etwas mehr Teilnehmer:innen. Ebenso ist davon auszugehen, dass viele Schüler:innen pandemiebedingt auf ein Auslandsschuljahr verzichten mussten. Auch Studierende gingen zuletzt weniger ins Ausland. Die Zahl der mit Erasmus+ ins Ausland gehenden Studierenden war im Wintersemester 2020/21 nur etwa halb so hoch wie vor der Corona-Pandemie. Analog sank im Studienjahr 2020 die Zahl internationaler Studienanfänger:innen in Deutschland mit –22 % so deutlich, dass hierzulande die Studiennachfrage insgesamt um 3,6 % zurückging. Nicht rückläufig war jedoch die Gesamtzahl internationaler Studierender; ein bereits in Deutschland aufgenommenes Studium wurde in der Pandemie demnach zumeist weitergeführt.

# Neuere Entwicklungen und Problemlagen im Lichte der Corona-Pandemie

Je nach Bildungsbereich unterschiedliche Folgen von coronabedingten Einschränkungen im Bildungsangebot

Fehlende Unterstützungsstrukturen für sozioemotionale Beziehungen

Erste Kompetenzstudien deuten auf Rückgänge bei den Schulleistungen hin

Einschränkungen der internationalen Mobilität von Bildungsteilnehmer:innen

## Zentrale Herausforderungen

### Zusammenarbeit und Verbindlichkeit

Eine Steigerung der Reaktions- und Handlungsfähigkeit sowie Stärkung der Verantwortlichkeit der Akteur:innen im Bildungswesen verlangt intensive, verbindliche und bereichsübergreifende Abstimmungsprozesse auf Basis empirisch gesicherter Informationen.

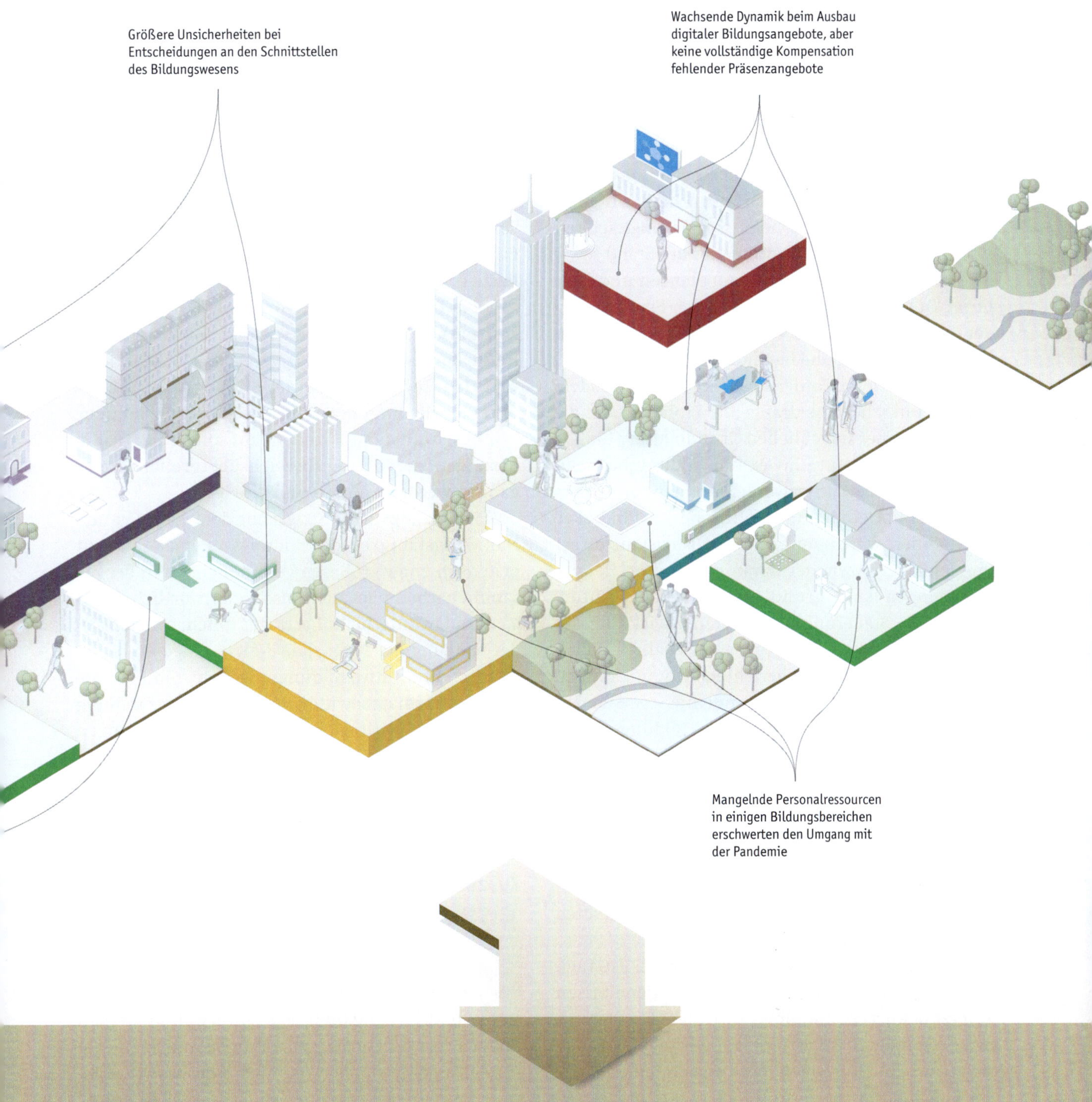


## Digitalisierung

Die Digitalisierung des Bildungssektors schreitet weiter voran. Künftig kommt es besonders auf die Verstetigung der Investitionen in die Infrastruktur, den Ausbau digitaler Bildungsangebote und die Weiterqualifizierung des Personals an.

## Personalgewinnung und -qualifizierung

Zur Sicherung des benötigten qualifizierten pädagogischen Personals bedarf es in den nächsten Jahren sowohl bei der Gewinnung zusätzlicher Fachkräfte als auch bei der Weiterentwicklung der derzeitigen Fortbildungsstruktur und -kultur großer Anstrengungen.

# Zentrale Herausforderungen

Der nationale Bildungsbericht hat in den vergangenen Jahren im Einklang mit der empirischen Bildungsforschung, der Bildungspolitik, der Bildungspraxis und Teilen der Öffentlichkeit wiederholt auf andauernde Herausforderungen des Bildungswesens in Deutschland aufmerksam gemacht. Dazu gehören etwa die anhaltend hohe soziale Ungleichheit in Bezug auf Bildungschancen oder der Stand sowie die Entwicklung kognitiver Kompetenzen und fachlicher Qualifikationen, die hinter den Erwartungen der Gesellschaft und der Wirtschaft, aber auch vieler Interessengruppen und handelnder Akteur:innen zurückbleiben. Herausforderungen ergeben sich zudem aus der Tatsache, dass drängende Probleme wie die Sicherung einer sprachlichen Grundbildung für alle über den Lebenslauf hinweg nur bildungsbereichsübergreifend bewältigt werden können, ohne dass dafür bereits eindeutige politische Zuständigkeiten definiert wären. Aufgrund der Persistenz dieser Problemlagen sowie der daran geknüpften Herausforderungen sind grundlegende Neuausrichtungen für die Steuerung und Weiterentwicklung des Bildungssystems in den gegebenen 2-Jahres-Zyklen der nationalen Bildungsberichterstattung kaum zu erwarten. Auch die Corona-Pandemie – verstanden als ein exogener Schock, auf den das Bildungssystem nicht hinreichend vorbereitet war – hat in erster Linie bereits bekannte Problemlagen noch stärker zutage treten lassen. Neu war vor allem, dass die öffentliche Mitverantwortung für die Bildungsprozesse und das Aufwachsen junger Menschen trotz zum Teil weitreichender Interventionen und zusätzlicher Mittel von Bund und Ländern nur bedingt aufrechterhalten werden konnte.

Die Entwicklung des Bildungswesens ist auch dadurch gekennzeichnet, dass verschiedene Krisen zuletzt in kurzen Abständen auftraten. Teils temporäre, teils längerfristige Herausforderungen ergaben sich in den vergangenen Jahren aus Ereignissen wie der Zuwanderung aufgrund von Flucht und Vertreibung, aus Umweltkatastrophen und Pandemien oder gar aus Kriegen. Die Bewältigung derartiger Krisensituationen ist daher als eine kontinuierliche Aufgabe für die Gestaltung von Bildungsprozessen in allen Bildungsbereichen zu verstehen. Wenn Herausforderungen einer Krise durch Herausforderungen einer weiteren Krise eingeholt oder überlagert werden, erfordert allein diese Parallelität eine Priorisierung, da nicht alle Problemlagen gleichzeitig und in gleicher Intensität angegangen werden können. Das gilt nicht nur für die Verantwortlichen auf politischer und administrativer Ebene, sondern auch für alle, die pädagogische Angebote in den verschiedenen Bereichen des Bildungswesens mitgestalten: vom Bildungspersonal über die Leitungskräfte von Einrichtungen sowie die Repräsentant:innen von Berufs-, Träger- und Interessenverbänden bis hin zu den Teilnehmenden. Vor diesem Hintergrund konzentrieren wir uns im Folgenden darauf, solche Herausforderungen zu skizzieren, die die Reaktions- und Handlungsfähigkeit des Bildungswesens auch unter den Bedingungen von Krisen steigern können. Wir beschränken uns zudem auf solche Herausforderungen, die bildungsbereichsübergreifend angegangen werden können und müssen.

Potenziale für die Steigerung der Reaktions- und Handlungsfähigkeit des Bildungssystems sehen wir erstens in einer größeren Verbindlichkeit in der Zusammenarbeit relevanter, also verantwortlicher und steuernder Entscheidungsträger:innen, zweitens in der Nutzung der Potenziale digitaler Medien für didaktisch innovative Bildungsangebote und Kommunikationsformate sowie drittens in der Sicherstellung verbesserter institutioneller Rahmenbedingungen nicht nur für die Ausbildung und berufsbegleitende Fortbildung des pädagogischen Personals, sondern auch für die Sicherung des künftig noch vermehrt benötigten Bildungspersonals.

## Zusammenarbeit und Verbindlichkeit

Nicht zuletzt die Corona-Pandemie zeigt, dass Krisen nicht allein von einzelnen Akteur:innen in den jeweiligen Bildungsbereichen oder auf getrennten Verantwortungs- und Entscheidungsebenen bewältigt werden können, sondern einer gemeinsamen und möglichst bereichsübergreifenden Verständigung bedürfen. Bereits im letzten nationalen Bildungsbericht wurde auf die Notwendigkeit intensivierter Austausch- und Abstimmungsprozesse hingewiesen. Für Deutschland liegen bisher nur vereinzelt Studien vor, in denen solche Prozesse näher betrachtet und untersucht werden. Zwar konnte in den letzten beiden Jahrzehnten das Wissen über Bildung und damit auch das Wissen *für* die Steuerung des Bildungswesens kontinuierlich über alle Bildungsbereiche hinweg gesteigert werden.

Doch gibt es vergleichsweise wenig Forschungsaktivitäten, um Wissen *über* die Steuerung des Systems zu generieren. Die Stärkung dieser Forschungsperspektive legen bereits die Zielsetzungen der Gesamtstrategie der Kultusministerkonferenz (KMK) zum Bildungsmonitoring nahe, in denen ein stärkerer Anwendungsbezug von Forschungsergebnissen für die Steuerung und Gestaltung des Bildungswesens formuliert wurde.

Vor diesem Hintergrund ist die Ankündigung der Bundesregierung und der Bundesbildungsministerin eines „Innovationsjahrzehnts der Bildungschancen" – gestützt auf bessere finanzielle Rahmenbedingungen, auf die Ausweitung digitaler Infrastrukturen sowie auf die Qualifizierung des Personals – ein notweniger und wichtiger Schritt, sofern gleichzeitig die Perspektive der Steuerung und der Evaluation von Steuerungsmaßnahmen berücksichtigt wird. Leitend ist der Gedanke eines Kooperationsgebots, das eine „neue Kultur der Bildungszusammenarbeit" fördern soll. Um die angekündigten Maßnahmen umsetzen zu können, sollen ggf. auch notwendige (grund) gesetzliche Voraussetzungen geschaffen werden. Ein solcher Aufbruch wäre im bereichsübergreifenden Horizont des Bildungswesens mit seinen uneinheitlichen gesetzlichen Zuständigkeiten sicherlich zu begrüßen. Gleichzeitig ist aber die Autonomie des Handelns der unterschiedlichen Akteur:innengruppen vor Ort nicht nur anzuerkennen, sondern auch zu stärken. Wie etwa die anfänglich schleppende Umsetzung des DigitalPakts Schule verdeutlicht, lassen sich mit einer reinen Bereitstellung zusätzlicher finanzieller Mittel durch Bund und Länder die Qualitätsprobleme in den Institutionen des Bildungswesens nicht lösen. Dies kann vielmehr erst dann gelingen, wenn die bereitgestellten Mittel tatsächlich das pädagogische Angebot verbessern – und dies erfordert zuerst eine koordinierte Vernetzung aller Beteiligten, wie sie u. a. mit der geplanten Nationalen Bildungsplattform angestrebt wird, bei einer gleichzeitig engen Einbindung der pädagogischen Praxis. Eine verbesserte und verbindlichere Kooperation ist vor allem für die Zusammenarbeit zwischen Bund und Ländern anzustreben. Die 3 großen Bund-Länder-Programme „Leistung macht Schule – LemaS", „Schule macht stark – SchuMaS" und „Bildung durch Sprache und Schrift – BiSS-Transfer" sind – neben der nationalen Bildungsberichterstattung – hier exemplarisch für mögliche Kooperationen im Föderalismus zu nennen. Aber diese Programme zeigen zugleich auch beispielhaft, dass eine verbesserte und verbindlichere Kooperation auf allen Steuerungsebenen angezeigt ist: für die Zusammenarbeit innerhalb von Ministerien, zwischen verschiedenen Ministerien, zwischen der Administration und den Verantwortlichen in Verbänden und Bildungseinrichtungen sowie schließlich innerhalb der Einrichtungen des Bildungswesens zwischen den verschiedenen Beschäftigtengruppen.

Potenzial für die Steigerung der Reaktions- und Handlungsfähigkeit des Bildungswesens besteht auch in einer größeren Verbindlichkeit in der Zusammenarbeit zwischen Wissenschaft und Bildungspolitik. Der nationale Bildungsbericht steht prototypisch für den Anspruch, Politik und Praxis kontinuierlich und verlässlich steuerungsrelevantes Wissen zur Verfügung zu stellen. Ob und inwieweit dieses Wissen tatsächlich steuerungsrelevant ist und als solches wahr- und ernst genommen wird, wird bislang allerdings weder verbindlich kommuniziert noch evaluiert. Zudem stößt die Berichterstattung an Grenzen, wenn relevante und aktuelle Daten und Informationen nicht verfügbar sind. Wie die Pandemie gezeigt hat, fehlen solche Daten oft auch auf lokaler Ebene, etwa zur technischen Infrastruktur von Bildungseinrichtungen oder zu Kontakten zwischen Lehrer:innen auf der einen und Schüler:innen auf der anderen Seite während der Lockdowns. Eine Herausforderung besteht entsprechend auch darin, Daten als Grundlage für Steuerungshandeln schneller verfügbar zu machen und auch zu prüfen, wo es erforderlich und möglich ist, unterjährige Daten vorzuhalten, die für ein schnelles Reagieren auf exogene Schocks durch nicht vorhersehbare Krisensituationen notwendig sind. Wenn es darüber hinaus selbstverständlicher wird, relevante Entscheidungen und Handlungen – von Struktur- und Förderentscheidungen der Politik bis hin zu Maßnahmen der Personal- und Organisationsentwicklung vor Ort – zu evaluieren und zu beurteilen, ob daran geknüpfte Erwartungen tatsächlich auch erfüllt wurden, dürfte dies ebenfalls die Reaktions- und Handlungsfähigkeit steigern. Denn nur unter solchen Bedingungen kann das Bildungswesen lernen und die Verantwortlichkeit der Akteur:innen stärken.

## Digitalisierung

Zusätzlich zu einer verbindlicheren Kooperation ist die Digitalisierung in allen Bildungsbereichen eine notwendige, wenngleich nicht hinreichende Voraussetzung für die Zukunftsfähigkeit des Bildungssektors. Die Nutzung der Potenziale digitaler Lern- und Bildungsmedien wird dazu beitragen, die Reaktions- und Handlungsfähigkeit der verschiedenen Bildungsbereiche auch unter Krisenbedingungen zu verbessern: Abgesehen davon, dass digitale Technologien sowohl in Präsenz als auch auf Distanz neue Lernwelten eröffnen, können sie helfen, Lern- und Bildungsprozesse zeitlich und örtlich flexibler zu organisieren, sie können selbst organisierte und didaktisierte Lehr-Lern-Prozesse unterstützen und das Instrumentarium für deren Gestaltung erweitern. Vor allem aber bieten sie, didaktisch reflektiert eingesetzt, das Potenzial, das Verhältnis von angeleitetem zu selbst organisiertem Lernen neu zu gewichten – und je nach Alter, Vorerfahrungen und Motivation zu individualisieren. Auch wenn Digitalisierung nicht frei von Risiken ist, liegt das größere Risiko darin, die Digitalisierung im Bildungswesen nicht mit der nötigen Entschlossenheit voranzutreiben. Sonst besteht die Gefahr, dass sich die digitalisierten Lernwelten innerhalb und außerhalb von Bildungseinrichtungen entkoppeln. Um Möglichkeiten der Digitalisierung zu entfalten, braucht es neben IT-Infrastrukturen auch Strukturen, die Digitalität in den Curricula der einzelnen Bildungsbereiche verankern.

Die sehr unterschiedlichen Facetten der Digitalisierung für das Bildungswesen wurden im Schwerpunktteil des Bildungsberichts 2020 ausführlich behandelt. In den letzten beiden Jahren hat die Corona-Pandemie den herausragenden Stellenwert der Digitalisierung für einige Bildungsbereiche noch einmal deutlich hervortreten lassen: Nahezu alle Bildungsbereiche waren von den im Zuge der Corona-Pandemie nötigen Schließungen der Einrichtungen betroffen und mussten ohne Vorbereitungszeit Lernangebote auf Distanz zur Verfügung stellen. Mit Ausnahme der Frühen Bildung, für die sich ein digitales Ersatzprogramm kaum umsetzen lässt, gelang es den betroffenen Institutionen und pädagogisch Tätigen dabei unterschiedlich gut und schnell, digital gestaltete Alternativen zu Präsenzformaten anzubieten.

In der Rückschau ist festzuhalten, dass das Vorhandensein einer entsprechenden digitalen Infrastruktur, etwa an Hochschulen und Schulen, sowie im Umgang damit geschulte und erfahrene Lehrende und Lernende mancherorts einen weitgehend friktionsarmen Übergang in digitalisierte Formate ermöglichten. Auch wurden vielerorts innovative Lösungen gefunden, die auf ganz unterschiedliche Arten eine sinnvolle Teilnahme an Bildungsangeboten ermöglichten. In anderen Bereichen ist auch nach 2 Jahren Corona-Pandemie ein nur überschaubarer Fortschritt zu erkennen, was durch das Fehlen entsprechender Infrastruktur nicht allein erklärt werden kann: Ein Bedarf an kontinuierlicher, qualifizierter Weiterbildung des Bildungspersonals sowie an direkter Unterstützung für digital weniger affine Bildungsfachkräfte wird hier offenkundig.

Die Corona-Pandemie hat den grundsätzlichen Wert digitaler Bildungsangebote noch einmal deutlich werden lassen. So wie auch das Arbeiten im Homeoffice zukünftig viel selbstverständlicher werden wird, ganz unabhängig von Krisensituationen, so wird auch im Bildungsbereich nach der Pandemie eine starke Nachfrage nach entsprechenden Angeboten bestehen bleiben: Bildungsinstitutionen können auf digitalen Wegen zeitlich und räumlich flexibel Angebote vorhalten, die nicht nur in Krisenzeiten, sondern ganz allgemein wertvolle Ergänzungen oder sogar Alternativen zu Präsenzveranstaltungen darstellen können. Vor diesem Hintergrund bleibt die nachhaltige Digitalisierung des Bildungssektors mit einer Verstetigung der Investitionen in die Infrastruktur und einem Ausbau digitaler Bildungsangebote, vor allem aber einer entsprechenden Qualifizierung des Bildungspersonals eine der zentralen Herausforderungen für die kommenden Jahre. Die im Zuge der Corona-Pandemie gemachten Erfahrungen können hier eine wertvolle Hilfe sein, Defizite und Bereiche besonderer Tragweite zu erkennen und Ressourcen gezielt einzusetzen.

Dazu bedarf es koordinierter Anstrengungen, um den Anforderungen einer digitalisierten Welt gerecht zu werden, die ihre Grenzen nicht an den Limitierungen der föderalen Struktur erfahren darf. Dies bezieht sich nicht nur auf Abstimmungsprozesse zur Qualifizierung des pädagogischen Personals, sondern auch auf die forschungsbasierte Entwicklung von Lernmaterialien und deren Verfügbarmachung über den Aufbau einer föderierten Nutzungsstruktur. Das Zusammenwirken von regional übergreifender wissenschaftlicher und bildungspraktischer Expertise, ggf. in Kooperation mit dem Know-how aus der Wirtschaft, verspricht innovative Lösungen, von denen Bildungseinrichtungen und damit auch die Bildungsteilnehmenden bundesweit, ortsunabhängig und nachhaltig profitieren können.

## Personalgewinnung und -qualifizierung

Reaktions- und handlungsfähig kann das Bildungswesen nur sein, wenn es über hinreichend qualifiziertes und motiviertes Personal verfügt. Die Sicherung des im Bildungswesen benötigten Personals erscheint daher auch für die Zukunft eine vordringliche Aufgabe, die Bund, Ländern und Kommunen große Anstrengungen abverlangt. Dabei geht es zum einen um die quantitative Deckung des sich immer wieder ändernden und tendenziell ausweitenden Personalbedarfs, zum anderen aber auch um die notwendigen Qualifizierungsmaßnahmen für das Personal. Letzteres gilt für alle Bildungsbereiche, etwa mit Blick auf den Bedarf an Kompetenzen zur Gestaltung digitaler Lernumgebungen. Professionalisierung ist aber ebenso dringend für andere Aufgabenfelder angezeigt: für die Gestaltung einer inklusiven Bildung, die alle Lernenden bestmöglich fördert, für den Ausbau und die Qualitätsentwicklung der Ganztagsangebote im Grundschulalter, für den Umgang mit einer wachsenden Diversität in Lerngruppen oder für die Gestaltung von Lernprozessen, die Mehrsprachigkeit nicht nur als Herausforderung, sondern vielmehr als Chance für individuelles und gemeinsames Lernen betrachten.

Obwohl der Zugang zu pädagogischen Berufen in sehr unterschiedlichem Maße über standardisierte und reglementierte Qualifizierungswege erfolgt, ist über die Folgen der jeweiligen Zugänge und Rekrutierungspraxen für das pädagogische Handeln bislang wenig bekannt. Da aufgrund der gestiegenen Bedarfe an pädagogischen Fachkräften in nahezu allen Bildungsbereichen Ad-hoc-Regelungen für sogenannte Quer- oder Seiteneinstiege eröffnet worden sind, ist deren (Nach-)Qualifizierung sicher eine vordringliche Aufgabe. Aber auch dort, wo etwa der Grad an Akademisierung der Beschäftigten vergleichsweise gering ist wie in der Frühen Bildung oder Teilen der Weiterbildung, sollte bildungspolitisch geprüft werden, welcher Anteil und welcher Grad an Akademisierung anzustreben wäre und wie die verschiedenen Qualifikationsprofile in den Bildungseinrichtungen bestmöglich zusammenwirken können. Weitgehend offen und bislang ebenfalls kaum geprüft ist die Frage, inwiefern funktionale oder thematische Spezialisierungen innerhalb eines Bildungsbereichs oder Arbeitsfelds eine angemessene Weiterentwicklung gegenwärtiger Strategien der Personalgewinnung und -qualifizierung darstellen. Eine stark versäulte Ausbildung mit einer eher spezialisierten Aufgabenteilung birgt auch das Risiko, den flexiblen Einsatz vorhandenen oder neu zu gewinnenden Personals zu erschweren.

Insbesondere der institutionelle Ausbau und die konzeptionelle Weiterentwicklung der Strukturen für die berufsbegleitende Fortbildung des pädagogischen Personals können helfen, eine Qualifizierungsmentalität zu entwickeln, in der individuelle Professionalisierung selbstverständlich als ein lebenslanger Lernprozess betrachtet wird. Dies gelingt dann, wenn die Erweiterung des pädagogischen und fachlichen Wissens, die Einübung konkreter Fertigkeiten und die kontinuierliche, auch kollegiale Reflexion berufspraktischer Erfahrungen miteinander verschränkt werden. Dies kann aber nur dann erfolgreich sein, wenn die Fortbildungsbedarfe nicht vorgegeben, sondern kooperativ erschlossen werden, z.B. durch eine Verständigung der relevanten Akteur:innen über das erwartete Maß an Fortbildung und zentrale Inhaltsschwerpunkte in den verschiedenen Bildungsbereichen. Die Sicherstellung der Voraussetzungen für eine Fortbildungsteilnahme durch Leitungskräfte und für den Wissenstransfer im jeweiligen Kollegium oder Team können ebenso zur Weiterentwicklung der Fortbildungskultur beitragen wie beamtenrechtliche, tarifvertragliche, arbeitsrechtliche oder auf individuelle Honorarverträge bezogene Anreizsysteme.

Für die Sicherung des Personalbedarfs und die Weiterentwicklung der professionellen Kompetenzen des pädagogischen Personals geht es schließlich auch darum, (junge) Menschen überhaupt erst für die pädagogischen Berufe zu interessieren und zu gewinnen sowie langfristig in ihren Berufen zu binden. Dazu gehört auch, dass die Arbeitsbedingungen den zum Teil deutlich gestiegenen Anforderungen im Beruf Rechnung tragen. Pädagogisches Personal, das z.B. auch in der institutionsinternen oder -übergreifenden Vernetzung engagiert ist, sollte dabei nicht gezwungen sein, sich nur auf das eigene Engagement zu stützen, sondern auch passende Arbeitszeitmodelle wählen können. Zusammen mit einer qualitätsvollen Ausbildung und einer Kultur der kontinuierlichen Fortbildung, die an kooperativ erschlossenen Bedarfen orientiert ist, wird es so möglich, einer Überforderung entgegenzuwirken und die Berufszufriedenheit zu fördern, um auf verschiedenen Ebenen zu einer Qualitätssteigerung des pädagogischen Handelns beizutragen.

# Bildung im Spannungsfeld veränderter Rahmenbedingungen

Die Entwicklung des Bildungswesens ist in gesamtgesellschaftliche und ökonomische Prozesse eingebettet. So sind etwa Geburtenentwicklung und Wanderungsgeschehen entscheidende Einflussgrößen für die zukünftige Zahl an Bildungsteilnehmer:innen; wirtschaftliche Entwicklung und Erwerbstätigkeit sind relevant für die Ausstattung des Bildungssystems und der Familie mit (nicht nur) finanziellen Ressourcen; Aspekte wie die soziale Situation der Familie zeitigen Einfluss auf Bildungserfolge von Kindern und Jugendlichen. Derartige Rahmenbedingungen von Bildung werden in Kapitel A für die Bereiche Demografie, wirtschaftliche Entwicklung, Erwerbstätigkeit sowie Familien- und Lebensformen näher beleuchtet.

Im Bereich Demografie liegt der Fokus auf dem in den letzten Jahren sehr dynamischen Wanderungsgeschehen. Eine Analyse der amtlichen Statistik zur Außenwanderung soll aufzeigen, aus welchen Herkunftsländern die Zugewanderten vorrangig stammen. Bei der Binnenwanderung werden die großräumigen Haupttrends näher betrachtet sowie alters- und geschlechtsspezifische Unterschiede herausgestellt. In dem Zuge sind auch die ausgeprägte Mobilität der jüngeren Altersgruppen und sich daraus ergebende Folgen für die demografische Entwicklung und die Bildungslandschaft zu thematisieren.

Als weiterer wichtiger Einflussfaktor auf die Demografie wird die Geburtenentwicklung der letzten Jahre betrachtet und mit Fokus auf das Alter der Mütter näher beleuchtet. Aufbauend auf ersten Analysen aus dem Bildungsbericht 2020 soll das Geburtenverhalten nach Bildungsstand der Mütter vertieft berichtet werden. Der deutliche Trend zur späteren Familiengründung ab den 1990er-Jahren wird erstmals im Bildungsbericht beleuchtet: Er wirkt sich auf das Zusammenleben in den Familien aus und führt zu einer Verengung der Zeitspanne, in der Frauen weitere Kinder zur Welt bringen können (**A1**).

Die wirtschaftliche Entwicklung und finanzielle Situation der öffentlichen Haushalte bestimmen die Ausstattung des Bildungswesens mit Ressourcen. Bund, Länder und Kommunen stehen infolge der Corona-Pandemie vor enormen finanziellen Herausforderungen: Einerseits müssen sie vielerorts die Folgen der Verschuldung meistern; andererseits werden die Ausgaben im Sozial- und Bildungsbereich voraussichtlich weiter steigen. Anhand der Einnahmen-Ausgaben-Rechnung der öffentlichen Hand sowie des Bruttoinlandsprodukts wird ein Überblick über die wirtschaftliche Gesamtentwicklung gegeben (**A2**).

Der Umfang der Erwerbstätigkeit ist eng an die demografische und wirtschaftliche Entwicklung einer Region sowie an die individuelle Qualifikation und familiale Situation der Menschen gekoppelt. Personen mit höheren Bildungsabschlüssen sind seltener von Erwerbslosigkeit betroffen und finden sich seltener in prekären Beschäftigungsverhältnissen wieder. Um die Folgen der Corona-Pandemie für besonders stark betroffene Wirtschaftsbereiche abzuschwächen, wurde die Kurzarbeit in nie da gewesenem Umfang genutzt. Eine weitere Maßnahme, mit den pandemiebedingten Herausforderungen im Erwerbsleben umzugehen, ist die zunehmende Nutzung von Homeoffice durch unterschiedliche Erwerbstätigengruppen (**A3**).

Die soziale Situation der Familie hat einen Einfluss auf die Bildungserfolge der Kinder und wird im Abschnitt zu Familien- und Lebensformen näher beleuchtet. Neben einer Betrachtung der Familienformen gilt es, die sich aus dem direkten familialen Umfeld ergebenden Risikolagen für die Kinder – das soziale Risiko, das finanzielle Risiko sowie das Risiko formal gering qualifizierter Eltern – differenziert nach Familienstand, Zuwanderungserfahrung und Anzahl der Kinder im Haushalt zu analysieren. Erstmals wird auch die Verweildauer von Kindern in Risikolagen auf Grundlage eines Panels mit Daten des Mikrozensus in den Blick genommen (**A4**).

Zuletzt im Bildungsbericht 2020 als A1

# Demografische Entwicklung

Die Demografie nimmt im Bildungsbericht einen besonderen Stellenwert ein, da sie Aufschluss über die Entwicklung unterschiedlicher Alters- und Bevölkerungsgruppen gibt. Dies ermöglicht Rückschlüsse auf gegenwärtige und künftige Bedarfe an Bildungsangeboten. Eine Betrachtung der Außen- und Binnenmigration kann dabei Hinweise auf regional heterogene Entwicklungen von Umfang und – eingeschränkt – auch inhaltlichen Bedarfen an Bildungsangeboten liefern.

## Bevölkerungsstruktur und -entwicklung

Die Bevölkerungsentwicklung wird grundsätzlich durch 3 Faktoren bestimmt: die Anzahl der Geburten, der Sterbefälle sowie die internationale Zu- und Abwanderung. Für Deutschland lässt sich die generelle Tendenz knapp zusammenfassen: Der natürliche Rückgang der Bevölkerungszahl aufgrund von weniger Geburten als Sterbefällen ließ sich seit 2011 durch einen positiven Wanderungssaldo aus dem Ausland, also mehr Zu- als Fortzüge, überkompensieren. Ohne diese Wanderungsgewinne würde die Bevölkerungszahl bereits seit 4 Jahrzehnten schrumpfen.

**2020 erstmals seit 2011 kein Bevölkerungswachstum**

Von 2011 bis 2019 ist die Bevölkerungszahl praktisch ununterbrochen gewachsen (**Abb. A1-1**). Dieser Trend hat sich im Jahr 2020 nicht fortgesetzt: Ende 2020 lebten in Deutschland laut der Bevölkerungsstatistik 83.155.031 Menschen – 2019 waren es mit 83.166.711 geringfügig mehr. Zurückzuführen ist dieser leichte Rückgang auf eine gestiegene Zahl an (auch mit der Corona-Pandemie in Zusammenhang stehenden) Sterbefällen bei etwas weniger Geburten als im Vorjahr, vor allem jedoch auf geringere Wanderungsgewinne aus dem Ausland, die um ein Drittel niedriger ausfielen als im Vorjahr. Wichtige Faktoren dafür dürften die mit der Corona-Pandemie einhergehenden weltweiten Reisebeschränkungen und der ebenfalls mit der Pandemie einhergehende geringere Bedarf an ausländischen Arbeitskräften in einzelnen Branchen gewesen sein. Ob das Jahr 2020 eine Trendwende markiert, muss sich somit erst noch zeigen.

**Unterschiedliche Bevölkerungsentwicklung in den Bundesländern**

Die Bevölkerungsentwicklung verläuft regional sehr unterschiedlich: In den letzten 10 Jahren verzeichneten vor allem die Stadtstaaten und die westlichen Flächenländer einen Bevölkerungszuwachs, der zwischen 1 und 6 % betrug; andere Bundesländer wie Sachsen-Anhalt und Thüringen verloren dagegen bis zu 7 % ihrer Bevölkerung. Während sich die Zahl der unter 6-Jährigen zwischen 2010 und 2020 für das gesamte Bundesgebiet deutlich um 16 % erhöht hat, stieg sie in Berlin, Hamburg und Bremen um mehr als ein Viertel an. Zu den Bundesländern mit vergleichsweise geringem Zuwachs an Kindern dieser Altersgruppe zählen Thüringen, Sachsen-Anhalt und Mecklenburg-Vorpommern: Innerhalb von 10 Jahren ist deren Zahl dort nur um 5 % gestiegen (vgl. **B4**, **Tab. A1-5web**). Insbesondere bei der jüngeren Bevölkerung stehen die Bundesländer damit vor ganz unterschiedlichen Herausforderungen, was das Bildungs- und Betreuungsangebot betrifft (vgl. **C3**).

## Bevölkerung mit Migrationshintergrund

**Ein Viertel der Bevölkerung hat einen Migrationshintergrund …**

In Deutschland lebten laut dem Mikrozensus im Jahr 2020 rund 21,9 Millionen Menschen mit Migrationshintergrund Ⓖ – das entspricht mit einem Anteil von 27 % jeder 4. Person der Gesamtbevölkerung (**Abb. A1-2**, **Tab. A1-1web**). Ein zunehmend größer werdender Anteil von ihnen (2020: 38 % gegenüber 2010: 33 %) ist in Deutschland geboren und hat mehrheitlich eine deutsche Staatsbürgerschaft.

**… mit deutlich höheren Anteilen in jüngeren Jahrgängen**

Der Anteil der Menschen mit Migrationshintergrund an der Gesamtbevölkerung wird kontinuierlich größer – in den letzten 10 Jahren stieg er von 20 auf 27 %. Das Medianalter dieser Bevölkerungsgruppe lag 2020 bei 34 Jahren und damit 15 Jahre unter dem der Menschen ohne Migrationshintergrund (49 Jahre). Dieses niedrigere Medianalter sowie anteilig mehr ledige Personen, mehr Menschen in schulischer oder beruflicher Ausbildung und weniger im Rentenalter verdeutlichen die soziodemografischen Eigenschaften dieser Bevölkerungsgruppe.

**40 % der unter 6-Jährigen mit Migrationshintergrund**

Von den 24,5 Millionen unter 30-Jährigen in Deutschland haben laut Mikrozensus 2020 rund 9 Millionen (37 %) einen Migrationshintergrund (**Tab. A1-1web**). Nur gut ein Drittel (35 %) von ihnen verfügt über eigene Migrationserfahrung, ist also im Ausland geboren. In den jüngeren Altersgruppen ist der Anteil der Menschen mit Migrationshintergrund deutlich höher: Unter 6-Jährige etwa haben zu 40 % einen Migrationshintergrund, wobei 9 von 10 dieser Kinder in Deutschland geboren wurden.

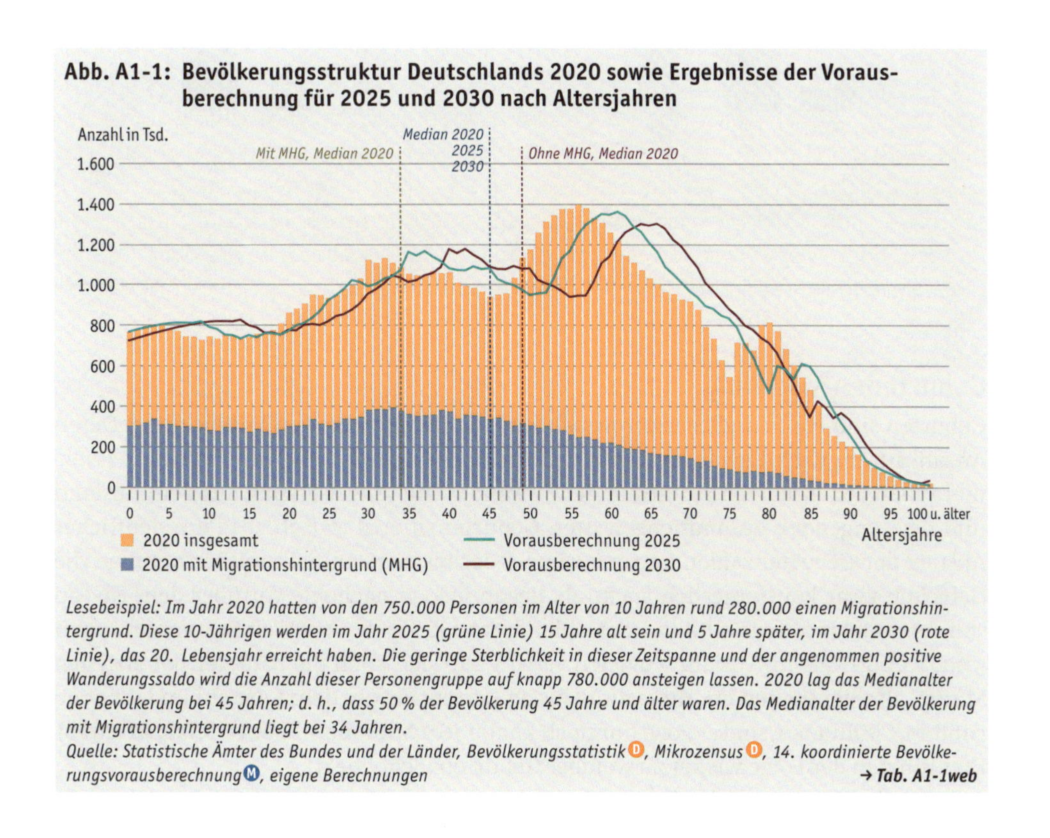


**Abb. A1-1: Bevölkerungsstruktur Deutschlands 2020 sowie Ergebnisse der Vorausberechnung für 2025 und 2030 nach Altersjahren**

*Lesebeispiel: Im Jahr 2020 hatten von den 750.000 Personen im Alter von 10 Jahren rund 280.000 einen Migrationshintergrund. Diese 10-Jährigen werden im Jahr 2025 (grüne Linie) 15 Jahre alt sein und 5 Jahre später, im Jahr 2030 (rote Linie), das 20. Lebensjahr erreicht haben. Die geringe Sterblichkeit in dieser Zeitspanne und der angenommen positive Wanderungssaldo wird die Anzahl dieser Personengruppe auf knapp 780.000 ansteigen lassen. 2020 lag das Medianalter der Bevölkerung bei 45 Jahren; d. h., dass 50 % der Bevölkerung 45 Jahre und älter waren. Das Medianalter der Bevölkerung mit Migrationshintergrund liegt bei 34 Jahren.*

*Quelle: Statistische Ämter des Bundes und der Länder, Bevölkerungsstatistik Ⓓ, Mikrozensus Ⓓ, 14. koordinierte Bevölkerungsvorausberechnung Ⓜ, eigene Berechnungen*

*→ Tab. A1-1web*

**Abb. A1-2: Bevölkerung 2020 nach Migrationshintergrund und eigener Zuwanderungserfahrung (in %)**

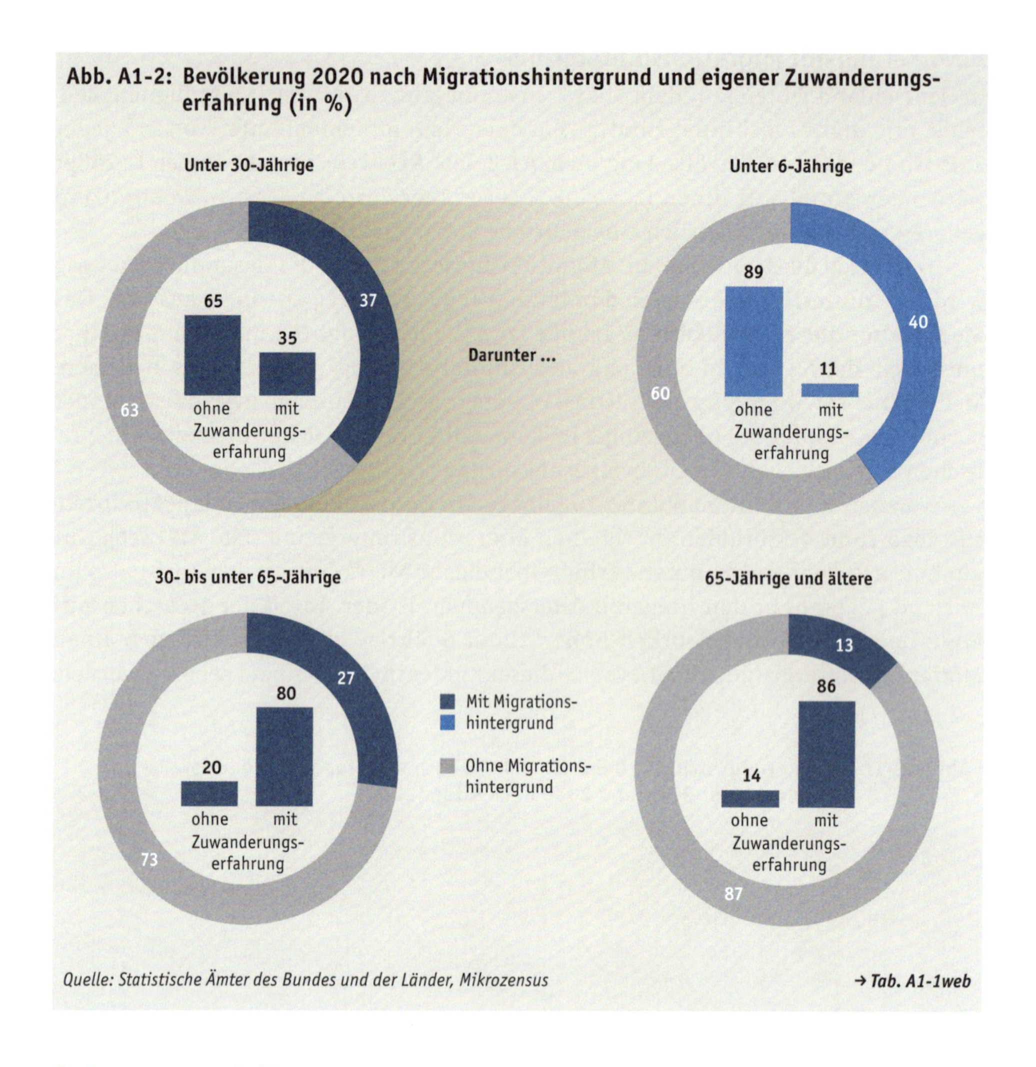


*Quelle: Statistische Ämter des Bundes und der Länder, Mikrozensus* **→ Tab. A1-1web**

## Geburtenentwicklung

**Seit 2016 Rückgang der Anzahl an Geburten und der Frauen im gebärfähigen Alter**

Geburten sind ein grundlegender Bestandteil der demografischen Entwicklung. Deren Anzahl ist ein wichtiger Indikator, um die künftige Entwicklung der Bildungsteilnehmer:innen abzuschätzen. Aufgrund der Zuwanderung junger Frauen aus dem Ausland und der steigenden zusammengefassten Geburtenziffer Ⓜ war ab 2012 ein deutlicher Anstieg der Geburtenzahlen zu verzeichnen, der bis 2016 anhielt; seither nehmen die Geburten zwar kontinuierlich leicht ab, liegen jedoch nach wie vor über dem Niveau von vor 10 Jahren. 2020 sind in Deutschland 773.144 Kinder zur Welt gekommen, rund 5.000 weniger als im Vorjahr. Zugleich verringerte sich auch die Zahl der potenziellen Mütter, also der Frauen im Alter von 15 bis 49 Jahren: Betrug deren Anzahl im Jahr 2000 rund 19,7 Millionen, sind es 2020 nur noch knapp 16,7 Millionen (**Abb. A1-3, Tab. A1-2web**). Dies führt in der Folge wieder zu weniger Geburten (Echoeffekt).

**Anzahl der Geburten von Frauen abhängig vom Bildungsniveau**

Die durchschnittliche Anzahl der Geburten pro Frau steht deutlich stärker mit deren Bildungsniveau als mit deren Geburtsland in Zusammenhang. Für eine freiwillige Zusatzbefragung des Mikrozensus 2018 wurden Frauen in Deutschland gebeten, Auskunft über die Anzahl der von ihnen lebend geborenen Kinder zu geben. Die Frauen der Jahrgänge 1964 bis 1973 haben durchschnittlich 1,6 Kinder (Kohorte 1954 bis 1963: 1,7) zur Welt gebracht; dabei hatten die in Deutschland geborenen Frauen mit 1,5 Kindern je Frau eine geringere durchschnittliche Kinderzahl als Zuwanderinnen (2,0 Kinder je Frau) dieser Kohorte (**Abb. A1-4, Tab. A1-3web**). Die Unterschiede in der Zahl der geborenen Kinder gehen dabei überwiegend auf Frauen

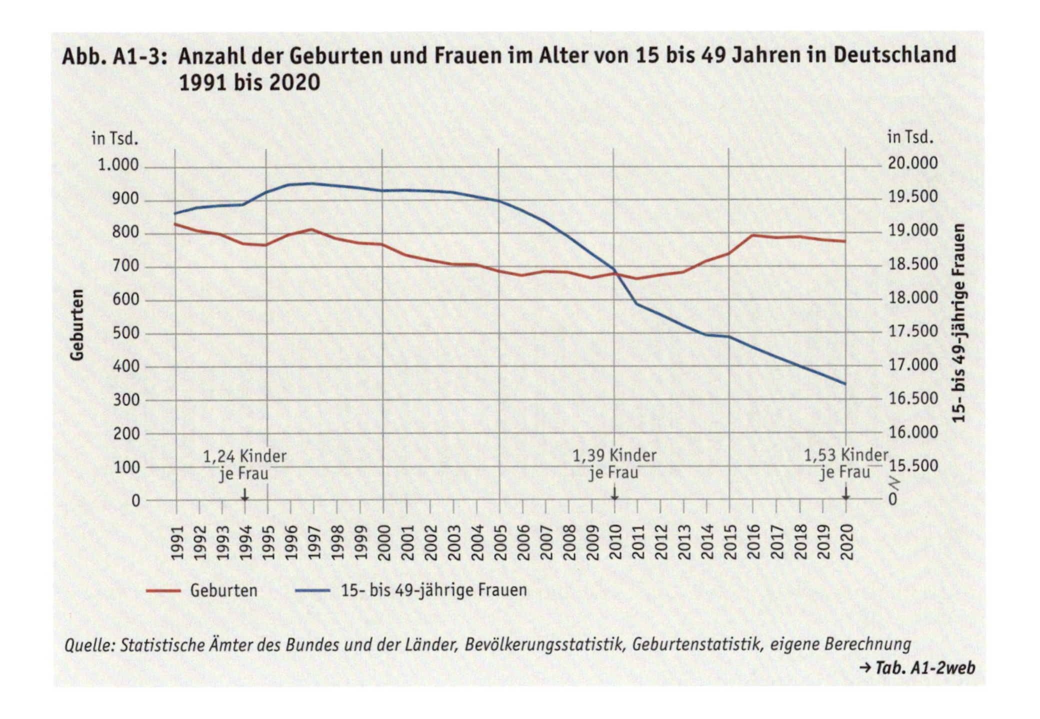


**Abb. A1-3: Anzahl der Geburten und Frauen im Alter von 15 bis 49 Jahren in Deutschland 1991 bis 2020**

*Quelle: Statistische Ämter des Bundes und der Länder, Bevölkerungsstatistik, Geburtenstatistik, eigene Berechnung*

*→ Tab. A1-2web*

mit niedrigem Bildungsstand (weder Abitur noch abgeschlossene Berufsausbildung) zurück: So hatten Zuwanderinnen mit hohem Bildungsstand (Hochschulabschluss, Techniker- oder Meisterausbildung) durchschnittlich 1,5 Kinder und damit eine ähnliche durchschnittliche Kinderzahl wie in Deutschland geborene Frauen mit hohem Bildungsstand (1,4 Kinder je Frau). Bei Frauen mit niedrigem Bildungsstand waren diese Unterschiede dagegen mit 2,4 gegenüber 1,7 Kindern je Frau deutlich stärker ausgeprägt.

**Zuwanderinnen sowie in Deutschland geborene Frauen mit hohem Bildungsstand ähnliche durchschnittliche Kinderzahl**

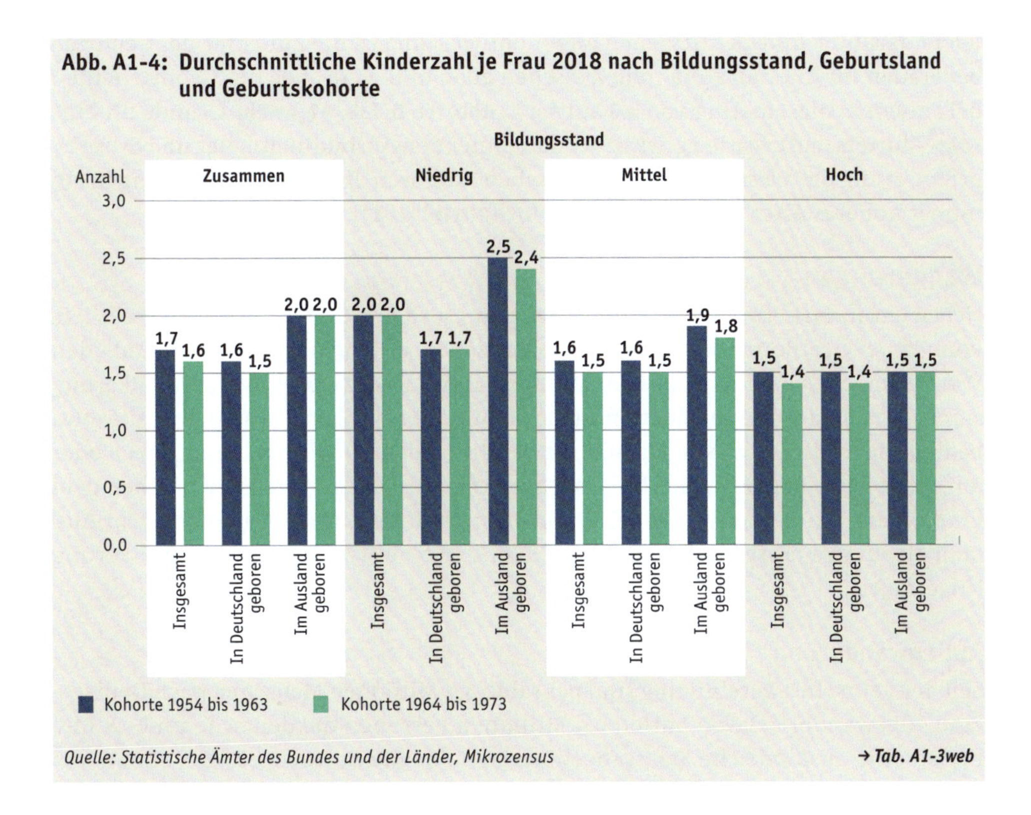


**Abb. A1-4: Durchschnittliche Kinderzahl je Frau 2018 nach Bildungsstand, Geburtsland und Geburtskohorte**

*Quelle: Statistische Ämter des Bundes und der Länder, Mikrozensus*

*→ Tab. A1-3web*

**Abb. A1-5: Lebendgeborene je 1.000 Frauen 1980 bis 2020 nach Altersgruppen**

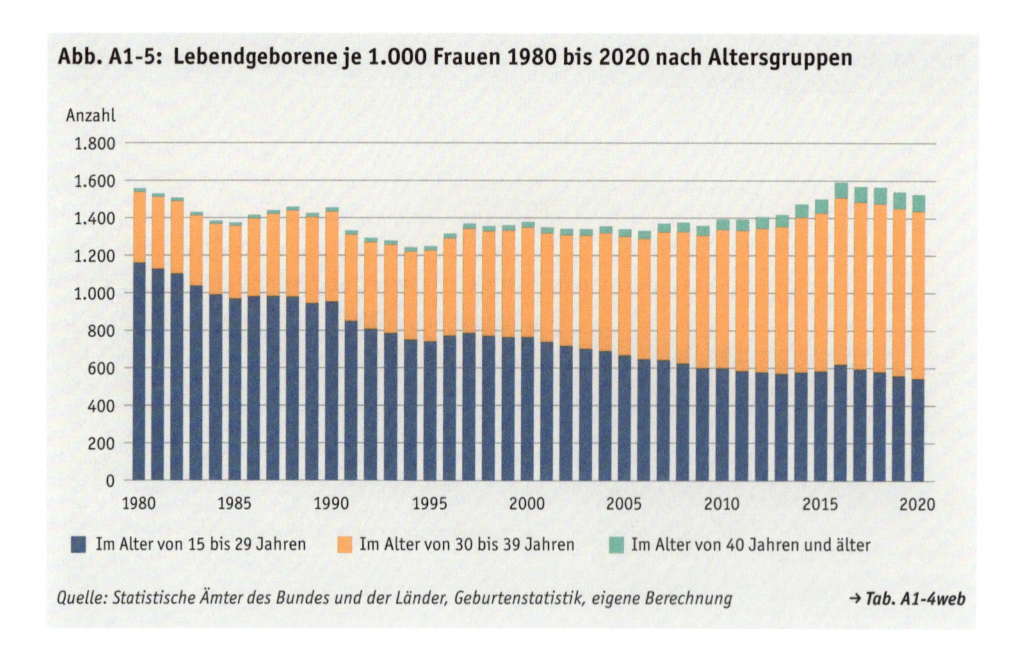


*Quelle: Statistische Ämter des Bundes und der Länder, Geburtenstatistik, eigene Berechnung* **→ *Tab. A1-4web***

## Spätere Familiengründung

**Frauen zum Zeitpunkt der Familiengründung immer älter**

Im Geburtenverhalten der letzten 4 Jahrzehnte zeigt sich deutlich ein Trend zur späteren Familiengründung, der neben Folgen für das Zusammenleben in den Familien (**A4**) auch eine Verkürzung der Zeitspanne, in der Frauen weitere Kinder zur Welt bringen können, nach sich zieht (vgl. auch **C1**). 1970 waren Frauen im früheren Bundesgebiet bei der ersten Geburt durchschnittlich 24 Jahre alt, in den ostdeutschen Flächenländern 22 Jahre. Nach der Vereinigung stieg das Alter bei der Familiengründung in den neuen Bundesländern sehr schnell auf das Niveau in den westdeutschen Bundesländern an. Im Jahr 2020 lag das durchschnittliche Alter einer Frau bei der Geburt des ersten Kindes in Deutschland insgesamt bei 30 Jahren, im Osten mit 29 Jahren nur noch leicht darunter. Eine der Ursachen dieser Entwicklung ist die Zunahme der Geburten bei Frauen im Alter ab 40 Jahren: Zwischen 2000 und 2020 stieg der Geburtenanteil bei Frauen in diesem Alter von 2,6 auf 5,9 % (**Abb. A1-5**, **Tab. A1-4web**). Gründe für eine späte Mutterschaft werden etwa in der zunehmenden Ausbildungsdauer und Erwerbsorientierung (im Westen) von Frauen gesehen, wodurch die Familiengründung in ein immer höheres Alter verschoben wird (Hochgürtel, 2017).

**Geburtenanteil der über 40-jährigen Frauen hat sich in den letzten 20 Jahren verdoppelt**

# Wanderungen

Neben der natürlichen Bevölkerungsbewegung, also den Geburten und Sterbefällen, kommt bei der Betrachtung der demografischen Entwicklung Deutschlands den Wanderungen Ⓜ eine zentrale Bedeutung zu. Dabei ist die Mobilität der Bevölkerung stark altersabhängig: Am höchsten ist die Mobilität bei jungen Erwachsenen, die etwa bedingt durch Faktoren wie Ausbildung, Studium, den Einstieg ins Berufsleben oder aufgrund einer Partnerschaft häufiger umziehen als ältere Erwachsene. Neben dem Einfluss auf die Gesamtgröße der Bevölkerung hat die Zuwanderung aus dem Ausland die jungen Jahrgänge gestärkt und damit zu einer Verjüngung der Bevölkerung beigetragen.

## Außenwanderung

Seit der deutschen Vereinigung sind per saldo 8,7 Millionen Menschen nach Deutschland zugewandert. Davon hatten 0,9 Millionen Personen die deutsche und 7,8 Millionen eine ausländische Staatsangehörigkeit. Für die Zuwanderungen sind dabei

ganz unterschiedliche Motivlagen auszumachen: Krieg und Vertreibung spielten ebenso eine Rolle wie ökonomische Ursachen, die EU-Freizügigkeit oder Familiennachzüge.

In den 1990er-Jahren waren die Wanderungsbewegungen über die Außengrenzen Deutschlands vor allem durch (Spät-)Aussiedler:innen, Asylbewerber:innen sowie Geflüchtete geprägt. Nach der Jahrtausendwende und insbesondere seit 2011 stieg die Zuwanderung auch von gut qualifizierten Arbeitnehmer:innen sowie Selbstständigen deutlich, in erster Linie aus den Staaten der Europäischen Union (EU). Hinzu kamen seit 2014 die Schutzsuchenden aus von Krieg gezeichneten Ländern, vor allem aus Syrien, Afghanistan und dem Irak. Im Jahr 2015 wurde mit 2,1 Millionen Zuzügen der bisher höchste Stand erreicht. 2019 stammten rund 51 % der zugezogenen Personen (795.953) aus der EU, 15 % aus einem sonstigen europäischen Land (239.698 Personen) und 33 % (365.266 Personen) aus dem außereuropäischen Ausland bzw. ohne Angabe zu dem Herkunftsland (**Tab. A1-6web**).

**Corona-Pandemie verringert die Zuwanderung aus dem Ausland**

Im Jahr 2020 fällt der Wanderungsüberschuss deutlich geringer aus: Rund 220.000 Personen wanderten im Saldo nach Deutschland zu – im Vorjahr lag der Saldo bei 327.000 Personen. Die Nettozuwanderung ging damit das 5. Jahr in Folge zurück. Dieser starke Rückgang fällt überwiegend in den Zeitraum von März bis Dezember 2020, in dem weltweit Reisebeschränkungen durch die Corona-Pandemie galten.

**Ländliche Kreise kaum Ziel von Zuwanderung aus dem Ausland**

Ziele der Zuwandernden sind vor allem Großstädte. Die meisten ländlichen Kreise in den ostdeutschen Bundesländern sowie die ländlichen Kreise in Nordrhein-Westfalen, Niedersachsen und im nördlichen Bayern weisen hingegen nur geringe Außenwanderungsgewinne beziehungsweise zum Teil sogar Außenwanderungsdefizite auf. Die räumliche Verteilung Neuzugewanderter kann auf verstärkte regionale Bedarfe etwa bei Angeboten zur Integration und Sprachkursen hinweisen.

## Binnenwanderung

**Drei Viertel der Binnenwanderung innerhalb des Bundeslandes**

Jedes Jahr ziehen etwa 3,5 bis 4 Millionen Menschen innerhalb Deutschlands über Gemeindegrenzen hinweg um; die überwiegende Mehrheit verbleibt dabei jedoch in ihrem ursprünglichen Bundesland. So wurden 2020 rund 3,8 Millionen gemeindeüberschreitende Wanderungen registriert, wovon drei Viertel (2,7 Millionen) innerhalb des jeweiligen Bundeslandes stattfanden. Neben persönlichen Gründen wie Partnerschaft oder Familiengründung spielen Faktoren wie regionale Arbeits-, Bildungs- und Wohnungsmärkte, aber auch die Verkehrsanbindung der Wohnorte eine Rolle.

Seit einigen Jahren sind die Wanderungen zwischen Ost- und Westdeutschland im Saldo annähernd ausgeglichen, da die Abwanderung aus den ostdeutschen Bundesländern auch aufgrund des demografischen Wandels stetig abnimmt. 83.000 Menschen wanderten 2020 von Ost nach West, 89.000 von West nach Ost. 10 Jahre zuvor zog es noch 111.000 Menschen von einem Bundesland in Ostdeutschland in ein Bundesland in Westdeutschland; in die entgegengesetzte Richtung wanderten nur 87.000 Menschen.

Bei den Wanderungen lassen sich abhängig vom Alter der Personen unterschiedliche Haupttendenzen ausmachen. Die Mobilität der jüngeren Altersgruppen führte seit dem Fall der Mauer in Ostdeutschland zu größeren Abwanderungsverlusten. Der Abwanderungstrend aus den ostdeutschen Bundesländern hat sich inzwischen deutlich reduziert und konzentriert sich aktuell auf einzelne Altersjahre und Regionen. In der Gruppe der 18- bis unter 25-Jährigen (Bildungswanderung) und der 25- bis unter 30-Jährigen (Arbeitsmarkteinstieg) wandern jedes Jahr bis zu 17 Personen je 100 Einwohner:innen über die Gemeindegrenzen (**Abb. A1-6**, **Tab. A1-7web**). Für die Familienwanderung (unter 18 Jahren und 30 bis unter 50 Jahren) fällt die Mobilität deutlich geringer aus und lag im Jahr 2020 bei 3 bis 8 Personen je 100 Einwohner:innen.

**Abb. A1-6: Wandernde je 100 Einwohner:innen über Gemeindegrenzen 2020 nach Altersjahren und Geschlecht**

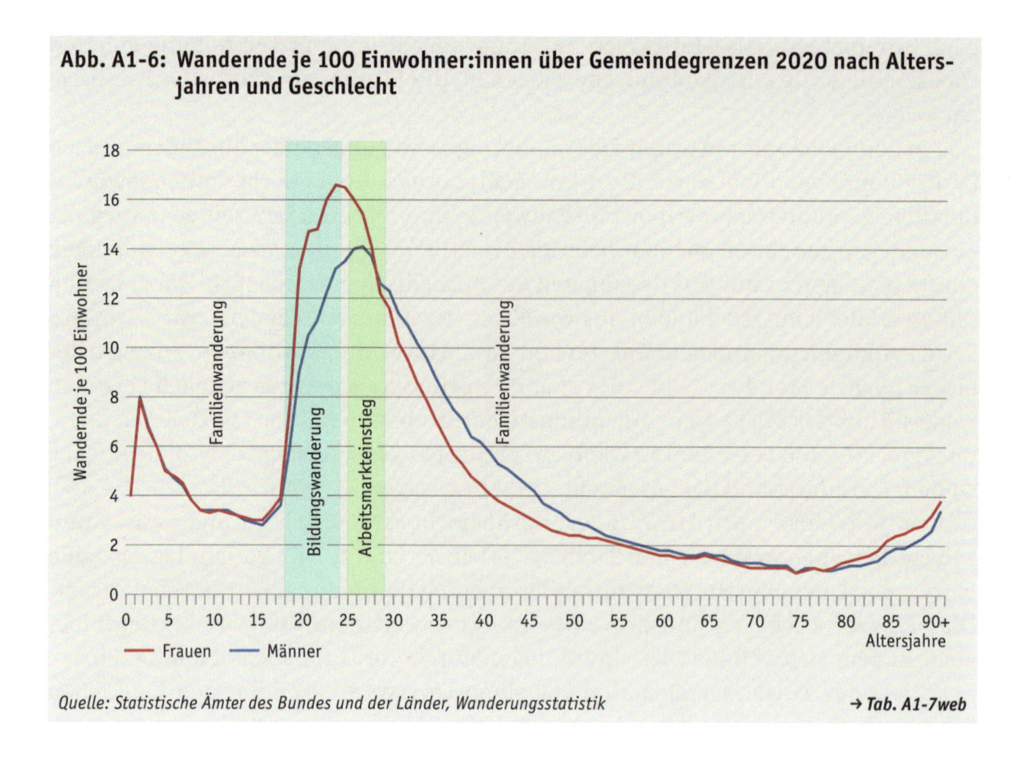


*Quelle: Statistische Ämter des Bundes und der Länder, Wanderungsstatistik*

→ Tab. A1-7web

**Junge Frauen unter 30 Jahren besonders mobil**

Neben den altersspezifischen Unterschieden bei den Wanderungsbewegungen sind auch geschlechtsspezifische auszumachen: Bis zu einem Alter von etwa 27 Jahren wandern junge Frauen häufiger als junge Männer, danach kehrt sich das Verhältnis um. Die höchste Mobilität weisen Frauen in Altersjahren auf, die von Ausbildung und Einstieg in den Arbeitsmarkt geprägt sind: Mit 17 % wechselte 2019 jede 6. 23-jährige Frau ihren Wohnsitz – bei den Männern waren es 13 % in diesem Alter.

Insgesamt ist festzuhalten, dass die Abwanderung vor allem junger Erwachsener aus den ostdeutschen Bundesländern dort zu einer schnelleren Alterung der Bevölkerung geführt hat (vgl. Kreistypisierung in **B1**). Zusätzlich sind mehr junge Frauen als junge Männer abgewandert, was in der Vergangenheit zu einer Verringerung an Frauen im gebärfähigen Alter geführt hat und damit die Zahl potenzieller Geburten verringerte (Echoeffekt).

## Methodische Erläuterungen

**Bevölkerungsvorausberechnung**

Die mit den Statistischen Landesämtern koordinierten Bevölkerungsvorausberechnungen des Statistischen Bundesamtes beschreiben die künftige Größe und Struktur der Bevölkerung. Es werden verschiedene Varianten mit je unterschiedlichen Annahmen hinsichtlich der künftigen Entwicklung einzelner Einflussfaktoren berechnet. Die hier vorgelegten Zahlen stammen aus der 2019 vorgestellten 14. koordinierten Vorausberechnung (Variante 2).

Variante 2 geht von einer zusammengefassten Geburtenziffer von 1,55 Kindern bei einem moderaten Anstieg auf 1,6 aus, einer durchschnittlichen Lebenserwartung von 84,4 Jahren bei Jungen und 88,1 Jahren bei Mädchen sowie einem durchschnittlichen Wanderungssaldo von 221.000 Personen pro Jahr.

**Zusammengefasste Geburtenziffer**

Der Wert wird aus den aufsummierten altersspezifischen Geburtenziffern (Verhältnis aller Frauen eines Alters zu den von den Frauen dieses Alters im jeweiligen Kalenderjahr geborenen Kindern) für die 15- bis 49-jährigen Frauen generiert. Sie bezeichnet die Kinderzahl, die eine Frau im Laufe ihres Lebens erreichen würde, wenn ihr Geburtenverhalten dem der übrigen 15- bis 49-jährigen Frauen desselben Kalenderjahres entspräche.

**Wanderungen**

Bei den Wanderungen wird zwischen Wohnsitzwechseln von Personen über die Grenzen Deutschlands (Außenwanderung) und über Gemeindegrenzen hinweg (Binnenwanderung) unterschieden. Grundlage für die Daten sind die An- und Abmeldungen, die von den Meldeämtern der Länder nach den melderechtlichen Regelungen erfasst werden.

# Wirtschaftliche Entwicklung

Zuletzt im Bildungsbericht 2020 als A2



Die Bildungsangebote einschließlich der im Bildungsbereich tätigen Personen werden zu einem großen Teil vom Bund, von den Ländern und den Gemeinden finanziert. Das Finanzvolumen, das für das Bildungswesen bereitgestellt werden kann, ist dabei deutlich von der wirtschaftlichen Entwicklung in Deutschland beeinflusst. Für die realistische Einschätzung des finanziellen Handlungsspielraums der Bildungspolitik ist folglich ein Wissen um die Situation der öffentlichen Haushalte unabdingbare Voraussetzung.

## Finanzsituation der öffentlichen Haushalte

Knapp 90 % der Einnahmen des Staates werden über Sozialbeiträge und Steuern erzielt – im Jahr 2020 beliefen sich diese auf rund 1.566,9 Milliarden Euro, was gegenüber dem Vorjahr einem Minus von 2,9 % entspricht (**Abb. A2-1**, **Tab. A2-1web**). Diesen Einnahmen standen Ausgaben des Öffentlichen Gesamthaushalts Ⓜ von 1.712,1 Milliarden Euro gegenüber. Verglichen mit 2019 ist dies eine Ausgabenerhöhung um 9,3 % – diese Entwicklung ist auch der Corona-Pandemie geschuldet. Der größte Ausgabenblock entfiel mit 595,1 Milliarden Euro auf monetäre Sozialleistungen wie die gesetzliche Kranken-, Renten- und Unfallversicherung, die soziale Pflegeversicherung oder auch die Arbeitslosenversicherung. Zur sozialen Sicherung zählen ebenfalls das Kinder- und Elterngeld sowie der Ausbau und die staatliche Förderung der Kindertagesbetreuung. Soziale Sachleistungen – etwa Ausgaben für Heiz-, Energie- und Betriebskosten – waren mit 310,1 Milliarden Euro ein weiterer großer Ausgabenposten des Öffentlichen Gesamthaushalts. Auch die Arbeitnehmer:innenentgelte stellen mit 284,1 Milliarden Euro einen wichtigen Ausgabenfaktor dar (vgl. **B3**).

**Sozialleistungen größter Ausgabenblock**

Der Finanzierungssaldo – Defizit oder Überschuss – des Öffentlichen Gesamthaushalts berechnet sich aus der Differenz der staatlichen Einnahmen und Ausgaben. 2020 belief sich das Defizit auf 145,3 Milliarden Euro und war damit nach 8 Jahren mit finanziellen Überschüssen das erste Mal wieder negativ – maßgeblich bedingt durch die Maßnahmen zur Bekämpfung der Corona-Pandemie (**Tab. A2-2web**). Die erforderlichen Mittel zur Finanzierung des Defizits wurden überwiegend durch Schuldenauf-

**Im Jahr 2020 übersteigen erstmals wieder die Ausgaben die Einnahmen**

**Abb. A2-1: Entwicklung zentraler wirtschaftlicher Kennzahlen 1991 bis 2020 (Index 2015 = 100)**

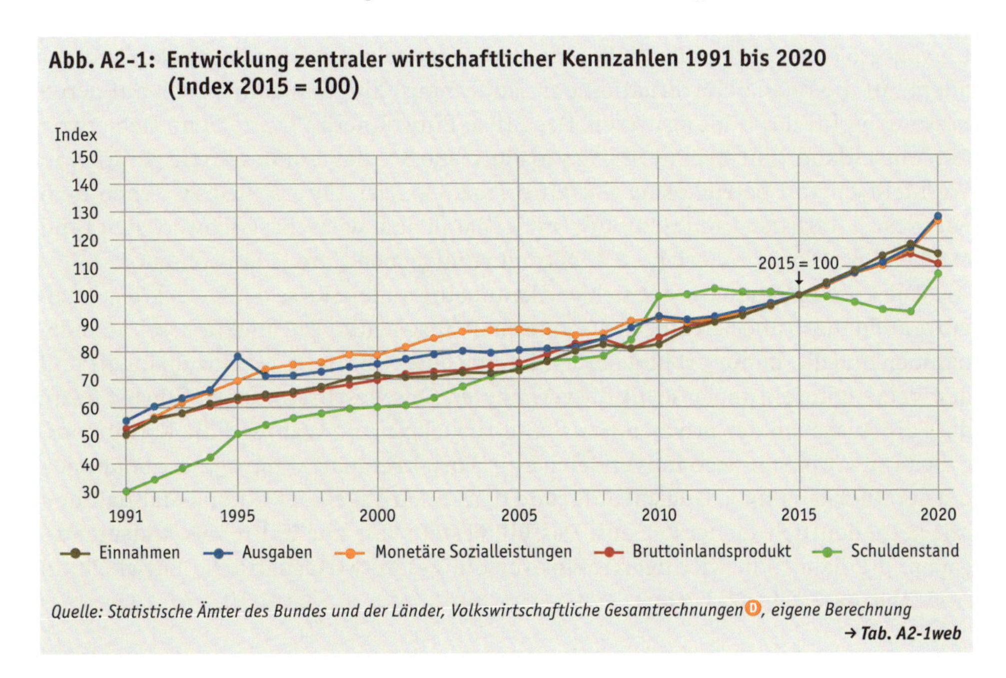


*Quelle: Statistische Ämter des Bundes und der Länder, Volkswirtschaftliche Gesamtrechnungen*Ⓓ*, eigene Berechnung*

*→ Tab. A2-1web*

nahmen am Kreditmarkt gedeckt. Die Summe dieser jährlichen Schuldenzuwächse führte 2020 zu einem Bruttogesamtschuldenstand von rund 2.172,9 Milliarden Euro und lag mit 68,7 % des Bruttoinlandsprodukts (BIP) deutlich über der gemäß den Bestimmungen des EU-Stabilitäts- und Wachstumspakts festgelegten Grenze von 60 % des BIP. Im europäischen Vergleich liegt Deutschland damit noch unter dem Schnitt der EU-27-Staaten (90,1 %)Ⓖ, wobei der Schuldenstand unter den Staaten stark variiert: Österreich weist etwa einen Schuldenstand von 83,2 % aus, Frankreich 115,0 %, Griechenland 206,3 %. Vergleichsweise niedrige Werte finden sich in Polen (57,4 %), Schweden (39,7 %) und Estland (19,9 %). Der Bruttogesamtschuldenstand wird die öffentliche Hand künftig stark belasten. Dies führt, vor allem in Verbindung mit der Schuldenbremse, zu einer verschärften Konkurrenzsituation zwischen den Teilbereichen des Haushalts und könnte auch den Spielraum für Bildungsausgaben verringern.

**Deutschlands Schuldenstand über dem EU-Grenzwert**

## Bruttoinlandsprodukt

Ein wesentlicher Indikator zur Bewertung der wirtschaftlichen Leistungsfähigkeit und des Wohlstands einer Volkswirtschaft ist das Bruttoinlandsprodukt (BIP)Ⓜ. Nach einer Dekade robusten Wachstums rutschte die deutsche Wirtschaft im Zuge der Corona-Pandemie im Jahr 2020 erstmals seit der Finanz- und Wirtschaftskrise 2008/09 in eine Rezession. Mit einem Rückgang der Wirtschaftsleistung um 4,6 % ging Deutschland jedoch besser durch das Jahr 2020 als der europäische Durchschnitt mit einem Rückgang von 5,9 %. Im Vergleich der EU-27-Staaten brach die Wirtschaftskraft am stärksten in Spanien ein (10,8 %). Als einziger Staat der EU-27-Staaten konnte Irland mit einem Plus von 5,9 % trotz der Krise ein Wirtschaftswachstum verzeichnen.

**Deutsches Wirtschaftswachstum 2020 durch Corona-Pandemie jäh gestoppt**

Für Deutschland insgesamt belief sich das BIP 2020 auf 3.368 Milliarden Euro – dies entsprach 40.495 Euro pro Einwohner:in (2019: 41.801 Euro pro Einwohner:in). In der EU erwirtschaftete jede:r Einwohner:in durchschnittlich rund 30.000 Euro. Das höchste BIP pro Kopf in der EU verzeichnete 2020 Luxemburg mit rund 102.000 Euro. Deutschland hatte 2020 mit rund einem Viertel den größten Anteil am Bruttoinlandsprodukt der Europäischen Union.

**Deutschland größte Volkswirtschaft unter den EU-27-Staaten**

Innerhalb Deutschlands ist bei der wirtschaftlichen Leistungsfähigkeit nach wie vor ein ausgeprägtes West-Ost- und Süd-Nord-Gefälle festzustellen. Die wirtschaftliche Leistungsfähigkeit dürfte wegen der regionalen Unterschiede in den Wirtschaftsstrukturen und der ungleichen Verteilung sehr großer Unternehmen auch langfristig von größeren regionalen Differenzen geprägt sein. Dies hat Auswirkungen vor allem auf die finanzielle Situation der Länderhaushalte und damit auch auf deren Ressourcen für das Bildungswesen. Das BIP je Einwohner:in lag 2020 im Gebiet von Ostdeutschland (mit Berlin) bei 32.740 Euro (80,8 % des Bundesdurchschnitts), in Westdeutschland betrug es 42.368 Euro (104,6 %). Der Unterschied zwischen dem wirtschaftsstärksten Land Hamburg (157,4 %) und dem wirtschaftsschwächsten Land Mecklenburg-Vorpommern (71,8 %) beträgt rund 35.000 Euro je Einwohner.

**Regionale Unterschiede bei der wirtschaftlichen Leistungsfähigkeit**

Die Corona-Pandemie hat sich wie kaum eine andere Krise der zurückliegenden Jahre auf nahezu alle Bereiche der Gesellschaft ausgewirkt: Die Infektionsschutzmaßnahmen und die damit verbundene Schließung eines Großteils des Einzelhandels und der Freizeiteinrichtungen sowie die verhängten Reisebeschränkungen führten dazu, dass die Ausgaben der privaten Haushalte zurückgingen: Während die Konsumausgaben im 2. Quartal 2020 im Vergleich zum Vorjahresquartal um 13,2 % abnahmen, fiel der Rückgang im 3. Quartal aufgrund der Lockerungen der Corona-Maßnahmen mit 3,4 % deutlich moderater aus. Das BIP besteht fast zur Hälfte aus Konsumausgaben, die damit ein wichtiger Faktor für die gesamtwirtschaftliche Entwicklung sind (**Abb. A2-2, Tab. A2-3web**).

**Private Konsumausgaben im Jahr 2020 deutlich gesunken**

**Abb. A2-2: Veränderung der privaten Konsumausgaben (preisbereinigt) gegenüber dem entsprechenden Quartal des Vorjahres 2016 bis 2021 (in %)**

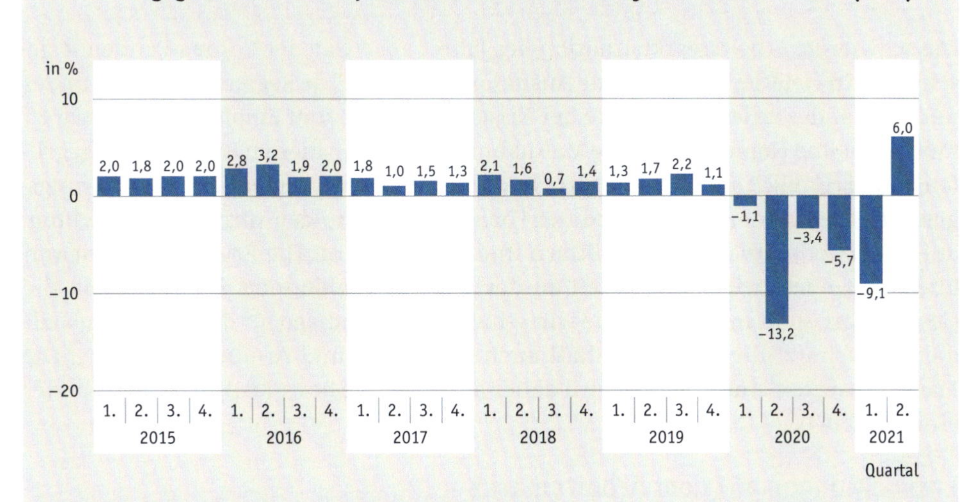


*Lesebeispiel: Die Konsumausgaben im 2. Quartal 2020 fielen im Vergleich zum Vorjahresquartal um 13,2 %. Die Folgequartale bis einschließlich dem ersten Quartal 2021 wiesen gegenüber den entsprechenden Vorjahresquartalen ebenfalls deutliche Rückgänge der Konsumausgaben auf. Im zweiten Quartal 2021 konnte im Vergleich zum Vorjahresquartal wieder ein Anstieg um 6,0 % verzeichnet werden.*
*Quelle: Statistische Ämter des Bundes und der Länder, Volkswirtschaftliche Gesamtrechnungen* **→ Tab. A2-3web**

## Methodische Erläuterungen

**Öffentlicher Gesamthaushalt**
Der Öffentliche Gesamthaushalt umfasst die Haushalte von Bund, Ländern, Gemeinden, Gemeindeverbänden, Zweckverbänden, Sozialversicherungsträgern, der Bundesagentur für Arbeit sowie die Sondervermögen von Bund und Ländern. Dargestellt werden die Nettoausgaben (Gesamtausgaben bereinigt um den Zahlungsverkehr zwischen den Teilhaushalten).

**Bruttoinlandsprodukt**
Das jährliche BIP kann in jeweiligen Preisen oder preisbereinigt dargestellt werden. Das BIP in jeweiligen Preisen wird sowohl von der Veränderung des Volumens als auch von der Preisentwicklung beeinflusst. Bei einer preisbereinigten Berechnung wird der Einfluss der Preisentwicklung ausgeschaltet: Dabei werden alle Transaktionen in tiefer Gliederung mit spezifischen Preisindizes aus dem gesamten Datenangebot der Preisstatistiken deflationiert (bereinigt). Das preisbereinigte BIP wird auf der Grundlage einer jährlich wechselnden Preisbasis (Vorjahrespreisbasis) berechnet und anschließend verkettet. Die jährlichen Veränderungsraten des preisbereinigten BIP lassen sich als Maßstab der (realen) Wirtschaftsentwicklung betrachten.

A 3

Zuletzt im Bildungsbericht 2020 als A3

# Erwerbstätigkeit

Die schwierige Arbeitsmarktsituation des Jahres 2020 war, der Corona-Pandemie geschuldet, in vielerlei Hinsicht eine Ausnahmesituation. Die Regierungen des Bundes und der Länder erließen im Laufe der Krise Regelungen und Empfehlungen etwa zu Kurzarbeit und Homeoffice; beide Maßnahmen werden in diesem Indikator aufgegriffen und in Hinblick auf ihre Inanspruchnahme durch unterschiedliche Bevölkerungsgruppen thematisiert. Ein besonderer Fokus wird, wie in den vorherigen Berichten, auf die Erwerbssituation von Müttern und Vätern gelegt. Die Erwerbstätigkeit von Eltern hat einen wichtigen Anteil an der sozialen Einbindung der Familie in die Gesellschaft, stellt in der Regel die wirtschaftliche Grundlage für den Privathaushalt dar und schützt diesen im Idealfall auch vor Armut und Armutsgefährdung. Die Erwerbslosigkeit einer Familie wird daher auch als eine der 3 Risikolagen für Kinder eingestuft (**A4**).

## Entwicklungen auf dem Arbeitsmarkt

**2020 kein Beschäftigungswachstum**

Der seit 14 Jahren anhaltende kontinuierliche Beschäftigungszuwachs endete 2020 mit dem Beginn der Corona-Pandemie. Rund 44,8 Millionen Personen mit Arbeitsort in Deutschland waren 2020 erwerbstätig; nach vorläufigen Berechnungen des Statistischen Bundesamtes lag die Zahl der Erwerbstätigen Ⓜ damit um 322.000 bzw. 0,7 % niedriger als im Jahr 2019. Der in Anbetracht der Krise relativ moderate Rückgang dürfte nicht zuletzt auf den massiven Einsatz von Kurzarbeit zurückzuführen sein. Unabhängig davon hat die Pandemie den Arbeitsmarkt und die Beschäftigten in Deutschland in vielerlei Hinsicht vor große Herausforderungen gestellt.

**Größte Beschäftigungsverluste im Dienstleistungsbereich**

Die Beschäftigungsverluste fielen in den 4 großen Wirtschaftsbereichen produzierendes Gewerbe, Baugewerbe, Dienstleistungsbereiche sowie Land- und Forstwirtschaft, Fischerei unterschiedlich stark aus. In den Dienstleistungsbereichen kam es im Jahr 2020 gegenüber 2019 zu dem stärksten Rückgang der Erwerbstätigenzahl mit 281.000 Personen (0,8 %) (**Tab. A3-1web**). Insgesamt waren noch rund 33,5 Millionen in den Dienstleistungsbereichen tätig. Insbesondere der in diesem Bereich befindliche Wirtschaftszweig Handel, Verkehr, Gastgewerbe hatte mit einem Rückgang um 207.000 Erwerbstätige (2,0 %) stark unter den Schließungen aufgrund der Corona-Pandemie und Kontaktbeschränkungen zu leiden. Im Wirtschaftsbereich produzierendes Gewerbe kam es zu ähnlich hohen Beschäftigungsverlusten, da vielerorts Betriebe aufgrund von Lieferengpässen ihre Produktion stoppen oder doch deutlich reduzieren mussten: Hier sank die Erwerbstätigenzahl gegenüber dem Vorjahr um 191.000 (2,3 %) auf rund 8,2 Millionen.

**Arbeitslosenquote 2020 nur moderat gestiegen**

Die Bundesagentur für Arbeit meldet für das Jahr 2020 2,7 Millionen Arbeitslose Ⓜ: Die Arbeitslosenquote, der Anteil der Arbeitslosen an der Gesamtzahl der Erwerbspersonen, stieg von 5,0 % im Jahr 2019 auf 5,9 % (**Tab. A3-2web**). Während unter den sozialversicherungspflichtig Beschäftigten – nicht zuletzt durch den Einsatz von Kurzarbeit – die Beschäftigung weitgehend stabil blieb, kam es zu starken Beschäftigungsverlusten unter den geringfügig entlohnten oder kurzfristig Beschäftigten sowie den Selbstständigen: Der Zugang zum Kurzarbeitergeld besteht nur für Personen in sozialversicherungspflichtigen Beschäftigungsverhältnissen und ist nicht für Selbstständige möglich. Insbesondere die Erwerbstätigen mit geringem Verdienst und ohne Zugang zu Kurzarbeitergeld werden durch die Corona-Pandemie vor große Herausforderungen gestellt.

**Abb. A3-1: Qualifikationsspezifische Arbeitslosenquoten 1997 bis 2020 (in %)**

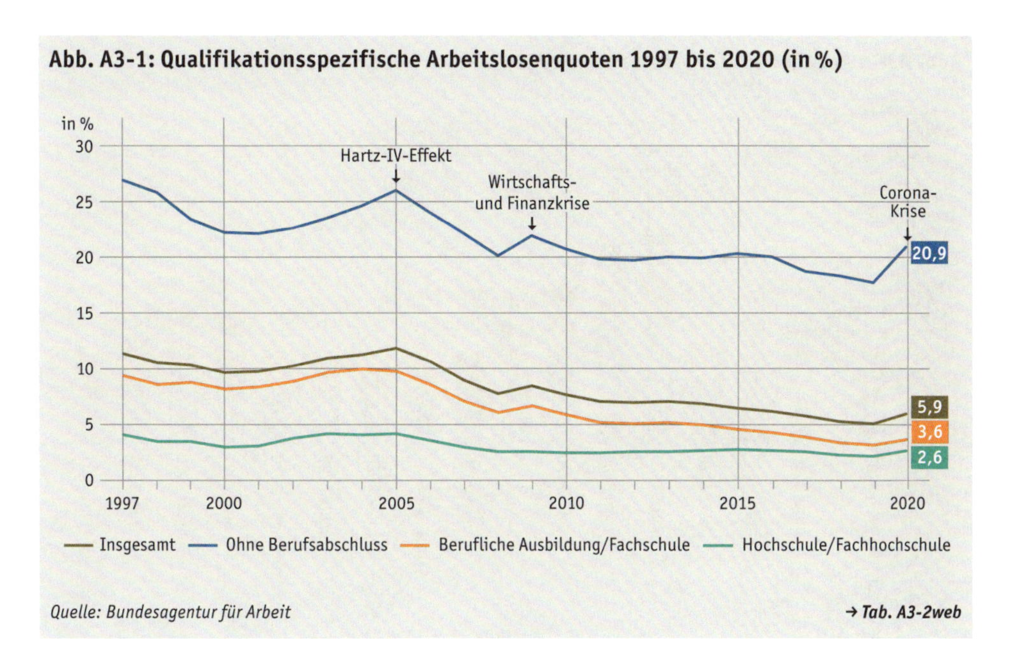


*Quelle: Bundesagentur für Arbeit*

→ Tab. A3-2web



Die Auswirkungen der Corona-Pandemie auf die Beschäftigungssituation unterscheiden sich auch in Abhängigkeit vom Bildungsstand. Die Arbeitslosenquote für hoch Qualifizierte mit akademischem Abschluss stieg von 2,1 % im Jahr 2019 auf 2,6 % im Jahr 2020 – trotz der Zunahme entspricht dies weiterhin einer Vollbeschäftigung (**Tab. A3-2web, Abb. A3-1**). Demgegenüber waren Personen ohne Berufsausbildung im Jahr 2020 nicht nur sehr viel häufiger arbeitslos (20,9 %), auch stieg deren Arbeitslosenquote gegenüber dem Vorjahr um 3,2 Prozentpunkte. Der Befund, dass Personen mit einem (Fach-)Hochschulabschluss vergleichsweise selten von Arbeitslosigkeit betroffen sind, wird auch durch die Betrachtung der qualifikationsspezifischen Arbeitslosenquoten der letzten 20 Jahre bestätigt. Selbst in konjunkturell schlechten Zeiten blieb die Arbeitslosenquote der Akademiker:innen auf sehr niedrigem Niveau, seit der Vereinigung durchweg unter der 4 %-Marke, seit 2007 sogar kontinuierlich unter 3 %. Im Gegensatz dazu waren Personen ohne Berufsabschluss sehr viel stärker von Entwicklungen auf dem Arbeitsmarkt und der damit verbundenen Beschäftigungssituation betroffen. Deren Arbeitslosenquote unterschritt in den vergangenen Jahren nicht die 17 %-Marke. Von der guten Arbeitsmarktsituation vor der Corona-Pandemie profitierten vor allem die Personen mit Berufsabschlüssen (mittleres Qualifikationsniveau), deren Arbeitslosenquote sich der der hoch Qualifizierten annäherte.

**Pandemie verstärkt die Differenz bei den Arbeitslosenquoten nach Bildungsstand**

**Akademiker:innen generell kaum von Arbeitslosigkeit betroffen**

## Kurzarbeit

Die Erwerbstätigkeit hat sich während der Zeit der Corona-Pandemie insbesondere in Hinblick auf 2 Aspekte gewandelt: Erstens ist es in vielen Fällen zu Veränderungen beim Arbeitsort gekommen, da Beschäftigte vermehrt ihrer Arbeit im Homeoffice nachgingen, um die Arbeitsfähigkeit trotz der empfohlenen Kontaktbeschränkungen aufrechtzuerhalten. Zweitens wurde und wird das Instrument der Kurzarbeit Ⓜ in der aktuellen Krise in einem Umfang genutzt, der zuvor in der deutschen Geschichte nicht erreicht wurde.

Laut Bundesagentur für Arbeit gab es im April 2020 einen Höchststand von knapp 6 Millionen Kurzarbeiter:innen (**Abb. A3-2**). Die Kurzarbeiterquote, als Anteil der Kurzarbeiter:innen an den sozialversicherungspflichtig Beschäftigten, stieg zu diesem Zeitpunkt auf 17,9 % – vor der Corona-Pandemie lag die Quote unter 0,5 % (**Tab. A3-3web**). Bis August 2021 sank sie wieder auf 2,2 %.

**Im April 2020 Höchststand von 6 Millionen Kurzarbeiter:innen**

A 3

**Abb. A3-2: Anzahl der Kurzarbeitenden 2020/21 nach Geschlecht (in Mio.)**

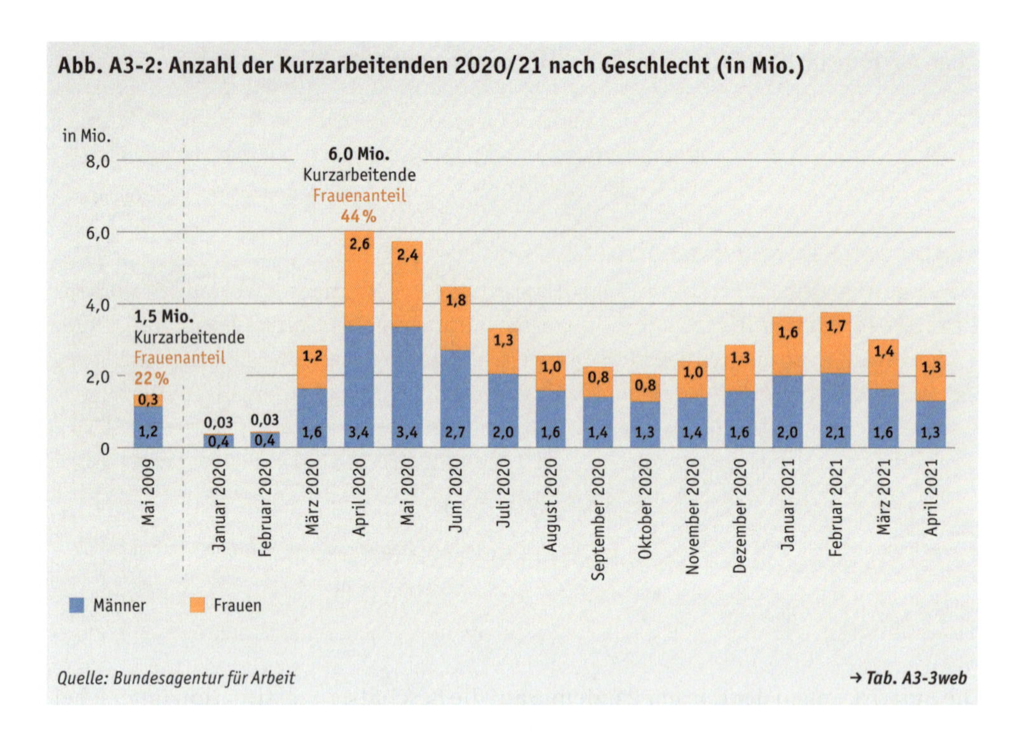


*Quelle: Bundesagentur für Arbeit*

*→ Tab. A3-3web*

**Frauen in der Krise besonders von Kurzarbeit betroffen**

Die Maßnahmen zur Eindämmung der Corona-Pandemie hatten insbesondere auf Dienstleistungsbereiche wie Gastronomie, Kultur und Tourismus teilweise katastrophale Auswirkungen – Bereiche, in denen hauptsächlich Frauen eine Erwerbstätigkeit ausüben. Darin lag ein wesentlicher Unterschied zur Wirtschafts- und Finanzkrise von 2008/09, von der insbesondere das männlich dominierte verarbeitende Gewerbe betroffen war. Zu Beginn der Pandemie im April 2020 waren 44,0 % der Beziehenden von Kurzarbeitergeld Frauen. Im Mai 2009 lag die Frauenquote demgegenüber bei nur 22,0 %.

## Erwerbstätigkeit von Müttern und Vätern

**3 von 4 Frauen mit minderjährigen Kindern erwerbstätig**

In Deutschland waren im Jahr 2020 74 % der Frauen mit mindestens einem Kind unter 18 Jahren erwerbstätig. Diese Quote ist in den vergangenen Jahren deutlich gestiegen: 2010 lag sie noch bei 68 %. Dennoch stehen Frauen mit Kindern im Haushalt weiterhin deutlich seltener im Erwerbsleben als Männer in derselben familialen Situation: Der Anteil der erwerbstätigen Väter mit mindestens einem Kind unter 18 Jahren blieb in den letzten 10 Jahren nahezu konstant und lag 2020 bei 91 % (2010: 91 %).

Zwei Drittel aller erwerbstätigen Frauen mit mindestens einem Kind unter 18 Jahren arbeiteten 2020 in Teilzeit (70 %); bei Vätern in derselben Situation waren es lediglich 7 %. In den vergangenen Jahren ist allerdings eine leichte Erhöhung der Teilzeitbeschäftigung bei Vätern zu verzeichnen: 2010 lag deren Teilzeitquote noch bei 5 %, während der Anteil an teilzeitbeschäftigten Müttern auf konstant hohem Niveau blieb (**Tab. A3-4web**).

**In Westdeutschland drei Viertel aller erwerbstätigen Mütter in Teilzeit**

Die Erwerbsbeteiligung von Müttern mit minderjährigen Kindern unterscheidet sich weiterhin deutlich zwischen Ost und West: 81 % aller Mütter in Ostdeutschland gingen 2020 einer Erwerbstätigkeit nach – davon etwa die Hälfte (48 %) in Teilzeit. In den westdeutschen Bundesländern lag die Erwerbstätigenquote bei Müttern mit 73 % deutlich unter der der Mütter in Ostdeutschland; zudem sind im Westen 75 % aller erwerbstätigen Mütter nur in Teilzeit tätig.

Für Alleinerziehende ist der Spagat zwischen Arbeit und Kinderbetreuung besonders schwierig. Der überwiegende Teil der alleinerziehenden Erwerbstätigen mit

minderjährigen Kindern ist weiblich (87 %). 3 von 4 dieser alleinerziehenden Mütter (75 %) gehen einer Erwerbstätigkeit nach – die Quote liegt damit auf ähnlich hohem Niveau wie die Erwerbstätigenquote von Müttern insgesamt (74 %). Allerdings arbeiten von der rund 1 Million Frauen, die ihr minderjähriges Kind überwiegend allein betreuten, 43 % in Vollzeit – deutlich mehr als bei Müttern in Paarfamilien (32 %).

**Alleinerziehende Mütter häufiger in Vollzeit als Mütter in Paarfamilien**

## Mütter und Väter im Homeoffice

Im Zuge der Corona-Pandemie beschlossen die Regierungen des Bundes und der Länder weitreichende Maßnahmen zur Eindämmung des Corona-Virus. Von diesen waren Eltern in doppelter Hinsicht betroffen: Zum einen wandelte sich für viele Eltern der Arbeitsalltag, etwa durch den Wechsel ins Homeoffice oder durch Kurzarbeit; zum anderen erhöhten sich durch die zeitweise Schließung von Kitas (vgl. **C2**) und Schulen (vgl. **D1**) die familialen Anforderungen im Bereich der Kinderbetreuung und Unterstützung bei den schulischen Aufgaben.

Der Mikrozensus 2018 gibt Aufschluss über die Nutzung von Homeoffice in Deutschland in der Zeit vor der Corona-Pandemie. Als markantester Befund lässt sich ausmachen, dass diese Arbeitsform vor der Corona-Pandemie nur von wenigen Erwerbstätigen in Anspruch genommen wurde. So haben im Jahr 2018 lediglich 12 % aller Beschäftigten von zu Hause gearbeitet; unter den Eltern mit minderjährigen Kindern war Homeoffice mit 15 % nicht wesentlich verbreiteter. Der Anteil von Homeoffice-Nutzer:innen lag bei Vätern mit 16 % etwas höher als bei Müttern mit 14 %. Die ersten Ergebnisse des Mikrozensus für 2020 zeigen einen merklichen Anstieg bei der Nutzung von Homeoffice unter allen Beschäftigten auf anteilig 21 % (**Tab. A3-5web**). Detailliertere Daten liegen für das Jahr 2020 nicht vor.

**Nutzung von Homeoffice 2020 merklich gestiegen**

Hinweise auf den Wandel in der Homeoffice-Nutzung in der Corona-Pandemie gibt jedoch die Mannheimer Corona-Studie (Möhring et al., 2020). Diese zeigt, dass während der Zeit der Kita- und Schulschließungen der Anteil der Eltern, die im Home-

**Abb. A3-3: Beschäftigungssituation 2020 nach Geschlecht, Kindern im Haushalt, Schulbildung und ausgewählten Wirtschaftszweigen (in %)**

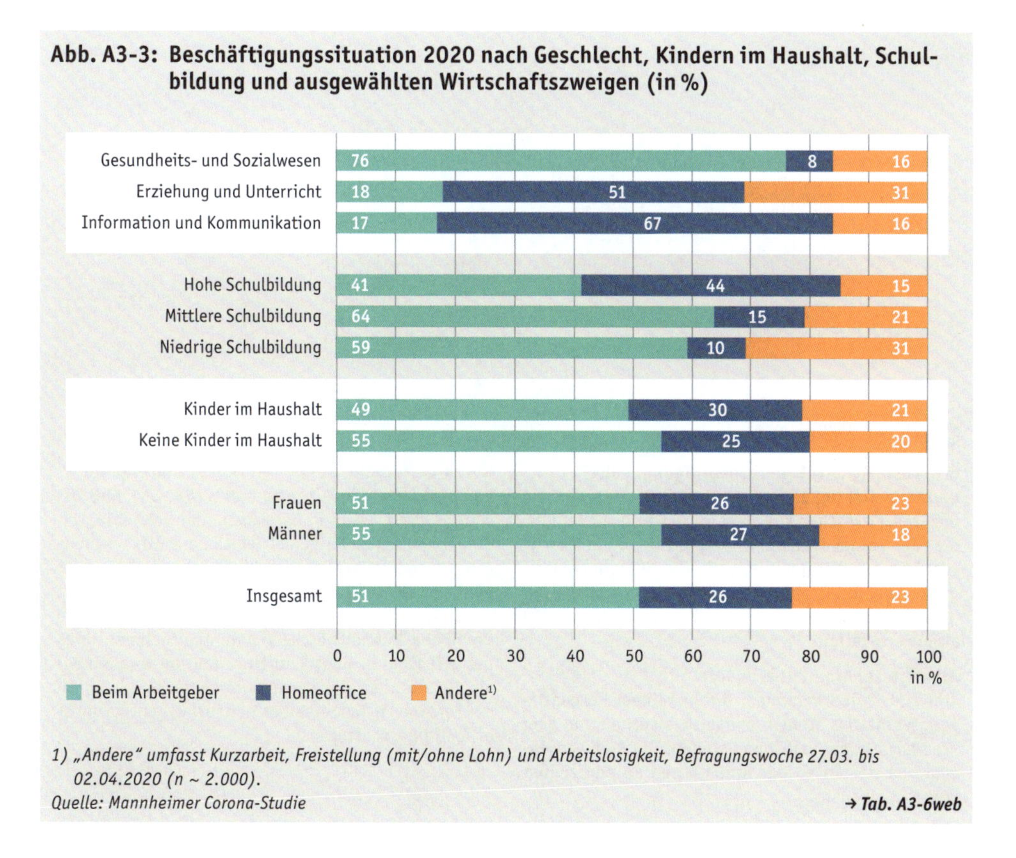


*1) „Andere" umfasst Kurzarbeit, Freistellung (mit/ohne Lohn) und Arbeitslosigkeit, Befragungswoche 27.03. bis 02.04.2020 (n ~ 2.000).*
*Quelle: Mannheimer Corona-Studie*

→ *Tab. A3-6web*

**Nutzung von Homeoffice vorrangig von Personen mit höherem Bildungsabschluss**

office arbeiteten, deutlich auf 30 % angestiegen ist. Allerdings unterscheiden sich diese Anteile nicht gravierend von denen der Befragten ohne Kinder, die im gleichen Zeitraum zu 25 % ihrer Erwerbstätigkeit im Homeoffice nachgingen. Zudem waren Personen mit höheren Bildungsabschlüssen mit einem Anteil von 44 % deutlich häufiger im Homeoffice tätig als solche mit niedrigeren Abschlüssen (16 %). Die Autor:innen der Studie kommen zu dem Schluss, dass für die Homeoffice-Nutzung die familiale Situation und die Wünsche der Beschäftigten eine geringere Rolle spielen als die Erfordernisse der Tätigkeit und die Bestimmungen des Arbeitgebers. Einleuchtend ist, dass einige Berufe, etwa im Gesundheits- und Sozialwesen oder im Gastgewerbe, nicht für Homeoffice geeignet sind – anders als etwa typische Büroberufe wie im Bereich Information und Kommunikation, wo rund 67 % der Beschäftigten ihre Tätigkeit von zu Hause ausüben können (**Tab. A3-6web, Abb. A3-3**).

Inwieweit die Arbeit im Homeoffice auch nach der Corona-Pandemie ein verbreitetes Arbeitsmodell für einige Beschäftigtengruppen bleibt und welche Einflüsse dies auf die Vereinbarkeit von Familie und Beruf hat, wird sich in den kommenden Jahren zeigen.

### Methodische Erläuterungen

**Erwerbstätigkeit, Erwerbsbeteiligung, Voll- und Teilzeittätigkeit**
Die Grenze zwischen Voll- und Teilzeittätigkeit wird für die hier vorgenommenen Analysen bei einer durchschnittlichen Wochenarbeitszeit von 32 Stunden definiert. Personen in Elternzeit oder Mutterschutz gelten im Sinne des Erwerbsstatus nach dem ILO-Konzept(G) als erwerbstätig.

**Arbeitslose, Arbeitslosenquote**
*Arbeitslose* sind Personen, die in keinem Beschäftigungsverhältnis stehen, ein solches suchen und dem Arbeitsmarkt zur Verfügung stehen. Die *Arbeitslosenquote* ist der Anteil der Arbeitslosen an den zivilen Erwerbspersonen.

**Kurzarbeitergeld, Kurzarbeit, Kurzarbeiterquote**
Das konjunkturelle *Kurzarbeitergeld* (§§ 95 ff. SGB III) wird gewährt, wenn in Betrieben oder Betriebsabteilungen die regelmäßige betriebsübliche wöchentliche Arbeitszeit infolge wirtschaftlicher Ursachen oder eines unabwendbaren Ereignisses vorübergehend verkürzt wird. Der Arbeitsausfall muss mindestens ein Drittel der in dem Betrieb beschäftigten Arbeitnehmer:innen betreffen und zu einem Entgeltausfall von jeweils mehr als 10 % führen. Die *Kurzarbeiterquote* ist der Anteil der Personen in Kurzarbeit an den sozialversicherungspflichtig Beschäftigten.

# Familien- und Lebensformen

Zuletzt im Bildungsbericht 2020 als A4



Für Kinder ist die Familie der erste und ein wesentlicher Ort der Sozialisation und Persönlichkeitsbildung (vgl. **C1**). Die bildungsrelevanten Ressourcen der Familie und des sozialen Umfelds sind für die Bildungschancen der Kinder in Deutschland nach wie vor ein entscheidender Faktor. Dargestellt wird zunächst, in welchen Familienformen Kinder aufwachsen. Daran schließt sich eine Analyse der sozialen, finanziellen und bildungsbezogenen Risikolagen an, deren Vorliegen einen negativen Einfluss auf die Bildungschancen der Kinder haben kann. Der Fokus liegt in diesem Jahr auf der Dynamik des Verbleibs der betroffenen Kinder in diesen Risikolagen.

## Familienformen

Die Formen des familialen Zusammenlebens unterliegen einer langsamen, aber kontinuierlichen Veränderung. Mit Blick auf die vergangenen 20 Jahre zeigt sich deutlich, dass das Zusammenleben in Familienstrukturen, also von Erwachsenen – als Ehepaar, Lebensgemeinschaft oder auch alleinerziehend – mit ledigen Kindern in einem Haushalt kontinuierlich abnimmt: Lebten 1998 noch 56 % der Bevölkerung in solchen Familienzusammenhängen, sind es 2020 mit 49 % weniger als die Hälfte. Es wäre jedoch verkürzt, diese Entwicklung lediglich auf einen Einstellungswandel bezüglich der Familiengründung bei den jüngeren Menschen zurückzuführen: Unter den Bedingungen des demografischen Wandels gibt es beinahe zwangsläufig immer mehr Haushalte mit älteren Menschen, die nicht mehr mit ihren Kindern zusammenleben.

**Rückgang des Zusammenlebens in Familienstrukturen – vorrangig aus demografischen Gründen**

Der historisch gewachsene Ost-West-Unterschied hinsichtlich der Lebens- und Familienformen Ⓜ hat sich 30 Jahre nach der Vereinigung zwar reduziert, ist aber immer noch prägnant: Während in Westdeutschland rund 50 % der Bevölkerung in einem Familienzusammenhang mit Kindern leben, sind es in Ostdeutschland 44 %. Einfluss darauf hatten Faktoren wie der Geburteneinbruch in Ostdeutschland in den frühen 1990er-Jahren und der damit verbundene Echoeffekt sowie das innerdeutsche Wanderungsverhalten in den Nachwendejahren (**A1**, **Tab. A4-1web**).

Bei den Familien mit minderjährigen Kindern leben 2020 in knapp drei Vierteln (71 %) der Fälle die Eltern als Ehepaar zusammen. In Westdeutschland ist eine solche Gestaltung des Zusammenlebens mit rund 76 % weit stärker verbreitet als in Ostdeutschland mit 54 %: Dort leben Familien deutlich häufiger in nichtehelichen Lebensgemeinschaften (22 gegenüber 9 % in Westdeutschland) oder in Alleinerziehendenfamilien (24 gegenüber 16 %). In Westdeutschland ist der Anteil der verheirateten Elternpaare in den letzten 10 Jahren leicht zurückgegangen, in Ostdeutschland stieg er leicht an – es fand also eine Annäherung statt. Bei den Familien mit Migrationshintergrund Ⓖ beträgt der Anteil verheirateter Eltern aktuell 77 % und liegt damit 8 Prozentpunkte über dem bei Familien ohne Migrationshintergrund. In dieser Bevölkerungsgruppe gibt es auch die höchsten Anteile an Familien mit 3 und mehr Kindern (**Tab. A4-2web**, **Abb. A4-1**).

**Ehepaare mit Kindern weiterhin häufigste Familienform**

Mehr als jede 6. Familie ist 2020 eine Alleinerziehendenfamilie, wobei die amtliche Statistik über die diversen Erziehungs- und Betreuungskonstellationen, die auch in solchen Fällen möglich sind, nicht im Detail aussagefähig ist: Beispielsweise liegen keine Daten zum sogenannten Wechselmodell vor, bei dem Kinder abwechselnd von den getrennt lebenden Elternteilen betreut werden. Die Anteile von Alleinerziehendenfamilien sind in Ostdeutschland und bei Familien ohne Migrationshintergrund etwas höher, wobei in Ostdeutschland ein deutlicher Rückgang dieser Familienform zu verzeichnen ist. Im Vergleich der Bundesländer fallen außerdem die Stadtstaaten mit höheren Anteilen von Alleinerziehendenfamilien auf (**Tab. A4-3web**).

**Jede 6. Familie ist Alleinerziehendenfamilie**

**Abb. A4-1: Familien* mit Kindern unter 18 Jahren in Deutschland 2010 und 2020 nach Familienform, Migrationshintergrund und Ländergruppen**

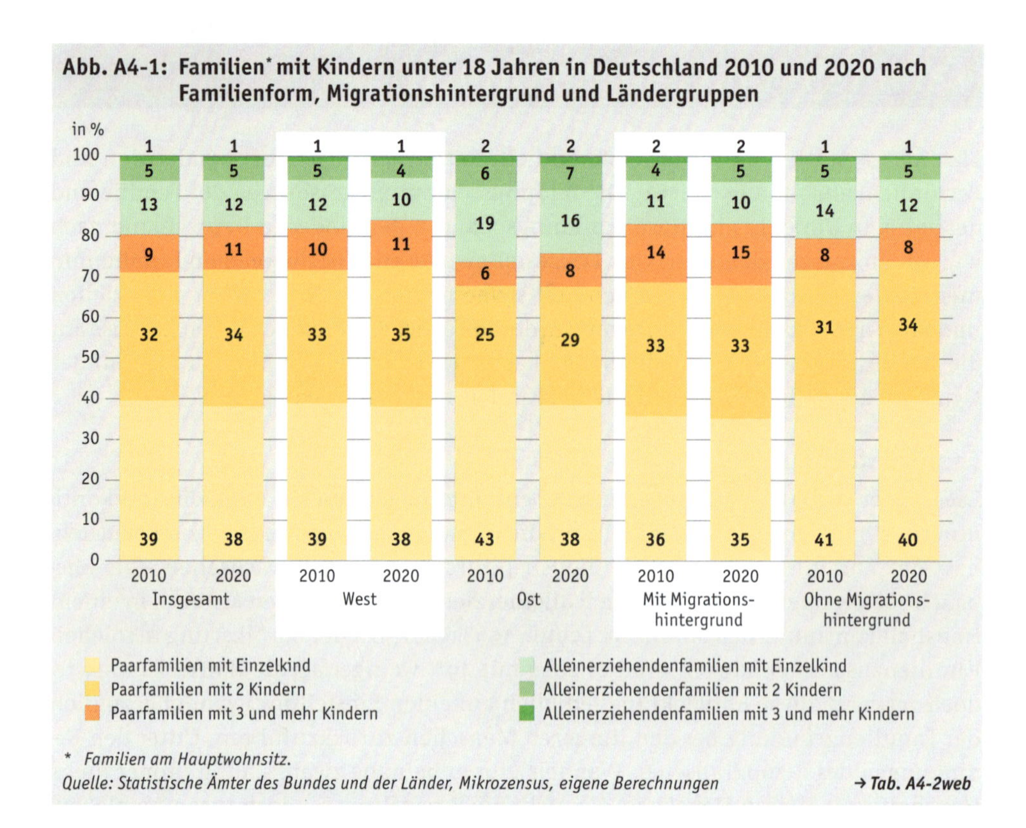


* *Familien am Hauptwohnsitz.*
*Quelle: Statistische Ämter des Bundes und der Länder, Mikrozensus, eigene Berechnungen* **→ Tab. A4-2web**

## Kinder aus Familien mit Risikolagen

Nach wie vor ist in Deutschland ein gerade im internationalen Vergleich enger Zusammenhang zwischen familialen Lebensverhältnissen, Bildungsbeteiligung sowie Zertifikats- und Kompetenzerwerb nachweisbar (vgl. **B4**, **C1**, **D2**, **D7**, **F2**, **H5**, OECD, 2019, Kluczniok et al., 2021). Die Rahmenbedingungen für Bildungs- und Entwicklungsprozesse von Kindern lassen sich anhand einiger Strukturmerkmale ihres direkten Umfelds in der Familie, etwa des formalen Bildungsstands der Eltern, des sozioökonomischen Status der Familie sowie der elterlichen Erwerbsbeteiligung beschreiben.

**Jedes 3. Kind von mindestens einer Risikolage betroffen**

Auf dieser Basis werden 3 Risikolagen gebildet: die Risikolage formal gering qualifizierter Eltern, die soziale sowie die finanzielle Risikolage. In Deutschland sind 2020 knapp 29 % oder fast jedes 3. Kind unter 18 Jahren von mindestens einer dieser Risikolagen betroffen, 4 % von allen 3 Risikolagen gleichzeitig (**Abb. A4-2**, **Tab. A4-4web**, **Tab. A4-5web**).

**Anteil der Kinder aus formal gering qualifizierten Elternhäusern stabil**

Die *Risikolage formal gering qualifizierter Eltern* liegt dann vor, wenn alle Elternteile im Haushalt einen Bildungsstand unter ISCED 3 haben, also weder eine Hochschulreife noch eine abgeschlossene Berufsausbildung vorweisen können. Eine typische Folge dieser Risikolage kann die fehlende Unterstützungsmöglichkeit für die Kinder etwa in schulischen Belangen sein (vgl. **D5**) – dies zeigte sich etwa während der Phasen des sogenannten Homeschoolings in der Corona-Pandemie. 2020 wuchsen 12 % aller Kinder in Deutschland in einer von dieser Risikolage betroffenen Familie auf (2010: 12 %).

**Jedes 10. Kind wächst bei erwerbslosen Eltern auf**

In den meisten Familien sind heute beide Elternteile erwerbstätig, wenn auch häufig mit unterschiedlichen Arbeitszeitvolumina (**A3**). Dennoch wachsen trotz der insgesamt guten Arbeitsmarktsituation 9 % der Kinder in Haushalten auf, in denen kein Elternteil erwerbstätig ist (2010: 10 %): In diesen Fällen liegt eine *soziale Risikolage* vor. Eine typische Folge für die betroffenen Kinder kann der fehlende Zugang zu gesellschaftlichen Ressourcen sein: Dies sind insbesondere Netzwerke, die auf der Erwerbstätigkeit der Eltern basieren und den Kindern einen erleichterten Zugang zu Hilfen,

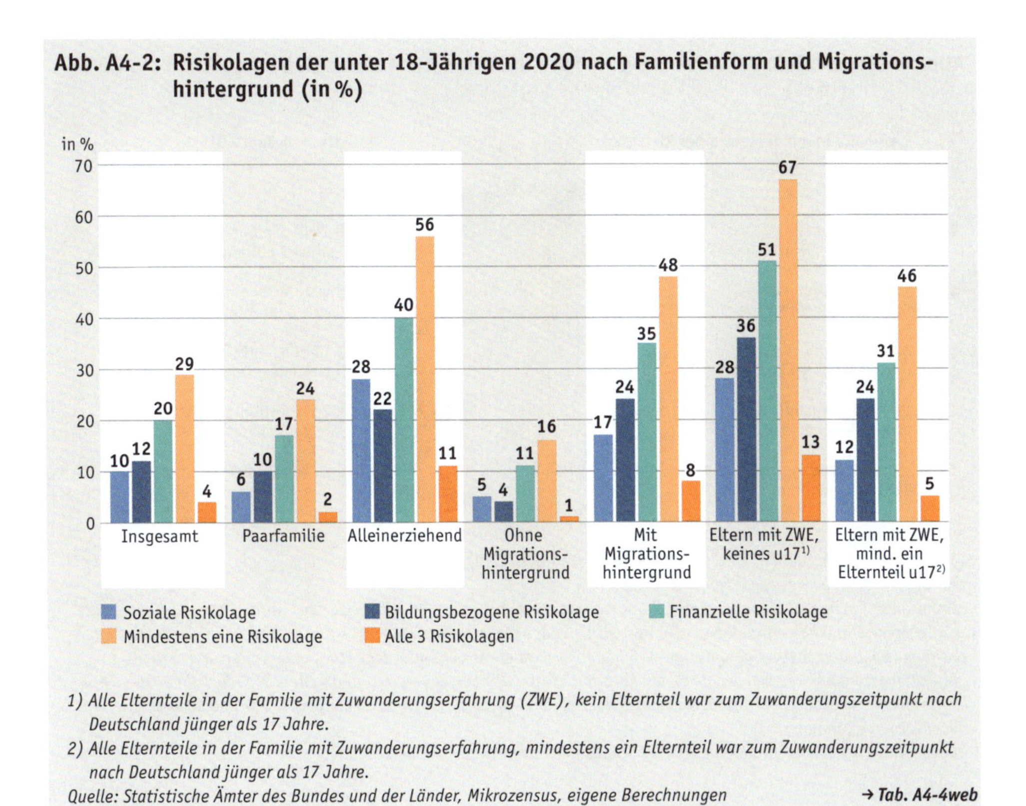


**Abb. A4-2: Risikolagen der unter 18-Jährigen 2020 nach Familienform und Migrationshintergrund (in %)**

*1) Alle Elternteile in der Familie mit Zuwanderungserfahrung (ZWE), kein Elternteil war zum Zuwanderungszeitpunkt nach Deutschland jünger als 17 Jahre.*
*2) Alle Elternteile in der Familie mit Zuwanderungserfahrung, mindestens ein Elternteil war zum Zuwanderungszeitpunkt nach Deutschland jünger als 17 Jahre.*
*Quelle: Statistische Ämter des Bundes und der Länder, Mikrozensus, eigene Berechnungen* **→ Tab. A4-4web**

Anerkennung und Kontakten bis hin zum Finden von Praktikums-, Ausbildungs- und Arbeitsplätzen bieten können. Auch ist davon auszugehen, dass die Erwerbstätigkeit der Eltern eine Vorbildfunktion für die Kinder hat (**Tab. A4-4web**, **Tab. A4-5web**).

**Anteil armutsgefährdeter Kinder weiter hoch, insbesondere in Alleinerziehendenfamilien**

Rund jedes 5. Kind in Deutschland ist aktuell von einer *finanziellen Risikolage* betroffen. Diese liegt vor, wenn das in Abhängigkeit von der Haushaltszusammensetzung berechnete Haushaltseinkommen unterhalb der Armutsgefährdungsgrenze Ⓜ liegt, wovor auch eine Erwerbstätigkeit der Eltern nicht immer zu schützen vermag. Gegenüber 2010 ist der Anteil der von dieser Risikolage betroffenen Kinder in Deutschland von 18 auf 20 % gestiegen; damit handelt es sich weiter um die am häufigsten anzutreffende Risikolage. Zudem ist ein deutlicher Zusammenhang zwischen Armutsgefährdung und Anzahl der Kinder in der Familie festzustellen: Kinder in Paarfamilien ohne oder mit nur einem Geschwisterkind sind nur ein Drittel so oft (2020: 10 resp. 12 %) von der finanziellen Risikolage betroffen wie solche in Familien mit 3 und mehr Kindern (2020: 33 %). Kinder von Alleinerziehenden sind besonders häufig dem finanziellen Risiko ausgesetzt: In dieser Familienform gilt mit Einzelkindern ein Drittel als armutsgefährdet (2020: 34 %), bei 2 Kindern schon 41 % und bei 3 und mehr Kindern 59 % (**Tab. A4-6web**).

## Kinder in länger anhaltenden Risikolagen

**Ein Drittel aller Kinder innerhalb von 4 Jahren mindestens einmal von einer bildungsspezifischen Risikolage betroffen**

Es ist davon auszugehen, dass mit den Risikolagen einhergehende Einschränkungen und Schwierigkeiten für die betroffenen Kinder – etwa in Bezug auf eine erfolgreiche Bildungsteilnahme – umso gravierender sind, je länger (kumulierte) Risikolagen andauern. Der Mikrozensus Ⓓ erlaubt es, Kinder für die Dauer von bis zu 4 Jahren zu beobachten. Für die folgenden Analysen wurde ein entsprechendes Panel aus den Mikrozensus der Jahre 2016 bis 2019 erstellt; aktuellere Daten, die auch Aufschluss über die Auswirkungen der Corona-Pandemie geben könnten, sind erst für den nächsten Bildungsbericht zu erwarten. In die Auswertungen gehen nur die 16.834 Kinder

**Abb. A4-3: Verbleib der unter 18-Jährigen in mindestens einer Risikolage 2016 bis 2019 (in %)**

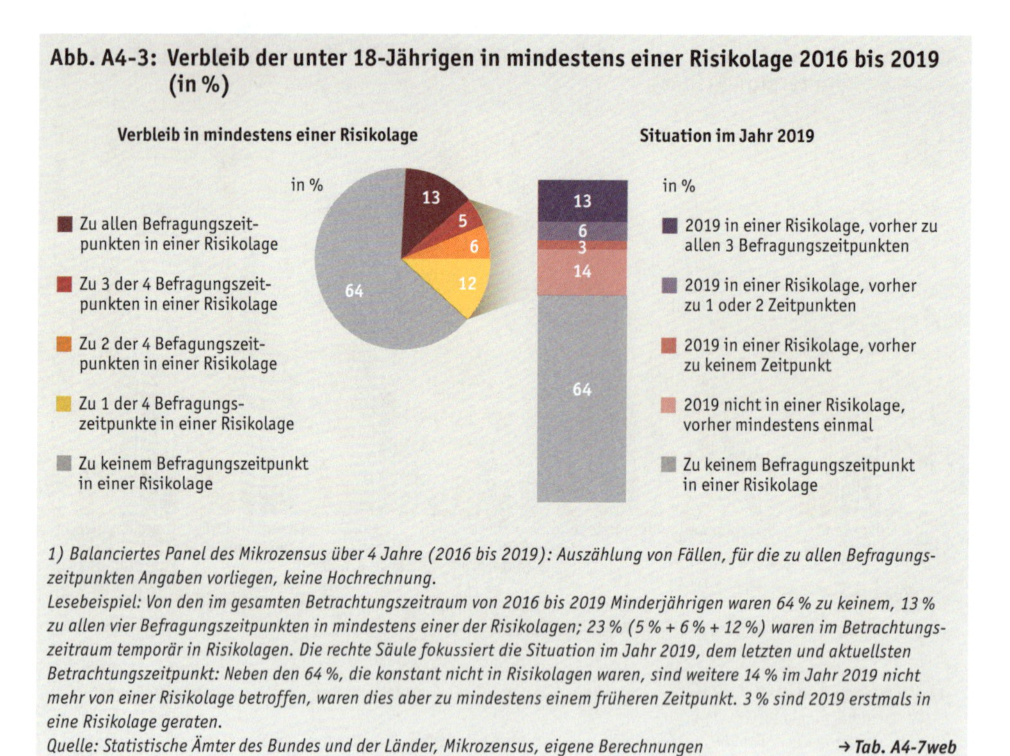


*1) Balanciertes Panel des Mikrozensus über 4 Jahre (2016 bis 2019): Auszählung von Fällen, für die zu allen Befragungszeitpunkten Angaben vorliegen, keine Hochrechnung.*
*Lesebeispiel: Von den im gesamten Betrachtungszeitraum von 2016 bis 2019 Minderjährigen waren 64 % zu keinem, 13 % zu allen vier Befragungszeitpunkten in mindestens einer der Risikolagen; 23 % (5 % + 6 % + 12 %) waren im Betrachtungszeitraum temporär in Risikolagen. Die rechte Säule fokussiert die Situation im Jahr 2019, dem letzten und aktuellsten Betrachtungszeitpunkt: Neben den 64 %, die konstant nicht in Risikolagen waren, sind weitere 14 % im Jahr 2019 nicht mehr von einer Risikolage betroffen, waren dies aber zu mindestens einem früheren Zeitpunkt. 3 % sind 2019 erstmals in eine Risikolage geraten.*
*Quelle: Statistische Ämter des Bundes und der Länder, Mikrozensus, eigene Berechnungen* **→ Tab. A4-7web**

**Jedes 8. Kind über 4-Jahres-Zeitraum permanent in mindestens einer Risikolage**

ein, die in jedem dieser 4 Befragungsjahre je einmal erfasst wurden. Anders als beim Mikrozensus üblich ist eine Hochrechnung auf die Bevölkerung insgesamt bei dieser Analyse nicht möglich; es werden lediglich Anteile der genannten Stichprobe beschrieben. Ein Vergleich dieser Zahlen mit den oben berichteten hochgerechneten Ergebnissen des Mikrozensus wird deswegen nicht vorgenommen.

Von den Kindern, deren Risikolagen von 2016 bis 2019 durchgängig erfasst wurden, waren zwei Drittel (64 %) zu keinem Zeitpunkt in einer der 3 Risikolagen. 13 % der Kinder befanden sich dauerhaft – also über 4 Jahre – in mindestens einer Risikolage, 23 % waren innerhalb von 4 Jahren zwischen 1- und 3-mal von mindestens einer Risikolage betroffen: Sie haben erlebt, dass sich ihre Lebenssituation innerhalb von 4 Jahren unter Umständen massiv geändert hat (**Tab. A4-7web**, **Abb. A4-3**).

Für einen geringen Anteil von 3 % der Kinder waren die Eltern zu allen 4 Befragungszeitpunkten nicht erwerbstätig, weitere 7 % haben diese Erfahrung mindestens einmal machen müssen – bei 90 % der Kinder lag zu keinem Zeitpunkt ein soziales Risiko vor. Auch waren fast 9 von 10 Kindern (87 %) im Betrachtungszeitraum nicht vom Risiko formal gering qualifizierter Eltern betroffen; 8 % waren zu mindestens einem Befragungszeitpunkt diesem Risiko ausgesetzt, 5 % hatten Eltern, deren niedriger Bildungsstand sich innerhalb der 4 Jahre nicht veränderte. Annähernd jedes 10. erfasste Kind (8 %) lebte von 2016 bis 2019 dauerhaft im Armutsrisiko, zusätzlich war ein Viertel der Minderjährigen zu mindestens einem der 4 Befragungszeitpunkte armutsgefährdet; zu keinem Zeitpunkt im finanziellen Risiko befanden sich 67 % der Kinder (**Tab. A4-7web**).

**Jedes 10. Kind über 4-Jahres-Zeitraum permanent armutsgefährdet**

Im Jahr 2019 erlebten 3 % der Kinder zum ersten Mal mindestens eine Risikolage; sie waren in den vorhergehenden 3 Jahren von dieser Erfahrung verschont geblieben. Weitere 6 % der Kinder wurden 2019 in mindestens einer Risikolage angetroffen und waren bereits zuvor an einem oder 2 weiteren der 4 Befragungszeitpunkte mindestens einer Risikolage ausgesetzt. 14 % der Minderjährigen lebten 2019 in Familien, die aus der oder den Risikolagen herausgefunden hatten (**Abb. A4-3**).

## Migrationshintergrund und Zuwanderungserfahrung

Von den Risikolagen sind Kinder mit Migrationshintergrund überproportional häufig betroffen: Bei 48 % liegt mindestens eine, bei 8 % von ihnen alle 3 Risikolagen vor. In der Vergleichsgruppe der Kinder ohne Migrationshintergrund sind es lediglich 16 % respektive 1 %. Ein offenkundig großes Problem ist das finanzielle Risiko, von dem mit 35 % jedes 3. Kind aus Familien mit Migrationshintergrund betroffen ist – bei Kindern ohne Migrationshintergrund ist der Anteil mit 11 % deutlich geringer. Noch deutlicher sind die Unterschiede bei der bildungsbezogenen Risikolage: In Familien mit Migrationshintergrund leben die Kinder mit 24 % 6-mal häufiger in Familien mit formal gering qualifizierten Eltern als Kinder in Familien ohne Migrationshintergrund (4 %).

**Kinder mit Migrationshintergrund häufiger von Risikolagen, insbesondere dem finanziellen Risiko, betroffen**

Sind beide Elternteile (bzw. der alleinerziehende Elternteil) nach Deutschland zugewandert, sind ihre Kinder sämtlichen Risikolagen noch häufiger ausgesetzt. So leben 61 % dieser Kinder mit mindestens einer Risikolage und 33 % der Kinder mit der Risikolage formal gering qualifizierter Eltern; wenn die Eltern beim Zuzug selbst noch Kinder oder Jugendliche waren, also mindestens ein Elternteil zum Zuzugszeitpunkt unter 17 Jahre alt war, leben 46 % der Kinder mit mindestens einer und 24 % mit der bildungsbezogenen Risikolage (**Tab. A4-4web**).

**Alle Risikolagen bei Familien mit Zuwanderungserfahrung stärker verbreitet**

## Risikolagen regional

Bei den regionalen Werten für die Risikolagen zeigt sich über die Länder hinweg eine sehr heterogene Situation. Der markante Ost-West-Unterschied bei der bildungsbezogenen Risikolage mit auffällig niedrigen Werten gerade in den ostdeutschen Flächenländern ist zum Teil dem Nachhall des DDR-Bildungssystems zu verdanken, das nur wenige ohne Ausbildungsabschluss verlassen haben; auch spielt der niedrigere Bevölkerungsanteil von Menschen mit Migrationshintergrund eine Rolle, die häufig einen geringeren formalen Bildungsstand haben. Auch in Bayern liegt der Anteil der Kinder mit einem Bildungsrisiko deutlich im einstelligen Bereich.

**Risikolagen regional stark unterschiedlich ausgeprägt**

Hessen, Niedersachsen und Nordrhein-Westfalen sowie die Stadtstaaten Berlin und Bremen liegen bei allen Risikolagen über dem Bundesdurchschnitt, wenn auch teilweise nur knapp. Im Land Bremen ist die Hälfte (52 %) der Kinder von mindestens einer Risikolage betroffen – deutlich häufiger als in Berlin, Hamburg, Hessen, Niedersachsen, Nordrhein-Westfalen, Sachsen-Anhalt und Mecklenburg-Vorpommern, wo immer noch jeweils rund ein Drittel der Kinder unter der Belastung mindestens einer Risikolage lebt. Auffällig hat sich die finanzielle Risikolage innerhalb der letzten 10 Jahre in Bremen entwickelt: 2010 waren 31 % der Kinder armutsgefährdet, im Jahr 2020 waren es 41 % (**Abb. A4-4**, **Tab. A4-8web**). Wurden im Land Bremen immer schon hohe Anteile bildungsbezogener Risikolagen vorgefunden, ist die Situation in den letzten Jahren auch durch überdurchschnittliche Zuwanderung aus dem Ausland noch einmal verschärft worden (vgl. Sozialberichterstattung der amtlichen Statistik, Regionaldatenbank Deutschland).

**Besonders hohe Werte in den Stadtstaaten**

In der Gesamtbetrachtung ist nach wie vor die finanzielle Risikolage vorherrschend, wobei Kinder von Alleinerziehenden und Kinder von Eltern, die erst im Erwachsenenalter nach Deutschland zugewandert sind, die höchsten Bildungsrisiken tragen. Diese Familienkonstellationen sind in den Stadtstaaten häufiger anzutreffen. Familien mit Migrationshintergrund leben darüber hinaus vergleichsweise häufig in den westdeutschen Flächenländern, sodass auch diese im regionalen Vergleich hervorstechen.

## Risikolagen im internationalen Vergleich

**Deutschland im internationalen Vergleich bei den Risikolagen unter dem Durchschnitt**

In diesem Abschnitt werden Ergebnisse aus der Erhebung „Leben in Europa" (EU-SILC) präsentiert. Im Schnitt aller EU-27-Staaten war 2020 jedes 5. Kind unter 18 Jahren (20 %) armutsgefährdet. In allen Ländern der Europäischen Union lag die regionale Armutsgefährdungsquote im mindestens zweistelligen Bereich. Während in Deutschland 19 % der unter 18-Jährigen armutsgefährdet waren, reichten die europäischen Werte von rund 10 % in Ungarn, der Tschechischen Republik, Dänemark, Finnland und Slowenien bis zu 28 % in Bulgarien und Spanien sowie Rumänien mit 30 %.

Weniger große Unterschiede zeigen sich bei der Erwerbslosigkeit beider Elternteile: In den EU-27-Staaten insgesamt sowie Deutschland im Einzelnen wachsen rund 9 % aller Kinder mit dieser Risikolage auf. Slowenische Kinder hatten mit 3 % deutlich weniger nichterwerbstätige Elternteile als Kinder in Schweden, Belgien, Frankreich, Irland, Italien und Bulgarien mit jeweils knapp über 10 %.

Die Risikolage formal gering qualifizierter Eltern ist in der Europäischen Union ungleich verteilt, jedoch in fast allen EU-27-Staaten rückläufig. Deutschland lag im Jahr 2020 mit 13 % nahe am Durchschnitt aller EU-27-Staaten (14 %). Slowenien, Polen, die Tschechische Republik und Kroatien lagen unter 5 %. Besonders häufig fanden sich Kinder unter 18 Jahren mit formal gering qualifizierten Eltern in Malta und Portugal, wo jedes 3. Kind betroffen war (**Tab. A4-9web**).

**Abb. A4-4: Risikolagen der unter 18-Jährigen 2020 nach Ländern (in %)**

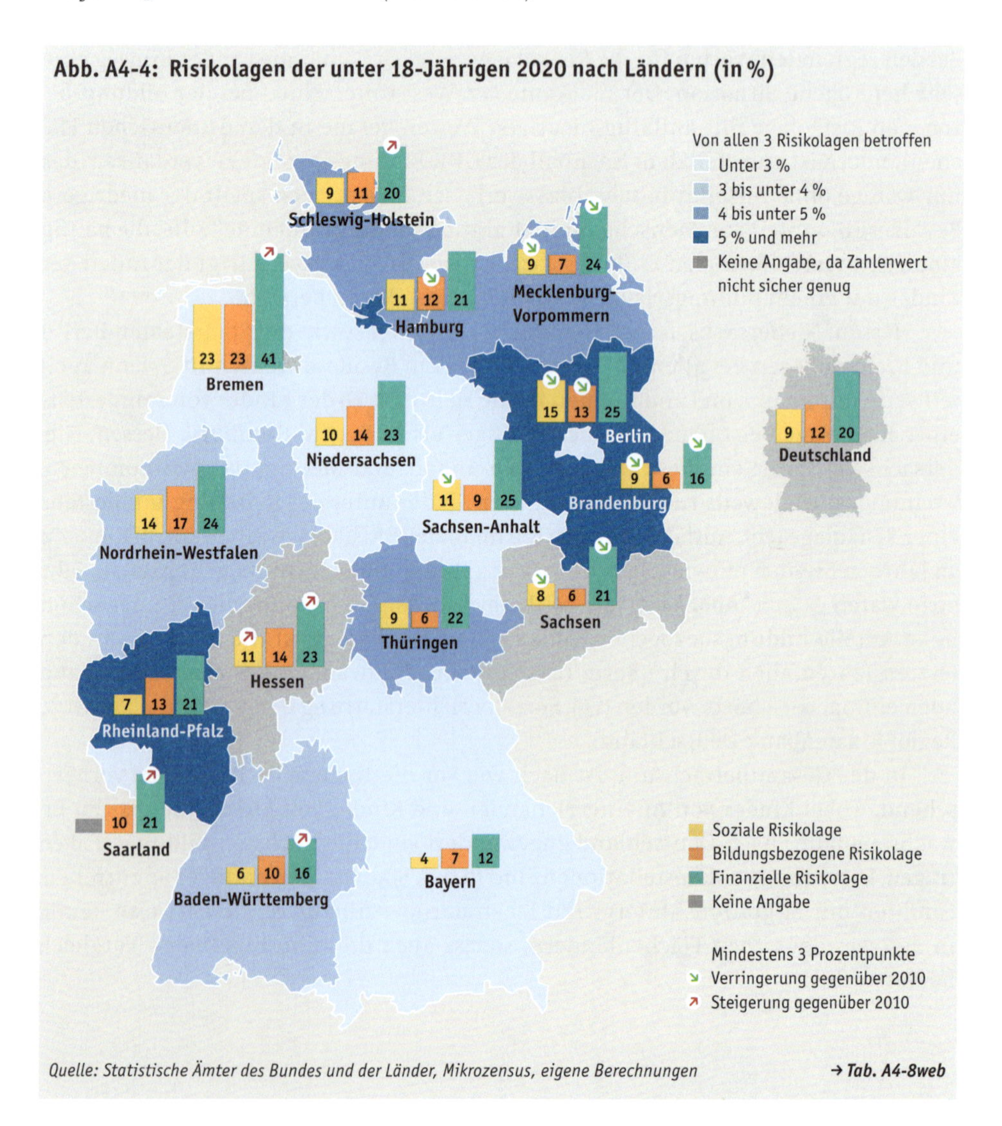


*Quelle: Statistische Ämter des Bundes und der Länder, Mikrozensus, eigene Berechnungen* **→ Tab. A4-8web**

## Methodische Erläuterungen

**Lebens- und Familienformen**

Gemäß der im Mikrozensus verwendeten Definition ist „Lebensform" der Oberbegriff über alle Formen des Zusammenlebens in Haushalten. Als Familien werden alle Formen des Zusammenlebens mit Kindern bezeichnet: Ehepaare mit Kindern, Lebensgemeinschaften mit Kindern und Alleinerziehende mit Kindern. Weitere nichtfamiliale Lebensformen sind Ehepartner (ohne Kinder), Lebenspartner (ohne Kinder) und Alleinstehende. Zu beachten ist, dass Eltern-Kind-Beziehungen, die über Haushaltsgrenzen hinweg bestehen, sowie Partnerschaften mit getrennter Haushaltsführung dabei unberücksichtigt bleiben.

**Armutsgefährdungsgrenze**

Zur Bestimmung der Armutsgefährdungsgrenze werden die Haushaltsäquivalenzeinkommen herangezogen. Das Einkommen eines Haushalts ist die Summe der persönlichen Nettoeinkommen aller Haushaltsmitglieder. Beim Äquivalenzeinkommen handelt es sich um eine Rechengröße, die das Einkommen von Haushalten unterschiedlicher Größe und Zusammensetzung vergleichbar macht. Hier wird als Äquivalenzskala die „modifizierte OECD-Skala" verwendet, nach der die erste erwachsene Person das Gewicht 1 erhält, weitere Erwachsene sowie Kinder ab 14 Jahren das Gewicht 0,5 und Kinder unter 14 Jahren das Gewicht 0,3. Bei weniger als 60 % des mittleren Äquivalenzeinkommens (Median) nach Bundesmaßstab wird von einer Armutsgefährdung ausgegangen.

A

# Perspektiven

Als eine Folge der Corona-Pandemie setzte sich der jahrelange Trend einer wachsenden Bevölkerung in Deutschland nicht weiter fort. Grund war vor allem der markante Einbruch der Zuwanderung im Jahr 2020. Ausgehend von einem temporären, pandemiebedingten Phänomen dürfte die Bevölkerung aufgrund von Zuwanderungsgewinnen aus dem Ausland in den kommenden Jahren wieder wachsen. Dies wird mittelfristig in sämtlichen Bildungsbereichen, aber vorrangig in der frühen Bildung, Betreuung und Erziehung und daran anschließend im Primar- und Sekundarbereich der Schulen zu einer steigenden Nachfrage der Angebote führen. Die Folgen des Kriegs in der Ukraine auf die kurz- und mittelfristige Zuwanderung und die Bleibetendenzen der Geflüchteten lassen sich noch nicht seriös abschätzen.

Die wachsende Nachfrage nach Bildungsangeboten ist regional unterschiedlich ausgeprägt. Im Vergleich zu ländlichen Regionen sind insbesondere in den Städten neben steigenden Geburtenzahlen auch die größten Zuwanderungsgewinne zu verzeichnen; entsprechend ist die Bevölkerungskomposition im städtischen Raum von höheren Anteilen an Menschen mit Migrationshintergrund und Zuwanderungserfahrung geprägt. Daraus lassen sich unterschiedliche Bedarfe ableiten, etwa nach Ausgestaltung der Bildungsinfrastruktur sowie Anzahl und Qualifikation des pädagogischen Personals, denen frühzeitig begegnet werden muss (**A1**).

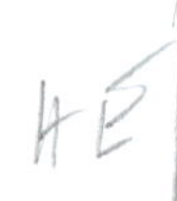

Der Bildungserfolg der Kinder ist gerade in Deutschland eng mit der sozialen Situation der Familie verbunden, sodass die Verbesserung von und der Umgang mit schwierigen sozialen Lebenslagen eine der zentralen Herausforderungen für die Gesellschaft und für das Bildungssystem bleibt. Im Sinne einer Chancengleichheit verweist der stark erhöhte Anteil bildungsbezogener Risikolagen bei den Kindern mit Migrationshintergrund auf einen besonderen Handlungsbedarf. Hervorzuheben ist, dass nicht der Migrationsstatus als solcher Ursache dieser Schwierigkeiten ist, sondern die in dieser Bevölkerungsgruppe kumulierenden sozioökonomischen Herausforderungen (**A4**).

Entsprechende Härten zeigen sich vermehrt bei Kindern in Alleinerziehendenfamilien und in kinderreichen Familien: Auch in solchen Familien sind die bildungsbezogenen Risikolagen weit überdurchschnittlich verbreitet. Diese Kinder wachsen vor allem überproportional oft unter Bedingungen der Armutsgefährdung auf. Ein Grund dafür dürfte sein, dass bei Familien mit mehr als 2 Kindern die Erwerbsbeteiligung deutlich reduziert ist (**A4**).

Die Erwerbstätigkeit von Frauen ist in den letzten 20 Jahren deutlich gestiegen und trägt entscheidend zum Beschäftigungswachstum in Deutschland bei. Insbesondere der Ausbau des Erwerbsumfangs von Frauen mit jungen Kindern rückt dabei in den Fokus; deren Erwerbstätigkeit und -umfang ist eng mit der Verfügbarkeit geeigneter Betreuungsangebote für ihre Kinder verbunden. Eine zentrale Bedingung für die weitere Erschließung dieses Arbeitskräftepotenzials ist folglich der fortgesetzte Ausbau dieser Kapazitäten und ggf. eine Verbesserung der Rahmenbedingungen im vorschulischen und schulischen Bereich, etwa der Öffnungszeiten in der Kindertagesbetreuung (vgl. **C2**) und der Ganztagsangebote im Primar- und Sekundarbereich (vgl. **D3**). Flexible Arbeitszeitmodelle spielen insbesondere für Eltern mit Kindern eine wichtige Rolle. Die Corona-Pandemie hat den Wunsch nach einer besseren Vereinbarkeit von Familie und Beruf noch verstärkt. Die in der Pandemiezeit vorangetriebene Nutzung von Homeoffice etwa hat hier neue Möglichkeiten eröffnet und eine breite Akzeptanz gefunden. Diese Entwicklung kommt jedoch nicht allen Bevölkerungsgruppen gleichermaßen zugute: So finden sich unter den Nutzerinnen und Nutzern von Homeoffice vorrangig Personen mit höheren Bildungsabschlüssen (**A3**, vgl. auch **G4**).

Die Corona-Pandemie und auch der Krieg in der Ukraine lassen vermuten, dass sich die bis 2019 durchweg positive wirtschaftliche Entwicklung zumindest kurzfristig nicht fortsetzen wird. Dies hat nicht nur Einfluss auf den Arbeitsmarkt und die Erwerbssituation der Familien (**A3**), sondern auch auf die Einnahmen der öffentlichen Haushalte, die wiederum die größten Mittelgeber des Bildungssystems sind (vgl. **B3**, **A2**). So könnten sich auf der einen Seite etwa soziale und finanzielle Risikolagen in den Familien noch verstärken (**A4**), andererseits bildungspolitische Spielräume, die in aller Regel mit größeren finanziellen Investitionen einhergehen, verengen. Hier eine sozialverträgliche Balance zwischen der Notwendigkeit zur Sparsamkeit und einer ausgewogenen Erfüllung der bildungspolitischen Bedarfe zu finden, wird eine politische Herausforderung für die nächsten Jahre sein.

# Im Überblick

## Fast die Hälfte der Bevölkerung lebt als Familie mit Kindern zusammen

Bevölkerung nach Lebensformen in Haushalten 2020 (in %)

## Jüngere Menschen mit Migrationshintergrund meist ohne eigene Migrationserfahrung

Bevölkerung nach Altersgruppen und Migrationsstatus 2020 (in %)

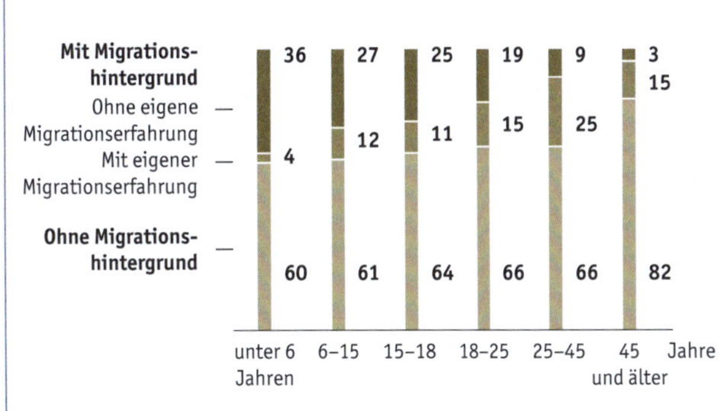

## Trend zur späten Familiengründung

Geburten je 1.000 Frauen

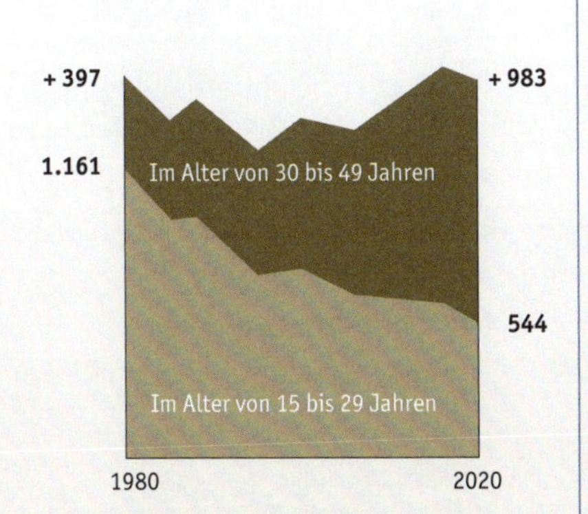

## Mit jedem zusätzlichen Kind in der Familie erhöhen sich bildungsbezogene Risikolagen

Mindestens eine Risikolage nach Anzahl der Geschwisterkinder 2020 (in %)

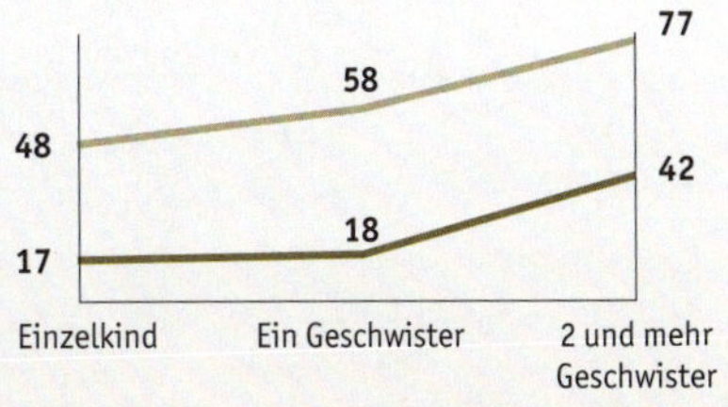

## Rückgang der Wirtschaftsleistung und Erwerbstätigkeit im Zuge der Corona-Pandemie

Veränderung von Bruttoinlandsprodukt und Zahl der Erwerbstätigen zum jeweiligen Vorjahr 2011 bis 2020 (in %)

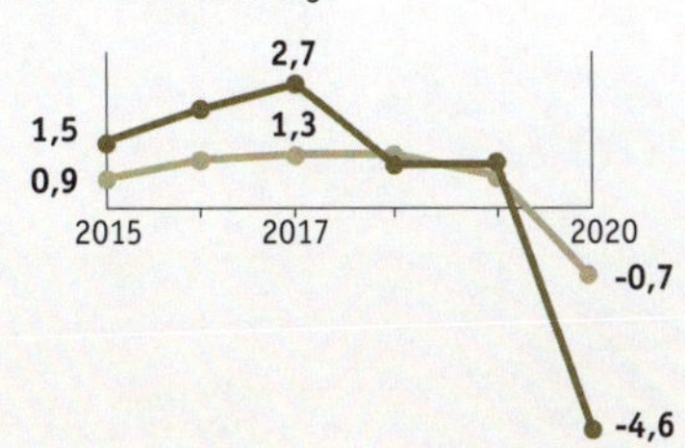

# Grundinformationen zu Bildung in Deutschland

Menschen lernen und bilden sich in allen Lebensphasen: von der frühkindlichen Bildung, Betreuung und Erziehung über die allgemeinbildende Schule, die berufliche Ausbildung und Hochschulbildung bis hin zur Weiterbildung im Erwachsenenalter. Das folgende Kapitel trägt dieser Tatsache Rechnung und bereitet 5 bildungsbereichsübergreifende Indikatoren auf, die einen Überblick über das Bildungssystem als Ganzes geben, Strukturunterschiede zwischen den Bildungsbereichen aufzeigen und den Bildungsstand der Bevölkerung analysieren. Durch die Einordnung in den internationalen Kontext geben die Indikatoren zudem Hinweise auf die Stellung des Bildungsstandorts Deutschland im internationalen Vergleich.

Die indikatorengestützten Analysen zu den Themenbereichen Bildungseinrichtungen, Bildungspersonal, Bildungsausgaben, Bildungsbeteiligung und Bildungsstand werden mit aktuellen Daten sowie neuen Akzentuierungen und Ergänzungen fortgeführt.

Soziodemografische Unterschiede bei Bildungsbeteiligung und Bildungsstand, insbesondere nach Migrationshintergrund und Geschlecht, werden erläutert. Vor allem das Thema Migration steht zum einen wegen der Auswirkungen der fluchtbedingten Wanderung in den Jahren 2015 und 2016 und zum anderen wegen der EU-Binnenwanderung von Arbeitskräften und der Attraktivität von Hochschulen für Studierende aus dem Ausland unverändert im Zentrum des öffentlichen Interesses.

Die Corona-Pandemie hat seit März 2020 einen erheblichen Einfluss auf das Bildungswesen in Deutschland. Der Verzicht auf Präsenzunterricht von Einrichtungen in allen Bildungsbereichen und damit verbunden der kurzfristige Umstieg auf digitale Lernangebote sowie die Umsetzung von Hygienekonzepten hatten dabei auch signifikante Auswirkungen auf die Bildungsausgaben von Bund, Ländern und Gemeinden.

Der Bildungszugang junger Erwachsener und das Zusammenspiel von Bildung und Erwerbstätigkeit nehmen in Deutschland eine besondere Rolle ein. So sind junge Erwachsene in Deutschland im internationalen Vergleich selten weder in einen Bildungsgang eingebunden noch erwerbstätig. Erwerbstätigkeit ist in Deutschland häufig mit Bildungsbeteiligung verbunden, stellt aber auch eine Alternative dazu dar – etwa wenn junge Menschen sich dafür entscheiden, auf den Erwerb eines qualifizierten Abschlusses zu verzichten und einer Erwerbstätigkeit nachzugehen, um Einkommen zu erzielen.

Um der regionalen Heterogenität innerhalb der Länder gerecht zu werden, wird mit der Kreistypisierung eine alternative Darstellungsform gewählt. So lassen sich Kreise und kreisfreie Städte zusammenführen, deren Rahmenbedingungen für Bildung in Bezug auf Demografie, soziale Lage, Wirtschaftsstruktur sowie Siedlungsstruktur und räumliche Lage ähnlich sind. Eine Betrachtung des Bildungsangebots und des Bildungsstands der Bevölkerung nach Kreistypen zeigt klare regionale Unterschiede auf.

Die Fortschreibung der 5 bewährten Indikatoren seit dem Bildungsbericht 2012 ermöglicht über die Zeit eine bereichsübergreifende Bilanzierung zentraler Themenbereiche institutionalisierter Bildung: Ort der Anregung und Durchführung von Bildungsprozessen sind die vorhandenen Bildungseinrichtungen (**B1**). Ihre Kapazitäten sowie die Möglichkeiten zur Ausgestaltung der Bildungsprozesse werden stark von ihrer Ausstattung mit Personal (**B2**) und Finanzressourcen (**B3**) bestimmt. Anschließend wird im Indikator Bildungsbeteiligung (**B4**) die derzeitige Inanspruchnahme der Bildungsangebote analysiert. Im abschließenden Indikator Bildungsstand (**B5**) gilt es, die Ergebnisse der in der Vergangenheit realisierten Bildungsprozesse sowie die intergenerationale Entwicklung des Bildungsstands darzustellen.

Zuletzt im Bildungsbericht 2020 als B1

# Bildungseinrichtungen



Bildungseinrichtungen(M) sind eine grundlegende Voraussetzung für die Beteiligung an und den erfolgreichen Verlauf von Bildungsprozessen. Dieser Indikator stellt die Bildungsinfrastruktur, in der sich institutionalisierte Lehr-Lern-Prozesse abspielen, auf unterschiedlichen räumlichen Ebenen dar, da vor allem bei Kindertageseinrichtungen und Schulen die Erreichbarkeit auch in Zeiten der zunehmenden Digitalisierung weiterhin eine große Rolle spielt. Dabei wird das Augenmerk besonders auf Veränderungen der Struktur des Bildungsangebots sowie auf die (flächendeckende) Bereitstellung von Bildungsangeboten durch Bildungsanbieter in öffentlicher und freier Trägerschaft(G) gelegt. Aufgrund der besonderen Datenlage und der Heterogenität der Anbieter wird die Situation in der Weiterbildung in einem eigenen Kapitel (vgl. **G1**) beleuchtet.

## Institutionalisierte Bildungsangebote in Deutschland

Im Jahr 2020 besuchten in Deutschland – ohne die Weiterbildung – rund 17,5 Millionen Bildungsteilnehmer:innen etwa 99.800 Bildungseinrichtungen (**B4**). Damit erhöhte sich die Zahl der Bildungseinrichtungen um rund 4.000 oder 4 % im Vergleich zu 2010. Auch die Zahl der Bildungsteilnehmer:innen stieg in diesem Zeitraum an, insbesondere in Kindertageseinrichtungen (+21 %) und an Hochschulen[1] (+33 %). Im Bereich der allgemeinbildenden und beruflichen Schulen gingen die Schüler:innenzahlen seit 2010 jedoch stark zurück (–5 % und –12 %, **Tab. B1-1web**, **Tab. B1-2web**).

**Weiter steigende Anzahl der Kindertageseinrichtungen**

Die Anzahl der Kindertageseinrichtungen (einschließlich der Einrichtungen für Schulkinder) stieg in den letzten 10 Jahren um 14 % auf 58.500 (**Tab. B1-2web**, vgl. **C2**). Diese Entwicklung hängt mit einem gesteigerten institutionellen Betreuungsbedarf (vgl. **C3**) sowie mit der zunehmenden Bedeutung Früher Bildung(G) zusammen. Zudem forciert auch der seit 2013 bestehende Rechtsanspruch auf einen Kindertagesbetreuungsplatz(G) ab dem vollendeten 1. Lebensjahr den verstärkten Ausbau von Kindertageseinrichtungen mit Betreuungsplätzen für unter 3-Jährige. Insbesondere die westdeutschen Bundesländer, die vor 20 Jahren mit einem sehr geringen Platzangebot starteten, trieben diesen Ausbau voran (**Tab. B1-2web**, vgl. **C2**).

**Rückgang der allgemeinbildenden Schulen da sinkende Schüler:innenzahlen und …**

Im Bereich der allgemeinbildenden Schulen hingegen ist seit 2010 die Anzahl der Einrichtungen um rund 2.600 zurückgegangen (–7 %). Die Auswirkungen des Geburtenrückgangs, der bis 2011 anhielt (vgl. **A1**), spiegeln sich hier wider. Schulstandorte wurden geschlossen oder zusammengelegt. Die Zunahme der Geburten zwischen 2011 und 2016 und das anhaltend hohe Niveau bis 2018 führten dazu, dass die Schüler:innenzahl an Grundschulen zwischen 2016 und 2020 jährlich anstieg, während die Anzahl der Grundschulen bis 2018 weiterhin zurückging. In der Folge ist ein Anwachsen der durchschnittlichen Grundschulgröße – besonders in Ostdeutschland – zu beobachten (**Tab. B1-3web**, vgl. **D1**). Erst seit 2019 steigt die Zahl der Grundschulen wieder. Mit gut 15.400 Grundschulen im Jahr 2020 waren es jedoch immer noch gut 5 % weniger als 10 Jahre zuvor (16.300, **Tab. B1-2web**).

**… Umgestaltung der Schulstruktur hin zu Schulen mit mehreren Bildungsgängen**

Der Rückgang der Zahl der Schulen betrifft im Zuge einer Umgestaltung der Schulstruktur (vgl. **D1**) in vielen Ländern insbesondere die Haupt- und Realschulen mit einer Abnahme von 53 bzw. 32 % aller Einrichtungen im vergangenen Jahrzehnt. Zugleich stieg die Anzahl der Schulen mit mehreren Bildungsgängen von einem

*1 Wenn von Hochschulen sowie deren Standorten gesprochen wird, so sind in diesem Kapitel stets ebenfalls Berufsakademien sowie deren Standorte gemeint. Im Wintersemester 2020/21 entfielen auf die Berufsakademien 5 % der Standorte und 0,4 % der Studierenden im Bereich der Hochschulen und Berufsakademien.*

niedrigen Ausgangsniveau bundesweit um 60 %. Die Zahl der Gymnasien blieb weitgehend konstant (**Tab. B1-2web**). Die Zahl der beruflichen Schulen ging seit 2010 um rund 530 zurück (–6 %).

**Hochschulbereich wird weiter ausgebaut**

Im Bereich der Hochschulen ist zu beobachten, dass sich zwischen 2010 und 2020 die Zahl der Einrichtungen um 4 % auf 445 und die Zahl der Standorte um 20 % auf 690 erhöhten (**Tab. B1-2web**). Die wachsenden Studierendenzahlen werden nicht nur durch die Errichtung neuer Hochschulstandorte, sondern auch durch eine höhere Anzahl an Studierenden an einzelnen Standorten aufgefangen (**Tab. B1-3web**).



## Bildungseinrichtungen nach Trägerschaft

Das Bildungsangebot in Deutschland wird nach wie vor überwiegend von Einrichtungen in öffentlicher Trägerschaft (G) bereitgestellt (55 %). Der Anteil der Einrichtungen in freier Trägerschaft nahm seit 2010 um 3 Prozentpunkte auf 45 % zu (**Tab. B1-4web, Tab. B1-5web**). Zwischen den einzelnen Bildungsbereichen bestehen jedoch große Unterschiede hinsichtlich des Verhältnisses von Bildungseinrichtungen in öffentlicher und freier Trägerschaft.

**Im Kita-Bereich überwiegt die freie Trägerschaft**

Der Anteil von Einrichtungen in freier Trägerschaft ist im Bereich der Kindertagesbetreuung am größten. Hier haben die Einrichtungen in freier Trägerschaft einen Anteil von 67 %. Der Großteil der freien Träger von Kindertageseinrichtungen arbeitet gemeinnützig (96 %). Mit 68 % ist der Anteil von Kindertageseinrichtungen in freier Trägerschaft in Westdeutschland höher als in Ostdeutschland (64 %, vgl. **C2**).

**Gesamtangebot der öffentlichen Schulen sinkt, …**

Der oben aufgezeigte Rückgang der Zahl der Einrichtungen im schulischen Bereich ist in erster Linie durch den Abbau öffentlicher Einrichtungen bedingt (**Abb. B1-1**). Zwischen 2010 und 2020 verringerte sich die Anzahl der öffentlichen allgemeinbildenden Schulen um 9 %, dabei wurden knapp 1.000 öffentliche Grundschulen geschlossen oder zusammengelegt (**Tab. B1-5web**). Die Anzahl der öffentlichen beruflichen Schulen sank ebenfalls um 9 %.

**… während es an Schulen in freier Trägerschaft steigt**

Im Gegensatz dazu stieg die Anzahl der Schulen in freier Trägerschaft. Seit 2010 wuchs die Zahl der allgemeinbildenden Schulen in freier Trägerschaft um 9 % auf 3.700. Allgemeinbildende Schulen in freier Trägerschaft sind vor allem Grundschu-

**Abb. B1-1: Entwicklung der Anzahl der Bildungseinrichtungen und der Anzahl der Bildungsteilnehmenden nach Bildungsbereichen und Art der Trägerschaft 2010/11 und 2020/21**

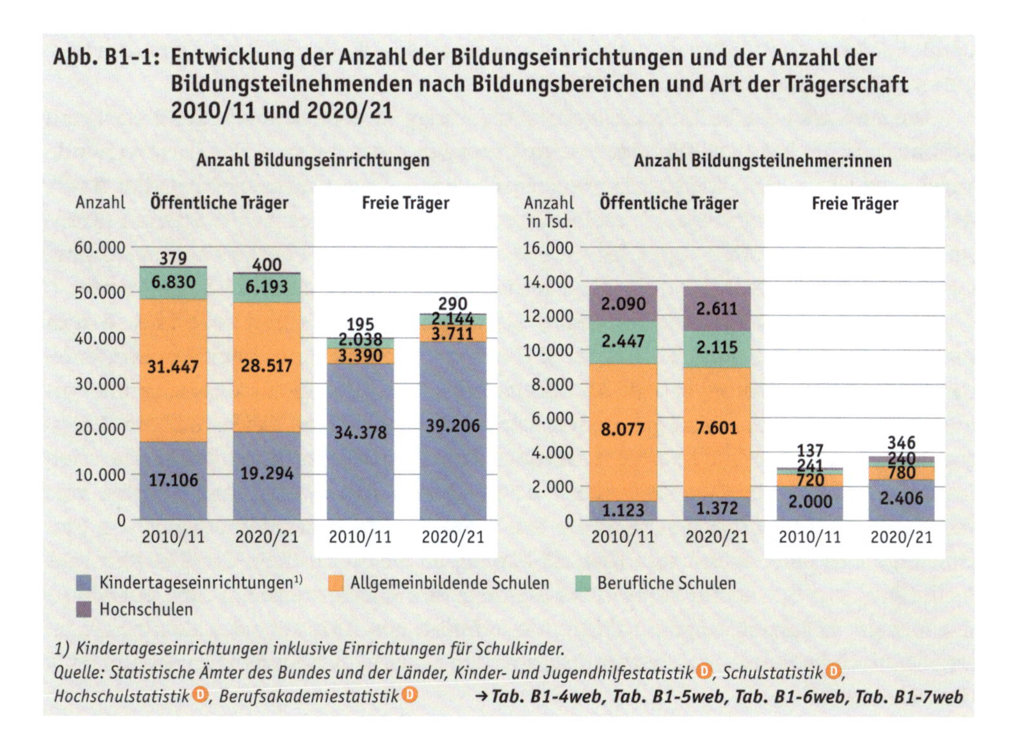


*1) Kindertageseinrichtungen inklusive Einrichtungen für Schulkinder.*
*Quelle: Statistische Ämter des Bundes und der Länder, Kinder- und Jugendhilfestatistik (D), Schulstatistik (D), Hochschulstatistik (D), Berufsakademiestatistik (D)*
***→ Tab. B1-4web, Tab. B1-5web, Tab. B1-6web, Tab. B1-7web***

len (25 %), Förderschulen (18 %) und Gymnasien (15 %, **Tab. B1-10web**). Die Zahl der beruflichen Schulen in freier Trägerschaft stieg um 5 % auf 2.100 an (**Tab. B1-4web**). Hier sind Berufsfachschulen (45 %) und Fachschulen (25 %) die meistvertretenen Schularten.

Mit dem wachsenden Angebot an Einrichtungen in freier Trägerschaft ist auch der Anteil der Schüler:innen an privaten allgemeinbildenden Schulen seit 2010 gestiegen. In den westdeutschen Ländern erhöhte er sich von 8,2 auf 9 % im Jahr 2020, in den ostdeutschen Ländern von 8 auf 11 % (**Tab. B1-6web**). Die privaten Schulen sind dabei über alle Schularten hinweg durchschnittlich kleiner als die öffentlichen Einrichtungen (**Tab. B1-8web**, **Tab. B1-9web**, **Tab. B1-10web**).

Starkes Wachstum der privaten Hochschulen

Im Bereich der Hochschulen zeigt sich ein stärkeres Wachstum bei den Einrichtungen in freier Trägerschaft. Während zwischen 2010 und 2020 21 Hochschulstandorte in öffentlicher Trägerschaft entstanden (+6 %), wurden 95 private Standorte errichtet (+49 %). Insgesamt machen Hochschulstandorte in freier Trägerschaft inzwischen einen Anteil von 42 % an allen Standorten aus (**Tab. B1-4web**, **Tab. B1-5web**). Dabei hat sich in den letzten Jahren insbesondere die Zahl der Fachhochschulen in freier Trägerschaft mit einem recht umfangreichen Angebot an Fernstudiengängen erhöht (+59 %, vgl. **F1**). Fachhochschulstandorte in freier Trägerschaft sind jedoch genau wie die privaten Schulen mit 1.400 Studierenden im Mittel deutlich kleiner als öffentliche (4.300, **Tab. B1-8web**, **Tab. B1-9web**, vgl. **F1**).

## Regionale Unterschiede im Bildungsangebot

Um einerseits der regionalen Heterogenität innerhalb der Länder gerecht zu werden und andererseits eine überschaubare Anzahl von Kategorien zu beschreiben, werden in einer Kreistypisierung Ⓜ Kreise und kreisfreie Städte zusammengeführt, deren Rahmenbedingungen für Bildung in Bezug auf Demografie, soziale Lage, Wirtschaftsstruktur sowie Siedlungsstruktur und räumliche Lage ähnlich sind (Saks & Giar, 2022). Auf diese Weise lassen sich 6 Kreistypen Ⓜ unterscheiden (**Abb. B1-3web**).

Die Betrachtung der verschiedenen Kreistypen verdeutlicht, dass der bereits gezeigte Rückgang der öffentlichen Schulen und der Ausbau von Kindertageseinrichtungen und Hochschulen deutliche regionale Variationen aufweisen. Unterschiede werden dabei insbesondere entlang der Achsen städtisch – ländlich und strukturstärker – strukturschwächer deutlich (**Abb. B1-2**).

Bundesweiter Ausbau von Kindertageseinrichtungen

Die Zunahme der Teilnehmer:innenzahlen zeigt, dass bundesweit der Bedarf und die Inanspruchnahme von Kindertageseinrichtungen gestiegen sind. Das entsprechende Angebot wurde in allen Kreiskategorien zwischen 2010 und 2020 ausgebaut (**Abb. B1-2**). Lediglich in den überwiegend ostdeutschen Kreisen und kreisfreien Städten (Kreistyp 3) war die Zunahme vergleichsweise niedrig, was mit dem bereits hohen Ausbaustand in den ostdeutschen Ländern zusammenhängt (**Tab. B1-11web**, **Tab. B1-14web**).

In strukturschwächeren Kreisen – überwiegend in Ostdeutschland – mehr allgemeinbildende Schulen …

Im Bereich der allgemeinbildenden Schulen kam es zwischen 2010 und 2020 in fast allen Kreistypen (**Abb. B1-2**, **Abb. B1-3web**) zu Schließungen oder Zusammenlegungen von Einrichtungen (**Tab. B1-12web**). Lediglich in strukturschwächeren, vorwiegend in Ostdeutschland gelegenen Landkreisen und kreisfreien Städten (Kreistyp 3) wurde das Angebot an allgemeinbildenden Schulen ausgebaut. Dabei überstieg die Errichtung neuer Grundschulen (+11 %), Gymnasien (+24 %) und Schulen mit mehreren Bildungsgängen (+36 %) die Schließung oder Zusammenlegung von Einrichtungen anderer Schularten (**Tab. B1-11web**). In westdeutschen Großstädten und Berlin (Kreistyp 6) wurden trotz eines Anstiegs der Schüler:innenzahlen um 6 % in den letzten 10 Jahren allgemeinbildende Schulen geschlossen oder zusammengelegt. Dadurch erhöhte sich die durchschnittliche Größe der Einrichtungen um 15 % (**Tab. B1-13web**).

**Abb. B1-2: Veränderung der Zahl der Bildungseinrichtungen und der Bildungsteilnehmer:innen zwischen 2010/11 und 2020/21 nach ausgewählten Bildungsbereichen und Kreistypen* (in %)**

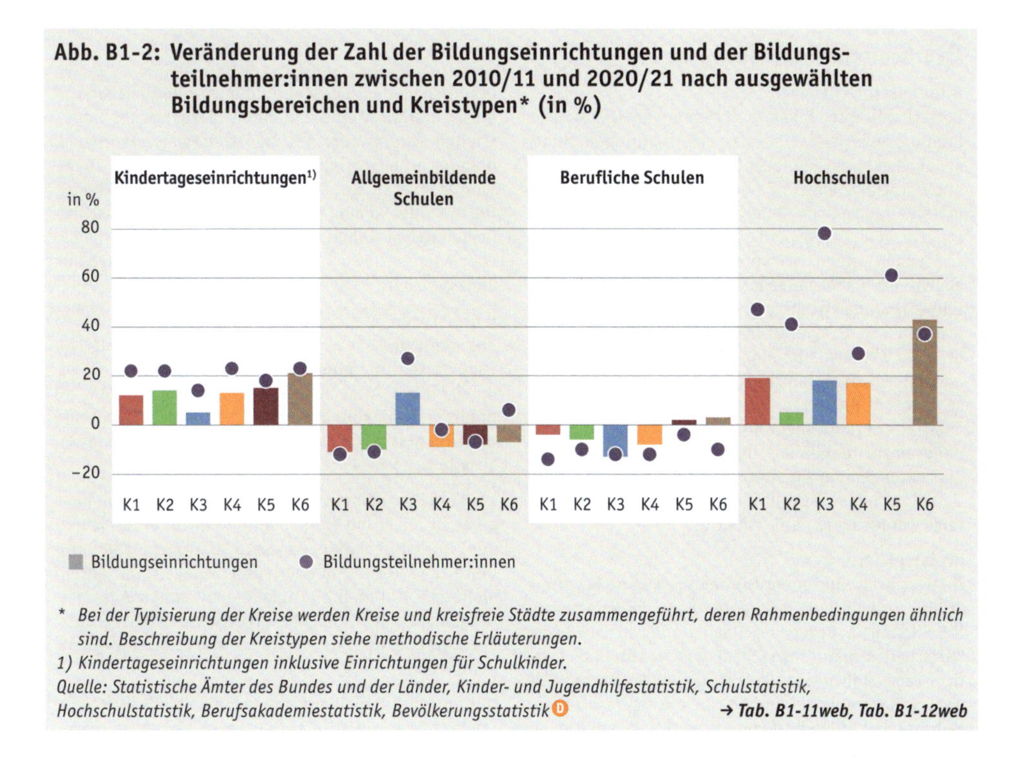


* *Bei der Typisierung der Kreise werden Kreise und kreisfreie Städte zusammengeführt, deren Rahmenbedingungen ähnlich sind. Beschreibung der Kreistypen siehe methodische Erläuterungen.*

*1) Kindertageseinrichtungen inklusive Einrichtungen für Schulkinder.*

*Quelle: Statistische Ämter des Bundes und der Länder, Kinder- und Jugendhilfestatistik, Schulstatistik, Hochschulstatistik, Berufsakademiestatistik, Bevölkerungsstatistik* D

→ *Tab. B1-11web, Tab. B1-12web*

Bei den beruflichen Schulen stieg in den überwiegend westdeutschen kreisfreien Städten und großstadtnahen Landkreisen (Kreistyp 5) sowie in den westdeutschen Großstädten und Berlin (Kreistyp 6) die Anzahl der Einrichtungen zwischen 2010 und 2020 um 2 bzw. 3 %, während sie in den übrigen Kreistypen sank. Insbesondere in den strukturschwächeren, überwiegend ostdeutschen Kreisen (Kreistyp 3), wo der Rückgang 13 % betrug, stellt dies die Betriebe vor das Problem, dass ihre Auszubildenden immer schwerer ein Berufsschulangebot in der Region finden. Weite Entfernungen zwischen Betrieben und Berufsschulen machen zudem die Kooperation der Lernorte zu einer herausfordernden Aufgabe. Dies birgt die Gefahr des Rückzugs der Betriebe aus der Ausbildung in sich. In der Mehrzahl der Kreistypen wurden seit 2010 neue Hochschulstandorte eröffnet. Dabei hat die Konzentration auf die Großstädte und Berlin weiter zugenommen, da sich dort die Zahl der Hochschulstandorte mit einer Zunahme von 43 % wesentlich stärker als im Bundesdurchschnitt (20 %) erhöhte.

**... und weniger berufliche Schulen**

## Methodische Erläuterungen

**Bildungseinrichtungen**

Betrachtet werden Bildungseinrichtungen des formalen Bildungssystems: Kindertageseinrichtungen, allgemeinbildende und berufliche Schulen sowie Hochschulen und Berufsakademien. Zu den Bildungseinrichtungen in freier Trägerschaft zählen Einrichtungen kirchlicher, freier gemeinnütziger und gewerblicher Träger. Die Einrichtungen werden nach bereichsspezifischen Kriterien abgegrenzt. Dabei gelten insbesondere im Schulbereich teilweise länderspezifische Regelungen zur Schulorganisation (z. B. Organisationseinheit, Niederlassungen, Grad der Zusammenfassung von mehreren Schularten in einer Schule bis hin zur Verwaltungseinheit). Hochschulen mit mehreren Hochschulstandorten werden mehrfach gezählt. Nicht betrachtet werden Weiterbildungseinrichtungen und informelle Lernorte sowie Einrichtungen der Aufstiegsfortbildung, für die keine Daten vorliegen. Ausbildungen im betrieblichen Bereich werden nicht berücksichtigt.

**Kreistypisierung**

In einer Kreistypisierung wurden Kreise und kreisfreie Städte zusammengeführt, deren Rahmenbedingungen für Bildung in Bezug auf Demografie, soziale Lage, Wirtschaftsstruktur sowie Siedlungsstruktur und räumliche Lage ähnlich sind (Saks & Giar, 2022). Ausgewählt wurden Rahmenbedingungen, für die sich nach theoriebegründeten Erwartungen gezeigt hat, dass sie mit Bildungsvariablen zusammenhängen. Als Bildungsvariablen wurden die Betreuungsquote für unter 3-Jährige, der Anteil der Schulabgänger:innen ohne Ersten Schulabschluss, der Anteil der Absolvent:innen mit Allgemeiner Hochschulreife an allgemeinbildenden und beruflichen Schulen, die Auflösungsquote von Ausbildungsverträgen, der Anteil der Beschäftigten mit akademischem Abschluss sowie Unterrichtsstunden an Volkshochschulen je Einwohner:in herangezogen. Ziel ist es, an dieser Stelle mit der Kreistypisierung eine verdichtete Beschreibung der Kreise in Bezug auf Bildungsvariablen wie die Bildungsbeteiligung (**B4**) und den Bildungsstand (**B5**) zu ermöglichen, sodass möglichst große Differenzen zwischen den Kreistypen und möglichst geringe Unterschiede innerhalb der Kreistypen auftreten. Die Anzahl der Kreistypen wurde entsprechend dem Elbow-Kriterium festgelegt: Bei einer weiteren Zusammenfassung von 6 auf 5 Kreistypen wären die Unterschiede innerhalb der Kreistypen sprunghaft angestiegen.

Als strukturstärker werden Kreistypen beschrieben, deren Rahmenbedingungen von größeren finanziellen Handlungsmöglichkeiten der Kommunen und der Bevölkerung geprägt sind (z. B. eine höhere Gewerbesteuer, ein höheres BIP, höhere Einkommen je Einwohner:in oder niedrigere Arbeitslosenquoten) oder in denen die Übergänge von beruflicher Ausbildung oder Hochschulbildung bei niedrigerer Arbeitslosigkeit und Stagnation bis Zuwachs des Dienstleistungssektors stattfinden. Als strukturschwächer werden Kreistypen bezeichnet, die umgekehrt engere finanzielle Handlungsmöglichkeiten aufweisen (z. B. eine niedrigere Gewerbesteuer, niedrigeres BIP, niedrigeres Einkommen je Einwohner:in oder höhere Arbeitslosenquoten) oder in denen die Übergänge von Absolvent:innen von beruflicher oder Hochschulbildung ins Berufsleben vor dem Hintergrund eines stärkeren Rückgangs des industriellen Sektors oder des Dienstleistungssektors und höherer Arbeitslosigkeit erfolgen (Saks & Giar, 2022; Gawronski et al., 2017). Innerhalb der Kreise und kreisfreien Städte können zwar noch Unterschiede zwischen Gemeinden bestehen, allerdings ist mit der regionalen Ebene der Kreise auch eine politische Handlungsebene angesprochen.

**6 Kreistypen**

Kreistyp 1 besteht aus überwiegend dünn besiedelten Landkreisen, die eher strukturschwächer sind. Er ist durch einen sehr geringen Anteil an Beschäftigten geprägt, die Tätigkeiten mit hohem Anforderungsniveau nach der Klassifikation der Berufe ausüben (90 Kreise, also 22 %, sowie 15 % der Bevölkerung).

Kreistyp 2 enthält strukturstärkere Landkreise mit jüngerer Bevölkerung (hoher Anteil der unter 18-Jährigen) in weit überwiegend westlichen Flächenländern. Diese Landkreise sind eher dünn besiedelt. Der Anteil an Beschäftigten, die Tätigkeiten mit hohem Anforderungsniveau nach der Klassifikation der Berufe ausüben, ist eher gering (118 Kreise, also 29 %, sowie 30 % der Bevölkerung).

In Kreistyp 3 sind überwiegend ostdeutsche kreisfreie Städte und Landkreise enthalten, die strukturschwächer und dünn besiedelt sind sowie einen sehr niedrigen Anteil jüngerer Bevölkerung (unter 18 Jahren) aufweisen. Der Anteil an Beschäftigten, die Tätigkeiten mit hohem Anforderungsniveau nach der Klassifikation der Berufe ausüben, ist hier niedrig (69 Kreise, also 17 %, sowie 12 % der Bevölkerung).

Kreistyp 4 umfasst strukturschwächere und dicht besiedelte kreisfreie Städte. Der Anteil der unter 18-Jährigen an der Bevölkerung ist eher niedrig. Der Anteil an Beschäftigten, die Tätigkeiten mit hohem Anforderungsniveau nach der Klassifikation der Berufe ausüben, ist hoch (76 Kreise, also 19 %, sowie 19 % der Bevölkerung).

Kreistyp 5 setzt sich aus strukturstarken kreisfreien Städten und großstadtnahen Landkreisen mit jüngerer Bevölkerung in Westdeutschland zusammen. Die Kreise weisen einen hohen Anteil an Beschäftigten auf, die Tätigkeiten mit hohem Anforderungsniveau nach der Klassifikation der Berufe ausüben (24 Kreise, also 6 %, sowie 7 % der Bevölkerung).

Kreistyp 6 besteht schließlich aus westdeutschen Großstädten und Berlin, die sehr dicht besiedelt und strukturstark sind sowie einen hohen Anteil an Beschäftigten aufweisen, die Tätigkeiten mit hohem Anforderungsniveau nach der Klassifikation der Berufe ausüben. Diese Kreise verzeichnen die höchste Geburtenziffer und Bildungszuwanderung (24 Kreise, also 6 %, sowie 17 % der Bevölkerung).

Innerhalb eines Kreistyps können Unterschiede zwischen Kreisen und innerhalb eines Kreises Unterschiede zwischen Gemeinden bestehen. Ziel der Kreistypisierung ist eine verdichtete Beschreibung.

# Bildungspersonal

Zuletzt im Bildungsbericht 2020 als B2



Das Bildungspersonal Ⓜ nimmt eine Schlüsselrolle bei der erfolgreichen Gestaltung von Bildungsprozessen ein. Anhand der Bildungspersonalrechnung Ⓜ werden Auswertungen von Daten zum Bildungspersonal in öffentlichen und privaten Einrichtungen der Frühen Bildung Ⓖ, an Schulen und Hochschulen vorgenommen und die Personalstruktur wird mit der aller Erwerbstätigen Ⓖ verglichen. Zur Weiterbildung liegen leider keine vergleichbaren Daten vor, Analysen zur Personalstruktur finden sich allerdings im Schwerpunktkapitel (vgl. **H1**). Anschließend wird die Personalstruktur im europäischen Vergleich eingeordnet. Bildung findet jedoch nicht nur innerhalb der genannten Bildungsbereiche statt. Daher enthält dieser Indikator auch Auswertungen zur Beschäftigtenstruktur in pädagogischen Berufen innerhalb und außerhalb des Bildungswesens Ⓜ. Weitere Facetten des Themas Bildungspersonal insbesondere in Bezug auf Struktur, Entwicklung, Qualität und Professionalisierung beleuchtet das aktuelle Schwerpunktkapitel **H**.

## Personal der Bildungseinrichtungen im Überblick

Im Jahr 2020 sind nach den international vergleichbaren Abgrenzungen der Bildungspersonalrechnung 2,6 Millionen Menschen in Kindertageseinrichtungen und in der Kindertagespflege (759.500), an allgemeinbildenden und beruflichen Schulen (1.109.500) sowie an Hochschulen (710.000) beschäftigt (**Tab. B2-1web**). Damit sind 6 % aller Erwerbstätigen in den genannten Bildungseinrichtungen tätig, die damit auch für den Arbeitsmarkt eine relevante Größe darstellen. Dieses Personal ist zu 78 % mit pädagogischen und wissenschaftlichen Aufgaben betraut und zu 22 % in sonstigen Bereichen tätig, wobei die Anteile je nach Bildungsbereich stark differieren.

**6 % der Erwerbstätigen arbeiten in Bildungseinrichtungen**

Die Zahl der im Bildungswesen Beschäftigten hat zwischen 2010 und 2020 kontinuierlich zugenommen (**Tab. B2-2web**). Dieser Zuwachs ist in erster Linie auf die Frühe Bildung und die Hochschulen zurückzuführen, in denen auch die Zahl der Bildungsteilnehmer:innen deutlich gestiegen ist. Den größten prozentualen Zuwachs des Bildungspersonals haben Kindertageseinrichtungen und -tagespflege mit 47 % sowie die Hochschulen mit 28 % zu verzeichnen. Der Zuwachs des pädagogischen und wissenschaftlichen Personals spiegelt die Expansion der Hochschulen (vgl. **F3**) und den Ausbau der Frühen Bildung sowie deren höhere Inanspruchnahme wider (vgl. **C2**/**C3**). In den vergangenen 10 Jahren ist in den Hochschulen der Zuwachs des in Zeitverträgen beschäftigten Drittmittelpersonals mit 35 % überproportional stark ausgefallen. Mit 2 % ist der prozentuale Zuwachs des Bildungspersonals im Schulbereich zwischen 2010 und 2020 eher gering. Dies ist auf die zeitweise rückläufigen Schüler:innenzahlen zurückzuführen (vgl. **D1**).

**Weiterhin steigende Beschäftigtenzahl im Bildungsbereich**

## Struktur des pädagogischen und wissenschaftlichen Personals

Im Jahr 2020 ist der Anteil der ab 50-Jährigen am pädagogischen und wissenschaftlichen Personal bereichsübergreifend mit 34 % niedriger als bei den Erwerbstätigen insgesamt (39 %, **Tab. B2-3web**). Auch für den Frauenanteil und den Beschäftigungsumfang ergeben sich erhebliche Unterschiede. Der Anteil des weiblichen pädagogischen und wissenschaftlichen Personals liegt mit 72 % deutlich über dem aller Erwerbstätigen (47 %, **Tab. B2-4web**). Zudem liegt der Anteil der in Teilzeit Ⓖ Beschäftigten am pädagogischen und wissenschaftlichen Personal mit 55 % wesentlich höher als bei den Erwerbstätigen insgesamt (29 %, **Tab. B2-5web**). Der hohe Anteil an Teilzeitbeschäftigten Ⓖ ergibt sich im Wesentlichen aus dem hohen Frauenanteil, da Frauen häufiger als Männer und insbesondere Mütter deutlich häufiger als Väter teilzeitbe-

**Hoher Anteil an Frauen und Teilzeitbeschäftigten beim Bildungspersonal**

**Abb. B2-1: Struktur des pädagogischen und wissenschaftlichen Personals in öffentlichen und privaten Bildungseinrichtungen 2010 bis 2020 nach Alter, Geschlecht und Arbeitszeit im Vergleich zu allen Erwerbstätigen (in %)**

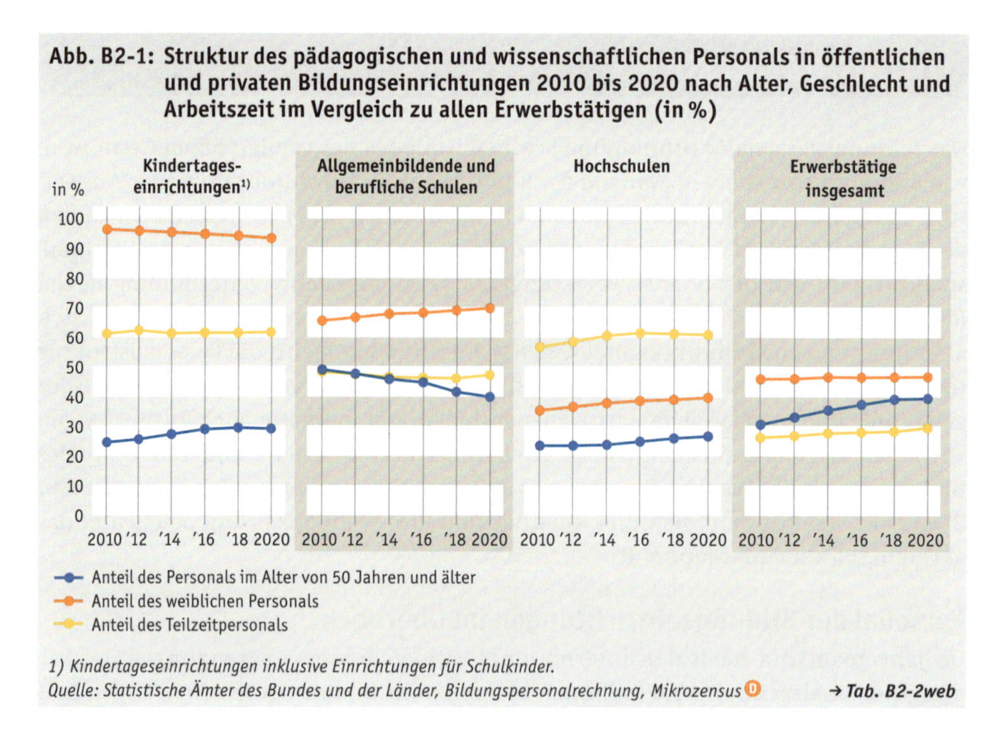


*1) Kindertageseinrichtungen inklusive Einrichtungen für Schulkinder.*
*Quelle: Statistische Ämter des Bundes und der Länder, Bildungspersonalrechnung, Mikrozensus* 
→ *Tab. B2-2web*

schäftigt sind (vgl. **A3**). Dies verweist mittelfristig auf Beschäftigungspotenziale, sofern bei Arbeitgeber:innen und Arbeitnehmer:innen die Bereitschaft besteht, den Umfang der Teilzeitbeschäftigung zu erhöhen oder diese in Vollzeitarbeitsverhältnisse umzuwandeln. Ein differenzierteres Bild von Alters-, Geschlechts- und Beschäftigungsstrukturen zeigt sich bei der Betrachtung der verschiedenen Bildungsbereiche (**Abb. B2-1**).

**Frauen- und Teilzeitanteil im Kita-Bereich am höchsten**

In der Frühen Bildung ist der Anteil der ab 50-Jährigen mit 29 % zwar vergleichsweise niedrig, er ist jedoch überraschenderweise mit dem Ausbau von Kindertageseinrichtungen gestiegen. Angesichts des weiterhin wachsenden Bedarfs an Personal wird die Personaldeckung auch in Zukunft eine große Herausforderung darstellen (vgl. **C4**). Der Anteil der ab 50-Jährigen liegt in den ostdeutschen Flächenländern mit über 34 % deutlich höher als in den übrigen Ländern. In der Frühen Bildung sind mit 94 % überwiegend Frauen beschäftigt, in den Stadtstaaten Berlin, Bremen und Hamburg arbeiten mit 10 bis 12 % etwas mehr Männer in diesem Bereich als in den Flächenländern. Der Anteil des in Teilzeit beschäftigten pädagogischen Personals weist mit 62 % in der Frühen Bildung einen deutlich größeren Wert auf als bei den Erwerbstätigen insgesamt mit 29 %, hat sich aber zuletzt nicht weiter erhöht.

**Rückläufiger Anteil der ab 50-jährigen Lehrkräfte in Schulen**

In den allgemeinbildenden und beruflichen Schulen ist der Anteil der ab 50-Jährigen zwischen 2010 und 2020 um 9 Prozentpunkte zurückgegangen. Mit 40 % liegt er 2020 ähnlich hoch wie bei den Erwerbstätigen insgesamt. Ein wesentlicher Anteil der derzeit Erwerbstätigen wird daher in den nächsten Jahren ausscheiden. Bei den Schulen verzeichnen Sachsen-Anhalt (64 %), Thüringen (61 %), Mecklenburg-Vorpommern (60 %) und Brandenburg (58 %) die höchsten Anteile von älteren Lehrkräften. Entsprechend wird der Personalbedarf in den ostdeutschen Flächenländern in den kommenden Jahren besonders hoch sein. Auch vor dem Hintergrund der mittelfristig steigenden Schüler:innenzahlen (vgl. **D1**) und der der voraussichtlichen Neuabsolvent:innen zeigen sich länderspezifische heterogene Lehrkräftebedarfe (vgl. **H**).

**Im Hochschulbereich Frauen auch 2020 unterrepräsentiert**

An den Hochschulen hat sich der Anteil der Frauen am pädagogischen und wissenschaftlichen Personal zwischen 2010 und 2020 zwar von 35 % auf 40 % erhöht, gleichwohl sind Frauen anders als in den anderen Bildungsbereichen an den Hochschulen auch 2020 unterrepräsentiert. Der Anteil der ab 50-Jährigen ist mit 27 %

niedriger als in der Erwerbsbevölkerung insgesamt (39 %) und der Anteil des in Teilzeit beschäftigten pädagogischen und wissenschaftlichen Personals liegt mit 61 % an den Hochschulen deutlich über der Quote in der Erwerbsbevölkerung (29 %). Der relativ niedrige Anteil von älteren Beschäftigten und der hohe Anteil von Teilzeitbeschäftigten sind darauf zurückzuführen, dass in Deutschland generell an Hochschulen – wenn auch nach Fachrichtungen unterschiedlich stark ausgeprägt – viele junge Menschen in Teilzeit beschäftigt sind, um sich etwa im Rahmen einer Promotion zu qualifizieren oder in befristeten Drittmittelprojekten zu arbeiten (vgl. **H1**).



## Personalstruktur im internationalen Vergleich

**Im internationalen Vergleich hoher Anteil in Teilzeit**

Im internationalen Vergleich zeigt sich, dass Deutschland eine hohe Quote an pädagogischem und wissenschaftlichem Personal in Teilzeit hat. Im Primarbereich lag sie in Deutschland 2019 mit 52 % z. B. mehr als doppelt so hoch wie in der EU insgesamt mit 25 % (**Tab. B2-6web**). In Bezug auf die Geschlechterverhältnisse zeigt sich in allen betrachteten Staaten ein vergleichbares Muster. Der Frauenanteil des pädagogischen und wissenschaftlichen Personals liegt im frühkindlichen Bereich in fast allen Ländern über 90 % und nimmt zu den höheren Bildungsstufen hin auf meist unter 50 % im Tertiärbereich ab. In diesem Bereich haben nur Litauen, Lettland, Finnland und Rumänien einen Frauenanteil von über 50 % (**Tab. B2-7web**). Bei der Altersstruktur liegt Deutschland mit dem Anteil der über 50-Jährigen in allen Bildungsbereichen im Mittelfeld (**Tab. B2-8web**).

## Bildungspersonal innerhalb und außerhalb von Bildungseinrichtungen

**Anteil des Bildungspersonals außerhalb von Bildungseinrichtungen steigt**

Pädagogische Berufe werden nicht nur in Wirtschaftszweigen mit Bildungsschwerpunkt, sondern auch darüber hinaus in beträchtlichem Umfang ausgeübt. Laut Mikrozensus gingen im Jahr 2019 insgesamt 2,3 Millionen Beschäftigte in einem der Wirtschaftszweige mit Bildungsschwerpunkt und 421.000 Beschäftigte außerhalb dieser Wirtschaftszweige einem pädagogischen Beruf nach (**Tab. B2-9web**). Als pädagogisch werden solche Berufe definiert, die nach Klassifikation der Berufe einen „erzieherischen, lehrenden oder forschenden" Schwerpunkt aufweisen. In Wirtschaftszweigen wie z. B. „Öffentliche Verwaltung, Verteidigung und Sozialversicherung", „Gesundheits- und Sozialwesen" (ohne Frühe Bildung) und „Erbringung von Dienstleistungen des Sports, der Unterhaltung und der Erholung" ist eine Vielzahl von Beschäftigten in pädagogischen Berufen außerhalb von Bildungseinrichtungen tätig. Dort hat sich die Anzahl der Beschäftigten im Vergleich zu 2014 um 17 % erhöht und damit stärker als die Anzahl der Beschäftigten in pädagogischen Berufen insgesamt, die im gleichen Zeitraum um 12 % gestiegen ist.

Der Anteil der ab 50-Jährigen an den Beschäftigten in einem pädagogischen Beruf ist 2019 außerhalb des Bildungssektors mit 41 % höher als innerhalb (36 %, **Tab. B2-9web**). Obwohl der Anteil der Frauen in den Wirtschaftszweigen außerhalb von Bildung mit 56 % deutlich geringer ausfällt als in den Wirtschaftszweigen innerhalb dieses Bereichs (74 %), ist Teilzeittätigkeit hier mit 56 % in gleichem Umfang (56 %) verbreitet.

## Methodische Erläuterungen

**Bildungspersonal**

Unter Bildungspersonal werden im vorliegenden Kontext das in öffentlichen und privaten Einrichtungen des Bildungswesens beschäftigte Personal sowie Tagespflegepersonen verstanden. Dies umfasst sowohl das pädagogische und wissenschaftliche als auch das sonstige Personal. Zum pädagogischen und wissenschaftlichen Personal zählen Tagespflegepersonen, das im Gruppendienst tätige Personal in Kindertageseinrichtungen (ohne Personen in Berufsausbildung), Lehrkräfte und unterstützendes Personal an Schulen (u. a. Sozialpädagog:innen, Sozialarbeiter:innen) sowie das wissenschaftliche und künstlerische Personal an Hochschulen. Zum sonstigen Personal zählen das Leitungs-, Verwaltungs- und hauswirtschaftliche/technische Personal an Kindertageseinrichtungen, Personal an Schulen unterhalb der Vergütungs- bzw. Besoldungsgruppe E9 bzw. A9 sowie das Verwaltungs- und technische Personal an Hochschulen (ohne Personen in Berufsausbildung). Abweichungen gegenüber anderen Kapiteln des Bildungsberichts können aufgrund von unterschiedlichen Abgrenzungen des Personals entstehen.

**Bildungspersonalrechnung**

Die Bildungspersonalrechnung weist Angaben zum haupt- und nebenberuflichen Bildungspersonal über alle Bildungsbereiche einheitlich und überschneidungsfrei nach. Derzeit umfassen die Daten das Personal in Kindertageseinrichtungen, an allgemeinbildenden und beruflichen Schulen, an Schulen des Gesundheitswesens, an Hochschulen (einschließlich Hochschulkliniken) sowie Tagespflegepersonen. Das Personal der Berufsakademien und Einrichtungen der Aufstiegsfortbildung ist damit nicht erfasst. Es werden Angaben aus der Kinder- und Jugendhilfestatistik D, der Hochschulstatistik D, der Personalstandstatistik des öffentlichen Dienstes D sowie Angaben der KMK zusammengeführt. Durch die Nichtberücksichtigung von Auszubildenden, Praktikant:innen und sonstigen Hilfskräften unterscheidet sich die Anzahl des Personals an Hochschulen von den in **F3** berichteten Zahlen.

**Pädagogische Berufe innerhalb und außerhalb von Bildung**

Die Ermittlung des Bildungspersonals mit pädagogischen Berufen innerhalb und außerhalb von Bildungswirtschaftszweigen erfolgt auf Basis des Berufsmerkmals (Klassifikation der Berufe, KldB) und des Wirtschaftszweigs (WZ) der hauptsächlichen Tätigkeit im Mikrozensus. Pädagogische Berufe umfassen Berufe in Früher Bildung, Schulen und Hochschulen, Lehrtätigkeiten an Volkshochschulen oder an Musikschulen. Berufe wie Sozialpädagogik und Soziale Arbeit werden nicht berücksichtigt. Die Wirtschaftszweige innerhalb von Bildung umfassen „Kindergärten und Vorschulen", „Grundschulen", „weiterführende Schulen", den „tertiären und postsekundaren, nichttertiären Unterricht" und den „sonstigen Unterricht". Außerhalb des Bildungssektors wurden im Tabellenanhang die Wirtschaftszweige abgebildet, in denen die meisten Personen mit pädagogischen Berufen tätig sind. Aufgrund methodischer Unterschiede sind die Ergebnisse nur eingeschränkt mit der Bildungspersonalrechnung vergleichbar.

# Bildungsausgaben

Zuletzt im Bildungsbericht 2020 als B3



Die Bildungsausgaben (M) stellen die dem Bildungssystem zur Verfügung stehenden finanziellen Ressourcen dar. Aufgrund ihres großen Einflusses auf die Gestaltung der Bildungsprozesse sind die Ausstattung des Bildungswesens mit Finanzmitteln, deren Verteilung auf die einzelnen Bildungsbereiche und die Finanzierungsbeiträge von Bund, Ländern, Gemeinden sowie dem privaten Bereich wichtige Aspekte in der aktuellen bildungspolitischen Diskussion. Die Bildungsausgaben erfassen dabei sämtliche Bildungsbereiche inklusive der betrieblichen Ausbildung und der Weiterbildung.

Im internationalen Vergleich werden üblicherweise die Bildungsausgaben für formale Bildungseinrichtungen (G) vom Primar- bis zum Tertiärbereich, die eine Teilsumme des Bildungsbudgets bilden, gegenübergestellt. In Deutschland sind diese Bildungsausgaben gemessen am Bruttoinlandsprodukt niedriger als im internationalen Vergleich. 2018 belief sich der Anteil auf 4,3 % des BIP, im OECD-Durchschnitt waren es 4,9 % und im EU-22-Durchschnitt 4,4 %[2] (**Tab. B3-1web**).

**Ausgaben je Bildungsteilnehmer:in über internationalem Durchschnitt**

Im Jahr 2018 lagen in Deutschland die durchschnittlichen Ausgaben bezogen auf die Anzahl der vollzeitäquivalenten Bildungsteilnehmer:innen vom Primar- bis zum Tertiärbereich mit 14.200 US-Dollar über dem OECD-Durchschnitt von 11.700 US-Dollar wie auch dem EU-22-Durchschnitt von 11.800 US-Dollar. Auch in den meisten Bildungsbereichen übertrafen die Ausgaben je Bildungsteilnehmer:in in Deutschland die internationalen Vergleichswerte. Besonders groß war der Unterschied bei beruflichen Bildungsgängen des Sekundarbereichs II aufgrund der darin enthaltenen Ausgaben für die duale Ausbildung. Die Ausgaben je Bildungsteilnehmer:in werden zudem beeinflusst vom Lohn- und Gehaltsniveau, vom Umfang an Ganztagsunterricht, von der Klassengröße sowie vom Umfang der Lernmittelfreiheit (**Tab. B3-2web**).

## Bildungsausgaben im Überblick

**2020: Anteil der Bildungsausgaben am BIP 7,2 %**

Die öffentlichen und privaten Ausgaben für Bildung werden im Bildungsbudget zusammengefasst. 2019 wurden in Deutschland 232,9 Milliarden Euro (6,7 % des BIP) und im Folgejahr 241,1 Milliarden Euro (7,2 % des BIP) für Bildung aufgewendet (**Tab. B3-3web**). Die Bildungsausgaben und das Bruttoinlandsprodukt in jeweiligen Preisen stiegen im Zeitraum von 2011 bis 2019 kontinuierlich. Im Jahr 2020 sank jedoch das Bruttoinlandsprodukt aufgrund der Corona-Pandemie, während weiterhin steigende Bildungsausgaben verzeichnet wurden (**Abb. B3-1**). Dadurch fällt der Anstieg von 6,7 % im Jahr 2019 auf 7,2 % 2020 besonders deutlich aus.

**Anteil der Ausgaben für Schulen und den schulnahen Bereich am Bildungsbudget bei 46 %**

Das Bildungsbudget spiegelt auch die Strukturverschiebungen zwischen den Bildungsbereichen wider. Während sich der Anteil der Kinder im Elementarbereich zwischen 2010/11 und 2019/20 um 22 % und die Zahl der Bildungsteilnehmer:innen an Hochschulen um 28 % erhöhten, ging die Anzahl der Schüler:innen an allgemeinbildenden Schulen um 5 % zurück (**Tab. B4-5web**). Zwar wurden die Ausgaben für Schulen und den schulnahen Bereich zwischen 2010 und 2020 erhöht und prägen nach wie vor das Bildungsbudget maßgeblich, ihr Anteil im Zeitraum von 2010 bis 2020 sank aber von 49 auf 46 %, da die Ausgaben in anderen Bereichen stärker stiegen. Dadurch wuchsen die Ausgabenanteile insbesondere im Elementarbereich von 11 auf 15 % (**Abb. B3-2**, **Tab. B3-4web**). Die übrigen Bildungsausgaben in internationaler Abgrenzung, zu denen u. a. Ausgaben privater Haushalte für Lernmittel und Nachhilfe sowie die Förderung von Bildungsteilnehmer:innen gehören, lagen 2020 leicht über

2 *Der EU-22-Durchschnitt berücksichtigt alle EU-Länder, die gleichzeitig auch Mitglied der OECD sind. Nicht dazu gehören Bulgarien, Kroatien, Malta, Rumänien und Zypern. Das Vereinigte Königreich wird für den EU-22-Durchschnitt ab dem Bericht „Bildung auf einen Blick 2021" (OECD, 2021) auch für frühere Berichtsjahre (hier 2018) nicht mehr berücksichtigt.*

**Abb. B3-1: Entwicklung des Bildungsbudgets und des Bruttoinlandsprodukts 2011 bis 2020 (in %)**

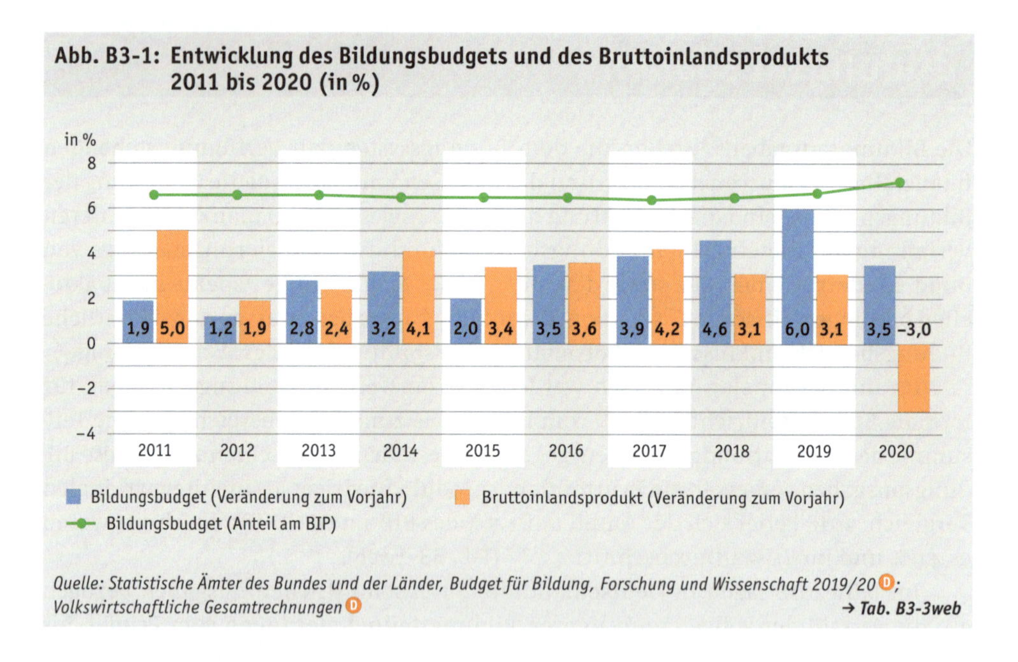


*Quelle: Statistische Ämter des Bundes und der Länder, Budget für Bildung, Forschung und Wissenschaft 2019/20 D; Volkswirtschaftliche Gesamtrechnungen D*
*→ Tab. B3-3web*

dem Stand von 2010. Ihr Anteil am Bildungsbudget ging aber um 1 Prozentpunkt auf insgesamt 11 % zurück. Der Anteil der zusätzlichen bildungsrelevanten Ausgaben in nationaler Abgrenzung am Bildungsbudget, zu denen u. a. die Ausgaben für betriebliche Weiterbildung, Volkshochschulen, Horte und Jugendarbeit gerechnet werden, liegt weiterhin bei rund 10 %.

## Bildungsausgaben nach finanzierenden und durchführenden Sektoren

**Länder tragen zum Großteil die Finanzierung der allgemeinbildenden Schulen und Hochschulen**

Die Bildungsausgaben in Deutschland werden überwiegend von der öffentlichen Hand finanziert. Im Jahr 2019 wurden vier Fünftel der Bildungsausgaben von Bund, Ländern und Gemeinden aufgebracht, das restliche Fünftel von Privathaushalten, Organisationen ohne Erwerbszweck und Unternehmen sowie vom Ausland (**Tab. B3-5web**). Der Bund finanzierte dabei insgesamt 10 % der Bildungsausgaben. Seine Finanzierungsschwerpunkte lagen im Bereich der Förderung von Bildungs- sowie Weiterbildungsteilnehmer:innen, die zu jeweils 57 bzw. 100 % vom Bund finanziert wurden. Die Länder trugen insgesamt 53 % des Bildungsbudgets und finanzierten damit mehr als die Hälfte der Bildungsausgaben in Deutschland. Besonders hoch war ihr Finanzierungsanteil mit 81 % bei den allgemeinbildenden Schulen und mit 70 % bei den Hochschulen. Die Gemeinden, deren Anteil an den Bildungsausgaben insgesamt 18 % betrug, finanzierten schwerpunktmäßig die Kindertagesbetreuung G im Elementarbereich (52 % Finanzierungsanteil). Die Darstellungen berücksichtigen dabei den Zahlungsverkehr zwischen den öffentlichen Gebietskörperschaften. Beispielsweise werden Mittel, die der Bund den Ländern oder Gemeinden zur Verfügung stellt, in dieser Betrachtung dem Bund zugerechnet.

Alternativ kann man die Ausgaben für ausgewählte Bildungsbereiche nach durchführenden Sektoren darstellen. Entscheidend ist hier, ob eine Ausgabe letztendlich von einer öffentlichen oder privaten Bildungseinrichtung getätigt wird. Die Herkunft der Mittel aus öffentlicher und privater Finanzierung spielt dabei keine Rolle. Hier zeigt sich, dass 2019 insgesamt 150,4 Milliarden Euro von öffentlichen und 60,2 Milliarden Euro von privaten Einrichtungen (z. B. Bildungseinrichtungen in freier Trägerschaft G) getätigt wurden (**Tab. B3-6web**). Damit entfielen in der Durchführungsbetrachtung 65 % der Bildungsausgaben auf den öffentlichen Bereich. Im Vergleich dazu liegt der Ausgabenanteil freier Träger im Elementarbereich mit 61 %

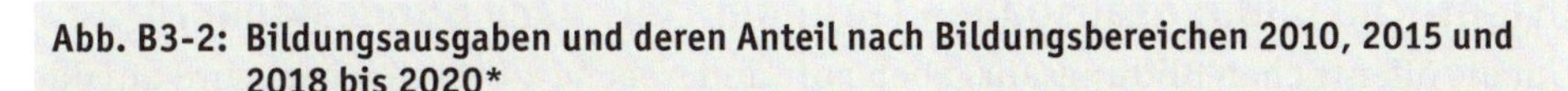

**Abb. B3-2: Bildungsausgaben und deren Anteil nach Bildungsbereichen 2010, 2015 und 2018 bis 2020***

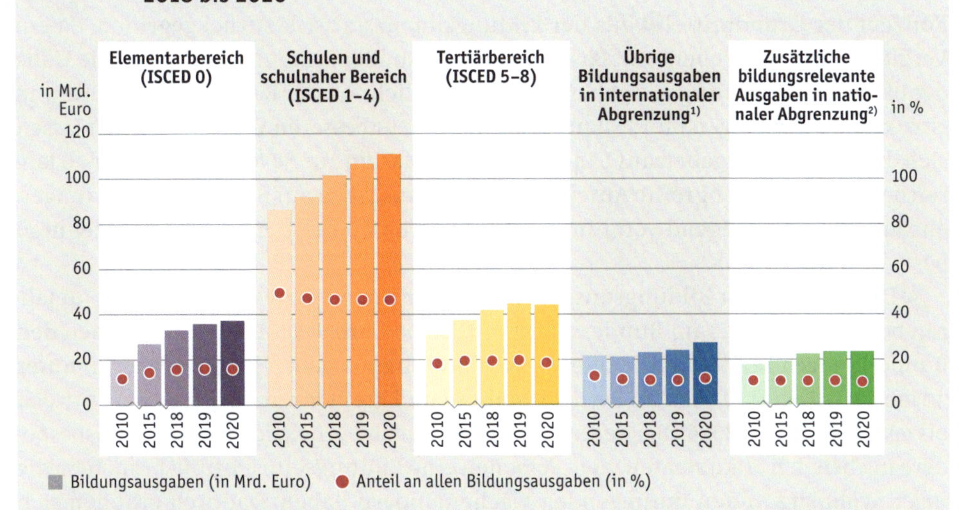


Bildungsausgaben (in Mrd. Euro) ● Anteil an allen Bildungsausgaben (in %)

* *Vgl. Anmerkungen zu Tab. B3-3web.*
1) *Beamtenausbildung im mittleren Dienst, Serviceleistungen der öffentlichen Verwaltung, Studienseminare, Ausgaben privater Haushalte für Lernmittel, Nachhilfe und dergleichen, Förderung von Bildungsteilnehmenden in ISCED-Bildungsgängen.*
2) *Betriebliche Weiterbildung, Lehrerfortbildung, Volkshochschulen, Förderung der beruflichen Weiterbildung, Horte und Jugendarbeit.*
*Quelle: Statistische Ämter des Bundes und der Länder, Budget für Bildung, Forschung und Wissenschaft 2019/20*
**→ Tab. B3-3web, Tab. B3-4web**

(Durchführung) beispielsweise deutlich über deren privaten Finanzierungsanteilen von 13 % (**Abb. B3-3**). Begründet werden kann dies durch den Umstand, dass Einrichtungen des Elementarbereichs (z.B. Kindertageseinrichtungen) sich in Deutschland überwiegend in freier Trägerschaft befinden, aber zu großen Teilen von der öffentlichen Hand refinanziert werden (vgl. **B1**). Auch bei den beruflichen Bildungsgängen übertrifft der Ausgabenanteil der privaten Einrichtungen ihren Finanzierungsanteil. Bei den allgemeinbildenden Schulen sowie im Hochschulbereich tätigten hingegen öffentliche Bildungseinrichtungen einen Großteil der Gesamtausgaben.

**Auf Einrichtungen in freier Trägerschaft entfallen 2019 insgesamt 61 % der Ausgaben im Elementarbereich**

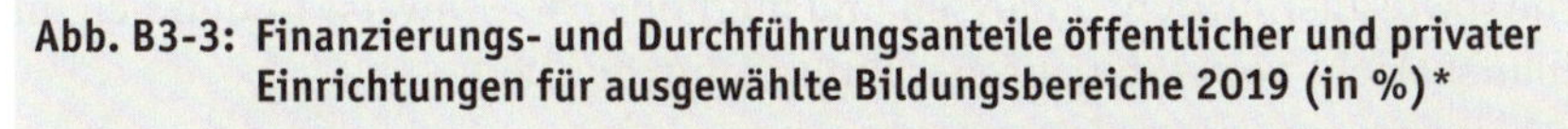

**Abb. B3-3: Finanzierungs- und Durchführungsanteile öffentlicher und privater Einrichtungen für ausgewählte Bildungsbereiche 2019 (in %)***

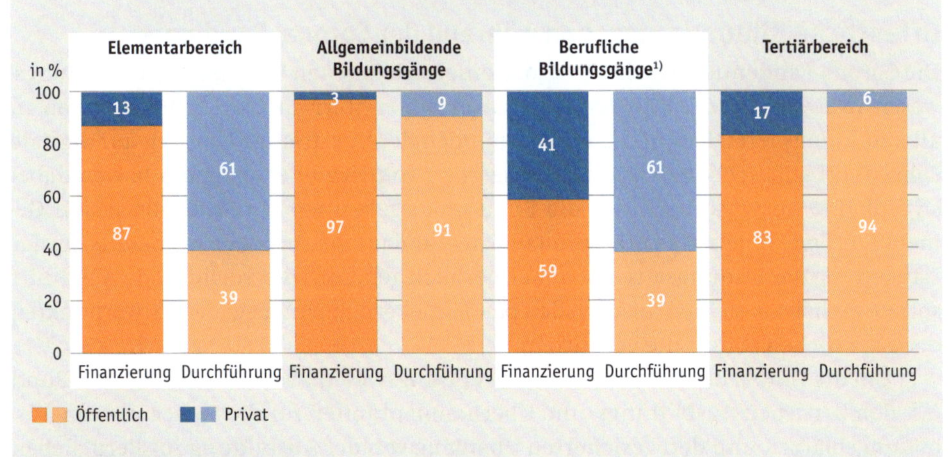


* *Vgl. Anmerkungen zu Tab. B3-3web.*
1) *Berufliche Bildungsgänge einschließlich betrieblicher Ausbildung im dualen System und Schulen des Gesundheitswesens.*
*Quelle: Statistische Ämter des Bundes und der Länder, Budget für Bildung, Forschung und Wissenschaft 2019/20, eigene Berechnungen*
**→ Tab. B3-5web, Tab. B3-6web**

## Öffentliche Bildungsausgaben (Grundmittel) nach Bundesländern

Um die öffentlichen Bildungsausgaben auf Länderebene zu vergleichen, wird auf das Konzept der Grundmittel(M) aus der Bildungsfinanzstatistik zurückgegriffen, da ein Vergleich auf Länderebene auf Basis des Bildungsbudgets nicht möglich ist. Die Höhe der öffentlichen Bildungsausgaben wird maßgeblich von der Bevölkerungsgröße und -struktur des jeweiligen Bundeslandes bestimmt. Zur besseren Vergleichbarkeit lassen sich die Bildungsausgaben auf Länderebene in Relation zur Bevölkerung unter 30 Jahren betrachten, da der größte Anteil der Bildungsausgaben auf Bildungseinrichtungen entfällt, die überwiegend von jungen Menschen in den ersten 3 Lebensjahrzehnten besucht werden.

**Öffentliche Bildungsausgaben je Einwohner:in unter 30 Jahren in den Stadtstaaten am höchsten**

Die öffentlichen Bildungsausgaben (Grundmittel) je Einwohner:in unter 30 Jahren beliefen sich 2020 im Bundesschnitt auf 6.400 Euro. Der Vergleich zwischen den Bundesländern zeigt, dass die öffentlichen Bildungsausgaben je Einwohner:in unter 30 Jahren in den Stadtstaaten Berlin, Hamburg und Bremen am höchsten waren (7.000 bis 7.500 Euro, **Abb. B3-4**). Bei der Interpretation ist zu berücksichtigen, dass insbesondere in eben den Stadtstaaten viele Personen eine Bildungseinrichtung besuchen, die ihren Wohnsitz in den umliegenden Flächenländern haben. Dadurch erhöhen sich in diesen Fällen die Bildungsausgaben in Relation zur Bevölkerung. In den Flächenländern lagen die Ausgaben zwischen 5.000 Euro bzw. 5.100 Euro in Rheinland-Pfalz bzw. dem Saarland und 6.900 Euro in Sachsen.

Weiterhin können die öffentlichen Bildungsausgaben in Relation zur Wirtschaftskraft der einzelnen Bundesländer betrachtet werden. Der Anteil der öffentlichen Bildungsausgaben (Grundmittel) am BIP lag im Jahr 2020 bei 5,6 % in den Flächenländern Ost, bei 4,2 % in den Flächenländern West und bei 4,7 % in den Stadtstaaten. Auf Länderebene variieren die Anteile von 3,6 % in Hamburg, 3,9 % in Bayern und Baden-Württemberg bis hin zu 5,7 % in Sachsen-Anhalt und 5,8 % in Sachsen (**Abb. B3-4**). Bei der Interpretation ist zu berücksichtigen, dass die Unterschiede in der Finanzkraft der Länder durch den Länderfinanzausgleich oder durch Zuweisungen an Länder zur ergänzenden Deckung des allgemeinen Finanzbedarfs abgemildert werden. Diese Ausgleichszahlungen ermöglichen es Ländern mit geringerer Wirtschaftsleistung, in Relation zur Wirtschaftskraft vergleichsweise hohe Mittel dem Bildungsbereich zur Verfügung zu stellen. Weitere Kennzahlen zu den öffentlichen Bildungsausgaben auf Länderebene sowie ausführliche Analysen und methodische Hinweise finden sich im Bildungsfinanzbericht 2021 (Statistisches Bundesamt, 2021a).

## Öffentliche Bildungsausgaben während der Corona-Pandemie

**Digitalisierung von Bildungseinrichtungen ein Schwerpunkt der öffentlichen Haushalte während der Corona-Pandemie**

Die Corona-Pandemie hat seit März 2020 einen erheblichen Einfluss auf das Bildungswesen in Deutschland. Der Verzicht auf Präsenzunterricht von Einrichtungen in allen Bildungsbereichen und damit verbunden der kurzfristige Umstieg auf digitale Lehr- und Lernangebote sowie die Umsetzung von Hygienekonzepten hatten dabei signifikante Auswirkungen auf die Bildungsausgaben von Bund, Ländern und Gemeinden. Erste Ergebnisse mit Corona-Bezug für das Jahr 2020 wurden bereits bei der Darstellung der Bildungsausgaben im Überblick genannt; der vorliegende Abschnitt soll zusätzlich einen Eindruck von den pandemiebezogenen Ausgabenschwerpunkten der öffentlichen Haushalte vermitteln.

Um die Folgen der Pandemie für das Bildungswesen abzufedern, stellt der Bund u.a. den Betrieben Ausbildungs- und Übernahmeprämien für die Sicherung von Ausbildungsplätzen und den gesicherten Übergang von der Ausbildung ins Berufsleben zur Verfügung. Für die Programme wurden 2020 und 2021 insgesamt 650 Millionen Euro bereitgestellt. Studierende wurden ebenfalls durch direkte Zuschüsse in pandemiebedingten Notlagen und die Möglichkeit der zinsfreien Inanspruchnahme von

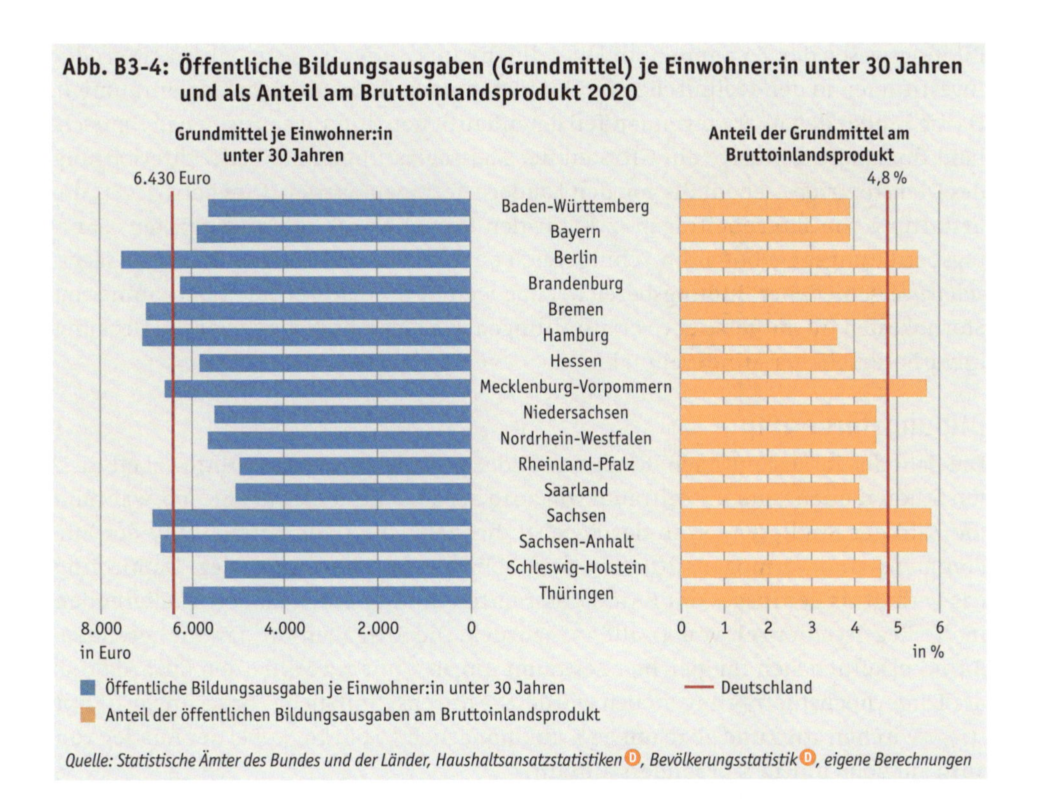


**Abb. B3-4: Öffentliche Bildungsausgaben (Grundmittel) je Einwohner:in unter 30 Jahren und als Anteil am Bruttoinlandsprodukt 2020**

*Quelle: Statistische Ämter des Bundes und der Länder, Haushaltsansatzstatistiken D, Bevölkerungsstatistik D, eigene Berechnungen*

Studienkrediten unterstützt. Darüber hinaus wurden Änderungen in der Regelstudienzeit bei der Berechtigungsprüfung für den BAföG-Bezug von den Ländern nachvollzogen. Weitere 2 Milliarden Euro stellt die Bundesregierung für das Programm „Aufholen nach Corona für Kinder und Jugendliche" zur Verfügung. Mit je 1 Milliarde sollen einerseits Lernrückstände aufgeholt und andererseits Sport- und Freizeitaktivitäten gefördert und Kinder und Jugendliche im Alltag unterstützt werden (vgl. **D6**).

**Bund stellt im Schulbereich weitere 1,5 Milliarden Euro für digitale Endgeräte und Infrastruktur zur Verfügung**

Um die Digitalisierung im Schulbereich zu stärken, hat der Bund im Rahmen des Sondervermögens „Digitale Infrastruktur" den DigitalPakt Schule während der Corona-Pandemie um weitere 1,5 Milliarden Euro aufgestockt. Verwendet werden die zusätzlichen Mittel für die Ausstattung von Schüler:innen und Lehrkräften mit digitalen Endgeräten (Leihgeräte) sowie für den Aufbau und Betrieb digitaler Infrastruktur in den Schulgebäuden. Zusammen mit den ursprünglich zugesagten 5 Milliarden Euro stehen damit insgesamt 6,5 Milliarden Euro für die Digitalisierung des Schulwesens zur Verfügung. Die Länder haben sich gleichzeitig verpflichtet, diese Investitionen mit einem Eigenanteil in Höhe von mindestens 10 % der Bundesmittel zu unterstützen und zusätzliche Maßnahmen in eigener finanzieller Verantwortung zu erbringen.

Seit Inkrafttreten des DigitalPakts Schule im Jahr 2019 wurden bisher 1,2 Milliarden Euro (Stand: 31.12.2021) an die Länder und Schulträger ausgezahlt, 495 Millionen Euro stammen dabei aus dem pandemiebedingten Sofortausstattungsprogramm für digitale Endgeräte für Schüler:innen und weitere 300 Millionen Euro wurden für das Programm „Leihgeräte für Lehrkräfte" zur Verfügung gestellt. 423 Millionen Euro sind für Projekte aus dem ursprünglichen DigitalPakt Schule von 2019 abgeflossen.

Auch für die Länder stellt die Digitalisierung von Bildungseinrichtungen einen Aufgabenschwerpunkt während der Corona-Pandemie dar. Neben den bereits angesprochenen Landesprogrammen zum DigitalPakt Schule betrifft dies im Digitalbereich beispielsweise auch die Bereitstellung von Videokonferenzsystemen, Lernplattformen und weiterer Infrastruktur für den digitalen Austausch. Die Umsetzung von Hygienekonzepten stellt eine weitere Mehrbelastung der öffentlichen Haushalte im

Bildungswesen dar. Zu nennen sind hier die Organisation von Testmöglichkeiten oder Investitionen in den technischen Infektionsschutz (z. B. Luftfilter in Klassenräumen). Da die Länder den überwiegenden Teil der öffentlichen Bildungsausgaben in Deutschland finanzieren, musste ein Großteil der Mehrbelastungen zur Aufrechterhaltung des Dienstbetriebes ebenfalls von den Ländern getragen werden. Dies betrifft z. B. die Erstattung von Elternbeiträgen (z. B. für den Besuch von Kindertagesstätten, Ganztagsbetreuungsangeboten im Schulbereich oder von Einrichtungen in freier Trägerschaft verschiedener Bildungsbereiche) und weiteren Gebühren, die Übernahme von Stornokosten für ausgefallene Veranstaltungen wie Klassenfahrten sowie die Deckung unvorhergesehener Mindereinnahmen.



## Bildungsförderung

**BAföG: 2020 insgesamt 21 % weniger geförderte Studierende als 2010**

Die Zahl der insgesamt nach Bundesausbildungsförderungsgesetz (BAföG) geförderten Studierenden sank im Zeitraum von 2010 bis 2020 um 21 % auf 466.000, während die Zahl der Studierenden in der Regelstudienzeit[3], die ohne Betrachtung der Einkommens- und Vermögenssituation förderfähig wären, um 31 % stieg. Damit ging das Verhältnis der insgesamt BAföG-geförderten Studierenden zu den Studierenden in der Regelstudienzeit von 41 auf 25 % zurück. Die Ausgaben für das Studierenden-BAföG erhöhten sich im gleichen Zeitraum um 10 % auf 2,2 Milliarden Euro, da u. a. der Förderhöchstbetrag angehoben wurde. Die durchschnittliche Förderung pro Kopf stieg zwischen 2010 und 2020 um 32 % auf monatlich 574 Euro, wobei der Anstieg von 2019 auf 2020 um 12 % besonders auffällt.

Die Gesamtzahl der Schüler:innen mit BAföG-Bezug verringerte sich zwischen 2010 und 2020 um 46 % auf 174.000. In diesem Zeitraum ging allerdings auch die Zahl der insgesamt förderfähigen Schüler:innen[4] um 16 % zurück, sodass sich das

**Abb. B3-5: Finanzieller Aufwand und Geförderte für BAföG, AFBG und Bundesagentur für Arbeit 2010, 2015 und 2018 bis 2020**

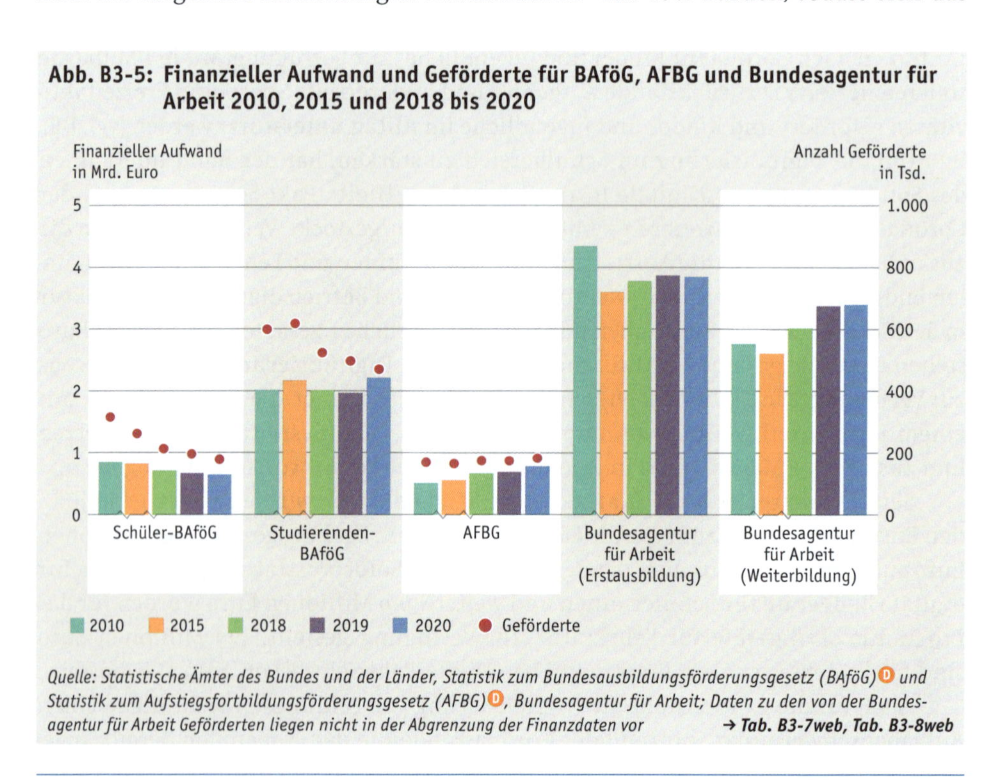


*Quelle: Statistische Ämter des Bundes und der Länder, Statistik zum Bundesausbildungsförderungsgesetz (BAföG) und Statistik zum Aufstiegsfortbildungsförderungsgesetz (AFBG), Bundesagentur für Arbeit; Daten zu den von der Bundesagentur für Arbeit Geförderten liegen nicht in der Abgrenzung der Finanzdaten vor* **→ Tab. B3-7web, Tab. B3-8web**

3 *Studierende im Erst- und konsekutiven Masterstudium, die die im Fördergesetz definierten Altersgrenzen noch nicht überschritten haben.*

4 *Schüler:innen im Alter von 15 Jahren und älter an Hauptschulen, Realschulen, Gymnasien, Integrierten Gesamtschulen, Abendhauptschulen, Abendrealschulen, Abendgymnasien, Kollegs, Berufsaufbauschulen, Berufsfachschulen, Fachoberschulen und Fachschulen (ohne Betrachtung der Einkommens- und Vermögenssituation der Eltern).*

Verhältnis der BAföG-geförderten Schüler:innen zu den Schüler:innen insgesamt von 11 auf 7 % verringerte. Die BAföG-Ausgaben für Schüler:innen sanken um 24 % auf 0,7 Milliarden Euro, während die durchschnittliche Pro-Kopf-Förderung um 41 % auf 503 Euro im Monat stieg.

**178.000 Personen wurden im Jahr 2020 nach dem AFBG gefördert**

Personen, die eine Fachschule, einen Meister- oder Technikerlehrgang besuchen, können nach dem Aufstiegsfortbildungsförderungsgesetz (AFBG)[5] gefördert werden; im Jahr 2020 nahmen 178.000 Menschen diese Möglichkeit in Anspruch. Insgesamt wurden 2020 für das AFBG 0,8 Milliarden Euro aufgewendet, was einem Anstieg von 51 % gegenüber 2010 entspricht (**Abb. B3-5, Tab. B3-7web**). Die Anstiege sind teilweise auf attraktivere Förderkonditionen für Erzieher:innen seit der 4. Änderung zum AFBG im Jahr 2020 zurückzuführen. 2020 wurden insgesamt 39.600 Erzieher:innen gefördert, gegenüber 29.800 im Jahr 2019.

Die Bundesagentur für Arbeit fördert im Rahmen ihrer Arbeitsmarktpolitik Maßnahmen der Erstausbildung sowie der Weiterbildung und unterstützt zudem Teilnehmer:innen an Bildungsmaßnahmen mit Zuschüssen zu den Lebenshaltungskosten. 2020 gaben die Bundesagentur für Arbeit und das Bundesministerium für Arbeit und Soziales 3,8 Milliarden Euro für die Erstausbildung und 3,4 Milliarden Euro für die Förderung beruflicher Bildung (Weiterbildung) aus (**Tab. B3-8web**).

## Methodische Erläuterungen

**Bildungsausgaben**
Bildungsausgaben umfassen Ausgaben für Personal (einschließlich Beihilfen und Sozialversicherungsbeiträgen), Sachaufwand, Investitionsausgaben und unterstellte Sozialbeiträge für die Altersversorgung der im Bildungsbereich aktiven Beamt:innen nach dem Konzept der Volkswirtschaftlichen Gesamtrechnungen. Nicht enthalten sind Abschreibungen, Finanzierungskosten, Ausbildungsvergütungen, Personalausfallkosten der Weiterbildungsteilnehmenden im Rahmen der betrieblichen Weiterbildung und die Versorgungszahlungen für im Ruhestand befindliche ehemalige Beschäftigte des Bildungsbereichs. In der Bildungsförderung werden öffentliche Ausgaben für BAföG, AFBG, Umschulungen, Schülerbeförderung u. a. nachgewiesen. Falls nicht unmittelbar erwähnt, werden die Ausgaben in den jeweiligen Preisen angegeben.

Die Bildungsausgaben, das Bildungsbudget sind ein Gesamtrechenwerk und werden aus verschiedenen Datenquellen errechnet. Hauptquelle sind dabei die Finanzstatistiken (insbesondere Haushaltsansatzstatistik, Kassenstatistik, Gemeindefinanzstatistik, Hochschulfinanzstatistik). Darüber hinaus fließt in die Berechnung eine Vielzahl anderer Datenquellen ein, z. B. die Erhebung des Bundesinstituts für Berufsbildung (BIBB) zu den Kosten der betrieblichen Ausbildung im dualen System, Statistiken des Deutschen Studentenwerks, die CVTS-Erhebung über die betriebliche Weiterbildung, die Einkommens- und Verbraucherstichprobe (EVS) sowie weitere Datenquellen.

**Öffentliche Bildungsausgaben (Grundmittel)**
Die Grundmittel geben den Zuschussbedarf der öffentlichen Haushalte für einen Aufgabenbereich an. Sie beschreiben die Ausgaben eines Aufgabenbereichs abzüglich der vom Aufgabenbereich erzielten Einnahmen aus dem öffentlichen und nicht öffentlichen Bereich. Ihre Höhe ist weitgehend unabhängig vom Grad der Ausgliederung öffentlicher Einrichtungen aus dem Haushalt. Die Grundmittelbetrachtung basiert auf den Ausgaben und Einnahmen von Gebietskörperschaften (Bund, Länder, Gemeinden), wie sie in den Jahresrechnungsstatistiken und der Haushaltsansatzstatistik auf Grundlage der Haushaltssystematik abgebildet werden.

*5 Zur Förderung von Aufstiegsfortbildungen von Berufsqualifizierten besteht seit 1996 ein eigenes Gesetz, das Aufstiegsfortbildungsförderungsgesetz (AFBG). Diese Förderung soll Nachwuchskräften helfen, ihre Weiterbildung für einen Fortbildungsabschluss, der einen beruflichen Aufstieg ermöglicht, zu finanzieren.*

Zuletzt im Bildungsbericht 2020 als B4

# Bildungsbeteiligung



Die Bildungsbeteiligung ist eine zentrale Voraussetzung für den Erwerb von Bildungsabschlüssen G (**B5**). Darüber hinaus wirkt sie sich mittelfristig auf die politische, kulturelle und soziale Teilhabe sowie die Beteiligung am Erwerbsleben aus und liefert einen wichtigen Beitrag zu den persönlichen Entfaltungsmöglichkeiten der Bildungsteilnehmenden (vgl. **I**).

Im Folgenden geht es zunächst um den Bildungszugang junger Erwachsener im internationalen Vergleich und um das Zusammenspiel von Bildung und Erwerbstätigkeit G. Inwieweit wird Erwerbstätigkeit mit Bildungsbeteiligung verbunden und inwieweit stellt Erwerbstätigkeit auch eine Alternative zu Bildungsbeteiligung dar? Konkret geht es darum, ob auf den Erwerb eines qualifizierten Abschlusses verzichtet und ungelernter Erwerbstätigkeit nachgegangen wird, um Einkommen zu erzielen. Darüber hinaus wird die Gruppe derjenigen betrachtet, die weder in Bildung noch erwerbstätig ist. Da die Daten zur Weiterbildungsbeteiligung nicht in vergleichbarer Weise vorliegen, wird hierüber gesondert in **G2** berichtet.

## Bildungsbeteiligung junger Erwachsener im internationalen Vergleich

**Bildungsbeteiligung junger Menschen höher als im OECD-Durchschnitt**

Im Jahr 2019 besuchten in Deutschland 54 % der 15- bis unter 30-Jährigen M formale Bildungseinrichtungen G, d.h. allgemeinbildende oder berufliche Schulen oder Hochschulen. Dies sind mehr als im OECD-Durchschnitt von 47 % und auch mehr als im EU-23-Durchschnitt[6] von 49 % (**Tab. B4-1web**). Dabei befindet sich in Deutschland mit 22 % ein vergleichsweise hoher Anteil von Personen gleichzeitig in einem Bildungsgang und ist erwerbstätig; im OECD-Durchschnitt sind es 13 % und im EU-23-Durchschnitt 11 %. Dieser im internationalen Vergleich relativ hohe Anteil ist darauf zurückzuführen, dass ca. 10 % der Personen im Rahmen der dualen Ausbildung oder eines Dualen Studiums sozialversicherungspflichtig beschäftigt sind. Die weiteren ca. 12 % umfassen vor allem Studierende, die neben ihrem Studium erwerbstätig sind. Dieser Anteil entspricht in Deutschland etwa dem OECD-Durchschnitt. Deutschland gehört zu den Staaten, in denen Bildung von jungen Erwachsenen häufig in dualer Ausbildung stattfindet (work-study programmes), die den Übergang von Bildung in qualifizierte Berufstätigkeit erleichtert.

**Anteil der NEET bei jungen Erwachsenen im internationalen Vergleich gering**

Ein Großteil der 46 %, die keine Bildungseinrichtung mehr besuchen, ist stattdessen erwerbstätig (38 %). Entsprechend ist der Anteil der jungen Erwachsenen, die weder in Beschäftigung noch in einen formalen Bildungsgang eingebunden sind (NEET – Not in Education, Employment or Training), mit 8 % in Deutschland geringer als im OECD- (13 %) und EU-23-Durchschnitt (12 %, **Tab. B4-1web**). Auch bei den 20- bis unter 25-Jährigen, also einer Altersgruppe, die nicht mehr der Schulpflicht unterliegt, treten in Deutschland vergleichsweise geringe Anteile von Menschen auf, die weder einen Bildungsgang absolvieren noch erwerbstätig sind (OECD, 2020, S. 68).

Von den 15- bis unter 30-Jährigen haben in Deutschland 38 % (noch) keinen beruflichen Abschluss oder eine Hochschulreife erworben (ISCED 0–2). Diese jungen Erwachsenen ohne beruflichen Abschluss und ohne Hochschulreife besuchen zu gut drei Vierteln (76 %) formale Bildungseinrichtungen. Dies ist mehr als im Durchschnitt der OECD-Länder (70 %) und der EU-23-Staaten (74 %). Auch im Vergleich zu Ländern, die in dieser Altersgruppe einen ähnlichen Anteil von Personen aufweisen, die bislang noch keinen beruflichen Abschluss oder eine Hochschulreife erworben haben, wie Spanien, Norwegen und Italien, ist der Anteil in formaler Bildung in Deutschland höher (**Abb. B4-1**, **Tab. B4-2web**).

---

*6 Der EU-23-Durchschnitt berücksichtigt alle EU-Länder, die gleichzeitig auch Mitglied der OECD sind (OECD, 2020).*

**Abb. B4-1: 15- bis unter 30-Jährige ohne beruflichen Abschluss und ohne Abitur nach Bildungsbeteiligung und Erwerbsstatus G und Anteil an der Bevölkerung, ausgewählte Staaten*, 2019 (in %)**

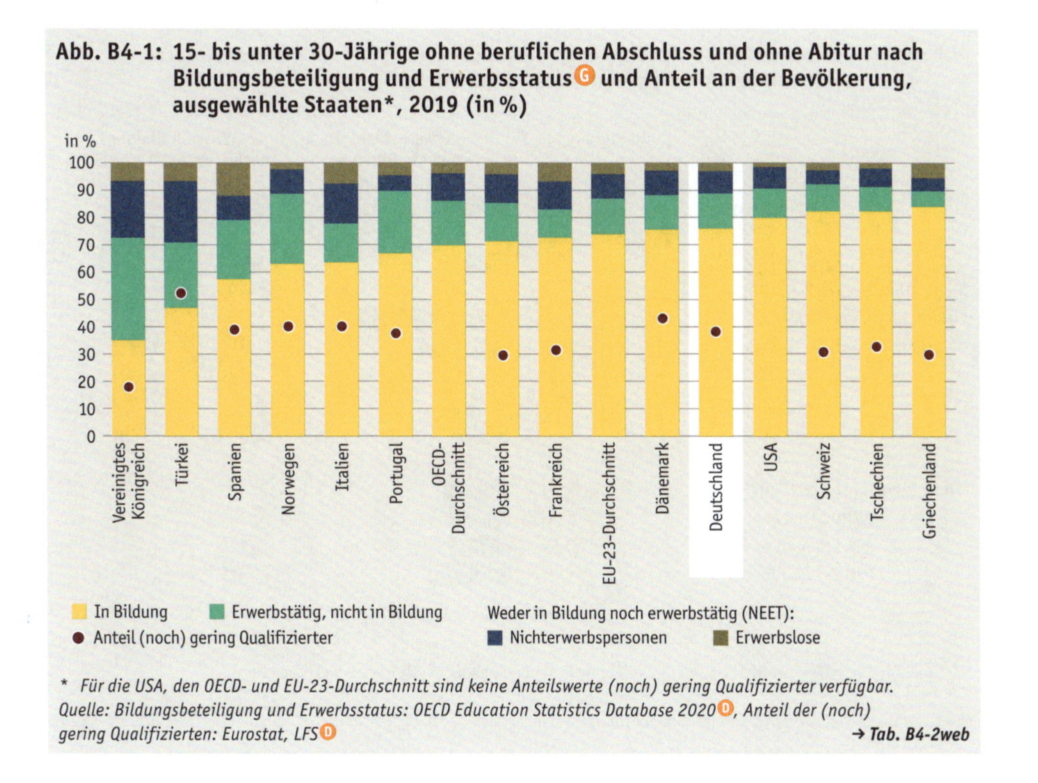


** Für die USA, den OECD- und EU-23-Durchschnitt sind keine Anteilswerte (noch) gering Qualifizierter verfügbar.*
*Quelle: Bildungsbeteiligung und Erwerbsstatus: OECD Education Statistics Database 2020 D, Anteil der (noch) gering Qualifizierten: Eurostat, LFS D*
→ *Tab. B4-2web*



## Soziodemografische Unterschiede in der Bildungsbeteiligung

In der Bildungsbeteiligung sind soziodemografische Unterschiede zu beobachten, die in der Folge für die Altersgruppe der 19- bis unter 25-Jährigen in Deutschland dargestellt werden. Diese Altersgruppe umfasste 2019 rund 5,3 Millionen Menschen (**Tab. B4-3web**), d.h. rund 6 % der Gesamtbevölkerung. Sie ist für die folgende Betrachtung von besonderer Relevanz, da in diesem Alter die Schulpflicht größtenteils erfüllt ist und damit eine Wahlmöglichkeit zwischen Bildung und Erwerbstätigkeit besteht.

**21 % der jungen Menschen ohne beruflichen Abschluss sind erwerbstätig**

Während junge Frauen und Männer in ähnlichem Umfang formale Bildungseinrichtungen besuchen (60 und 58 %), unterscheidet sich die Bildungsbeteiligung stark nach dem vorhandenen Bildungsabschluss. Die Mehrheit der jungen Erwachsenen ohne beruflichen Abschluss und ohne Hochschulreife besucht Bildungseinrichtungen (61 %), 21 % sind jedoch ausschließlich erwerbstätig und nicht in einen Bildungsgang eingebunden (im Folgenden: erwerbstätig) und 18 % weder in Bildungseinrichtungen noch erwerbstätig (NEET). Junge Erwachsene mit Hochschulreife weisen mit 88 % die höchste Bildungsbeteiligung und mit 8 % die geringste Erwerbsbeteiligung auf. Liegt ein (erster) tertiärer Abschluss vor, besuchen 51 % Bildungseinrichtungen und 46 % sind erwerbstätig. Junge Erwachsene, die eine Berufsausbildung abgeschlossen haben, beteiligen sich hingegen am seltensten an weiterer formaler Bildung (19 %) und sind am häufigsten erwerbstätig (76 %, **Abb. B4-2**).

Die Bildungsbeteiligung der 19- bis unter 25-Jährigen unterscheidet sich weniger nach Menschen mit und ohne Migrationshintergrund G, sondern vielmehr danach, wie lange Menschen bereits in Deutschland leben. Mit 61 % besuchen jene mit Migrationshintergrund, die in Deutschland geboren wurden, im gleichen Umfang Bildungseinrichtungen wie junge Erwachsene ohne Migrationshintergrund. Die Bildungsbeteiligung liegt bei denjenigen, die bei Zuzug jünger als 19 Jahre waren, bei 55 %. Am geringsten ist sie mit 39 % unter jenen, die bei Zuzug 19 Jahre und älter waren. Die Bildungsbeteiligung der 19- bis unter 25-Jährigen ist folglich umso höher, je länger junge Erwachsene in Deutschland leben.

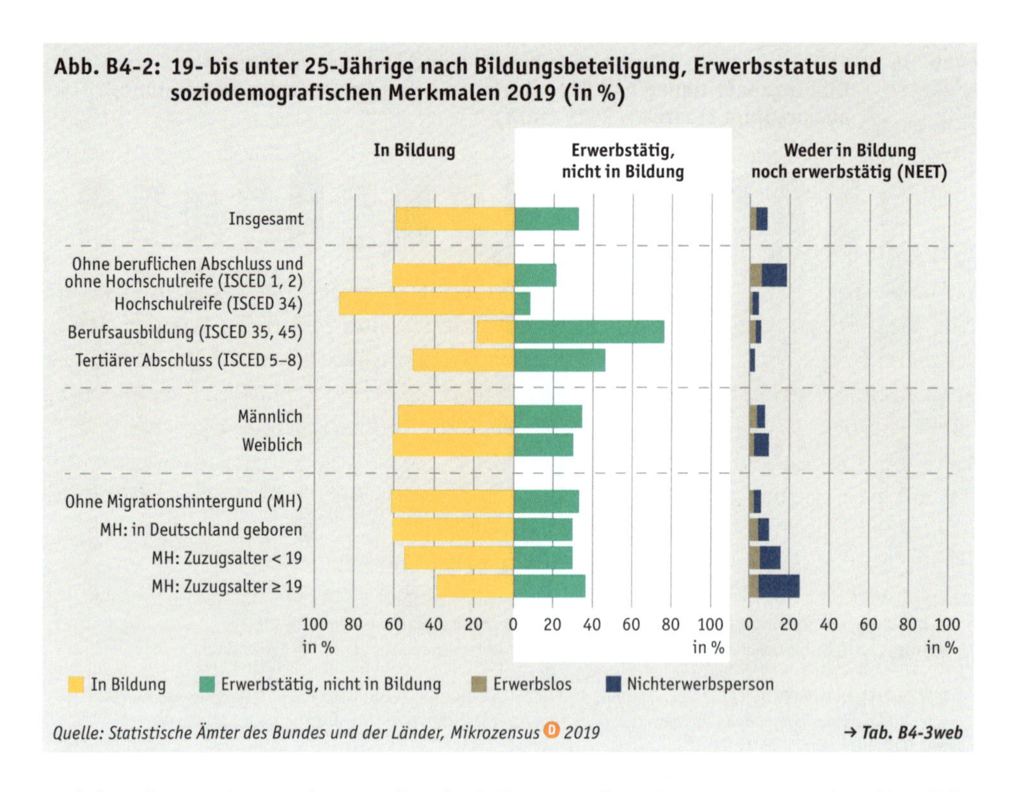


**Abb. B4-2: 19- bis unter 25-Jährige nach Bildungsbeteiligung, Erwerbsstatus und soziodemografischen Merkmalen 2019 (in %)**

*Quelle: Statistische Ämter des Bundes und der Länder, Mikrozensus 2019* **→ Tab. B4-3web**

**Bei höherem Zuzugsalter stärkere Orientierung auf Erwerbstätigkeit**

Welche Alternativen nehmen aber in höherem Alter Zugezogene wahr, die nicht in einen Bildungsgang eingebunden sind? Junge Erwachsene, die erst im Alter ab 19 Jahren nach Deutschland kamen, sind eher erwerbstätig (36 %) als hierzulande Geborene und im Alter von unter 19 Jahren Zugezogene (jeweils 30 %). Des Weiteren liegt auch der Anteil der jungen Erwachsenen, die weder erwerbstätig sind noch einen Bildungsgang durchlaufen (NEET), bei den später Zugezogenen mit 25 % höher als bei den Personen, die im Alter von unter 19 Jahren zuzogen (15 %) oder in Deutschland geboren wurden (10 %). Dabei ist der hohe Anteil von jungen Erwachsenen, die weder einen Bildungsgang absolvieren noch erwerbstätig sind, auf junge Frauen zurückzuführen, die mit 38 % die höchste Quote von Nichterwerbspersonen aufweisen. Bei den jungen Erwachsenen, die im Erwachsenenalter zuzogen, zeichnet sich also eine höhere Erwerbs- statt Bildungsorientierung und bei den jungen Frauen eine eher geringe Beteiligung an Bildung und Arbeitsmarkt ab.[7] Hier können insbesondere Zuzugsmotive wie die Aufnahme von Arbeit oder Familiengründung oder -zusammenführung eine Rolle spielen. 22 % der jungen Erwachsenen, die im Alter ab 19 Jahren zugezogen sind, geben im Jahr 2019 als Hauptzuzugsmotiv Arbeit oder Beschäftigung und 30 % Studium oder eine andere Aus- und Weiterbildung an – dabei zeigt sich ein deutlicher Zusammenhang mit der Bildungsbeteiligung (Baas, 2021).

**Menschen, die weder in Bildung noch erwerbstätig sind, haben mehrheitlich keinen beruflichen Abschluss**

Wie setzt sich die Gruppe der 448.000 jungen Erwachsenen, die weder eine Bildungseinrichtung besuchen noch erwerbstätig sind (NEET), sozial zusammen? Etwas mehr als die Hälfte (53 %) sind Frauen (**Tab. B4-3web**). Damit liegt der Wert deutlich über dem Frauenanteil der 19- bis unter 25-Jährigen der Bevölkerung (47 %).[8] 45 % weisen keinen Migrationshintergrund auf und weitere 20 % sind junge Erwachsene

7 *Während die Arbeitsmarktbeteiligung auch mit Geschlechterrollen zusammenhängt, die im Herkunftsland vorherrschen (Diehl, 2021), unterscheidet sich die Nutzung von Kindertagesbetreuung bei Kindern im Krippenalter durch Mütter mit Herkunftsregion Westdeutschland stärker im Vergleich zu Müttern mit Herkunftsregion Ostdeutschland als zu Müttern mit Wurzeln in Südosteuropa oder Vorderasien (z. B. Türkei, Peter & Spieß, 2015). Darüber hinaus weisen mehrere Befunde darauf hin, dass Eltern mit Migrationshintergrund häufiger angeben, keinen Betreuungsplatz gefunden zu haben (Olszenka & Meiner-Teubner, 2020).*

8 *Analysen von Lebensverläufen auf Basis des NEPS nach Verlassen der Schule verweisen auf häufiger problematische Verläufe bei Frauen (Brzinsky-Fay, 2022).*

mit Migrationshintergrund, die in Deutschland geboren wurden. Entsprechend haben Menschen im Alter von 19 bis unter 25 Jahren, die weder eine Bildungseinrichtung besuchen noch erwerbstätig sind, mehrheitlich das Bildungssystem in Deutschland besucht, weisen aber mit einer Mehrheit von 60 % weder einen beruflichen Abschluss noch eine Hochschulreife auf.



## Struktur der Bildungsbeteiligung

Im Jahr 2020 besuchten 17,5 Millionen Menschen formale Bildungseinrichtungen, d. h. Kindertageseinrichtungen, allgemeinbildende und berufliche Schulen, Hochschulen sowie Einrichtungen der Aufstiegsfortbildung (**Tab. B4-4web**)[9]. Die Anzahl der Menschen in formaler Bildung stieg damit gegenüber 2010 um 4 % an (**Tab. B4-5web**). Diese Entwicklung verlief jedoch nicht gleichmäßig über alle Bildungsbereiche hinweg. In der Frühen Bildung G ist ein Zuwachs von 23 % zu verzeichnen, bei den unter 3-Jährigen sogar um 52 % (**Tab. B4-6web**). Diese Entwicklung spiegelt den Ausbau der Angebote in der Frühen Bildung wider (vgl. **C2**). Ebenfalls gestiegen ist die Anzahl der Bildungsteilnehmenden an den Hochschulen mit einem Zuwachs von 31 %. Grenzt man die Betrachtung auf die Zahl der Studienanfänger:innen im Bachelorstudium und in gleichwertigen Bildungsprogrammen ein, so liegt die Steigerung bei 26 % (**Tab. B4-7web**). Zurück ging seit 2010 die Zahl der Bildungsteilnehmenden – in allgemeinbildenden Bildungsgängen um 5 % und in beruflichen Bildungsgängen um 11 % (**Tab. B4-5web**).

**Mehr Bildungsteilnehmende insbesondere in der Frühen Bildung und an den Hochschulen**

Die Zahl der Bildungsteilnehmenden wird nicht nur von Angebot und Nachfrage, sondern im Wesentlichen auch von der demografischen Entwicklung bestimmt (vgl. **A1**, **Tab. B4-8web**). So war die demografische Entwicklung der unter 30-Jährigen in den vergangenen 10 Jahren davon geprägt, dass die Größen der jüngeren Kohorten zu- und die der älteren abnahmen. In der Folge dieser demografischen Entwicklung steigt die Anzahl von Kindern ab 1 Jahr bis zum Schuleintrittsalter in Bildungseinrichtungen seit 2012 wieder und seit 2014 – zeitlich leicht versetzt – auch die Anzahl der Bildungsteilnehmenden im Primarbereich. Die Zahl der Bildungsteilnehmenden im Sekundarbereich I war lediglich 2016 gestiegen und geht seitdem wieder zurück (**Tab. B4-6web**). Die Bevölkerung wächst seit 2017 in den Altersgruppen der 10- bis unter 13-Jährigen, sinkt jedoch weiterhin in den Altersgruppen der 13- bis unter 16- und der 16- bis unter 19-Jährigen (**Tab. B4-8web**). In den nächsten Jahren ist zu erwarten, dass sich der Bevölkerungsanstieg in den jüngeren Altersgruppen dann auch im gesamten Sekundarbereich I widerspiegelt.

**Demografische Entwicklung beeinflusst Zahl der Bildungsteilnehmenden**

Die Bildungsbeteiligungsquote der unter 3-Jährigen ist seit 2010 deutlich gestiegen und lag im Jahr 2019 mit 39 %[10] um 11 Prozentpunkte über dem Ausgangsniveau. 2020 ging die Quote – vermutlich auch weil Eltern infolge der Corona-Pandemie den Besuch einer Kindertagesbetreuung G ihrer Kinder aussetzten oder verschoben – um 0,6 Prozentpunkte leicht zurück. Die entsprechende Quote der 3- bis unter 6-Jährigen hat sich zwischen 2010 und 2020 um 3 Prozentpunkte verringert und liegt 2020 bei 93 % (**Tab. B4-9web**, **Abb. B4-3**). Bei den 16- bis unter 19-Jährigen sinkt die Bildungsbeteiligungsquote von 95 % im Jahr 2010 auf 90 %. Eine genauere Betrachtung der Altersjahre von 16 bis 18 im Jahr 2020 zeigt: Da die meisten 16- und 17-Jährigen noch der Teilzeitschulpflicht unterliegen, liegt die Beteiligung bei 98 und 92 % und fällt erst bei den 18-Jährigen auf 80 % ab.

**Erhöhung der Bildungsbeteiligung bei unter 3-Jährigen**

*9 Der Bereich Weiterbildung wird hier nicht einbezogen, da für diesen zunehmend bedeutsamen, aber sehr heterogenen Bereich keine Gesamtzahlen vorliegen.*

*10 Die hier ausgewiesene Beteiligungsquote weicht von den Angaben in **C3** ab, da hier zur Berechnung das Kalenderjahr und nicht der Stichtag (01.03.) zugrunde gelegt wird.*

**Abb. B4-3: Entwicklung der Bildungsbeteiligung in Bildungseinrichtungen zwischen 2010/11 und 2020/21 nach Bereichen und Altersgruppen (in %)***

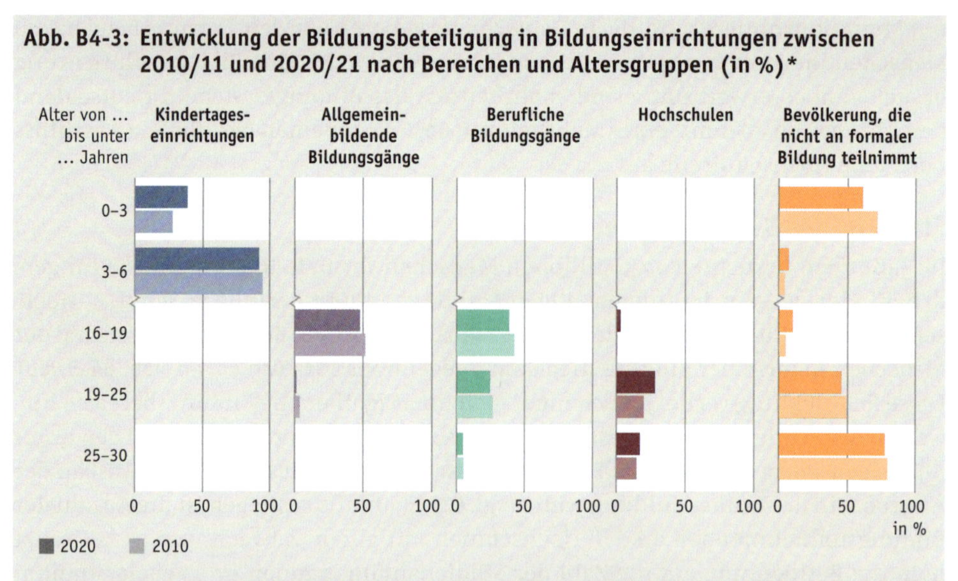


* *Beteiligungsquoten für die Altersgruppe von 6 bis unter 16 Jahren sind nicht aufgeführt, da sie aufgrund der Schulpflicht rund 100 % betragen.*

*Quelle: Statistische Ämter des Bundes und der Länder, Kinder- und Jugendhilfestatistik D, Schulstatistik D, Hochschulstatistik D, Berufsakademiestatistik D, Statistik der Aufstiegsfortbildung D* → ***Tab. B4-9web***

**Stärkere Bildungsbeteiligung bei über 19-Jährigen**

Im Vergleich zu 2010 steigt bei den 19- bis unter 25-Jährigen die Beteiligung an Hochschulbildung um 8 Prozentpunkte auf 28 %, der Anteil von Menschen in allgemeinen oder beruflichen Bildungsgängen sinkt um jeweils 2 Prozentpunkte (**Tab. B4-10web**). Hier spiegelt sich die teilweise Umstellung von G9 auf G8 wider, die zu einem früheren Übergang in die Hochschulbildung geführt hat (vgl. **D**). Dies wird deutlicher, wenn man die 19-Jährigen isoliert betrachtet: Hier reduziert sich der Anteil von Menschen in allgemeiner Bildung um 12 Prozentpunkte auf 6 % und der von Menschen in Hochschulbildung steigt um 13 Prozentpunkte auf 21 %. Die Bildungsbeteiligung der 19- bis unter 25-Jährigen verschiebt sich also einerseits von allgemeiner und beruflicher Bildung zu den Hochschulen und nimmt andererseits insgesamt um 5 Prozentpunkte zu. Auch bei den 25- bis unter 30-Jährigen steigt die Bildungsbeteiligung insgesamt um 3 Prozentpunkte sowie an Hochschulbildung um 2 Prozentpunkte. Inwiefern in diesem Zeitraum ein größerer Anteil der Bevölkerung Zugang zu Bildung gefunden hat oder längere Verweildauern eine Rolle spielen, wird an anderer Stelle näher untersucht (vgl. **F3**). Insgesamt ist gegenüber 2010 bei den unter 3-Jährigen eine erhebliche und bei den über 19-Jährigen eine spürbare Erhöhung der Bildungsbeteiligung zu verzeichnen.

## Methodische Erläuterungen

**Zur Auswahl der Altersgruppe**

Zur Bildungsbeteiligung von Personen ohne beruflichen Abschluss und ohne Abitur liegen im internationalen Vergleich ausschließlich für die Altersgruppe der 15- bis unter 30-Jährigen Daten vor, die daher auch hier verwendet werden. In dieser Altersgruppe kommt auch die jeweilige Dauer der Schulpflicht zum Tragen, sodass die Beteiligung an Bildung bis zum Ende der Schulpflicht keine freiwillige Entscheidung darstellt.

# Bildungsstand der Bevölkerung

Zuletzt im Bildungsbericht 2020 als B5

B 5

Der Bildungsstand einer Person ist sowohl auf individueller als auch auf gesellschaftlicher Ebene ein Schlüsselfaktor, da er die Zugangsmöglichkeiten zu weiterführender Bildung, die Erwerbschancen eines Individuums, die gesellschaftliche Teilhabe und die Fähigkeit zur aktiven Gestaltung der eigenen Biografie (individuelle Regulationsfähigkeit) beeinflusst. Aus volkswirtschaftlicher Sicht stellt ein hoher Bildungsstand der Bevölkerung eine Grundvoraussetzung für Innovationsfähigkeit dar und ist ein entscheidender gesellschaftlicher Wettbewerbsfaktor. Der Bildungsstand kann u.a. anhand der erreichten formalen Bildungsabschlüsse G gemessen werden.

## Bildungsstand im internationalen Vergleich

Die EU definierte 2021 im Rahmen der neuen Zielvorgaben für die Weiterentwicklung des europäischen Bildungsraumes (European Educational Area – EEA) u.a. ein Ziel zum Erwerb von hohen Bildungsabschlüssen (ISCED 5–8): Bis zum Jahr 2030 soll der Anteil der 25- bis unter 35-Jährigen mit tertiärem Bildungsabschluss in der EU mindestens 45 % betragen. Tertiäre Abschlüsse umfassen im europäischen Raum sowohl Hochschulabschlüsse als auch hohe berufliche Abschlüsse wie Meister:in, Techniker:in oder Erzieher:in. In Deutschland lag der Anteil 2020 mit 35 % unter dem EU-Durchschnitt von 41 % (**Abb. B5-1**, **Tab. B5-1web**). Dabei weisen 29 % einen akademischen und 6 % einen berufsorientierten tertiären Abschluss auf. Der Anteil der tertiären Abschlüsse ist hierzulande seit 2011 von 28 % um rund 8 Prozentpunkte gestiegen; auch im EU-Durchschnitt lag der Anstieg bei 8 Prozentpunkten.

**Weniger 25- bis unter 35-Jährige mit hohem Abschluss als im EU-Durchschnitt und zugleich …**

In Deutschland wies mit 52 % ein höherer Anteil von Menschen als im EU-Durchschnitt mittlere Qualifikationen (ISCED 3–4), d.h. Hochschulreife oder einen vollqualifizierenden berufsbildenden Abschluss, auf. Ein Abschluss mindestens des Sekundarbereichs II, der international als grundlegende Voraussetzung für gelingende Arbeitsmarktintegration und soziale Teilhabe gilt, wird dadurch ebenfalls mit 87 % etwas häufiger als im EU-Durchschnitt von 85 % erreicht (ISCED 3–8).

**… mehr junge Erwachsene mit Mindestqualifikation als im EU-Durchschnitt**

**Abb. B5-1: Bildungsabschlüsse der 25- bis unter 35-Jährigen 2020 in ausgewählten Staaten (in %)**

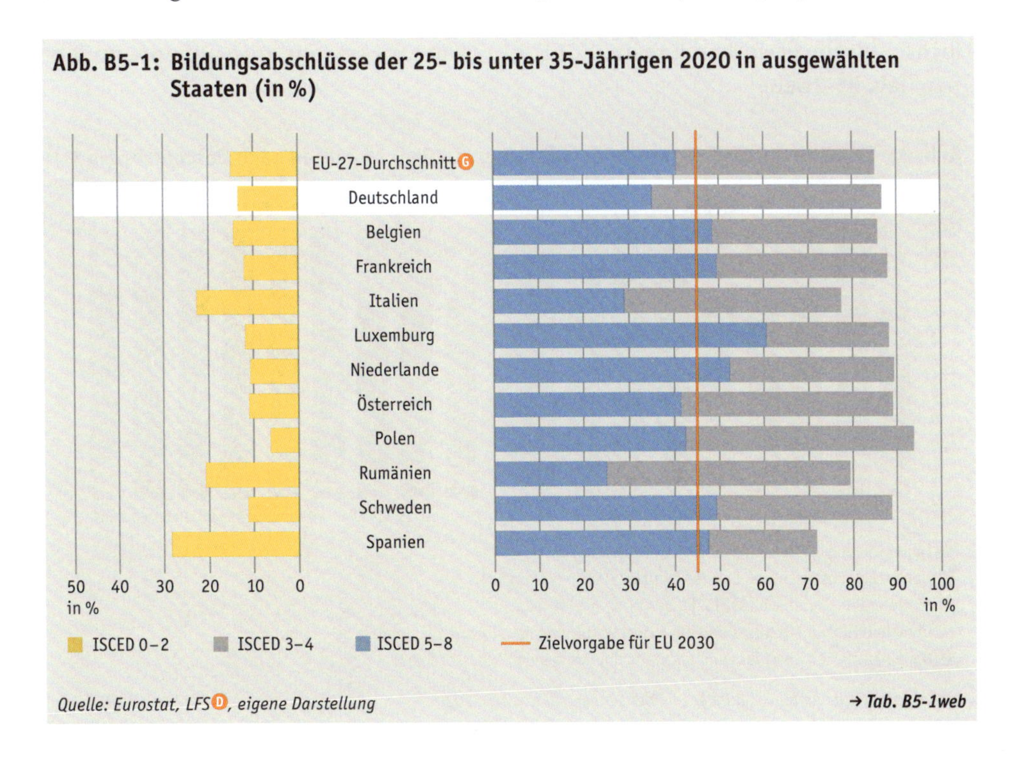


*Quelle: Eurostat, LFS D, eigene Darstellung*

→ Tab. B5-1web

Hinter dem hohen Anteil mittlerer Qualifikationen (ISCED 3–4) stehen – anders als in den meisten anderen Staaten – zu großem Teil berufsbildende Abschlüsse und zu geringerem Anteil die Hochschulreife. Mit der beruflichen Bildung nimmt Deutschland im internationalen Vergleich eine Sonderstellung ein. Dies ist zum einen auf das qualitativ hochwertige berufliche Ausbildungssystem zurückzuführen, das im Vergleich zu den anderen EU-Staaten eine wichtige Qualifizierungsfunktion auf der mittleren Fachkräfteebene ausübt und auf ein breites Berufsspektrum vorbereitet. Zum anderen werden einige Berufe, vor allem im Bereich von Gesundheit, auf mittlerer Ebene ausgebildet, sodass der Zugang – im Unterschied zu vielen europäischen Staaten – nicht über einen Abschluss im Tertiärbereich erfolgt.

Hervorzuheben ist daher für Deutschland auch der postsekundare nichttertiäre Bereich (ISCED 4). Er umfasst die Kombination von beruflichem Ausbildungsabschluss und Hochschulzugangsberechtigung, Abschlüsse von 2- bis 3-jährigen Bildungsgängen an Schulen für Gesundheits- und Sozialberufe (z. B. Pflegefachfrau/-fachmann, Hebamme, Physiotherapeut:in) und Abschlüsse an Abendgymnasien. In Deutschland verfügen verhältnismäßig viele Menschen (17 % der 25- bis unter 35-Jährigen) über einen solchen ISCED-4-Abschluss. In dem Indikator akademisch Qualifizierte und beruflich höher Qualifizierte hat sich Deutschland im Rahmen der nationalen Nachhaltigkeitsstrategie für 2030 das Ziel gesetzt, dass 55 % der 30- bis unter 35-Jährigen einen postsekundaren nichttertiären oder tertiären Abschluss (ISCED 4–8) erreichen (2020: 52 %).

## Bildungsstand nach Alter und Geschlecht

Sowohl bei der Entwicklung des Bildungsstands der Gesamtbevölkerung in den letzten 10 Jahren (**Tab. B5-2web**) als auch im Hinblick auf die Werte einzelner Kohorten ist ein positiver Trend zu verzeichnen (**Abb. B5-2**, **Tab. B5-3web**). Der große Anteil junger Erwachsener mit akademischem oder hohem beruflichen Bildungsabschluss (ISCED 5–8) wirkt sich deutlich auf den entsprechenden Anteil in der Gesamtbevölkerung aus. Im Jahr 2010 verfügten 21 % der Bevölkerung über einen höheren Bildungsabschluss. 2020 waren es bereits 26 %. Etwas zurückgegangen ist im gleichen Zeitraum der Anteil von Menschen, die weder einen beruflichen Abschluss noch eine Hochschulreife erworben haben (ISCED 1–2), von 24 % im Jahr 2010 auf 20 % im Jahr 2020 (**Tab. B5-2web**).

**Anteil der Menschen mit höherem Bildungsabschluss deutlich gestiegen**

**Abb. B5-2: Bildungsabschlüsse der Bevölkerung 2020 ab 25 Jahren nach Geschlecht (in %)**

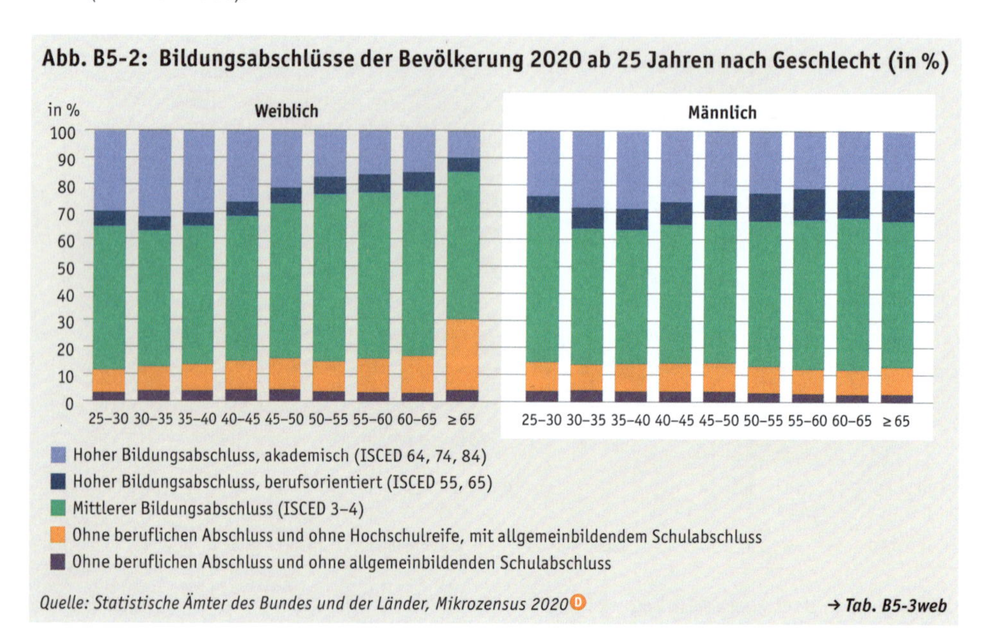


*Quelle: Statistische Ämter des Bundes und der Länder, Mikrozensus 2020*

→ *Tab. B5-3web*

Die positive Entwicklung des Bildungsstands unterscheidet sich nach den Geschlechtern. Während in den älteren Geburtskohorten Männer häufiger über einen höheren Bildungsstand verfügen, kehrt sich das Verhältnis bei den 30- bis unter 35-Jährigen um. Bei den 25- bis unter 30-Jährigen liegt der Anteil der Frauen mit hohem Bildungsabschluss mit 35 % deutlich über dem der Männer (30 %), in dieser Altersgruppe werden allerdings auch noch Abschlüsse erworben (**Abb. B5-2, Tab. B5-3web**). In Bezug auf den Hochschulabschluss findet eine deutliche Umkehr des Geschlechterverhältnisses bei den 30- bis unter 35-Jährigen statt. In dieser Altersgruppe verfügen Frauen um 4 Prozentpunkte häufiger als Männer über einen Hochschulabschluss.

**Frauen der jüngeren Generation verfügen über einen höheren Bildungsstand als Männer**



## Erwachsene mit Hochschulabschluss

Der Anteil der Erwachsenen im Alter von 25 bis unter 65 Jahren mit Hochschulabschluss (ISCED 64, 74, 84) lag im Jahr 2019 bei 23 % (**Tab. B5-5web**). Dabei wiesen Menschen mit Migrationshintergrund(G) im weiteren Sinn mit 22 % zwar insgesamt zu einem ähnlichen Anteil einen Hochschulabschluss auf wie jene ohne Migrationshintergrund (23 %), allerdings unterscheidet sich der Anteil je nach Zuzugsalter. Unterschieden wird zwischen der Geburt in Deutschland, die für ein vollständiges Durchlaufen des deutschen Bildungssystems steht, dem Zuzug im Alter von unter 19 Jahren, der ggf. mit einem teilweisen Besuch des deutschen Bildungssystems einhergeht, und einem Zuzug im Alter von 19 Jahren und älter, bei dem Bildungssysteme im Ausland besucht wurden und eigene Migrationsmotive wie Arbeit, Studium oder Familienzusammenführung eine besondere Rolle spielen.

**23 % der Erwachsenen haben einen Hochschulabschluss**

Erwachsene, die im Alter von 19 Jahren oder älter zugewandert sind, verfügten zu 25 % über einen Hochschulabschluss (**Abb. B5-3**, **Tab. B5-4web**). Dieser wurde zu 80 % im Ausland erworben. Der Rest entfällt auf ausländische Studierende, die einen Hochschulabschluss in Deutschland erreichten, nachdem sie eine Studienberechtigung im Ausland erworben hatten. Unabhängig davon, ob der Hochschulabschluss im Inland oder im Ausland erworben wurde, verzeichnet Deutschland einen erheblichen „brain gain". Auffällig ist zudem, dass der Anteil mit Hochschulabschluss bei den Menschen, die im Alter von 19 Jahren und älter zugewandert sind, steigt, je jünger die betrachtete Alterskohorte ist. Während er bei den 60- bis unter 65-Jährigen lediglich 17 % und bei den 45- bis unter 50-Jährigen 19 % betrug, erhöht er sich bei den 30- bis unter 35-Jährigen auf 38 % (**Tab. B5-4web**).

**Abb. B5-3: Anteil Erwachsener mit Hochschulabschluss 2019 nach Erwerbsstatus(G), Migrationshintergrund (MH), Alter und Geschlecht (in %)**

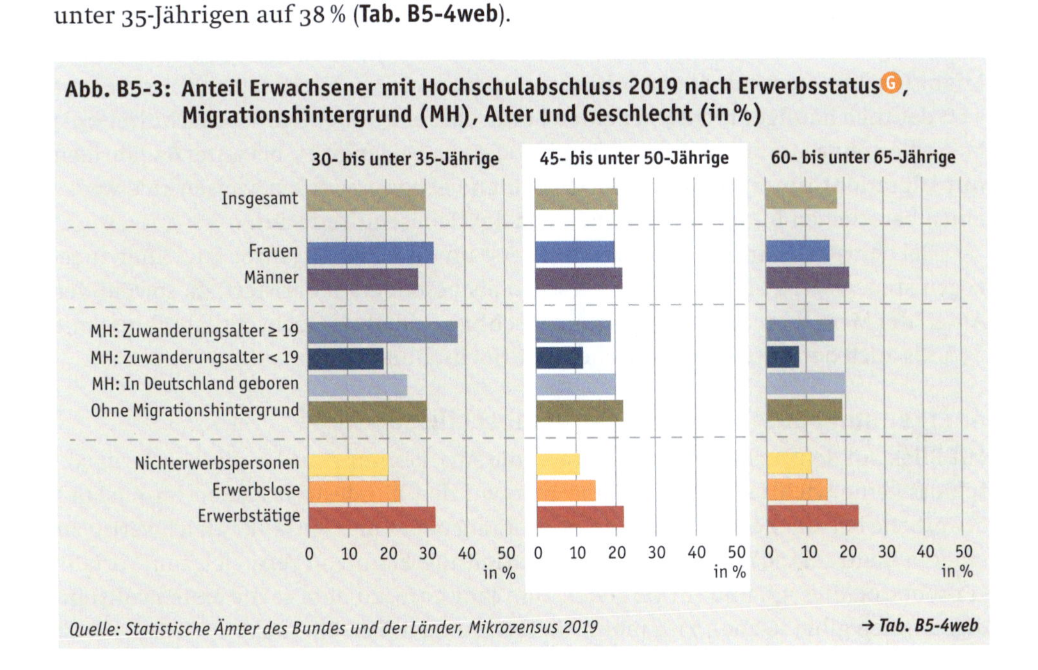


*Quelle: Statistische Ämter des Bundes und der Länder, Mikrozensus 2019*

*→ Tab. B5-4web*

**Abb. B5-4: Anteil Erwachsener ohne beruflichen Abschluss und ohne Hochschulreife 2019 nach Erwerbsstatus, Migrationshintergrund (MH), Alter und Geschlecht (in %)**

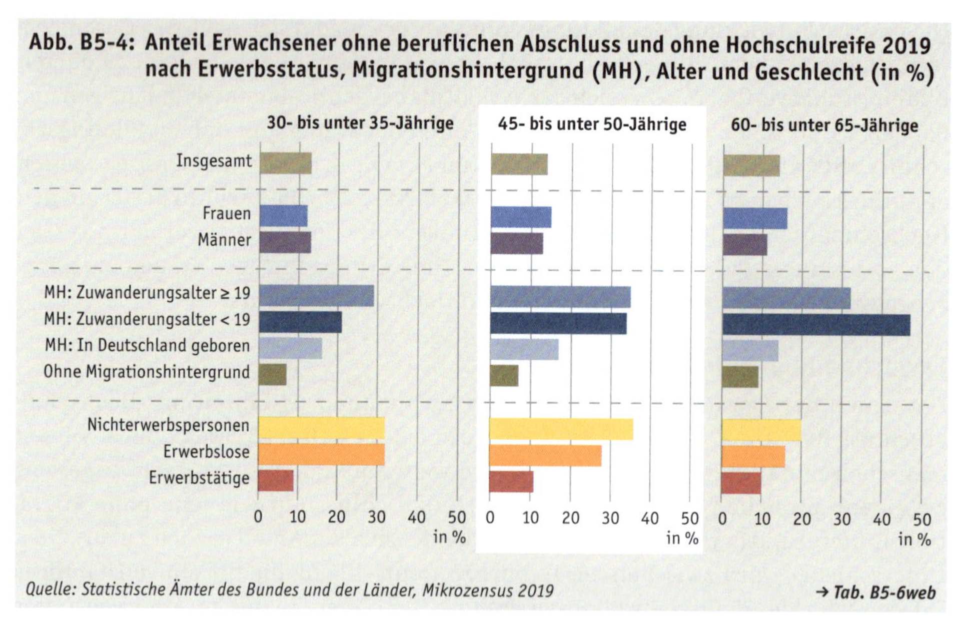


*Quelle: Statistische Ämter des Bundes und der Länder, Mikrozensus 2019* → *Tab. B5-6web*

Hingegen lag bei den 25- bis unter 65-Jährigen mit Migrationshintergrund, die in Deutschland geboren wurden und Bildungseinrichtungen hierzulande besuchten, der Anteil mit Hochschulabschluss bei 22 % auf ähnlichem Niveau wie bei den Menschen ohne Migrationshintergrund (**Tab. B5-4web**). Mit 14 % rangierte der Anteil mit einem Hochschulabschluss bei denjenigen, die im Alter von unter 19 Jahren zugezogen sind, deutlich darunter. Der Erwerb von Hochschulabschlüssen in Deutschland erweist sich folglich für Menschen mit Migrationshintergrund und Zuzug unter 19 Jahren als schwieriger. Diese Selektion erfolgt allerdings nicht in den Hochschulen, sondern bereits in den vorgelagerten Schulen.

## Erwachsene ohne beruflichen Abschluss und Hochschulreife

**13 % der Erwachsenen haben weder einen beruflichen Abschluss noch die Hochschulreife**

13 % der Erwachsenen im Alter von 25 bis unter 65 Jahren hatten im Jahr 2019 weder einen beruflichen Bildungsabschluss noch die Hochschulreife (ISCED 1–2). Von jenen befanden sich 13 % nicht in Bildung und 0,3 % noch in Bildung. Der Anteil der Erwachsenen ohne diese Mindestqualifikation variiert je nach betrachtetem soziodemografischen Merkmal (**Abb. B5-4**, **Tab. B5-6web**). So verfügen Menschen mit Migrationshintergrund, die im Alter von 19 Jahren oder älter zugezogen sind, mit 32 % deutlich häufiger nicht über einen Berufsabschluss oder eine Hochschulreife als Menschen ohne Migrationshintergrund (8 %). Auch bei jenen 25- bis unter 65-Jährigen mit Migrationshintergrund, die in Deutschland geboren wurden, weisen 16 % weder einen beruflichen Bildungsabschluss noch die Hochschulreife auf.

Bei den 30- bis unter 35-Jährigen, die erst im Alter von 19 Jahren und älter zugezogen sind, erweist sich der Bildungsstand als besonders polarisiert, da sowohl der Anteil der Menschen ohne beruflichen Abschluss und ohne Hochschulabschluss mit 29 % als auch der Anteil der Menschen mit Hochschulabschluss mit 38 % hoch ist.

## Anerkennung ausländischer Berufsabschlüsse

Mit Blick auf den Fachkräftebedarf spielt die Anerkennung ausländischer Berufsabschlüsse eine wichtige Rolle. Im Jahr 2020 wurden bundesweit 44.800 im Ausland erworbene berufliche Abschlüsse als vollständig oder eingeschränkt gleichwertig zu einer in Deutschland erworbenen Qualifikation anerkannt. Im Vergleich zum Vorjahr (42.500) sind dies 5 % und im Vergleich zum Jahr 2016, zu dem es die ersten vollständigen Daten gibt (26.200), 71 % mehr Anerkennungen (**Tab. B5-7web**).

Das Fachkräfteeinwanderungsgesetz (FEG), das die Einwanderung von Fachkräften nach Deutschland regelt und beispielsweise beschleunigte Verfahren bei der Anerkennung von ausländischen Berufsabschlüssen vorsieht, trat am 1. März 2020 in Kraft. Ein dämpfender Corona-Effekt liegt hier nahe, da beispielsweise pandemiebedingte Einreisebeschränkungen die Zuwanderung ausländischer Fachkräfte erschwerten.

**Die meisten Anerkennungen finden im medizinischen Bereich statt**

Die medizinischen Gesundheitsberufe insgesamt verzeichnen mit 67 % die Mehrheit der Anerkennungen. 15.500 Anerkennungen bezogen sich auf Gesundheits- und Krankenpfleger:innen und weitere 800 auf den neuen Beruf der Pflegefachfrau, des Pflegefachmanns. Im Jahr 2020 liegen mit 28.300 anerkannten Abschlüssen die Anerkennungen eines mittleren Bildungsniveaus (ISCED 3–4) deutlich über den Anerkennungen eines hohen Bildungsabschlusses nach ISCED 5–8 (16.500). Der Anstieg der anerkannten mittleren Abschlüsse von 13.500 Anerkennungen im Jahr 2016 ist dabei deutlich stärker als der Anstieg bei der Anerkennung hoher Abschlüsse (12.800 im Jahr 2016). Die Ausbildungsstaaten mit den häufigsten anerkannten Abschlüssen im Jahr 2020 waren Bosnien und Herzegowina (3.600), Serbien (3.400) und Syrien (3.100).

## Bildungsstand im Vergleich der Regionen

**Hoher Bildungsstand in Großstädten und großstadtnahen Kreisen**

Eine Betrachtung des Bildungsstands der Bevölkerung nach Alterskohorten und Kreistypen, die bereits unter der Angebotsperspektive (**B1**) eingeführt wurden, zeigt klare regionale Unterschiede auf. Deutlich wird, dass in Großstädten, die oft auch Hochschulstandort sind (Kreistyp 6), der Bildungsstand mit einem Anteil von Hochschulabsolvent:innen(G) von 49 % an den 30- bis unter 35-Jährigen besonders hoch ist (**Abb. B5-5, Tab. B5-8web**).

**Vorrangig berufsbildende mittlere Abschlüsse in ostdeutschen Kreisen**

In den überwiegend ostdeutschen Landkreisen und kreisfreien Städten (Kreistyp 3) ist eine niedrige Anzahl von Bildungseinrichtungen (**B1**) zu beobachten. So verwundert es nicht, dass in den überwiegend ostdeutschen Landkreisen und kreisfreien Städten auch der Anteil an Hochschulabsolvent:innen bei den 30- bis unter 35-Jährigen mit 17 % am niedrigsten ist. Auffallend ist jedoch, dass dort nicht nur die höchsten Anteile der Erwachsenen mit mittlerem Bildungsabschluss (68 %), sondern

**Abb. B5-5: Bildungsstand der Bevölkerung nach Alter und Kreistypen* 2019 (in %)**

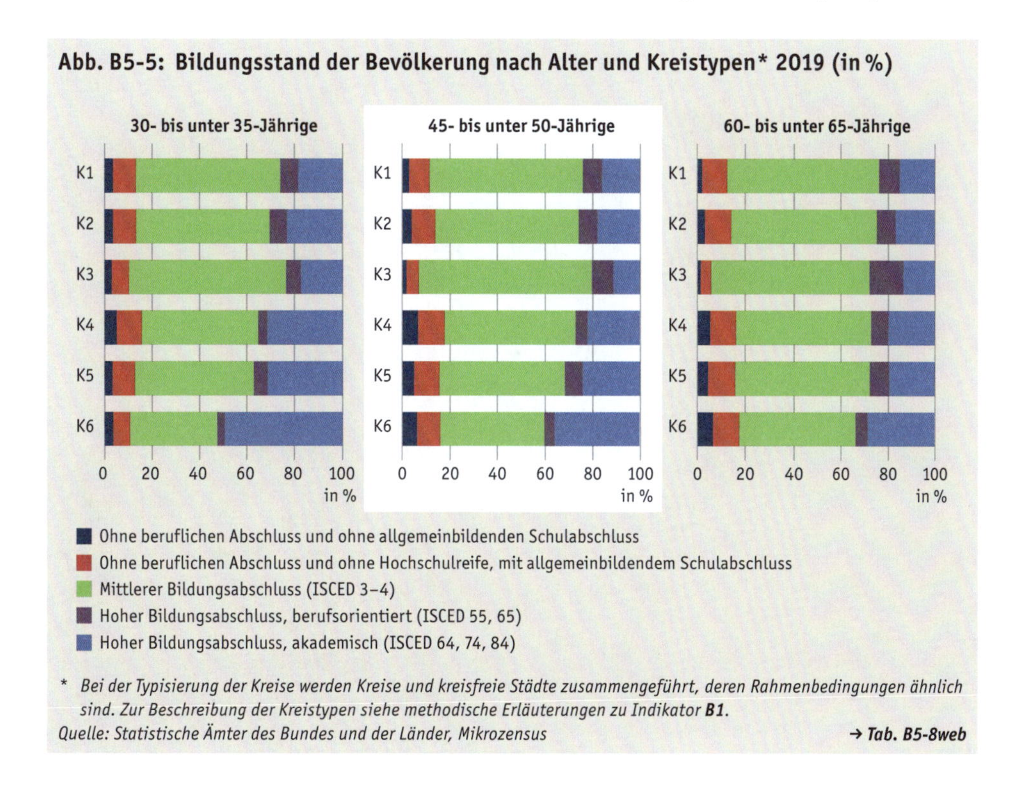


* *Bei der Typisierung der Kreise werden Kreise und kreisfreie Städte zusammengeführt, deren Rahmenbedingungen ähnlich sind. Zur Beschreibung der Kreistypen siehe methodische Erläuterungen zu Indikator **B1**.*

*Quelle: Statistische Ämter des Bundes und der Länder, Mikrozensus*

→ *Tab. B5-8web*

auch die geringste Quote der Erwachsenen ohne beruflichen Abschluss oder Hochschulreife (8 %) zu finden sind. Dieser Befund gilt nicht nur für die älteren Kohorten, die ihren beruflichen Abschluss in der DDR erwarben, sondern auch für die 30- bis unter 35-Jährigen (**Tab. B5-8web**).

# Perspektiven

Demografische und wirtschaftliche Entwicklungen sowie historische Zäsuren und deren Auswirkungen, wie Kita-Schließungen, zeitweiser Verzicht auf Präsenzunterricht aufgrund der Corona-Pandemie oder die Zuwanderung infolge des Ukraine-Kriegs, stellen große Anforderungen an die Anpassung des Bildungssystems. Die gestiegene Bildungsbeteiligung im Elementar- und Tertiärbereich ist ein weiterer zentraler Einflussfaktor.

Die Corona-Pandemie hat systemische Schwächen des deutschen Bildungssektors intensiviert und sichtbar gemacht. Hier sind insbesondere die Versäumnisse bei der Digitalisierung der Schulen sowohl im Bereich der IT-Infrastruktur als auch in der Förderung digitaler Kompetenzen der Kinder und Jugendlichen zu nennen. Besonders belastend war diese Situation für sozial benachteiligte Kinder und Jugendliche, deren Familien weder die pädagogische Unterstützung noch die erforderliche IT-Ausstattung bieten konnten. Die nachhaltige Digitalisierung des Bildungssektors wird von einer Verstetigung der Investitionen in die Infrastruktur, in den Ausbau der digitalen Bildungsangebote und der Qualifikation des Bildungspersonals abhängen. Mit Blick auf die aktuelle Situation besteht das Risiko, dass die Bildungsausgaben (**B3**) zugunsten anderer Ressorts wie etwa Gesundheit und Verteidigung zurückfallen.

Die aufgrund des Geburtenanstiegs wieder wachsende Schüler:innenzahl, die sich mittelfristig auf den gesamten Schulbereich ausweiten wird, erfordert eine Umkehr des Abbaus allgemeinbildender und beruflicher Schulen (**B1**). Vor allem in strukturschwächeren Regionen trägt nicht nur ein wohnort-, sondern auch betriebsnahes Bildungsangebot zur wirtschaftlichen und gesellschaftlichen Entwicklung bei.

Um einem fortbestehenden Fachkräftemangel am deutschen Arbeitsmarkt zu begegnen, lohnt es sich, neben dem Anwerben qualifizierter Fachkräfte aus dem Ausland auch die Strategie der Höherqualifizierung im deutschen Bildungssystem weiter zu forcieren. Es bietet sich an, die hohe Bildungsbeteiligung im Tertiärbereich sowohl in beruflichen als auch in akademischen Bildungsgängen aufrechtzuerhalten und weiter auszubauen. Eine besondere Bedeutung kommt hier auch der Weiterbildung zu. Ein klares Zeichen für eine gelungene Integration in den Arbeitsmarkt stellt die hohe Erwerbsbeteiligung junger Erwachsener dar, die eine Berufsausbildung abgeschlossen haben. Überlegungen, durch welche Anreize ihre Beteiligung an weiterer formaler Bildung erhöht werden kann, sind dennoch angebracht. Auch die Bildungsbeteiligung der 19- bis unter 25-Jährigen ohne beruflichen Abschluss oder Hochschulreife (**B4**) zeigt großes Potenzial, mehr junge Erwachsene für einen qualifizierten Abschluss, der international als grundlegende Voraussetzung für gelingende Arbeitsmarktintegration und soziale Teilhabe gilt, zu gewinnen.

Wo eine frühe Erwerbstätigkeit als lukrativer oder notwendiger als eine Bildungsbeteiligung erachtet wird, stellen häufig finanzielle Zugangsbarrieren Hemmfaktoren dar. Sinkende Förderquoten im Schul- sowie Hochschulbereich (**B3**) unterstreichen die Notwendigkeit einer Reform des BAföG und weiterer Förderinstrumente zur Teilnahme an akademischer wie beruflicher Bildung.

Auch wenn der Bildungsstand der Bevölkerung in den vergangenen 10 Jahren einen Trend zur Höherqualifizierung verzeichnet (**B5**), bleiben signifikante Unterschiede des Bildungsniveaus bei Menschen mit Migrationshintergrund dennoch bestehen. Insbesondere für junge Erwachsene, die im Alter von unter 19 Jahren zugezogen sind, erweist sich der Erwerb von Hochschulabschlüssen in Deutschland als schwieriger. Diese Chancenungleichheit, die ihre Wurzeln bereits in den dem Hochschulbereich vorgelagerten Bildungsphasen hat, bedarf gegensteuernder Maßnahmen. Auch lohnt es, die Erhöhung der Bildungsbeteiligung junger Erwachsener mit Migrationshintergrund, die bei Zuzug 19 Jahre und älter waren, stärker in den Fokus zu rücken.

Vor dem Hintergrund der sich abzeichnenden Zuwanderung infolge des Ukraine-Kriegs entstehen für die Akteur:innen im Bildungssystem wesentliche Herausforderungen. Für die aus der Ukraine erwarteten Zuwanderinnen und Zuwanderer sind nicht nur Angebote in Kindertagesbetreuung und Schulen, sondern auch im Tertiärbereich notwendig, um durch Bildungsbeteiligung die Integration zu fördern und den Aufbau von Fachkräften zu erhöhen. Auch die Anzahl der Neuanträge zur Anerkennung ausländischer Berufsabschlüsse wird voraussichtlich eine erhebliche Steigerung erfahren und kurzfristige Handlungsbedarfe entstehen lassen.

Ein hochwertiges Bildungsangebot erfordert ausreichendes und gut qualifiziertes Personal. Hierauf legt das aktuelle Schwerpunktkapitel **H** den Fokus.

B

# Im Überblick

## Bildungsstand der Bevölkerung steigt weiterhin

Anteil der Bevölkerung mit hohem Bildungsabschluss (ISCED 5–8)

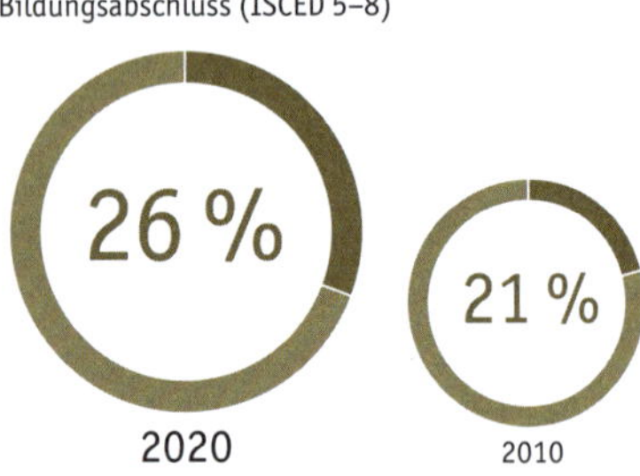

## Gestiegene Bildungsbeteiligung und Zunahme der Bildungseinrichtungen im Kita- und Hochschulbereich

Veränderung von 2010 bis 2020 (in %)

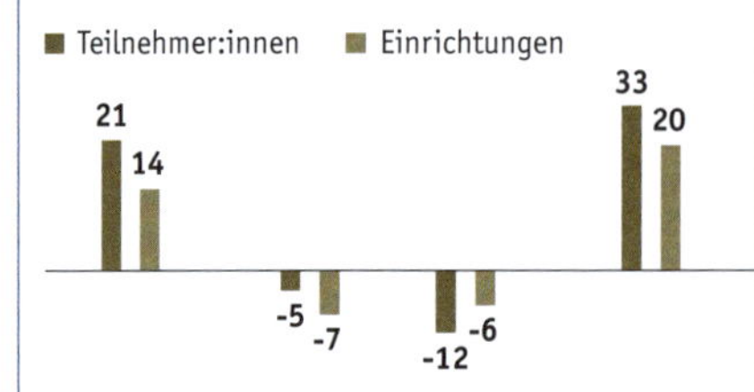

## Erreichter Bildungsabschluss beeinflusst die Bildungs- und Erwerbsbeteiligung junger Erwachsener

Bildungsbeteiligungsquote der 19 bis unter 25-Jährigen nach erreichtem Abschluss, 1. Quartal 2019 (in %)

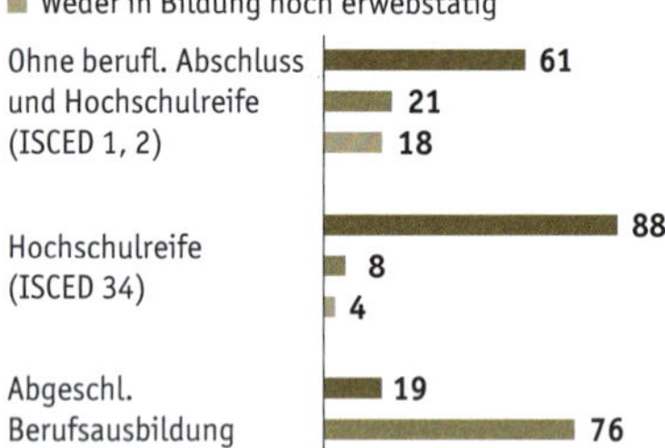


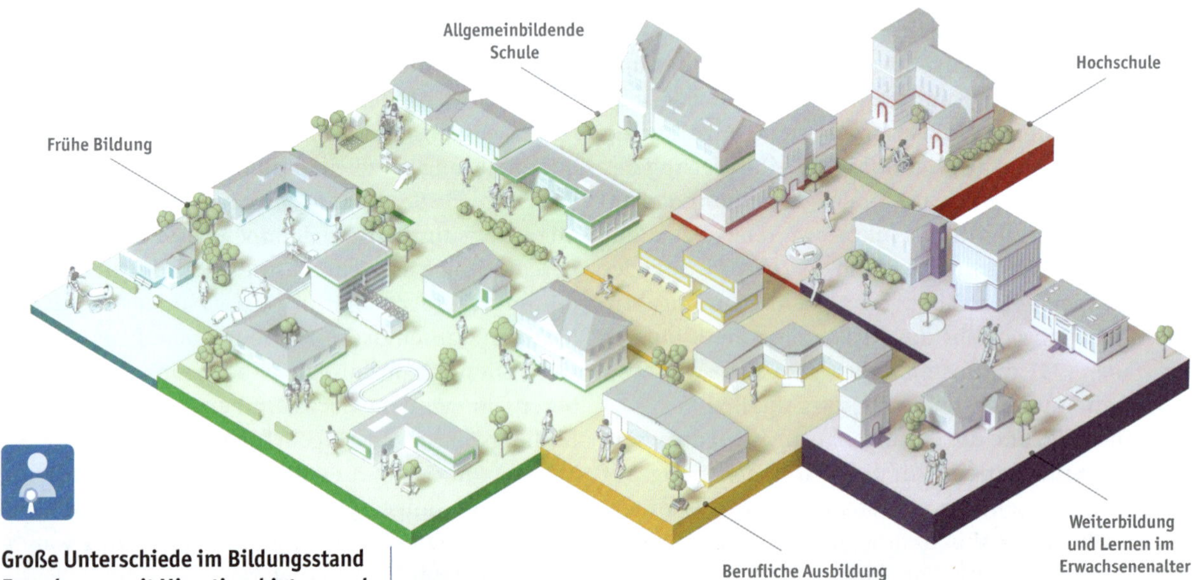


## Große Unterschiede im Bildungsstand Erwachsener mit Migrationshintergrund, insbesondere nach Zuzugsalter

Bevölkerungsanteil im Alter von 25 bis unter 65 Jahren nach Bildungsabschluss 2019 (in %)

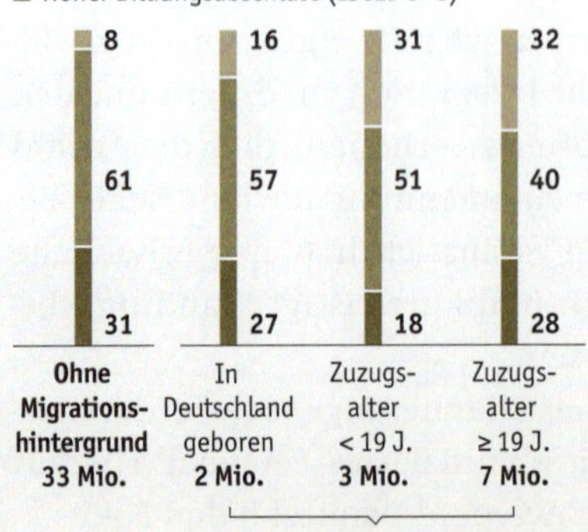


## Formale Bildungseinrichtungen wichtiger Beschäftigungssektor am Arbeitsmarkt

Anteil des Personals in formalen Bildungseinrichtungen an allen Erwerbstätigen 2020

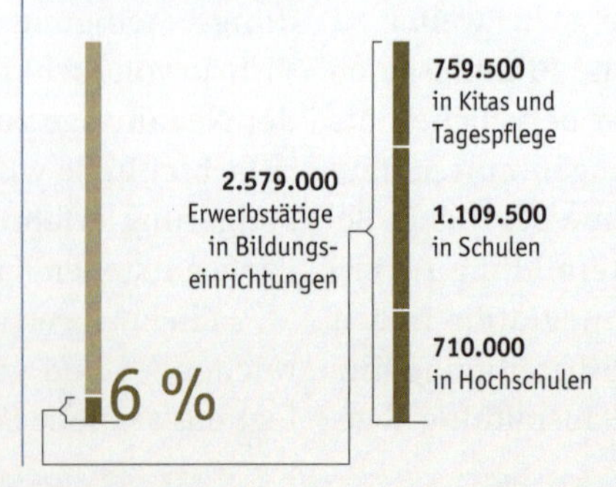

## Schulen und schulnaher Bereich sind Ausgabenschwerpunkt im Bildungssektor

Bildungsausgaben 2020 nach Aufgabenbereichen

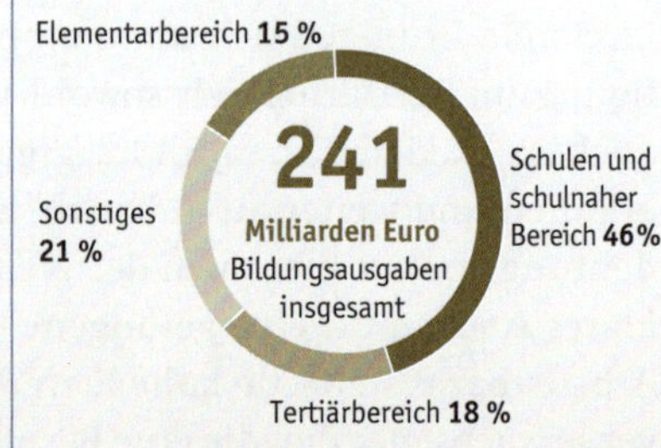

# Frühe Bildung, Betreuung und Erziehung

Mit mehr als 3 Millionen Kindern in der Kindertagesbetreuung wurde im Jahr 2021 ein neuer Höchststand an institutionalisierter früher Bildung, Betreuung und Erziehung erreicht. Trotz der pandemischen Ausnahmesituation ist der Bereich der Frühen Bildung also weiterhin von einer hohen Ausbaudynamik und einem stetig wachsenden Bedarf an familienunterstützender Bildung, Betreuung und Erziehung geprägt. Während der Corona-Pandemie erfuhr die Frühe Bildung gleichwohl eine bislang nie da gewesene Herausforderung: So wurde die Bildung von Kindern zeitweise komplett in den privaten Raum verlagert und die institutionelle Bildung, Betreuung und Erziehung phasenweise stark in Kontinuität und Umfang eingeschränkt. Zwar kann bislang keine abschließende Bilanz dazu gezogen werden, welche Auswirkungen der temporäre Wegfall von institutionellen Bildungsgelegenheiten auf Kinder mit unterschiedlichen familialen Hintergründen oder Entwicklungsständen auf dem weiteren Bildungsweg haben wird, dennoch deuten erste empirische Befunde dementsprechende Benachteiligungen an. In dieser Zeit wurde der Gesellschaft drastisch die Bedeutsamkeit der frühpädagogischen Fachkräfte (vgl. **H**) und deren Begleitung und Unterstützung von Bildungsprozessen schmerzlich vor Augen geführt. Fragen der Chancengleichheit in der frühen Kindheit wurden damit zentraler denn je.

Das Kapitel **C** stellt die Veränderungen in den Bedarfslagen für institutionalisierte Frühe Bildung und das Verhältnis von privater und öffentlicher Bildung, Betreuung und Erziehung dar. Während die Indikatoren **C1**, **C4** und **C5** familiale und individuelle Lebenslagen in den Vordergrund rücken, stellen die Indikatoren **C2** und **C3** die institutionellen Gegebenheiten und ihre Inanspruchnahme dar. So werden zu Beginn des Kapitels Rahmenbedingungen und Ausprägungen familialer Bildung, Betreuung und Erziehung in Indikator **C1** betrachtet. Ein Fokus liegt dabei auf der Veränderung familialer Bildungssettings und -aktivitäten durch die Corona-Pandemie. Zudem wird erstmals das staatlich geförderte Angebot an Familienbildung und -beratung aufgegriffen. Im Anschluss daran wird die Angebotsentwicklung der Kindertagesbetreuung (**C2**) als sozialstaatliche Reaktion auf den Unterstützungsbedarf des familialen Aufwachsens und der Frühen Bildung analysiert. Fragen pandemiebedingter Veränderungen in der Angebotsverfügbarkeit werden dabei gesondert in den Blick genommen. Zudem wird die inhaltliche und personelle Ausgestaltung der Bildungsangebote differenziert dargestellt.

Neben Fragen der Bedarfsgerechtigkeit der bestehenden Angebotslandschaft werden vor allem Fragen der aktuellen und künftigen Entwicklung der Angebotsnutzung – auch im Hinblick auf pandemiebedingte Effekte – analysiert (**C3**). Hierbei werden auch die Zugänge zu Früher Bildung nach familialen Merkmalen näher betrachtet.

Frühen sprachlichen Kompetenzen und dem Umgang mit Kindern mit Sprachförderbedarf ist diesmal ein eigenständiger Indikator (**C4**) gewidmet. Der Anteil an Kindern, die mit Deutsch als Zweitsprache aufwachsen, wird in der zeitlichen und räumlichen Perspektive betrachtet. Wie die Länder mit Sprachstandsdiagnostik und Sprachförderung in Pandemiezeiten umgegangen sind, wird anhand aktueller Daten dargestellt. Schließlich folgen in Anknüpfung an den Bildungsbericht 2014 Analysen zur Entwicklung sprachlicher Kompetenzen von Kindern im Zeitverlauf auch nach familialen Merkmalen sowie nach der Länge des Kita-Besuchs. Der Indikator **C5** widmet sich dem Übergang in die Grundschule und untersucht, ob sich bereits Hinweise auf Änderungen in der Einschulungspraxis im Pandemieverlauf zeigen. Zudem werden die Entwicklungen bei Einschulungen von Kindern mit sonderpädagogischem Förderbedarf – auch nach Staatsangehörigkeit – dargestellt.

Zuletzt im Bildungsbericht 2020 als C1

# Bildung in der Familie



Die Bildung, Betreuung und Erziehung in der frühen Kindheit findet trotz des insgesamt früheren Einstiegs in institutionelle Bildungs- und Betreuungsangebote weiterhin maßgeblich in der Familie statt. Unabhängig von den besuchten Bildungseinrichtungen wie Kita oder Schule ist die Familie altersübergreifend nicht nur für viele Bildungsimpulse, sondern auch für den gesamten Bildungsweg der Kinder von entscheidender Bedeutung. Stellvertretend für den gesamten Lebensweg junger Menschen, der stark vom Elternhaus geprägt wird, werden in diesem Indikator Bildungsprozesse in der Familie bei noch nicht schulpflichtigen Kindern in den Mittelpunkt gerückt, während Indikator **D5** einige Facetten der familialen Lernumgebung von Kindern im Schulalter betrachtet. Die vielfältigen Anregungen in der Familie werden dabei schon früh durch Lerngelegenheiten und Bildungsimpulse in den institutionalisierten Settings der Kita ergänzt (**C2**). Neben grundlegenden Entwicklungen in den familialen Zeit- und Bildungsarrangements stellt sich die Frage nach den Auswirkungen der Corona-Pandemie auf die Bildung, Betreuung und Erziehung in der Familie. Familiale Bildungsprozesse werden auch durch staatlich geförderte Familienbildungs-, beratungs- und -erholungsangebote unterstützt. Wie sich deren Angebotsstruktur im Zeitverlauf entwickelt hat, wird anhand amtlicher Daten berichtet.

## Übergang von familialen Lernwelten zu institutionellen Bildungsorten

Der Frühen Bildung (G) liegt seit jeher ein weites Bildungsverständnis zugrunde, wie es auch die meisten Bildungs- und Erziehungspläne der Länder festhalten (**C2**). Die kindliche Entwicklung von beispielsweise sozialen, kognitiven oder motorischen Fähigkeiten erfolgt über die Auseinandersetzung mit den alltäglichen Dingen des Lebens. So finden Bildungsprozesse in der frühen Kindheit nicht nur über explizite Lerngelegenheiten wie Vorlesen oder Zahlenspiele statt, sondern werden vor allem in den Alltag integriert und meist „nebenher" vermittelt. Bildung in der frühen Kindheit ist dabei vielfach in ein typisches Ineinander von Bildungs-, Betreuungs- und Erziehungsprozessen eingebettet.

**Breit angelegter Bildungsbegriff in der frühen Kindheit**

Informelle Bildungsprozesse (G), die den Familienalltag durchziehen, hängen auch wesentlich von den Zeitressourcen der Eltern ab. Daher hat die Einführung der Elternzeit und des Elterngeldes nicht nur eine ökonomische Komponente, sondern sollte Müttern – und verstärkt auch Vätern – mehr Zeit mit ihren Kindern ermöglichen. In den ersten Lebensmonaten der Kinder bietet das Elterngeld (M) und in den ersten Lebensjahren das ElterngeldPlus (M) beiden Elternteilen die Möglichkeit, mehr Zeit mit ihren Kindern zu verbringen. Für eine egalitäre Rollenverteilung in der elterlichen Kindererziehung und eine Unterstützung von väterlichen Bildungsimpulsen wird eine höhere Beteiligung der Väter im Elterngeldbezug politisch angestrebt. Die Väterbeteiligung, also der Anteil an Kindern, deren Väter Elterngeld bezogen haben, ist von 21 % für im Jahr 2008 geborene Kinder auf 42 % für 2018 geborene Kinder angestiegen (**Tab. C1-1web**). Jedoch zeigen sich in der Bezugsdauer nur geringfügige Änderungen: So nahmen Väter für im Jahr 2018 geborene Kinder nicht einmal 10 % aller Elterngeldmonate in Anspruch (**Tab. C1-2web**).

**Zwischen 2008 und 2018 Verdoppelung der Elterngeldbezüge von Vätern bei weiterhin kurzer Bezugsdauer**

Daneben wird das ElterngeldPlus, das für einen erleichterten Wiedereinstieg in den Beruf und eine flexiblere Vereinbarkeit von Arbeit und Familie eingeführt wurde, immer stärker nachgefragt: Demnach nahmen Eltern von 2018 geborenen Kindern zu 22 % ElterngeldPlus in Anspruch – mit einem Fokus bei Müttern mit 26 % (Väter: 11 %; **Tab. C1-3web**). Dass Eltern neben dem Bezug von ElterngeldPlus erwerbstätig sein

können, verdeutlicht auch die steigende Erwerbsorientierung von Müttern: Die realisierte Erwerbstätigenquote(M) ist insbesondere bei Müttern mit einem jüngsten Kind von 2 Jahren in den letzten 10 Jahren deutlich angestiegen, um 11 Prozentpunkte auf 62 % (2020) (**Tab. C1-4web**). Mit einer Erhöhung der Müttererwerbstätigkeit geht auch eine frühere Kita-Inanspruchnahme der Kinder einher. So zeigen die im KiBS(D)-Survey für das Jahr 2020 angegebenen Bildungs- und Betreuungskonstellationen bis zum 3. Lebensjahr einen starken Anstieg der Kita-Inanspruchnahme und mit steigendem Alter eine deutliche Abnahme der alleinigen familialen Betreuung (**Abb. C1-1**, links).

**Anstieg der realisierten Erwerbstätigkeit besonders bei Müttern, deren jüngstes Kind 2 Jahre alt ist**

## Bildungs- und Betreuungssettings in Zeiten der Corona-Pandemie



Im Zuge der Corona-Pandemie kam es zeitweise zu kompletten Kita-Schließungen oder deutlichen Einschränkungen des Zugangs (**C2**). Für die Phase der Kita-Schließungen im 1. Lockdown(G) liegen Daten des KiBS-Surveys vor, die die Bildungs- und Betreuungsarrangements im 1. Halbjahr 2020 abbilden (**Abb. C1-1**).

Während der Phase der 1. Kita-Schließungen gaben die Eltern eine deutlich geringere Kita-Nutzung in allen Altersgruppen an (**Abb. C1-1**, rechts), was auf die pandemiebedingten Zugangsbeschränkungen zurückgeführt werden kann (**C2**). Auch die Unterstützung durch Großeltern und andere Personen wie Au-pairs oder Babysitter:innen ging infolge der Kontaktbeschränkungen stark zurück. Dementsprechend erreichte die ausschließlich familiale Betreuung bei 1- bis unter 6-Jährigen während der Phase der 1. Kita-Schließungen einen Höchststand (**Tab. C1-5web**). Kita-Schließungen und Kontaktbeschränkungen führten so zu einer deutlichen Rückverlagerung der frühen Bildung, Betreuung und Erziehung in die Familie.

**Rückverlagerung der frühen Bildung in die Familie mit Beginn der Pandemie**

Dabei waren vor allem die elterlichen Arbeitsarrangements ausschlaggebend für die jeweiligen Bildungs- und Betreuungssettings. So waren Eltern vielfach gefordert, die Bildung und Betreuung ihrer Kinder – häufig neben der eigenen Erwerbstätigkeit –

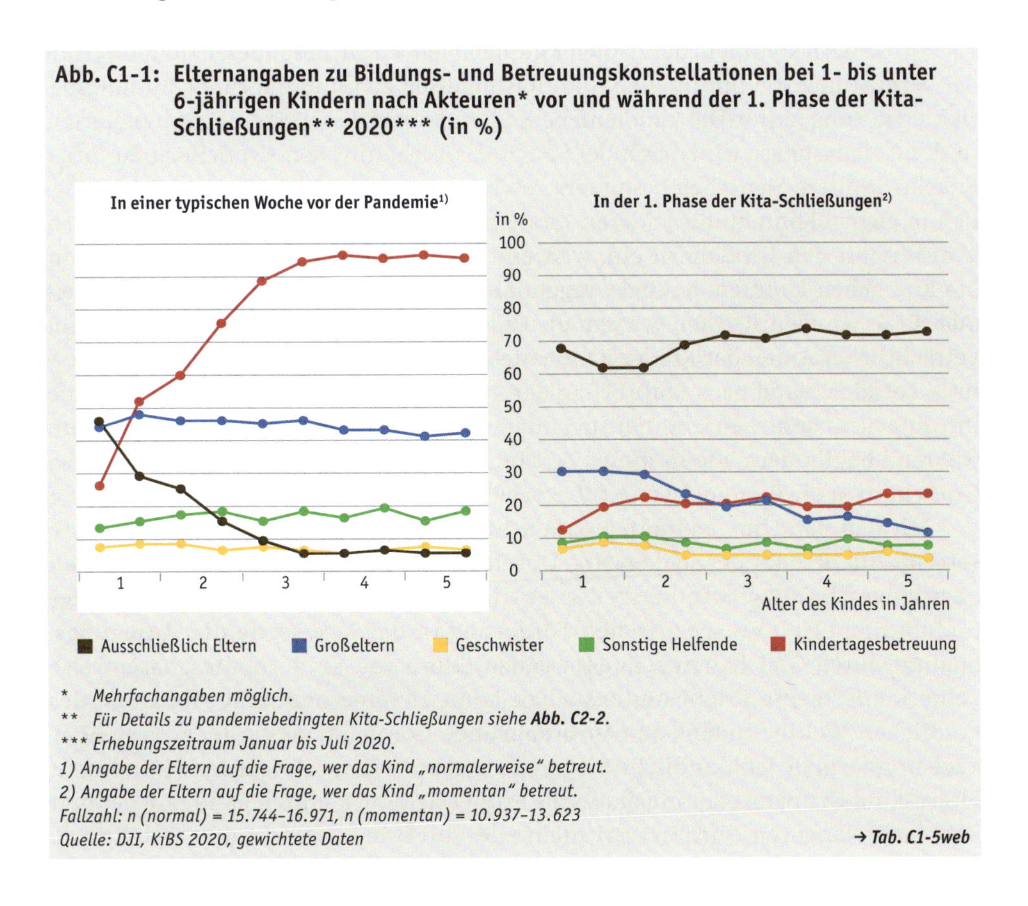


**Abb. C1-1: Elternangaben zu Bildungs- und Betreuungskonstellationen bei 1- bis unter 6-jährigen Kindern nach Akteuren* vor und während der 1. Phase der Kita-Schließungen** 2020*** (in %)**

* *Mehrfachangaben möglich.*
** *Für Details zu pandemiebedingten Kita-Schließungen siehe* ***Abb. C2-2.***
*** *Erhebungszeitraum Januar bis Juli 2020.*
*1) Angabe der Eltern auf die Frage, wer das Kind „normalerweise" betreut.*
*2) Angabe der Eltern auf die Frage, wer das Kind „momentan" betreut.*
*Fallzahl: n (normal) = 15.744–16.971, n (momentan) = 10.937–13.623*
*Quelle: DJI, KiBS 2020, gewichtete Daten*

→ *Tab. C1-5web*

**In der Pandemie elterlicher Spagat zwischen Kindern und Erwerbstätigkeit**

mehr oder weniger selbst zu bewerkstelligen. Dies belastete allen voran alleinerziehende Mütter durch die Doppelanforderung von Erwerbstätigkeit und Kinderbetreuung stark (Bujard et al., 2021). Die pandemiebedingte Verlagerung der Kinderbetreuung in die Familie führte in vielen Familien zudem zu einer Retraditionalisierung der Sorgearbeit, indem Mütter zu großen Teilen den Ausfall der Kita kompensierten. So stieg der Anteil an Müttern, die sich (fast) vollständig allein um die Sorgearbeit kümmerten, in der Pandemie deutlich an (Jessen et al., 2021; Kreyenfeld & Zinn, 2021).

Während der Phase der Kita-Schließungen im und nach dem 1. Lockdown war der Besuch einer Kita von dem Kriterium eines „systemrelevanten Berufs" abhängig (**C2**). Jedoch gaben auch – je nach Alter – mehr als die Hälfte bis zu zwei Drittel der Eltern in systemrelevanten Berufen an, ihre Kinder ausschließlich privat betreut zu haben (**Tab. C1-5web**). Auch Kinder von Eltern, die nicht im Homeoffice arbeiten konnten, besuchten in dieser Zeit häufiger eine Kita als Kinder, deren Eltern aus dem Homeoffice heraus ihrer beruflichen Tätigkeit nachgingen.



Nach einem signifikanten Rückgang der Inzidenzen über die Sommermonate des Jahres 2020 kehrten die meisten Kitas im Herbst 2020 in den vollständigen Regelbetrieb unter Pandemiebedingungen zurück, und folglich konnte ein Großteil der Kinder annäherungsweise regulär die Kindertagesbetreuung G nutzen (**C2**). Anfang 2021 blieben mit dem 2. Lockdown und der damit einhergehenden erweiterten Notbetreuung bzw. Elternappellen etwa die Hälfte der Kinder, die normalerweise eine Kita besuchen, zu Hause (**Abb. C1-2**). Im Frühjahr 2021 wurden die Einschränkungen deutlich gelockert, sodass nach Angabe der Eltern im März 2021 81 % der Kinder wieder das Kita-Angebot nutzen konnten. So fielen die Quoten der Inanspruchnahme im Pandemieverlauf nie mehr auf das geringe Niveau während der 1. Phase der Kita-Schließungen im Frühjahr 2020. Gleichwohl blieben die unsichere Bildungs- und Betreuungssituation und die damit einhergehende fehlende Verlässlichkeit in der Frühen Bildung bestehen.

**Kita-Nutzung zu Pandemiebeginn altersübergreifend auf Tiefststand**

Großeltern kommt in der frühen Kindheit vielfach ein besonderer Stellenwert in der Vermittlung von informellen Bildungsimpulsen zu (Autorengruppe Bildungsberichterstattung, 2018). Die pandemiebedingten Kontaktbeschränkungen tangierten in der Anfangsphase ganz besonders auch das Verhältnis von Großeltern zu ihren Enkeln, da ältere Menschen besonders geschützt werden sollten. Da Kita-Kinder täglich in engem Kontakt mit anderen Kindern stehen, schränkten viele Familien den Umgang mit den Großeltern ein, während Kinder, die pandemiebedingt nicht in die Kita gehen konnten, häufiger regelmäßig von den Großeltern betreut wurden (**Abb. C1-2**). Am deutlichsten wurden die Unterschiede in den Monaten, in denen ein beträchtlicher Anteil der Kinder pandemiebedingt nicht in die Kita gehen konnte – im 2. Lockdown und nach Einführung der Bundesnotbremse: So wurden Kinder, die ihre Kita nicht besuchen konnten, im Januar 2021 zu 38 % von den Großeltern betreut, während bei Kindern, die in dieser Zeit in die Kita gegangen sind, nur zu 31 % die Großeltern in die Betreuung miteinbezogen wurden (**Tab. C1-6web**).

**Im 2. Lockdown häufigere Betreuung durch Großeltern bei Kindern, die Kita nicht besuchen konnten**

Mit den pandemiebedingten Kita-Schließungen änderten sich die Bildungssettings für viele Kinder schlagartig. Durch temporäre Einrichtungsschließungen oder eingeschränkte Öffnungszeiten entfiel für viele Kinder ein großer Teil der Bildungsimpulse und spezifischen Förderung in der Kita sowie der Anregungsqualität durch Gleichaltrige. Zudem gaben Eltern von Kindern, die phasenweise keine Kindertageseinrichtung besuchen konnten, eine deutliche Abnahme des kindlichen Wohlbefindens an (Autorengruppe Corona-KiTa-Studie, 2021b). Aber auch non-formale frühkindliche Bildungsangebote wie Sport- und Schwimmkurse, Eltern-Kind-Gruppen oder musikalische Früherziehung konnten pandemiebedingt über einen längeren Zeitraum gar nicht oder nur sehr eingeschränkt stattfinden.

**Beeinträchtigung des Wohlbefindens von Kita-Kindern, die pandemiebedingt nicht in die Kita gehen konnten**

**Abb. C1-2: Elternangaben zur Betreuungssituation bei 1- bis unter 6-Jährigen zwischen November 2020 und August 2021 (in %)**

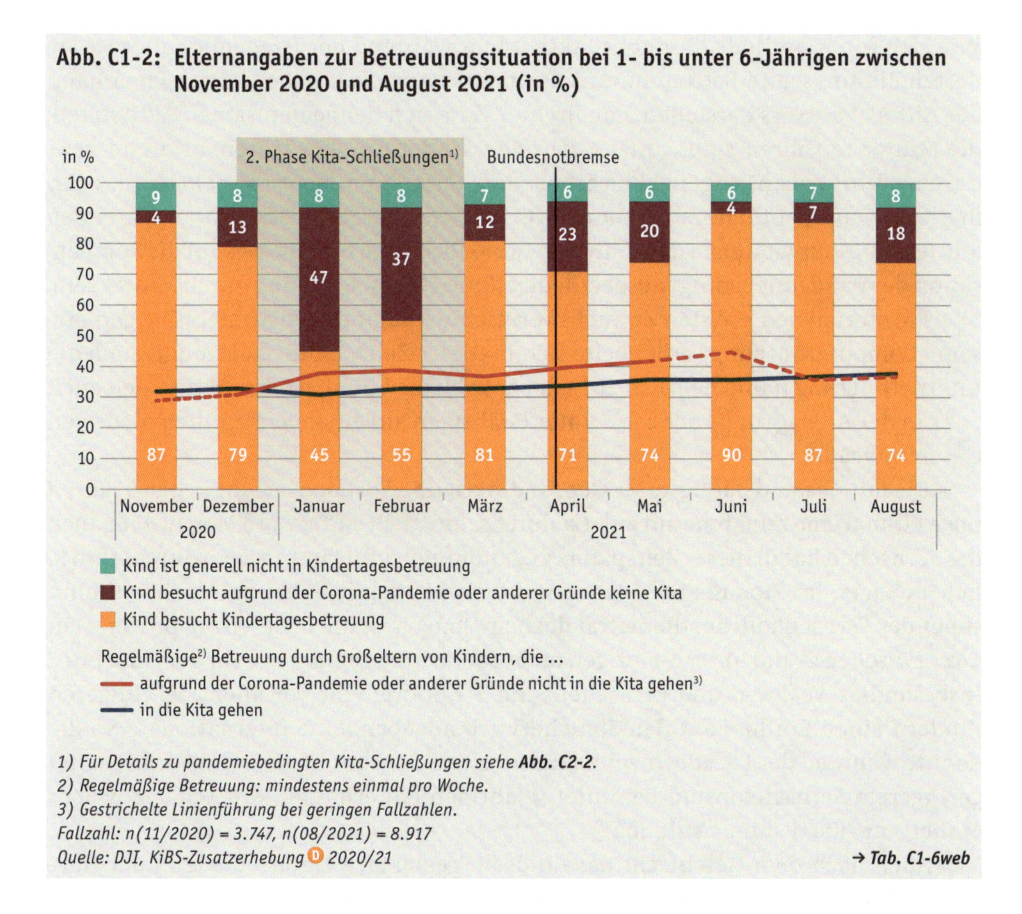


*1) Für Details zu pandemiebedingten Kita-Schließungen siehe* ***Abb. C2-2.***
*2) Regelmäßige Betreuung: mindestens einmal pro Woche.*
*3) Gestrichelte Linienführung bei geringen Fallzahlen.*
*Fallzahl: n(11/2020) = 3.747, n(08/2021) = 8.917*
*Quelle: DJI, KiBS-Zusatzerhebung 2020/21* **→ *Tab. C1-6web***

Die damit einhergehende Rückverlagerung auf die Familie führte auch dazu, dass die Einschätzung des Kindeswohls durch Kita-Fachkräfte in Präsenzangeboten häufig nicht mehr gegeben war und damit die Sorge vor unentdeckten Kindeswohlgefährdungen wuchs. Die außergewöhnlichen Belastungen von Familien im Rahmen der pandemiebedingten Einschränkungen und der (Teil-)Schließungen der Kindertageseinrichtungen dürften zu dem Anstieg an Kindeswohlgefährdungen im Jahr 2020 beigetragen haben; so wurde 2020 der bislang höchste erhobene Wert von 81.136 Verdachtsmeldungen innerhalb eines Jahres gemeldet (**Tab. C1-7web**). Kindeswohlgefährdungen stellen einen Problemkontext dar, der betroffene Kinder in ihrer Entwicklung massiv und nachhaltig beeinträchtigen kann; das gilt natürlich auch für ihre Bildungsbiografie.

**Verdachtsmeldungen zu Kindeswohlgefährdungen 2020 auf Höchststand**

## Bildungsaktivitäten in der Familie

Innerhalb der Familie können gemeinsame Eltern-Kind-Aktivitäten zu einer höheren bildungsbezogenen Anregungsqualität beitragen. Einen wesentlichen Impuls stellt das Vorlesen dar; aber auch gemeinsame Aktivitäten wie Basteln oder Singen sowie Ausflüge können informelle Bildungsprozesse im Familienalltag fördern. Sowohl Studien mit deutschen als auch US-amerikanischen Daten verdeutlichen zudem, dass der familiale Anregungsgehalt auch von der in der Kindertagesbetreuung vorherrschenden Qualität beeinflusst wird (Kuger et al., 2019; Lehrl et al., 2014). Kinder, die am stärksten von einer hohen Kita-Qualität profitieren würden, erfahren jedoch die geringsten Verbesserungen in der familialen Anregungsqualität. So können die pandemiebedingten Kita-Schließungen vor allem bei denjenigen Kindern zu eingeschränkten Bildungsprozessen beigetragen haben, die auch zu Hause eine geringe Anregungsqualität vorfinden.

Wie sich innerfamiliale (Bildungs-)Aktivitäten während der Pandemie unter veränderten Bildungs- und Betreuungsarrangements entwickelt haben, lässt sich anhand des AID:A-Surveys darstellen. Ein direkter Vergleich der gemeinsamen Aktivitäten, die Mütter mit ihren 2- bis unter 6-jährigen Kindern in den Jahren 2019 und 2021 durchgeführt haben, zeigt in allen erhobenen Aktivitäten – sowohl analogen als auch digitalen – eine deutliche Zunahme (**Abb. C1-3**). Der generelle Anstieg an gemeinsamen Mutter-Kind-Aktivitäten in den Jahren 2019 bis 2021 kann ein Hinweis auf die Kompensation der pandemiebedingt ausgefallenen Kindertagesbetreuung durch Mütter sein.

**Zunahme an innerfamilialen Mutter-Kind-Aktivitäten während Pandemie**

Prozentual den größten Zuwachs verzeichnen digitale Aktivitäten: Die gemeinsame Computernutzung verdoppelte sich in dieser Zeitspanne nahezu und auch die Internetnutzung nahm deutlich zu. Jedoch verbleiben diese beiden Aktivitäten auch 2021 in der Altersgruppe der 2- bis unter 6-jährigen auf einem erstaunlich niedrigen Gesamtniveau.

**Digitale Aktivitäten verbleiben auf niedrigem Niveau**

Die mit Abstand häufigste Mutter-Kind-Aktivität „Vorlesen" erfuhr in den 2 Jahren noch einmal eine Zunahme auf zuletzt durchschnittlich 24 Tage pro Monat. Aber auch das Fernsehen hat in dieser Zeitspanne zugenommen und fand 2021 an durchschnittlich 15 Tagen im Monat statt. Während das Vorlesen mit höherem Alter abnimmt, steigt der Fernsehkonsum diametral dazu an. Jedoch ist die Differenz beim Vorlesen 2021 zwischen 2- und unter 6-Jährigen nicht so stark ausgeprägt wie vor der Pandemie. Insbesondere Vorlesen und Fernsehen sind 2 Faktoren, die vor allem bei jüngeren Kindern einen Einfluss auf den Spracherwerb ausüben. Eine internationale Studie konnte während der Lockdownzeiten nachweisen, dass mit häufigerem Vorlesen und geringerem Fernsehkonsum bei unter 3-Jährigen ein erhöhter Wortschatzzuwachs einherging (Kartushina et al., 2022).

**Höchste Zunahme beim Vorlesen, aber auch Anstieg digitaler Aktivitäten**

Auch nach dem Geschlecht des Kindes ergeben sich Unterschiede in der Häufigkeit des Vorlesens. Während 2019 noch keine geschlechtsspezifischen Differenzen erkennbar waren, wurde Mädchen während der Pandemie an durchschnittlich 2 Tagen im Monat häufiger vorgelesen als Jungen. Dieser Unterschied bleibt auch

**Abb. C1-3: Aktivitäten von Müttern mit ihren 2- bis unter 6-jährigen Kindern 2019 und 2021* nach Art der Aktivität (in Tagen pro Monat)**

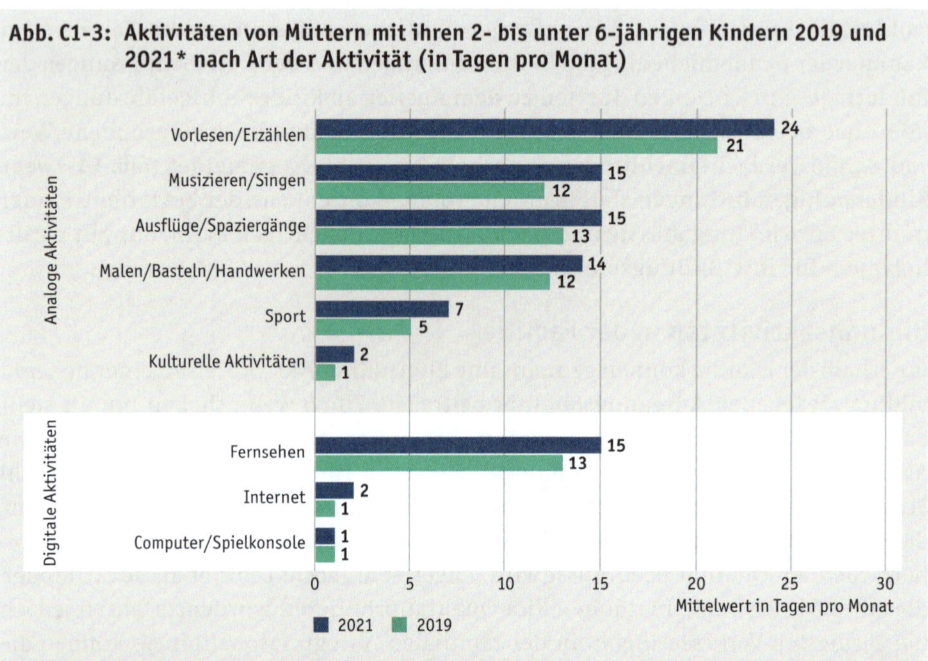


* *2021 wurden in der AID:A-Befragung aus erhebungstechnischen Gründen nur mehr die Mütter und bei nicht im Haushalt lebenden Müttern die (alleinerziehenden) Väter befragt.*

*Fallzahl: n (2019) = 2.090–2.125, n (2021) = 877–888*

*Quelle: DJI, AID:A 2019 und 2021, gewichtete Daten (2021 vorläufige Gewichtung), eigene Berechnungen* → **Tab. C1-8web**

unter Kontrolle der elterlichen Bildung sowie einer möglichen Erwerbstätigkeit der Mutter bestehen. Beim Fernsehen zeigen sich zu beiden Zeitpunkten keine signifikanten Geschlechterunterschiede.

Mit der Berufstätigkeit der Mutter variiert auch das Vorlesepensum insofern, als erwerbstätige Mütter ihren Kindern häufiger vorlesen als erwerbslose – ein Effekt, der auch unter Kontrolle des höchsten elterlichen Bildungsstands bestehen bleibt. Jedoch nähert sich das Vorleseverhalten von erwerbslosen Müttern im Jahr 2021 an das erwerbstätiger Mütter an: Während erwerbslose Mütter 2019 noch durchschnittlich 4 Tage im Monat seltener vorlasen, waren es im Jahr 2021 nurmehr im Mittel 3 Tage weniger. In Bezug auf Fernsehen zeigen sich keine größeren Unterschiede nach der Müttererwerbstätigkeit (**Tab. C1-8web**).

**Unterschiede in der Vorlesehäufigkeit nach elterlichem Bildungsniveau verstärken sich**

Je nach elterlichem Bildungshintergrund variiert das gemeinsame Fernsehen; mit höherem Bildungsabschluss der Eltern fällt die Häufigkeit geringer aus. Jedoch gleichen sich im Jahr 2021 die Unterschiede im Fernsehverhalten je nach Bildungsniveau der Eltern an. Beim Vorlesen zeigen sich die entgegengesetzten Effekte: Mit höherem Bildungsniveau der Eltern wird auch mehr vorgelesen. Im Jahr 2021 haben die Unterschiede zwischen niedrigen und hohem Bildungsniveau sich noch verschärft: Zwar wurde auch Kindern von Eltern mit niedrigem Bildungsabschluss 2021 mit 19 Tagen im Monat an durchschnittlich 1 Tag häufiger vorgelesen als noch 2019, jedoch lasen höher gebildete Mütter ihren Kindern 2021 an 26 Tagen im Monat und damit an durchschnittlich 3 Tagen pro Monat häufiger vor als noch 2019.

**Anregungsqualität in der Familie hat während Kita-Schließungen an Bedeutung gewonnen**

Durch die pandemiebedingte Verlagerung der frühen Bildung in das häusliche Umfeld wurde der familiale Bildungshintergrund noch bedeutsamer für die frühen Bildungsimpulse. Die Familie wurde insbesondere während der Lockdowns zum nahezu alleinigen Bildungsort und die familiale Anregungsqualität ausschlaggebend für die Förderung der kindlichen Entwicklung. Infolgedessen führten – ähnlich wie bei Schulkindern (vgl. **D5**) – die „feinen Unterschiede" familialer Voraussetzungen erneut zu unterschiedlichen Bildungssettings und verstärkten Bildungsungleichheiten.

## Familienunterstützende Bildungs- und Beratungsangebote

Familien werden mit unterschiedlichen öffentlich geförderten Angeboten unterstützt, die u. a. die eigene Erziehungsverantwortung und Fähigkeiten der Konfliktbewältigung stärken sollen (§ 16 SGB VIII). Hierbei lassen sich 3 Schwerpunkte ausmachen: (1) Erziehungs- und Familienberatung Ⓜ, (2) Familienbildung Ⓜ (z. B. Geburtsvorbereitungs- oder Eltern-Kind-Kurse in Familienbildungsstätten) sowie (3) Familienfreizeiten und Familienerholung. Darüber hinaus streben Familien- oder Eltern-Kind-Zentren an, Bildungsangebote für Kinder mit weiteren Angeboten für Eltern in einer Einrichtung anzubieten. Einrichtungen, die solche Leistungen der Kinder- und Jugendhilfe erbringen und ihren Schwerpunkt in der Erziehungsberatung, Familienbildung oder als Familienferienstätte haben, werden mit der Kinder- und Jugendhilfestatistik Ⓓ erfasst.[1]

Erziehungsberatungsstellen sind im Vergleich zu Einrichtungen der Eltern- und Familienbildung sowie Einrichtungen, die in der Statistik schwerpunktmäßig als Familienferienstätten Ⓜ erfasst werden, deutlich häufiger anzutreffen (**Tab. C1-9web**). Für das Jahr 2020 wurden 1.890 Erziehungs- und Familienberatungsstellen (mit 14.500 tätigen Personen), 597 Einrichtungen zur Eltern- und Familienbildung (mit 2.200 tätigen Personen) sowie 37 Familienferienstätten (mit 355 tätigen Personen) von der Statistik erfasst. Die deutschlandweite Verteilung entspricht in etwa der allgemei-

*1 Bei Einrichtungen mit mehreren Nutzungsarten wird nur das Hauptnutzungsfeld in der Statistik ausgewiesen. So kann es zu Untererfassungen kommen, die sich bei Familienferienstätten in Abweichungen von den Zahlen der Bundesarbeitsgemeinschaft (BAG) Familienerholung zeigen. Im August 2021 wies die BAG deutschlandweit 83 Familienferienstätten aus, während für das Jahr 2020 in der KJH-Statistik nur 37 Einrichtungen erfasst wurden.*

**Kontinuierlicher Anstieg der Erziehungsberatungs- und Familienbildungsstätten**

nen Bevölkerungsverteilung und so finden sich 20 % der Erziehungs- und Familienberatungsstellen und jeweils 30 % der Einrichtungen der Familienbildung und Familienferienstätten in den ostdeutschen Ländern inklusive Berlin. Zwischen 2006 und 2020 kam es deutschlandweit zu einer Zunahme um 511 Erziehungsberatungsstellen und 271 Einrichtungen der Eltern- und Familienbildung. Auch die Entwicklung des Personals zeigt seit 2006 eine deutliche Zunahme bei den Erziehungs- und Familienberatungsstellen, die sich auch nach 2018 fortgesetzt hat. Während in Einrichtungen der Familienbildung die Anzahl des dort tätigen Personals bis 2018 gestiegen ist, kam es zwischen 2018 und 2020 zu einer leichten Abnahme um 219 Personen (**Tab. C1-10web**).

**Anzahl von Familienferienstätten und des dort tätigen Personals deutlich gesunken**

Die Zahl der Familienferienstätten hingegen nahm zwischen 2006 und 2020 um 40 Einrichtungen ab. Parallel zum Rückgang der Einrichtungen ging auch die Anzahl des dort tätigen Personals zurück, seit 2018 nochmals verstärkt. Auch zwischen 2018 und 2020 kam es bei der Anzahl der Familienferienstätten zu einer Abnahme, während die Anzahl der Einrichtungen der Familienbildung und der Erziehungsberatung in dieser Zeit trotz Pandemie zugenommen hat (**Tab. C1-9web**). Bereits 2012 wurde ein deutlicher Rückgang an Familienferienstätten konstatiert und dafür eine mangelnde Bekanntheit, eine angespannte finanzielle Lage aufgrund des Status der Gemeinnützigkeit und vor allem auch eine große Konkurrenz durch privatwirtschaftliche „Billigreiseanbieter" als Gründe genannt (Retz, 2012). Auch 2017 wurde den Familienferienstätten ein „Finanzierungsdilemma" bescheinigt, das Resultat aus zunehmenden Erwartungen bei gleichzeitiger Abnahme der öffentlichen Finanzierung ist (Hötzel, 2017). Abzuwarten bleibt, ob die „Corona-Auszeit für Familien" die Bekanntheit des Angebots steigern kann und die damit verbundenen befristeten Zuschüsse des Bundes den Einrichtungen die Deckung der nötigen finanziellen Mittel erlaubt.

**Onlineberatung während Corona-Pandemie ausgebaut**

Die Kontaktbeschränkungen der Corona-Pandemie tangierten auch die Einrichtungen der Familienbildung und -beratung stark, da Angebote nicht mehr wie gewohnt in Präsenz möglich waren. Ein Großteil der Beratungsstellen hat in dieser Zeit auf neue Angebotsformate wie Beratungsspaziergänge umgestellt und zugleich die bestehenden digitalen Angebote wie Online- oder Videoberatungen deutlich ausgebaut (bke, 2021). Auch Einrichtungen der Familienbildung haben – soweit möglich – rasch auf Onlineangebote umgestellt und neue Angebotsformate entwickelt. Allerdings musste auch ein Großteil der Angebote ausfallen. Der Ausbau von Onlineberatungen könnte künftig die Chance eröffnen, belastete und/oder in ländlichen Räumen lebende Familien mit solchen niederschwelligen Angeboten besser zu erreichen (Reim, 2021).

## Methodische Erläuterungen

**Elterngeld**
Seit Januar 2007 wird statt des Erziehungsgelds über einen Zeitraum von bis zu 12 oder 14 Monaten (bei Alleinerziehenden) Elterngeld an Mütter und Väter gezahlt. Der Bezug kann auf beide Elternteile aufgeteilt werden und erhöht sich dadurch auch für Nichtalleinerziehende auf insgesamt 14 Monate. Erst nach Ende des Elterngeldbezugs können daher valide Daten zur Bezugsdauer erhoben werden. Die Statistiken zu den beendeten Leistungsbezügen ermöglichen mithin eine retrospektive Bilanz, die jedoch erst etwa 3 Jahre später erstellt werden kann.

**ElterngeldPlus**
Seit 2015 können Eltern von Kindern, die seit dem 1. Juli 2015 geboren wurden, zwischen dem bisherigen Basiselterngeld und ElterngeldPlus wählen. Die Bezugszeit kann bei gleichzeitiger Teilzeiterwerbstätigkeit auf bis zu 28 oder 32 Monate verlängert werden. Ein Partnerschaftsbonus von 2 bis 4 zusätzlichen Monaten ElterngeldPlus wird gewährt, wenn beide Elternteile in diesen 2 bis 4 aufeinanderfolgenden Monaten in Teilzeit (24 bis 32 Stunden) arbeiten. Basiselterngeld und ElterngeldPlus können kombiniert werden.

**Realisierte Erwerbstätigenquote**
Erwerbstätigkeit ohne in Elternzeit oder Mutterschutz befindliche Personen.

**Erziehungs- und Familienberatung**
Niederschwellige Einrichtungen, deren Aufgabe die Beratung von Kindern, Jugendlichen und ihren Familien ist und die über ein multidisziplinäres Fachteam verfügen (Erziehungsberatung nach § 28 SGB VIII). Einrichtungen, die zusätzlich weitere Beratungsaufgaben wahrnehmen (z. B. Eheberatung, Schwangerschaftskonfliktberatung), sogenannte integrierte Beratungsstellen, werden dann als Erziehungs- und Familienberatungsstellen erfasst, wenn ihre überwiegende Personalkapazität für Aufgaben der Erziehungsberatung zur Verfügung steht. Die Bundeskonferenz für Erziehungsberatung e. V. (bke) listet mit deutschlandweit 1.050 Erziehungsberatungsstellen (Stand August 2021) deutlich weniger Einrichtungen auf, als in der KJH-Statistik gezählt werden, da die bke nur Einrichtungen erfasst, die die Kriterien nach § 28 SGB VIII erfüllen und damit über ein multiprofessionelles Team und eine entsprechende Leistungsvereinbarung mit Jugendhilfeträgern verfügen.

**Familienbildung**
Einrichtungen, die Eltern, Erziehungsberechtigten und interessierten Jugendlichen präventive familienbezogene Bildungsangebote unterbreiten (§ 16 SGB VIII). Eine Abgrenzung zur Erziehungsberatung ist nicht immer zweifelsfrei möglich. Grundsätzlich unterscheidet sich Familienbildung (§ 16 SGB VIII) von Erziehungsberatung als Teil der Hilfen zur Erziehung (§ 28 SGB VIII) darin, dass eine direkte Weiterverweisung bei Ersteren nicht nötig ist.

**Familienferienstätten**
In der Kinder- und Jugendhilfestatistik werden Familienferienstätten als familiengerechte Unterkünfte, die für die Freizeitgestaltung und Erholung von Familien ganzjährig zur Verfügung stehen (z. B. Familienferienheim, Familienferiendorf), definiert. Die Förderung der Familienerholung wird in den Ländern unterschiedlich gehandhabt. Der Bund fördert Familienferienstätten hauptsächlich durch Bauförderung, die an eine zeitgleiche Förderung durch die Länder geknüpft ist.

Zuletzt im Bildungsbericht 2020 als C2

# Angebote früher Bildung, Betreuung und Erziehung

C 2

Die Frühe Bildung (G) hat spätestens seit 2005 mit Beginn des kontinuierlichen Ausbaus von Angeboten der Tagesbetreuung für Kinder unter 3 Jahren einen enormen Bedeutungszuwachs erfahren. Mittlerweile stellen Kindertageseinrichtungen für die große Mehrheit der Kinder 3 bis 4 Jahre vor dem Schuleintritt den ersten öffentlichen Bildungsort dar. Zudem kann – vorrangig für unter 3-Jährige – zusätzlich die Kindertagespflege als ein familienorientiertes, niedrigschwelliges Angebot genutzt werden. In Anbetracht der zuletzt stetig gestiegenen Inanspruchnahme der Bildungsangebote mit einem nach wie vor darüber hinausgehenden Elternbedarf (**C3**) stellt sich die Frage, wie sich das verfügbare Angebot Früher Bildung entwickelt hat. Stärker in das Bewusstsein gerückt wurden die Relevanz und der Bedarf an frühen öffentlichen Bildungsangeboten für Kinder und ihre Familien zuletzt durch die pandemiebedingten Schließungen und Einschränkungen der Kindertagesbetreuungsangebote (**C1**). Das Öffnungs- und Schließungsgeschehen der Angebote in dieser Phase wird daher differenziert berichtet. Zudem werden inhaltliche Facetten der Kita-Angebote beschrieben und Entwicklungsbedarfe in der Angebotskonzipierung aufgezeigt. Darüber hinaus werden Fragen der personellen Ausstattung als Merkmal der Strukturqualität der Angebote in den Blick genommen. Diese werden im Schwerpunktkapitel (**H**) dieses Berichtes aufgegriffen und im Kontext weiterer Qualitätsmerkmale vertieft analysiert.

## Entwicklung der Angebotslandschaft

**Rund jeder 5. Kita-Platz wurde seit Beginn des Ausbaus neu geschaffen und ...**

Die Ausbaudynamik der gesamten Kindertagesbetreuung (G) – ohne die Angebote für Schulkinder (vgl. **D3**) – hat sich auch zu Beginn der 2020er-Jahre fortgesetzt. Bundesweit hat sich die Anzahl der genehmigten Plätze (M) in den Kindertageseinrichtungen 2021 auf rund 3,8 Millionen erhöht. Das sind rund 84.000 Plätze mehr als im Vorjahr und entspricht einem Anstieg von mehr als 800.000 Plätzen im Vergleich zum Jahr 2006. Mit anderen Worten: Rund jeder 5. heutige Platz wurde in den letzten 15 Jahren zusätzlich geschaffen.

Allerdings wurde der Platzausbau in den Ländern in den letzten 15 Jahren unterschiedlich stark vorangetrieben. Der überwiegende Teil der neuen Plätze (610.000) entstand in Westdeutschland – davon über ein Drittel allein in Bayern (**Tab. C2-1web**). Dies liegt zum einen daran, dass das Platzangebot in Ostdeutschland zu Beginn des Zeitraums bereits deutlich stärker ausgebaut war, und ist zum anderen darin begründet, dass der seit 2011 zu verzeichnende Bevölkerungszuwachs von unter 3-jährigen Kindern in Westdeutschland mit +19 % deutlich stärker ausfiel als in Ostdeutschland mit +4 % (**C3**).

**... zwischen 2006 und 2021 wurden zudem rund 9.400 neue Kitas eröffnet**

Die dahinterliegende Expansionsdynamik kommt auch in der steigenden Anzahl an Kindertageseinrichtungen zum Ausdruck. Im März 2021 lag dieser Wert bei fast 55.000 (Kitas ohne Horte); das sind knapp 1.800 Einrichtungen mehr als noch 2 Jahre zuvor (**Abb. C2-1**). Seit Beginn des Kita-Ausbaus für unter 3-Jährige nach der Verabschiedung des Tagesbetreuungsausbaugesetzes sind damit seit 2006 insgesamt zusätzlich rund 9.400 Kindertageseinrichtungen geschaffen worden. Diese wurden vor allem in den bevölkerungsstarken Flächenländern Bayern (+2.200), Baden-Württemberg (+1.700) und Nordrhein-Westfalen (+1.300) errichtet (**Tab. C2-3web**).

Durchschnittlich wurden 2021 für jede Kindertageseinrichtung, wie in den Jahren zuvor, rund 70 Kita-Plätze genehmigt. Konstant erweist sich auch seit Jahren die

**Abb. C2-1: Anzahl der Kindertageseinrichtungen* (Ausbau und Neubau) und Anzahl der genehmigten Plätze 2006 bis 2021**

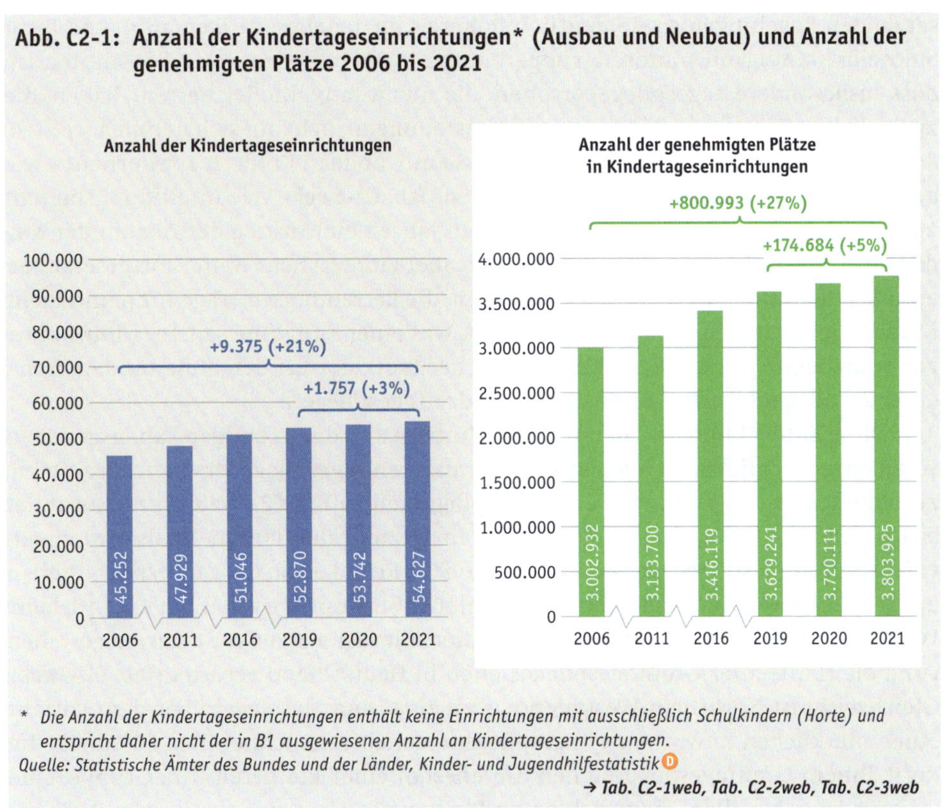


* *Die Anzahl der Kindertageseinrichtungen enthält keine Einrichtungen mit ausschließlich Schulkindern (Horte) und entspricht daher nicht der in B1 ausgewiesenen Anzahl an Kindertageseinrichtungen.*

*Quelle: Statistische Ämter des Bundes und der Länder, Kinder- und Jugendhilfestatistik* D

**→ Tab. C2-1web, Tab. C2-2web, Tab. C2-3web**

Trägerschaft der Einrichtungen: Etwas über ein Drittel der Einrichtungen findet sich in kommunaler Trägerschaft, während die Mehrheit der Kitas in Deutschland von freigemeinnützigen Trägern G, vor allem von Wohlfahrtsverbänden und Kirchen, betrieben wird (**Tab. C2-4web**).

## Angebote der Kindertagespflege

Neben den Kindertageseinrichtungen stellt die Kindertagespflege seit Jahren vor allem für Kinder unter 3 Jahren eine weitere Angebotssäule dar. Im Jahr 2021 verzeichnet die Kindertagespflege erstmals leichte Rückgänge im Vergleich zum Vorjahr – sowohl hinsichtlich der Anzahl der dort betreuten Kinder als auch des dort tätigen Personals (**Tab. C2-5web**). Der leichte Rückgang der Anzahl der Kinder in Tagespflege von im Jahr 2020 rund 174.000 auf etwa 166.000 Kinder im Jahr 2021 könnte mit der Corona-Pandemie zusammenhängen, da manche Eltern sich womöglich für einen späteren Einstieg in die Tagespflege entschieden haben, ihre Kinder aufgrund der Ansteckungsrisiken abgemeldet haben und/oder die Möglichkeit hatten, ihre Kinder (übergangsweise) zu Hause zu betreuen. Ebenso könnte ein Rückgang der Tagespflegepersonen ausschlaggebend für die leichte Abnahme der Anzahl der betreuten Kinder in der Tagespflege sein. Aufgrund des nach wie vor über der tatsächlichen Beteiligung liegenden Elternbedarfs an Angeboten früher Bildung, Betreuung und Erziehung (**C3**) ist vorerst davon auszugehen, dass sich dahinter noch keine Trendwende hin zu einem geringeren Bedarf an Kindertagespflege abzeichnet.

**Anzahl der in Kindertagespflege betreuten Kinder 2021 erstmals rückläufig**

Die zurückgegangene Anzahl der Tagespflegepersonen zwischen 2020 und 2021 um fast 1.800 Personen ist vermutlich auch auf die Corona-Pandemie zurückzuführen. Zwar ist die Personalgröße generell in den letzten Jahren nicht mehr nennenswert gestiegen, dennoch berichteten Tagespflegepersonen zuletzt immer wieder von erschwerten Bedingungen und zu wenig Unterstützung bei den komplex umzu-

setzenden Regelungen sowie deutlich höheren finanziellen Risiken aufgrund ihrer Soloselbstständigkeit (Autorengruppe Corona-KiTa-Studie, 2021a). Zu vermuten ist, dass insbesondere Tagespflegepersonen, die nur wenige Kinder betreut haben, die zusätzlichen Hygienemaßnahmen und Umstellungen nicht auf sich nehmen wollten. So ist die Anzahl der Tagespflegeverhältnisse mit 1 oder 2 Kindern 2021 erneut – wie auch in den Jahren zuvor – zurückgegangen (**Tab. C2-6web**). Wie im Bildungsbericht 2020 näher ausgeführt, hat sich vor einigen Jahren ein Anstieg der Anzahl der Kinder pro Tagespflegeperson gezeigt, der sich aber zuletzt nicht weiter fortgesetzt hat. 2021 lag der Anteil der Tagespflegepersonen, die Betreuungsverträge für 5 und mehr Kinder abgeschlossen haben, bei rund 40 %, was einer Zunahme seit 2011 um 19 Prozentpunkte entspricht. Dies ist ein deutlicher Indikator für den anhaltenden Trend einer Berufs- und Erwerbsorientierung in der Tagespflege.

**Pandemie erschwert Tagespflegepersonen die Berufsausübung**



Diese Entwicklung ist auch vor dem Hintergrund der in einigen Landesgesetzen verankerten Möglichkeit zu sehen, sich mit anderen Tagespflegepersonen zusammenzuschließen – zu sogenannten Großtagespflegestellen (**Tab. C2-7web**). Bundesweit hat sich die Anzahl der Großtagespflegestellen im letzten Jahrzehnt mehr als verdoppelt: von gerade einmal 1.800 Stellen im Jahr 2012[2] auf rund 4.700 Großtagespflegestellen 2021 (**Tab. C2-8web**). Im Ländervergleich spielt Großtagespflege vor allem in Nordrhein-Westfalen eine tragende Rolle: 2021 war hier mit fast 2.000 Großtagespflegestellen rund die Hälfte aller Großtagespflegestellen in Deutschland verortet (**Tab. C2-9web**). Gleichzeitig ist Nordrhein-Westfalen das einzige Land, das gegenüber dem Vorjahr einen merklichen Zuwachs an Tagespflegepersonen verzeichnet (**Tab. C2-10web**). Im Kern ähneln Großtagespflegestellen am ehesten einer kleineren Kita-Gruppe, sind aber niedrigschwelliger einzurichten und kostengünstiger zu organisieren. Auch die Qualifikationsvoraussetzungen des dort tätigen Personals können regional unterschiedlich sein, sodass zum Teil nur eine der Tagespflegepersonen über eine pädagogische Ausbildung verfügen muss, während bei den weiteren Kräften ein zertifizierter Qualifizierungskurs ausreicht (vgl. **H3**).

**Steigende Anzahl an Großtagespflegestellen – vor allem in NRW**

## Angebote in Zeiten der Pandemie

Aufgrund der Corona-Pandemie und der damit korrespondierenden Phasen des lockdownbedingten eingeschränkten Zugangs zur Kindertagesbetreuung konnten die Angebote von Kindern vor dem Schuleintritt zeitweilig gar nicht oder nur zum Teil genutzt werden. Infektions- und/oder Personalausfälle brachten zusätzlich phasenweise regional immer wieder Einschränkungen des Regelbetriebs oder Schließungen von Gruppen und ganzen Einrichtungen mit sich (Autorengruppe Corona-KiTa-Studie, 2020).

Mitte März 2020 führte der 1. pandemiebedingte Lockdown (G) bundesweit zu Kita-Schließungen oder Betretungsverboten, die nur eine eingeschränkte Notbetreuung für Eltern in sogenannten systemrelevanten Berufsgruppen[3] zuließ, die die Betreuung ihrer Kinder nicht anders sicherstellen konnten. Mit Beginn des Sommers 2020 konnten in einigen Ländern zumindest bis zu den Sommerferien zunehmend wieder mehr Kinder die Kita besuchen. Es folgte ein kurzer Übergang in einen fast vollständigen Regelbetrieb unter Pandemiebedingungen im Herbst 2020. Mitte Dezember 2020 bis Ende Februar 2021 fand dann ein 2. auch die Kitas betreffender Lockdown statt, in dem einige Länder den Zugang beschränkten, andere an die Eltern appellierten, ihre Kinder nach Möglichkeit zu Hause zu betreuen (Autorengruppe Corona-KiTa-Studie, 2021a). In den darauffolgenden Frühjahrsmonaten 2021 wurden während eines 3. re-

**Bildungsangebote in Kitas vielerorts nur phasenweise oder eingeschränkt möglich**

---

*2 Seit 2012 werden Großtagespflegestellen in der amtlichen Statistik gesondert ausgewiesen.*

*3 In der 1. Phase der Kita-Schließungen wurde die Kategorie der sogenannten systemrelevanten Berufe eingeführt, die z. B. Berufe im Gesundheitswesen, bei der Polizei oder im Einzelhandel umfasste (Autorengruppe Corona-KiTa-Studie, 2021a).*

**Abb. C2-2: Kita-Auslastung von März 2020 bis März 2022 nach Anteil der betreuten Kinder und Ländern sowie Einrichtungen mit SARS-CoV-2-Infektionsfällen bei Kita-Kindern und Personal (in %)**

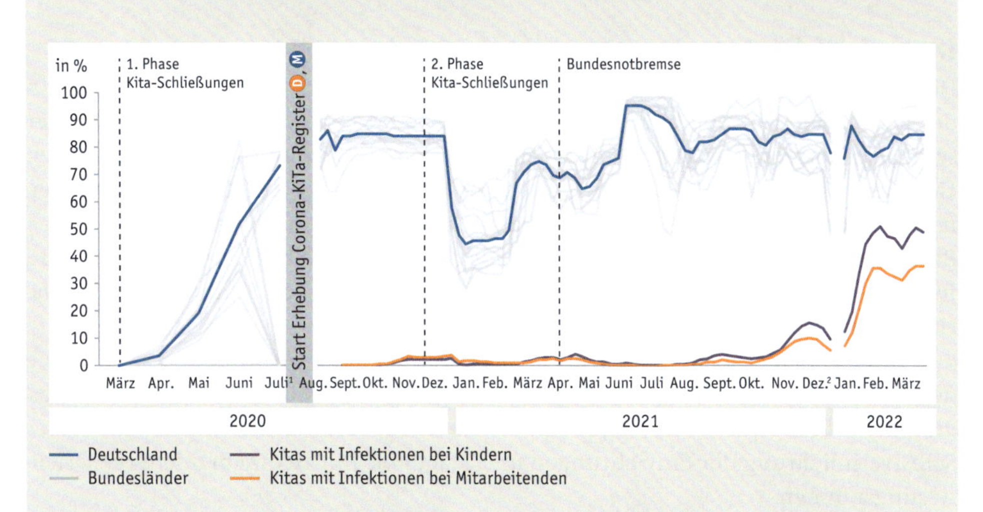


*1) Die Länderunterschiede im Juli sind vorrangig auf die unterschiedlichen Ferien(schließ)zeiten in den Ländern zurückzuführen.*
*2) In der letzten Dezemberwoche wurden keine Daten mehr gemeldet.*
*Lesebeispiel: Zu Beginn des 1. Lockdowns im März 2020 waren viele Kitas geschlossen oder es galt ein Betretungsverbot, wodurch nur noch Notbetreuung möglich war und der Anteil der Kinder in Kitas sehr gering war. Die phasenweise (Teil-) Öffnung bis hin zum Regelbetrieb zeigt sich in den darauffolgenden Monaten, sodass bis Juni 2020 ca. 50 % der Kinder wieder die Kita besuchen konnten – in manchen Ländern etwas mehr, in manchen etwas weniger.*
*Quelle: DJI, KiTa-Register der Corona-KiTa-Studie D; die Abbildung beruht auf unterschiedlichen Datenerhebungsgrundlagen, um den monatsgenauen Anteil der Kinder in den Kitas während der Corona-Pandemie 2020 bis 2022 M darstellen zu können*
*→ Tab. C2-12web*

gionalspezifischen Lockdowns die bundeseinheitlichen Regelungen sukzessive durch unterschiedliche inzidenzabhängige Länderregelungen hinsichtlich einer flexiblen, stufenweisen Erweiterung der Notbetreuung oder des (eingeschränkten) Regelbetriebs unter Pandemiebedingungen abgelöst (**Tab. C2-11web**). Die Einführung der Bundesnotbremse Mitte April 2021 legte schließlich bis Ende Juni 2021 eine bundesweite Inzidenzregelung für die Öffnung und Schließung auf lokaler Ebene fest. Seit dem Herbst 2021 werden Kitas unter Einhaltung von Schutzmaßnahmen und Testkonzepten offen gehalten (Neuberger et al., 2022a, b).

Der Verlauf der Inanspruchnahme seit März 2020 spiegelt die unterschiedlichen Schließungsphasen wider (**Abb. C2-2**). Nach einer sehr hohen Auslastung in den Sommermonaten 2021 schwankte der Anteil an Kindern in Kindertageseinrichtungen G mit Verschärfung des Infektionsgeschehens im Herbst/Winter 2021/22 zwischen 75 und 87 %, wobei erhebliche Länderunterschiede bestanden. Trotz des häufigeren Auftretens von SARS-CoV-2-Infektionen bei Kita-Kindern ab Frühjahr 2022 und einer zuletzt starken Betroffenheit von wöchentlich bis zu 50 % der Einrichtungen, die SARS-CoV-2-Infektionsfälle bei Kindern und/oder Mitarbeitenden meldeten, kann derzeit ein Großteil der Kita-Kinder Kindertageseinrichtungen besuchen.

**Bildungs- und Förderangebote in Kitas fielen zum Teil geringer aus**

Während des eingeschränkten Kita-Betriebs sind unterschiedliche pädagogische Aufgaben und Aktivitäten, die Kita-Fachkräfte unter Normalbedingungen mit den Kindern wahrnehmen, zeitweise in den Hintergrund gerückt (Diefenbacher et al., im Erscheinen). Vor allem in der Zeit der 2. lockdownbedingten Schließung zwischen November 2020 und März 2021 gaben pädagogische Fachkräfte an, seltener bestimmte pädagogische Inhalte wie die motorische Förderung, Vorschulerziehung oder Elternarbeit umgesetzt zu haben. Letztlich hing die frühe Bildung der Kinder in den Phasen des eingeschränkten, nicht unter Normalbedingungen stattfindenden Kita-Betriebs stark von den zeitlichen Ressourcen der Eltern und familialen Anregungsqualitäten ab (**C1**).

## Inhaltliche Ausgestaltung der Kita-Angebote

**Sprache, Mathematik und Naturwissenschaften in allen Bildungsplänen der Länder enthalten**

Der eigenständige Bildungsauftrag von Kindertageseinrichtungen fand zu Beginn der 2000er-Jahre in neu entwickelten Bildungs- und Erziehungsplänen der Länder seinen Niederschlag. Inhaltlich überschneiden sich die Bildungspläne zwischen den Ländern vielfach (**Abb. C2-3**). So enthalten alle Bildungspläne Inhalte zu sprachlicher, mathematischer oder naturwissenschaftlicher Bildung. Zudem werden in vielen Bildungsplänen Aspekte der politischen Bildung aufgegriffen, die im 16. Kinder- und Jugendbericht als nachhaltiges und wichtiges Dauerthema von Bildungsarbeit deklariert wird (BMFSFJ, 2020a).



Unterschiede zeigen sich darüber hinaus vor allem im Verpflichtungsgrad sowie den adressierten Altersgruppen (**Tab. C2-13web**). Dabei schwankt der Verpflichtungsgrad der Bildungspläne der Länder zwischen einem verbindlichen Charakter, einer Selbstverpflichtung der Einrichtungen und Träger bis hin zu einem offeneren Orientierungsrahmen.

Die in den Bildungsplänen verankerten Themenbereiche wurden weitestgehend auch in die Ausbildungsinhalte des pädagogischen Personals aufgenommen (vgl. **H2**) und sollen sich im pädagogischen Handeln der Fachkräfte (vgl. **H4**) sowohl in der gezielten Initiierung von Lerngelegenheiten und spezifischen Lerninhalten wiederfinden als auch – dem situationsorientierten Ansatz folgend – anlassorientiert mit den Kindern aufgegriffen werden. Im Vergleich zur schulischen Bildung, die Lerninhalte in der Regel curricular vorstrukturiert, ist die Frühe Bildung stärker geprägt von einem erweiterten Bildungskonzept, das Kinder in der Entfaltung ihrer Persönlichkeit zu unterstützen und sie in allen Belangen der lebensweltnahen, erfahrungsbasierten Bildung zu fördern versucht.

**Abb. C2-3: Thematische Bereiche in den Bildungsplänen zur Frühen Bildung nach Anzahl der Länder**

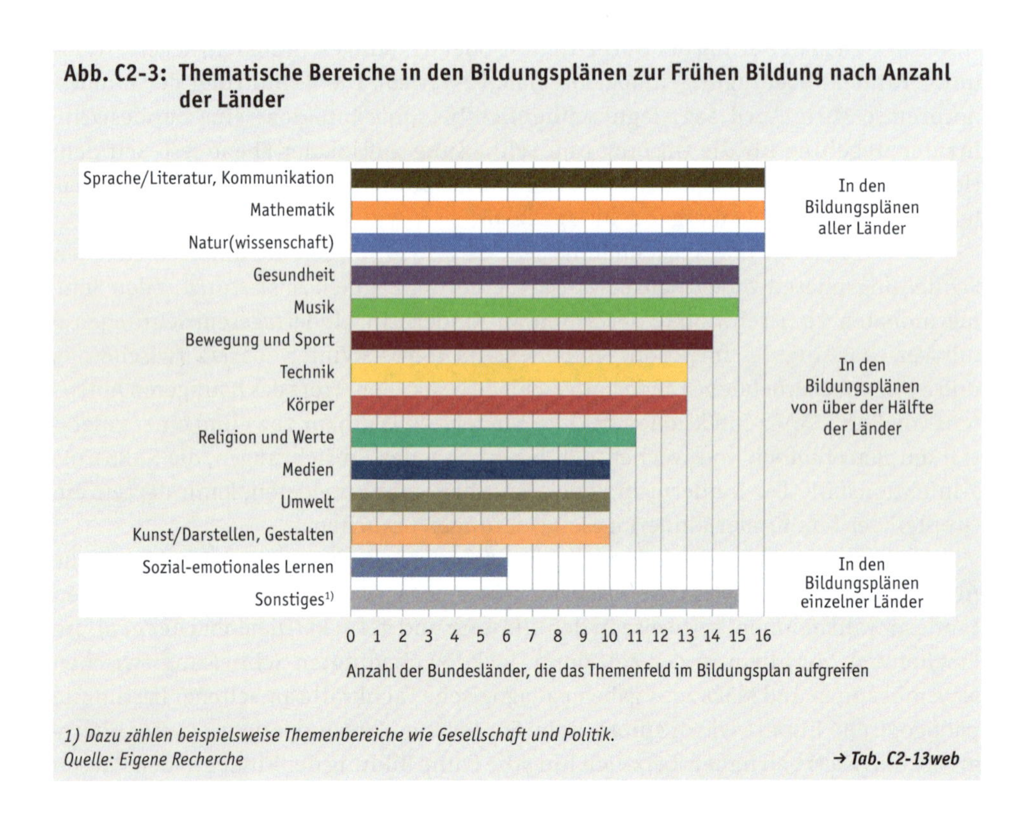


*1) Dazu zählen beispielsweise Themenbereiche wie Gesellschaft und Politik.*
*Quelle: Eigene Recherche*

→ *Tab. C2-13web*

Dennoch ist die Frage nicht endgültig geklärt, welche Verbindlichkeit die Bildungspläne für die Ausgestaltung der Frühen Bildung in den Ländern tatsächlich haben und wie diese in der Praxis umgesetzt werden (Diskowski, 2008). Der empirische Wissensstand zur Umsetzung der Bildungspläne bleibt vielfach auf einer deskriptiven Ebene und analysiert selten die konkrete Interaktionspraxis und -qualität im pädagogischen Alltag (Smidt & Schmidt, 2012). Nach wie vor fehlt es an einer umfassenderen Datenlage, die theoretische Bildungskonzepte im Hinblick auf die pädagogische Umsetzung in Fachkraft-Kind-Interaktionen im Kita-Alltag evaluiert (vgl. **H4**).

**Fehlende Forschung zu Art und Umfang der Umsetzung der Bildungspläne im Kita-Alltag**

Bislang wurden in diesem Zusammenhang vor allem spezifische Programme zur Sprachförderung wissenschaftlich begleitet und evaluiert. Zudem haben einige Länder ihre Bildungspläne in den letzten Jahren aktualisiert (bspw. Aspekte der Medienbildung ergänzt) (**Tab. C2-13web**). Dennoch sehen Fachkräfte Verbesserungsbedarfe in den pädagogischen Konzepten ihrer Kita oder Tagespflegestelle (Ulrich & Müller, 2022). Zudem mangelt es nach wie vor insgesamt an Erkenntnissen zur Wirksamkeit der in den Bildungsplänen genannten Ziele und Inhalte.



## Personalausstattung in den Kita-Angeboten

Für die generelle Verfügbarkeit aller Angebote, aber auch deren Qualität, stellen die personelle Ausstattung und insbesondere der Personalschlüssel Ⓜ zentrale Kennwerte dar. Der Angebotsausbau in Kindertageseinrichtungen in den letzten Jahren hat erwartungsgemäß auch zu einem enormen personellen Wachstum beigetragen. Im Jahr 2020 waren bundesweit 637.630 Personen pädagogisch oder leitend in Kitas tätig – das entspricht

**Abb. C2-4: Personalschlüssel in Kita-Gruppen für Kinder im Alter von unter 3 Jahren und 3 Jahren bis zum Schuleintritt nach Ländern 2019 und 2020**

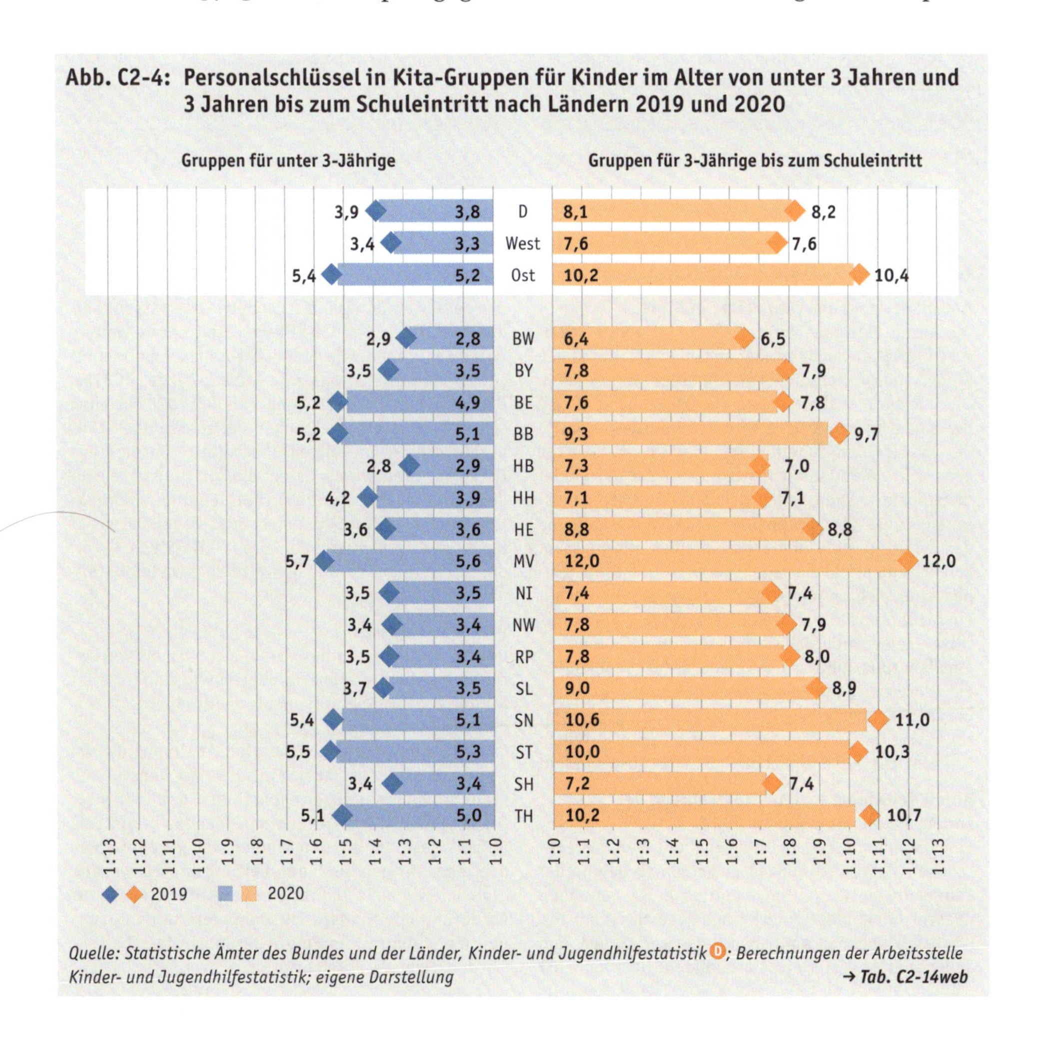


*Quelle: Statistische Ämter des Bundes und der Länder, Kinder- und Jugendhilfestatistik Ⓓ; Berechnungen der Arbeitsstelle Kinder- und Jugendhilfestatistik; eigene Darstellung*

**→ Tab. C2-14web**

einem Anstieg von etwa einem Drittel gegenüber den rund 408.000 Personen, die 2011 in Kindertageseinrichtungen tätig waren (vgl. **H1**).

**Trotz Fachkräftemangel bleibt der Personalschlüssel auf konstantem Niveau**

Die stark gewachsene Anzahl der Anzahl der Kinder in den Tageseinrichtungen wirft die Frage auf, inwiefern sich der bestehende Fachkräftemangel (vgl. **H5**) auf die Strukturqualität in den Einrichtungen auswirkt. Hierfür stellen die positiven wie negativen Veränderungen der Personalschlüssel in den Kita-Gruppen eine wesentliche Kennziffer dar. Im Jahr 2020 lag diese in Gruppen für unter 3-Jährige im Bundesdurchschnitt bei 1 : 3,8, sodass auf eine Vollzeitkraft rechnerisch 3,8 ganztägig betreute Kinder kamen (**Tab. C2-14web**). Für Kita-Gruppen mit Kindern im Alter von 3 Jahren bis zum Schuleintritt liegt dieser Schlüssel mit 1 : 8,1 wie zu erwarten höher, in etwa doppelt so hoch. Insgesamt haben sich die Personalschlüssel für die jeweiligen Altersgruppen in den letzten Jahren eher leicht verbessert als verschlechtert, während dabei jedoch für beide Altersgruppen in Westdeutschland deutlich bessere Personalschlüssel sichtbar werden als in Ostdeutschland (Autorengruppe Bildungsberichterstattung, 2020, S. 95).

In einigen Ländern werden zuletzt zwischen 2019 und 2020 noch einmal leichte Verbesserungen des Personalschlüssels sichtbar (**Abb. C2-4**). Sowohl in den Gruppen für unter 3-Jährige als auch in den Gruppen für 3-Jährige bis zum Schuleintritt konnten vor allem Sachsen, Sachsen-Anhalt und Thüringen ihre Personalschlüssel verbessern. Leicht verschlechtert haben sich die Personalschlüssel dagegen in beiden Altersgruppen in Bremen.

## Methodische Erläuterungen

**Anzahl der genehmigten Plätze in Kitas**

Die Anzahl der genehmigten Plätze ist eine planerische Größe, die nicht mit der Anzahl der Kinder in den Kindertageseinrichtungen gleichgesetzt werden kann. Die Inanspruchnahme – also die tatsächliche Anzahl der Kinder in den Kitas – wird in **C3** ausgewiesen. In der Kinder- und Jugendhilfestatistik (D) werden die genehmigten Plätze nicht nach dem Alter der Kinder differenziert, sodass sich damit bislang keine Aussagen für die Altersgruppen der unter 3-Jährigen und der 3-Jährigen bis zum Schuleintritt treffen lassen. Folglich entspricht ein genehmigter Kita-Platz nicht einem Kind, da für Kinder unter 3 Jahren oder Kinder mit Eingliederungshilfe beispielsweise andere Planungsressourcen erforderlich sind als für ältere Kinder ohne Eingliederungshilfe. In der Kategorie der genehmigten Plätze werden zudem auch altersgemischte Kitas und Gruppen für Schulkinder berücksichtigt. Die genehmigten Plätze werden hier jedoch ohne Plätze in reinen Horteinrichtungen für Schulkinder (**D3**) ausgewiesen.

**Anteil der Kinder in den Kitas während der Corona-Pandemie 2020 bis 2022**

Eine monatsgenaue Betrachtung des Pandemiegeschehens lässt sich nur mit einzelnen zu Beginn der Pandemie entwickelten empirischen Erhebungen nachzeichnen. Diese unterjährige Dynamik ist mit den jährlich erhobenen amtlichen Daten der Kinder- und Jugendhilfestatistik nicht abzubilden. Um möglichst den gesamten Zeitraum der Pandemie zu erfassen, werden hier Daten des DJI-KiTa-Registers (D) und weitere Daten der Corona-KiTa-Studie (D) zusammen betrachtet (Autorengruppe Corona-KiTa-Studie, 2021a, 2021b). Die Daten für den Zeitraum März bis Juli 2020 beziehen sich auf Selbsteinschätzungen der zuständigen Länderministerien und deren übermittelte Daten (teils Daten der Länder, teils Daten, die den Ministerien zur Verfügung gestellt wurden) (Autorengruppe Corona-KiTa-Studie, 2020). Seit August 2020 liegen Daten auf Basis des KiTa-Registers der Corona-KiTa-Studie (D) vor, die wöchentlich von durchschnittlich etwa 5.000 teilnehmenden Kitas gemeldet werden.

**Personalschlüssel**

Bei der Berechnung des Personalschlüssels werden die vertraglich vereinbarten Betreuungsumfänge der Kinder pro Gruppe aufsummiert und durch 40 Wochenstunden geteilt, sodass sich daraus ein Ganztagsbetreuungsäquivalent ergibt. Analog wird beim Personal verfahren, indem ein auf 39 Wochenstunden standardisiertes Vollzeitäquivalent (G) gebildet wird. Diese beiden Werte werden miteinander in ein Verhältnis gesetzt. Wochenstunden der gruppenübergreifend Tätigen und der Leitungskräfte werden gleichmäßig auf alle Gruppen verteilt. Personal zur Förderung von Kindern mit Behinderung und Gruppen mit Kindern, die Eingliederungshilfe erhalten, werden nicht berücksichtigt.

# Beteiligung an früher Bildung, Betreuung und Erziehung

Zuletzt im Bildungsbericht 2020 als C3



Die institutionelle Frühe Bildung (G) ist für immer mehr Kinder zu einem zentralen Ort der Bildung und des Aufwachsens geworden, nachdem seit 2013 alle Kinder ab dem vollendeten 1. Lebensjahr bis zur Einschulung einen gesetzlichen Anspruch darauf haben. Mittlerweile nutzt bereits über die Hälfte der Kinder ab dem 2. Lebensjahr die bereitgestellten Bildungs-, Betreuungs- und Erziehungsangebote in Kitas und Tagespflegestellen. Da sich der Grad der Bildungsbeteiligung in den einzelnen Altersjahren vor dem Schuleintritt deutlich unterscheidet, werden im Folgenden die unter 3-Jährigen und die 3- bis unter 6-Jährigen gesondert betrachtet – auch im internationalen Vergleich. In Anknüpfung daran gilt es, die Frage zu klären, wie sich die aktuelle Bildungsbeteiligungsquote (M) zum Bedarf an Angeboten Früher Bildung verhält. Da nach wie vor nicht allen Kindern, dem Wunsch der Eltern entsprechend, vor dem Schuleintritt ein Bildungsangebot zur Verfügung gestellt werden kann, wird zudem gefragt, ob sich dahinter ungleiche Bildungsbeteiligungsquoten im Licht verschiedener familialer Merkmale zeigen.

## Bildungsbeteiligung der unter 3-Jährigen

**Leichter Rückgang der unter 3-Jährigen in der Bevölkerung**

Für die Planung von Bildungsangeboten (**C2**) ist zunächst die Anzahl der potenziellen Bildungsteilnehmenden insgesamt relevant. Wie bereits im Jahr 2019 ist die Anzahl der unter 3-Jährigen in der Bevölkerung auch 2020[4] geringfügig zurückgegangen und liegt derzeit bei 2,35 Millionen (**Tab. C3-1web**). Zu Beginn des Ausbaus der Kindertagesbetreuung (G) für unter 3-Jährige ging 2005 die Anzahl von 2,1 Millionen unter 3-Jährigen in der Bevölkerung zunächst bis 2011 auf 2,02 Millionen Kinder zurück. Danach verzeichnete die Altersgruppe kontinuierliche Bevölkerungszuwächse und erreichte 2018 mit 2,38 Millionen Kindern einen vorläufigen Höchststand. Der zuletzt leichte Rückgang innerhalb eines Jahres (von 2019 auf 2020) von rund 20.000 unter 3-Jährigen ist jedoch nur geringfügig (– 1 %); überwiegend zeigt er sich in Ostdeutschland mit einem Rückgang von 13.000 unter 3-Jährigen (– 3 %). Dennoch ist seit 2011 für den gesamten 10-Jahres-Zeitraum ein bundesweiter Bevölkerungszuwachs bei den unter 3-Jährigen von +16 % zu verzeichnen. Dieser wirkt sich – neben dem vorhandenen und ebenfalls wachsenden Platzangebot (**C2**) und der Bedarfsnachfrage – maßgeblich darauf aus, wie viele Kinder nominell ein Kindertagesbetreuungsangebot in Anspruch nehmen.

**Beteiligungsquote von unter 3-Jährigen mit 34 % auch 2021 weiterhin auf konstantem Niveau**

2021 besuchten rund 810.000 unter 3-Jährige eine Kita oder Tagespflege; das entspricht einer Bildungsbeteiligungsquote von 34 %. Seit 2015 bewegt sich diese Quote auf einem ähnlichen Niveau; zuvor war sie seit dem Beginn der jährlichen Erfassung im Jahr 2006 kontinuierlich gestiegen (**Abb. C3-1**). Dieser Anstieg geht vor allem auf die 2-Jährigen zurück: von 27 % der 2-Jährigen im Jahr 2006 auf zuletzt immerhin 64 % 2021. Auch bei den 1-Jährigen ist in diesem Zeitraum ein deutlicher Anstieg um 25 Prozentpunkte von rund 12 auf 37 % im Jahr 2021 zu verzeichnen (**Tab. C3-3web**). Dagegen zeigt sich, dass die Beteiligungsquote der unter 1-Jährigen weiterhin in etwa bei 2 – 3 % stagniert. Mit anderen Worten: Von den rechtsanspruchsberechtigten 1- und 2-Jährigen nutzt inzwischen rund die Hälfte ein Angebot der Kindertagesbetreuung.

Gleichwohl werden regionale Unterschiede deutlich: In Ostdeutschland lag die Bildungsbeteiligungsquote bereits 2006 bei rund 40 % der 1-Jährigen und bei über zwei Dritteln der 2-Jährigen. In Westdeutschland fällt diese Quote dagegen selbst auf

4 *Zur Berechnung der Bildungsbeteiligungsquoten zum Stichtag 1. März 2021 werden die Bevölkerungsdaten vom 31. Dezember 2020 berücksichtigt.*

**Abb. C3-1: Unter 3-Jährige in Kindertagesbetreuung 2006 bis 2021 nach Ländergruppen**

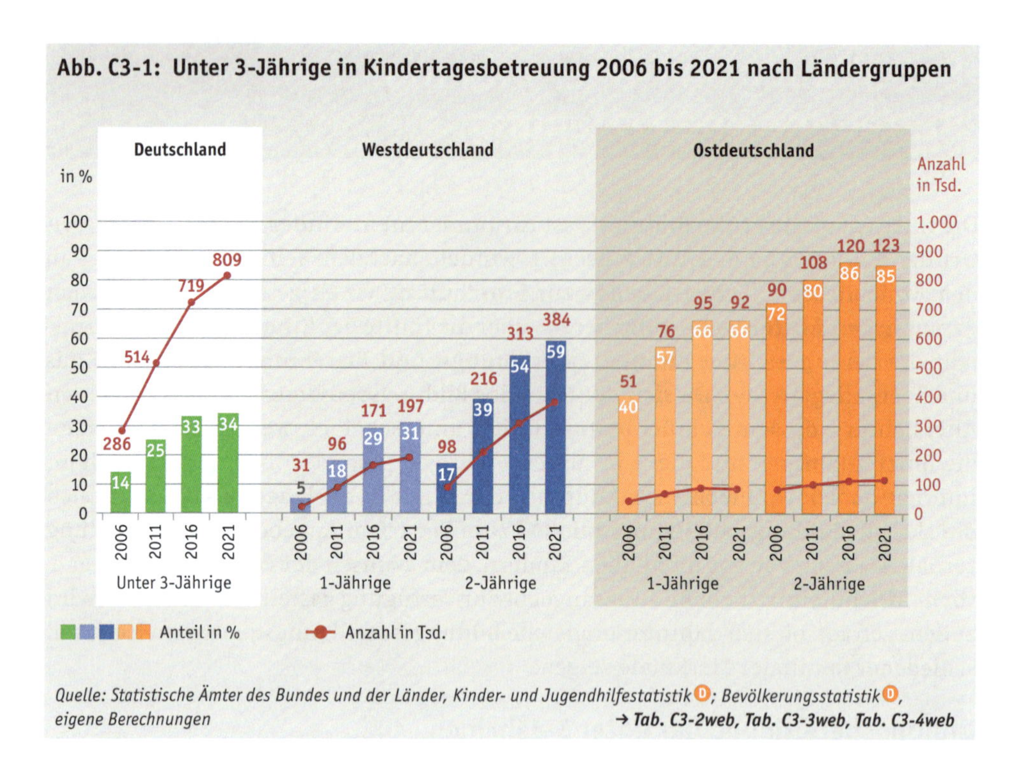


*Quelle: Statistische Ämter des Bundes und der Länder, Kinder- und Jugendhilfestatistik; Bevölkerungsstatistik, eigene Berechnungen* → ***Tab. C3-2web, Tab. C3-3web, Tab. C3-4web***

Basis der jüngsten Daten mit 31 % der 1-Jährigen und 60 % der 2-Jährigen in Kindertagesbetreuung im Jahr 2021 immer noch niedriger aus. Aufgrund der Familienpolitik zu Zeiten der DDR und der damit verbundenen höheren (Vollzeit-)Erwerbstätigkeit von Frauen ist das Platzangebot in der Kindertagesbetreuung in Ostdeutschland seit Jahren signifikant stärker ausgebaut und wird auch häufiger genutzt als in Westdeutschland, wenngleich auch dort die Anzahl der teilzeitbeschäftigten Mütter zugenommen hat (**C1**).

Dabei ist zu berücksichtigen, dass die Zunahme der altersentsprechenden Bevölkerung bundesweit dazu geführt hat, dass im letzten Jahrzehnt in absoluten Zahlen deutlich mehr Kinder die Angebote nutzten, als sich in der Bildungsbeteiligungsquote zeigt: Zwischen 2016 und 2021 entspricht dies einem absoluten Anstieg von zusammen rund 123.000 1- und 2-Jährigen in der Kindertagesbetreuung – bei dennoch relativ gleichbleibenden Bildungsbeteiligungsquoten (**Tab. C3-4web**). Dabei hat Westdeutschland aufgrund des erheblich größeren Bevölkerungsanteils und der deutlich geringeren Ausgangslage stärker zugelegt als Ostdeutschland.

**Deutschland konnte im internationalen Vergleich Bildungsbeteiligung für unter 3-Jährige deutlich steigern**

Im internationalen Vergleich lag Deutschland 2019 mit seiner Bildungsbeteiligungsquote bei unter 3-Jährigen von 39 % deutlich über dem OECD-Länderdurchschnitt von 25 %.[5] In der zeitlichen Entwicklung haben neben Deutschland jedoch auch andere Länder seit 2005 ihre Angebote der Kindertagesbetreuung massiv ausgebaut. Norwegen weist nach diesem Ausbau 2019 mit 58 % die höchste Bildungsbeteiligungsquote bei unter 3-Jährigen aus. 2005 lag sie in Norwegen noch bei 33 % und in Deutschland lediglich bei 17 % (OECD, 2021).[6]

Insgesamt deutet sich in den Jahren 2020 und 2021 keine weitere Zunahme der Bildungsbeteiligungsquote an. Aktuell lassen sich daraus noch keine eindeutigen Rückschlüsse auf entsprechende Ursachen ziehen. Unklar ist, inwiefern hier – zu-

*5 Der Deutschlandwert weicht in der OECD-Studie aufgrund der unterschiedlichen Berechnungsweisen zur internationalen Vergleichbarkeit von der sonst ausgewiesenen Bildungsbeteiligungsquote (34 %) ab. Es handelt sich um einen methodischen Effekt, da bei der internationalen Berichterstattung nicht der Stichtag (01.03.), sondern das Ende des Kalenderjahres berücksichtigt wird.*

*6 Da nicht für alle OECD-Länder für das Jahr 2005 Vergleichsdaten vorliegen, kann die Entwicklung des OECD-Durchschnitts nicht berichtet werden.*

mindest im Jahr 2021 – Pandemieeffekte zum Tragen kommen, wie beispielsweise pandemiebedingt örtlich verzögerte Fertigstellungen neuer Einrichtungsangebote (**C2**). Zudem gilt es, in diesem Zusammenhang auch erste demografische Effekte zu berücksichtigen – wie vor allem Bevölkerungsrückgänge in Ostdeutschland zeigen. Möglicherweise hängt diese zwischenzeitliche Stagnation auch von der Entwicklung des Bedarfs aufseiten der Eltern ab, die sich durch die zuwanderungsbedingten Bevölkerungszuwächse in den Jahren 2015/16 ebenfalls gewandelt haben könnten – etwa dahin gehend, dass andere Familien- und Rollenbilder in den Herkunftsländern der Zugewanderten zu einem etwas späteren Bedarf an öffentlichen Bildungs-, Betreuungs- und Erziehungsangeboten führen. Darüber hinaus kann auch der bestehende Fachkräfteengpass (vgl. **H5**) sowie Rückgang an Tagespflegepersonen (**C2**) dazu beigetragen haben, dass nicht alle Angebote in vollem Umfang zur Verfügung standen.

**Während der Pandemie kein weiterer Anstieg der Bildungsbeteiligung**



## Betreuungsbedarf der Eltern

Für die tatsächliche Bildungsbeteiligung ist – jenseits der vorhandenen Anzahl an verfügbaren Plätzen – der Bedarf der Eltern an entsprechenden Angeboten der Bildung, Betreuung und Erziehung für unter 3-Jährige wesentlich, da es sich bei der Kindertagesbetreuung um ein freiwilliges Angebot handelt und es keine Pflicht zur Teilnahme wie in der Schule gibt. Seit Jahren ist der jährlich repräsentativ erhobene Elternbedarf Ⓜ höher als die jeweilige Bildungsbeteiligungsquote der unter 3-Jährigen in Kitas und Tagespflegestellen (**Tab. C3-5web**). Vor allem in Westdeutschland liegt der Elternbedarf 2021 mit 44 % deutlich über der Beteiligungsquote der unter 3-Jährigen von 31 %. In Ostdeutschland sind sowohl der Elternbedarf mit 60 % als auch die Bildungsbeteiligungsquote von 52 % im Vergleich deutlich größer. Die Differenz zwischen Angebot und Nachfrage fällt 2021 mit –8 Prozentpunkten in Ostdeutschland demzufolge deutlich geringer aus als in Westdeutschland (–13 Prozentpunkte). Da es sich bei den Elternbedarfen um Durchschnittswerte auf Bundes- oder Länderebene handelt, können sie vor Ort nach unten oder oben abweichen, sodass in einer Region

**Elternbedarfe nach wie vor höher als vorhandenes Angebot**

**Abb. C3-2: Bildungsbeteiligung der unter 3-Jährigen in Kindertagesbetreuung im Vergleich zum Elternbedarf und Anzahl fehlender Plätze in den Bildungsangeboten 2016 und 2021 (in %)**

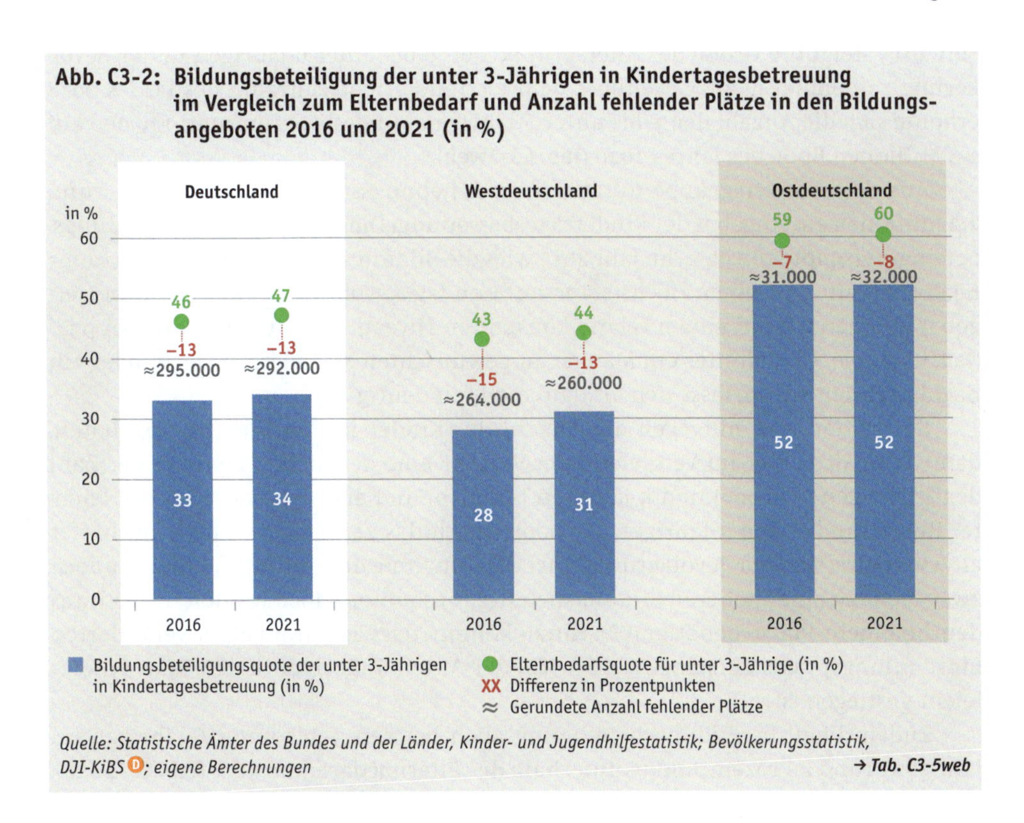


*Quelle: Statistische Ämter des Bundes und der Länder, Kinder- und Jugendhilfestatistik; Bevölkerungsstatistik, DJI-KiBS Ⓓ; eigene Berechnungen*

→ Tab. C3-5web

C 3

eines Landes schon eine Bedarfsdeckung erreicht sein kann, während in einer anderen Region immer noch Plätze fehlen. Zuletzt stagnierte der Elternbedarf bundesweit eher auf einem hohen Niveau: Fast die Hälfte (49 %) aller Eltern unter 3-Jähriger wünscht sich 2021 einen Kindertagesbetreuungsplatz für ihr Kind (**Abb. C3-2**).

Aufgrund des derzeit noch nicht gedeckten Elternbedarfs ist davon auszugehen, dass sich die Bildungsbeteiligungsquote in den kommenden Jahren noch weiter erhöhen wird. Voraussetzung hierfür ist, dass die Angebote der Frühen Bildung weiter ausgebaut werden (**C2**) und genügend Fachkräfte zur Verfügung stehen (vgl. **H5**), damit allen Kindern, deren Eltern es wünschen, ein bedarfsgerechtes Bildungs- und Betreuungsangebot wohnortnah zur Verfügung steht.

**Bei konstanter Ausbaugeschwindigkeit wird bis 2025 kein ausreichendes Angebot zur Verfügung stehen**

Aktuelle Vorausberechnungen gehen unter der Annahme eines gleichbleibenden Elternbedarfs und im Lichte der künftigen demografischen Entwicklung davon aus, dass bei der durchschnittlichen Ausbaugeschwindigkeit der Plätze – wie in den Jahren 2016 bis 2019 – das Ziel, allen unter 3-jährigen Kindern, deren Eltern sich eine Kindertagesbetreuung wünschen, ein entsprechendes Angebot bereitzustellen, erst 2026 in Ostdeutschland und 2028 in Westdeutschland erreicht würde (Rauschenbach et al., 2020). Die geringere Zunahme der Bildungsbeteiligungsquote 2021 bei konstantem Elternbedarf könnte diese Differenz zwischen Angebot und Nachfrage noch weiter verschärfen. Damit würde das der Vorausberechnung zugrunde gelegte Ziel, dass bis 2025 bundesweit endlich allen unter 3-Jährigen ein adäquates Bildungsangebot zur Verfügung stehen sollte, nicht erfüllt. Es bleibt weiterhin unklar, wann die Erfüllung des Rechtsanspruchs, der bereits 2013 in Kraft getreten ist, tatsächlich erreicht sein wird. Entlastend wird sich in dieser Hinsicht aller Voraussicht nach – zumindest in Ostdeutschland – der erwartete Geburtenrückgang auswirken, der bis 2030 dazu führen könnte, dass der Bedarf an Angeboten der Frühen Bildung dort mit jedem Jahr abnimmt (ebd.). Auch hier können regionale Effekte zu unterschiedlichen Bedarfs- und Angebotsentwicklungen führen.

## Bildungsbeteiligung der 3- bis unter 6-Jährigen

Seit 2015 steigt die Größe der Altersgruppe der 3- bis unter 6-Jährigen in der Bevölkerung zahlenmäßig an. Gegenüber dem letzten Berichtszeitraum des Jahres 2018 erhöhte sich die Anzahl der 3- bis unter 6-Jährigen bundesweit um rund 120.000 auf 2,4 Millionen Ende des Jahres 2020 (**Tab. C3-1web**).

**Bildungsbeteiligungsquote der 3- bis unter 6-Jährigen bleibt mit 92 % in etwa konstant**

Aus dieser Altersgruppe nutzten zum Erhebungsstichtag 1. März 2021 rund 2,2 Millionen ein Angebot der Kindertagesbetreuung. Dies entspricht einer Bildungsbeteiligungsquote von 92 %. Im Jahr 2015 wies die Bildungsbeteiligung der 3-bis unter 6-Jährigen mit 95 % einen Höchststand auf und lag sowohl in den Jahren davor (seit 2008) und danach auf einem relativ konstanten Niveau – im Durchschnitt bei 93 % (**Tab. C3-3web**). Ob dahinter ein Mangel an gewünschten Kita-Plätzen steckt oder ein nachlassender Bedarf, lässt sich bis dato nicht eindeutig auflösen.

Betrachtet man hingegen die Anzahl der Kinder in den Bildungsangeboten, dann zeigt sich 2021 im Vergleich zum Vorjahr eine deutliche Zunahme der Zahl der 4-Jährigen (+20.000) und 5-Jährigen (+12.000) und erstmals seit 2012 ein leichter Rückgang bei den 3-Jährigen (–9.000). Durch das zeitgleiche Wachstum in der altersentsprechenden Bevölkerung führt die Zunahme der Anzahl von Kita-Kindern zwar nicht zu einer höheren Bildungsbeteiligungsquote, jedoch werden in den Kitas deutlich mehr Plätze benötigt (**C2**). Hinzu kommt, dass aufgrund einer veränderten Einschulungspraxis einzelner Länder (**C5**) der Anteil 6-Jähriger in den Kitas zuletzt leicht gestiegen ist.

Zudem liegt die Bildungsbeteiligung auch bei den 3- bis unter 6-Jährigen im Jahr 2021 rund 4 Prozentpunkte unterhalb des Elternbedarfs von 96 % (**Tab. C3-5web**).

Offen bleibt, ob die geringe Differenz zwischen Angebot und Nachfrage in dieser Altersgruppe noch Ausdruck eines nicht adäquaten Platzangebotes bzw. unerfüllten Elternbedarfs ist oder bereits eine Sättigung andeutet. Zusätzlich wird die erwartete demografische Entwicklung dieser Altersgruppe die Angebotsnachfrage erhöhen, sodass bis Ende des Jahrzehnts voraussichtlich – vor allem in Westdeutschland – noch mehr Bildungsangebote benötigt werden (Rauschenbach et al., 2020). Daraus resultiert ebenfalls ein weiterer Fachkräftebedarf (vgl. **H5**).

**Im internationalen Vergleich überdurchschnittlich hohe Bildungsbeteiligungsquoten**

Im internationalen Vergleich lag Deutschland mit einer Bildungsbeteiligungsquote von 94 % der 3- bis unter 6-Jährigen bereits 2019 deutlich über dem OECD-Durchschnitt.[7] Mittlerweile besteht in nahezu allen OECD-Staaten ein Rechtsanspruch auf Frühe Bildung oder sogar eine Pflicht zum Besuch eines Angebots der frühkindlichen Bildung, Betreuung und Erziehung in den letzten 1 oder 2 Jahren vor der Einschulung, sodass im Durchschnitt 87 % der 3- bis unter 6-Jährigen ein entsprechendes Angebot wahrnehmen (OECD, 2021). Dabei sind Unterschiede zwischen den Staaten hinsichtlich des Einschulungsalters zu berücksichtigen, die sich ebenfalls auf die Bildungsbeteiligungsquote von Angeboten der Kindertagesbetreuung auswirken können.

## Bildungsbeteiligung nach familialen Merkmalen

**Unterschiede in der Nutzung früher Bildungsangebote nach elterlichem Bildungsstand**

Die Nachfrage übersteigt hierzulande nach wie vor das Angebot an früher Bildung, Betreuung und Erziehung. Dies kann zur Folge haben, dass die Zugangschancen zu Früher Bildung nicht gleich verteilt sind. So legen auch Analysen der Bildungsbeteiligung mit den Daten des Mikrozensus 2020 nahe, dass nach wie vor der Bildungsstand der Eltern mitentscheidend dafür zu sein scheint, ob Kinder eine Kita oder Tagespflege

**Abb. C3-3: Anteil der Kinder in Tagesbetreuung an altersentsprechender Bevölkerung nach Altersgruppen, Bildungsabschluss der Eltern sowie Migrationshintergrund des Kindes 2020 (in %)*, ****

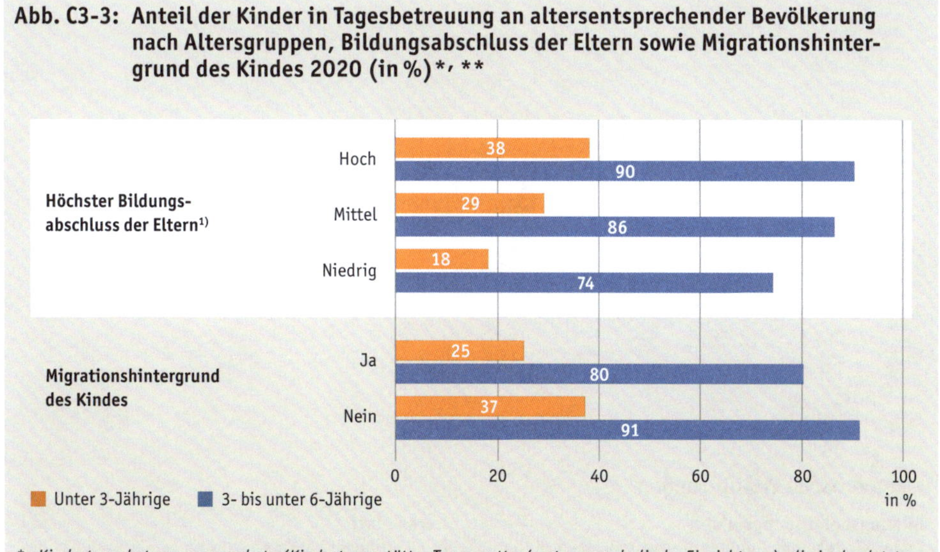


* *Kindertagesbetreuungsangebote (Kindertagesstätte, Tagesmutter/-vater, vorschulische Einrichtung), die in den letzten 12 Monaten in Anspruch genommen wurden.*

** *Die hier ausgewiesene Gesamtquote des Mikrozensus weicht aufgrund unterschiedlicher Erhebungsweisen von der sonst im Kapitel ausgewiesenen Bildungsbeteiligungsquote der KJH-Statistik (Vollerhebung) ab. Bildungsbeteiligungsquote unter 3-Jähriger: 34 % (KJH-Daten 2020) vs. 32 % (MZ-Daten 2020); 3- bis unter 6-Jähriger: 92 % (KJH-Daten 2020) vs. 87 % (MZ-Daten).*

*1) Höchster Bildungsabschluss der Eltern: Niedrig = Erster/Mittlerer oder kein Schulabschluss, Mittel = Berufsausbildung/(Fach-)Hochschulreife/Abschluss in Gesundheits- und Sozialberufen, Hoch = (Fach-)Hochschulabschluss/Meister:in o. Ä.*

*Quelle: Statistische Ämter des Bundes und der Länder, Mikrozensus D, eigene Berechnungen* **→ Tab. C3-6web**

*7 Die Bildungsbeteiligungsquote weicht aufgrund der unterschiedlichen Berechnungsweisen zur internationalen Vergleichbarkeit leicht ab. Es handelt sich um einen methodischen Effekt, da bei der internationalen Berichterstattung nicht der Stichtag (01.03.), sondern das Ende des Kalenderjahres berücksichtigt wird.*

besuchen. Sowohl unter 3-Jährige als auch 3- bis unter 6-Jährige von Eltern mit einem höheren Bildungsabschluss weisen deutlich höhere Beteiligungsquoten auf als Kinder von Eltern mit niedrigeren Bildungsabschlüssen (**Abb. C3-3**).

Entsprechende Unterschiede in der Bildungsbeteiligungsquote zeigen sich in beiden Altersgruppen auch zwischen Kindern, deren Mütter erwerbstätig sind, und Kindern, bei deren Müttern dies nicht der Fall ist. Während 2020 nahezu alle 3- bis unter 6-jährigen Kinder von erwerbstätigen Müttern ein Angebot der Kindertagesbetreuung besuchten (92 %), nahmen von nicht erwerbstätigen Müttern lediglich 76 % diese Angebote wahr (**Tab. C3-6web**).

**Sozial ungleiche Kita-Nutzung könnte durch mehr Kita-Plätze und Informationsangebote zur Früher Bildung verringert werden**



Darüber hinaus ist seit Längerem aus Studien bekannt, dass ein Mangel an Kita-Plätzen es Eltern mit Migrationshintergrund G zum Teil erschwert, ihrem Kind die frühzeitige Teilnahme an einem entsprechenden Bildungsangebot zu ermöglichen (Autorengruppe Bildungsberichterstattung, 2020). Dies zeigt sich auch im Vergleich der 3- bis unter 6-Jährigen mit und ohne Migrationshintergrund. Dabei würden vor allem Kinder mit nichtdeutscher Familiensprache von mehr Kita-Plätzen wesentlich profitieren (**C4**).

Erste experimentelle Studien konnten bereits nachweisen, dass Informationsangebote und Unterstützungsmaßnahmen die Wahrscheinlichkeit deutlich erhöhen, dass bildungsfernere Familien einen Kita-Platz nutzen und sozioökonomische Unterschiede in der Kita-Nutzung verringern können (Hermes et al., 2021).

## Methodische Erläuterungen

**Bildungsbeteiligungsquote**
In der Kinder- und Jugendhilfestatistik ausgewiesene Anzahl der Kinder der jeweiligen Altersgruppe in Angeboten der Kindertagesbetreuung zum Stichtag (01.03.) an allen Kindern der altersgleichen Bevölkerung zum 30.12. des Vorjahres. Bei den unter 3-Jährigen umfasst diese sowohl alle 1- und 2-Jährigen als auch Kinder, die das erste Lebensjahr noch nicht vollendet haben (unter 1-Jährige). Der Rechtsanspruch auf Kindertagesbetreuung gemäß § 24 SGB VIII gilt dagegen nur für alle Kinder ab dem vollendeten ersten Lebensjahr. Die Bildungsbeteiligungsquote für alle unter 3-Jährigen fällt entsprechend bislang niedriger aus (2021: 34 %), als bei den rechtsanspruchsberechtigten 1- und 2-Jährigen zusammen (2021: 50 %).

**Elternbedarf**
Der Elternbedarf nach Angeboten früher Bildung, Betreuung und Erziehung wird in der DJI-KiBS-Elternbefragung D erhoben. Dabei handelt es sich um eine jährliche bundeslandrepräsentative Befragung der Eltern von zuletzt 33.819 Kindern im Jahr 2021, die im Rahmen von Elternangaben in Telefoninterviews, schriftlichen oder Onlinebefragungen erhoben und u. a. zu ihren Betreuungsbedarfen für ihre bis 10-jährigen Kinder befragt wurden.

# Frühe Sprachkompetenzen

Neu, zuletzt Teile im Bildungsbericht 2020 als C5

Entsprechend ihrer altersgemäßen Entwicklung bilden Kinder in den ersten Lebensjahren diverse Fähigkeiten heraus, die wichtige Grundsteine für den Erwerb von basalen und für die Schule relevanten Kompetenzen legen. Diese können sowohl von der eigenen Familie als auch von der institutionellen Kindertagesbetreuung (G) gefördert werden. Eine generelle Voraussetzung für das Erlernen weiterer Fähigkeiten, etwa auch im mathematischen Bereich, sind in diesem Zusammenhang insbesondere frühe sprachliche Kompetenzen (Hahn & Schöps, 2019; Dubowy et al., 2008). Der folgende Indikator beschäftigt sich mit 3 Themenbereichen: Deutsch als Zweitsprache, Sprachstandsdiagnostik sowie Unterschiede in der sprachlichen Entwicklung. Wie viele Kita-Kinder in Deutschland mit Deutsch als Zweitsprache aufwachsen, lässt sich mit Daten der Kinder- und Jugendhilfestatistik (D) im Zeitverlauf darstellen. Auch wenn nicht nur bei Kindern mit vorrangig nichtdeutscher Familiensprache ein Sprachförderbedarf diagnostiziert wird, führen manche Länder nur in dieser Gruppe Sprachstandserhebungen durch. Wie die Test- und Fördermaßnahmen während der Pandemie umgesetzt werden konnten, wird mit der aktuellen DJI-Länderabfrage zu Sprachstandsdiagnostik und -fördermaßnahmen (D) abgebildet. Für einen gelingenden Start in die Grundschule sind ausreichende Deutschkenntnisse unabdingbar. Hier ist von besonderem Interesse, welche Kompetenzunterschiede sich in Bezug auf familiale oder institutionelle Merkmale zeigen.



## Kita-Kinder mit vorrangig nichtdeutscher Familiensprache

Manche Kinder, die in der Familie mit einer anderen Sprache als Deutsch aufwachsen, kommen oft erst in der Kindertagesbetreuung gezielt und kontinuierlich mit der deutschen Sprache in Berührung. Vor dem Hintergrund der deutlich geringeren Bildungsbeteiligung von unter 3-jährigen Kindern mit Migrationshintergrund (G) (**C3**) ist eine genauere Betrachtung der Kinder mit Migrationshintergrund und/oder nichtdeutscher Familiensprache erforderlich. Um eine ausreichende Datenbasis zu erhalten, werden im Folgenden nur Kita-Kinder zwischen 3 Jahren und dem Schuleintritt betrachtet, da in dieser Altersgruppe die große Mehrzahl aller Kinder Tagesbetreuungsangebote besucht (**C3**). In den letzten 13 Jahren zeigte sich bei Kita-Kindern in dieser Altersgruppe eine kontinuierliche Zunahme des Anteils der Kinder mit vorrangig nichtdeutscher Familiensprache. Seit 2008 ist dieser deutschlandweit von 16 auf 21 % (2021) gestiegen: Jedes 5. Kita-Kind im Alter von 3 Jahren bis zum Schuleintritt verständigt sich inzwischen zu Hause überwiegend in einer nichtdeutschen Familiensprache (**Abb. C4-1**).

**21 % der Kita-Kinder im Alter von 3 Jahren bis zum Schuleintritt wachsen mit Deutsch als Zweitsprache auf**

Die wachsende Anzahl an Kindern mit nichtdeutscher Familiensprache geht mit einer zeitgleichen Erhöhung des Anteils an Kita-Kindern mit Migrationshintergrund einher. Dieser ist bei Kita-Kindern im Alter von 3 Jahren bis zum Schuleintritt zwischen 2008 und 2021 um 5 Prozentpunkte auf zuletzt 31 % gestiegen (**Tab. C4-1web**). Ein Vergleich zwischen Ost- und Westdeutschland verdeutlicht die nach wie vor unterschiedliche Struktur in den beiden Landesteilen: Während der Anteil an Kita-Kindern mit Migrationshintergrund in diesem Zeitraum sowohl in West- als auch in Ostdeutschland um 5 Prozentpunkte gestiegen ist, lag der Anteil in den ostdeutschen Ländern mit 11 % (inkl. Berlin: 18 %) im Jahr 2021 weiterhin deutlich unter dem Wert von 34 % in Westdeutschland. Auch in Bezug auf den Anteil an Kita-Kindern mit vorrangig nichtdeutscher Familiensprache zeigen sich deutliche Ost-West-Unterschiede (**Abb. C4-1**, links): Kita-Kinder, die zu Hause überwiegend nicht Deutsch sprechen, sind seit jeher in den ostdeutschen Ländern (inklusive Berlin) unterrepräsentiert. So sprachen im Jahr 2021 in Ostdeutschland (inklusive Berlin) 14 % der Kita-Kinder im Alter von 3 Jahren bis zum Schuleintritt zu Hause vorrangig eine andere Sprache (ohne Berlin 8 %); in Westdeutschland waren es 23 %.

**34 % der Kita-Kinder im Alter von 3 Jahren bis zum Schuleintritt in Westdeutschland mit Migrationshintergrund**

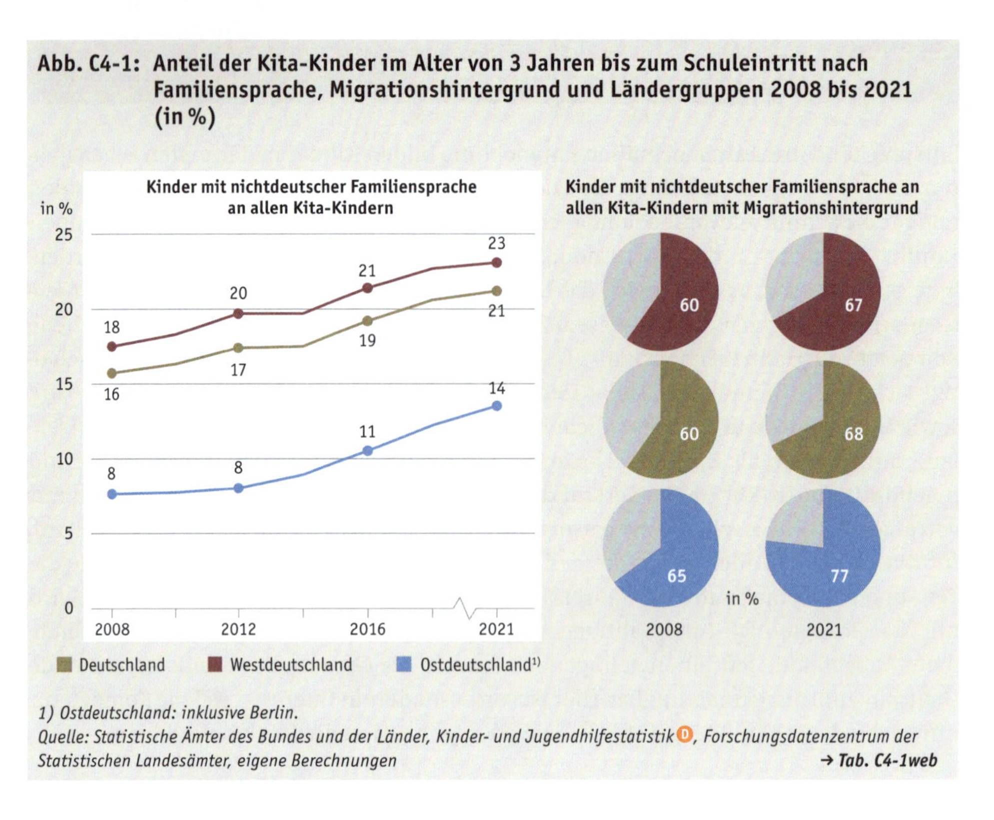


**Abb. C4-1: Anteil der Kita-Kinder im Alter von 3 Jahren bis zum Schuleintritt nach Familiensprache, Migrationshintergrund und Ländergruppen 2008 bis 2021 (in %)**

*1) Ostdeutschland: inklusive Berlin.*
*Quelle: Statistische Ämter des Bundes und der Länder, Kinder- und Jugendhilfestatistik D, Forschungsdatenzentrum der Statistischen Landesämter, eigene Berechnungen*
*→ Tab. C4-1web*

**In Ostdeutschland anteilig mehr Kinder mit nichtdeutscher Familiensprache unter jenen mit Migrationshintergrund als in Westdeutschland**

Seit dem Höchststand der Zuwanderung in den Jahren 2015 und 2016, die sich sowohl aus Asyl- und Schutzsuchenden G als auch EU-Binnenmigrant:innen – vor allem im Zuge der EU-Osterweiterung – zusammensetzte, ist der Anteil an Kindern mit vorrangig nichtdeutscher Familiensprache innerhalb der Gesamtgruppe aller Kita-Kinder mit Migrationshintergrund auf zuletzt 68 % (2021) gewachsen (**Abb. C4-1**, rechts). Der Anteil ist in diesem Zeitraum in beiden Landesteilen gestiegen, jedoch in den ostdeutschen Ländern (inkl. Berlin) – aufgrund des zuvor generell geringen Anteils an Kindern mit Zuwanderungshintergrund – mit einem Zuwachs um 12 Prozentpunkte auf 77 % deutlich stärker.

**Besserer Personalschlüssel in Gruppen mit höheren Anteilen an Kindern mit nichtdeutscher Familiensprache**

Bereits im Bildungsbericht 2020 konnte gezeigt werden, dass in einigen Ländern – vor allem in den Stadtstaaten und in Hessen – sowie in den Ballungsräumen im Rhein-Main-Gebiet und in Nordrhein-Westfalen zwischen einem Drittel und teilweise auch mehr als der Hälfte der 3- bis unter 6-jährigen Kita-Kinder mit Deutsch als Zweitsprache aufwachsen. Auf der kleinräumigen Ebene der einzelnen Kitas zeigen sich noch deutlichere Unterschiede: So besuchten im Jahr 2021 nur 27 % der Kita-Kinder zwischen 3 Jahren und dem Schuleintritt eine Einrichtung, die von weniger als einem Viertel an Kindern mit einer nichtdeutschen Familiensprache genutzt wird (**Tab. C4-2web**). Um den damit einhergehenden erhöhten Anforderungen an die Sprachförderung dieser Kinder Rechnung zu tragen, wird häufig in Kita-Gruppen mit einem höheren Anteil an Kindern mit vorwiegend nichtdeutscher Familiensprache zusätzliches Personal eingesetzt. Dies schlägt sich in diesen Einrichtungen in nahezu allen Ländern in einem günstigeren Personalschlüssel M nieder; jedoch ist unklar, ob dieser bessere Personalschlüssel bereits ausreicht, um die notwendigen Sprachfördermaßnahmen abzudecken. Bei einem Viertel und mehr an Kindern mit nichtdeutscher Familiensprache in einer Gruppe für Kinder zwischen 3 Jahren und dem Schuleintritt liegt der Personalschlüssel bei 7,5 Kindern pro Fachkraft, während in Gruppen mit weniger als einem Viertel an Kindern mit nichtdeutscher Familiensprache eine Fachkraft rechnerisch knapp 1 Kind mehr betreut (**Tab. C4-3web**).

## Sprachstandserhebungen und Sprachförderbedarf

Die Länder halten nach wie vor heterogene Formen der Sprachstandsdiagnostik Ⓜ und -förderung vor und wenden diese in unterschiedlichen Erhebungsgruppen an. So werden in manchen Ländern nur Kinder mit nichtdeutscher Herkunft oder Kinder, die keine Kita besuchen, getestet, während in anderen Ländern alle Kinder einem sprachdiagnostischen Verfahren unterzogen werden und wiederum andere Länder gar keine Sprachstandserhebungen vornehmen. Diese Heterogenität prägt das Feld der Sprachstandsdiagnostik und -förderung seit Jahren und verhindert eine Vergleichbarkeit der Befunde. Zu beachten ist darüber hinaus, dass Sprachbildung bei Weitem nicht nur für Kinder mit nichtdeutscher Familiensprache relevant ist. Spätestens zu Schulbeginn sollten die Sprachkompetenzen in der Bildungssprache bei allen Kindern so weit ausgebildet sein, dass sie dem Unterricht gut folgen können.

**Weiterhin Heterogenität bei Sprachstandsdiagnostik und -fördermaßnahmen zwischen den Ländern**



Im Jahr 2020 wurde in 14 Ländern der Sprachstand von 4- bis etwa 6-jährigen Kindern mit 21 verschiedenen Verfahren erhoben (**Tab. C4-4web**). Dabei gingen in den letzten Jahren immer mehr Länder – inzwischen sind es 7 – dazu über, ausschließlich den Sprachstand von bestimmten Kindern zu erfassen, z.B. von Kindern, die keine Kindertageseinrichtung besuchen oder nichtdeutscher Herkunft sind. Zunehmend abgelöst wurde die Implementierung additiver Sprachfördermaßnahmen, die für Kinder mit Sprachförderbedarf von ihrer Kita-Gruppe getrennt vorgenommen wurden, durch Formen einer alltagsintegrierten Sprachbildung in den Kitas.

**Trend zu alltagsintegrierter Sprachbildung statt additiver Sprachfördermaßnahmen**

Infolgedessen nimmt auch die Verpflichtung zur Teilnahme an additiven Sprachfördermaßnahmen ab: Während im Jahr 2010 noch 10 Länder eine Teilnahme vorschrieben, waren es im Jahr 2020 nur mehr 7 (**Tab. C4-5web**). Grund dafür ist die Stärkung des in den Bildungsplänen der Länder verankerten Auftrags, die Beobachtung, Dokumentation und Förderung des Sprachstandes in den Kindergartenalltag zu integrieren (**C2**). Die alltagsintegrierte Sprachförderung setzt dabei auf Konzepte, die unabhängig von der Familiensprache der Kinder darauf abzielen, den kindlichen Wortschatz über den gesamten Kita-Alltag durch bedeutungsvolles Handeln, Beziehungsarbeit und auch über spielerische Aktivitäten wie Singen oder Reimen zu erweitern (vgl. **H3**).

Die pandemiebedingten Einschränkungen des Kita-Betriebs (**C2**) führten in den Jahren 2020 und 2021, insbesondere in den Zeiten von Kita-Schließungen, zu einem Ausfall oder einer Beeinträchtigung von Sprachbildungs- und -fördermaßnahmen (**Tab. C4-6web**). So konnte etwa in Niedersachsen die Sprachbildung und Sprachförderung von Kindern in Kindertageseinrichtungen ab März 2020 mit Unterbrechung im Sommer und erneut von Dezember 2020 bis Mai 2021 wegen pandemiebedingter Schließungen der Kindertageseinrichtungen oder Reduzierung des Angebots auf „Notgruppenbetreuung“ für ca. 50 % der regulär betreuten Kinder nicht erfolgen. In 5 Ländern war es im Jahr 2020 möglich, die Sprachstandserhebungen regulär vorzunehmen, während 6 Länder angaben, diese nur eingeschränkt und nicht mit allen Kindern durchgeführt zu haben. Dementsprechend wurde in einigen Ländern auch die Frist für die Ausführung der diagnostischen Verfahren verlängert. Daher lagen für einige Länder zum Zeitpunkt der Länderabfrage Ende 2021, Anfang 2022 noch keine endgültigen Ergebnisse für das Jahr 2020 vor.

**Pandemie führte zu Ausfällen oder zeitlichen Verschiebungen in der Sprachstandsdiagnostik und -förderung**

Unabhängig von der pandemischen Situation variieren die Quoten der als sprachförderbedürftig diagnostizierten Kinder zwischen den Ländern nach wie vor stark. Die Variation ist zum einen auf unterschiedliche diagnostische Verfahren und die differierende Praxis der Länder zurückzuführen, den Sprachstand entweder bei allen Kindern oder nur in bestimmten Gruppen zu erheben. Zum anderen beeinflusst auch die unterschiedliche Bevölkerungszusammensetzung nach Migrationshintergrund in den Ländern die Sprachförderbedarfsquote. So zeigen sich in den beiden ostdeutschen

**Leichte Hinweise auf Anstieg der Sprachförderquoten während der Pandemie**

Ländern Brandenburg (16 %) und Mecklenburg-Vorpommern (14 %) die niedrigsten Quoten (**Tab. C4-7web**). Eine Veränderung in den Quoten ist in manchen Ländern auch der pandemischen Situation geschuldet: So erhöhte sich die Quote in Bremen von 41 % (2019) auf 48 % (2020), was jedoch auch in einem Erhebungswechsel während der Pandemie begründet sein dürfte. Hingegen könnte ein Anstieg der Förderquoten z. B. in Rheinland-Pfalz von 39 % (2019) auf 46 % (2020) auf die Folgen der pandemiebedingten Kita-Schließungen hinweisen. Politisch soll dieser Nachholbedarf durch eine Stärkung des Bundesprogramms „Sprach-Kitas" aufgefangen werden.

## Erwerb früher Sprachkompetenzen

C 4

Daten zu den sprachlichen Kompetenzen von Kindern vor der Einschulung liegen für Deutschland nicht in standardisierter Form vor, da die Länder unterschiedliche Verfahren der Sprachstandsdiagnostik anwenden. Daher werden für die Analyse von individuellen Entwicklungsverläufen Daten des NEPS D herangezogen. Im Zentrum der Analysen steht die Frage, ob sich die Entwicklung der Sprachkompetenzen je nach Kontextbedingungen unterscheidet. So wird an die Analysen im Bildungsbericht 2014 angeknüpft, in dem die frühen sprachlichen und mathematischen Kompetenzen bei 5-Jährigen der Startkohorte 2 „Kindergarten" analysiert wurden. Die hier dargestellten Auswertungen beziehen sich auf die Startkohorte 1 „Neugeborene", deren rezeptiver Wortschatz M im Alter von etwa 3, 5 und 7 Jahren erfasst wurde.

Während sich bei Betrachtung der sprachlichen Kompetenzen bei 3-Jährigen keine geschlechtsspezifischen Unterschiede finden, entwickeln sich diese bei Jungen und Mädchen im Zeitverlauf deutlich auseinander. So ist der Wortschatz von Mädchen mit 7 Jahren – auch unter Kontrolle des elterlichen Bildungsniveaus und weiterer Hintergrundfaktoren – signifikant höher als der von Jungen (**Tab. C4-8web**). Auch im Verlauf der Grundschule scheinen sich diese Geschlechterunterschiede zu verfestigen (vgl. **I2**). In den aktuellen Analysen zeigt sich – ähnlich wie im Bildungsbericht 2014 –, dass die Wortschatzentwicklung mit der sozialen Herkunft G korrespondiert. So wiesen Kinder aus Elternhäusern mit hohem Bildungsabschluss in jedem Alter einen höheren deutschen Wortschatz auf als Kinder von Eltern mit niedrigerem Abschluss (**Abb. C4-2**). Auch wenn alle 3 Gruppen im Zeitverlauf von 4 Lebensjahren denselben Zuwachs um etwa 15 Kompetenzpunkte verzeichnen, führt derselbe Zuwachs bei unterschiedlichem Ausgangsniveau jedoch auch zu Beginn der Grundschule zu einem deutlichen Gefälle in Abhängigkeit vom höchsten Bildungsabschluss der Eltern. Zudem ist zu beachten, dass der Wortschatz insbesondere zum 1. Messzeitpunkt eine hohe Streuung aufweist und einzelne Kinder in der jeweiligen Gruppe folglich auch höhere oder niedrigere Werte erreichen. Diese unterschiedlichen Entwicklungen verfestigen sich je nach sozioökonomischem Status der Kinder in der Grundschulzeit (vgl. **I2**).

**Konstant geringeres Wortschatzniveau bei Kindern von Eltern mit niedrigem Bildungsabschluss**

Die familiale Förderung, die u. a. in der Häufigkeit des Vorlesens zum Ausdruck kommt (**C1**), hat sowohl auf das Ausgangsniveau des Wortschatzes als auch auf dessen Entwicklung einen wesentlichen Einfluss. Kinder, denen täglich oder sogar mehrmals am Tag etwas vorgelesen wird, verfügen über einen überdurchschnittlichen Wortschatz und erzielten im Zeitverlauf auch die höchsten Zuwächse. Demgegenüber hatten Kinder, denen einmal in der Woche oder noch seltener vorgelesen wurde, mit 3 Jahren – auch unter Kontrolle des elterlichen Bildungsniveaus und weiterer Faktoren – bereits einen unterdurchschnittlichen Wortschatz. Bei diesen Kindern stieg der Wortschatz bis zum 8. Lebensjahr im Durchschnitt geringer. Allerdings wird dem Großteil der Kinder im Alter von 5 Jahren täglich oder zumindest mehrmals wöchentlich vorgelesen.

**Kinder, denen häufiger vorgelesen wird, mit überdurchschnittlichem Wortschatz**

Während sich sowohl beim Bildungsstand der Eltern als auch bei der Familiensprache die anfänglichen Unterschiede im Sprachniveau über die Zeit fortsetzten und

**Abb. C4-2: Deutschsprachige Wortschatzkompetenzen bei Kindern im Alter von 3, 5 und 7 Jahren nach Bildungsabschluss der Eltern (in Kompetenzpunkten)**

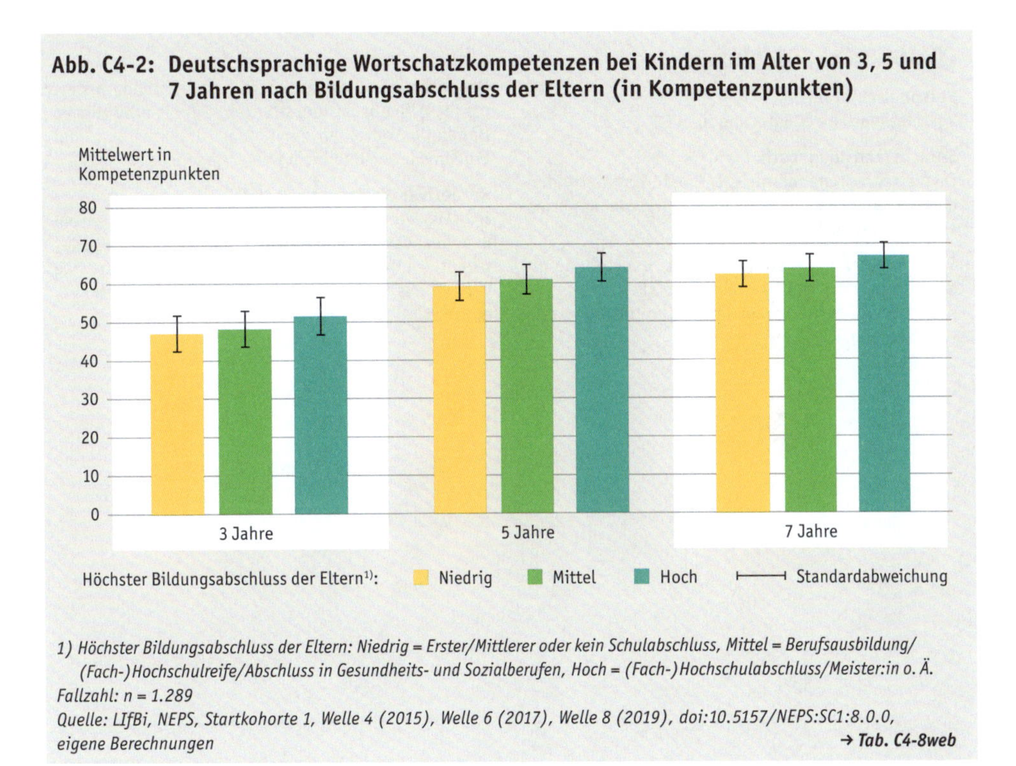


*1) Höchster Bildungsabschluss der Eltern: Niedrig = Erster/Mittlerer oder kein Schulabschluss, Mittel = Berufsausbildung/(Fach-)Hochschulreife/Abschluss in Gesundheits- und Sozialberufen, Hoch = (Fach-)Hochschulabschluss/Meister:in o. Ä.*
*Fallzahl: n = 1.289*
*Quelle: LIfBi, NEPS, Startkohorte 1, Welle 4 (2015), Welle 6 (2017), Welle 8 (2019), doi:10.5157/NEPS:SC1:8.0.0, eigene Berechnungen*
*→ Tab. C4-8web*

so zu einem ähnlichen Zuwachs des Wortschatzes im Zeitverlauf führten, zeigen sich beim Migrationsstatus sowohl ein unterschiedliches Ausgangsniveau als auch heterogene Zuwächse (**Tab. C4-8web**). Kinder mit einem zugewanderten Elternteil konnten ihren leicht unterdurchschnittlichen Wortschatz im Alter von 3 Jahren am stärksten steigern. Kinder mit 2 zugewanderten Elternteilen sowie selbst zugewanderte Kinder starteten mit einem unterdurchschnittlichen Wortschatz, den sie im Zeitverlauf nicht so stark verbessern konnten. Erst nach Kontrolle der Familiensprache und des familialen Bildungshintergrunds ergeben sich im Wortschatz von 7-Jährigen keine signifikanten Unterschiede mehr zwischen Kindern mit einem zugewanderten Elternteil und Kindern ohne Migrationshintergrund. Der Wortschatz von Kindern mit 2 zugewanderten Elternteilen verbleibt signifikant niedriger als bei Kindern ohne Migrationshintergrund.

**Deutscher Wortschatz von Kindern mit zugewanderten Eltern auch im Zeitverlauf unterdurchschnittlich**

Die Wortschatzentwicklung variiert je nach Kita-Einstiegsalter. Kinder, die bereits mit 1 Jahr oder jünger in Kindertagesbetreuung gegangen sind, haben als 7-Jährige einen signifikant höheren Wortschatz als Kinder, die erst mit 2 Jahren oder später in die Kita kamen (**Tab. C4-8web**). Erstere starten bereits auf einem etwas höheren Ausgangsniveau und können ihren Wortschatz im Zeitverlauf weiter steigern. Auch Kinder, die als 2-Jährige in die Kita kamen, schnitten als 7-Jährige besser ab als Gleichaltrige, die erst mit 3 oder 4 Jahren die Kita besuchten. Wird der elterliche Bildungsabschluss mitkontrolliert, unterscheidet sich der Wortschatz der 7-Jährigen nur noch signifikant zwischen Kindern, die mit 1 Jahr oder früher in die Kita kamen, und denjenigen, die erst mit 4 Jahren die Kita besuchten.

**Kinder mit frühem Kita-Einstieg verfügen mit 7 Jahren über einen größeren Wortschatz**

Der positive Einfluss eines frühen Kita-Besuchs auf die Sprachkompetenz ist vor allem vor dem Hintergrund des späteren Kita-Einstiegs von Kindern mit Migrationshintergrund (**C3**) relevant. Insbesondere bei denjenigen Kindern, für die das vielfältige „Sprachbad" der Kitas, also eine frühe alltagsintegrierte Förderung, von hohem Nutzen ist, um frühzeitig Deutsch zu lernen, stehen die Eltern immer noch vor zu hohen Zugangsbarrieren beim Erhalt eines Kita-Platzes (Jessen et al., 2018; Roth & Klein, 2018).

## Methodische Erläuterungen

**Personalschlüssel**
Vgl. methodische Erläuterungen in **C2**.

**Sprachstandsdiagnostik**
Testverfahren: standardisiert, Einstufung der individuellen Sprachkompetenz im Vergleich zum Kenntnisstand altersgleicher Kinder.

Screeningverfahren: standardisiert, Beurteilung anhand eines kritischen Leistungswerts; Feststellung eines Risikos für eine Sprachentwicklungsstörung oder -verzögerung.

Beobachtung: standardisiert und unstandardisiert möglich; Beobachtungssituation ähnelt alltäglichen Handlungskontexten der Kinder; Objektivität in der Ergebnisbewertung nicht immer gegeben.

**Rezeptiver Wortschatz im NEPS**
Im NEPS werden die deutschsprachigen Kompetenzen u. a. über den rezeptiven Wortschatz erfasst. Maße des rezeptiven Wortschatzes wurden über eine angepasste Version des Peabody Picture Vocabulary Tests (PPVT) erhoben.

# Übergang in die Schule

Zuletzt im Bildungsbericht 2020 als C5



Die Einschulung stellt im Leben eines Kindes nach dem Kita-Einstieg die nächste wichtige Statuspassage dar. Für den erfolgreichen Schulstart wird ein gewisser kognitiver, aber auch sozioemotionaler Entwicklungsstand vorausgesetzt (**C4**). Eine Betrachtung der Anteile an Kindern, die fristgerecht, verspätet oder vorzeitig eingeschult werden, liefert Anhaltspunkte, wie sich die Schulfähigkeit auf Länderebene entwickelt. Es stellt sich die Frage, ob Eltern ihre Kinder insbesondere während der Corona-Pandemie verstärkt zurückstellen ließen. Zwar handhaben es die Länder unterschiedlich streng, welche Voraussetzungen für eine Rückstellung erfüllt sein müssen, gleichwohl konnten während der pandemiebedingten Kita-Schließungen (**C2**) oder temporären Überlastungen der Gesundheitsämter die Einschulungsuntersuchungen in manchen Regionen nicht wie geplant vorgenommen werden. Teilweise wurde stattdessen auf die Ergebnisse der turnusmäßig letzten medizinischen Früherkennungsuntersuchung vor der Einschulung (U9) zurückgegriffen. Wie viele Erstklässler:innen zukünftig zu erwarten sind, ist nicht nur vor dem Hintergrund des Rechtsanspruchs auf ganztägige Bildung und Betreuung im Grundschulalter (vgl. **D3**) von besonderer Relevanz. Da zudem das Thema der inklusiven Beschulung von Kindern in den letzten Jahren erheblich an Bedeutung gewonnen hat, wird die inklusive Einschulung von Kindern mit sonderpädagogischem Förderbedarf an Grundschulen berichtet. Hierbei erfolgt ein Vergleich zu den Direkteinschulungen in Förderschulen, bei dem auch Unterschiede nach Staatsangehörigkeit der Kinder berichtet werden.

## Entwicklungen bei der Anzahl eingeschulter Kinder

Bereits mit der Einschulung können Eltern den Bildungsweg ihrer Kinder maßgeblich beeinflussen. So lässt sich zu diesem Zeitpunkt die Entscheidung treffen, ob das Kind eine öffentliche oder eine private Schule besuchen wird. Einschulungsdaten werden zwar nicht nach Schulträger erfasst, jedoch verdeutlicht die Schulstatistik, dass in den letzten Jahren bereits in den Grundschulen ein Trend zu privaten Schulen zu erkennen ist (Statistisches Bundesamt, 2020). Eine ausgeprägte Selektion bei der Schulwahl, wie sie aus anderen Ländern wie Großbritannien, den Niederlanden oder den USA bekannt ist, gibt es in Deutschland – mit Ausnahme des größten Bundeslandes Nordrhein-Westfalen und Hamburgs – aufgrund der Sprengelpflicht[8] allerdings so nicht (**Tab. C5-1web**). Bereits 2005 konnte eine Studie in Nordrhein-Westfalen nachweisen, dass die freie Schulwahl eine ethnische Konzentration an Grundschulen aufgrund von mangelnder Kenntnis der Wahlmöglichkeiten bei Familien mit Migrationserfahrung verstärkt (Kristen, 2005).

**Sprengelpflicht in Deutschland wirkt Konzentrationstendenzen an Grundschulen entgegen**

An Ganztagsgrundschulen hingegen wird der Anspruch gestellt, durch eine einheitliche Förderung unabhängig von den familialen Strukturen sozial ausgleichend auf die Bildungschancen von Kindern zu wirken. Vor dem Hintergrund des Rechtsanspruchs auf ein Ganztagsangebot im Grundschulalter ab dem Schuljahr 2026/27 (vgl. **D3**) sind die bisherige Entwicklung der Einschulungen sowie eine Vorausberechnung der zukünftig zu erwartenden Anzahl an 6-Jährigen, die als Näherungswert für zukünftige Einschulungen angenommen werden kann, wichtige Planungskriterien. Mitte der 1990er-Jahre wurde mit mehr als 950.000 Einschulungen ein Höchststand verzeichnet (**Abb. C5-1**). Sowohl in West- als auch in Ostdeutschland nahmen die Einschulungen bis 2001 ab, um danach in Ostdeutschland wieder kontinuierlich anzusteigen. In Westdeutschland kam es hingegen seitdem – mit einem kurzen An-

**Von 2022 bis zur Einführung des Rechtsanspruchs leichter Rückgang an 6-Jährigen zu erwarten**

*8 Die Sprengelpflicht besagt, dass alle schulpflichtigen Kinder in einem bestimmten Einzugsgebiet (Schulsprengel oder -bezirk) grundsätzlich zum Besuch einer bestimmten Regelschule verpflichtet sind.*

**Abb. C5-1: Anzahl an eingeschulten Kindern 1992 bis 2021 und Vorausberechnung für 6-Jährige* ab 2022 bis 2030 nach Ländergruppen**

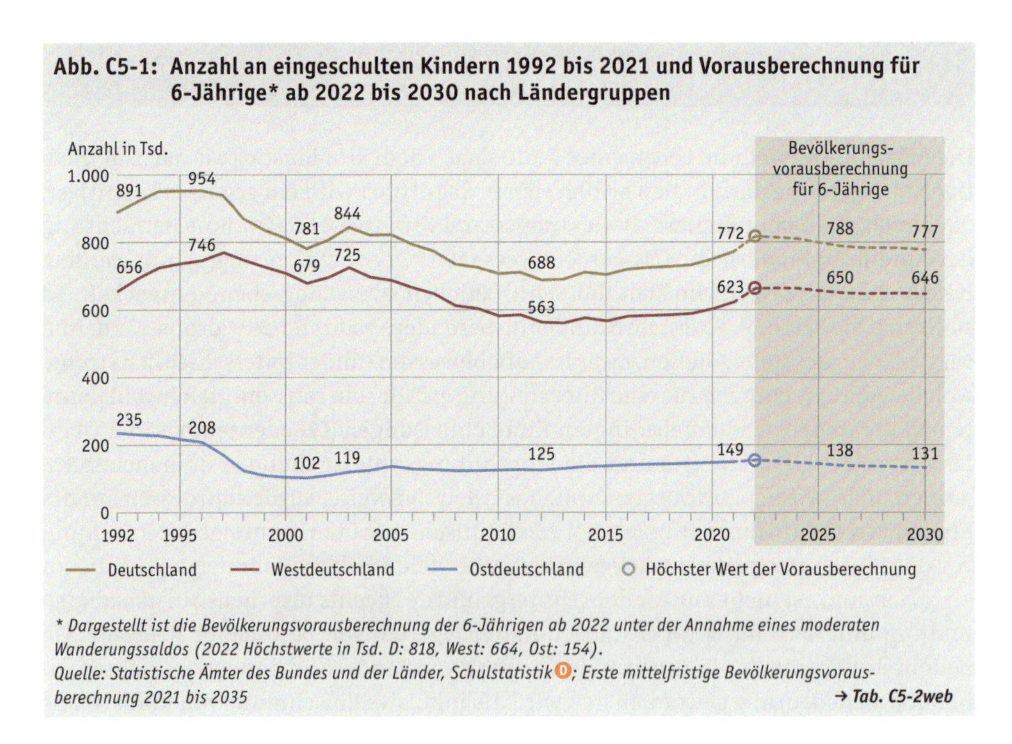


** Dargestellt ist die Bevölkerungsvorausberechnung der 6-Jährigen ab 2022 unter der Annahme eines moderaten Wanderungssaldos (2022 Höchstwerte in Tsd. D: 818, West: 664, Ost: 154).*
*Quelle: Statistische Ämter des Bundes und der Länder, Schulstatistik; Erste mittelfristige Bevölkerungsvorausberechnung 2021 bis 2035*
*→ Tab. C5-2web*

stieg bis 2003 – zu einer deutlichen Abnahme bis 2013; seitdem ist ein leichter, aber stetiger Anstieg zu erkennen. Die mittelfristigen Bevölkerungsvorausberechnungen mit der Annahme eines moderaten Wanderungssaldos gehen im Jahr 2022 von einem Höchststand der 6-Jährigen von über 815.000 aus, der sich dann bis zum Jahr 2030 wieder auf etwa 780.000 Kinder abflachen wird. Diese voraussichtliche Entwicklung der Anzahl an 6-Jährigen lässt somit einen Rückgang der Einschulungen annehmen, jedoch wird für die gesamte Anzahl an Grundschulkindern bis Mitte des Jahrzehnts eine Zunahme erwartet (vgl. **D3**).

## Vorzeitige und verspätete Einschulungen

**Leichter Anstieg der Quote vorzeitiger Einschulungen, vor allem in Baden-Württemberg**

Die Quoten der vorzeitigen und verspäteten Einschulungen variieren je nach Einschulungsstichtag der Länder, der zwischen dem 30. Juni und dem 30. September liegt (**Tab. C5-1web**). Der Anteil an vorzeitigen Einschulungen pendelt in den letzten Jahren bundesweit relativ konstant zwischen 2,5 und 2,7 % an allen Eingeschulten (**Tab. C5-3web**). Der leichte Anstieg zwischen den Schuljahren 2019/20 und 2020/21 um 0,2 Prozentpunkte zeigt sich sowohl bei Mädchen als auch Jungen (**Tab. C5-4web**) und ist vor allem auf die westdeutschen Länder zurückzuführen – insbesondere auf Baden-Württemberg. Hier hat sich der Anteil an vorzeitig Eingeschulten zwischen 2019/20 und 2020/21 auf 4,2 % fast verdreifacht, was durch die Verlegung des Einschulungsstichtags vom 30. September auf den 30. August zu erklären ist (**Tab. C5-3web**).

**Starker Rückgang der Zahl der verspäteten Einschulungen durch Einschulungskorridor in Bayern**

Die verspäteten Einschulungen haben hingegen innerhalb eines Jahres einen deutlichen Rückgang zu verzeichnen – ebenfalls unabhängig vom Geschlecht der Kinder. Während im Vorjahr noch 7,6 % der Kinder verspätet eingeschult wurden, waren es im Schuljahr 2020/21 deutschlandweit nur mehr 6,6 % (**Tab. C5-5web**). Dieser Rückgang lässt sich vor allem auf die Einführung eines Einschulungskorridors in Bayern zurückführen: Seit Herbst 2019 ist in Bayern sogenannten „Kann"-Kindern, die zwischen dem 1. Juli und 30. September des jeweiligen Jahres 6 Jahre alt werden, die Einschulung – ohne Rückstellung – auch im Folgejahr erlaubt (**Tab. C5-1web**). Im Schuljahr 2019/20 ist daher die Zahl der Rückstellungen in Bayern auf einen Höchstwert von 17.736 Kindern angestiegen, ein Wert, der sich so im Folgejahr 2020/21 jedoch nicht in der Anzahl der verspätet Eingeschulten wiederfand, da „Kann"-Kinder im Folgejahr als regulär eingeschult erfasst werden. Demzufolge hat sich die Quote der verspätet Eingeschulten in Bayern seit Bestehen des Einschulungskorridors auf 7,8 % im Schuljahr 2020/21 fast halbiert. Brandenburg bleibt mit 17,6 % das Land mit der höchsten Quote an verspätet Eingeschulten (**Tab. C5-5web**). Daher gibt es auch in diesem Land Pläne, den Stichtag zum Schuljahr 2022/23 auf den 30. Juni rückzuverlegen. Ob es pandemiebedingt zu mehr Rückstellungen kam, ist zweifelsfrei erst an der Quote der verspätet Eingeschulten im Schuljahr 2021/22 zu erkennen.

**Anteil der 6-Jährigen in Grundschulen so niedrig wie vor 15 Jahren**

Der Anteil der 6-Jährigen an allen Erstklässler:innen ist auch ein Indikator für eine veränderte Einschulungspraxis in den Ländern. Während im Schuljahr 2014/15 der Anteil an 6-Jährigen in Schulen mit 64 % einen Höchststand erreicht hat, ist dieser in den letzten Jahren kontinuierlich gesunken und betrug im Schuljahr 2020/21 nur noch 58 % – so ein geringer Wert zeigte sich zuletzt im Schuljahr 2006/07 (**Tab. C5-6web**). Eine Betrachtung der Länderwerte ergibt eine deutliche Differenzierung entlang der Einschulungsstichtage: Länder mit vorgezogener Einschulung haben einen höheren Anteil an 6-Jährigen in der Grundschule, allen voran Nordrhein-Westfalen mit 71 %, während in Ländern mit Stichtag 30. Juni ein deutlich geringerer Anteil an 6-Jährigen bereits die Schule besucht. In Sachsen findet sich mit 41 % der geringste Wert. Auch die Änderungen der Stichtagsregelungen spiegeln sich in der Entwicklung des Anteils der 6-Jährigen in Schulen wider: So hat dieser zwischen dem Schuljahr 2019/20 und 2020/21 in den Ländern Baden-Württemberg (–4,6 Prozentpunkte) mit einer Verlegung des Stichtags vom 30. September auf den 30. August sowie in Bayern (–3,7 Prozentpunkte) mit Einführung des Einschulungskorridors den stärksten Rückgang zu verzeichnen.

## Einschulungen von Kindern mit sonderpädagogischem Förderbedarf

**Stagnation bei den Direkteinschulungen von Kindern in Förderschulen**

Schon länger werden im Bildungsbericht die Direkteinschulungen in Förderschulen Ⓜ betrachtet; hinzugekommen sind in dieser Hinsicht die Bemühungen, Kinder mit sonderpädagogischem Förderbedarf inklusiv in Grundschulen zu fördern. In diesem Zusammenhang zeigt sich allerdings, dass die Direkteinschulungen an Förderschulen mit 3,2 % der Schüler:innen auf einem konstanten Niveau verharren (**Tab. C5-7web**). Dabei bleibt der deutliche Geschlechterunterschied weiterhin erhalten, sodass auch im Schuljahr 2020/21 doppelt so viele Jungen wie Mädchen an Förderschulen eingeschult wurden. Zugleich verbleibt auch die Quote der inklusiv an Grundschulen Eingeschulten mit 1,4 % an allen Eingeschulten auf einem niedrigen Niveau.[9]

Damit werden weiterhin etwa doppelt so viele Kinder mit sonderpädagogischem Förderbedarf direkt an Förderschulen eingeschult. In den ostdeutschen Ländern und Hamburg zeigt sich hierbei ein ausgeglicheneres Verhältnis: Dort werden inzwischen deutlich mehr Kinder inklusiv an Grundschulen eingeschult. So ist in Bremen[10] der Anteil von Kindern, die direkt an Förderschulen eingeschult werden, deutschlandweit mit 0,6 % am geringsten (**Tab. C5-7web**). Demgegenüber werden in Baden-Württemberg (4,3 %), Bayern (4,2 %) und Niedersachsen (3,6 %) im Ländervergleich weiterhin die meisten Kinder direkt an Förderschulen eingeschult (**Abb. C5-2**). Diese Länderunterschiede bleiben während der Schulzeit bestehen und können neben Differenzen in den Feststellungsverfahren auch in unterschiedlichen Praxen der Ressourcenzuweisung sowie in der Rechtsprechung begründet sein (vgl. **D2**). Da in manchen Ländern das Diagnose- und Zuweisungsverfahren nicht an unabhängige Organisationen ausgelagert worden

*9 Quote für Deutschland ohne BW, BE, NI, SL und ST, da diese Länder den sonderpädagogischen Förderbedarf bei der Einschulung in Grundschulen nicht ausweisen.*

*10 In Bremen wurden Förderschulen abgeschafft, hier gibt es nur noch für die Schwerpunkte Hören, Sehen und körperlich-motorische Entwicklung Sonderstrukturen. Auch in Niedersachsen und Mecklenburg-Vorpommern sollen Förderschulen sukzessive abgeschafft werden (Steinmetz et al., 2021).*

**Abb. C5-2: Einschulungen von Kindern in Förderschulen und mit sonderpädagogischem Förderbedarf in Grundschulen 2020/21 nach Staatsangehörigkeit und Ländern (in %)**

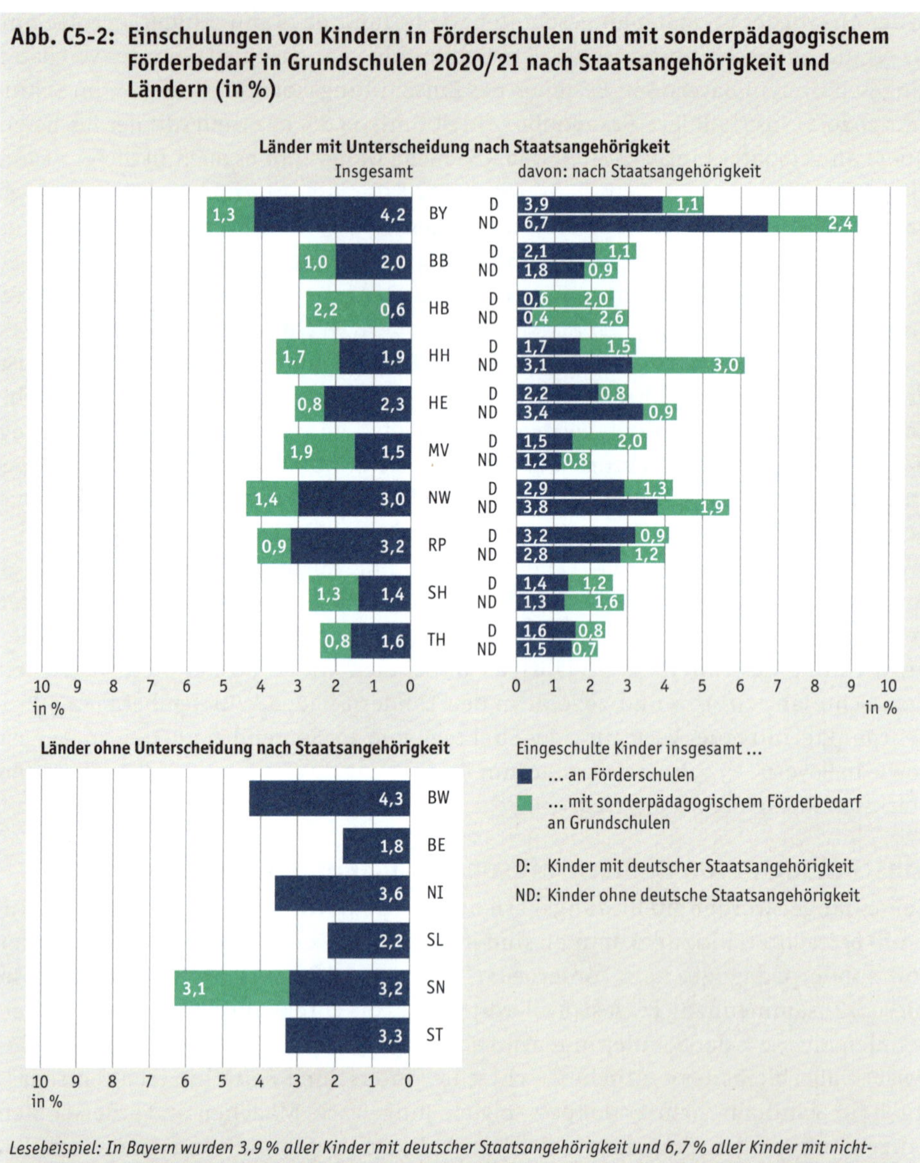


*Lesebeispiel: In Bayern wurden 3,9 % aller Kinder mit deutscher Staatsangehörigkeit und 6,7 % aller Kinder mit nichtdeutscher Staatsangehörigkeit direkt in eine Förderschule eingeschult. Gemessen an allen eingeschulten Kindern wurden 4,2 % direkt an einer Förderschule eingeschult. In Baden-Württemberg werden 4,3 % der Kinder direkt an Förderschulen eingeschult; die Staatsangehörigkeit sowie Kinder mit sonderpädagogischem Förderbedarf an Grundschulen werden nicht ausgewiesen.*
*Quelle: Statistische Ämter des Bundes und der Länder, Schulstatistik* **→ *Tab. C5-7web, Tab. C5-8web***

ist, sondern an den Förderschulen direkt durchgeführt wird, wird dieses Verfahren auch als Selbsterhalt oder Selbstbeschaffung kritisiert (Steinmetz et al., 2021).

**Kinder mit nichtdeutscher Staatsangehörigkeit häufiger in Förderschulen eingeschult, aber …**

Auch die Differenzierung nach der Staatsangehörigkeit der Kinder zeigt Unterschiede bei den 10 Ländern, die die Staatsangehörigkeit ausweisen: Während es in einigen ostdeutschen Ländern kaum Abweichungen in der Förderquote nach Staatsangehörigkeit der Kinder gibt, werden in westdeutschen Ländern – insbesondere in Hamburg und Bayern – Kinder mit nichtdeutscher Staatsangehörigkeit deutlich häufiger direkt an Förderschulen eingeschult (**Abb. C5-2**).

So wurden in Bayern 6,7 % der Kinder mit nichtdeutscher Staatsangehörigkeit direkt an Förderschulen eingeschult, während dieser Anteil unter deutschen Kindern mit 3,9 % deutlich geringer ausfällt. Auch in Hamburg ist die Förderschulquote unter Kindern mit nichtdeutscher Staatsangehörigkeit mit 3,1 % fast doppelt so hoch wie bei Kindern mit deutscher Staatsangehörigkeit (1,7 %). In den ostdeutschen Ländern Mecklenburg-Vorpommern und Brandenburg hingegen liegt die Förderschulquote zur Einschulung bei Kindern mit nichtdeutscher Staatsangehörigkeit sogar unter derjenigen von Kindern mit deutscher Staatsangehörigkeit. Ein Grund für diese Ost-West-Diskrepanz ist auch in der deutschlandweit unterschiedlichen Verteilung von Kindern mit nichtdeutscher Staatsangehörigkeit zu finden. In Ländern mit hohen Diskrepanzen des Förderanteils nach Staatsangehörigkeit stellt sich jedoch die Frage, ob dafür nur Behinderungen oder Entwicklungsstörungen ausschlaggebend sind oder ob die Feststellung eines Förderbedarfs auch auf Sprachbarrieren zwischen Fachkräften und Kindern sowie deren Eltern im Feststellungsverfahren zurückzuführen ist. Die Differenzen in den Förderschulquoten nach Staatsangehörigkeit werden in manchen Ländern schon lange beobachtet und deuten auch hier auf Unterschiede im Feststellungs- und Klassifizierungsverfahren hin (Kemper & Weishaupt, 2011).

**... Quote in ostdeutschen Flächenländern geringer**



### Methodische Erläuterungen

**Zurückstellungen, vorzeitige und verspätete Einschulungen**
Als vorzeitige Einschulungen werden in den Schulstatistiken der Länder die Kinder erfasst, die im Einschulungsjahr zu dem landesspezifischen Regelstichtag das 6. Lebensjahr noch nicht vollendet haben und trotzdem eingeschult wurden. Kinder, die im Vorjahr bis zu dem jeweiligen Stichtag das 6. Lebensjahr vollendet haben, aber aufgrund einer Zurückstellung dennoch nicht eingeschult wurden, werden im Einschulungsjahr als verspätete Einschulung geführt.

**Direkteinschulungen in Förderschulen**
Kinder können auch in Förderschulen eingeschult werden, unabhängig davon, ob ein sonderpädagogischer Förderbedarf förmlich festgestellt wurde.

# Perspektiven



Seit 3 Jahrzehnten kann die Frühe Bildung auf eine fast durchgängige Expansion zurückblicken, die mit einer erheblichen Aufwertung der Angebote einherging. Für die Mehrheit der Kinder ab 2 Jahren ist die Kindertagesbetreuung längst zu einer Selbstverständlichkeit geworden. Nach einer langen Wachstumsphase deutet sich jedoch bis 2030 ein Ende des Wachstums an. Großen Einfluss haben dabei demografische Veränderungen sowie eine beginnende Deckung der elterlichen Bedarfe in manchen Regionen. Diese sind auf einem hohen Niveau zuletzt nicht mehr weiter gestiegen; auch bei den Geburten war zuletzt kein weiterer Anstieg mehr zu beobachten. Diese langsam einsetzende Bedarfsdeckung beginnt zuerst in Ost- und ab Mitte des Jahrzehnts nach und nach auch in Westdeutschland (**C3**).

Allerdings ist der bedarfsgerechte Ausbau im Westen Deutschlands immer noch nicht abgeschlossen. So müssen dort weitere Plätze geschaffen und zugleich Vorsorge getroffen werden, nicht an den örtlichen Bedarfen vorbeizuplanen. Deutschland wird künftig vermehrt mit regionalen Ungleichzeitigkeiten zwischen weiteren Platzbedarfen und einer sich bereits abzeichnenden Bedarfsdeckung umgehen müssen. Dabei könnte die aktuelle Zuwanderung aus der Ukraine dazu führen, dass für Kinder vor dem Schuleintritt mehr Angebote bereitgestellt werden müssen als bislang angenommen.

Während der Pandemie kam es an den beiden Schlüsselorten des Aufwachsens zu Überlastungen: zu Hause und in der Kita. In beiden Settings führte dies zu Einschränkungen der Anregungsprozesse früher Bildung. Insgesamt hat die Pandemie die Kitas stark geprägt: Eine Reduzierung der Öffnungszeiten bis hin zur Schließung von kompletten Einrichtungen, die vermehrte Rückkehr zu festen Gruppenstrukturen sowie weitere Hygienemaßnahmen stellten alle Beteiligten – nicht zuletzt die Kita-Leitungen – vor zusätzliche Herausforderungen, die trotz pandemiebedingter Personalausfälle zu bewältigen waren (**C2**). Es bleibt abzuwarten, ob dies beim Kita-Personal Spuren hinterlässt.

Hinzu kommen die Folgen der mehr als 2-jährigen Pandemie in den Familien. Viele haben durch die anhaltenden Einschränkungen sowie das Nebeneinander von Beruf und Kindern ihre Belastungsgrenzen erreicht. Zudem hat diese anstrengende Zeit zu einer spürbaren Rückverlagerung des Aufwachsens in die Familie geführt, die auch das künftige Zusammenspiel von Kita und Familie tangieren könnte. Zugleich muss davon ausgegangen werden, dass sich durch unterschiedliche Anregungsniveaus in Familien ungleiche Bildungschancen verstärken, die vor der Pandemie durch den Kita-Besuch zumindest teilweise ausgeglichen werden konnten. Ohne die dortigen Anregungen und die ständigen Kontakte mit Gleichaltrigen sind Kinder vor allem auf häusliche Lerngelegenheiten angewiesen. Studien zeigen, dass familiale Bildungsaktivitäten wie Vorlesen weiterhin vom Bildungsstand der Eltern abhängig sind und Unterschiede dadurch in der frühen Kindheit eher größer werden (**C1**).

Zudem stellen der zeitweilige Wegfall von Sprachbildungs- und -fördermaßnahmen, aber auch die Einschränkungen beim Kita-Besuch während der Pandemie eine weitere Herausforderung dar. Dies gilt vor allem für Kinder, die primär in Kitas mit der deutschen Sprache in Berührung kommen (**C4**). Analysen haben schon vor der Pandemie gezeigt, dass sich frühe Unterschiede in den Sprachkompetenzen von Kindern nicht von selbst „auswachsen", sondern bis in die Grundschulzeit hinein nachgewiesen werden und sich im ungünstigen Fall sogar vergrößern können. Einmal mehr sind hier die Anstrengungen fortzuführen, denjenigen Kindern den Zugang zu Früher Bildung zu erleichtern, deren Familien über geringere Bildungsressourcen verfügen und nach wie vor seltener den Zugang zu Kitas finden (**C3**).

Die vielleicht größte aktuelle Herausforderung ist der seit Jahren anhaltende Fachkräftemangel in Kitas (vgl. **H5**). Obgleich im letzten Jahrzehnt deutlich mehr Personen ausgebildet wurden, konnte der Bedarf aufgrund des weiteren Platzausbaus immer weniger gedeckt werden. Dieses Problem wird vor allem in Westdeutschland noch einige Jahre andauern. Zugleich hat die Pandemie diesen Personalnotstand noch verstärkt. Pädagogische Fachkräfte kamen wiederholt an ihre Belastungsgrenzen.

Einzelne Länder reagierten auf diese Notlage mit einer Öffnung für weniger pädagogisch qualifizierte Personen (vgl. **H2**), was zu einer weiteren Belastung der Kita-Fachkräfte beitragen dürfte. Um dem Kita-Fachkräftemangel zu begegnen, wären Anstrengungen zu verstärken, Studierende aus einschlägigen pädagogischen Studiengängen gezielt als Teilzeitkräfte anzuwerben.

# Im Überblick

### Anzahl der unter 3-Jährigen in Kindertagesbetreuung steigt bei zuletzt eher konstant bleibenden Beteiligungsquoten

Entwicklung der Bildungsbeteiligung (absolut und in %)

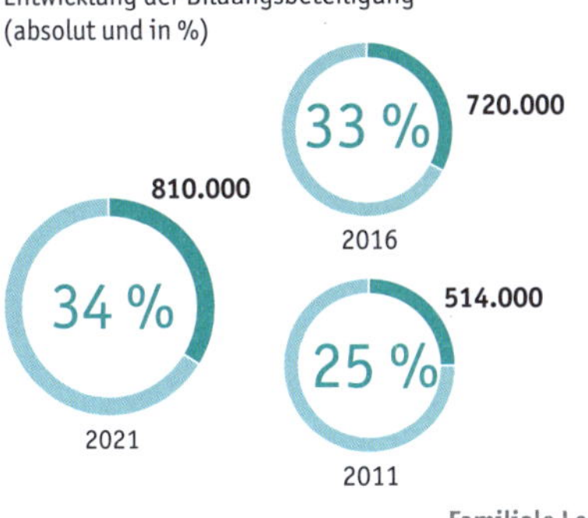

### Unter 3-jährige Kinder von Eltern mit höherem Bildungsabschluss häufiger in Kindertagesbetreuung

Bildungsbeteiligungsquote nach höchstem Bildungsabschluss der Eltern (in %)

### Vor allem in den westdeutschen Ländern viele Kitas mit einem höheren Anteil an Kindern mit nichtdeutscher Familiensprache

Anteil an Kitas mit über 25 % an Kindern mit vorrangig nichtdeutscher Familiensprache im Alter von 3 Jahren bis zum Schuleintritt (in %) (2021)

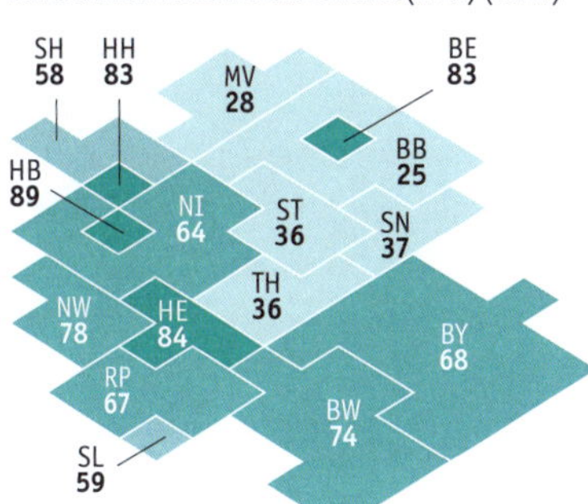


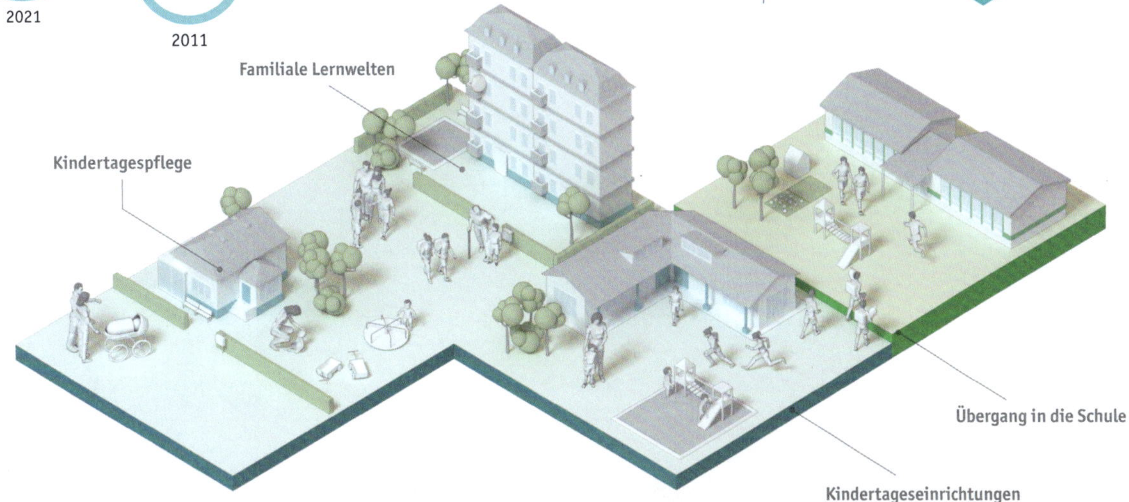

### Bis 2030 steigender Personalbedarf in Westdeutschland über die zu erwartenden Ausbildungsneuzugänge hinaus

Anzahl des verbleibenden Personals und des künftigen Personalbedarfs in Tausend

- Verbleibendes Personal
- Neuzugänge aus Ausbildungen
- Bis zu ... Tausend fehlende Personen

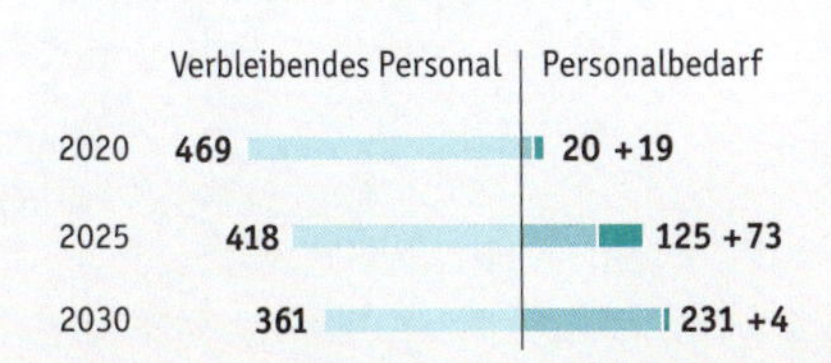

### Die bundesweite Kita-Auslastung korrespondiert mit den pandemiebedingten Einschränkungen

Anteil der tatsächlich betreuten unter 6-Jährigen in Kitas während der Corona-Pandemie an allen Kita-Kindern (in %)

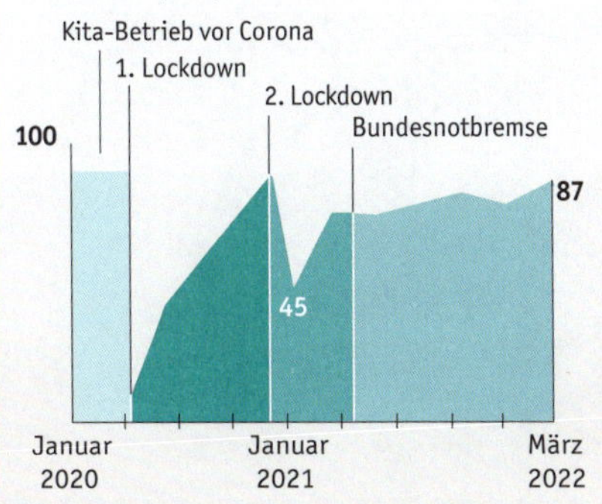

### Unterschiede in der Vorlesehäufigkeit in Abhängigkeit vom Bildungsabschluss der Eltern nahmen während der Corona-Pandemie weiter zu

Anzahl der Tage pro Monat, an denen 2- bis unter 6-Jährigen vorgelesen wird

Höchster Bildungsabschluss der Eltern:

- Niedrig
- Mittel
- Hoch

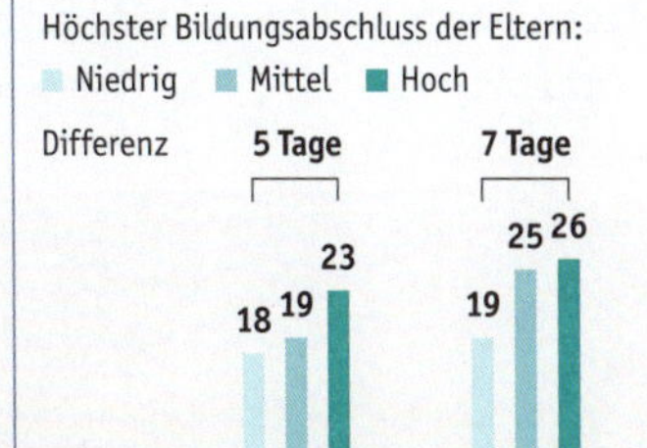

# Allgemeinbildende Schule und non-formale Lernwelten im Schulalter

D

Das Schulwesen hat in den Bildungsbiografien der Menschen eine Schlüsselstellung für die Entwicklung von Kompetenzen, den Abbau von Bildungsbarrieren und die soziale Eingebundenheit von Kindern und Jugendlichen. Nur in diesem Bildungsbereich gibt es eine gesetzlich verankerte Besuchspflicht und damit auch eine besondere Verantwortung, allen Kindern und Jugendlichen im Schulalter die Chance auf die bestmögliche Entwicklung zu eröffnen. Unter den Bedingungen der Corona-Pandemie war dementsprechend die öffentliche Aufmerksamkeit für Fragen der Aufrechterhaltung des Schulbetriebs und der Sicherstellung alternativer Gelegenheitsstrukturen für Lern- und Austauschprozesse groß.

Wenngleich sich die langfristigen Auswirkungen auf die fachliche, motivationale und soziale Entwicklung der Kinder und Jugendlichen noch nicht indikatorengestützt abbilden lassen, liegt eine erste querliegende Analyseperspektive der folgenden Indikatoren auf den Veränderungen schulischer und außerschulischer Bildung durch die Einschränkungen der Corona-Pandemie. Dies betrifft einerseits die Frage, wie auf die pandemiebedingten Kontaktbeschränkungen reagiert wurde – von der Schul- und Unterrichtsorganisation (**D1**) über die familiale Unterstützung und außerschulische Bildungsarbeit (**D5**) bis hin zu den Abschlussprüfungen (**D7**). Da aktuelle Statistiken und Studien noch keine gesicherten Erkenntnisse liefern, können andererseits zu den Folgen der Pandemie für die Schullaufbahnen (**D2**), die Gestaltung der Lehr-Lern-Prozesse und -Umwelten (**D4**) sowie die Kompetenzentwicklung (**D6**) nur erste Hinweise berichtet werden.

Mit der auch pandemisch bedingt weiter voranschreitenden Pluralisierung und Flexibilisierung von Lernwelten im Schulalter eng verknüpft ist eine zweite Leitperspektive des Kapitels. Sie greift das Konzept der multiplen Ziele von Beschulung auf und betrachtet Schule als Ort nicht nur der Leistungs-, sondern auch der sozioemotionalen Entwicklung: die soziale Teilhabe und Integration in schulischer und außerschulischer Bildung. Nicht nur für die persönliche Entwicklung der Einzelnen, sondern auch für das Zusammenleben in einer von Vielfalt und (sozialen) Unterschieden geprägten Gesellschaft wird von der Schule ein wesentlicher Beitrag erwartet. Mit Blick auf das Ausmaß der Heterogenität von Lerngruppen wird im Anschluss an die Forschung zu differenziellen Lern- und Entwicklungsmilieus erstmals für den Primarbereich aufgezeigt, inwiefern Schulen in Deutschland als Orte zu charakterisieren sind, an denen Kinder und Jugendliche mit diversen Hintergründen zusammenkommen (**D4**). Merkmale der Klassenzusammensetzung nach sozialer Herkunft, familialer Migrationserfahrung und sonderpädagogischem Förderschwerpunkt werden damit erstmals im Bildungsbericht unter Diversitätsgesichtspunkten analysiert. Auch die sozialgruppenspezifische Analyse der Beteiligung an Ganztagsangeboten (**D3**), der außerschulischen Unterstützung (**D5**) sowie des Erwerbs von Schulabschlüssen (**D7**) soll Hinweise auf Herausforderungen im Abbau von Bildungsbarrieren und sozialen Ungleichheiten im Schulalter geben.

Zuletzt im Bildungsbericht 2020 als D1

# Schulstruktur und Schulbesuch

Das allgemeinbildende Schulwesen hat sich über die vergangenen 2 Jahrzehnte hinweg in vielen Bundesländern in Richtung unterschiedlich akzentuierter 2-Säulen-Modelle verschlankt. Über diese Schulstrukturen in den 16 Ländern wird im Folgenden zunächst knapp Auskunft gegeben und damit der angebotsseitige Rahmen für alle nachfolgenden Analysen von Schullaufbahnen, Lehr-Lern-Umwelten, Kompetenzentwicklung und Schulabschlüssen (**D2** bis **D7**) skizziert. Ein größerer Akzent liegt anschließend auf Fragen der Aufrechterhaltung des Schulbetriebs und der Sicherstellung alternativer Gelegenheitsstrukturen für schulische Lern- und Austauschprozesse seit Beginn der Corona-Pandemie.

## Quantitative Entwicklung des Schulangebots und -besuchs

**Konsolidierung des schulartspezifischen Angebots in den Ländern**

Angesichts der jeweils landesspezifischen Ausgestaltung der Schulsysteme sind Schullaufbahnen und der Erwerb von Abschlüssen in Deutschland stets vor dem Hintergrund der schulartspezifischen Angebotsstrukturen und Besuchszahlen zu betrachten. Seit dem letzten Bildungsbericht kam es zu keinen nennenswerten schulstrukturellen Anpassungen in den Ländern. Die schulischen Angebote, die an die gemeinsame Grundschulzeit der Kinder anschließen, sind entlang folgender 3 Ländergruppen beschreibbar (**Abb. D1-1**): In 6 Ländern existiert neben dem Gymnasium und der Förderschule lediglich eine weitere Schulart (zweigliedrige Systeme). Diese eröffnet in den Stadtstaaten, dem Saarland und Schleswig-Holstein auch den direkten Weg zum Abitur, in Sachsen handelt es sich um eine Schulart mit Haupt- und Realschulbildungsgang ohne Abituroption. In einer zweiten Gruppe von 5 Ländern umfasst das Schulangebot neben den Förderschulen eine Kombination aus Gymnasien, Schularten mit 2 sowie Schularten mit 3 Bildungsgängen (zweigliedrig erweiterte Systeme). Darunter haben die Schulen mit Haupt- und Realschulbildungsgang, also ohne direkten

**Abb. D1-1: Landesspezifische Ausgestaltung der Schulsysteme nach Verteilung der schulartspezifischen Angebote 2020 (in % aller Schulen je Land)**

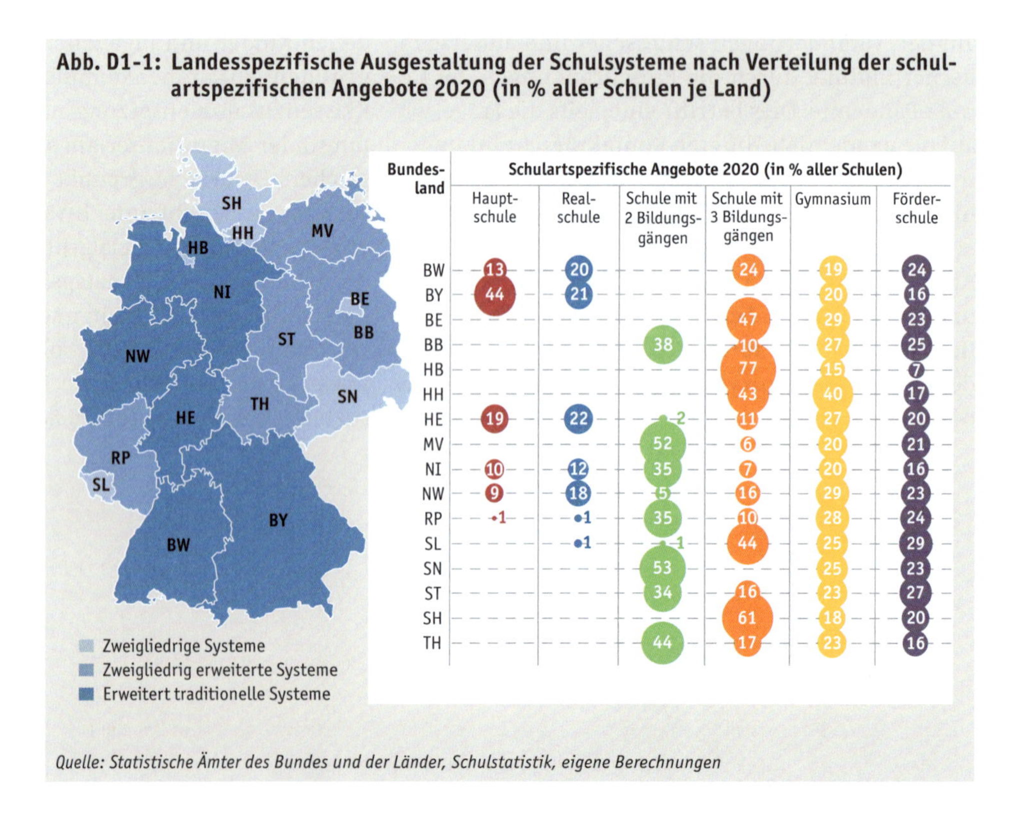


*Quelle: Statistische Ämter des Bundes und der Länder, Schulstatistik, eigene Berechnungen*

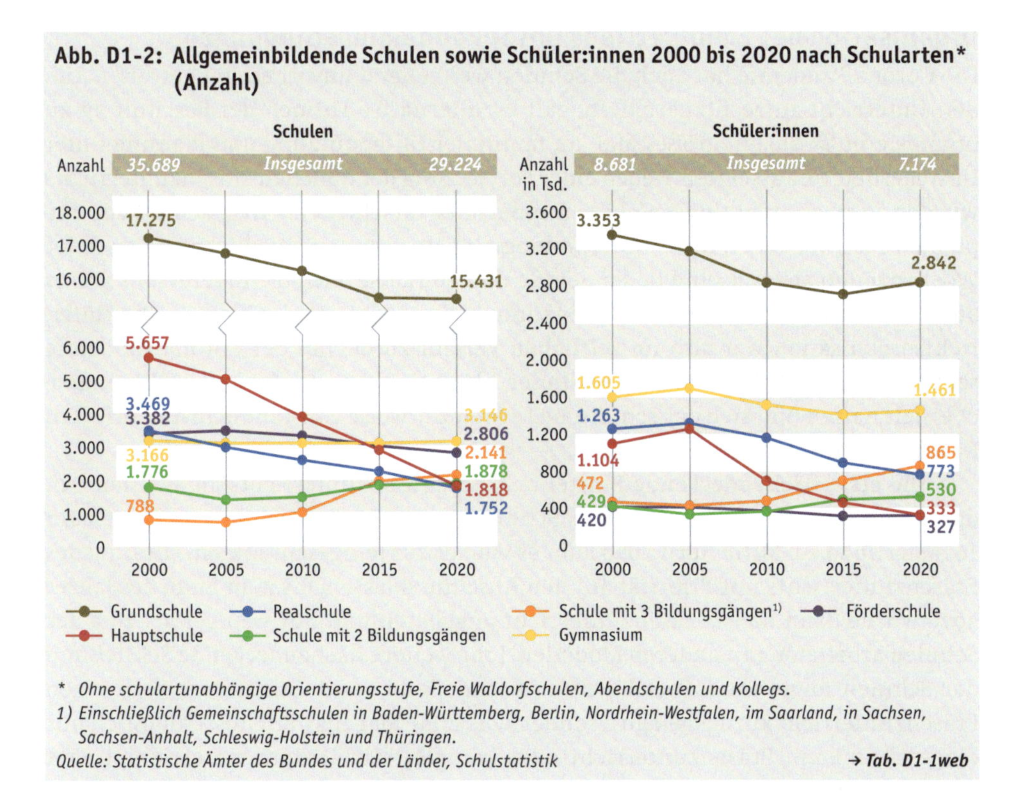


**Abb. D1-2: Allgemeinbildende Schulen sowie Schüler:innen 2000 bis 2020 nach Schularten* (Anzahl)**

* *Ohne schulartunabhängige Orientierungsstufe, Freie Waldorfschulen, Abendschulen und Kollegs.*
1) *Einschließlich Gemeinschaftsschulen in Baden-Württemberg, Berlin, Nordrhein-Westfalen, im Saarland, in Sachsen, Sachsen-Anhalt, Schleswig-Holstein und Thüringen.*
*Quelle: Statistische Ämter des Bundes und der Länder, Schulstatistik* → ***Tab. D1-1web***

Zugang zum Erwerb des Abiturs, das stärkste Gewicht. Diese Strukturen finden sich in Brandenburg, Mecklenburg-Vorpommern, Rheinland-Pfalz, Sachsen-Anhalt sowie Thüringen. In den übrigen 5 Ländern wird weiterhin eine Vielzahl eigenständiger Schularten vorgehalten (erweitert traditionelle Systeme): Die fortbestehenden Haupt- und Realschulen werden dort – mit Ausnahme von Bayern – in großem Umfang durch teils neu eingeführte Schularten mit mehreren Bildungsgängen ergänzt.

**Förderschulen haben trotz zunehmender Inklusion weiterhin großes Gewicht**

Bereits in dieser Betrachtung der Schulartverteilung wird deutlich, dass die Förderschulen im Schulangebot fast aller Länder große quantitative Bedeutung behalten – trotz der verstärkten Inklusionsbemühungen, infolge derer im letzten Jahrzehnt immer mehr Schüler:innen außerhalb der Förderschulen sonderpädagogisch gefördert werden (**D2**). Weder die Anzahl eigenständiger Förderschulen noch die der Förderschüler:innen sind seit der Ratifizierung der UN-Behindertenrechtskonvention substanziell zurückgegangen (**Abb. D1-2**). Mit Blick auf die übrigen Schularten setzen sich die in den letzten Berichten dokumentierten Entwicklungen nur teilweise fort: Insgesamt hält zwar der Rückgang des Angebots allgemeinbildender Schulen weiter an (–5 % seit 2015), die Schüler:innenzahl blieb dagegen seit 2015 mit ca. 7,1 Millionen stabil. Hintergrund sind die im letzten Jahrzehnt gestiegenen Geburtenzahlen (vgl. **A1**), die inzwischen zur Einschulung der ersten geburtenstärkeren Jahrgänge führten. Die Zahl der Grundschüler:innen ist seit 2015 um mehr als 100.000 gestiegen und erreicht damit zwischenzeitlich wieder das Niveau von 2010. Durch den langjährigen Abbau der Grundschulangebote sind die Schulen damit durchschnittlich größer als in den Vorjahren (**Tab. D1-1web**), d.h., es gibt heute mehr Schüler:innen je Schule und je nach Einzugsbereich könnten auch längere Schulwege die Folge sein. Gehen die jetzigen Grundschüler:innen in den nächsten Jahren sukzessive in den Sekundarbereich I über, wird dies ebenfalls zu einer größeren Auslastung der nach wie vor rückläufigen Anzahl an Sekundarschulen führen. Eigenständige Haupt- und Realschulen haben auch zuletzt weiter an Gewicht verloren, auch bei den Schüler:innenzahlen, ohne dass die steigende Anzahl an Schulen mit 2 und vor allem 3 Bildungsgängen dies kompensiert.

**Schuleintritt der ersten geburtenstärkeren Jahrgänge …**

**… lässt auch im Sekundarbereich bei weiterhin rückläufigem Angebot künftig eine stärkere Auslastung erwarten**

## Organisation des Schulbetriebs unter Pandemiebedingungen

Die Corona-Pandemie hat auch die Schulen weitgehend unvorbereitet getroffen. Um den Unterricht aufrechtzuerhalten, galt es, alternative Formen der Beschulung zu organisieren Ⓜ, die ein großes Maß an familialer Unterstützung und Planung unter Unsicherheit voraussetzten. Neben einer Fortsetzung des üblichen Präsenzunterrichts wurden je nach Infektionsgeschehen einerseits verschiedene Wechselmodelle implementiert, bei denen die Schüler:innengruppen zu unterschiedlichen Tages- oder Wochenzeiten abwechselnd in der Schule und zu Hause lernten. Andererseits gab es auch Phasen des vollständigen Distanzunterrichts für (fast) alle Klassen. Die Unterrichtsorganisation war also im zeitlichen Verlauf zu Beginn der Corona-Pandemie sehr dynamisch (**Abb. D1-3**), sodass Kinder, Eltern und Lehrkräfte kaum Planungssicherheit hatten und sich das schulische Lernen zeitweise vollständig in den privaten Raum der Elternhäuser verlagerte.

**Organisation schulischer Lernangebote im ersten Jahr der Corona-Pandemie von hoher Dynamik und Unbeständigkeit geprägt**

Die erste flächendeckende Einstellung des Präsenzunterrichts an Schulen – in der öffentlichen Diskussion auch als Schulschließungen bezeichnet – erfolgte zum 16. März 2020. Ab Mitte April 2020 kam es wieder zur (eingeschränkten) Öffnung des Präsenzunterrichts mit Priorität auf den Abschlussklassen. Bis zum Ende des Jahres 2020 wurde dann meist Präsenzunterricht angeboten und nur weniger als 20 % der Schulen arbeiteten mit anderen Modellen. Eine weitere flächendeckende Schließung der Schulen folgte im 2. Lockdown Ⓖ. Anschließend wurde nicht zum vorherigen Präsenzunterricht zurückgekehrt, sondern bis Ende Mai 2021 fast ausschließlich mit eingeschränktem Präsenzunterricht oder komplett auf Distanz unterrichtet. Erst in den Wochen vor den Sommerferien gingen die Schulen wieder vermehrt in den Präsenzunterricht über.

**Unterschiedliche Präsenz- und Distanzregelungen zwischen den Ländern und Schularten**

Die jeweils geltenden Unterrichtsbedingungen waren also insbesondere für berufstätige Eltern kaum planbar und wenig übersichtlich – auch deshalb, weil je nach Land und nach Schulart unterschiedliche Regelungen getroffen wurden: Greift man für 2021 exemplarisch die Kalenderwoche 16 heraus, wurden die Schüler:innen zu diesem Zeitpunkt in der Hälfte der Länder je nach Schulart unterschiedlich beschult, in den übrigen Ländern galten über alle Schularten hinweg die gleichen Vorgaben (**Tab. D1-2web**). Dass in bestimmten Schularten systematisch über alle Länder hinweg mehr Präsenz- oder Distanzangebote gemacht wurden als in anderen Schularten, lässt sich dabei nicht feststellen. Länder mit vergleichbarem Infektionsgeschehen haben sich also für unterschiedliche Regularien bei der Unterrichtsorganisation entschieden oder es galten umgekehrt auch in Ländern mit sehr unterschiedlichem Infektionsgeschehen die gleichen Unterrichtsbedingungen. Fast alle Länder haben allerdings für die Abschlussklassen Unterrichtsarten mit höherem Präsenzanteil vorgesehen als in den Regelklassen. Obgleich mit Anstieg der Impfquoten seit Sommer 2021 nahezu flächendeckend wieder Präsenzunterricht möglich wurde, kann daran auch weiterhin ein nicht unerheblicher Anteil der Schüler:innen und Lehrkräfte aufgrund von Corona-Infektionen oder Quarantäneregelungen nicht teilnehmen (**Tab. D1-3web**): Im Jahr 2022 waren dies je nach Kalenderwoche deutschlandweit zwischen 2 und 6 % aller Schüler:innen, in manchen Ländern sogar bis zu 20 %. Unter den Lehrkräften waren pandemiebedingte Ausfälle etwas geringer (bis zu 13 %), jedoch ist davon ein größerer Teil der Schülerschaft betroffen.

**Corona-Infektionen schränken Schulbesuch auch weiterhin ein**

**Unzureichende digitale Ausstattung der Schulen vor Beginn der Pandemie …**

Es ist davon auszugehen, dass die Qualität des Distanzunterrichts eine enorme Spannweite aufwies, da digitale Kompetenzen in der Lehrkräfteaus- und -fortbildung vor Beginn der Corona-Pandemie meist nur von geringer Bedeutung waren (vgl. Autorengruppe Bildungsberichterstattung, 2020). Inwiefern Länder mit früheren, bereits vor der Pandemie verfolgten Digitalisierungsstrategien und Fortbildungskonzepten besser auf die neue Situation vorbereitet waren, lässt sich mangels Daten

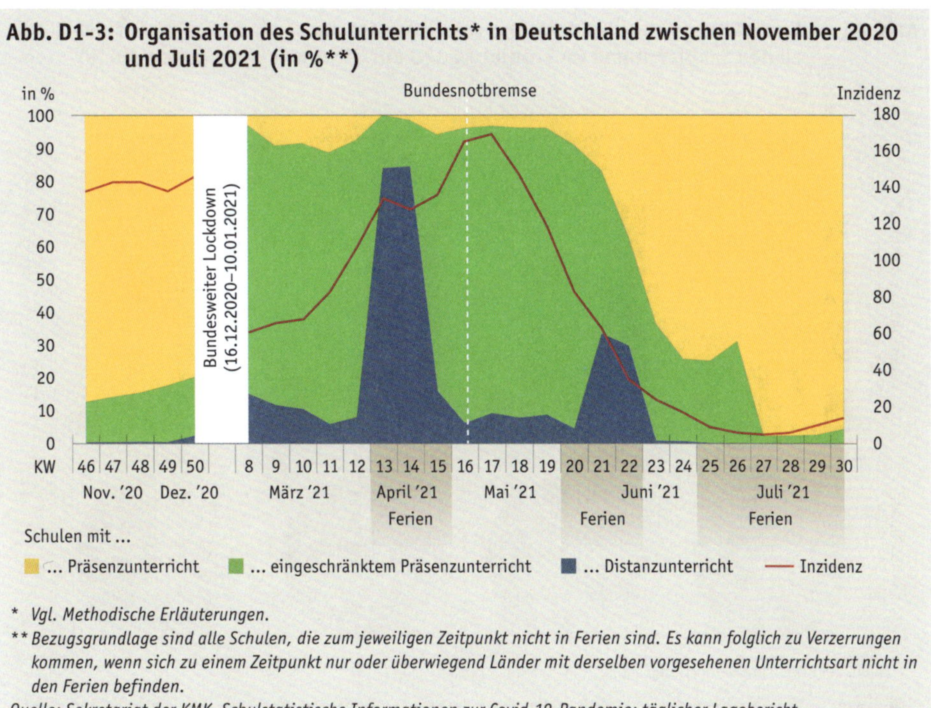


**Abb. D1-3: Organisation des Schulunterrichts* in Deutschland zwischen November 2020 und Juli 2021 (in %**)**

* *Vgl. Methodische Erläuterungen.*

** *Bezugsgrundlage sind alle Schulen, die zum jeweiligen Zeitpunkt nicht in Ferien sind. Es kann folglich zu Verzerrungen kommen, wenn sich zu einem Zeitpunkt nur oder überwiegend Länder mit derselben vorgesehenen Unterrichtsart nicht in den Ferien befinden.*

*Quelle: Sekretariat der KMK, Schulstatistische Informationen zur Covid-19-Pandemie; täglicher Lagebericht des RKI zur Coronavirus-Krankheit 2019; eigene Berechnungen* **→ Tab. D1-4web**



nicht beurteilen. Im April 2020 waren viele Schulen noch unzureichend mit digitaler Infrastruktur ausgestattet: Nur 33 % der Lehrkräfte gaben an, dass ihre Schulen (sehr) gut mit digitalen Hilfsmitteln auf den Distanzunterricht vorbereitet waren (Robert Bosch Stiftung, 2021). Dies änderte sich bis zum 2. Lockdown kaum, denn auch im Dezember 2020 berichteten nur 38 % von einer (sehr) guten Ausstattung an ihrer Schule. Ein Gesamtkonzept für Lernangebote hatte während des 1. Lockdowns ebenfalls lediglich ein Drittel aller Schulen (Vodafone Stiftung, 2020). Dem standen 41 % gegenüber, in denen unter den Lehrkräften zumindest Absprachen und Koordination stattfanden. Ohne Konzept und gemeinsame Absprachen unterrichteten 24 % der Lehrkräfte.

**… die sich bis zum 2. Lockdown kaum verbesserte**

Gleichwohl hat die Mehrzahl der Lehrkräfte Wege gefunden, um ihren Schüler:innen auf digitalem Wege Unterrichtsmaterialien zu übermitteln. Dies geschah überwiegend per E-Mail (69 %, **Abb. D1-4**), aber in nicht geringem Umfang auch über digitale Lern- und Arbeitsplattformen (41 %). Die Möglichkeiten und Modalitäten, wie den Schüler:innen und Eltern auf Distanz Lernmaterialien bereitgestellt und Kommunikationskanäle eröffnet werden konnten, unterschieden sich teils erheblich: Während vor allem Lehrkräfte an Grundschulen (57 %) das Lernmaterial auf Papier ausdruckten und per Post verschickten oder zur Abholung bereitlegten, machten Lehrende an Gymnasien (64 %) und an nichtgymnasialen Sekundarschulen (49 %) stärker von digitalen Arbeits- und Lernplattformen Gebrauch.

**Mehrheit der Lehrkräfte fand Wege zur digitalen Bereitstellung von Lernmaterial**

Im Hinblick auf die Kontakthäufigkeit zwischen Lehrkräften und ihren Schüler:innen gaben insgesamt nur 60 % der befragten Lehrkräfte an, dass sie mit mehr als der Hälfte oder fast allen Schüler:innen während der ersten Schulschließungen regelmäßig in Kontakt standen (**Abb. D1-4**). Dabei werden auch hier Schulartunterschiede sichtbar. Den engsten Kontakt mit den Schüler:innen hatten Gymnasiallehrkräfte – wobei auch hier nicht einmal die Hälfte der Lehrkräfte regelmäßigen Kontakt zu fast allen Schüler:innen unterhielt (43 %). In den Grundschulen hatten lediglich 33 % der Lehrkräfte regelmäßigen Kontakt zu fast allen Lernenden. Vermutlich ist die-

**Kontakthäufigkeit variierte deutlich zwischen den Schularten**

**Abb. D1-4: Kontaktwege zur Übermittlung von Lernmaterial sowie Kontakthäufigkeit zu den Schüler:innen im Frühjahr 2020 aus Sicht von Lehrkräften (in %)**

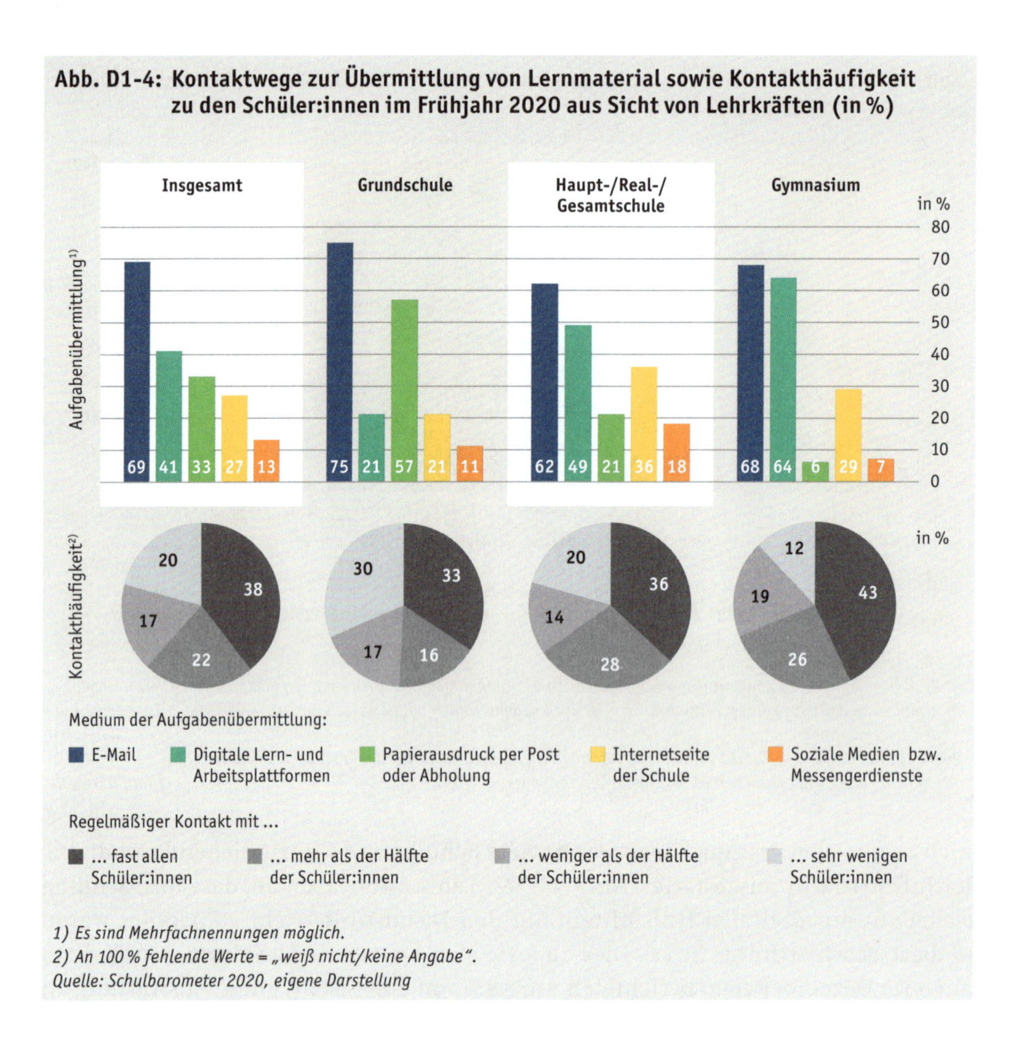


*1) Es sind Mehrfachnennungen möglich.*
*2) An 100 % fehlende Werte = „weiß nicht/keine Angabe“.*
*Quelle: Schulbarometer 2020, eigene Darstellung*

ser Unterschied auch darauf zurückzuführen, dass im Primarbereich der Kontakt stärker über die Eltern organisiert sein dürfte. Dies würde bedeuten, dass insbesondere jüngere Schüler:innen von möglichen Verschärfungen bereits bestehender sozialer Disparitäten im Lernerfolg betroffen sein könnten (**D6**). Angesichts der im pandemischen Kontext zu beobachtenden Zunahme familialer Belastungssituationen, die bis zur Kindeswohlgefährdung reichen können, ist das Fehlen regelmäßiger Kontakte zu einem großen Teil der Schüler:innen besonders problematisch. Mit den verfügbaren Daten lassen sich solche Konsequenzen der Umstände des Distanzunterrichts jedoch nicht abschließend beurteilen.

## Methodische Erläuterungen

**Organisation des Schulunterrichts**
Im Präsenzbetrieb erfolgte der Unterricht in möglichst festen Gruppenzusammensetzungen. Im eingeschränkten Präsenzunterricht galten die Maskenpflicht, ein Abstandsgebot von 1,5 Metern im Klassenraum sowie möglichst keine Durchmischung von Gruppen, indem diese aufgeteilt und im Wechsel, z. B. vor- und nachmittags oder wochenweise, unterrichtet wurden. Zu Schulen in eingeschränktem Präsenzunterricht zählten auch Schulen mit Lerngruppen, die sich (u. a. wegen aktueller COVID-19-Fälle) im Distanzunterricht befanden, Schulen im Wechselunterricht, Schulen, in denen nur Abschlussklassen in (eingeschränktem) Präsenzunterricht beschult wurden, sowie Schulen mit Notbetreuung. Der Distanzunterricht fand ohne jegliche Präsenz in der Schule statt. Die an die KMK gelieferten Daten unterscheiden sich mitunter zwischen den Ländern, sodass die Vergleichbarkeit dadurch eingeschränkt ist. So beziehen einige Länder beispielsweise Gesundheits- und Berufsschulen mit ein, wohingegen andere nur Daten für die allgemeinbildenden Schulen zur Verfügung stellen.

# Übergänge und Wechsel im Schulwesen

Zuletzt im Bildungsbericht 2020 als D2

Angesichts der schulstrukturellen Änderungen, die in Form des Angebots mehrerer Bildungsgänge und Abschlussoptionen innerhalb einer Schulart sichtbar werden (**D1**), zeichnete sich im letzten Bildungsbericht erstmals eine Stagnation des langjährigen Trends zum Gymnasialbesuch ab. Es ist anzunehmen, dass die Unwägbarkeiten der Corona-Pandemie auch Auswirkungen auf die Übergangsentscheidungen von Kindern und ihren Eltern hatten, sodass in diesem Indikator die jüngsten Entwicklungen der Übergangsquoten auf die weiterführenden Schularten des Sekundarbereichs I weiterverfolgt werden. Vor dem Hintergrund der 2009 in Kraft getretenen UN-Behindertenrechtskonvention richtet sich ein weiteres Augenmerk auf die Inklusionsbemühungen in den Ländern. Neben den Förderquoten werden dabei vertiefend die Bedingungen für eine uneingeschränkte Teilhabe von Kindern und Jugendlichen mit Behinderung oder Beeinträchtigung im Schulsystem in den Blick genommen. Daran schließt sich in einer dritten Analyseperspektive die Betrachtung der Übergänge an der Schnittstelle zwischen Sekundarbereich I und II an, da aufgrund der Entkoppelung von Bildungsgängen und Schularten Bildungswege weniger vorbestimmt sind als früher und die Übergänge in den Sekundarbereich II damit zunehmend an Bedeutung gewinnen.



## Quantitative Entwicklung der Übergangsquoten

Die umfassenden schulstrukturellen Reformmaßnahmen der frühen 2000er-Jahre haben in vielen Ländern die Möglichkeiten für Schüler:innen erweitert, nach der Grundschule auf eine weiterführende Schule überzugehen, ohne zu diesem frühen Zeitpunkt bereits eine Entscheidung über ihre Bildungslaufbahn treffen zu müssen. Während bundesweit der anhaltende Trend zum Gymnasialbesuch davon längere Zeit unberührt schien, deutete sich im letzten Bildungsbericht erstmals ein geringfügiger Rückgang der Gymnasialübergänge insbesondere in den Ländern mit zweigliedrigen und zweigliedrig erweiterten Schulsystemen (**D1**) an. Dieser scheint sich im Schuljahr 2020 fortzusetzen: So ist der Anteil der Schüler:innen, die an ein Gymnasium übergehen, in Brandenburg und Mecklenburg-Vorpommern jeweils 5 Prozentpunkte, in Thüringen gar 6 Prozentpunkte niedriger als 10 Jahre zuvor. Zwar liegen die Gymnasialübergänge in Berlin (47 %) und Hamburg (53 %) weiterhin über dem Bundesdurchschnitt von 43 %, doch zeichnet sich auch in diesen Ländern mit zweigliedrigem System ein rückläufiger Trend ab (**Tab. D2-1web**, **Tab. D2-2web**). In den Ländern hingegen, die weiterhin Haupt- und Realschulen vorhalten, bleiben die Übergangsquoten auf die verschiedenen Schularten seit 2014 relativ stabil auf dem jeweiligen Niveau (**Abb. D2-1**).

**Gymnasialübergänge in Ländern mit zweigliedrigen Schulsystemen weiterhin leicht rückläufig**

Inwiefern sich die mit der Corona-Pandemie einhergehenden Unwägbarkeiten auch auf die Übergangsentscheidungen von Kindern und ihren Eltern ausgewirkt haben, lässt sich mit den verfügbaren Daten nicht abschließend beurteilen. So zeigen sich im Jahr 2020 zwar in allen Ländern mit Ausnahme des Saarlands leichte Rückgänge bei den Gymnasialübergängen gegenüber 2018 (**Tab. D2-1web**). Doch lässt sich dies in der Mehrheit der Länder als Fortsetzung des zuvor skizzierten Trends deuten. Es ist nicht mit Sicherheit zu sagen, ob in einzelnen Ländern die Übergangsregelungen insoweit verändert wurden (z.B. Leistungskriterien), dass für 2020 gravierende Veränderungen der weiterführenden Schulwahl abgewendet werden konnten. Dass die Schüler:innen in denjenigen Ländern mit rückläufigen Gymnasialquoten vermehrt an Schularten mit 3 statt mit 2 Bildungsgängen übergehen, spricht zumindest dafür, dass trotz pandemiebedingter Unsicherheiten der direkte Weg zum Abitur ein hohes Gewicht behält.

**Mögliche Auswirkungen der Pandemie auf Übergangsentscheidungen bleiben unklar**

**Abb. D2-1: Übergangsquoten 2008 bis 2020 nach Schularten* und Ländern (in %)**

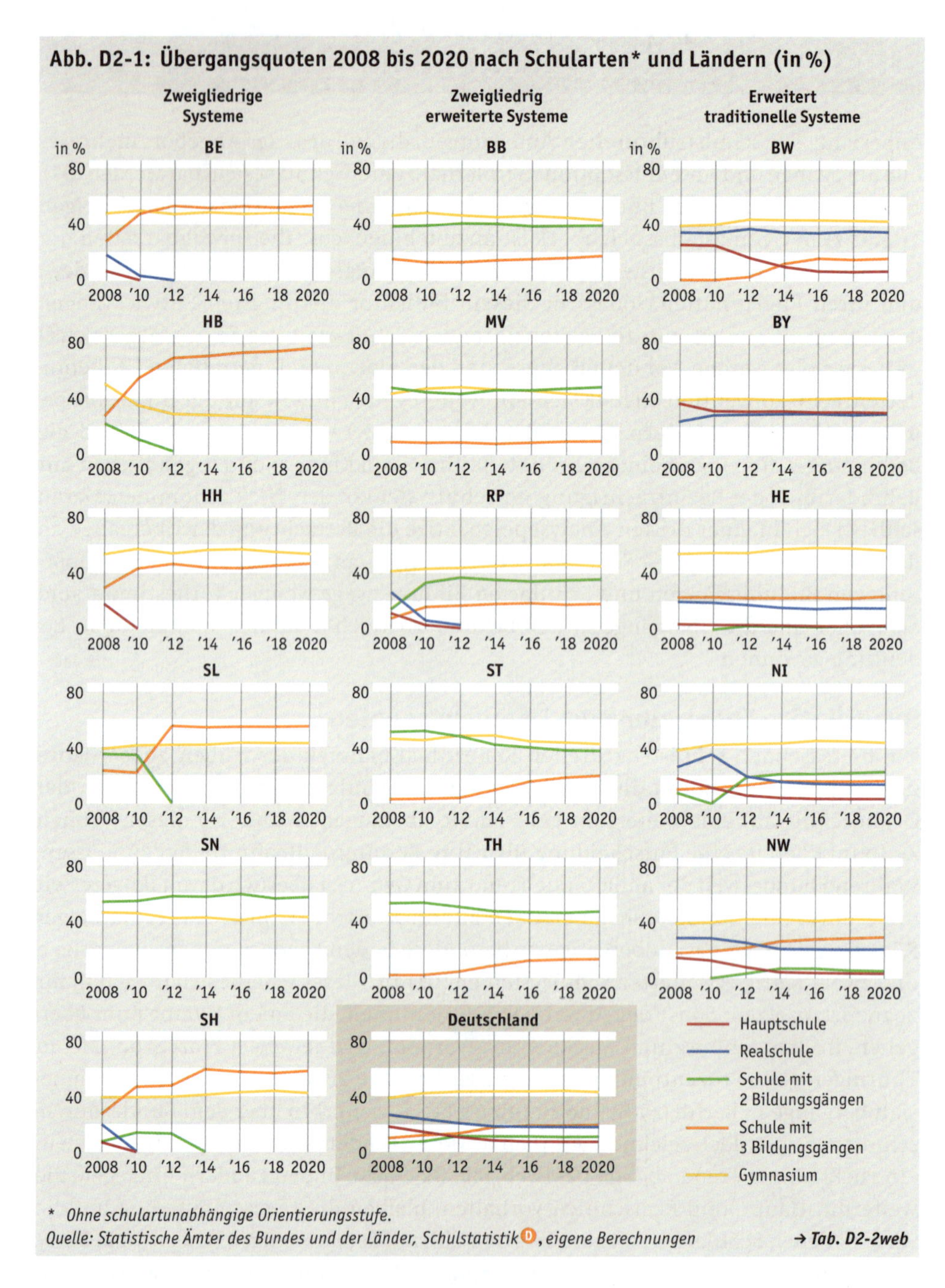


* *Ohne schulartunabhängige Orientierungsstufe.*
*Quelle: Statistische Ämter des Bundes und der Länder, Schulstatistik, eigene Berechnungen*

**→ Tab. D2-2web**

## Sonderpädagogische Förderung in Förder- und Regelschulen

Wenn Kinder und Jugendliche aufgrund von Lernbeeinträchtigungen oder aufgrund ihrer geistigen oder körperlichen Fähigkeiten an schulischer Bildung (voraussichtlich) nur mit besonderer Unterstützung, Betreuung oder Beratung teilnehmen können, kann – in nahezu allen Ländern bereits zum Zeitpunkt der Einschulung (vgl. **C5**) – ein sonderpädagogischer Förderbedarf geltend gemacht werden. Für eine gleichberechtigte Teilhabe dieser Schüler:innen und den Abbau von Bildungsbarrieren lieferte die im Jahr 2009 von Bund und Ländern ratifizierte UN-Behindertenrechtskonvention einen wesentlichen Impuls, in dessen Folge in vielen Ländern Inklusionsbemühungen zu beobachten waren. Wurden diese in bisherigen Bildungsberichten zumeist anhand von Förder- und Inklusionsquoten beschrieben, soll an dieser Stelle die Betrachtung ausgewählter Rahmenbedingungen inklusiver Bildung ein differenzierteres Bild zum

Stand der Inklusion von Lernenden mit Behinderung oder Beeinträchtigung in den einzelnen Ländern zeichnen.

Wie viele Schüler:innen sonderpädagogisch gefördert und wie viele von ihnen an einer Förder- oder allgemeinen Schule (d.h. sonstigen allgemeinbildenden Schule) unterrichtet werden, lässt sich mithilfe von Förder- oder Inklusionsquoten abbilden. Ihre Interpretierbarkeit ist zwar insofern eingeschränkt, als sie keine Rückschlüsse darauf zulassen, ob und wie häufig die Lernenden im gemeinsamen Klassenverbund (**D4**) oder in separaten Lerngruppen unterrichtet werden. Doch stellen sie eine notwendige – wenn auch nicht hinreichende – Voraussetzung auf dem Weg zu einer inklusiven Schule dar. Wie in vorherigen Bildungsberichten ist auch für das Schuljahr 2020/21 erneut ein Anstieg der Förderquote zu verzeichnen: Mit 7,7 % ist die Quote damit zuletzt 1,5 Prozentpunkte höher als ein Jahrzehnt zuvor (**Tab. D2-3web**). Von den gut 580.000 sonderpädagogisch geförderten Schüler:innen wurden 2020 knapp 44 % an einer allgemeinen Schule unterrichtet, sodass sich der Inklusionsanteil im betrachteten Zeitraum verdoppelt hat.

**Förderquote steigt weiter auf 7,7 %**

Ein Blick in die Länder offenbart erhebliche Differenzen in den Entwicklungen: So ist zwar in Brandenburg, Mecklenburg-Vorpommern und Thüringen eine rückläufige Förderquote zu konstatieren (**Abb. D2-2**). Doch werden mit Ausnahme von Thüringen in diesen Ländern anteilig weiterhin mehr Schüler:innen sonderpädagogisch gefördert als im Bundesdurchschnitt. Während in den meisten Ländern tendenziell mehr förderbedürftige Schüler:innen an allgemeinen Schulen unterrichtet werden, zeichnet sich in Baden-Württemberg, Bayern und Rheinland-Pfalz eine gegenläufige Entwicklung ab: Dort wurden 2020 anteilig gar mehr Lernende separat an Förderschulen gefördert als noch im Jahr 2010.

**Differenzielle Entwicklungen in den Inklusionsanteilen zwischen den Ländern**



Inklusive Beschulung von Kindern und Jugendlichen mit Behinderung oder Beeinträchtigung findet in den Ländern unter unterschiedlichen Rahmenbedingungen statt, mit denen die verschiedenartigen Entwicklungen im Zusammenhang stehen dürften. Der *Rechtsanspruch* auf gemeinsame Beschulung stellt eine wichtige Voraussetzung für den diskriminierungsfreien Zugang zu inklusiver Bildung dar. Zum gegenwärtigen Zeitpunkt – über ein Jahrzehnt nach der Ratifizierung der UN-Behindertenrechtskonvention durch Bund und Länder – wird behinderten oder beeinträchtigten Schüler:innen nur in Bremen und Hamburg ein uneingeschränktes Recht auf gemeinsame Beschulung eingeräumt (vgl. Steinmetz et al., 2021; **Abb. D2-2**). In etwas mehr als der Hälfte der Länder ist der Vorrang einer inklusiven Beschulung zwar gesetzlich vorgesehen, jedoch vorbehaltlich der finanziellen oder räumlichen Kapazitäten der Einzelschule oder durch sonstige Vorbehalte wie die Kindeswohlgefährdung eingeschränkt (**Tab. D2-4web**). In Baden-Württemberg, Bayern, Rheinland-Pfalz, Sachsen und Sachsen-Anhalt haben Schüler:innen mit Behinderungen oder Beeinträchtigungen grundsätzlich zwar Zugang zu Regelschulen, in keinem der Länder hat jedoch der explizite Vorrang gemeinsamer Beschulung in Novellierungen der Schulgesetze im Verlauf des letzten Jahrzehnts Eingang gefunden (vgl. Steinmetz et al., 2021). Dies spiegelt sich auch in der Verteilung von sonderpädagogisch geförderten Schüler:innen auf Förder- und allgemeine Schulen wider und weist auf einigen Nachholbedarf bei der Schaffung von Rahmenbedingungen für ein inklusionsorientiertes Schulwesen hin.

**Landesspezifische rechtliche Verankerung von gemeinsamer Beschulung …**

**… die sich auch in der Verteilung sonderpädagogisch geförderter Schüler:innen widerspiegelt**

Die Länder unterscheiden sich ferner darin, in welchem Modus den Schulen *zusätzliche Ressourcen* für sonderpädagogische Förderung, z.B. Lehrkräftewochenstunden oder finanzielle Mittel, zugewiesen werden (**Abb. D2-2**). Bislang erfolgt eine systemische Zuweisung nur im Saarland, d.h., die Ressourcen kommen den Schulen unabhängig vom Förderbedarf Einzelner zu. Die Ressourcenverteilung wird in Baden-Württemberg, Bayern, Hessen, Mecklenburg-Vorpommern, Rheinland-Pfalz und Sachsen individuenbezogen bemessen, d.h. entsprechend der Zahl der Schüler:innen

**Abb. D2-2: Sonderpädagogische Förderung nach Förderort 2010 bis 2020 sowie ausgewählte Rahmenbedingungen schulischer Inklusion nach Ländern (in % aller Schüler:innen)**

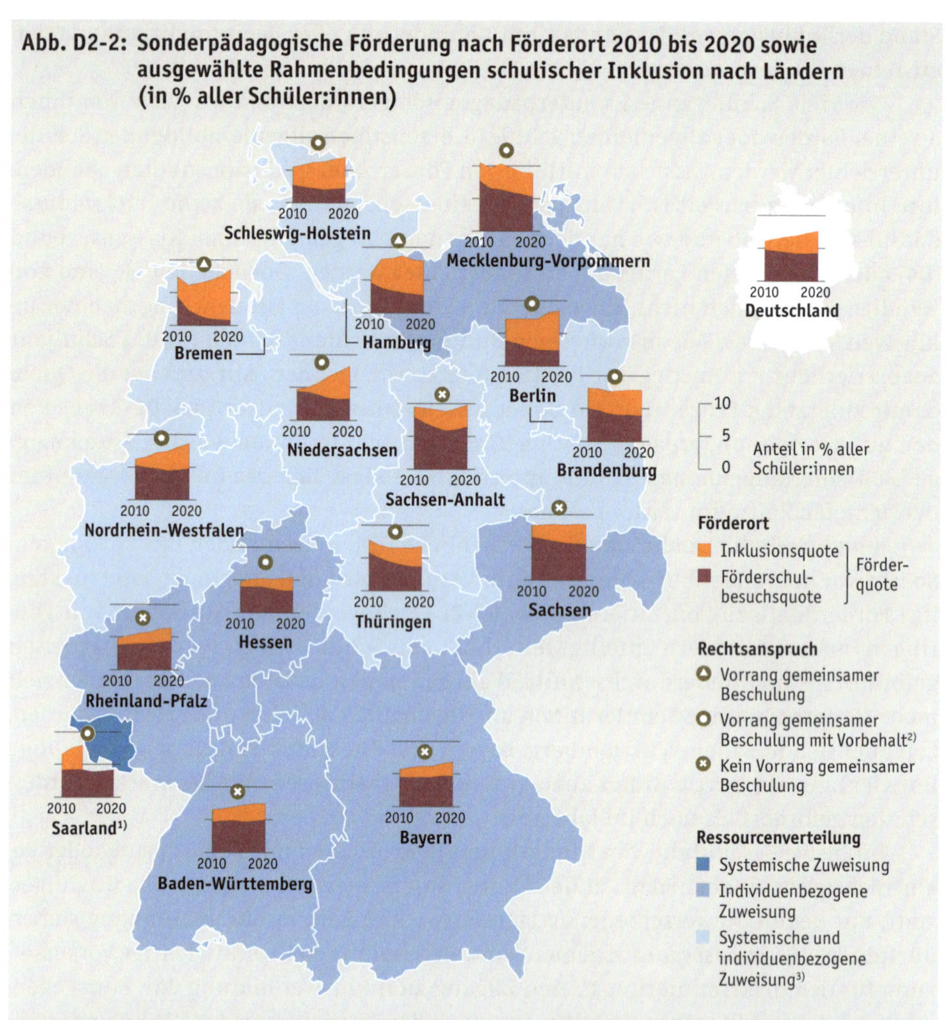


1) *Da im Saarland die Feststellung eines Förderbedarfs seit 2016 nur noch bei einem Wechsel an eine Förderschule erforderlich ist, ist die quantitative Erfassung der sonderpädagogischen Förderung an allgemeinen Schulen nicht mehr möglich.*

2) *Ressourcenvorbehalt und andere Vorbehalte, z. B. Kindeswohl oder Rechte Dritter.*

3) *Für die Förderschwerpunkte Sprache, Lernen sowie emotional-soziale Entwicklung erfolgt eine systemische Zuweisung von Ressourcen (z. B. Lehrkräftewochenstunden). Eine individuenbezogene Zuweisung (je Schüler:in mit diagnostiziertem Förderbedarf) erfolgt für die Förderschwerpunkte Hören, Sehen, körperlich-motorische Entwicklung und geistige Entwicklung.*

*Quelle: Sekretariat der KMK, Schulstatistik, Sonderpädagogische Förderung in Schulen; Steinmetz et al. (2021); eigene Darstellung*

**→ Tab. D2-3web, Tab. D2-4web**

**In 9 Ländern hängt die Ressourcenzuweisung vom Förderschwerpunkt ab**

mit sonderpädagogischem Förderbedarf in einer Schule (**Abb. D2-2**). In den übrigen Ländern werden die Mittel je nach Förderschwerpunkt individuenbezogen oder systemisch verteilt, um einerseits Stigmatisierungen entgegenzuwirken, die bei der Diagnose eines Förderbedarfs nicht auszuschließen sind. Andererseits soll damit der Tatsache Rechnung getragen werden, dass Schüler:innen je nach Behinderung oder Beeinträchtigung mitunter zusätzliche Hilfsmittel im Unterricht benötigen und die Schulen dafür entsprechend mehr finanzieller, personeller oder sachlicher Ressourcen bedürfen. Um auch die sozialen Bedingungen der Einzelschulen zu berücksichtigen, ist in den Stadtstaaten sowie in Niedersachsen, Nordrhein-Westfalen und Schleswig-Holstein zusätzlich eine bedarfsorientierte Mittelvergabe auf Grundlage eines Sozialindex gesetzlich vorgeschrieben (vgl. Steinmetz et al., 2021; **Tab. D2-4web**).

Weitere Länderunterschiede zeichnen sich hinsichtlich der *Feststellungsverfahren* eines sonderpädagogischen Förderbedarfs ab. Während das Verfahren in den meisten Ländern von der Schulaufsichtsbehörde initiiert wird, liegt die Verantwortung für den Prozess in Bayern, Rheinland-Pfalz und Schleswig-Holstein bei der Förderschule bzw. dem Förderzentrum (**Tab. D2-5web**). Auch bei der Diagnostik spielen in diesen Ländern die Förderschulen weiterhin eine wichtige Rolle. Weitgehend unabhängig von den Förderschulen wird das Diagnoseverfahren in den Stadtstaaten und den ostdeutschen Flächenländern – mit Ausnahme von Sachsen – vollzogen. Die dezentrale und standardisierte Durchführung des Verfahrens durch die Schulaufsichtsbehörden und damit die Entkoppelung von den Förderschulen könnte in den ostdeutschen Flächenländern mit den ehemals sehr hohen und mittlerweile rückläufigen Förderquoten im Zusammenhang stehen (Steinmetz et al., 2021).

**Zunehmende Entkoppelung der Diagnoseverfahren von Förderschulen in den Stadtstaaten und den meisten ostdeutschen Flächenländern**

Auch dürften länderspezifische *Maßnahmen zur Prävention* eines sonderpädagogischen Förderbedarfs mit den unterschiedlichen Entwicklungen in Verbindung zu bringen sein. So sind vielerorts intensive Bemühungen zu beobachten, durch präventive Beratung, Begleitung und Unterstützung von Lernenden der formalen Feststellung eines Förderbedarfs vorzubeugen. Wenngleich sich ihr Einfluss auf die Förderquoten an dieser Stelle nicht quantifizieren lässt, ist ihre Bedeutsamkeit für die Entwicklungen in den Ländern nicht zu vernachlässigen.



## Übergänge in den Sekundarbereich II

Am Ende des Sekundarbereichs I mehren sich in Deutschland die weiterführenden Bildungsoptionen insofern, als den Jugendlichen sowohl allgemeinbildende als auch berufliche Bildungswege des Sekundarbereichs II offenstehen. Da in den meisten Ländern keine entsprechenden Individualstatistiken zum Verbleib oder zum vorherigen Schulbesuch von Schüler:innen existieren, können zwar keine Verläufe nachgezeichnet werden. Mit der Integrierten Ausbildungsberichterstattung (iABE) D lässt sich aber zumindest näherungsweise die Größenordnung bemessen, in der bestimmte, in unterschiedlichen Statistiken erfasste Anschlussperspektiven verfolgt werden.

Von den insgesamt ca. 1,4 Millionen Anfänger:innen, die im Jahr 2020 in einen Bildungsgang an der Schnittstelle zwischen Sekundarbereich I und II eingemündet sind, begannen 48 % eine Berufsausbildung, 17 % eine berufsvorbereitende Maßnahme

**Abb. D2-3: Anfänger:innen in Bildungsgängen an der Schnittstelle von Sekundarbereich I und II von 2010 bis 2020 nach Sektoren* (Index)**

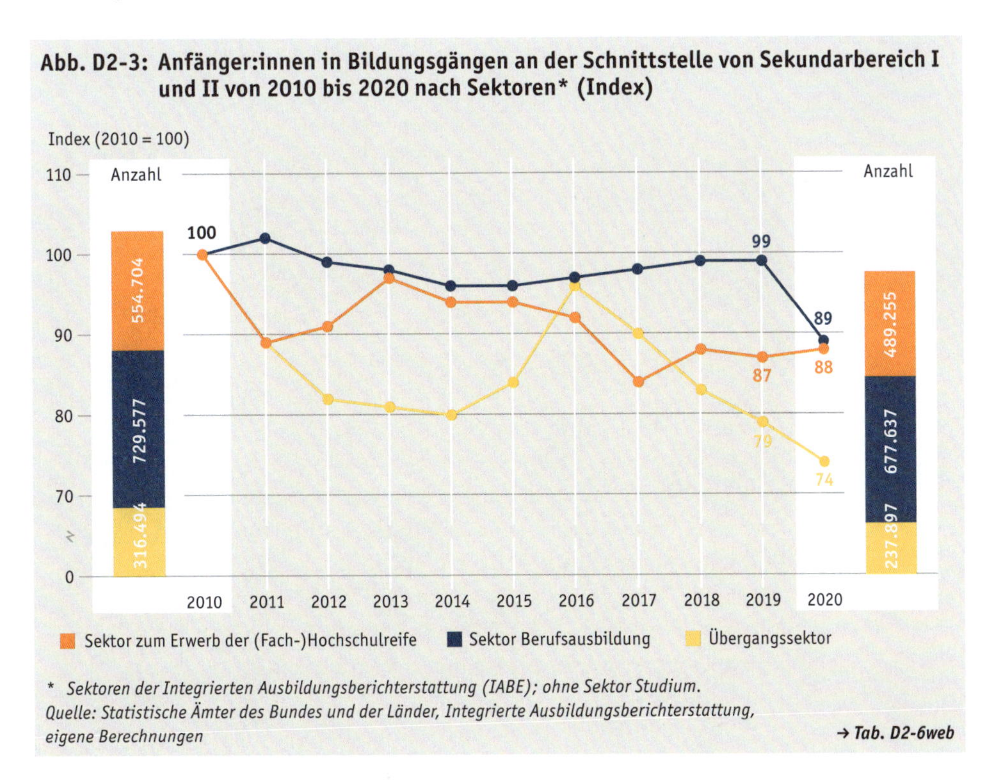


* *Sektoren der Integrierten Ausbildungsberichterstattung (IABE); ohne Sektor Studium.*
*Quelle: Statistische Ämter des Bundes und der Länder, Integrierte Ausbildungsberichterstattung, eigene Berechnungen*

→ *Tab. D2-6web*

**Rückläufige Zahl an Übergängen in Anschlussbildungsgänge des Sekundarbereichs I seit 2010, v. a. im Übergangssektor**

im Übergangssektor und 35 % einen zur Hochschulreife führenden Bildungsgang an allgemeinbildenden oder beruflichen Schulen. Das relative Verhältnis zwischen diesen 3 Sektoren ist damit gegenüber 2010 weitgehend stabil geblieben (**Tab. D2-6web**). Die absoluten Größenordnungen unterliegen hingegen über das letzte Jahrzehnt hinweg einer großen Dynamik (**Abb. D2-3**): Aufgrund der demografischen Entwicklung waren es erstens zuletzt knapp 200.000 Übergänge weniger als 10 Jahre zuvor. Der Rückgang war zweitens im Übergangssektor am größten, der jedoch mit der erhöhten Zuwanderung im Jahr 2015 und 2016 zwischenzeitlich stark gewachsen war.

**Zeitversetzt höhere und dann niedrigere Übergangszahlen in die gymnasiale Oberstufe wegen der G8-/G9-Umstellungen**

Drittens sind die Übergänge in den Sektor zum Erwerb der Hochschulreife vor allem dadurch gekennzeichnet, dass es aufgrund der G8-/G9-Umstellungen an Gymnasien vieler Länder im Zeitverlauf einerseits zu doppelt besetzten Abiturient:innen-Jahrgängen kam, andererseits aber durch die teilweise Rückkehr zu G9 inzwischen auch wieder der gegenteilige Effekt eintritt (z. B. 2017 in Niedersachsen, vgl. auch **D7**). Da dies auch weitere Länder betreffen wird und die Schulen in anderen Landesteilen G8 und G9 parallel anbieten (können), wird die Trendentwicklung für Übertritte in die gymnasiale Oberstufe auch in den kommenden Jahren eingeschränkt interpretierbar bleiben. Richtet man den Blick auf den größten Sektor der (dualen oder vollzeitschulischen) Berufsausbildung, wird viertens deutlich, dass die relativ konstanten Ausbildungsübergänge des letzten Jahrzehnts von 2019 zu 2020 einen erheblichen Einbruch erfahren haben. Dieser plötzliche Rückgang um fast 50.000 Jugendliche lässt sich nicht allein demografisch erklären (**Tab. D2-7web**), sondern dürfte auch mit der unsicheren Lage in der Corona-Pandemie zusammenhängen. So gibt es Hinweise darauf, dass sich ein Teil der Jugendlichen am Ende des Sekundarbereichs I nicht für einen direkten Ausbildungsbeginn entschieden hat (vgl. **E1**).

**Drastischer Rückgang der Übergänge in Ausbildung im ersten Jahr der Pandemie**

# Ganztägige Bildung und Betreuung im Schulalter

Zuletzt im Bildungsbericht 2020 als D3

Die ganztägigen Bildungs- und Betreuungsangebote für Kinder im Schulalter sollen auch künftig weiter ausgebaut und im Austausch zwischen Bund und Ländern qualitativ weiterentwickelt werden (Bundesregierung, 2021). Die bestehende bundesweite Angebotslandschaft setzt sich derzeit aus in den Ländern unterschiedlichen ganztägigen Formaten zusammen – mit heterogenen Zuständigkeiten, zeitlichen Umfängen und konzeptionellen Ausrichtungen. Auch wenn bislang empirisch nicht eindeutig zu klären ist, wie sich das Angebot in den Ländern genau gestaltet, wird im Folgenden ein näherungsweiser Datenüberblick zu ganztägigen Angeboten und aktuellen Entwicklungen gegeben. Ein besonderes Augenmerk liegt dabei auf dem am Ende der letzten Legislaturperiode im Ganztagsförderungsgesetz (GaFöG) verabschiedeten künftigen Rechtsanspruch auf ein Ganztagsangebot für Kinder im Grundschulalter. Dabei soll auch die Frage im Mittelpunkt stehen, wie viele Kinder im Grundschulalter derzeit schulergänzende (Ganztags-)Angebote nutzen und welcher (zukünftige) Bedarf seitens der Eltern darüber hinaus besteht. In diesem Zusammenhang wird auch die Inanspruchnahme ganztägiger Angebote differenziert nach familialen Merkmalen in den Blick genommen.



## Ganztägige Bildungs- und Betreuungsangebote im Primar- und Sekundarbereich I

Der Ausbau ganztägiger Angebote wird bildungspolitisch als Chance gesehen, verschiedene Potenziale im Zusammenwirken von Schule und außerschulischen Akteuren – vor allem der Kinder- und Jugendhilfe – besser realisieren und nutzen zu können (**D5**). Dazu zählen beispielsweise eine verbesserte Umsetzung von individueller Förderung, die Stärkung von Schule als Lern- und Sozialraum sowie die Verbesserung von Bildungsgerechtigkeit (BJK, 2020).

In Deutschland gibt es – nach der derzeit geltenden Definition der KMK – inzwischen schulartübergreifend mehr Ganztagsschulen Ⓜ als Halbtagsschulen: Im Schuljahr 2020/21 waren 71 % der allgemeinbildenden Schulen laut Ganztagsschulstatistik der KMK Ⓓ ganztägig organisiert. Darunter war der Ganztag überwiegend an Schulen mit 3 Bildungsgängen (44 %) und Förderschulen (34 %) voll gebunden organisiert, gefolgt von überwiegend teilweise gebundenen Organisationsmodellen an Schulen mit 2 Bildungsgängen (34 %). An den übrigen, eher traditionellen Schularten (Grund-, Haupt- und Realschulen sowie Gymnasien) finden sich dagegen überwiegend offene Ganztagsmodelle (**Abb. D3-1**).

**Über alle Schularten hinweg inzwischen mehr Ganz- als Halbtagsschulen**

Über die konkrete Ausgestaltung der von der KMK unterschiedenen Organisationsmodelle an Ganztagsschulen Ⓜ, deren Bedeutung nicht nur mit Blick auf die einzelnen Schularten, sondern auch je Land variiert, ist bislang wenig bekannt. Differenziert wird nach voll gebundenen, teilweise gebundenen und offenen Ganztagsschulen. Insbesondere Grundschulen setzen vielfach auf offene Ganztagsangebote, bei denen die Teilnahme freiwillig ist. Bei diesen offenen Angeboten wird häufig mit der Kinder- und Jugendhilfe, vor allem mit Horten, aber auch anderen außerschulischen Akteuren kooperiert (**D5**). Regelmäßige systematische Erhebungen zu den Ganztagskooperationspartnern, zu den jeweiligen Zuständigkeiten sowie Grundinformationen zum dort tätigen Personal oder zur Angebotsausgestaltung liegen bis heute nicht vor.

**Bislang wenig Wissen zu Bildungsangeboten im offenen Ganztag**

Voll gebundene Modelle spielen bislang mit durchschnittlich 11 % der allgemeinbildenden Schulen nur eine nachgeordnete Rolle; dieses Format wird vor allem an Förderschulen und Schulen mit 3 Bildungsgängen angeboten. An Grundschulen sind voll gebundene Modelle so gut wie nicht anzutreffen. Bei diesem Organisationsmodell sind

**Gebundener Ganztag vorwiegend an Förderschulen und Schulen mit 3 Bildungsgängen**

**Abb. D3-1: Ganztagsschulquoten 2005/06 und 2020/21 nach Schulart* und Organisationsmodell (in % der jeweiligen Schulart)**

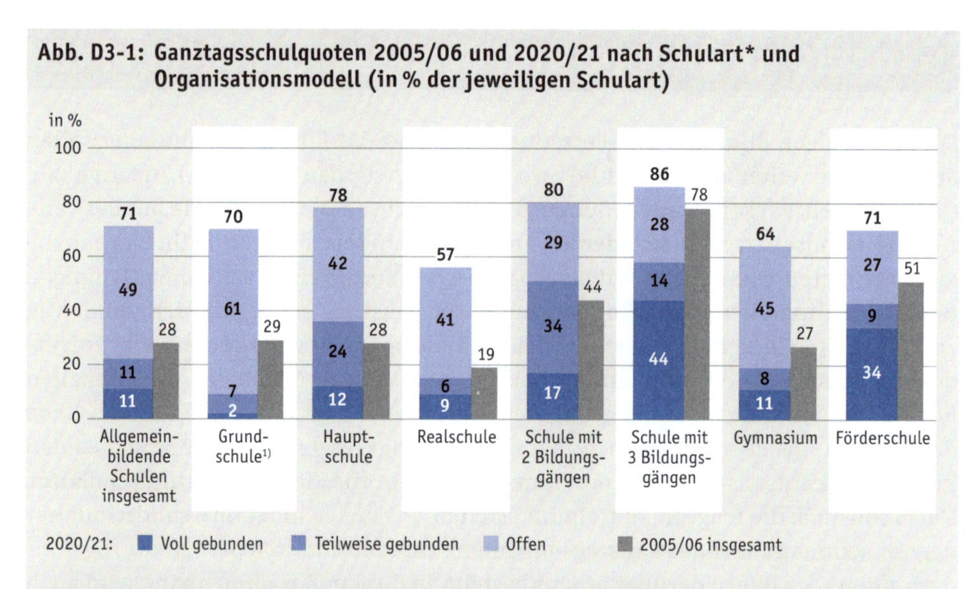


* *Freie Waldorfschulen und schulartunabhängige Orientierungsstufen werden hier nicht separat ausgewiesen, sind aber in der Gesamtzahl der Ganztagsschulen seit dem Schuljahr 2019/20 enthalten.*

1) *Im Grundschulalter können auch Angebote von Kindertageseinrichtungen für Schulkinder zum Ganztagsangebot beitragen. Sofern diese jedoch unabhängig von den Schulen ganztägige Angebote im Rahmen der Kinder- und Jugendhilfe unterbreiten, werden sie nicht über die KMK-Statistik erfasst und daher hier auch nicht mit berücksichtigt (**Tab. D3-3web**).*

*Quelle: Sekretariat der KMK 2019, Allgemeinbildende Schulen in Ganztagsform in den Ländern in der Bundesrepublik Deutschland*

→ **Tab. D3-1web, Tab. D3-2web**

alle Schüler:innen verpflichtet, an mindestens 3 Wochentagen für jeweils mindestens 7 Zeitstunden an den ganztägigen Angeboten der Schule teilzunehmen (KMK, 2021a). Teilweise gebundene Angebote, bei denen sich ein Teil der Schüler:innen verpflichtet (z.B. einzelne Klassen oder Jahrgangsstufen), verbindlich am Ganztag teilzunehmen, finden sich insbesondere an Schulen mit 2 Bildungsgängen sowie an Hauptschulen.

## Rechtsanspruch auf ganztägige Förderung für Kinder im Grundschulalter

**Einführung des Rechtsanspruchs auf ganztägige Förderung stellt ab 2026/27 neue Herausforderung für Bedarfsdeckung dar**

Der 2021 verabschiedete und im SGB VIII verankerte Rechtsanspruch des GaFöG sichert Kindern im Grundschulalter ab dem Schuljahr 2026/27 stufenweise ein Angebot ganztägiger Betreuung zu. Dieser Anspruch gilt zunächst für Grundschulkinder der 1. Klassenstufe und wird in den Folgejahren sukzessive um jeweils eine Jahrgangsstufe erweitert – bis 2029/30 allen Grundschulkindern bis zum Beginn der 5. Klassenstufe ein Angebot zur Verfügung stehen soll. Die Verantwortung der Sicherstellung eines ganztägigen Angebots ist im SGB VIII geregelt und damit beim öffentlichen Kinder- und Jugendhilfeträger angesiedelt. Dies schließt aber nicht aus, dass Grundschulen – oder andere Akteure – künftig in die Bedarfsdeckung eingebunden werden können. Mit Beginn der 5. Jahrgangsstufe ist darüber hinaus ab dem Schuljahr 2026/27 für ältere Kinder gemäß § 24 Abs. 5 SGB VIII ein „bedarfsgerechtes Angebot in Tageseinrichtungen vorzuhalten“; ein individueller Rechtsanspruch darauf besteht allerdings nicht.

Der künftig geltende Rechtsanspruch für Kinder im Grundschulalter umfasst einen zeitlichen Umfang von täglich 8 Stunden an 5 Werktagen pro Woche (ohne Feiertage); hinzu kommt auch ein Anspruch in den Schulferien, wobei die Länder eine Schließzeit der Angebote von bis zu 4 Wochen pro Jahr einführen können. In Abhängigkeit von den bereits vorhandenen Ganztagsangeboten in den Ländern bestehen erkennbare Unterschiede in der Lücke bis zur Erfüllung des Rechtsanspruchs, da sowohl die bisherigen Angebotsumfänge, die mitzuberücksichtigende landesgesetzlich geregelte verlässliche Schulzeit und die Elternbedarfe variieren (**Tab. D3-3web**).

**Bedarfslücken bis zur Erfüllung des Rechtsanspruchs können regional variieren**

Bislang liegt der in der KMK-Statistik erfasste Mindestumfang eines Ganztagsangebots mit 3 Werktagen à 7 Zeitstunden unter dem im GaFöG vereinbarten Zeitrahmen von 8 Zeitstunden an 5 Werktagen pro Woche. Somit gilt es bei der aktuell ausgewiesenen Anzahl an Ganztagsschulen und ganztägigen Angebotsformaten zu berücksichtigen, dass diese perspektivisch nicht zwangsläufig in ihrem Umfang bereits rechtsanspruchserfüllend sind.

**Ganztagsumfang gemäß KMK-Definition entspricht bislang nicht künftigem Rechtsanspruch**

## (Ganztägige) Angebotsformate für das Grundschulalter

Für Kinder im Grundschulalter lassen sich aktuell zunächst 2 unterschiedliche Formate von ganztägigen Bildungs- und Betreuungsangeboten unterscheiden: erstens schulische Ganztagsangebote in der zuvor berichteten Form von Ganztagsschulen (1), zweitens ein nennenswerter Anteil weiterer Träger, die die Organisation des Ganztagsbetriebs in Verantwortung der Kinder- und Jugendhilfe nach dem SGB VIII übernehmen, zumeist in Form von altersgemischten Kindertageseinrichtungen, die auch Hortgruppen anbieten, sowie eigenständigen Horten (2).

Neben den schulischen bzw. schulnahen Angeboten, die in der KMK-Statistik erfasst werden, und den Hortangeboten Ⓜ, die die KJH-Statistik Ⓓ ausweist (**Tab. D3-4web**), gibt es in nahezu allen westlichen Ländern darüber hinaus noch eine 3. Kategorie weiterer (Übermittags-)Angebote, die weder in der Verantwortung der Schulen noch der Kinder- und Jugendhilfe liegen, sondern beispielsweise von Eltern- oder Schulfördervereinen organisiert werden und meist zeitlich deutlich kürzer als ganztägige Angebote ausfallen. Zu dieser flexibleren, niedrigschwelligeren Angebotssäule zählen kürzere (Über-)Mittagsbetreuungen Ⓜ oder sonstige landesspezifische, außerunterrichtliche Angebote wie die verlässliche Halbtagsschule, flexible Nachmittagsangebote oder weitere Angebotsvarianten wie die Früh- oder Spätbetreuung, die auch mit anderen Angeboten kombiniert werden können (**Tab. D3-5web**). Zu diesen Formaten liegen aber bundesweit keine belastbaren empirischen Befunde vor.

**Neben dem schulischen Ganztag und Hortangeboten gibt es auch kürzere Angebotsformate**

Insgesamt variieren die Ausgestaltung und der Grad der Verbreitung der 3 genannten Kategorien mit ihren jeweiligen Angebotsformaten stark zwischen den Ländern. Aber auch die Angebote selbst unterscheiden sich mit Blick auf die Öffnungszeiten und den Verbindlichkeitsgrad der Teilnahme der Kinder sowie die Bereitstellung eines verbindlichen Ferienangebots. Zuletzt konnte die bundesweite StEG-Erhebung zeigen, dass Ganztagsgrundschulen vor allem dann umfangreichere Betreuungszeiten anbieten, wenn sie eng mit einem Hort kooperieren (StEG-Konsortium, 2019). Entsprechende Kooperationen zu fördern, bekräftigte auch ein jüngerer gemeinsamer Beschluss der JFMK und KMK im Jahr 2020, der den künftigen Ausbau „kooperativer Ganztagsangebote" vor allem im Sinne eines stärkeren Zusammenwirkens von Schule und Jugendhilfe betont (JFMK & KMK, 2020).

**Starke Variation der unterschiedlichen Angebotsformate in den Ländern**

Vor dem Hintergrund des ab 2026 stufenweise umzusetzenden Rechtsanspruchs wird in den Ländern und Kommunen noch rechtsverbindlich zu klären sein, welche der bisherigen landesspezifischen Angebotsformate zur Rechtsanspruchserfüllung beitragen können.

## Beteiligungsquote und Elternbedarfe an schulergänzenden Angeboten für Kinder im Grundschulalter

Die Anzahl der Grundschulkinder, die ganztägige Bildungs- und Betreuungsangebote nutzen, ist gemäß den verfügbaren Daten zuletzt weiter gestiegen. So nutzten im Schuljahr 2020/21 schätzungsweise rund 1,62 Millionen, also 54 % der Grundschulkinder, ein Ganztagsangebot in Schulen und/oder Horten, sofern man Doppelzählungen in den beiden zugrunde gelegten Statistiken (KMK- und KJH-Statistik) bereinigt. Dies entspräche einem Zuwachs von rund 675.000 Kindern gegenüber dem Schuljahr 2010/11.

**Mehr als jedes 2. Grundschulkind nutzte 2020/21 ein ganztägiges Angebot**

**Zwischen Angebot und Nachfrage an Ganztagsangeboten für Grundschulkinder liegt immer noch eine Lücke von fast 9 Prozentpunkten**

Aktuell liegt der Elternbedarf an ganztägigen Angeboten für Kinder im Grundschulalter laut der KiBS Ⓓ-Elternbefragung 2021 mit im Bundesdurchschnitt 63 % deutlich höher als die derzeitige Beteiligungsquote Ⓜ von 54 % (**Abb. D3-2**). Hinzukommt ein Bedarf von Eltern an kürzeren – nicht ganztägigen – Übermittagsangeboten für ihre Grundschulkinder von 10 %. Deutlich wird aber auch, dass in vereinzelten Ländern der Elternbedarf aufgrund der hohen Beteiligungsquote bereits nahezu erfüllt ist – etwa in Thüringen oder Hamburg. In anderen Ländern, wie Bayern oder Schleswig-Holstein, liegt der Elternbedarf dagegen noch deutlich über der aktuellen Beteiligungsquote an ganztägigen Angeboten. Die Elternbedarfsabfragen deuten jedoch auch darauf hin, dass in Schleswig-Holstein, Bayern und Niedersachsen trotz der dort vorfindbaren, relativ großen Lücken zwischen Angebot und Nachfrage zugleich mehr als ein Drittel der Eltern vorerst keinen Bedarf an ergänzenden Ganztagsangeboten artikuliert.

Dementsprechend zeigen sich in der Teilnahme an ganztägigen schulischen oder Hortangeboten deutliche Länderunterschiede: In Schleswig-Holstein und Bayern

D 3

**Abb. D3-2: Ganztagsbeteiligung und Elternbedarf an verschiedenen Angeboten für Kinder im Grundschulalter 2021 nach Angebotsform und Ländern (in %)**

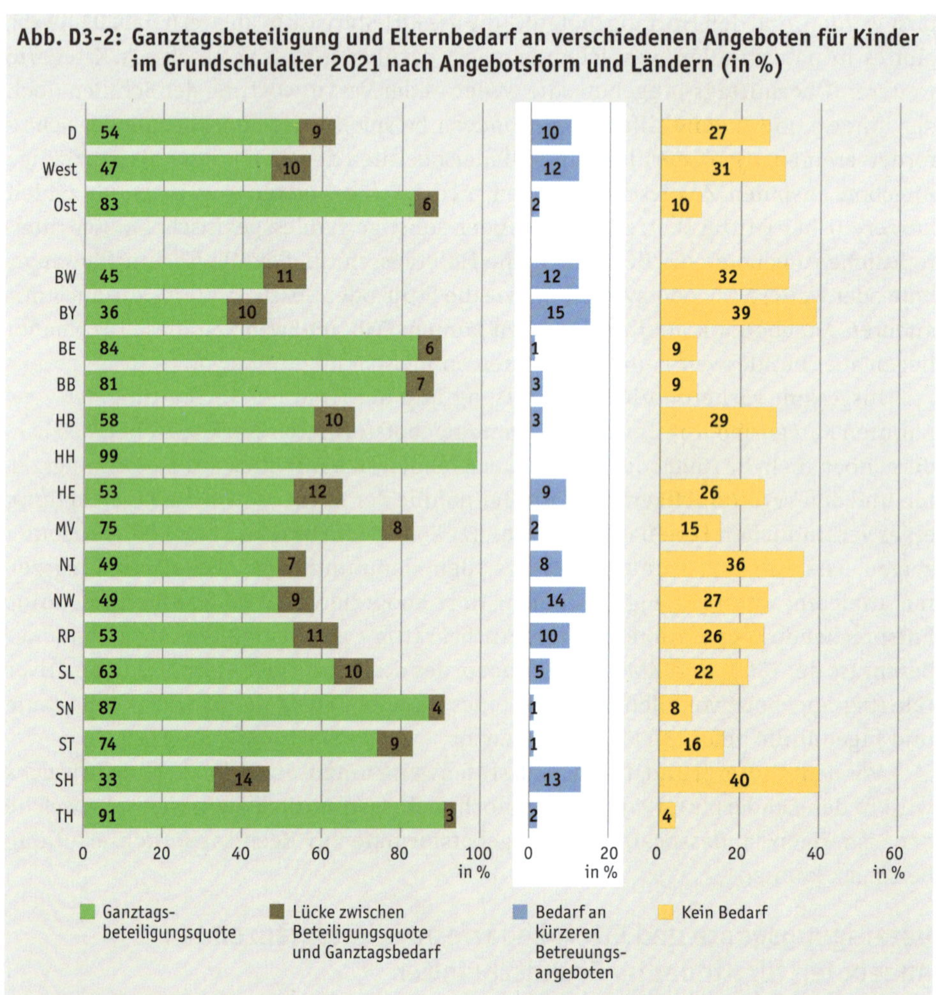


*1) In Brandenburg, Sachsen, Sachsen-Anhalt und Mecklenburg-Vorpommern kann die Beteiligungsquote nur geschätzt werden, da Grundschulkinder in ganztägiger Betreuung teilweise sowohl in der KJH-Statistik als auch in der Schulstatistik gemeldet werden. Damit ergibt die Summe aus den Anteilen in Ganztagsschulen und Horten Werte über 100 %. Als geschätzte Beteiligungsquote wird der jeweils höhere Anteil angenommen.*

*Fallzahl n = 12.631*

*Quelle: Statistische Ämter des Bundes und der Länder, Kinder- und Jugendhilfestatistik, Bevölkerungsstatistik Ⓓ, Sekretariat der KMK, Allgemeinbildende Schulen in Ganztagsform in den Ländern in der Bundesrepublik 2020, KiBS 2021, gewichtete Daten, eigene Berechnungen*

*→ Tab. D3-6web, Tab. D3-7web*

nutzt nur etwa ein Drittel der Grundschulkinder ein ganztägiges Angebot, während in Hamburg fast alle Kinder ein solches in Anspruch nehmen.

Auch in Thüringen, Sachsen, Brandenburg und Berlin liegt die Beteiligungsquote bei über 80 %. Diese Unterschiede beruhen zum Teil auf einer historisch gewachsenen heterogenen Bildungs- und Betreuungskultur in Ost- und Westdeutschland, zum Teil aber auch auf verschiedenen Strategien der Ganztagsentwicklung in den Ländern. So wurden beispielsweise in Ostdeutschland schon zu Beginn der Ganztagsschuldebatte in diesem Jahrhundert die Grundschulen mit den vielfach vorhandenen Schulhorten administrativ zu Ganztagsgrundschulen zusammengeführt. Dagegen findet sich in der Mehrzahl der westdeutschen Länder ein Angebotsmix aus schulischen Ganztagsangeboten in Verantwortung der Kultusministerien sowie an Hortangeboten in Zuständigkeit der kommunalen Jugendämter; meist kommen darüber hinaus aber noch weitere regionale Angebotsformate hinzu (**Tab. D3-4web**). In Nordrhein-Westfalen und Hamburg tragen die Horte im Kern nicht mehr zu ganztägigen Angeboten bei, da diese in Konzepte offener Ganztagsgrundschulen (OGS) eingebunden wurden.

**In Ostdeutschland traditionell stärkerer Ausbau und höhere Beteiligung im Ganztag**



## Familialer Hintergrund von Grundschulkindern in ganztägigen Angeboten

Ähnlich wie in der Frühen Bildung (G) (vgl. **C3**) zeigen sich auch bei der Nutzung ganztägiger Grundschulangebote die deutlichsten Unterschiede in Abhängigkeit von der (Vollzeit-)Erwerbstätigkeit der Mütter. Zugleich fällt auf, dass Grundschulkinder, deren Eltern einen höheren Bildungsabschluss vorweisen, ganztägige Bildungs- und Betreuungsangebote ebenfalls häufiger in Anspruch nehmen als Kinder, deren Eltern über niedrigere Bildungsabschlüsse verfügen (**Abb. D3-3**).

**Grundschulkinder von erwerbstätigen Müttern und Eltern mit höherem Bildungsabschluss nutzen häufiger Ganztagsangebote**

**Abb. D3-3: Anteil der 6- bis unter 12-jährigen Grundschulkinder* in ganztägigen Angeboten** nach ausgewählten Merkmalen 2020 (in %)**

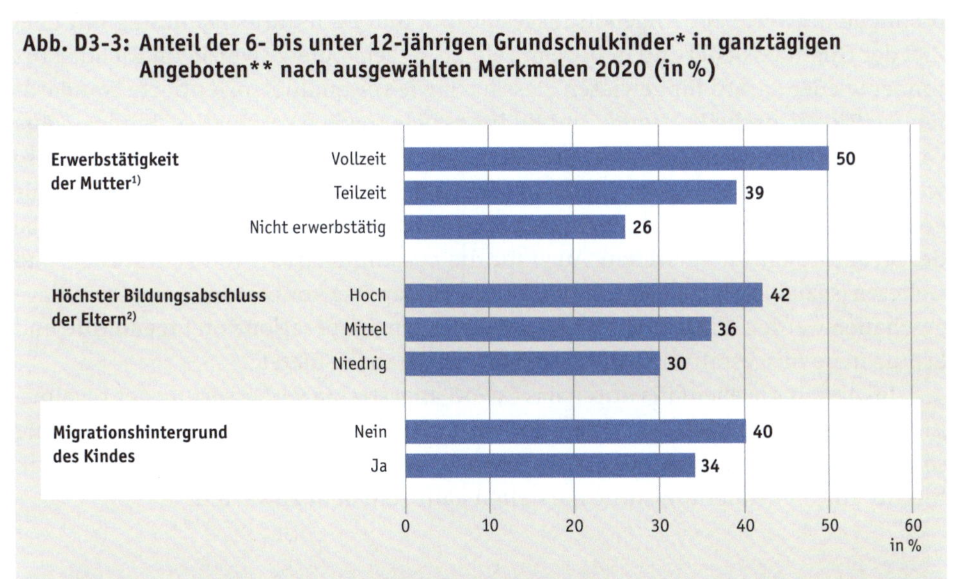


* *An allen Kindern der altersentsprechenden Bevölkerung. Die Beteiligungsquote mit Daten des Mikrozensus (D) 2020 weicht von den zuvor berichteten Daten auf der Grundlage der KJH- und KMK-Statistik ab und die Daten sind nur eingeschränkt mit den Vorjahreswerten vergleichbar.*

** *Ganztagsbetreuungsangebote, die in den letzten 12 Monaten in Anspruch genommen wurden. „Betreuung für Schulkinder vor/nach dem Unterricht (z. B. Hort, betreute Grundschule)".*

1) *Inklusive in Elternzeit oder Mutterschutz befindlicher Personen. Bei den Berechnungen wurde nicht das Konzept der realisierten Erwerbstätigkeit zugrunde gelegt.*

2) *Höchster Bildungsabschluss der Eltern: Erster/Mittlerer oder kein Schulabschluss, Mittel = Berufsausbildung/(Fach-)Hochschulreife/Abschluss in Gesundheits- und Sozialberufen, Hoch = (Fach-)Hochschulabschluss/Meister:in o. Ä.*

*Quelle: Statistische Ämter des Bundes und der Länder, Mikrozensus 2020, Sonderauswertung* **→ Tab. D3-8web**

### Voraussichtlicher Bedarf an ganztägigen Angeboten für Grundschulkinder bis 2030

**Bundesweit fehlen aktuellen Vorausberechnungen zufolge rund 600.000 Ganztagsplätze**

Um den Rechtsanspruch im Umfang von 8 Stunden an 5 Tagen für alle 4 Jahrgangsstufen der Grundschule bis zum Schuljahr 2029/30 realisieren zu können, müssen aktuellen Modellrechnungen zufolge deutschlandweit rund 600.000 weitere Ganztagsplätze geschaffen werden (Rauschenbach et al., 2021). Dieser Wert ergibt sich aus der Berechnung unterschiedlicher Szenarien, die sowohl demografische Entwicklungen als auch den in den KiBS-Befragungen erhobenen Elternbedarf einbeziehen. Bei einem vorerst nicht mehr weiter steigenden Elternbedarf müssten demnach bundesweit bis zum Schuljahr 2029/30 rund 508.000 Ganztagsplätze geschaffen werden, während es bei einem weiter steigenden Elternbedarf etwa 692.000 Ganztagsplätze wären. Dementsprechend würde dann auch zusätzliches Personal in den ganztägigen Angeboten benötigt (vgl. **H5**).

**Notwendiger Platzausbau vor allem in Westdeutschland und Berlin**

Dabei verteilt sich der berechnete notwendige Platzausbau ungleich auf die einzelnen Länder und betrifft überwiegend Westdeutschland. Hier müssten bis zum Schuljahr 2029/30, je nach Entwicklung des Elternbedarfs, zwischen 457.000 und 611.000 Plätze geschaffen werden, was einem Ausbau um 39 bis 53 % des vorhandenen Platzangebots entspräche. In Ostdeutschland wären hingegen lediglich noch 51.000 bis 81.000 Plätze zu schaffen, was einen Zuwachs von 11 bis 17 % bedeutet. Dieser wäre allerdings überwiegend in Berlin zu verorten, während in den anderen ostdeutschen Ländern zusätzliche Plätze nur noch vorübergehend oder auch gar nicht mehr benötigt würden (**Tab. D3-9web**).

In der Weiterentwicklung des Ganztags sowie den in diesem Zuge geführten Qualitätsdebatten hat das GaFöG 2021 eine neue Dynamik ausgelöst und bietet die Möglichkeit, ein neues Berufsfeld mit eigenen fachlichen Grundsätzen zu etablieren. Der 2026 in Kraft tretende Rechtsanspruch ermöglicht es perspektivisch, verbindliche Eckwerte zur Angebotsausgestaltung und Fachkräfteausbildung mit dem Ziel der Qualitätssicherung in diesem Feld zu setzen. Zuletzt wurde im Fachdiskurs immer wieder darauf hingewiesen, dass nach wie vor qualitätsorientierte Standards fehlen. Pädagogische Konzepte und Bildungsziele sowie partizipative, kindgerechte Grundsätze in der Angebotsausgestaltung und Teilhabechancen sind bislang ebenso wenig festgelegt wie Personalschlüssel, Gruppengrößen und Fachkräftekataloge für geeignetes Personal, die in anderen Bildungsbereichen seit Jahren zentrale Maßstäbe der Strukturqualität darstellen. Auch für die Zusammenarbeit von Lehrkräften und weiteren (sozial-)pädagogischen Fachkräften im Ganztag könnte eine neue Grundlage geschaffen werden, die der seit Jahren diskutierten Kooperation von Jugendhilfe und Schule neue Ausgestaltungs- und Ausrichtungschancen bietet.

Inwieweit die ebenfalls durch das GaFöG angestrebte Verbesserung der regelmäßig zu erhebenden amtlichen Daten zu Ganztagsangeboten, deren Inanspruchnahme sowie des dort tätigen Personals im Kontext der Kinder- und Jugendhilfestatistik hierfür eine neue Planungshilfe darstellen kann, bleibt abzuwarten.

## Methodische Erläuterungen

**Ganztagsschulen**
Entsprechend der KMK-Definition gelten Schulen als Ganztagsschulen, wenn den Kindern an mindestens 3 Tagen die Woche für täglich mindestens 7 Zeitstunden ein ganztägiges Angebot mit Mittagessen bereitgestellt wird (KMK, 2021a, S. 19–21). Diese Definition liegt derzeit unter dem im GaFöG 2021 verabschiedeten Rechtsanspruch, der ab August 2026 einen zeitlichen Umfang von täglich 8 Stunden an 5 Werktagen pro Woche vorsieht.

**Organisationsmodelle von Ganztagsschulen**
Gemäß der Definition der KMK wird zwischen gebundenen und offenen Angeboten unterschieden (KMK, 2021a, S. 20). In der gebundenen Form sind im voll gebundenen Ganztag alle Schulkinder und im teilweise gebundenen ein Teil der Kinder verpflichtet, an mindestens 3 Tagen die Woche für mindestens 7 Stunden teilzunehmen. Im offenen Ganztag ist es den Schulkindern freigestellt, ob sie an dem Ganztagsangebot, das auch hier an 3 Tagen die Woche für mindestens 7 Stunden bereitgestellt werden muss, teilnehmen.

**Hortangebote**
Diese Angebote in der Zuständigkeit der Kinder- und Jugendhilfe werden entweder in eigenständigen Horten im Sinne der §§ 22 ff. SGB VIII, die ausschließlich Schulkinder in Anspruch nehmen, oder in altersgemischten Kindertageseinrichtungen erbracht, in denen Kinder entweder in Hortgruppen mit ausschließlich Schulkindern oder in altersgemischten Gruppen zusammen mit Kindern vor dem Schuleintritt betreut werden.

**Übermittagsbetreuung**
Die (Über-)Mittagsbetreuung ist ein Angebot, das häufig von Vereinen, Gemeinden oder Schulträgern zur Verfügung gestellt wird, die eine Betreuung bis spätestens 14.30 Uhr oder in einer verlängerten Variante bis 15.30 oder 16 Uhr anbieten. Diese Angebotsformen werden jedoch bislang statistisch nicht eigenständig erfasst oder ausgewiesen. Durch eine Veränderung der KMK-Statistik-Definition zwischen 2015 und 2016 wurden als Ganztagsschulangebote in einzelnen Ländern auch Schulen mit (längerer) Übermittagsbetreuung gemeldet, dabei aber nicht eigenständig ausgewiesen.

**Beteiligungsquote an ganztägigen Angeboten**
Die Beteiligungsquote beschreibt das Verhältnis von Grundschulkindern (Klassenstufen 1 bis 4) (KMK-Statistik) sowie Kindern unter 11 Jahren (KJH-Statistik) in sämtlichen ganztägigen Angeboten (offene, teilgebundene, voll gebundene Ganztagsschulen, altersgemischte Kindertageseinrichtungen und eigenständige Horte) zu allen Kindern im Grundschulalter (6,5–10,5 Jahre) in der Bevölkerung. Die Übermittagsbetreuung wird implizit mitgerechnet, sofern sie seitens der Länder als ganztägiges Angebot für die KMK-Statistik gemeldet wird. Als Datenbasis für diese Berechnungen werden derzeit die KJH-Statistik, die Bevölkerungsstatistik sowie die KMK-Ganztagsschulstatistik genutzt. In Brandenburg, Sachsen, Sachsen-Anhalt und Mecklenburg-Vorpommern kann die Beteiligungsquote nur geschätzt werden, da Grundschulkinder in ganztägiger Betreuung in diesen Ländern sowohl in der KJH-Statistik als auch in der Schulstatistik gemeldet werden. So ergibt die Summe aus den Anteilen in Ganztagsschulen und Horten Werte über 100 %. Als geschätzte Beteiligungsquote wird der jeweils höhere Anteil aus einer der beiden Datenquellen angenommen.

Zuletzt im Bildungsbericht 2018 als D6

# Lernumwelten in Schule und Unterricht



Viele der in den letzten Jahren initiierten Reformmaßnahmen, etwa in der Lehrkräftebildung und Qualitätssicherung, zielen auf eine Optimierung der pädagogischen Praxis in den Schulen ab. Im Bildungsbericht 2018 richtete sich daher erstmals der Blick auf ausgewählte Aspekte einer lernfördernden Ausgestaltung von Schule und Unterricht. Im Anschluss an diese Analysen werden im Folgenden einerseits die in der Forschung identifizierten Grunddimensionen von Unterrichtsqualität erneut für den Sekundarbereich I aufgegriffen und andererseits um eine Betrachtung dieser Facetten einer strukturierten, wertschätzenden und anregenden Lernumgebung im Primarbereich erweitert. Im Fokus steht dabei die Perspektive der Schüler:innen auf die Basisdimensionen guten Unterrichts, während im Schwerpunktkapitel instruktionale Prozessaspekte aus der Lehrkräftesicht thematisiert werden (vgl. **H3**). Anforderungen an eine differenzierte Unterrichtsgestaltung, die unterschiedliche Lebenslagen und -welten berücksichtigt, ergeben sich nicht zuletzt auch aus der Diversität der Kinder und Jugendlichen. In einer letzten Analyseperspektive wird daher die Zusammensetzung der Schülerschaft in Grundschulen mit besonderem Augenmerk auf der Einzelschulebene untersucht.

## Aspekte der Unterrichtsqualität im Primarbereich

Wichtige Rahmenbedingungen für eine effektive Wissensvermittlung und nachhaltige Kompetenzentwicklung von Schüler:innen werden über die Ausgestaltung des Unterrichtsgeschehens geschaffen. Zur Beschreibung von Unterrichtsqualität haben sich in der Forschung 3 Dimensionen etabliert (vgl. Kunter & Voss, 2011): Die *Klassenführung* beschreibt eine möglichst effektive Ausschöpfung der Unterrichtszeit mit wenigen Störungen, z. B. durch transparente Strukturen und Klassenregeln. Ein konstruktiver Umgang mit Fehlern und ein wertschätzendes, an den Schüler:innen orientiertes Klima (*konstruktive Unterstützung*) sowie das Angebot von kognitiv herausfordernden Aufgaben, die das Entwickeln eigener Lösungsstrategien anregen (*kognitive Aktivierung*), können ebenso zu einem lernfördernden Unterricht beitragen.

**Hochwertiger Unterricht kann Entscheidungen im weiteren Lebensverlauf beeinflussen**

Im Rahmen der jüngsten TIMSS-Erhebungen beurteilten Grundschüler:innen im Jahr 2019 u. a. ihren Mathematikunterricht. Nicht nur für die Entwicklung mathematischer Kompetenzen ist ein qualitativ hochwertiger Unterricht wichtig: So kann der Umgang mit Fehlern Angst vor mathematischen Problemstellungen hervorrufen oder abmildern. Über kognitiv herausfordernde Aufgaben wird bei Schüler:innen potenziell das Interesse für die Auseinandersetzung mit mathematischen Fragestellungen geweckt. Solche motivationalen und emotionalen Aspekte können wiederum Einflussfaktoren für Bildungs- und berufliche Entscheidungen im weiteren Lebensverlauf darstellen (vgl. Henschel et al., 2019).

**77 % der Viertklässler:innen fühlen sich im Mathematikunterricht konstruktiv unterstützt**

Die Grundschüler:innen bewerteten ihren Mathematikunterricht 2019 insgesamt positiv: Auf einer Skala von 1 bis 4 fiel insbesondere die Zustimmung zur konstruktiven Unterstützung durch ihre Lehrkraft mit 3,3 im Mittel hoch aus. Dabei nahmen mehr als drei Viertel der Viertklässler:innen (77 %) einen konstruktiven Umgang mit Fehlern wahr (**Abb. D4-1**). Ein etwas negativeres Bild zeichnet sich bei der lernfördernden Nutzung der Unterrichtszeit ab: Nur die Hälfte der Kinder bewertet die Klassenführung positiv, wohingegen etwa ein Viertel der Schüler:innen (27 %) einen Mathematikunterricht wahrnimmt, der von Störungen und nicht eingehaltenen Klassenregeln geprägt ist.

Wenngleich die Grundschüler:innen die Gestaltung des Mathematikunterrichts insgesamt positiv beurteilen, so fallen die Einschätzungen etwas kritischer aus als

**Abb. D4-1: Subjektive Bewertung des Mathematikunterrichts von Grundschüler:innen 2019 nach Qualitätsdimensionen (in %)***

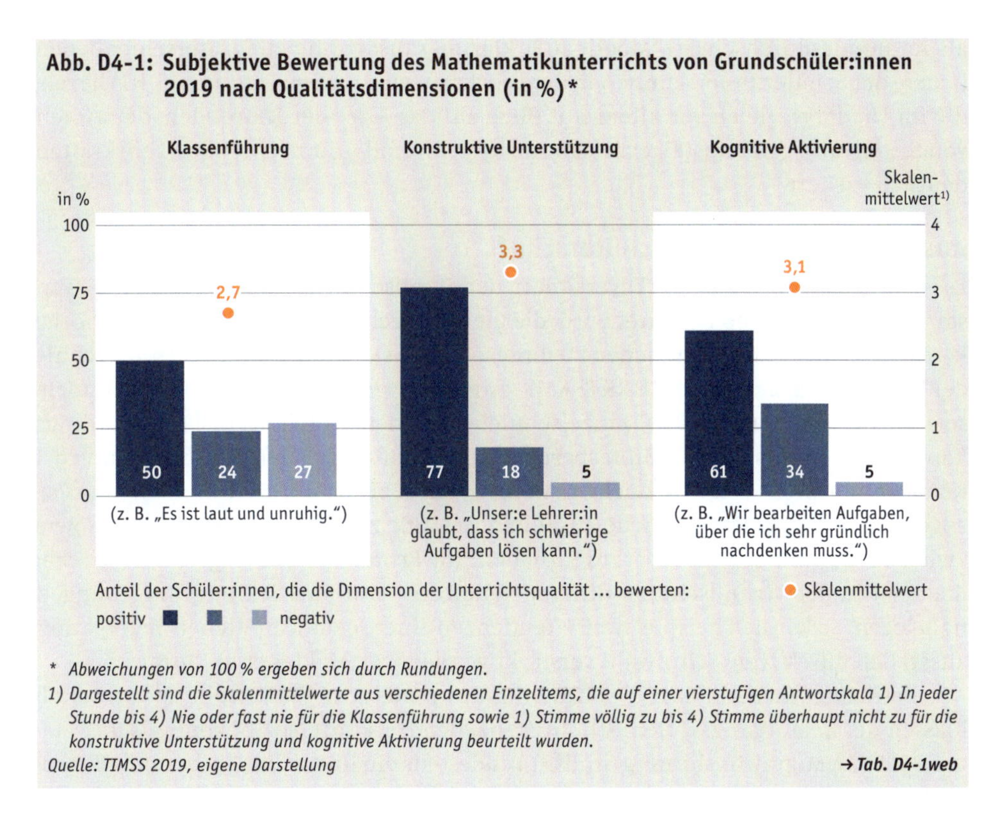


* *Abweichungen von 100 % ergeben sich durch Rundungen.*
1) *Dargestellt sind die Skalenmittelwerte aus verschiedenen Einzelitems, die auf einer vierstufigen Antwortskala 1) In jeder Stunde bis 4) Nie oder fast nie für die Klassenführung sowie 1) Stimme völlig zu bis 4) Stimme überhaupt nicht zu für die konstruktive Unterstützung und kognitive Aktivierung beurteilt wurden.*
*Quelle: TIMSS 2019, eigene Darstellung* **→ Tab. D4-1web**

noch 4 Jahre zuvor. Im Jahr 2015 nahmen die Viertklässler:innen sowohl die konstruktive Unterstützung als auch die kognitive Aktivierung im Mathematikunterricht geringfügig positiver wahr (vgl. Schwippert et al., 2020). Die Strukturiertheit und Störungsfreiheit im Unterricht schätzten sie zu beiden Zeitpunkten durchschnittlich auf gleichem Niveau ein. Von den 3 Basisdimensionen wird die Klassenführung damit weiterhin am kritischsten von Viertklässler:innen beurteilt.

**Grundschüler:innen bewerten Mathematikunterricht kritischer als noch 2015**

## Aspekte der Unterrichtsqualität im Sekundarbereich I

Auf Basis der Daten des IQB-Bildungstrends 2018 lässt sich auch für den Sekundarbereich I nachzeichnen, wie die Schüler:innen ihren Mathematikunterricht beurteilen. Dabei zeichnet sich ein ähnliches Bild wie für den Primarbereich: Zum einen ist auch unter den Neuntklässler:innen eine grundsätzlich positive Bewertung des Unterrichtsgeschehens festzustellen. Zum anderen erhält die konstruktive Unterstützung im Mittel am meisten Zustimmung; auf einer Skala von 1 bis 4 nehmen die Jugendlichen eine positive Fehlerkultur (3,1) sowie einen wertschätzenden, an den Schüler:innen orientierten Umgang der Lehrkräfte (2,9) im Unterricht wahr (**Tab. D4-2web**). Wird auch die kognitive Aktivierung im Durchschnitt positiv bewertet (2,9), zeigt sich hinsichtlich der Strukturiertheit und eines störungsfreien Unterrichts noch leichter Nachholbedarf.

**Neuntklässler:innen beurteilen insbesondere konstruktiven Umgang mit Fehlern positiv**

Der Blick in die Länder offenbart, dass die Neuntklässler:innen in allen ostdeutschen Flächenländern den Mathematikunterricht im Mittel als strukturierter einschätzen als im bundesdeutschen Durchschnitt (Unterschiede sind statistisch signifikant). Zugleich fühlen sich die Lernenden in diesen Ländern im Umgang mit Fehlern durch ihre Lehrkräfte weniger konstruktiv unterstützt und nehmen – mit Ausnahme von Brandenburg und Mecklenburg-Vorpommern – die im Unterricht gestellten Aufgaben als kognitiv anregender und herausfordernder wahr. Ins Auge fällt zudem, dass die Sekundarschüler:innen in Berlin die Qualität des Mathematikunterrichts in allen Basisdimensionen statistisch signifikant schlechter bewerten

**Signifikante Länderunterschiede in den Urteilen der Schüler:innen zur Unterrichtsqualität**

als im Bundesdurchschnitt. Mögliche Erklärungsansätze für die unterschiedlichen Urteile der Schüler:innen können in der Lehrkräftezusammensetzung (vgl. **H1**) liegen, die im Ländervergleich vor allem mit Blick auf das Alter der Lehrenden, den Anteil von Seiten- und Quereinsteiger:innen sowie fachfremd unterrichtenden Lehrkräften deutlich variiert.

## Zusammensetzung der Schülerschaft

Es ist zu beobachten, dass die Diversität in der Gesellschaft bildungspolitisch von verstärkten Bemühungen begleitet wird, die gleichberechtigte Teilhabe und Zugehörigkeit aller Kinder und Jugendlichen zu fördern und Diskriminierungen in einer Schule der Vielfalt zu mindern (vgl. HRK & KMK, 2015). Wie sich bundesweit die Zusammensetzung der Schülerschaft auf Einzelschulebene widerspiegelt, ist bislang allerdings kaum dokumentiert. Im Bildungsbericht 2018 konnten für den Sekundarbereich I Kompositionsprofile nachgezeichnet werden, die sozialstrukturell und leistungsbezogen eine sehr unterschiedliche Zusammensetzung zwischen den Schularten sowie zwischen den Einzelschulen verdeutlichen. Im Primarbereich liegen Studien vor, die auch in den Grundschulen differenzielle Lern- und Entwicklungsumgebungen nahelegen: So können beispielsweise Tendenzen einer sozialräumlichen Segregation zusätzlich durch freie Schulwahl verstärkt werden (vgl. Makles et al., 2019).

**Diversität im Schulwesen bislang kaum dokumentiert**



Betrachtet man auf Basis des IQB-Bildungstrends 2016 die Verteilung von Schulklassen der 4. Jahrgangsstufe nach ihrer sozialen Herkunft (sozioökonomischer Status, HISEI)G, MigrationshintergrundG (mindestens ein im Ausland geborenes Elternteil) sowie sonderpädagogischem Förderbedarf der Schüler:innen, so ist hinsichtlich der mittleren Zusammensetzung der Schülerschaft eine große Varianz zwischen den Klassen augenfällig. Der HISEI reicht im Mittel von 26 bis 78 Punkten, d.h., es gibt Klassen mit durchschnittlich sehr schwachen und solche mit sehr privilegierten sozialen Ausgangslagen. Für den Migrationsanteil je Klasse ist das mögliche Spektrum von 0 bis 100 % vollständig abgedeckt, mit einem durchschnittlichen Anteil von 31 % (**Abb. D4-2**). Liegt der Anteil sonderpädagogisch geförderter Schüler:innen im Mittel bei 5,7 %, offenbart der Blick auf die Einzelschulebene, dass in knapp der Hälfte der Schulklassen keine Kinder mit diagnostiziertem Förderbedarf unterrichtet wurden. Am anderen Ende des Spektrums finden sich Klassen mit etwa 70 % sonderpädagogisch geförderten Schüler:innen in bis zu 4 unterschiedlichen Förderschwerpunkten. Diese Bandbreite legt bereits sehr unterschiedliche Anforderungen nahe, die sich für Lehrkräfte und ihre Unterrichtsgestaltung ergeben.

**Große Varianz in der Zusammensetzung von Grundschulklassen**

Hinzu kommt, dass die mittlere Zusammensetzung im Vergleich *zwischen* Klassen noch kein Indiz für die Diversität *innerhalb* der Klassen ist, sondern eher Homogenität suggeriert wird. Es ergeben sich aber z.B. für Schulklassen mit identischem Migrationsanteil vielfältige Möglichkeiten der Zusammensetzung nach der eigenen Migrationserfahrung, Herkunftsregionen, Sprachvielfalt, Mono- oder Binationalität der Familie u. v. m. (vgl. Herwartz-Emden, 2005). In der Forschung wird sich der Komplexität von Diversität beispielsweise über einen DiversitätsindexM genähert (vgl. z.B. Schachner et al., 2019). Er gewährt einen Einblick in schulische Gelegenheitsstrukturen für sogenannte Intergruppenkontakte, für die ein positiver Zusammenhang mit Einstellungen gegenüber Klassenkamerad:innen anderer Gruppen, z.B. geringere Vorurteile, vielfach belegt werden konnte (Pettigrew & Tropp, 2006). Der Index gibt Auskunft über die Anzahl und Verteilung von Schüler:innen auf verschiedene Gruppierungen innerhalb einer Schulklasse: Niedrige Werte deuten darauf hin, dass eine Gruppe im Klassenverbund überrepräsentiert ist, wohingegen hohe Werte auf eine ausgeglichene Verteilung der Kinder hinweisen. Um der Multidimensionalität von Diversität Rechnung zu tragen, wurde ein solcher Index für jede der zuvor betrachteten

**Durchschnittswerte suggerieren Homogenität innerhalb der Lerngruppen**

**Verteilung der Schüler:innen gewährt Einblicke in Diversität innerhalb der Klassen**

**Abb. D4-2: Verteilung von Schulklassen* der 4. Jahrgangsstufe 2016 nach ausgewählten Merkmalen ihrer Zusammensetzung**

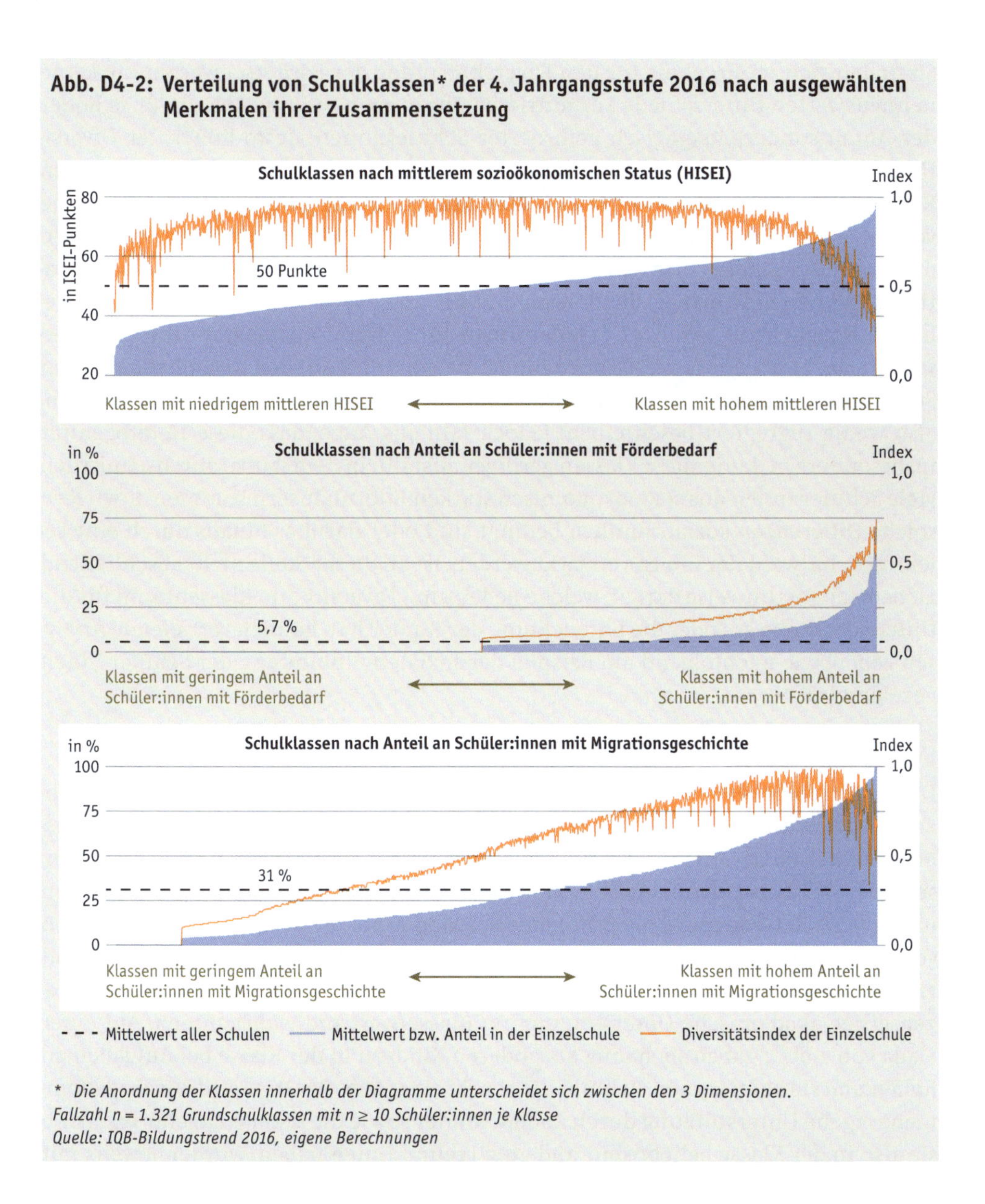


* *Die Anordnung der Klassen innerhalb der Diagramme unterscheidet sich zwischen den 3 Dimensionen.*
*Fallzahl n = 1.321 Grundschulklassen mit n ≥ 10 Schüler:innen je Klasse*
*Quelle: IQB-Bildungstrend 2016, eigene Berechnungen*

Dimensionen ermittelt und mit der mittleren Zusammensetzung der Schulklassen kontrastiert. Hierzu wurden über Quartilsbildung soziale Statusgruppen ausgehend vom HISEI (vgl. oben) gebildet sowie die Förderschwerpunkte der Kinder mit Förderbedarf und der Generationenstatus von Schüler:innen mit Migrationsgeschichte herangezogen. Letzterer trägt der Annahme Rechnung, dass sich für Kinder und Jugendliche verschiedener Migrationsgenerationen unterschiedliche Erwartungen und Anforderungen an Integrationsprozesse stellen. Zwar hat der Index methodische Grenzen, Diversität in ihrer Komplexität umfassend abzubilden, z. B. kann nicht rückgeschlossen werden, welche der Gruppierungen in einer Klasse überrepräsentiert ist. Doch schließt der Ansatz an erste empirische Forschungsarbeiten zu einer vielschichtigen Thematik an und erlaubt erstmals im Rahmen des Bildungsberichts empirische Aussagen zur Diversität auf repräsentativer Datenbasis. Erst damit werden Zieldiskussionen möglich, wie sich eine Schule der Vielfalt (weiter)entwickeln soll oder kann. Denn eine gleichmäßige Verteilung von Schüler:innen entlang der betrachteten oder anderer Merkmalsausprägungen muss unter pädagogischen Gesichtspunkten nicht zwangsläufig das Ziel sein.

So finden sich im Ergebnis für den Diversitätsindex der Förderschwerpunkte keine nennenswerten Unterschiede zur mittleren Zusammensetzung (**Abb. D4-2**): je höher der Anteil sonderpädagogisch geförderter Schüler:innen, desto höher der Diversitätsindex. Mit Blick auf die Migrationsgenerationen zeigt sich einerseits unter den Klassen mit hohem Migrationsanteil eine große Varianz in der Verteilung auf die verschiedenen Gruppen innerhalb der entsprechenden Klassen. Andererseits weisen diejenigen Schulklassen, in denen die Hälfte bis drei Viertel der Lernenden eine Migrationsgeschichte mitbringt, überwiegend hohe Indexwerte auf, was auf eine weitgehend ausgeglichene Anzahl an Schüler:innen ohne Migrationsbiografie sowie aus verschiedenen Migrationsgenerationen hindeutet. Mit Blick auf den sozioökonomischen Status lässt sich in der Mehrheit der Klassen die Schülerschaft als sozial heterogen, also wenig segregiert beschreiben. Jedoch fällt ins Auge, dass diese Heterogenität insbesondere in denjenigen Klassen geringer ausfällt, in denen überdurchschnittlich viele Schüler:innen aus sozioökonomisch starken Elternhäusern kommen. Inwiefern solche Differenzen sozialräumlich bedingt sind oder darüber hinaus durch eine selektive Schulwahl der Eltern verstärkt werden, ist an dieser Stelle nicht abschließend zu beurteilen. Hinweise darauf, welche Bedeutung Diversität im Klassenraum für die Unterrichtsprozesse oder die Entwicklung der Kinder hat, können vertiefende Analysen geben, wie nachfolgend am Beispiel der sozialen Einbindung der Schüler:innen gezeigt wird.

**Migrationsbezogene Diversität variiert teilweise stark zwischen den Klassen, ...**

**... wohingegen überwiegende Mehrheit der Schulklassen als sozioökonomisch heterogen beschrieben werden kann**



## Soziale Einbindung in das schulische Umfeld

Das schulische Wohlbefinden ist aus motivationaler Sicht wie auch für die Persönlichkeitsentwicklung von Kindern und Jugendlichen nicht zu unterschätzen. Forschungsbefunde weisen darauf hin, dass die wahrgenommene Zugehörigkeit sowie die gegenseitige Unterstützung und Anerkennung im Klassenverband mit der Lernmotivation und -aktivität (Goodenow, 1993), mit emotionalen Aspekten und auch den Leistungen von Schüler:innen in Verbindung steht (Ostermann, 2000). Für den IQB-Bildungstrend 2016 bewerteten Viertklässler:innen, wie sie ihre soziale Zugehörigkeit sowie die gegenseitige akademische Unterstützung im Klassenverband wahrnehmen. Auf einer Skala von 1 bis 4 gaben sie häufig an, anderen Kindern in der Klasse bei Aufgaben zu helfen und sie beim Lernen zu unterstützen (M = 3,1; **Abb. D4-3**). Auch die wahrgenommene eigene Unterstützung durch andere Kinder sowie die soziale Zugehörigkeit, ob sie also in der Klasse beliebt sind und gute Freund:innen haben, wurden jeweils mit 2,8 im Durchschnitt positiv bewertet.

**Gegenseitige akademische Unterstützung bewerten Viertklässler:innen im Durchschnitt positiv**

Um diese Aspekte des schulichen Wohlbefindens zur Komposition der Schülerschaft in Bezug zu setzen, wurde für jede Klasse aus den 3 Diversitätsindizes zur sozioökonomischen, migrationsbezogenen und sonderpädagogischen Verteilung ein Gesamtindex als arithmetisches Mittel gebildet. Zudem wurden die betrachteten Skalen zur sozialen Eingebundenheit auf Klassenebene aggregiert, ebenfalls über den Mittelwert. Dies erlaubt einen Einblick in Zusammenhänge der durchschnittlich wahrgenommenen sozialen Eingebundenheit von Viertklässler:innen mit der Klassenkomposition auf Einzelschulebene. Dabei zeichnet sich ein positives Bild ab: Alle 3 betrachteten Skalen korrelieren schwach, aber statistisch signfikant positiv mit dem mehrdimensionalen Diversitätsindex (**Abb. D4-3**). Das bedeutet, dass sich tendenziell die Viertklässler:innen in heterogener zusammengesetzten Klassen durchschnittlich stärker zum Klassenverbund zugehörig fühlen und auch mehr gegenseitige Unterstützung wahrnehmen. Kausal lässt sich dieser Zusammenhang zwischen Diversität und Eingebundenheit allerdings mit den verfügbaren Daten nicht absichern, auch weil die Zusammensetzung tatsächliche Intergruppenkontakte noch nicht garantiert.

**Schwacher positiver Zusammenhang zwischen Aspekten des schulischen Wohlbefindens und der Klassenkomposition**

**Abb. D4-3: Subjektive Bewertung ausgewählter Aspekte der sozialen Einbindung von Viertklässler:innen in den Klassenverbund 2016 (Skalenmittelwerte*)**

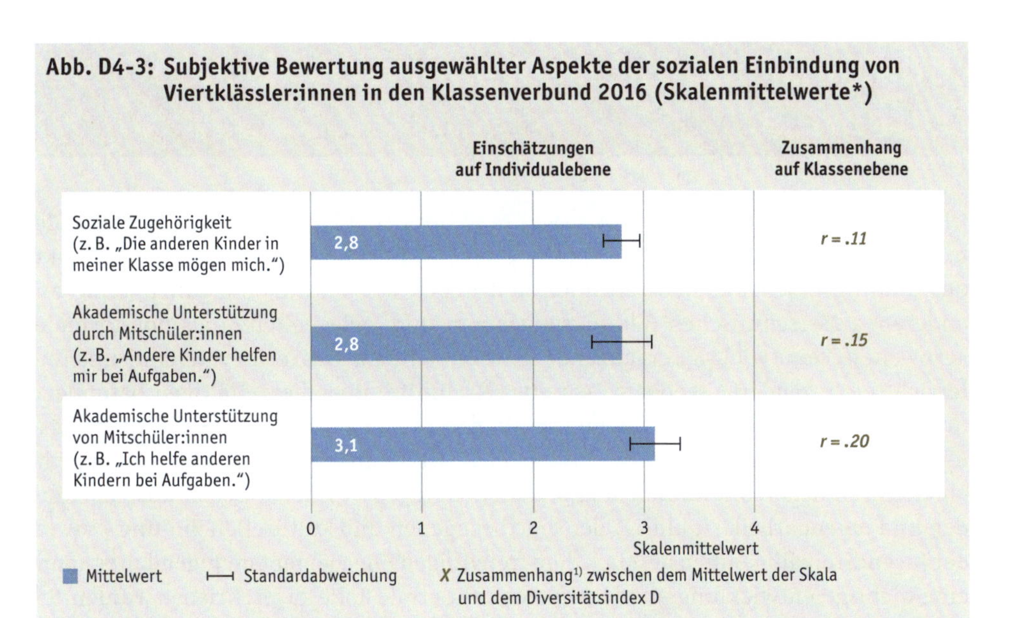


** 4-stufige Likert-Skala mit den Ausprägungen 1 = stimmt gar nicht bis 4 = stimmt genau.*
*1) Pearson-Korrelationskoeffizient Ⓜ; für alle Skalen ist der Zusammenhang statistisch signifikant (p < .001).*
*Quelle: IQB-Bildungstrend 2016, eigene Berechnungen*

→ Tab. D4-3web



## Ⓜethodische Erläuterungen

**Diversitätsindex *D***

Für die Abbildung von Diversität innerhalb der Klassen wurde ausgehend vom sozioökonomischen Status der Eltern (HISEI), Migrationshintergrund und sonderpädagogischen Förderbedarf der Schüler:innen jeweils ein Diversitätsindex nach Simpson (1949) berechnet. Der Index drückt die Wahrscheinlichkeit aus, dass in einer Klasse 2 zufällig gezogene Schüler:innen das betrachtete Merkmal einer anderen Gruppe teilen, und nimmt Werte zwischen 0 und 1 an. Die Zuweisung der Schüler:innen zu (kategorialen) sozioökonomischen Statusgruppen erfolgte über Quartilsbildung. Für den Index nach Migrationshintergrund gingen Schüler:innen ohne Migrationsgeschichte, der 1. und 2. Generationen sowie diejenigen mit nur einem im Ausland geborenen Elternteil als jeweilige Gruppe in die Berechnungen ein. Für die 3. Dimension wurden die Förderschwerpunkte der Indexbildung zugrunde gelegt (einschließlich Schüler:innen ohne diagnostizierten Bedarf).

**Pearson-Korrelationskoeffizient *r***

Der Koeffizient ist ein Zusammenhangsmaß zwischen 2 metrisch skalierten Variablen. Der Zusammenhang kann Werte zwischen -1 = perfekter negativer Zusammenhang, 0 = kein Zusammenhang und 1 = perfekter positiver Zusammenhang annehmen.

Zuletzt im Bildungsbericht 2020 als D5

# Bildungsaktivitäten an außerschulischen Lernorten

D 5

Obgleich für Kinder und Jugendliche während ihrer Schulzeit der Bildungsort Schule mit seinen formalen, curricular gesteuerten Bildungsprozessen den Mittelpunkt des Bildungsgeschehens darstellt, können neben der Schule eine ganze Reihe an anderen, außerschulischen Bildungsangeboten und -gelegenheiten als non-formale Lernwelten G eine wichtige ergänzende Rolle einnehmen. Das reicht von schul- und unterrichtsergänzenden Angeboten – wie etwa Nachhilfe – über die vielfältigen, besonders unter den Bedingungen der Pandemie deutlich werdenden informellen Unterstützungsleistungen innerhalb der Familie infolge des Distanzunterrichts (**D1**) bis zu den mit einem gesetzlichen Bildungsauftrag versehenen Angeboten der außerschulischen Kinder- und Jugendarbeit – inklusive der sportbezogenen und kulturellen Bildung – sowie der Jugendfreiwilligendienste. Auch dem freiwilligen Engagement im Jugendalter kann eine wichtige, entwicklungs- und kompetenzfördernde Rolle zugeschrieben werden. So haben viele dieser außerschulischen Bildungsaktivitäten für junge Menschen vor allem für die Persönlichkeitsbildung und das soziale Lernen eine wichtige Bedeutung. Es stellt sich die Frage, welche Veränderungen sich in den non-formalen Lernwelten neben und außerhalb der Schule im Pandemieverlauf ergeben haben.

## Familiale Unterstützung beim schulischen Lernen

Die pandemiebedingten zeitweiligen Einschränkungen des Präsenzunterrichts führten zu einer abrupten und teilweise umfangreichen Verlagerung des schulischen Lernens auch über digitalisierte Formate in die Familie (**D1**). Wie sich die Lernsituation zu Hause sowie die Unterstützung beim schulischen Lernen während der Pandemie entwickelt hat, kann mit dem AID:A D-Survey abgebildet werden. Insgesamt fand ein Großteil der 7- bis unter 12-Jährigen immer einen ruhigen Platz zum Arbeiten sowie die notwendige Ausstattung in Form von Computer, Drucker oder Tablet vor (**Tab. D5-1web**). Dabei zeigen sich jedoch Unterschiede: Während Kinder von Eltern mit einem hohen Bildungsabschluss zu 86 % immer über die notwendige Geräteausstattung verfügten, traf dies nur auf 70 % der jungen Menschen aus Elternhäusern mit niedrigem Bildungsstand zu.

**Lernsituation zu Hause vom Bildungsniveau der Eltern abhängig**

Ein direkter Vergleich der schulischen Unterstützung von Kindern im Grundschulalter durch ihre Mütter[1] verdeutlicht in den Jahren 2019 und 2021 sowohl beim Besprechen der schulischen Aufgaben als auch beim konkreten Helfen eine Zunahme in der Pandemie (**Abb. D5-1**). Genauso deutlich ist, dass es mit steigendem Alter der Kinder in beiden Erhebungsjahren zu einer Abnahme der Unterstützung durch die Mütter kam – ein Befund, der die zunehmende Autonomie der jungen Menschen im Bildungsverlauf abbildet. Insbesondere der Aspekt der direkten Hilfestellung nahm mit steigendem Alter ab. In allen Altersstufen kam es jedoch 2021 zu einer häufigeren Unterstützung durch die Mütter (**Tab. D5-2web**).

**Schulische Unterstützung durch Mütter hat 2021 in allen Altersgruppen zugenommen**

Auch die Einschätzung, ob das Kind mit dem Lernen zu Hause gut zurechtkam, verdeutlicht Unterschiede nach dem Bildungsabschluss der Eltern (**Tab. D5-1web**). Eltern mit einem hohen Bildungsabschluss stimmten mit 52 % (voll und ganz) zu, dass ihr Kind gut mit dem Lernen zu Hause zurechtkam, während der Anteil bei Eltern mit niedrigem Bildungsabschluss nur bei 45 % lag.

Bedeutsamer werden Differenzen mit Blick auf die Sorgen, die sich Eltern hinsichtlich der schulischen Zukunft ihrer Kinder aufgrund der zeitweiligen Einstel-

*1 2021 wurden in der AID:A-Befragung aus erhebungtechnischen Gründen nurmehr die Mütter und bei nicht im Haushalt lebenden Müttern die (alleinerziehenden) Väter befragt.*

**Abb. D5-1: Schulische Unterstützung der 7- bis unter 12-Jährigen durch ihre Mütter 2019 und 2021 (in Tagen pro Monat)**

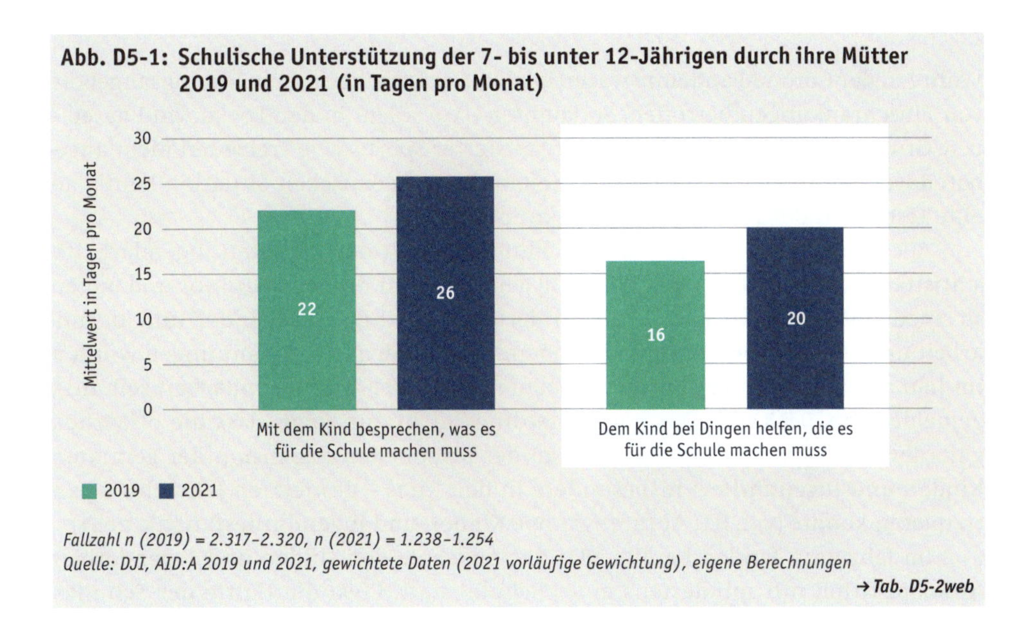


*Fallzahl n (2019) = 2.317-2.320, n (2021) = 1.238-1.254*
*Quelle: DJI, AID:A 2019 und 2021, gewichtete Daten (2021 vorläufige Gewichtung), eigene Berechnungen*

→ *Tab. D5-2web*

lung des Präsenzunterrichts machen (**Tab. D5-1web**). Während 42 % der Eltern mit niedrigen Abschlüssen entsprechende Sorgen äußerten, waren dies bei Eltern mit hohem Bildungsabschluss lediglich 25 %. Auch bei jungen Erwachsenen zeigt sich ein unterschiedliches Ausmaß an Sorgen, das mit dem Bildungsstand variiert (vgl. **I4**).

**Mehr Sorgen um schulische Zukunft bei Eltern mit niedrigem Bildungsabschluss**

Verschiedene Studien[2] konnten des Weiteren belegen, dass Kinder und Jugendliche im 1. Lockdown deutlich weniger Zeit mit Lernen verbrachten als zuvor (Nusser et al., 2021; Wößmann et al., 2021). Während des eingeschränkten Präsenzunterrichts im 2. Lockdown haben Schulkinder mit 4,3 Stunden am Tag zwar etwa 40 Minuten mehr mit schulischen Tätigkeiten verbracht als während des 1. Lockdowns im Frühjahr 2020, jedoch waren dies immer noch rund 3 Stunden weniger als vor der Pandemie (Wößmann et al., 2021). Hinzu kam, dass zumindest knapp ein Viertel der Kinder weniger als 2 Stunden pro Tag für schulische Tätigkeiten aufwendete (ebd.). Der Distanzunterricht hatte nicht nur negative Auswirkungen: Positiv bewertete mehr als die Hälfte der befragten Eltern, dass ihre Kinder während der Einschränkungen des Präsenzunterrichts gelernt haben, eigenständig Unterrichtsstoff zu bearbeiten und besser mit digitalen Geräten umzugehen (ebd.).

**Distanzunterricht hat selbstständiges Lernen und Umgang mit digitalen Geräten befördert**

Die ohnehin hohe Bedeutung der Familie als unterstützender Akteur für das schulische Lernen – vor allem bei jüngeren Schulkindern – hat während der Pandemie über alle Altersgruppen hinweg noch einmal zugenommen. Ausschlaggebend für den Lernerfolg waren die Möglichkeiten der familialen Unterstützung sowohl als Lernbegleiter:innen als auch bei der Organisation einer Tagesstruktur und der technischen Ermöglichung des Distanzlernens.

**Bedeutung der Familie während Pandemie stark angestiegen**

## Angebote der öffentlich geförderten Kinder- und Jugendarbeit

Nach § 11, Abs. 3 SGB VIII gehören zu den Schwerpunkten der Jugendarbeit „außerschulische Jugendbildung mit allgemeiner, politischer, sozialer, gesundheitlicher, kultureller, naturkundlicher und technischer Bildung“. Insofern hat die organisierte Kinder- und Jugendarbeit ebenfalls einen ausdrücklichen Bildungsauftrag. Im Unterschied zur Schule können diese Angebote jedoch freiwillig genutzt werden. Sie werden überwiegend von gemeinnützigen Vereinen und Verbänden angeboten, sollen an den Interessen junger Menschen anknüpfen und diese einbeziehen.

*2 Das NEPS führte zwischen Mai und Juni 2020 eine Zusatzbefragung mit insgesamt 1.452 Eltern von Achtklässler:innen der SC2 durch (Nusser et al., 2021). Für das ifo-Bildungsbarometer haben im Juni 2020 insgesamt 1.099 Eltern Angaben zu ihrem jüngsten Schulkind gemacht und im März/April 2021 nochmals 2.122 Eltern (Wößmann et al., 2021).*

Während der Corona-Pandemie waren auch die außerschulischen Bildungsangebote von Einschränkungen betroffen. So konnten – vor allem in den Lockdown-Phasen – u. a. Gruppentreffs, Kulturangebote, organisierter Sport sowie Freizeiten nicht angeboten werden und waren mit Fortschreiten der pandemischen Situation häufig an eine Testpflicht der Teilnehmenden geknüpft.

**2019 mehr als 150.000 Angebote öffentlich geförderter Kinder- und Jugendarbeit**

Auch wenn diese jüngere Entwicklung erst mit der nächsten Jugendarbeitsstatistik ausgewertet werden kann, liegen Daten für das Jahr 2019 vor und bieten so einen Einblick in die öffentlich geförderten Maßnahmen der Kinder- und Jugendarbeit unmittelbar vor Beginn der Pandemie. Mit über 150.000 Nennungen wurden im Jahr 2019 die bislang meisten Angebote der Kinder- und Jugendarbeit seit 2015 gemeldet (**Tab. D5-3web**). Das hatte allerdings nicht zur Folge, dass die öffentlich geförderte Kinder- und Jugendarbeit an der personellen Expansion der gesamten Kinder- und Jugendhilfe – insbesondere in den Kitas – des letzten Jahrzehnts partizipieren konnte (vgl. **H1**; Autorengruppe Kinder- und Jugendhilfestatistik, 2021).



**Kooperationen der Jugendarbeit mit Schulen machen 18 % ihrer Angebote aus**

Im Jahr 2019 fanden bereits 18 % der Angebote der Kinder- und Jugendarbeit in Kooperation mit mindestens einer Schule[3] statt. Etwa die Hälfte der Schulkooperationen besteht dabei aus Veranstaltungen oder Projekten, während offene und gruppenbezogene Angebote jeweils rund ein Viertel ausmachen (**Tab. D5-4web**). Wie auch in der Kinder- und Jugendarbeit insgesamt zeigt sich in der Kooperation mit Schulen, dass die Mehrzahl der Angebote durch gemeinnützige Vereine und Verbände erbracht wird. Es ist davon auszugehen, dass mit Einführung des Gesetzes zur ganztägigen Förderung von Kindern im Grundschulalter (GaFöG 2021) und dem Beschluss von JFMK und KMK zu „kooperativer Ganztagsbildung“ (JFMK & KMK, 2020) die Zusammenarbeit zwischen Schule und Kinder- und Jugendarbeit weiter ausgebaut wird – zumal der Rechtsanspruch im SGB VIII angesiedelt ist und damit im Verantwortungsbereich der Kommunen oder der Kinder- und Jugendhilfe liegt (**D3**).

**Knapp die Hälfte der Schulkooperationen an offenen Ganztagsschulen**

Wenig verwunderlich ist, dass die Kooperation mit der Kinder- und Jugendarbeit an offenen Ganztagsschulen am stärksten ausgeprägt ist: Mit knapp 16.000 Angeboten sind 46 % der Kooperationsprojekte dort angesiedelt, während 29 % auf Halbtagsschulen, 13 % auf teilgebundene und 12 % auf vollgebundene Ganztagsschulen entfallen (**Tab. D5-4web**).

**Kontinuierliche Angebote häufiger an Grund- und Hauptschulen**

Kooperationen mit Angeboten der Kinder- und Jugendarbeit lassen sich an allen Schularten ausmachen (**Abb. D5-2**). An Realschulen sind – gemessen an allen Schulen – anteilsmäßig die meisten Angebote zu finden, während auf jede Grundschule im Schnitt weniger als ein Angebot entfällt (Mühlmann, 2021). An Grund- und Hauptschulen gibt es jedoch prozentual gesehen etwas mehr kontinuierliche Angebote in offenen und gruppenbezogenen Formaten, während es sich an berufsbildenden Schulen, Gymnasien und Schulen mit mehreren Bildungsgängen häufiger um einmalige Veranstaltungen oder Projekte handelt.

**In mehr als der Hälfte der Angebote sind Ehrenamtliche engagiert**

Durch freiwillig Engagierte werden haupt- oder nebenberuflich pädagogisch Tätige in der Kinder- und Jugendarbeit maßgeblich unterstützt. So sind in 55 % aller Angebote junge Menschen freiwillig engagiert; in 14 % finden sich zudem Freiwilligendienstleistende (**Tab. D5-3web**). Junge Menschen sind insbesondere in sporadisch stattfindenden Veranstaltungen oder Projekten, vielfach aber auch in der verbandlichen Gruppenarbeit engagiert.

*3 Angebot wurde entweder in Abstimmung mit der Schule oder auf Grundlage einer Kooperationsvereinbarung mit der Schule durchgeführt. Ein Angebot der Kinder- und Jugendarbeit kann dabei mit mehreren Schulen kooperieren.*

**Abb. D5-2: Kooperationen öffentlich geförderter Jugendarbeit mit Schulen nach Schul- und Angebotsart 2019 (Anzahl)**

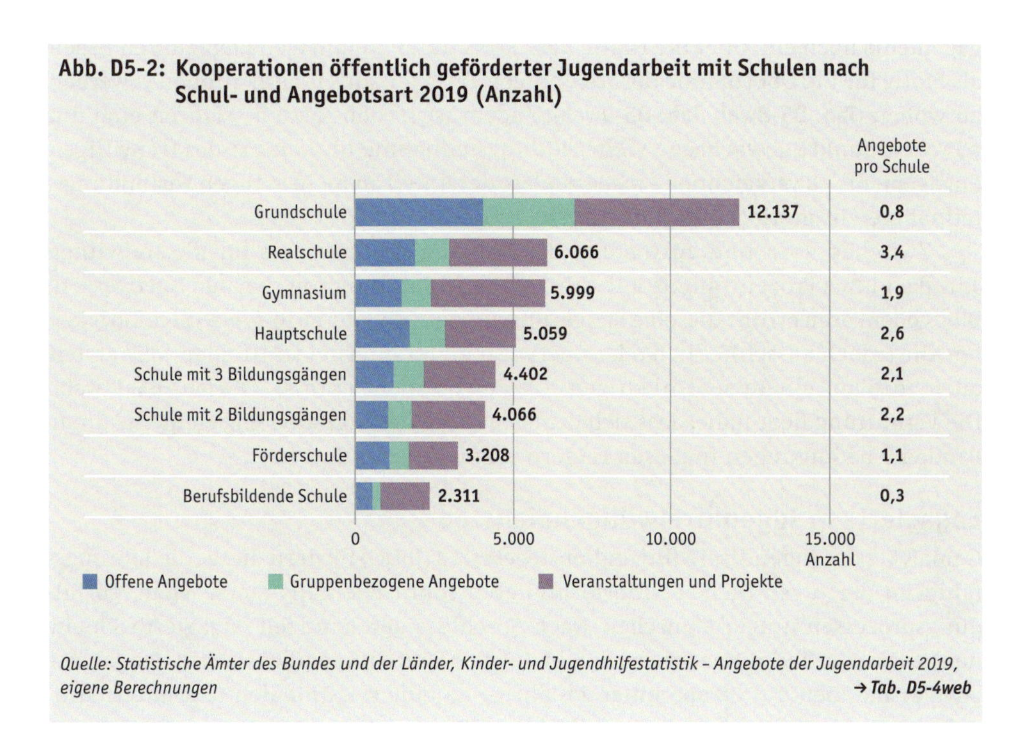


*Quelle: Statistische Ämter des Bundes und der Länder, Kinder- und Jugendhilfestatistik – Angebote der Jugendarbeit 2019, eigene Berechnungen*
*→ Tab. D5-4web*

D 5

## Freiwilliges Engagement

Ein freiwilliges Engagement in unterschiedlichen Betätigungsfeldern der Gesellschaft eröffnet die Möglichkeit, bereits im Jugendalter Verantwortung für eine Aufgabe zu übernehmen, evtl. sogar erste Erfahrungen mit der Leitung einer Kindergruppe zu sammeln, um sich dabei praktische Kompetenzen anzueignen, die meist nicht in der Schule vermittelt werden. Insoweit berichten Engagierte immer wieder, dass sie in solchen Aktivitäten eine Menge an sozialen und personalen Kompetenzen erworben haben. Der Deutsche Freiwilligensurvey D, der zuletzt 2019 erhoben wurde, gibt einen Überblick zum zivilgesellschaftlichen Engagement und zu sozialen Disparitäten bei der Inanspruchnahme von entsprechenden Lerngelegenheiten.

**Junge Menschen häufiger engagiert als Bevölkerungsdurchschnitt**

Die Engagementquote war bei Jugendlichen im Alter von 14 bis unter 20 Jahren zwischen 2014 und 2019 zwar leicht rückläufig, lag jedoch mit 48 % noch deutlich über der altersunabhängigen Gesamtengagementquote von 40 % (**Tab. D5-5web**). Zugleich hat aber der zeitliche Umfang, der für freiwillige Aktivitäten von Jugendlichen aufgewendet wird, in diesem Zeitraum abgenommen (**Tab. D5-6web**). Deutliche Unterschiede zeigen sich unterdessen auch in den Engagementquoten je nach Schulart: Gymnasiast:innen sind mit 62 % nach wie vor am häufigsten engagiert (**Tab. D5-7web**). Auch der Migrationshintergrund G weist auf Einflüsse von sozialer Ungleichheit in Bezug auf das freiwillige Engagement hin: Während Jugendliche ohne Migrationshintergrund mit 58 % die höchste Engagementquote aufweisen, übernahmen junge Menschen mit einem im Ausland geborenen Elternteil zu 45 % freiwillige Tätigkeiten. Bei Jugendlichen, die selbst oder deren beide Eltern im Ausland geboren sind, liegt die Engagementquote mit 30 % niedriger (**Tab. D5-7web**). Die Tatsache, dass soziales Engagement mit der familialen Herkunft und dem Bildungsstand der Eltern zusammenhängt, könnte ein Hinweis darauf sein, dass ein Teil junger Menschen, der ebenfalls von den Lerngelegenheiten im freiwilligen Engagement profitieren könnte, keinen Zugang zu diesen Angeboten findet.

**Soziale Ungleichheit spiegelt sich auch im Engagement junger Menschen wider**

Engagierte Jugendliche schätzen ihren Fähigkeitserwerb im sozialen Lernen und bezogen auf die Persönlichkeitsentwicklung in allen Bereichen des freiwilligen En-

gagements hoch ein. Über die Hälfte der 14- bis unter 20-jährigen Engagierten geben als Motiv für die Übernahme der freiwilligen Tätigkeit an, Qualifikationen erwerben zu wollen (**Tab. D5-8web, Tab. D5-9web**). Zudem ist in den letzten 5 Jahren eine um 5 Prozentpunkte gewachsene Weiterbildungsteilnahme im Kontext des freiwilligen Engagements zu verzeichnen – insbesondere der Anteil an mehrmaligen Fortbildungsteilnahmen ist gestiegen (**Tab. D5-10web**).

**Erwerb von sozialen und persönlichen Fähigkeiten wird als hoch eingeschätzt**

**Internet und soziale Netzwerke im freiwilligen Engagement bereits vor der Pandemie relevant**

Zwischen 2014 und 2019 nahm die Nutzung des Internets für die freiwillige Tätigkeit um 2 Prozentpunkte auf 40 % zu. Die Einbindung von sozialen Netzwerken, Blogs oder Foren erfuhr dieselbe Steigerung auf 20 % im Jahr 2019. Freiwillige Tätigkeiten, die jedoch ausschließlich oder überwiegend im Internet stattfinden, verharrten auch 2019 auf einem sehr niedrigen Niveau von nicht einmal 2 % (**Tab. D5-11web**). Die Vermutung liegt nahe, dass sich die Bedeutung des digitalen Engagements unter Pandemiebedingungen in diesen Feldern ebenfalls verändert hat.

## Engagierte in Jugendfreiwilligendiensten



**2020/21 Abnahme auf etwa 88.000 Teilnehmende an Freiwilligendiensten**

Gemäß § 1 des Jugendfreiwilligendienstegesetzes (JFDG) fördern diese „die Bildungsfähigkeit der Jugendlichen“ und formulieren somit ebenfalls einen Bezug zu Bildungsprozessen junger Menschen. Nach Abschluss der Schulzeit engagiert sich ein nennenswerter Teil junger Menschen in (Jugend-)Freiwilligendiensten. In den Jahren 2020/21 nahmen gut 88.000 unter 27-Jährige an einem nationalen oder internationalen (Jugend-)Freiwilligendienst teil (**Abb. D5-3**), was einem Rückgang in den letzten Jahren entspricht. Allerdings haben die rückläufigen Teilnehmendenzahlen nicht erst mit Beginn der Pandemie eingesetzt, sondern sind seit den Jahren 2017/18 – mit einem damaligen Höchststand von gut 94.000 Personen – gesunken. Davor war zwischen 2011/12 und 2017/18 die Anzahl junger Menschen unter 27 Jahren in Freiwilligendiensten stark gestiegen, was auch auf die Einführung des Bundesfreiwilligendienstes (BFD) im Jahr 2011 als Ersatz für den Zivildienst zurückzuführen ist. Seit 2017/18 kam es so zu einer kontinuierlichen Abnahme der Teilnehmendenzahlen insgesamt, was mit einem stetigen Rückgang im Freiwilligen Sozialen Jahr (FSJ) und dem BFD zu er-

**Abb. D5-3: Engagierte im Alter von unter 27 Jahren in (Jugend-) Freiwilligendiensten 2011/12 bis 2020/21 (Anzahl)**

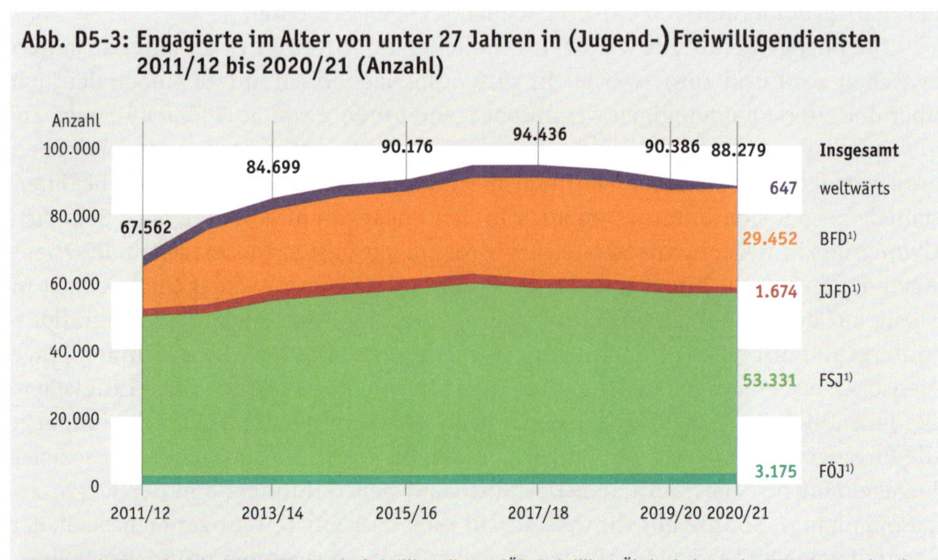


1) FSJ: Freiwilliges Soziales Jahr, BFD: Bundesfreiwilligendienst, FÖJ: Freiwilliges Ökologisches Jahr, IJFD: Internationaler Jugendfreiwilligendienst

*Quelle: Statistiken zu (Jugend-)Freiwilligendiensten D: Bundesamt für Familie und zivilgesellschaftliche Aufgaben; Bundesarbeitskreis Freiwilliges Soziales Jahr; Bundesministerium für wirtschaftliche Zusammenarbeit und Entwicklung*

**→ Tab. D5-12web**

klären ist.[4] Zu beachten sind ebenfalls die Auswirkungen der G8- und G9-Regelungen im Bereich der Gymnasien; durch die Rückkehr zum 9-jährigen Gymnasium war der Abschlussjahrgang in manchen Ländern 2020 kleiner als bisherige Jahrgänge (**D2, D7**).

**Pandemiebedingt geringste Teilnahme an internationalen Freiwilligendiensten**

Aufgrund der pandemiebedingten Reisewarnungen kam es zuletzt bei den internationalen Freiwilligendiensten zu deutlichen Einbrüchen. So hatten die Teilnehmendenzahlen im „Internationalen Jugendfreiwilligendienst" mit 1.674 Teilnehmenden den bisherigen Tiefststand erreicht (**Tab. D5-12web**). Auch das Programm „weltwärts" wies 2020 mit knapp 650 Freiwilligen einen drastischen Rückgang seit dem Jahr 2019 mit etwa 3.300 Teilnehmenden auf (**Tab. D5-13web**).

**In nationalen Freiwilligendiensten FSJ/FÖJ Stagnation und im BFD leichte Zunahme**

Die nationalen Freiwilligendienste verzeichneten hingegen im Pandemiejahr 2020 keine nennenswerten Einbußen, sondern wiesen zum Teil sogar leicht steigende Teilnehmendenzahlen auf. Vor allem vor dem Hintergrund der sehr komplizierten Situation während der Pandemie und der bis dahin kontinuierlich sinkenden Zahlen sind die leichten Steigerungen im BFD erstaunlich – auch im Jahr 2021 setzte sich dieser positive Trend fort (**Tab. D5-15web**). Im Freiwilligen Sozialen Jahr stagnierten die Teilnehmendenzahlen in den Jahren 2019/20 und 2020/21 bei etwa 53.300 Freiwilligen (**Tab. D5-14web**).



**FSJler:innen heute vor allem in Kitas und Krankenhäusern tätig**

Aufschlussreich sind die aktuellen Betätigungsfelder im größten Jugendfreiwilligendienst Deutschlands: Im FSJ sind die jungen Menschen mit 21 % am häufigsten in Kitas tätig, gefolgt von 18 % in Krankenhäusern oder (Kur-)Kliniken, 13 % in Einrichtungen der Behindertenhilfe, 12 % an Schulen und 5 % in anderen Einrichtungen der Kinder- und Jugendhilfe (**Tab. D5-14web**).

Wie sich das Aktionsprogramm „Aufholen nach Corona für Kinder und Jugendliche" auf die Teilnahme an Freiwilligendiensten auswirken wird, gilt es abzuwarten. Insbesondere vor dem Hintergrund, dass sich freiwilliges Engagement im Jugendalter auf die Persönlichkeitsentwicklung, den Kompetenzerwerb, die Berufswahl und das weitere Engagement im Lebensverlauf auswirkt (Düx et al., 2008), wäre eine stärkere Förderung der Teilnahme an (Jugend-)Freiwilligendiensten von nicht zu unterschätzender Relevanz.

---

4 *Auch eine bevölkerungsrelationierte Betrachtung verdeutlicht diese Entwicklung: 2017/18 wurde mit einem Anteil von 8,7 % an Freiwilligendienstleistenden in einem Durchschnittsjahrgang der 18- bis unter 27-Jährigen der bisherige Höchststand gemessen. 2020/21 lag dieser Anteil nurmehr bei 8,3 %. Nicht außer Acht gelassen werden darf in diesem Zusammenhang, dass zum Teil eine Verschiebung zugunsten des BFD und zulasten des FSJ zu beobachten war, da der BFD finanziell besser ausgestattet ist als das FSJ.*

Zuletzt im Bildungsbericht 2020 als D7

# Kognitive Kompetenzen

Seit gut 20 Jahren werden in Deutschland regelmäßig Schulleistungsstudien im Primar- und Sekundarbereich I durchgeführt. Für die Qualitätssicherung und -entwicklung im Schulsystem sind sie deswegen bedeutsam, weil sie auf der Basis von standardisierten Tests und anhand vielfältiger Vergleichsmaßstäbe zur Transparenz über kognitive Kompetenzen in ausgewählten fachlichen Domänen beitragen, die für die Bewältigung alltäglicher Anforderungen und den weiteren Bildungsprozess wichtig sind. Die Durchführung vieler Schulleistungsstudien wurde allerdings im Zuge der Corona-Pandemie verschoben, z. B. der IQB-Bildungstrend im Primarbereich oder die PISA-Studie 2021 im Sekundarbereich I. Im Folgenden wird daher in einem ersten Schritt zusammenfassend bilanziert, wie sich die Kompetenzstände von Kindern und Jugendlichen in Deutschland zwischen 2000 und 2019 entwickelt haben. Erste Einblicke in die jüngere Entwicklung unter den Bedingungen der Corona-Pandemie werden dann anhand der für Deutschland und einzelne Bundesländer verfügbaren Kompetenzdaten gegeben. Aufgrund ihrer geringen Anzahl werden sie um repräsentative Befragungsdaten von Lehrkräften und Eltern in Deutschland ergänzt. In einem dritten Schritt wird besonderes Augenmerk auf den Zusammenhang von sozialer Herkunft G und Kompetenzerwerb gelegt, indem die Trends der sozialen Disparitäten der vergangenen Jahre und mögliche Folgen der Corona-Pandemie diskutiert werden.

Verschiebung von Schulleistungsstudien aufgrund der Corona-Pandemie

D 6

## Trends in den internationalen Schulleistungsstudien seit 2000

Blickt man auf die vergangenen 20 Jahre zurück, haben sich in Deutschland die Kompetenzstände der Schüler:innen vor allem im Sekundarbereich I dynamisch entwickelt (**Abb. D6-1**). Lagen ihre mittleren Testleistungen zu Beginn der PISA-Erhebungszyklen sowohl im Leseverständnis als auch in Mathematik noch signifikant unter dem Mittel aller OECD-Staaten, konnten die 15-Jährigen zunehmend im internationalen Vergleich mithalten und übertrafen schließlich auch signifikant das mittlere Leistungsniveau aller OECD-Staaten. In den letzten PISA-Zyklen setzte sich die positive Entwicklung allerdings nicht fort. Die Mathematikleistungen verschlechterten sich in den jüngeren Kohorten sogar signifikant. Im Primarbereich ist das Leistungsniveau bereits früher signifikant zurückgegangen: im Lesen seit 2006 und in Mathematik zwischen 2011 und 2015. Dennoch schneiden die Grundschüler:innen damit weiterhin deutlich besser im internationalen Vergleich ab als Sekundarschüler:innen. Obgleich die mittleren Leistungen der Lernenden über dem OECD-Durchschnitt liegen, so ist der Anteil an leistungsschwachen Schüler:innen sowohl im Primar- als auch im Sekundarbereich bemerkenswert hoch. Für die PISA-Erhebung lässt sich 2018 ein Anteil von jeweils 21 % der Jugendlichen konstatieren, die im Leseverständnis und in Mathematik hinter den Mindestanforderungen zurückbleiben (**Tab. D6-1web**). Im Primarbereich war es 2016 ein knappes Fünftel (19 %) an leseschwachen Kindern; in Mathematik 2019 gar ein Viertel der Viertklässler:innen. Im zeitlichen Verlauf korrespondieren die Entwicklungen mit denen der mittleren Leistungen der Schüler:innen.

Kompetenzstände in den letzten internationalen Leistungsstudien (bis 2019) unter dem Niveau der Vorjahre …

Vergleichsstudien wie PISA, TIMSS und IGLU geben Aufschluss über Trends, aber nur begrenzt Hinweise auf Ursachen für die beschriebenen Leistungsentwicklungen. Angeführt wird u. a. die gestiegene Heterogenität der individuellen sprachlichen und soziokulturellen Voraussetzungen der Schüler:innen. So weisen die Autor:innen der Vergleichsstudien im Zusammenhang mit der stark ausgeprägten Leistungsheterogenität auf die Bedeutsamkeit der individuellen Förderung in Form adaptiver und individualisierter Unterrichtsgestaltung hin (vgl. Hußmann, 2017; Reiss et al., 2019; Schwippert et al., 2020). Darüber hinaus wird angeführt, dass motivationale Aspekte,

… ohne eindeutige Forschungsergebnisse zu den Ursache-Wirkungs-Zusammenhängen der Leistungsrückgänge

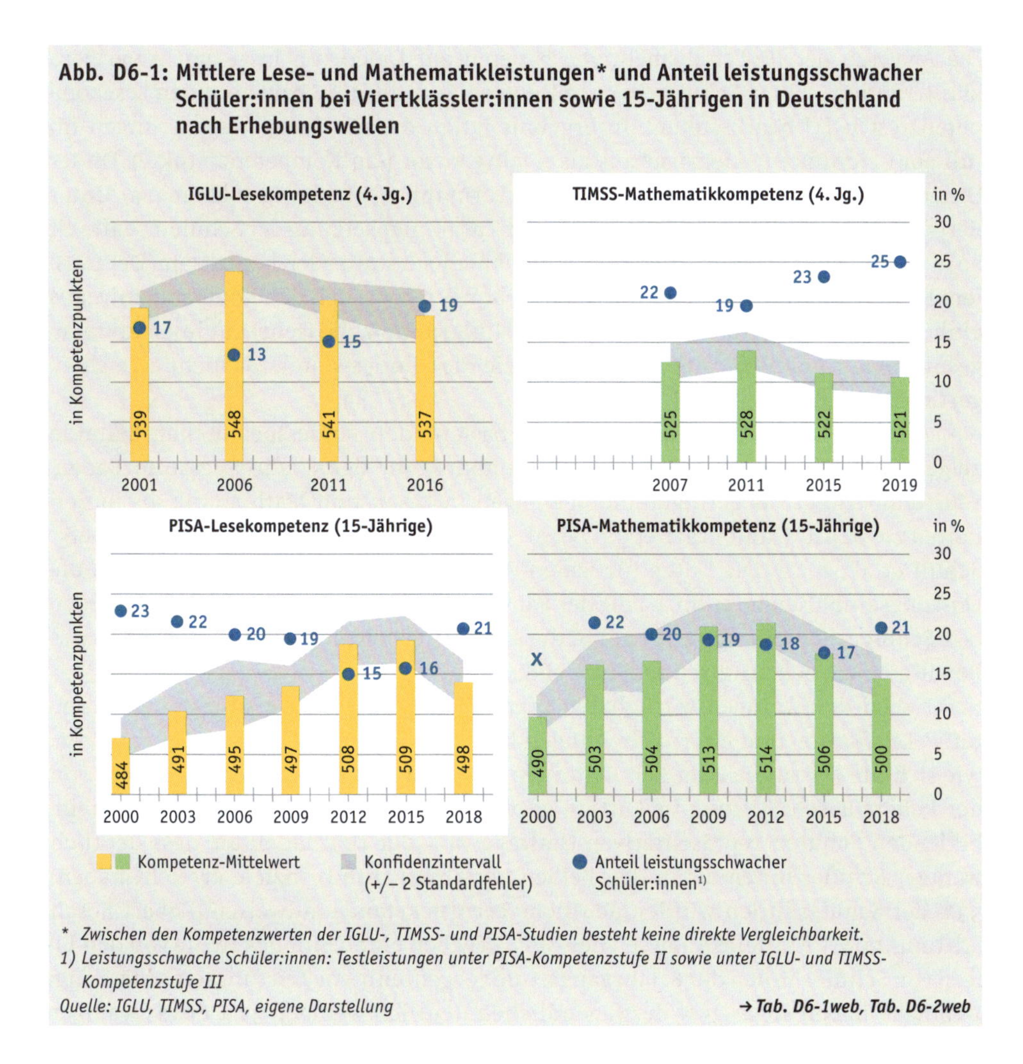


**Abb. D6-1: Mittlere Lese- und Mathematikleistungen* und Anteil leistungsschwacher Schüler:innen bei Viertklässler:innen sowie 15-Jährigen in Deutschland nach Erhebungswellen**

* *Zwischen den Kompetenzwerten der IGLU-, TIMSS- und PISA-Studien besteht keine direkte Vergleichbarkeit.*
1) *Leistungsschwache Schüler:innen: Testleistungen unter PISA-Kompetenzstufe II sowie unter IGLU- und TIMSS-Kompetenzstufe III*
*Quelle: IGLU, TIMSS, PISA, eigene Darstellung*

**→ Tab. D6-1web, Tab. D6-2web**

die in engem Zusammenhang mit den Schulleistungen stehen, in einigen Bereichen kontinuierlich abgenommen haben: Dazu gehören beispielsweise Lesehäufigkeit, Lesefreude und -interesse, fachliches Selbstkonzept und positive Einstellungen gegenüber Schule und Unterricht. Diese negativen motivationalen Entwicklungen bei den Schüler:innen werden von den Autor:innen auch damit in Verbindung gebracht, dass zusätzlichen Anforderungen wie der Inklusion oder Digitalisierung Rechnung getragen werden muss, die unter den gegebenen sachlichen und personellen Gegebenheiten eine Überforderung für die Lehrkräfte bedeuten können (vgl. Schwippert et al., 2020).

## Leistungsbezogene Entwicklungen während der Corona-Pandemie

Vor dem Hintergrund der Anfang 2020 einsetzenden pandemiebedingten Einschränkungen von Schule und Unterricht (**D1**) ist anzunehmen, dass sich der nachgezeichnete negative Trend fortsetzen könnte. Wie die Kompetenzentwicklung während der Corona-Pandemie verläuft, lässt sich für Deutschland bisher nur sehr begrenzt und vor allem für jüngere Schüler:innen empirisch abbilden, da nicht nur national und international angelegte Studien, sondern auch die bundeslandspezifischen Lernstandserhebungen ausgesetzt oder verschoben wurden. Bundesweit stellt nur die IFS-Schulpanelstudie repräsentative Daten bereit, die zeigen, wie sich die Lesekompetenzen von Viertklässler:innen im Jahr 2021 gegenüber 2016 unterschieden. Mit Hamburg und Baden-Württemberg haben 2 Bundesländer bislang Ergebnisse zu den Schulleistungen während der Pandemie veröffentlicht.

**Leistungsentwicklung seit Beginn der Corona-Pandemie nur punktuell untersucht**

**Signifikanter Leistungsrückgang an Grundschulen zwischen 2016 und 2021**

Die Analysen der IFS-Schulpanelstudie basieren auf Daten von insgesamt 4.290 Viertklässler:innen aus 111 Schulen in ganz Deutschland, die 2016 bzw. 2021 den Lesekompetenztest IGLU bearbeiteten. Im Ergebnis fallen die mittleren Leseleistungen im Juli 2021 signifikant niedriger aus als 5 Jahre zuvor (-20 Kompetenzpunkte). Dieser Unterschied entspricht etwa einem halben Lernjahr (vgl. Ludewig et al., 2022a). Unter Berücksichtigung der Veränderungen in der Zusammensetzung der Schülerschaft seit 2016 verkleinert sich diese Lücke etwas, bleibt jedoch statistisch bedeutsam. Der mittlere Kompetenzrückgang geht mit Verschiebungen zwischen den Kompetenzniveaus einher: So ist sowohl der Anteil an Grundschüler:innen, die (sehr) gut lesen können, gesunken als auch der Anteil derjenigen, die die Mindeststandards nicht erreichen, gestiegen (vgl. Ludewig et al., 2022a).

Auch die auf Lernstandserhebungen basierenden landesspezifischen Befunde zeigen für Kinder der 3. Jahrgangsstufe (Hamburg) und der 5. Jahrgangsstufe (Baden-Württemberg) etwas geringere Kompetenzen in Lesen und Mathematik als in den Jahren zuvor (für Hamburg: Depping et al., 2021; IfBQ, 2022; für Baden-Württemberg: Schult et al., 2021). Die Daten für Baden-Württemberg deuten darauf hin, dass die Leistungseinbußen 2021 im 2. Jahr der Pandemie geringer ausfielen als im Jahr 2020 (vgl. Schult et al., 2021). Dies dürfte auf die Anpassungsleistungen aller am Lernprozess Beteiligten zurückzuführen sein (vgl. ebd.).



**Nach Einschätzungen von Lehrkräften weisen 33 % der Schüler:innen deutliche Lernrückstände auf**

Neben den wenigen verfügbaren Leistungsdaten können ergänzend repräsentative Lehrkräfte- und Elternbefragungen herangezogen werden, um einzuschätzen, wie sich die Leistungen der Schüler:innen entwickelt haben. So geben in einer von der Robert Bosch Stiftung in Auftrag gegebenen und für Lehrkräfte an allgemeinbildenden Schulen repräsentativen Umfrage 71 % der Lehrenden an, dass deutlich weniger Schüler:innen als in den beiden Vorjahren ihre Lernziele erreicht haben; 33 % der Schüler:innen würden deutliche Lernrückstände aufweisen (Robert Bosch Stiftung, 2021). Aktuelle Analysen des NEPS Ⓓ geben einen Einblick in die von den Eltern von Schüler:innen der 8. Jahrgangsstufe vorgenommene Leistungseinschätzung. Demnach haben sogar 35 % der Jugendlichen deutlich weniger, 37 % etwas weniger und nur 28 % genauso viel oder mehr als sonst in der Schule gelernt, wobei sich diese Einschätzung auf die Hauptfächer bezieht (Attig et al., 2020).

Wie gut Schüler:innen mit der neuen Lernsituation während der Zeit ohne Präsenzunterricht zurechtkommen, steht neben übergeordneten Rahmenbedingun-

**Abb. D6-2: Elterneinschätzungen von Schüler:innen der 8. Jahrgangsstufe, wie gut ihre Kinder mit dem Distanzlernen im Frühjahr 2020 zurechtkamen*, nach Lesekompetenzen und Anstrengungsbereitschaft der Schüler:innen (in %)**

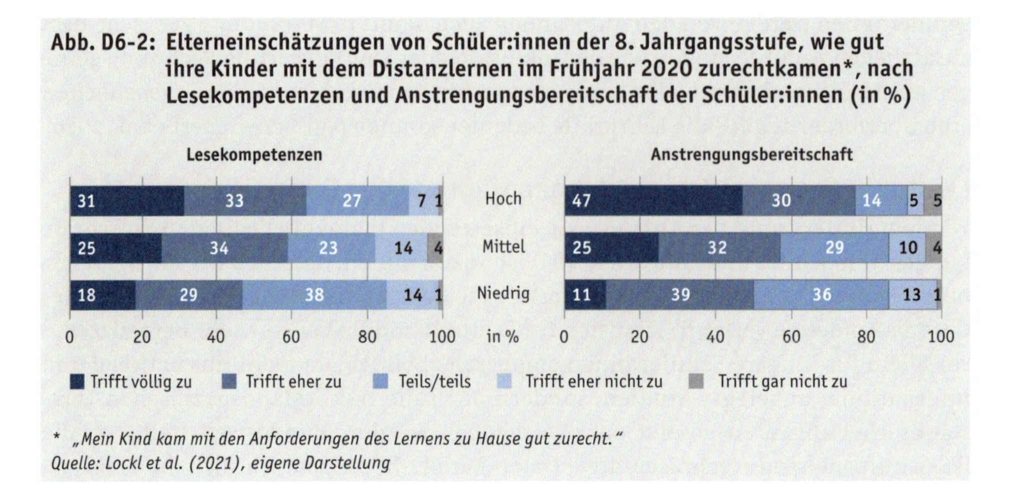


* *„Mein Kind kam mit den Anforderungen des Lernens zu Hause gut zurecht."*
*Quelle: Lockl et al. (2021), eigene Darstellung*

gen wie beispielsweise der technischen Ausstattung zu Hause (**D5**), der Breitbandanbindung ihres Wohnortes oder der Organisation des Distanzunterrichts (**D1**) auch mit verschiedenen individuellen Voraussetzungen in Zusammenhang. NEPS-Daten deuten beispielsweise darauf hin, dass bei Schüler:innen der 8. Jahrgangsstufe die Anstrengungsbereitschaft eine wichtige Rolle während der Schulschließungen spielte: Je höher die Anstrengungsbereitschaft, desto besser konnten die Jugendlichen nach Elterneinschätzungen die Anforderungen des Distanzlernens bewältigen (**Abb. D6-2**). Auch die individuellen Lesekompetenzen spielen für das Lernen zu Hause eine Rolle, denn je besser die Schüler:innen im Kompetenztest zum Leseverständnis abgeschnitten hatten, desto besser kamen sie ein gutes Jahr später mit dem Distanzunterricht zurecht.

**Bewältigung der neuen Anforderungen variiert nach Anstrengungsbereitschaft der Schüler:innen ...**

**... sowie ihren Lesekompetenzen**

Der plötzliche Wegfall eines zentralen Lern- und Sozialraums, die massiven Kontaktbeschränkungen sowie darüber hinausgehende Schließungen von Spielplätzen und Freizeiteinrichtungen haben auch gravierende psychosoziale Folgen, die einerseits über verpassten Unterrichtsstoff und Lernlücken weit hinausgehen, andererseits aber mit Blick auf das Wohlbefinden der jungen Menschen eng damit zusammenhängen dürften. Daten der COPSY-Studie zeigen, dass sich 71 % der 11- bis 17-Jährigen durch die Pandemie und die damit in Zusammenhang stehenden Veränderungen belastet fühlen. Ursächlich dafür sind vor allem das Distanzlernen (64 %), eingeschränkter Kontakt zu Freund:innen (8 %) und häufiger Streit in der Familie (28 %) (Ravens-Sieberer et al., 2021). Dieses erhöhte Belastungserleben spiegelt sich in dem Befund wider, dass der Anteil der Kinder und Jugendlichen, der eine geminderte gesundheitsbezogene Lebensqualität berichtet, während der Pandemie höher ausfällt als zuvor (40 gegenüber 15 %) (ebd.). Auch psychische Auffälligkeiten und Symptome einer generalisierten Angststörung nahmen im Zuge der Pandemie zu (ebd.).

**71 % der 11- bis 17-Jährigen berichten von einem erhöhten Belastungserleben**



Nicht zuletzt vor dem Hintergrund solcher Befunde beschlossen Bund und Länder, in der ersten Hälfte des Jahres 2021 das „Aktionsprogramm Aufholen nach Corona für Kinder und Jugendliche" auf den Weg zu bringen – ein Förderprogramm, mit dem einerseits Lernrückstände und andererseits psychosoziale Folgen der Corona-Pandemie für Kinder und Jugendliche abgefedert werden sollen. Dass die avisierten finanziellen Mittel in Höhe von 2 Milliarden Euro für dieses Vorhaben ausreichen, ist jedoch fraglich (StäwiKo, 2021). Ferner ist zu befürchten, dass mit den vorgesehenen Maßnahmen nicht alle Kinder und Jugendlichen gleichermaßen erreicht werden können (ebd.). So kann das pandemiebedingte Wegfallen der Schulen als Lern- und Sozialraum je nach strukturellen und individuellen Ausgangslagen mehr oder weniger gut von den Schüler:innen und ihren Familien aufgefangen und kompensiert werden und es ist zu befürchten, dass sich Disparitäten im Bildungserfolg weiter verstärken.

**„Aufholpaket" als bildungspolitische Maßnahme 2021 auf den Weg gebracht**

## Soziale Disparitäten vor und während der Pandemie

Im Fokus der öffentlichen Diskussion um die Auswirkungen der Corona-Pandemie auf Kinder und Jugendliche steht u. a. die Verschärfung von bereits bestehenden sozialen Disparitäten in der Kompetenzentwicklung. So war bereits vor Beginn der Pandemie für Deutschland eine anhaltend hohe Kopplung der Lernerfolge von Schüler:innen an ihre soziale Herkunft zu konstatieren (vgl. z. B. Autorengruppe Bildungsberichterstattung, 2020). Es ist anzunehmen, dass die individuellen Unterstützungsmöglichkeiten und bildungsbezogenen Ressourcen im häuslichen Umfeld durch den Wegfall des schulischen Lernraums und damit einem wichtigen Kontext zur Kompensation ungleicher Ausgangslagen, für die Kompetenzentwicklung von Kindern und Jugendlichen weiter an Bedeutung gewinnen werden (**D5**).

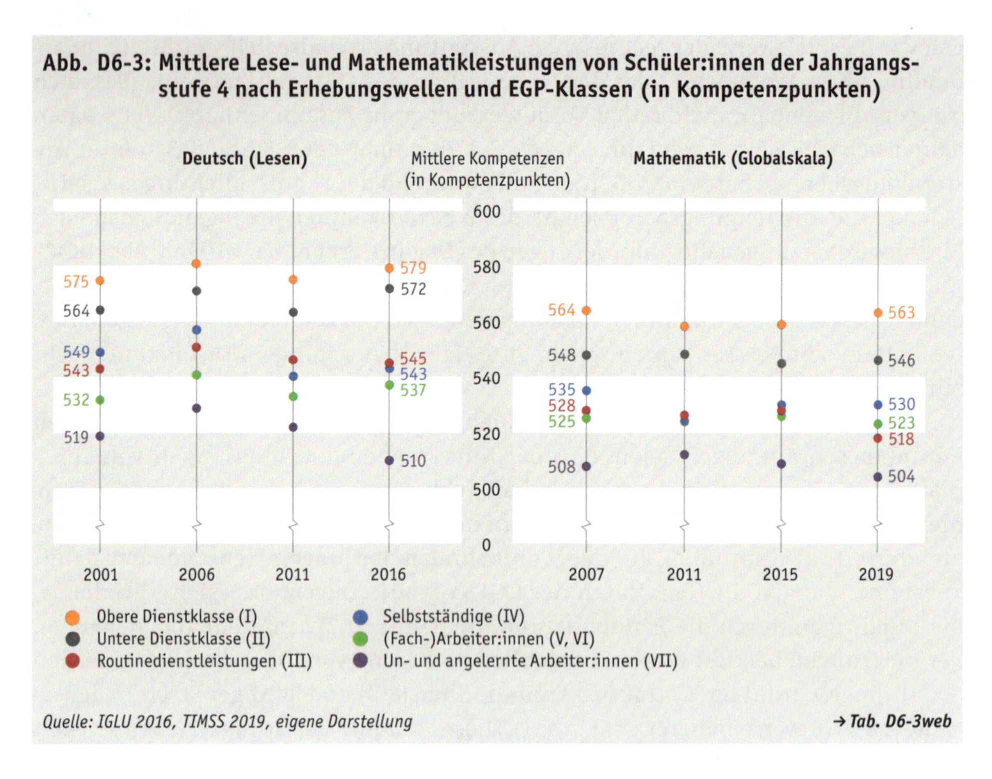


**Abb. D6-3: Mittlere Lese- und Mathematikleistungen von Schüler:innen der Jahrgangsstufe 4 nach Erhebungswellen und EGP-Klassen (in Kompetenzpunkten)**

*Quelle: IGLU 2016, TIMSS 2019, eigene Darstellung* *→ Tab. D6-3web*

D 6

**In anderthalb Jahrzehnten keine Entkoppelung von Leseleistungen und sozialer Herkunft von Grundschüler:innen**

Betrachtet man in einer Gesamtschau der internationalen Schulleistungsuntersuchungen die Entwicklungen sozialer Disparitäten noch vor Beginn der Corona-Pandemie, so zeigt sich für den Primarbereich zwischen 2001 und 2016 eine relative Konsistenz in der Kopplung der Leseleistungen von Viertklässler:innen an die sozialen und ökonomischen Bedingungen, unter denen sie aufwachsen (**Tab. D6-4web**). Während für die mathematischen Kompetenzen im zeitlichen Verlauf zunächst eine statistisch signifikante Verringerung sozialer Disparitäten zwischen 2007 und 2015 zu verzeichnen war, setzte sich dieser positive Trend in der jüngsten TIMSS-Erhebung aus dem Jahr 2019 jedoch nicht weiter fort.

Einen vertiefenden Einblick in die Entwicklungen der sozialen Disparitäten gewährt eine Betrachtung der im ersten Abschnitt skizzierten mittleren Lese- und mathematischen Kompetenzen von Viertklässler:innen aufgeschlüsselt nach der sozioökonomischen Stellung ihrer Familie.[5] Dabei zeichnet sich zwar für keine der beiden betrachteten Domänen ein systematischer Trend ab. Doch lagen 2019 die durchschnittlichen mathematischen Kompetenzen von Kindern, deren Erziehungsberechtigte der oberen Dienstklasse angehören, 40 Kompetenzpunkte über denen von Kindern, deren Erziehungsberechtigte (Fach-)Arbeiter:innen sind, und gar 59 Punkte über denen der Kinder von un- und angelernten Arbeiter:innen (**Abb. D6-3**). Damit hatten bereits vor Beginn der Pandemie Erstere einen bemerkenswerten Leistungsvorsprung im Fach Mathematik von etwa einem Lernjahr. Ein ähnliches Bild ergibt sich bei den Lesekompetenzen im Jahr 2016, für das zuletzt nationale Befunde vorliegen: Mit 579 gegenüber 510 Kompetenzpunkten ist die Diskrepanz zwischen den Kindern aus Familien der oberen Dienstklasse und denen von un- und angelernten Arbeiter:innen bei den Leseleistungen gar noch erheblich größer.

**Vorsprung der Mathematikleistungen von privilegierteren Grundschüler:innen liegt bei etwa einem Lernjahr**

Hinweise auf eine zusätzliche Verschärfung der sozialen Disparitäten durch die Corona-Pandemie finden sich zum einen im internationalen Forschungskontext: Erste Studien deuten auf differenzielle Auswirkungen in den schulischen Leistungen der Kinder und Jugendlichen in Abhängigkeit ihrer sozialen Herkunft hin (Zierer, 2021;

*5 Die sozioökomische Stellung wird anhand der EGP-Klassen abgebildet.*

Hammerstein et al., 2021). Zum anderen lassen sich für Deutschland erste Aussagen dazu anhand der Daten der IFS-Panelstudie treffen: Kinder mit ungünstigen häuslichen Lernbedingungen (kein eigener Schreibtisch und kein Internetzugang) zeigen 2021 eher noch schwächere Leseleistungen als 2016. Die Zunahme der Leistungsdifferenz gegenüber Kindern mit günstigeren Lernbedingungen ist jedoch statistisch nicht bedeutsam (Ludewig et al., 2022a). Darüber hinaus liegen vergleichende Befunde auf Einzelschulebene vor, wonach die Lernrückstände während der Corona-Pandemie an Schulen in sozial herausfordernden Lagen besonders groß sind (Schult et al., 2021; Behörde für Schule und Berufsbildung, 2021; IfBQ, 2022).

**Erste Hinweise auf zusätzliche Verschärfung sozialer Dispariäten durch die Corona-Pandemie**

Zuletzt im Bildungsbericht 2020 als D8

# Schulabgänge und Schulabschlüsse

D 7

Mit dem Erwerb eines allgemeinbildenden Schulabschlusses werden wichtige Weichen für den weiteren Lebenslauf gestellt, da Übergänge in weiterführende Bildungsetappen oder den Arbeitsmarkt in der Regel an entsprechende formale Zugangsvoraussetzungen gebunden sind (vgl. **E1**, **F2**, **I3**). So eröffnen der Erste Schulabschluss (ehemals Hauptschulabschluss) oder Mittlere Schulabschluss (ehemals Realschulabschluss), die am Ende des Sekundarbereichs I erreicht werden können, andere Perspektiven als eine Fachhochschulreife oder die Allgemeine Hochschulreife bei erfolgreichem Abschluss des Sekundarbereichs II. Sämtliche allgemeinbildenden Schulabschlüsse sind auch an beruflichen Schulen erreichbar, was in den letzten Jahren zunehmend in Anspruch genommen wurde (vgl. Autorengruppe Bildungsberichterstattung, 2020). Abgangs- und Abschlussquoten geben im Folgenden zunächst Auskunft über die zahlenmäßige Entwicklung der Absolvent:innen und Abgänger:innen G, die in den letzten Jahren allgemeinbildende oder berufliche Schulen verlassen haben. Besonderes Augenmerk richtet sich dabei auf mögliche Veränderungen seit Beginn der Corona-Pandemie. Ein neuer Akzent liegt anschließend auf der Frage, welche sozialen Disparitäten sich beim Abschlusserwerb zeigen. Dazu werden an die Verlaufsanalysen im Bildungsbericht 2020 anknüpfend nun erstmals Bildungsaspirationen und erreichte Schulabschlüsse in Abhängigkeit von der sozialen Herkunft G analysiert.

## Entwicklung der Abschluss- und Abgangsquoten

In der mittelfristigen Entwicklung der Absolvent:innen- und Abgänger:innenzahlen zeichnete sich im vergangenen Bildungsbericht eine Stagnation beim langjährigen Trend in Richtung höher qualifizierender Schulabschlüsse ab. Die aktuellen Abschluss-

**Abb. D7-1: Absolvent:innen und Abgänger:innen aus allgemeinbildenden und beruflichen Schulen 2014 bis 2020 nach Abschlussarten (in % der gleichaltrigen Wohnbevölkerung*)**

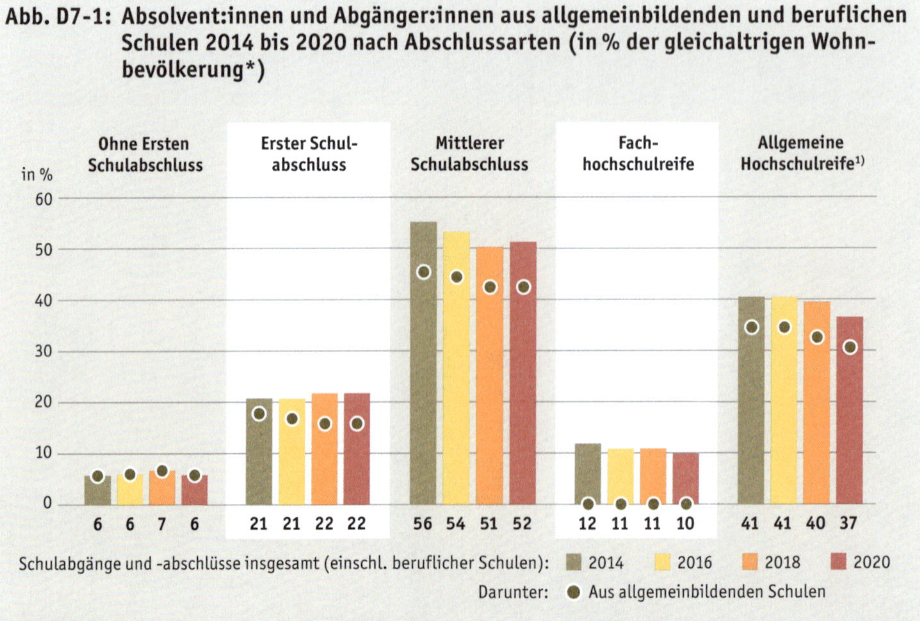


* *Die Zahl der Abgänger:innen und Absolvent:innen wird auf die gleichaltrige Wohnbevölkerung bezogen. Daher kommt es zu zeitversetzten Doppelzählungen, wenn Personen Schulabschlüsse nachholen oder um einen weiteren Schulabschluss ergänzen.*

*1) 2014 in Hessen verstärkter, 2016 in Schleswig-Holstein doppelter G8-/G9-Abiturjahrgang, 2020 kleinerer Abiturjahrgang in Niedersachsen wegen Rückkehr zum G9-Gymnasium.*

*Quelle: Sekretariat der KMK, 2022, Schüler/-innen, Klassen, Lehrkräfte und Absolvierende der Schulen, eigene Darstellung*

***→ Tab. D7-1web***

und Abgangsquoten bestätigen dies (**Abb. D7-1**). Positiv hervorzuheben ist zunächst, dass im Jahr 2020 sowohl die Anzahl als auch der Anteil an Schüler:innen, die ohne Abschluss die Schule verlassen, nach stetigem Anstieg seit 2013 (von 5,7 auf 6,9 % der gleichaltrigen Bevölkerung Ⓜ) erstmals wieder sank. Gingen 2018 und 2019 noch ca. 53.000 Jugendliche ohne Abschluss von einer allgemeinbildenden Schule ab, waren es 2020 noch 45.000 bzw. 5,9 %. Inwiefern dies auch mit den veränderten Prüfungsmodalitäten zusammenhängt, die aufgrund der Corona-Einschränkungen (**D1**) von den Ländern eingeführt wurden, ist unklar. Aber über alle Länder hinweg wurden für die meisten Abschlussarten vielfältige Sonderregelungen getroffen (**Tab. D7-2web**). Die Erleichterungen reichen von zeitlichen Änderungen (z. B. Zuschläge), über Anpassungen des Umfangs oder Inhalts der Prüfungen (z. B. Auswahlmöglichkeiten) bis hin zu veränderten Bewertungskriterien (z. B. Notenverbesserung durch zusätzliche Leistungsnachweise). Da es 2020 weder zu einem substanziellen Anstieg noch Einbruch der Abschlussquoten an allgemeinbildenden Schulen gekommen ist, scheinen sich diese Maßnahmen bewährt zu haben.

**Schulabgänge ohne Abschluss erstmals nach vielen Jahren wieder rückläufig**

**Veränderte Prüfungsmodalitäten im Zuge der Corona-Beschränkungen**

Die höheren Abgangsquoten ohne Schulabschluss aus den Jahren 2017 bis 2019 dürften wiederum dazu geführt haben, dass 2020 deutlich mehr Jugendliche als in den Vorjahren an den beruflichen Schulen nachträglich einen Ersten Schulabschluss erwarben (**Abb. D7-1**). Auch beim Mittleren Schulabschluss ist die Abschlussquote für allgemeinbildende Schulen tendenziell rückläufig, während das Nachholen im beruflichen Bereich eher an Bedeutung gewinnt. Die deutlichste Veränderung in den Abschlusskonstellationen wird bei der Allgemeinen Hochschulreife sichtbar. Deren Anzahl und Anteil gingen im Jahr 2020 von 339.000 auf 300.000 Absolvent:innen bzw. von 40 auf 37 % der gleichaltrigen Bevölkerung zurück. Zwar hat hier die Rückkehr von G8 zu G9 in Niedersachsen maßgeblichen Einfluss (dazu auch **D2**), aufgrund derer im Jahr 2020 allein gut 20.000 Abiturient:innen weniger die Schule abschlossen als 2018 und 2019. Aber auch in Baden-Württemberg, Bayern, Hessen und Schleswig-Holstein sind (weiter) rückläufige Studienberechtigtenzahlen und -quoten zu verzeichnen. Einen fortgesetzten Anstieg gibt es wiederum in keinem Bundesland (**Tab. D7-3web**). Insofern scheint sich zum einen zu bestätigen, dass der seit dem ersten Bildungsbericht beobachtete Trend zur Hochschulreife an allgemeinbildenden Schulen in den letzten Jahren unterbrochen ist. Zum anderen erlangt das berufliche Schulwesen für den Erwerb einer Hochschulzugangsberechtigung stärkeres Gewicht (vgl. **E5**). 16 % der gleichaltrigen Bevölkerung erreichten 2020 die Fach- oder Allgemeine Hochschulreife im beruflichen Schulsystem. Neben der Vermittlung einer Grund- und Fachbildung, die in einen bestimmten Beruf oder in eine berufliche Tätigkeit eines bestimmten Berufsfeldes führt, leisten berufliche Schulen inzwischen also über alle Abschlussarten hinweg einen wichtigen Beitrag, einen im allgemeinbildenden Schulwesen zunächst nicht erreichten Schulabschluss nachträglich zu vermitteln.

**Zahl und Anteil mit Allgemeiner Hochschulreife ging 2020 stark zurück**

**Weiter zunehmende Bedeutung der beruflichen Schulen bei der Vermittlung zuvor nicht erreichter allgemeinbildender Schulabschlüsse**



## Soziale Disparitäten in den Aspirationen und Abschlüssen

Während der Einfluss der sozialen Herkunft auf die dem Schulabschluss vorgelagerten Gelenkstellen der Bildungsbiografie gut dokumentiert ist, ließen sich soziale Disparitäten in den Abschlusskonstellationen bislang nicht in der indikatorengestützten Bildungsberichterstattung darstellen. Dieses Desiderat kann inzwischen anhand von Daten des Nationalen Bildungspanels (NEPS) Ⓓ adressiert werden. Nachdem der analytische Schwerpunkt im vorangegangenen Bildungsbericht auf den Übergängen und der Kompetenzentwicklung im Sekundarbereich I lag (vgl. Autorengruppe Bildungsberichterstattung, 2020, D2, D7), gilt es nun, die Bildungsverläufe mit Blick auf den Abschlusserwerb weiterzuverfolgen.

Der Bildungsbericht 2020 zeigte, dass in Abhängigkeit des sozioökonomischen Status der Schüler:innen große Unterschiede in der Verteilung auf die Schularten

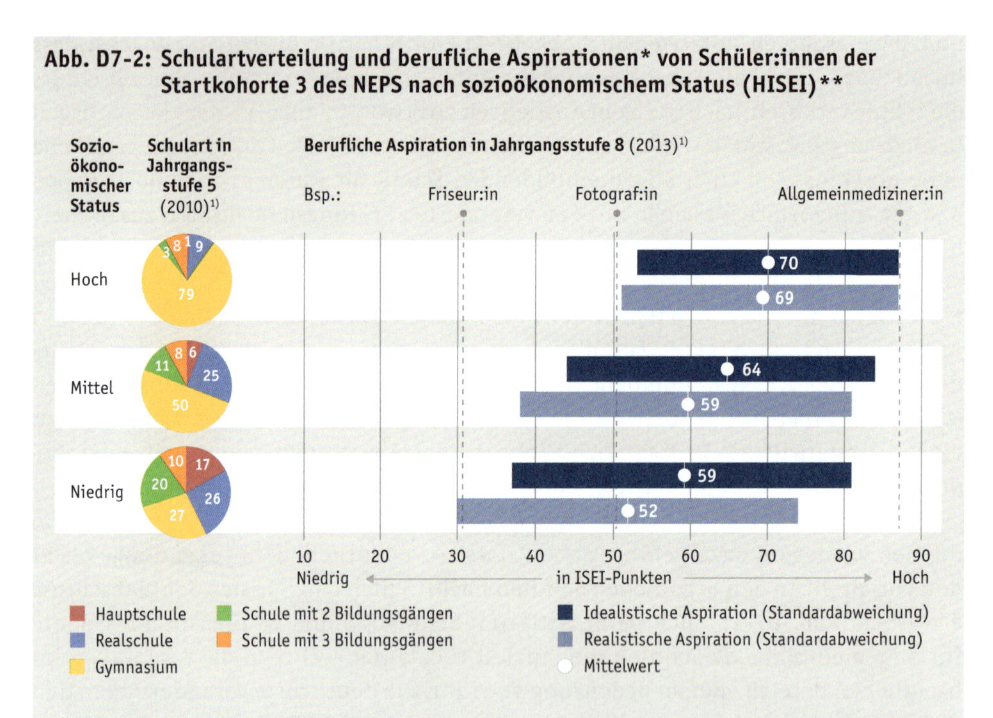


**Abb. D7-2: Schulartverteilung und berufliche Aspirationen* von Schüler:innen der Startkohorte 3 des NEPS nach sozioökonomischem Status (HISEI)****

* *Die Schüler:innen wurden in Jahrgangsstufe 8 nach ihrem Wunschberuf (idealistisch) sowie ihrem wahrscheinlichen Beruf (realistisch) gefragt. Jeder Berufsangabe kann entsprechend dem Qualifikationsniveau und Einkommen ein Indexwert des beruflichen Status (ISEI-Skala) im Wertebereich von 11 (niedriger Status) bis 89 Punkten (hoher Status) zugewiesen werden.*

** *Für jede:n Schüler:in wurde der Index für den höchsten beruflichen Status der Eltern gebildet (HISEI). Gegenübergestellt werden die 25 % der Schüler:innen mit den höchsten Indexwerten (Hoch), diejenigen (50 %) mit mittleren (Mittel) und jene 25 % mit den niedrigsten Indexwerten (Niedrig).*

*1) Aufgrund fehlender Angaben unterscheidet sich die Fallzahl der einzelnen Analyseschritte: Zeitpunkt 2010 (Jg. 5) n = 3.649 Fälle mit Angabe zu HISEI und Schulbesuch, Zeitpunkt 2013 (Jg. 8) n = 2.046 Fälle mit Angabe zu HISEI sowie idealistischer und realistischer Aspiration. Ohne Förderschulen.*

*Quelle: LIfBi, NEPS, Startkohorte 3, doi:10.5157/NEPS:SC3:11.0.1 Sonderauswertung, ungewichtete Daten, eigene Berechnungen*

*→ **Tab. D7-4web, Tab. D7-5web***

(ohne Förderschulen) bestehen, sich also die Voraussetzungen zum Erwerb verschiedener Abschlüsse schon zu einem frühen Zeitpunkt im Bildungsverlauf substanziell unterscheiden (**Abb. D7-2**). Soziale Unterschiede zeigen sich dann im weiteren Verlauf auch in den Zukunftsvorstellungen der Schüler:innen. Nach ihren Berufswünschen befragt, gaben die Schüler:innen in Jahrgangsstufe 8 zum einen an, welchen Beruf sie später am liebsten ausüben würden (idealistische Aspiration), und zum anderen, welchen Beruf sie voraussichtlich tatsächlich ergreifen (realistische Aspiration). Verortet man die genannten Berufswünsche auf einer Metrik, welche die Berufe nach Qualifikationsprofil und Einkommen sortiert und vergleichbar macht (ISEI-Skala), lassen sich bereits in Jahrgangsstufe 8 große soziale Disparitäten in den Aspirationen feststellen. Jugendliche aus Familien mit höherem sozioökonomischen Status streben im Mittel nicht nur höher gestellte Berufe an. Ihre Aspirationen streuen auch weit weniger um den Mittelwert als bei Gleichaltrigen mit niedrigem Sozialstatus. Darüber hinaus ist die Diskrepanz zwischen idealistischem und realistischem Berufswunsch unter den Jugendlichen aus Familien mit sozial niedrigerem Status deutlich größer im Vergleich zu Schüler:innen mit höherem Status. Letztere scheinen also häufiger davon auszugehen, tatsächlich die erforderlichen Bildungsabschlüsse für ihren Wunschberuf erwerben zu können.

**Soziale Unterschiede in den Berufsvorstellungen von Sekundarschüler:innen erkennbar**

**Abb. D7-3: Höchste erreichte Schulabschlüsse von Schüler:innen der Startkohorte 3 des NEPS 2019/20* nach sozioökonomischem Status (HISEI)** (in %)**

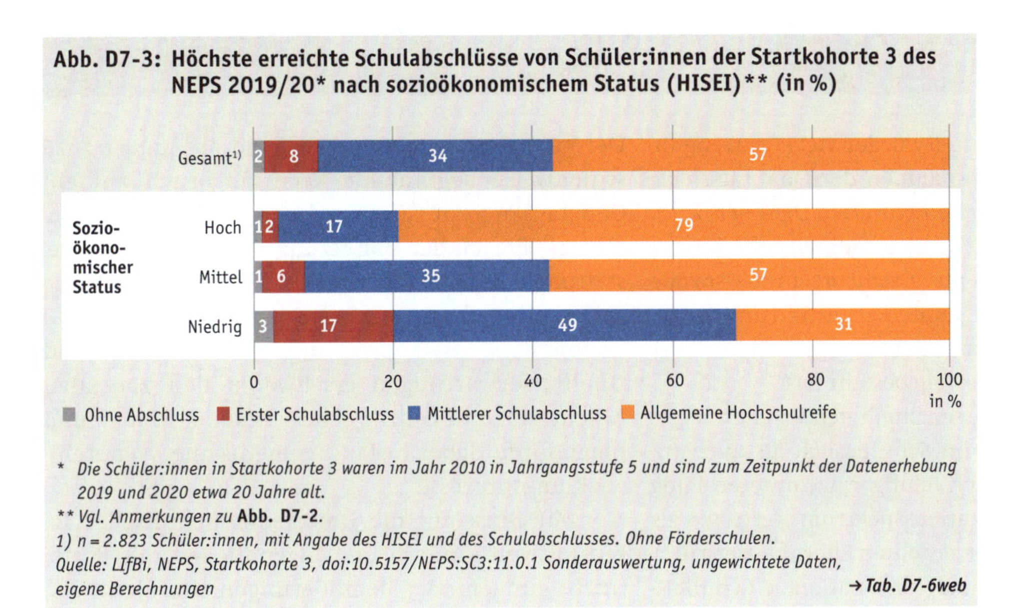


* *Die Schüler:innen in Startkohorte 3 waren im Jahr 2010 in Jahrgangsstufe 5 und sind zum Zeitpunkt der Datenerhebung 2019 und 2020 etwa 20 Jahre alt.*
** *Vgl. Anmerkungen zu* **Abb. D7-2**.
*1) n = 2.823 Schüler:innen, mit Angabe des HISEI und des Schulabschlusses. Ohne Förderschulen.*
*Quelle: LIfBi, NEPS, Startkohorte 3, doi:10.5157/NEPS:SC3:11.0.1 Sonderauswertung, ungewichtete Daten, eigene Berechnungen*
→ *Tab. D7-6web*

Verfolgt man die Bildungslaufbahnen dieser Schüler:innenkohorte bis ins Jahr 2019/20 weiter, so waren die Jugendlichen zu diesem Zeitpunkt 19 oder 20 Jahre alt und der Großteil von ihnen hat (mindestens) einen Schulabschluss erworben (**Abb. D7-3**). Wenngleich Förderschüler:innen nicht in der Stichprobe berücksichtigt sind, bedeutet dies eine substanzielle Reduktion des Anteils ohne Abschluss bis zum 20. Lebensjahr – auf 1,5 %. Mehr als die Hälfte der Jugendlichen (57 %) hat bis dahin die Hochschulreife erlangt, während der Mittlere Schulabschluss mit 34 % weit seltener vertreten ist als in den jährlichen Abschlussquoten (zuletzt 52 %). Soziale Disparitäten fallen beim höchsten erreichten Schulabschluss so stark ins Gewicht, wie es bereits die Schulartverteilung in Jahrgangsstufe 5 erwarten ließ: 79 % der Kinder aus Familien mit hohem sozioökonomischen Status erlangen die Hochschulreife, jedoch nur 31 % der Kinder aus weniger privilegierten Elternhäusern. Demgegenüber liegt hier der Anteil, der auch in diesem Alter noch über keinen Schulabschluss verfügt, fast dreimal so hoch wie unter jungen Erwachsenen mit höherem Sozialstatus (2,7 gegenüber 1,1 %). Dieses Befundmuster entspricht auch Analysen zu älteren Kohorten, die zudem insbesondere für junge Erwachsene mit niedrigem Sozialstatus zeigen, dass Schulabschlüsse auch nach dem 20. Lebensjahr noch in nennenswertem Umfang nachgeholt oder vorhandene Abschlüsse aufgebessert werden (vgl. Maaz & Ordemann, 2019).

**Quote der Jugendlichen ohne Abschluss sinkt bis zum 20. Lebensjahr auf 1,5 %, …**

**… mit 2,7 % aber deutlich häufiger aus sozioökonomisch schwachen Familien**

## Methodische Erläuterungen

**Abschluss- und Abgangsquoten in % der gleichaltrigen Wohnbevölkerung**
Über Angaben zum Geburtsjahr der Absolvent:innen und Abgänger:innen werden Quoten in Bezug zu der gleichaltrigen Wohnbevölkerung, d. h. je einzelnen Altersjahrgang, berechnet und aufsummiert (Quotensummenverfahren). Dabei kommt es zu zeitversetzten Doppelzählungen, wenn Personen Schulabschlüsse nachholen.

# Perspektiven

In den letzten 2 Jahrzehnten wurden viele Anstrengungen unternommen, Maßnahmen der Qualitätssicherung an Schulen zu implementieren. Dennoch zeigt sich, dass es nach wie vor nicht gelingt, alle Kinder und Jugendlichen auf eine gleichberechtigte soziale Teilhabe und selbstbestimmte Lebensführung vorzubereiten. Der enge Zusammenhang zwischen sozialer Herkunft und Bildungserfolg besteht fort.

Schüler:innen aus benachteiligten sozialen Lagen sind weiterhin sowohl im Schulbesuch als auch im Abschlusserwerb deutlich häufiger am unteren Ende des schulischen Qualifikationsspektrums vertreten als Schüler:innen aus besser gestellten Elternhäusern (**D7**). Auch deuten internationale und nationale Schulleistungsuntersuchungen weder bei der Entkoppelung von erreichten Kompetenzen und sozialer Herkunft noch bei der generellen Reduzierung des Anteils leistungsschwacher Schüler:innen auf substanzielle Verbesserungen hin (**D6**). Die seit Beginn der Corona-Pandemie eingeschränkten Möglichkeiten des pädagogischen und sozialen Austauschs in Schule und Unterricht dürften den Abbau von Ungleichheiten zusätzlich erschweren. Daher sind Reformvorhaben und Programme wie z. B. die aktuelle Bund-Länder-Initiative „Schule macht stark", das im Koalitionsvertrag der Bundesregierung 2021 angekündigte „Startchancen-Programm" oder das Aktionsprogramm „Aufholen nach Corona" zu begrüßen und in ihren Effekten zu beobachten. Denn inwiefern entsprechende Maßnahmenpakete helfen können, Bildungsbarrieren nachhaltig abzubauen, ist eine offene Frage. Insgesamt bleiben bisherige Bestrebungen zur Verringerung von Bildungsungleichheiten zudem oftmals implizit, ohne in Form konkreter Bildungsziele oder -praktiken ausformuliert zu werden.

Ein solcher Ansatzpunkt wären z. B. die KMK-Bildungsstandards. Bislang gibt es keine länderübergreifende Abstimmung von Maßnahmen, wie die Schulen oder Schulämter eingreifen können und sollen, wenn Schüler:innen bestimmte Kompetenzen bis zur 4. oder 9. Jahrgangsstufe nicht erreicht haben. Vor dem Hintergrund der gesellschaftlichen Veränderungen ist auch eine intensivierte Diskussion darüber denkbar, ob und welche weiteren Kompetenzbereiche (z. B. Digitalität, Demokratieerziehung) das Spektrum der bisherigen Bildungsstandards erweitern sollten, und wie sie in den Lehrplänen und Curricula sowie in Aus- und Fortbildungskonzepten der Lehrkräfte in allen Ländern verankert werden können.

Der gesetzlich verabschiedete und ab August 2026 stufenweise beginnende Rechtsanspruch auf ein Ganztagsangebot für Grundschulkinder wirft aktuell viele Fragen der Umsetzung und Angebotsausgestaltung auf (**D3**). Zum aktuellen Zeitpunkt fehlende belastbare Befunde zur bestehenden Angebots- und Personallandschaft sowie ungeklärte Bildungs- und Qualitätserwartungen erschweren den zentralen Akteur:innen in Politik, Schule und der Kinder- und Jugendhilfe dabei bislang gemeinsame Weiterentwicklungsprozesse.

Mit Blick auf die Umsetzung schulischer Inklusion von Kindern und Jugendlichen mit Beeinträchtigungen oder Behinderungen sind deutliche Anstrengungen unternommen, aber ebenfalls kaum gemeinsame Ziele oder Vorgaben expliziert worden. So unterscheiden sich die Länder auch 10 Jahre nach der Ratifizierung der UN-Behindertenrechtskonvention u. a. darin, inwieweit das gemeinsame Lernen rechtlich Vorrang hat, wer auf Basis welcher Diagnoseverfahren über Förderschwerpunkt und -ort entscheidet und wie die Ressourcenallokation erfolgt (**D2**). Entsprechend groß sind die Länderunterschiede sowohl mit Blick auf die Quote sonderpädagogisch geförderter Schüler:innen als auch ihrer Verteilung auf Regelschulen oder auf eigenständige Förderschulen, deren Anzahl sich in den meisten Ländern nur wenig verringert hat.

Unter den pandemiebedingten Einschränkungen von Schule und Unterricht ist darüber hinaus deutlich geworden, dass die Digitalisierung der schulischen und außerschulischen Lernwelten eine große Herausforderung bleibt. Angesichts der unzureichenden Ausgangslagen für digital gestützte Lernprozesse zu Beginn der Pandemie, die sich nach Angaben von Lehrkräften auch bis zum 2. Lockdown kaum verbesserten (**D1**), hat die familiale Unterstützung erheblich an Bedeutung gewonnen (**D5**). Auch die häusliche Lernsituation ist während der Pandemie nicht in allen Familien optimal, was wiederum vor allem Schüler:innen aus sozial schwächeren Elternhäusern die notwendigen Lernfortschritte erschwert. Insofern ist auch beim Ausbau und der flächendeckenden Bereitstellung einer stabilen IT-Infrastruktur, zertifizierten Lernplattformen sowie ausreichenden Serverkapazitäten und Endgeräten in den Schulen auf Schüler:innen aus bildungsbenachteiligten Haushalten besonderes Augenmerk zu richten.

# Im Überblick

## Ganztägiger und kürzerer Bedarf von Grundschulkindern übersteigt aktuelle Beteiligung

Ganztagsbeteiligungsquote (Schuljahr 2020/21) und Bedarfsquoten (2020) (in %)

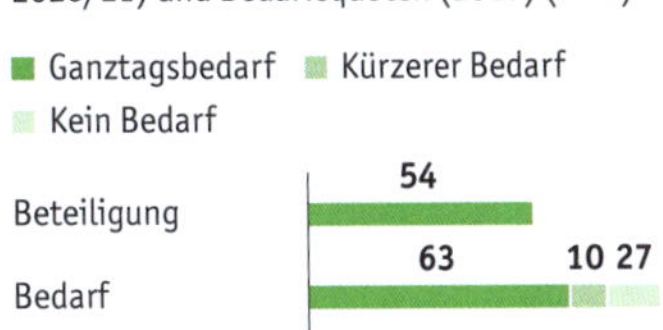

## Trotz zunehmend inklusiver Beschulung weiterhin viele Kinder in eigenständigen Förderschulen

Anzahl an sonderpädagogisch geförderten Schüler:innen insgesamt und Inklusionsanteil

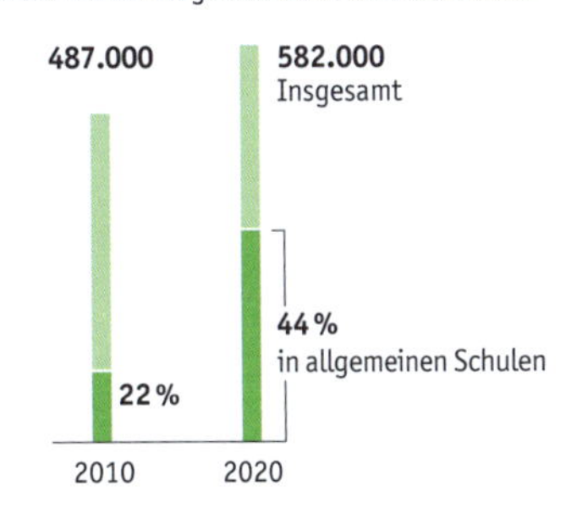

## Während der Pandemie deutlich eingeschränkte Kontakte zu den Schüler:innen

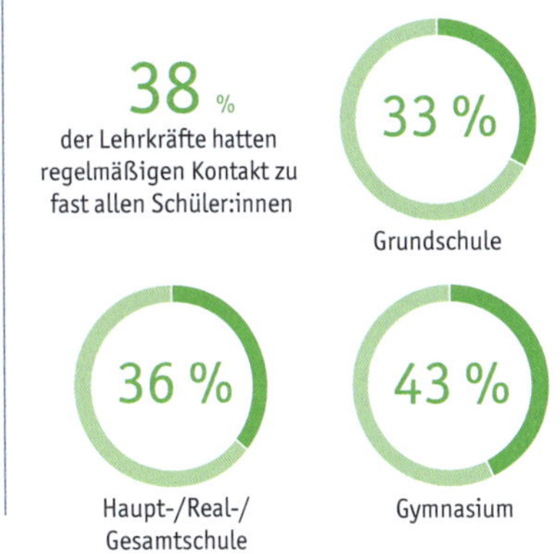


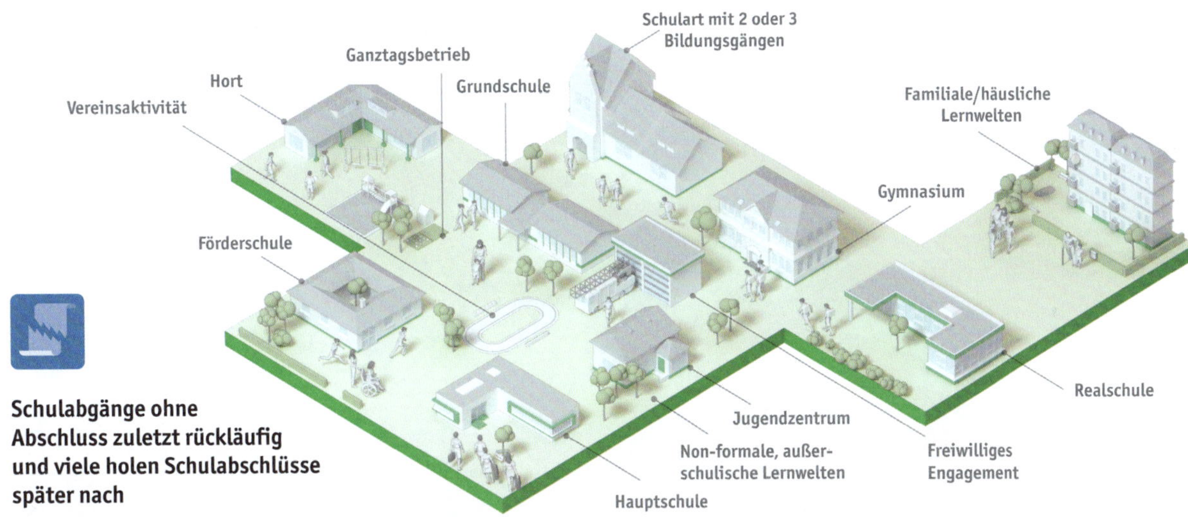


## Schulabgänge ohne Abschluss zuletzt rückläufig und viele holen Schulabschlüsse später nach

Abgänge ohne Schulabschluss (in % der gleichaltrigen Bevölkerung)

Höchster erreichter Schulabschluss 10 Jahre nach dem Übergang in die Jahrgangsstufe 5 (in %) (Schuljahr 2019/20, ohne Förderschüler:innen)

## Abbau sozialer Ungleichheiten in den Schullaufbahnen bleibt eine große Herausforderung

Berufserwartungen in Jahrgangsstufe 8 nach sozialem Status der Schüler:innen (Mittelwert in ISEI-Punkten nach Qualifikationsprofil und Einkommen der Berufe)

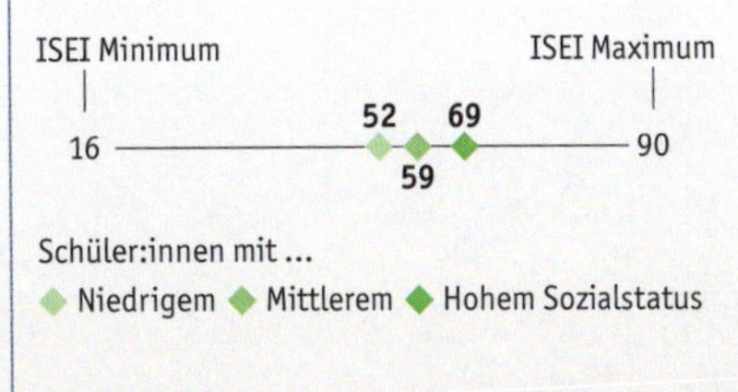


Kompetenzunterschiede im Lesen und in Mathematik zwischen höchstem und niedrigstem Sozialstatus (EGP-Klassen) in Kompetenzpunkten

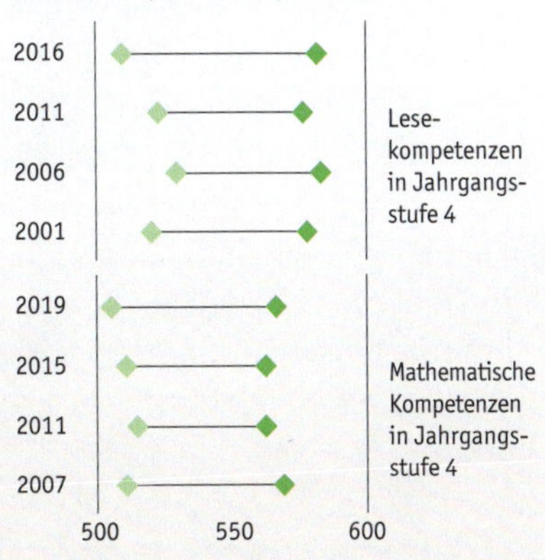

# Berufliche Ausbildung

Das berufliche Ausbildungssystem ermöglicht in vielfältigen Wirtschafts- und Tätigkeitsbereichen eine einschlägige berufliche Qualifizierung unterhalb akademischer Bildungsgänge. Nicht zuletzt dies erklärt den hohen Stellenwert, der der vollqualifizierenden beruflichen Ausbildung aus individueller und gesellschaftlicher Perspektive beigemessen wird. Dabei hat sich das Berufsausbildungssystem auch unter den Bedingungen globalisierter Wirtschaftsprozesse, technologischer Entwicklungen und des strukturellen Wandels der Wirtschaft als anpassungsfähig erwiesen. Zwei übergreifende Herausforderungen bleiben allerdings für die Leistungsfähigkeit und Attraktivität des Berufsausbildungssystems bestehen: erstens die anhaltenden Ausgrenzungstendenzen gegenüber bestimmten sozialen Gruppen und zweitens die Anpassung der beruflichen Ausbildung an eine moderne Informations- und Dienstleistungsgesellschaft, die auch Antworten auf die wachsende Digitalisierung der Arbeitswelt und die damit verbundenen Veränderungen in Berufsprofilen und Qualifikationsanforderungen erfordert.

Die Leistungsfähigkeit des Berufsausbildungssystems bemisst sich u. a. daran, ob es gelingt, vielfältige Ausbildungsmöglichkeiten für alle Interessierten zu schaffen und dabei Kompetenzen zu vermitteln, die am Arbeitsmarkt nachgefragt sind und die ausgebildete Fachkräfte befähigen, ihre Qualifikationen weiterzuentwickeln. Die Attraktivität beruflicher Ausbildung lässt sich am Zugang zur Ausbildung, am erfolgreichen Ausbildungsverlauf, an reibungslosen Übergängen in den Arbeitsmarkt und den daran anschließenden beruflichen Karrierewegen festmachen. Nicht zuletzt deshalb werden dargestellte Entwicklungen im beruflichen Ausbildungssystem auch mit Blick auf vertikale Verschiebungen in den Qualifikationsanforderungen und auf eine Verbindung von beruflicher und akademischer Ausbildung zu diskutieren sein.

Diese thematischen Bezüge werden in den verschiedenen Indikatoren aufgegriffen: Für die Beurteilung der Leistungsfähigkeit der beruflichen Ausbildung bleiben die Beobachtung der Entwicklung der 3 Sektoren des Berufsbildungssystems – duales System, Schulberufssystem und Übergangssektor – sowie die Analyse sozialstruktureller Disparitäten bei Einmündung in die berufliche Ausbildung bedeutsame Bezugspunkte (**E1**). Die duale Ausbildung, die für die Unternehmen eine wichtige Strategie zur Sicherung von Fachkräften ist, wurde in der Corona-Pandemie vor enorme Herausforderungen gestellt. Neben der Quantität von Angebot und Nachfrage gilt es, regionale und berufliche Passungsprobleme genauer zu betrachten (**E2**). Dem Schulberufssystem, welches durch das deutliche Beschäftigungswachstum in den personenbezogenen Dienstleistungsberufen an Bedeutung gewonnen hat, wird erstmals seit 2008 wieder ein eigener Indikator gewidmet (**E3**). Vor dem Hintergrund der wachsenden gesellschaftlichen Relevanz nichtärztlicher Gesundheitsberufe, aber auch bildungspolitischer Versäumnisse, Ausbildungen in diesen Berufen attraktiver zu machen, wird tiefergehend die Entwicklung der Anfänger:innenzahlen in diesen Berufen betrachtet. In **E4** stehen Ausbildungsverläufe und die Folgen von Ausbildungsabbrüchen aus einer Verlaufsperspektive im Zentrum der Analysen. Schließlich werden in Indikator **E5** der Ausbildungsabschluss und die Arbeitsmarktintegration von Ausbildungsabsolvent:innen und dabei etwaige Auswirkungen der Corona-Pandemie auf Übergänge in den Arbeitsmarkt untersucht. Erstmalig wird auch der Erwerb von schulischen Abschlüssen an berufsbildenden Schulen dargestellt, die weiterführende Bildungschancen eröffnen.

Zuletzt im Bildungsbericht 2020 als E1

# Entwicklung der 3 Sektoren beruflicher Ausbildung

An der Entwicklung der Neuzugänge(M) zur beruflichen Bildung lassen sich Verschiebungen zwischen den 3 Sektoren des beruflichen Ausbildungssystems(M) (duales System, Schulberufssystem, Übergangssektor) nachzeichnen. Da die beiden vollqualifizierenden Ausbildungssektoren in unterschiedlichen Berufsbereichen ihre Ausbildungsschwerpunkte haben – das duale System in Industrie, Handwerk und unternehmensbezogenen Berufen, das Schulberufssystem in personenbezogenen Dienstleistungsberufen – geben die Daten Aufschluss über die Zahl zu erwartender beruflich qualifizierter Fachkräfte in diesen verschiedenen Bereichen. Darüber hinaus gewährt das Verhältnis zwischen den beiden vollqualifizierenden Sektoren und dem Übergangssektor Informationen über mögliche Problemlagen beim Ausbildungszugang, wie sie etwa durch die Corona-Pandemie befürchtet wurden. Eine Ausdifferenzierung der Neuzugänge in die 3 Sektoren nach sozialen Merkmalen liefert weitere Informationen über etwaige Disparitäten im Ausbildungszugang sowie Öffnungs- oder Schließungstendenzen der beruflichen Ausbildung.

## Entwicklung der Sektoren des beruflichen Ausbildungssystems

E 1

Die seit Jahren rückläufige Zahl der Neuzugänge in die 3 Sektoren der beruflichen Ausbildung hat 2021 mit unter 900.000 Neuzugängen einen neuen Tiefpunkt erreicht (**Abb. E1-1**). Dieser langfristige Rückgang hängt einerseits mit der demografisch bedingt gesunkenen Zahl von Schulabsolvent:innen (**Tab. E1-1web**), andererseits mit der in den letzten 3 Dekaden stark gestiegenen und auf hohem Niveau verharrenden Studiennachfrage zusammen (vgl. **F1**). Gegenüber dem Jahr 2019 verweist die nachdrücklich sichtbare Abnahme der Neuzugänge (–7 % bzw. –70.000 Neuzugänge, **Tab. E1-2web**) zudem auf Auswirkungen der Corona-Pandemie auf das Berufsbildungssystem. Während die Abnahme an Neuzugängen im Schulberufssystem (**E3**) allerdings minimal ausfällt (–1 %)[1], sind im dualen System (**E2**) dagegen erheblich stärkere Einbußen zwischen 2019 und 2021 festzustellen. Diese fallen deutlich höher aus, als allein aufgrund demografischer Effekte zu vermuten gewesen wäre (Maier, 2020) und können damit auch als Folge der Corona-Pandemie interpretiert werden. Dies zeigt sich nicht nur bei den gesunkenen Angeboten (**E2**), sondern gleichfalls mit Blick auf das Such- und Bewerbungsverhalten von Jugendlichen. So schätzte ein Teil der Jugendlichen die Ausbildungschancen infolge der Corona-Pandemie als problematisch ein (Barlovic et al., 2021), sodass Berufswahlentscheidungen hinausgezögert wurden und höhere Anteile an Übergängen in weiterführende Schulen im Vergleich zur Situation 2 Jahre zuvor zu beobachten waren (Hemming & Tillmann, 2022). Offenkundig haben die stark eingeschränkten Möglichkeiten der Berufsorientierung zu Schwierigkeiten bei der Klärung beruflicher Perspektiven geführt. In der Konsequenz scheinen sich insbesondere Jugendliche mit niedrigen Schulabschlüssen vermehrt für einen Verbleib im schulischen Bildungssystem (vgl. **D2**, **D7**) zu entscheiden.

**Besonders starke Reduktion der Neuzugänge im dualen System**

**Jugendliche nehmen pandemiebedingt schlechtere Ausbildungschancen wahr**

1 *Seit dem 1. Januar 2020 werden durch das Pflegeberufereformgesetz die Altenpflegeausbildung, die Gesundheits- und Krankenpflege- sowie die Gesundheits- und Kinderkrankenpflegeausbildung zu einer generalistischen Pflegeausbildung zusammengefasst. Schüler:innen in der generalistischen Pflegeausbildung werden in der Statistik nach der Pflegeberufe-Ausbildungsfinanzierungsverordnung (PfleA) erhoben. Infolgedessen erfassen einige Bundesländer diese Schüler:innen nicht mehr in der Schulstatistik. Daher wurden in die Schnellmeldung der iABE der Jahre 2020 und 2021 fehlende Angaben zur Pflegefachausbildung in der Schulstatistik einzelner Länder mit Daten der PfleA-Statistik 2020 ergänzt.*

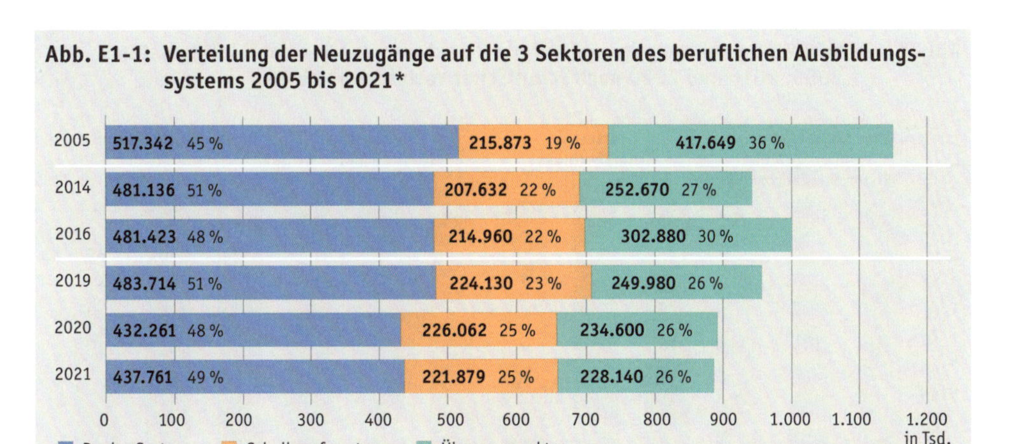


* *Vgl. Methodische Erläuterungen zu* ***E1*** *und Anmerkungen zu* ***Tab. E1-1web*** *und* ***Tab. E1-2web****. Ohne die Beamt:innenausbildung im mittleren Dienst. Daten von 2020 und 2021 (vorläufig) sind Ergebnisse basierend auf der Schnellmeldung 2021.*

*Quelle: Statistische Ämter des Bundes und der Länder, Integrierte Ausbildungsberichterstattung (D) (Schulstatistik); Bundesagentur für Arbeit, Bestand von Teilnehmenden in ausgewählten Maßnahmen der Arbeitsmarktpolitik in SGB-Trägerschaft der Teilnehmenden, eigene Berechnungen* → ***Tab. E1-2web***

Der Rückgang an Neuzugängen zwischen 2019 und 2021 zur dualen Ausbildung wird nicht – wie in der Vergangenheit häufig geschehen – von einem Anstieg der Zahl der Neuzugänge im Übergangssektor begleitet. Es sind dort mit Ausnahme der Berufsfachschulen, die keinen beruflichen Abschluss vermitteln, alle Maßnahmentypen von rückläufigen Zahlen betroffen (**Tab. E1-3web**). Am deutlichsten sind die Neuzugänge im Übergangssektor in den Stadtstaaten zurückgegangen (– 14 Prozentpunkte gegenüber 2019), am wenigsten in den ostdeutschen Flächenländern (– 7 Prozentpunkte, **Tab. E1-2web**).

## Sozialstrukturelle Aspekte des Übergangs

**Nur geringfügige Veränderungen in den Zugangschancen zur vollqualifizierenden Ausbildung nach Schulabschlussniveau …**

In Abhängigkeit vom schulischen Vorbildungsniveau zeigen sich unterschiedliche Ausbildungschancen für interessierte Jugendliche, wobei sich der Zustrom in die 3 Sektoren im Grundmuster als relativ stabil erweist (**Tab. E1-4web**): Seit jeher münden Neuzugänge ohne Ersten Schulabschluss (M), unter denen viele Förderschüler:innen sind (Blanck, 2020), überwiegend in den Übergangssektor ein. Zwar hat sich der Anteil erfolgreicher Neuzugänge vor allem in das duale System für diese Gruppe in den letzten Jahren etwas erhöht: Rund 30 % dieser Neuzugänge in das Ausbildungssystem schafften im Jahr 2020 den Übergang in eine vollqualifizierende Ausbildung; im Jahr 2016 lag dieser Anteil um 10 Prozentpunkte niedriger (**Abb. E1-2**). Allerdings geht diese Entwicklung vordergründig auf die deutliche absolute Reduktion der Jugendlichen ohne Ersten Schulabschluss zurück, weniger darauf, dass tatsächlich mehr dieser Jugendlichen im Vergleich zu 2016 die Einmündung in eine vollqualifizierende Ausbildung schafften (31.890 vs. 31.528, **Tab. E1-4web**). Bei den Neuzugängen mit Erstem Schulabschluss lag die Einmündungsquote in eine vollqualifizierende Ausbildung bei 56 %, dagegen mündeten Personen mit Mittlerem Schulabschluss bzw. (Fach-)Hochschulreife mehrheitlich (87 bzw. 97 %) in eine vollqualifizierende Ausbildung ein. Ein beträchtlicher Teil dieser Disparitäten ist auf die unterschiedliche Ausstattung der Jugendlichen mit sozialen und kulturellen Ressourcen zurückzuführen (Hillmert & Weßling, 2014; Holtmann et al., 2017). Gleichermaßen spielen Upskilling-Prozesse, d. h. die Steigerung des Anforderungsniveaus von Ausbildungen, als auch Upgrading-Prozesse, worunter die Anhebung der schulischen Zugangsvoraussetzungen verstanden wird, durch berufliche Gatekeeper für die Erklärung ungleicher Ausbildungschancen eine Rolle (Protsch, 2014).

**… bei nach wie vor schlechteren Chancen für Jugendliche mit maximal Erstem Schulabschluss**

**Abb. E1-2: Verteilung der Neuzugänge auf die 3 Sektoren des Berufsbildungssystems 2005, 2016 und 2020 nach schulischer Vorbildung* (in %)**

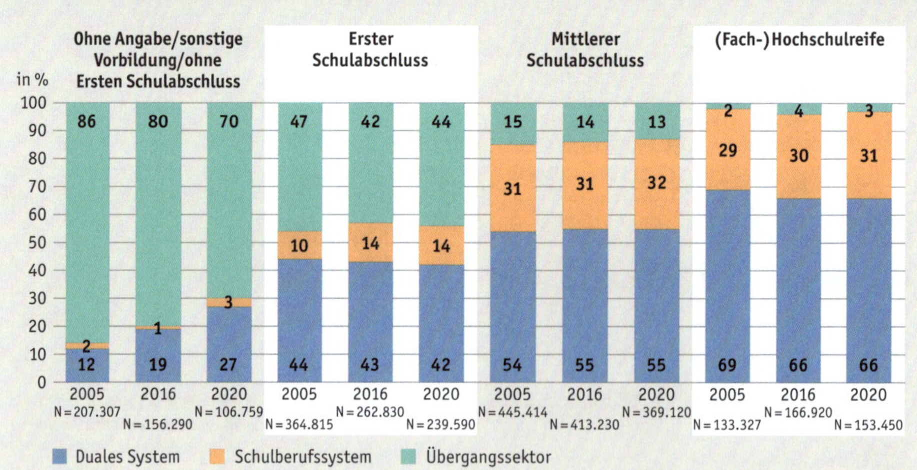


* *Vgl. Methodische Erläuterungen zu* **E1** *und Anmerkungen zu* **Tab. E1-1web**. *Ohne die Beamt:innenausbildung im mittleren Dienst.*
*Quelle: Statistische Ämter des Bundes und der Länder, Integrierte Ausbildungsberichterstattung (Schulstatistik); Bundesagentur für Arbeit, Bestand von Teilnehmenden in ausgewählten Maßnahmen der Arbeitsmarktpolitik in SGB-Trägerschaft der Teilnehmenden, eigene Berechnungen* **→ *Tab. E1-4web***

E 1

**Fortbestehende Nachteile für Jugendliche nichtdeutscher Staatsangehörigkeit beim Zugang zur vollqualifizierenden Ausbildung, ...**

Neben den vorbildungsbezogenen Disparitäten bestehen die Nachteile für Jugendliche mit nichtdeutscher Staatsangehörigkeit (in der Schulstatistik ist nur die ausländische Staatsangehörigkeit als Merkmal verfügbar), in eine vollqualifizierende Ausbildung einzumünden, weiter fort, haben sich aber im Zuge der Corona-Pandemie nicht verstärkt (**Tab. E1-5web**). Während 2020 77 % der Jugendlichen mit deutscher Staatsangehörigkeit, die in das Ausbildungssystem mündeten, eine duale oder vollzeitschulische Ausbildung aufgenommen haben, sind es unter den Jugendlichen mit nichtdeutscher

**Abb. E1-3: Verteilung der Neuzugänge auf die 3 Sektoren des Berufsbildungssystems 2020 nach schulischer Vorbildung und Staatsangehörigkeit* (in %)**

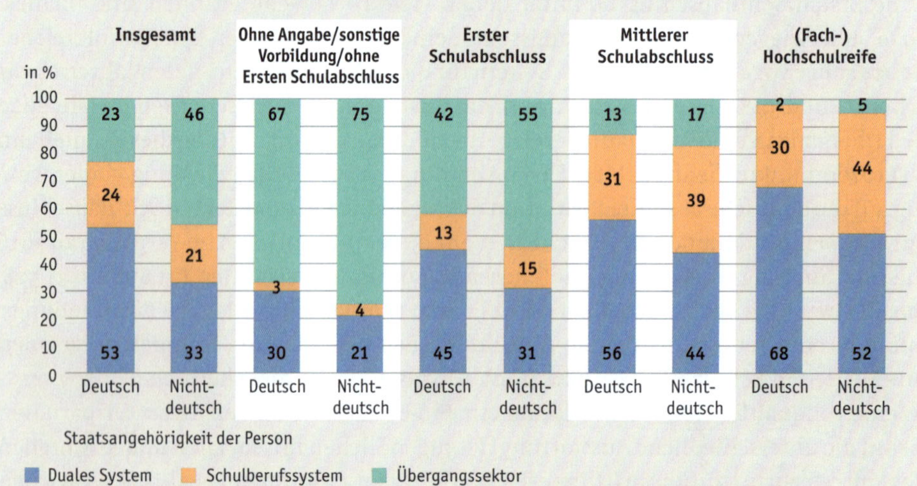


* *Vgl. Methodische Erläuterungen zu* **E1** *und Anmerkungen zu* **Tab. E1-1web**. *Ohne die Beamt:innenausbildung im mittleren Dienst.*
*Quelle: Statistische Ämter des Bundes und der Länder, Integrierte Ausbildungsberichterstattung (Schulstatistik); Bundesagentur für Arbeit, Bestand von Teilnehmenden in ausgewählten Maßnahmen der Arbeitsmarktpolitik in SGB-Trägerschaft der Teilnehmenden, eigene Berechnungen* **→ *Tab. E1-5web***

Staatsangehörigkeit nur 54 %. Diese Differenzen nehmen zwar mit der Höhe des Schulabschlusses ab, bleiben jedoch im dualen System ausgeprägt (**Abb. E1-3**, vgl. auch Autorengruppe Bildungsberichterstattung, 2020). Gründe für diese Ungleichheiten liegen u. a. im Aufenthaltsstatus, in bestehenden Sprachbarrieren oder betrieblichen Rekrutierungsprozessen (Imdorf, 2010; Zschirnt, 2019). Für das Schulberufssystem zeigt sich dagegen, dass Neuzugänge nichtdeutscher Staatsangehörigkeit mit Mittlerem Schulabschluss oder (Fach-)Hochschulreife häufiger als vergleichbare Jugendliche deutscher Staatsangehörigkeit eine vollzeitschulische Ausbildung aufnehmen (39 vs. 31 % bei Mittlerem Schulabschluss und 44 vs. 30 % bei Vorliegen einer (Fach-)Hochschulreife). Insbesondere in einer Langfristbetrachtung wird deutlich, dass Personen nichtdeutscher Staatsangehörigkeit zunehmend häufiger eine Ausbildung im Schulberufssystem aufnehmen – gegenüber 2014 hat sich ihr Anteil unter denjenigen mit Mittlerem Schulabschluss um 9 Prozentpunkte, bei jenen mit (Fach-)Hochschulreife um gut 7 Prozentpunkte erhöht (**Tab. E1-5web**).

**... die sich mit höherem Abschlussniveau reduzieren**

## Methodische Erläuterungen

**Neuzugänge zum Berufsbildungssystem**
Als Neuzugänge zum Berufsbildungssystem auf Basis der iABE gelten Personen, die im jeweiligen Berichtsjahr in 1 der 3 beruflichen Ausbildungsbereiche einen Bildungsgang neu begonnen haben. Damit werden Personen, die nach einer abgebrochenen Ausbildung eine neue Ausbildung aufnehmen, genauso als Neuzugänge gezählt wie Personen, die eine 2. Maßnahme im Übergangssektor besuchen.

**Sektoren der beruflichen Ausbildung**
Die beruflichen Bildungsteilsysteme (Sektoren) werden nach Bildungsziel der Teilnehmenden unterschieden: Bildungsgänge, die einen qualifizierenden beruflichen Abschluss vermitteln, finden sich im dualen System (Teilzeit-Berufsschule), im Schulberufssystem (vollzeitschulische Ausbildung) und in der Beamtenausbildung (mittlerer Dienst). Im Schulberufssystem sind auch Neuzugänge an Fachschulen und Fachakademien in Erstausbildung in den Bereichen Gesundheit, Soziales und Erziehung, nicht aber Fortbildungen (z. B. Meister/Techniker) ausgewiesen. Maßnahmen außerschulischer Träger und schulische Bildungsgänge, die keinen qualifzierenden Berufsabschluss anbieten, sind dem Übergangssektor zugeordnet. Hierunter fallen auch teilqualifizierende Angebote, die auf eine anschließende Ausbildung als erstes Jahr angerechnet werden können oder Voraussetzung zur Aufnahme einer vollqualifizierenden Ausbildung sind (z. B. Pflichtpraktika im Rahmen der Erzieher:innenausbildung). Eine Aufschlüsselung der Fallzahlen findet sich in **Tab. E1-1web**.

**Neuzugänge ohne Ersten Schulabschluss in der Integrierten Ausbildungsberichterstattung**
In der Gruppe der Jugendlichen ohne Ersten Schulabschluss werden die Vorbildungskategorien „ohne Hauptschulabschluss", „ohne Angabe" und „sonstige Vorbildung" zusammengefasst, da es systematische Unterschiede zwischen den Ländern bezüglich der Einteilung von Personen gibt, bei denen das Vorbildungsniveau nicht bekannt ist und deren Zahl im Zuge der Zuwanderung Schutz- und Asylsuchender deutlich zugenommen hat.

Zuletzt im Bildungsbericht 2020 als E2

# Angebot und Nachfrage in der dualen Ausbildung

Die duale Berufsausbildung ist über den Markt organisiert und unterliegt damit der Dynamik von Angebot und Nachfrage. In den letzten beiden Jahren hat der Ausbildungsmarkt auf beiden Seiten eine Veränderung erlebt, die sich in einer deutlichen Reduktion der Neuzugänge zur dualen Ausbildung widerspiegelt (**E1**). Anhand des Verhältnisses von Angebot und Nachfrage (ANR)Ⓜ nach Ausbildungsplätzen wird in diesem Indikator genauer untersucht, wie sich die Corona-Pandemie auf das Ausbildungsmarktgeschehen ausgewirkt hat, wie sich für Jugendliche die Chancen darstellen, einen Beruf ihrer Wahl zu ergreifen, und wie viele Jugendliche den Unternehmen und anderen Ausbildungseinrichtungen für eine Ausbildung zur Verfügung stehen. Auch qualitative Probleme der PassungⓂ von Ausbildungsangebot und -nachfrage werden analysiert, die im letzten Bildungsbericht erstmalig differenziert dargestellt wurden und im Zuge der Corona-Pandemie wieder zugenommen haben. Die Nutzung staatlicher Förderprogramme, die als Reaktion auf die Corona-Pandemie eingeführt wurden, gibt Hinweise auf die Abfederung von Problemen der Aufrechterhaltung des Ausbildungsangebots.



## Entwicklung des Ausbildungsmarktes

Deutlicher Rückgang des Ausbildungsangebots und der -nachfrage im Zuge der Corona-Pandemie

Die Auswirkungen der Corona-Pandemie auf die berufliche Ausbildung zeigen sich besonders deutlich auf dem dualen Ausbildungsmarkt: 2020, im ersten Jahr der Pandemie, ist das Angebot an betrieblichen Ausbildungsplätzen um fast 51.000 (– 9 %) im Vergleich zum Vorjahr zurückgegangen und damit in ähnlicher Höhe wie 2009 während der Finanzkrise (**Tab. E2-1web**). In einem noch etwas größeren Maße – als demografiebedingt durch die sinkende Zahl an Schulabgänger:innen zu erwarten gewesen wäre (Maier, 2020) – ist es allerdings zu einer Reduktion der Zahl der gemeldeten Bewerber:innen gekommen (– 53.000 entspricht 9 %). Insofern haben wirtschaftliche Unsicherheiten und erwartete Einschränkungen hinsichtlich des erfolgreichen Durchführens respektive Durchlaufens einer Ausbildung vermutlich Angebot und Nachfrage beeinflusst. Der Rückgang in der Zahl der Bewerber:innen hat sich auch im 2. Pandemiejahr 2021 weiter fortgesetzt, während das betriebliche Ausbildungsstellenangebot zwischen 2020 und 2021 wieder leicht gestiegen ist (**Abb. E2-1**).

ANR von 99: Resultat einer größeren Abnahme der Nachfrage im Vergleich zum sinkenden Angebot …

Das sinkende Ausbildungsplatzangebot und die in noch stärkerem Maße abnehmende Ausbildungsnachfrage haben dazu geführt, dass sich 2021 erstmals seit Jahrzehnten Angebot und Nachfrage rein rechnerisch die Waage halten (ANR von 99,2). Sowohl auf Ebene der Bundesländer (**Tab. E2-2web**) als auch der Arbeitsagenturbezirke (**Tab. E2-3web**) hat sich zumindest quantitativ betrachtet die Ausbildungsmarktsituation für Jugendliche verbessert: 2021 weisen nur noch 14 % der Arbeitsagenturbezirke einen stark von Nachfrageüberhängen geprägten Ausbildungsmarkt auf (ANR ≤ 90, 21 % im Jahr 2019); in 49 % der Arbeitsagenturbezirke liegt dagegen die Angebots-Nachfrage-Relation über 100 (35 % 2019; **Tab. E2-3web, Tab. E2-4web**).

… und kaum mit Ausweitung des Angebots in nachgefragten Berufen verbunden

Abgesehen vom Bereich der Informatik, in dem die Ausbildungsplatzsuche gegenüber 2019 schwieriger geworden ist (ANR = 88,6; **Tab. E2-5web**), hat sich die Situation in anderen ausgewählten Berufsgruppen[2] verglichen mit 2019 verbessert. Allerdings geht nur im Bau- und Baunebengewerbe sowie bei den medizinischen Fachangestellten die verbesserte Ausbildungsmarktlage mit einer Ausweitung des

*2 Die 12 ausgewählten Berufsgruppen stellten 2021 ca. 70 % aller Neuverträge im dualen System dar.*

**Abb. E2-1: Erweiterte Angebots-Nachfrage-Relation, neu abgeschlossene Ausbildungsverträge, Ausbildungsstellenangebot und -nachfrage im dualen System 1995 bis 2021* (in %)**

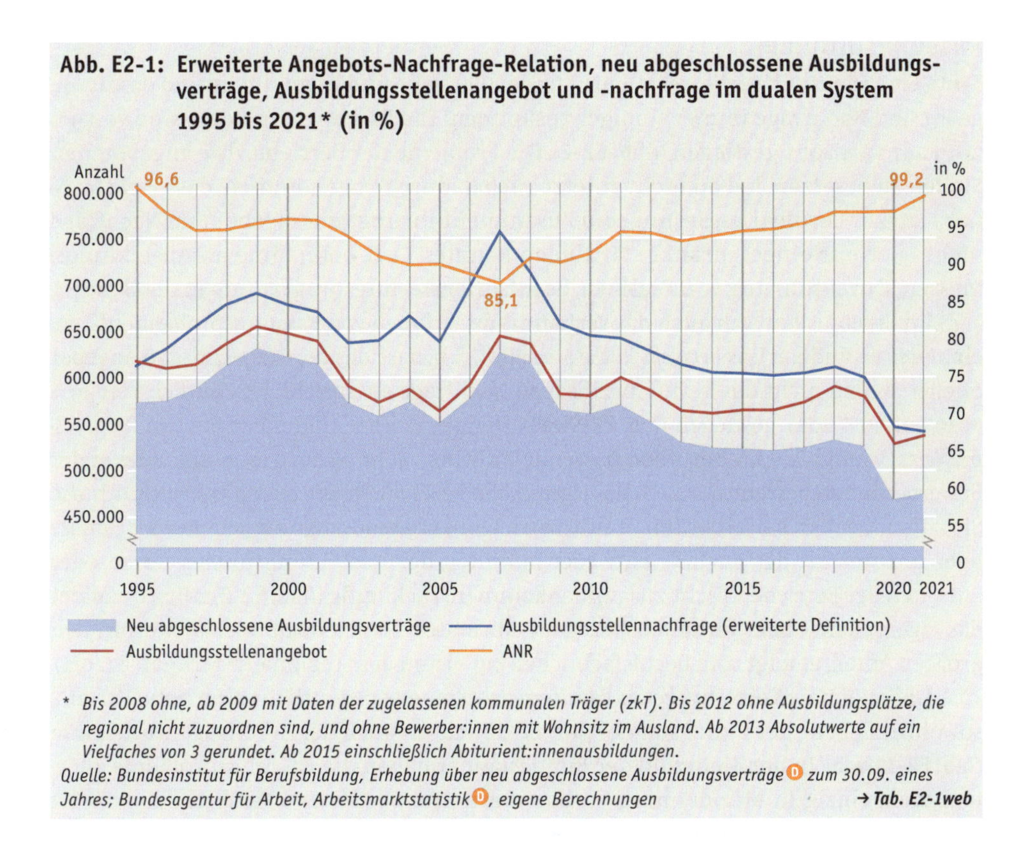


* *Bis 2008 ohne, ab 2009 mit Daten der zugelassenen kommunalen Träger (zkT). Bis 2012 ohne Ausbildungsplätze, die regional nicht zuzuordnen sind, und ohne Bewerber:innen mit Wohnsitz im Ausland. Ab 2013 Absolutwerte auf ein Vielfaches von 3 gerundet. Ab 2015 einschließlich Abiturient:innenausbildungen.*

*Quelle: Bundesinstitut für Berufsbildung, Erhebung über neu abgeschlossene Ausbildungsverträge Ⓓ zum 30.09. eines Jahres; Bundesagentur für Arbeit, Arbeitsmarktstatistik Ⓓ, eigene Berechnungen* **→ *Tab. E2-1web***

Ausbildungsangebots als auch der -nachfrage einher. In den anderen Berufsgruppen ist die Verbesserung der ANR – bei Abnahme des Angebots – Resultat eines stärkeren Nachfragerückgangs. Dabei werden auch Folgen der Corona-Pandemie deutlich, die sich in Abhängigkeit des Wirtschaftszweiges sehr unterschiedlich für die Unternehmen darstellen. Besonders von Kontaktbeschränkungen und Lieferengpässen betroffen waren Ausbildungsbetriebe im Hotel- und Gastgewerbe, Transport- und Lagerwesen sowie in der Fertigung (Dummert & Umkehrer, 2021). Nicht zuletzt aus diesem Grund zeigt sich für diese Bereiche der stärkste Rückgang beim Angebot an Ausbildungsplätzen. Zugleich scheinen die Jugendlichen die geringeren Ausbildungsmöglichkeiten und etwaigen Einschränkungen im Ausbildungsverlauf zu berücksichtigen; darauf deutet zumindest der starke Einbruch bei der Nachfrage in diesen Berufsgruppen hin (**Tab. E2-5web**).

**Deutlicher Rückgang von Angebot und Nachfrage in von der Pandemie stark betroffenen Bereichen**

Das gesunkene Angebot sowie die verringerte Nachfrage nach Ausbildungsplätzen schlägt sich bisher nur in einer geringfügigen Reduktion der Ausbildungsquote Ⓜ und der Ausbildungsbetriebsquote Ⓜ im Jahr 2020 im Vergleich zu 2019 nieder (**Tab. E2-6web, Tab. E2-7web**). So sind zwar weniger neu begonnene Ausbildungsverhältnisse gegenüber 2019 gemeldet, gleichzeitig aber auch weniger Ausbildungsverhältnisse im Vergleich zum Vorjahr beendet worden (**Tab. E2-8web**), was sich auch in einer niedrigeren Vertragslösungsquote im dualen System im Vergleich zu 2019 zeigt (**E4**). Da die Ausbildungsquote von der Zahl der sozialversicherungspflichtig Beschäftigten beeinflusst ist, die während der Pandemie gleichfalls zurückgegangen ist (vgl. **A3**), erklärt sich die Stabilität der Quote trotz gesunkener Neuzugänge in die duale Ausbildung zum Teil auch hieraus. Insgesamt bleibt die Entwicklung zu beobachten, insbesondere hinsichtlich möglicher Auswirkungen des gesunkenen Angebots an betrieblichen Ausbildungsplätzen auf die Ausbildungsinfrastruktur in den Folgejahren (**Tab. E2-6web**).

## Passungsprobleme

Trotz einer deutlich verbesserten ANR finden Betriebe und Jugendliche und damit Angebot und Nachfrage immer weniger zusammen: Die Passungsprobleme sind von 9 % 2019 auf 12 % 2021 gestiegen (**Abb. E2-2**). Die Probleme der Betriebe, ihre angebotenen Stellen zu besetzen, haben nicht zuletzt auch dadurch zugenommen, dass viele Maßnahmen zur Berufsorientierung und Zusammenführung von Angebot und Nachfrage nicht oder nur eingeschränkt stattfinden konnten (z. B. Teilnahme an Ausbildungsmessen, Durchführung von Praktika, Berufsorientierungsprogramme in der Schule).

**Deutliche Zunahme des berufsfachlichen Mismatches während der Corona-Pandemie**

Im Ergebnis hat sich auch das Verhältnis der 3 Typen von Passungsproblemen Ⓜ zueinander verändert: Das *berufsfachliche Mismatch*, d. h. dass das berufsspezifische Angebot offener Stellen nicht der berufsspezifischen Nachfrage entspricht, ist deutlich von 33 % 2019 auf 39 % 2021 gestiegen (**Tab. E2-9web**). Demgegenüber sind die *regionalen Passungsprobleme*, wenn also das beruflich passende Angebot nicht in der gesuchten Region der Bewerber:innen besteht, als auch das *eigenschafts- bzw. verhaltensbezogene Mismatch*, d. h. die Situation, bei der Bewerber:innen mit Betrieben aufgrund zugeschriebener Merkmale oder unzureichender Suche – entweder aufseiten der Ausbildungsinteressierten oder aufseiten der Betriebe – nicht zusammenkommen, rückläufig (**Abb. E2-2**). Mit 41 % bildet das eigenschafts- bzw. verhaltensbezogene Mismatch 2021 jedoch auch weiterhin den größten Anteil, gefolgt vom berufsfachlichen (39 %) und dem regionalen Mismatch (20 %).

**Deutliche Unterschiede in der Versorgung mit und Besetzung von Ausbildungsplätzen zwischen den Ländern**

Die regionale Verteilung von Passungsproblemen verdeutlicht eine hohe Varianz sowohl auf Ebene der Bundesländer (**Tab. E2-10web**) als auch der Arbeitsagenturbezirke (**Tab. E2-11web**). In der Mehrzahl der Bundesländer haben die Passungsprobleme zugenommen, einzig in Mecklenburg-Vorpommern und Berlin sind sie leicht rückläufig und in Baden-Württemberg sind sie gegenüber 2019 gleich geblieben (**Tab. E2-10web**). Die geringsten Passungsprobleme existieren in Hamburg (2,3 %), die größten in Brandenburg (17 %). In 9 der 16 Bundesländer übersteigen dabei die Versorgungsprobleme Ⓜ

**Abb. E2-2: Unvermittelte Bewerber:innen, unbesetzte Ausbildungsstellen und Passungsprobleme nach Mismatch-Typen 2009 bis 2021***

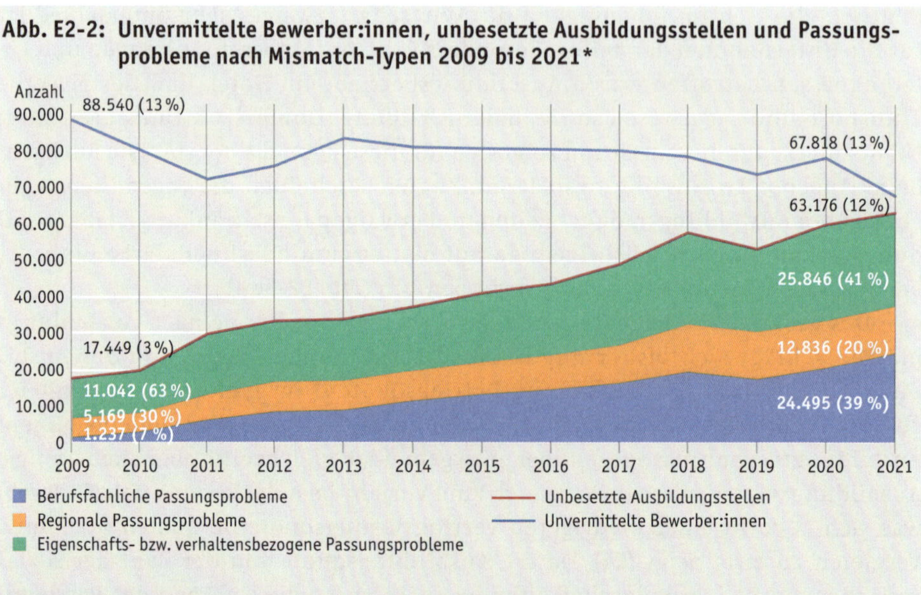


* *Vgl. Anmerkungen* **Tab. E2-1web**. *In der Datenlieferung zu den unbesetzten Ausbildungsstellen und noch suchenden Bewerber:innen, die für die Berechnung der Mismatch-Typen herangezogen werden, wurden die Werte von 1 oder 2 durch ein Sternsymbol anonymisiert. Für die Berechnung wurden diese geschätzt, sodass die ausgewiesenen Ergebnisse als Näherung zu betrachten sind.*

*Quelle: Bundesagentur für Arbeit (BA), Ausbildungsmarktstatistik* Ⓓ*, Erhebung zum 30.09. eines Jahres; Bundesinstitut für Berufsbildung (BIBB), Erhebung der neu abgeschlossenen Ausbildungsverträge zum 30.09. eines Jahres und Sonderauswertung (Unbesetzte Ausbildungsstellen (UBA) und noch suchende Bewerber:innen (mit und ohne Alternative, UVB) zum 30.09. (am Ende des Berichtsjahres) nach Arbeitsagenturbezirken und Ausbildungsberufen (5-Steller der KldB 2010)), eigene Schätzungen und Berechnungen*

***→ Tab. E2-9web***

die Besetzungsprobleme(M), besonders deutlich in den Stadtstaaten. Hier besteht daher insbesondere das Problem eines zu geringen Angebots für die Ausbildungsinteressierten (**Tab. E2-10web**). Dagegen sind Bayern, Thüringen und Mecklenburg-Vorpommern nach wie vor mit großen Besetzungsproblemen konfrontiert; hier stellen sich den Betrieben erhebliche Herausforderungen bei der Suche nach Auszubildenden.

**Erhebliche Unterschiede zwischen Ländern nach den 3 Typen von Passungsproblemen**

Große Unterschiede zwischen den Ländern sind auch nach den 3 Typen von Passungsproblemen festzustellen (**Tab. E2-12web**): Regionale Passungsprobleme treten am häufigsten in den großen Flächenländern auf, am deutlichsten in Bayern (20 %). Berufsfachliche Passungsprobleme um die 40 % und höher sind besonders in ostdeutschen Flächenländern festzustellen, d. h. hier gehen Berufswünsche der Jugendlichen und angebotene Berufe stark auseinander. Dagegen sind eigenschafts- bzw. verhaltensbezogene Passungsprobleme vor allem in den Stadtstaaten (69 bis 75 %) und Bayern (67 %) anzutreffen. Die regionalen Unterschiede in der Gewichtung der 3 Typen an Passungsproblemen hängen u. a. mit wirtschafts- und beschäftigungsstrukturellen Bedingungen zusammen, die zu unterschiedlichen Angebotsstrukturen führen. Darüber hinaus wirken demografische und bildungsbezogene Faktoren auf die Ausprägung von Passungsproblemen (**Tab. E2-17web** bis **E2-21web**).

Verschiedene Problemkonstellationen zeigen sich auch nach Berufsgruppen: Besondere Schwierigkeiten bei der Stellenbesetzung weisen die Hotel- und Gaststättenberufe, das Ernährungshandwerk, die Reinigungs- sowie die Verkaufsberufe auf, bei denen 20 bis 29 % der Ausbildungsangebote 2021 unbesetzt blieben und die gegenüber 2019 sicherlich auch als Konsequenz der unsicheren Situation während der Corona-Pandemie zugenommen haben (**Tab. E2-13web**). Ein hoher Anteil unbefriedigter Nachfrage ist bei den Verkaufs- und Informatikberufen (17 %), im Bereich von Lagerwirtschaft und Transport (14 %) sowie bei den Metallberufen und den medizinischen Fachangestellten (jeweils 12 %) zu beobachten.



## Staatliche Unterstützung der betrieblichen Ausbildung während der Corona-Pandemie

Zur Abfederung der Kriseneffekte wurde Ende Juli 2020 die 1. Förderrichtlinie des bundesweiten Förderprogramms „Ausbildungsplätze sichern" aufgelegt, um insbesondere kleine und mittlere Betriebe zu unterstützen, die Zahl der Ausbildungsplätze zu erhalten oder gar auszubauen (Bundesagentur für Arbeit, 2022). Seit August 2020 haben 38.500 Betriebe mindestens eine Prämie beantragt, bis Dezember 2021 wurden an ca. 26.300 Betriebe bereits eine oder mehrere Prämien ausgezahlt, wobei Betriebe mehrheitlich eine Ausbildungsprämie plus für die Schaffung eines zusätzlichen Ausbildungsplatzes erhielten (**Tab. E2-14web**). Entsprechend der Anlage der Förderung sind unter den geförderten Betrieben überproportional viele Kleinstbetriebe mit unter 10 Beschäftigten und Kleinbetriebe mit 10 bis unter 50 Beschäftigten zu finden. Die Verteilung der insgesamt bis Dezember 2021 ausgezahlten 48.300 Prämien nach Wirtschaftszweig verdeutlicht, dass überproportional häufig Prämien auf den Handel (24 %) und das Gastgewerbe (11 %) entfielen. Mit 19 bzw. 11 % wurde zudem ein großer Teil der Prämien für Auszubildende aus dem verarbeitenden Gewerbe und dem Gesundheits- und Sozialwesen ausgezahlt (**Tab. E2-15web**). Die 2. Förderrichtlinie vom Oktober 2020 zur Stärkung von Verbund- und Auftragsausbildung und Bezuschussung der Prüfungsvorbereitung wurde bis zum Ende des 1. Quartals 2022 von ca. 90 Unternehmen mit einer Fördersumme von ca. 600.000 Euro in Anspruch genommen (**Tab. E2-16web**). Auch wenn einige Betriebe die Unterstützungsmaßnahmen angenommen haben, weisen die Ergebnisse der IAB-Studie „Betriebe in der Covid-19-Krise" auch darauf hin, dass bisher noch nicht alle förderberechtigten Betriebe dieses Förderprogramm nutzen, nicht selten aufgrund eines zu hoch eingeschätzten bürokratischen Aufwandes (Bellmann et al., 2021a).

## Methodische Erläuterungen

**Angebots-Nachfrage-Relation**

Die Angebots-Nachfrage-Relation (ANR) ist eine Näherung an die tatsächlichen Marktverhältnisse. Sie kann für das duale Ausbildungssystem berechnet werden, für das Schulberufssystem fehlen entsprechende Daten. Das Angebot ist die Summe der bis zum 30.09. eines Jahres abgeschlossenen Ausbildungsverhältnisse (Neuverträge) und der bei der Bundesagentur für Arbeit (BA) gemeldeten, aber unbesetzt gebliebenen Stellen. Die Nachfrage in erweiterter Definition umfasst Neuverträge, noch nicht vermittelte oder versorgte Bewerber:innen sowie Bewerber:innen mit alternativer Einmündung (z. B. Besuch weiterführender Schulen, Berufsvorbereitungsmaßnahmen) bei aufrechterhaltenem Ausbildungswunsch. Zu berücksichtigen ist, dass für Bewerber:innen sowie unbesetzte Ausbildungsstellen, die nicht bei der BA gemeldet sind, keine Daten vorliegen.

**Passungs-, Versorgungs- und Besetzungsprobleme**

*Passungsprobleme* stellen den Anteil des nicht ausgeschöpften Vertragspotenzials am gesamten Neuvertragspotenzial dar, wobei das Neuvertragspotenzial die maximale Zahl der Neuverträge darstellt, die sich ergäbe, wenn das Ausbildungsstellenangebot komplett ausgeschöpft würde. *Versorgungsprobleme* sind definiert als der Anteil der zum 30.09. eines Jahres noch unversorgten Bewerber:innen an der gesamten Nachfrage in erweiterter Definition. *Besetzungsprobleme* sind definiert als der Anteil, der zum 30.09. eines Jahres unbesetzt gebliebenen Ausbildungsstellen am gesamten Ausbildungsangebot.

**Ausbildungsquote und Ausbildungsbetriebsquote**

Die *Ausbildungsquote* ist definiert als Anteil der Auszubildenden (nicht jedoch Praktikant:innen oder Volontär:innen) an den sozialversicherungspflichtig Beschäftigten eines Betriebs. Beamt:innen, Selbstständige und ähnliche Personengruppen werden nicht berücksichtigt. Die *Ausbildungsbetriebsquote* ist definiert als der Anteil der ausbildenden Betriebe an allen Betrieben mit sozialversicherungspflichtig Beschäftigten.

**Typen von Passungsproblemen**

Es werden 3 Mismatch-Typen zur Erklärung von Passungsproblemen unterschieden, deren quantitatives Gewicht schrittweise berechnet wird: Zunächst wurde das *berufsfachliche Mismatch* berechnet, das vorliegt, wenn sich der angebotene und der gewünschte Beruf auf der Ebene des KldB-5-Stellers unterscheiden. Die gewünschten Berufe können bereits das Ergebnis von Anpassungsprozessen sein, sodass das berufsfachliche Mismatch in der Realität wahrscheinlich höher ausfällt. Für diejenigen Fälle, in denen kein berufsfachliches Mismatch besteht, wurde im 2. Schritt das *regionale Mismatch* errechnet, welches vorliegt, wenn zwar der Beruf übereinstimmt, offene Stellen und noch suchende Bewerber:innen sich jedoch in unterschiedlichen Arbeitsagenturbezirken befinden. Ein *eigenschafts- bzw. verhaltensbezogenes Mismatch* liegt vor, wenn sowohl der Beruf übereinstimmt als auch ein Ausbildungsstellenangebot im Arbeitsagenturbezirk besteht, diese günstigen Voraussetzungen aber trotzdem nicht in einen Ausbildungsvertrag münden. Hierunter werden Ursachen zusammengefasst, die etwas mit den tatsächlichen oder vermuteten Eigenschaften oder dem Verhalten von Betrieben und Bewerber:innen zu tun haben. Dies kann auf der einen Seite etwa ein schlechter Ruf des Betriebs, auf der anderen Seite ein schlechtes Schulzeugnis sein. Es kann aber auch damit zusammenhängen, dass Betriebe nicht die geeigneten Akquisewege finden oder Ausbildungsinteressierte nicht über jede Stellenanzeige informiert sind.

# Ausbildungen im Schulberufssystem

Zuletzt im Bildungsbericht 2008 als E3

Die politische und mediale Aufmerksamkeit, welche das Schulberufssystem erfahren hat und die sich vor allem mit dem quantitativ bedeutsamsten Ausbildungsschwerpunkt in den Gesundheits-, Sozial- und Erziehungsberufen (GES-Berufen) verbindet, spiegelt sich weder in einer befriedigenden Daten- noch Forschungslage wider. Dennoch können in diesem Indikator ausgewählte steuerungspolitische Fragen adressiert werden, beispielsweise inwiefern die Ausbildung in den GES-Berufen mit der Nachfrage nach qualifizierten Fachkräften in diesem Bereich Schritt halten kann. Die Corona-Pandemie offenbarte überdeutlich den gravierenden Mangel an qualifizierten Pflegekräften; aber auch in anderen Gesundheits- wie therapeutischen Berufen fehlt es an Personal. Vor diesem Hintergrund und mit Blick auf die Weiterentwicklung von Berufsbildern und der gesellschaftlichen Aufwertung von Berufen (z. B. Einführung der generalisierten Pflegeausbildung 2020 mit breiteren beruflichen Einsatzmöglichkeiten, der Abschaffung von Schulgeld und Einführung einer Ausbildungsvergütung) wird ein besonderes Augenmerk auf die Entwicklung der Anfänger:innenzahlen in den nichtakademischen Gesundheitsberufen gelegt.

## Struktur des Schulberufssystems

Die Wurzeln des Schulberufssystems, das Ausbildungen „für einen gesetzlich anerkannten Beruf in vollzeitschulischer Form in Verantwortung eines Schulträgers" (Autorengruppe Bildungsberichterstattung, 2006, S. 79) umfasst, liegen historisch betrachtet in den verschiedenen Schultypen des 18. und 19. Jahrhunderts. Zu den Vorläufern zählen u. a. allgemeine und hauswirtschaftliche Fortbildungsschulen, Industrie- und Armenschulen, höhere Schulen für Fertigungs- und Elektrotechnik sowie Werkkunstschulen, später auch technisch-naturwissenschaftliche Schulen. Zudem beeinflussten hauswirtschaftliche und sozialdienstliche Schulen sowie kaufmännische und höhere Handelsschulen das spätere Angebot an Ausbildungen im Schulberufssystem, insbesondere hinsichtlich der fachlichen Ausdifferenzierung. Die kirchlichen und an Krankenhäusern angegliederten Schwestern- oder Krankenpflegeschulen können als Vorgänger der heutigen Gesundheitsschulen und Berufsfachschulen für Gesundheit betrachtet werden. Die verschiedenen Schultypen erfüllten im jeweiligen wirtschaftlichen und sozialen Kontext unterschiedliche Funktionen, die von staatlichen Erziehungs- und Integrationsaufgaben über eine Pufferfunktion zwischen Schulbildung und Erwerbstätigkeit oder Familiengründung bis hin zu höherer Bildung (Zugang zur Hochschule) und zur Vorbereitung auf einen (höheren) beruflichen Abschluss reichten (Feller, 1998).

**Heterogenität der Ausbildungen im Schulberufssystem durch historische Vorläufer mit je unterschiedlichen Funktionen geprägt**

Aufgrund der Heterogenität der historischen Vorläufer in Strukturen, Zielen und Zielgruppe, Fachangebot sowie Trägerschaft G ergeben sich für das Schulberufssystem gegenüber dem dualen System einige Besonderheiten. So unterliegt – im Gegensatz zum dualen System – die Mehrzahl der vollzeitschulischen Ausbildungen der Länderhoheit, was einem Anteil von 56 % der Ausbildungsanfänger:innen im Jahr 2020 entspricht (**Tab. E3-1web**), wobei einige der Berufe sich in ihrer Ausgestaltung an den Beschlüssen der Kultusministerkonferenz orientieren (KMK, 2018). Es handelt sich hierbei sowohl um Berufe im GES-Bereich (z. B. Erzieher:in, Alten- und Krankenpflegehelfer:in) als auch z. B. um technische und kaufmänische Assistenzberufe. Für die bundesrechtlich geregelten Ausbildungen außerhalb BBiG/HwO – vornehmlich in den nichtakademischen Gesundheitsberufen (z. B. Pflegefachmann/-frau, Diätassistenz, medizinisch-technische Assistenz) – sind Fachministerien (u. a. Gesundheit, Soziales) zuständig. Ihr Anteil an allen Ausbildungsanfänger:innen im Jahr 2020 liegt bei 39 %. Auf die Ausbildungen nach BBiG/HwO, die vor allem in Zeiten knapper Ausbildungsplätze auch vollzeitschulisch angeboten wurden, entfallen 3 %.

**Keine einheitlichen rechtlichen Regularien und Zuständigkeiten**

**Abb. E3-1: Schularten und rechtliche Grundlagen des vollzeitschulischen Ausbildungssektors**

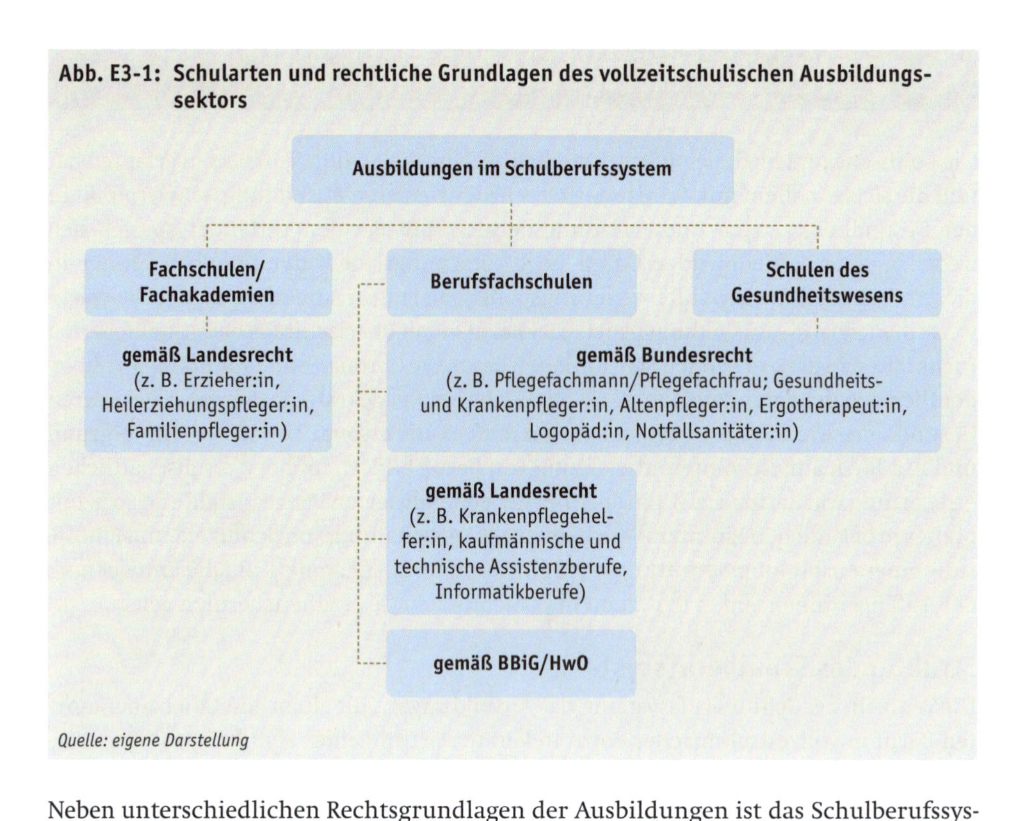


*Quelle: eigene Darstellung*



**Hohe institutionelle Vielfalt und Trägerschaft**

Neben unterschiedlichen Rechtsgrundlagen der Ausbildungen ist das Schulberufssystem vor allem durch eine institutionelle Vielfalt geprägt: Die dominante Schulart ist die Berufsfachschule, die sich in verschiedene berufliche Schwerpunkte auffächert. In den meisten Bundesländern werden an Berufsfachschulen hauptsächlich landesrechtlich geregelte Berufsabschlüsse nach 1 bis 3 Jahren erreicht; in einzelnen Bundesländern findet sich hier auch jener geringe Anteil an Ausbildungen nach BBiG/HwO sowie an Ausbildungen in bundesrechtlich geregelten Gesundheitsberufen wieder (**Abb. E3-1**). Letztere werden zwar überwiegend an Schulen des Gesundheitswesens, die unter Trägerschaft verschiedener Akteure im Gesundheitswesen geführt werden, ausgebildet, aber in einzelnen Ländern sind diese zusätzlich oder ausschließlich an den Berufsfachschulen angesiedelt.[3] An Fachschulen und Fachakademien, die üblicherweise in den Bereich der beruflichen Weiterbildung fallen, werden zu einem geringen Anteil Erstausbildungen nach Landesrecht angeboten, insbesondere in den Erziehungsberufen.

**Anders als im dualen System formaler (meist Mittlerer) Schulabschluss vorausgesetzt**

Anders als im dualen System bestehen für das Schulberufssystem formale Zugangsvoraussetzungen. So wird für sogenannte Helfer:innenausbildungen mindestens ein Erster Schulabschluss, für die meisten 3-jährigen Ausbildungen mindestens ein Mittlerer Schulabschluss vorausgesetzt. Daraus erklärt sich auch das höhere Vorbildungsniveau im Schulberufssystem im Vergleich zum dualen System (**E1**; **Tab. E1-4web**). Vollzeitschulische wie auch duale Ausbildungen können nach dem mit dem beruflichen Abschluss erreichbaren Qualifikationsniveau unterschieden werden. Grundsätzlich wird dabei zwischen 1- bis 2-jährigen Ausbildungen (z. B. Altenpflegehelfer:in), die dem Niveau 3 des Deutschen Qualifikationsrahmens (DQR) entsprechen, sowie 3- und 3,5-jährigen Ausbildungen auf dem Niveau 4 differenziert. Eine Ausnahme stellt die Erzieher:innenausbildung auf DQR-6-Niveau dar. Allerdings wird aktuell vor dem Hintergrund des Bedarfs an weiterem Personal in den Kindertageseinrichtungen über weitere Ausbildungsformen auf dem DQR-4-Niveau diskutiert (vgl. **H2**). Gleichzeitig zeichnet sich für die Erzieher:innenausbildung, in stärkerem Maße jedoch für die

*3 So gibt es in Mecklenburg-Vorpommern, Sachsen und Thüringen keine Schulen des Gesundheitswesens. Hier werden die nichtakademischen Gesundheitsberufe an Berufsfachschulen ausgebildet. Dies trifft auf einige nichtakademische Gesundheitsberufe auch in Niedersachsen und in Baden-Württemberg zu.*

nichtakademischen Gesundheitsberufe eine Akademisierung ab, die allerdings nach wie vor auf geringem Niveau verharrt (Richter et al., 2022; Fuchs-Rechlin, 2020, vgl. **H2**).

**Hohe Varianz im Verhältnis theoretischer und praktischer Ausbildung**

Vollzeitschulische und duale Ausbildungen unterscheiden sich auch hinsichtlich des Stundenanteils der theoretischen Ausbildung, der im Schulberufssystem in der Regel deutlich höher ist. Doch auch die Schüler:innen in Gesundheits- und Erziehungsberufen absolvieren systematisch im Curriculum verankerte praktische Ausbildungsanteile u. a. in Krankenhäusern, bei Pflegediensten, in therapeutischen Praxen oder in Kindertageseinrichtungen. Dabei sind verschiedene Formen der Verzahnung von Theorie und Praxis entwickelt worden, wobei die Schulträger in der Regel die Verantwortung für die theoretischen und praktischen Ausbildungsphasen tragen.

## Entwicklung der Ausbildungsanfänger:innenzahlen nach Berufsgruppen

Waren die verschiedenen beruflichen Fachrichtungen in der vollzeitschulischen Ausbildung noch vor 2 Dekaden viel ausgewogener vertreten, nicht zuletzt auch aufgrund der schwierigen dualen Ausbildungsmarktlage ab Mitte der 1990er-Jahre bis ca. 2005, so zeigt sich seit einigen Jahren eine deutliche Verschiebung hin zu Ausbildungen im erzieherischen, sozialen und gesundheitsversorgenden Bereich. Diese Entwicklung lässt sich einerseits mit einer verbesserten Ausbildungsmarktsituation im dualen Bereich erklären, die zu einem Rückgang in den Assistenz- und BBiG/HwO-Ausbildungen führte, andererseits mit dem Ausbau frühkindlicher Betreuungsangebote (vgl. **C2**, **C3**) und dem aufgrund der demografischen Entwicklungen steigenden Bedarf in Erziehungs- und Gesundheitsberufen (vgl. **A1**). In dessen Folge ist in allen Regionen die Zahl der Ausbildungsanfänger:innen in den GES-Berufen gestiegen (bundesweit auf 85 % aller Anfänger:innen im Schulberufssystem, **Tab. E3-2web**). Die größte Zunahme zwischen 2012 und 2020 verzeichnen die Erziehungs- und Kinderpflegeberufe (+16 %), gefolgt von den Berufen des Gesundheitswesens (+14 %, **Abb. E3-2**). Zugleich bleibt diese positive Entwicklung der Ausbildungszahlen immer noch weit hinter der Nachfrage nach qualifiziertem Personal zurück (Bundesagentur für Arbeit, 2020).

**Steigende Ausbildungszahlen in GES-Berufen …**

Ausbildungen im kaufmännischen, gewerblich-technischen, gestalterischen und im IT-Bereich sowie auch Ausbildungen nach BBiG/HwO machen in vielen Bundes-

**Abb. E3-2: Veränderung der Schüler:innenzahlen im 1. Schuljahr des Schulberufssystems von 2012 bis 2020 nach Berufsgruppen* (Index 2012 = 100)**

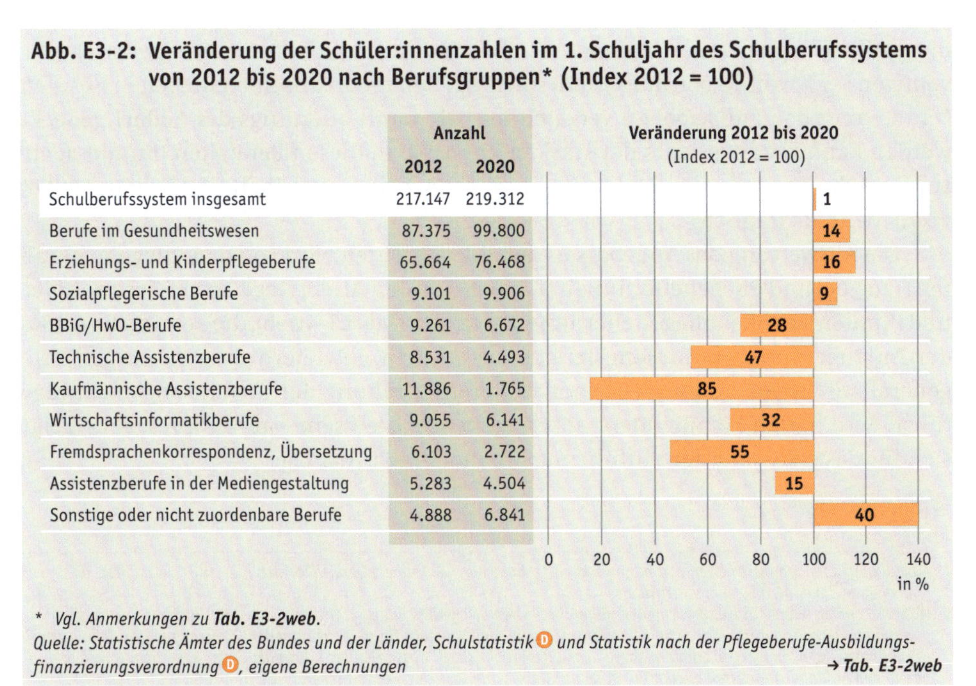

| | Anzahl 2012 | Anzahl 2020 | Veränderung 2012 bis 2020 (Index 2012 = 100) |
|---|---|---|---|
| Schulberufssystem insgesamt | 217.147 | 219.312 | 1 |
| Berufe im Gesundheitswesen | 87.375 | 99.800 | 14 |
| Erziehungs- und Kinderpflegeberufe | 65.664 | 76.468 | 16 |
| Sozialpflegerische Berufe | 9.101 | 9.906 | 9 |
| BBiG/HwO-Berufe | 9.261 | 6.672 | 28 |
| Technische Assistenzberufe | 8.531 | 4.493 | 47 |
| Kaufmännische Assistenzberufe | 11.886 | 1.765 | 85 |
| Wirtschaftsinformatikberufe | 9.055 | 6.141 | 32 |
| Fremdsprachenkorrespondenz, Übersetzung | 6.103 | 2.722 | 55 |
| Assistenzberufe in der Mediengestaltung | 5.283 | 4.504 | 15 |
| Sonstige oder nicht zuordenbare Berufe | 4.888 | 6.841 | 40 |



* *Vgl. Anmerkungen zu **Tab. E3-2web**.*
*Quelle: Statistische Ämter des Bundes und der Länder, Schulstatistik, und Statistik nach der Pflegeberufe-Ausbildungsfinanzierungsverordnung, eigene Berechnungen*
→ *Tab. E3-2web*

**... verstärken interne Umschichtungen in den Ausbildungsberufen**

ländern inzwischen einen deutlich geringeren Anteil aus (**Tab. E3-3web**). Von den Rückgängen besonders betroffen sind – neben den Ausbildungen nach BBiG/HwO – landesrechtlich geregelte Assistenzausbildungen wie kaufmännische und technische Assistenzberufe oder die Fremdsprachenberufe (Rückgänge um 47 bis 85 %, **Abb. E3-2**). Diese Entwicklung ist nicht zuletzt Resultat einer Umstellung der Bildungsgänge, die nicht mehr primär der Berufsausbildung dienen, sondern nunmehr den Erwerb der Fachhochschulreife als vorrangiges Ziel haben (BiBB Datenreport, 2021). Die Rückläufigkeit von Ausbildungen, für die sich ein vergleichbares Pendant im dualen System finden lässt, ist vor allem dort kritisch zu betrachten, wo die Nachfrage nach dualen Ausbildungsberufen das Angebot übersteigt. Hier wächst die Herausforderung, ein auswahlfähiges Berufsangebot auch über entsprechende vollzeitschulische Ausbildungen sicherzustellen.

## Berufsstrukturelle Entwicklungen in den nichtakademischen Gesundheitsberufen

Mit Blick auf den demografischen Wandel, den Bedarfen an Fachkräften in Gesundheitsberufen, die fortschreitende technologische Entwicklung in der medizinischen Versorgung sowie die Attraktivität der Ausbildungen wird seit einigen Jahren diskutiert, wie gleichzeitig eine an neue Anforderungen angepasste Qualifizierung und quantitative Sicherung der Fachkräfte in den nichtärztlichen Gesundheitsberufen gelingen kann. Die Umsetzung von Reformen zeigt sich am deutlichsten bei den Pflege- und den therapeutisch-präventiven Berufen. So wird mit der Einführung der generalistischen Ausbildung des/der Pflegefachmann/-frau u. a. das Ziel verfolgt, die Flexibilität des Einsatzes der Fachkräfte zu erhöhen. Zugleich wurden mit der Reformierung der Ausbildung auch Maßnahmen der Qualitätssicherung und der Anspruch auf eine angemessene Ausbildungsvergütung rechtlich verbrieft (zu Entwicklungen in anderen Gesundheitsberufen vgl. Richter et al., 2022).



**Anstieg der Anfänger:innenzahlen am deutlichsten im Bereich der Pflegeberufe**

Die positive Entwicklung der Anfänger:innenzahl in den Gesundheitsberufen[4] seit 2012 (**Abb. E3-2**) zeigt sich sowohl bei den patientenversorgenden Pflege- und therapeutisch-präventiven als auch bei den medizinisch-pharmazeutisch-technischen Gesundheitsberufen (**Abb. E3-3**).[5] Die deutlichsten Zuwächse sind bei den Pflegeberufen festzustellen (+16 %, von 64.100 auf 74.300), sie bilden im Jahr 2020 mit 74 % auch die größte Gruppe; in geringerem Ausmaß sind Anstiege bei den therapeutisch-präventiven (+7 %, von 16.000 auf 17.100) sowie bei den medizinisch-technischen Berufen (+10 %, von 7.000 auf 7.700) zu verzeichnen. Ob damit allerdings der Bedarf gedeckt werden kann, ist angesichts der starken Engpässe in diesen Bereichen (Bundesagentur für Arbeit, 2020; vgl. auch Ministerium für Arbeit, Gesundheit und Soziales NRW, 2019) mehr als fraglich.

Die Ausweitung des Angebots in den Pflegeberufen wird von den Pflegefachkräften (+10.300) und Pflegehelfer:innen (+2.500), d. h. den Altenpflege- sowie Gesundheits- und (Kinder-)Krankenpflegehelfer:innen getragen (**Tab. E3-4web**), die 2020 77 bzw. 18 % der Anfänger:innen in diesem Bereich ausmachen. Inwiefern die neu eingeführte generalistische Ausbildung zu einer weiteren Erhöhung der Ausbildungsnachfrage führt, wird in den kommenden Jahren zu beobachten sein – auf Bundesebene zeigt sich für das erste Jahr der Einführung ein moderater Anstieg.

---

*4 Ausbildungen im administrativen und handwerklich-technischen Gesundheitsbereich werden hier nicht betrachtet, da diese überwiegend im dualen System stattfinden.*

*5 Während es sich bei der Statistik zur neuen generalistischen Pflegeausbildung (Statistik nach der Pflegeberufe-Ausbildungsfinanzierungsverordnung) um eine Vollerhebung handelt, besteht für die Erhebung der Schüler:innen an Schulen des Gesundheitswesens in einigen Ländern keine Auskunftspflicht (z. B. Hessen). Dies führt dazu, dass bestehende Veränderungen in den Anfänger:innenzahlen zum Teil auch auf Unterschiede in der methodischen Erfassung zurückzuführen sind.*

**Abb. E3-3: Zahl der Schüler:innen in Berufen des Gesundheitswesens im 1. Schuljahr 2012 bis 2020***

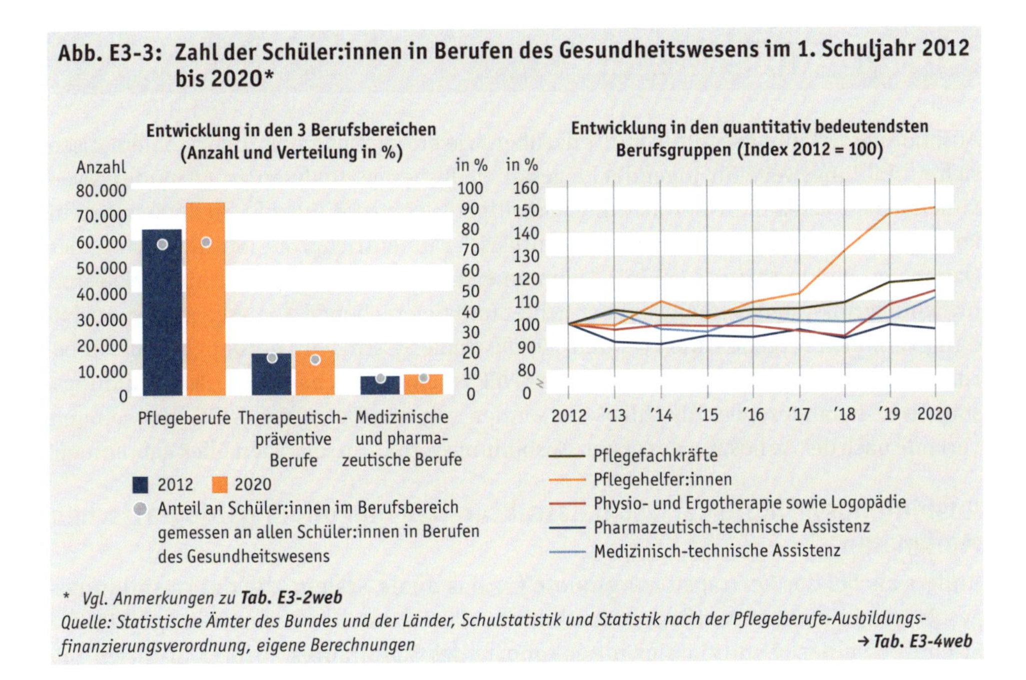


* *Vgl. Anmerkungen zu **Tab. E3-2web***
*Quelle: Statistische Ämter des Bundes und der Länder, Schulstatistik und Statistik nach der Pflegeberufe-Ausbildungsfinanzierungsverordnung, eigene Berechnungen*
*→ **Tab. E3-4web***

**Positive Entwicklung der Anfänger:innenzahlen in Logopädie, Physio- und Ergotherapie sowohl in Berufsausbildung als auch Studium**

Das Gros der Schüler:innen in therapeutisch-präventiven Gesundheitsberufen ist in den Berufen der Physio- und Ergotherapie sowie Logopädie zu finden (ca. 90 %, **Tab. E3-4web**). Während zwischen 2012 und 2018 die Zahl der Anfänger:innen in diesen Berufen konstant geblieben ist, zeigt sich seit 2019 ein Aufwärtstrend. Berücksichtigt man zudem, dass seit 2009 Studiengänge als Modellversuche in diesem Bereich existieren, was sich in steigenden Anfänger:innenzahlen in den Bachelorstudiengängen für Heil- und Therapieberufe niederschlägt (von ca. 2.000 im Jahr 2012 auf ca. 3.100 2020, **Tab. E3-5web**), so ist insgesamt zwar eine positive Entwicklung festzustellen, die allerdings nicht ausreicht, um den aktuellen Bedarf zu decken.

**Zunehmende Diversifizierung der Qualifikationsprofile**

Insgesamt deuten sich im Bereich der nichtärztlichen Gesundheitsberufe 2 gegenläufige Entwicklungen an: auf der einen Seite ein Trend zur akademischen Ausbildung, insbesondere bei den Hebammen/Entbindungspflegern und in den therapeutisch-präventiven Berufen, mit dem neuen Pflegeberufegesetz aber auch im Pflegebereich. Auf der anderen Seite ist im Pflegebereich eine anhaltende Zunahme von Schüler:innen in Helferberufen, in denen eine relativ geringe formale Qualifikation vermittelt wird, festzustellen. Hier ist Berufsbildungs- und Gesundheitspolitik gefordert, Rahmenbedingungen und Anreize zu schaffen, damit ausgebildetes Personal auf Helferniveau den Abschluss als Pflegefachfrau/Pflegefachmann (später) erwerben kann, unter Anerkennung der Vorqualifikation und auch in Vereinbarkeit von beruflicher Tätigkeit, Ausbildung und ggf. familialer Verpflichtungen.

Zuletzt Teile im Bildungsbericht 2016 als E4

# Ausbildungsverläufe

Ausbildungsverläufe geben Auskunft darüber, wie erfolgreich oder auch problematisch sich Ausbildungswege für Jugendliche gestalten. Bisherige Analysen zu Ausbildungsverläufen haben sich auf die Betrachtung vorzeitiger Vertragslösungen Ⓜ im dualen System konzentriert. Auf der Grundlage der Neuntklässler:innenstichprobe (Startkohorte 4) des Nationalen Bildungspanels (NEPS) Ⓓ können erstmals Bildungsverläufe im dualen und im Schulberufssystem gemeinsam betrachtet und tiefergehende Analysen zu den Ausbildungsverläufen vorgenommen werden. Für das duale System wird darüber hinaus für berufsdifferenzierende Analysen, die mit dem NEPS nicht möglich sind, die Berufsbildungsstatistik Ⓓ herangezogen. Abschließend werden mit den Daten des NEPS die weiteren Verläufe nach der Auflösung des ersten Ausbildungsverhältnisses in den Blick genommen.

## Ausbildungsverläufe nach sozialstrukturellen und bildungsbiografischen Merkmalen

Anders als bei der Vertragslösungsquote für das duale System, die das Ausbildungsgeschehen in einem spezifischen Ausbildungsjahr darstellt, wird mit dem NEPS die Stichprobe einer Neuntklässler:innenkohorte des Schuljahres 2010/11 in ihrem Bildungsverlauf betrachtet. Von dieser mündeten insgesamt 5.317 Jugendliche zwischen 2011 und 2019 in eine vollqualifizierende Ausbildung Ⓜ ein; 66 % von ihnen zwischen 2011 und 2013, weniger als 5 % nach 2016 (**Tab. E4-1web**). Dabei variiert das Zugangsjahr zur Ausbildung stark mit dem erworbenen Schulabschluss: Je höher der Schulabschluss, desto später erfolgt die Ersteinmündung.

E 4

**Zwei Drittel schließen erste Ausbildung erfolgreich ab**

Fast zwei Drittel der Jugendlichen haben im untersuchten Zeitraum ihre Ausbildung erfolgreich abgeschlossen Ⓜ, wobei eine höhere Erfolgsquote unter den Jugendlichen, die eine duale Ausbildung aufgenommen haben, im Vergleich zu jenen mit einer vollzeitschulischen Ausbildung (69 vs. 53 %) festzustellen ist (**Abb. E4-1** links). Durchschnittlich dauerte die Ausbildung 33 Monate (**Tab. E4-1web**).[6] Weitere 8 % der Jugendlichen befinden sich nach wie vor in ihrem ersten Ausbildungsverhältnis; mehrheitlich handelt es sich hier um Personen mit (Fach-)Hochschulzugangsberechtigung, die aufgrund des längeren Schulbesuchs später ins Ausbildungssystem eingemündet sind (**Tab. E4-1web**).

**Gut ein Viertel mit Abbruch der ersten Ausbildungsepisode**

Über ein Viertel der befragten Jugendlichen haben dagegen ihre Ausbildung vorzeitig ohne Abschluss beendet Ⓜ. Der höhere Anteil an vorzeitigen Abbrüchen im Schulberufssystem im Vergleich zum dualen System (38 vs. 24 %) zeigte sich bereits bei Analysen von Beicht und Ulrich (2009) auf Basis der BiBB-Übergangsstudie 2006. Gründe für die Unterschiede können sehr vielfältig sein, da sich beide Systeme in Struktur, Organisation, Finanzierung und Rechtsrahmen, aber auch in den formalen Zugangsbedingungen sowie Gestaltungsmerkmalen des Ausbildungsprozesses unterscheiden (**E2**, **E3**). So ist es denkbar, dass im Schulberufssystem eine weniger gute berufliche Passung zwischen Ausbildungsberuf und Jugendlichen besteht, da Auswahlverfahren vor allem an der Erfüllung formaler Voraussetzungen orientiert sind. Zudem könnten Finanzierungsfragen für die Jugendlichen eine Rolle spielen, da – im Unterschied zum dualen System – in vollzeitschulischen Ausbildungen zum Teil kein geregeltes Ausbildungsentgelt besteht und für einige vollzeitschulische Ausbildungen teilweise (noch) Schulgeld zu bezahlen ist. In Gesundheits- und Pflegeberufen, die das

*6 Die Ausbildungsdauern im dualen und Schulberufssystem variieren grundsätzlich zwischen 2 und 3,5 Jahren, wobei mehrheitlich eine Ausbildungsdauer von 36 Monaten besteht. Bei landesrechtlich geregelten Ausbildungsberufen kann die Ausbildungsdauer auch bei 12 Monaten liegen. Verkürzungen der Ausbildungsdauer (z. B. aufgrund eines höheren Schulabschlusses oder durch Anerkennungen aus vorherigen Berufsvorbereitungsmaßnahmen) können zudem zu Abweichungen von der formalen Ausbildungsdauer führen.*

**Abb. E4-1: Status und Zeitpunkt des Abbruchs des ersten Ausbildungsverhältnisses nach Ausbildungssektoren (in %)**

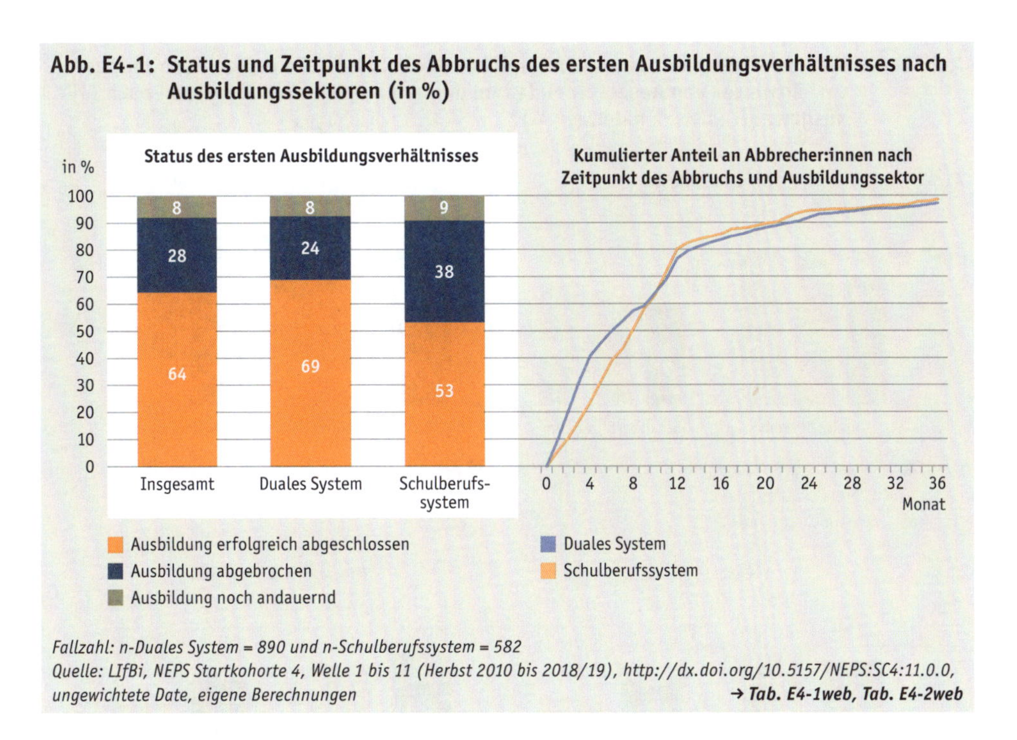


*Fallzahl: n-Duales System = 890 und n-Schulberufssystem = 582*
*Quelle: LIfBi, NEPS Startkohorte 4, Welle 1 bis 11 (Herbst 2010 bis 2018/19), http://dx.doi.org/10.5157/NEPS:SC4:11.0.0, ungewichtete Date, eigene Berechnungen*
*→ Tab. E4-1web, Tab. E4-2web*

Gros der vollzeitschulischen Ausbildungen darstellen (**E3**), werden vor allem psychosoziale Probleme, gesundheitliche Beeinträchtigungen oder die Unzufriedenheit mit den Arbeitsbedingungen genannt, aber auch die komplexen Anforderungen des Berufs spielen beim Abbruchgeschehen in diesen Berufen eine Rolle (Huter et al., 2017).

**Abbrüche erfolgen am häufigsten im ersten Ausbildungsjahr**

Das Risiko eines Abbruchs der Ausbildung ist im ersten Ausbildungsjahr besonders hoch (**Abb. E4-1**, rechts). Im dualen System kommen Abbrüche vor allem in den ersten 4 Monaten vor, im Schulberufssystem ist ein gleichmäßiger Anstieg über die ersten 12 Monate festzustellen. Diese Differenzen dürften nicht zuletzt darauf zurückzuführen sein, dass es Betrieben und Auszubildenden in der dualen Ausbildung nur in der Probezeit, d. h. maximal innerhalb der ersten 4 Monate, gleichermaßen möglich ist, die Ausbildung ohne wichtigen Grund und ohne Einhaltung einer Kündigungsfrist zu beenden (§ 22 BBiG).

**Auszubildende mit maximal Erstem Schulabschluss am seltensten mit erfolgreichem Abschluss**

Werden Auszubildende, die eine erste Ausbildung erfolgreich abschließen, mit jenen Jugendlichen verglichen, die eine solche abgebrochen haben, bestätigen sich bekannte Befunde auf Basis amtlicher Statistiken zum dualen Ausbildungssystem: Mit höherem Schulabschluss steigt die Wahrscheinlichkeit eines erfolgreichen Ausbildungsabschlusses signifikant (**Abb. E4-2**). Im Umkehrschluss bedeutet dies, dass Personen mit maximal Erstem Schulabschluss sowohl im dualen als auch im Schulberufssystem das höchste Risiko eines Abbruchs tragen (vgl. Rohrbach-Schmidt & Uhly, 2015). Die Ergebnisse der hier vorliegenden Analyse weisen darauf hin, dass der Effekt des Schulabschlusses im dualen System stärker ausgeprägt ist als im Schulberufssystem: So haben Jugendliche mit (Fach-)Hochschulzugangsberechtigung oder Mittlerem Schulabschluss im dualen System eine im Durchschnitt um 14 bzw. 11 Prozentpunkte höhere Wahrscheinlichkeit, eine Ausbildung erfolgreich zu beenden, als Auszubildende mit maximal Erstem Schulabschluss. Im Schulberufssystem sind die Unterschiede nach Schulabschluss geringer ausgeprägt (**Abb. E4-2**). Für das duale System zeigt sich zudem, dass ein guter Notendurchschnitt im Abschlusszeugnis (besser als 3,0) sowie der Erwerb des Schulabschlusses in der Regelschulzeit weitere bildungsbezogene Einflussfaktoren sind, die einen erfolgreichen Ausbildungsverlauf signifikant positiv beeinflussen (**Tab. E4-3web**).

**Abb. E4-2: Wahrscheinlichkeit eines erfolgreichen Abschlusses des ersten Ausbildungsverhältnisses von Auszubildenden im dualen und Schulberufssystem nach ausgewählten Merkmalen (in %)***

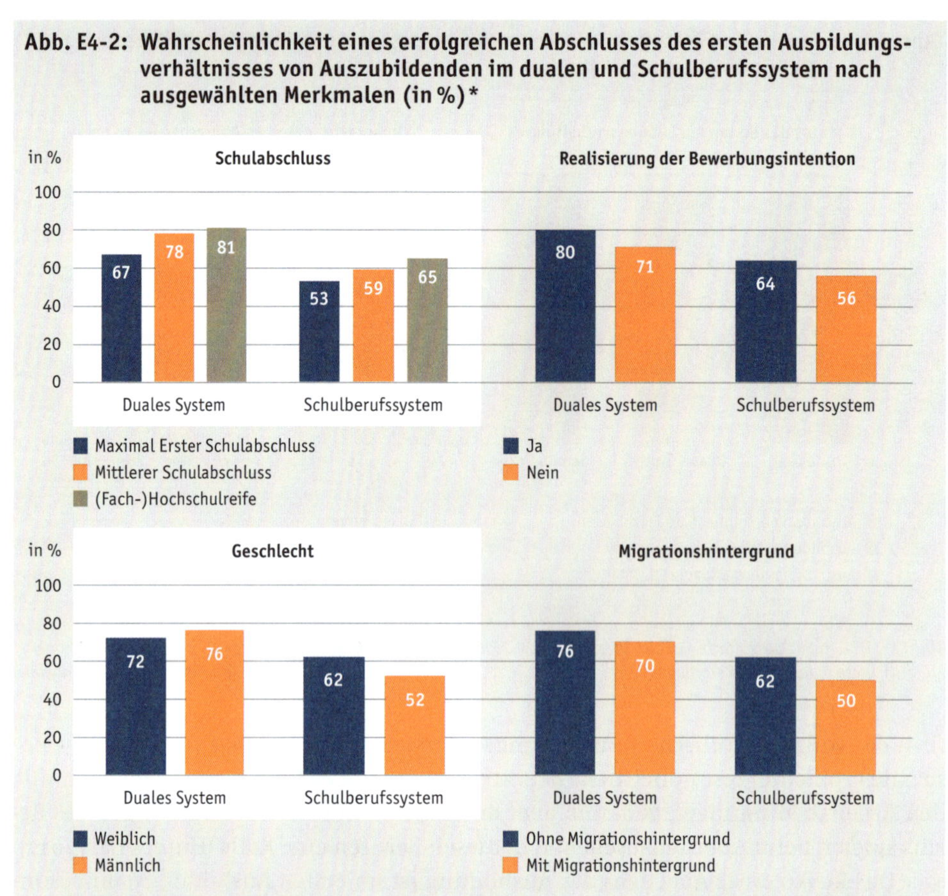


* *Die hier abgebildeten Effekte sind statistisch signifikant. In den Modellen wird zusätzlich zu den oben abgebildeten Merkmalen für den Bildungshintergrund und sozioökonomischen Status der Eltern, Notendurchschnitt auf dem Abschlusszeugnis, Erwerb des Schulabschlusses in der Regelschulzeit, Teilnahme an einer Maßnahme im Übergangssektor und Ausbildungsregion sowie im Modell für das duale System für die Betriebsgröße kontrolliert.*

*Lesebeispiel: Unter Kontrolle der oben genannten Merkmale liegt die Wahrscheinlichkeit von Jugendlichen mit Erstem Schulabschluss, ihre Ausbildung erfolgreich zu beenden, im dualen System bei 67 % und im Schulberufssystem bei 53 %. Umgekehrt bedeutet dies, dass das Risiko eines Abbruchs des ersten Ausbildungsverhältnisses im dualen System bei 34 % und im Schulberufssystem bei 47 % in dieser Gruppe liegt.*

*Quelle: LIfBi, NEPS Startkohorte 4, Welle 1 bis 11 (Herbst 2010 bis 2018/19), http://dx.doi.org/10.5157/NEPS:SC4:11.0.0, ungewichtete Daten, eigene Berechnungen*

→ ***Tab. E4-3web**, für deskriptive Verteilung des Samples **Tab. E4-4web***

**Wahrscheinlichkeit eines Ausbildungserfolgs variiert nach Geschlecht und Ausbildungssektor**

Weiterhin zeigen sich deutliche Geschlechterunterschiede: Männer beenden häufiger als Frauen ihre Ausbildung im dualen System (76 vs. 72 %), wobei das vermehrte Abbrechen von Frauen nicht zuletzt auch mit den von ihnen gewählten Ausbildungen, z. B. in Gastronomie-, Reinigungs- und Körperpflegeberufen, und den dort bestehenden Arbeitsbedingungen zusammenhängen dürften (**Tab. E4-5web**). Dagegen besteht für Männer im Schulberufssystem ein deutlich höheres Risiko eines Ausbildungsabbruchs im Vergleich zu Frauen (**Abb. E4-2**). Hintergründe für diese Geschlechterunterschiede nach Ausbildungssektoren können auch in der Passung zwischen beruflichen Interessen und Anforderungen des Berufs liegen sowie die mit geschlechtstypischen Berufskontexten verbundenen Rollenerwartungen sein. Das Schulberufssystem trifft mit dem hohen Anteil an Berufen im Bereich Gesundheit, Erziehung und Soziales vor allem die Interessen von Frauen, während das durch gewerblich-technische Ausbildungen geprägte duale System eher den geschlechtstypischen Berufsvorstellungen und Rollenerwartungen von Männern entspricht.

Jugendlichen ohne Migrationshintergrund G gelingt, wie bereits in anderen Studien gezeigt, häufiger der erfolgreiche Abschluss der ersten Ausbildung als jenen mit Migrationshintergrund, d. h. Menschen, die selber oder bei denen mindestens ein Elternteil im Ausland geboren wurde (vgl. Rohrbach-Schmidt & Uhly, 2015; Stalder & Schmid, 2016). Im Schulberufssystem ist dieser Effekt deutlicher ausgeprägt als im dualen System (**Abb. E4-2**). Hier könnten die höheren sprachlich-kommunikativen Anforderungen von Dienstleistungsberufen generell (vgl. Reichwald, et al., 2012, S. 26–32), aber nochmals verstärkt von personenbezogenen Dienstleistungsberufen, bei denen eine fachbezogene Kommunikation zum „funktionalen Kern der Arbeit" (Baethge, 2012, S. 96) gehört, eine Rolle spielen.

**Personen ohne Migrationshintergrund gelingt häufiger Ausbildungsabschluss als Personen mit Migrationshintergrund**

Relevant für die Erklärung erfolgreicher Ausbildungsverläufe sind zudem die beruflichen Interessen der Jugendlichen. Wenn Auszubildende in dem Beruf ihre Ausbildung beginnen konnten, auf den sie sich auch bewerben wollten (Realisierung des intendierten Ausbildungsberufs), steigt die Wahrscheinlichkeit eines erfolgreichen Abschlusses der Ausbildung um 9 (duales System) bzw. 8 Prozentpunkte (Schulberufssystem, **Abb. E4-2**). Darüber hinaus weist der positive Effekt des Bildungsstatus der Eltern darauf hin, dass Auszubildende eine höhere Wahrscheinlichkeit haben, das erste Ausbildungsverhältnis erfolgreich abzuschließen, je höher dieser ist. Allerdings ist dieser Effekt weder für das duale noch Schulberufssystem statistisch signifikant (**Tab. E4-3web**).

**Realisierung des intendierten Ausbildungsberufs erhöht Wahrscheinlichkeit eines erfolgreichen Abschlusses**

## Berufsgruppendifferenzierte Betrachtung vorzeitiger Vertragslösungen im dualen System

Ausbildungsverläufe sind nicht nur durch individuelle Faktoren bestimmt, sondern werden gleichfalls durch institutionelle, betriebliche und berufliche Merkmale beeinflusst (Rohrbach-Schmidt & Uhly, 2016). Dies zeigt sich u. a. auch darin, dass die Vertragslösungsquote (gemäß Berufsbildungsstatistik) im dualen System, die nicht mit einem endgültigen Ausbildungsabbruch gleichzusetzen ist, deutlich nach Ausbildungsbereichen und Berufsgruppen variiert. Im Jahr 2020 wurde im dualen System durchschnittlich jeder 4. begonnene Ausbildungsvertrag vorzeitig gelöst, wobei nach Ausbildungsbereichen differenziert die höchste Quote im Handwerk (32 %) und die niedrigste im öffentlichen Dienst (7 %) zu finden ist (**Tab. E4-5web**). Auf Ebene der Einzelberufe ist die Spannweite sogar noch größer: In den quantitativ bedeutsamsten Berufsgruppen reicht sie von 10 % bei Laborant:innen- und Laborberufen bis 45 % in Berufen der Körperpflege (**Tab. E4-5web**).

**Nach wie vor große Spannweite vorzeitiger Vertragslösungen nach Berufen**

Die Differenzierung auf Berufsebene verdeutlicht, dass die hohen Vertragslösungsquoten im Handwerk vor allem auf die Berufe der Körperpflege, des Ernährungshandwerks sowie auf Maler:innen, Lackierer:innen und verwandte Berufe zurückzuführen sind. In Industrie und Handel weisen vor allem Berufe des Hotel- und Gaststättengewerbes, des Verkaufs und feinmechanische und feinwerktechnische Berufe hohe, die gehobenen kaufmännischen (Bank-, Versicherungskaufleute) sowie die IT-Berufe eher niedrige Vertragslösungsquoten auf. Insgesamt deuten die Ergebnisse damit auch auf eine berufliche Segmentierung der Risiken im dualen System hin. Es sind vor allem in jenen Berufen hohe Vertragslösungsquoten festzustellen, in denen überproportional viele Jugendliche mit maximal Erstem Schulabschluss zu finden sind (Bildungsbericht 2020), d. h. hier kumulieren berufliche und betriebliche sowie individuelle Risikofaktoren.

## Verlaufsmuster nach Abbruch des ersten Ausbildungsverhältnisses Ⓜ

Als Ergebnis einer Sequenzmuster- und darauf aufbauenden Clusteranalyse Ⓜ können 7 verschiedene Verlaufsmuster nach erstmaligem Abbruch einer vollqualifizierenden Ausbildung unterschieden werden (**Abb. E4-3**). Fast die Hälfte der betrachteten Jugendlichen schafft die Wiedereinmündung in eine vollqualifizierende Ausbildung. Es handelt sich hierbei um 2 Cluster, die sich in der zeitlichen Dauer bis zur Wiedereinmündung unterscheiden: 17 % gelingt der direkte Wiedereinstieg; nach 3 Monaten

**47 % gelingt die Wiedereinmündung in Ausbildung**

**Abb. E4-3: Verlaufstypen nach erstmaligem Abbruch einer Ausbildung (in %)**

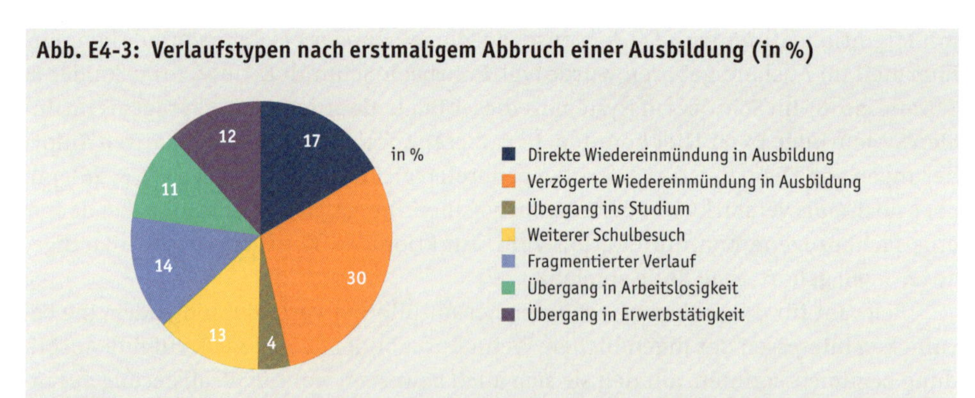


*Verlaufsanalyse auf Basis einer Sequenzmuster- und anschließenden Clusteranalyse der ersten 24 Monate nach der vorzeitigen Beendigung des ersten Ausbildungsverhältnisses*
*Fallzahl: n = 944.*
*Quelle: LIfBi, NEPS Startkohorte 4, Welle 1 bis 11 (Herbst 2010 bis 2018/19), http://dx.doi.org/10.5157/NEPS:SC4:11.0.0, ungewichtete Daten, eigene Berechnungen* **→ Tab. E4-6web**

sind fast 90 % von ihnen wieder in eine vollqualifizierende Ausbildung eingemündet (**Tab. E4-7web**). 30 % nehmen dagegen einen Umweg über den Besuch einer Maßnahme im Übergangssektor, der Aufnahme einer Erwerbstätigkeit und/oder münden zunächst in Arbeitslosigkeit, bevor ihnen der Wiedereinstieg in eine vollqualifizierende Ausbildung gelingt. Für beide Cluster gilt, dass die überwiegende Mehrheit dieser Jugendlichen nach dem Abbruch des ersten Ausbildungsverhältnisses (wieder) in eine duale Ausbildung einmündet. Unabhängig von der Ausbildungsart handelt es sich hierbei mehrheitlich um stabile Ausbildungsverläufe (**Tab. E4-8web**).

Für 13 % der Jugendlichen stellt der weitere Schulbesuch eine Alternative zur erneuten Aufnahme einer vollqualifizierenden Ausbildung dar. Direkt nach Abbruch des ersten Ausbildungsverhältnisses befinden sich bereits fast zwei Drittel dieser Jugendlichen wieder in einer Schule (**Tab. E4-7web**) mit dem Ziel des Erwerbs eines höheren allgemeinbildenden Schulabschlusses. Ein kleiner Teil der Jugendlichen (knapp 4 %) – ungefähr ein Drittel aller hier betrachteten Jugendlichen mit einer (Fach-)Hochschulzugangsberechtigung – bricht zudem die Ausbildung ab, um ein Studium aufzunehmen.

**Ausbildungsabbruch überwiegend mit beruflicher Neuorientierung verbunden, …**

Während für fast zwei Drittel der betrachteten Auszubildenden der Abbruch des ersten Ausbildungsverhältnisses mit einer beruflichen Um- bzw. Neuorientierung verbunden ist, weist über ein Drittel problematische Verläufe auf: Fast 14 % sind in fragmentierten Verläufen wiederzufinden, die durch viele Wechsel zwischen verschiedenen Tätigkeiten geprägt sind (**Tab. E4-8web**). Viele Monate haben sie im Übergangssektor verbracht, fast ein Viertel mindestens 2 Maßnahmen durchlaufen, ohne dass dies in vielen Fällen zu einer Wiederaufnahme in Ausbildung geführt hat. Weitere 11 % befinden sich in langen Phasen der Arbeitslosigkeit bzw. in (unqualifizierter) Erwerbstätigkeit (12 %); für die Mehrheit der Jugendlichen ist dabei ein Wiedereinstieg in einen formalen Bildungsprozess nicht erkennbar. Insbesondere Personen mit maximal Erstem Schulabschluss weisen solche Ausbildungsverläufe auf (**Tab. E4-6web**).

**… jedoch ein Drittel mit problematischen Verläufen**

Inwiefern sich die aktuelle Corona-Pandemie auf den Ausbildungsverlauf auswirkt, kann bisher noch nicht genau bestimmt werden. Die rückläufige Vertragslösungsquote im dualen System gegenüber 2019 (**Tab. E4-5web**) weist zunächst darauf hin, dass es während der Corona-Pandemie nicht vermehrt zu Beendigungen von Ausbildungsverhältnissen gekommen ist. Inwiefern sich allerdings Einschränkungen bei der Vermittlung von Ausbildungsinhalten (Bellmann et al., 2020a) auf den Ausbildungsverlauf und Kompetenzerwerb ausgewirkt haben, ist noch offen und bleibt in den nächsten Jahren zu beobachten.

## Methodische Erläuterungen

**Vertragslösungsquote**

Vorzeitig gelöste Ausbildungsverträge werden auf Basis der Berufsbildungsstatistik als vor Ablauf der im Ausbildungsvertrag genannten Ausbildungszeit gelöste Ausbildungsverträge definiert. Die Vertragslösungsquote wird nach dem Schichtenmodell berechnet und kann als Näherungswert für den Anteil der im Berichtsjahr begonnenen Ausbildungsverträge, die im Laufe der Ausbildung vorzeitig gelöst werden, interpretiert werden (vgl. BiBB Datenreport, 2021).

**Vollqualifizierende Ausbildung**

Als „Ausbildungsepisode" wurden jene Tätigkeiten definiert, bei der die/der Jugendliche angab, entweder in einer Facharbeiter:innen- oder dualen Berufsausbildung, einer Ausbildung an einer Schule des Gesundheitswesens, einer Berufsfachschulausbildung oder einer „Ausbildung an einer anderen Fachschule" zu sein und die entsprechende NEPS-Prüfvariable dies bestätigt hat. Es wurden jene Jugendliche als Auszubildende betrachtet, für die auch valide Informationen über ihren weiteren Ausbildungsverlauf vorliegen.

**Jugendliche mit erfolgreicher oder abgebrochener erster Ausbildungsepisode**

*Erfolgreiche Ausbildungen* sind Ausbildungsverhältnisse, die als beendet klassifiziert wurden, mindestens 13 Monate andauerten und vom Jugendlichen nicht als abgebrochen bezeichnet wurden. Damit werden auch Ausbildungsepisoden zu den erfolgreichen Ausbildungsverhältnissen gezählt, die zwar keine Angabe zum Abschluss gemacht haben, deren Ausbildungsepisode aber länger als ein Jahr andauerte. 4 % der erfolgreichen Auszubildenden weisen eine Ausbildungsdauer von 13 bis 20 Monaten und weniger als 2 % Ausbildungsdauern von über 48 Monaten auf. Als *abgebrochene Ausbildungen* gelten demgegenüber Ausbildungsverhältnisse, die entweder als abgebrochen klassifiziert wurden oder deren Ausbildungsepisode kürzer als 13 Monate andauerte.

**Verläufe nach erstmaligem Abbruch eines Ausbildungsverhältnisses**

Die Analyse der Bildungswege nach erstmaligem Abbruch eines Ausbildungsverhältnisses beruht auf den monatsgenauen Angaben der Jugendlichen zu ihren (Aus-)Bildungs- und Erwerbstätigkeitszeiten. 8 inhaltlich verschiedene Zustände werden unterschieden: Teilnahme an vollqualifizierender Ausbildung, Teilnahme an einer Maßnahme im Übergangssektor, Besuch einer allgemeinbildenden Schule, Studium, Arbeitslosigkeit, Erwerbstätigkeit, sonstige Aktivität (z. B. Militärdienst, Elternzeit etc.) sowie Lücke (keine Informationen zur Art des Zustands). Für die Analyse wurden nur jene Jugendlichen herangezogen, für die nach einem ersten Ausbildungsabbruch ein 24-monatiges Beobachtungsfenster mit geringem Anteil an Lücken (maximal 7 Monate) verfügbar ist.

**Sequenzmuster- und Clusteranalyse**

Im Rahmen von *Sequenzmusteranalysen* werden Sequenzen nach ihrer Ähnlichkeit zueinander mit dem Optimal-Matching-Verfahren verglichen (hier den Status einer Person für jeden Monat). Mit der *Clusteranalyse* (Wards-Verfahren) werden anschließend die Fälle gruppiert, um möglichst homogene Gruppen zu bilden.

Zuletzt im Bildungsbericht 2020 als E5

# Abschlüsse und Verbleib nach der beruflichen Ausbildung

Aussagen über die Leistungsfähigkeit des Ausbildungssystems und damit die Darstellung von Ergebnissen und Wirkungen beruflicher Bildung sind über die Betrachtung verschiedener Merkmale möglich: Zunächst stehen neben dem beruflichen Abschluss selbst allgemeinbildende Abschlüsse, die unter bestimmten Voraussetzungen zuerkannt werden und mit denen weiterführende Berechtigungen, z.B. die Aufnahme eines Studiums, verbunden sind, im Zentrum. Anschließend wird der Einstieg in den Arbeitsmarkt für das duale System anhand der Übernahmequote durch die Ausbildungsbetriebe genauer untersucht; dabei gilt es, Effekte der Corona-Pandemie auf Übergänge in Erwerbsarbeit zu beleuchten. Die Integration in den Arbeitsmarkt wird sowohl am Erwerbsstatus G als auch an einer dem Ausbildungsniveau entsprechenden Erwerbstätigkeit deutlich, welches nicht nur aus individueller Sicht bedeutsam ist, sondern auch aus der Perspektive von Arbeitgebern und der Gesellschaft.

## Absolvent:innen nach Ausbildungssektoren

**Trotz Corona-Pandemie wurden Prüfungen weitgehend durchgeführt**

Aufgrund temporärer Schließungen von Berufsschulen und Ausbildungsstätten während der Corona-Pandemie stellte sich die Durchführung von Prüfungen in der beruflichen Bildung überaus herausfordernd dar; Prüfungstermine mussten u.a. im Handwerk verschoben werden. Der überwiegende Teil der Prüfungen konnte allerdings trotz bestehender Einschränkungen durchgeführt werden (Biebeler & Schreiber, 2020; ZDH, 2021), sodass keine Einbrüche bei den Absolvent:innenzahlen G zu verzeichnen sind (**Tab. E5-1web**).

**Anhaltender Rückgang der Zahl dualer Ausbildungsabsolvent:innen in vielen Berufsbereichen**

Entwicklungen innerhalb des dualen Systems, die auf Grundlage der Berufsbildungsstatistik dargestellt werden können, weisen für sämtliche betrachtete Berufsgruppen außer im Bereich Informatik, Lager und Transport sowie bei den medizinischen Fachangestellten auf sinkende Absolvent:innenzahlen im Vergleich zu 2012 hin (**Abb. E5-1**). Eine deutliche Abnahme der Absolvent:innenzahl besteht insbesondere im Ernährungshandwerk, Hotel- und Gaststättengewerbe und bei den Verkaufsberufen, deren Zahlen seit Jahren kontinuierlich sinken.

**Absolvent:innen nichtdeutscher Staatsangehörigkeit wichtig für Fachkräftesicherung**

Der Rückgang der Anzahl der dualen Ausbildungsabsolvent:innen ist allerdings allein unter den Auszubildenden deutscher Staatsangehörigkeit festzustellen. Die Zahl dualer Absolvent:innen nichtdeutscher Staatsangehörigkeit hat sich dagegen insbesondere vor dem Hintergrund der gestiegenen Zuwanderung und Integration von Schutz- und Asylsuchenden G in den Ausbildungsmarkt unabhängig vom Schulabschluss der jungen Erwachsenen insbesondere in den letzten 3 Jahren erhöht (**Tab. E5-2web**, **Tab. E5-3web**). Vor allem in der Informatik, im Ernährungshandwerk und in den Elektroberufen sind ihre Absolvent:innenzahlen deutlich gestiegen (**Tab. E5-4web**) und stellen damit einen wichtigen Beitrag zur Fachkräftesicherung in Deutschland dar.

Auch im Schulberufssystem sind die Absolvent:innenzahlen seit 2012 leicht rückläufig, insbesondere in den Assistenzberufen und in den Berufen nach BBiG/HwO (**Abb. E5-1**, **Tab. E5-5web**). Darüber hinaus sind leicht sinkende Absolvent:innenzahlen gegenüber 2012 (−1 %) in Berufen des Gesundheitswesens festzustellen (**Abb. E5-1**), obwohl die Zahl der Ausbildungsanfänge in den Jahren zuvor angestiegen war (**E3**). Inwiefern hier Vertragsabbrüche eine Rolle spielen (**E4**), ist schwer abzuschätzen und in der Forschung bislang kaum systematisch untersucht worden. Vor dem Hintergrund des akuten Mangels vor allem an Pflegefachkräften, die die Mehrheit der Aus-

**Abb. E5-1: Entwicklung der Absolvent:innenzahlen des dualen und Schulberufssystems* zwischen den Jahren 2012 und 2020 (Index 2012 = 100)**

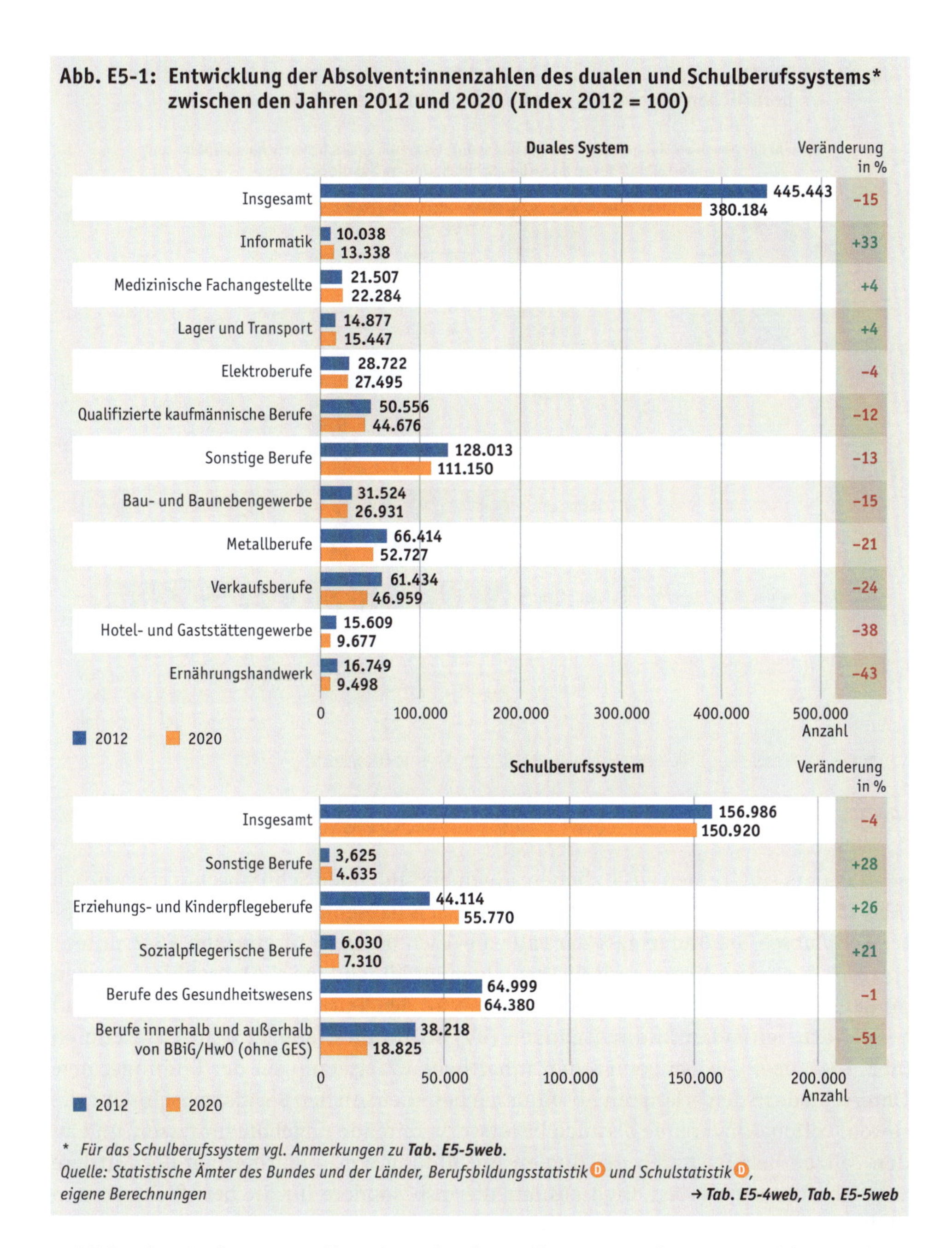


* *Für das Schulberufssystem vgl. Anmerkungen zu* ***Tab. E5-5web****.*
*Quelle: Statistische Ämter des Bundes und der Länder, Berufsbildungsstatistik D und Schulstatistik D, eigene Berechnungen*
*→ **Tab. E5-4web, Tab. E5-5web***

zubildenden in den Gesundheitsberufen darstellen (**E3**), ist diese Entwicklung jedoch als besorgniserregend für die Fachkräftesicherung zu sehen. In den Erziehungs- und Kinderpflegeberufen (+26 %) sowie den sozialpflegerischen Berufen (+21 %) bestehen gegenüber 2012 deutliche Zuwächse, jedoch bleibt dies auch hier insbesondere für den Bereich der Frühen Bildung G deutlich hinter den Bedarfen zurück, die sich mit dem Rechtsanspruch auf einen Kita-Platz und Ganztagsbetreuung im Grundschulalter ergeben (vgl. **C3**, **D3**).

**Mehr Absolvent:innen in Erziehungs- und sozialpflegerischen Berufen, sinkende Zahlen bei den Gesundheitsberufen**

## Zusätzlich erworbene Schulabschlüsse in der beruflichen Ausbildung

**Ein Fünftel erwirbt zusätzlichen Schulabschluss in vollqualifizierenden und berufsvorbereitenden Bildungsangeboten**

Von den insgesamt 928.695 Absolvent:innen und Abgänger:innen beruflicher Schulen im Jahr 2020 sind 809.280 Absolvent:innen bzw. Abgänger:innen von Bildungsgängen, die primär zur beruflichen Ausbildung M zu zählen sind, d. h. berufsqualifizierende oder -vorbereitende Bildungsgänge darstellen (**Tab. E5-6web**). Von ihnen haben im Jahr

**Abb. E5-2: Zusätzlicher Erwerb von Schulabschlüssen an beruflichen Schulen, die der beruflichen Ausbildung dienen, nach Schularten (in %)**

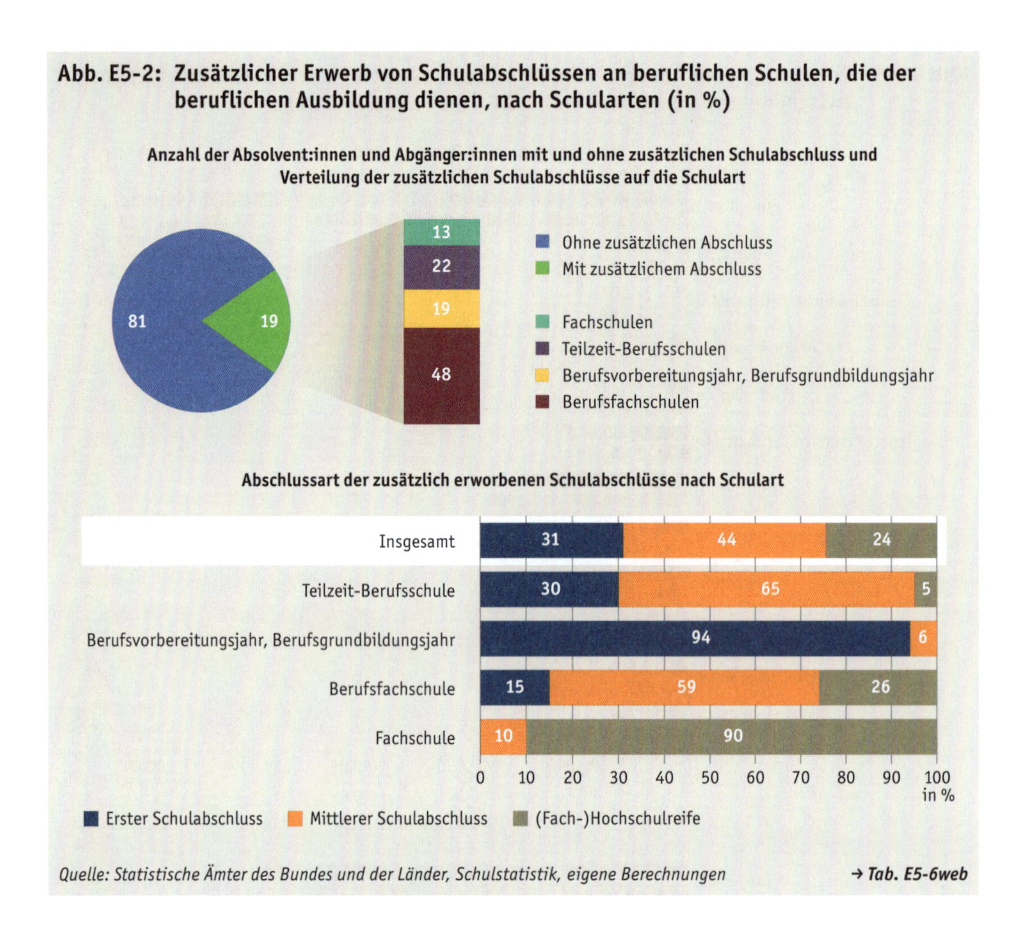


*Quelle: Statistische Ämter des Bundes und der Länder, Schulstatistik, eigene Berechnungen* **→ *Tab. E5-6web***



**Am häufigsten wird Mittlerer Schulabschluss nachgeholt …**

2020 154.215 (19 %) einen zusätzlichen allgemeinbildenden Schulabschluss erworben (**Abb. E5-2**, oben), am häufigsten den Mittleren Schulabschluss (44 %), zu 31 % einen Ersten Schulabschluss und in 24 % der Fälle die (Fach-)Hochschulreife (**Abb. E5-2**, unten).

**… vor allem in Teilzeit-Berufsschulen und Berufsfachschulen**

Fast die Hälfte dieser zusätzlichen allgemeinbildenden Schulabschlüsse werden an Berufsfachschulen (48 %) erworben, 22 % an den Teilzeit-Berufsschulen, 19 % in berufsvorbereitenden Bildungsgängen (BVJ/BGJ) und knapp 12 % an Fachschulen (**Abb. E5-2**, oben), wobei gemäß den inhaltlichen Zielsetzungen der Bildungsgänge Unterschiede in den erlangten Abschlüssen bestehen: An den Berufsfachschulen[7], die sowohl vollqualifizierende als auch berufsvorbereitende Angebote umfassen, und an den Teilzeit-Berufsschulen der dualen Ausbildung wird mehrheitlich der Mittlere Schulabschluss erworben. Fachschulen, die insbesondere für die berufliche Weiterbildung zuständig sind, in denen aber auch Erzieher:innen ausgebildet werden, dienen dagegen überwiegend dem zusätzlichen Erwerb der (Fach-)Hochschulreife. In den Schularten, die ausschließlich dem Übergangssektor zuzuordnen sind, wie dem Berufsvorbereitungsjahr, wird wiederum vornehmlich der Erste Schulabschluss nachgeholt (**Abb. E5-2**, unten).

**Geschlechterdifferenz bei zusätzlichen Abschlüssen bedingt durch Besuch unterschiedlicher Bildungsgänge**

Unterschiede zwischen Geschlechtern bestehen weniger in der Häufigkeit des Erwerbs eines zusätzlichen Schulabschlusses als vielmehr hinsichtlich der Art des Schulabschlusses: Frauen, die öfter als Männer in einer Erstausbildung an Fachschulen zu finden sind, erlangen häufiger zusätzlich eine (Fach-)Hochschulreife, während Männer aufgrund ihres höheren Anteils im Übergangssektor (**E1**) häufiger einen Ersten Schulabschluss nachholen (**Tab. E5-7web**). Überdurchschnittlich häufig erwerben zudem Personen nichtdeutscher Staatsangehörigkeit einen zusätzlichen Abschluss

*7 Die Schulstatistik ermöglicht keine Differenzierung der Bildungsgänge an Berufsfachschulen, sodass nicht zwischen vollzeitschulischen Ausbildungen und berufsvorbereitenden Bildungsgängen unterschieden werden kann.*

(**Tab. E5-8web**), eine Gruppe, die gleichfalls überproportional im Übergangssektor vertreten ist, nicht zuletzt durch die Integration Schutz- und Asylsuchender im Zuge der fluchtbedingten Zuwanderung 2015/16 in Angebote des Übergangssektors. Am häufigsten wird von dieser Gruppe ein Erster Schulabschluss erreicht (60 %), gefolgt von einem Mittleren Schulabschluss (34 %) und der (Fach-)Hochschulreife (6 %). Personen deutscher Herkunft erlangen dagegen überwiegend einen Mittleren Schulabschluss (47 %), 30 % eine (Fach-)Hochschulreife und 23 % einen Ersten Schulabschluss.

## Übernahme durch den Ausbildungsbetrieb

Mit dem Übergang in den Arbeitsmarkt stellt sich die Frage der Verwertung des erworbenen Berufsabschlusses. Für das duale System kann mit der Übernahmequote (M) ermittelt werden, wie viele der Ausbildungsabsolvent:innen direkt vom Ausbildungsbetrieb oder einem anderen Betrieb des Unternehmens in ein Beschäftigungsverhältnis übernommen werden und damit friktionsfreie Übergange in den Arbeitsmarkt erleben. Die Übernahmequote ist seit 2012 von 66 % auf 72 % (2020) gestiegen, wobei sich eine unterschiedliche Übernahmepraxis nach Betriebsgröße und Wirtschaftszweig zeigt (**Tab. E5-9web**, **Tab. E5-10web**): Mit zunehmender Betriebsgröße werden mehr Auszubildende übernommen, genauso wie in Wirtschaftszweigen, bei denen durchgängig von einer starken Tarifbindung ausgegangen werden kann (große Industrien, Finanzdienstleistungen, öffentliche Verwaltung oder Baugewerbe), während Auszubildende aus eher klein- und mittelbetrieblichen Dienstleistungsbranchen mit einer größeren Unsicherheit bei der Arbeitsplatzsuche konfrontiert sind. Die Übernahmequote im Jahr 2020 ist dabei auch stark vom Pandemie-Geschehen beeinflusst (vgl. auch Dummert & Umkehrer, 2022); sie hat sich im Vergleich zu 2019 deutlich reduziert (– 5 Prozentpunkte). Überdurchschnittlich stark betroffen sind Auszubildende sowohl in Kleinst- und Kleinbetrieben (**Tab. E5-9web**) als auch in Wirtschaftszweigen, mit erheblichen negativen Auswirkungen der Corona-Pandemie, vor allem im Gastgewerbe (**Tab. E5-10web**).

**Übernahmequote der Ausbildungsbetriebe fällt 2020 – nach einem Anstieg 2019 – auf Vor-Pandemie-Niveau zurück**



## Erwerbsstatus und niveauadäquate Beschäftigung nach Ausbildungsabschluss

Der erfolgreiche Abschluss einer vollqualifizierenden Berufsausbildung von Personen im Alter zwischen 25 bis unter 35 Jahren führt seltener zu Erwerbslosigkeit und Nichterwerbstätigkeit (10 % im Vergleich zu 40 % bei Personen ohne beruflichen Abschluss, **Tab. E5-11web**). Differenziert nach ausgewählten Ausbildungsberufsgruppen offenbaren sich allerdings Unterschiede: Besonders hohe Erwerbstätigenquoten von nahezu 100 % sind bei Absolvent:innen aus den Bereichen Elektro- und Mechatronikberufe, gebäude- und versorgungstechnische Berufe, ITK- und Metallberufe auszumachen (**Abb. E5-3**). Dagegen weisen Absolvent:innen aus dem Bereich Körperpflege und Wellness, den sozialpflegerischen sowie den Verkaufsberufen sowohl eine überdurchschnittliche Nichterwerbstätigen- als auch Erwerbslosenquote auf (**Tab. E5-12web**). Nicht zuletzt der hohe Frauenanteil und familienbedingte Betreuungsaufgaben, aber auch die Arbeitsbedingungen in diesen Berufen tragen zu der schlechteren Arbeitsmarktintegration dieser Absolvent:innengruppen bei.

**Personen mit beruflichem Abschluss seltener erwerbslos und nichterwerbstätig**

Die beruflichen Perspektiven, die mit einem Ausbildungsabschluss einhergehen, zeigen sich auch darin, ob die Absolvent:innen eine Tätigkeit entsprechend ihrer in der Ausbildung erworbenen Fähigkeiten und Kenntnisse finden. Ob eine Tätigkeit als ausbildungsadäquat angesehen werden kann, lässt sich über das Anforderungsniveau der ausgeübten Tätigkeit bestimmen.[8] Dabei zeigt sich, dass Absolvent:innen aus

8 *Die nach der Klassifikation der Berufe (KldB 2010) erfassten Berufe werden 4 Anforderungsniveaus zugeordnet: (1) Helfer:innen- und Anlerntätigkeiten, (2) fachlich ausgerichtete Tätigkeiten, (3) komplexe Spezialist:innentätigkeiten sowie (4) hochkomplexe Tätigkeiten.*

**Abb. E5-3: Anteil erwerbstätiger Ausbildungsabsolvent:innen im Alter von 25 bis unter 35 Jahren im Jahr 2019 nach Berufsgruppen (in %)**

*Quelle: Statistische Ämter des Bundes und der Länder, Mikrozensus* D

**→ *Tab. E5-12web, Tab. E5-13web***

E 5

**Anteil niveauadäquater Beschäftigung differiert nach Berufsgruppen**

sozialpflegerischen Berufen und Berufen in der Körperpflege überdurchschnittlich häufig auf Hilfstätigkeitenniveau arbeiten (**Abb. E5-3**), während Absolvent:innen der qualifizierten kaufmännischen Berufe, Verwaltungs- und Büro- sowie Elektro- und Mechatronikberufe unterdurchschnittliche Beschäftigungsquoten auf An- und Ungelerntenniveau aufweisen.

**Deutschland weist zweithöchste Beschäftigungsquote der EU-27-Staaten bei den 20- bis 34-Jährigen auf**

Die erfolgreiche Arbeitsmarktintegration von Ausbildungsabsolvent:innen in Deutschland wird auch im europäischen Vergleich deutlich: Mit 88 % weist Deutschland die zweithöchste Beschäftigungsquote von Personen im Alter von 20 bis 34 Jahren, die in den letzten 3 Jahren das allgemeine oder berufliche Bildungssystem mit einer Hochschulzugangsberechtigung oder einer abgeschlossenen Berufsausbildung verlassen haben (ISCED-Stufe 3 bzw. 4), im EU-27 G-Vergleich auf und liegt damit deutlich über dem EU-27-Durchschnitt von ca. 73 % (**Tab. E5-14web**). Im Vergleich zu 2019 hat sich allerdings auch in Deutschland im Zuge der Corona-Pandemie der Arbeitsmarkteinstieg erschwert (vgl. **A3**), der Rückgang der Erwerbstätigenquote ist jedoch mit 2,7 Prozentpunkten im EU-27-Vergleich unterdurchschnittlich.

## Methodische Erläuterungen

**Bildungsgänge, die primär zur beruflichen Ausbildung zählen**

Teilzeit-Berufsschulen, das Berufsvorbereitungsjahr und Berufsgrundbildungsjahr, Berufsfachschulen und Fachschulen (inkl. Fachakademien) werden zu den Bildungsgängen gezählt, die primär der beruflichen Ausbildung dienen. Eine klare Aufteilung der Schularten auf die Sektoren der beruflichen Ausbildung ist nur für den dualen, nicht für den vollzeitschulischen Bereich und den Übergangssektor möglich, da z. B. Berufsfachschulen sowohl vollzeitschulische als auch Bildungsgänge im Übergangssektor anbieten. Weiterhin ist zu berücksichtigen, dass zu den Schulen des Gesundheitswesens keine Informationen vorliegen, diese allerdings in der Regel auch keinen allgemeinbildenden Abschluss vergeben (Dielmann et al., 2020, S. 3).

**Übernahmequote**

Im Rahmen des IAB-Betriebspanels werden Unternehmen gefragt, wie viele ihrer Auszubildenden, die im vergangenen Jahr ihre Ausbildung erfolgreich beendeten, von einem Betrieb des Unternehmens übernommen wurden.

# Perspektiven

Seit Jahren sind rückläufige Zahlen der Neuzugänge zur beruflichen Ausbildung zu beobachten, die mit weniger als 900.000 Neuzugängen im Jahr 2021 einen Tiefpunkt erreicht hat (**E1**). Die Einflussfaktoren sind vielfältig: Teilweise ist der Rückgang demografisch bedingt, hat aber auch seine Ursachen in Attraktivitätsproblemen der beruflichen Ausbildung, die sich u. a. im dualen System in anhaltenden und ungelösten Passungsproblemen niederschlagen (**E2**). Diese dürften auch mit den Arbeitsbedingungen und Entwicklungsperspektiven in ausgewählten Berufen in Zusammenhang stehen. Darüber hinaus verstärkt die unzureichende Verknüpfung von beruflicher und akademischer Bildung das Problem, dass im Zuge von Bildungsentscheidungen beide Bereiche als konkurrierende Systeme wahrgenommen werden. Der deutliche Rückgang der Angebote und Nachfrage im dualen System hängt zudem mit Unsicherheiten infolge der Corona-Pandemie zusammen. Diese Entwicklungen haben zu einem schrumpfenden Ausbildungsmarkt geführt, sodass Fragen der Leistungsfähigkeit und Fachkräftesicherung durch die berufliche Ausbildung virulenter werden. Zusätzliche Chancen, jedoch auch Integrationsherausforderungen könnten sich für das Berufsbildungssystem durch die Integration ukrainischer Geflüchteter ergeben, die gegenwärtig jedoch noch schwer abzuschätzen sind.

Probleme der Fachkräftesicherung betreffen auch die Gesundheits-, Erziehungs- und Sozialberufe (**E3**), u. a. bedingt durch erforderliche Personalanpassungen in der stationären und ambulanten Versorgung sowie dem Ersatzbedarf ausscheidender Fachkräfte. Die positive Entwicklung in den Ausbildungszahlen bleibt damit immer noch deutlich hinter der Nachfrage zurück. Die bestehenden Engpässe bei qualifizierten Lehrkräften für diese Berufsfelder (vgl. **H**) verdeutlichen zudem zentrale politische Herausforderungen nicht nur beim Ausbau der Ausbildungen, sondern auch bei der personellen Sicherstellung der Ausbildungen in Schulen und Praxiseinrichtungen.

Sowohl der geringe Rückgang des Übergangssektors als auch anhaltende soziale Disparitäten beim Ausbildungszugang (**E1**) verweisen auf ungenutzte Ausbildungspotenziale. Die in den Koalitionsvertrag aufgenommene Ausbildungsplatzgarantie könnte ein Weg sein, um diese Probleme zumindest zu reduzieren. Jedoch wird dies nur gelingen, wenn zeitgleich Passungs- und Attraktivitätsprobleme bearbeitet werden. Zudem sind in den der beruflichen Ausbildung vorgelagerten Bildungsprozessen basale Kompetenzen so zu fördern, dass Mindestanforderungen an eine Ausbildung von den Ausbildungsinteressierten erreicht werden.

Die politischen Bemühungen der Sicherung des künftigen Fachkräftebedarfs müssen zudem explizit auch Fragen der Ausbildungsqualität und Ausbildungsbedingungen einschließen. Dass Handlungsbedarf besteht, zeigen beispielsweise hohe Abbruchquoten, insbesondere bei Auszubildenden mit maximal Erstem Schulabschluss und mit Migrationshintergrund (**E4**). Hier bleibt auch genauer zu beobachten, wie sich Distanzunterricht und Einschränkungen in der praktischen Ausbildung infolge der Corona-Pandemie auf die Vermittlung von Ausbildungsinhalten und den Kompetenzerwerb ausgewirkt haben.

Brüchige Bildungsverläufe sind nicht nur auf individueller Ebene mit Risiken für Erwerbsverlauf und gesellschaftliche Teilhabe verbunden, sondern führen auch zu Kosten bei Betrieben und Bildungsinstitutionen. Ebenso können sich Fachkräfteengpässe zusätzlich verschärfen. Deshalb sind Maßnahmen zur Verbesserung der Qualität von Berufswahlprozessen und der Stabilisierung des Ausbildungsverlaufs vor und während der Berufsausbildung vor allem für bestimmte Zielgruppen wichtig. Dazu gehören eine frühzeitige und individualisierte, am Entwicklungsstand und Bedarf der Jugendlichen angepasste Berufsorientierung und eine individuelle Ausbildungsbegleitung. Damit stellen sich auch Herausforderungen der Qualifizierung des berufsschulischen und betrieblichen Bildungspersonals (vgl. **H**), sich abzeichnende Problemlagen bei Auszubildenden zu diagnostizieren und zielgerichtete Unterstützungsangebote zu entwickeln. In den letzten Jahren wurden vielfältige Entwicklungsmaßnahmen gefördert, die aber überwiegend projektförmig organisiert, regional begrenzt und insgesamt wenig strukturell angelegt sind, wodurch sie ihre Wirkung in der Breite verfehlen.

Herausforderungen stellen sich in Krisenzeiten auch beim Übergang in die Erwerbstätigkeit: Zwar weist der Ausbildungsabschluss eine hohe Integrationskraft für den Arbeitsmarkt auf, während der Corona-Pandemie hat sich die Arbeitsmarktintegration allerdings verschlechtert, was sich nicht zuletzt auch in einer gesunkenen betrieblichen Übernahmequote zeigt (**E5**). Um lang wirkende negative Effekte auf die Karriereentwicklung zu vermeiden, sind daher Maßnahmen notwendig, die den Übergang ins Berufsleben unterstützen.

# Im Überblick

### Rückläufige Anfänger:innenzahlen, insbesondere im dualen System

Anzahl an Anfänger:innen nach Sektoren der Berufsausbildung

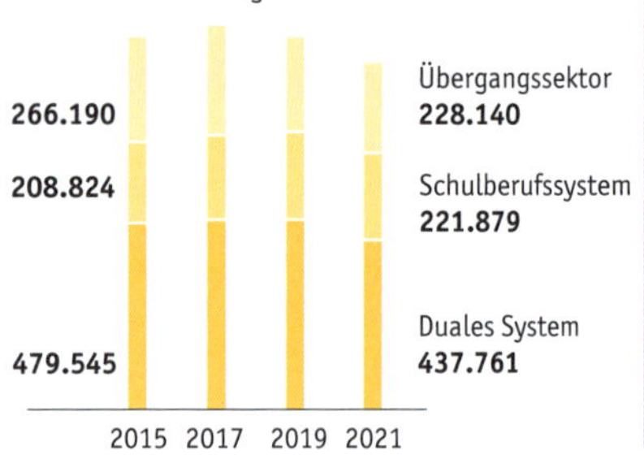

### Deutliche Abnahme von Angebot und Nachfrage nach dualen Ausbildungsplätzen bei steigenden Passungsproblemen

Veränderung gegenüber 2009 (in %) Insgesamt 2021

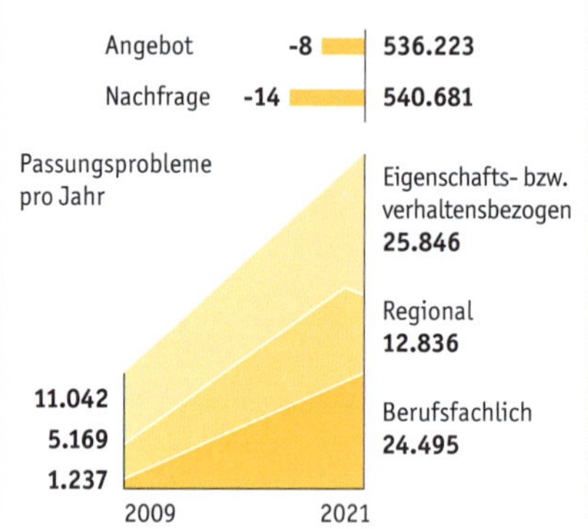

### Anhaltende Ungleichheiten im Ausbildungsverlauf nach Schulabschluss

Wahrscheinlichkeit von Jugendlichen einen Ausbildungsabbruch zu erleben nach Ausbildungsart und Schulabschluss (in %)

| | Duales System | Schulberufssystem |
|---|---|---|
| Mit Erstem Schulabschluss | 33 | 47 |
| Mit Mittlerem Schulabschluss | 22 | 41 |
| Mit (Fach-)Hochschulreife | 19 | 35 |

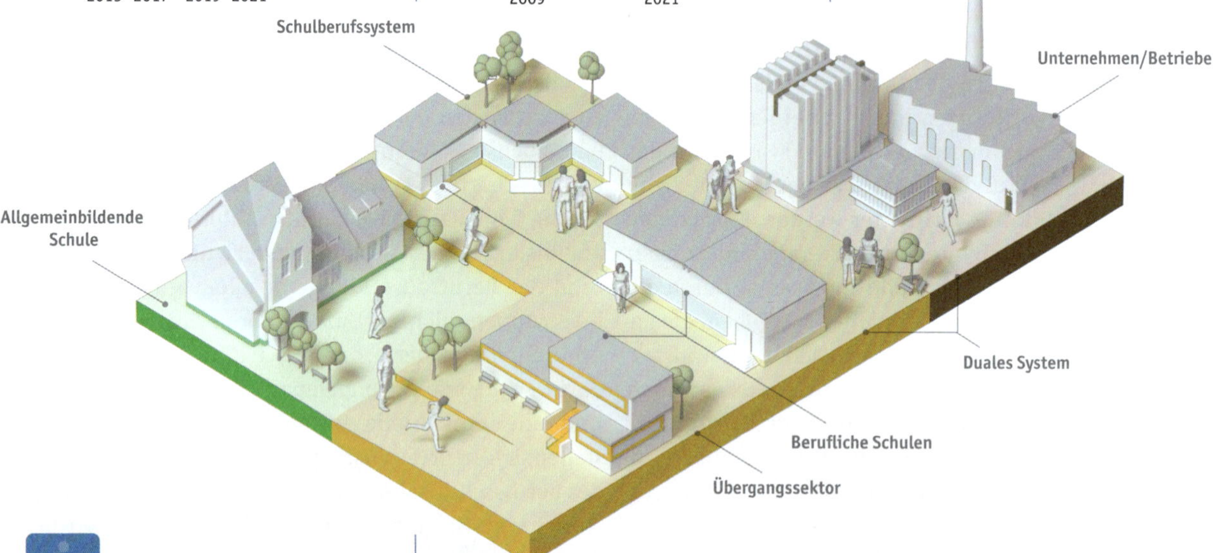

### Mehrheit von Ausbildungsabbrecher:innen mit beruflicher Neuorientierung, häufig aber auch problematische Verläufe

Verteilung der Jugendlichen auf verschiedene Verlaufstypen nach Abbruch der ersten Ausbildung (in %)

### Steigende Anteile der Ausbildungen im Gesundheits-, Erziehungs- und Sozialwesen

Veränderung der Schüler:innenzahl im 1. Schuljahr des Schulberufssystems nach Berufsgruppen 2012 bis 2020 (in %)

| | sinkt | steigt |
|---|---|---|
| Insgesamt | | +1 |
| Berufe im Gesundheitswesen | | +14 |
| Erziehungsberufe | | +16 |
| Sozialpflegerische Berufe | | +9 |
| Berufe innerhalb und außerhalb BBiG/HwO | -48 | |

### Gesunkene Übernahmequote erschwert Arbeitsmarkteinstieg dualer Ausbildungsabsolvent:innen

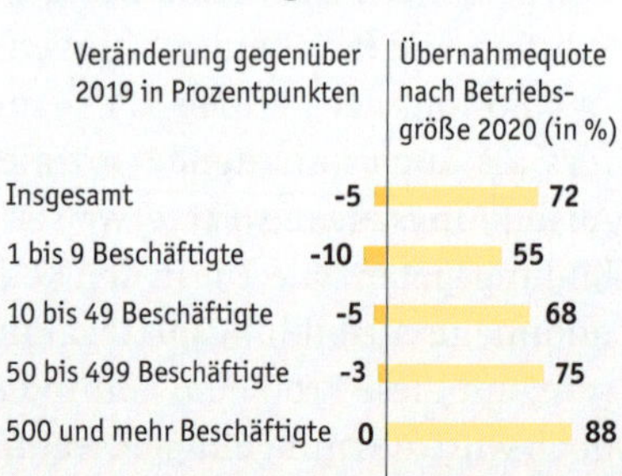

# Hochschule

F

Hochschulische Bildung hat in Deutschland stark an Bedeutung gewonnen. Immer mehr Menschen studieren. Heute nimmt fast die Hälfte der jungen Erwachsenen aus Deutschland ein Studium auf. Aber nicht nur die Teilnahme an hochschulischer Bildung hat sich verändert; merkliche Veränderungen gibt es auch mit Blick auf die Funktion und das Angebot hochschulischer Bildung. Zwar dient die hochschulische Bildung weiterhin vor allem der beruflichen Erstqualifizierung und die meisten Studierenden in Deutschland sind nach wie vor junge Erwachsene; inzwischen wird die hochschulische Bildung aber immer häufiger auch mit weiterbildender Funktion in Anspruch genommen. Hochschulen, insbesondere private Hochschulen als noch relativ junge Akteure in der deutschen Hochschullandschaft, richten sich mit einem hochspezialisierten Studienangebot häufig sehr gezielt an beruflich bereits qualifizierte und berufstätige Studieninteressierte. Der Anteil rein beruflich qualifizierter Studierender, sogenannte Studierende des Dritten Bildungswegs, ist jedoch weiter sehr gering in Deutschland. Nur 4 % der Studienanfänger:innen treten ohne eine schulisch erworbene Studienberechtigung ins Studium ein.

In jüngster Vergangenheit zeigt sich, dass die wachsende Nachfrage von hochschulischer Bildung vorerst zum Stillstand gekommen ist. Der Akademisierungsprozess der Bevölkerung scheint, davon gehen auch aktuelle Prognosen zur Entwicklung der Zahl der Studienanfänger:innen aus, nicht weiter voranzuschreiten. Offenbar wurde ein Sättigungsniveau erreicht. Herkunftsspezifische Disparitäten haben den Prozess der wachsenden Akademisierung jedoch weitgehend überdauert. Die zugrunde liegenden Ursachen dieser anhaltenden Ungleichheiten sollen im diesjährigen Bildungsbericht deshalb erneut tiefergehend beleuchtet werden.

Besondere Berücksichtigung im diesjährigen Hochschulkapitel des Bildungsberichts findet – aus gegebenem Anlass – die Corona-Pandemie. Wie alle anderen Bildungsbereiche stellte (und stellt) die Pandemie auch die hochschulische Bildung vor große Herausforderungen. Eine der größten Herausforderungen war, dass Hochschulen ihr Studien- und Lehrangebot sehr kurzfristig, nur wenige Tage vor Beginn des Sommersemesters 2020, auf digitale Lehr-Lern-Formate umstellen mussten. Noch kurz vor Ausbruch der Pandemie war das hochschulische Bildungsangebot in Deutschland vor allem durch das Modell der Präsenzlehre geprägt. Dieses Modell musste auf digitale und ortsunabhängige Formen des Lehrens und Lernens neu ausgerichtet werden.

Das Hochschulkapitel des Bildungsberichts setzt sich erneut aus verschiedenen analytischen und bildungspolitisch relevanten Perspektiven mit der hochschulischen Bildung auseinander. In **F1** werden zunächst die Struktur der Hochschullandschaft und das Studienangebot näher beleuchtet. Ein besonderer Schwerpunkt liegt, wie erläutert, auf der Frage, inwiefern es Hochschulen gelungen ist, ihr Bildungsangebot in Zeiten der Corona-Pandemie aufrechtzuerhalten. In den Indikatoren **F2** bis **F5** beschäftigt sich das Kapitel entlang des individuellen Bildungsverlaufs mit den verschiedenen Phasen der hochschulischen Bildung, unter Einbeziehung aktueller Befunde zur Corona-Pandemie, auch wenn sich die Auswirkungen der Pandemie in der Hochschulbildung – wie in allen Bildungsbereichen – noch nicht gänzlich abschätzen lassen. Zuerst wird das Augenmerk auf die Gruppe der Studienberechtigten und deren Übertritt in die Hochschule gerichtet (**F2**). Im Anschluss daran werden zentrale Entwicklungen in Bezug auf Studienanfänger:innen und Studierende (**F3**) sowie Studienverläufe (**F4**) dargelegt. Im letzten Indikator **F5** geht es schließlich um Fragen des Studienabschlusses und des beruflichen Verbleibs von Hochschulabsolvent:innen.

Zuletzt im Bildungsbericht 2020 als F1

# Hochschulisches Bildungsangebot

Mit mehr als 21.000 Studiengängen, über 400 Hochschulen und gut 650 Studienstandorten ist das hochschulische Bildungsangebot in Deutschland groß und vielfältig. Das Studienangebot ist in den vergangenen beiden Jahrzehnten deutlich gewachsen und hat sich im Zuge dessen stärker ausdifferenziert. Es gibt immer mehr Studiengänge in Deutschland; alternative Studienformate – wie duale, berufsbegleitende und Fernstudiengänge – gewinnen mit Blick auf das Studienangebot an Bedeutung. Mit privaten Hochschulen sind in verstärktem Maße auch neue Anbieter hochschulischer Bildung hinzugekommen. Insbesondere im Fachhochschulsektor spielen private Hochschulen heute eine wichtige Rolle. Mit einem hochspezialisierten Studienangebot ziehen sie immer mehr Studierende an und übernehmen dabei häufig auch eine weiterbildende Funktion. Das große und immer ausdifferenziertere Studienangebot eröffnet Studieninteressierten und Studierenden einerseits viele Möglichkeiten, kann sie andererseits aber auch vor Orientierungsprobleme stellen (Schneider et al., 2017, S. 119). Im Folgenden werden die zentralen Entwicklungslinien zum hochschulischen Bildungsangebot nachgezeichnet. In einem Exkurs wird auf die Frage eingegangen, inwiefern den Hochschulen die Aufrechterhaltung ihres Studien- und Lehrangebots in der Corona-Pandemie gelungen ist und mit welchen Herausforderungen sie dabei konfrontiert waren.

## Hochschullandschaft

**Private Hochschulen haben sich in der Hochschullandschaft etabliert, …**

Aktuell gibt es mehr als 420 Hochschulen Ⓜ in Deutschland – das sind etwa 100 Hochschulen mehr als noch in den 1990er-Jahren (**Abb. F1-1**, links). Für den starken Zuwachs sind vor allem private Hochschulen verantwortlich, deren Zahl insbesondere zwischen 2000 und 2010 stark anstieg (**Tab. F1-1web, B1**). Waren noch Anfang der 2000er-Jahre private Hochschulen eine Ausnahme in Deutschland, sind sie heute vor allem im Fachhochschulsektor sehr verbreitet. Neben 107 öffentlichen und 17 kirch-

**Abb. F1-1: Zahl der Hochschulen* nach Hochschulart und Trägerschaft (Wintersemester 1995/96 bis 2020/21) und Studienanfänger:innenanteil nach Hochschulart 1995 und 2020**

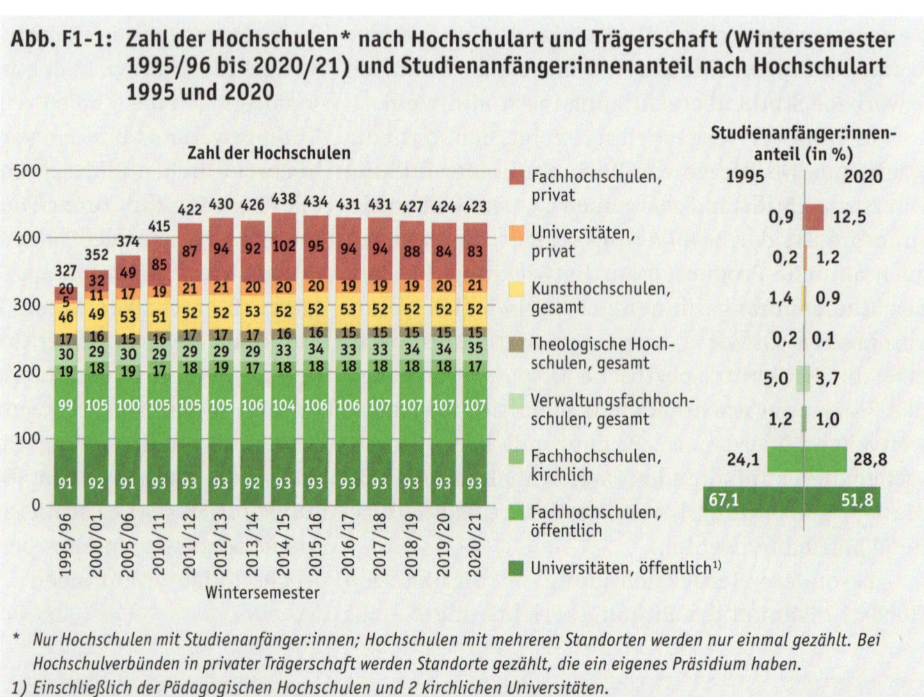


* Nur Hochschulen mit Studienanfänger:innen; Hochschulen mit mehreren Standorten werden nur einmal gezählt. Bei Hochschulverbünden in privater Trägerschaft werden Standorte gezählt, die ein eigenes Präsidium haben.

1) Einschließlich der Pädagogischen Hochschulen und 2 kirchlichen Universitäten.

Quelle: Statistische Ämter des Bundes und der Länder, Hochschulstatistik, eigene Berechnungen

→ Tab. F1-1web

lichen Fachhochschulen gibt es inzwischen mehr als 80 private Fachhochschulen. Im öffentlichen und kirchlichen Bereich zeigt sich dagegen seit vielen Jahren eine sehr hohe Stabilität in der Zahl der Hochschulen. Auch die Zahl privater Hochschulen steigt seit einigen Jahren nicht weiter an; ihre Zahl ist – trotz einer stetig wachsenden Nachfrage nach privater Hochschulbildung (**Tab. F1-2web**) – sogar leicht rückläufig. Die organisationale Dynamik im privaten Hochschulsektor bleibt durch Fusionen, Neugründungen, Übernahmen und Schließungen weiter hoch.

**... insbesondere im Fachhochschulsektor**

Mit Blick auf die Nachfrage setzt sich der Trend einer zunehmenden Privatisierung hochschulischer Bildung weiter fort (**Abb. F1-1**, rechts, **Tab. F1-2web**): Schrieb sich 1995 nur ein gutes Prozent der Studienanfänger:innen in Deutschland an einer privaten Hochschule ein (0,9 % an einer privaten Fachhochschule, 0,2 % an einer privaten Universität), sind es heute fast 14 % (12,5 % an einer privaten Fachhochschule, 1,2 % an einer privaten Universität). Betrachtet man nur Fachhochschulen, dann entscheidet sich heute sogar mehr als jede:r 4. Studienanfänger:in für ein Studium an einer privaten Hochschule (**Tab. F1-2web**). Trotz der wachsenden Bedeutung privater Hochschulbildung wird der Großteil der Studiennachfrage jedoch nach wie vor von öffentlichen Hochschulen getragen.

**Fachhochschulen: Mehr als jede:r 4. Studienanfänger:in entscheidet sich für eine private Hochschule**

Im Schnitt zahlen Studierende an privaten Hochschulen jährlich Studiengebühren in Höhe von 4.200 Euro (**Tab. F1-3web**). Private Hochschulen sind vor allem in Ballungsräumen ansässig; ihr Studienangebot steht jedoch in der Regel überregional zur Verfügung, sei es durch zusätzliche Niederlassungen, Studienzentren oder die Möglichkeit des Fernstudiums (siehe Autorengruppe Bildungsberichterstattung, 2018, Abb. F1-2). Über eine institutionelle Akkreditierung durch den Wissenschaftsrat müssen private Hochschulen nachweisen, dass sie Lehre und Forschung nach anerkannten wissenschaftlichen Maßstäben erbringen und die von ihnen verliehenen Abschlüsse staatlich anerkannt werden (Wissenschaftsrat, 2018).

Die Unterschiede zwischen privaten und öffentlichen Hochschulen sind groß – nicht nur mit Blick auf das Studienangebot, sondern auch auf die Studierenden. Sie sind also keine funktionalen Äquivalente. Private Hochschulen sind in der Regel sehr viel kleiner als öffentliche Hochschulen (**Tab. F1-2web**). Die durchschnittliche Studierendenzahl beläuft sich dort auf etwa 2.760 Studierende (private Fachhochschulen: 3.320, private Universitäten: 1.300) im Vergleich zu etwa 10.800 Studierenden an öffentlichen Hochschulen (öffentliche Fachhochschulen: 7.200, öffentliche Universitäten: 18.850). An privaten Hochschulen sind Studiengänge zudem seltener zulassungsbeschränkt (**Tab. F1-4web**). Auch ist ihr Fächerspektrum deutlich enger und sehr viel spezialisierter. Es dominieren vor allem die Wirtschaftswissenschaften; 37 % der Studienanfänger:innen an privaten Hochschulen schreiben sich in einem wirtschaftswissenschaftlichen Fach ein im Vergleich zu 14 % der Studienanfänger:innen an öffentlichen Hochschulen. Des Weiteren spielen die Gesundheitswissenschaften und psychologische Studienangebote eine große Rolle: 10 bzw. 13 % der Studienanfänger:innen an privaten Hochschulen nehmen ein Studium in diesen Bereichen auf im Vergleich zu 2 % der Studienanfänger:innen an öffentlichen Hochschulen (**Tab. F1-5web**).



**Fächerspektrum an privaten Hochschulen enger und spezialisierter ...**

**... vor allem Wirtschafts- und Gesundheitswissenschaften sowie Psychologie dominieren**

Eine wahrscheinliche Ursache für die hohe Bedeutung der Psychologie ist, dass an privaten Hochschulen das Studienangebot für Studieninteressierte in diesem Bereich einfacher zugänglich ist. An öffentlichen Hochschulen übersteigt die Studiennachfrage in psychologischen Studiengängen seit vielen Jahren das Angebot an Studienplätzen, mit der Folge sehr strikter Zulassungs- und Auswahlkriterien. In Bezug auf die hohe Bedeutung der Gesundheitswissenschaften ist zu bemerken, dass es privaten Hochschulen offenbar besser und schneller gelungen ist, auf die Akademisierung von Gesundheitsberufen und den hohen Fachkräftebedarf in diesem Bereich zu reagieren.

Ein großer Teil des Studienangebots wird hier von privaten Hochschulen getragen (**Tab. F1-4web**): Etwa die Hälfte aller Studienanfänger:innen in den Gesundheitswissenschaften nehmen ihr Studium an einer privaten Hochschule auf; in den zu den Gesundheitswissenschaften zählenden Studienfächern „Nichtärztliche Heilberufe/Therapien" und „Pflegewissenschaft/-management" beläuft sich dieser Anteil auf 50 bzw. 53 % (**Tab. F1-5web**). In kostenintensiven Fächern, insbesondere in den MINT-Fächern, sind private Hochschulen dagegen kaum präsent (siehe Autorengruppe Bildungsberichterstattung, 2020, Abb. F1-2).

**Private Hochschulen richten sich sehr gezielt an beruflich Qualifizierte und Berufstätige**

Private Hochschulen sprechen außerdem andere Studierendengruppen an. Mit ihrem Studienangebot, das häufig in Kooperation mit regionalen Wirtschaftsverbänden, Kammern oder Unternehmen entwickelt wird, richten sich private Hochschulen mit einer weiterbildenden Funktion vielfach sehr gezielt an beruflich Qualifizierte und Berufstätige (Frank et al., 2020). Mit ihrer sehr betonten weiterbildenden Orientierung reagieren private Hochschulen auf einen offenkundig bestehenden Bedarf, den der öffentliche Hochschulsektor – auch aus wettbewerbsrechtlichen Gründen – bisher nicht in gleicher Weise abdecken kann. Vor diesem Hintergrund überrascht es auch nicht, dass es an privaten Hochschulen anteilig sehr viel mehr Studierende des Dritten Bildungswegs gibt (**F3**), also Studierende ohne schulische Hochschulzugangsberechtigung (9 % im Vergleich zu 1 % an öffentlichen Hochschulen). Dies gelingt privaten Hochschulen auch dadurch, dass ein Studium dort sehr viel häufiger mit einer Berufstätigkeit vereinbar ist: Der Anteil von Studiengängen, die sich im Fernstudium oder berufsbegleitend studieren lassen, ist an privaten Hochschulen sehr hoch (**Abb. F1-3** unten).

## Studienangebot

**Mehr als 21.000 Studiengänge**

In Deutschland werden aktuell fast 21.300 Studiengänge Ⓜ angeboten, davon etwa 9.570 Bachelorstudiengänge, gut 10.000 Masterstudiengänge und ca. 1.300 Studiengänge, die zum Staatsexamen führen (**Abb. F1-2**, links). Die Zahl der Studiengänge ist damit heute ungefähr doppelt so hoch wie noch 2005 (**Tab. F1-6web**). Hauptgrund für den starken Zuwachs ist die Umstellung auf konsekutive Studienstrukturen und die damit verbundene Einführung von Bachelor- und Masterabschlüssen in Deutschland. In der Hochphase der Einführung der neuen Studienabschlüsse kamen in Deutschland jährlich zwischen 800 und 1.200 Studiengänge hinzu (**Tab. F1-6web**). Das Wachstum in der Zahl der Studiengänge hält jedoch an, wenngleich seit 2015 mit einer deutlich

**Abb. F1-2: Zahl der Studiengänge und Anteil im April 2022 nach Abschlussarten und Art der Zulassungsbeschränkung**

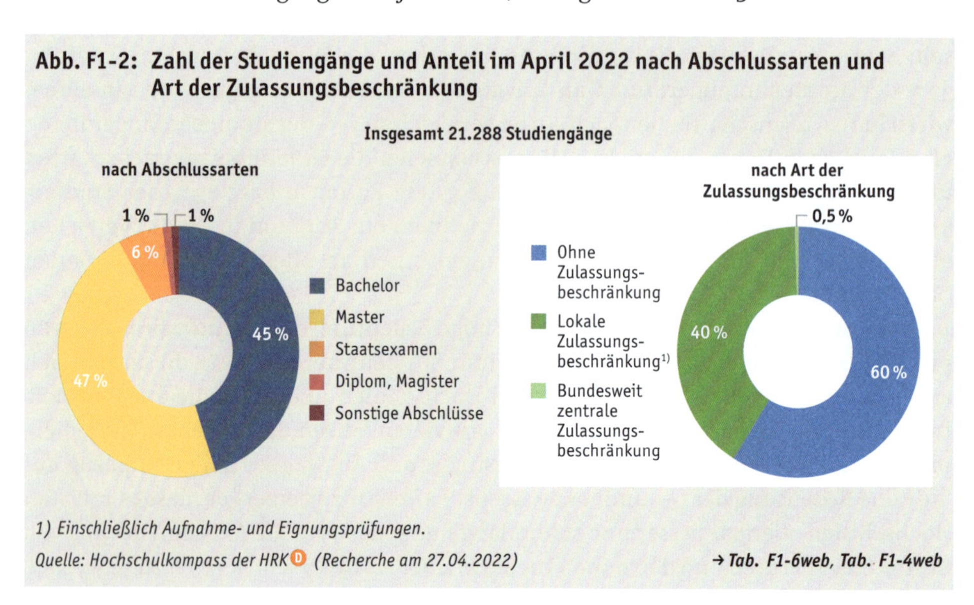


*1) Einschließlich Aufnahme- und Eignungsprüfungen.*

*Quelle: Hochschulkompass der HRK Ⓓ (Recherche am 27.04.2022)*

*→ Tab. F1-6web, Tab. F1-4web*

geringeren Dynamik (durchschnittlicher Zuwachs von unter 500 Studiengängen pro Jahr). Jüngere Anstiege sind vor allem auf eine stärker werdende Spezialisierung von Studiengängen zurückzuführen (vgl. Hachmeister & Grevers, 2019). Auch scheint eine Rolle zu spielen, dass immer mehr Studienformate für inhaltlich gleiche Studiengänge angeboten werden, in denen sich also nur die Organisation (Präsenz-, Fern- oder berufsbegleitendes Studium), nicht jedoch der Inhalt unterscheidet.

**60 % der Studiengänge ohne Zulassungsbeschränkung ...**

Für 60 % der Studiengänge in Deutschland gibt es *keine* Zulassungsbeschränkung, für 40 % eine lokale Zulassungsbeschränkung (**Abb. F1-2**, rechts). Zentrale Zulassungsverfahren sind inzwischen sehr selten (früher: ZVS, heute: Stiftung für Hochschulzulassung). Sie spielen nur noch in wenigen Studiengängen, insbesondere in der Medizin, eine nennenswerte Rolle. Die Bedeutung von Zulassungsbeschränkungen variiert dabei kaum zwischen grundständigen und weiterführenden Studiengängen. Im grundständigen Studium beläuft sich der Anteil zulassungsfreier Studiengänge auf 59 %, im weiterführenden Studium auf 60 %. Besonders selten sind Zulassungsbeschränkungen in den Ingenieurwissenschaften, der Mathematik, den Naturwissenschaften sowie den Sprach- und Kulturwissenschaften. In diesen Fächern gibt es in 60 bis 75 % der Studiengänge keine Zulassungsbeschränkung. Am häufigsten sind Zulassungsbeschränkungen in der Human- und Zahnmedizin. In den Rechts-, Gesellschafts-, Sozial- und Wirtschaftswissenschaften und in grundständigen Lehramtsstudiengängen beläuft sich der Anteil der Studiengänge ohne Zulassungsbeschränkung auf 49 bis 55 % (**Tab. F1-4web**).

**... jedoch mit deutlichen Unterschieden zwischen Fächern ...**

Mit Blick auf die Bedeutung von Zulassungsbeschränkungen lassen sich klare Unterschiede zwischen den Ländern erkennen (**Tab. F1-7web, Tab. F1-8web**). Grund dafür ist eine regional sehr unterschiedliche Studiennachfrage. In den Stadtstaaten Berlin und Hamburg sind Studiengänge aufgrund einer sehr hohen Studiennachfrage erheblich häufiger zulassungsbeschränkt als in Flächenländern. Nur 44 bzw. 48 % der grundständigen Studiengänge und 46 bzw. 39 % der weiterführenden Studiengänge in Berlin und Hamburg sind *nicht* zulassungsbeschränkt. In den ostdeutschen Flächenländern ist der Anteil zulassungsfreier Studiengänge dagegen sehr hoch: Zwischen 65 und 86 % der Studiengänge im grundständigen Studium und 63 bis 78 % der weiterführenden Studiengänge sind dort ohne Zulassungsbeschränkung studierbar. Stark nachgefragte Studiengänge – wie etwa die Rechts- oder Wirtschaftswissenschaften – sind deshalb in ostdeutschen Flächenländern besser zugänglich als andernorts (siehe Autorengruppe Bildungsberichterstattung, 2020, Abb. F1-4).

**... und Ländern**



Auch wenn das „klassische" Vollzeitstudium in einem Präsenzstudiengang nach wie vor dominiert, gewinnen alternative Studienformate im hochschulischen Bildungsangebot an Bedeutung. So gibt es immer mehr duale Studiengänge (**Tab. F1-9web**; Hofmann et al., 2020). In dieser noch vergleichsweise jungen Form des Studierens wird – angelehnt an das Konzept dualer Berufsausbildungen – das Studieren an einer Hochschule mit fest integrierten Praxisphasen in Unternehmen (praxisintegrierendes Modell) oder dem parallelen Erwerb eines beruflichen Ausbildungsabschlusses (ausbildungsintegrierendes Modell) verbunden. Duale Studiengänge werden vor allem im Bachelorstudium und von Fachhochschulen angeboten; im Masterstudium und an Universitäten sind sie selten (**Abb. F1-3**, oben). Dass duale Studiengänge an privaten Hochschulen eine größere Rolle spielen (**Abb. F1-3**, oben), lässt sich vor allem darauf zurückführen, dass private Hochschulen meist Fachhochschulen sind (**Abb. F1-1**). Betrachtet man nur Fachhochschulen, ist der Anteil dualer Studiengänge an privaten und öffentlichen Hochschulen ähnlich hoch (**Tab. F1-9web**).

**Duale Studiengänge vor allem im Bachelor und an Fachhochschulen**

Insbesondere in den Ingenieur- und Wirtschaftswissenschaften hat sich das Duale Studium bereits stärker etablieren können. Seit einigen Jahren kommen das Gesundheitswesen und der Bereich Pflege hinzu. Die Bedeutung des Dualen Studiums

**Abb. F1-3: Bedeutung alternativer Studienformate: Anteil von dualen, berufsbegleitenden und Fernstudiengängen* im Studiengangsangebot (in %, April 2022)**

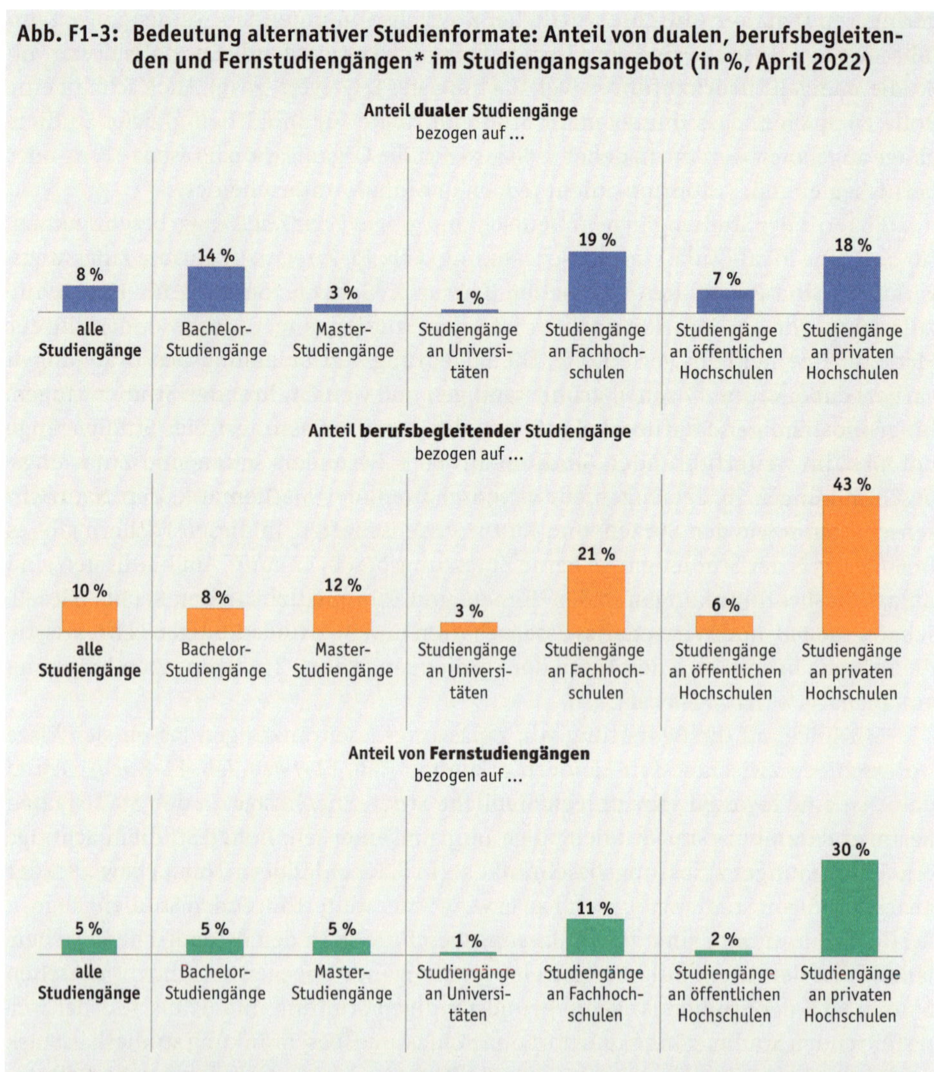


* *Da Studiengänge sowohl als dualer, Fern- und/oder berufsbegleitender Studiengang ausgelegt sein können, können die Werte über die 3 Kategorien hinweg nicht aufaddiert werden.*
*Lesebeispiel: Insgesamt, bezogen auf alle Studiengänge in Deutschland, sind 8 % der Studiengänge als duale Studiengänge ausgelegt. Im Bachelorstudium gibt es mit 14 % mehr duale Studiengänge als im Masterstudium (3 %). Zudem sind die Studiengänge an Fachhochschulen häufiger duale Studiengänge als an Universitäten (19 vs. 1 %). Im Studiengangsangebot von privaten Hochschulen gibt es mehr duale Studiengänge (18 %) als im Studiengangsangebot von öffentlichen Hochschulen (7 %).*
*Quelle: Hochschulkompass der HRK (Recherche am 27.04.2022)* **→ Tab. F1-9web**

variiert jedoch stark innerhalb Deutschlands: Ein Drittel aller Studienanfänger:innen im Dualen Studium schreibt sich an der Dualen Hochschule Baden-Württemberg ein (**Tab. F3-11web**). Außerdem zeigt sich, dass das praxisintegrierende Modell dominiert: 3 von 4 Studienanfänger:innen, die sich in ein Duales Studium einschreiben, studieren in der praxisintegrierenden Studienvariante (Nickel et al., 2022).

**Wachsendes Angebot an berufsbegleitenden und Fernstudiengängen**

Auch das Angebot von berufsbegleitenden und Fernstudiengängen ist gestiegen (**Tab. F1-9web**). Diese Studienformate geben insbesondere Berufstätigen die Möglichkeit, ein Studium aufzunehmen. Mit Ausnahme der Fernuniversität Hagen werden berufsbegleitende und Fernstudiengänge vor allem von privaten Hochschulen angeboten (**Abb. F1-3** Mitte und unten; **Tab. F3-12web**). Dass sich private Hochschulen diesbezüglich klar von öffentlichen Hochschulen unterscheiden, ist nicht darauf zurückzuführen, dass private Hochschulen häufig(er) Fachhochschulen sind: Auch wenn nur Fachhochschulen betrachtet werden, liegt der Anteil von berufsbegleiten-

den und Fernstudiengängen an privaten Hochschulen deutlich höher als an öffentlichen Hochschulen (im Bachelorstudium: 43 bzw. 34 % an privaten Fachhochschulen im Vergleich zu 8 bzw. 3 % an öffentlichen Fachhochschulen; im Masterstudium: 51 bzw. 37 % im Vergleich zu 19 bzw. 5 %, **Tab. F1-9web**). Wie stark das berufsbegleitende Studium nachgefragt wird, lässt sich auf Basis der administrativen Datenbestände bislang nicht verlässlich bestimmen.

## Hochschulisches Bildungsangebot in der Corona-Pandemie

In der Corona-Pandemie standen Hochschulen kurz vor Beginn des Sommersemesters 2020 vor der großen Herausforderung, ihr vorrangig durch Präsenzlehre gekennzeichnetes Studienangebot sehr kurzfristig auf digitale und ortsunabhängige Formate umzustellen. Auch wenn Hochschulen, wie alle anderen Bildungsbereiche, recht unvorbereitet von der Corona-Pandemie getroffen wurden, scheint ihnen die Umstellung auf den digitalen Betrieb und damit die Aufrechterhaltung ihres Bildungsangebots vergleichsweise reibungslos gelungen zu sein (Bosse et al., 2020; Lörz et al., 2020; Stifterverband, 2020; Winde et al., o. J. [2020]): Nur wenige Studierende berichteten im ersten Semester der Pandemie, dass geplante Veranstaltungen in umfassendem Maße oder gänzlich ausfielen; die meisten Veranstaltungen fanden statt, fast immer in digitaler Form (**Abb. F1.4**, links und rechts oben). Dass Hochschulen ihr Bildungsangebot in der Pandemie durch digitale Formate sehr gut zugänglich halten konnten, dürfte in weiten Teilen aber auch damit zu erklären sein, dass sich Hochschulen mit ihrem Bildungsangebot an eine bereits selbstständiger und unabhängiger lernende Personengruppe richten, nämlich Studierende und nicht Schüler:innen oder (Klein-)Kinder.

**Lehrangebot konnte in der Pandemie weitgehend aufrechterhalten werden, ...**

Dies darf jedoch nicht darüber hinwegtäuschen, dass die Umstellung auf den digitalen Lehrbetrieb auch mit Problemen behaftet war bzw. ist (beispielhaft siehe **Abb. F1-4**, unten, auf Basis von Lörz et al., 2020; für einzelne Hochschulen oder Fachrichtungen siehe z. B. Behle, 2021; Berghoff et al., 2021; Hüsch, 2020). In einer Viel-

**Abb. F1-4: Umstellung auf den digitalen Lehrbetrieb in der Corona-Pandemie**

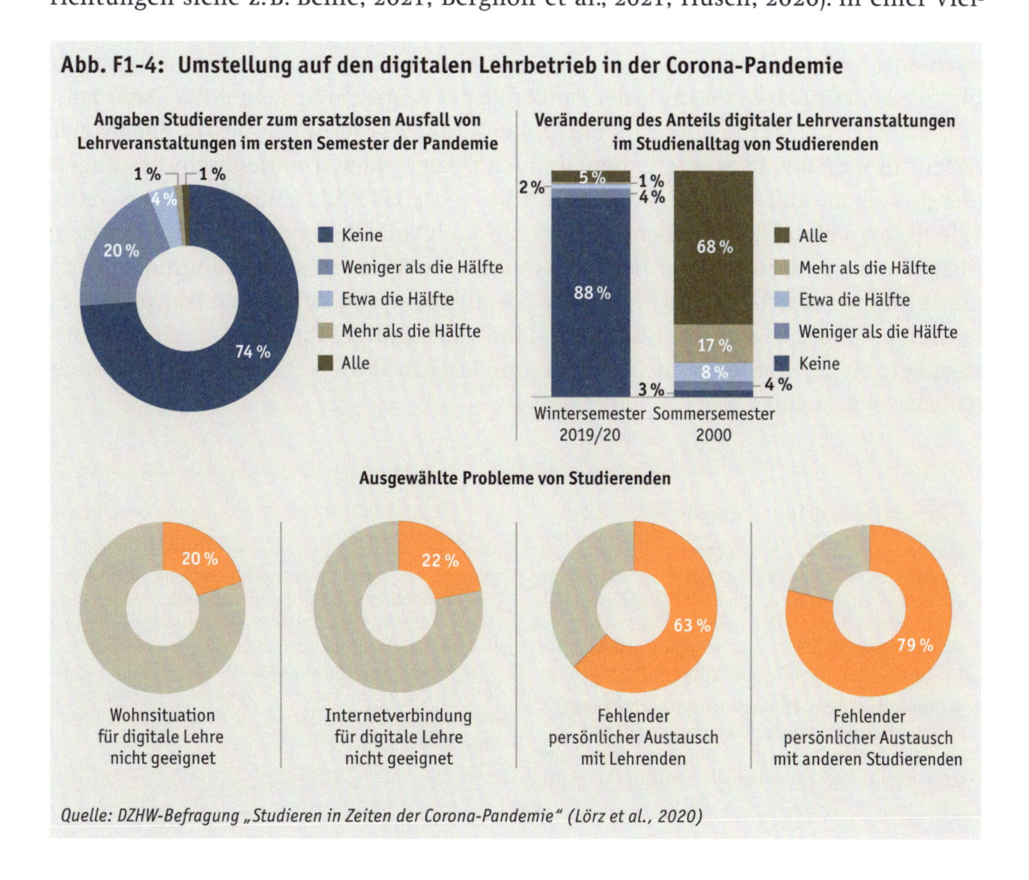


*Quelle: DZHW-Befragung „Studieren in Zeiten der Corona-Pandemie" (Lörz et al., 2020)*

F 1

zahl von Studien, die während der Pandemie durchgeführt wurden, konnte gezeigt werden, dass es insbesondere mit Blick auf die soziale und akademische Integration von Studierenden Probleme gab: Den meisten Studierenden fehlte im rein digitalen Lehrbetrieb der Kontakt und persönliche Austausch mit anderen Studierenden sowie Lehrenden; die Hochschule wurde als sozialer Ort des Austauschs vermisst. Auch wurden, vor allem zu Beginn der Pandemie, Probleme im Zugang zu zentralen Einrichtungen wie Bibliotheken und Laboren berichtet (Berghoff et al., 2021; Winde et al., o.J. [2020]). Zwar war aus Sicht der Hochschulleitungen zu Beginn der Pandemie die rechtssichere Durchführung von Prüfungen schwierig (Bosse et al., 2020), dennoch gelang es den Hochschulen, viele Prüfungen auf Onlineformate umzustellen (Behle, 2021). Auch gibt es Hinweise darauf, dass Studierende in der Pandemie eine höhere psychische Belastung erlebt haben (Zimmer et al., 2021; Behle, 2021; Projektgruppe Healthy Campus Mainz, 2021; Besa et al., 2021; Pfeifer & Legrum-Khaled, 2021).

**... aber deutliche Probleme bei der sozialen und akademischen Integration in der Pandemie**

Darüber, welche Auswirkungen die Umstellung auf den digitalen Lehrbetrieb auf die Qualität des Lehrens und Lernens an Hochschulen hatte, ist noch eher wenig bekannt. Einige Studien legen nahe, dass die Qualität des digitalen Lehrens und Lernens zu Beginn der Pandemie durchaus kritisch zu beurteilen war (Kreidl & Dittler, 2021, S. 21; Hofmann et al., 2021; ASTA Universität Hamburg, 2021) – beispielsweise mit Blick auf die Qualität der Vorbereitung digitaler Veranstaltungen oder auch auf das Anspruchsniveau von Aufgaben in digitalen Veranstaltungen. Im Laufe der Pandemie scheinen sich jedoch die organisatorischen und technischen Abläufe verbessert zu haben (Besa et al., 2021; Widmann et al., 2021; Friedrich-Schiller-Universität Jena, 2021), ein Hinweis darauf, dass sich Hochschulen und Lehrende wenige Tage vor Beginn des Sommersemesters 2020 relativ unvorbereitet mit der Pandemie konfrontiert sahen.

**Über Auswirkungen der Pandemie auf die Qualität der Lehre wenig bekannt**

Die Frage, ob und, wenn ja, in welchem Maße die Corona-Pandemie tatsächlich als Katalysator für eine dauerhafte Veränderung des Lehrens und Lernens an deutschen Hochschulen wirkt, lässt sich derzeit nicht beantworten und wird zu beobachten sein (Zawacki-Richter, 2020). Für den Moment gilt es festzuhalten, dass – nach anfänglicher Euphorie über eine sehr kurzfristig gelungene Umstellung auf digitale Lehrformate – im Laufe der Pandemie der Wunsch nach einer Rückkehr zum Präsenzbetrieb in der Hochschullehre immer lauter wurde, und zwar vonseiten vieler Akteur:innen, sowohl Studierenden als auch Dozierenden und Hochschulleitungen (Berghoff et al., 2021; Sälzle et al., 2021, S. 92–102). Das Bild ist aber durchaus ambivalent. Denn gleichzeitig sehen Studierende auch Vorteile im digitalen Lehrbetrieb, insbesondere eine größere zeitliche und räumliche Flexibilität im Studium, aber auch eine größere Selbstbestimmtheit in der Gestaltung des individuellen Lernprozesses (Stifterverband, 2020; Besa et al., 2021). Eine vollständige Rückkehr zu einem Lehr-Lern-Betrieb wie vor der Pandemie erscheint deshalb aktuell eher unwahrscheinlich (Lübcke et al., 2022).

**Vorteile des digitalen Lehrbetriebs: größere Flexibilität und selbstbestimmteres Lernen**



## Methodische Erläuterungen

**Zahl der Hochschulen und Hochschulstandorte**
Hochschulen mit mehreren Standorten werden hier, anders als im Indikator **B1**, als eine Hochschule gezählt. Es werden dabei nur Hochschulen und Hochschulstandorte berücksichtigt, an denen sich im jeweiligen Wintersemester Studienanfänger:innen eingeschrieben haben.

**(Zählung der) Studiengänge im Hochschulkompass der Hochschulrektorenkonferenz (HRK)**
Der Hochschulkompass ist ein Onlineinformationsangebot der Hochschulrektorenkonferenz (HRK) für Studierende und Studieninteressierte (www.hochschulkompass.de). Der Datenbestand bietet einen Überblick über das Studienangebot in Deutschland. Die teilnehmenden Hochschulen tragen ihre Studiengänge in die Datenbank ein; jeder Studiengang an jeder Hochschule wird also einzeln gezählt. Die Studiengänge können mehreren Fächergruppen oder Standorten zugeordnet sein, sodass es zu Mehrfachzählungen kommen kann.

# Studienberechtigte und Übergang in die Hochschule

Zuletzt im Bildungsbericht 2020 als F2

Obwohl der Zugang zu hochschulischer Bildung deutlich geöffnet und flexibilisiert wurde, qualifizieren sich die allermeisten Studierenden in Deutschland nach wie vor über den Erwerb einer schulischen Hochschulzugangsberechtigung für ein Studium, d. h. über das Abitur oder die Fachhochschulreife. 96 % der Studienanfänger:innen in Deutschland haben ihre Hochschulzugangsberechtigung auf schulischem Wege erworben. Der Indikator **F2** setzt sich deshalb erneut mit der wichtigen Gruppe der sogenannten Studienberechtigten[1] auseinander – also Schüler:innen, die auf schulischem Wege eine Hochschulreife erwerben – und thematisiert deren Übergang ins Studium. Die zentralen Trends aus vorangegangenen Bildungsberichten werden dazu mit Blick auf Studienberechtigtenzahl, Studienberechtigtenquote Ⓜ und Übergangsquote ins Studium fortgeschrieben. Aus analytischer Perspektive wird zudem ein Thema aus dem Bildungsbericht 2020 wieder aufgegriffen und vertieft, nämlich die Frage, wie sich die nach wie vor existierenden sozialen Herkunftsunterschiede beim Übergang von Studienberechtigten ins Studium erklären lassen.

## Studienberechtigte und Wege zur Hochschulreife

2021 erwarben in Deutschland gut 395.000 Schüler:innen das Abitur oder die Fachhochschulreife und damit auf schulischem Wege eine Studienberechtigung (**Tab. F2-1web**). 2015 belief sich die Zahl der Studienberechtigten noch auf gut 445.000. Zurückzuführen ist die Verringerung der Studienberechtigtenzahl vor allem auf demografische Entwicklungen, also kleiner werdende Geburtenjahrgänge (vgl. **A1**).

**Abb. F2-1: Studienberechtigte* nach Schularten und Studienberechtigtenquote 1995 bis 2021** sowie KMK-Vorausberechnung 2022 bis 2030**

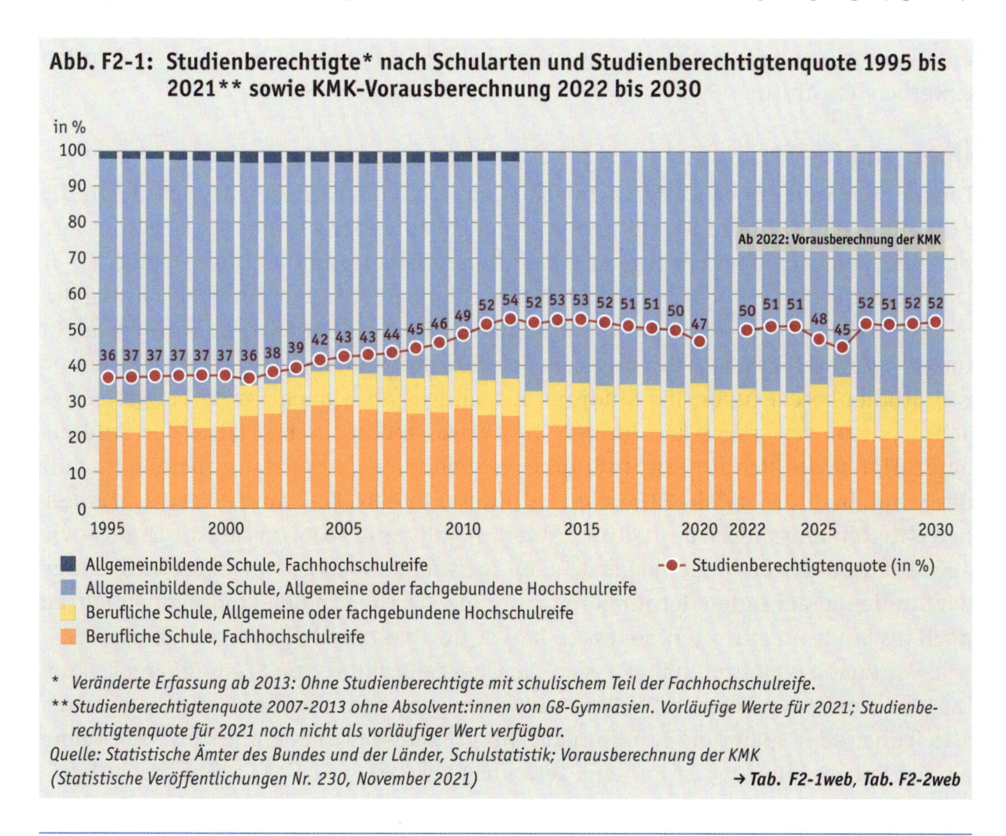


** Veränderte Erfassung ab 2013: Ohne Studienberechtigte mit schulischem Teil der Fachhochschulreife.*
*** Studienberechtigtenquote 2007-2013 ohne Absolvent:innen von G8-Gymnasien. Vorläufige Werte für 2021; Studienberechtigtenquote für 2021 noch nicht als vorläufiger Wert verfügbar.*
*Quelle: Statistische Ämter des Bundes und der Länder, Schulstatistik; Vorausberechnung der KMK (Statistische Veröffentlichungen Nr. 230, November 2021)*
*→ Tab. F2-1web, Tab. F2-2web*

1 *Für eine kritische Anmerkung zur Definition der Gruppe der Studienberechtigten siehe Nickel & Thiele (2022).*

Betrachtet man nämlich die Studienberechtigtenquote, zeigt sich eine hohe Stabilität: Seit gut 10 Jahren bewegt sie sich mit einem Wert um 50 % auf einem anhaltend hohen Niveau. Der Einbruch von 2020 (**Abb. F2-1**) ist nicht als Trendumkehr zu werten. Der Grund dafür liegt vor allem darin, dass Niedersachsen zum G9-Gymnasium zurückgekehrt ist und es deshalb in einem spezifischen Land für das Jahr 2020 ausnahmsweise weniger Studienberechtigte aus allgemeinbildenden Schulen gab.

Abgesehen von solchen länderbezogenen Einmaleffekten, die in den Jahren 2025 und 2026 auch Bayern und Nordrhein-Westfalen betreffen werden, gehen die aktuellen Vorausberechnungen der Kultusministerkonferenz bis mindestens 2030 von einer stabil bleibenden Studienberechtigtenquote aus (**Abb. F2-1**, rechts, **Tab. F2-1web**). Der über viele Jahrzehnte zu beobachtende Trend eines stetigen Bedeutungszuwachses im Erwerb der Hochschulreife scheint also zunächst nicht weiter voranzuschreiten und auf hohem Niveau zu stagnieren (vgl. **D7**).

**Bedeutungszuwachs der Hochschulreife schreitet nicht weiter voran**

In den meisten Fällen erwerben Studienberechtigte die Allgemeine Hochschulreife. Diese ermöglicht ihnen ein Studium sowohl an Universitäten als auch an Fachhochschulen. Gut 20 % der Studienberechtigten erwerben die Fachhochschulreife (**Tab. F2-1web**), welche zur Aufnahme eines Studiums an einer Fachhochschule berechtigt. Die fachgebundene Hochschulreife, die die Aufnahme eines Studiums auf bestimmte Fächer beschränkt, ist eher selten, sogar so selten, dass sie in der amtlichen Statistik nur gemeinsam mit der Allgemeinen Hochschulreife ausgewiesen wird. Etwa zwei Drittel der Hochschulreifen in Deutschland werden an allgemeinbildenden Schulen erworben, fast ausschließlich das Abitur (**Tab. F2-2web**). Aber auch berufliche Schulen spielen für den Erwerb der Hochschulreife eine wichtige Rolle (vgl. **D7**): Gut ein Drittel aller Studienberechtigten in Deutschland erwirbt die Hochschulreife an einer beruflichen Schule; in etwa 60 % der Fälle handelt es sich dann um die Fachhochschulreife. Anders als bei Studienberechtigten von allgemeinbildenden Schulen spielt die Fachhochschulreife bei Studienberechtigten von beruflichen Schulen also eine klar erkennbare Rolle. 40 % der Studienberechtigten von beruflichen Schulen erwerben das Abitur.

**Berufliche Schulen spielen wichtige Rolle beim Erwerb der Hochschulreife, …**

**… insbesondere der Fachhochschulreife**



## Übergang ins Studium

Die meisten Studienberechtigten entscheiden sich nach Verlassen der Schule für die Aufnahme eines Studiums. Ob und wie viele Studienberechtigte ein Studium aufnehmen, lässt sich über die sogenannte Studienübergangsquote abbilden (**Abb. F2-2**). Diese beziffert, wie hoch der Anteil von Studienberechtigten eines Abschlussjahrgangs ist, die sich für ein Studium entscheiden. Da der Übertritt ins Studium nicht immer unmittelbar nach Abschluss der Schule erfolgt, lässt sich die Übergangsquote von Studienberechtigten ins Studium erst einige Jahre nach ihrem Verlassen des Schulsystems verlässlich bestimmen. Nur etwas mehr als die Hälfte der Studienberechtigten, die sich für ein Studium entscheiden, beginnen damit bereits im Jahr des Schulabschlusses (**Tab. F2-3web**). Der jüngste in **Abb. F2-2** ausgewiesene Studienberechtigtenjahrgang ist deshalb der Abschlussjahrgang 2016, für den die Quote – wie auch für die anderen jüngeren Jahrgänge – aber sicher noch unterschätzt wird. Einige der Studienberechtigten der jüngeren Jahrgänge werden in den kommenden Jahren noch ins Studium eintreten, sodass sich die Quote vermutlich noch erhöht.

Vor knapp 10 Jahren näherte sich die Übergangsquote von Studienberechtigten ins Studium erstmals einem Wert von 80 % an. 4 von 5 Studienberechtigten nahmen also früher oder später ein Studium auf. Jüngst zeichnet sich ein leichter Rückgang ab. Der Sprung für 2013 ist auf eine veränderte Erfassung(M) der Fachhochschulreife in der Studienberechtigtenstatistik zurückzuführen. Verwendet man das ursprüngliche Berechnungsverfahren, zeigt sich dieser sprunghafte Anstieg nicht (**Abb. F2-2**).

**Etwa 80 % der Studienberechtigten nehmen ein Studium auf**

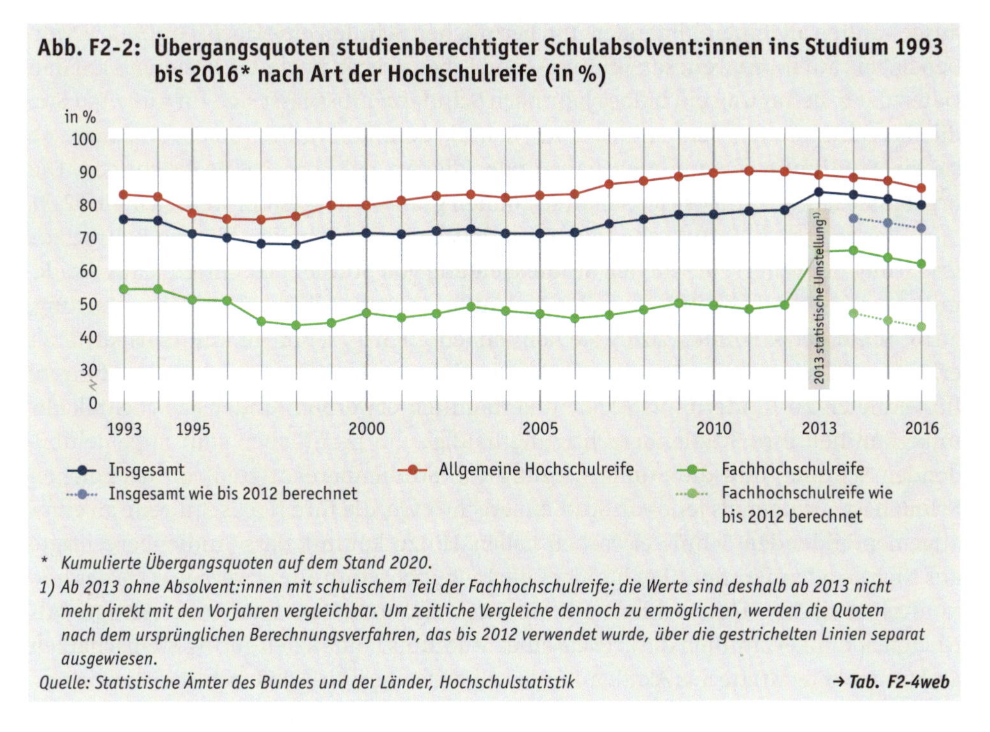


**Abb. F2-2: Übergangsquoten studienberechtigter Schulabsolvent:innen ins Studium 1993 bis 2016* nach Art der Hochschulreife (in %)**

* *Kumulierte Übergangsquoten auf dem Stand 2020.*

1) *Ab 2013 ohne Absolvent:innen mit schulischem Teil der Fachhochschulreife; die Werte sind deshalb ab 2013 nicht mehr direkt mit den Vorjahren vergleichbar. Um zeitliche Vergleiche dennoch zu ermöglichen, werden die Quoten nach dem ursprünglichen Berechnungsverfahren, das bis 2012 verwendet wurde, über die gestrichelten Linien separat ausgewiesen.*

*Quelle: Statistische Ämter des Bundes und der Länder, Hochschulstatistik* **→ *Tab. F2-4web***

Es handelt sich hier also um ein statistisches Artefakt aufgrund einer Umstellung in der Berechnungsgrundlage.

Ob Studienberechtigte ein Studium aufnehmen oder nicht, hängt stark davon ab, welche Art von Hochschulreife sie erworben haben (**Abb. F2-2**). Wurde das Abitur erworben, entscheiden sich mehr als 80 % der Studienberechtigten, also die überwiegende Mehrheit, für ein Studium. Handelt es sich um die Fachhochschulreife, ist die Übergangsquote ins Studium deutlich niedriger und beläuft sich aktuell – unter Verwendung des früheren Berechnungsverfahrens – auf etwa 40 %.

## Soziale Herkunftsdisparitäten am Übergang ins Studium

**Kinder aus Nichtakademikerfamilien in der Gruppe der Studierenden nach wie vor unterrepräsentiert**

Kinder aus Nichtakademikerfamilien studieren deutlich seltener als Kinder aus Akademikerfamilien. Ein beachtlicher Teil dieser herkunftsspezifisch unterschiedlichen Teilhabe an hochschulischer Bildung ist bereits in der schulischen Bildung angelegt: Kinder aus Nichtakademikerfamilien besuchen seltener das Gymnasium, erwerben deshalb seltener eine Hochschulreife und sind in der Folge in der Gruppe der Studierenden unterrepräsentiert (vgl. z. B. Kracke et al., 2018; Schindler, 2014; Müller & Pollak, 2007). Aber selbst bei jenen Kindern aus Nichtakademikerfamilien, die die Hochschulreife erworben haben, zeigen sich klare Herkunftsunterschiede und Studienberechtigte aus Nichtakademikerfamilien entscheiden sich deutlich seltener für ein Studium als Studienberechtigte aus Akademikerfamilien (siehe z. B. Quast et al., im Erscheinen; Lörz, 2012; Becker & Hecken, 2008).

Wie aber lassen sich diese sozialen Herkunftsunterschiede in der Studierwahrscheinlichkeit von Studienberechtigten erklären? Dieser Frage, die im Bildungsbericht 2020 bereits angerissen wurde, soll im diesjährigen Bildungsbericht über eine Dekompositionsanalyse von Quast et al. (im Erscheinen) vertiefend nachgegangen werden. Eine solche Dekomposition ermöglicht Einblicke darin, wie groß die Bedeutung verschiedener Faktoren bei der Erklärung herkunftsspezifischer Unterschiede in der Studierneigung von Studienberechtigten ist. Grundlage dafür sind die Daten des Studienberechtigtenpanels (D) 2018 des Deutschen Zentrums für Hochschul- und Wissenschaftsforschung. In dieser Panelstudie werden Schüler:innen, die im Jahr 2018 an ausgewählten allgemeinbildenden und beruflichen Schulen eine Hochschulreife erworben haben, auf ihren weiteren Bildungs- und Lebenswegen begleitet. Basierend auf den Daten der 2. Befragung ein halbes Jahr nach Schulabschluss lässt sich für gut 7.150 Studienberechtigte aus Akademiker- und Nichtakademikerfamilien nachvollziehen, ob sie ein Studium aufgenommen haben oder dies in Zukunft fest beabsichtigen. Die Ergebnisse der Dekompositionsanalyse können grafisch dargestellt werden (**Abb. F2-3**).

Hier zeigt sich: Schulische Leistungen leisten nur einen eher kleinen Beitrag zur Erklärung der unterschiedlichen Studierneigung von Studienberechtigten aus Akademiker- und Nichtakademikerfamilien (vgl. Autorengruppe Bildungsberichterstattung, 2020; Schindler & Reimer, 2010). Sie können lediglich 15 % der Herkunftsdisparitäten erklären. Weitere 8 % lassen sich auf bildungsbiografische Unterschiede zurückführen: Im Vergleich zu Kindern aus Akademikerfamilien erwerben Kinder aus Nichtakademikerfamilien ihre Studienberechtigung häufiger an beruflichen statt allgemeinbildenden Schulen, und die Studierneigung von Studienberechtigten von beruflichen Schulen ist geringer als jene von Studienberechtigten, die ihre Hochschulreife an einer allgemeinbildenden Schule erworben haben. Hinzu kommt, dass Studienberechtigte aus Nichtakademikerfamilien häufiger die Fachhochschulreife erwerben. 11 % der herkunftsspezifischen Unterschiede erklären sich dadurch, dass Studienberechtigte aus Nichtakademikerfamilien die Erträge eines Studiums tendenziell geringer einschätzen als Studienberechtigte aus Akademikerfamilien; weitere 20 % dadurch, dass sie die Kosten eines Studiums höher einschätzen als Studienberechtigte aus Akademikerfamilien, insbesondere den finanziellen Kosten kommt hier mit 15 % eine hohe Bedeutung zu. 17 % der sozialen Disparitäten sind darin begründet, dass sich akademisch gebildete Eltern häufiger als nichtakademisch gebildete Eltern wünschen, dass ihr Kind studiert. Weitere 6 % lassen sich darauf zurückführen, dass Studienberechtigte aus Akademikerfamilien häufiger Freund:innen haben, die ebenfalls studieren wollen.

**Vielzahl von Faktoren erklären herkunftsspezifische Ungleichheiten beim Übergang ins Studium, …**



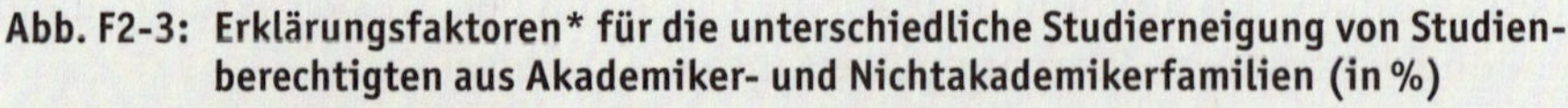

**Abb. F2-3: Erklärungsfaktoren* für die unterschiedliche Studierneigung von Studienberechtigten aus Akademiker- und Nichtakademikerfamilien (in %)**

* *Die Erklärungsfaktoren wurden wie folgt operationalisiert: (1) Abschlussnote der Hochschulreife; (2) bildungsbiografische Merkmale: besuchte Schulart (allgemeinbildende Schule vs. berufliche Schule) und Art der Hochschulreife sowie vorangegangener Abschluss einer Ausbildung; (3) wahrgenommene Erträge eines Studiums: relative Einschätzung der Aussicht auf (a) einen gut bezahlten Job, (b) einen angesehenen Job, (c) einen interessanten Job, (d) arbeitslos zu werden; sozioökonomischer Status des Wunschberufs; Wichtigkeit des Berufsziels zum wissenschaftlichen Arbeiten; Zeitpräferenz der Einkommensentwicklung; (4) wahrgenommene Kosten eines Studiums: finanzielle Kosten eines Studiums (Kostensensibilität der Studienentscheidung, Schwierigkeiten bei der Übernahme verschiedener Kosten während eines Studiums, eingeschätzte Einkommensverluste während eines Studiums, Wunsch nach baldiger finanzieller Unabhängigkeit), soziale Kosten eines Studiums (Wunsch nach Nähe zum Heimatort sowie zu Eltern, Verwandten oder Freund:innen); räumliche Kosten (mittlere Distanz zu den nächsten 3 Hochschulen); (5) antizipierte Studienerfolgswahrscheinlichkeit: subjektive Einschätzung, das Studium erfolgreich abschließen zu können; (6) elterlicher Studienwunsch: Präferenz von Eltern für Studium oder berufliche Ausbildung (oder keine Präferenz); (7) Freund:innen wollen studieren: Abfrage, ob die meisten meiner Freund:innen wollen oder nicht.*
*Kontrollvariablen: Geschlecht und Migrationshintergrund.*

*Quelle: Quast et al. (im Erscheinen), DZHW-Studienberechtigtenpanel 2018, n = 7.146*

Den sozialen Herkunftsdisparitäten liegt also eine Vielzahl sehr unterschiedlicher Faktoren zugrunde. Dies stellt bildungspolitische Bemühungen vor die Herausforderung, dass sie an vielen unterschiedlichen Stellen ansetzen müssen (und können), wenn sie das Ziel verfolgen, herkunftsspezifische Ungleichheiten am Übergang ins Studium abzubauen. Die Ergebnisse der Dekompositionsanalyse machen zudem deutlich, dass – wenn die genannten Faktoren berücksichtigt werden – die herkunftsspezifischen Disparitäten in der Studierneigung von Studienberechtigten größtenteils aufgeklärt werden können. Nur 9 % der Unterschiede bleiben unerklärt.

**... bildungspolitische Bemühungen zum Abbau sozialer Ungleichheiten müssen deshalb an vielen Stellen ansetzen**

Weiterführende Analysen zeigen, dass es keine erkennbaren Unterschiede mehr in der Studierneigung der untersuchten Studienberechtigten gibt, wenn man die in **Abb. F2-3** ausgewiesenen Faktoren in die Vorhersage der herkunftsspezifischen Studierneigung einbezieht. Werden diese erklärenden Einflussfaktoren, in denen sich Studienberechtigte aus Akademiker- und Nichtakademikerfamilien voneinander unterscheiden, *nicht* im Modell berücksichtigt, ist die Studierwahrscheinlichkeit von Studienberechtigten aus Akademikerfamilien um fast 13 Prozentpunkte höher als jene von Studienberechtigten aus Nichtakademikerfamilien, und dieser Unterschied von 13 Prozentpunkten ist statistisch hoch signifikant. Fließen die genannten Faktoren jedoch ins Modell ein, reduziert sich der Unterschied auf gut einen Prozentpunkt und ist statistisch *nicht* mehr signifikant. Das heißt also: Eben *weil* sich Studienberechtigte aus Akademiker- und Nichtakademikerfamilien in genau diesen für die Aufnahme eines Studiums entscheidenden Aspekten voneinander unterscheiden – sie also nicht die gleichen Schulabschlussnoten erzielen, andere Bildungsbiografien haben, die Kosten, Erträge und Erfolgswahrscheinlichkeiten eines Studiums unterschiedlich beurteilen, sich ihre Eltern nicht gleich häufig wünschen, dass ihr Kind studiert, und auch die Bildungsaspirationen ihrer Freund:innen unterschiedlich sind –, zeigen sich die signifikanten Herkunftsunterschiede in der Studierneigung der Studienberechtigten. Gäbe es all diese Unterschiede nicht, ließen sich in der verwendeten Datenbasis mit der dargestellten Modellierung *keine* erkennbaren Disparitäten mehr in der Studierneigung von Studienberechtigten aus Akademiker- und Nichtakademikerfamilien nachweisen. Die herkunftsspezifischen Disparitäten lassen sich analytisch also komplett aufklären.



### Methodische Erläuterungen

**Studienberechtigtenquote**
Die Studienberechtigtenquote gibt an, wie hoch der Anteil von Personen ist, die die Schule mit einer Hochschulreife verlassen haben. Dazu wird für jeden einzelnen Altersjahrgang die Zahl der Absolvent:innen von allgemeinbildenden oder beruflichen Schulen, die die Schule mit der Hochschulreife verlassen haben, in Relation zur altersgleichen Bevölkerung gesetzt. Die so für die einzelnen Altersjahrgänge ermittelten Anteile werden anschließend zur Studienberechtigtenquote aufsummiert.

**Veränderte Erfassung der Fachhochschulreife in der Studienberechtigtenstatistik**
Während früher Schulabsolvent:innen, die nur den schulischen Teil der Fachhochschulreife abgeschlossen haben, in der Schulstatistik als Studienberechtigte betrachtet wurden, werden sie seit 2013 nicht mehr zu den Studienberechtigten gezählt. Das zugrunde liegende Argument ist, dass Schulabsolvent:innen, die die Schule mit dem schulischen Teil der Fachhochschulreife verlassen, für den Erwerb der vollen Fachhochschulreife zunächst noch eine Ausbildung oder ein längeres betriebliches Praktikum absolvieren müssen. Erst dann können sie ein Studium aufnehmen. Diese Umstellung in der Erfassung hat die Zahl der Studienberechtigten verringert. Bei Studienanfänger:innen wird hingegen nicht berücksichtigt, ob zunächst nur der schulische Teil der Fachhochschulreife erworben wurde. Die genannten Schulabsolvent:innen werden nach wie vor in der Betrachtung berücksichtigt. Dies führt rechnerisch dazu, dass sich die Übergangsquote ab 2013 schlagartig erhöhte.

Zuletzt im Bildungsbericht 2020 als F3

# Studienanfänger:innen und Studierende

Wie entwickelt sich die Studiennachfrage in Deutschland? Und für welche Art von Hochschulbildung entscheiden sich Menschen, etwa mit Blick auf das gewählte Studienfach oder die besuchte Hochschule? Dies sind bildungspolitisch relevante Fragen, nicht nur weil sie Aussagen über die benötigten Kapazitäten und die Auslastung des hochschulischen Bildungssystems ermöglichen; sie erlauben auch Schlussfolgerungen, wie sich das Angebot an akademisch qualifizierten Arbeitskräften kurz- und mittelfristig entwickeln wird. Von Bedeutung ist dabei nicht nur, wie viele akademisch qualifizierte Arbeitskräfte insgesamt in Deutschland ausgebildet werden, sondern auch in welchen Bereichen. Aspekte der Studiennachfrage stehen deshalb im Mittelpunkt der folgenden Darstellungen. Dabei zeigt sich: Der über viele Jahrzehnte zu beobachtende und stetig voranschreitende Akademisierungsprozess ist zum Stillstand gekommen. Die Corona-Pandemie hat eine Verringerung der Studiennachfrage verursacht, vor allem – und dies überrascht nicht – aufgrund einer weniger starken Zuwanderung internationaler Studierender in Zeiten der Pandemie.

## Entwicklung der Studiennachfrage

**Stabile Studienanfänger:innenzahl bis 2030 erwartet**

Pro Jahr nehmen etwa 500.000 Menschen ein Studium in Deutschland auf, darunter sowohl inländische als auch internationale Studierende und Studienanfänger:innen unterschiedlichen Alters. Nach einer langen Periode des stetigen Wachstums stagniert die Zahl der Studienanfänger:innen seit gut 10 Jahren mit nur geringfügigen Schwankungen auf einem hohen Niveau (**Abb. F3-1**, **Tab. F3-1web**). Der jüngste Einbruch ist auf die Corona-Pandemie zurückzuführen. Aufgrund der Pandemie sind weniger Studierende aus dem Ausland zugewandert (hierzu siehe Abschnitt „Internationale Studierende und Studierendenmobilität" weiter unten). Betrachtet man allein die Zahl der inländischen Studienanfänger:innen, ist kein Rückgang der Studienanfänger:innenzahlen erkennbar (**Abb. F3-1**). Hier ist die Zahl auch im Jahr 2020 stabil geblieben; für 2021 liegt die

**Abb. F3-1: Zahl der Studienanfänger:innen* 1995 bis 2021** (Ist-Werte) und Vorausberechnung bis 2030**

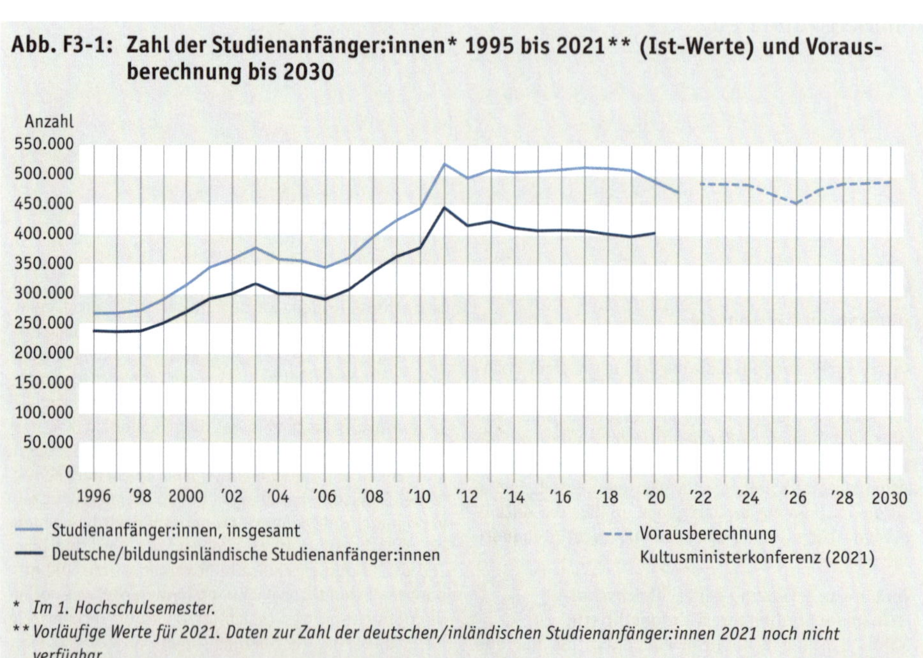


* *Im 1. Hochschulsemester.*
** *Vorläufige Werte für 2021. Daten zur Zahl der deutschen/inländischen Studienanfänger:innen 2021 noch nicht verfügbar.*
*Quelle: Statistische Ämter des Bundes und der Länder, Hochschulstatistik, Vorausberechnung der KMK, Statistische Veröffentlichungen, Dokumentation Nr. 229, November 2021*

→ *Tab. F3-2web*

Zahl inländischer Studienanfänger:innen noch nicht vor. Die aktuelle Prognose der Kultusministerkonferenz geht davon aus, dass auch für die kommenden Jahre mit einer anhaltend hohen und – abgesehen von kleineren Einmaleffekten verursacht durch die Rückkehr einzelner Länder zum G9-Gymnasium (siehe **F2**) – vergleichsweise stabil bleibenden Studiennachfrage zu rechnen ist.

Der Akademisierungsprozess hat sich in Deutschland insbesondere ab Mitte der 2000er-Jahre mit einer erhöhten Dynamik vollzogen, wie der Blick auf die Studienanfänger:innenquote(M) zeigt. Zuletzt nahm mit etwa 47 % fast die Hälfte der jungen Erwachsenen aus Deutschland ein Studium auf (**Tab. F3-1web**). Zum Vergleich: In den 1970er-Jahren waren es weniger als 20 %, in den 1980er-Jahren gut 25 % und noch im Jahr 2005 nur 31 % (**Tab. F3-1web**; Lundgreen, 2008; Wolter, 2017).[2] Besonders rasant schritt der Akademisierungsprozess ab Mitte der 2000er-Jahre voran. Innerhalb weniger Jahre stieg die inländische Studienanfänger:innenquote um etwa 15 Prozentpunkte und hat sich seither auf einem Niveau von ungefähr 45 % stabilisiert (**Tab. F3-1web**). Im internationalen Vergleich bewegt sich Deutschland mit Blick auf die Bedeutung tertiärer Bildung inzwischen annähernd auf Niveau des OECD-Durchschnitts (**Tab. F3-3web**). Dazu ist jedoch zu ergänzen, dass bei den international vergleichenden Betrachtungen tertiärer Bildung neben hochschulischen Bildungsabschlüssen auch solche berücksichtigt werden, die bei einer deutschlandspezifischen Betrachtung in der Regel der beruflichen Bildung zugeordnet werden (z. B. Erzieher:innenausbildung oder Meister:innenabschlüsse).

**Studierende des Dritten Bildungswegs nach wie vor sehr kleine Gruppe**

Die meisten Studienanfänger:innen erwerben ihre Hochschulzugangsberechtigung nach wie vor auf schulischem Wege, insbesondere über das Abitur (**F2**). 2009 hat die Kultusministerkonferenz den Hochschulzugang für beruflich Qualifizierte ohne schulische Hochschulzugangsberechtigung deutlich erleichtert. Zwar hat sich seither der Anteil von Studienanfänger:innen, die über den sogenannten Dritten Bildungsweg in die hochschulische Bildung eintreten, etwa verdreifacht (**Tab. F3-4web**); der Anteil ist mit aktuell 4 % aber nach wie vor eher gering. Studienanfänger:innen des Dritten Bildungswegs entscheiden sich sehr häufig für ein Studium an einer Fachhochschule statt an einer Universität (73 vs. 27 %). Sie schreiben sich außerdem in mehr als 40 % der Fälle in ein Fernstudium ein, zudem überdurchschnittlich häufig an privaten Hochschulen (**Tab. F3-5web**; Kerst & Wolter, im Erscheinen). Studierende des Dritten Bildungswegs studieren außerdem häufig ein Fach, das mit ihrem Ausbildungsberuf verwandt ist (Wolter et al., 2015), auch weil der Hochschulzugang über eine berufliche Ausbildung in vielen Ländern auf ein mit dem Ausbildungsberuf verwandtes Studienfach beschränkt ist.



## Hochschul- und Studienfachwahl

**Fast die Hälfte der Studienanfänger:innen entscheidet sich heute für eine Fachhochschule**

Immer mehr Studienanfänger:innen entscheiden sich für ein Studium an einer Fachhochschule. Während die Studiennachfrage an Universitäten seit einigen Jahren stagniert, jüngst sogar leicht rückläufig ist, zeigt sich im Fachhochschulsektor eine immer stärker werdende Nachfrage: 2021 entschieden sich 47 % und damit fast die Hälfte aller Studienanfänger:innen für ein Studium an einer Fachhochschule (**Abb. F3-2, Tab. F3-1web, Tab. F3-6web**). Fachhochschulische Bildung wird inzwischen also fast genauso häufig nachgefragt wie universitäre Bildung. Zum Vergleich: Noch in den frühen 2000er-Jahren entschied sich nur jede:r 3. Studienanfänger:in für ein Fachhochschulstudium. Ein Grund, der zur steigenden Nachfrage von fachhochschulischer Bildung beiträgt, ist die Akademisierung bestimmter Berufsfelder, etwa der nichtärztlichen Gesundheitsberufe, die vor allem von Fachhochschulen getragen wird (Richter et al., 2022). Auch dass private Hochschulbildung immer stärker nachgefragt

2 *Die für die 1970er- und 1980er-Jahre berichteten Werte lassen keine getrennte Ausweisung der inländischen Studiennachfrage zu.*

**Abb. F3-2: Studienanfänger:innen* 1995 bis 2021** nach Hochschulart (absolute Zahlen und in %)**

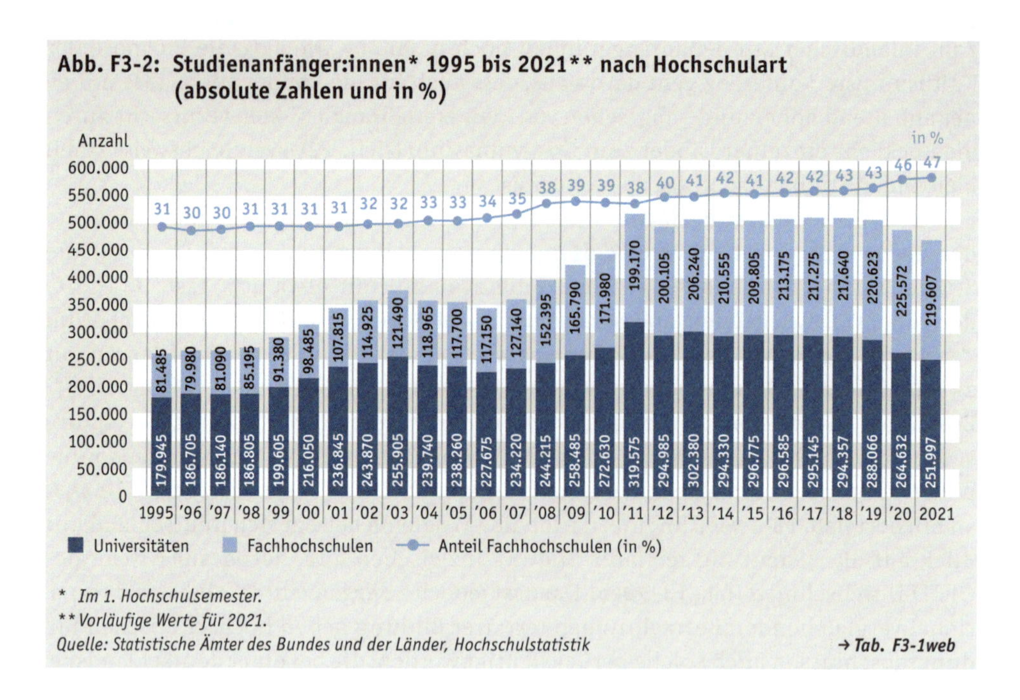


* *Im 1. Hochschulsemester.*
** *Vorläufige Werte für 2021.*
*Quelle: Statistische Ämter des Bundes und der Länder, Hochschulstatistik*

→ *Tab. F3-1web*

wird und private Hochschulen vor allem im Fachhochschulsektor aktiv sind, erklärt den Zuwachs der Zahl der Studienanfänger:innen an Fachhochschulen (**F1**): 28 % der Studienanfänger:innen an Fachhochschulen – und damit mehr als jede:r 4. – schreibt sich heute an einer privaten Hochschule ein.

**Hohe Stabilität bei der Verteilung auf Studienfächer**

Mit Blick auf die Fächer, für die sich Studienanfänger:innen entscheiden, zeigt sich seit gut 10 Jahren eine weitgehende Stabilität. Die Ingenieurwissenschaften sind nach wie vor am stärksten nachgefragt (**Tab. F3-7web**): 2020 schrieben sich 26 % der Studienanfänger:innen in ein ingenieurwissenschaftliches Fach ein. Für ein wirtschaftswissenschaftliches Fach entschieden sich gut 23 % der Studienanfänger:innen. Darauf folgen die Sozial- und Erziehungswissenschaften und Psychologie mit zusammen 14 %, die Naturwissenschaften mit knapp 11 % und die Geisteswissenschaften mit etwa 10 %. Die übrigen 16 % der Studienanfänger:innen verteilen sich auf die Humanmedizin und Gesundheitswissenschaften (6 %), die Rechtswissenschaften (4 %), Kunst und Kunstwissenschaft (3 %), Agrar-, Forst- und Ernährungswissenschaften (2 %) sowie Sport (1 %).

**Nur zögerlicher Zuwachs des Frauenanteils in den Ingenieurwissenschaften**

Die individuelle Studienfachwahl wird vor allem von persönlichen Interessen und Leistungsprofilen bestimmt, die jedoch auch von gesellschaftlichen Faktoren beeinflusst und geprägt werden. So bestehen weiter klar erkennbare Geschlechterunterschiede in der Studienfachwahl. Frauen sind nach wie vor eher selten in technischen Studienfächern zu finden und der Anteil weiblicher Studierender in den Ingenieurwissenschaften wächst sehr langsam und zögerlich (**Tab. F3-8web**). In Studienfächern wie den Geisteswissenschaften oder dem Sozialwesen sind Frauen dagegen stark überrepräsentiert (Solga & Pfahl, 2009; Gewinner & Esser, 2021; **Tab. F3-8web**). Daneben beeinflussen auch Persönlichkeitsmerkmale (Berkes & Peter, 2019), der Migrationshintergrund (Mentges & Spangenberg, 2020) und die soziale Herkunft (Becker, Haunberger & Schubert, 2010; Engelhardt & Lörz, 2021) die individuelle Studienfachwahl.

## Internationale Studierende und Studierendenmobilität

Die hochschulische Bildung hat sich in den vergangenen Jahren merklich internationalisiert. Im Wintersemester 2020/21 kamen gut 325.000 der Studierenden in Deutschland aus dem Ausland (**Abb. F3-3**). Bezogen auf alle Studierenden entspricht

dies einem Anteil von 11 %. Noch Mitte der 1990er-Jahre lag der Anteil internationaler Studierender Ⓜ mit 6 % bei knapp der Hälfte. Einige dieser Studierenden kommen nur für eine zeitlich begrenzte Phase im Rahmen eines eigentlich im Ausland aufgenommenen und absolvierten Studiums nach Deutschland, immer mehr streben jedoch auch einen Studienabschluss in Deutschland an (**Tab. F3-2web**).

**11 % der Studierenden kommen aus dem Ausland**

Die regionale Komposition der aus dem Ausland neu zuwandernden internationalen Studierenden hat sich in den vergangenen Jahren verändert: Noch in den frühen 2010er-Jahren stammte etwa die Hälfte der nach Deutschland kommenden internationalen Studierenden aus Europa; dieser Anteil ist auf 38 % gesunken. Der Anteil internationaler Studierender aus Asien ist im gleichen Zeitraum von 22 auf 33 % gestiegen – vor allem weil sich immer mehr Studierende aus Indien für ein Studium in Deutschland interessieren. Auch der Anteil von aus Nordafrika sowie dem Nahen und Mittleren Osten zuwandernden Studierenden hat sich erhöht (von 7 auf 15 %; **Tab. F3-9web**). Wenig Veränderung zeigt sich bis 2019 im Anteil der aus Nord-, Mittel- und Südamerika (13 bzw. 11 %), anderen Teilen Afrikas (3 bzw. 4 %) und aus Australien und Ozeanien (0,5 %) nach Deutschland kommenden Studierenden. Erst 2020 änderten sich die Anteile hier stärker.

Inwiefern sich die von den russischen Kriegshandlungen ausgelösten Fluchtbewegungen aus der Ukraine auf die Komposition der aus dem Ausland zuwandernden Studierenden auswirken, lässt sich gegenwärtig noch nicht verlässlich beurteilen. Es ist aktuell noch zu wenig bekannt über die Bildungsbedarfe der aus der Ukraine nach Deutschland flüchtenden Erwachsenen. Auch wird zu beobachten sein, ob und, wenn ja, wie sich die Altersstruktur der aus der Ukraine nach Deutschland Flüchtenden mit zunehmender Dauer des Kriegs verändert. Diese Entwicklungen bildungspolitisch eng im Blick zu behalten, um zügig gut und schnell greifende Möglichkeiten der Integration ins deutsche Bildungssystem zu schaffen, wird in den kommenden Wochen und Monaten nicht nur für die hochschulische Bildung ein wichtiger Auftrag sein. Bereits zu Beginn des Sommersemesters 2022 verzeichneten die Hochschulen einen wachsenden Zustrom von Studierenden aus der Ukraine.



### Internationalität des Studiums in der Pandemie

Die Corona-Pandemie hatte starke Auswirkungen auf die Internationalität des Studiums (OECD, 2021, S. 25). 2020 schrieben sich erstmals weniger internationale Studienanfänger:innen für ein Studium in Deutschland ein als im Vorjahr; ihre Zahl ist in der Pandemie um 22 % eingebrochen (**Abb. F3-3**, **Tab. F3-2web**). Universitäten hat dieser Einbruch stärker getroffen als Fachhochschulen, da internationale Studienanfänger:innen traditionell häufiger an Universitäten studieren. Es scheint jedoch nicht zu einer systematischen Abwanderung von internationalen Studierenden gekommen zu sein, die sich bereits *vor* der Pandemie für ein Studium in Deutschland eingeschrieben hatten. Anders als die Zahl der internationalen Studienanfänger:innen ist nämlich die Gesamtzahl der internationalen Studierenden nicht rückläufig, sondern aufgrund einer geringeren Zuwanderung internationaler Studienanfänger:innen nur weniger stark gestiegen als in den Vorjahren (**Abb. F3-3**). Ein bereits in Deutschland aufgenommenes Studium konnten die internationalen Studierenden in der Pandemie also offenbar erfolgreich fortführen (Falk, 2021). Für 2021 deutet sich auf Basis der bereits verfügbaren amtlichen Zahlen für Studienanfänger:innen mit ausländischer Staatsbürgerschaft an, dass im 2. Jahr der Pandemie offenbar wieder mehr internationale Studienanfänger:innen nach Deutschland kamen (**Tab. F3-2web**).

**Einbruch der Internationalität des Studiums in der Pandemie**

**Abb. F3-3: Internationale Studierende* und Studienanfänger:innen** in Deutschland, 1996 bis 2020 (Anzahl)**

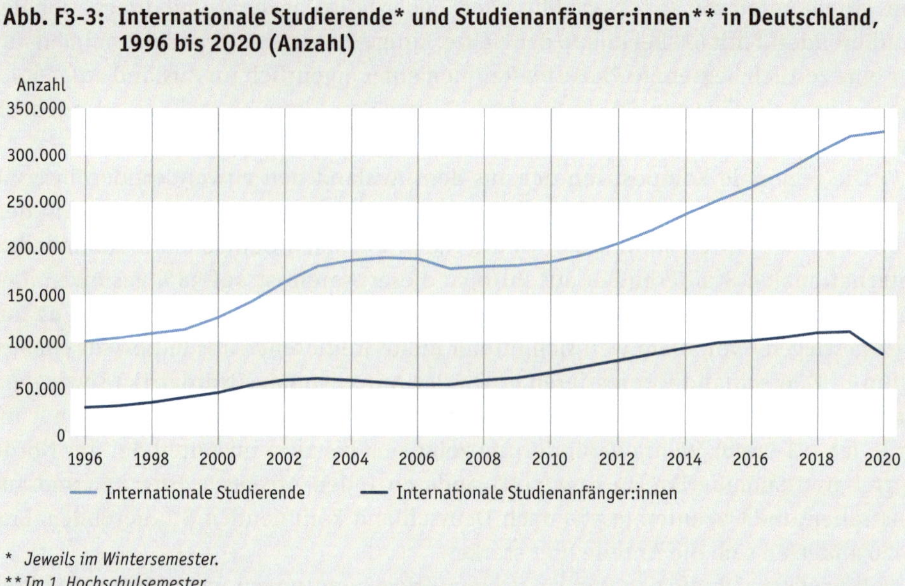


* *Jeweils im Wintersemester.*
** *Im 1. Hochschulsemester.*
*Quelle: Statistische Ämter des Bundes und der Länder, Hochschulstatistik* → ***Tab. F3-10web***

Die Datenlage mit Blick auf die *Outgoing Student Mobility*, also die Studierendenmobilität von Deutschland in andere Länder, ist lückenhafter. Aber auch hier zeigen sich einschneidende Auswirkungen der Corona-Pandemie, beispielsweise mit Blick auf „Erasmus+"-Aufenthalte. Im Wintersemester 2020/21 gingen nur etwa 12.500 Studierende aus Deutschland im Rahmen von „Erasmus+" ins Ausland, eine Zahl, die nur halb so hoch war wie noch im Wintersemester 2019/20 (Nationale Agentur, 2021, S. 17).

F 3

## Methodische Erläuterungen

**Studienanfänger:innenquote**
Die Studienanfänger:innenquote gibt Auskunft darüber, wie hoch in der Bevölkerung der Anteil von Personen ist, die im Laufe ihres Lebens ein Studium aufnehmen. Dazu wird für jeden Altersjahrgang die Zahl der Studienanfänger:innen in Relation zur altersgleichen Bevölkerung gesetzt. Die so ermittelten Anteile werden zur Studienanfänger:innenquote aufaddiert.

Es gibt 2 unterschiedliche Studienanfänger:innenquoten: In der einen werden auch internationale Studienanfänger:innen (Bildungsausländer:innen) mit in die Berechnung aufgenommen, die andere bezieht sich allein auf die inländische Bevölkerung. Erstere fällt deutlich höher aus. Im vorliegenden Text bezieht sich die Darstellung zumeist auf die inländische Studienanfänger:innenquote. In den Webtabellen werden in der Regel beide Quoten ausgewiesen.

Da der Studienanfänger:innenquote außer Personen, die ihre Hochschulzugangsberechtigung auf schulischem Weg erworben haben, auch die Zahl der Studienanfänger:innen ohne schulische Hochschulzugangsberechtigung zugrunde liegt (sogenannte Studierende des Dritten Bildungswegs) und im erstgenannten Fall auch internationale Studienanfänger:innen berücksichtigt werden, lässt sich die Studienanfänger:innenquote nicht eins zu eins aus den in **F2** berichteten Studienberechtigtenquoten und Übergangsquoten von Studienberechtigten ins Studium ableiten.

**Internationale Studierende**
Darunter werden hier Studierende verstanden, die ihre Hochschulzugangsberechtigung im Ausland oder an einem Studienkolleg in Deutschland erworben haben (sogenannte Bildungsausländer:innen).

# Studienverläufe

Zuletzt im Bildungsbericht 2020 als F4

Nicht nur der Übergang ins Studium ist eine zentrale Ordnungsgröße der datenbasierten Dauerbeobachtung der hochschulischen Bildung, auch Informationen zu Studienverläufen kommt eine hohe Bedeutung zu. Nicht jeder Übergang ins Studium mündet in einen Abschluss. Ein einmal aufgenommenes Studium kann abgebrochen oder unterbrochen werden. Auch orientieren sich manche Studierende nach Studienaufnahme fachlich um oder wechseln die Hochschule. Mit der Studienstrukturreform und der damit verbundenen Umstellung Deutschlands von einem einstufigen auf ein mehrstufiges Studiensystem wurde zudem eine zusätzlich zu treffende Bildungsentscheidung in der hochschulischen Bildung etabliert, nämlich die Entscheidung, ob nach dem Abschluss eines Bachelorstudiums ein Masterstudium aufgenommen wird. Auch Informationen zur Studiendauer sind eine für die bildungspolitische Gestaltung hochschulischer Bildung wichtige Kennzahl, etwa mit Blick auf die Einordnung und (Weiter-)Entwicklung von Instrumenten der staatlichen Studienförderung wie dem BAföG. Dieser Indikator behandelt deshalb Fragen des Studienverlaufs, erneut unter besonderer Berücksichtigung der Corona-Pandemie. Ein weiterer Schwerpunkt des diesjährigen Berichts liegt zudem auf der Darstellung und Diskussion der ersten Ergebnisse der für Deutschland neu etablierten Studienverlaufsstatistik.

## Studiendauer

**Studiendauern steigen weiter**

Mit Blick auf die Studiendauer setzt sich der bereits seit mehreren Jahren zu beobachtende Trend zu längeren Studienzeiten fort (**Abb. F4-1**). Die mittlere Gesamtstudiendauer Ⓜ im Bachelorstudium lag zuletzt bei 7,9 Semestern an Universitäten und 7,5 Semestern an Fachhochschulen. Dass das Bachelorstudium an Fachhochschulen und Universitäten ähnlich lang dauert, an Universitäten tendenziell sogar etwas länger, ist aus struktureller Sicht überraschend. An Universitäten dominiert das Modell des 6-semestrigen Bachelorstudiums, an Fachhochschulen ist es dagegen meistens auf 7 oder 8 Semester ausgelegt (HRK, 2021, S. 18; siehe F1 im Bildungsbericht 2020), da sich die Fachhochschulen bei der Entwicklung ihrer Bachelorstudiengänge viel stärker an den ehemaligen Diplomstudiengängen orientiert haben. Auch für das Masterstudium zeigen sich an Universitäten längere Gesamtstudiendauern als an Fachhochschulen. Die mittlere Gesamtstudienzeit bis zum Masterabschluss beläuft sich an Universitäten auf 13,3 und an Fachhochschulen auf 12,2 Semester.

**Regelstudienzeit wird meistens überschritten**

Wie bereits in vorangegangenen Bildungsberichten dargelegt, überschreitet die tatsächliche Studienzeit in vielen Fällen die Regelstudienzeit. Nur ein gutes Drittel aller Studierenden erreicht den Abschluss innerhalb der Regelstudienzeit. Dass das Studium in der dafür vorgesehenen Zeit abgeschlossen wird, ist also eher die Ausnahme als die Regel. Knapp ein Viertel der Absolvent:innen Ⓖ überschreitet die Regelstudienzeit sogar um mehr als 2 Semester (**Tab. F4-1web**). Die Überschreitung der Regelstudienzeit ist kein deutsches Phänomen, sondern auch in vielen anderen Ländern zu beobachten (OECD, 2019b). Vor dem Hintergrund der sehr intensiv geführten Debatte um das BAföG und der Ankündigung der neuen Bundesregierung, das BAföG in der Legislaturperiode 2021 bis 2025 in einem mehrstufigen Prozess grundlegend zu reformieren und dabei auch die Förderhöchstdauern einer kritischen Überprüfung zu unterziehen, erscheint der seit mehreren Jahren gut dokumentierte Befund vielfach überschrittener Regelstudienzeiten jedoch besonders erwähnenswert.

### Verlängerung der Studiendauer durch die Pandemie?

Ob und, wenn ja, in welchem Maße die Corona-Pandemie zu einer Erhöhung der Studienzeiten geführt hat bzw. führt, lässt sich aktuell noch nicht verlässlich abschätzen.

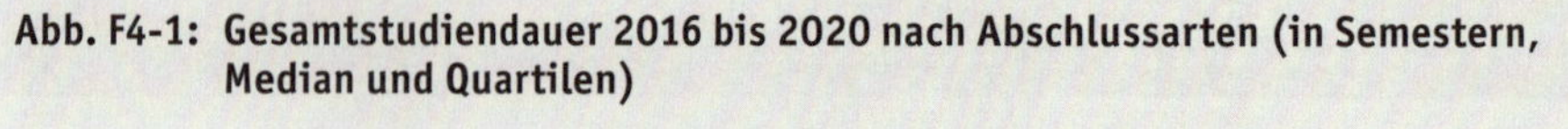

**Abb. F4-1: Gesamtstudiendauer 2016 bis 2020 nach Abschlussarten (in Semestern, Median und Quartilen)**

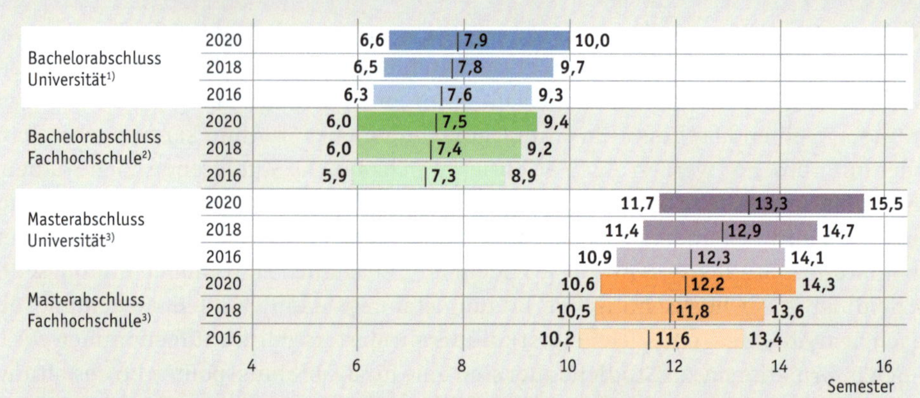


*1) Ohne Bachelor Lehramt.*
*2) Ohne Verwaltungsfachhochschulen.*
*3) Gesamtstudiendauer einschließlich der ersten Studienphase (Bachelor). Ohne Lehramt Master, ohne internationale Studierende.*
*Lesebeispiel: Der in der Mitte des Balkens abgebildete Wert berichtet den Median der Studiendauer. Er zeigt an, nach wie vielen Semestern die Hälfte der Studierenden ihr Studium abgeschlossen hat. Der Wert links neben dem Balken beziffert, wie lange das Viertel der am schnellsten Studierenden höchstens bis zum Studienabschluss brauchte. Der Wert rechts neben dem Balken gibt an, wie lange das Viertel der am längsten Studierenden mindestens bis zum Abschluss des Studiums benötigte.*
*Quelle: Statistische Ämter des Bundes und der Länder, Hochschulstatistik*

*→ Tab. F4-2web*

Angesichts des schon jetzt zu beobachtenden Rückgangs der Zahl der Absolvent:innen (**F5**) erscheint es jedoch sehr wahrscheinlich, dass eine pandemiebedingte Verlängerung der Studienzeiten zu beobachten sein wird.



**Verlängerung der Studiendauer als Folge der Pandemie wahrscheinlich**

Auch Befunde aus Befragungsstudien, die anlässlich der Pandemie durchgeführt wurden, legen diese Vermutung nahe. So berichten Lörz et al. (2020) auf Basis gewichteter Ergebnisse aus einer Befragung von über 25.000 Studierenden an 23 ausgewählten[3] Hochschulen, dass bereits kurz nach Ausbruch der Pandemie etwa die Hälfte der Studierenden davon ausging, dass sich ihre Studienzeit aufgrund der Corona-Pandemie verlängern werde. Ähnliche Erkenntnisse präsentierte Falk (2021) für die spezifische Gruppe der internationalen Studierenden. Es liegen zudem Hinweise darauf vor, dass Studierende in Fächern mit einer hohen Bedeutung praktisch orientierter Lehrveranstaltungen (z. B. Exkursionen, praktische Übungen), wie etwa in der Geografie, der Kunst oder im Sport, stärker von einer pandemiebedingten Verlängerung ihres Studiums betroffen sein könnten, da entsprechende Veranstaltungen insbesondere zu Beginn der Pandemie nicht stattfinden konnten (Berghoff et al., 2021). Die Länder haben früh auf die wahrscheinlichen, durch die Pandemie verursachten Verzögerungen im individuellen Studienfortschritt reagiert und die Regelstudienzeiten verlängert.

## Auswirkungen der Corona-Pandemie auf die finanzielle Lage von Studierenden und mögliche Studienabbruchfolgen

Die Debatte um die Auswirkungen der Corona-Pandemie auf Studierende beschränkte sich in den vergangenen Monaten jedoch nicht allein auf das Thema Studienzeiten. Auch eine mögliche Verschlechterung der finanziellen Lage einiger Studierender wurde intensiv diskutiert, ebenso die Folgen, die dies perspektivisch auf die Zahl der Studienabbrüche haben könnte. Hintergrund der Debatte ist, dass die meisten Studierenden heute neben dem Studium einer Erwerbstätigkeit nachgehen. Schon seit

*3 Ausgewählt wurden diese Hochschulen über ein sogenanntes Theoretical Sampling mit dem Ziel einer möglichst guten Abbildbarkeit der tatsächlichen Studierendenpopulation.*

den späten 1990er-Jahren sind schätzungsweise 2 von 3 Studierenden neben ihrem Studium erwerbstätig (Middendorff et al., 2017). Vor allem Studierende aus Nichtakademikerfamilien sind zur Finanzierung ihres Lebensunterhalts auf zusätzliche Einnahmen aus einer eigenen Erwerbstätigkeit angewiesen. Viele Studierende arbeiten zudem in Sektoren, die besonders stark von den pandemiebedingten Lockdowns und Kontaktbeschränkungen getroffen wurden, wie beispielsweise der Gastronomie (Middendorff et al., 2013). Die finanzielle Lage einiger Studierender könnte sich auch dadurch verschärft haben, dass ihre Eltern von pandemiebedingten Einkommenseinbußen betroffen waren oder sind.

**Erwerbssituation vieler Studierender hat sich in der Pandemie verschlechtert, …**

Die bisherige Befundlage zum Thema zeigt, dass die Pandemie tatsächlich zu systematischen Job- und Einkommensverlusten bei Studierenden geführt hat. So berichten Becker und Lörz (2020) auf Basis gewichteter Ergebnisse der bereits genannten pandemiespezifischen Sonderbefragung von Studierenden an 23 Hochschulen, dass sich die Erwerbssituation für fast 40 % von ihnen kurz nach Ausbruch der Pandemie verschlechtert hatte: aufgrund reduzierter Arbeitszeiten, unbezahlter Freistellungen oder Entlassungen. Ein Drittel der Studierenden gab zudem an, dass ihre Eltern in der Pandemie Einkommenseinbußen zu verzeichnen hatten, 9 % der Eltern sogar sehr deutliche Einkommenseinbußen. Insbesondere für Studierende, deren eigene Erwerbssituation sich in der Pandemie verschlechtert hatte, führte dies zu deutlichen finanziellen Einschnitten: Das diesen Studierenden durchschnittlich im Monat zur Verfügung stehende Budget brach, entsprechend den Daten dieser Untersuchung, um ein Viertel ein.

**… verbunden mit deutlichen finanziellen Einbußen**

Ob dies zu erhöhten Studienabbrüchen geführt hat, ist derzeit noch unklar. Vor der Pandemie lag die Studienabbruchquote bei geschätzt 27 % im Bachelorstudium und 17 % im Masterstudium (siehe F4 im Bildungsbericht 2020; Heublein et al., 2020). Künftige Berechnungen werden zeigen, ob sich die Abbruchquoten im Zuge der Pandemie erhöht haben. In der Studie von Becker und Lörz (2020) deutet sich jedoch an, dass insbesondere Studierende, für die sich in der Pandemie nicht nur die eigene Erwerbssituation verschlechtert hatte, sondern auch die der Eltern, signifikant häufiger einen Abbruch ihres Studiums erwogen oder befürchteten. Erhöhte Abbruchrisiken könnten sich auch durch gewachsene psychische Belastungen von Studierenden in der Pandemie ergeben haben (Zimmer et al., 2021; Behle, 2021).



## Masterübertritt und Umorientierungen im Studium: Erkenntnisse aus der neuen Studienverlaufsstatistik

Mit der Novellierung des Hochschulstatistikgesetzes im Jahr 2016 wurde die Einführung einer Studienverlaufsstatistik für Deutschland beschlossen. An verschiedenen Stellen ermöglicht dies eine sehr viel präzisere Ermittlung zentraler Grunddaten zu hochschulischen Bildungsverläufen als bisher. Inzwischen liegen erste Ergebnisse vor; mit den derzeit verfügbaren Daten lässt sich ein Zeitraum von bis zu 5 Semestern abbilden (Statistisches Bundesamt, 2021b). Die bisherigen Analysen nehmen den Übergang ins Masterstudium sowie Studiengangs-, Fach- und Hochschulwechsel in den Blick.

### Übergang ins Masterstudium

**Hohe Übertrittsquote in den Master an Universitäten**

Mit Blick auf die Übergangsquote in ein Masterstudium bestätigen die Ergebnisse der Studienverlaufsstatistik den Befund, dass Bachelorabsolvent:innen von Universitäten deutlich häufiger ein Masterstudium aufnehmen als Absolvent:innen von Fachhochschulen (Statistisches Bundesamt, 2021, Tab. 6; Fabian, 2021; Wieschke et al., 2017). Die für den Prüfungsjahrgang 2018 mit der Studienverlaufsstatistik ermittelte Masterübertrittsquote liegt bei einem Wert von 45 %, ist für Bachelorabsolvent:innen von Universitäten mit 66 % aber deutlich höher als für Bachelorabsolvent:innen von Fachhochschulen (29 %). Erklärt wird dies häufig damit, dass ihnen im Vergleich zu universitären Bachelorabsolvent:innen in vielen Bereichen eine bessere Positionierung am Arbeitsmarkt gelingt (Neugebauer & Weiß, 2017), auch weil es Fachhochschulen – anders als Universitäten – bei der Einführung des Bachelorabschlusses viel stärker darum ging, ein tatsächliches Äquivalent zu den einstigen Studienabschlüssen anzubieten. Ebenfalls werden bisherige Erkenntnisse zu Fächerunterschieden durch die Studienverlaufsstatistik bestätigt: Die Übertrittsquote in den Master ist insbesondere in den Fächern hoch, in denen die beruflichen Optionen mit einem Bachelorabschluss eher gering sind (**Tab. F4-3web**).

Es zeigt sich, dass die von der Studienverlaufsstatistik auf Basis amtlicher Längsschnittdaten ermittelten Übertrittsquoten in den Master niedriger ausfallen als die zuvor näherungsweise ermittelten Quoten (Fabian, 2021). Aufgrund noch lückenhafter Daten ist jedoch nicht auszuschließen, dass die Masterübertrittsquote in der Studienverlaufsstatistik aktuell etwas unterschätzt wird und sich der Wert in den nächsten Jahren noch erhöht (Statistisches Bundesamt, 2021, S. 8).

### Studiengangs-, Fach- und Hochschulwechsel

**Die meisten Studienanfänger:innen bleiben bei ihrer ursprünglichen Wahl**

Einmal von Studierenden getroffene Bildungsentscheidungen können revidiert werden – sei es durch einen Wechsel des Studiengangs, des Fachs oder der Hochschule. Auch hierzu hat die Studienverlaufsstatistik erste Ergebnisse vorgelegt und erlaubt damit Einblicke in die quantitative Bedeutung solcher Umorientierungsprozesse und ihr *Timing* (Statistisches Bundesamt, 2021). Die meisten Studierenden bleiben zwar bei ihrer ursprünglich getroffenen Studienwahl, ein Teil von ihnen orientiert sich nach Studienaufnahme aber auch noch einmal um, etwa um eine Fehlentscheidung bei der ursprünglichen Studienwahl zu korrigieren und in ein den eigenen Interessen und Fähigkeiten stärker entsprechendes Studium zu wechseln (Meyer et al., 2021). Auch wenn solche Korrekturprozesse aus bildungs- und hochschulpolitischer Perspektive vielleicht wenig wünschenswert erscheinen mögen, können sie aus individueller Perspektive nicht nur wichtige, sondern auch richtige Entscheidungen sein.



Gut 14 % der Studienanfänger:innen in Deutschland wechseln in den ersten 5 Fachsemestern – der Zeitraum, der sich bisher mit der Studienverlaufsstatistik abbilden lässt – den Studiengang (**Tab. F4-4web**). Meistens ereignen sich diese Wechsel sehr früh, nämlich bereits bis zum Beginn des 3. Fachsemesters, und auch verbunden mit dem Wechsel des Studienfachs (Statistisches Bundesamt, 2021, Tab. 4). 9 % der Studienanfänger:innen wechseln zudem bis zum 5. Hochschulsemester die Hochschule, häufiger jedoch, wenn sie sich ursprünglich an einer Universität statt einer Fachhochschule eingeschrieben haben (12 vs. 7 %; Statistisches Bundesamt, 2021, Tab. 1.1).

**Meistens haben Masterstudierende schon im Bachelor an der gleichen Hochschule studiert**

Die Einführung konsekutiver Studienstrukturen hat Hochschulwechsel zwar erleichtert, insgesamt zeigen die Ergebnisse der Studienverlaufsstatistik jedoch, dass die meisten Studierenden, die sich für die Aufnahme eines Masterstudiums entscheiden, üblicherweise bereits ihren Bachelorabschluss an der gleichen Hochschule erworben haben (Statistisches Bundesamt, 2021, Tab. 3.3). Etwa 30 % der Studierenden wechseln mit der Aufnahme des Masterstudiums aber auch die Hochschule. Anders als auf Basis von stichprobenbasierten Befragungsdaten bislang nahegelegt (Lörz & Neugebauer, 2019), zeigt die Studienverlaufsstatistik, dass die Wanderung zwischen Fachhochschulen und Universitäten beim Wechsel vom Bachelor in den Master in beide Richtungen gleichermaßen häufig erfolgt (Statistisches Bundesamt, 2021, Tab. 3.1).

#### Methodische Erläuterungen

**Gesamtstudiendauer**
Die Gesamtstudiendauer benennt die Anzahl der von Absolvent:innen an einer deutschen Hochschule verbrachten Semester (Hochschulsemester), von der Ersteinschreibung bis zur Exmatrikulation nach erfolgreichem Abschluss. Auch Semester, die durch einen eventuellen Fachwechsel entstehen, fließen dabei ein.

# Studienabschlüsse und beruflicher Verbleib der Absolvent:innen

Zuletzt im Bildungsbericht 2020 als F5

Die Akademiker:innenquote in Deutschland ist deutlich gestiegen: Fast ein Drittel der heute 30- bis 35-jährigen Menschen hat ein Hochschulstudium abgeschlossen im Vergleich zu einem Fünftel der heute 45- bis 50-Jährigen (vgl. **B5**). Hochschulen bilden also einen wachsenden Teil der Fachkräfte von heute und morgen in einer Vielzahl von beruflichen Feldern aus. Der Indikator **F5** beschäftigt sich deshalb erneut mit der Gruppe der Hochschulabsolvent:innen. Neben der Fortschreibung der zentralen zeitlichen Trends in Bezug auf Studienabschlüsse werden auch Fragen des beruflichen Verbleibs von Hochschulabsolvent:innen in den Blick genommen. Im diesjährigen Bericht wird dazu – in Vertiefung und Ergänzung zu Kapitel **I3** und vorangegangenen Bildungsberichten – ein Schlaglicht auf geschlechtsspezifische Einkommensunterschiede unter Akademiker:innen geworfen. Es geht dabei um die Frage, inwieweit sich geschlechtsspezifische Unterschiede in den Einkommen von Hochschulabsolvent:innen darauf zurückführen lassen, dass sich Frauen und Männer nach wie vor für sehr unterschiedliche Studienfächer entscheiden (**F3**).

## Studienabschlüsse

**Zahl der Studienabschlüsse stagniert**

Als Folge der wachsenden Nachfrage nach hochschulischer Bildung ist die Zahl der Abschlüsse, die vom Hochschulsystem verliehen werden, in den vergangenen Jahren gestiegen, zuletzt jedoch mit einer deutlichen Tendenz der Stabilisierung auf hohem Niveau (**Abb. F5-1**). Im Jahr 2020 wurden in Deutschland etwa 480.000 Studienabschlüsse erworben, davon rund 290.000 Erstabschlüsse und gut 190.000 Folgeabschlüsse (**Tab. F5-1web**). An Universitäten konnte sich der Bachelorabschluss bislang nicht in gleicher Form durchsetzen wie an Fachhochschulen. Anders als Bachelorabsolvent:innen von Fachhochschulen schließen die meisten Bachelorabsolvent:innen von Universitäten ein Masterstudium an (**F4**) und treten erst mit diesem Folgeabschluss in den Arbeitsmarkt ein. Etwa 65 % der Masterabschlüsse werden deshalb an Universitäten erworben.



**Fachhochschulen bilden einen größer werdenden Teil der akademisch qualifizierten Arbeitskräfte aus**

Die merklichen sektoralen Verschiebungen in der Studiennachfrage (**F3**) zeichnen sich auch bei den Abschlüssen ab. Immer mehr Studienabschlüsse werden von Fachhochschulen verliehen. Inzwischen wird fast die Hälfte aller Erstabschlüsse an einer Fachhochschule erworben; seit 2000 ist dieser Anteil um knapp 14 Prozentpunkte gestiegen (**Tab. F5-2web**). Auch die wachsende Studiennachfrage durch internationale Studierende ist klar erkennbar. Der Anteil internationaler Absolvent:innen ist weiter gestiegen, auf inzwischen 10 % (**Tab. F5-3web**). Bei den Masterabschlüssen und Promotionen entfallen sogar fast 20 % auf internationale Studierende. Viele internationale Hochschulabsolvent:innen haben einen Bleibewunsch (SVR, 2015) – in Zeiten eines weiter hohen und stetig wachsenden Bedarfs an akademisch gebildeten Fachkräften kommt der Begleitung dieser Hochschulabsolvent:innen beim Einstieg in den deutschen Arbeitsmarkt eine hohe Bedeutung zu (Morris-Lange et al., 2021). Auch ist die zunehmende Nachfrage nach privater Hochschulbildung in den Abschlusszahlen erkennbar: Etwa jeder 10. Studienabschluss wird heute von einer privaten Hochschule verliehen (**Tab. F5-4web**). Besonders hoch ist der Anteil von an privaten Hochschulen erworbenen Abschlüssen im Fachhochschulsektor. Dort werden inzwischen 19 % der Erstabschlüsse und 22 % der Masterabschlüsse vergeben.

Mit Blick auf die anteilige Bedeutung verschiedener Studienfächer zeigt sich bei den Erstabschlüssen – vergleichbar mit den Entwicklungen in der Studiennachfrage (**F3**) – eine hohe zeitliche Stabilität (**Tab. F5-2web**), mit den bereits für

**Abb. F5-1: Hochschulabsolvent:innen mit Erst- und Folgeabschluss 1995 bis 2020 (Anzahl)**

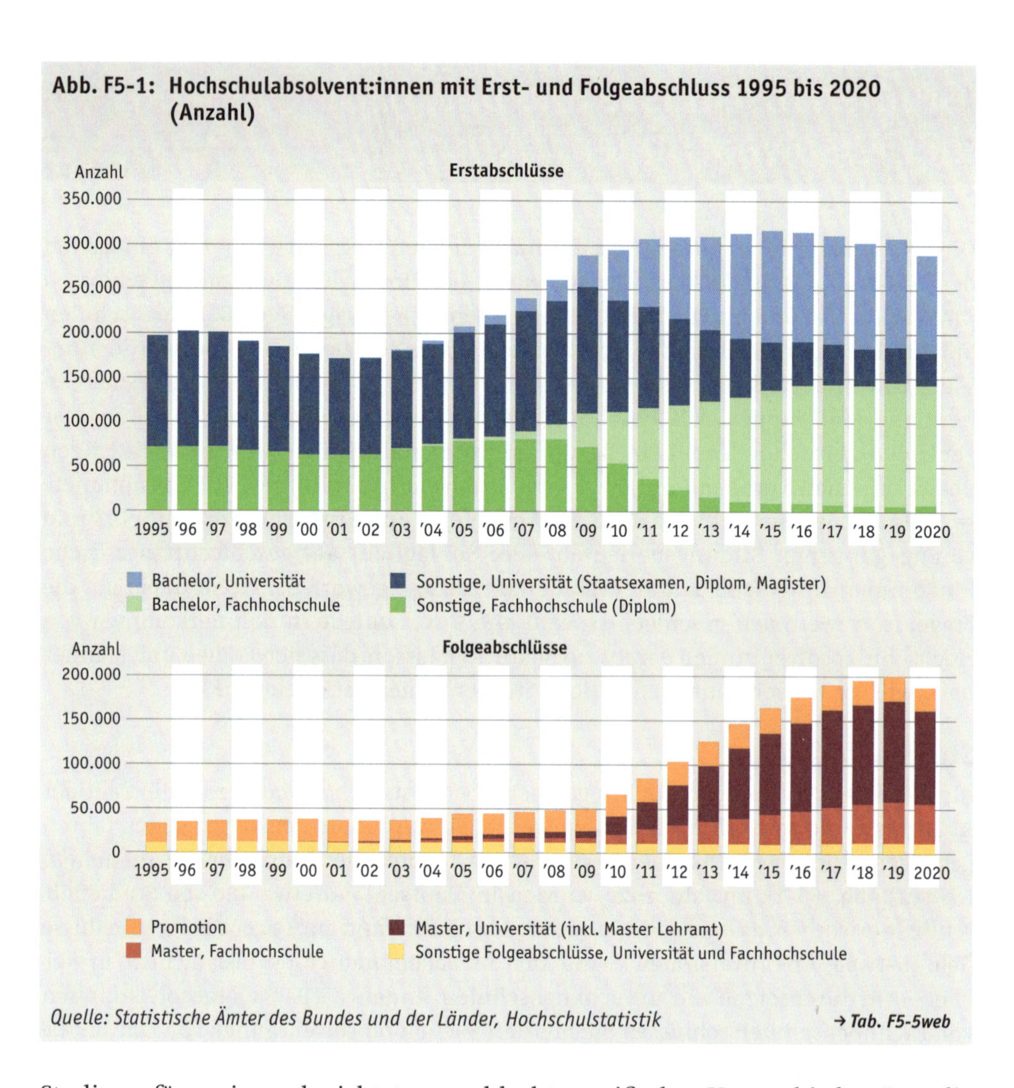


*Quelle: Statistische Ämter des Bundes und der Länder, Hochschulstatistik* *→ Tab. F5-5web*



Studienanfänger:innen berichteten geschlechtsspezifischen Unterschieden. Dass die Bedeutung der Fächer zwischen Erst- und Folgeabschlüssen variiert (**Tab. F5-2web**, **Tab. F5-6web**), erklärt sich auch, wie in **F4** berichtet, aus der unterschiedlich hohen Masterübertrittsquote in den verschiedenen Fächern.

**Rückgang der Abschlusszahlen 2020 vermutlich pandemiebedingt**

2020 war ein Rückgang in der Zahl der Abschlüsse zu verzeichnen: Im Vergleich zum Vorjahr wurden etwa 31.000 Studienabschlüsse weniger erworben – dies entspricht einem Rückgang von etwa 6 % (**Abb. F5-1**, **Tab. F5-1web**). Hier wird – zumindest in Teilen – ein Effekt der Corona-Pandemie vermutet, der jedoch nicht genau zu beziffern ist. Insbesondere für die Frühphase der Pandemie wird angenommen, dass Prüfungen teilweise nicht durchgeführt werden konnten, sodass sich der Abschluss des Studiums für einige Studierende verzögerte.

## Beruflicher Verbleib von Hochschulabsolvent:innen

**Investition in hochschulische Bildung zahlt sich in der Regel aus**

Die beruflichen Erträge hochschulischer Bildungsabschlüsse sind hoch und eine Investition in hochschulische Bildung zahlt sich auf individueller Ebene in der Regel aus. Hochschulabsolvent:innen gelingt üblicherweise eine deutlich bessere berufliche Platzierung als Personen ohne Studienabschluss: Sie erzielen im Schnitt höhere Einkommen, sind häufiger in Führungspositionen beschäftigt und nur selten von Arbeitslosigkeit betroffen (vgl. **A3**; siehe H2 und H3 im Bildungsbericht 2018). Seit der Einführung konsekutiver Studienstrukturen im Zuge des Bologna-Prozesses, die eine für Deutschland neue Unterscheidung zwischen Bachelor- und Masterabschlüssen etablierte, wird jedoch immer wieder die Frage gestellt, ob es genügend Beschäftigungsmöglichkeiten für Bachelorabsolvent:innen gibt. Gelingt ihnen eine dem akademischen Ausbildungsniveau angemessene berufliche Platzierung? Ist dies nicht der Fall, könnte es ein Anzeichen für eine strukturelle Überakademisierung sein, wie sie gelegentlich diagnostiziert (Nida-Rümelin, 2014), jedoch als Feststellung nicht von allen geteilt wird (Wolter, 2015).

Um die Adäquanz der beruflichen Tätigkeit von Hochschulabsolvent:innen beurteilen zu können, soll deshalb erneut das Anforderungsniveau der von ihnen ausgeübten Berufe Ⓜ auf Basis von Daten des Mikrozensus betrachtet werden (**Abb. F5-2**). Sind Hochschulabsolvent:innen in einer beruflichen Position auf Expert:innen- oder Spezialist:innenniveau beschäftigt, handelt es sich um eine ausbildungsadäquate berufliche Platzierung. Eine Beschäftigung auf dem Anforderungsniveau einer Fachkraft oder einer Helferin bzw. eines Helfers gilt mit Blick auf das Bildungsniveau dagegen als eine nichtadäquate Beschäftigung von Hochschulabsolvent:innen. Ein Beruf auf Fachkraftniveau ist eher typisch für beruflich qualifizierte Arbeitnehmer:innen, eine Tätigkeit als Helfer:in eher typisch für un- und angelernte Arbeitskräfte. Bezogen auf das Beispiel Informatik ist ein typischer Beruf auf Expert:innenniveau eine Tätigkeit als Informatiker:in, auf Spezialist:innenniveau eine Tätigkeit als Systemadministrator:in, auf Fachkraftniveau eine Tätigkeit für Informatikkaufleute und auf Helfer:innenniveau eine Tätigkeit als Chipbestücker:in.

**Die meisten Absolvent:innen sind ausbildungsadäquat beschäftigt**

Zunächst ist zu erkennen, dass 25- bis 34-jährige Hochschulabsolvent:innen sehr häufig, nämlich zu über 85 %, einer ihrem Bildungsniveau entsprechenden beruflichen Tätigkeit nachgehen, zumeist auf Expert:innenniveau. Wie zu erwarten, zeigen sich Unterschiede zwischen Bachelor- und Masterabsolvent:innen und die höheren Bildungsinvestitionen zahlen sich für Masterabsolvent:innen aus. Das Anforderungsniveau ihrer beruflichen Tätigkeiten ist in der Regel höher als jenes von Bachelorabsolvent:innen; Masterabsolvent:innen sind deutlich häufiger in beruflichen Positionen auf Expert:innenniveau tätig. Insgesamt sind aber auch 82 % der Bachelorabsolvent:innen in einem Beruf mit ausbildungsadäquatem Anforderungsniveau tätig. Hinweise auf eine strukturell bedingte Überakademisierung gibt es hinsichtlich des Anspruchsniveaus der von Hochschulabsolvent:innen ausgeübten beruflichen Tätigkeiten also nach wie vor nicht.

**Abb. F5-2: Anforderungsniveau* der von 25- bis unter 35-jährigen Erwerbstätigen mit Hochschulabschluss* ausgeübten Berufe nach Abschluss- und Hochschulart (2019, in %**)**

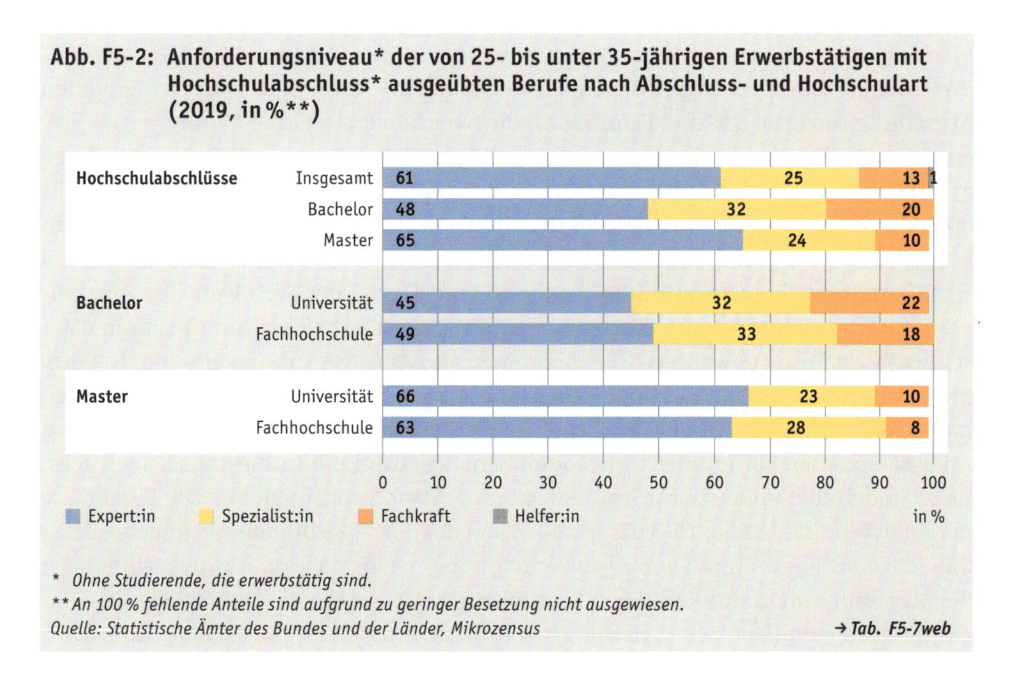


* *Ohne Studierende, die erwerbstätig sind.*
** *An 100 % fehlende Anteile sind aufgrund zu geringer Besetzung nicht ausgewiesen.*
*Quelle: Statistische Ämter des Bundes und der Länder, Mikrozensus*

→ *Tab. F5-7web*

In den dargestellten Analysen zum beruflichen Anspruchsniveau zeigen sich nur leichte Unterschiede zwischen Bachelorabsolvent:innen von Universitäten und Fachhochschulen (zum Vorteil von Fachhochschulabsolvent:innen). Zu dem Ergebnis, dass sich Bachelorabsolvent:innen von Fachhochschulen und Universitäten hinsichtlich ihres Berufsprestiges kaum voneinander unterscheiden, kamen auch Neugebauer und Weiss (2017). Deutliche Unterschiede – zum Vorteil von Bachelorabsolvent:innen von Fachhochschulen – zeigten sich in ihren Analysen jedoch mit Blick auf andere berufliche Erträge, nämlich das erzielte Einkommen sowie Arbeitslosigkeits- und Befristungsrisiken, und zwar unabhängig von fachlichen Unterschieden zwischen Fachhochschul- und Universitätsabsolvent:innen. Bachelorabsolvent:innen von Fachhochschulen scheint in relevanten Dimensionen also häufiger eine bessere Platzierung am Arbeitsmarkt zu gelingen als Bachelorabsolvent:innen von Universitäten.

**Bachelorabsolvent:innen von Fachhochschulen in vielen Bereichen mit Vorteilen am Arbeitsmarkt**

### Geschlechtsspezifische Unterschiede in den Einkommen

Auch wenn Frauen und Männer heute ähnlich häufig an hochschulischer Bildung teilhaben, so entscheiden sie sich doch nach wie vor für sehr unterschiedliche Studienfächer (**F3, Tab. F5-2web, Tab. F5-6web**). Diese geschlechtsspezifischen Unterschiede in der Studienfachwahl könnten eine Erklärung dafür sein, weshalb Akademikerinnen weiter weniger verdienen als Akademiker. Die von männlichen Studierenden gewählten Studienfächer gehen im späteren Erwerbsleben meistens mit höheren Einkommen einher (Leuze & Strauß, 2016; Hausmann et al., 2015; Busch, 2018). In Ergänzung zu Indikator **I3** und vorangegangenen Bildungsberichten soll deshalb abschließend ein vertiefender analytischer Blick auf geschlechtsspezifische Disparitäten in den Einkommen von Hochschulabsolvent:innen geworfen werden. Im Zentrum steht dabei die Frage, inwiefern sich etwaige geschlechtsspezifische Lohnunterschiede darauf zurückführen lassen, dass Frauen und Männer ihren Studienabschluss häufig in unterschiedlichen Fächern erwerben.



**Viele Ursachen für geschlechtsspezifische Disparitäten am Arbeitsmarkt**

Geschlechtsspezifische Unterschiede in der Studienfachwahl sind selbstverständlich nur einer von vielen relevanten Faktoren, mit denen sich der nach wie vor existierende *Gender Pay Gap* erklären lässt. So wurden in der wissenschaftlichen Forschung als relevante Einflussfaktoren auch die Bedeutung von individuellen Präferenzen (Hakim, 2000), geschlechtsspezifischen Humankapitalinvestitionen (Becker, 1985), systematischen Benachteiligungen durch Arbeitgeber (Petersen & Saporta, 2004), Elternschaft (Budig & England, 2001) und der nach wie vor sehr unterschiedlichen Aufteilung von Erwerbs- und Familienarbeit zwischen Frauen und Männern (Grunow et al., 2006; Grunow et al., 2007) vielfach diskutiert und herausgearbeitet. Mit Blick auf das spezifische Erkenntnisinteresse des Bildungsberichts soll im Folgenden jedoch die Bedeutung der geschlechtsspezifisch nach wie vor sehr unterschiedlichen Studienfachwahl in den Mittelpunkt gestellt werden.

Grundlage der dargestellten Analysen sind Daten des Absolvent:innenpanels des Deutschen Zentrums für Hochschul- und Wissenschaftsforschung Ⓓ. Für den Abschlussjahrgang 2017 werden die Einkommen von Absolvent:innen eineinhalb Jahre nach Studienabschluss – also einer Lebensphase, in der Akademiker:innen häufig noch kinderlos sind – in den Blick genommen. Es werden dabei jeweils die Ergebnisse von 2 Analysemodellen berichtet: Das 1. Modell berücksichtigt die studierten Fächer nicht; im 2. Modell fließen auch die Studienfächer der Absolvent:innen ein. Die Ergebnisse der Analysen sind in **Abb. F5-3** dargestellt. Liegt der dort abgebildete Wert über 0, heißt dies, dass das Einkommen von Absolventen höher ist als das von Absolventinnen. Ist der Wert mit einem dunkelblauen Symbol markiert, macht dies kenntlich, dass der dargestellte geschlechtsspezifische Einkommensunterschied statistisch signifikant

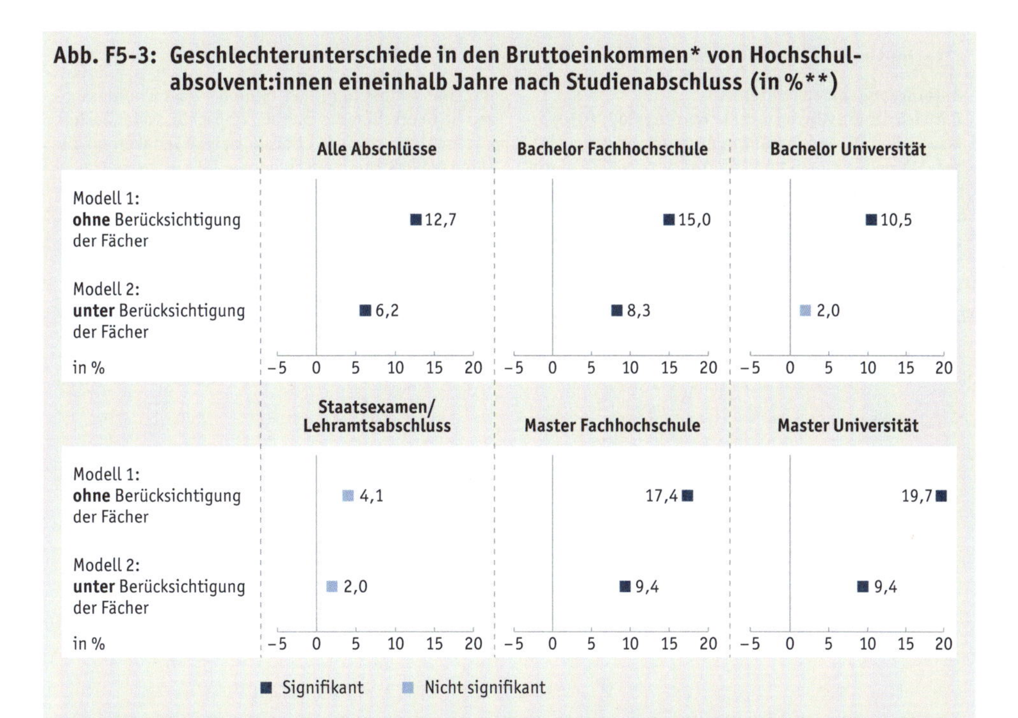


**Abb. F5-3: Geschlechterunterschiede in den Bruttoeinkommen* von Hochschulabsolvent:innen eineinhalb Jahre nach Studienabschluss (in %**)**

* *Bruttostundenlohn, logarithmiert, Referenzgruppe: Männer. Ergebnisse einer linearen Regression unter Kontrolle von Migrationshintergrund, Bildungsherkunft, Studienabschlussnote, Hochschultyp und Abschlussart.*
** *Die dunkelblauen Markierungen weisen statistisch signifikante Unterschiede zwischen den Einkommen von Männern und Frauen aus. Bei hellblauen Markierungen ist der Unterschied statistisch nicht signifikant.*
*Lesebeispiel: Die dargestellten Koeffizienten geben prozentuale Unterschiede in den (logarithmierten) Bruttostundenlöhnen an. Insgesamt erhalten Männer unter Kontrolle der genannten Variablen einen um 12,7 % höheren Bruttostundenlohn. Wird zusätzlich die studierte Fachrichtung berücksichtigt, reduziert sich die Differenz auf 6,2 %.*
*Fallzahlen: Insgesamt n = 4.184, Bachelor Fachhochschule n = 874, Bachelor Universität n = 715, Master Fachhochschule n = 691, Master Universität n = 1.168, Staatsexamen/Lehramt n = 736*
*Quelle: DZHW Absolventenpanel 2017, 1. Welle, Modellierung durch G. Fabian und F. Trennt*

ist. Ein hellblaues Symbol bedeutet hingegen, dass der Einkommensunterschied statistisch nicht signifikant ist.

**Absolventinnen verdienen weniger als Absolventen**

Die Ergebnisse zeigen: Hochschulabsolventen erzielen signifikant höhere Einkommen als Hochschulabsolventinnen. Nur für Absolvent:innen mit Staatsexamen oder Lehramtsabschluss zeigt sich kein Geschlechterunterschied in den Einkommen. Eine Erklärung dafür könnte sein, dass diese Absolvent:innen häufig im öffentlichen Dienst beschäftigt sind und dort aufgrund der klaren Regelungen in Bezug auf die Eingruppierung in Besoldungsgruppen Geschlechterunterschiede im Einkommen, insbesondere am Anfang der Karriere, strukturell eher nicht unterstützt werden.

**Dies ist nur teilweise damit erklärbar, dass Frauen und Männer unterschiedliche Fächer studiert haben**

Das 2. Modell zeigt, dass sich der Geschlechterunterschied in den Einkommen von Absolvent:innen deutlich reduziert, wenn im Modell dafür Rechnung getragen wird, dass Frauen und Männer ihren Studienabschluss häufig in sehr unterschiedlichen Fächern erwerben. Der Unterschied halbiert sich in den meisten Fällen. Jedoch machen die Analysen auch deutlich, dass der Geschlechterunterschied im Einkommen, mit Ausnahme für Bachelorabsolvent:innen von Universitäten, auch nach Hinzunahme des studierten Fachs signifikant bleibt. Das heißt also: Aspekte der unterschiedlichen Studienfachwahl können in den allermeisten Fällen die niedrigeren Einkommen von Akademikerinnen nur teilweise erklären und es gibt bereits kurz nach dem Studienabschluss einen weiblichen Nachteil im Verdienst, der nicht mit der unterschiedlichen Verteilung von Frauen und Männern auf Studienfächer erklärt werden kann und dem folglich andere Ursachen zugrunde liegen.

## Methodische Erläuterungen

**Anforderungsniveau der Berufe**

Die nach der Klassifizierung der Berufe (KldB, 2010) erfassten Berufe werden 4 Anforderungsniveaus zugeordnet: (1) Helfer:innen- und Anlerntätigkeiten, (2) fachlich ausgerichtete Tätigkeiten, für die in der Regel eine Berufsausbildung vorausgesetzt wird, (3) komplexe Spezialist:innentätigkeiten, die üblicherweise einen Tertiärabschluss der ISCED-Stufen 5 oder 6 voraussetzen (in Deutschland z. B. Meisterabschluss oder Bachelorabschluss) sowie (4) hochkomplexe Tätigkeiten, die einen universitären Abschluss der ISCED-Stufen 7 oder 8 erfordern (in Deutschland Masterabschluss, Staatsexamen, Promotion).

# Perspektiven

Der Mitte der 2000er-Jahre einsetzende Trend einer beschleunigten Akademisierung ist vorläufig zum Stillstand gekommen. Die Nachfrage nach hochschulischer Bildung hat sich auf hohem Niveau stabilisiert (**F3**). Zusätzliche Mittel, etwa aus den Hochschulpakten, haben Hochschulen dabei geholfen, den rapiden Anstieg der Studienanfänger:innenzahlen zu bewältigen. Auch in den kommenden Jahren wird das Hochschulsystem jährlich mit etwa einer halben Millionen neuer Studierender zu rechnen haben. Anzeichen für eine strukturelle Überakademisierung als mögliche Folge der stark gewachsenen Teilhabe an hochschulischer Bildung zeigen sich am deutschen Arbeitsmarkt bislang nicht (**F5**).

Die Corona-Pandemie hat auch die Hochschulbildung vor große Herausforderungen gestellt. Bis kurz vor Ausbruch der Pandemie dominierte an deutschen Hochschulen das Modell der Präsenzlehre. Dies hat sich mit Beginn des Sommersemesters 2020 auf einen Schlag geändert. Durch eine sehr kurzfristige Umstellung auf digitale Lehr-Lern-Formate ist es Hochschulen gelungen, ihr Bildungsangebot in der Pandemie weitgehend aufrecht und zugänglich zu halten (**F1**). Nach anfänglicher Euphorie über die gelungene Umstellung auf den digitalen Lehrbetrieb wurde jedoch auch schnell erkennbar, dass die Umstellung nicht ohne Friktionen verlief – weder für Studierende noch für Lehrende. So liegen Hinweise auf Probleme bei Vorbereitung und Anspruchsniveau digitaler Lehrveranstaltungen vor. Auch wurden Probleme in Bezug auf die akademische und soziale Integration von Studierenden sichtbar. Insbesondere Studienanfänger:innen fanden (und finden) sich in der sehr besonderen Lage, ihren Übergang in eine wichtige neue Bildungsphase unter außergewöhnlichen Bedingungen zu erleben oder erlebt zu haben. Die mittel- und längerfristigen Auswirkungen der Digitalisierung in der Hochschulbildung lassen sich noch nicht abschätzen.

Die Corona-Pandemie hatte jedoch nicht nur Auswirkungen auf die Form des Lehrens und Lernens an Hochschulen. Einige Studierende haben in der Pandemie auch eine deutliche Prekarisierung ihrer Studienfinanzierung erlebt (**F4**). Auf eine mögliche von der Pandemie verursachte Verlängerung von Studienzeiten wurde bildungspolitisch mit einer Erhöhung der individuellen Regelstudienzeiten reagiert. Bereits seit mehreren Jahren zeigt sich ein Trend zu längeren Studienzeiten. Es ist nur ein eher geringer Teil der Studierenden, die ihr Studium innerhalb der Regelstudienzeit abschließen (**F4**). Auch wenn dies kein neuer Befund ist, scheint er vor dem Hintergrund der sehr intensiv geführten Debatte um das BAföG und der für die Legislaturperiode 2021 bis 2025 angekündigten mehrstufigen Reform des BAföG für den diesjährigen Bildungsbericht jedoch besonders erwähnenswert. Die aktuellen Förderhöchstdauern des BAföG spiegeln die Studienrealität der meisten Studierenden nicht wider.

Fachhochschulen haben an Bedeutung gewonnen. Heute entscheidet sich fast die Hälfte der Studienanfänger:innen für ein Studium an einer Fachhochschule (**F3**). Die meisten Studierenden an Fachhochschulen schließen ihr Studium mit dem Bachelor ab; eher selten wird ein Masterstudium aufgenommen (**F4**). An Universitäten hat sich der Bachelorabschluss bislang nicht in gleicher Form durchsetzen können; die meisten Studierenden verlassen dort erst mit dem Master die hochschulische Bildung.

Private Hochschulen, in Deutschland vor allem im Fachhochschulsektor aktiv, sind zu einem festen Teil der Hochschullandschaft geworden (**F1**). Mit einem hochspezialisierten Studienangebot richten sie sich häufig sehr gezielt an beruflich qualifizierte und berufstätige Studieninteressierte, auch in weiterbildender Funktion. Eine wichtige Rolle spielen private Hochschulen zudem in der Akademisierung bestimmter Berufsfelder. Beispielsweise nehmen etwa die Hälfte aller Studienanfänger:innen in den Gesundheitswissenschaften ihr Studium an einer privaten, nicht an einer öffentlichen Hochschule auf. Privaten Hochschulen ist es offenbar besser und schneller gelungen, auf den hohen Fachkräftebedarf in bestimmten Berufsfeldern zu reagieren.

Die meisten Studiengänge in Deutschland sind ohne Zulassungsbeschränkung studierbar (**F1**), jedoch bei deutlichen Länderunterschieden. Ob junge Menschen ein Studium aufnehmen oder nicht, wird jedoch nach wie vor von ihrer sozialen Herkunft beeinflusst (**F2**). Die zugrunde liegenden Ursachen erweisen sich als komplex und vielschichtig. Die wahrgenommenen Kosten eines Studiums sind von Bedeutung, erklären im Gesamtbild jedoch nur etwa ein Fünftel der existierenden Herkunftsunterschiede.

# Im Überblick

### Akademisierung schreitet vorerst nicht weiter voran: Konsolidierung der inländischen Studiennachfrage auf einem hohen Niveau

Entwicklung der inländischen Studienanfänger:innenquote

45 %

31 %

47 %

2005

2020

### Bei der Ausbildung der akademisch qualifizierten Fachkräfte von heute und morgen ziehen Fachhochschulen (fast) gleich mit Universitäten

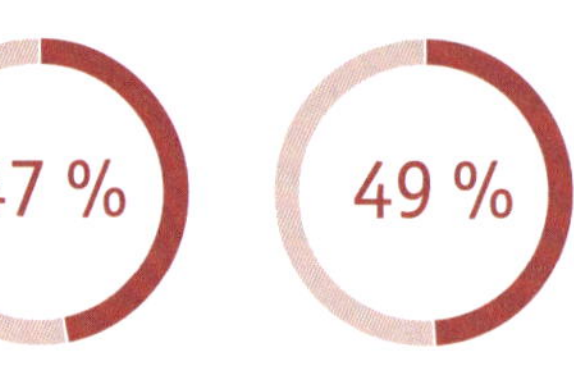

### Private Hochschulen gewinnen weiter an Bedeutung

Anteil von Studienanfänger:innen, die sich für eine private Hochschule entscheiden

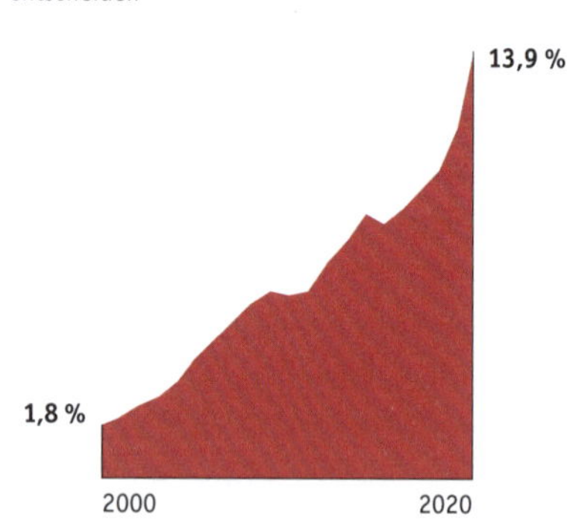


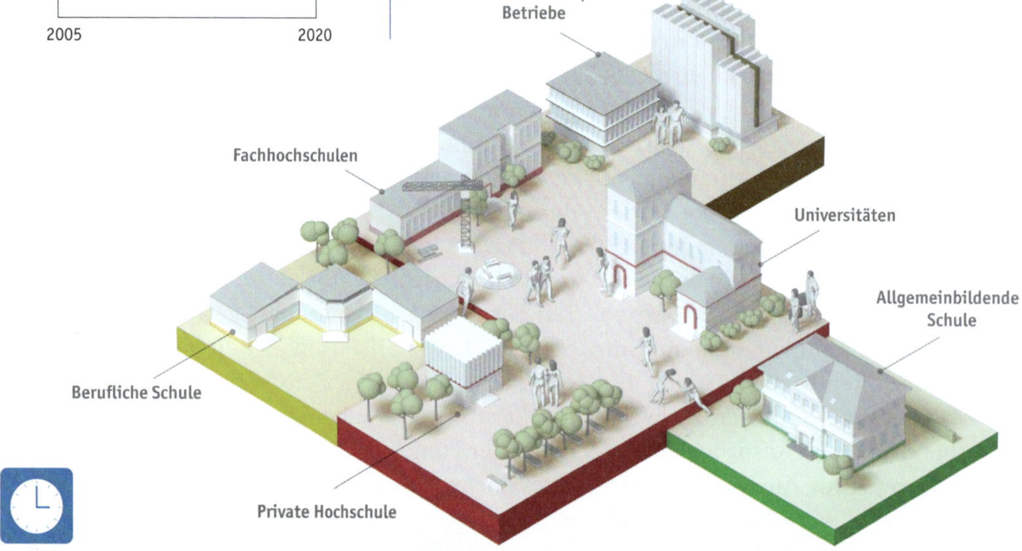


### Trend länger werdender Studienzeiten hält an – Regelstudienzeiten werden meist überschritten, teilweise deutlich

Semester, um die sich die Gesamtstudiendauer (im Median) zwischen 2016 und 2020 erhöht hat

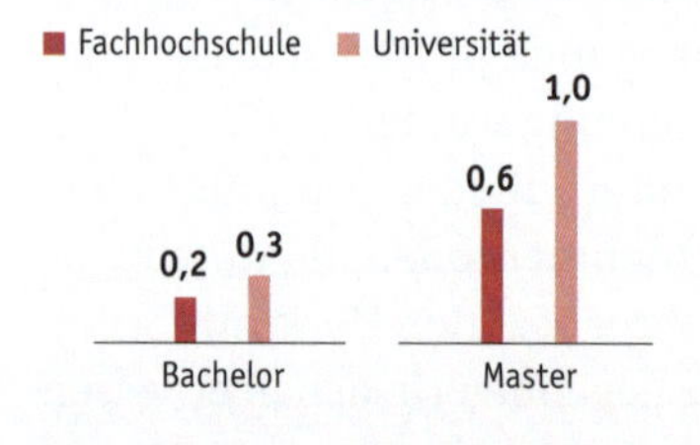


Studierende, die ...

... ihr Studium in der Regelstudienzeit abschließen

32,8 %

... die Regelstudienzeit um mehr als 2 Semester überschreiten

23,7 %

### Vielzahl von Faktoren verantwortlich für herkunftsspezifische Disparitäten am Übergang ins Studium

Studienberechtigte aus Nichtakademikerfamilien studieren seltener: Erklärungsbeitrag verschiedener Einflussfaktoren (Dekompositionsanalyse)

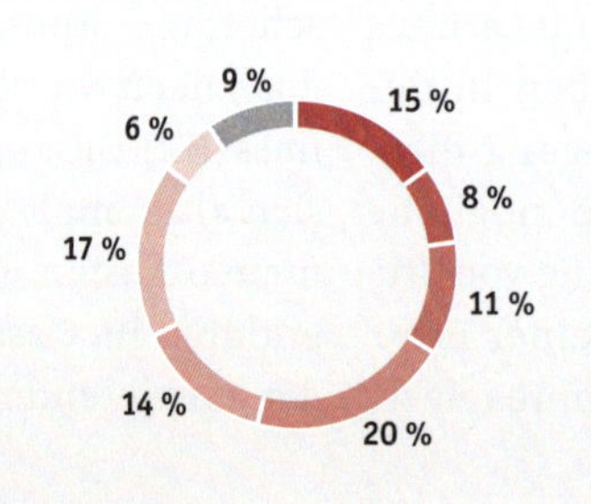


Erklärter Anteil aufgrund von herkunftsspezifischen Unterschieden in ...

- ... Schulabschlussnoten
- ... bildungsbiografischen Merkmalen
- ... wahrgenommenen Erträgen eines Studiums
- ... wahrgenommenen Kosten* eines Studiums
- ... antizipierter Studienerfolgswahrscheinlichkeit
- ... elterlichem Studienwunsch fürs Kind
- ... Studienaspirationen der Freund:innen
- Unerklärter Rest der Modellschätzung

** Finanzielle Kosten: 15 %, soziale Kosten: 1,5 %, räumliche Kosten: 3,5 %*

# Weiterbildung und Lernen im Erwachsenenalter

In den langen Wellen des sozialen, demografischen und technologischen Wandels hat die individuelle, gesellschaftliche und ökonomische Relevanz der Weiterbildung deutlich zugenommen. Aktuell ist für die Perspektiven der Weiterbildung und des lebenslangen Lernens von besonderem Interesse, ob und inwieweit die Corona-Pandemie zu Einbrüchen in Angebot und Beteiligung, zu Risiken für Weiterbildungseinrichtungen und zu Einschränkungen der Beschäftigungsbedingungen des pädagogischen Personals geführt hat. Erst wenn die Bildungsberichterstattung langfristige Trends *und* episodische Veränderungen dokumentiert, lässt sich die Bedeutung solcher Entwicklungen für den künftigen Stellenwert des lebenslangen Lernens und der Weiterbildung beurteilen.

Sowohl auf langfristige Trends als auch auf kurzfristige Einbrüche hat die Bildungspolitik in den vergangenen Jahren reagiert, u. a. durch die Nationale Weiterbildungsstrategie, gesetzliche Initiativen sowie durch finanzielle Hilfen für Weiterbildungseinrichtungen und Beschäftigte während der Pandemie. Verbessert werden sollten dadurch u.a. die soziale Teilhabe und die Deckung künftiger Qualifizierungsbedarfe im Zuge des technologischen Wandels.

Mit den folgenden Indikatoren werden strukturelle Herausforderungen adressiert, vor denen der Weiterbildungsbereich steht. Im Bildungsbericht 2020 zeigten sich im Weiterbildungsangebot und auch im Weiterbildungsverhalten vielfältige, teils soziale, teils regionale Disparitäten. Gleichzeitig wandeln sich die Weiterbildungsformate. Präsenzveranstaltungen standen vor der Corona-Pandemie im Zentrum, und es ist zu fragen, ob dies nach wie vor gilt und welche Handlungsbedarfe die Digitalisierung für unterschiedliche Akteure erkennen lässt. Die besonderen Herausforderungen, vor denen Beschäftigte in der Weiterbildung stehen, werden gesondert im Schwerpunktkapitel betrachtet (vgl. **H**).

Um die Struktur des 4. Bildungsbereichs aufzuzeigen, orientiert sich die Kapitelstruktur erneut an einem Mehrebenenmodell der Weiterbildung (Schrader, 2019). Weiterhin werden Input-, Prozess- und Outputmerkmale in eigenständigen Indikatoren dargestellt.

Auf der systemischen Ebene werden die Anbieter und das Angebot der Weiterbildung (**G1**) beleuchtet. Institutionelle Vielfalt kennzeichnet die Weiterbildung mehr als jeden anderen Bildungsbereich. Voneinander unterscheiden lassen sich staatliche, gemeinschaftliche und kommerzielle Anbieter sowie weiterbildungsaktive Betriebe. Die meisten Aktivitäten der Weiterbildung entfallen weiterhin auf Betriebe, sodass ein differenzierter Blick hierauf im Zeitverlauf und angesichts geänderter gesetzlicher Grundlagen von hoher bildungspolitischer Bedeutsamkeit ist.

Daran anschließend wird die Nutzung von Weiterbildung anhand des individuellen Teilnahmeverhaltens (**G2**) in den Blick genommen. Dies gilt für formale, non-formale und informelle Bildungs- und Lernaktivitäten. Die Beteiligung unterscheidet sich nicht nur regional, sondern auch in Abhängigkeit von soziodemografischen oder beruflichen Einflussfaktoren. Insofern verschiedene Bevölkerungsgruppen von der Corona-Pandemie ungleich betroffen waren, besteht das Risiko, dass sich bekannte Benachteiligungen verstärkt haben und neue hinzugekommen sind. Angesichts der Einschränkung von Präsenzangeboten während der Pandemie wird ein neuer Akzent auf die Teilnahme an digitalen Lernangeboten im Zeitverlauf gelegt.

Institutionelle Merkmale, das professionelle Handeln von Lehrkräften sowie das Vorwissen und die Motivation von Teilnehmenden wirken sich auf das Gelingen von Bildungs- und Lernaktivitäten aus (**G3**). Auf Basis subjektiver Einschätzungen von besuchten Kursen lassen sich Aussagen zur Prozessqualität in bestimmten Weiterbildungsformaten treffen.

Abschließend werden ausgewählte individuelle Wirkungen und Erträge des Lernens Erwachsener und der Teilnahme an Weiterbildung aufgezeigt und als Ergebnis des Zusammenspiels von Merkmalen des Angebots und seiner Nutzung interpretiert (**G4**).

Zuletzt im Bildungsbericht 2020 als G1

# Anbieter und Angebote der Weiterbildung

Organisierte Lehr-Lern-Angebote stehen im Zentrum der Betrachtung, wenn in Politik, Öffentlichkeit und auch in der Wissenschaft über Weiterbildung und lebenslanges Lernen gesprochen wird. Diese Aufmerksamkeit wird auch durch die biografische und lebenslaufbezogene Bedeutung gerechtfertigt, die dem organisierten gegenüber dem informellen Lernen zukommt. Die Finanzierungsgrundlagen dafür stellen sich im institutionell heterogenen Feld der Weiterbildung sehr unterschiedlich dar und werden daher zunächst präsentiert. Anschließend fällt der Blick auf die Kurs- und Seminarangebote, die Weiterbildungsanbieter für unterschiedliche Adressat:innengruppen machen. Von Interesse ist, ob und inwieweit sich die Landschaft der Anbieter und die Struktur der Angebote infolge der Pandemie verändert haben. Als größtes Weiterbildungssegment findet die betriebliche Weiterbildung, die die Beschäftigten u. a. auf den Strukturwandel im Zuge der Digitalisierung vorbereiten soll, besondere Aufmerksamkeit. Zudem zielen jüngere politische und rechtliche Initiativen auf die Veränderung der Rahmenbedingungen beruflicher und betrieblicher Weiterbildung.

## Finanzierung von Weiterbildungsanbietern und -angeboten

**Große institutionelle Vielfalt der Weiterbildung …**

Das institutionelle Feld in der Weiterbildung ist breit aufgespannt und reicht von Volkshochschulen über wissenschaftliche, gewerkschaftliche, gemeinschaftliche, kirchliche und parteinahe Einrichtungen bis hin zu privaten Anbietern sowie inner- und außerbetrieblichen Einrichtungen. Anders als bei Schulen und öffentlichen Hochschulen, deren Existenz weitgehend durch staatliche Reglementierungen finanziell abgesichert ist, ist die Weiterbildung zu großen Teilen privat- und marktwirtschaftlich organisiert. Dies spiegelt sich u. a. in den Finanzierungsgrundlagen der Weiterbildungsanbieter wider. Um ihr Angebot umsetzen und ihre Ausgaben decken zu können, nutzen Weiterbildungsanbieter in der Regel mehrere Einnahmequellen. Mit Bezug auf das im letzten Bildungsbericht eingeführte Modell der Reproduktionskontexte – Staat (öffentlich-rechtlicher Kontext), Interessen- und Berufsgemeinschaften wie Gewerkschaften oder Berufsverbände und Kammern, Markt (kommerzielle Anbieter) und Unternehmen (betriebliche Anbieter) (**Abb. G1-6web**; vgl. Autorengruppe Bildungsberichterstattung, 2020, S. 208) – lassen sich Typen von Weiterbildungsanbietern unterscheiden und anhand ihrer Finanzierungsgrundlagen charakterisieren. Während alle Typen von Anbietern non-formale Weiterbildung (G) im Sinne der Classification of Learning Activities unterbreiten, werden formale Weiterbildungen (G), die auf Zertifikate und Berechtigungen nach dem Deutschen Qualifikationsrahmen zielen, vor allem von Kammern, von (Fach-)Hochschulen sowie von jenen Anbietern vergeben, die im Auftrag der Arbeitsagenturen agieren.

**… u. a. gekennzeichnet durch Mischfinanzierung …**

Da zum gesamten Finanzvolumen sowie zu den privaten und öffentlichen Finanzierungsquellen der Weiterbildung in Deutschland keine vollständigen Daten vorliegen (vgl. **B3**), liefern Anbieterbefragungen näherungsweise Informationen. Im Rahmen der größten jährlichen Befragung von Einrichtungen der Weiterbildung (wbmonitor (D)) wird erfasst, zu welchen Anteilen sich Einrichtungen aus welchen Quellen finanzieren. Da Betriebe hier nicht erfasst sind, beschränken sich die Angaben auf Anbieter mit offen zugänglichen Angeboten. Im Jahr 2020 entfallen insgesamt etwa 29 % der Einnahmen auf Teilnehmendengebühren und -entgelte, gefolgt von Einnahmen durch Betriebe (22 %) (als Auftraggeber) und öffentliche Gelder (27 %). 14 % der Einnahmen entfallen auf Auftragsmaßnahmen von Arbeitsagenturen und Jobcentern (**Abb. G1-1**).

**Abb. G1-1: Einnahmequellen von Anbietern in der Weiterbildung 2018 und 2020* nach Anbietertypen**

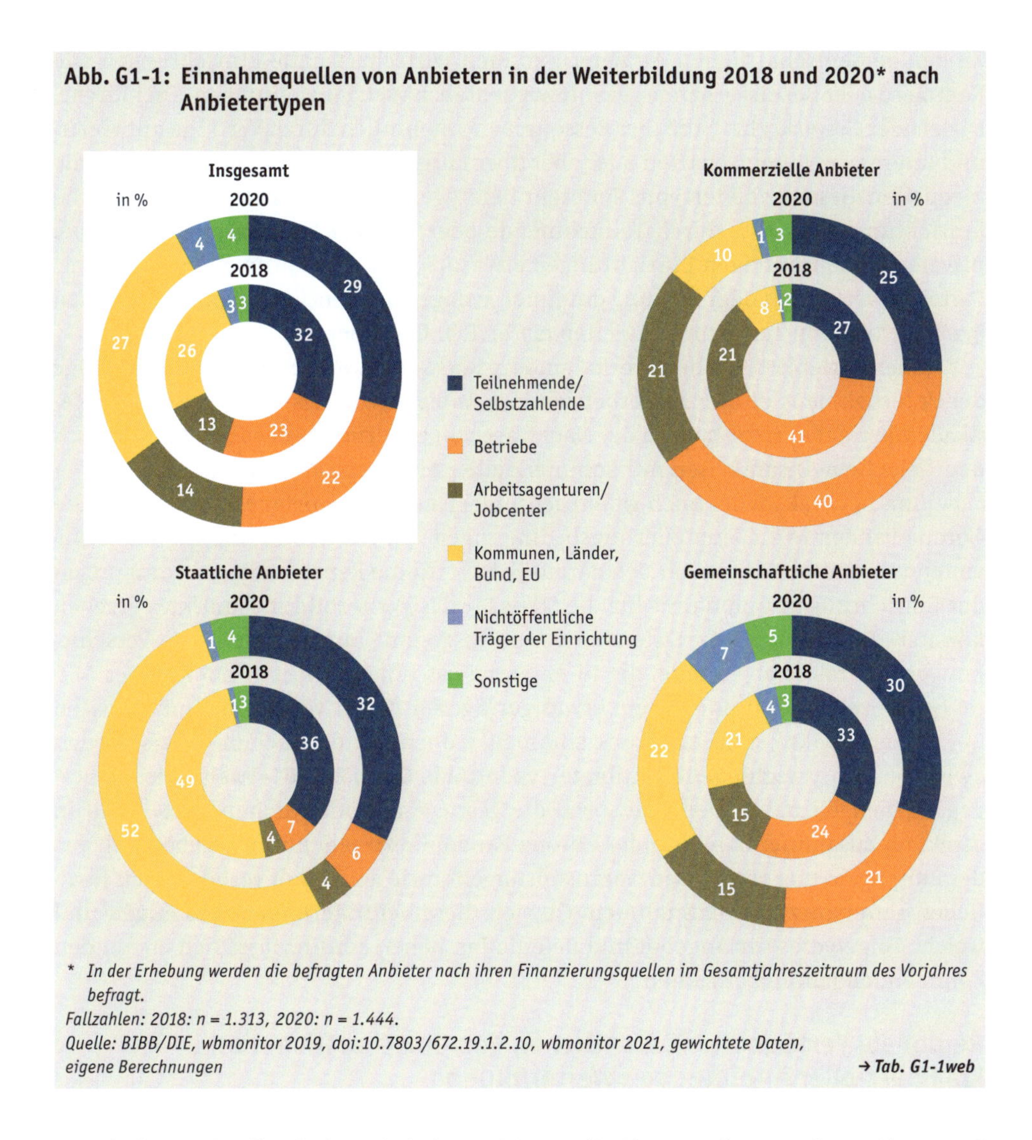


* *In der Erhebung werden die befragten Anbieter nach ihren Finanzierungsquellen im Gesamtjahreszeitraum des Vorjahres befragt.*
*Fallzahlen: 2018: n = 1.313, 2020: n = 1.444.*
*Quelle: BIBB/DIE, wbmonitor 2019, doi:10.7803/672.19.1.2.10, wbmonitor 2021, gewichtete Daten, eigene Berechnungen*
→ *Tab. G1-1web*

**... jedoch mit deutlichen Unterschieden zwischen Anbietertypen**

Staatliche und öffentlich-rechtliche Anbieter, die ihr Angebot größtenteils am öffentlichen Interesse ausrichten, finanzieren sich auch zu einem erheblichen Anteil (52 %) aus öffentlichen Mitteln (**Abb. G1-1, Tab. G1-1web**). Hierzu zählen neben Volkshochschulen, gestützt u. a. auf Erwachsenen- und Weiterbildungsgesetze der Länder, beispielsweise (Fach-)Hochschulen oder berufliche Schulen. An (Fach-)Hochschulen und wissenschaftlichen Akademien dominieren trotz öffentlicher institutioneller Förderung und Interessenausrichtung jedoch Teilnahmeentgelte (63 %). Dies hängt u. a. mit dem EU-Beihilferecht zusammen, das von öffentlichen (Fach-)Hochschulen erwartet, Weiterbildungsangebote im Unterschied zu grundständigen Angeboten auf Vollkostenbasis zu kalkulieren.

Kommerzielle Anbieter wie z. B. Sprachinstitute und Anbieter für Führungskräftetrainings bieten Weiterbildung als eine Dienstleistung an und schließen Verträge mit individuellen und institutionellen Kund:innen, um sich Ressourcen zu beschaffen; ihr Angebot orientiert sich an den privaten Interessen, ergänzend nehmen sie teils auch am Wettbewerb um die Vergabe von öffentlichen Mitteln der Arbeitsverwaltung teil. Ihre Einnahmen stammen zu einem großen Teil von Betrieben (40 %), gefolgt von Teilnahmeentgelten (25 %) und Einnahmen von Arbeitsagenturen oder dem Jobcenter (21 %) (**Abb. G1-1**).

Zu den gemeinschaftlichen Anbietern können wirtschaftsnahe Einrichtungen wie Kammern oder Berufsverbände gezählt werden, aber auch Einrichtungen einer Kirche, Partei oder Gewerkschaft, die ihre Ressourcen vornehmlich durch Verträge mit Werte- und Interessengemeinschaften oder aber über Mitgliedschaften sichern. Die Einnahmequellen dieses Anbietertypus sind sehr heterogen: Während sich wirtschaftsnahe Einrichtungen zu 80 % durch Teilnehmende oder Betriebe finanzieren, sind es bei privaten gemeinnützigen Einrichtungen etwa 45 %. Bei Einrichtungen einer Kirche, Partei, Gewerkschaft oder Stiftung dominieren dagegen öffentliche Einnahmequellen (32 %), gefolgt von Teilnahmeentgelten (27 %) (**Tab. G1-1web**).

Innerbetriebliche Anbieter erhalten ihre Ressourcen vornehmlich über Aufträge der Unternehmensleitung. Außerbetriebliche Anbieter wie beispielsweise die DEKRA-Akademie richten sich stark an der Nachfrage von Unternehmen aus, können jedoch deutliche Gemeinsamkeiten mit kommerziellen Anbietern aufweisen.

**Insgesamt moderate Veränderungen der Finanzierungsanteile im Jahr 2020**

Eine hoch aktuelle, auch öffentlich mehrfach aufgeworfene Frage ist, ob die Corona-Pandemie die Finanzierungsbedingungen von Weiterbildungsanbietern gravierend verändert hat und ob sich daraus Folgen für die Reproduktionsbedingungen der Einrichtungen und damit für die Struktur des Weiterbildungsmarktes ergeben könnten. Die verfügbaren Daten verweisen insgesamt auf nur moderate Verschiebungen der relativen Anteile, die in einem etwas höheren Anteil öffentlicher Mittel (+1 Prozentpunkt) und einem etwas geringeren Anteil von Teilnahmeentgelten (−3 Prozentpunkte) zum Ausdruck kommen, jedoch mit deutlichen Unterschieden zwischen den verschiedenen Anbietertypen (**Abb. G1-1**, **Tab. G1-1web**). Die zurückgegangenen Teilnahmebeiträge sowie die gestiegenen öffentlichen Mittel sind in direktem Zusammenhang mit der Corona-Pandemie zu sehen und ergeben sich aus der Einschränkung von Präsenzveranstaltungen sowie den damit verbundenen staatlichen Unterstützungsmaßnahmen. Ob sich diese Veränderungen verstetigen und welche Folgen dies für Angebot und Beteiligung haben könnte, lässt sich erst in den kommenden Jahren beurteilen.

## Regionale Verfügbarkeit staatlicher, gemeinschaftlicher und kommerzieller Anbieter von Weiterbildung



Die Corona-Pandemie hat deutlich gemacht, dass sich nicht alle Angebote der Weiterbildung schnell und didaktisch überzeugend auf digitale Formate umstellen lassen. Angesichts von Nutzer:innengruppen wie z. B. Älteren oder gering Qualifizierten mit spezifischem Unterstützungsbedarf, individuellen Motivlagen von Teilnehmer:innen, der mangelnden finanziellen Grundlage von Anbietern für digitale Infrastruktur sowie ausbaufähigen medienpädagogischen Kompetenzen von Lehrkräften (vgl. **H5**) bleibt die regionale Verfügbarkeit von Anbietern und Angeboten kurz- bis mittelfristig ausschlaggebend, um Menschen unabhängig von ihrem Wohnort gleiche Bildungschancen zu bieten.

**Knapp 60.000 kommerzielle, staatliche und gemeinschaftliche Anbieter bundesweit**

Mit dem DIE-Weiterbildungskataster Ⓓ lässt sich die Zahl der Anbieter in Deutschland ausweisen. Anders als im letzten Bildungsbericht können nun zum ersten Mal auch Aussagen zu kommerziellen Anbietern einschließlich Ein-Personen-Unternehmen (Soloselbstständigen) in Deutschland getroffen werden. Betriebliche Anbieter sind dagegen in diesem Kataster nicht erfasst; für sie müssen und können andere Datenquellen wie etwa das IAB-Betriebspanel genutzt werden. Das Unternehmensregister verweist für das Jahr 2014 auf etwa 37.570 kommerzielle Weiterbildungsanbieter (Martin et al., 2022, S. 45). Laut DIE-Weiterbildungskataster existierten im Jahr 2021 fast 60.000 öffentliche, gemeinschaftliche und private Anbieter einschließlich der Soloselbstständigen (**Tab. G1-2web**). Darunter entfallen etwas mehr als die Hälfte (32.705) auf kommerzielle Anbieter, gefolgt von staatlichen (10.542) und gemeinschaftlichen Anbietern (8.648) (**Tab. G1-3web**). Der Großteil (70 %) der bundesweiten Anbieter sind

**Abb. G1-2: Regionale Verteilung von ausgewählten Einrichtungen* und Lehrkräften der Weiterbildung 2021 nach Bevölkerungsrelation und Raumordnungsregionen****

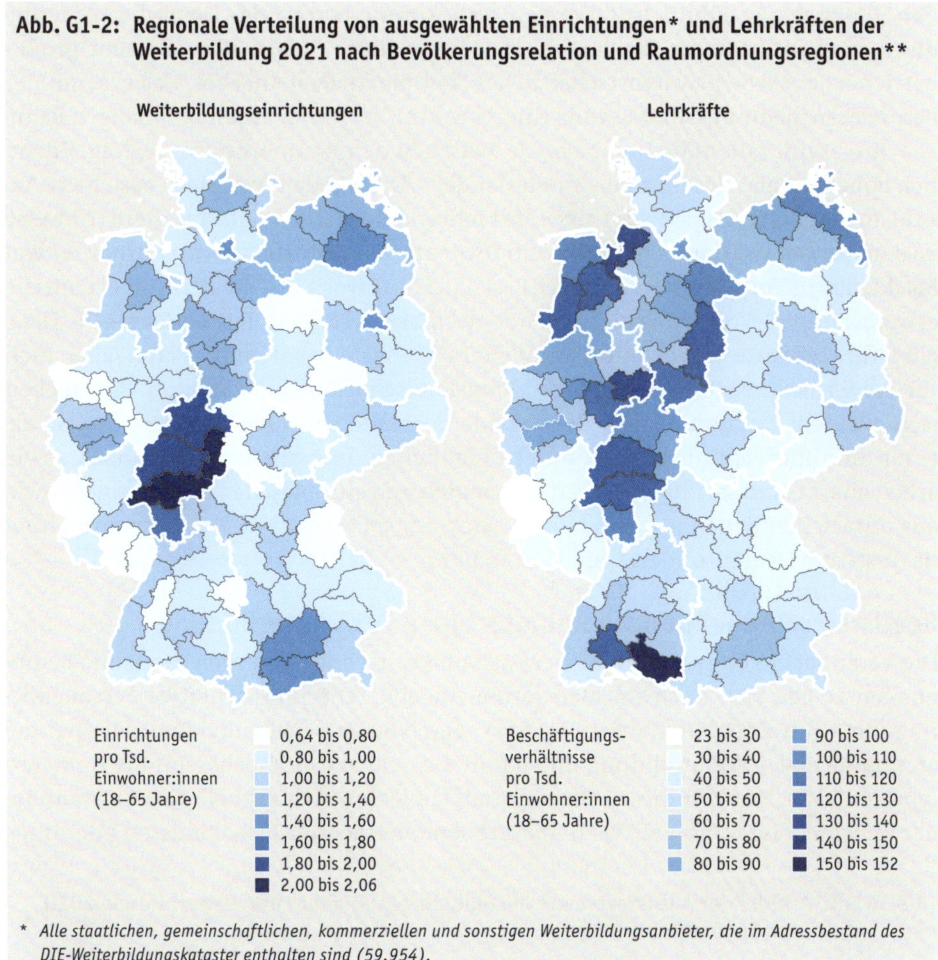


* *Alle staatlichen, gemeinschaftlichen, kommerziellen und sonstigen Weiterbildungsanbieter, die im Adressbestand des DIE-Weiterbildungskataster enthalten sind (59.954).*

** *Einrichtungen und Lehrkräfte relationiert auf die Bevölkerung im Alter von 18 bis 65 Jahren. Raumordnungsregionen nach bbsr 2017.*

*Quelle: DIE-Weiterbildungskataster, ungewichtete Daten (Einrichtungen), gewichtete und imputierte Daten (Lehrkräfte), eigene Berechnungen*

*→ Tab. G1-2web*

kleine oder Kleinstunternehmen mit weniger als 50 Lehrkräften. Bei kommerziell ausgerichteten Anbietern liegt der Anteil von kleinen oder Kleinstunternehmen bei 78 %. Volkshochschulen sind dagegen im Durchschnitt deutlich größere Einrichtungen, da sie mit einer vergleichsweise hohen Anzahl von Honorarkräften arbeiten (vgl. **H1** sowie Huntemann et al., 2021, S. 24).

**Bundesweit verteiltes Weiterbildungsangebot mit großen regionalen Disparitäten**

Das DIE-Weiterbildungskataster bietet zudem die Möglichkeit, die Struktur regionaler Anbieterlandschaften nach Kontextmerkmalen zu beleuchten (vgl. dazu Schrader & Martin, 2021). Die Zahl der Anbieter insgesamt sowie die Zahl der Beschäftigungsverhältnisse für Lehrkräfte[1] lässt sich auf die Bevölkerung im erwerbsfähigen Alter (18–65 Jahre) relationieren, um Aussagen über die Anbieterdichte und -verteilung und damit über die Erreichbarkeit von Weiterbildung zu treffen (**Abb. G1-2**). In den 96 Raumordnungsregionen Ⓜ in Deutschland agieren durchschnittlich je 625 Anbieter. Eine besonders hohe Anbieterdichte findet sich in den hessischen Raumordnungsregionen mit 1,8 bis 2,1 Anbietern pro Tausend Einwohner:innen im erwerbsfähigen Alter, wohingegen die Anbieterdichte in Nordthüringen (0,64) am niedrigsten ausfällt

1 *Da Lehrkräfte in der Weiterbildung in der Regel mehreren Beschäftigungsverhältnissen bei unterschiedlichen Anbietern nachgehen (vgl.* ***H1****), werden die von den einzelnen Anbietern berichteten Beschäftigtenzahlen in der Hochrechnung auf Raumordnungsregionen als Beschäftigungsverhältnisse und nicht als Beschäftigte ausgewiesen.*

(**Tab. G1-2web**). Auf ähnlich starke Kontraste konnte bereits der Deutsche Weiterbildungsatlas aufmerksam machen. Auch dort verfügte Hessen über ein sehr großes betriebliches sowie privatwirtschaftliches (kommerzielles) Angebot, was u. a. mit der besonderen Siedlungs- und Bevölkerungsstruktur in Hessen zusammenhängen kann.

Insgesamt fallen die Unterschiede zwischen den Raumordnungsregionen deutlich höher aus als zwischen den Bundesländern. Die von den Anbietern berichtete Anzahl an Beschäftigungsverhältnissen für lehrendes Personal liefert weitere Hinweise zu dem vor Ort verfügbaren Angebot. In Ostdeutschland entfallen, mit Ausnahme von Mecklenburg-Vorpommern, weniger Beschäftigungsverhältnisse relationiert auf die erwerbsfähige Bevölkerung als in Westdeutschland (**Abb. G1-2, Tab. G1-2web**). Die Ursachen für regionale Disparitäten von Weiterbildungsangeboten insgesamt, aber auch für die Struktur regionaler Weiterbildungslandschaften sind vielfältig: Sie ergeben sich aus dem Zusammenspiel der soziodemografischen und ökonomischen Strukturen und Entwicklungen, aus unterschiedlichen gesetzlichen Regelungen sowie arbeitsmarkt- und sozialpolitischen, nationalen und europäischen Programmen sowie aus unterschiedlichen historischen Entwicklungspfaden, die z. B. die Weiterbildung in West- und Ostdeutschland genommen hat.

## Realisiertes Angebot nach Anbietertypen der Weiterbildung

**Mehr als jede 2. Weiterbildungsaktivität (52 %) 2020 im betrieblichen Kontext**

Die Veränderungen in der Finanzierung von Weiterbildung unter Pandemie-Bedingungen zeigen sich auch im realisierten Angebot. Die repräsentative Personenbefragung Adult Education Survey (AES D) zeigt, wie sich die individuelle Teilnahme an non-formaler Weiterbildung und damit das realisierte Angebot auf die Anbietertypen verteilt. Nur mit dieser Datengrundlage lassen sich aktuell die Marktanteile der verschiedenen Anbietertypen übergreifend betrachten. Dabei müssen allerdings

**Abb. G1-3: Anteile der Anbietertypen* am realisierten Angebot der Weiterbildung 2020 nach Segmenten (in %)**

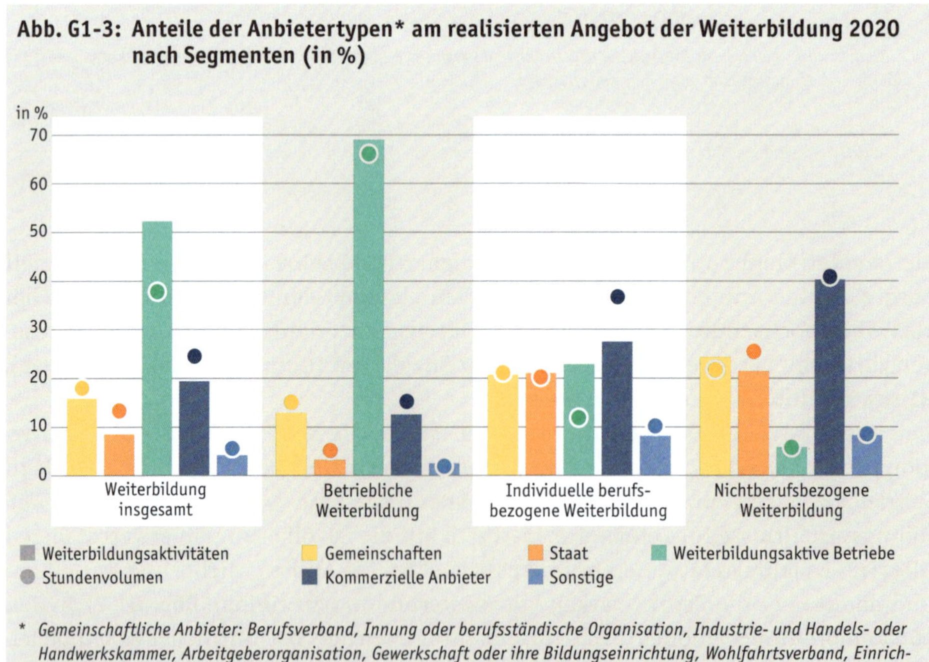


* *Gemeinschaftliche Anbieter: Berufsverband, Innung oder berufsständische Organisation, Industrie- und Handels- oder Handwerkskammer, Arbeitgeberorganisation, Gewerkschaft oder ihre Bildungseinrichtung, Wohlfahrtsverband, Einrichtung der Kirchen, gemeinnütziger Verein einer Partei oder soziale, kulturelle oder politische Initiative.*
*Staatliche Anbieter (Staat): Volkshochschule, (Fern-)Universität, an eine Hochschule angegliedertes Institut, Organisation oder andere wissenschaftliche Einrichtung.*
*Betriebliche Anbieter (Unternehmen): Arbeitgeber, andere Firma.*
*Kommerzielle Anbieter (Markt): kommerzielles Bildungsinstitut, selbstständig tätige Einzelperson.*
*Sonstige: Museen, Bibliotheken, sonstige Person oder Einrichtung.*
*Fallzahl: n = 6.027 (non-formale Bildungsaktivitäten)*
*Quelle: BMBF, AES 2020, doi: 10.4232/1.13812, eigene Berechnungen*

→ *Tab. G1-4web*

G 1

Unschärfen im Blick auf die Volumina der Weiterbildungsteilnahmen in Rechnung gestellt werden. 2020 entfielen 16 % der im AES berichteten Weiterbildungsaktivitäten auf gemeinschaftliche, 9 % auf staatliche, 19 % auf kommerzielle Anbieter und mit 52 % mehr als die Hälfte auf betriebliche Anbieter (**Abb. G1-3**, **Tab. G1-4web**). Dieses Verhältnis verschiebt sich bei den Stundenvolumina nach Anbietertyp nur leicht: Der Anteil am gesamten Volumen ist bei kommerziellen Anbietern höher (26 %), bei betrieblichen Anbietern dafür geringer (38 %), was mit der geringeren Dauer von betrieblicher Weiterbildung zusammenhängt.

**Deutlich gesunkenes Weiterbildungsangebot an Volkshochschulen**

Differenziert nach den Segmenten der Weiterbildung (M) (betriebliche, individuell berufsbezogene und nichtberufsbezogene Weiterbildung) zeigt sich ein insgesamt bekanntes, wenn auch leicht verschobenes Bild (**Tab. G1-4web**): Den Großteil aller Aktivitäten der betrieblichen Weiterbildung (70 %) leisten weiterhin betriebliche Anbieter. Die individuelle berufsbezogene Weiterbildung ist relativ gleichmäßig auf die verschiedenen Anbietertypen verteilt. In der nichtberufsbezogenen Weiterbildung sind kommerzielle Anbieter mit einem Anteil von 40 % und gemeinschaftliche Anbieter mit einem Anteil von 24 % an allen Aktivitäten besonders stark positioniert. Verglichen mit den Vorjahreserhebungen ist der deutlich gesunkene Anteil von Aktivitäten staatlicher Anbieter insgesamt sowie in den einzelnen Segmenten besonders prägnant (vgl. Autorengruppe Bildungsberichterstattung, 2020, S. 211). Dies konnte bereits der wbmonitor anhand von Angebotseinbrüchen (von insbesondere Volkshochschulen) zum Zeitpunkt des 1. bundesweiten Lockdowns von Mitte März bis Mitte Juni 2020 berichten (vgl. Christ et al., 2021).

**Hochschulische Anbieter realisierten einen großen Teil des Weiterbildungsangebots unter öffentlichen Anbietern 2020**

Innerhalb der einzelnen Anbietertypen lässt sich die jeweils am stärksten vertretene Anbietergruppe identifizieren. (Fern-)Universitäten sowie Hochschulen und an diese angegliederte Institute oder wissenschaftliche Einrichtungen haben mit einem Anteil von 52 % einen sehr hohen Anteil an den Weiterbildungsaktivitäten, die auf staatliche Anbieter entfallen, gefolgt von den Volkshochschulen mit einem geringeren Anteil von 35 % (**Tab. G1-5web**). Unter den gemeinschaftlichen Anbietern überwiegen im Jahr 2020 Berufsverbände, Innungen oder berufsständige Organisationen sowie gemeinnützige Vereine (57 %), während Industrie- und Handels- oder Handwerkskammern nur noch einen Anteil von 12 % aufweisen.

**24 % der berichteten Aktivitäten 2020 überwiegend oder vollständig online durchgeführt**

Die angebotenen Formate haben sich, vor allem als Krisenreaktion, diversifiziert. Fast jede 4. Aktivität (24 %) wurde 2020 überwiegend oder vollständig online durchgeführt. Besonders häufig wurden Veranstaltungen von (Fach-)Hochschulen (32 %) oder betrieblichen Anbietern (21 %) rein online durchgeführt. Volkshochschulen und Wohlfahrtsverbände bilden bei dieser Betrachtung das Schlusslicht: Nur 3 % der Veranstaltungen bei diesen Anbietern wurden rein online abgehalten (**Tab. G1-6web**). Neben Bedarfen in der digitalen Infrastruktur (vgl. Autorengruppe Bildungsberichterstattung, 2020, S. 245) kann in den Programmprofilen und vorhandenen didaktischen Konzepten sowie in der Verbindlichkeit der Teilnahme (freiwillig vs. verpflichtend) ein möglicher Grund für die Unterschiede in der Digitalität, aber auch allgemeiner im Einbruch des Angebots gesehen werden.

## Öffentliche Zuschüsse und das Angebot von Volkshochschulen

Für die bildungspolitische Diskussion ist von besonderer Bedeutung, welchen Beitrag öffentliche Finanzierung zu einem flächendeckenden Weiterbildungsangebot leistet. Nur am Beispiel der Volkshochschulen lassen sich derzeit Zusammenhänge zwischen Finanzierungsstrukturen einerseits und Angebots- und Teilnahmestrukturen andererseits beobachten. Die Volkshochschul-Statistik (D) liefert auf der Basis von Selbstauskünften Angaben über die Höhe unterschiedlicher Einnahmequellen, die sich zudem über einen längeren Zeitraum und differenziert nach Bundesländern

**Finanzvolumen von VHSen infolge zuwanderungsstarker Jahre angestiegen (+25 %) ...**

betrachten lassen. Seit 2010 zeichnen sich 4 Entwicklungsphasen ab (**Tab. G1-7web**): Für die Jahre von 2010 (1,01 Milliarden Euro) bis 2015 (1,09 Milliarden Euro) ist das Finanzvolumen mit leichten Schwankungen geringfügig angestiegen. Zwischen 2015 und 2017 verzeichneten die Volkshochschulen deutliche Zuwächse (+25 %) in ihren Einnahmen und Zuwendungen auf 1,36 Milliarden Euro. Ausschlaggebend für diesen starken Anstieg ist insbesondere die Ausweitung der Integrationskursangebote für Zugewanderte (**G2**) (vgl. Reichart et al., 2018; Thomsen & Weilage, 2021). 2018 und 2019 stieg das Volumen nur geringfügig an. Im Jahr 2020 ist das Volumen um 11 % gegenüber dem Vorjahr auf 1,25 Milliarden Euro gesunken (**Tab. G1-8web**). Hierfür sind insbesondere Einbrüche in den Teilnahmeentgelten sowie in Auftrags- und Projektmitteln während der Corona-Pandemie verantwortlich.

**... und während der Corona-Pandemie 2020 um 11 % zurückgegangen**

Die Grundlage für die öffentliche institutionelle Finanzierung von Volkshochschulen bilden Erwachsenen- und Weiterbildungsgesetze. Insofern über die Höhe der Finanzierung im Rahmen von Haushaltsberatungen entschieden wird, bestehen zwischen den Ländern große Unterschiede. Während die Unterschiede zwischen westlichen Bundesländern im wesentlichen Ausdruck des bildungspolitischen Stellenwerts sind, den Volkshochschulen bei den jeweiligen Regierungskonstellationen einnehmen bzw. eingenommen haben, dauern in den Unterschieden zwischen west- und ostdeut-

**Abb. G1-4: Öffentliche Zuschüsse und Weiterbildungsdichte an Volkshochschulen 2019 nach Bevölkerungsrelation***

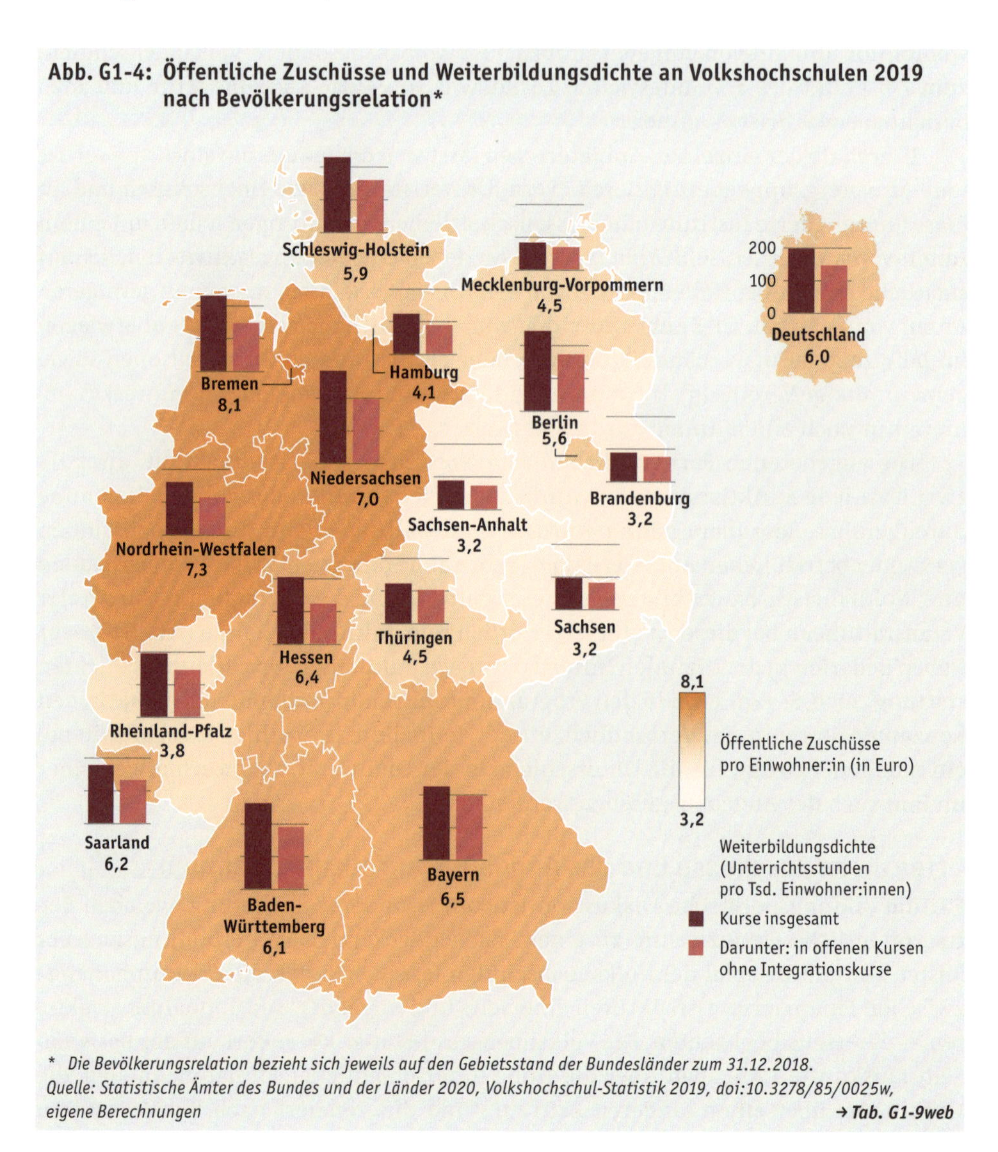


* *Die Bevölkerungsrelation bezieht sich jeweils auf den Gebietsstand der Bundesländer zum 31.12.2018.*
*Quelle: Statistische Ämter des Bundes und der Länder 2020, Volkshochschul-Statistik 2019, doi:10.3278/85/0025w, eigene Berechnungen*
**→ Tab. G1-9web**

schen Ländern historisch unterschiedliche Funktionszuschreibungen an Volkshochschulen fort. Während 2019 in Westdeutschland gemessen an der Bevölkerungszahl 6,4 Euro pro Einwohner öffentlich bezuschusst werden, sind es in Ostdeutschland nur 4,0 Euro. Die größten Differenzen bestehen zwischen Bremen (8,1 Euro) und Sachsen bzw. Sachsen-Anhalt (je 3,2 Euro) (**Abb. G1-4**, **Tab. G1-9web**). Neben institutionellen Mitteln können sich Volkshochschulen durch Auftrags- und Projektmaßnahmen aus öffentlicher Hand (z. B. Integrationskurse) finanzieren (**Tab. G1-8web**). In Kombination mit den öffentlichen Zuschüssen zeigt sich auch hier eine deutlich höhere Pro-Kopf-Finanzierung in Westdeutschland (**Tab. G1-9web**).

**Höhere öffentliche Pro-Kopf-Finanzierung in den westlichen Bundesländern, ...**

Die Frage, ob öffentliche Finanzierung gleiche Partizipationschancen für die Bevölkerung in allen Regionen Deutschlands eröffnet (Weiß, 2018), lässt sich am Beispiel der Volkshochschulen noch nicht eindeutig beantworten. Auf der einen Seite sehen wir für die östlichen Flächenländer und Hamburg, dass eine im bundesweiten Vergleich durchschnittlich geringere öffentliche Pro-Kopf-Finanzierung mit einer geringeren Weiterbildungsdichte Ⓜ einhergeht (**Abb. G1-4**, **Tab. G1-9web**). Betrachtet man allerdings die Gesamtheit aller Bundesländer, so zeigt sich zwar ein Zusammenhang zwischen der Pro-Kopf-Finanzierung von Weiterbildung mit öffentlichen Mitteln und der Weiterbildungsdichte (**Tab. G1-10web**), ablesbar am Korrelationskoeffizienten Ⓜ (r = 0,6) für das gesamte Bundesgebiet im Jahr 2019. Gleichzeitig besteht dieser Zusammenhang jedoch nicht generell. So fällt etwa die Weiterbildungsdichte allgemein sowie in offenen Kursen in Baden-Württemberg deutlich höher aus als in Nordrhein-Westfalen, trotz geringerer öffentlicher Zuschüsse oder öffentlicher Mittel (**Abb. G1-4**). Dies verweist auf die Relevanz weiterer Einflussfaktoren wie etwa soziodemografischer und ökonomischer Unterschiede zwischen den Bundesländern. Empirisch ungeklärt ist zudem die Frage, inwiefern eine höhere Weiterbildungsdichte zu einer Verringerung sozialer Disparitäten im Teilnahmeverhalten führt. Im internationalen Vergleich gibt es zumindest Hinweise darauf, dass vermehrte öffentliche Mittel für Weiterbildung eine geringere soziale Selektivität bewirken (vgl. Martin & Rüber, 2016).

**... die jedoch alleine noch keine gesicherte Aussage über die vorhandene Weiterbildungsdichte ermöglicht**

## Betriebliche Anbieter und Angebote der Weiterbildung

Unternehmen nutzen die Weiterbildung ihrer Beschäftigten vor allem, um auf Arbeitsmarktveränderungen im Zuge des Strukturwandels, der voranschreitenden Digitalisierung, des demografischen Wandels oder konjunktureller Schwankungen zu reagieren. Neben Kursen, Lehrgängen oder Seminaren (intern, extern, analog oder digital) werden die Teilnahme an Vorträgen und Tagungen unterstützt sowie Lehrprozesse am Arbeitsplatz und mithilfe von Kolleg:innen gefördert.

Die betriebliche Weiterbildungsaktivität ist laut IAB-Betriebspanel Ⓓ im Zuge der Corona-Pandemie auf den niedrigsten Wert seit Beginn der 2000er-Jahre gesunken. Im ersten Halbjahr 2020 waren 34 % aller 2.128.994 Betriebe in Deutschland weiterbildungsaktiv.[2] Dies entspricht einem Rückgang von 21 Prozentpunkten im Vergleich zum Vorjahr, in dem mehr als jeder 2. Betrieb (55 %) weiterbildungsaktiv war (**Abb. G1-5**, **Tab. G1-11web**). Einen vergleichbaren Einbruch hat die betriebliche Weiterbildung in der Geschichte Deutschlands allein infolge der Weltfinanzkrise in den Jahren 2009 und 2010 erlebt (Bellmann et al., 2014). Präsenzformate wurden zwar verstärkt durch Onlineformate ersetzt (vgl. Bellmann et al., 2020b), die drastisch gesunkene Weiterbildungsaktivität deutet jedoch darauf hin, dass Bedarfe mit den zur Verfügung stehenden (digitalen)

**Insgesamt starker Einbruch der betrieblichen Weiterbildungsaktivität um 21 Prozentpunkte im 1. Halbjahr 2020**

*2 Ein Betrieb gilt als weiterbildungsaktiv, wenn Beschäftigte für Maßnahmen der Weiterbildung freigestellt werden oder für die Weiterbildung die Kosten ganz oder teilweise vom Betrieb übernommen wurden. Der Bezugszeitraum ist jeweils das 1. Geschäftshalbjahr der hier dargestellten Jahre. Für das Bezugsjahr 2020 lässt sich die ausgewiesene Weiterbildungsaktivität aufgrund der pandemiebedingten zeitlich variierenden Einschränkungen nur eingeschränkt für das gesamte Jahr interpretieren. Die Anzahl der Betriebe basiert auf der Betriebsdatei der Bundesagentur für Arbeit, die für die Stichprobenziehung des IAB-Betriebspanels genutzt wird.*

**Abb. G1-5: Anteil weiterbildungsaktiver Betriebe 2009 bis 2020 nach Betriebsgröße (in %)**

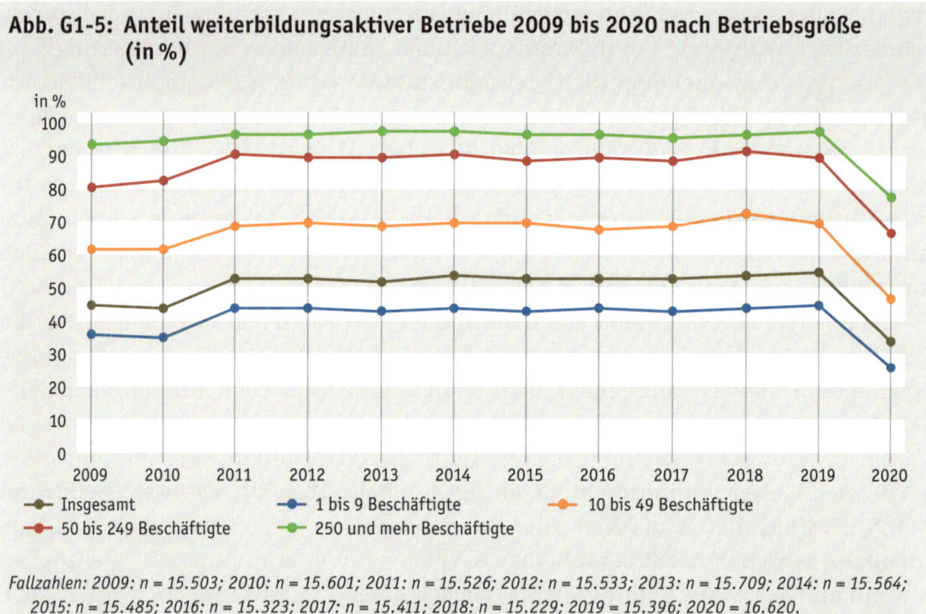


*Fallzahlen: 2009: n = 15.503; 2010: n = 15.601; 2011: n = 15.526; 2012: n = 15.533; 2013: n = 15.709; 2014: n = 15.564; 2015: n = 15.485; 2016: n = 15.323; 2017: n = 15.411; 2018: n = 15.229; 2019 = 15.396; 2020 = 16.620.*
*Quelle: IAB-Betriebspanel, gewichtete Daten, eigene Berechnungen* → ***Tab. G1-11web***

Weiterbildungsangeboten zu einem frühen Zeitpunkt der Pandemie nicht ausreichend gedeckt werden konnten oder Weiterbildungsmaßnahmen auf einen späteren Zeitpunkt (in Präsenz) verschoben wurden. Auch zeigt sich, dass E-Learning von jedem 2. Betrieb (50 %) angeboten wird. Große Betriebe, aber auch Betriebe in den Branchen Finanz- und Versicherungsdienstleistungen sowie Information/Kommunikation nutzten E-Learning besonders häufig für Weiterbildungsaktivitäten (**Tab. G1-12web**).

**Unterschiede nach Branchen und Betriebsmerkmalen bleiben bestehen**

Betriebe aller Betriebsgrößenklassen und Wirtschaftszweige haben ihre Weiterbildungsaktivitäten im Jahr 2020 im Vergleich zum Vorjahr eingeschränkt. Daher bleiben bekannte Unterschiede zwischen den Betrieben bestehen. Weiterhin am weiterbildungsaktivsten bleiben Betriebe mit 250 und mehr Beschäftigten (78 %). Weiterbildungsaktivitäten von Betrieben mit 1 bis 9 Beschäftigten (26 %) sowie 10 bis 49 Beschäftigten (47 %) bleiben deutlich dahinter zurück (**Abb. G1-5**, **Tab. G1-11web**). Nicht alle Branchen waren von der Pandemie gleichermaßen stark betroffen. Betriebe in den Branchen Erziehung und Unterricht (–21 %), Finanz- und Versicherungsdienstleistungen (–24 %) sowie Öffentliche Verwaltung (–25 %), die bereits in den Vorjahren das höchste Weiterbildungsengagement aufwiesen, schränkten ihre Aktivität deutlich weniger ein als Betriebe in den Branchen Investitions-/Gebrauchsgüter (–49 %) oder Beherbergung und Gastronomie (–50 %). Besonders stark wurde die Aktivität in Betrieben mit einem hohen Anteil Beschäftigter mit einfachen Tätigkeiten eingeschränkt (–52 %) (**Tab. G1-11web**). In den kommenden Jahren wird daher zu prüfen sein, ob insbesondere gering Qualifizierte nachhaltig von den Rückgängen des betrieblichen Weiterbildungsangebots betroffen sind.

Als eine mögliche Krisenreaktion und zur Verbesserung der künftigen Arbeitsmarktchancen ist es in Betrieben üblich, Kurzarbeit für die Weiterbildung der Beschäftigten zu nutzen. Aktuellen Daten zufolge wurde diese Möglichkeit zu Beginn der Pandemie jedoch nur von etwa 5 % der von Kurzarbeit betroffenen Beschäftigten bzw. 10 % der von Kurzarbeit betroffenen Betriebe genutzt (Bellmann et al., 2021b; Kruppe & Osiander, 2020). Auf Betriebsebene wird dies damit begründet, dass Unklarheit bezüglich der Wiederaufnahme der Geschäftstätigkeit bestehe, der angepasste Arbeitsplan nicht mit Weiterbildung vereinbar oder aber die geschäftliche Zukunft unsicher sei (vgl. Bellmann et al., 2021b).

**Kleine und mittlere Unternehmen kennen und nutzen staatliche Förderinstrumente seltener**

Mit dem Maßnahmenpaket der Nationalen Weiterbildungsstrategie (NWS) wurden Handlungsfelder formuliert und gesetzliche Grundlagen durch gestaffelte Fördersätze geschaffen, die u. a. kleine und mittlere Unternehmen (KMU) in ihrem Weiterbildungsengagement stärken sollen. Neben strukturellen Barrieren (durch geringere personelle und finanzielle Ressourcen) und einer geringeren Institutionalisierung von Weiterbildung (vgl. Autorengruppengruppe Bildungsberichterstattung, 2020, S. 212) ist die fehlende Bekanntheit von staatlichen Förderinstrumenten ein weiterer möglicher Grund für ein bislang geringeres Weiterbildungsengagement von KMU. So kennt den Daten des IAB-BeCovid-Panels (D) zufolge nur etwa jeder 3. Betrieb (32 %) die Weiterbildungsförderung der BA und etwa jeder 10. Betrieb (9 %) hat sie bereits genutzt. Deutliche Unterschiede zeigen sich bei Betrachtung der Betriebsgröße: Während 26 % der Betriebe mit 1 bis 9 Beschäftigten die Weiterbildungsförderung kennen, sind es 67 % der Betriebe mit mehr als 250 Beschäftigten. Nur ein geringer Teil von Betrieben mit unter 49 Beschäftigten hat die Weiterbildungsförderung bereits genutzt (5 bis 12 %), im Vergleich zu Betrieben mit 250 und mehr Beschäftigten (35 %) (**Tab. G1-13web**). Die vorliegenden Daten zeigen, dass mit der Größe der Unternehmen nicht nur die Bekanntheit von öffentlichen Fördermaßnahmen steigt, sondern auch die Wahrscheinlichkeit, diese in Anspruch zu nehmen. Am häufigsten wird allerdings das Fehlen passender Weiterbildungsangebote als Grund für eine Nichtinanspruchnahme genannt. Entsprechend ist die gezielte Entwicklung spezifischer Aus- und Weiterbildungsangebote für eine höhere Beteiligung von KMU bedeutsam, wie sie etwa im Rahmen des Innovationswettbewerbs InnoVET entwickelt werden.

## Methodische Erläuterungen

**Raumordnungsregionen**
Die vom Bundesinstitut für Bau-, Stadt- und Raumforschung (BBSR) generierten Raumordnungsregionen 2017 bilden Planungsregionen der Länder, Stadt- und Landkreise ab, angepasst an das Pendlerverhalten sozialversicherungspflichtiger Beschäftigter. Insgesamt gibt es 96 Raumordnungsregionen in Deutschland.

**Segmente der Weiterbildung**
Eine Aktivität wird als betriebliche Weiterbildung klassifiziert, wenn sie ganz oder überwiegend während der bezahlten Arbeitszeit stattfand oder eine bezahlte Freistellung für die Aktivität vorlag oder anfallende Kosten zumindest anteilig vom Arbeitgeber übernommen wurden. Wenn keines dieser Kriterien erfüllt wird, ist die Aktivität eine individuell berufsbezogene Weiterbildung, sofern die Teilnahme aus überwiegend beruflichen Gründen erfolgt. Erfolgt die Teilnahme aus vorrangig privaten Gründen, zählt sie zu den nichtberufsbezogenen Weiterbildungen.

**Weiterbildungsdichte**
Die Weiterbildungsdichte stellt die Anzahl an Unterrichtsstunden in Kursen an Volkshochschulen pro 1.000 Einwohner:innen des jeweiligen Bundeslandes dar. Der zur Berechnung genutzte Bevölkerungsstand bezieht sich auf den 31. Dezember des dem Berichtsjahr vorhergehenden Jahres (entnommen aus der Fachserie 1 Reihe 1.3 der Statistischen Ämter des Bundes und der Länder). Für die Berechnung der Weiterbildungsdichte in offenen Kursen werden Kurse aus Auftrags- und Vertragsmaßnahmen sowie Integrationskurse nicht berücksichtigt.

**r – Pearson-Korrelationskoeffizient**
Der Koeffizient ist ein Zusammenhangsmaß zwischen 2 metrisch skalierten Variablen (z. B. die Höhe der öffentlichen Pro-Kopf-Finanzierung und die Weiterbildungsdichte pro Tausend Einwohner:innen). Der Zusammenhang kann Werte zwischen −1 = perfekter negativer Zusammenhang, 0 = kein Zusammenhang und 1 = perfekter positiver Zusammenhang annehmen. Der Pearson-Korrelationskoeffizient wurde für das Bundesgebiet auf Ebene der Landkreise berechnet. In der Volkshochschul-Statistik 2019 liegen für insgesamt 394 Landkreise Informationen zu öffentlichen Zuschüssen und der Weiterbildungsdichte relationiert auf die Bevölkerung vor. Zwischen Ost- und Westdeutschland zeigen sich keine Unterschiede in der Stärke des Zusammenhangs.

Zuletzt im Bildungsbericht 2020 als G2

# Teilnahme an Weiterbildung

Die Teilnahme an organisierter und informeller Weiterbildung ist national wie im internationalen Vergleich ein Kernindikator für die Leistungsfähigkeit von Weiterbildungssystemen sowie auch für die Bildungsaffinität der Bevölkerung im Erwachsenenalter. Dies ergibt sich aus der Tatsache, dass die Teilnahme an Weiterbildung überwiegend freiwillig erfolgt und sich erwünschte gesellschaftliche und individuelle Wirkungen nur dann einstellen, wenn vorhandene Angebote auch genutzt werden. Ausgehend von bestehenden sozialen und regionalen Disparitäten im Teilnahmeverhalten (vgl. Autorengruppe Bildungsberichterstattung, 2020, S. 215) wird im Folgenden betrachtet, wie sich Teilnahmemuster entwickelt haben. Zunächst werden Befunde zur Teilnahme an organisierten Bildungsaktivitäten und zu informellen Lernaktivitäten berichtet. Im Anschluss finden zum einen das Onlinelernen, zum anderen die Teilnahme an Integrationskursen aufgrund ihrer arbeitsmarkt- bzw. bildungspolitischen Relevanz besondere Beachtung.

## Teilnahme an formalen und non-formalen Bildungsaktivitäten und informellen Lernaktivitäten

Über die Weiterbildungsbeteiligung in Deutschland und Europa informiert zuverlässig und differenziert, auch im Zeitverlauf, der Adult Education Survey (AES D). Differenziert ausweisen lässt sich die Beteiligung an non-formalen und formalen Bildungsaktivitäten sowie am informellen Lernen G. Gegenüber früheren Erhebungen sind Trendvergleiche für das Jahr 2020 jedoch mit einigen Einschränkungen verbunden, da das Erhebungsverfahren des AES verändert wurde M.

Trotz Angebotseinbrüchen hohe Teilnahmequote an non-formaler Weiterbildung mit 57 % im Jahr 2020

Eine wichtige Kennziffer für die Beurteilung der Weiterbildungsbeteiligung ist die Teilnahmequote an non-formalen Bildungsaktivitäten. Hierunter werden kursförmige organisierte Veranstaltungen (Kurse und Lehrgänge, kurzzeitige Bildungsveranstaltungen, Schulungen am Arbeitsplatz oder Privatunterricht) gefasst, die jedoch nicht zu einer Qualifikation gemäß dem Deutschen Qualifikationsrahmen führen. Im Jahr 2020 lag die Teilnahmequote für non-formale Bildungsaktivitäten unter den 18- bis 69-Jährigen bei 57 % (**Abb. G2-1**, **Tab. G2-1web**). Gegenüber den in **G1** berichteten Angebotseinbrüchen zu Beginn der Corona-Pandemie ist dieser Befund zunächst überraschend. Auch im AES gibt ein beträchtlicher Anteil der Befragten (23 %) an, dass Veranstaltungen aufgrund der Corona-Pandemie abgesagt (13 %), nicht wahrgenommen (2 %) oder verschoben wurden oder auch noch nicht stattgefunden haben (12 %). Zugleich war die Corona-Pandemie jedoch auch Treiber für Bildungsaktivitäten, etwa aufgrund frei gewordener Zeit, der verstärkten Nutzung von digitalen Kommunikationstools durch die Ausweitung mobilen Arbeitens, fehlender Medienkompetenzen oder aber weil Wissen zu einem Thema rund um Corona, etwa im Bereich der Gesundheitsvorsorge oder des Datenschutzes, angeeignet werden musste (vgl. BMBF, 2021, S. 17). Auch ist hier der lange Referenzzeitraum von 12 Monaten zu berücksichtigen, durch den Aktivitäten aus 2019 in den Quoten mitberücksichtigt sind.

5 % nehmen an formalen Bildungsaktivitäten jenseits einer Erstausbildung teil

Formale Weiterbildungsaktivitäten dienen dazu, anerkannte Abschlüsse wie das Abitur, einen universitären Abschluss oder einen Abschluss beruflicher Fortbildungen als Techniker oder Meister innerhalb reglementierter Bildungsprozesse zu erreichen. Hierzu zählen auch berufsbegleitende Studiengänge, die häufig an den Abschluss einer ersten Bildungsphase anschließen und in den letzten Jahren verstärkt von privaten Hochschulen angeboten werden (vgl. **F1**). Die Abgrenzung zwischen formalen Bildungsaktivitäten, die eine Weiterbildung darstellen, und solchen, die der Erstausbildung (wie z. B. beruflicher oder hochschulischer Bildung; vgl. **E** und **F**)

**Abb. G2-1: Teilnahme an Bildungs- und Lernaktivitäten der 18- bis 69-Jährigen 2016 bis 2020* nach Migrationshintergrund (in %)**

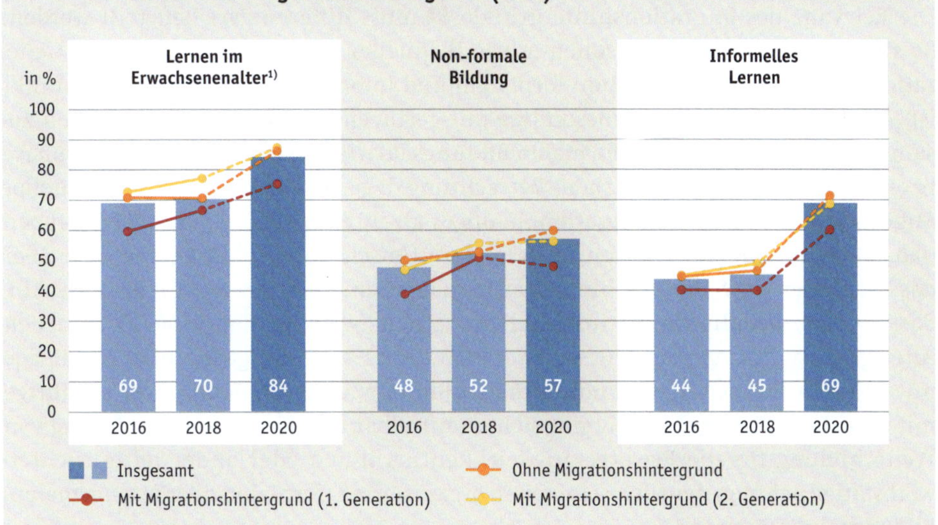


* *Daten für 2020 aufgrund eines veränderten Erhebungsverfahrens und eingeschränkter Vergleichbarkeit mit den Vorjahren grafisch gesondert dargestellt.*
1) *Beteiligung an mindestens einer der abgefragten (formalen oder non-formalen) Bildungsaktivitäten oder informellen Lernaktivitäten.*
*Fallzahlen: 2016: n = 7.724, 2018: n = 5.836, 2020: n = 5.818*
*Quelle: BMBF, AES 2016, doi: 10.4232/1.13135, 2018, doi: 10.4232/1.13461, 2020, doi: 10.4232/1.13812, gewichtete Daten, eigene Berechnungen*
→ ***Tab. G2-1web***

zugerechnet werden, beruht im AES auf einer Selbsteinschätzung der Befragten; dabei wird zwischen einer Erstausbildung und einer weiterführenden 2. Bildungsphase unterschieden. Nach den AES-Daten haben 2020 5 % der Befragten an einer formalen Bildung im Rahmen einer 2. Bildungsphase teilgenommen (**Tab. G2-1web**).

**Höchste bislang gemessene Beteiligung an informellem Lernen (69 %)**

Informell gelernt[3] haben 2020 69 % der 18- bis 69-Jährigen; dies ist die höchste bislang mit dem AES gemessene Beteiligung (**Abb. G2-1, Tab. G2-1web**). Damit haben im Jahr 2020 erstmals mehr Personen informell als non-formal gelernt. Am häufigsten stützen sich die informellen Lernaktivitäten auf traditionelle Medien wie Fachzeitschriften und Bücher, die von 46 % genutzt wurden, gefolgt von Lernangeboten am Computer oder im Internet (39 %). Mehr als jede 3. Person (36 %) gibt an, durch Familienmitglieder, Freund:innen oder Kolleg:innen intentional etwas dazugelernt zu haben (**Tab. G2-2web**). Der starke Anstieg informeller Lernaktivitäten kann ein Hinweis darauf sein, dass informelle Lernangebote während der Corona-Pandemie verstärkt genutzt wurden, um verschobene oder abgesagte organisierte Weiterbildungsveranstaltungen zu kompensieren oder aber um neue digitale Werkzeuge wie etwa Videokonferenzsysteme nutzen zu können.

**Fortbestehende soziale Disparitäten im Weiterbildungsverhalten**

Insgesamt berichten 84 % der Befragten von mindestens einer der 3 Lern- und Bildungsaktivitäten im Jahr 2020 (**Abb. G2-1**). Trotz gestiegener Beteiligung an Bildungs- und Lernaktivitäten bleiben auch in der Corona-Pandemie bestehende soziale Disparitäten erhalten. Dabei sind es inzwischen aber vor allem die erworbenen, nicht die zugeschriebenen sozialen Merkmale, die die Weiterbildungsbeteiligung beeinflussen. Der (Berufs-)Bildungsabschluss und der Erwerbsstatus sind nach wie vor die stärksten Prädiktoren für eine non-formale Weiterbildungsteilnahme (**Tab. G2-3web**). Hingegen

3 *Zur Erfassung informellen Lernens im AES wird den Befragten einführend erläutert, dass auch außerhalb der Teilnahme an Aus- und Weiterbildungen Kenntnisse und Fertigkeiten erworben oder verbessert werden können, wenn man sich etwa in der Arbeits- oder Freizeit, allein oder zusammen mit anderen bewusst selbst etwas beibringt. Es werden dann Beispiele genannt (**Tab. G2-2web**), zu denen angegeben werden soll, ob diese Lernmöglichkeiten intentional in den letzten 12 Monaten genutzt wurden oder nicht.*

verlieren die Geschlechterdifferenzen an Bedeutung: So lernten zum ersten Mal seit 2016 Frauen mit 71 % im Jahr 2020 häufiger informell als Männer (66 %) (**Tab. G2-1web**). Die Relevanz des Migrationshintergrundes G muss differenziert beurteilt werden: So sind es hauptsächlich Personen mit individueller Migrationserfahrung (1. Generation), deren Teilnahme an non-formalem und informellem Lernen eingeschränkt ist (**Abb. G2-1**). Dies kann insbesondere mit geringen sprachlichen Kenntnissen zusammenhängen (vgl. **G4**). An formalen Bildungsaktivitäten in einer 2. Bildungsphase beteiligen sich unter multivariater Betrachtung dagegen Personen mit individueller Migrationserfahrung (1. Generation) häufiger als ihre jeweiligen Vergleichsgruppen (**Tab. G2-3web**). Hierfür dürften insbesondere Umschulungsmaßnahmen oder aber das Nachholen von Schulabschlüssen ausschlaggebend sein. Interessant ist weiterhin, dass sich die Beteiligung an informellem Lernen zwischen den unterschiedlichen Altersgruppen nur gering unterscheidet (66 bis 72 %), wohingegen über 64-Jährige mit 25 % deutlich seltener an non-formaler Bildung teilnehmen als unter 35-Jährige mit 65 % (**Tab. G2-1web**). Dies ergibt sich unmittelbar aus der großen Bedeutung von Weiterbildung für die Erwerbstätigkeit: Rentner:innen oder anderweitig Nichterwerbstätige nehmen deutlich seltener an organisierten (formalen oder non-formalen) Bildungsaktivitäten teil.

Zur Bildungsbeteiligung Älterer und insbesondere von Personen über 69 Jahren stehen nur wenige aktuelle Daten zur Verfügung, zumal diese Personengruppe in den gängigen Monitoringstudien kaum erfasst wird. Personenbefragungen, die sich auf Ältere (Deutscher Alterssurvey) oder Hochaltrige (Deutscher Hochaltrigkeitssurvey) konzentrieren, sind in ihrem Instrumentarium zur Weiterbildungsbeteiligung eingeschränkt und daher kaum an die bestehenden Monitoringstudien anschlussfähig.

## Onlinelernaktivitäten der Erwerbsbevölkerung

Neben organisierten Präsenzformaten, die das Weiterbildungsangebot unverändert dominieren (**G1**), findet das Lehren und Lernen mit digitalen Medien spätestens seit der Corona-Pandemie vermehrte öffentliche Beachtung. Angenommen wird, dass die Relevanz von Onlineaktivitäten zukünftig noch weiter steigen wird: aus Zeit- und Kostengründen; um die stetige Weiterqualifizierung von Beschäftigten besser in Arbeitsabläufe integrieren zu können; aufgrund von Veränderungen der Arbeitsorganisation durch mobiles Arbeiten; oder auch weil die Adressat:innen selbst mit technischen Entwicklungen Schritt halten möchten. Neben entsprechenden Angeboten für Erwerbstätige mit digitalen Kompetenzen auf unterschiedlichem Niveau bedarf es u. a. einer ausgeprägten Lernbereitschaft auf individueller Ebene und einer geeigneten digitalen Infrastruktur auf struktureller Ebene (**G1**), um die genannten Erwartungen auch erfüllen zu können.

**28 % der Erwerbsbevölkerung haben 2020 online gelernt**

Mit Daten der IKT-Erhebung D kann die Beteiligung an Lerntätigkeiten über das Internet zu Bildungs-, Berufs- oder privaten Zwecken, eingegrenzt auf die Erwerbsbevölkerung, bundesweit und im internationalen Vergleich differenziert betrachtet werden. Im Jahr 2020 hat mehr als jede 4. Person (28 %) der Erwerbsbevölkerung das Internet für Lerntätigkeiten genutzt M. Etwa jede 5. Person (21 %) nutzte Onlinelernmaterial, 14 % absolvierten einen Onlinekurs und 10 % nutzten Webseiten oder Portale, um mit Lehrkräften zu kommunizieren (**Abb. G2-2**, **Tab. G2-4web**). Seit 2015 sind Onlinelerntätigkeiten unter der Erwerbsbevölkerung in Deutschland stetig gewachsen. Die bisher stärksten Zuwächse im Vergleich zum Vorjahr zeigen sich im Jahr 2020, was sicherlich mit den starken Einschränkungen bei Präsenzveranstaltungen im 1. bundesweiten Lockdown zusammenhängt. Im europäischen Vergleich liegt Deutschland damit im EU-27-Durchschnitt (27 %); insbesondere Dänemark (50 %),

**Beteiligungsquoten an Onlinelerntätigkeiten in Deutschland liegen im EU-27-Durchschnitt**

**Abb. G2-2: Beteiligung der Erwerbsbevölkerung* an Lerntätigkeiten über das Internet 2015 bis 2020 nach Verstädterungsgrad (in %)**

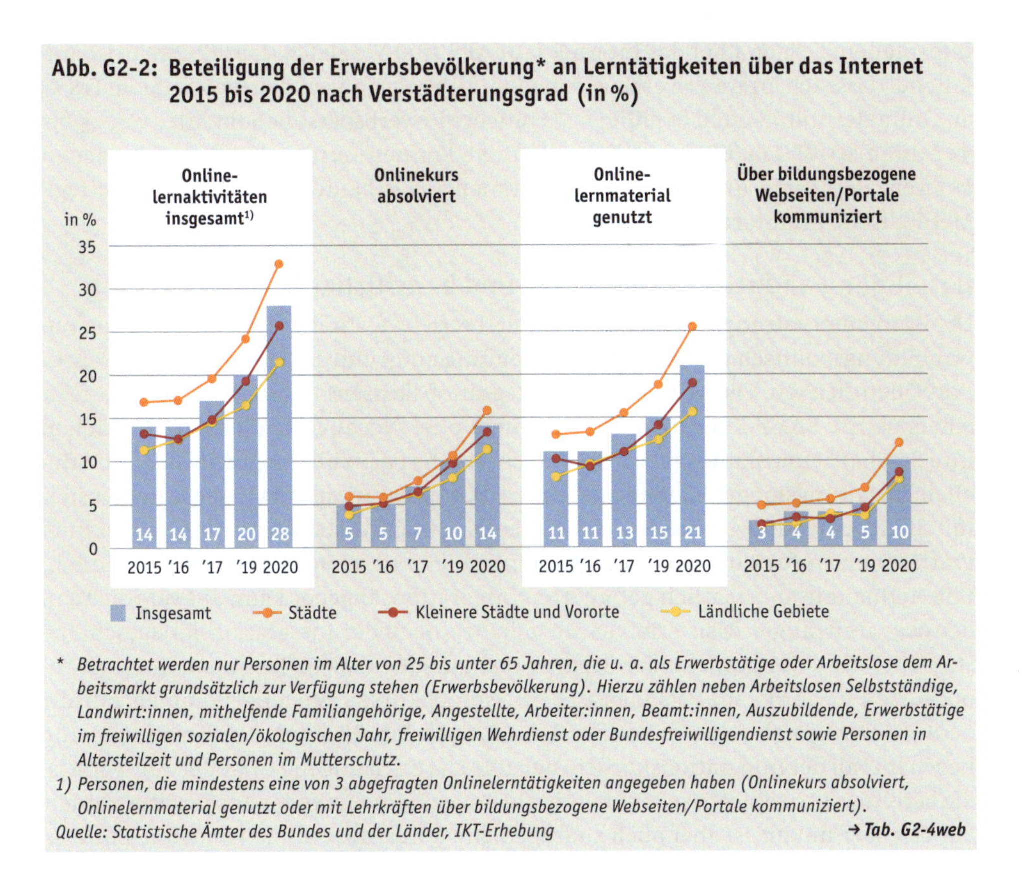


* *Betrachtet werden nur Personen im Alter von 25 bis unter 65 Jahren, die u. a. als Erwerbstätige oder Arbeitslose dem Arbeitsmarkt grundsätzlich zur Verfügung stehen (Erwerbsbevölkerung). Hierzu zählen neben Arbeitslosen Selbstständige, Landwirt:innen, mithelfende Familiangehörige, Angestellte, Arbeiter:innen, Beamt:innen, Auszubildende, Erwerbstätige im freiwilligen sozialen/ökologischen Jahr, freiwilligen Wehrdienst oder Bundesfreiwilligendienst sowie Personen in Altersteilzeit und Personen im Mutterschutz.*

*1) Personen, die mindestens eine von 3 abgefragten Onlinelerntätigkeiten angegeben haben (Onlinekurs absolviert, Onlinelernmaterial genutzt oder mit Lehrkräften über bildungsbezogene Webseiten/Portale kommuniziert).*

*Quelle: Statistische Ämter des Bundes und der Länder, IKT-Erhebung* **→ *Tab. G2-4web***

Spanien (46 %) sowie Estland, Finnland, die Niederlande und Schweden (je 41 %) weisen insgesamt deutlich höhere Quoten in der Nutzung des Internets für Lerntätigkeiten auf (**Tab. G2-5web**).

**Große regionale und soziale Disparitäten im Onlinelernverhalten**

Die öffentliche Debatte vermittelt häufig den Eindruck, die Nutzung digitaler Medien könne regionale Disparitäten der Weiterbildungsbeteiligung überwinden. Die vorliegenden Daten stützen die damit verbundenen Hoffnungen zunächst nicht. Je nach Verstädterungsgrad Ⓜ unterscheidet sich die Beteiligung stark (**Abb. G2-2**): In Städten ist die Beteiligung an Onlinelerntätigkeiten insgesamt (33 %) sowie differenziert nach den 3 verschiedenen Lerntätigkeiten deutlich höher als in kleineren Städten und Vororten (26 %) oder ländlichen Gebieten (22 %). Offen ist, inwieweit in den regionalen Unterschieden lediglich bekannte soziodemografische Unterschiede zwischen den Regionen zum Ausdruck kommen oder ob hier auch Differenzen in der Verfügbarkeit digitaler Infrastrukturen allgemein bzw. bei den erreichbaren Weiterbildungsanbietern durchschlagen. Ein relevanter Faktor kann hier auch die regionale Branchenverteilung sein, zumal sich das betriebliche Weiterbildungsangebot und hierbei u. a. die Nutzung von E-Learning je nach Branche deutlich unterscheidet (**G1**).

Betrachtet man soziodemografische Merkmale, nutzen Personen mit geringerem Bildungsgrad das Internet deutlich seltener für Lernaktivitäten: Personen mit hoher Bildung (21 %) nehmen beispielsweise doppelt so häufig an Onlinekursen teil wie Personen mit mittlerem Bildungsgrad (11 %) (**Tab. G2-4web**). Einer aktuellen Studie zufolge, die Längsschnittdaten des Nationalen Bildungspanels nutzt, hat sich dieser Bildungsgradient zum Anfang der Pandemie im Vergleich zu den Vorjahren sogar verstärkt (vgl. Kleinert et al., 2021). Weitere große Unterschiede finden sich hinsichtlich des Haushaltsnettoeinkommens oder der sozialen Stellung. Nur geringe Differenzen bestehen dagegen zwischen Männern und Frauen. Nimmt man die Beteiligung an

informellem Lernen über das Internet laut AES zum Vergleich (**Tab. G2-2web**), ist auffallend, dass sich ältere Erwerbspersonen mit über 50 Jahren deutlich seltener (18 %) an Onlinelerntätigkeiten beteiligen als jüngere Erwerbspersonen im Alter von 25 bis 34 Jahren (41 %) (**Tab. G2-4web**). Diese Befunde können Ausdruck der verschiedenen Referenzzeiträume und Erhebungsinstrumente der beiden Erhebungen sein (vgl. Methodische Erläuterungen zu **G2**).

## Beteiligung an Integrationskursen und beruflicher Sprachförderung

Die Aufrechterhaltung des Integrationskursbetriebs während der Corona-Pandemie war bildungspolitisch von besonderer Bedeutung aufgrund der Erwartungen in Politik und Öffentlichkeit. Die Teilnahme an Integrationskursen[4] oder Berufssprachkursen (ehemals ESF-BAMF-Kursen)[5] soll Geflüchtete oder Neuzugewanderte unterstützen, ihre Beschäftigungsfähigkeit, ihre gesellschaftliche Partizipation sowie ihre individuellen Entfaltungsmöglichkeiten zu steigern. Das Integrationskursangebot richtet sich mit allgemeinen Integrations- und Alphabetisierungskursen sowie spezifischen Integrationskursen für Eltern, Frauen und Jugendliche an verschiedene Adressat:innen. Eine Teilnahme am staatlich geförderten Integrationsangebot kann auf verpflichtender oder freiwilliger Basis erfolgen. 2020 haben nach der Integrationskursgeschäftsstatistik D und der Statistik der Berufssprachkurse D 105.964 Personen an Integrationskursen sowie 113.202 Personen an Berufssprachkursen neu teilgenommen, mithin deutlich weniger als noch im Vorjahr (**Tab. G2-6web, Tab. G2-7 web**). Die Ursachen dafür liegen im Fall der Integrationskurse in der zuletzt rückläufigen Zuwanderung (vgl. **A1**), die bereits 2018 in einer gesunkenen Anzahl neuer Teilnehmender Ausdruck gefunden hat. Darüber hinaus ist aber auch zu fragen, inwieweit die Corona-Pandemie Einfluss auf den Kursbetrieb und die Teilnehmendenzahlen gehabt hat. Bezieht man die Anzahl neuer Kursteilnehmender auf die Anzahl der ausgestellten Teilnahmeberechtigungen, zeigt sich im Jahr 2020 mit jeweils 63 % ein deutlicher Rückgang gegenüber dem Vorjahr bei den Integrationskursen (75 %) und ein leichterer Rückgang bei den Berufssprachkursen (66 %) (**Tab. G2-8web**). Dies ist u. a. auf Kontakteinschränkungen während der Corona-Pandemie zurückzuführen.

**Pandemie schränkte die Teilnahme an Integrations- und Berufssprachkursen ein**

Im Verlauf der Corona-Pandemie konnten Integrations- und Berufssprachkurse, die auf ein Präsenzformat ausgelegt sind, nicht wie gewohnt stattfinden. Daher brach im Zeitraum des 1. bundesweiten Lockdowns die Anzahl neuer Kursteilnehmender stark ein (**Abb. G2-3**). Durch eine schnelle Einführung von 5 verschiedenen Kursmodellen ab Juli 2020, die neben Präsenzformaten unter Pandemiebedingungen die Möglichkeit integrierten, in virtuelle Klassenzimmer auszuweichen, ließen sich zwischen August und November 2020 jedoch annähernd die Vorjahreswerte erreichen (**Tab. G2-9web**). Die weiterhin bestehende Möglichkeit, in ein virtuelles Klassenzimmer auszuweichen, ermöglichte zwar ein flexibleres Krisenmanagement; die Kursteilnahmen sind während des 2. bundesweiten Lockdowns dennoch deutlich eingebrochen. Dies hängt auch damit zusammen, dass das weithin am stärksten genutzte Format – insbesondere in den Integrationskursen – u. a. zur Sicherstellung der didaktischen Qualität der Präsenzunterricht blieb (vgl. Kay et al., 2021, S. 26). Lediglich unter Berufssprachkursen wurden zeitweise mehr als die Hälfte der Kurse in virtuellen Klassenzimmern durchgeführt (vgl. BAMF, 2021, S. 4).

**Schnelle Krisenreaktion nach Ende des 1. bundesweiten Lockdowns …**

**… ermöglichte dennoch zeitweise hohe Beteiligung im Jahresverlauf**

G 2

*4 Integrationskurse werden in der Regel in ganztägigem Unterricht angeboten, bestehen aus einem Sprachkurs (400 bis 900 Unterrichtseinheiten [UE] à 45 Min., Ziel: Sprachniveau B1 in Deutsch) und einem Orientierungskurs (100 UE), der Alltagswissen sowie die Geschichte und Kultur Deutschlands vermitteln soll. Das Integrationskursangebot besteht seit 2005.*

*5 Berufssprachkurse bauen in der Regel auf Integrationskursen auf und haben verschiedene Zielsprachniveaus (A2 bis C1). Spezielle Kurse behandeln fachspezifische Inhalte (Einzelhandel, Gewerbe/Technik) oder bereiten berufssprachlich im Kontext der Anerkennung beruflicher Abschlüsse vor (akademische Heilberufe, Gesundheitsfachberufe). Von 2009 bis 2017 wurden sie durch Mittel der Europäischen Union gefördert. Seit 2016 sind sie Teil der Regelförderung des BAMF.*

**Abb. G2-3: Neue Kursteilnehmende in Integrations- und Berufssprachkursen im Zeitverlauf seit Beginn der Corona-Pandemie**

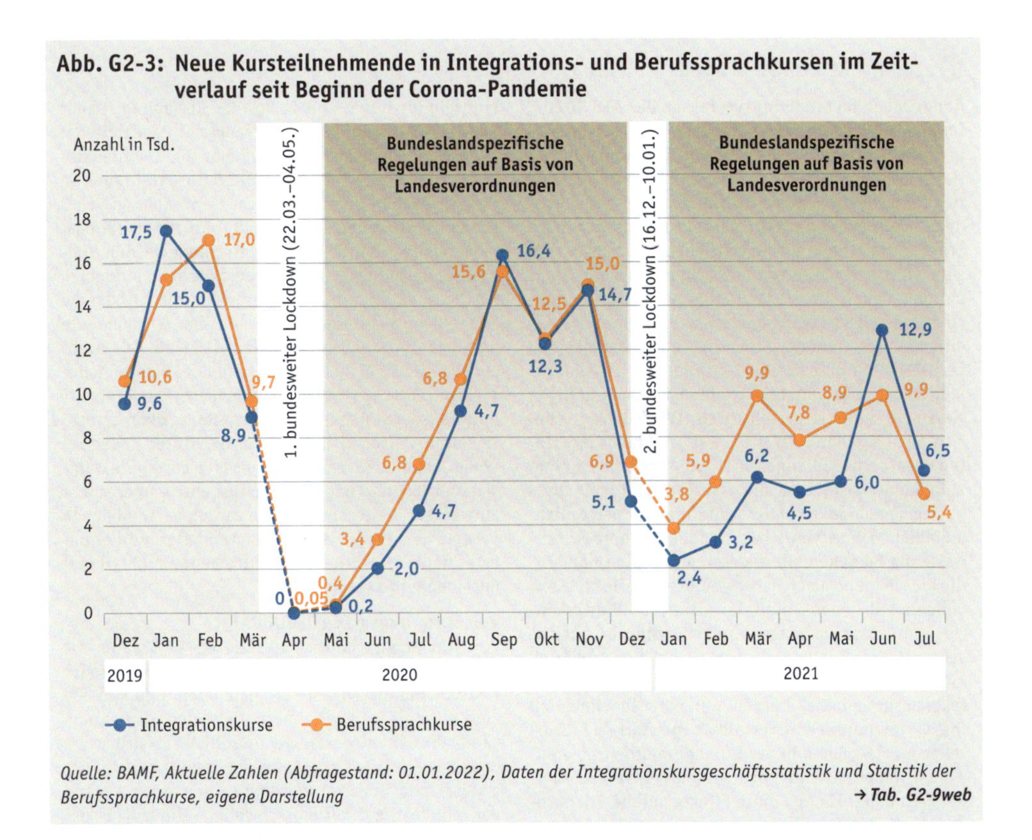


*Quelle: BAMF, Aktuelle Zahlen (Abfragestand: 01.01.2022), Daten der Integrationskursgeschäftsstatistik und Statistik der Berufssprachkurse, eigene Darstellung*
*→ Tab. G2-9web*

**Pandemisch bedingt verstärkte Nutzung des vhs-Lernportals**

Dass insbesondere während der beiden Lockdowns digitale Lernplattformen zur Lernstandssicherung genutzt wurden, belegen Daten des vhs-Lernportals (**Tab. G2-10web**). Die Anzahl registrierter Lernender ist von März 2020 mit 209.712 auf April 2020 mit 365.557 Lernenden deutlich angestiegen (+74 %). Der nächstgrößere monatliche Anstieg registrierter Lernender ist von Dezember 2020 auf Januar 2021 zu beobachten (+13 %). Bis Jahresende waren insgesamt etwa 650.000 Lernende auf dem vhs-Lernportal registriert. Das vhs-Lernportal war jedoch nie als Unterrichtsersatz gedacht, sondern stellte hauptsächlich ein Mittel zur Überbrückung von Kursausfällen und zur Sicherung der Lernstände dar (vgl. Kay et al., 2021, S. 22).

**Seit 2018 weniger gering Literalisierte, mehr freiwillige und weibliche Integrationskursteilnehmende**

Die Teilnehmendenzusammensetzung hat sich im Zeitverlauf verändert: Unter allen Integrationskursteilnehmenden ist der Anteil von primären und funktionalen Analphabet:innen seit 2018 rückläufig (**Tab. G2-11web**). Dies hängt u. a. mit Veränderungen in der Herkunft der Adressat:innen zusammen; seit 2016 ist der Anteil von EU-Bürger:innen deutlich gestiegen (**Tab. G2-12web**). Der Anteil an weiblichen Teilnehmenden und Personen, die einen Integrationskurs freiwillig besuchen, nimmt wieder zu: Im Jahr 2020 waren 60 % der Teilnehmenden weiblich (**Tab. G2-11web**). Knapp jede 2. Person (47 %) besuchte einen Integrationskurs freiwillig (**Tab. G2-13web**). Weitgehend konstant verbleibt die regionale Verteilung der Teilnehmenden, des Kursangebots sowie der Kursträger auf die Bundesländer, was mit der Verteilung von Asylsuchenden gemäß dem Königsteiner Schlüssel[6] zusammenhängt (**Tab. G2-6web**, **Tab. G2-14web**, **Tab. G2-15web**). Auch in den Berufssprachkursen nimmt der Anteil weiblicher Teilnehmender zu (**Tab. G2-16web**).

**Zunehmend mehr A2- und B1-Berufssprachkursteilnehmende**

Auffällig ist zudem der seit 2018 gestiegene Anteil von Teilnehmenden an Berufssprachkursen mit Zielsprachniveau A2 und B1. Diese richten sich insbesondere an Abgänger:innen aus Integrationskursen, die das Niveau B1 noch nicht erreicht und ihre Wiederholungsstunden aufgebraucht haben (**Tab. G2-7web**).

*6 Der Königsteiner Schlüssel legt fest, wie viele Asylsuchende ein Bundesland aufnehmen muss. Er wird jährlich anhand des Steueraufkommens und der Bevölkerungszahl der Bundesländer berechnet.*

## Methodische Erläuterungen

**Änderungen im Erhebungsverfahren des AES 2020**
Im AES 2020 wurde das Stichprobenverfahren von einer geschichteten, systematischen Zufallsauswahl auf Haushaltsebene (Random-Route-Verfahren) auf eine registerbasierte und zweistufig stratifizierte Personenstichprobe umgestellt. Darüber hinaus wurde als Erhebungsmethode ein sequenzielles Mixed-Mode-Design mit 2 randomisierten Teilstichproben angewandt, bei dem neben bisher genutzten persönlich-mündlichen Interviews (CAPI) auch Web-Interviews (CAWI) durchgeführt wurden. Das berichtete Bildungs- und Lernverhalten unterscheidet sich je nach Erhebungsinstrument selbst unter Kontrolle soziodemografischer Merkmale teilweise systematisch (CAWI-Befragte berichten u. a. mehr kurzzeitige Weiterbildungsaktivitäten oder formale Bildungsaktivitäten im Rahmen einer 2. Bildungsphase). Ursächlich hierfür könnte sein, dass es sich gegenüber einer ausschließlich auf persönlich-mündlichen Interviews basierenden Stichprobe teilweise um Personen mit anderen Merkmalen handelt, die hier teilgenommen haben (Selektionseffekt: bspw. Jüngere mit höherer digitaler Affinität). Dies beeinflusst die Zusammensetzung der Stichprobe positiv, schränkt aber die Vergleichbarkeit bei Trendanalysen ein. Über eine Gewichtung können im Prinzip solche Effekte ausgeschlossen werden, wenn die Merkmale und ihre Verteilung oder die Verteilung von stark damit korrelierten Merkmalen in der Grundgesamtheit bekannt wären. Weder das eine noch das andere ist allerdings der Fall. Daher können diese Effekte auf die Stichprobenstruktur durch Gewichtungsverfahren nicht oder zumindest nicht vollständig korrigiert werden. Im vorliegenden Fall können Anstiege im Zeitverlauf somit überschätzt werden. Wenngleich sich also die Struktur der Stichprobe durch die Ergänzung des Erhebungsverfahrens verbessert hat, sind manche Trendvergleiche (und hierbei insbesondere die Höhe des Anstiegs in den einzelnen Teilnahmequoten) dadurch mit Einschränkungen verbunden.

**Beteiligung an Lerntätigkeiten im Internet (IKT-Erhebung)**
Der Erhebungszeitraum der IKT-Erhebung reicht jeweils vom 1. April bis zum 31. Mai des Bezugsjahres. Referenzzeitraum zu den befragten Onlinelerntätigkeiten sind die letzten 3 Monate vor der Befragung. Damit kann 2020 nur ein kurzer Zeitraum der Pandemie mit der IKT-Erhebung abgebildet werden. 2018 wurden Onlinelerntätigkeiten nicht abgefragt. Die Beteiligung an Lerntätigkeiten über das Internet wird anhand von 3 spezifischen Fragen erfasst. Aufgrund des Erhebungsinstruments können sich Unterschiede in den Teilnahmequoten nach soziodemografischen Merkmalen (insbesondere für das Alter) ergeben, nimmt man die Beteiligung an informellem Lernen über Lehrangebote am Computer oder im Internet laut AES (**Tab. G2-2web**) zum Vergleich: einerseits aufgrund des kürzeren Referenzzeitraums (3 Monate vs. 12 Monate), andererseits aufgrund der stark eingegrenzten Abfrage von Lerntätigkeiten. Personen mit weniger Aktivitäten haben bei einem kürzeren Referenzzeitraum eine geringere Wahrscheinlichkeit, in der Beteiligungsquote einberechnet zu werden. Weiterhin sind die in den verschiedenen Erhebungen ausgewiesenen Quoten aufgrund der unterschiedlichen Erhebungsinstrumente nicht direkt miteinander zu vergleichen.

**Verstädterungsgrad (DEGURBA)**
Eurostat erfasst jährlich für alle EU-27-Staaten die Anzahl der Local Administrative Units (LAUs), also für Deutschland die Anzahl der Gemeinden, und klassifiziert diese als Städte, Kleinere Städte und Vororte oder Ländliche Gebiete gemäß der DEGURBA-Klassifikation. Grundlage ist eine Kombination aus geografischer Kontiguität und Bevölkerungsdichte, gemessen anhand von Mindestbevölkerungsschwellen, die auf 1 km² große Rasterzellen angewandt werden. Jede Gemeinde wird anhand der Ausprägungen der Rasterzellen (differenziert nach ländlichen Gitterzellen, städtischen Clustern und Ballungszentren) nur einer Kategorie zugeordnet. Gemeinden werden als Städte klassifiziert, wenn mehr als 50 % der Bevölkerung in mindestens einem Ballungszentrum leben. Gemeinden werden als Vororte klassifiziert, wenn weniger als 50 % der Bevölkerung in einem Ballungszentrum, aber mehr als 50 % der Bevölkerung in einem städtischen Cluster leben. Ländliche Gebiete sind Gemeinden, in denen mehr als 50 % der Bevölkerung in ländlichen Gitterzellen leben (vgl. European Commission & Eurostat, 2019).

# Qualität von Weiterbildungsprozessen

Zuletzt im Bildungsbericht 2020 als G3

Der Erfolg von Weiterbildung wird maßgeblich durch die Qualität von Lehr-Lern-Prozessen bestimmt. Das sind zunächst die Qualität der organisationalen Rahmenbedingungen, einschließlich der digitalen Infrastrukturen, sowie die didaktische Qualität des Angebots und des Programms. Nach den Befunden der empirischen Unterrichtsforschung sind aber noch entscheidender die fachlichen und pädagogischen Kompetenzen der Lehrkräfte wie auch die Motivation, das Vorwissen und die Erfahrungen der Teilnehmenden, die sie in die Kurse und Seminare einbringen.

Es ist offenkundig, dass die Erfassung der Qualität von Weiterbildungsprozessen eine indikatorengestützte Bildungsberichterstattung vor besondere Herausforderungen stellt: zum einen aufgrund der Komplexität von Lehr-Lern-Prozessen, zum anderen aufgrund der geringen Dauer vieler Weiterbildungsveranstaltungen, die eine systematische Evaluation kaum zulässt. Um dennoch erste Hinweise auf die Qualität von Weiterbildungsprozessen zu erhalten, berichten wir im Folgenden über subjektive Bewertungen von besuchten Weiterbildungskursen durch die Teilnehmenden, die mit strukturellen Rahmenbedingungen sowie persönlichen Merkmalen der Lernenden in Verbindung gebracht werden.

## Subjektive Bewertung von Lernerfahrungen

**Allgemein positive Bewertungen besuchter Weiterbildungsangebote**

Im AES D werden für bis zu 2 Kurse, die innerhalb der letzten 12 Monate besucht wurden, subjektive Bewertungen von Lernerfahrungen abgefragt. Neben einer Einschätzung zur allgemeinen Zufriedenheit werden die Befragten darum gebeten zu beurteilen, in welchem Umfang die erworbenen Kenntnisse aktuell und künftig genutzt werden. Wie im Bildungsbericht 2020 fallen die Bewertungen insgesamt gut aus. Die Zufriedenheit ist hoch und Gelerntes wird angewendet (**Abb. G3-1**).[7] Differenziert nach Segmenten (betriebliche, individuell-berufsbezogene und nichtberufsbezogene Weiterbildung, dazu **G1**) sind die Teilnehmenden bei (zumeist freiwilliger) nichtberufsbezogener Weiterbildung weiterhin am zufriedensten. In der betrieblichen Weiterbildung, die teils von den Beschäftigten angestrebt, teils mit den Leitungskräften vereinbart, teils angeordnet wird, wird dagegen der Nutzen am höchsten bewertet (**Tab. G3-1web**).

**Zufriedenheit und Anwendbarkeit des Wissens bei hybriden Lernformaten am höchsten**

Vor dem Hintergrund des starken Anstiegs an Onlineangeboten während der Corona-Pandemie stellt sich die Frage, ob Onlineangebote anders beurteilt werden als Präsenzveranstaltungen. Tatsächlich ergeben sich nach den AES-Befunden geringfügige Unterschiede in der Zufriedenheit (**Abb. G3-1**, **Tab. G3-1web**). Teilnehmende an Präsenzveranstaltungen (M = 3,46) sind signifikant etwas zufriedener als Teilnehmende an Onlineveranstaltungen (M = 3,37). Deutlich stärker unterscheiden sich die Bewertungen zum erwarteten Nutzen: Hier schätzen Teilnehmende die zukünftige Anwendbarkeit des Gelernten in Veranstaltungen, die überwiegend vor Ort durchgeführt wurden (M = 3,22), deutlich höher ein als in Veranstaltungen, die rein online im Internet (M = 3,07) oder vollständig vor Ort (M = 3,05) stattfanden.

Multivariate Analysen liefern abgesichert über Interaktionsterme weiteren Aufschluss darüber, womit diese Bewertungen zusammenhängen können. Besonders positiv fallen die Bewertungen zur Anwendbarkeit des Gelernten aus, wenn die Veranstaltungen nicht nur hauptsächlich oder vollständig in Präsenz ausgerichtet werden, sondern darüber hinaus Materialien oder Dokumente sehr häufig über das Internet bereitstehen sowie wenn über das Internet ein kommunikativer Austausch besteht

*7 Gegenüber der Erhebung 2018 sind die Bewertungen etwas schlechter (vgl. Autorengruppe Bildungsberichterstattung, 2020, S. 221). Dies kann u. a. damit zusammenhängen, dass in der Erhebung 2020 mehr kurze Weiterbildungsveranstaltungen angegeben wurden, deren Bewertung grundsätzlich weniger gut ausfällt.*

G 3

**Abb. G3-1: Subjektive Bewertung der Lernerfahrung 2020 nach Veranstaltungsort (Mittelwerte und Standardfehler* auf Kursebene)**

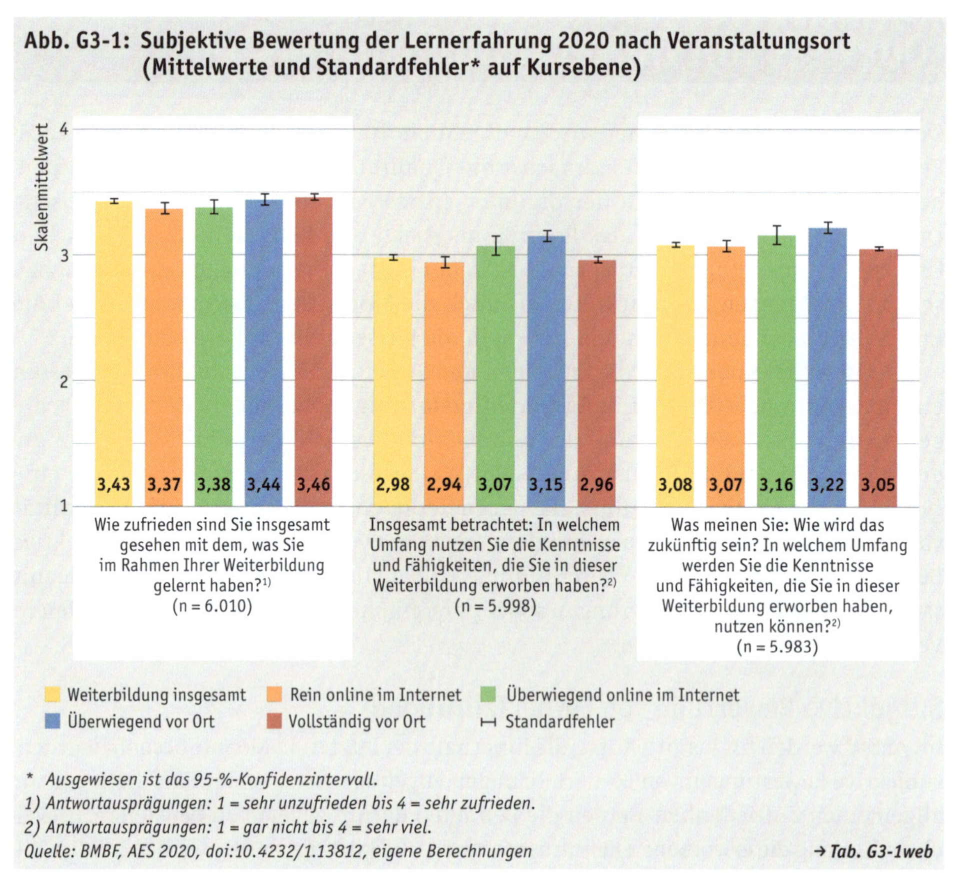


* *Ausgewiesen ist das 95-%-Konfidenzintervall.*
*1) Antwortausprägungen: 1 = sehr unzufrieden bis 4 = sehr zufrieden.*
*2) Antwortausprägungen: 1 = gar nicht bis 4 = sehr viel.*
*Quelle: BMBF, AES 2020, doi:10.4232/1.13812, eigene Berechnungen* **→ *Tab. G3-1web***

(**Tab. G3-2web**). Diese Ergebnisse liefern erneut Hinweise darauf, dass hybride Lernformate, d.h. durch digitale Medien angereicherte Blended-Learning-Formate von Teilnehmenden als besonders gewinnbringend bewertet werden, sowohl hinsichtlich der Zufriedenheit als auch der Anwendbarkeit. Die Gründe für die bessere Bewertung dieser Formate sind vielfältig und ergeben sich u. a. aus der Verbindung dauerhaft digital bereitgestellter und flexibel nutzbarer Lernmaterialien mit der Sicherung des kommunikativen Austauschs mit Lehrpersonen und anderen Kursteilnehmenden. Sie stützen die Ergebnisse der empirischen Forschung zur Nutzung digitaler Medien, die vor allem auf die didaktische Qualität der Unterrichtskonzepte verweist, nicht aber auf generelle Vorteile verwendeter Medien (vgl. Scheiter, 2021).



## Subjektive Bewertung der Unterrichtsqualität und des Lernerfolgs

Eine weitere Quelle für die subjektive Bewertung von Lehr-Lern-Qualität und Lernerfolg bietet die Erwachsenenkohorte (SC6) des NEPS D, die erwachsene Lernende jährlich zur (Lehr-Lern-)Qualität von bis zu 2 besuchten Weiterbildungsveranstaltungen befragt. Angelehnt an nationale und internationale Schulleistungsuntersuchungen werden die 3 Basisdimensionen von Unterrichtsqualität (Strukturierung, Unterstützung und Aktivierung) mit je 3 Items abgefragt (vgl. **D4**).[8] Weiterhin liegt eine Einschätzung zum wahrgenommenen Lernerfolg vor. Betrachtet werden kann also einerseits, inwiefern sich individuelle und strukturelle Merkmale auf die subjektiv empfundene Qualität auswirken, und andererseits, welche Aspekte den Lernerfolg am stärksten fördern.

*8 Die Dimensionenerfassung unterscheidet sich von der Erfassung im Rahmen des IQB-Bildungstrends sowie von TIMMS hinsichtlich der abgefragten Items und auch hinsichtlich der Skalierung. Trotz gleich benannter Tiefenstrukturen (Basisdimensionen) können daher keine direkten Bezüge zu den in* ***D4*** *berichteten Ergebnissen hergestellt werden.*

**Abb. G3-2: Bewertung besuchter Weiterbildungsangebote 2010 bis 2020* nach Qualitäts- und Erfolgsdimensionen (Mittelwerte auf Kursebene)****

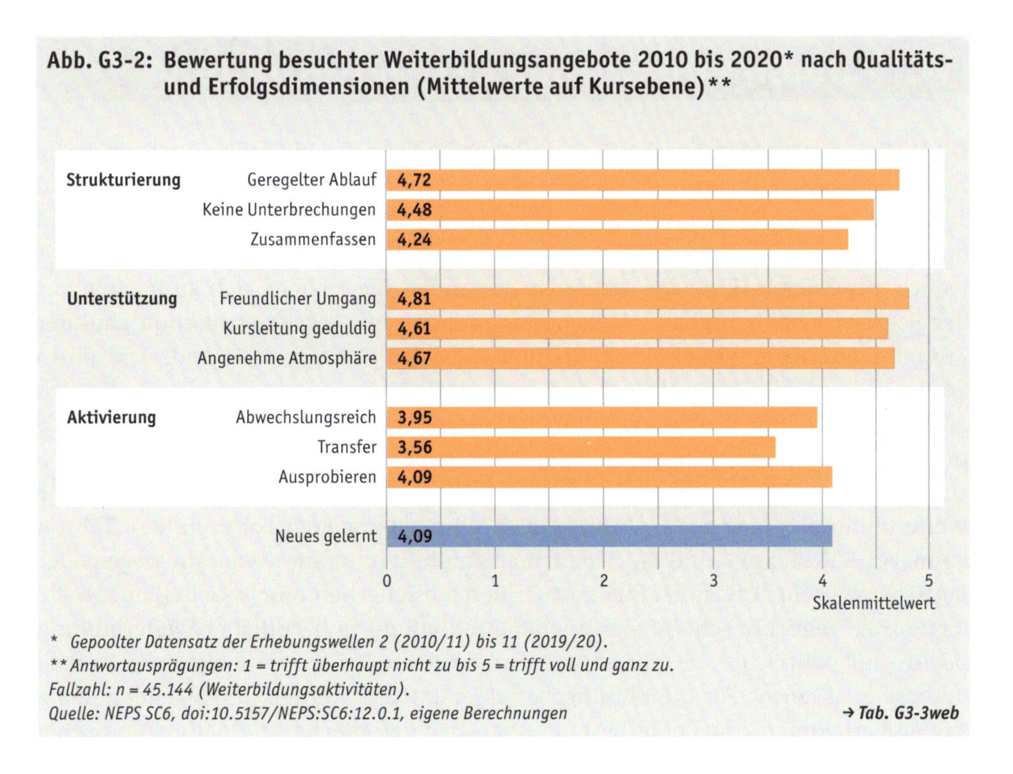


* *Gepoolter Datensatz der Erhebungswellen 2 (2010/11) bis 11 (2019/20).*
** *Antwortausprägungen: 1 = trifft überhaupt nicht zu bis 5 = trifft voll und ganz zu.*
*Fallzahl: n = 45.144 (Weiterbildungsaktivitäten).*
*Quelle: NEPS SC6, doi:10.5157/NEPS:SC6:12.0.1, eigene Berechnungen* **→ *Tab. G3-3web***

Die Bewertungen fallen insgesamt sehr positiv aus (**Abb. G3-2**). Besuchte Weiterbildungsveranstaltungen werden als sehr strukturiert und das Lehr-Lern-Geschehen als unterstützend wahrgenommen. Die kognitive Aktivierung – d.h. die Bereitstellung kognitiv herausfordernder Aufgaben im Lehr-Lern-Geschehen, die das Entwickeln eigener Lösungsstrategien anregen – wird heterogener bewertet. Die geringste Zustimmung findet die Aussage, dass das Gelernte auf andere Situationen übertragen wird (Transfer: M = 3,56), gefolgt von der Frage, ob die gestellten Übungsaufgaben abwechslungsreich waren (M = 3,95). Häufiger stimmen die Befragten der Aussage zu, Dinge selbstständig ausprobieren zu können, ohne korrigiert zu werden (M = 4,09). Gerade die Bewertung abwechslungsreicher Aufgaben hat bei einer multivariaten Betrachtung den stärksten Einfluss auf den selbst wahrgenommenen Lernerfolg (**Tab. G3-5web**), der auch vergleichsweise heterogen bewertet wird (M = 4,09).

**Abwechslungsreiche Übungsaufgaben erhöhen den selbst wahrgenommenen Lernerfolg der Teilnehmer:innen**

Die Befunde verweisen insgesamt darauf, dass die Teilnehmenden die Qualität von Weiterbildungsprozessen bei einer hohen Zufriedenheit zugleich sehr differenziert bewerten, insbesondere im Blick auf den erwarteten Lernerfolg. Dieser hängt – im Einklang mit der Forschungsliteratur – aus Sicht der Teilnehmenden insbesondere davon ab, inwieweit der Transfer des Gelernten (u. a. durch entsprechende Übungsaufgaben) bereits im Kurs vorbereitet wird und inwieweit die Transfermöglichkeiten den Motivationen und individuellen Interessen der Teilnehmenden entsprechen. Denn sowohl das Lehr-Lern-Geschehen als auch der Lernerfolg werden deutlich besser bewertet, wenn die Teilnehmer:innen mit hoher Motivation an der Veranstaltung teilnehmen (**Tab. G3-3web, Tab. G3-4web**). Auch die Teilnahmemotive haben einen Einfluss auf den wahrgenommenen Lernerfolg. Schlechter bewertet werden Veranstaltungen, zu denen die Teilnehmer:innen vom Arbeitsamt verpflichtet oder die von der Arbeitsagentur angeboten werden. Dies verweist auf die Relevanz der Passung von Angebot und Nutzung für die (erwartete) Wirkung von Weiterbildung.

**Motivation und persönliche Passung wirken sich positiv auf wahrgenommene Qualität und Lernerfolg aus**

Zuletzt im Bildungsbericht 2020 als G4

# Wirkungen und Erträge der Weiterbildung

Die Wirkungen und Erträge der Weiterbildung können sich auf individueller, betrieblicher, gesellschaftlicher und öffentlicher Ebene einstellen. In der Forschung wird zumeist zwischen monetären, arbeitsmarktbezogenen Erträgen auf der einen und nichtmonetären Erträgen auf der anderen Seite unterschieden. Dies zu erfassen ist jedoch mit einigen Herausforderungen verbunden. Sie ergeben sich zum einen aus der Begrenztheit verfügbarer Daten, zum anderen aus der Identifikation kausaler Zusammenhänge angesichts von Phänomenen der Selbst- und Fremdselektion in Weiterbildung. Bildungspolitisch von besonderer Relevanz sind Analysen, die sich einerseits mit dem Arbeitsmarkterfolg, andererseits mit der sozialintegrativen Funktion von Weiterbildung angesichts der heterogenen und sich wandelnden Bevölkerungsstruktur auseinandersetzen. Bisherige Studien zeigen z.B., dass betriebliche Weiterbildung zu geringen, aber zugleich sehr heterogenen Lohnrenditen führen kann (vgl. Ehlert, 2017) und die Arbeitsmarktmobilität im Sinne von Aufstiegen oder Betriebswechseln aufgrund einer gestiegenen Jobsicherheit abschwächt (Ebner & Ehlert, 2018). Weiterhin scheint sich auch die Teilnahme an beruflicher Weiterbildung positiv auf politisches, ehrenamtliches und kulturelles Engagement auszuwirken (Ruhose et al., 2019). Für die Bildungsberichterstattung werden im Folgenden Kennzahlen berichtet, die aus dem Bestand öffentlich geförderter Maßnahmen einzelne Instrumente im Hinblick auf deren Nutzung und Wirkung aufgreifen und an aktuelle Begleitforschung angliedern.

## Öffentlich geförderte berufliche Weiterbildung

Als ein Instrument der aktiven Arbeitsmarktpolitik zielt die Förderung beruflicher Weiterbildung (FbW) D darauf ab, die Arbeitsmarktchancen von Arbeitslosen und von Arbeitslosigkeit bedrohten Personen zu verbessern sowie deren Verbleib im Arbeitsmarkt zu sichern. Sie stellt den Kern der in den Sozialgesetzbüchern (SGB II und III) festgelegten Fördermaßnahmen der öffentlich geförderten beruflichen Weiterbildung dar. Die Relevanz der FbW zeichnet sich u. a. am Finanzvolumen ab: Verglichen mit 2018 sind die Ausgaben der Bundesagentur für Arbeit (BA) und des Bundesministeriums für Arbeit und Soziales von etwa 3 Milliarden Euro auf 3,4 Milliarden Euro im Jahr 2019 deutlich angestiegen (vgl. **B3**). Dies hängt insbesondere mit der Ausweitung der Weiterbildungsförderung durch das Qualifizierungschancengesetz zusammen. Unabhängig von Qualifikation, Alter und Betriebsgröße haben beschäftigte Arbeitnehmer:innen, deren Tätigkeit vom Technologie- und Strukturwandel beeinflusst wird oder von einem Engpass (Fachkräftemangel) betroffen ist, seit dem 1. Januar 2019 alle 4 Jahre ein Recht auf Weiterbildungsförderung. Voraussetzung ist die Teilnahme an einer Weiterbildungsberatung, die zukünftig auch digital erfolgen kann. Das im Jahr 2020 verabschiedete Arbeit-von-Morgen-Gesetz weitet die Förderbedingungen nochmals aus und erleichtert u. a. die Antragstellung für Unternehmen durch Sammelanträge. Darüber hinaus wurden die Fördersätze unter bestimmten Voraussetzungen ausgeweitet und die Mindestdauer von geförderten Weiterbildungen von 160 auf 120 Stunden gesenkt.[9]

**Deutlich gestiegene Ausgaben für berufliche Weiterbildungsförderung seit Verabschiedung des Qualifizierungschancengesetzes**

Die BA weist aktuelle und differenzierte Statistiken zu den im Rahmen der SGB II (Schwerpunkt: Grundsicherung für Arbeitsuchende[10]) und SGB III (Schwerpunkt:

*9 Beim Vorliegen einer Betriebsvereinbarung oder eines Tarifvertrages, die die berufliche Weiterbildung der Beschäftigten vorsehen, oder aber wenn bei mindestens 20 % (bei KMU 10 %) der Beschäftigten die beruflichen Kompetenzen nicht mehr den künftigen beruflichen Anforderungen entsprechen, kann die Arbeitgeberbeteiligung an der Fördermaßnahme um bis zu 15 % verringert und der Arbeitsentgeltzuschuss um bis zu 15 % erhöht werden.*

*10 Leistungsberechtigt nach dem SGB II sind Personen, die erwerbsfähig aber zugleich hilfebedürftig sind.*

Arbeitsförderung) geförderten beruflichen Weiterbildungsmaßnahmen aus. Als zentrales Erfolgskriterium ist die Wiedereingliederung in den Arbeitsmarkt im Gesetz verankert. Im Bildungsbericht 2018 wurde aufgezeigt, dass sich die Wahrscheinlichkeit, einer sozialversicherungspflichtigen Beschäftigung nachzugehen, mit dem zeitlichen Abstand zum Maßnahmenende erhöht (vgl. Autorengruppe Bildungsberichterstattung, 2018, S. 185). Ob eine geförderte Person nach Maßnahmenende einer Beschäftigung nachgeht, hängt von vielfältigen individuellen und strukturellen Faktoren ab (bspw. der Dauer der Arbeitslosigkeit vor Eintritt, der Maßnahmendauer oder der Arbeitsmarktlage). 51 % aller Teilnehmer:innen, die im Zeitraum zwischen Januar und Dezember 2020 eine solche FbW-Maßnahme beendeten, nahmen innerhalb von 6 Monaten nach ihrem Ausscheiden aus der Maßnahme eine sozialversicherungspflichtige Beschäftigung auf (**Abb. G4-1**, **Tab. G4-1web**). Die Eingliederungsquoten unterscheiden sich aufgrund der unterschiedlichen Zusammensetzung an Leistungsberechtigten nach der Kostenträgerschaft: Während 41 % der Geförderten nach SGB II 6 Monate nach Beendigung der Maßnahme sozialversicherungspflichtig beschäftigt sind, fällt die Quote der Geförderten nach SGB III mit 68 % deutlich höher aus. Vor allem Langzeitarbeitslose haben es schwerer, (stabil) in den Arbeitsmarkt einzusteigen (Umkehrer, 2020). Bei hilfebedürftigen Geflüchteten treffen eine Vielzahl an Problemlagen (begrenztes Sprachniveau, nicht anerkannte Qualifikationen) und (bürokratischen) Hürden aufeinander, die eine schnelle Eingliederung nach Maßnahmeneintritt erschweren. Zudem weisen Personen, die an Maßnahmen mit langer Dauer teilnehmen (bspw. das Nachholen von Berufsabschlüssen), niedrigere Eingliederungsquoten auf.

**Arbeitsmarkteingliederung abhängig von individuellen und strukturellen Faktoren**

**Abb. G4-1: Förderung beruflicher Weiterbildung nach SGB II und III: Die 5 höchsten und 5 niedrigsten Eingliederungsquoten* nach Berufsgruppen** (in %)**

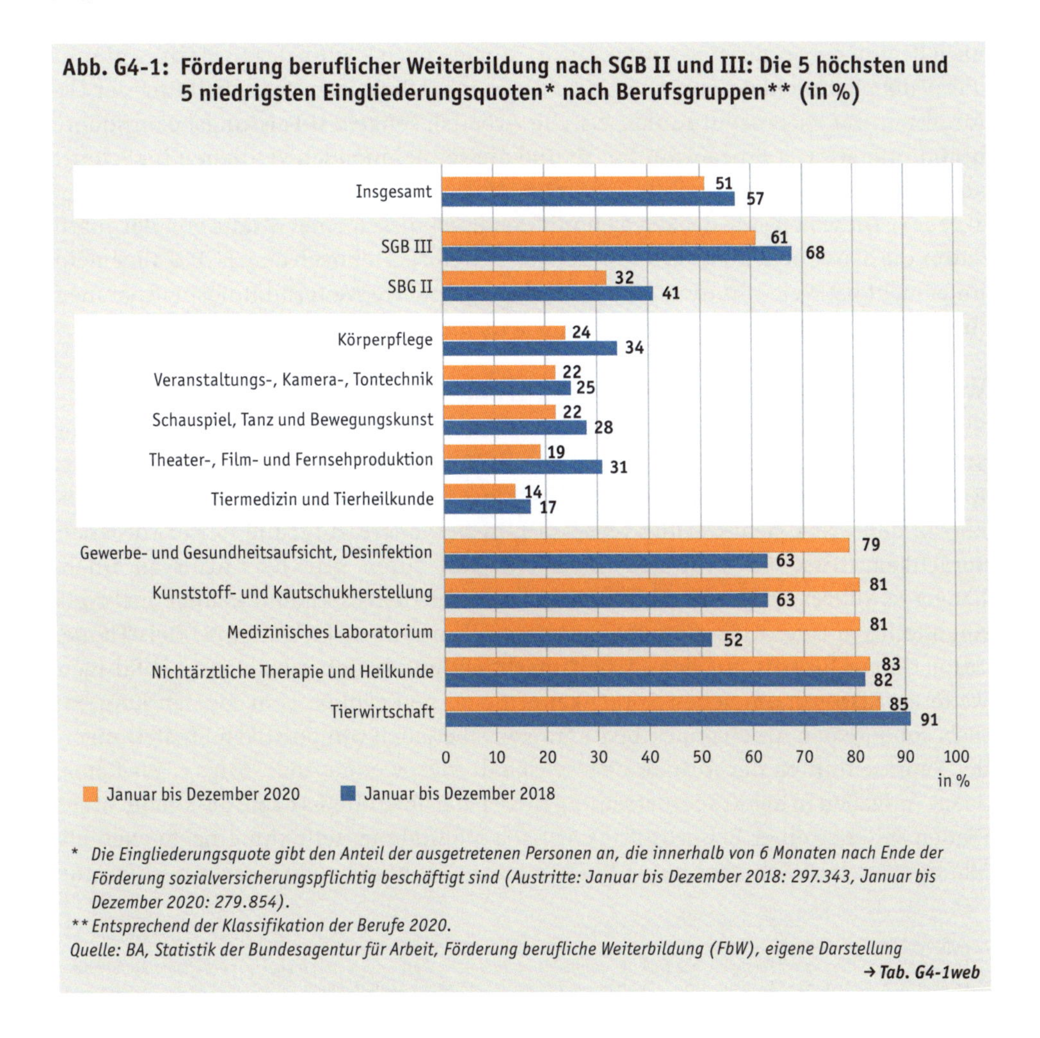


* *Die Eingliederungsquote gibt den Anteil der ausgetretenen Personen an, die innerhalb von 6 Monaten nach Ende der Förderung sozialversicherungspflichtig beschäftigt sind (Austritte: Januar bis Dezember 2018: 297.343, Januar bis Dezember 2020: 279.854).*

** *Entsprechend der Klassifikation der Berufe 2020.*

*Quelle: BA, Statistik der Bundesagentur für Arbeit, Förderung berufliche Weiterbildung (FbW), eigene Darstellung*

*→ Tab. G4-1web*

**Arbeitsmarktlage im Jahr 2020 beeinflusst die Eingliederungsquoten in den unterschiedlichen Berufsfeldern**

Gegenüber den Vorjahren sind die Eingliederungsquoten im Jahr 2020 insgesamt rückläufig. In nur wenigen Berufsgruppen zeigen sich positive Entwicklungen, was jedoch nicht auf eine gesunkene Qualität oder Passung der Weiterbildungsmaßnahmen zurückzuführen ist. Vielmehr dürften hier in erster Linie die Arbeitsmarktauswirkungen der Corona-Pandemie ausschlaggebend sein (vgl. **A3**). Unter die Berufsfelder mit den niedrigsten und zugleich gesunkenen Eingliederungsquoten fallen mit der Körperpflege, Veranstaltungs-, Kamera- und Tontechnik, Schauspiel, Tanz und Bewegungskunst sowie Theater-, Film- und Fernsehproduktion diejenigen Berufe und Branchen, die von der Corona-Pandemie besonders betroffen waren und starken Einschränkungen unterlagen. Positive Entwicklungen finden sich in den Berufsfeldern mit den höchsten Eingliederungsquoten: Gewerbe- und Gesundheitsaufsicht, Desinfektion, Kunststoff- und Kautschukherstellung sowie medizinisches Laboratorium (**Abb. G4-1**, **Tab. G4-1web**). Hierfür wird eine verstärkte Arbeitsmarktnachfrage seit Beginn der Corona-Pandemie ausschlaggebend gewesen sein.

**Messbare monetäre Erträge durch berufliche Weiterbildung für Leistungsempfänger:innen nach SGB II**

Gerade die Befunde unter Corona-Bedingungen zeigen, dass die Eingliederungsquoten nur bedingt Rückschlüsse auf die tatsächliche Wirksamkeit der Maßnahmen und daran anknüpfende Erträge zulassen. Daher untersucht begleitende Forschung regelmäßig die verschiedenen Arbeitsmarktmaßnahmen. Eine aktuelle längsschnittliche Studie zeigt auf, dass die Förderung beruflicher Weiterbildung (FbW) den Arbeitsmarkterfolg arbeitsloser Schutz- und Asylsuchender verbessert.[11] Untersucht werden Beschäftigungswirkungen bei Teilnehmenden an FbW-Maßnahmen im Vergleich zu nichtgeförderten statistischen Zwillingen.[12] Positive Beschäftigungswirkungen treten der Studie zufolge frühestens 10 Monate nach Beginn der Fördermaßnahme auf. 21 Monate nach Beginn der Förderung nimmt die Wahrscheinlichkeit einer sozialversicherungspflichtigen Beschäftigung der Geförderten um 13 Prozentpunkte zu, die Arbeitslosengeld-II-Leistungsbezugsquote nimmt um etwa 11 Prozentpunkte ab und die Teilnehmenden verdienen im Schnitt 502 Euro mehr als ihre nichtteilnehmenden statistischen Zwillinge (vgl. Kasrin et al., 2021). Diese Befunde decken sich mit den Ergebnissen einer Studie von Bernhard (2016), die den Arbeitsmarkterfolg arbeitsloser Geförderter nach dem SGB II allgemein untersucht hat. Beide Studien zeigen auf, dass geförderte Weiterbildungsmaßnahmen für die je adressierten Zielgruppen zu Arbeitsmarkterträgen führen können.



## Wirkung von Integrations- und beruflichen Sprachkursen

**Lücken in der Forschung zu Arbeitsmarkterträgen von öffentlich geförderten Sprachkursen**

Ein wichtiger Indikator für die gesellschaftliche Relevanz öffentlich geförderter Sprachangebote für Geflüchtete sind deren Auswirkungen auf dem Arbeitsmarkt: Es wird davon ausgegangen, dass der Abschluss von Integrations- und Berufssprachkursen den Arbeitsmarkterfolg verbessert, insbesondere aufgrund der erworbenen Sprachkenntnisse. So verdienen Angestellte mit guten Sprachkenntnissen, unabhängig von ihrem Migrationshintergrund, verschiedenen Studien zufolge mehr als Angestellte mit geringen Sprachkenntnissen (Himmler & Jäckle, 2018; Geis-Thöne, 2019). Ob ein Eintritt auf dem Arbeitsmarkt gelingt, hängt jedoch von vielfältigen weiteren Faktoren ab: neben Sprachkenntnissen maßgeblich vom lokalen Kontext, insbesondere den Arbeitsmarktbedingungen, aber auch von positiven Einstellungen der Repräsentanten der Aufnahmegesellschaft (Aksoy et al., 2021; Stips & Kis-Katos, 2020). Aufgaben in der Kinderbetreuung führen darüber hinaus dazu, dass geflüchtete Frauen seltener einer Erwerbstätigkeit nach Maßnahmenteilnahme nachgehen als Männer (Fendel & Schreyer, 2021). Blickt man auf die bestehende Forschungsliteratur

*11 Aufgrund geringer Fallzahlen für Frauen sind die Analysen auf Männer beschränkt.*

*12 Statistische Zwillinge sind Personen, die sich der Gruppe der Geförderten stark im Hinblick bisheriger Arbeitsmarktergebnisse ähneln, nicht jedoch in Bezug auf die Teilnahme an öffentlich geförderter Weiterbildung.*

zu den Arbeitsmarkterträgen von Integrationskursen und Berufssprachkursen, zeigt sich noch ein Mangel an längsschnittlicher Forschung: Nur für das nicht mehr bestehende ESF-BAMF-Kursangebot (mittlerweile Berufssprachkursangebot) wurde bislang der Arbeitsmarkteffekt untersucht. Der Studie zufolge weisen Teilnehmende 2 Jahre nach Beginn des Kurses gegenüber Nichtteilnehmenden eine bis zu 9 Prozentpunkte höhere Wahrscheinlichkeit auf, einer sozialversicherungspflichtigen (Vollzeit- oder Teilzeit-)Beschäftigung nachzugehen (Lang, 2022). Zu Integrationskursen und Berufssprachkursen liegen bislang nur Korrelationsstudien vor, die indikativ auf einen positiven Effekt von Sprachkursen auf Erwerbstätigkeit hindeuten (Brücker et al., 2020; Salikutluk & Menke, 2021). Dieser Effekt scheint jedoch stark von den Motivlagen der Teilnehmer:innen abzuhängen (Giesecke & Schuss, 2019).

Welche Wirkungen die Teilnahme an Integrationskursen entfalten kann, hängt sicherlich auch vom sprachlichen Niveau ab, das die Teilnehmenden zum Abschluss erreicht haben. Mit Abschluss des Kurses sollen das Sprachniveau B1 in Deutsch[13] und ein grundlegendes Wissen über die deutsche Geschichte, das Recht, die Kultur und grundlegende Werte erreicht sein. Diese Ziele werden als Grundlagen für die soziale Integration und die Integration in den Arbeitsmarkt betrachtet.

**52 % erreichen B1-Niveau nach Abschluss des Integrationskurses ...**

2020 erreichten 52 % aller erstmaligen Prüfungsteilnehmenden an Integrationskursen das Sprachniveau B1. Das bedeutet, dass sie vertraute Sachverhalte in normaler Sprache verstehen und eigene Erfahrungen berichten können. Weitere 31 % schlossen den Kurs mit dem Sprachniveau A2 ab (**Abb. G4-2**). Bis 2015 waren die B1-Abschlussquoten noch deutlich höher. Der Rückgang lässt sich vor allem auf die veränderte

**Abb. G4-2: Prüfungsergebnisse der Teilnehmer:innen von Integrationskursen des „Deutsch-Tests für Zuwanderer" (DTZ)* und des Tests „Leben in Deutschland" 2013 bis 2020 (in %)**

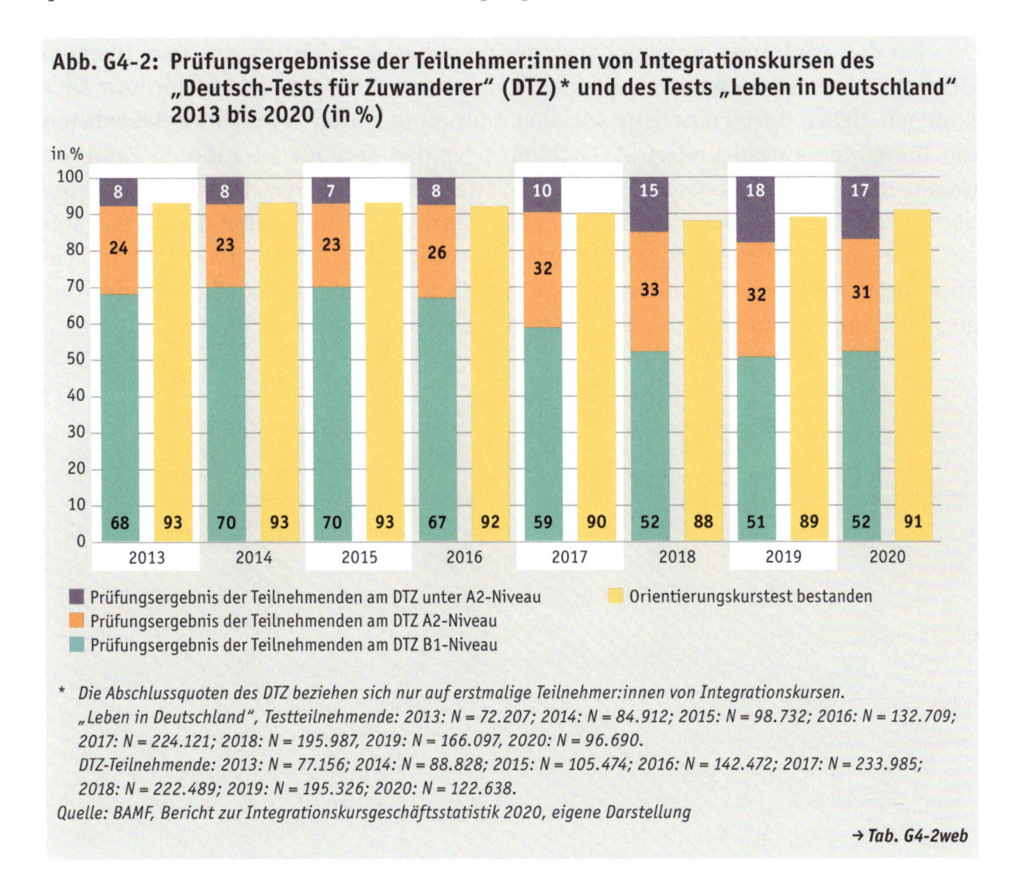


* *Die Abschlussquoten des DTZ beziehen sich nur auf erstmalige Teilnehmer:innen von Integrationskursen. „Leben in Deutschland", Testteilnehmende: 2013: N = 72.207; 2014: N = 84.912; 2015: N = 98.732; 2016: N = 132.709; 2017: N = 224.121; 2018: N = 195.987, 2019: N = 166.097, 2020: N = 96.690. DTZ-Teilnehmende: 2013: N = 77.156; 2014: N = 88.828; 2015: N = 105.474; 2016: N = 142.472; 2017: N = 233.985; 2018: N = 222.489; 2019: N = 195.326; 2020: N = 122.638.*

*Quelle: BAMF, Bericht zur Integrationskursgeschäftsstatistik 2020, eigene Darstellung*

→ *Tab. G4-2web*

*13 Lediglich in Alphabetisierungskursen liegt das im Curriculum anvisierte Zielsprachniveau bei A2, womit den besonderen Bedingungen und Umständen von primären und funktionalen Analphabet:innen Rechnung getragen werden soll (vgl. BAMF, 2015). Gleichwohl ist auf gesetzlicher Ebene für die unterschiedlichen Zielgruppen der Integrationskurse kein variierendes Zielsprachniveau festgelegt (curricular allerdings schon; gesetzlich gleich für alle Zielgruppen).*

**… mit deutlichen Unterschieden zwischen den Kursarten …**

Zusammensetzung der Gruppe der Teilnehmenden sowie einen seit 2016 deutlich gestiegenen Anteil an primären und funktionalen Analphabet:innen zurückführen (**G2**). Betrachtet man die unterschiedlichen Kursarten, bewegen sich die B1-Abschlussquoten in allgemeinen Integrationskursen seit 2017 stabil bei 63 %, bei Intensivkursen liegen sie mit 88 % am höchsten, was ebenfalls mit der unterschiedlichen Teilnehmendenzusammensetzung zusammenhängt. Rückläufig zeigen sich die Prüfungsergebnisse in Alphabetisierungskursen: Schlossen 2018 noch 43 % mit dem anvisierten Sprachniveau A2 ab, waren es 2020 nur noch 37 %. Jede 2. Person erreichte ein Sprachniveau unter A2 (**Tab. G4-3web**). Zu den geringeren Vorkenntnissen der Teilnehmenden kamen hier noch erschwerte Rahmenbedingungen (insbesondere für gering Literalisierte) während der Corona-Pandemie hinzu. Laut IAB-BAMF-SOEP-Befragung gingen immerhin 41 % der befragten Schutz- und Asylsuchenden im Jahr 2020 von einer Verschlechterung der eigenen Deutschkenntnisse aufgrund der Corona-Pandemie aus (Niehues et al., 2021). Neben den Kursarten ist der Erfolg in den Integrationskursen auch vom Alter der Teilnehmenden abhängig. Sowohl im Schreiben und Sprechen als auch Hören und Lesen schneiden jüngere Teilnehmende deutlich besser ab als ältere. Das Sprechen fällt allen Altersgruppen am leichtesten, wohingegen die Schreibfertigkeit die größte Hürde darstellt, um den Deutsch-Test für Zuwanderer (DTZ) mit dem Sprachniveau B1 abzuschließen (vgl. Tissot et al., 2019).

**… und dem Alter der Teilnehmenden**

Außer dem Sprachtest wird am Ende des Integrationskurses auch der Wissenstest „Leben in Deutschland“ durchgeführt. Hier ist die Quote erfolgreich abgeschlossener Tests in den vergangenen Jahren wieder leicht gestiegen: Insgesamt bestanden 2020 91 % der Prüfungsteilnehmer:innen den Test (**Abb. G4-2**, **Tab. G4-2web**).

**Gelegenheitsstrukturen und begleitende Angebote relevant für den erfolgreichen Spracherwerb**

Für den erfolgreichen Spracherwerb sind neben dem Besuch von Sprachkursen Gelegenheitsstrukturen entscheidend, die die Anwendung der Sprache fördern. Dies kann geschehen durch eine gute soziale Einbindung, durch Erwerbstätigkeit, durch die Teilnahme an kulturellen Aktivitäten oder den Kontakt zu anderen Familien (Adam et al., 2019; Brücker et al., 2019a). Weiterhin sind niederschwellige Angebote entscheidend (bspw. „Migrantinnen einfach stark im Alltag“-Kurse des BAMF), um einerseits auch Personengruppen zu erreichen, die bisher deutlich seltener Sprachkurse besucht haben und andererseits, um die soziale Einbindung von Personen mit geringen Sprachkompetenzen im Lebensalltag zu unterstützen.

# Perspektiven

In dem OECD-Bericht zur Weiterbildung in Deutschland aus dem Jahr 2021 wurde die hohe Komplexität der Governance-Strukturen bemängelt und gleichzeitig wurden die Bemühungen um mehr Koordination und Kooperation gewürdigt, etwa im Rahmen der Nationalen Weiterbildungsstrategie. Blickt man auf zentrale, bereits verabschiedete oder im Koalitionsvertrag 2021 angekündigte Reformvorhaben – die Verbesserung digitaler Infrastrukturen und die Qualifizierung des Personals, die Unterstützung insbesondere klein- und mittelständischer Unternehmen und Beschäftigter mit geringen Qualifikationen, die Bereitstellung zusätzlicher finanzieller Mittel für Teilnehmende (Bildungszeit und Weiterbildungskonten) –, dann adressieren diese Reformvorhaben drängende Herausforderungen der Weiterbildung, die auch in Bildungsberichten wiederholt herausgestellt wurden. Diese Entwicklungen, ebenso wie die Auswirkungen von Reformen, sollten in den kommenden Jahren eng begleitet und seriös evaluiert werden. Eine Evaluation ist schon deshalb angezeigt, weil die hier berichteten Befunde u. a. belegen, dass Informationen über Unterstützungs- und Finanzierungsmöglichkeiten nicht immer alle adressierten Institutionen und Personen erreichen.

Die Perspektiven der Weiterbildung und des Lernens Erwachsener werden in den kommenden Jahren wesentlich von der fortschreitenden Digitalisierung bestimmt, die von der Corona-Pandemie deutlich beschleunigt wurde. Die Pandemie hat nicht nur die Fragilität institutioneller Strukturen und die Flüchtigkeit der Beteiligung offenbart, sondern auch neue Möglichkeiten für die Weiterbildung aufgezeigt. Digitale Angebote haben es vielen Anbietern erlaubt, auch unter den Bedingungen der Pandemie leistungsfähig zu bleiben; gleichzeitig waren andere Anbieter aufgrund mangelnder digitaler Infrastrukturen in ihrem Angebot eingeschränkt (**G1**). Dies zeigte sich u. a. an Volkshochschulen, die starke Einbrüche des Präsenzangebots hinnehmen mussten und diese nur eingeschränkt durch digitale Formate kompensieren konnten. Aus Sicht der Lernenden scheinen hybride Formate besondere Chancen für die Qualität und den Transfererfolg von Weiterbildungsprozessen zu bieten (**G3**). Ihre didaktisch reflektierte Umsetzung erfordert die Weiterentwicklung der Medienkompetenzen von Lehrkräften und Teilnehmenden.

Im vorangehenden Bildungsbericht wurden als mögliche Folgen der Pandemie ein Rückgang in Angebot und Beteiligung, eine Verschärfung sozialer Ungleichheit sowie der Wegfall von Anbietern benannt. Nicht zu allen Annahmen kann die Berichterstattung bereits differenzierte Befunde vorweisen. Das Angebot ist in Teilbereichen mindestens kurzfristig deutlich eingebrochen (**G1**). Die allgemeine Teilnahme verbleibt dennoch auf einem hohen und tendenziell weiter ansteigenden Niveau (**G2**). Die Pandemie selbst hat Weiterbildungsbedarf erzeugt, z. B. für die Nutzung digitaler Werkzeuge. Bekannte sozioökonomische Unterschiede in der Teilnahme an Weiterbildung bestehen fort, bei den analogen, aber auch bei digitalen Formaten.

Das gilt auch für die regionalen Unterschiede in Angebot und Beteiligung. Diese zeigen sich in der regionalen Dichte von Anbietern (**G1**) und auch in der Nutzung von Onlineangeboten (**G2**). Aufmerksam wird zu beobachten sein, ob Anbieter eingeschränkt oder verdrängt werden, die sich aus didaktischen Gründen oder aufgrund ihrer eingeschränkten infrastrukturellen Möglichkeiten auf präsenzförmige Angebote konzentrieren, wie z. B. im Fall von Akademien und Tagungsstätten.

Betriebliche Weiterbildung verbleibt das größte Segment im 4. Bildungsbereich (**G1**). Dennoch hat die Pandemie zu ähnlich deutlichen Einbrüchen geführt wie seinerzeit die Finanzkrise. Zu erwarten ist aber, dass die Weiterbildungsaktivitäten in Betrieben mit einer verbesserten Geschäftslage wieder ansteigen werden. Zu erwarten ist ferner, dass die Arbeitsmarkt- und Integrationspolitik aufgrund der kriegsbedingten Fluchtbewegungen aus der Ukraine vor neue Herausforderungen gestellt werden.

Die Möglichkeiten einer Bildungsberichterstattung zur allgemeinen und betrieblichen Weiterbildung und zum Lernen Erwachsener sind weiterhin eingeschränkt, weil zu vielen relevanten Faktoren keine oder keine vollständigen amtlichen Daten und Statistiken bereitstehen (z. B. Personal, Anbieter und Angebote, Finanzierung). Gleichzeitig unternimmt die Forschung zunehmende Anstrengungen, um das Wissen um die Weiterbildung und das Lernen Erwachsener mit neuen Datengrundlagen zu erweitern: Wichtige Erkenntnisse zum Personal sind von einer BMBF-geförderten Längsschnittstudie zu erwarten. Auch die Implementierung der IKT-Erhebung in den Mikrozensus verbessert die Optionen für Forschung und Berichterstattung. Ein Desiderat bleiben Kausalanalysen zu den kurz- und mittelfristigen Wirkungen der Weiterbildung, z. B. im Feld der Integrationskurse und der SBG-II/III-Maßnahmen.

# Im Überblick

### Anteil weiterbildungsaktiver Betriebe zu Beginn der Corona-Pandemie rückläufig wie in der Finanzkrise

Anteil der Betriebe, die im 1. Halbjahr Weiterbildung gefördert haben (in %)

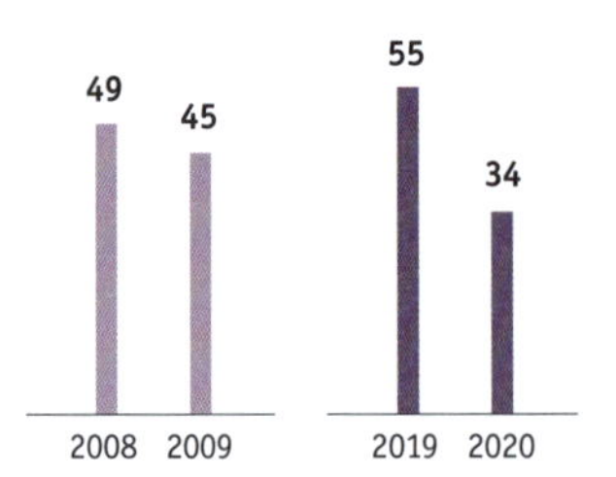

### Hohe Weiterbildungsbeteiligung bei großen sozialen Unterschieden

Gruppenspezifische Teilnahmequoten 2020 (in %)

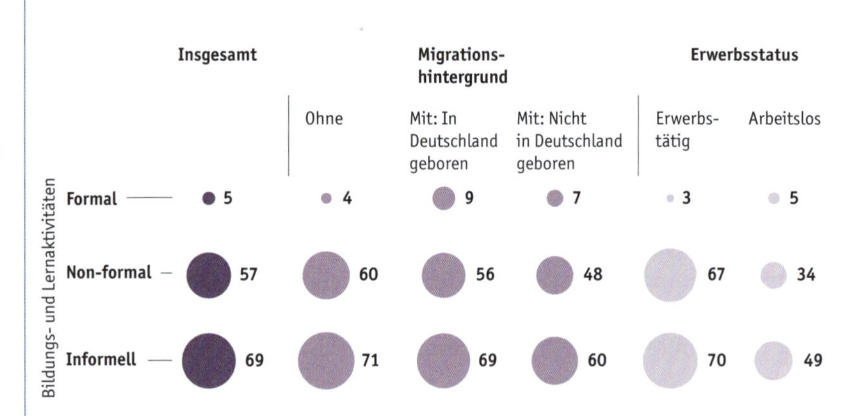


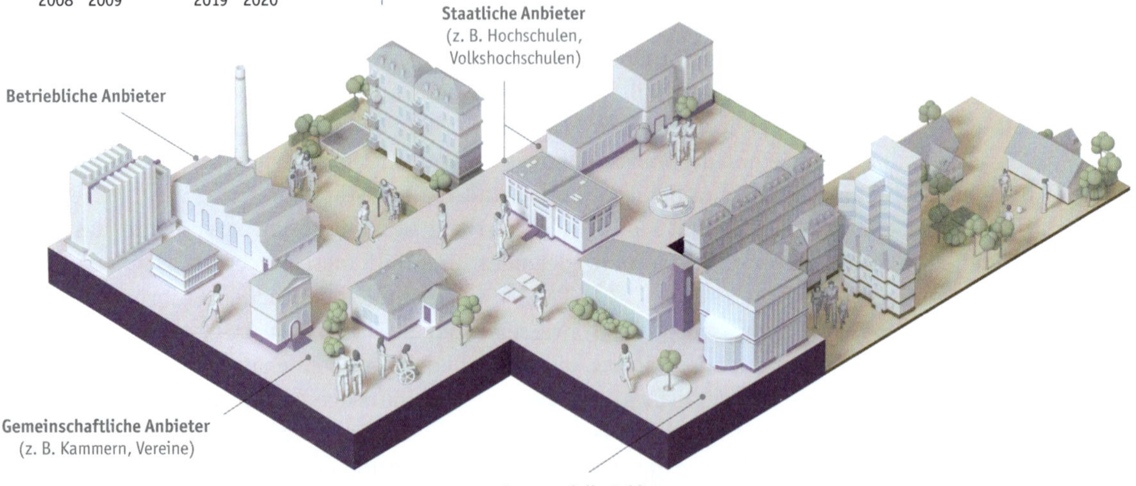


G

### Digitale Angebote selbstverständlich, aber je nach Anbieter von unterschiedlicher Relevanz

Anteil digitaler Veranstaltungen am gesamten Angebot (in %)

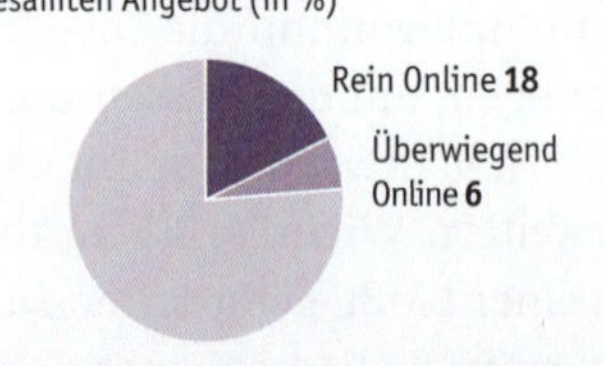


Nach Anbieter (in %)

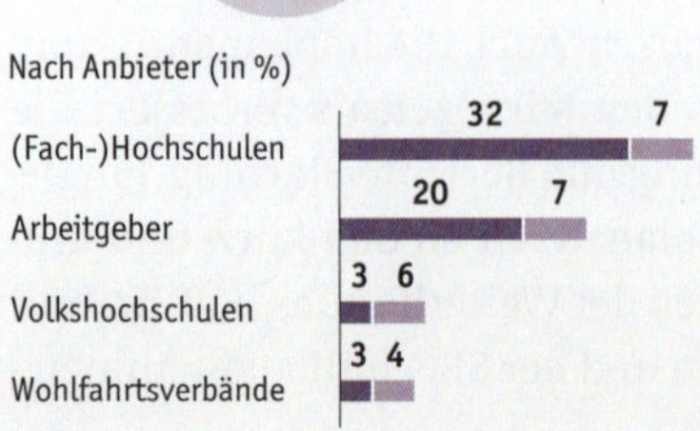

### Anstiege im Online-Lernen bei prägnanten Stadt-Land-Unterschieden

Anteil der Erwerbsbevölkerung, der das Internet für Lerntätigkeiten nutzt (in %)

| | 2015 | 2020 |
|---|---|---|
| Städte | 17 | 33 |
| Kleinere Städte und Vororte | 13 | 26 |
| Ländliche Gebiete | 11 | 22 |

### Tendenziell rückläufige Bestehensquoten in Integrationskursen

Bestehensquoten nach Kursart und Sprachniveau (in %)

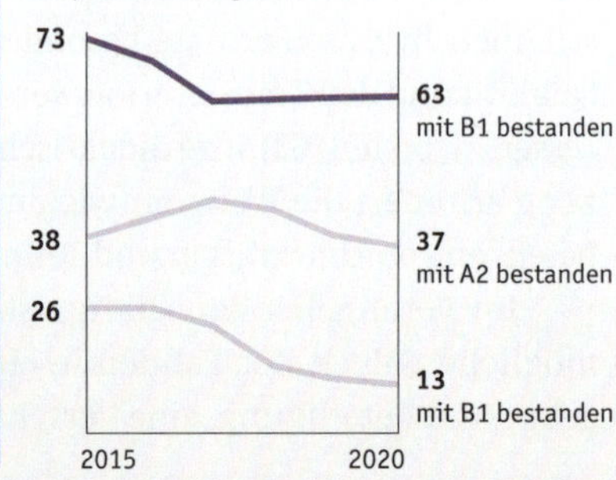

# Bildungspersonal: Struktur, Entwicklung, Qualität und Professionalisierung

Für die Gestaltung gelingender Bildungsprozesse nimmt das Personal eine Schlüsselrolle ein. Neben den individuellen Voraussetzungen der Lernenden ist die Fähigkeit der pädagogisch Tätigen, mit den Anforderungen des Berufsalltags professionell umzugehen, eine der wesentlichen Einflussgrößen für den Lernerfolg der Bildungsteilnehmenden (Richter et al., 2014; Hattie, 2009). Wirkungsvoll agierende pädagogische Beschäftigte verfügen nicht nur über fachliche und pädagogische Kompetenzen, sondern auch über eine „Haltung in Form von Wollen und Werten" (Hattie & Zierer, 2016, S. 24). Neue Herausforderungen wie der Umgang mit einer heterogenen Zusammensetzung der Lerngruppen, die Notwendigkeit, inklusive Lernumgebungen zu gestalten, oder der Anspruch, Kompetenzen für das Leben in einer digitalisierten Welt zu vermitteln, machen die Bedeutung eines nicht nur in quantitativer Hinsicht ausreichenden, sondern auch gut ausgebildeten Personals in besonderem Maße deutlich.

Das pädagogisch tätige Personal rückte im letzten Jahrzehnt immer stärker in den Fokus des Interesses (Fischer, 2018). Dabei wird das Augenmerk oftmals auf einzelne Berufsgruppen gelegt und die Berichterstattung auf spezifische Phänomene verengt – etwa den Mangel an Lehrkräften oder Erzieher:innen. Das Bildungspersonal im Schwerpunktkapitel eines Bildungsberichts zu behandeln eröffnet die Möglichkeit, im Vergleich der Bildungsbereiche den je eigenen Besonderheiten der Beschäftigten und jeweiligen Funktionen Rechnung zu tragen. Bei der Gestaltung von Lernumgebungen und -prozessen wirken ganz verschiedene Berufe und – in jeweils

**Abb. HO-1: Vielfalt des pädagogischen Personals und seiner Funktionen**

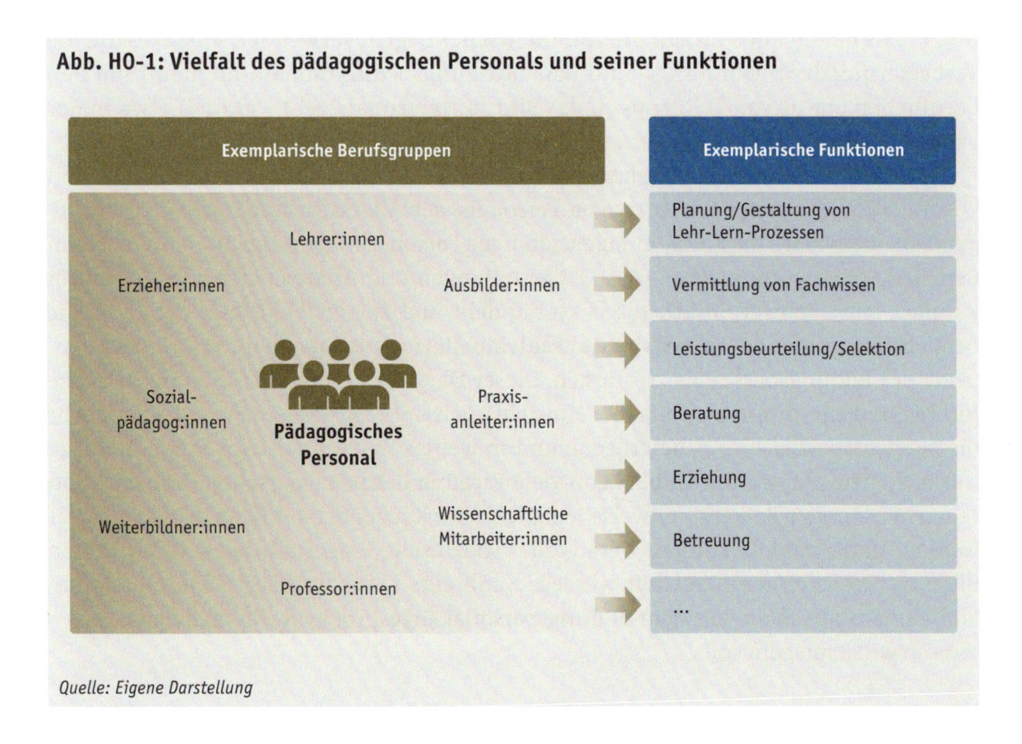


*Quelle: Eigene Darstellung*

unterschiedlichem Ausmaß – Qualifikationsprofile zusammen. Im Zentrum steht in diesem Bericht das pädagogisch tätige Personal, also „Lehrende" im weitesten Sinne, die Lerngelegenheiten schaffen, Bildungsprozesse initiieren und begleiten oder auch Lernergebnisse diagnostizieren (**Abb. H0-1**). Nichtpädagogische Beschäftigte, die z. B. in den Verwaltungen, der Gebäudetechnik oder den Versorgungs- und Serviceeinrichtungen öffentlicher und privater Bildungseinrichtungen unterstützend tätig sind, können aufgrund der Datenlage nicht systematisch in die empirische Bestandsaufnahme einbezogen werden.

In der Auseinandersetzung mit den pädagogischen Berufsfeldern, den Qualifikationen sowie dem Wissen und Können des Bildungspersonals orientiert sich das Schwerpunktkapitel am Konzept der pädagogischen Professionalität im Sinne eines an spezifischen Kompetenzen orientierten Verständnisses von Beruflichkeit (vgl. z. B. Helsper, 2021; Rothland et al., 2018). Hiermit wird ein konzeptueller Rahmen geschaffen, der einen Fokus auf Gemeinsamkeiten und Unterschiede verschiedener Gruppen des Bildungspersonals ermöglicht. Unterschiede, die sowohl zwischen den Bildungsbereichen als auch innerhalb dieser bestehen, werden nicht zuletzt durch bundes- oder länderspezifische Regelungen beeinflusst.

Wenngleich wissenschaftlich nicht einheitlich definiert (**H2**), bezeichnet *Professionalität* im Bildungsbereich zumeist spezifische Kompetenzen, die ein Mindestmaß an Qualität in der Erbringung pädagogischer Dienstleistungen erwarten lassen. Mit dem Begriff der *Professionalisierung* werden wiederum 2 unterschiedliche Aspekte zum Ausdruck gebracht. Individuelle Professionalisierung meint jenen Prozess, in dem eine Person das Wissen und Können (Professionalität) erwirbt, das nötig ist, um berufliche Aufgaben überzeugend zu bewältigen. Dieser Prozess schließt u. a. die Ausbildung, die Vorbereitung auf die Berufstätigkeit, den Erwerb von Erfahrungswissen in der Praxis sowie berufsbegleitende Fortbildungsaktivitäten ein. Demgegenüber meint kollektive Professionalisierung den Prozess, in dem pädagogische Institutionen oder Interessengruppen wie Berufs- und Trägerverbände die institutionellen Voraussetzungen dafür entwickeln, die als notwendig betrachtet werden, um die gesellschaftliche Etablierung eines Berufsstandes und die Sicherung einer professionellen pädagogischen Arbeit voranzutreiben. In diesem Sinne wird der Begriff der Professionalisierung in Politik und Praxis häufig auch als ein programmatischer Begriff verwendet, sobald es um die Verbesserung der Ausbildungs- und Beschäftigungsbedingungen und damit um den beruflichen Status von Teilgruppen des Bildungspersonals geht – aktuell etwa in der Frühen Bildung oder in der Weiterbildung.

Bereits über viele Bildungsberichte hinweg wurden Fragen nach der Anzahl und Qualifikation des pädagogisch tätigen Personals, der Altersstruktur sowie dem künftigen Personalbedarf im Rahmen eigenständiger Personalindikatoren in den einzelnen Berichtskapiteln aufgegriffen. Diese Fragestellungen und Analyseperspektiven nun im Rahmen eines Schwerpunktkapitels zu bündeln und zu vertiefen folgt dem Ziel, die bereichsübergreifende Perspektive auf individuelle, institutionelle und prozessuale Aspekte des Bildungspersonals zu stärken. Dieser Darstellung über die Bildungsbereiche hinweg sind allerdings in zweifacher Hinsicht auch Grenzen gesetzt. Erstens ermöglicht die bereichsspezifisch sehr heterogene und in weiten Teilen unzureichende Datenlage nur begrenzte empirische Einblicke in viele Facetten des pädagogischen Handelns und seiner Wirkungen. So kann teilweise lediglich über Konzepte oder Regularien berichtet werden. Und zweitens können Details und spezifische Fragestellungen zu einzelnen Bildungsbereichen nicht vertieft werden, wenn eine bereichsübergreifende Bestandsaufnahme zugleich die mit dem Bildungspersonal angesprochene Themenvielfalt angemessen widerspiegeln soll.

Im Folgenden werden zunächst der aktuelle Personalbestand und dessen Zusammensetzung von der Frühen Bildung bis zur Weiterbildung betrachtet (**H1**). Nach einer Darstellung der Kompetenzerwartungen und Ausbildungswege in den einzelnen Bildungsbereichen (**H2**) werden dann gesondert die Fort- und Weiterbildungsmöglichkeiten und -aktivitäten des Bildungspersonals thematisiert (**H3**). Das pädagogische Handeln selbst wird dann insofern in den Blick genommen, als Zusammenhänge zwischen dem Personal und der Ausgestaltung der Lehr-Lern-Umgebungen oder -Prozesse hergestellt werden (**H4**). Im Anschluss werden zentrale Facetten der künftigen Personalgewinnung mit Blick auf quantitative und qualitative Bedarfe dargestellt (**H5**), bevor in einer abschließenden Bilanzierung künftige Herausforderungen aus den Analysen abgeleitet werden (**H6**).

# Personalbestand und Personalstruktur

Dem Anspruch, differenzierte Strukturinformationen über das gesamte Bildungspersonal zu präsentieren, kann mit den zur Verfügung stehenden vorwiegend amtlichen Daten kaum entsprochen werden. Der folgende grundlegende Überblick über den Personalbestand zielt vor allem auf einen datengestützten Vergleich der vorherrschenden Beschäftigungsbedingungen sowie der soziodemografischen und qualifikationsbezogenen Heterogenität des pädagogisch tätigen Personals. Auch hier gestaltet sich die Erfassung zwischen den Bildungsbereichen ausgesprochen unterschiedlich. Während amtliche Statistiken für eine Mehrzahl der Bereiche jahresgenaue Informationen zum Gesamtbestand des pädagogischen Personals, auch umgerechnet auf Vollzeitäquivalente, bereitstellen, liegen beispielsweise für sozialpädagogische Fachkräfte an den allgemeinbildenden und beruflichen Schulen, das an Ganztagsgrundschulen tätige Personal, das für den praktischen Teil der beruflichen Ausbildung zuständige Personal sowie für den Weiterbildungsbereich keine (ähnlich präzisen) Bestandsdaten vor. Daher wird zunächst die Situation für den Personalbestand bereichsspezifisch dargelegt und anschließend werden ausgewählte vergleichbare Aspekte der Zusammensetzung aus einer bereichsübergreifenden Perspektive eingeordnet.

## Frühe Bildung

**Frühe Bildung verzeichnet 2021 mit rund 700.000 pädagogisch Tätigen neuen Personalhöchststand**

Der Arbeitsmarkt der Frühen Bildung G hat seit Mitte der 2000er-Jahre eine enorme Wachstumsdynamik zu verzeichnen und erreichte 2021 mit gut 700.000 pädagogisch tätigen Personen – davon rund 45.000 in der Tagespflege – einen Höchststand; vor 10 Jahren waren es gerade einmal knapp 450.000 Personen (**Tab. H1-1web**). Allein in diesem Jahrzehnt sind infolgedessen in der Frühen Bildung mehr als 250.000 neue Arbeitsplätze entstanden; die Frühe Bildung ist damit einer der stärksten Jobmotoren in Deutschland.

**Abb. H1-1: Pädagogisches Personal sowie Vollzeitäquivalente G in Kindertageseinrichtungen 2011 bis 2021 (Anzahl gerundet, ohne Tagespflege)**

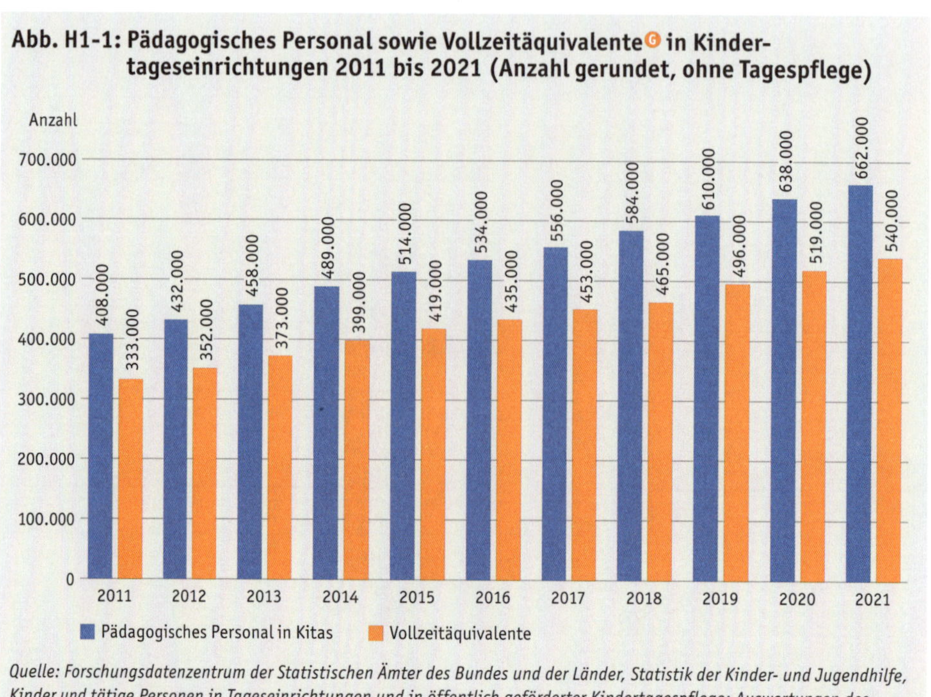


*Quelle: Forschungsdatenzentrum der Statistischen Ämter des Bundes und der Länder, Statistik der Kinder- und Jugendhilfe, Kinder und tätige Personen in Tageseinrichtungen und in öffentlich geförderter Kindertagespflege; Auswertungen des Forschungsverbundes DJI/TU Dortmund; eigene Darstellung*

→ Tab. H1-1web

Allein in den Kitas wuchs die Anzahl des pädagogischen Personals auf 662.000 im Jahr 2021. Dies entspricht einer rechnerischen Zahl von 540.000 Vollzeitstellen, die 2011 noch bei lediglich rund 333.000 Vollzeitstellen lag (**Abb. H1-1**).

Als eine gesonderte Gruppe betrachtet werden müssen daneben die rund 45.000 Personen, die in der Kindertagespflege tätig sind: Sie arbeiten vielfach als Soloselbstständige, vor allem mit Kindern unter 3 Jahren, und müssen – im Unterschied zu den Fachkräften in Kindertageseinrichtungen – keine pädagogische Ausbildung vorweisen. Zumeist verfügen sie lediglich über „vertiefte Kenntnisse hinsichtlich der Anforderungen der Kindertagespflege", wie dies in § 43 des SGB VIII formuliert wird (**H3**).

**Neben Kitas betreuten 2021 rund 45.000 Tagespflegepersonen vor allem unter 3-Jährige**

Blickt man bei der Gruppe der pädagogisch Tätigen auf die qualifikationsbezogene Zusammensetzung, so wird sehr deutlich, dass die an Fachschulen ausgebildeten Erzieher:innen mit bundesweit 68 % das Feld der Kindertageseinrichtungen auch im Jahr 2021 nach wie vor entscheidend prägen (in Ostdeutschland liegt dieser Wert bis heute stets bei rund 80 %) (**Abb. H1-2**). Ergänzt wird diese Gruppe – vor allem in Westdeutschland – durch einschlägig an Berufsfachschulen ausgebildetes Personal (Kinderpflege bzw. Sozialassistenz) mit einem Anteil von zuletzt 14 %. Demgegenüber verharrt die Gruppe der akademisch ausgebildeten Fachkräfte auch 2021 mit 6 % auf einem niedrigen Niveau, wenngleich dies gegenüber 2011 immerhin eine Verdoppelung darstellt. In der Summe ist der Grad der Fach- und Hochschulausgebildeten jedoch in Ostdeutschland erkennbar höher.

**Erzieher:innen nach wie vor größte Berufsgruppe in Kitas**

Was den Beschäftigungsumfang anbelangt, geht das pädagogisch tätige Personal in Kindertageseinrichtungen im Jahr 2021 zu 41 % einer Vollzeittätigkeit nach, zu der weitere 20 % mit einer vollzeitnahen Tätigkeit hinzugerechnet werden können (32 bis unter 38,5 Stunden); der Rest verteilt sich auf verschiedene Varianten an Teilzeitbeschäftigungsverhältnissen (**Tab. H1-3web**). Dabei ist das Arbeitsfeld, im Vergleich zu anderen sozialen Berufen und den Jahren zuvor, 2021 mit 87 % durch einen hohen Anteil an unbefristeten Stellen gekennzeichnet. Mit Blick auf die befristet Beschäftigten muss in Anbetracht der hohen Anzahl junger weiblicher Beschäftigter beachtet

**Über die Hälfte des Personals in Kitas geht vollzeitnaher Tätigkeit nach**

**Abb. H1-2: Pädagogisches und leitendes Personal in Kindertageseinrichtungen 2011, 2016 und 2021 (in %)**

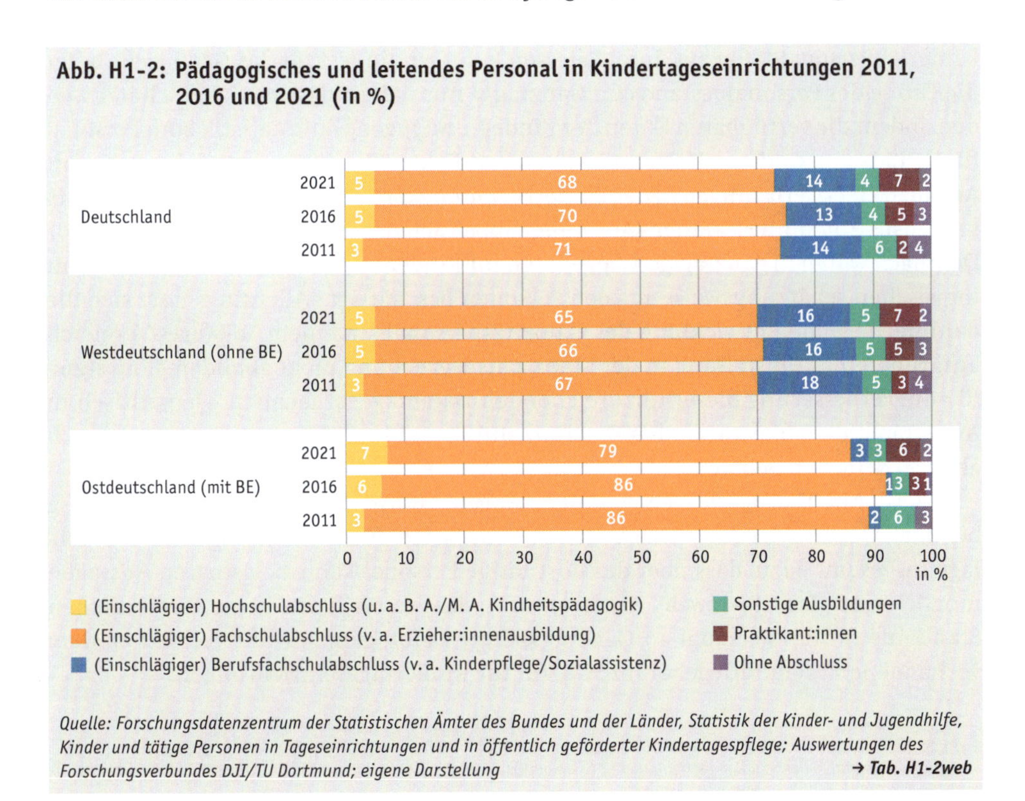


*Quelle: Forschungsdatenzentrum der Statistischen Ämter des Bundes und der Länder, Statistik der Kinder- und Jugendhilfe, Kinder und tätige Personen in Tageseinrichtungen und in öffentlich geförderter Kindertagespflege; Auswertungen des Forschungsverbundes DJI/TU Dortmund; eigene Darstellung*

*→ Tab. H1-2web*

werden, dass es sich dabei vielfach um schwangerschafts- und elternzeitbedingte Vertretungen handelt.

Viele Jahrzehnte wurde die Frühe Bildung als Ausbildungs- und Beschäftigungssystem nicht so sehr als Bildungsberuf, sondern eher als eine sorgende, pflegende und betreuende Tätigkeit betrachtet und daher vor allem mit Gesundheits- und Pflegeberufen unterhalb eines akademischen Ausbildungsniveaus verglichen. In jüngerer Zeit nehmen allerdings die Bestrebungen zu, die personenbezogenen Dienstleistungsberufe aufzuwerten und in Teilen zu akademisieren (**H2**). In Anbetracht des unübersehbaren Fachkräftemangels in der Frühen Bildung (**H5**) ist in dieser Hinsicht in den nächsten Jahren mit einer weiteren Dynamik zu rechnen.

### Allgemeinbildende Schule

**Anzahl der allgemeinbildenden Lehrkräfte in den letzten 10 Jahren leicht gestiegen**

An allgemeinbildenden Schulen sind im Schuljahr 2020/21 bundesweit 773.007 mehrheitlich verbeamtete Lehrkräfte beschäftigt (**Tab. H1-4web**, **Tab. H1-5web**), was einem Anstieg von gut 25.000 (+3 %) gegenüber 2010 entspricht. Bundesweit ist nur gut die Hälfte der Lehrkräfte (54 %) in Vollzeit beschäftigt, weshalb die Anzahl der Vollzeitäquivalente mit 631.422 deutlich unter der Anzahl an beschäftigten Personen liegt. Die Vollzeitquoten variieren im Ländervergleich zwischen 43 % (Hamburg) und 75 % (Sachsen-Anhalt) (**Tab. H1-6web**). Der Frauenanteil ist dabei in den letzten beiden Jahrzehnten sukzessive auf zuletzt 74 % aller Lehrkräfte gestiegen. Von ihnen ist die Mehrheit in Teilzeit oder stundenweise beschäftigt (**Tab. H1-7web**). In einem Teil der allgemeinbildenden (wie auch der beruflichen) Schulen arbeiten die regulären Lehrkräfte mit weiteren Beschäftigten zusammen (z. B. Schulsozialarbeit, Sozialpädagog:innen). Über die Anzahl dieser mit erzieherischen, beratenden oder sozialtherapeutischen Tätigkeiten betrauten Beschäftigten und ihr Zusammenwirken mit den Lehrkräften liegen jedoch keine vergleichbaren Daten vor.

**Drei Viertel der Lehrkräfte sind Frauen, überwiegend teilzeitbeschäftigt**

### Ganztagspersonal

**Personal in Ganztagsangeboten bislang nur näherungsweise abschätzbar**

Die KMK-Statistik zu Ganztagsschulen im Primar- und Sekundarbereich weist bis heute keinerlei Personaldaten aus. Infolgedessen kann zumindest für das Grundschulalter die Größe des Personalbestands im Ganztag Ⓜ nur näherungsweise abgeschätzt werden, indem die verfügbaren Daten der Kinder- und Jugendhilfestatistik zum Personal für Grundschulkinder in Horten und altersgemischten Kindertageseinrichtungen mit Angaben zu Erwerbstätigen in der Kinderbetreuung an Grundschulen auf Basis des Mikrozensus kombiniert werden (Autorengruppe Fachkräftebarometer, 2021, S. 94–96). Demnach wären in ganztägigen Angeboten für Kinder im Grundschulalter insgesamt inzwischen schätzungsweise 105.000 Personen beschäftigt.[1] Allerdings lässt sich die dahinterliegende Entwicklung des Ganztagspersonals in einem 10-Jahres-Vergleich aufgrund einer Umstellung in der Mikrozensuserhebung nicht abbilden. Eine signifikante Verbesserung dieser unzureichenden Datenlage ist fachlich wie politisch in Anbetracht der zu erwartenden Dynamik durch den beschlossenen Rechtsanspruch ab 2026 dringend geboten.

**Wenig belastbare Befunde zur Qualifikation des Personals in schulischen Ganztagsangeboten**

Bei der in **D3** dargestellten Vielfalt an Angebotsformen von der Mittagsbetreuung bis zum Ganztag in den verschiedenen Schularten führt die mangelhafte Datenlage insgesamt dazu, dass über das dort tätige Personal keine belastbaren Aussagen möglich sind (**Tab. H1-16web**). Hinzu kommt, dass es bis heute keine verbindlichen Standards für das Personal an Ganztagsschulen gibt, ganz im Unterschied zu dem vorhandenen Fachkräftegebot im SGB VIII für Kindertageseinrichtungen.

*1 In der KJH-Statistik für 2021 (Stichtag 01.03.) erfasstes Personal in Horten und Hortgruppen: 41.661 pädagogisch Tätige. Weiteres Personal in der Schulkindbetreuung laut Mikrozensus 2019: 63.000 Personen. Für das Jahr 2020 können hierzu keine Mikrozensusdaten ausgewiesen werden.*

Innerhalb des in ganztägigen Angeboten für Grundschulkinder tätigen Personals ist nach wie vor von einer ungeklärten Vielfalt verschiedener Ausbildungsabschlüsse auszugehen (Altermann et al., 2018, S. 10; StEG-Konsortium, 2019, S. 83). Vor dem eben genannten Hintergrund des Fachkräfteangebots in der Kinder- und Jugendhilfe verwundert es nicht, dass die Beschäftigten in der Kinderbetreuung an Grundschulen laut Mikrozensus mit 14 % im Vergleich zum Hortpersonal der Kinder- und Jugendhilfe etwa doppelt so häufig keinen beruflichen Abschluss vorweisen konnten (Autorengruppe Fachkräftebarometer, 2021). Zudem gibt es, wie Studien immer wieder gezeigt haben, eine unbekannte, aber nicht zu unterschätzende Anzahl an Personen, die an verschiedenen Formaten der Ganztagsangebote mitwirken und über keine einschlägige Qualifikation verfügen, ggf. auch ehrenamtlich tätig sind (Tillmann, 2020; StEG-Konsortium, 2019, S. 83).

Hinzu kommt, dass lediglich knapp 20 % des Personals, das in ganztägigen Angeboten für Grundschulkinder tätig ist, einer Vollzeitbeschäftigung nachgehen. Im Vergleich zu pädagogisch Tätigen in anderen Bildungsbereichen weisen Beschäftigte in ganztägigen Angeboten an Grundschulen tendenziell die geringste Vollzeitbeschäftigtenquote auf (**Tab. H1-16web**). Zudem sind nicht selten Teilzeitbeschäftigungsverhältnisse mit prekären Beschäftigungsbedingungen verbunden. Insgesamt entsteht bei einem Großteil der Ganztagsangebote – soweit überhaupt ansatzweise Erkenntnisse zur Personalsituation vorliegen – der Eindruck einer wenig konturierten Personalstruktur.

### Berufliche Schulen

Die Zahl der Lehrkräfte an beruflichen Schulen ist im Vergleich zu den allgemeinbildenden Schulen gegenüber 2010 gesunken (–4 %); bundesweit sind im Schuljahr 2020/21 180.438 (bzw. 117.267 Vollzeitäquivalente) überwiegend verbeamtete (74 %) Lehrkräfte an beruflichen Schulen tätig. Fast ein Drittel von ihnen ist größtenteils für den schulischen Teil der dualen Ausbildung in den Teilzeit-Berufsschulen zuständig (**Tab. H1-4web**). 55 % der Lehrkräfte an beruflichen Schulen unterrichten hauptsächlich in Angeboten des Übergangssektors (z. B. Berufsvorbereitungsjahr), des Schulberufssystems (z. B. Berufsfachschule) oder im Bereich der beruflichen Weiterbildung (Fachschulen). Darüber hinaus sind 15 % der Lehrkräfte an beruflichen Schulen überwiegend in Bildungsgängen tätig, die zu einer fachbezogenen oder Allgemeinen Hochschulreife führen (z. B. an Fachoberschulen oder beruflichen Gymnasien). Knapp die Hälfte von ihnen ist vollzeitbeschäftigt, wobei hier ähnlich wie bei den allgemeinbildenden Schulen zum Teil deutliche Unterschiede zwischen den Ländern bestehen. Jeweils ungefähr ein Viertel der Lehrkräfte ist zudem in Teilzeit oder stundenweise beschäftigt; besonders häufig ist dies an Schulen des Gesundheitswesens der Fall (**Tab. H1-7web**).

**Anzahl der beruflichen Lehrkräfte in den letzten 10 Jahren gesunken**



### Ausbildungspersonal für die Praxisphasen in der beruflichen Bildung

Von den berufsschulischen Lehrkräften zu unterscheiden ist das heterogen zusammengesetzte Ausbildungspersonal, das die berufspraktische Phase der Auszubildenden sowohl im dualen als auch im vollzeitschulischen Bereich fachlich begleitet. Neben Ausbilder:innen in Betrieben oder außerbetrieblichen Einrichtungen der dualen Ausbildung sind dies sowohl Praxismentor:innen oder -anleiter:innen in Bildungseinrichtungen wie Kitas oder in Institutionen des Gesundheitswesens als auch ausbildende Fachkräfte in Unternehmen. Aktuelle Zahlen über die Größe des ausbildenden Personalbestands in der Praxis liegen für Deutschland nicht vor. Quantifizierbar ist lediglich die Gruppe der in den Betrieben registrierten (aber ggf. aktuell nicht im Bereich der dualen Ausbildung tätigen) Ausbilder:innen. Bundesweit waren dies 2020 gut 628.000 Personen; gegenüber 2010 hat sich ihre Anzahl um 7 % verringert

**Mangel an belastbaren Zahlen zu ausbildendem Personal**

Ausbilder:innen sind hauptsächlich nebenberuflich in dieser Funktion tätig

(**Tab. H1-8web**). Hauptsächlich handelt es sich bei dem ausbildenden Personal um Personen, die die Ausbildungstätigkeit nebenberuflich ausüben (Bahl, 2012). Zwischen den Fachrichtungen bestehen gleichwohl Unterschiede. Während im gewerblich-technischen Bereich – insbesondere in größeren Betrieben – nach wie vor das Lernen in Lehrwerkstätten ein Teil der Berufsausbildung darstellt, wofür hauptberufliche Ausbilder:innen zuständig sind, erfolgt im kaufmännischen Bereich sowie auch in den personenbezogenen Fachrichtungen die Ausbildung vorwiegend am Arbeitsplatz durch nebenberufliche Ausbilder:innen oder Praxisanleiter:innen (Bahl, 2012; Weyland & Koschel, 2021) oder auch Praxismentor:innen in Kindertageseinrichtungen (Boekhoff & Frauendorf, 2019).

### Hochschule

Das an den Hochschulen beschäftigte Personal hat außer der Lehre eine Vielzahl weiterer Aufgaben. Für das wissenschaftliche und künstlerische Personal gehören dazu insbesondere die Forschung, aber auch die wissenschaftliche Weiterbildung sowie die Beteiligung an der hochschulischen Selbstverwaltung. Der Umfang der Lehrverpflichtungen variiert sehr stark, auch innerhalb der Personalgruppen (Bloch et al., 2014). Neben der Durchführung der Lehrveranstaltungen und der Prüfungen sind vor allem die Professor:innen, aber auch Dozent:innen und ein Teil der wissenschaftlichen Mitarbeiter:innen an der Entwicklung neuer Curricula und Studiengänge beteiligt. Ein Teil des hauptberuflichen wissenschaftlichen Personals ist nicht oder nur am Rande mit Lehraufgaben betraut; dies gilt insbesondere für die ca. 83.000 wissenschaftlichen Mitarbeiter:innen, die 2020 über Drittmittel finanziert in Forschungsprojekten tätig sind (**Tab. H1-10web**).

Teil des wissenschaftlichen Personals nicht mit Lehraufgaben betraut

Die Lehre an den Hochschulen wird in erster Linie vom wissenschaftlichen und künstlerischen Personal getragen. Insgesamt sind 2020 415.000 Personen (**Tab. H1-9web**) dem wissenschaftlichen und künstlerischen Personal zuzurechnen, das damit in den vergangenen 10 Jahren um 26 % angewachsen ist. Für das Lernen und Lehren ist aber auch das wissenschaftsunterstützende Personal bedeutsam – 2020 knapp 260.000 Personen ohne das Pflegepersonal der Hochschulkliniken –, etwa in den Bibliotheken, der Studienberatung oder den Laboren und IT-Einrichtungen der Hochschulen.

26 % Zuwachs beim wissenschaftlichen und künstlerischen Personal seit 2010

Zum wissenschaftlichen und künstlerischen Personal gehören sowohl haupt- als auch nebenberufliche Mitarbeiter:innen, die in unterschiedlichem Umfang und mit verschiedenen Aufgaben in die Hochschullehre eingebunden sind. Neben 49.300 Professor:innen sind etwa 205.000 wissenschaftliche und künstlerische Mitarbeiter:innen zum hauptberuflichen Personal zu zählen, hinzu kommen 3.800 Hochschuldozent:innen und wissenschaftliche Assistent:innen sowie 10.900 Lehrkräfte für besondere Aufgaben (z. B. Lehrer:innen im Hochschuldienst) (**Tab. H1-10web**).



Etwa ein Drittel des von der Hochschulstatistik ausgewiesenen wissenschaftlichen und künstlerischen Personals ist nebenberuflich an den Hochschulen tätig; bei diesen 145.500 Personen (**Abb. H1-3**) handelt es sich zum größten Teil um Lehrbeauftragte und Honorar- und Gastprofessor:innen (101.500) sowie um wissenschaftliche Hilfskräfte und Tutor:innen (44.000) (**Tab. H1-9web**). Jeweils 5 nebenberuflich Beschäftigte werden hochschulstatistisch als ein Vollzeitäquivalent gezählt. So berechnet, entfällt etwa ein Achtel der Personalkapazität in Vollzeitäquivalenten auf das nebenberufliche wissenschaftliche und künstlerische Personal (**Abb. H1-3**, untere Reihe links)

Großer Stellenwert des nebenberuflichen Personals an den Hochschulen

Die Personalstruktur unterscheidet sich nach Art der Hochschule deutlich (**Abb. H1-3**, **Tab. H1-9web**): An den Universitäten sind 9 % der wissenschaftlichen und künstlerischen Beschäftigten Professor:innen, während wissenschaftliche Mitarbeiter:innen mit etwa zwei Dritteln den größten Anteil stellen und nebenberufliche Mitarbeiter:innen ein Viertel ausmachen (**Abb. H1-3**, obere Reihe). An den

**Abb. H1-3: Haupt- und nebenberufliches wissenschaftliches und künstlerisches Personal nach Personalgruppen* 2020**

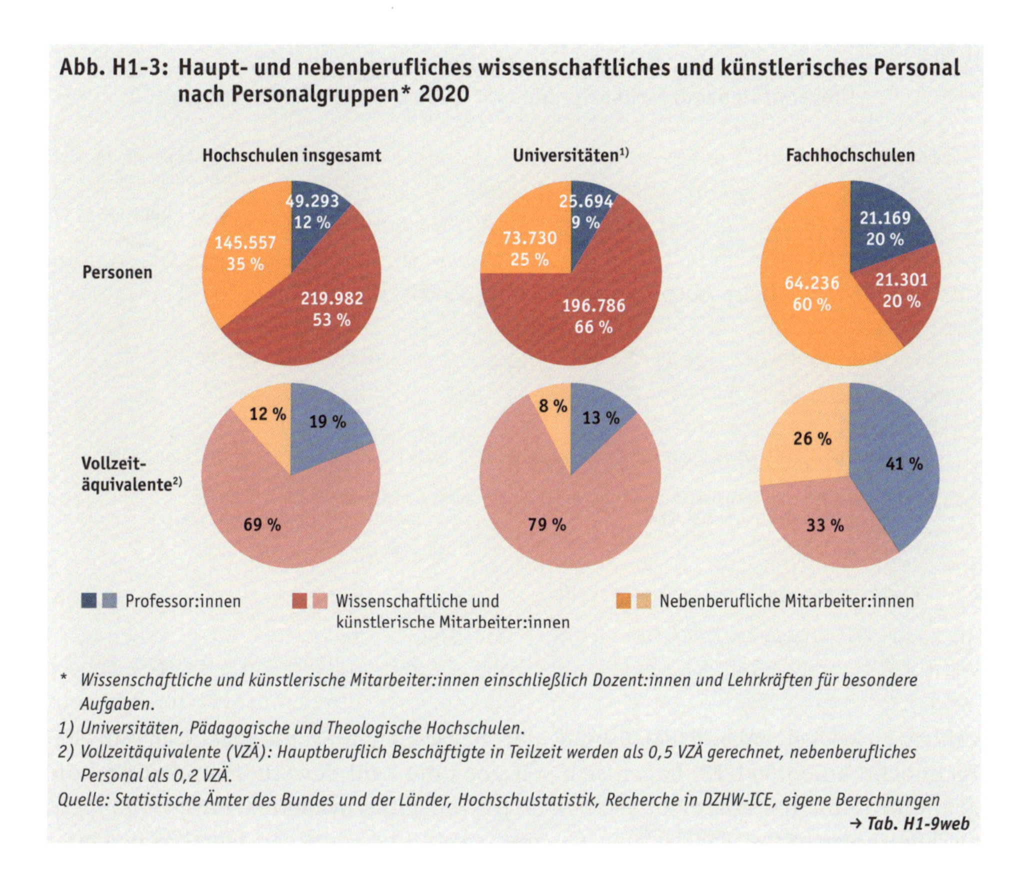


* *Wissenschaftliche und künstlerische Mitarbeiter:innen einschließlich Dozent:innen und Lehrkräften für besondere Aufgaben.*
1) *Universitäten, Pädagogische und Theologische Hochschulen.*
2) *Vollzeitäquivalente (VZÄ): Hauptberuflich Beschäftigte in Teilzeit werden als 0,5 VZÄ gerechnet, nebenberufliches Personal als 0,2 VZÄ.*
*Quelle: Statistische Ämter des Bundes und der Länder, Hochschulstatistik, Recherche in DZHW-ICE, eigene Berechnungen*
***→ Tab. H1-9web***

Fachhochschulen ist der Professor:innenanteil mit 20 % deutlich höher, während nur 20 % wissenschaftliche und künstlerische Mitarbeiter:innen zum Personal gehören. Ein großer Teil der Lehre wird hier von Lehrbeauftragten getragen, die 60 % des Personals und etwa ein Viertel der Personalkapazität (in Vollzeitäquivalenten) ausmachen. Auch an Kunst- und Musikhochschulen haben Lehrbeauftragte eine ähnlich hohe Bedeutung (**Tab. H1-9web**).

**Hoher Anteil an befristet Beschäftigten**

Mehr als zwei Drittel der wissenschaftlich oder künstlerisch Beschäftigten sind befristet beschäftigt – bei deutlichen Unterschieden zwischen den Beschäftigtengruppen. Die Befristungen werden durch das Wissenschaftszeitvertragsgesetz (WissZeitVG) geregelt, das für die Qualifizierungsphase befristete Verträge vorsieht, aber auch für drittmittelfinanzierte Beschäftigung Befristungen ermöglicht. Während befristete Arbeitsverhältnisse bei den Professor:innen nur eine untergeordnete Rolle (13 %) spielen, sind sie beim jüngeren wissenschaftlichen und künstlerischen Personal bis unter 35 Jahren (ohne Professor:innen) der Regelfall (98 %). Beim wissenschaftlichen und künstlerischen Personal von 35 bis unter 45 Jahren, von dem ein großer Teil bereits promoviert ist, beträgt die Befristungsquote 77 % (BuWiN 2021, S. 111). Die hohe Zahl an Befristungen wird mit Blick auf die unsicheren Beschäftigungsperspektiven mit befristeten Verträgen häufig öffentlich thematisiert und kritisiert.[2] Ein ähnliches Bild zeichnet sich beim Umfang der Beschäftigung ab. Knapp jeder oder jede 2. wissenschaftliche Mitarbeiter:in (47 %) arbeitet in Teilzeit, jedoch weniger als jeder oder jede 10. Professor:in (8 %) (**Tab. H1-11web**).

Das aus den Grundmitteln der Hochschulen finanzierte Personalvolumen (in Vollzeitäquivalenten), das die Lehre im Wesentlichen trägt, hat sich seit 2005 an den Universitäten und an den Fachhochschulen etwa parallel zu den Studierenden-

2 *Vgl. BuWiN 2021, S. 52–54, sowie die Diskussion um die Initiative #IchbinHanna im Jahr 2021, dokumentiert etwa in zahlreichen Beiträgen zu diesem Thema im Blog von J. M. Wiarda (www.jmwiarda.de).*

**Abb. H1-4: Wissenschaftliches Personal* (in Vollzeitäquivalenten) und Studierende an Universitäten und Fachhochschulen** 2005 bis 2020 (Index 2005 = 100)**

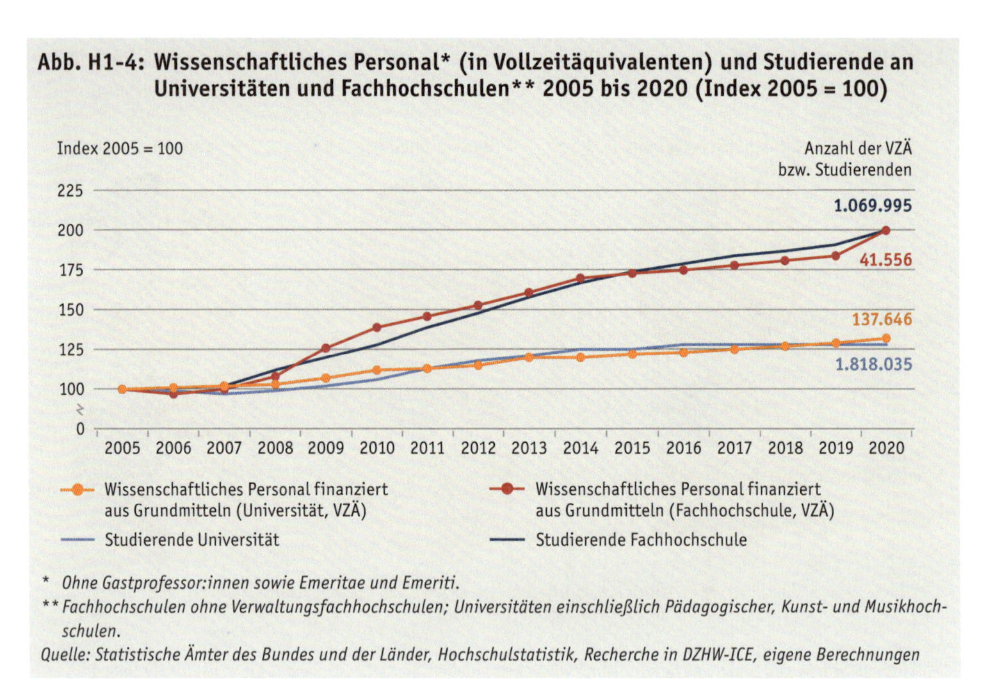


* *Ohne Gastprofessor:innen sowie Emeritae und Emeriti.*
** *Fachhochschulen ohne Verwaltungsfachhochschulen; Universitäten einschließlich Pädagogischer, Kunst- und Musikhochschulen.*
*Quelle: Statistische Ämter des Bundes und der Länder, Hochschulstatistik, Recherche in DZHW-ICE, eigene Berechnungen*

zahlen entwickelt (**Abb. H1-4**). Gemäß der gewachsenen Studiennachfrage an den Fachhochschulen (vgl. **F3**) haben sich seit 2005 die Zahl der Studierenden und die grundmittelfinanzierte Personalkapazität (in Vollzeitäquivalenten) etwa verdoppelt; an den Universitäten war der Zuwachs mit jeweils etwa 25 % geringer. Das bedeutet insgesamt nur geringe Veränderungen der Betreuungsrelationen. Zwischen 2005 und 2020 kamen zwischen 15 und 16,9 Studierende auf ein aus Grundmitteln finanziertes Vollzeitäquivalent (**Abb. H1-1web**). An den Universitäten ist die Quote seit 2016 leicht rückläufig (von 14,2 auf 12,9); die Betreuungsrelation hat sich also etwas verbessert. An den Fachhochschulen, an denen eine höhere Lehrverpflichtung der Professor:innen zu berücksichtigen ist, steigt die Quote in dieser Zeit geringfügig an (von 26,3 auf 27,2), was eine etwas ungünstigere Betreuungsrelation anzeigt.

## Weiterbildung

In der Weiterbildung werden pädagogische Dienstleistungen überwiegend arbeitsteilig in der Zusammenarbeit von meist hauptberuflich tätigem Planungspersonal und überwiegend frei und nebenberuflich tätigem Lehrpersonal erbracht. Das bedeutet aber nicht, dass die Arbeitsaufgaben auf klar abgrenzbare Beschäftigtengruppen verteilt wären. So engagieren sich Beschäftigte mit Leitungs- und Planungsaufgaben ebenfalls an der Durchführung von Kursen und Seminaren; Lehrkräfte wiederum werden häufig in die Programm- und Angebotsentwicklung einbezogen oder übernehmen Aufgaben des Verwaltungspersonals. Zur genauen Anzahl der Beschäftigten liegen keine amtlichen Daten vor. Die weiterhin aktuellste und umfassendste Schätzung des gesamten Personalbestandes basiert auf Daten des wb-personalmonitors (D) 2014. In dieser Hochrechnung sind jedoch nur Beschäftigte in der offen zugänglichen Weiterbildung erfasst, also keine Beschäftigten, die ausschließlich in der innerbetrieblichen Weiterbildung – dem größten Weiterbildungssegment (vgl. **G1**) – tätig sind.

**Fast 9 von 10 (88 %) Beschäftigten in der Weiterbildung üben pädagogische Tätigkeiten aus**

Im Jahr 2014 waren etwa 691.000 Beschäftigte im 4. Bildungsbereich tätig, auf die 1,35 Millionen Beschäftigungsverhältnisse entfielen (**Tab. H1-12web**). Hierunter sind sowohl jene Beschäftigten gefasst, die vornehmlich pädagogische Tätigkeiten ausüben, als auch jene, die hauptsächlich unterstützend in den Einrichtungen tätig sind. Ehrenamtliche sind miterfasst, da sie häufig ein Honorar erhalten, auch wenn

**Abb. H1-5: Beschäftigungsverhältnisse* in der Weiterbildung 2014 nach Beschäftigtengruppen (Anzahl)**

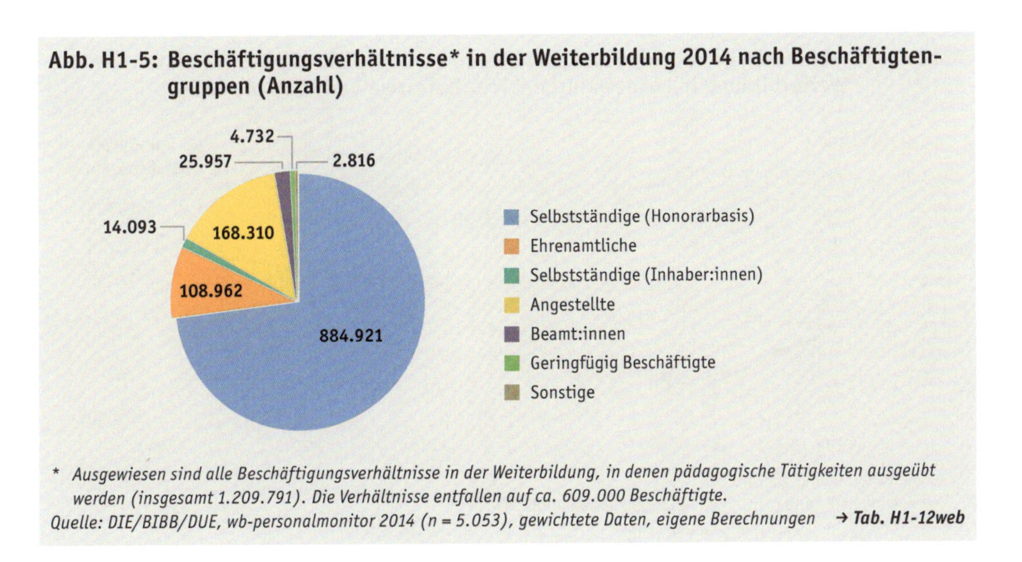


* *Ausgewiesen sind alle Beschäftigungsverhältnisse in der Weiterbildung, in denen pädagogische Tätigkeiten ausgeübt werden (insgesamt 1.209.791). Die Verhältnisse entfallen auf ca. 609.000 Beschäftigte.*
*Quelle: DIE/BIBB/DUE, wb-personalmonitor 2014 (n = 5.053), gewichtete Daten, eigene Berechnungen* → ***Tab. H1-12web***

sie per Definition kein geregeltes Arbeitsverhältnis mit den Einrichtungen haben. Unter allen Beschäftigten ist der Großteil (88 %, ca. 609.000) pädagogisch tätig.[3] Unter Ausschluss von Personen im Ehrenamt sind es noch ca. 540.000 pädagogisch Erwerbstätige (**Tab. H1-12web**).

Mit Blick auf die Anzahl von abhängig Beschäftigten im Vergleich zu Honorarkräften und ehrenamtlich Tätigen zeigt sich eine Dominanz von Beschäftigungsformen, die durch mehrere Beschäftigungsverhältnisse mit geringer Wochenarbeitszeit gekennzeichnet sind, bei gleichzeitig geringer Arbeitsplatzsicherheit und schlechter sozialer Absicherung. Etwa 70 % der Beschäftigungsverhältnisse werden nebenberuflich ausgeübt (Autorengruppe wb-personalmonitor, 2016, S. 70). Nimmt man die ca. 1,21 Millionen mit pädagogischen Tätigkeiten betrauten Beschäftigungsverhältnisse als Basis, entfallen 73 % (885.000) auf Honorarkräfte, 9 % (109.000) auf ehrenamtlich Tätige und lediglich 16 % (194.000) auf sozialversicherungspflichtig oder verbeamtet Beschäftigte (**Abb. H1-5**).

**Weiterbildner:innen am häufigsten auf Honorarbasis im Nebenerwerb tätig**

Ein beträchtlicher Teil der pädagogisch Erwerbstätigen (43 %) ist mit unter 10 Wochenstunden beschäftigt und nur ein Viertel der Beschäftigten arbeitet 38,5 Wochenstunden oder mehr (**Tab. H1-13web**). Unter die Personen mit geringer Wochenarbeitszeit fallen insbesondere Honorarkräfte, die ihrer Tätigkeit nicht im Hauptberuf nachgehen. An Volkshochschulen entfallen fast 9 von 10 Beschäftigungsverhältnissen (87 %) auf Honorarkräfte (**Tab. H1-14web**). Mit der Dominanz solcher Formen der Beschäftigung geht einher, dass durch die pandemiebedingten Angebotseinbrüche (vgl. **G1**, **G2**) insbesondere Selbstständige in der Erwachsenen- und Weiterbildung vor existenzielle Krisen gestellt wurden.

Wenn man in Rechnung stellt, dass in den bisher berichteten Daten die oft freiberuflich tätigen Trainer:innen, die sich ganz oder ausschließlich in der betrieblichen Weiterbildung engagieren, nicht mit erfasst sind, so zeigt sich zum einen, dass die Erwachsenen- und Weiterbildung nach der Zahl der Beschäftigten inzwischen wohl der größte Bildungsbereich ist. Zum anderen ist die Heterogenität der Beschäftigungsverhältnisse vergleichsweise hoch, da in der betrieblichen Weiterbildung sehr viel höhere Einkommen realisiert werden können als in weiten Teilen der offen zugänglichen Erwachsenenbildung (vgl. Graf, 2019, **H5**).

Um Aussagen über die Bestandsdynamik in der Weiterbildung zu treffen, können für ausgewählte Wirtschaftszweige Daten der Beschäftigungsstatistik (D) der Bundes-

3 *Als pädagogisch Tätige werden alle Beschäftigten ausgewiesen, die einen Anteil von 1 bis 100 % in den Bereichen der Lehre, Weiterbildungsberatung, Programmplanung oder Teilnehmerbetreuung an ihrem gesamten Zeitvolumen angegeben haben.*

**Abb. H1-6: Anzahl der geringfügig und sozialversicherungspflichtig Beschäftigten in der Weiterbildung in ausgewählten Wirtschaftszweigen 2010 bis 2020**

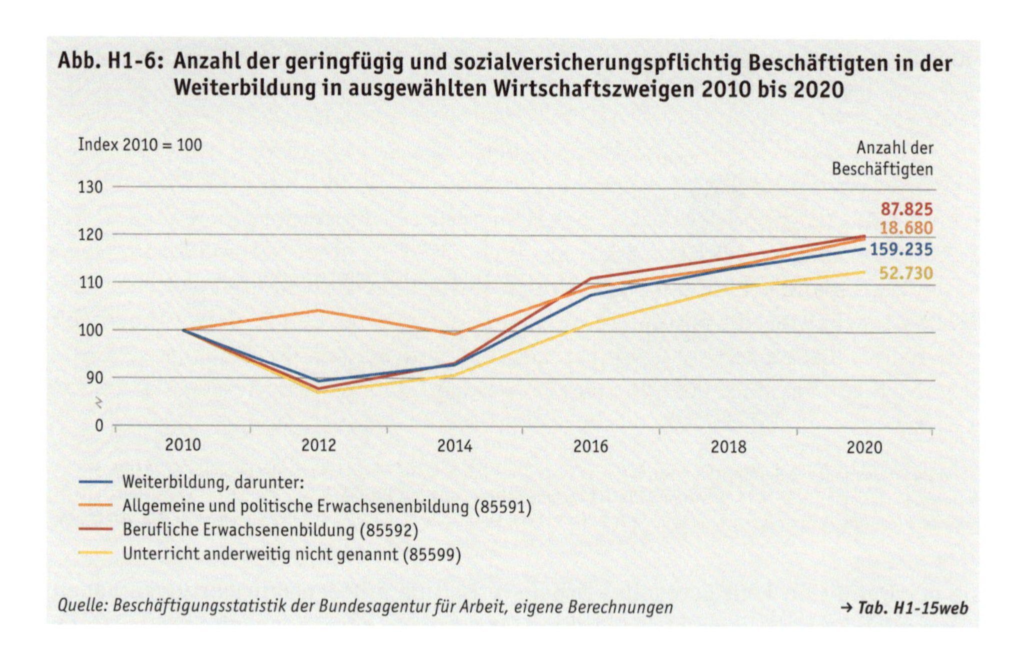


*Quelle: Beschäftigungsstatistik der Bundesagentur für Arbeit, eigene Berechnungen* → ***Tab. H1-15web***

**Fortschreitende Institutionalisierung mit einer steigenden Anzahl abhängig Beschäftigter**

agentur für Arbeit (BA) herangezogen werden. Die BA-Statistik ermöglicht allerdings keine Differenzierung zwischen pädagogisch tätigem und unterstützendem Weiterbildungspersonal Ⓜ. Gleichwohl ist aus dem wb-personalmonitor bekannt, dass nur ein kleiner Anteil der Beschäftigten in der Weiterbildung (12 %) gar keine pädagogischen Tätigkeiten ausübt. Nach einem Rückgang im Jahr 2012 ist die Anzahl der sozialversicherungspflichtig Beschäftigten in der Weiterbildung von 2012 mit 121.055 Personen auf 159.235 Personen im Jahr 2020 um 32 % angestiegen (**Abb. H1-6**, **Tab. H1-15web**). Die Zahlen spiegeln eine fortschreitende Expansion des Weiterbildungssektors wider, sowohl in der allgemeinen Erwachsenenbildung als auch in der beruflichen und betrieblichen Weiterbildung. Dabei ist jedoch zu bedenken, dass sich die weitaus größere Dynamik in den Beschäftigungsverhältnissen unter den Honorarkräften mit dieser Datengrundlage nicht abbilden lässt.

## Personalzusammensetzung im Vergleich der Bildungsbereiche

Trotz der heterogenen Datenlage sollen abschließend einige ausgewählte Merkmale der Zusammensetzung des Personals aus bereichsübergreifender Perspektive verglichen werden. Dabei sind soziodemografische und beschäftigungsbezogene Aspekte zu unterscheiden. Hinzuweisen ist vor allem darauf, dass das in ganztägigen Angeboten tätige Personal im Folgenden nur näherungsweise abgeschätzt werden kann, indem Personaldaten der KJH-Statistik und weiteres an Ganztagsgrundschulen tätiges Personal anhand des Mikrozensus zusammen betrachtet werden.[4]



**Deutliche Unterschiede im Geschlechterverhältnis zwischen den Bildungsbereichen**

*Geschlechterverhältnisse*: Zwischen den Bildungsbereichen unterscheidet sich der Anteil männlicher und weiblicher Beschäftigter deutlich. Während in der Frühen Bildung mit 93 % fast ausschließlich und in der Ganztagsbetreuung im Grundschulalter über 80 % sowie den allgemeinbildenden (73 %) und beruflichen Schulen (55 %) mehrheitlich Frauen pädagogisch tätig sind (**Abb. H1-7**, **Tab. H1-16web**), überwiegt in den Hochschulen sowie bei den registrierten Ausbilder:innen im dualen Ausbildungssystem der Anteil des männlichen Personals (60 und 74 %); in der Weiterbildung ist wiederum eine nahezu ausgeglichene Verteilung der Geschlechter festzustellen.

*4 Grundsätzlich bestehen allein aufgrund des Fachkräftegebots des SGB VIII (§ 72) Unterschiede zwischen dem Ganztagspersonal, das bei einem Träger der Kinder- und Jugendhilfe angestellt ist (z. B. im Hort) und damit dem Fachkräftegebot des SGB VIII unterliegt, auf der einen und dem sonstigen pädagogischen Personal, das an Ganztagsgrundschulen tätig ist, auf der anderen Seite.*

Nicht nur zwischen, sondern auch innerhalb der einzelnen Bildungsbereiche zeigen sich teils deutliche Unterschiede. So ist an den Grundschulen lediglich eine von 10 Lehrkräften männlich, an den Gymnasien ist es jede 4. Lehrkraft (**Tab. H1-7web**). In den beruflichen Schulen, in denen ein deutlicher Zuwachs von Frauen im letzten Jahrzehnt um 7 % festzustellen ist, variiert der Anteil weiblicher Lehrender mit der Schulart (**Tab. H1-8web**). Besonders hoch ist er an Schulen des Gesundheitswesens, was mit den dort überwiegend von Frauen nachgefragten Ausbildungen im Gesundheitswesen korrespondiert. In den Hochschulen variiert der Frauenanteil zwischen 54 % bei den Lehrkräften für besondere Aufgaben und 26 % bei den Professor:innen, seit 2010 hat er in allen Personalgruppen zugenommen. Bei den Professor:innen dürfte der Anteil von Frauen weiter steigen, da bei den Juniorprofessor:innen mit zuletzt

**Ausgeglichenes Geschlechterverhältnis in den Universitäten, jedoch deutlich weniger Professorinnen**

**Abb. H1-7: Bestand und soziodemografische sowie qualifikationsbezogene Zusammensetzung des pädagogisch tätigen Personals nach Bildungsbereichen**

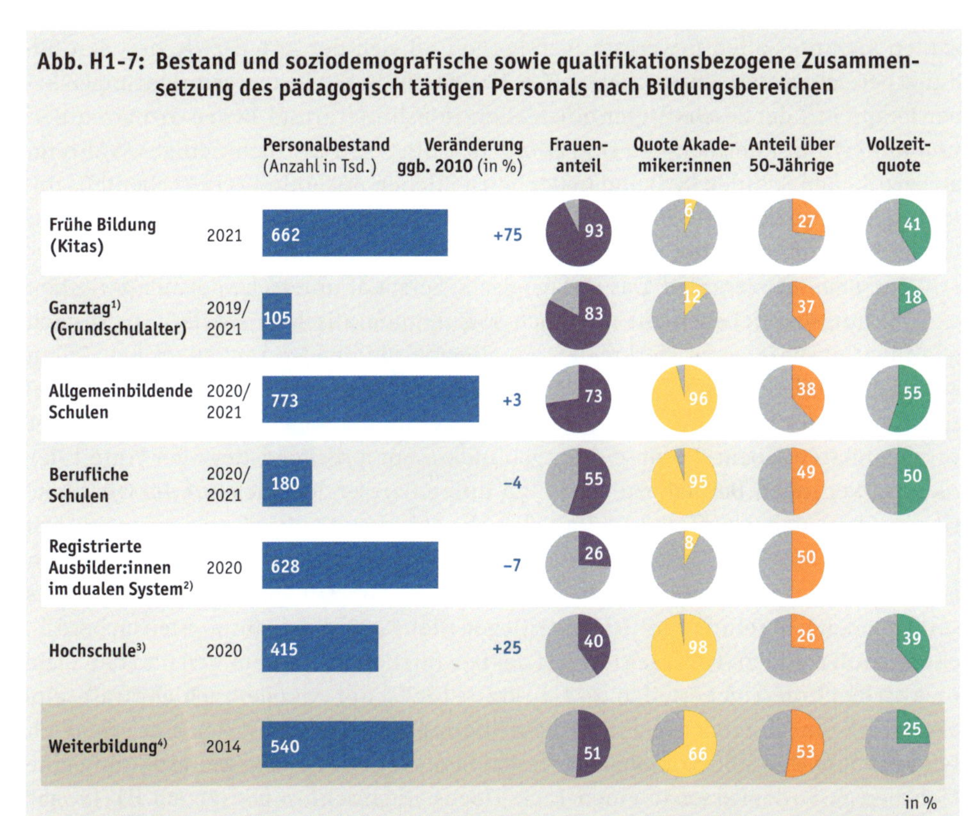


*1) Da Ganztagsangebote für Kinder im Grundschulalter (M) sowohl von der Kinder- und Jugendhilfe als auch von schulischer Seite angeboten werden (**D3**), existiert bislang keine vereinheitlichte gemeinsame Statistik zu Personal im Ganztag. Pädagogisches Personal, das in Horteinrichtungen der Kinder- und Jugendhilfe tätig ist, wird über die KJH-Statistik erfasst. Über ganztagschulische Angebote hält die KMK keine entsprechende Statistik vor. Um annäherungsweise Aussagen zum Personalbestand im grundschulischen Ganztag machen zu können, werden neben der KJH-Statistik Daten des Mikrozensus ausgewiesen. Für eine Schätzung des Personalbestands wurden die absoluten Zahlen der KJH-Statistik und des Mikrozensus addiert, für die soziodemografischen und qualifikationsbezogenen Merkmale wurde der rechnerische Mittelwert ausgewiesen. Aufgrund von Änderungen im Mikrozensus kann kein Bestandsvergleich abgebildet werden.*

*2) Das Bildungspersonal, das für den praktischen Teil der dualen und vollzeitschulischen Ausbildung zuständig ist, kann nicht umfassend dargestellt werden, da für ausbildende Fachkräfte und Praxisanleitungen keine Daten zu Bestand und Zusammensetzung vorliegen. Dargestellt wird daher nur der Bestand registrierter (ggf. aktuell nicht aktiver) Ausbilder:innen im dualen Ausbildungssystem, für die der Beschäftigungsumfang nicht ausgewiesen werden kann.*

*3) Bestand: haupt- und nebenberufliches wissenschaftliches und künstlerisches Personal.*
*Akademiker:innenquote: ohne wissenschaftliche Hilfskräfte und Tutor:innen, die teilweise noch studieren; ohne Personal, für das keine Information zum Hochschulabschluss vorliegt (4,1 %).*
*Vollzeitquote: ohne nebenberufliches wissenschaftliches und künstlerisches Personal.*

*4) Auf Stichprobenerhebungen basierende Ergebnisse, die mit den oben berichteten amtlichen Ergebnissen nicht vollständig vergleichbar sind. Ehrenamtliche sind in den Berechnungen nicht enthalten.*

*Quelle: Forschungsdatenzentrum der Statistischen Ämter des Bundes und der Länder, Statistik der Kinder- und Jugendhilfe, Kinder und tätige Personen in Tageseinrichtungen und in öffentlich geförderter Kindertagespflege; Statistische Ämter des Bundes und der Länder, Schulstatistik, Berufsbildungsstatistik, Hochschulstatistik; Mikrozensus; DIE/BIBB/DUE, wb-personalmonitor 2014*

*→ **Tab. H1-16web***

47 % beinahe die Geschlechterparität erreicht worden ist (**Tab. H1-17web**). Ähnliche Geschlechterverhältnisse lassen sich in der Weiterbildung, etwa zwischen Volkshochschulen und der tendenziell männlich dominierten betrieblichen Weiterbildung, feststellen (**Tab. H1-18web**). Der Frauenanteil an Volkshochschulen ist im Zeitraum von 1991 bis 2017 unter allen Beschäftigtengruppen deutlich angestiegen. Der stärkste Anstieg findet sich beim hauptberuflichen Leitungspersonal von 14 % im Jahr 1991 auf 56 % im Jahr 2017. Sowohl beim haupt- als auch nebenberuflichen pädagogischen Personal sowie beim unterstützenden Personal (z. B. Verwaltung) zeigt sich im Jahr 2017 eine deutliche Dominanz weiblicher Beschäftigter mit einem Frauenanteil zwischen 68 und 81 % (**Tab. H1-19web**).

**Anteil an Beschäftigten mit Migrationshintergrund beim Bildungspersonal weit unterdurchschnittlich**

*Migrationshintergrund* G: Die Daten des Mikrozensus 2019 zeigen, dass zum Bildungspersonal mit 16 % deutlich seltener Beschäftigte mit Migrationshintergrund zählen als unter allen Erwerbstätigen (24 %) und sich der Anteil zwischen den Bildungsbereichen stark unterscheidet (**Tab. H1-20web**). In Kindertageseinrichtungen haben knapp 19 % der Beschäftigten einen Migrationshintergrund, in den Grundschulen und weiterführenden Schulen sind es mit 10 % hingegen deutlich weniger. Während an beruflichen Schulen (8 %) und in der betrieblichen Ausbildung (12 %) ebenfalls unterdurchschnittlich viele Menschen mit Migrationshintergrund tätig sind, sind es im Hochschul- und im Weiterbildungsbereich mit 22 % wiederum vergleichsweise viele.

**Anteil von nicht grundständig ausgebildeten Lehrkräften deutlich angestiegen**

*Ausbildungshintergrund*: Das pädagogische Personal unterscheidet sich zwischen den Bildungsbereichen nicht nur nach soziodemografischen, sondern auch nach qualifikationsbezogenen Merkmalen. An allgemeinbildenden und zu großen Teilen auch an beruflichen Schulen (mit Ausnahme der Schulen des Gesundheitswesens) sowie an Hochschulen ist eine lehrende Tätigkeit in der Regel an einen Master- oder vergleichbaren Hochschulabschluss gebunden, entsprechend liegt der Anteil der Akademiker:innen bei nahezu 100 %. Ein differenzierender Blick auf die Qualifikationen weist dabei auf eine Vielfalt der absolvierten Studienfachrichtungen hin (**Tab. H1-21web**). Durch die vermehrte Einstellung von Seiten- und Quereinsteiger:innen ist insbesondere der Anteil von Lehrkräften ohne Lehramtsprüfung innerhalb des vergangenen Jahrzehnts deutlich angestiegen (**H5**). Darüber hinaus werden an beruflichen Schulen zudem Personen, die aus der beruflichen Praxis kommen und den fachpraktischen Unterricht erteilen, als Lehrkräfte für Fachpraxis oder Fachlehrkräfte eingesetzt (5 % im Jahr 2020). In den übrigen Bildungsbereichen lässt sich eine erheblich heterogenere Qualifikationsstruktur feststellen. Während in der Weiterbildung eine Mehrheit (66 %) des Personals einen (Fach-)Hochschulabschluss besitzt (**Tab. H1-13web**), geben in der betrieblichen Ausbildung nur 8 % der registrierten Ausbilder:innen eine akademische Qualifikation an (**Tab. H1-8web**). Das pädagogische Personal in der Frühen Bildung setzt sich überwiegend aus Erzieher:innen und Kinderpfleger:innen zusammen, einen fachlich einschlägigen Hochschulabschluss besitzt auch hier nur eine Minderheit der Beschäftigten (6 %) (**Tab. H1-2web**). Der Anteil der Akademiker:innen unter den Leitungskräften der Kindertageseinrichtungen liegt mit 18 % dagegen dreimal so hoch. Dies ist u. a. damit zu erklären, dass einige Länder entsprechende (Mindest-) Qualifikationen für das Ausüben von Leitungstätigkeiten in Kindertageseinrichtungen vorschreiben.

**Minderheit des pädagogischen Personals in der Frühen Bildung mit Hochschulabschluss**

**Einrichtungen der Frühen Bildung und Hochschulen mit jüngerer Altersstruktur als übrige Bildungsbereiche**

*Altersstruktur*: Nicht zuletzt für die Ermittlung künftiger Personalbedarfe ist auch die Altersstruktur des erfassten pädagogischen Personals von besonderer Relevanz (vgl. auch Kap. **B**). Zwischen den Bildungsbereichen lassen sich deutliche Unterschiede feststellen: In den beruflichen Schulen, unter den registrierten Ausbilder:innen sowie in der Weiterbildung ist nahezu oder mehr als jeder oder jede 2. Beschäftigte bereits 50 Jahre und älter und nur etwa jede:r 20. unter 30 Jahre alt. Die Einrichtungen der Frühen Bildung sowie der Hochschulen weisen eine weitaus jüngere Altersstruktur auf (**Tab. H1-16web**). So ist nur etwas mehr als jede oder jeder 4. über 50 Jahre und gegenüber den anderen Bildungsbereichen sind mehr Beschäftigte unter 30 Jahre alt (26 bzw. 25 %). Die Altersstruktur an den Hochschulen wird maßgeblich durch die Ausbildung des wissenschaftlichen Nachwuchses beeinflusst: Jährlich kommen junge Nachwuchswissenschaftler:innen hinzu, die zum größten Teil nach einigen Jahren wieder ausscheiden.

## Methodische Erläuterungen

**Personal in Ganztagsangeboten für Kinder im Grundschulalter**

Da Ganztagsangebote im Grundschulalter sowohl von der Kinder- und Jugendhilfe als auch von schulischer Seite angeboten werden (vgl. **D3**), existiert bislang keine vereinheitlichte gemeinsame Statistik zu Personal in Ganztagsangeboten für Kinder im (Grund-)Schulalter. Pädagogisches Personal, das in Horteinrichtungen der Kinder- und Jugendhilfe tätig ist, wird über die KJH-Statistik erfasst. Hierbei wird das pädagogische Personal (ohne Verwaltung) berücksichtigt, dass im ersten Arbeitsbereich in Horten oder Hortgruppen tätig ist. Über ganztagsschulische Angebote hält die KMK keine entsprechende Statistik vor. Um annäherungsweise Aussagen zum Personalbestand im grundschulischen Ganztag machen zu können, werden neben der KJH-Statistik Daten des Mikrozensus ausgewiesen. Durch die Abgrenzung der Personengruppen im Mikrozensus, die keine nebenberuflich oder ehrenamtlich Tätigen umfassen, ist eher von einer Untererfassung der im Ganztag für Kinder im Grundschulalter Tätigen auszugehen (Autorengruppe Fachkräftebarometer, 2021, S. 94). Abgegrenzt wird die Personengruppe im Mikrozensus über die Klassifikation der Berufe (KldB 2010) bzw. eine Kombination der Berufsuntergruppe „Kinderbetreuung und -erziehung" (8311), die sowohl fachlich ausgerichtete Tätigkeiten (83112) als auch Helfer- und Anlerntätigkeiten (83111) umfasst (Klassifikation der Berufe, 2010; Bundesagentur für Arbeit, 2011), und des Wirtschaftszweigs „Grundschule" (852; WZ 2008; Statistisches Bundesamt 2008), dem sich die befragten Personen selbst zuordnen. Im Folgenden wird diese Beschäftigtengruppe als „Personal in der Kinderbetreuung und -erziehung an Grundschulen" bezeichnet (Autorengruppe Fachkräftebarometer, 2021, S. 94). Unklar bleibt, ob diese Personen wirklich und ausschließlich einer Tätigkeit im Ganztag nachgehen oder auch in der Mittagsbetreuung oder einer anderen außerunterrichtlichen Tätigkeit im Rahmen einer verlässlichen Halbtagsgrundschule arbeiten. Hinzu kommt, dass auch weitere Personen, z. B. der Berufsuntergruppe 8312 „Berufe in der Sozialarbeit und Sozialpädagogik", zumindest in Teilen ebenfalls im Ganztag tätig sein können, eine sichere Zuordnung jedoch nicht möglich ist.

**Weiterbildungspersonal laut Beschäftigungsstatistik der BA**

In der Beschäftigungsstatistik der BA sind alle sozialversicherungspflichtig beschäftigten Arbeitnehmer:innen aufgenommen, Beamt:innen und Selbstständige werden nicht erfasst. Durch eine Eingrenzung auf die Wirtschaftszweige (WZ-2008) „Allgemeine und politische Erwachsenenbildung" (85591), „Berufliche Erwachsenenbildung" (85592) und „Unterricht anderweitig nicht genannt" (85599) lässt sich eine spezifische Kerngruppe von in der Weiterbildung tätigen Beschäftigten auf Grundlage amtlicher Daten identifizieren. Abweichungen von den Bestandszahlen im wb-personalmonitor im Jahr 2014 sind u. a. auf das Schätzverfahren im wb-personalmonitor sowie die vorgenommene Eingrenzung von Wirtschaftszweigen und eine Untererfassung von Mehrfachbeschäftigten mit den BA-Daten zurückzuführen.

# Ausbildungswege des Personals

Die Ausbildungswege des pädagogischen Personals berühren sehr vielfältige Fragen. Das betrifft zunächst die ganz grundsätzliche Frage, ob und in welchem Umfang der Zugang und die Ausübung des Berufs reglementiert und welche Institutionen dafür zuständig sind: Bund und Länder, Berufs- und Trägerverbände oder beschäftigende Einrichtungen. Eine zweite Frage richtet sich auf Modelle von Beruflichkeit, an denen sich Ausbildungswege (oder ihr Fehlen) orientieren: am Muster akademischer Professionen, am Modell von Aus- und Fortbildungsberufen oder an Vorstellungen von erfahrungsgestützter Expertise, die sich für Beschäftigung je nach dem Verhältnis von Angebot und Nachfrage in Teilarbeitsmärkten entscheidet. Schließlich ist für Ausbildungswege von Bedeutung, welche Themen und Inhalte fest- oder nahegelegt werden und welche didaktischen Formate ihre Vermittlung und Aneignung bestimmen.

In den vergangenen 2 Jahrzehnten hat in der Debatte um die Qualifizierung des pädagogischen Personals die Orientierung an übergeordneten Kompetenzvorstellungen deutlich zugenommen. Der Begriff der Kompetenzen betont stärker als jener der Qualifikationen die Fähigkeit und Bereitschaft, berufspraktische Aufgaben und Problemstellungen erfolgreich zu bewältigen. So hat das von Baumert und Kunter (2006) für den Schulbereich entwickelte Strukturmodell professioneller Kompetenzen nicht nur in der Wissenschaft weite Beachtung gefunden, sondern wurde auch politisch etwa in der Vereinbarung zu Standards für die Lehrkräftebildung aufgegriffen (KMK, 2019).

Professionelle Kompetenz wird als Zusammenspiel aus persönlichen Überzeugungen und Werthaltungen, motivationalen Orientierungen und selbstregulativen Fähigkeiten sowie professionellem Wissen aufgefasst. Im Anschluss an die Topologie von Shulman (1986) bilden (1) pädagogisches Wissen, (2) Fachwissen, (3) fachdidaktisches Wissen sowie (4) Organisations- und (5) Beratungswissen die Kernkategorien des Professionswissens (Kunter et al., 2009). Die von Baumert und Kunter definierten Kompetenzbereiche wurden für den Hochschulbereich von Aust und Hartz (2018) und für die Weiterbildung mit dem GRETA-Kompetenzmodell (vgl. Strauch et al., 2019; Strauch et al., 2021) adaptiert. Auch für die berufliche Bildung lassen sich in der Beschreibung der beruflichen Handlungskompetenz des Ausbildungspersonals Anknüpfungspunkte finden (vgl. Pätzold, 2013; Brünner, 2014). Für die Frühpädagogik entwickelten Fröhlich-Gildhoff, Nentwig-Gesemann und Pietsch (2011) ein Kompetenzmodell für Erzieher:innen, das Struktur- (wie z. B. Baumert & Kunter, 2006) und Prozessmodelle im Sinne konkreten Handelns kombiniert.

In Anknüpfung an entsprechende kompetenzorientierte Referenzrahmen für das pädagogische Handeln werden in der Folge die etablierten Qualifizierungswege des pädagogischen Personals in den einzelnen Bildungsbereichen näher charakterisiert.



### Frühe Bildung

*Kompetenzerwartungen*

Die Qualifizierungsmodalitäten des auszubildenden Personals in der Frühen Bildung(G) sind vorwiegend in Gesetzen und Verordnungen der Länder geregelt (**H1**). Dabei hat die Kompetenzorientierung als Grundmuster pädagogischer Qualifizierung gegenüber einer klassischen Fächerstruktur erheblich an Bedeutung gewonnen. Allerdings wurden die Kompetenzanforderungen bislang überwiegend mit Blick auf die zu erwerbenden Kenntnisse und Fähigkeiten der Kinder (**H4**) und weniger hinsichtlich professioneller Kompetenzen der Fachkräfte ausformuliert.

Um bildungs- und berufsübergreifend Basisqualifikationen und Kompetenzen für das Personal zu definieren, die einen vergleichbaren Qualitätsstandard darstellen und damit grundlegende Voraussetzungen für den Erwerb von (Bildungs-)Zertifikaten schaffen, wurde ab 2006 auf nationaler Ebene der Deutsche Qualifikationsrahmen (DQR) entwickelt, der sich mit dem Fokus einer besseren internationalen Vergleichbarkeit am europäischen Qualifikationsrahmen (EQR) orientiert. Dieser Qualifikationsrahmen definiert Fachkompetenzen (Wissen und Fertigkeiten) und personale Kompetenzen (Sozialkompetenz und Selbstständigkeit) auf verschiedenen bildungs- und berufsübergreifenden Anforderungsniveaus.

**Kompetenzorientiertes Qualifikationsprofil für Erzieher:innenausbildung an DQR orientiert**

Bei der Festlegung des Orientierungsrahmens „Bildung und Erziehung in der Kindheit" beschlossen die Jugendministerkonferenz und die Kultusministerkonferenz 2010 die Entwicklung von Anrechnungsmodellen von erworbenen Kompetenzen in Kooperation von Fachschulen/Fachakademien und Hochschulen und einigten sich – sowohl auf der Ebene des professionellen Selbstverständnisses als auch für die pädagogische Alltagsarbeit – auf zukünftig benötigte professionell-praktische Handlungskompetenzen für die Frühe Bildung in Kitas (KMK & JFMK, 2010). Daraus entstand 2011 ein kompetenzorientiertes Qualifikationsprofil für die Erzieher:innenausbildung, das sich neben den beruflichen Handlungsfeldern an den Kompetenzdimensionen des DQR orientiert und fachwissenschaftlich weiterentwickelt wurde (KMK, 2011; 2017).

Entsprechend dem DQR wird die Erzieher:innenausbildung an den Fachschulen mit den dort erworbenen Kompetenzen der Niveaustufe 6 zugeordnet und damit dem Bachelorabschluss an Hochschulen gleichgestellt (Berth et al., 2013). Inhaltlich bietet das kompetenzorientierte Qualifikationsprofil die Grundlage für den 2020 von der Kultusministerkonferenz beschlossenen, aktualisierten „Rahmenlehrplan für die Fachschule für Sozialpädagogik", der in seinen 6 Lernfeldern die entsprechenden Kompetenzdimensionen aufgreift und in seinen Lehrinhalten die Erzieher:innenausbildung adressiert (KMK, 2020a).

**Neue Ausbildungsrahmenlehrpläne für Erzieher:innen, Sozialassistent:innen und Kinderpfleger:innen**

Hinzu kam 2020 ein entsprechendes kompetenzorientiertes Qualifikationsprofil für die Ausbildung sozialpädagogischer Assistenzkräfte an Berufsfachschulen, das sich sowohl an Kinderpfleger:innen als auch Sozialassistent:innen richtet (KMK, 2020b). Neben Wissen und Fertigkeiten für einzelne Handlungsfelder wird in den Qualifikationsprofilen für pädagogische Fachkräfte der Frühen Bildung „Professionelle Haltung" als zentrale Kompetenzdimension festgeschrieben. Diese personale Kompetenz besteht aus Sozialkompetenz und Selbstständigkeit und ist demnach neben den Fachkompetenzen (Wissen und Fertigkeiten) essenziell für ein kompetentes sozialpädagogisches Handeln und dessen Reflexion (ebd.).

Auch hochschulseitig wurden für die Frühe Bildung entsprechend kompetenzorientierte Qualifikationsprofile entwickelt – für Bachelorstudiengänge im Bereich der Kindheitspädagogik (Robert Bosch Stiftung, 2008; BAG-BEK, 2009) ebenso wie für die Soziale Arbeit und auch die Erziehungswissenschaft insgesamt, die die Frühpädagogik als eines von mehreren Handlungsfeldern adressiert (Fachbereichstag Soziale Arbeit, 2016; DGfE, 2007). Interessanterweise wurden diese hochschulbezogenen Aktivitäten eher vonseiten der Fachgesellschaften und Stiftungen bei gleichzeitiger Zurückhaltung staatlicher Instanzen vorangetrieben.

**(Sozial-)Pädagogische Ausbildungen eher generalistisch ausgerichtet**

Insgesamt kann bezüglich der Kompetenzerwartungen an früh-, kindheits- und sozialpädagogische Fachkräfte festgehalten werden, dass sich alle Studiengänge, Qualifikationsprofile und Rahmenlehrpläne – einschließlich der Ausbildung zum/zur Erzieher:in – an einem generalistischen Profil orientieren, das für die gesamten Arbeitsfelder der Kinder- und Jugendhilfe oder der Sozialpädagogik/Sozialen Arbeit qualifiziert, also für die Kindertagesbetreuung G ebenso wie für die Hilfen zur Erziehung oder die Kinder- und Jugendarbeit. Dies wird auch daran deutlich, dass selbst in der fachschulischen Ausbildung keine Spezialisierungen vorgesehen sind, die sich zielgruppenspezifisch bestimmten Altersgruppen zuordnen lassen – beispielsweise hinsichtlich des professionellen Umgangs mit Kindern unter 3 Jahren auf der einen oder Kindern im Grundschulalter auf der anderen Seite.

*Qualifizierungswege*

Die Ausbildungsmöglichkeiten des Personals für die Frühe Bildung weisen vom Grundsatz her eine große Vielfalt auf. So gibt es auf allen Ausbildungsebenen entsprechende Qualifizierungsmöglichkeiten, wenngleich die an bundesweit rund 650 Fachschulen für Sozialpädagogik – mehrheitlich in privater, vor allem kirchlicher Trägerschaft – durchgeführte Ausbildung zum/zur Erzieher:in nach wie vor den mit Abstand am stärksten nachgefragten Qualifizierungsweg darstellt.[5] In Anbetracht des enorm gestiegenen Personalbedarfs in der Frühen Bildung (**H5**) hat sich die Schüler:innenanzahl der Auszubildenden zum/zur Erzieher:in im ersten Schuljahr seit 2007/08 von knapp 21.000 auf rund 43.000 (2020/21) Schüler:innen mehr als verdoppelt (**Tab. H2-1web**). Dieser starke Anstieg der Ausbildungszahlen spricht dafür, dass weiterhin ein großes Interesse an diesem Berufsfeld besteht.

**Anhaltend großes Interesse an pädagogischen Tätigkeiten in der Frühen Bildung**

Für die Zulassung zur Erzieher:innenausbildung, die zu einem postsekundären Berufsabschluss nach Landesrecht führt, werden in der Regel ein mittlerer oder gleichwertiger Schulabschluss und eine (einschlägige) Berufsausbildung bzw. Praxiserfahrung vorausgesetzt (KMK, 2017). Zusätzlich können Auswahlverfahren an den Fachschulen durchgeführt und Ausnahmeregelungen in den Ländern getroffen werden (Fuchs-Rechlin & Rauschenbach, 2020). In jüngerer Zeit ist im politischen Raum eine breite Debatte über die mit der Ausbildung verbundenen Kosten (Lebensunterhalt, z.T. Schulgeld) zu beobachten, die immer mehr dazu beiträgt, dass praxisintegrierte Ausbildungsmodelle (z.B. PIA in Baden-Württemberg und Nordrhein-Westfalen, OptiPrax in Bayern oder PivA in Hessen) an Bedeutung gewinnen, die bereits in die Ausbildung eine Tätigkeit in der Praxis integrieren und daher vergütet werden. Damit nähern sich diese Ausbildungsformate den beruflich-dualen Ausbildungen an (ohne ihnen gleich zu sein), sowohl mit Blick auf ein stärkeres Nebeneinander von schulisch-theoretischen und beruflich-praktischen Anteilen als auch mit Blick auf eine Vergütung der Ausbildung. In diesen Fällen muss von Anfang an ein Ausbildungs- oder Beschäftigungsvertrag mit einem Einrichtungsträger abgeschlossen werden, sodass dadurch eine Vergütung der Ausbildung möglich wird. In Baden-Württemberg, das als erstes Land die praxisintegrierte Ausbildung modellhaft einführte, ist der Anteil dieses Ausbildungsformats auf knapp die Hälfte der Auszubildenden angestiegen, in Nordrhein-Westfalen dreht es sich dabei um rund jeden 4. Ausbildungsplatz (Autorengruppe Fachkräftebarometer, 2021, S. 121).

**In der Frühen Bildung vermehrt praxisintegrierte, vergütete Ausbildungsmodelle**

Neben der Erzieher:innenausbildung werden an rund 460 Berufsfachschulen in einigen (westdeutschen) Ländern Erstausbildungen für Kinderpflege und – bundesweit – Sozialassistenz angeboten, die einen Ersten Schulabschluss oder z.T. auch einen Mittleren Abschluss voraussetzen (Autorengruppe Fachkräftebarometer, 2021, S. 111–116). Dabei wird die Sozialassistent:innenausbildung vielfach auch als Vorstufe bzw. als berufliche Erstqualifizierung vor der Erzieher:innenausbildung angeboten. Im Ausbildungsjahr 2020/21 begannen rund 10.000 Kinderpfleger:innen und 21.000 Sozialassistent:innen eine entsprechende Ausbildung (**Abb. H2-1**). Die Zugangsvoraussetzungen für die beiden berufsfachschulischen Qualifizierungswege werden dabei ebenfalls über Ausführungsgesetze der Länder geregelt. Dabei ist bis heute umstritten, inwieweit es sich hier um fachlich (ausreichend) qualifizierende Ausbildungen han-

**Steigende Zahl der Kinderpfleger:innen und Sozialassistent:innen**

*5 Fachschulen sind Einrichtungen der beruflichen Weiterbildung, deren Bildungsgänge an eine berufliche Erstausbildung und an Berufserfahrung anschließen und so zu einem postsekundären Berufsabschluss – ein deutsches Spezifikum – führen (vgl. KMK, 2020a).*

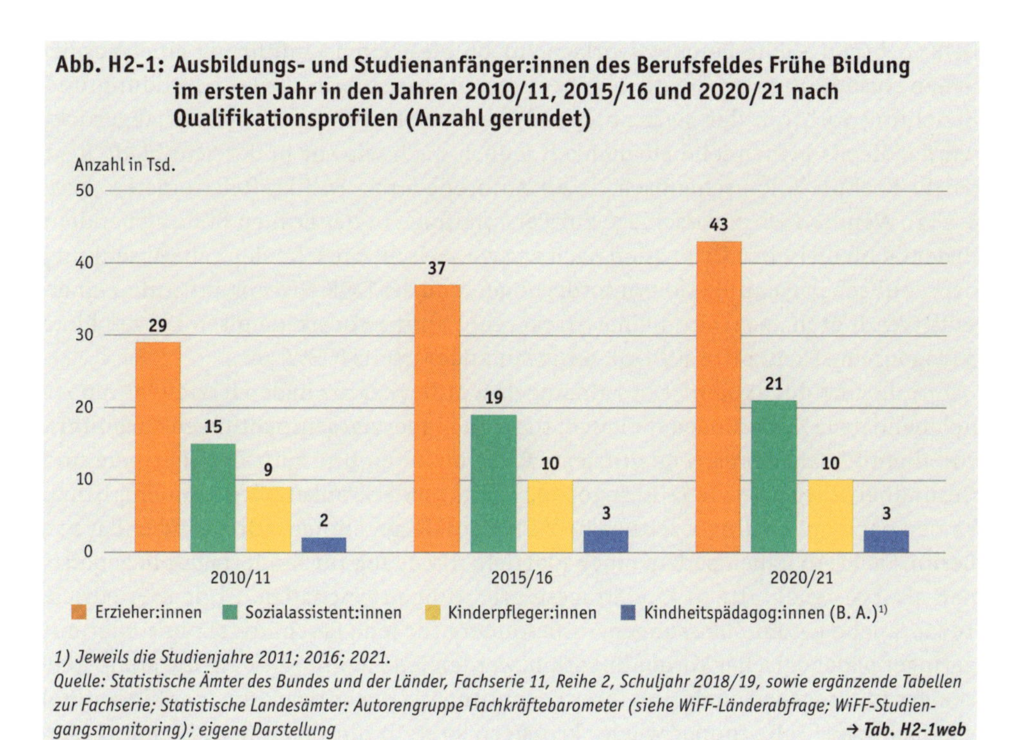


**Abb. H2-1: Ausbildungs- und Studienanfänger:innen des Berufsfeldes Frühe Bildung im ersten Jahr in den Jahren 2010/11, 2015/16 und 2020/21 nach Qualifikationsprofilen (Anzahl gerundet)**

*1) Jeweils die Studienjahre 2011; 2016; 2021.*
*Quelle: Statistische Ämter des Bundes und der Länder, Fachserie 11, Reihe 2, Schuljahr 2018/19, sowie ergänzende Tabellen zur Fachserie; Statistische Landesämter: Autorengruppe Fachkräftebarometer (siehe WiFF-Länderabfrage; WiFF-Studiengangsmonitoring); eigene Darstellung* **→ Tab. H2-1web**

delt (Rauschenbach, 2021, S. 104). Entsprechend werden vor allem Kinderpfleger:innen in einigen Ländern als sogenannte Zweit- und Ergänzungskräfte eingesetzt (ebd.), wenn sie als pädagogisch Tätige in das Kita-Arbeitsfeld einmünden (**H1**).

**Kindheitspädagogische Studiengänge etabliert, aber mit eher geringen Absolvent:innenzahlen**

Neben der international als postsekundäre Kernqualifikation auf DQR-Stufe 6 verorteten Erzieher:innenausbildung hat sich ab Mitte der 2000er-Jahre mit der Kindheitspädagogik ein neues akademisches Qualifikationsprofil etabliert. Deren Repräsentanz im Arbeitsfeld ist – ebenso wie die bereits seit Längerem bestehenden und teilweise in das Beschäftigungsfeld mündenden Hochschulstudiengänge der Sozialpädagogik, der Sozialen Arbeit und der Erziehungswissenschaft – bislang jedoch nach wie vor gering. An den insgesamt rund 60 Hochschulstandorten mit kindheitspädagogischen Studiengängen begannen im Studienjahr 2020 rund 3.000 Kindheitspädagog:innen ihr Studium (**Tab. H2-1web**).

**Vielfältige Reformbemühungen in sozialen Berufen aufgrund des Fachkräftemangels**

Nicht zuletzt aufgrund der stetigen Personalnachfrage und des bestehenden Fachkräftemangels (**H6**) haben die Länder die Bestrebungen erhöht, neben der herkömmlichen Erzieher:innenausbildung weitere ähnliche, teilweise vergütete oder auch kürzere berufliche Ausbildungsmodelle für das Feld der Frühen Bildung zu implementieren (vgl. König et al., 2018, S. 16). Infolge dieser Pluralisierung der Ausbildungsmöglichkeiten – in Form praxisintegrierender Ausbildungen (PIA) oder zum Teil auch Ausbildungen in Teilzeitform (Weltzien et al., 2021) – erhoffen sich die Länder neue Zielgruppen anzusprechen und eine weitere Attraktivitätssteigerung der Sozial- und Erziehungsberufe auf Fachschulebene zu erreichen.



Diese Anstrengungen werden auch deshalb vorangetrieben, da es sich bei einem Großteil der Fachschulen um Schulen in nichtstaatlicher Trägerschaft handelt. Laut einer aktuellen WiFF-Fachschulleitungsbefragung erheben nach wie vor 35 % der Fachschulen in freigemeinnütziger oder privater Trägerschaft G Schulgeld (Fuchs-Rechlin & Mende, 2021). Das „Gute-KiTa-Gesetz“ ermöglicht es, die es teilweise durch zur Verfügung gestellte Mittel zurückzuerstatten (ebd.).

Als ein weiteres Reformvorhaben zur Reduzierung des Fachkräftemangels legte die KMK 2019 – analog zu den Fachkraft-Modellausbildungen der Länder auf

DQR 4-Niveau – eine Beschlussvorlage zur bundesweiten Einführung einer zusätzlichen Ausbildung zur „staatlich geprüften Fachassistentin für Frühe Bildung und Erziehung vor", von der zwar aufgrund massiver Kritik vorerst wieder abgerückt wurde, die als prinzipielle Möglichkeit jedoch nach wie vor in der Schublade liegt (Fuchs-Rechlin & Rauschenbach, 2020; Autorengruppe Fachkräftebarometer, 2021, S. 112). Weitere Reformvorschläge zur Personalfrage in der Frühen Bildung pendeln in der fachpolitischen Diskussion nach wie vor zwischen der Tendenz zur Absenkung der schulischen Qualifikationsanforderungen und des DQR-Niveaus auf Stufe 4 einerseits (Ver.di et al., 2021) und einer stärkeren Öffnung für akademisch ausgebildete pädagogische Fachkräfte auf DQR-6-Niveau andererseits (GEW, 2022).

**Personalmangel führt zu veränderten Zulassungen für Kita-Beschäftigte**

Aufgrund des akuten Personalmangels wurden bereits in den letzten Jahren zunehmend neue Zulassungen für Beschäftigte in Kindertageseinrichtungen eingeführt, vor allem für akademisch qualifizierte Pädagog:innen und für therapeutische und Gesundheitsdienstberufe (z. B. Logopäd:innen, Kinderkrankenpfleger:innen). Hinzu kamen pandemiebedingte zeitlich befristete Sonderregelungen. Drei Länder (Bayern, Berlin, Sachsen) haben zudem einen (partiellen) Zugang für Kindertagespflegepersonen als Assistenzkräfte in Kindertageseinrichtungen geschaffen (Grgic & Friedrich, 2022). Solche neuen Zulassungen, insbesondere für jene Beschäftigte ohne oder mit geringer pädagogischer Vorqualifikation, werden jedoch mit Blick auf die Kompetenzen des Bildungspersonals und ihrer Bedeutung für die Entwicklung der Kinder (**H4**) von fachlicher Seite immer wieder kritisiert. So stellt die Tagespflege in der Kindertagesbetreuung bislang einen Sonderfall dar, für dessen Tätigkeitsausübung keine berufliche Ausbildung erforderlich ist, da hierfür der Erwerb „vertiefter Kenntnisse" in qualifizierten Lehrgängen ausreicht (**H3**).

*Ausbildungsinhalte*

Die Ausbildungsinhalte frühpädagogischer Qualifizierungswege orientieren sich im Wesentlichen an den zuvor genannten kompetenzorientierten Rahmenlehrplänen und den verschiedenen Qualifikationsprofilen. Dabei zeigt sich, dass im internationalen Vergleich in Deutschland auch in Weiterbildungsveranstaltungen immer wieder auf die vertrauten Lern- und Themenfelder der Ausbildung zurückgegriffen wird (**Abb. H2-2**).

Gleichzeitig fällt aber auf, dass eine ausgeprägte Ausrichtung der Aus- und Fortbildung auf neue, bislang eher vernachlässigte Themen bei den pädagogisch Tätigen nicht zu beobachten ist. So artikulieren z. B. pädagogische Fachkräfte einen Bedarf an digitaler Medienbildung (Kutscher & Bischof, 2020; Schubert et al., 2018) – zumal die Digitalkompetenz insbesondere durch die Auswirkungen der Corona-Pandemie weiter an Relevanz gewonnen hat –, allerdings wird diese in den Ausbildungen der Frühpädagogik und in der Fortbildung kaum vermittelt (Nieding & Klaudy, 2020; Buschle & Gruber, 2018).

**Fachkräfte artikulieren Aus- und Fortbildungsbedarf bei Digitalkompetenzen**



Ähnliches gilt auch für die MINT-Bildung; auch sie findet im frühkindlichen Bereich vermehrt Beachtung. Hier ist das Fachwissen des Personals entscheidend für die Motivation und Vermittlung der fachlichen Inhalte in Kindertageseinrichtungen.

Darüber hinaus zeigt das Projekt „Individuelle kompetenzorientierte Feedbacks als Methode der Professionalisierungsbegleitung frühpädagogischer Fachkräfte" (InKoFeed) empirische Möglichkeiten auf, wie verschiedene Kompetenzdimensionen, die in den kompetenzorientierten Qualifikationsprofilen von Hoch- und Fachschulen oder Kompetenzmodellen für die frühpädagogische Ausbildung verankert sind, erfasst und evaluiert werden können (Lorenzen et al., 2020).

Schließlich untersuchte das Projekt „Ausbildung und Verlauf von Erzieherinnen-Merkmalen" (AVE) bis 2016 den Verlauf der Kompetenzentwicklung in der Ausbildung und bei Berufseintritt von ca. 1.600 angehenden Erzieher:innen mithilfe von

**Abb. H2-2: Themen in Ausbildung und berufsbegleitender Weiterbildung des pädagogischen Personals in Kita-Gruppen mit Kindern ab 3 Jahren (in %)**

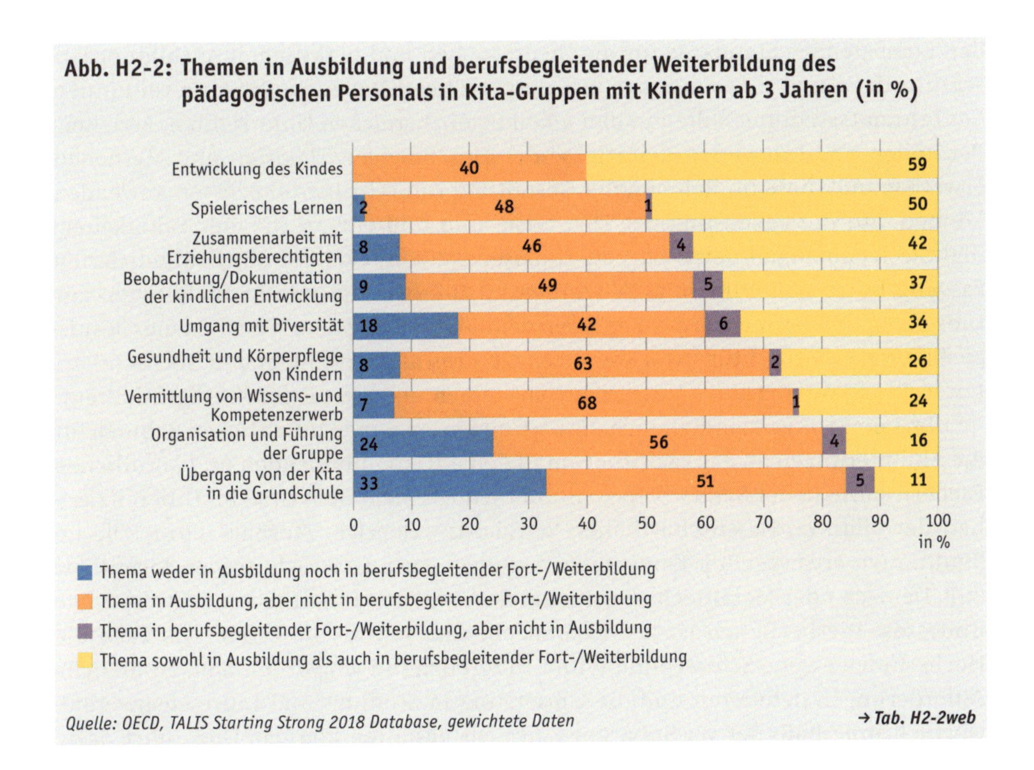


*Quelle: OECD, TALIS Starting Strong 2018 Database, gewichtete Daten*

→ *Tab. H2-2web*

Kompetenzselbsteinschätzungen. Dabei wurde der Einfluss des Ausbildungsniveaus (Fach- vs. Hochschule) sowie von Ausbildungs- und Studienprofilen auf die Kompetenzentwicklung im Ausbildungsverlauf verfolgt (Mischo, 2016; 2017). Fachschüler:innen schätzten ihre eigenen Kompetenzen in den meisten Handlungsfeldern höher ein als die Studierenden an Hochschulen. Allerdings weisen die Studierenden in Bezug auf die objektiv erfassten sprachbezogenen Kompetenzen (Wissen, Diagnose- und Förderkompetenz) höhere Werte auf (ebd.). Diese auffälligen Befunde könnten durch weitere Forschung noch näher beleuchtet werden, um daraus entsprechende Implikationen für die Ausbildungsinhalte der verschiedenen Qualifikationswege abzuleiten.

**Empirische Kompetenzmessungen bei frühpädagogischen Fachkräften noch in den Anfängen**

Im Berufsfeld der Frühen Bildung mangelt es insgesamt an einer kompetenzorientierten Personalentwicklung, die die tatsächliche Kompetenzerfassung – jenseits von formalen Qualifikationsniveaus – bei Neueinstellungen sowie die Förderung professioneller Handlungskompetenzen in der Teambildung umfasst (Weltzien & Viernickel, 2021). Dies gilt auch für den Bereich der Leitungskompetenzen (ebd.).

**Mangel an kompetenzorientierter Personalentwicklung in der Frühen Bildung**

## Allgemeinbildende und berufliche Schule

*Kompetenzerwartungen*

Nach dem schlechten Abschneiden deutscher Schüler:innen bei den großen Schulleistungsuntersuchungen Anfang der 2000er-Jahre rückten neben anderen Handlungsfeldern zur qualitativen Verbesserung des Schulwesens auch die Lehramtsausbildungen verstärkt in den Blick (Terhart, 2014), die fachwissenschaftliche, fachdidaktische und bildungswissenschaftliche (bzw. berufspädagogische) Inhalte umfasst. Mit den „Standards für die Lehrerbildung" verabschiedeten die Kultusminister:innen der Länder im Jahr 2004 einen einheitlichen Erwartungshorizont für den pädagogischen bzw. bildungswissenschaftlichen Teil der Lehrer:innenbildung für allgemeinbildende und berufliche Schulen. Unabhängig von Fächern und Lehrämtern wurde damit erstmals länderübergreifend festgelegt, über welche pädagogischen, didaktischen und pädagogisch-psychologischen Kenntnisse alle ausgebildeten Fachkräfte verfügen sollen. Auf Grundlage der Anforderungen beruflichen Handelns werden den zu erreichen-

**Ausbildung von Lehrkräften orientiert sich an den Standards für die Lehrkräftebildung der KMK ...**

den Kompetenzen Standards für die theoretischen und praktischen Ausbildungsabschnitte der 1. und 2. Ausbildungsphase zugeordnet (KMK, 2019). Die Absolvent:innen des Lehramtsstudiums sollen in den 4 Kompetenzbereichen Unterrichten, Erziehen, Beurteilen und Innovieren Kenntnisse der einschlägigen Theorien und Methoden erwerben und diese im Rahmen der Gestaltung von Lehr-Lern-Prozessen anwenden können. Auf die Bedeutung der Digitalisierung und entsprechender Fähigkeiten, digitale Technologien lernfördernd einzusetzen, wird in einer 2019 aktualisierten Fassung Bezug genommen. 2021 wurden auch entsprechende Empfehlungen zur Umsetzung verabschiedet (u. a. Ergänzen der Rahmenlehrpläne verschiedener Berufsausbildungen, Einrichtung von Kompetenzzentren an lehrerbildenden Hochschulen, Entwicklung von digitalen Unterrichtsbausteinen und digitalen Prüfungsinhalten).

Im Jahr 2008 verständigte sich die KMK zudem auf einen inhaltlichen Rahmen für die Anforderungen an das Fachstudium in den allgemeinbildenden und beruflichen Fächern sowie in der Sonderpädagogik, der jedoch nicht dem Grad an Differenziertheit der bildungswissenschaftlichen Standards entspricht (Terhart, 2014). Die im Studium zu erwerbenden Kompetenzen sind in Form von Fachprofilen formuliert (z. B. Deutsch oder Metalltechnik), die die notwendigen inhaltlichen Schwerpunkte umfassen. Diesbezüglich ist hervorzuheben, dass sowohl die Länder als auch die Hochschulen eigene Schwerpunkte und Differenzierungen vornehmen, zusätzliche Anforderungen definieren und die Umsetzung in Studium und Lehre eigenverantwortlich innerhalb des vereinbarten Rahmens gestalten können. Dies führt dazu, dass trotz Orientierung an den Standards der Lehrkräftebildung Umfang, Inhalte und Strukturierung der universitären Lehrkräfteausbildung nach wie vor unterschiedlich in den Ländern gestaltet werden.

**... bei unterschiedlicher Ausgestaltung in den Ländern und Hochschulen**

*Qualifizierungsstrukturen und -inhalte*

Die mehrheitlich in die Zuständigkeit der Kultus- und Wissenschaftsministerien der Länder fallende Qualifizierung von Lehrkräften für allgemeinbildende und berufliche Schulen ist in Deutschland stark formalisiert und in Form von Studien-, Ausbildungs- und Prüfungsordnungen ausgestaltet. Es werden 3 aufeinanderfolgende Phasen der Ausbildung unterschieden, von denen die ersten beiden Phasen als Erstausbildung der Lehrkräfte bezeichnet werden können, während der Berufseintritt den Beginn der 3. Phase markiert. Im Sinne des lebenslangen Lernens steht hier die Erhaltung und Weiterentwicklung beruflicher Kompetenzen (**H3**) im Vordergrund.

Die 1. Ausbildungsphase erfolgt über Studiengänge an den (Pädagogischen) Hochschulen für das Lehramt an allgemeinbildenden und beruflichen Schulen. Je nach Lehramtstyp haben dabei fachwissenschaftliche, fachdidaktische und (berufs-) bildungswissenschaftliche Inhalte ein unterschiedliches Gewicht: Während der fachdidaktische Anteil im Lehramt für den Primarbereich relativ großen Raum einnimmt, kommt in der Qualifizierung für die Lehrämter des Sekundarbereichs II den Fachwissenschaften höhere Bedeutung zu.



In der 2. Ausbildungsphase wird den Lehramtskandidat:innen im Rahmen des Vorbereitungsdienstes (Referendariat) in der Schule und in begleitenden Studienseminaren durch Unterrichtsbesuche und -hospitationen sowie das Übertragen eigener Unterrichtsverantwortung berufliche Handlungsfähigkeit vermittelt (Pasternack et al., 2017). Die Dauer des Vorbereitungsdienstes variiert zwischen den Ländern (zwischen 12 und 24 Monaten) und Lehramtstypen. Für die Übernahme der Lehramtstätigkeit an beruflichen Schulen wird zudem eine 12-monatige einschlägige fachpraktische Erfahrung vorausgesetzt, die oftmals in Form einer dem Studium vorgelagerten beruflichen Ausbildung nachgewiesen wird. Damit gestaltet sich der Weg in das berufliche Lehramt deutlich länger als in anderen Lehrämtern.

**Insgesamt längere Ausbildungsdauer beim beruflichen Lehramt als in anderen Lehrämtern**

**Abb. H2-3: Neuabsolvent:innen des Vorbereitungsdienstes 2020 nach Lehramtstypen (Anzahl)**

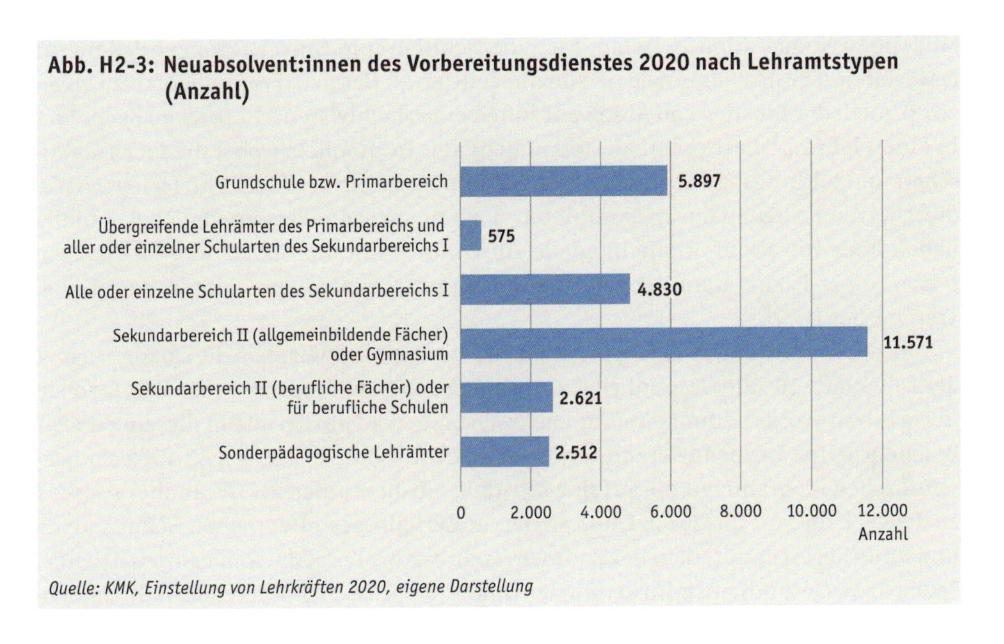


*Quelle: KMK, Einstellung von Lehrkräften 2020, eigene Darstellung*

Die große Vielfalt an hochschulischen Ausbildungsmodellen, zu erwerbenden Abschlüssen (Bachelor/Master oder Staatsexamen) und der inhaltlichen Ausgestaltung der Studiengänge in den Ländern verweist – trotz verbindlicher Standards – auf Spielräume in der Professionalisierung. Um die Mobilität der Lehramtsanwärter:innen zu vereinfachen, haben sich die Länder 2013 zur gegenseitigen Anerkennung der Abschlüsse verpflichtet (z. B. gleichberechtigter Zugang zum Vorbereitungsdienst). Zudem hat die KMK bundesweit geltende übergreifende Lehramtstypen definiert, die in den Ländern eingerichtete Studiengänge zusammenfassen (KMK, 2021a). Neben Lehramtstypen für den Primar- sowie den Sekundarbereich I und II an den allgemeinbildenden Schulen können sonderpädagogische Lehrämter sowie Lehrämter des Sekundarbereichs II für berufliche Fächer bzw. berufliche Schulen unterschieden werden. Korrespondierend mit der Anzahl der Schulen und Schüler:innen in den jeweiligen Schularten (vgl. **D1**) unterscheidet sich auch die Anzahl der jährlichen Absolvent:innen des Vorbereitungsdienstes zwischen den verschiedenen Lehramtstypen (**Abb. H2-3**).

**Quer- und Seiteneinstieg als Sonderform der Qualifizierung für den Lehrer:innenberuf**

Im Zuge des in der vergangenen Dekade zunehmenden Mangels grundständig ausgebildeter Lehrkräfte (**H5**) wurden in nahezu allen Ländern Sonderformen der Rekrutierung und Qualifizierung von Lehrkräften ohne Lehrbefähigung etabliert. Grundsätzlich kann dabei zwischen Quer- und Seiteneinsteiger:innen unterschieden werden. Lassen sich aus dem universitären oder gleichgestellten Hochschulabschluss der Absolvent:innen mindestens 2 lehramtsbezogene Fächer bzw. berufliche Fachrichtungen ableiten, können diese als sogenannte Quereinsteiger:innen für den Vorbereitungsdienst zugelassen werden und sind dann mit dem 2. Staatsexamen den grundständig ausgebildeten Lehrkräften gleichgestellt. Als Seiteneinsteiger:innen werden hingegen jene Personen bezeichnet, die ohne 1. oder 2. Staatsexamen und ohne das Absolvieren des Vorbereitungsdienstes in den Schuldienst eingestellt werden und die (berufs-)pädagogischen und (fach-)didaktischen Qualifikationen berufsbegleitend erwerben müssen (Driesner & Arndt, 2020).

*Besonderheiten der Ausbildungsmodelle und -wege für berufliche Lehrkräfte*

Der Mangel an Lehramtsabsolvent:innen (**H5**) hat insbesondere bei den beruflichen Lehramtsstudiengängen zu einer Ausdifferenzierung geführt: Neben dem traditionellen grundständigen Staatsexamens- und dem grundständig-konsekutiven Regelmodell an Pädagogischen Hochschulen und Universitäten gibt es zunehmend auch

Zunehmende Diversifizierung von Studienmodellen für Lehrkräfte an beruflichen Schulen

Modelle in Kooperation zwischen Fachhochschulen und Universitäten vor allem im gewerblich-technischen sowie personenorientierten Bereich (Frommberger & Lange, 2018). Auch der Einstieg von Absolvent:innen eines fachwissenschaftlichen Bachelors in einen lehramtsbezogenen Masterstudiengang ist möglich, wobei die fachdidaktischen und bildungswissenschaftlichen Module sowie ein 2. Unterrichtsfach nachstudiert werden müssen. Zwar dominieren nach wie vor die Regelmodelle, gleichfalls haben aber vor allem Studienmodelle für Absolvent:innen mit einem fachwissenschaftlichen Bachelorstudiengang ohne Lehramtsbezug zugenommen (Porcher & Trampe, 2021).

Bei Ausbildung von Lehrkräften für Gesundheitsberufe dominieren Angebote (privater) Fachhochschulen

In der Ausbildung zu einem beruflichen Lehramt nimmt zudem die Qualifizierung der Lehrkräfte für die Gesundheitsberufe eine Sonderstellung ein. Lange Zeit fand sie in Form von Weiterbildungen statt; auch weist die Akademisierung in diesem Bereich Besonderheiten auf, denn der Schwerpunkt der Lehrer:innenbildung liegt auf fachhochschulischen Programmen, die auf eine Lehrtätigkeit an Schulen des Gesundheitswesens abzielen (Reiber et al., 2019). Diese stehen außerhalb des öffentlichen Schulsystems und unterliegen damit nicht der Rahmenvereinbarung der KMK, sondern den Arbeits-, Sozial- bzw. Gesundheitsministerien der Länder. So müssen Studierende an Fachhochschulen meist keine 2 Fächer studieren, weshalb auch der Wechsel in das öffentliche Schulsystem erschwert ist (Reiber et al., 2015). Zudem handelt es sich mehrheitlich um einphasige Studienmodelle, denn es muss häufig kein Vorbereitungsdienst (Referendariat) absolviert werden (Reiber, 2021). Damit entfällt allerdings zugleich ein erheblicher Anteil fachdidaktischer und pädagogischer Professionalisierung und auf den Lehrerberuf bezogene Identitätsentwicklung vor Aufnahme einer Lehrtätigkeit (vgl. Walkenhorst & Bartels, 2021, S. 21). Zudem erfolgt der Ausbau der Lehrer:innenausbildung im Bereich der Pflege insbesondere an privaten Hochschulen, die – ähnlich wie öffentliche Fachhochschulen – nicht in der fachdidaktischen und berufsbildungswissenschaftlichen Forschung ausgewiesen und nicht in den einschlägigen Fachgesellschaften integriert sind (Reiber, 2021). So bleibt unklar, inwiefern die KMK-Standards für die berufliche Lehrer:innenbildung gelten und Erkenntnisse der bildungswissenschaftlichen Forschung in die Lehrer:innenbildung in diesem Bereich einfließen werden (Sektion Berufs- und Wirtschaftspädagogik der DGfE, 2021).

Berufliche Lehrkräfte an Gesundheitsschulen oft ohne Referendariatsausbildung

Umsetzung der KMK-Standards für das Lehramt für Gesundheitsberufe ist unklar

### Ganztagspersonal

Qualifizierungswege des Personals in ganztägigen Angeboten scheinen vielfältig zu sein

Blickt man auf das Personal in ganztägigen Bildungsangeboten für Kinder im (Grund-)Schulalter, verweisen bereits die Ausführungen zum Personalbestand (**H1**) und zu den heterogenen Angebotsformen und Regelungen im Ganztag (vgl. **D3**) auf Unterschiede zwischen jenem Personal, das bei einem Träger der Kinder- und Jugendhilfe gemäß dem Fachkräftegebot des SGB VIII tätig ist, und dem Personal, das an Ganztags(grund)schulen tätig ist. Entsprechend vielfältig sind auch die Qualifizierungswege des Personals in ganztägigen Angeboten für Grundschulkinder: Zum einen finden sich hier sowohl Personen mit sozial- bzw. mit kindheitspädagogischen Hochschulabschlüssen als auch (Grundschul-)Lehrkräfte, zum anderen aber auch – insbesondere bei ehemaligen und aktuellen Horten – in größerem Umfang Erzieher:innen, die an Fachschulen ausgebildet worden sind.

Hinzu kommt in einigen Ländern und Angebotsformaten das ehrenamtlich tätige Personal (Übungsleiter:innen im Sport, engagierte Eltern, Ehrenamtliche aus im Ganztag engagierten Vereinen), über dessen Qualifizierung keine Erkenntnisse vorliegen. Hinzu kommt, dass in den bisherigen Ausbildungen für Grundschullehrkräfte und sozialpädagogische Fachkräfte – egal, ob an Fachschulen oder Hochschulen – das Themenfeld Ganztag in der Ausbildung bzw. im Studium bislang keine systematische Rolle spielt und kein obligatorischer Bestandteil der Ausbildungscurricula ist. Eine gezielte Vorbereitung auf eine Tätigkeit im Ganztag an der Schnittstelle zwischen Schule sowie Kinder- und Jugendhilfe im Rahmen der verschiedenen Erstausbildungen fehlt bislang in Deutschland, obgleich in den vielfältigen Diskursen und Debatten die starke Heterogenität beim Ausbildungshintergrund des „weiteren pädagogisch tätigen Personals" an Ganztagsschulen seit Jahren hinlänglich bekannt ist (u.a. Steiner, 2010; Kielblock & Gaiser, 2017; Tillmann, 2020).

### Ausbildungspersonal für die Praxisphasen in der beruflichen Bildung

Die Qualifizierungswege des Bildungspersonals für den praktischen Teil einer dualen oder vollzeitschulischen Ausbildung stellen sich sehr heterogen dar. Betriebliche Ausbilder:innen im dualen Ausbildungsbereich müssen persönlich (§ 29 BBiG) und fachlich (§ 30 BBiG) für diese Aufgabe geeignet sein, d.h. die beruflichen Fertigkeiten, Kenntnisse und Fähigkeiten mitbringen. Diese berufs- und arbeitspädagogische Eignung weisen sie in der Regel durch die bestandene Prüfung nach der Ausbilder-Eignungsverordnung (AEVO) oder durch eine Meisterprüfung nach. Eine solche Prüfung müssen allerdings nur jene Personen vorweisen, die vom Betrieb als verantwortliche:r Ausbilder:in bei der zuständigen Stelle benannt werden.[6] Mit der Neuordnung der AEVO im Jahr 2009 wurde das Kompetenzprofil von Ausbilder:innen in 4 Handlungsfelder aufgeteilt, die die Tätigkeit des betrieblichen Ausbildungspersonals entlang des Ausbildungsprozesses beschreiben: Ausbildungsvoraussetzungen prüfen und Ausbildung planen, Ausbildung vorbereiten, Ausbildung durchführen und Ausbildung abschließen (Grollmann & Ulmer, 2020).

**Heterogene Qualifizierungswege des Bildungspersonals für die Praxisphasen**

**Im dualen Bereich gilt AEVO als Eignungsnachweis verantwortlicher Ausbilder:innen**

Anders als bei den in der dualen Ausbildung tätigen registrierten Ausbilder:innen gelten für die im vollzeitschulischen Ausbildungsbereich tätigen Praxisanleiter:innen, die vor allem in den Institutionen des Gesundheitswesens arbeiten, keine einheitlichen Standards hinsichtlich ihrer pädagogischen Qualifikation. Während im Pflegebereich seit dem Gesetz zur Reform der Pflegeberufe von 2020 eine berufspädagogische Zusatzqualifikation für Praxisanleiter:innen als Voraussetzung für ihre Tätigkeit gilt, fehlen solche Regelungen in anderen Bereichen wie den Therapieberufen (Ergo- und Physiotherapie sowie Logopädie) nach wie vor (Kaufhold & Weyland, 2015; Weyland & Klemme, 2013). Die Praxisanleiter:innenausbildung ist vom Umfang vergleichbar mit der AEVO und stellt eine Grundqualifikation dar, in der jedoch anders als bei der AEVO keine spezifischen Kompetenzanforderungen in den Ausbildungs- und Prüfungsordnungen benannt werden. Auch die Qualifikation von Praxismentor:innen in der Erzieher:innenausbildung ist bislang nicht bundeseinheitlich geregelt und variiert zwischen den Ländern hinsichtlich der geforderten Berufserfahrung und Fortbildungsnachweise (Boekhoff & Frauendorf, 2019, S. 26). Typischerweise handelt es sich um Personen, die über eine Berufszulassung und Praxiserfahrungen im jeweiligen Beruf verfügen.

**Für vollzeitschulische Ausbildungen nur für Praxisanleitungen in der Pflege klare Qualifikationsvorgaben**

Da den praktischen Teil der Ausbildung hauptsächlich ausbildende Fachkräfte im Rahmen des Arbeitsprozesses leiten, machen diese den größten Teil des Ausbildungspersonals in der dualen oder vollzeitschulischen Ausbildung aus (Ebbinghaus, 2011). Sie übernehmen – neben ihrer beruflichen Tätigkeit und zeitlich begrenzt – Teilaufgaben der Ausbildung. Für die ausbildenden Fachkräfte existieren allerdings keine bundesweit gültigen Qualifikationsstandards. Als Voraussetzung für ihre Tätigkeit gelten im Wesentlichen Fachkenntnisse und Berufserfahrung. Besondere Kompetenzen im methodischen und pädagogischen Bereich werden nicht vorausgesetzt (Bahl et al., 2012).

**Für ausbildende Fachkräfte existieren keine Qualifikationsstandards**



6 *Jeder ausbildende Betrieb muss mindestens eine:n Ausbilder:in mit AEVO bei der zuständigen Stelle registrieren lassen.*

### Hochschule

*Kompetenzerwartungen*

Die Ausbildung für die Lehre an den Hochschulen ist weit weniger formalisiert als etwa im schulischen Bereich. Eine eigenständige, für alle Lehrenden verpflichtend zu durchlaufende Ausbildung mit klar geregelten Kompetenzerwartungen gibt es nicht. Die Qualifizierung erfolgt parallel zur wissenschaftlichen Qualifizierung auf den verschiedenen Stufen nach dem Studienabschluss, die von der Promotion über die Postdocphase in eine Professur führen kann (Hüther & Krücken, 2016; Salmhofer, 2012).

**Kein eigenständiger Ausbildungsweg für Lehrende an Hochschulen**

Die Qualifizierung für die Lehrtätigkeit an Hochschulen, die „eine vielschichtige und höchst anspruchsvolle Aufgabe darstellt", ist aus Sicht der Hochschuldidaktik ein „lebenslanger Prozess" (Webler, 2013, S. 11). Benötigt werden Fähigkeiten in den Bereichen Lehren und Lernen im Präsenzmodus, aber auch digital unterstützt, Beraten, Prüfen, Innovieren und Evaluieren. Im Bildungsbereich Hochschule stellen insbesondere die Verbindung von Forschung und Lehre, aber auch die Vermittlung von Bezügen zwischen den wissenschaftlichen Grundlagen eines Fachs und der späteren (Berufs-) Praxis (Berufsqualifizierung) bereichsspezifische Herausforderungen dar (ebd.). Die Lehrenden stehen vor der Aufgabe, sich als „fertig ausgebildete Fachwissenschaftler" (Trautwein & Merkt, 2012, S. 91) für die Lehre zu qualifizieren. Akademische Lehrkompetenz ergibt sich durch eine „stimmige Interaktion" des Fachwissens mit Lehr-Lern-Überzeugungen, etwa zur Rolle der Lehrenden und Lernenden oder zur Funktion der hochschulischen Ausbildung, zu geeigneten pädagogischen Handlungsstrategien und dem Kontextwissen über hochschulische Prozesse und Strukturen (Trautwein & Merkt, 2013, S. 66).

*Qualifizierungsstrukturen und -inhalte*

Die Hochschullehre wird vom wissenschaftlichen und künstlerischen Personal getragen, zu dem verschiedene Statusgruppen gehören. Neben den Professor:innen sind Nachwuchswissenschaftler:innen auf den verschiedenen Karrierestufen, teilweise bereits vor der Promotion, in die Hochschullehre eingebunden. Vor allem wissenschaftliche Mitarbeiter:innen auf Haushaltsstellen an einem Lehrstuhl übernehmen häufig Lehraufgaben (Hauss et al., 2012).

**Qualifizierung für die Hochschullehre durch Selbstlernen, Austausch mit Kolleg:innen und hochschuldidaktische Aus- und Weiterbildung**

Die Qualifizierung der Lehrenden an den Hochschulen erfolgt zum großen Teil durch Selbstlernen und den informellen Austausch mit Kolleg:innen, aber auch durch die Teilnahme an hochschuldidaktischer Aus- und Weiterbildung. Diese wird teilweise von den hochschuldidaktischen Zentren an den Hochschulen angeboten. In einigen Ländern gibt es außerdem landesweite oder regionale Zentren oder Zusammenschlüsse von Hochschulen und deren hochschuldidaktischen Einrichtungen, z. B. in Nordrhein-Westfalen, Niedersachsen, Sachsen, Hessen, Berlin, Baden-Württemberg und Bayern (dghd, 2016, S. 35–37, **Tab. H2-3web**).[7] Um die hochschuldidaktischen Qualifizierungseinrichtungen der Hochschulen und Länder leistungsfähiger zu machen, wird eine stärkere Institutionalisierung der hochschuldidaktischen Strukturen vorgeschlagen (dghd, 2016). Darüber hinaus bieten auch Verbände wie beispielsweise der Deutsche Hochschulverband didaktische Weiterbildungen an.

Der Wissenschaftsrat sprach 2008 in seinen „Empfehlungen zur Qualitätsverbesserung in Lehre und Studium" davon, dass „Lehrende weitgehend Autodidakten" sind (Wissenschaftsrat, 2008, S. 44). Seitdem hat es eine Vielzahl von Initiativen gegeben mit dem Ziel, die Lehrqualität zu verbessern und den Stellenwert der Lehre zu erhöhen. Neben den Initiativen verschiedener Stiftungen[8] ist der „Qualitätspakt Lehre"

*7 Die Deutsche Gesellschaft für Hochschuldidaktik stellt eine Übersicht der Angebote zur Verfügung (www.dghd.de/praxis/hochschuldidaktik-landkarte/).*

*8 Für eine Übersicht vgl. Wissenschaftsrat 2017, S. 12–13.*

das umfangreichste dieser Vorhaben. In diesem von 2011 bis 2020 durchgeführten Programm, für das insgesamt 2 Milliarden Euro zur Verfügung standen, wurden an mehr als 150 Hochschulen kapazitätsneutral Projekte zur Steigerung der Qualität der Lehre aufgelegt.

**Verbesserung der Lehre und der Lehrqualität als Ziel des „Qualitätspakts Lehre" ...**

Dafür verbesserte man die Personalausstattung in der Lehre sowie in der Betreuung und Beratung von Studierenden, etwa durch ergänzende Angebote in der Studieneingangsphase oder Mentoring. Darüber hinaus wurde die hochschuldidaktische Weiterbildung intensiviert und organisationsbezogene Maßnahmen zur Qualitätssicherung wurden gefördert (Schmidt et al., 2020). Die Evaluation des Programms zeigt, dass die Lehre an den teilnehmenden Hochschulen einen höheren Stellenwert bekam. Dennoch bleibt es eine Herausforderung, das Thema Qualität der Lehre in die „Breite der Lehrendenschaft" (ebd., S. 53) zu tragen. Erreicht werden damit jüngere Lehrende besser als (ältere) Professor:innen (ebd., S. 46). Ob es gelingt, die aufgebauten Strukturen nachhaltig zu verstetigen, bleibt abzuwarten (ebd., S. 4). Der von Bund und Ländern geschlossene Zukunftsvertrag „Studium und Lehre stärken" sowie die Bund-Länder-Vereinbarung „Innovation in der Hochschullehre" und die in diesem Rahmen 2020 gegründete gleichnamige Stiftung[9] sollen dazu beitragen, die Qualität der Hochschullehre zukünftig weiter zu verbessern.

**... bleibt trotz der Erfolge des Qualitätspakts weiter eine Aufgabe**

Diese Aktivitäten zur Stärkung der Lehre sind auch der immer noch verbreiteten Vorstellung geschuldet, „dass eine Befähigung zur Lehre vorhanden ist, wenn jemand mit Lehraufgaben betraut wird, sowie dass die einzelnen Lehrenden selbst dafür verantwortlich sind, ihre Lehrkompetenz zu entwickeln" (Wissenschaftsrat 2017, S. 23). Für die wissenschaftliche Karriere und die Auswahlverfahren beim Übergang in die Postdocphase und insbesondere die Berufung auf eine Professur ist die Forschungsreputation nach wie vor zentral, vor allem an den Universitäten (Kleimann & Hückstedt, 2018; Jungbauer-Gans & Gross, 2013; Fendler & Gläser-Zikuda, 2013).

**Forschungsleistungen nach wie vor für wissenschaftliche Karrieren zentral**

Für die Berufung auf eine Professur wird zwar die „pädagogische Eignung" vorausgesetzt (Hochschulrahmengesetz – HRG, § 44). Wie Bewerber:innen auf eine Professur ihre pädagogische Eignung nachweisen müssen und welchen Stellenwert Lehrerfahrungen, Lehrqualität und hochschuldidaktische Weiterbildungen in Berufungsverfahren haben, unterscheidet sich zwischen Ländern einerseits und Hochschulen andererseits erheblich (dghd, 2016). Insgesamt soll die „Lehrleistung (und nicht nur die Lehrerfahrung)" (Wissenschaftsrat, 2017, S. 25) bei Berufungen und der Personalauswahl sowie für die Personalentwicklung künftig eine größere Rolle spielen. So sind für die positive Evaluierung von Tenure-Track-Stellen die Lehrleistungen bereits jetzt ein relevantes Kriterium. Teilweise werden zudem Positionen geschaffen, die in besonderem Maße auf die Lehre ausgerichtet sind. Zwar wurden die vom Wissenschaftsrat mehrfach (Wissenschaftsrat, 2008, S. 10; 2017, S. 32) vorgeschlagenen zusätzlichen Professuren „mit dem Tätigkeitsschwerpunkt Lehre" bisher nicht verbreitet eingerichtet. Allerdings kam es während der Hochschulpakte vermehrt zur Schaffung von Stellen mit hoher Lehrverpflichtung im Mittelbau; auch der 2021 in Kraft getretene Zukunftsvertrag „Studium und Lehre stärken" sieht die Einrichtung von mehr unbefristeten Stellen im Bereich von Studium und Lehre vor (GWK, 2021a). Für Baden-Württemberg ist zudem die Schaffung von „Tenure-Track-Professor:innen mit Schwerpunkt Lehre" zu nennen (Burkhardt et al., 2020, S. 34).

**Leistungen in der Lehre und Lehrqualität gewinnen jedoch an Bedeutung für Berufungen und die Personalentwicklung**

Pädagogische Eignung ist für die Einstellung als wissenschaftliche:r Mitarbeiter:in in der Regel keine explizite gesetzliche Einstellungsvoraussetzung. In Ende 2018/Anfang 2019 erschienenen Ausschreibungen von Postdocstellen dominieren forschungsbezogene Einstellungsvoraussetzungen. Qualifikationsanforderungen, die pädagogische Eignung und Lehrleistungen werden nur in einem Drittel der Stellenanzeigen erwähnt

9 *https://stiftung-hochschullehre.de/.*

**Umfangreiches Qualifizierungsangebot für Nachwuchswissenschaftler:innen, Teilnahme aber überwiegend freiwillig**

(Burkhardt, 2020, S. 46). Zumeist durchlaufen die Nachwuchswissenschaftler:innen auf den verschiedenen Stufen der Laufbahn keine verpflichtende systematische Qualifizierung, können sich aber, im Rahmen hochschuleigener oder landesweit angebotener Formate, freiwillig hochschuldidaktisch qualifizieren. Dabei werden vor allem kürzere Einzelkurse angeboten (Fendler & Gläser-Zikuda, 2013), es können aber auch umfangreichere Programme durchlaufen werden, die mit einem bundesweit anerkannten Lehrzertifikat abschließen (Tab. H2-3web; Tab. H3-11web im Bildungsbericht 2020; Netzwerk hdw nrw 2020). Die an den Hochschulen tätigen Lehrbeauftragten, die vor allem an Fachhochschulen, aber auch an den Kunst- und Musikhochschulen einen größeren Teil der Lehre übernehmen und eher praxisorientiert unterrichten, werden überwiegend extern rekrutiert und sind didaktisch sehr unterschiedlich qualifiziert (Servicestelle Lehrbeauftragtenpool, 2015).

**Besonderer Qualifizierungsbedarf bei neu berufenen Professor:innen an Fachhochschulen**

Universitäten und Fachhochschulen unterscheiden sich sowohl hinsichtlich der Personalstrukturen (**H1**) als auch bei den wissenschaftlichen Karrierewegen und der Personalrekrutierung. An den Fachhochschulen ist die Ausbildung des eigenen wissenschaftlichen Nachwuchses kaum etabliert, nicht zuletzt wegen des bislang (weitgehend) fehlenden Promotionsrechts. Hier steht das praxisorientierte Studium im Vordergrund, für das geeignete Professor:innen rekrutiert und qualifiziert werden, die zuvor mehrere Jahre außerhochschulisch tätig gewesen sein müssen (In der Smitten et al., 2017). Neu berufene Hochschullehrer:innen – 2018 bis 2020 wurden jeweils etwa 550 Fachhochschulprofessor:innen neu ernannt (GWK, 2021b) – haben deshalb teilweise über längere Zeit nicht mehr gelehrt. Sie nehmen aus diesem Grunde vielfach an hochschuldidaktischen Qualifizierungen teil, die Gegenstand einer Zielvereinbarung sein können oder nach einer Neuberufung verpflichtend sind (Nikelski et al., 2013; Schurz & Holtgräwe, 2017; Fendler & Gläser-Zikuda, 2013, S. 178; Jörissen, 2021).

## Weiterbildung

*Kompetenzerwartungen*

**Keine übergreifenden Kompetenzstandards für Tätigkeiten in der Weiterbildung**

Die Qualität des Lehrpersonals und damit auch dessen Kompetenzen und Qualifikationen werden schon lange als Schlüsselfaktor für die Qualität des Angebots und der Lehr-Lern-Situationen in der Weiterbildung angesehen (Commission of the European Communities, 2007; Schrader, 2010). Gleichwohl liegen, trotz vielfältiger Bemühungen auf nationaler und europäischer Ebene, für die Weiterbildung bislang keine einheitlich definierten Kompetenzanforderungen oder gar -standards vor, die etwa von Bund oder Ländern vorgegeben und mit der Etablierung spezifischer Aus- und Fortbildungsangebote verknüpft würden. Dies ist zunächst Ausdruck der Tatsache, dass die Verantwortung für den Weiterbildungsbereich zwischen Bund und Ländern geteilt ist und jene Kontexte der Weiterbildung, die quantitativ die größte Bedeutung haben, wie die betriebliche und die marktorientierte Weiterbildung, nicht oder nur sehr beschränkt durch staatliche Steuerung erreichbar sind. Hinzu kommen die mit der Angebotsvielfalt einhergehenden je spezifischen Anforderungen an das Lehrpersonal. Ausnahmen existieren nur in einigen wenigen klarer reglementierten Weiterbildungsbereichen wie z. B. den Integrationskursen (vgl. **G2**, **G4**), in denen Erwartungen an das pädagogisch tätige Personal zumeist über eine spezifische Qualifikation oder Fortbildung definiert werden. In gering reglementierten Weiterbildungsbereichen greifen einzelne Landesgesetze, denen zufolge das Lehrpersonal „fachlich und für den Bereich der Erwachsenenbildung qualifiziert" sein muss (§ 3 Absatz 3 Satz 1g EBiG, § 6 Absatz 1 Satz 8-3 SWBG). Haupt-, frei- und nebenberufliches Personal muss sowohl fachlichen als auch pädagogischen Anforderungen genügen (§ 8 Absatz 2 EBiG) oder aber nur fachlich geeignet sein (§ 10 Absatz 1 HWBG). Übergreifend werden also Fachkompetenzen und teilweise pädagogische Kompetenzen im Bereich des gering reglementierten öffentlichen Weiterbildungsbereichs vom pädagogisch tätigen Personal erwartet. Insofern Fachkompetenzen (im Sinne des Fachinhalts und der Fachdidaktik) feldspezifisch zu definieren sind (Strauch et al., 2019), besteht über deren genaue Ausgestaltung bisweilen jedoch keine Einigkeit. Unklar verbleiben auch die expliziten Erwartungen an pädagogische Kompetenzen. Jenseits gesetzlicher Regelungen bestimmt das von Angebot und Nachfrage beeinflusste Rekrutierungsverhalten von Anbietern aller Reproduktionskontexte über die Erwartungen an das pädagogische Personal (Christ et al., 2020).

**Je nach Teilbereich der Weiterbildung große Unterschiede in Erwartungen an das Lehrpersonal**

Mit dem GRETA-Kompetenzmodell wurde ein trägerübergreifender Rahmen erarbeitet, der eine Verständigung auf Mindesterwartungen an die Kompetenzen des Lehrpersonals ermöglicht und bereichsspezifisch adaptiert werden kann und muss. Nach einigen Jahren projektbezogener Entwicklungsarbeit wird in den kommenden Jahren die Implementierung der entwickelten Instrumente (Portfolios für Lehrkräfte, Qualifizierungskonzepte für Gutachtende) in verschiedene Felder der Weiterbildung im Vordergrund stehen, die teils eigeninitiativ durch Akteure der Praxis erfolgen wird, teils in Kooperationen zwischen dem GRETA-Verbund sowie Bildungspolitik und Trägerverbänden.

*Qualifizierungsstrukturen und -inhalte*

In der Weiterbildung bestehen keine einheitlichen institutionellen Orte, die für die (pädagogische) Qualifizierung des Personals zuständig sind. Stattdessen ist ein Nebeneinander von akademischen (Studien-)Angeboten, die gezielt auf eine pädagogische Tätigkeit in diesem Bildungsbereich vorbereiten, zu beobachten; ferner bieten Träger von Weiterbildung und auch Kammern vorbereitende oder berufsbegleitende pädagogische Zusatzqualifikationen an, überwiegend auch für Nichtakademiker:innen. So bereiten u. a. grundständige, konsekutive sowie weiterbildende und berufsbegleitende Studiengänge in der Erziehungswissenschaft oder der Erwachsenenbildung auf eine (Lehr-)Tätigkeit und auf planend-disponierende Tätigkeiten in der Weiterbildung vor. Klarer geregelt ist der Zugang zu Lehrtätigkeiten in Integrationskursen, die das BAMF verantwortet. Hier eröffnen sich Beschäftigungschancen vornehmlich für Absolvent:innen von Studiengängen mit dem Fach Deutsch als Fremd- oder Zweitsprache. In allen 3 genannten Fächergruppen sind die Abschlusszahlen seit 2009 nahezu stetig angestiegen, mit einem besonders starken Wachstum im Bereich Deutsch als Fremd- oder Zweitsprache im Jahr 2018, was vermutlich u. a. eine Reaktion auf den gestiegenen Lehrkräftebedarf nach den zuwanderungsstarken Jahren 2015 und 2016 ist (**Tab. H2-4web**). Im Studienfach Erziehungswissenschaft (Pädagogik) erreichten 2020 9.835 Studierende einen Abschluss, gefolgt von 836 Absolvent:innen in Deutsch als Fremd- oder Zweitsprache und 555 Absolvent:innen in der Erwachsenenbildung.

**Unterschiedliche pädagogische Aus- und Fortbildungen ermöglichen einen (Quer-)Einstieg in die Weiterbildung ...**

Wenngleich solche Studienangebote nach den Befunden von Absolvent:innenstudien eine gute Berufseinmündung ermöglichen, bieten sie keinen exklusiven Einstieg in den 4. Bildungsbereich. Dies ist schon deshalb nicht der Fall, weil die Zahl der Beschäftigten in der Weiterbildung deutlich größer ist als die Zahl der erziehungswissenschaftlich Qualifizierten. Das grundständige Angebot wird ergänzt um eine wachsende Anzahl von Zusatz- oder Ergänzungsstudiengängen, die nebenberuflich mit einem Zertifikat oder einem universitären Abschluss abgeschlossen werden können. Je nach Studienangebot werden Fragen der Didaktik und Methodik (digitalen Lernens), des Bildungsmanagements, der Beratung oder des Lernens Erwachsener behandelt, teils gestützt auf den Forschungsstand zur Erwachsenen- und Weiterbildung, teils gestützt auf das Berufswissen erfahrener Praktiker:innen (vgl. Schrader et al., 2019, S. 796). Der Umfang an erwachsenenpädagogischen Inhalten unterscheidet

**... aber mit großen curricularen Unterschieden**

sich zwischen den verschiedenen Studienangeboten, aber auch nach Abschlussart und -niveau stark voneinander.

Für Lehrpersonen im Bereich der non-formalen Weiterbildungsangebote G bestehen keine oder nur sehr geringe Zugangsvoraussetzungen. In einigen Ländergesetzen zur Weiterbildung finden sich Vorgaben z.B. zu erwarteten pädagogischen Qualifikationen, die aber oft nicht durchgesetzt werden können, da die Nachfrage nach einschlägig qualifizierten Lehrkräften das Angebot übersteigt. So stellen z.B. Volkshochschulen lediglich die Erwartung, dass Kursleitende „Kenntnisse, Erfahrungen und Qualifikationen zu einem konkreten Thema besitzen und Freude am Umgang mit anderen [sic] haben" (Deutscher Volkshochschulverband, 2021).

**Geringe Reglementierung in der allgemeinen Erwachsenenbildung**

Erwachsenenpädagogische Qualifikation und medienpädagogische Kompetenzen sind zwar erwünscht und werden verstärkt eingefordert, sind aber nicht zwingend erforderlich für eine Beschäftigung. Klar definierte Anforderungen an formale Qualifikationen existieren lediglich in ausgewählten Angebotsbereichen, etwa für Integrations- und Sprachkurse, für die das BAMF gemäß der Integrationskursverordnung (IntV) und der Deutschsprachförderverordnung (DeuFöV) ein DaZ-/DaF-Studium oder ein DaZ-/DaF-Zertifikat erwartet. Eine Direktzulassung als Lehrkraft in Integrationskursen ist nach einem erfolgreich absolvierten Hochschulstudium in den Fächern Deutsch als Fremd- oder Zweitsprache möglich (mind. 60 ECTS DaF-/DaZ-Module). Ansonsten muss im Rahmen einer Zusatzqualifizierung ein vereinheitlichtes DaZ-/DaF-Zertifikat erworben werden. Zusätzliche Anforderungen bestehen in Alphabetisierungs- oder Berufssprachkursen. In Abhängigkeit von Lehrkräfteangebot und Angebotsnachfrage werden diese Erwartungen allerdings zeitweise justiert. Sprachlehrer:innen an Volkshochschulen, die ausgewiesene lizenzierte Sprachprüfungen abnehmen möchten, benötigen eine Prüferlizenz, die alle 3 Jahre neu erworben werden muss (telc-Prüfer- und -Bewerterqualifizierungen). Auch in Teilbereichen der SGB-II- und SGB-III-finanzierten Qualifizierungsmaßnahmen werden verpflichtende formale Qualifikationen gefordert, so etwa der Nachweis für eine Ausbilder:inneneignung nach der AEVO.

**Klare Reglementierung nur in einzelnen Angebotsbereichen wie den Integrationskursen**

Gleichzeitig halten Trägergruppen in der öffentlich anerkannten Erwachsenenbildung sowie gemeinschaftliche Anbieter zertifizierte Angebote zur Qualifizierung ihres Lehrpersonals vor (bspw. die Grundqualifikation für Kursleitende des DVV). Faktisch handelt es sich hierbei zumeist um optionale Fortbildungen, nicht um obligatorische Zugangsqualifikationen. In den Bereich optionaler Zusatzqualifikationen, über deren „Wert" die Marktlage entscheidet, entfallen auch Train-the-Trainer-, Mediations- oder Coaching-Ausbildungen, häufig mit Bezugnahme auf (anerkannte und nicht anerkannte) therapeutische Verfahren (Graf, 2021), wie sie u.a. von Trainer:innen der betrieblichen Weiterbildung erworben werden. Methodisch wird in diesem Bereich zumeist sehr anwendungsorientiert gearbeitet und die Förderung beruflicher Handlungsfähigkeit gegenüber dem Aufbau systematischen pädagogischen Wissens betont. Insbesondere im Feld der betrieblichen Weiterbildung versuchen Berufsverbände, in Anlehnung an die klassischen Professionen im Recht oder in der Medizin, den Berufszugang über die Normierung von Aus- und Fortbildungsangeboten zu reglementieren. In vielen Feldern der Erwachsenen- und Weiterbildung genügt häufig der Nachweis fachlicher Expertise oder beruflicher oder lebenspraktischer Erfahrung, um eine Lehrtätigkeit aufnehmen zu können. Insofern Quereinstiege über fachliche Expertise in der Weiterbildung eher die Regel als die Ausnahme darstellen, wird die Anerkennung informell und non-formal erworbener Kompetenzen eine zunehmend wichtige Rolle spielen. Entsprechend ist zu begrüßen, dass im Rahmen der Verlängerung der ValiKom-Initiative bzw. des Projekts Valikom Transfer bis 2024 die abschlussbezogene Validierung non-formal und informell erworbener Kompetenzen auf weitere Berufs-

**Berufs- und Trägerverbände etablieren Standards für Aus- und Fortbildung …**

**… aber mit noch geringer Reichweite und Verbindlichkeit**

gruppen ausgeweitet werden soll. Im Rahmen einer bundesweiten Verankerung des Validierungsverfahrens, wie sie in der Nationalen Weiterbildungsstrategie angestrebt wird, ließe sich die Anerkennung non-formal und informell erworbener Kompetenzen auf Beschäftigtengruppen der Weiterbildung ausweiten.

Für Tätigkeiten in der Weiterbildung lässt sich zusammenfassend sagen, dass es, blickt man auf den Gesamtbereich, keine gesetzlich vorgeschriebenen oder von Berufsverbänden kontrollierten Ausbildungswege gibt (Egetenmeyer & Schüßler, 2012). Zudem bestehen kaum Berufsverläufe im Sinne standardisierter Karrieren. Schließlich ist es im Blick auf die Berufsbiografien des Personals kaum möglich, zwischen Aus-, Fort- und Weiterbildung zu unterscheiden (Schrader et al., 2019). Charakteristisch für Qualifizierungsangebote und -wege sind vielmehr anbieter- und trägerbezogen variierende Erwartungen an erwünschte oder erwartete pädagogische Zugangsvoraussetzungen, die je nach individueller Motivation oder Marktanforderungen erworben werden.

# Fort- und Weiterbildung des Personals

Im Sinne lebensbegleitenden Lernens und der Anpassung an sich verändernde Arbeitsanforderungen sind eine stetige Erweiterung von Qualifikationen und der Erwerb neuer Kenntnisse und Fähigkeiten mittlerweile selbstverständlich (vgl. **G**). Fragen der weiteren Professionalisierung stellen sich mit Blick auf veränderte oder neue Anforderungen – wie etwa den durch die Pandemie beschleunigten lernfördernden Einsatz digitaler Medien – auch für das pädagogische Personal. Neben dem informellen Lernen im Beruf (z. B. dem Austausch mit Kolleg:innen oder der Lektüre von Fachliteratur) sind hierbei insbesondere formelle Angebote von Bedeutung (z. B. Teilnahme an Kursen), etwa zu fachlichen, fachdidaktischen, pädagogisch-psychologischen oder übergreifenden Themen.

## Regulierung und Institutionalisierung

In der Folge wird zunächst auf die unterschiedlich ausgestaltete Regulierung und Institutionalisierung der (berufsbezogenen) Fort- und Weiterbildung[10] in den einzelnen Bildungsbereichen eingegangen. Anschließend werden bereichsspezifische Fortbildungsinhalte und – soweit empirisch möglich – formale und non-formale Fort- und Weiterbildungsaktivitäten G verschiedener Beschäftigtengruppen dargestellt.

### Frühe Bildung

**Förderung und Verpflichtung der Fortbildungsteilnahme durch Träger**

Für die Fortbildung des Personals in der Frühen Bildung G, das direkt beim öffentlichen Träger der Jugendhilfe angestellt ist, sind – gemäß SGB VIII – die Träger der öffentlichen Jugendhilfe zuständig. Gleichzeitig ist der öffentliche Träger angehalten, freie Jugendhilfeträger vor Ort zu fördern und „auch Mittel für die Fortbildung der haupt-, neben- und ehrenamtlichen Mitarbeiter" (§ 74 SGB VIII) bereitzustellen. Fortbildungsangebote werden in der Regel von verschiedenen öffentlichen und freien Trägern G zur Verfügung gestellt, die zum Teil selbst Träger von Kindertageseinrichtungen sind (Buschle & Gruber, 2018). Im Rahmen der ERiK D-Trägerbefragung gaben knapp die Hälfte der Träger an, das pädagogische Personal zur regelmäßigen Teilnahme an Fort- und Weiterbildungen zu verpflichten, wobei knapp 40 % auf eigene Vorschriften und 15 % auf geltende Landesvorgaben zurückzuführen ist (**Tab. H3-1web**). Meistens wird das pädagogische Personal durch den Träger für die Fortbildungsteilnahme freigestellt. Durchschnittlich stehen dafür bei einer Vollzeitstelle und verpflichtenden Fortbildungsteilnahme 3,7 Arbeitstage pro Jahr zur Verfügung (Wenger et al., 2022).

**Qualifizierungslehrgänge für an Kindertagespflege interessierten Personen**

Anders geregelt ist die Fortbildung bei Kindertagespflegepersonen: Da sie keine frühpädagogische Ausbildung für ihre Tätigkeit benötigen, nehmen sie häufig an Qualifizierungslehrgängen teil, um vom örtlichen Jugendhilfeträger eine Pflegeerlaubnis zu erhalten. Gemäß § 23 SGB VIII sind entsprechende Qualifizierungslehrgänge oder eine andere Form des Nachweises „vertiefender Kenntnisse" erforderlich. So ist diese Qualifizierung nicht mit einer Erstausbildung gleichzusetzen. Die Qualifizierung muss zudem nicht zwingend vor Beginn der Tätigkeitsausübung abgeschlossen sein, und auch Personen mit frühpädagogischer Ausbildung können die Qualifizierung als Fortbildung absolvieren (**Tab. H3-2web**). Der zeitliche (Mindest-)Umfang der Qualifizierungslehrgänge variiert zwischen den Ländern jedoch deutlich (vgl. **C2**); lange Zeit orientierte er sich an einem Umfang von 160 Unterrichtsstunden. Für die Qualifizierung von Kindertagespflegepersonen wurde zunächst ein 160-Stunden-Curriculum vonseiten des Deutschen Jugendinstituts entwickelt, das inzwischen in Form eines Qualifi-

*10 Wenngleich sich Fortbildung auf eine konkrete Anforderung im Rahmen der aktuellen beruflichen Tätigkeiten bezieht, während Weiterbildung dem Erwerb zusätzlicher Qualifikationen dient, werden die Begriffe Fort- und Weiterbildung nachfolgend synonym verwendet, da verfügbare Informations- und Datenquellen keine hinreichende Differenzierung bieten.*

zierungshandbuchs (QHB) auf 300 Unterrichtseinheiten ausgeweitet und durch das „Bundesprogramm Kindertagespflege“ mitfinanziert wird (Schuhegger et al., 2020). Einige Länder, darunter Nordrhein-Westfalen und Mecklenburg-Vorpommern, entwickelten bereits ihre Vorgaben zur Qualifizierung des Kindertagespflegepersonals anhand dieses neuen Qualifizierungskonzepts weiter.

Die Fort- und Weiterbildungslandschaft in der Frühen Bildung ist äußerst heterogen gegliedert und vor allem bezüglich der vorhandenen Weiterbildungsangebote aufgrund der pluralen Trägerlandschaft kaum abzubilden. Zu den Anbietern zählen neben den öffentlichen Akteuren von Ländern und Kommunen auch freie Träger wie Wohlfahrts-, Arbeitgeber- und Berufsverbände, aber auch andere Organisationen wie Kirchen oder Gewerkschaften, die teilweise eigene Weiterbildungseinrichtungen vorhalten (Grimm et al., 2010; Oberhuemer, 2012). Ein großer Teil der Fort- und Weiterbildungen wird auf Länderebene von den Sozialpädagogischen Fortbildungsinstituten der Länder und den Fortbildungskatalogen für die Kinder- und Jugendhilfe der Landesjugendämter umgesetzt. Kommerzielle Bildungsanbieter decken im Vergleich zu dem hohen Anteil freigemeinnütziger Träger einen relativ geringen Anteil an Angeboten ab (Beher & Walter, 2010, S. 8). In manchen Ländern (z. B. Baden-Württemberg und Nordrhein-Westfalen) werden darüber hinaus auch Fachschulen als offizieller Fort- und Weiterbildungsträger anerkannt (Diller & Leu, 2010). Gleichermaßen sind in einigen Ländern Fachberatungen mit der Organisation und Durchführung von Fortbildungen betraut, bspw. zu Themen wie Konzeptentwicklung oder Sprachförderung (Kaiser & Fuchs-Rechlin, 2020, S. 8).

**Heterogene Fort- und Weiterbildungslandschaft in der Frühen Bildung**

### Allgemeinbildende und berufliche Schule

Für Lehrkräfte an allgemeinbildenden und beruflichen Schulen (nicht jedoch an Schulen des Gesundheitswesens) besteht eine rechtliche Pflicht zur kontinuierlichen Fortbildung, die in unterschiedlichen Gesetzen und Verordnungen der Länder (z. B. Beamten-, Lehrer:innenbildungs- oder Schulverwaltungsgesetze) festgehalten, allerdings nicht in allen Ländern als Nachweispflicht geregelt ist. Konkrete Vorgaben zum (zeitlichen) Umfang haben derzeit nur Bremen, Hamburg und Hessen erlassen (Kuschel et al., 2020). Rechtliche Regelungen zu den Konsequenzen einer Nichterfüllung existieren gleichwohl auch in diesen Ländern nicht (ebd.). So sind Lehrkräfte überhaupt nur in wenigen Ländern (z. B. Thüringen) angehalten, ihre Fortbildungsaktivitäten zu dokumentieren und darüber Rechenschaft abzulegen (Richter & Richter, 2020). In anderen Staaten (z. B. USA) hingegen ist die Erneuerung der staatlichen Lizenzen für Lehrkräfte – ähnlich wie bei Ärzt:innen in Deutschland – vom Nachweis einer bestimmten Menge an Fortbildungsstunden abhängig (Artelt & Kunter, 2019).

**Allgemeinbildende und berufliche Lehrkräfte gesetzlich zur Fortbildung verpflichtet …**

**… jedoch selten mit Vorgaben zum zeitlichen Umfang**

Staatlich finanzierte und durchgeführte Fortbildungsveranstaltungen stellen den Großteil der Fortbildungsangebote dar (Richter & Richter, 2020). Mit der Verantwortung der Länder für die Gestaltung der Fortbildung geht eine große Vielfalt unterschiedlicher Strukturen und Organisationsformen einher. Die Aufgaben der in vielen Ländern etablierten Institute zur Lehrer:innenfortbildung variieren von Land zu Land, mitunter werden (regionale) Fortbildungen auch von regionalen Kompetenzzentren oder den staatlichen Schulämtern angeboten. Darüber hinaus führen Schulen eigenverantwortlich auf die jeweiligen Bedarfe vor Ort abgestimmte interne Fortbildungsmaßnahmen durch, die sich an Fachkollegien oder die gesamte Lehrerschaft richten. In allen Ländern werden ferner auch die staatlichen Hochschulen und Studienseminare in die Gestaltung oder Durchführung von Fortbildungsveranstaltungen mit einbezogen. Lehrkräften steht es in der Mehrzahl der Länder zudem frei, das Angebot von privaten Trägern (z. B. Stiftungen, Vereinen oder Unternehmen) zu nutzen (Richter & Richter, 2020; KMK, 2017).

### Ausbildungspersonal für die Praxisphasen in der beruflichen Bildung

**Keine gesetzliche Pflicht zur Fortbildung von Ausbilder:innen und ausbildenden Fachkräften**

Für betriebliche Ausbilder:innen, ausbildende Fachkräfte, Praxisanleiter:innen in den Institutionen des Gesundheitswesens sowie Praxismentor:innen in den Kindertageseinrichtungen besteht grundsätzlich keine gesetzlich festgeschriebene Verpflichtung zur Teilnahme an Fortbildungen. Einzig für den Bereich der Pflege wurde mit dem neuen, im Jahr 2020 verabschiedeten Pflegeberufegesetz die kontinuierliche, den zuständigen Behörden gegenüber nachzuweisende berufspädagogische Fortbildung von jährlich 24 Stunden für die Praxisanleiter:innen festgesetzt (Weyland & Koschel, 2021). Die Anbieterstruktur der Fort- und Weiterbildungsangebote für das Ausbildungspersonal ist heterogen (Brünner, 2012): Neben Angeboten der Industrie- und Handelskammern (IHK) sowie der Handwerkskammern (HWK) sind es vor allem privatwirtschaftliche Bildungseinrichtungen, die Fort- und Weiterbildungen durchführen.

### Hochschulen

**Qualifizierungsangebote in den Hochschulen meist optional**

Die Hochschulen müssen hochschuldidaktische Qualifizierungen gemäß Hochschulgesetzen oder Hochschulentwicklungsplänen anbieten; auch für eine Systemakkreditierung sind diese erforderlich. Eine gesetzlich geregelte Fortbildungspflicht wie etwa bei den allgemeinbildenden und beruflichen Lehrkräften gibt es jedoch nicht. So sind optionale Qualifizierungsangebote an den Hochschulen zwar breit verankert (Schmidt et al., 2018; 2020), obligatorische Maßnahmen spielen jedoch eine geringere Rolle (Schmidt et al., 2016) (**H2**). Am ehesten noch sind diese in öffentlichen Fachhochschulen und privaten Universitäten und Fachhochschulen zu finden, möglicherweise weil dort die Lehre den Hauptanteil der Tätigkeit umfasst (vgl. Fendler & Gläser-Zikuda, 2013, S. 178).

### Weiterbildung

**Große Bandbreite an gesetzlichen Regelungen zur Weiterqualifizierung von Weiterbildner:innen**

Die Fort- und Weiterbildung des Personals in der Weiterbildung ist nicht in einer Form geregelt, die alle Teilbereiche des 4. Bildungssektors einschließt. Stattdessen findet sich eine große Bandbreite von länderspezifischen gesetzlichen Rahmenbedingungen in der öffentlich geförderten Erwachsenenbildung. Bundeseinheitlich geregelt sind die Anforderungen an die Weiterbildung von Lehrkräften, die in Integrationskursen unterrichten (möchten). So halten einzelne Erwachsenen- und Weiterbildungsgesetze Vorgaben zur Weiterqualifizierung des Personals zur Qualitätssicherung fest: In Berlin etwa müssen Volkshochschulen im Rahmen des Qualitätsmanagements Angebote zur Fortbildung ihrer hauptberuflichen Mitarbeitenden sowie im Rahmen vorhandener Ressourcen für ihre frei- und nebenberuflichen Mitarbeitenden bereitstellen. Auch in einzelnen anderen Bundesländern sollen die Einrichtungen Angebote vorhalten.

**Lehrkräfte von Integrationskursen gesetzlich zur Fortbildung verpflichtet**

Über konkrete Umfänge der Fort- und Weiterbildung werden jedoch keine Angaben gemacht. Ferner sind in der öffentlich geförderten Weiterbildung nach SGB III laut AZAV Träger dazu verpflichtet, mit dem Zulassungsantrag ein Konzept zur Qualifizierung und Fortbildung von Leitung und Lehrkräften vorzulegen. Noch strikter regeln die Integrationskursverordnung (IntV) sowie die Verordnung über die berufsbezogene Deutschsprachförderung (DeuFöV) bundesweit die Aus- und Fortbildung der Lehrkräfte in vom BAMF geförderten Integrations- und Berufssprachkursen. Fortbildungen sind hier in der Regel obligatorisch für eine Zulassung als Lehrkraft in den verschiedenen Kursarten. Eine betriebliche Verankerung von Personalentwicklungsmaßnahmen findet sich weiterhin häufig bei Anbietern, die über ein extern zertifiziertes Qualitätsmanagementsystem (QMS) verfügen (vgl. Käpplinger et al., 2018).

**Breites, aber intransparentes und disparates Angebot an Fortbildungen**

Wie verschiedene Bestandsaufnahmen zu Fortbildungsangeboten und -konzepten aufgezeigt haben, besteht institutionell ein breites Fortbildungsangebot in Deutschland, das sowohl von öffentlichen (hierbei insbesondere von Volkshochschulen und Hochschulen), kirchlichen, wirtschaftsnahen, gewerkschaftsnahen, kommerziellen als auch freien Anbietern bereitgestellt wird (Kraft et al., 2009; Schrader, 2010; Schrader et al., 2019). In weiten Teilen der marktlich organisierten Weiterbildung ergeben sich „Normierungen" von Fortbildungsaktivitäten allein aus dem Verhältnis von Angebot und Nachfrage nach qualifiziertem Personal.

Bildungspolitisch betont wird die Weiterqualifizierung des Personals durch die Nationale Weiterbildungsstrategie sowie den Koalitionsvertrag der amtierenden Bundesregierung von SPD, Bündnis 90/Die Grünen und FDP. Für den Teilbereich Alphabetisierung und Grundbildung konnten im Rahmen der AlphaDekade bereits Handlungsempfehlungen für die Aus- und Fortbildung von Kursleitenden vorgelegt werden, die zwar nicht verbindlich sind, aber dennoch einen Fortschritt gegenüber der aktuellen Situation darstellen.

**Stärkung der Fortbildung des Lehrpersonals auf der politischen Agenda**

## Fortbildungsinhalte, -bedarfe und -nutzung

Unter Bezugnahme auf die jeweiligen Zielgruppen werden im Folgenden zentrale Themenfelder der Weiterbildung in den einzelnen Bereichen beschrieben sowie quantitative und qualitative Fortbildungsbedarfe erörtert. Sofern empirisch möglich, wird zudem die Beteiligung an Weiterbildung dargestellt. Aufgrund unterschiedlicher thematischer Schwerpunkte der herangezogenen Studien und der Erhebung beruflicher Weiterbildung lassen sich die nachfolgend berichteten Beteiligungsquoten jedoch nur sehr eingeschränkt miteinander vergleichen. Unter Zuhilfenahme des Mikrozensus wird daher abschließend eine bereichsübergreifende Betrachtung der Beteiligung an beruflicher Weiterbildung verschiedener pädagogischer Berufsgruppen angestellt.

### Frühe Bildung

Pädagogische Fachkräfte in der Frühen Bildung schätzen sich tendenziell als sehr weiterbildungsaffin ein (von Hippel, 2011; König & Friederich, 2015). Begründet wird dies mit dem „Berufsethos" frühpädagogischer Fachkräfte, die „Weiterbildungsteilnahmen als Teil ihrer beruflichen Identität sowie als Bedingung für die eigene berufliche Weiterentwicklung" begreifen (Buschle & Gruber, 2018). Erhebungen, die speziell Fachkräfte in der Frühen Bildung adressieren, ermitteln hohe Fortbildungsquoten zwischen 70 und 80 % (Wenger et al., 2022; Buschle & Gruber, 2018; Beher & Walter, 2010). Auch im internationalen Vergleich ist die Fortbildungsquote von Kita-Fachkräften in Deutschland mit über 80 % auf einem hohen Niveau angesiedelt, fällt aber im Vergleich mit anderen Ländern geringer aus (Bader et al., 2021). Da eine Weiterbildungsteilnahme in der Frühen Bildung in den meisten Fällen nicht zu einer Beförderung oder einer finanziellen Besserstellung führt (Kalicki et al., 2019), liegen die Motive für eine Weiterbildungsteilnahme eher in spezifischen Interessenfeldern, dem Erwerb von neuen Kompetenzen, Praxistipps für den pädagogischen Alltag oder auch der theoretischen Fundierung der pädagogischen Praxis (Buschle & Gruber, 2018).

**Hohe Weiterbildungsaffinität bei pädagogischen Fachkräften in der Frühen Bildung, …**

**… jedoch im internationalen Vergleich etwas niedriger**



Trägerübergreifend lässt sich festhalten, dass viele Arbeitgeber ihr Personal durch Freistellungen für Fortbildungsteilnahmen und teilweise auch durch Übernahme der anfallenden Kosten unterstützen (Wenger et al., 2022; Geiger, 2019). Dabei zeigt sich, dass Fortbildungstage häufiger in vollem Umfang genutzt werden, wenn Verfügungszeiten im Dienstplan festgelegt sind und infolgedessen nicht unter dem festgelegten Personalschlüssel gearbeitet werden muss (Peucker et al., 2017). Während gesetzliche Vorgaben die Teilnahmequoten positiv beeinflussen, haben fehlende Personal- und Zeitressourcen negative Auswirkungen auf Weiterbildungsaktivitäten. In der ERiK D-Fachkräftebefragung wurden Letztere als häufigster Grund für eine Nichtteilnahme an Weiterbildungen angegeben (Wenger et al., 2022). Dabei hindert der Personalmangel in den Einrichtungen das Leitungspersonal fast doppelt so häufig

**Akuter Personalmangel verhindert Teilnahme an Weiterbildungen**

an einer Teilnahme wie im Fall der pädagogisch Mitarbeitenden (Buschle & Gruber, 2018). Gleichzeitig nannten Befragte fehlende oder nicht passende Angebote mit als häufigsten Grund für die Nichtteilnahme an Fortbildungsangeboten (ebd.).

**Deutliche Zunahme von Onlinefortbildungen seit Pandemiebeginn**

In Deutschland wird im internationalen Vergleich eine eher geringe Bandbreite an Fortbildungsthemen und Formaten wie Inhouse-Schulungen, Coachings, Hospitationen oder digitalen Fortbildungen angeboten. Besonders niedrig war der Anteil an Onlinefortbildungen, der in der Erhebung TALIS Starting Strong D vor Beginn der Corona-Pandemie im Jahr 2018 nur 3 % ausmachte (Bader et al., 2021). Die Corona-Pandemie hat jedoch einen Aufschwung von digitalen Formaten mit sich gebracht: Während von Oktober 2019 bis März 2020 nur 10 % der Fachkräfte eine Onlinefortbildung besucht haben, ist dieser Anteil seit April 2020 auf 45 % angestiegen. Jedoch ist die grundsätzliche Fortbildungsteilnahme seit Corona – sowohl bei Fachkräften als auch bei Kita-Leitungen – deutlich zurückgegangen (WiFF, 2021).

In der ERiK-Fachkräftebefragung wurde 2020 am häufigsten der Besuch von Fort- und Weiterbildungen genannt, die Fragen der kindlichen – insbesondere der sozial-emotionalen –, aber auch der sprachlichen Entwicklung sowie Gesundheitsthemen und Kinderschutz fokussieren (**Tab. H3-3web**). Hingegen wurden Fortbildungen, die insbesondere für Leitungskräfte relevant sind, zu Themen wie Kooperation, Leitung oder Selbstmanagement seltener besucht, da diese weniger durch Personalentwicklungsmaßnahmen adressiert werden (Geiger, 2019) und für die es zudem auch ein geringeres Angebot gibt (Buschle & Gruber, 2018). Auch Fort- und Weiterbildungen zur Medienbildung wurden – zumindest vor Beginn der Corona-Pandemie – selten belegt.

**Bedarf an Fortbildungen vor allem im Umgang mit Vielfalt und Diversität**

In der international vergleichenden Studie TALIS Starting Strong wurden die Themenfelder von Fort- und Weiterbildungen noch differenzierter erfasst und der themenspezifische Bedarf erhoben (**Abb. H3-1**). So gaben Fachkräfte, die mit 3- bis unter 6-jährigen Kindern arbeiten, auch in dieser Studie an, in den letzten 12 Monaten vor der Befragung vor allem Fortbildungen zur kindlichen Entwicklung sowie zu Aspekten der Förderung des spielerischen Lernens besucht zu haben. Hingegen wurden Fort- und Weiterbildungen zum Umgang mit Vielfalt und Diversität bei Kindern seltener besucht. An Fortbildungen, die sich mit der Vermittlung von Wissens- und Kompetenzerwerb bei Kindern oder dem Übergang von der Kita zur Grundschule

**Abb. H3-1: Fort- und Weiterbildungsteilnahme* und -bedarf** von pädagogischem Personal in Kita-Gruppen mit Kindern ab 3 Jahren nach Themenfeldern (in%)**

* *Anteile von pädagogischem Personal, dessen Fort- und Weiterbildung der letzten 12 Monate diese Themen behandelte.*
** *Anteile von pädagogischem Personal, das hohen zusätzlichen Fort- und Weiterbildungsbedarf hat.*
*Quelle: TALIS Starting Strong Database 2018, gewichtete Daten*

→ Tab. H3-4web

befassen, haben Fachkräfte deutlich seltener teilgenommen. Eine Betrachtung der Fort- und Weiterbildungen nach Themenfeldern verweist auf eine deutliche Diskrepanz zwischen Teilnahme und Bedarf. So wird ein hoher zusätzlicher Fortbildungsbedarf im Umgang mit Diversität artikuliert; konkret sind in dieser Oberkategorie Themen wie Umgang mit Kindern mit unterschiedlichen kulturellen, sozioökomischen oder religiösen Hintergründen, mit (drohender) Behinderung sowie mit Kindern mit Deutsch als Zweitsprache zusammengefasst. Auch international wird in diesem Bereich der höchste zusätzliche Fort- und Weiterbildungsbedarf gesehen (**Tab. H3-4web**). Hingegen zeigen sich in Deutschland im internationalen Vergleich deutlich niedrigere Teilnahme- und Bedarfsquoten an Fortbildungen, die sich mit der Gruppenorganisation oder der kindgerechten Vermittlung von Wissens- und Kompetenzerwerb befassen.

**Mehrheit der Kita-Leitungskräfte hat vorher Zusatzausbildung absolviert**

Ein weiterer zentraler Fortbildungsbereich umfasst Angebote zum Thema Leitung/Führung. Einstiegsvoraussetzung für eine Kita-Leitung stellen in einigen Ländern entweder langjährige Berufserfahrung oder der Nachweis einer Fortbildungsteilnahme dar (Grgic & Friedrich, 2022). Entsprechend konnte die WiFF-Personalentwicklungsstudie zeigen, dass mehr als zwei Drittel der Kita-Leitungen (69 %) eine Weiterbildung in Form einer pädagogischen Zusatzausbildung absolviert haben. Jedoch hat ein Drittel der Leitungen eine Zusatzausbildung ohne Fokus auf eine Leitungstätigkeit besucht. Zusammengenommen gaben daher über die Hälfte der Leitungen an, keine einschlägige Weiterbildung für die Leitung einer Kindertageseinrichtung absolviert zu haben (Geiger, 2019, S. 60).

**Aufstiegschancen durch fachliche Spezialisierungen kann Attraktivität des Arbeitsfeldes erhöhen**

Neben diesen aufstiegsorientierten vertikalen Weiterbildungen gibt es Überlegungen, horizontale Weiterentwicklungsmöglichkeiten zu stärken, um das Arbeitsfeld der Frühen Bildung attraktiver zu gestalten (DVLfB, 2022). Dazu zählen beispielsweise themenspezifische Fortbildungen zu Sprachbildung, Inklusion oder Kinderschutz. Bislang werden entsprechende Fortbildungen zwar individuell von interessierten Fachkräften wahrgenommen, es ist jedoch nicht sichergestellt, dass das Wissen und die Kompetenzen zu diesen Themen in allen Einrichtungen vorhanden sind.

### Allgemeinbildende und berufliche Schule

**Selten gemeinsame Fortbildungen für multiprofessionelle Teams**

Die vielfältigen Fort- und Weiterbildungsangebote im Bereich der allgemeinbildenden und beruflichen Schulen richten sich an unterschiedliche Adressat:innengruppen: Lehrkräfte, Schulleitungen, Lehrkräftefortbildungspersonal, Berater:innen für Schulen und Lehrkräfte, Schulaufsichtsbeamt:innen oder Schulpsycholog:innen (DVLfB, 2018b). Allerdings finden oftmals keine gemeinsamen Fortbildungen der multiprofessionellen Teams statt, obwohl diese Zusammenarbeit für aufeinander abgestimmte Lernprozesse sehr wichtig wäre. Zudem erfolgt die Weiterbildung von Sozialarbeiter:innen oder des Personals für spezifische Funktionen wie Werkstattleitungen, die oftmals bei den Schulträgern angestellt sind, in der Regel nicht in den staatlichen Fortbildungseinrichtungen (ebd.).



**Virtuelle Fortbildungsformate für Lehrkräfte bislang nicht in allen Ländern verfügbar**

In welcher Form Lehrkräftefortbildungen angeboten werden, hängt neben institutionellen und organisatorischen Rahmenbedingungen auch vom Inhalt sowie von der jeweiligen Zielgruppe ab. In allen Ländern werden neben externen Präsenzveranstaltungen schulinterne Fortbildungen sowie prozessbegleitende Maßnahmen – in unterschiedlichem zeitlichem Umfang – angeboten (KMK, 2017). Virtuelle Angebote oder Hybridformate sind dagegen nur in 6 bzw. 9 Ländern zu finden (ebd.).

Ein kontinuierliches, öffentliches und auf gemeinsamen Kriterien beruhendes Monitoring von Fortbildungsangeboten und deren Nutzung existiert bislang nicht. Ebenso unklar ist, wie und von wem im Einzelnen die Fort- und Weiterbildungsbedarfe von Lehrkräften erschlossen werden. Lediglich zum Grad der Nutzung von

**Bislang kein bundesweit einheitliches Monitoring von Fortbildungsangeboten und -aktivitäten**

Fortbildungsaktivitäten liegen Befragungsdaten vor, die sich jedoch nur auf allgemeinbildende, nicht aber berufliche Schulen beziehen. Die Teilnahme an Lehrkräftefortbildungen scheint sich allerdings in quantitativer Hinsicht nicht grundsätzlich zwischen allgemeinbildenden und beruflichen Schulen zu unterscheiden (Richter & Richter, 2020) – darauf weisen die Ergebnisse einer Befragung von Lehrkräften an allgemeinbildenden und berufsbildenden Schulen in Schleswig-Holstein hin (Richter & Schellenbach-Zell, 2016).

Rund 80 % der befragten Lehrkräfte an allgemeinbildenden Schulen haben laut den IQB-Bildungstrends in den letzten 2 Jahren vor der Befragung an mindestens einer Fortbildung teilgenommen (Richter & Richter 2020). Das Teilnahmeverhalten unterscheidet sich dabei zum einen mit Blick auf das Alter oder die Berufserfahrung der Lehrkräfte. So nehmen ältere oder erfahrenere Lehrer:innen tendenziell seltener an Fortbildungsmaßnahmen teil als jüngere oder unerfahrenere. Zum anderen bestehen auch erhebliche Unterschiede zwischen den Ländern. Während in Hamburg nahezu alle befragten Mathematik- und naturwissenschaftlichen Lehrkräfte des Sekundarbereichs I (95 %) im Schuljahr 2016/17 oder 2017/18 an mindestens einer Fortbildungsveranstaltung teilnahmen, waren dies in Nordrhein-Westfalen mit einem Anteil von 75 % deutlich weniger (**Tab. H3-7web**). Auch die durchschnittliche Anzahl der besuchten Veranstaltungen variiert zwischen den Ländern. Hamburg und Bayern liegen mit durchschnittlich 3,6 und 3,1 besuchten Veranstaltungen über dem deutschen Mittelwert (2,5); Nordrhein-Westfalen mit 1,9 hingegen darunter (**Tab. H3-7web**). Offen bleibt, inwiefern diese Unterschiede ggf. über längere Veranstaltungsformate mit höherer Stundenanzahl kompensiert werden.

**Ältere Lehrkräfte nehmen seltener an Fortbildungen teil als jüngere**

Für die allgemeinbildenden Schulen zeigt der IQB-Bildungstrend 2018 über alle weiterbildungsaktiven Mathematik- und naturwissenschaftlichen Lehrkräfte des Sekundarbereichs I hinweg, dass am häufigsten Fortbildungsangebote zur Vermittlung fachlicher Themen im Unterricht (Fachdidaktik) besucht werden (44 %, **Abb. H3-2**). Knapp ein Drittel gab zudem an, Angebote zu Unterrichtsformen und -methoden, zu Curricula (31 %) und/oder zur Nutzung digitaler Medien im Unterricht wahrge-

**Abb. H3-2: Fortbildungsteilnahme und artikulierte Fortbildungsbedarfe der Mathematik- und naturwissenschaftlichen Lehrkräfte im Sekundarbereich I 2018 nach ausgewählten Themenbereichen (in %)**

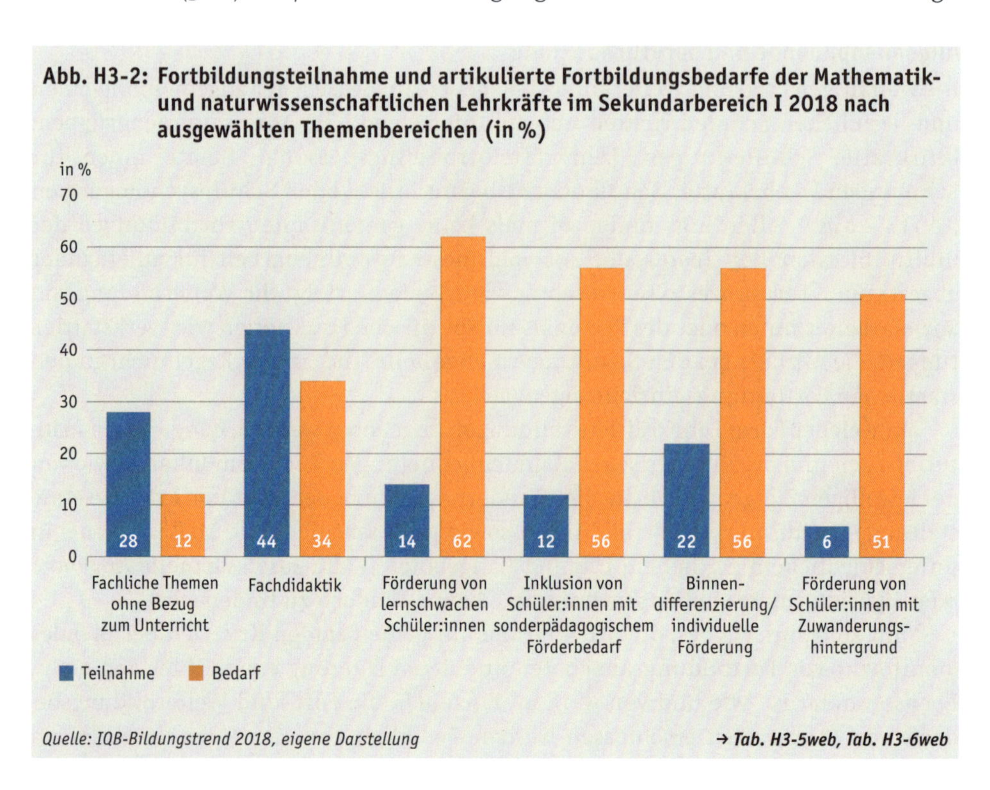


*Quelle: IQB-Bildungstrend 2018, eigene Darstellung*

→ **Tab. H3-5web, Tab. H3-6web**

nommen zu haben. Fortbildungen zur individuellen Förderung von Schüler:innen werden hingegen vergleichsweise selten besucht. Auffällig sind die thematischen Unterschiede der besuchten Fortbildungen zwischen den Schularten: Während Lehrkräfte an Gymnasien mehrheitlich Fortbildungen nutzen, um ihr fachliches und curriculares Wissen zu erweitern, setzen sich nichtgymnasiale Lehrkräfte in Fortbildungen eher mit pädagogischen Herausforderungen im Unterricht auseinander – etwa zum Umgang mit Störungen im Unterricht oder zur Inklusion von Schüler:innen mit sonderpädagogischem Förderbedarf (**Tab. H3-5web**). Auch Quereinsteigende bauen mit dem Besuch von Fortbildungsveranstaltungen eher pädagogisches als fachliches Wissen aus (Stanat et al., 2019).

**Inhalte der besuchten Fortbildungen unterscheiden sich zwischen Lehrkräften unterschiedlicher Schularten**

Im internationalen Vergleich bilden sich die Lehrkräfte an allgemeinbildenden Schulen in Deutschland tendenziell weniger fort als in anderen Staaten. So weist die TIMSS-Studie 2019 für Deutschland über alle erhobenen Fortbildungsbereiche unterdurchschnittliche Anteile an Grundschüler:innen aus, deren Mathematik- und Sachkundelehrkräfte in den vergangenen 2 Jahren an Fortbildungsveranstaltungen teilgenommen haben (**Abb. H3-3**, **Tab. H3-8web**, **Tab. H3-9web**). Bemerkenswert groß sind die Unterschiede in der Teilnahme an Fortbildungen zur Integration von Informationstechnologien in den Unterricht. Bestehende Defizite in der Vermittlung digitaler Kompetenzen in der Aus- und Fortbildung deutscher Lehrkräfte stellte im internationalen Vergleich bereits die ICILS-Studie für den Sekundarbereich I fest (Eickelmann et al., 2019; vgl. hierzu Autorengruppe Bildungsberichterstattung, 2020).

**Fortbildungsaktivitäten deutscher Lehrkräfte im internationalen Vergleich unterdurchschnittlich**

Nach ihren Fortbildungsbedarfen gefragt, artikulieren die befragten Mathematik- und naturwissenschaftlichen Lehrkräfte über die Schularten hinweg das größte Interesse in den Bereichen Förderung von Schüler:innen mit Zuwanderungshintergrund, Lernschwäche, Integration und Inklusion sowie Binnendifferenzierung, nehmen jedoch vergleichsweise selten an entsprechenden Fortbildungen teil (**Abb. H3-3**). Ob dies in einem Mangel an Angeboten, einer fehlenden Teilnahmemotivation der Lehrkräfte oder anderen Ursachen begründet ist, lässt sich nicht eindeutig feststellen. Richter et al. (2018) identifizieren verschiedene mögliche Teilnahmebarrieren: Neben Konflikten mit der Arbeitszeit werden von den Lehrkräften u. a. die fehlende Ver-

**Missverhältnis zwischen artikulierten Fortbildungsbedarfen und tatsächlicher Teilnahme**

**Abb. H3-3: Anteil der Grundschüler:innen, deren Mathematiklehrkraft an Fortbildungen teilgenommen hat, 2019 nach Themenbereichen (in %)**

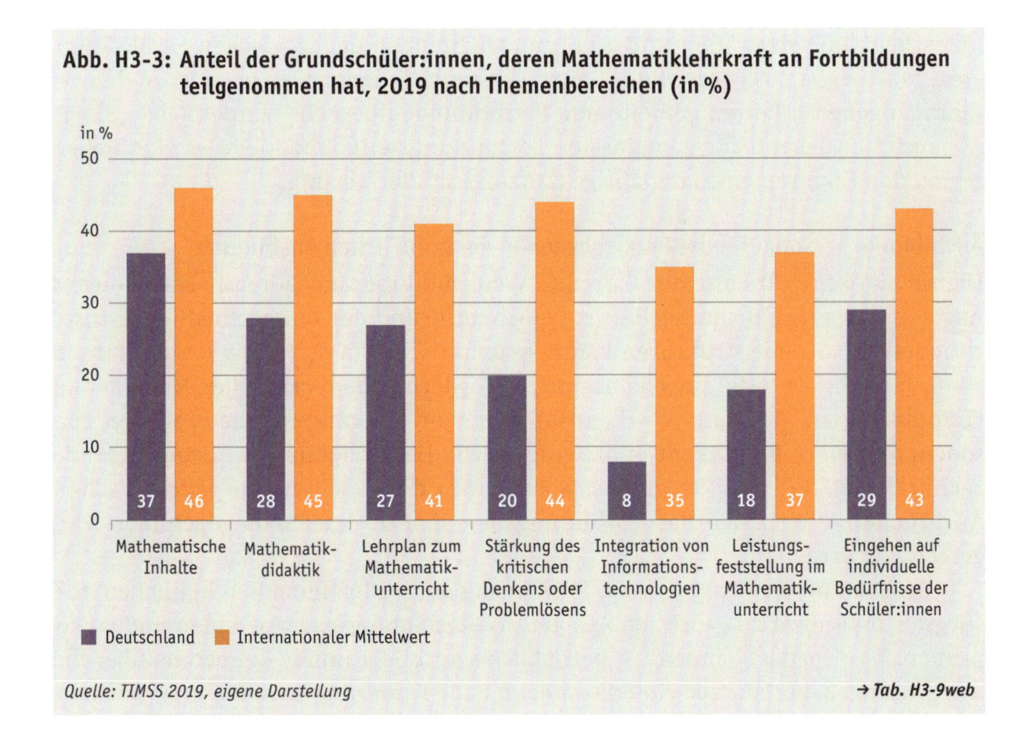


*Quelle: TIMSS 2019, eigene Darstellung*

*→ Tab. H3-9web*

einbarkeit mit der Familie und Kosten als Hinderungsgründe benannt. Aufmerksam machen muss, dass insbesondere die wahrgenommene Qualität der Angebote sowie ein geringes Interesse die Entscheidung zur Teilnahme zu beeinflussen scheinen. Für die Fortbildungsteilnahme sind demnach neben äußeren auch motivationale, insbesondere intrinsische Faktoren von besonderer Bedeutung (Cramer et al., 2019; Gorozidis & Papaioannou, 2014).

### Ganztagspersonal

Obwohl die Gestaltung von ganztägigen Bildungsangeboten bislang kein fester Bestandteil der Lehramtsausbildung bzw. der Curricula der Erstausbildung von (sozial- und früh-)pädagogischen Fachkräften ist (**H2**), stellt sich auch die Fort- und Weiterbildungslandschaft für ganztägige Angebote äußerst diffus dar. Die auf Länderebene zuständigen Landesinstitute für Schulentwicklung und die Landesjugendämter bieten zwar vereinzelt Fortbildungen zum Ganztag an, jedoch nicht ansatzweise flächendeckend. So können sich in Bayern Personen mit pädagogischer Fachqualifikation (Erzieher:in, Sozialpädagog:in), Lehrkräfte und Personen mit einschlägigen Vorerfahrungen als „OGTS-Koordinator:in" fortbilden, um offene Ganztagsangebote zu koordinieren. Schleswig-Holstein bietet einen Zertifikatskurs „Qualifizierung pädagogischer Mitarbeiter/-innen an Ganztagsschulen" (SAG-SH, 2021) an und auch im Saarland können sich Personen mit entsprechender Vorbildung als „Fachkraft für Bildung und Betreuung in der freiwilligen Ganztagsschule (FGTS)" qualifizieren. In Nordrhein-Westfalen organisiert das Erzbistum Köln ein Qualifizierungsangebot für Beschäftigte in offenen Ganztagsschulen (OGS). Insgesamt wird aber deutlich, dass Fortbildungen für ganztägige Bildungsangebote bislang nur vereinzelt angeboten werden; eine Gesamtstrategie aufseiten der Länder ist bislang nicht erkennbar.

**Fort- und Weiterbildungen für ganztägige Angebote bislang selten**

Aber auch an Schulen, die bereits ganztägig organisiert sind, besteht (gemeinsamer) Fort- und Weiterbildungsbedarf. So gaben knapp 20 % der Grundschulleitungen, die für das StEG-Bildungsmonitoring 2017/18 befragt wurden, großen Unterstützungsbedarf bei der Personalentwicklung des pädagogischen Personals an (StEG-Konsortium, 2019, S. 53). Die gemeinsame Fortbildungsteilnahme von Lehrkräften und pädagogischem Personal unterstützt Schulentwicklungsprozesse sowie die Zusammenarbeit von Lehrkräften und nichtunterrichtenden pädagogischen Fachkräften. 2018 gaben etwa zwei Drittel der Ganztagsgrundschulleitungen an, dass in den vorangegangenen 3 Jahren gemeinsame Fortbildungen besucht wurden (ebd., S. 93). Als ausschlaggebend für gemeinsame Fortbildungsteilnahmen erwies sich neben regionalen Faktoren eine langjährige Ganztagsschulerfahrung.

### Ausbildungspersonal für die Praxisphasen in der beruflichen Ausbildung

Die thematischen Inhalte der Fort- und Weiterbildungsangebote für betriebliches Ausbildungspersonal sind vielfältig, jedoch aufgrund der unterschiedlichen institutionellen Angebotsstrukturen kaum systematisch erfasst. In den letzten Jahren sind vor allem Weiterbildungskonzepte zur Förderung der beruflichen Medien- und IT-Kompetenz (z.B. Breiter et al., 2018) oder zum Umgang mit heterogenen Personengruppen (z.B. Albrecht et al., 2014) sowie Handreichungen für ausbildende Fachkräfte (BMBF, 2013) erarbeitet worden, um den wachsenden pädagogischen Ansprüchen, denen sich das Ausbildungspersonal in der Praxis gegenübersieht, gerecht zu werden.

Darüber hinaus wurde mit der Einführung der beiden bundeseinheitlichen Aufstiegsfortbildungen zu geprüften Aus- und Weiterbildungspädagog:innen und zu geprüften Berufspädagog:innen für betriebliche Ausbilder:innen, die bereits über die AEVO verfügen, im Jahr 2009 auf die zunehmende Forderung nach mehr Professiona-

**Abb. H3-4: Entwicklung der Zahl der bestandenen Prüfungen zum/zur Aus- und Weiterbildungspädagog:in und Berufspädagog:in 2010 bis 2020 (Anzahl)**

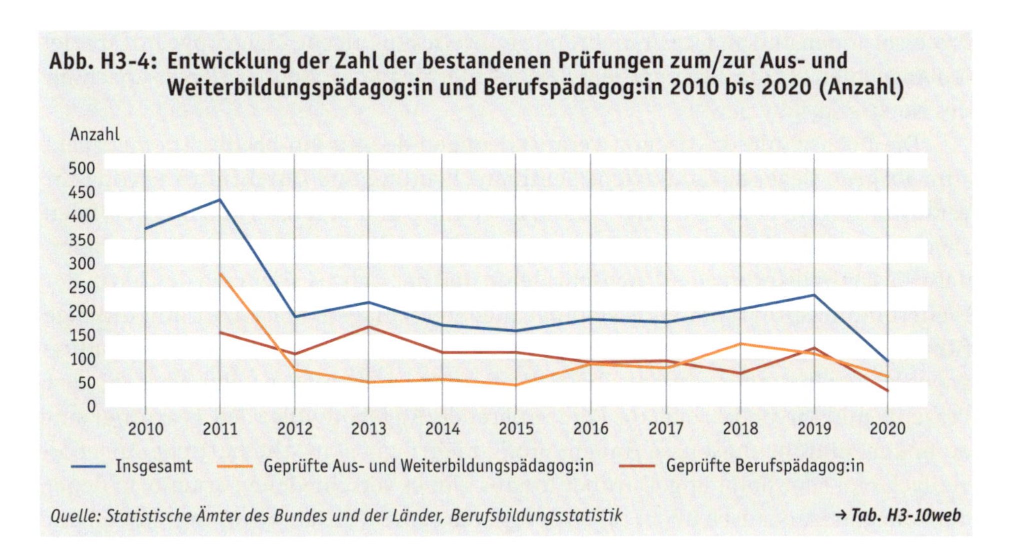


*Quelle: Statistische Ämter des Bundes und der Länder, Berufsbildungsstatistik* **→ Tab. H3-10web**

lisierung des Ausbildungspersonals reagiert. Bei den beiden Fortbildungen handelt es sich um aufeinander aufbauende Abschlüsse (Wagner, 2012), die sich vor allem an das hauptberuflich tätige betriebliche Bildungspersonal wenden und eine deutlich stärkere Prozess- und Projektorientierung aufweisen sowie mehr bildungsbezogene Planungs- und Managementprozesse anbieten (Faßhauer, 2017; Diettrich, 2009; Wagner, 2012). Damit existiert erstmals ein vom Bund geordnetes dreistufiges Weiterbildungssystem für berufspädagogische Qualifikationen, das auf dem Abschluss einer Berufsausbildung aufbaut. Im Gegensatz zur verpflichtenden AEVO für ausbildende Betriebe handelt es sich hierbei allerdings um freiwillige Weiterbildungen; sie stellen keine gesetzlich festgeschriebenen Anforderungen an das betriebliche Bildungspersonal dar (Grollmann & Ulmer, 2020). Solche weitergehenden formalen Fortbildungen, wie sie für die Ausbilder:innen im dualen Bereich bestehen, sind bislang für die Praxisanleiter:innen im Gesundheitswesen und für Praxismentor:innen in den Kindertageseinrichtungen nicht vorhanden (Kaufhold & Weyland, 2015; Hofrath & Zöller, 2020).

**Professionalisierungsbestrebungen beim betrieblichen Ausbildungspersonal …**

Die Erwartungen eines Professionalisierungsschubs – sowohl hinsichtlich der Professionalisierung an sich als auch bezogen auf die Anerkennung als eigene „Profession" –, die mit den beiden Aufstiegsfortbildungen zu geprüften Aus- und Weiterbildungspädagog:innen und zu geprüften Berufspädagog:innen verbunden waren, haben sich bisher nicht erfüllt (Schley et al., 2020). Unklar ist, warum dies so ist und welche Rolle die Attraktivität, Bekanntheit, Wirksamkeit und Verwertbarkeit dieser Abschlüsse für die geringe Inanspruchnahme spielen. So haben seit 2010 bundesweit 2.242 Personen erfolgreich die Fortbildungsprüfung als Aus- und Weiterbildungspädagog:in oder als Berufspädagog:in abgelegt (**Tab. H3-10web**). Nach einem stärkeren Rückgang zwischen 2010 und 2012 bewegt sich die Zahl der jährlichen Abschlüsse seitdem auf relativ konstantem niedrigem Niveau (ca. 200 Abschlüsse pro Jahr). Der neuerliche deutliche Rückgang an bestandenen Prüfungen im Jahr 2020 im Vergleich zu 2019 (**Abb. H3-4**) ist wahrscheinlich auf Schwierigkeiten bei der Durchführung der Fortbildungen während der Corona-Pandemie zurückzuführen, die sich auch in anderen Bereichen der Weiterbildung zeigen (vgl. **G1**).

**… aber geringe Inanspruchnahme der bestehenden Aufstiegsfortbildungen**

### Hochschule

Die hochschuldidaktischen Zentren auf Hochschul- oder Landesebene (**H2**) richten sich mit ihren Angeboten an alle Lehrenden der Hochschulen im jeweiligen Bereich, an Professor:innen, wissenschaftliche Mitarbeiter:innen, Lehrkräfte für besondere Aufgaben oder Lehrbeauftragte. An Fachhochschulen bilden die neu berufenen

Professor:innen und andere Erstlehrende teilweise eine eigene Zielgruppe mit speziellen Angeboten für diese Gruppe; ein Beispiel hierfür ist das „Neuberufenen-Coaching" des Netzwerks hdw nrw.

**Onlineformate in der hochschuldidaktischen Weiterbildung gewinnen an Bedeutung**

Die hochschuldidaktischen Veranstaltungen decken ein breites Themenspektrum ab: grundlegende didaktische Seminare, Planung und Durchführung von Lehrveranstaltungen, Bewerten und Prüfen, Betreuung und Beratung von Studierenden, Diversität oder Schlüsselqualifikationen wie Rhetorik oder Präsentieren. Insbesondere die Digitalisierung der Hochschullehre (**H4**) hat sich als Thema in den aktuellen Weiterbildungsprogrammen erkennbar niedergeschlagen. Präsenzförmig durchgeführte Seminare und Workshops sind in der letzten Zeit vermehrt durch Onlineangebote ergänzt oder – in der Phase der Corona-Pandemie – ersetzt worden; auch Präsenz- und virtuelle Formate kombinierende Angebote (Blended Learning) sind zu finden. Einführungskurse finden häufig mehrtägig statt, thematische Angebote vielfach ein- oder halbtägig. Darüber hinaus gibt es verschiedene Formate, in denen der kollegiale Austausch über Fragen der „guten Lehre" (Ulrich, 2016) angestoßen und gefördert werden soll, etwa im Rahmen fachdidaktischer Arbeitskreise oder durch Coachingangebote. An vielen Hochschulen werden zudem Lehrpreise vergeben, mit denen das Engagement für „gute Lehre" gewürdigt und verstärkt werden soll (Schmidt et al., 2016, S. 51–53). Viele Hochschulen haben einen jährlichen „Tag der Lehre", an dem Möglichkeiten zum Austausch über die Lehre bestehen und Best-Practice-Beispiele vorgestellt werden.

Wie viele Hochschullehrende an lehrbezogenen Weiterbildungen teilnehmen, wird nicht systematisch erhoben. Die Einrichtungen der hochschuldidaktischen Qualifizierung veröffentlichen nur teilweise und selektiv Angaben zur Zahl der Teilnehmer:innen (**Tab. H2-2web**). In aktuellen Befragungen des wissenschaftlichen Nachwuchses oder des wissenschaftlichen Personals spielen Fragen der hochschuldidaktischen oder lehrbezogenen Aus- und Weiterbildung keine Rolle. Auch darin spiegelt sich der Primat der Forschung für den Karriereweg des wissenschaftlichen Nachwuchses (**H2**). Die wenigen verfügbaren Studien weisen jedoch darauf hin, dass nur ein Teil der Lehrenden hochschuldidaktische Weiterbildungen besucht (Beuße, 2018; Beuße et al., 2016). Nach den Befragungen von Bloch et al. (2014) und Lübeck (2009), jeweils an wenigen Hochschulen, hat etwa jede:r 2. Lehrende schon einmal an hochschuldidaktischen Weiterbildungen teilgenommen.

**Teilnahme an Weiterbildung teils wegen Auslastung durch Forschung und Lehre erschwert**

Gegen die Teilnahme an solchen Qualifizierungsveranstaltungen spricht aus Sicht der Lehrenden vor allem die Auslastung durch Forschung und Lehre (Bloch et al., 2014, S. 206; Beuße et al., 2016). Lehrende an Fachhochschulen sind besser über Weiterbildungsangebote informiert und nehmen diese auch häufiger in Anspruch. Begünstigt wird die Teilnahme an hochschuldidaktischer Weiterbildung durch eine positive Einstellung im Kollegium, eine hohe Wertschätzung der Lehraufgaben, qualitativ hochwertige Weiterbildungsangebote und gute eigene Erfahrungen mit früheren hochschuldidaktischen Weiterbildungen (Beuße, 2018). Insgesamt scheint es jedoch nur einen kleinen Kern von an hochschuldidaktischen Fragen besonders interessierten Lehrenden zu geben, die sich kontinuierlich weiterbilden oder ein Lehrzertifikat abschließen.

Mit diesem Blick auf formale hochschuldidaktische Qualifizierung werden die Aktivitäten zur lehrbezogenen Weiterbildung und Qualifizierung jedoch unterschätzt. Denn auch non-formale und informelle Formen der Weiterbildung spielen eine Rolle, etwa hochschuldidaktische Fachliteratur oder der informelle Austausch mit Kolleg:innen über die Lehre (Beuße et al., 2016; Jörissen, 2021; Hahm & Franke, 2020). Gerade in der Qualifizierung für die digitale Lehre haben der Austausch mit und das Lernen von Kolleg:innen in der Vergangenheit einen großen Stellenwert eingenommen, wie der Bildungsbericht 2020 in seinem Schwerpunktkapitel gezeigt hat.

## Weiterbildung

Parallel zur heterogenen institutionellen Struktur und zur geringen Regulierung besteht ein zwar vielfältiges, aber curricular noch wenig systematisiertes (pädagogisches) Fortbildungsangebot für Lehrkräfte in der Weiterbildung, das sich häufig nur schwer von Angeboten der Ausbildung (**H2**) abgrenzen lässt. Die Angebote unterscheiden sich je nach Anbieter in ihrer inhaltlichen Zusammensetzung, Tiefe und Zielgruppenfokussierung, sind teilweise modularisiert, nur wenigen Angeboten liegen Kompetenzrahmen zugrunde und zumeist werden nur Teilkompetenzen adressiert. Die Teilnehmenden erhalten in der Regel (Teilnahme-)Bescheinigungen oder Zertifikate; teilweise erreichen sie auch formale Abschlüsse. Neben den kursförmigen Fortbildungsangeboten liegt eine Vielzahl an Selbststudienmaterialien zum Kompetenzaufbau vor, die sich entweder an das planerisch arbeitende, zumeist hauptberuflich tätige Personal oder an das zumeist nebenberuflich lehrende Personal richten (Schrader, 2010). Hierzu zählen diverse Dozierendenleitfäden, Methodenmaterial ebenso wie strukturiertere Selbststudienplattformen. Ratgeberliteratur rundet das Fortbildungsangebot in der Weiterbildung ab. Die Kosten für Fort- und Weiterbildung sind entsprechend sehr unterschiedlich.

**Fortbildungsangebot in der Weiterbildung kaum curricular systematisiert**

**Selbststudienmaterialien ergänzen kursförmige Angebote**

Auf spezifische Berufsgruppen ausgerichtete Fortbildungsangebote bestehen bislang vor allem für Kursleitende in der öffentlichen Weiterbildung, Lehrkräfte in Integrations- und Berufssprachkursen (additive Zusatzqualifizierungen) sowie für Trainer:innen oder Coaches, deren Tätigkeitsfeld im Bereich von Wirtschaft und Unternehmen liegt. Verstärkte Aufmerksamkeit finden im Rahmen der Alphabetisierungsdekade Fortbildungskonzepte für Kursleitende in der Alphabetisierung und Grundbildung.[11] Bereichsspezifisch bestehen Bemühungen, die Fort- und Weiterbildungen zu zertifizieren, um für mehr Transparenz gegenüber den Adressat:innen und Anbietern zu sorgen (s. Deutscher Bundesverband Coaching e. V.[12]). Weiterhin finden sich mittlerweile auch Angebote, denen Kompetenzrahmen (bspw. GRETA) zugrunde gelegt werden. Dies schafft Transparenz und kann die Qualität von Fortbildungen erhöhen, da relevante Dimensionen professioneller Kompetenzen klar zu adressieren sind.

**Steigende Angebotsqualität durch Zertifizierungen und Kompetenzrahmen**

In der Regel ist die Teilnahme an Fortbildungen optional. Fortbildung wird von den Beschäftigten hauptsächlich genutzt, um eigene Kompetenzen weiterentwickeln und damit die Beschäftigungsbedingungen verbessern zu können. Aussagen über die Nutzung von Fort- und Weiterbildungsangeboten sind lediglich auf der Basis von Personenbefragungen möglich; diese informieren u. a. über Weiterbildungsaktivitäten zu beruflichen Zwecken, über den aufgewandten Studienumfang sowie über erworbene pädagogische Zusatzqualifikationen. Dies ist allerdings mit verschiedenen Einschränkungen verbunden.[13]

Trotz der insgesamt geringen Reglementierung und der oft prekären Beschäftigungsbedingungen (**H1**, **H5**) ist das Weiterbildungspersonal laut wb-personalmonitor D grundsätzlich sehr weiterbildungsaktiv: 76 % des Personals bildeten sich im Jahr 2014 aus beruflichen oder privaten Gründen weiter, 54 % aus rein beruflichen Gründen (**Abb. H3-5**). Unterschiede zeigen sich dabei u. a. in Abhängigkeit von Alter, Beschäftigungsverhältnis, Erwerbsform und Einrichtungstyp. Zwar ist die berufliche Weiterbildungsaktivität von Honorarkräften mit 57 % überdurchschnittlich hoch, dennoch zeigt sich bei Beamt:innen

**Weiterbildungsaktivität unterscheidet sich zwischen Beschäftigungsgruppen**

*11 Vgl. Handlungsempfehlungen des Kuratoriums der Nationalen Dekade für Alphabetisierung und Grundbildung.*
*12 Vgl. https://www.dbvc.de/coach-werden/coaching-weiterbildungsanbieter.*
*13 Selbstberichtete berufliche Weiterbildungen sind nicht gleichzusetzen mit Fortbildungen für die aktuell ausgeübte pädagogische Tätigkeit. Insbesondere bei Mehrfachbeschäftigten in verschiedenen Branchen ist unklar, welcher ausgeübten Tätigkeit die berichtete Weiterbildung dient. Erworbene pädagogische Zusatzqualifikationen geben Aufschluss über die Bereitschaft des Personals, sich für eine pädagogische Tätigkeit zu qualifizieren oder aber weiterzubilden, nicht jedoch, zu welchem Zeitpunkt diese erworben wurden, ob sie also einer Tätigkeit in der Weiterbildung vorausgehen oder aber im Kontext einer Tätigkeit in der Weiterbildung erworben wurden.*

eine nochmals höhere Beteiligung von 73 %. Ob eine Tätigkeit in der Weiterbildung im Haupt- oder Nebenerwerb ausgeübt wird, scheint sich nicht auf die Weiterbildungsaktivität auszuwirken. Differenziert nach Altersgruppen bilden sich Personen im Alter von 40 bis unter 50 Jahren am häufigsten beruflich weiter (**Tab. H3-11web**).

**Mangelnde Zeitressourcen häufigster Grund, nicht an Weiterbildung teilzunehmen**

Wenngleich die berufliche Weiterbildungsquote des Weiterbildungspersonals hoch ausfällt, bildet sich ein substanzieller Anteil nicht beruflich weiter. Die Gründe hierfür fallen vielfältig, aber zugleich gewichtig aus. Als Hauptgrund werden fehlende Zeitressourcen angesehen: 47 % der Nichtteilnehmenden und 63 % der Nichtteilnehmenden im Haupterwerb nehmen aus Zeitgründen nicht an Weiterbildung teil. 35 % berichten, dass ihr Wissen bereits auf dem aktuellen Stand ist. Männer geben dies doppelt so häufig an wie Frauen. Kostengründe berichtet immerhin jede 4. nichtweiterbildungsaktive Person. Tätige im Nebenerwerb eignen sich Inhalte eher autodidaktisch als kursförmig an (**Tab. H3-12web**). Gleichzeitig zeigen empirische Studien, dass sich Investitionen in die eigene Professionalität, bspw. durch den Erwerb pädagogischer Zusatzqualifikationen, durchaus lohnen, insofern sie die Beschäftigungsbedingungen des Personals verbessern (vgl. Schrader & Loreit, 2018).

Wie bereits im Bildungsbericht 2018 aufgezeigt wurde, sind beim Personal der Weiterbildung pädagogische Zusatzqualifikationen weit verbreitet (vgl. Autorengruppe Bildungsberichterstattung, 2018, S. 182). Durchschnittlich haben die in der Weiterbildung Berufstätigen 1,6 Zusatzqualifikationen erworben, 64 % besitzen mindestens eine Zusatzqualifikation. Am häufigsten angegeben wird das Zertifikat im Rahmen der AEVO, gefolgt von Ausbildungen in systemischer Beratung und Coaching, Train-the-Trainer-Ausbildungen oder dem IHK-zertifizierten Abschluss als geprüfter „Aus- und Weiterbildungspädagoge". Welche pädagogischen Zusatzqualifikationen das Personal jeweils erworben hat, hängt vor allem mit dem ausgeübten Tätigkeitsprofil und Einrichtungskontext zusammen (vgl. ebd.).

**Arbeitgeber stellen breites Weiterbildungsangebot zu digitalen Kompetenzen zur Verfügung**

Digitale Kompetenzen spielen auch in der Weiterbildung eine zunehmend wichtige Rolle, nicht erst seit der Corona-Pandemie. Dieser Bedarf kommt auch in der Verankerung eines eigenen Handlungsfeldes in der Nationalen Weiterbildungsstrategie zum Ausdruck. Laut wbmonitor D hat mehr als jeder 2. Anbieter im Jahr 2019 zur Verbesserung digitaler Kompetenzen des pädagogischen Personals bereits interne Weiterbildungsveranstaltungen durchgeführt, externe Präsenzveranstaltungen ge-

**Abb. H3-5 Weiterbildungsaktivitäten des Weiterbildungspersonals* 2014 und Gründe der Nichtteilnahme (in %)**

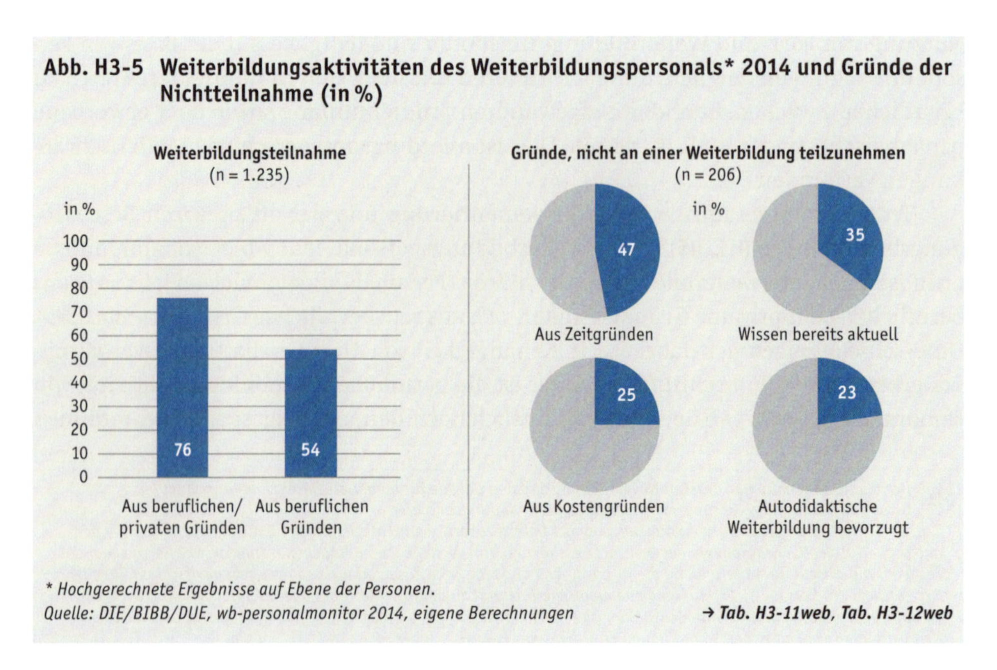


* Hochgerechnete Ergebnisse auf Ebene der Personen.
Quelle: DIE/BIBB/DUE, wb-personalmonitor 2014, eigene Berechnungen

→ Tab. H3-11web, Tab. H3-12web

fördert oder aber individuelles Coaching durch eigene Mitarbeitende in Anspruch genommen (**Tab. H3-13web**). Besonders aktiv erscheinen hier staatliche Anbieter. Externe Onlineweiterbildungen fördern dagegen besonders häufig wirtschaftsnahe Einrichtungen (69 %) oder Einrichtungen von Parteien, Kirchen oder Gewerkschaften (76 %). Fachliteratur wurde auch von nahezu jeder 2. Einrichtung (47 %) bereitgestellt. Obgleich die Daten eine hohe Anbieteraktivität zu digitalen Kompetenzen widerspiegeln, geben sie keine Auskunft über ihre Reichweite, etwa über den Anteil geförderter Mitarbeiter:innen. Für Lehrkräfte in Integrationskursen wurde die Zusatzqualifizierung Deutsch als Zweitsprache um das Wahlmodul Medienkompetenz als Reaktion auf bestehende Medienkompetenzbedarfe im Jahr 2020 ergänzt.

### Bereichsübergreifende Perspektive

Die vorangegangenen Betrachtungen zeigen, dass sich das pädagogische Personal in unterschiedlichem Maße an Weiterbildung beteiligt. Aufgrund abweichender Fragestellungen und Erhebungsweisen der jeweiligen Studien lassen sich die Quoten jedoch nur eingeschränkt gegenüberstellen. Mit dem Mikrozensus (D) steht jedoch eine amtliche Datenquelle zur Verfügung, mit deren Hilfe über verschiedene Wirtschaftszweige und Berufsgruppen hinweg Aussagen zur Teilnahme an beruflicher Weiterbildung in den vergangenen 12 Monaten getroffen werden können. Wenngleich die Erhebungsbesonderheiten zu einer deutlichen Unterschätzung der Weiterbildungsbeteiligung und eingeschränkten Vergleichbarkeit mit den zuvor berichteten Studien führen dürften, lassen sich so auf einheitlicher Datengrundlage Niveauunterschiede zwischen den Bildungsbereichen ausmachen.

Neben den bekannten Beteiligungsmustern zugunsten von höher qualifizierten Beschäftigten (**Tab. H3-14web**) lässt sich verglichen mit der gesamten Erwerbsbevölkerung (17 %) für die betrachteten pädagogischen Berufsgruppen im Durchschnitt eine höhere Beteiligung (33 %) an Weiterbildung feststellen. Nicht zuletzt mit Blick auf die Debatte um die Professionalität des pädagogischen Personals erscheint ein Vergleich mit der Weiterbildungsbeteiligung in den klassischen Professionen angemessener als ein Vergleich mit der Gesamtbevölkerung (**Abb. H3-6**). Während Rechtsanwält:innen sich nur geringfügig häufiger weiterbilden, weisen Ärzt:innen gegenüber dem pädagogischen Personal eine deutlich höhere Beteiligungsquote auf. Dies dürfte vor allem durch eine unmittelbar an die Berufsausübung geknüpfte, klar reglementierte Fortbildungsverpflichtung für Ärzt:innen bedingt sein.

**Pädagogisches Personal überdurchschnittlich weiterbildungsaktiv, aber seltener als Ärzt:innen oder Jurist:innen**

Eine vertiefende Betrachtung der Weiterbildungsbeteiligung zeigt deutliche Unterschiede zwischen den Bildungsbereichen auf. So geben Lehrkräfte allgemeinbildender und beruflicher Schulen deutlich häufiger an, im vergangenen Jahr an einer beruflichen Weiterbildungsmaßnahme teilgenommen zu haben, als das Personal in den Hochschulen, in der Ganztagsbetreuung oder dem sonstigen Unterricht (Erwachsenenbildung). Die Unterschiede zwischen den Bildungsbereichen sind nicht zuletzt auf die zuvor dargelegten dortigen strukturellen Bedingungen zurückzuführen, die einen wesentlichen Einfluss auf die Teilnahme an Fortbildungen nehmen (Kruppe & Baumann, 2019). Wie aufgezeigt, unterscheiden sich die institutionalisierten Gelegenheitsstrukturen deutlich, ohne dass hinreichende Klarheit darüber besteht, wie die Bedarfe im Einzelnen erschlossen und in Fortbildungsangebote übersetzt werden.

**Lehrkräfte an Schulen bilden sich häufiger fort als das Personal anderer Bildungsbereiche**



Fortbildungsverpflichtungen sind bislang nur partiell etabliert und tendenziell einrichtungsbezogen oder wie im Bereich der Lehrkräftebildung zumeist als Vorschrift ohne gesetzlich geregelte Konsequenzen bei Nichterfüllung formuliert. In Teilbereichen der Erwachsenenbildung werden im Rahmen etablierter Qualitätsmanagementsysteme, die eine Voraussetzung für öffentliche Förderung sind, oftmals auch Anforderungen an die Personalentwicklung formuliert (von Hippel, 2011). In

**Abb. H3-6: Beteiligung an beruflicher Weiterbildung* in pädagogischen und weiteren ausgewählten Berufen 2019 (in %)**

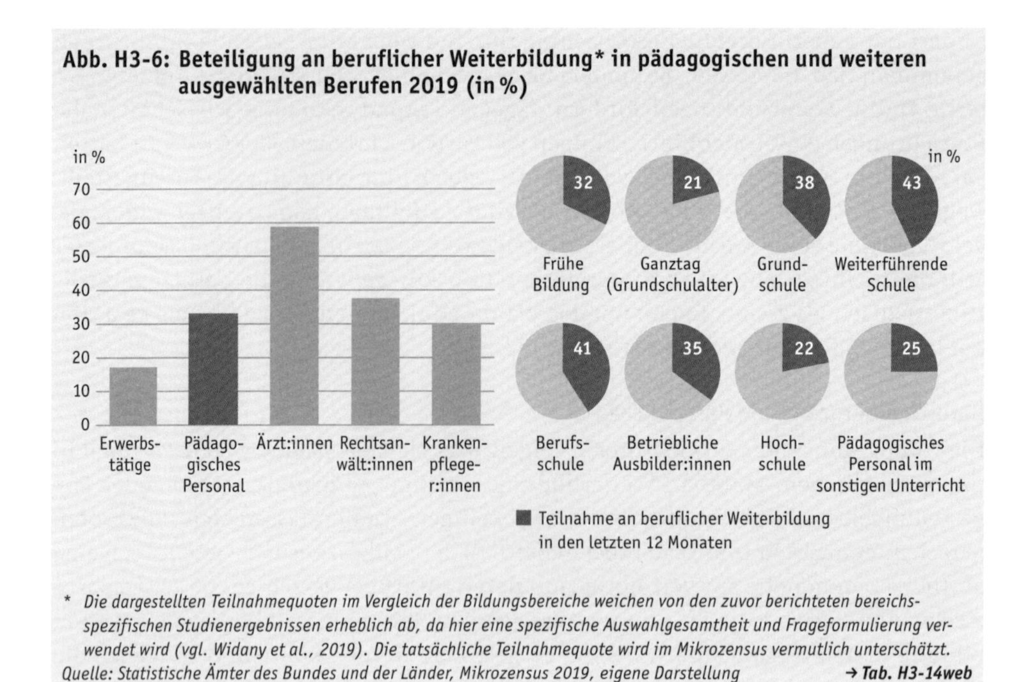


* *Die dargestellten Teilnahmequoten im Vergleich der Bildungsbereiche weichen von den zuvor berichteten bereichsspezifischen Studienergebnissen erheblich ab, da hier eine spezifische Auswahlgesamtheit und Frageformulierung verwendet wird (vgl. Widany et al., 2019). Die tatsächliche Teilnahmequote wird im Mikrozensus vermutlich unterschätzt.*
*Quelle: Statistische Ämter des Bundes und der Länder, Mikrozensus 2019, eigene Darstellung* **→ Tab. H3-14web**

dieser Studie finden sich zudem Hinweise darauf, dass eine von Einrichtungsleitungen und -kollegien geprägte positive Fortbildungskultur einen positiven Einfluss auf Weiterbildungsteilnahme hat. Einschränkungen ergeben sich aus fehlenden Personalkapazitäten. Entsprechend wird die Unvereinbarkeit der Fortbildungsmaßnahme mit der Arbeits- oder Familienzeit oftmals als hinderlich wahrgenommen (Richter et al., 2020; von Hippel, 2011). Inwieweit dem durch eine Flexibilisierung von Zeitpunkt, Dauer, Struktur und Format (Präsenz, digital, Blended Learning) der Fortbildungsangebote zu begegnen wäre, bleibt zu erproben.

Die Bereitschaft und die Entscheidung, sich weiterzubilden, sind nicht zuletzt auch von individuellen Erwartungen, Motiven und vorangegangenen Erfahrungen geprägt (Kruppe & Baumann, 2019). Verschiedene Studien verweisen darauf, dass Weiterbildungsabstinente den „potenziellen Nutzen von Weiterbildung offensichtlich häufig nicht realistisch bzw. nicht differenziert einschätzen können" (Müller & Wenzelmann, 2020, S. 70). Mit systematischeren, differenzierten Bedarfserhebungen, die bislang weitgehend fehlen, sowie der Sicherstellung darauf zugeschnittener Angebote ließe sich diesen Unsicherheiten begegnen. Offen bleibt, ob auch Anreize – etwa finanzielle Teilnahmebezuschussungen oder eine stärkere Berücksichtigung von Fortbildungszertifikaten für individuelle Weiterentwicklungs- und Aufstiegsmöglichkeiten – zu einer größeren Weiterbildungsteilnahme beitragen könnten.

# Pädagogisches Handeln im Beruf

Misst man dem Bildungspersonal eine Schlüsselrolle für gelingende Bildungsprozesse bei, so gilt es in einem Schwerpunktkapitel, auch die Einstellungen, Werthaltungen oder gar Verhaltensweisen der pädagogisch Handelnden zu thematisieren. Lehr-Lern-Situationen können prinzipiell nur in der „konstruktiven Interaktion" (Baumert & Kunter, 2006) zwischen Lehrenden und Lernenden erfolgreich sein. In der Forschung ist es üblich, solche Interaktionsprozesse mithilfe von Angebots-Nutzungs-Modellen zu beschreiben: Lehrende und Lernende machen einander fortlaufend Angebote an Wissen, an Formen seiner Vermittlung und Aneignung, ohne sicher wissen zu können, ob diese Angebote wie intendiert genutzt werden und erwünschte Wirkungen erzielen. Das Initiieren, Steuern und Koordinieren von Bildungsprozessen erfolgt zudem in sozialen Umgebungen (wie z.B. einer Kita-Gruppe, einer Schulklasse oder einem Universitätsseminar) und verlangt von den pädagogisch Handelnden, auf eine Vielzahl meist unvorhersehbarer Reize und Ereignisse gleichzeitig zu reagieren. Die Vielschichtigkeit der Prozessebene ist einer der Gründe dafür, dass das Interaktionsgeschehen zwischen Lehrenden und Lernenden bislang eines der größten datenbezogenen Desiderate der empirischen Bildungsforschung darstellt – noch mehr gilt dies bis auf wenige Ausnahmen für die auf repräsentative und fortschreibbare Daten angewiesene Bildungsberichterstattung. Hierfür reichen die üblichen situativ und subjektiv geprägten Einschätzungen von Lehrenden und Lernenden in der Regel nicht aus.

Soweit es die Datenlage zulässt, wird im Folgenden ein Blick auf bereichsspezifische Rahmenbedingungen des pädagogischen Handelns bezogen auf unterschiedliche Tätigkeiten geworfen. Da sich die Unterstützungsbedarfe der Lernenden über die Lebensspanne verändern, stellt sich u.a. die Frage, welche Rolle und Funktion das Bildungspersonal jeweils einnimmt und was das Spezifische am pädagogischen Handeln in dem jeweiligen Bildungsbereich ist. Kaum empirisch zu beschreiben bleibt dabei jedoch, inwiefern ein unterschiedlicher Personaleinsatz oder Kompetenzstand des Personals Auswirkungen auf die (Wahrnehmung der) Lehr-Lern-Qualität oder den Entwicklungsfortschritt von Lernenden hat.

### Frühe Bildung

**Betreuung und Erziehung in der Frühen Bildung ebenso relevant wie Bildungsprozesse**

In der Frühen Bildung (G) besteht hinsichtlich der Planung und Gestaltung von Bildungsprozessen im Kleinkindalter seit Langem eine relativ eigenständige Diskurstradition, die nicht sonderlich kompatibel zu anderen Bildungsbereichen erscheint. Diese betont vor allem das Neben- und Ineinandergreifen der im Kinder- und Jugendhilfegesetz verankerten Trias von *Bildung, Betreuung und Erziehung* als pädagogisches Referenzkonzept. Gründe hierfür liegen zum einen in der strukturellen Rahmung frühkindlicher Entwicklung, bei der es mehrheitlich um basale, nichtsprachliche bzw. nicht schriftsprachliche Formen der Kompetenzentwicklung geht, die alltagsintegriert vermittelt werden. Zum anderen liegen Gründe in der nichtakademischen, beruflichen Ausbildungstradition des Kernpersonals sowie dem traditionellen Einfluss von privaten, vielfach auch konfessionellen Trägern, die sich nicht so dezidiert wie in anderen Bereichen als Bildungsakteure verstehen.

**Gestaltung früher Bildungsprozesse eher alltagsintegriert als lehrplanorientiert**

Im Unterschied zu Bildungsprozessen in der Schule, in der beruflichen Ausbildung oder im Hochschulstudium sind frühkindliche Bildungsprozesse weitaus weniger curricular vorstrukturiert, weniger instruktions- oder lehrplanorientiert. Im Vordergrund stehen vielmehr Bildungsprozesse, die einen situations- und alltagsintegrierten Zugang verfolgen und Bildung vom Kind aus verstehen. Die Gestaltung von Bildungsprozessen orientiert sich dabei stärker an einem familiennahen Zusammenspiel von Bildung, Betreuung und Erziehung, bei dem ein kindsensibles individualisiertes Erfahrungslernen im Vordergrund steht. Erfahrungsräume sollen durch Elemente des Freispiels und verschiedene offene Spiel- und Lernarrangements ermöglicht und gefördert werden. Dabei unterliegt der Kita-Alltag – im Unterschied zu Unterricht und Stundenplänen in der Schule – nur wenigen alltagsstrukturierenden Fixpunkten (z. B. Morgenkreis, Essens- oder Ruhezeiten). Entsprechend breit und weniger thematisch-fachbezogen sind auch die Erziehungs- und Bildungspläne für Kindertageseinrichtungen angelegt (vgl. **C2**), entsprechend offen und variabel sind die inhaltlichen Anforderungen an die dort tätigen pädagogischen Fachkräfte (**H2**).

Dass die pädagogische Praxis in der Frühen Bildung nicht nur von Bildungsprozessen geprägt ist, sondern auch Elemente der Betreuung und Erziehung der Kinder den Kita-Alltag prägen, zeigt die Fachkräftebefragung TALIS Starting Strong D zu pädagogischen (Alltags-)Praktiken (**Abb. H4-1**). Dabei gibt im Durchschnitt aller teilnehmenden OECD-Staaten weniger als die Hälfte der Befragten an, dass es zu ihrem pädagogischen Alltag gehöre, die Fähigkeiten der Kinder zu erweitern; Deutschland liegt mit 44 % noch unter dem internationalen Durchschnitt. Demgegenüber sagen sowohl in Deutschland als auch im internationalen Durchschnitt mehr als zwei Drittel der Befragten, dass Aspekte der Betreuung („Ich beruhige aufgebrachte Kinder“) und Erziehung („Ich unterstütze Kinder dabei, sich an Regeln zu halten“) Bestandteile ihrer alltäglichen pädagogischen Tätigkeit sind. Vor allem individuelle, an das einzelne Kind angepasste Praktiken sind wiederum in Deutschland deutlich geringer als im internationalen Vergleich.

**Individuelle, an das Kind angepasste Praktiken in Deutschland eher gering**

**Abb. H4-1: Häufige Praktiken* von pädagogisch Tätigen in Kita-Gruppen mit Kindern ab 3 Jahren in Deutschland und international (in %)**

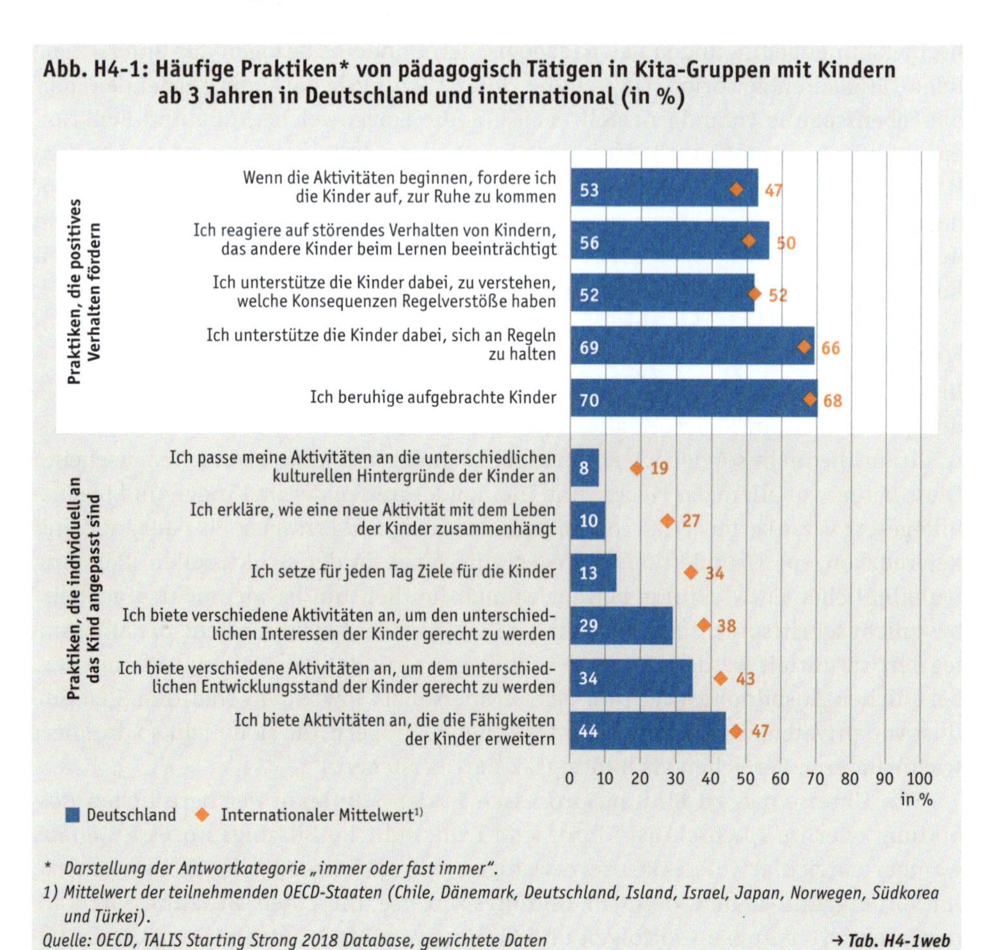


* *Darstellung der Antwortkategorie „immer oder fast immer“.*
1) *Mittelwert der teilnehmenden OECD-Staaten (Chile, Dänemark, Deutschland, Island, Israel, Japan, Norwegen, Südkorea und Türkei).*
*Quelle: OECD, TALIS Starting Strong 2018 Database, gewichtete Daten*
→ *Tab. H4-1web*

Die Qualität von frühkindlichen Bildungsprozessen in Kitas wird – indirekt – durch die *Strukturqualität* wie etwa den Fachkraft-Kind-Schlüssel und – direkt – durch die *Prozessqualität* und hier vor allem durch die Art der Interaktion zwischen Fachkraft und Kind geprägt (Tietze et al., 2013; Anders, 2012; Viernickel & Fuchs-Rechlin, 2015).

Die Planung und Konzipierung von Möglichkeitsräumen für Fachkraft-Kind-Interaktionen und Bildungsprozesse stellt eine zentrale Stellschraube der Strukturqualität in Kindertageseinrichtungen dar. Hierzu zählt auch die Personaleinsatzplanung, wie z. B. der Personalschlüssel (vgl. **C2**) unter besonderer Berücksichtigung spezifischer Förderbedarfe bei den Kindern. Es konnte mehrfach nachgewiesen werden, dass in Abhängigkeit von der Fachkraft-Kind-Relation sowohl das Verhalten des pädagogischen Personals als auch das der Kinder variiert: Bei einem günstigen Personalschlüssel war das Personal sensibler und weniger kontrollierend, während Kinder seltener aggressives Verhalten und häufiger Anzeichen von emotionalem Wohlbefinden äußerten (NICHD ECCRN, 2002; Tietze et al., 2013).

Des Weiteren führen zunehmend vielschichtiger werdende Herausforderungen an das Kita-Personal und die mit dem Personalmangel einhergehende Öffnung des Feldes für weitere, unter Umständen weniger qualifizierte Personengruppen vermehrt zu heterogen zusammengesetzten Teams (Autorengruppe Fachkräftebarometer, 2021). Zum Teil werden Qualifikationsanforderungen und spezifische Kompetenzen für die Beschäftigten in Kitas in den Fachkräftekatalogen der Länder festgelegt (Grgic & Friedrich, 2022). Eine „multiprofessionelle Zusammenarbeit" erfordert wiederum sowohl Führungskompetenz seitens der Kita-Leitungen als auch Teamkompetenz bei den pädagogisch tätigen Fachkräften.

**Fachkraft-Kind-Interaktionen ausschlaggebend für Kita-Qualität**

Diese Aspekte der Strukturqualität prägen die *Prozess- oder Interaktionsqualität* in Kitas. Ihren Ausdruck findet die Interaktionsqualität in gemeinsamen Dialogen, Aktivitäten sowie dem generellen Zusammenspiel zwischen Fachkraft und Kind und stellt damit den entscheidenden Faktor für hochwertige Bildungs- und Entwicklungsprozesse in der Kita dar (Schelle et al., 2020; Weltzien et al., 2017). So ließ sich nachweisen, dass Fachkraft-Kind-Interaktionen einen starken Einfluss auf die sozioemotionale Entwicklung und das Herausbilden von kognitiven Kompetenzen der Kinder haben (Mashburn et al., 2008; Sylva et al., 2004).

International wurde bereits 2017 in einem systematischen Abgleich diverser Studien festgestellt, dass das Ausbildungsniveau der pädagogischen Fachkräfte die Qualität des Lernumfeldes in der Kita beeinflusst (Manning et al., 2017). Dabei wurden in der Metaanalyse sowohl Vergleichsstudien einbezogen, die verschiedene Qualifizierungsniveaus der Fachkräfte untersuchten, als auch Korrelationsstudien zur Ausbildung der Fachkräfte und zu den sich zeigenden (Lern-)Ergebnissen aufseiten der Kinder (ebd.). Zudem konnte für die USA festgestellt werden, dass die Ausbildung des pädagogischen Fachpersonals einen Einfluss auf die Fachkraft-Kind-Interaktion hat: So zeigte sich bei Fachkräften, die keine explizite frühpädagogische Ausbildung absolviert haben, eine deutlich geringere Interaktionsqualität (Lin & Magnuson, 2018; NICHD ECCRN, 2002).



**Interaktionsqualität abhängig von Qualifikation und Rollenverhalten des pädagogischen Personals**

Für Deutschland wies die Nationale Untersuchung zur Bildung, Betreuung und Erziehung in der frühen Kindheit (NUBBEK) nach, dass Fachkräfte mit höherem pädagogischem Abschluss sensibler mit Kindern im Krippenalter interagieren (Tietze et al., 2013). Neben dem allgemeinen Qualifikationsniveau zeigt auch das Rollenverhalten der Fachkräfte Auswirkungen auf die Interaktionsqualität. So konnten Kluczniok & Schmidt (2021) zeigen, dass unterstützend-ermutigendes („scaffolding"-affines) Rollenverhalten der pädagogischen Fachkräfte mit einer deutlich höheren Interaktionsqualität einhergeht, wohingegen informierendes, beobachtendes oder kontrollierendes Verhalten seitens der Fachkraft in keinem Zusammenhang zu der Interaktionsqualität mit den Kindern steht (ebd.).

Die professionelle Wahrnehmung, also das Erfassen, Einordnen und Interpretieren einer beruflichen Situation, hat dagegen einen erkennbaren Einfluss auf die Qualität von Fachkraft-Kind-Interaktionen (Mischo et al., 2020). Aber auch die Fachkraft-Kind-Interaktionen selbst haben Auswirkungen auf die professionelle Wahrnehmung (Pianta et al., 2005). Fachkräfte, die lernförderliche Situationen identifizieren können, führen mit einer höheren Wahrscheinlichkeit lernunterstützende Interaktionen mit den Kindern durch (Hamre et al., 2012).

In der Frühen Bildung sind im Vergleich zu anderen Bildungsbereichen pädagogische Orientierungen und Einstellungen (bspw. zur eigenen pädagogischen Rolle oder zu den Aufgaben von Kitas) für die Förderung des Kindes und professionelle Handlungsorientierung deutlich zentraler. Im Gegensatz zur Grundschule, in der Bildungsprozesse und Leistungsrückmeldungen stärker standardisiert sind, sind in der Frühen Bildung für die Initiierung von Bildungsprozessen länger andauernde Fachkraft-Kind-Interaktionen ausschlaggebend. Eine ko-konstruktive Gestaltung, in der sich die pädagogische Fachkraft selbst für das Erkenntnisinteresse des Kindes begeistert, bietet ein hohes Lernpotenzial (König, 2007).

**Die Initiierung von Lernprozessen fällt Fachkräften in geplanten Settings leichter**

Während diverse Studien in deutschen Kitas hohe Werte in der Beziehungsgestaltung als Teilbereich der Interaktionsqualität nachwiesen, zeigten sich geringe Werte in der bildungsorientierten Unterstützung von kindlichen Lernprozessen (Wadepohl & Mackowiak, 2016; Suchodoletz et al., 2014; Wildgruber et al., 2016). Es stellte sich heraus, dass lernunterstützende Interaktionen je nach Setting variieren: Im Gegensatz zu Gruppenaktivitäten waren während Mahlzeiten, Routinen und Freispielsituationen deutlich weniger Fachkraft-Kind-Interaktionen und Lernprozesse zu beobachten (Kluczniok & Schmidt, 2021). Eine aktive Unterstützung von Lernprozessen scheint pädagogischen Fachkräften in eigens dafür vorgesehenen Situationen mit einer Vorstrukturierung leichter zu fallen (Reyhing et al., 2019).

**Handlungsorientierung der Fachkräfte ausschlaggebend für alltagsintegrierte Sprachförderung**

Eine wissenschaftsbasierte Planung und Implementierung von themenspezifischen Bildungsprozessen kommen in der Frühen Bildung bislang nur vereinzelt zum Einsatz. So greifen neuere Entwicklungen zur Sprachförderung in Kitas vermehrt auf didaktische Konzepte und die Evaluation von eingesetzten Methoden der individuellen Förderung zurück. Auch für die alltagsintegrierte Sprachbildung in Kitas sind Fachkraft-Kind-Interaktionen bedeutsam (vgl. **C4**). Aktuelle Studien verdeutlichen, dass kindbezogene Interaktionen von Fachkräften einen hohen Wert für die Sprachförderung besitzen (Göbel et al., 2021). Im Gegensatz zu ablauf- und lernorientiert handelnden Fachkräften konnten bildungsorientiert handelnde Fachkräfte mithilfe von intensiven Dialogen besonders sprachanregende Interaktionen gestalten. Durch die Teilnahme an einer Fortbildung zu sprachförderlichen Interaktionen ließ sich der Anteil an Fachkräften, die bildungsorientiert interagieren, erhöhen (ebd.). Auch im Bereich der MINT-Bildung zeigen aktuelle Studien einen gemeinsamen Einfluss der Prozessqualität und der Häufigkeit von naturwissenschaftlichen Lerngelegenheiten im Kita-Alltag auf das Wissen der Kinder. Eine hohe Prozessqualität wird durch das inhalts- und prozessbezogene Fachwissen der pädagogischen Fachkräfte bestimmt (Steffensky et al., 2018).



Für die Frühe Bildung ist festzuhalten, dass sowohl bestimmte Merkmale der Strukturqualität – allen voran die Fachkraft-Kind-Relation – als auch Kompetenzen und pädagogische Orientierungen sowie Einstellungen aufseiten des pädagogischen Personals die Fachkraft-Kind-Interaktion beeinflussen. Für Bildungsprozesse sind insbesondere lernunterstützendes, bildungsorientiertes Handeln und Rollenverhalten der Fachkräfte ausschlaggebend. Aus diesem Grund wird der Entwicklung einer pädagogischen Haltung und deren Reflexion in der Ausbildung frühpädagogischer Fachkräfte und in frühpädagogischen Kompetenzmodellen eine besondere Bedeutung zugesprochen (**H2**).

### Allgemeinbildende Schule

Die Qualität des Unterrichts hängt nachweislich davon ab, ob es Lehrkräften gelingt, Schüler:innen angemessene Unterstützung und Anregung zu bieten, die sich z.B. in einer effektiven Klassenführung oder einem kognitiv aktivierenden Unterricht aus Schüler:innensicht widerspiegeln (vgl. **D4**). Auch der Einsatz von didaktischen Methoden eines leistungsdifferenzierten Unterrichts (Binnendifferenzierung) oder von individualisierten Aufgabenformaten und Bearbeitungszeiträumen kann die Leistungsentwicklung begünstigen (Kunter & Voss, 2011; Henschel et al., 2019). Für die Planung und Gestaltung des Unterrichts kommt dem Professionswissen der Lehrkräfte eine besondere Bedeutung zu (Krauss et al., 2008). So stellte sich im Rahmen von COACTIV-R heraus, dass Schüler:innen, deren Lehrkräfte während des Referendariats über ein höheres pädagogisch-psychologisches Wissen verfügen, von weniger Unterrichtsstörungen und einem besseren Monitoring der Lehrkraft berichten und sich gleichzeitig besser konstruktiv in ihren Lernprozessen unterstützt fühlen (Voss et al., 2014, S. 194). Das Potenzial zur kognitiven Aktivierung hingegen hing nicht mit dem pädagogisch-psychologischen Wissen, sondern dem Fachwissen der Lehrkräfte zusammen. Die COACTIV-Hauptstudie zeigt, dass vor allem das fachdidaktische Wissen der untersuchten Mathematiklehrkräfte des Sekundarbereichs I einen signifikanten Einfluss auf einen kognitiv herausfordernden und unterstützenden Unterricht hat (Krauss et al., 2008, S. 250).

**Nachhaltige Lernprozesse maßgeblich von Unterstützung und Anregung durch Lehrkraft abhängig**

**Höheres pädagogisches Wissen geht mit besserer Unterrichtsführung einher, aber nicht mit mehr kognitiver Aktivierung**

Angesichts dieser Befundlage ist bemerkenswert, dass mittlerweile zwar Kompetenzen von Schüler:innen regelmäßig getestet werden (z.B. IQB-Bildungstrends, PISA), über das Professionswissen von Lehrkräften aber vergleichsweise wenige Daten vorliegen. Für die COACTIV-Studie wurde das Fach- sowie das fachdidaktische Wissen von Mathematiklehrkräften der PISA-Klassen 2003/04 erstmals umfassend getestet und in Bezug zu den Lernfortschritten der Schüler:innen gesetzt. Gymnasiale Lehrkräfte wiesen dabei gegenüber Lehrkräften anderer Schularten signifikant bessere Ergebnisse im Fach- und fachdidaktischen Wissen auf (Krauss et al., 2011). Dies ist nach Ansicht der Autor:innen vor allem auf größere fachliche Anteile in der gymnasialen Lehramtsausbildung zurückzuführen. Auch die auf Referendare zielende Ergänzungsstudie COACTIV-R liefert Hinweise darauf, dass „sich Unterschiede in den formalen Lerngelegenheiten in der universitären Phase der Lehrerausbildung auch in einer differenziellen Entwicklung des professionellen Wissens angehender Lehrkräfte niederschlagen" (Kleickmann & Anders, 2011, S. 312). Referendar:innen, die ein Lehramt an Gymnasien anstreben, wiesen ein deutlich besseres Fach- und fachdidaktisches Wissen auf als Referendar:innen nichtgymnasialer Ausbildungsgänge. Der höhere Umfang des erziehungswissenschaftlichen Studienanteils spiegelte sich wiederum in einem besseren Abschneiden der Lehramtsstudierenden nichtgymnasialer Schularten im pädagogisch-psychologischen Wissen wider. Die Abhängigkeit der Entwicklung professionellen Wissens von formalen Lerngelegenheiten wird ebenso durch den Befund gestützt, dass Quereinsteiger:innen im fachdidaktischen und pädagogisch-psychologischen Wissen deutlich schlechtere Ergebnisse erzielten als Referendar:innen, die zuvor ein Lehramtsstudium absolviert hatten (ebd.).

**Mangel an systematischer Messung von Lehrer:innenkompetenzen**

**Entwicklung professionellen Wissens von Lerngelegenheiten abhängig**

Neben den professionsbezogenen Wissensdomänen spielen auch berufsbezogene Einstellungen der Lehrkräfte zum Lernen und ihre eigene Rollenwahrnehmung eine zentrale Rolle bei der Gestaltung des Unterrichts. Nahezu alle der im Nationalen Bildungspanel (NEPS, Startkohorte 3) befragten Lehrkräfte sind der Auffassung, dass die Schüler:innen am besten durch das eigenständige Finden von Lösungen für Probleme lernen (92 %) und ihnen zunächst die Möglichkeit eingeräumt werden sollte, selbst über Lösungen für Probleme nachzudenken, bevor die Lehrkraft den Lösungsweg aufzeigt (98 %). Dementsprechend stimmen die meisten der Aussage zu, dass Denk- und Schlussfolgerungsprozesse wichtiger seien als spezifische Inhalte des Lehrplans. Jüngere Lehrkräfte und Grundschullehrkräfte teilen diese Auffassung in etwas gerin-

**Mehrheit der Lehrkräfte sieht eigene Rolle tendenziell als Lernbegleiter:in**

gerem Maße (**Tab. H4-2web, Tab. H4-3web**). Die Notwendigkeit, Faktenwissen zu vermitteln, schätzt etwas mehr als die Hälfte (53 %) der Lehrkräfte als bedeutsam ein, jüngere Lehrer:innen wiederum etwas weniger als ältere. Lehrkräfte scheinen demnach ihre eigene Rolle in der Gestaltung von Lehr-Lern-Prozessen eher als „Lernbegleiter:in" in konstruktivistischen Settings denn als „Anleiter:in" in instruktionalen Lernsettings zu verorten.

In welcher Form sich die von den Lehrkräften artikulierten Einstellungen und Haltungen im tatsächlichen Unterrichtshandeln widerspiegeln, lässt sich mit fortschreibbaren und repräsentativen Daten nicht beantworten. Für den Sekundarbereich I zeigen aber die IQB-Bildungstrend-Studien zumindest, dass einen Großteil der Methoden der Binnendifferenzierung mindestens 50 % der befragten Mathematiklehrkräfte manchmal oder häufig im Unterricht nutzen (Stanat et al., 2019). Etwa 70 % vergeben zusätzliche Aufgaben an leistungsstärkere Schüler:innen, stellen höhere Anforderungen an diese oder erlauben ihnen, im Unterricht vorzuarbeiten (**Abb. H4-2**).

**Unterricht oftmals nicht leistungsdifferenziert gestaltet**

Hingegen berichtet mit 46 % weniger als die Hälfte der befragten Lehrer:innen, dass sie für leistungsschwächere Schüler:innen das Anforderungsniveau reduzieren, und ein Drittel (35 %) begegnet nach eigenen Angaben der Leistungsheterogenität im Klassenverband durch leistungsadaptive Hausaufgaben. Für den Primarbereich zeigen die Ergebnisse der TIMSS-Studie, dass knapp die Hälfte der Grundschüler:innen nicht oder nur selten binnendifferenziert unterrichtet wird (Schwippert et al., 2020). Die Befunde deuten also darauf hin, dass der Großteil der Lehrkräfte nur unzureichend darauf vorbereitet wird, den Unterricht mit differenzierten Angeboten leistungsadaptiv zu gestalten. Darauf weisen auch die von den Lehrkräften des Sekundarbereichs I geäußerten Fortbildungsbedarfe zu den Themen Binnendifferenzierung und insbesondere Förderung leistungsschwacher Schüler:innen hin (**H3**).

Die bereits seit Jahren zunehmenden digitalisierungsbedingten Anforderungen an die Lehrkräfte (vgl. Autorengruppe Bildungsberichterstattung, 2020) haben während der pandemiebedingten Einrichtungsschließungen deutlich zugenommen

**Abb. H4-2: Häufigkeit der Nutzung von Methoden der Binnendifferenzierung im Mathematikunterricht (in %)***

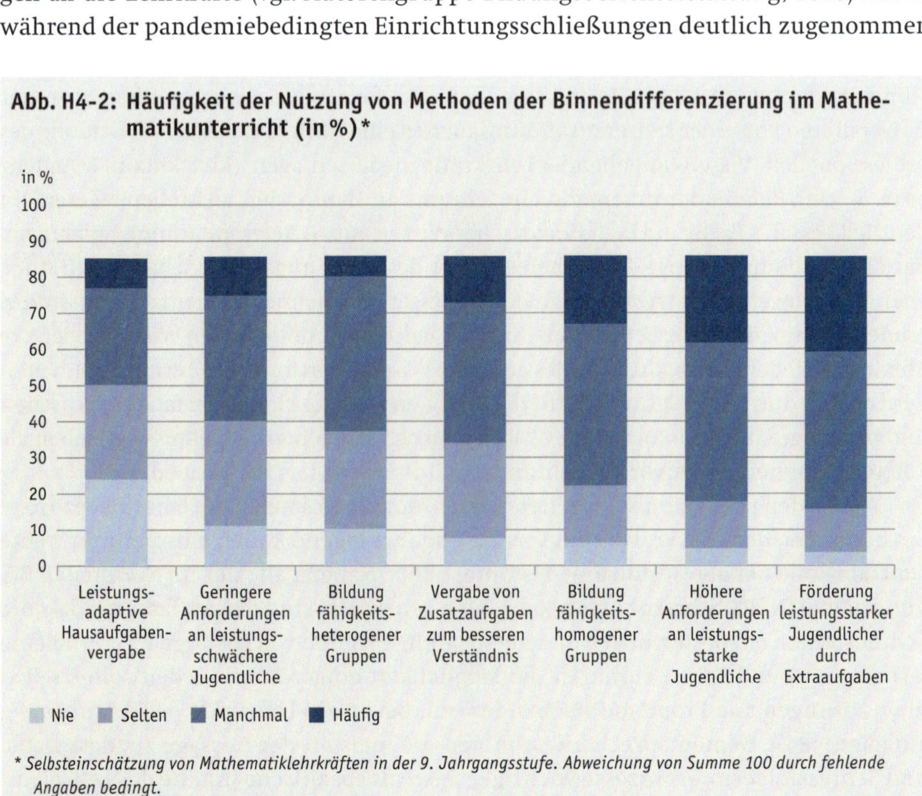


** Selbsteinschätzung von Mathematiklehrkräften in der 9. Jahrgangsstufe. Abweichung von Summe 100 durch fehlende Angaben bedingt.*
*Quelle: IQB-Bildungstrend 2018, eigene Darstellung*

und gingen oftmals mit kurzfristigem Zusatzaufwand und notwendigen Improvisationen – wie z. B. dem Einsatz privater Endgeräte – einher (Eickelmann & Gerick, 2020). Eine bereits vor der Pandemie initiierte Studie der Universität Göttingen kommt zu dem Ergebnis, dass der Einsatz von digitalen Technologien im (Fern-)Unterricht in den Jahren 2020 und 2021 notgedrungen an Dynamik gewonnen hat. Während vor der Pandemie weniger als jede 10. Lehrkraft angibt, in den meisten Stunden ein Lernmanagementsystem im Unterricht einzusetzen, war es zu Beginn des Jahres 2021 bereits mehr als jede 3. (Mußman et al., 2021). Zwar gab nur noch jede 20. Lehrkraft an, niemals digitale Medien im Unterricht zu verwenden, und ein Großteil der Lehrkräfte kommunizierte zumindest gelegentlich digital mit den Schüler:innen oder deren Eltern; dennoch ist bei den digitalen Unterrichtsformen noch erheblicher Entwicklungsbedarf zu konstatieren. Wie bereits im Rahmen der ICILS-Studie im Jahr 2018 festgestellt werden konnte, ist digital gestütztes kollaboratives Zusammenarbeiten oder das Durchführen von Klausuren und Tests nach wie vor kaum im Unterrichtsalltag etabliert. Repräsentative Daten, die zeigen können, ob die pandemiebedingte Anpassung von Lehr-Lern-Prozessen substanzielle Änderungen bewirkt hat, fehlen aktuell.

**Großteil der Lehrkräfte setzt digitale Technologien ein …**

**… jedoch selten unter Nutzung des gesamten Potenzials für die Unterrichtsgestaltung**

Mit den steigenden Ansprüchen an eine individuelle Förderung, inklusive Lernsettings oder ganztägiger Bildung, sind Schulen und Lehrkräfte verstärkt auf die Unterstützung weiterer Expertise (etwa von sozialpädagogischen Fachkräften oder Schulpsycholog:innen, **H1**) und die Zusammenarbeit mit außerschulischen Partnern angewiesen (Erdsiek-Rave & John-Ohnesorg, 2014). Mit den unterschiedlichen Zugangs- und Sichtweisen der Akteur:innen sowie deren Kompetenzen eröffnet die Kooperation – mit dem Ziel, als multiprofessionelles Team bestmöglich zusammenzuwirken – Chancen auf eine Verbesserung von Lehr-Lern-Prozessen. Wie weit die verschiedenen Kooperationsformen in deutschen Schulen verbreitet sind, lässt sich jedoch nicht repräsentativ quantifizieren.

**Zunehmende Bedeutung multiprofessioneller Zusammenarbeit**

### Ganztägige Angebote

Die Studie zur Entwicklung von Ganztagsschulen (StEG) zeigt zwar, dass dort die Einbeziehung außerschulischer Kooperationspartner mittlerweile der Regelfall ist, ermöglicht aber keine Einblicke in die konkrete Ausgestaltung (StEG-Konsortium, 2019). So wurden 2018 an 3 von 4 Ganztagsschulen im Primar- (77 %) und Sekundarbereich I (82 %) sowie an Gymnasien (78 %) Ganztagsangebote vollständig oder teilweise von Kooperationspartnern gestaltet (z. B. aus der Kinder- und Jugendhilfe, der kulturellen Bildung oder Sportvereinen). Inwiefern hier allerdings ein Mindestmaß an multiprofessioneller Teamarbeit stattfindet, bleibt offen. Damit über eine einfache Aufgabenteilung hinaus Kooperation zwischen gleichen oder unterschiedlichen Professionen gelingen kann, sind nach Schüpbach et al. (2012) Merkmale des Teams (z. B. der Rollenverteilung und der Professionalisierung), der zwischenmenschlichen Prozesse (z. B. der Akzeptanz und des individuellen Engagements) sowie strukturelle Rahmenbedingungen (z. B. geregelte Kooperationszeiten) zentrale Gelingensbedingungen. Von den für die StEG-Studie befragten Schulleitungen gibt jedoch weniger als die Hälfte an, „dass über die gängigen Konferenzen hinaus sowohl Zeiten für die Kooperation des weiteren pädagogisch tätigen Personals untereinander als auch für die Zusammenarbeit mit den Lehrkräften reserviert werden" (StEG-Konsortium, 2019, S. 89). In den Schulen des Sekundarbereichs I bzw. den Gymnasien ist dies sogar nur in jeder 3. bzw. 5. Einrichtung der Fall (ebd.).

**Oftmals keine formalen Kooperationszeiten für das pädagogische Personal an (Ganztags-)Schulen**

Aufgrund der vielfältigen, diffusen und heterogenen Angebotslandschaft können bis heute keine allgemeingültigen Aussagen zur Planung und Gestaltung von Bildungsprozessen in ganztägigen Angeboten getroffen werden. Zwischen den ver-

H
4

schiedenen Ganztagsangeboten in unterschiedlicher Zuständigkeit (bspw. schulische Träger vs. Träger der kommunalen Kinder- und Jugendhilfe) und verschiedenen Teilnahmeverpflichtungsgraden (offene vs. voll und teilgebundene Angebote) sind bislang weder verbindliche Standards noch einheitliche pädagogische Zielformulierungen der Angebotsgestaltung erkennbar (vgl. **D3**). Dieser hohe Grad an Unverbindlichkeit ist auf der einen Seite auf fehlende Qualitätsparameter und auf der anderen Seite vermutlich auf die ungleichen Beschäftigungsbedingungen der Lehrkräfte und des sonstigen pädagogischen Personals an Ganztagsschulen zurückzuführen (**H1**). Wenig strukturbildend wirkt bislang zudem die eher sporadisch und vereinzelt erkennbare Qualifizierungs- und Weiterbildungslandschaft in diesem Bereich (**H2**, **H3**).

Zwar finden sich Studien und einzelne Modellvorhaben, die aus einem wissenschaftlich-konzeptionellen Diskurs immer wieder verschiedene Gestaltungsideen entwickeln und einbringen. Dennoch ist davon auszugehen, dass sich diese bislang in der fachpolitischen und praktischen Ausgestaltung bundesweit nur sehr bedingt wiederfinden. Exemplarisch zu nennen wären hier beispielsweise die StEG-Studien zur Förderung der Lesekompetenz (Tillmann et al., 2018) oder des prosozialen Verhaltens der Schüler:innen (Sauerwein et al., 2018) durch Ganztagsteilnahme sowie das Forschungsprogramm „Bildung durch Sprache und Schrift (BiSS) – Voneinander lernen durch kooperative Sprachbildung und -diagnostik von Ganztagsschule und Hort“ (Kieferle et al., 2017). Ein anderer inhaltlicher Schwerpunkt geht aus einer Leitungsbefragung zur Qualität im Hort hervor. Hier wird in den Angeboten eher auf Partizipation und freie Aktivitäten (z. B. Bewegung und Sport, kreative Angebote oder Freispiel) gesetzt (Wildgruber & Kottmair, 2021).

Mit der ab 2026 anstehenden Einführung des Rechtsanspruchs auf ein Ganztagsangebot für Kinder im Grundschulalter sollte in den kommenden Jahren eine intensivere Verständigung über die bildungspolitischen Zielsetzungen ganztägiger Angebote und damit einhergehend auch deren (Personal-)Planung und Gestaltung angestrebt werden. Zudem erscheinen in diesem noch wenig strukturierten Bildungsbereich eigene Forschungsvorhaben zu non-formalen Bildungsprozessen G und Evaluationsstudien größer angelegter Modellvorhaben dringend erforderlich.

### Berufliche Ausbildung

Lehrkräfte an beruflichen Schulen unterrichten in verschiedenen Schularten und Bildungsgängen (**H1**), in die Personen mit ganz unterschiedlichen Lernvoraussetzungen, Bildungsbiografien und beruflichen Erfahrungen einmünden, wodurch das Spektrum der fachlichen und fachdidaktischen Anforderungen an das Lehrpersonal deutlich umfangreicher ist als in anderen Lehramtsberufen (Frommberger & Lange, 2020). Im berufsbezogenen Unterricht in der vollqualifizierenden Ausbildung und Berufsvorbereitung stellt die berufliche Handlungsorientierung einen wesentlichen Unterschied in der Unterrichtsgestaltung zu jener an allgemeinbildenden Schulen dar (Harney, 2008). Mit der Einführung eines fachübergreifenden lernfeldbezogenen Unterrichts (Lernfeldkonzept) für den schulischen Teil der dualen Berufsausbildung (KMK, 2007) erfolgte eine Abkehr vom bis dahin dominierenden Konzept des Fachprinzips. Im Vordergrund des berufsschulischen Unterrichts stehen berufliche Handlungssituationen, die eine Verknüpfung von theoretischem und betrieblichem Erfahrungswissen erfordern (Tramm & Naeve-Stoß, 2020). Daher ist die berufsfachliche Kompetenz der Lehrkräfte nicht allein auf die berufliche Fachrichtung bezogen, sondern auch auf die betriebs- und berufspraktischen Anwendungsgebiete, die Referenzpunkte für die Gestaltung beruflicher Lernsituationen darstellen (Frommberger & Lange, 2018). Die Diversität der beruflichen Fachrichtungen und die aus der Nähe zur Arbeitswelt resultierenden dynamischen Veränderungen begrenzen die Möglichkeiten standar-

**Handlungs- und Lernfeldorientierung als Bezugspunkte für schulische Curricula und Unterrichtsgestaltung**

disierter curricularer Vorgaben, z. B. in Form ausdifferenzierter Kompetenzziele oder konkreter inhaltlicher Festlegungen. Die lernfeldorientierten Rahmenlehrpläne sind daher so offen gestaltet, dass im Kollegium einer Schule zunächst ein schulisches Curriculum für die einzelnen Berufe zu entwickeln ist. Ob Unterricht im Sinne des Lernfeldkonzepts stattfindet, hängt also wesentlich von den Kompetenzen der Lehrkräfte und den dafür erforderlichen Ressourcen in den einzelnen beruflichen Schulen ab (Backes-Haase & Bathelt, 2016).

**Positive Effekte von Lerngelegenheiten im Studium und einer beruflichen Ausbildung auf fachliches und fachdidaktisches Wissen**

Die wenigen Befunde zum Fach- und fachdidaktischen Wissen von Lehrkräften an beruflichen Schulen beschränken sich größtenteils auf den Bereich der universitären Lehrer:innenbildung im kaufmännischen Bereich; über die Kompetenzausstattung von Lehrkräften in der 2. und 3. Phase der Lehrer:innenbildung ist kaum etwas bekannt (Seifried & Wuttke, 2017). Die vorliegenden Ergebnisse weisen darauf hin, dass sich das Fachwissen zwischen Masterstudierenden, Referendar:innen und Lehrkräften erwartungskonform zugunsten der (erfahrenen) Lehrkräfte unterscheidet. Insbesondere sind jedoch die bei Referendar:innen beobachteten Defizite kritisch zu bewerten, da sie im Vorbereitungsdienst zum Teil auch eigenverantwortlich unterrichten. Für die Entwicklung beider Kompetenzfacetten scheinen insbesondere mit Blick auf die beobachteten Ausprägungen bei Referendar:innen und Masterstudierenden voruniversitäre Lerngelegenheiten sowie eine absolvierte kaufmännische Ausbildung einen positiven Effekt zu zeigen (Seifried & Wuttke, 2015).

**Ausgestaltung der Lehr-Lern-Prozesse in der Ausbildungspraxis wesentlich von professionalisierter Ausbildungsstruktur abhängig**

Lehr-Lern-Prozesse im praktischen Teil der Ausbildung differieren je nach Betriebsgröße, Branche und damit Fachrichtung hinsichtlich des Anteils des Lernens am Arbeitsplatz und des Lernens in Lehrwerkstätten, aber auch hinsichtlich der zeitlichen Möglichkeiten des ausbildenden Personals, sich ausschließlich oder überwiegend dem Ausbildungsprozess zu widmen (Bahl et al., 2012; Wagner, 2012). So weist Wolf (2016) darauf hin, dass insbesondere für Kleinstbetriebe die Betreuung von Auszubildenden häufig schwer in den Arbeitsprozess zu integrieren ist. Zugleich gewinnen jedoch berufs- und sozialpädagogische Kompetenzen für ihre Arbeit an Bedeutung, nochmals verstärkt durch die wachsende heterogene Zusammensetzung der Gruppe der Auszubildenden (Bahl et al., 2012; De Riese-Meyer & Biffar, 2011) und die veränderte Rolle der Ausbildenden, die sich zunehmend als Lernbegleiter:in, Berater:in oder Coach verstehen (Bahl & Diettrich, 2008; Bauer et al., 2016; Faßhauer & Vogt, 2013; Brünner, 2014; Kaufhold & Weyland, 2015). Aus einer didaktischen und pädagogischen Perspektive resümiert Brünner (2014), dass sich die Professionalität des Ausbildungspersonals „zumeist aus alltagsdidaktischen und alltagspädagogischen Handlungsschemata" (S. 246) ableitet. Die eigenen Erfahrungen und persönlichen Eigenschaften stellen für die Ausbilder:innen die Basis für ihre Einstellungen und Haltungen dar und bestimmen ihr pädagogisches Handeln (Bylinski, 2014).

**Alltagsdidaktische und alltagspädagogische Handlungsschemata prägen das Handeln des Ausbildungspersonals**



**Kaum empirisch belastbare Befunde zur Qualität beruflicher Lehr-Lern-Prozesse**

Empirische Befunde über die Wirkung und Qualität von Lehr-Lern-Prozessen in den Berufsschulen und Betrieben für die Kompetenzentwicklung der Auszubildenden liegen kaum vor (Nickolaus, 2010). Dies hat verschiedene Ursachen, zu denen u. a. die Vielfalt der Berufe sowie fehlende berufsbezogene und berufsspezifische Testinstrumente für die Messung beruflicher Kompetenzen sowie fehlende repräsentative Datenerhebungen gehören. Eine Ausnahme stellt eine Studie aus dem Jahr 2006 aus der Schweiz dar, die Lehr-Lern-Konzepte von betrieblichen Ausbilder:innen im gewerblichen Bereich in den Blick nimmt. Die Befunde zeigen auf, dass Lernende die Qualität der Ausbildungssituation tendenziell höher einschätzen, wenn Ausbildende stärker selbstgesteuerte Lehr-Lern-Arrangements nutzen. Keine großen Unterschiede gab es jedoch in der Einschätzung der eigenen Kompetenzen in den Bereichen Sozialkompetenz, Methodenkompetenz, personale Kompetenz und Fachkompetenz in Abhängigkeit vom Lehr-Lern-Arrangement der Ausbildenden (Baeriswyl et al., 2006).

Für die berufliche Ausbildung charakteristisch ist – insbesondere für Ausbildungen im dualen System –, dass Lehr-Lern-Prozesse an 2 oder 3 verschiedenen Lernorten stattfinden: in der Berufsschule, im Betrieb und ggfs. in überbetrieblichen Einrichtungen. Die Verknüpfung der Lernorte wird vor allem für die Entwicklung der beruflichen Handlungskompetenz über die „Verbindung von Erfahrungslernen und systematischem Fachwissen, die Ergänzung der einzelbetrieblich geprägten beruflichen Praxis durch berufsfeldbreite Qualifizierung" (Faßhauer 2020, S. 476) als sinnvoll erachtet. Ältere wie auch jüngere Studien zur Verknüpfung schulischen und betrieblichen Lernens legen jedoch nahe, dass es zwischen Betrieben und Berufsschulen kaum gemeinsam gestaltete Lernaktivitäten gibt (Euler, 1999; Pätzold, & Walden, 1999; Ebbinghaus, 2009; Gessler, 2017); auch neuere Untersuchungen verdeutlichen, dass die Chancen der Digitalisierung zur Vertiefung der Lernortkooperation auf der Prozessebene bislang kaum genutzt werden (vgl. Gensicke et al., 2020, S. 99–105). Dass dies allerdings einen gewinnbringenden Einfluss auf Ausbildungsprozesse haben kann, zeigen die Befunde der Auszubildendenbefragung im Rahmen des DGB-Ausbildungsreports (DGB, 2017) auf. So ließ sich ein positiver Zusammenhang zwischen der Zufriedenheit mit der Ausbildung und der wahrgenommenen Qualität der Lernortkooperation feststellen.

**Lernortkooperation spielt in der beruflichen Bildung eine wichtige Rolle, ...**

**... diese wird allerdings bisher kaum für gemeinsame Lernaktivitäten genutzt**

Die stärker digitalisierte Lebens- und Arbeitswelt stellt die Gestaltung von Lehr-Lern-Prozessen sowohl in beruflichen Schulen als auch Betrieben und anderen Ausbildungseinrichtungen in mehrfacher Hinsicht vor Herausforderungen: Digitalisierung ist zum einen fachlicher Inhalt in der Ausbildung, bringt aber auch veränderte Kommunikations- und Lernformen mit sich und führt zu veränderten Arbeitsformen in Unternehmen (z. B. Telearbeit, Arbeit in virtuellen Teams). Dies verändert ebenfalls Ziele, Inhalte und Umsetzungsformen des praktischen Lernens in der Ausbildung (Diettrich et al., 2021). Dabei haben die Befunde des letzten Bildungsberichts deutlich gemacht, dass das Ausmaß des Einsatzes von und der Arbeit mit digitalen Technologien und Geräten in der beruflichen Ausbildung je nach Branche und Betriebsgröße unterschiedlich ausfällt (Autorengruppe Bildungsberichterstattung, 2020). Insgesamt zeigt sich, dass neben klassischen Medienangeboten wie digitalen Präsentationstools, Fachdatenbanken und Lernplattformen auf didaktisch-methodischer Ebene vermehrt auch Formen der virtuellen Realität (z. B. Augmented Reality) herangezogen werden, um handlungsorientierte Lehr-Lern-Räume zu gestalten (Seifried & Weyland, 2021). So werden in den Gesundheits- und Pflegeberufen z. B. durch das Lernen an virtuellen Patient:innen sichere Übungsräume geboten, was zugleich die Behandlung von seltenen Erkrankungen ermöglicht (Lerner & Luiz, 2019). Hinsichtlich der Medien- und IT-Kompetenz, die als notwendige Bedingung für eine attraktive und zukunftsfähige (betriebliche) Berufsausbildung gesehen wird, weisen Selbsteinschätzungen des betrieblichen Ausbildungspersonals im Rahmen des Projekts „DiMBA" darauf hin, dass dem Einsatz von digitalen Medien im Ausbildungsalltag vor allem das fehlende technische Know-how entgegensteht (Breiter et al., 2018): Über 60 % der Befragten sagten, dass entsprechende Kompetenzen zu fördern seien. Zudem gibt weniger als die Hälfte aller Befragten an, berufspädagogische Konzepte zu kennen, die einen sinnvollen und gewinnbringenden Einsatz digitaler Medien ermöglichen.

**Einsatz digitaler Medien und Techniken verändert Kommunikations- und Lernformen**

**Zunehmend Einsatz virtueller Lernformen**

**Allerdings hoher Qualifizierungsbedarf beim Ausbildungspersonal zum sinnvollen Einsatz digitaler Medien**

#### Hochschulen

Die Lehre an den Hochschulen geschieht in verschiedenen Formen und ist für die Lehrenden mit einer Vielfalt von Aufgaben verbunden. „Gute Lehre" (Ulrich, 2016) ist auf die Vermittlung von Wissen, Fähigkeiten, Kompetenzen und Werten gerichtet und befähigt die Studierenden nicht nur in ihrem Fachgebiet, sondern auch zu verantwortlicher gesellschaftlicher Teilhabe. Das Lernen im Studium erfolgt zum einen in unterschiedlichen Lehrveranstaltungen, in denen sich der Grad der Interaktionshäufigkeit und -intensität zwischen Lehrenden und Studierenden unterscheidet, von der Vorlesung mit unter Umständen mehreren Hundert Teilnehmenden über Seminare und Übungen sowie Laborpraktika und Exkursionen bis hin zum Einzelunterricht in künstlerischen Studiengängen. Die Lehrenden sollten dabei hochschuldidaktischen Maßstäben „guter Lehre" folgen, indem Lernziele definiert, passende Inhalte und Lehrmethoden ebenso wie geeignete Prüfungsformate gewählt werden (Ulrich, 2016). Nach eigener Einschätzung gelingt das einem großen Teil der Lehrenden; insbesondere Professor:innen fühlen sich in der Lehre didaktisch nicht überfordert (Bloch et al., 2014, S. 197) und halten sich für ausreichend qualifiziert (ebd., S. 207). Auch Studierende schätzen die Qualität der Lehrveranstaltungen, etwa die Vorbereitung der Lehrenden, die Vermittlung des Stoffs oder die Einhaltung didaktischer Prinzipien, überwiegend als gut und gelungen ein (Multrus et al., 2017, S. 38–41).

**Breites Spektrum an Veranstaltungsformen, für die sich Lehrende ausreichend qualifiziert sehen, was von Studierenden tendenziell bestätigt wird**

Gerade an den Hochschulen ist der Lehr- und Lernerfolg jedoch zum anderen vom Selbststudium abhängig, das die Veranstaltungen begleitet, aber auch die Erstellung von Semester- oder Abschlussarbeiten prägt. Hierzu müssen die Lehrenden mit Anleitung, Unterstützung und Feedback beitragen. Die Einschätzung der Studierenden dazu fällt verhaltener aus: Sie bewerten die Rückmeldung zu erbrachten Leistungen und die Anleitung zum wissenschaftlichen Arbeiten weniger gut (ebd.).

Das Handeln der Lehrenden soll gemäß einer Zielvorstellung für die ideale Hochschullehre den „shift from teaching to learning" widerspiegeln. Dieses in der hochschuldidaktischen Diskussion prominente Paradigma rückt von der reinen Wissensvermittlung ab, für die in der Hochschule die lehrendenzentrierte Vorlesung gelten kann. Stattdessen steht die Aktivierung der Studierenden zu eigenständigem Lernen im Vordergrund (Wissenschaftsrat, 2008, S. 8). Dieser Ansatz spielt auch in der Bologna-Reform eine wichtige Rolle, in der die Orientierung an Lernergebnissen (outcomes) betont wird (Salmhofer, 2012). Wie stark die Empfehlungen umgesetzt wurden, ob es in der Breite tatsächlich zu einem „shift from teaching to learning" gekommen ist und wie die verschiedenen Förderprogramme für die Lehre (**H3**) gewirkt haben, ist jedoch aufgrund fehlender Monitoring-Systeme im Bereich der Lehre bisher nicht systematisch erhoben und dokumentiert worden (Wissenschaftsrat, 2017, S. 13).

Grundsätzlich ist bekannt, dass die Art und Qualität der Instruktion, insbesondere eine konsequente Kompetenzorientierung und eine studierendenzentrierte Lehre, an den Hochschulen entscheidende Wirkung auf die Lernergebnisse und Kompetenzzuwächse hat (Schaper et al., 2012). Wenn in Veranstaltungsbeurteilungen nach dem Lernergebnis oder dem Kompetenzzuwachs gefragt wird, zeigt sich eine positive Wirkung von studierendenzentrierten Ansätzen auf den wahrgenommenen Kompetenzzuwachs (Braun & Hannover, 2009). Eine Auswertung von 38 internationalen Metaanalysen (*systematic review*) zum Zusammenhang von Merkmalen der Hochschullehre und Lernergebnissen hat das empirisch klar belegt (Schneider & Preckel, 2017). Danach können bereits kleinere Änderungen in der konkreten Lehrpraxis zu besseren Lernergebnissen beitragen, etwa die Gesprächsführung in Veranstaltungen oder die klare Kommunikation von Lernzielen. Auch für die MINT-Fächer, in denen häufiger lehrendenzentriert unterrichtet wird (Lübeck, 2010), lassen sich international positive Wirkungen einer aktivierenden, studierendenzentrierten Lehre gegenüber traditionellen lehrendenzentrierten Lehrformen zeigen (Freeman et al., 2014).

**Studierendenzentrierte Lehre zeitigt bessere Lernergebnisse**



Eine systematische Wirkungsanalyse von veränderter und verbesserter Lehre wird nur selten durchgeführt, insbesondere auch von verschiedenen Fördermaßnahmen und Programmen (Wissenschaftsrat, 2017). So waren die Evaluationen der Projekte im Qualitätspakt Lehre „zumeist nicht in Form von Untersuchungsdesigns angelegt, mit denen Aussagen zu den Wirkungen und Effekten möglich waren" (Schmidt et al., 2020, S. 80). Auf der (Mikro-)Ebene der einzelnen Lehrveranstaltung gibt es in der Regel Lehr-

Kaum Wirkungsanalysen verbesserter Lehre

evaluationen, deren Ergebnisse aufgrund unterschiedlicher Erhebungsinstrumente aber vielfach weder vergleichbar noch für wissenschaftliche Analysen verfügbar sind. Um die Lehrqualität auf Basis studentischer Lehrveranstaltungsevaluationen zu verbessern, sollten diese mit einem Beratungs- und Trainingsangebot für die Lehrenden verbunden werden (Rindermann, 2016).

Die Planung und Gestaltung der Lehrveranstaltungen hat sich auch an den Hochschulen während der Corona-Pandemie stark verändert. Ein großer Teil der Lehrveranstaltungen wurde auf Onlineformate umgestellt; ausgefallen sind nur wenige Veranstaltungen (vgl. **F1**; Lörz et al., 2020), auch im internationalen Vergleich (Berghoff et al., 2021, S. 11). Die Hochschulen waren auf die „disruptive" Umstellung (Kehrer & Thillosen, 2021) allerdings besser vorbereitet als andere Bildungsbereiche; darauf hat bereits der Bildungsbericht 2020 hingewiesen (vgl. auch Kehrer & Thillosen, 2021). Offenbar ließen sich kurzfristig bestehende Unterstützungs- und Qualifizierungsstrukturen für viele Lehrende aktivieren, die bis dato nicht zum kleineren Kreis der an digitaler Lehre besonders Interessierten gehörten (ebd.). Die Lehre erfolgte vor allem während der ersten 3 „Pandemie-Semester" überwiegend online. Dabei wurden insbesondere die klassischen Formen wie Vorlesungen und Seminare in den digitalen Raum verlegt, auch um die schnelle Umstellung der Lehre überhaupt bewältigen zu können, während aktivierende, lernendenzentrierte Formate wie Blended Learning oder Flipped Classroom weiterhin eher die Ausnahme bildeten (Hofmann et al., 2021).

Schnelle Umstellung auf Onlinelehre an den Hochschulen ...

... erleichtert durch relativ gute Ausgangsbedingungen an den Hochschulen

## Weiterbildung

In der Regel ist die Verantwortung für die Prozessqualität von Weiterbildungsveranstaltungen auf mehrere Gruppen von Beschäftigten verteilt, insofern Weiterbildungsveranstaltungen in aller Regel in arbeitsteiliger Zusammenarbeit zwischen planend-disponierendem und lehrendem Personal vorbereitet, durchgeführt und evaluiert werden. Gerahmt und unterstützt wird deren Tätigkeit durch das Verwaltungspersonal und das Leitungspersonal. Einen großen Einfluss auf die Unterrichtsqualität haben selbstverständlich auch die Teilnehmenden selbst, die mit unterschiedlichem Vorwissen und vielfältigen Motivationen die pädagogischen Angebote der Lehrkräfte nicht nur rezipieren oder ablehnen, sondern den Lehrkräften selbst wiederum Angebote für die Gestaltung des Unterrichtsgeschehens machen (vgl. Baumert, 2016).

Arbeitsteilung zwischen planendem und lehrendem Personal zur Gestaltung von Lehr-Lern-Prozessen

Eine Besonderheit in der Weiterbildung ist, dass sich der Großteil der Lehrkräfte, die auf Honorarbasis arbeiten, für Aufträge in Bewerbungs- und Ausschreibungssituationen begeben muss. Für den Erfolg einer Bildungsmaßnahme ist bereits der Prozess der Auftragsklärung zwischen planendem und lehrendem Personal zentral (vgl. Schneider, 2019). Der Umfang und die Differenziertheit an Informationen zu potenziellen Teilnehmenden, ihren Bedarfen und Erfahrungen sind eine wichtige Grundlage für eine didaktisch reflektierte Planung von Zielen, Inhalten und Arbeitsweisen. So kann sich ein geteiltes Rollenverständnis positiv auf das Gelingen der Zusammenarbeit der beiden Personalgruppen und auf den Prozesserfolg in der Lehr-Lern-Situation auswirken (vgl. Schneider, 2019, S. 209). Die methodisch-didaktische Umsetzung ist zumeist den Lehrkräften selbst überlassen, da sie als die Fach- und Unterrichtsexpert:innen angesehen werden, was in Bereichen mit geringen Kompetenzerwartungen an das Lehrpersonal und unklaren Rekrutierungspraxen (insbesondere in der allgemeinen Erwachsenenbildung, **H2**) Probleme bergen kann. Die Aufgabenzuständigkeit zwischen lehrendem und planendem Personal kann auch verschwimmen, etwa wenn eine Lehrperson eine Zielgruppenanalyse oder inhaltliche Bedarfsermittlung als einen Teil ihres professionellen Selbstverständnisses wahrnimmt oder die bereits getätigte Planung hinterfragt (vgl. Schneider, 2019). Allgemein ist die Prozessqualität stark von dem professionellen Selbstverständnis der eingesetz-

Planungsprozess und damit verbundene Lehrkraftrekrutierung nimmt bereits bedeutenden Einfluss auf den Lehr-Lern-Erfolg

Weitgehende Autonomie von Lehrkräften in der Umsetzung

ten Personalgruppen in der Weiterbildung abhängig. Daten des wb-personalmonitors zeigen auf, dass Beschäftigte in der Weiterbildung durchaus über beruflichen Ehrgeiz trotz eingeschränkter Karriereoptionen verfügen und ihren beruflichen Erfolg als ein wichtiges Lebensziel ansehen. Als gewichtigsten Grund, eine Tätigkeit in der Weiterbildung aufzunehmen, werteten die Beschäftigten, Kenntnisse und Erfahrungen weitergeben zu wollen (vgl. Autorengruppe wb-personalmonitor, 2016, S. 131–134).

**Mangel an empirischen Studien zum Zusammenhang von Lehrkompetenz, Prozessqualität und Lernerfolg**

Zwar ist auch in der Weiterbildungsforschung die Annahme weit verbreitet, dass der Prozesserfolg (stark) von der Qualität der Lehrkräfte abhänge, dennoch stehen bis jetzt kaum Studien zur Verfügung, die diesen Zusammenhang systematisch untersucht haben. Hierzu bedarf es idealerweise längsschnittlicher Datengrundlagen, die die professionelle Kompetenz des Personals in der Weiterbildung auf der Basis valider und reliabler Instrumente erfassen und mit dem Kurs- und Lernerfolg in Verbindung bringen; solche Daten liegen aber noch nicht vor. Bislang wurden pädagogische Kompetenzen nur in explorativen Studien mit nichtrepräsentativen Samples und unter Bezug auf einzelne Kompetenzdimensionen untersucht (z. B. Marx et al., 2014, 2017, zu pädagogisch-psychologischem Wissen und Bolten & Rott, 2018, zu medienpädagogischen Kompetenzen).

Statistiken zur Bewertung der Qualität von Weiterbildungsangeboten (vgl. **G3**) sowie von Weiterbildungsberatungen (**Tab. H4-4web**) können Hinweise zur Zufriedenheit mit dem genutzten Angebot und den Lernprozessen liefern und ermöglichen, mit einigen Einschränkungen, prädiktive Aussagen zum Lern- oder Beratungserfolg. Sie geben jedoch nur begrenzt Aufschluss über den Einfluss, den die Lehrkräfte auf das Lehr-Lern-Geschehen oder den Beratungsprozess genommen haben. Insbesondere stellt sich die Frage, welchen Einfluss die Lehrkräfte darauf nehmen, dass sich die Teilnehmer:innen am Kursgeschehen beteiligen, an der Veranstaltung über die gesamte Dauer präsent sind und nicht frühzeitig austreten.

Besondere Herausforderungen an die Sicherung einer hohen Prozessqualität, die nicht nur eine professionelle Unterrichtsgestaltung umfasst, sondern auch die Fähigkeit und Bereitschaft zum Umgang mit sozialen und psychischen Konflikten einschließt, zeigen sich u. a. in Integrations- und Berufssprachkursen. Lehrkräfte werden hier mit besonderen Anforderungen an ihre interkulturellen, pädagogisch-psychologischen sowie selbstregulativen Kompetenzen konfrontiert. Teilnehmende an Integrationskursen weisen teilweise traumatische Erfahrungen durch Krieg oder sexuelle Übergriffe auf, stehen unter körperlichen oder psychischen Belastungen oder machen alltägliche Diskriminierungserfahrungen (Brücker et al., 2019a; Brücker et al., 2019b; Sirries et al., 2016, S. 27; Tissot, 2020). Darüber hinaus können kulturelle Differenzen zwischen Teilnehmenden oder mit der Kursleitung zu Problemen im Kursgeschehen führen. Vereinzelt berichten Teilnehmende an Integrationskursen auch über Diskriminierungserfahrungen durch Kursleitende (Tissot, 2020), die Teilnahmeabbrüche begünstigen können und sich negativ auf den Lernerfolg der Teilnehmenden auswirken. Für Lehrkräfte in diesem Bereich wurde daher die Möglichkeit geschaffen, eine Zusatzqualifizierung „Lernschwierigkeiten im Unterricht mit Schwerpunkt Trauma" abzuschließen.

So notwendig Fortbildungen für Lehrkräfte auch in anderen Teilbereichen der Weiterbildung sind, da sie das Wissen über Lehr-Lern-Methoden und -Konzepte oder aber die mediendidaktische Kompetenz fördern können (vgl. Bonnes et al., 2020; Marx et al., 2018), so wenig wissen wir bisher darüber, wie sich der Kompetenzerwerb auf die Qualität des Lehr- und Lerngeschehens auswirkt.

# Personalbedarf und Personalgewinnung

Mit dem Bedarf an qualifiziertem Bildungspersonal werden sowohl Fragen der quantitativen Deckung als auch der qualitativen Passung zwischen Personalangebot und -nachfrage im Bildungssystem aufgeworfen. Quantitative Personalbedarfe in den Bildungsberufen ergeben sich auf der einen Seite durch die Ersatzbedarfe für altersbedingte oder sonstige Berufsaustritte, auf der anderen Seite aber auch durch zusätzliche Personalbedarfe aufgrund demografischer Effekte (Geburtenentwicklung, veränderte Zuwanderung) und eines veränderten Nutzungsverhaltens aufseiten der Bildungsteilnehmenden. Darüber hinaus entstehen aber z. B. mit dem Ausbau inklusiver Bildungsangebote, dem gesetzlich vereinbarten Rechtsanspruch auf ganztägige Bildung und Betreuung für Kinder im Grundschulalter ab 2026 sowie dem Ziel der Verbesserung pädagogischer Qualität durch eine stärkere Kooperation unterschiedlicher Professionen weitere Bedarfe (**H4**) – sowohl in quantitativer als auch qualitativer Hinsicht. Dies gilt ebenfalls mit Blick auf neue Anforderungen, wie sie sich etwa durch die Digitalisierung oder die vielfältigere Zusammensetzung von Lerngruppen ergeben, da auch hieraus veränderte Kompetenzerwartungen sowie Aus- und Fortbildungsbedarfe ableitbar sind (**H3**).

Bei der Sicherstellung eines ausreichenden Personalangebots kommen folglich unterschiedliche Faktoren des Personalbestands, des Nachwuchspotenzials sowie der Rahmenbedingungen im jeweiligen Beschäftigungsfeld zum Tragen, die in einem wechselseitigen Zusammenhang stehen (**Abb. H5-1**).

Adäquate Ausbildungsstrukturen und -kapazitäten (**H2**) sind eine notwendige, aber keine hinreichende Voraussetzung, um eine bedarfsgerechte Personalversorgung zu gewährleisten. Da sich in einigen pädagogischen Berufsfeldern verstärkt Engpässe abgezeichnet haben oder manifest wurden, wurden in den vergangenen Jahren zunehmend alternative Wege der Rekrutierung (z. B. Reaktivierung von Pen-

**Abb. H5-1: Einflussgrößen auf Personalbedarf und -angebot**

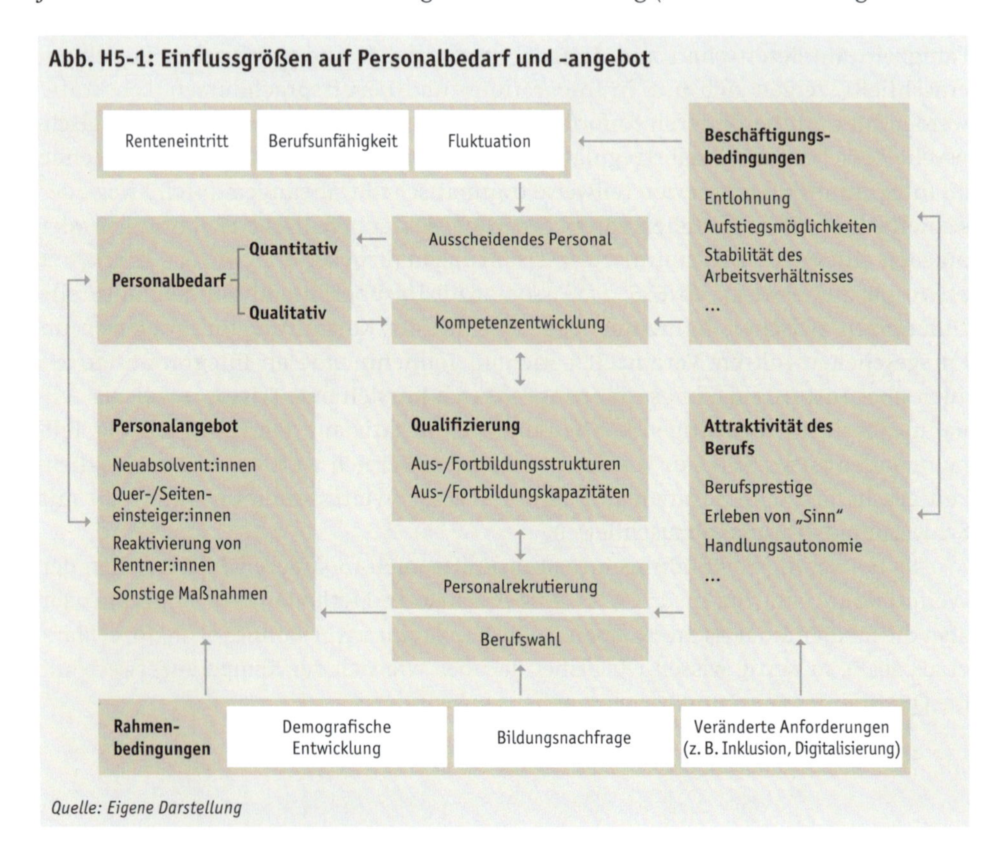


*Quelle: Eigene Darstellung*

H 5

sionierten) oder der Qualifizierung ausgebaut (z. B. Quer- und Seiteneinstiege in den Lehrer:innenberuf). Wie viele Menschen sich für einen pädagogischen Beruf interessieren und entscheiden, hängt allerdings nicht allein von Qualifizierungswegen und Einstellungskorridoren ab. Eine zentrale Rolle bei der individuellen Wahl eines Berufs sowie dem Verbleiben darin spielen auch intrinsische Faktoren und nicht zuletzt die vorherrschenden Beschäftigungsbedingungen in den jeweiligen Tätigkeitsfeldern (**H1**). So wird die Attraktivität von Berufen auch von der Entlohnung, der Stabilität von Beschäftigungsverhältnissen und individuellen Entwicklungsmöglichkeiten bestimmt. Implizit kann auch das gesellschaftliche Prestige die Berufswahl beeinflussen.

Um sich abzeichnende Personalengpässe frühestmöglich zu identifizieren und Ausbildungs- und Studienkapazitäten anpassen zu können, kommt der regelmäßigen Abschätzung kurz- und mittelfristiger Personalbedarfe eine wichtige Rolle zu. Während für die Frühe Bildung, für das allgemeinbildende und berufliche Schulsystem sowie für das noch fehlende Ganztagsangebot für Kinder im Grundschulalter nachfolgend auf Vorausberechnungen zurückgegriffen werden kann, liegen für die übrigen Bildungsbereiche keine ähnlich differenzierten Personalbedarfsanalysen vor. Die Einschätzung zu erwartender Bedarfe und des künftigen Angebots wird hier vor allem in Bezug auf die jeweils vorherrschenden Rahmenbedingungen vorgenommen. Ein Augenmerk gilt es im Folgenden zudem auf Fragen der Arbeitszufriedenheit und der (subjektiv) wahrgenommenen Belastung zu richten.

### Frühe Bildung

Der erhebliche Ausbau der Angebote in Kindertageseinrichtungen in den letzten 2 Jahrzehnten (vgl. **C2**) führte – trotz zahlreicher Maßnahmen (z. B. Ausbau der Ausbildungskapazitäten, Schaffung von Quereinstiegsmöglichkeiten) – zu einer immensen Nachfrage nach geeignetem Personal und einem sich von Jahr zu Jahr verschärfenden Fachkräftemangel. Inzwischen wird der Beruf „Erzieher:in" von der Bundesagentur für Arbeit als sogenannter Engpassberuf eingestuft, mit ungünstiger Arbeitssuchenden-Stellen-Relation in fast allen Bundesländern (mit Ausnahme der Stadtstaaten Hamburg und Berlin) (Statistik der Bundesagentur für Arbeit, 2021, S. 16).

**Weiterhin massive Personalengpässe in der Frühen Bildung**

Diesen Engpass belegt auch die bundesweite ERiK D-Leitungsbefragung: So äußerten im Jahr 2020 bereits fast ein Viertel der befragten Kita-Leitungen, dass derzeit bei ihnen Stellen seit mindestens einem halben Jahr unbesetzt sind (Wenger et al., 2022). Demzufolge muss davon ausgegangen werden, dass ein nicht unerheblicher Teil der Einrichtungen immer wieder über eine längere Zeit mit zu geringen Personalressourcen auskommen und umgehen muss. Diese Situation wird insbesondere seit Beginn der Pandemie noch durch temporäre Personalausfälle aufgrund von Corona-Infektionen und anderen Erkrankungen von bis zu 20 % der Beschäftigten pro Woche verschärft (Autorengruppe Corona-KiTa-Studie, 2022).



**Frühe Bildung gekennzeichnet von temporären Personalausfällen (z. B. Elternzeit) …**

**… jedoch insgesamt geringe Fluktuation und wenig dauerhafte Ausstiege**

Insgesamt zeichnet sich das Arbeitsfeld der Frühen Bildung G durch einen vergleichsweise hohen Anteil von temporären Ausstiegen aus – aufgrund von Schwangerschaften, Elternzeit oder Weiterqualifizierungen vieler jüngerer weiblicher Angestellter –, aus denen zwar ein Großteil der Beschäftigten zeitnah zurückkommt (allerdings meist mit einem geringeren Stundenumfang), die aber dennoch vor Ort übergangsweise kompensiert werden müssen. Sehr gering und in den letzten Jahrzehnten sogar kontinuierlich gesunken ist der Anteil der dauerhaften vorzeitigen Ausstiege in der Frühen Bildung (Grgic, 2020). Auch im internationalen Vergleich zeigt sich, dass das pädagogische Personal in Deutschland vergleichsweise selten seinen Beruf zugunsten eines anderen Betätigungsfeldes oder einer Ausbildung aufgeben will. Insgesamt ist das pädagogische Personal ausgesprochen zufrieden mit dem Beruf und der derzeitigen Tätigkeit, aber eher unzufrieden mit der Entlohnung (Bader et al., 2021).

Mit Blick auf den künftigen Personalbedarf, der aufgrund der weiteren Ausbaunotwendigkeiten entsteht, ist zu konstatieren, dass sowohl aufgrund des Geburtenanstiegs in den letzten Jahren als auch aufgrund der nach wie vor nicht erfüllten Elternbedarfe – insbesondere bei 1- und 2-jährigen Kindern – (Kayed et al., 2021), die aufgrund des seit 2013 geltenden Rechtsanspruchs für Kinder ab dem vollendeten 1. Lebensjahr zu decken sind, immer noch weitaus mehr Kita-Plätze für Kinder vor dem Schuleintritt benötigt werden, als vorhanden sind. Trotz des bereits erfolgten immensen Ausbaus an Kindertagesbetreuungsangeboten in den letzten Jahren (vgl. **C2**) zeigen sich vor allem in Westdeutschland weiterhin ungedeckte Bedarfe. In Ostdeutschland besteht aufgrund eines weitaus besseren Platzangebots, eines nicht mehr überregional steigenden Elternbedarfs sowie bereits seit 2017 zurückgehender Geburtenzahlen – vor allem im Bereich der unter 3-Jährigen (U3) – demgegenüber eine deutlich kleinere Lücke zwischen Angebot (Beteiligungsquote) und Nachfrage (Elternbedarf) (vgl. **C3**).

**Unterschiedliche Dynamiken im Personalbedarf zwischen Ost- und Westdeutschland zu erwarten**

Infolgedessen wurde in einer aktualisierten und erweiterten Personalbedarfsvorausberechnung bis zum Jahr 2030 gezielt zwischen Ost- und Westdeutschland unterschieden, da von deutlich abweichenden Dynamiken in den beiden Landesteilen auszugehen ist, die sich am absehbaren Platzbedarf für Kinder orientiert (Rauschenbach et al., 2020). Um den personellen Bedarf besser abschätzen zu können, werden ihm aufgrund der noch fehlenden Plätze, der demografisch bedingten Zusatzbedarfe, der altersbedingten Personalausstiege sowie der abgeschätzten Personalfluktuation die zu erwartenden Neuzugänge in den Arbeitsmarkt der Frühen Bildung aus den pädagogisch einschlägigen Ausbildungen gegenübergestellt.

**Trotz hoher Ausbildungszahlen werden bis 2025 bis zu 70.000 Fachkräfte in Westdeutschland fehlen**

Folgt man den darauf basierenden Berechnungen, so ist vor allem in Westdeutschland der ungedeckte Personalbedarf kurzfristig sehr hoch: Es fehlen aktuell und in den allernächsten Jahren voraussichtlich bis 2025 – je nach Berechnungsszenario – rechnerisch zwischen 20.400 und 72.500 Personen allein in Westdeutschland, die nicht durch die zu erwartenden Neuzugänge aus einschlägigen Ausbildungen aufzufangen sind (**Abb. H5-2**). Diese Personen müssen im Wesentlichen außerhalb der jährlichen Zugänge aus den einschlägigen Ausbildungen rekrutiert werden – und das ab sofort.

In der 2. Hälfte des Jahrzehnts dürfte der zusätzliche Personalbedarf dagegen langsam wieder etwas geringer werden. Mit den zu erwartenden jährlichen Neuzugängen aus den Ausbildungen dürfte er sich nach und nach (weitgehend) decken lassen, da anzunehmen ist, dass sowohl die altersspezifischen Kinderzahlen in der Bevölkerung leicht zurückgehen als auch die Elternbedarfe ab dem Jahr 2025 weitestgehend erfüllt sein werden.

Bei dieser Personalbedarfsberechnung sind die zu erwartenden Neuzugänge aus den einschlägigen Ausbildungen schon gegengerechnet. Mit anderen Worten: Während bis zum Jahr 2025 ein kumulierter Personalbedarf (ohne die Gegenrechnung von Neuausgebildeten) in einer Größenordnung zwischen rund 165.000 und fast 200.000 Personen bestehen würde, der sich bis zum Jahr 2030 auf eine Summe zwischen 203.000 und 235.000 Personen erhöhen dürfte, verringert sich diese Lücke erheblich, sobald man sie zu den zu erwartenden Neuausgebildeten aus den pädagogisch einschlägigen Ausbildungen ins Verhältnis setzt (**Abb. H5-2**). Das heißt: Vor allem für diese – rot gekennzeichneten – Lücken ist keine Deckung aus den angenommenen Neuzugängen zu erwarten.

**Bei Qualitätsverbesserungen werden evtl. noch mehr Fachkräfte benötigt**

Bei diesen Berechnungen sind noch keine weitergehenden Qualitätsverbesserungen eingerechnet (z. B. verbesserte Fachkraft-Kind-Schlüssel, verbesserte Leitungsressourcen), die von der Fachpraxis immer wieder vehement gefordert und im Koalitionsvertrag der neuen Bundesregierung im Hinblick auf einheitliche Standards für den Personalschlüssel auch angestrebt werden. Höhere Qualitätsstandards hätten selbstverständlich einen weiteren zusätzlichen Personalbedarf zur Folge.

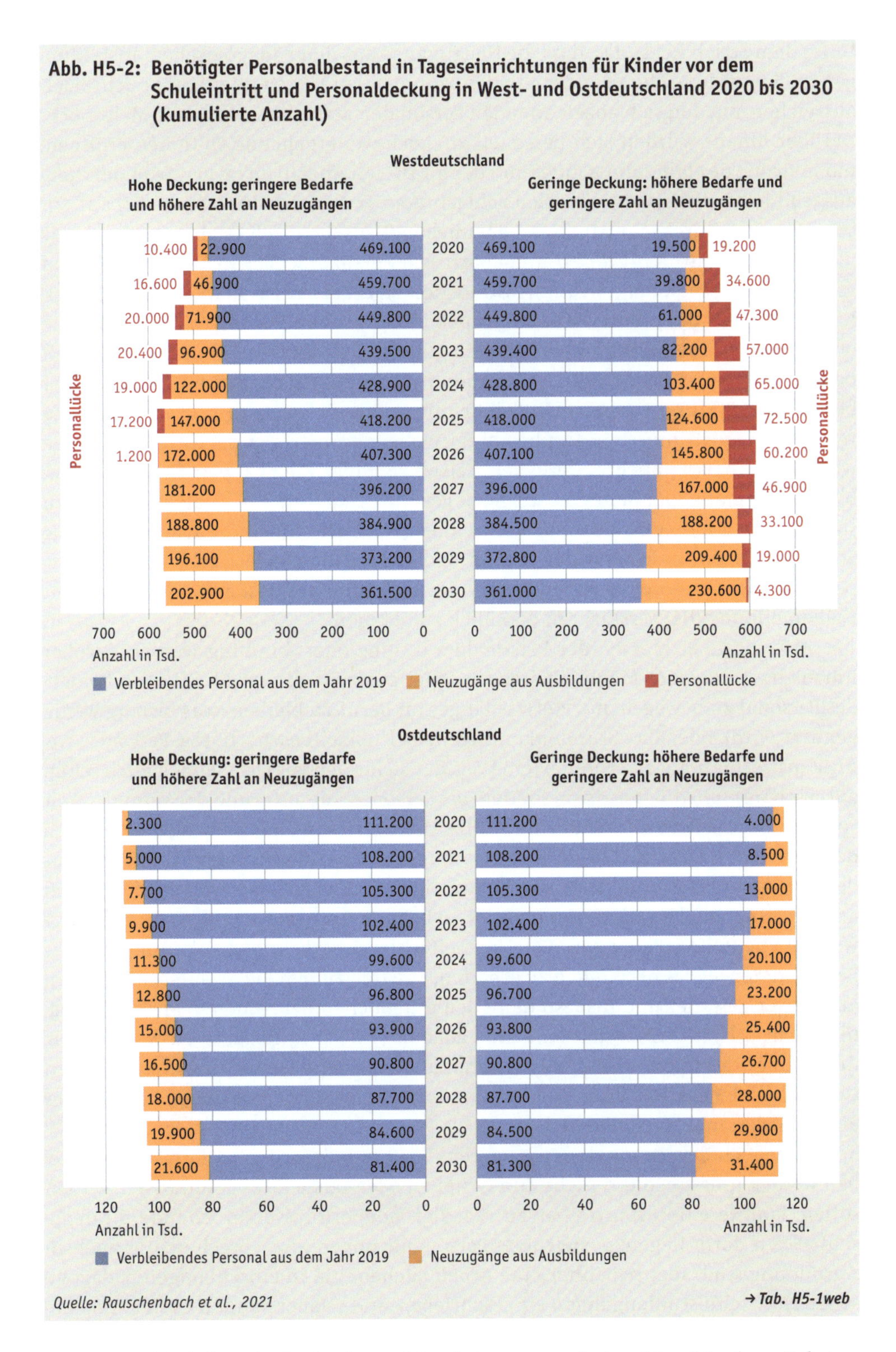


**Abb. H5-2: Benötigter Personalbestand in Tageseinrichtungen für Kinder vor dem Schuleintritt und Personaldeckung in West- und Ostdeutschland 2020 bis 2030 (kumulierte Anzahl)**

*Quelle: Rauschenbach et al., 2021*

*→ Tab. H5-1web*

**In Ostdeutschland eröffnen sich Personalpotenziale für Verbesserungen der Personalschlüssel**

Im Unterschied dazu ist in Ostdeutschland, insgesamt betrachtend in den nächsten Jahren kein nennenswerter Mehrbedarf an Plätzen und Personal zu erwarten. Es gilt dabei jedoch zu beachten, dass dies nicht für den Stadtstaat Berlin und ostdeutsche Metropolregionen wie etwa Leipzig, Dresden oder Potsdam gilt. Da es sich um überregionale Durchschnittswerte für Ostdeutschland insgesamt handelt, wird der personelle Rückgang somit zugleich in anderen Teilen der ostdeutschen Flächenländer dementsprechend deutlicher ausfallen.

Unter dem Strich heißt das, dass die Neuzugänge aus den pädagogischen Ausbildungen in den ostdeutschen Ländern in den kommenden Jahren aller Voraussicht nach ausreichen, um den sich abzeichnenden Personalersatzbedarf zu decken. Mehr noch: Darüber hinaus würden sich personell zugleich weitergehende Optionen eröffnen, um im Laufe des Jahrzehnts aufgrund der günstigen Anzahl an zu erwartenden Neuausgebildeten die bislang deutlich schlechteren Personalschlüssel (vgl. **C2**) auf ein bundesweites Durchschnittsniveau anzuheben (Rauschenbach et al., 2020).

**Für weitere Ausweitung der Ausbildungskapazitäten gilt es neue Zielgruppen zu gewinnen**

Mit Blick auf den großen und sofortigen Personalbedarf in Westdeutschland gilt es, weitere Personalgewinnungsstrategien zu erörtern. Da sich die Ausbildungskapazitäten für die größte Personalgruppe in der Frühen Bildung, die staatlich anerkannten Erzieher:innen, in den letzten anderthalb Jahrzehnten deutschlandweit bereits verdoppelt haben (**H2**), ist bei dieser jüngeren Altersgruppe im Bereich der beruflichen Bildung vorerst nicht mehr mit größeren Kapazitätsausweitungen zu rechnen. Folglich müssten darüber hinausgehende Anstrengungen unternommen werden, kurzfristig auch andere, beispielsweise ältere Zielgruppen für (neue) Ausbildungsformate oder Seiteneinstiege zu gewinnen, um die Personalkapazitäten zu steigern. Auch die Zugänge zu den einschlägigen Hochschulstudiengängen und die Steigerung der Attraktivität der Frühen Bildung für die akademischen Berufsgruppen sind angesichts der geringen Anteile dieser Gruppe am Gesamtpersonal (6 %) der Frühen Bildung (**H1**) verstärkt in den Blick zu nehmen.

Als weitere Strategien der Personalgewinnung oder -bindung werden darüber hinaus immer wieder Möglichkeiten ins Spiel gebracht, altersbedingt ausscheidendes Personal zu bewegen, noch etwas länger im Beruf zu bleiben (was bislang wenig genutzt wird), oder das Stundenkontingent bei teilzeitbeschäftigten Personen wenigstens geringfügig zu erhöhen (ein Weg, der sicherlich vor Ort vielfach auch schon ausgeschöpft sein dürfte) – insbesondere bei Personen, die aufgrund der Vereinbarkeit von Familie und Beruf aktuell keiner Vollzeitbeschäftigung mehr nachgehen. Ob sich des Weiteren in Anbetracht der Niederlassungsfreiheit innerhalb der EU Personal aus dem Ausland rekrutieren lässt, ist gegenwärtig nicht klar zu beantworten. Hier wären auch die sprachlichen Barrieren im Blick zu behalten, die in der Frühen Bildung eine wesentliche Rolle spielen (vgl. **C4**). Um weiterhin die erkennbar hohe Bindung der Beschäftigten an das Arbeitsfeld zu erhalten, müssten zudem die Arbeitsbedingungen attraktiver gestaltet und insbesondere den erheblichen Belastungen der Beschäftigten (nicht nur) in Zeiten der Pandemie adäquater Rechnung getragen werden, z. B. durch eine Stärkung des Gesundheitsschutzes sowie der physischen wie psychischen Gesundheit der Beschäftigten. Auch (neue) horizontale Karriereoptionen können hier eine Stellschraube darstellen (**H3**).



**Studierende pädagogisch einschlägiger Studiengänge könnten nebenberuflich kurzfristig Personallücken schließen**

Da jedoch der Personalengpass bereits akut anhält und ganz kurzfristig behoben werden müsste, sofern nicht Kita-Gruppen oder ganze Kitas geschlossen werden sollen, könnte eine unmittelbar zu realisierende, erfolgsversprechende Strategie schließlich darin liegen, gezielt jene Personengruppen anzusprechen, die noch in Ausbildung sind, aber nebenher eine Arbeit suchen und in einschlägigen pädagogischen Hochschulstudiengängen eingeschrieben sind – dabei handelt es sich um eine Größenordnung, die in jedem Fall zwischen 100.000 und 150.000 Studierenden liegt (Autorengruppe Fachkräftebarometer, 2021, S. 175–176). Diese könnten bereits während ihres Studiums als „Werkstudierende" in Form einer nebenberuflichen Teilzeittätigkeit im Arbeitsfeld Frühe Bildung einen Teil ihres Lebensunterhalts verdienen. Zu klären wäre, ob hierzu entsprechende Anpassungen der Ausführungsgesetze und Personalverordnungen der Länder notwendig würden. Bislang wurde für derartige Ad-hoc-Personalgewinnungsstrategien auch noch nicht gezielt öffentlich geworben.

## Allgemeinbildende und berufliche Schule

**Verschärfung der Engpässe im Lehrkräfteangebot bis 2035 zu erwarten**

In den von der KMK herausgegebenen Modellrechnungen zum Lehrkräfteeinstellungsbedarf und -angebot wird seit Langem eine Unterdeckung an Lehrer:innen prognostiziert. Nach aktueller Berechnung stehen in Deutschland bis 2035 einem durchschnittlichen jährlichen Bedarf von knapp 34.100 allgemeinbildenden und beruflichen Lehrkräften voraussichtlich nur 32.500 Neuabsolvent:innen des Vorbereitungsdienstes gegenüber (**Abb. H5-3**). Insgesamt fehlen damit bis zum Jahr 2035 voraussichtlich ca. 23.5000 Lehrer:innen bzw. 1.600 Lehrpersonen jährlich. Die Werte schwanken dabei nicht nur über den Zeitraum bis 2035, sondern unterliegen auch deutlichen regionalen sowie schulart- und fachspezifischen Unterschieden (KMK, 2020b). So dürften in einigen Landesteilen, Schularten und Fächern größere Engpässe als in der Gesamtrechnung auftreten (vor allem bei den beruflichen Lehrämtern, **Abb. H5-3**), während in anderen Regionen ein Überangebot an Lehrkräften bestimmter Fächer zu erwarten ist. Hinzu kommt, dass die Bedarfsprognosen der KMK grundsätzlich von den gegenwärtigen Rahmenbedingungen ausgehen, sodass z. B. zusätzliches Lehrpersonal für geflüchtete Kinder aus der Ukraine noch nicht berücksichtigt ist. Sollten zudem erklärte bildungspolitische Ziele wie etwa der weitere Ganztagsausbau für Kinder im Grundschulalter oder das zunehmende gemeinsame Lernen von Kindern mit und ohne sonderpädagogischen Förderbedarf in den Schulen erfolgreich umgesetzt werden, bedarf es der Absicherung weiterer Personalkapazitäten (vgl. Klemm, 2022), die in aktuellen Bedarfsparametern nicht inbegriffen sind.

**Neue Anforderungen wie Digitalisierung, Inklusion und Ganztagsausbau erhöhen Bedarf weiter**

**Lehramtsbezogene Unterdeckungen u. a. im MINT-Bereich**

Während im „Sekundarbereich II allgemeinbildender Fächer oder Gymnasium“ in den nächsten Jahren in allen Ländern von einem deutlichen Bewerber:innenüberhang ausgegangen wird (**Tab. H5-2web**), ist in den übrigen Lehrämtern mit teils erheblichen Lücken zu rechnen. Im Sekundarbereich I geht man davon aus, dass sich aus den Neuabsolvent:innen des Vorbereitungsdienstes nur 72 % des benötigten Lehrpersonals rekrutieren lassen. Mittel- bis langfristige Lücken werden insbesondere in den Fächern Mathematik, Chemie, Physik und Musik prognostiziert (KMK, 2020b). Damit droht

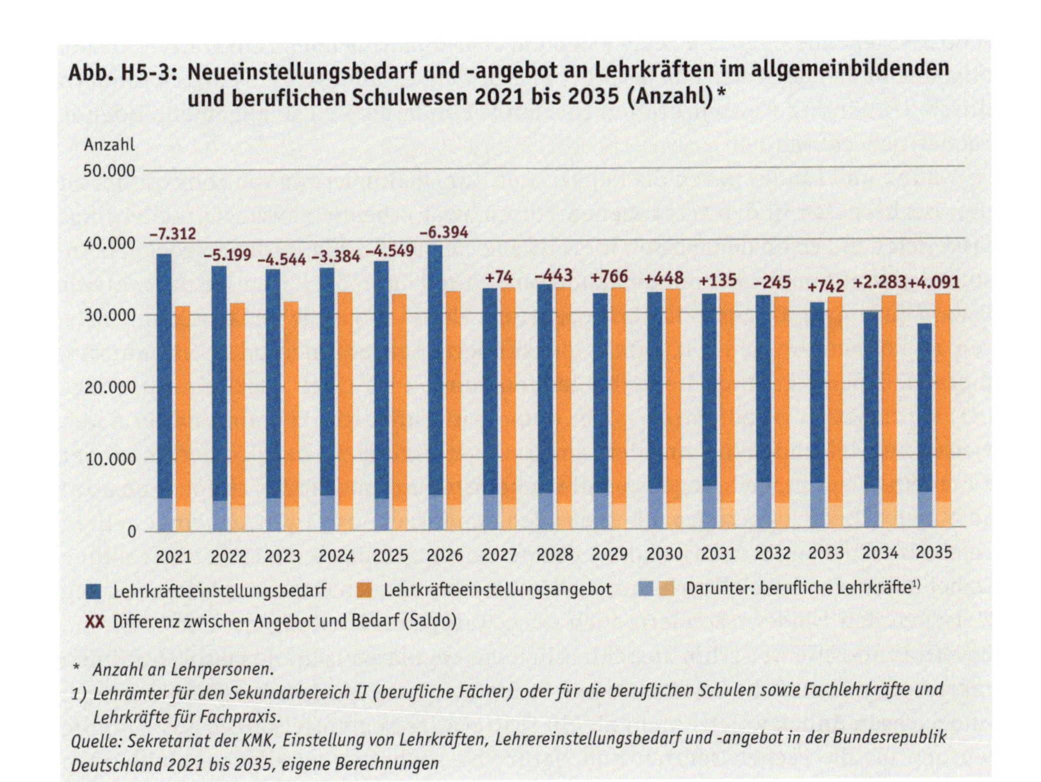


**Abb. H5-3: Neueinstellungsbedarf und -angebot an Lehrkräften im allgemeinbildenden und beruflichen Schulwesen 2021 bis 2035 (Anzahl)***

* *Anzahl an Lehrpersonen.*

1) *Lehrämter für den Sekundarbereich II (berufliche Fächer) oder für die beruflichen Schulen sowie Fachlehrkräfte und Lehrkräfte für Fachpraxis.*

*Quelle: Sekretariat der KMK, Einstellung von Lehrkräften, Lehrereinstellungsbedarf und -angebot in der Bundesrepublik Deutschland 2021 bis 2035, eigene Berechnungen*

eine Verschärfung des bereits bestehenden Mangels an qualifizierten Lehrkräften in den sogenannten MINT-Fächern, auf den auch andere Studien aufmerksam machen (z. B. Klemm, 2020).

**Lehrkräfte an beruflichen Schulen: Erhebliches Unterangebot vor allem in Ostdeutschland sowie für gewerblich-technische Fächer und für die Bereiche der Pflege und Sozialpädagogik**

Auch an den beruflichen Schulen stellt sich die Lehrkräftesituation schwierig dar (Klemm, 2018; Dohmen & Thomsen, 2018). Je nach Studie werden pro Jahr im Durchschnitt mindestens knapp 1.000 Lehrkräfte für Lehrämter an beruflichen Schulen fehlen. Im Bereich der Fachlehrer:innen und Lehrer:innen für die Fachpraxis wird hingegen mit einer weitgehenden Deckung des Bedarfs durch das zur Verfügung stehende Angebot gerechnet (**Tab. H5-2web**). Ein Unterangebot an Lehrkräften für Lehrämter an beruflichen Schulen besteht vor allem in den ostdeutschen Ländern sowie insgesamt für den gewerblich-technischen Bereich mit den beruflichen Fachrichtungen Elektro-, Metall- und Fahrzeugtechnik, aber auch in den personenbezogenen Dienstleistungsberufen wie der Pflege und der Sozialpädagogik (KMK, 2020b; Dohmen & Thomsen, 2018). Die Bedarfslücke im Bereich der Pflege verstärkt sich nochmals durch die Festlegung im neuen Pflegeberufegesetz, dass an den Pflegeschulen nunmehr eine im Verhältnis zu den Ausbildungsplätzen angemessene Zahl an fachlich und pädagogisch qualifizierten Lehrkräften mit einem abgeschlossenen Studium auf Master- oder vergleichbarem Niveau für die Durchführung des Unterrichts zuständig sein muss (**H2**). Im Bereich der Frühen Bildung geben einer aktuellen Studie zufolge 60 % der befragten Fachschulleitungen an, kaum Bewerber:innen für offene Lehrkraftstellen zu finden (Autorengruppe Fachkräftebarometer, 2021, S. 175), was insbesondere darauf zurückzuführen ist, dass deutschlandweit bislang nur an wenigen Hochschulstandorten das Lehramt für die berufliche Fachrichtung Sozialpädagogik angeboten wird. Zwar wurden zum Wintersemester 2020/21 weitere Hochschulstandorte eingerichtet, die allerdings unterschiedlichen Zugangsvoraussetzungen sowie curricularen Akzentsetzungen unterliegen und auf verschiedenen Grundausrichtungen (z. B. grundständigen Studiengängen oder Quereinstiegs- und Kooperationsmodellen) (Braches-Chyrek, 2021, S. 18; Galuschka, 2021) basieren, sodass abzuwarten bleibt, ob damit Bedarfe zukünftig kompensiert werden können. Jetzt schon bestehende Engpässe zeigen sich darüber hinaus bei den Lehrkräften für die allgemeinbildenden Fächer an beruflichen Schulen, die allerdings in einigen Ländern durch den Einsatz von Lehrkräften für den Sekundarbereich II (allgemeinbildende Fächer) gedeckt werden.

Bund und Länder haben die Kapazitäten zur Qualifizierung von Lehrkräften an den Hochschulen in den vergangenen Jahren zwar erheblich ausgebaut, allerdings lässt sich den Personalengpässen hiermit eher mittel- und langfristig begegnen. Insofern gewinnt in den letzten und kommenden 10 Jahren die Rekrutierung weiterer Personalgruppen an zusätzlicher Bedeutung. Um kurzfristige Bedarfe kompensieren zu können, werden z. B. bereits pensionierte Lehrer:innen oder Lehramtsstudierende eingesetzt. Auch die in den letzten Jahren über Quer- oder Seiteneinstiege (**H1**) vermehrt eingestellten Personen ohne grundständiges Lehramtsstudium verweisen auf steigende Probleme der Lehrkräfteversorgung. So hat sich der Anteil der Seiteneinsteiger:innen bezogen auf alle Neueinstellungen von 2015 zu 2020 von 4 auf 10 % mehr als verdoppelt (**Tab. H5-3web**). Von den insgesamt 34.500 neu eingestellten Lehrkräften des Jahres 2020 hat also jede:r 10. kein abgeschlossenes Lehramtsstudium. Dabei unterscheiden sich nicht nur die Modalitäten für den Quer- und Seiteneinstieg zwischen den Ländern, sondern auch die jeweiligen Anstellungsquoten: Während Bayern Lehrkräfte weiterhin ausschließlich aus regulären Lehramtsabsolvent:innen rekrutiert, machten die Seiteneinstiege in Brandenburg, Mecklenburg-Vorpommern und Sachsen-Anhalt zuletzt mehr als ein Drittel aller Neueinstellungen aus. Anteilig wurden für die Fächer Deutsch und Naturwissenschaften an allgemeinbildenden

**Vermehrte Seiteneinstiege in den Schuldienst, die zuletzt 10 % aller Neueinstellungen ausmachten**

Schulen sowie Metalltechnik und Elektrotechnik an beruflichen Schulen die meisten Seiteneinsteiger:innen rekrutiert (**Tab. H5-4web**).

Auf individueller Ebene sind persönliche Interessen, Fähigkeiten und Wertvorstellungen relevante Einflussgrößen für die Entscheidung, den Lehramtsberuf zu ergreifen. Aufschluss über zentrale Beweggründe für die Wahl des Lehrkräfteberufs gibt eine im Rahmen des Nationalen Bildungspanels (NEPS) durchgeführte Lehrendenbefragung im Sekundarbereich I. Insbesondere der Umgang mit Menschen, das Vermitteln von Fachwissen und Freude am Unterrichten sind bei den meisten Lehrkräften wichtige Motive (**Tab. H5-5web**). Die Berufsentscheidung wurde bei einem erheblichen Teil (49 %) bereits während der eigenen Schulzeit getroffen. Entsprechend geben in einer repräsentativen Umfrage des Verbandes Bildung und Erziehung (2016) lediglich 5 % der Befragten an, Lehrer:in eher zufällig oder aus Mangel an Alternativen geworden zu sein.

**Vielfältige, vor allem intrinsische Beweggründe für die Entscheidung, Lehrer:in zu werden**

Auch die Sicherheit des Arbeitsplatzes, die Vereinbarkeit des Berufs mit der Familie oder der (gute) Verdienst erfahren in der NEPS-Befragung hohe Zustimmungswerte. Damit scheinen neben intrinsischen Faktoren und dem (erwarteten) Tätigkeitsbild von Lehrer:innen auch die Rahmenbedingungen des Berufs eine wichtige Größe für die Berufswahlentscheidung zu sein.

Mit einem hohen Maß an Beschäftigungssicherheit für einen Großteil der Lehrkräfte und einer auch im internationalen Vergleich überdurchschnittlichen Entlohnung lassen sich grundsätzlich gute Voraussetzungen für eine Tätigkeit im Schulbetrieb konstatieren. Neben ökonomischen Faktoren sind jedoch auch die realen Bedingungen im alltäglichen Handeln eine entscheidende Größe für die Attraktivität von Berufen. Bei der Befragung des Verbandes Bildung und Erziehung (2016) geben zwar nahezu alle befragten Lehrer:innen an, gerne (52 %) oder sehr gerne (39 %) zur Arbeit zu gehen, jedoch würde knapp ein Drittel (28 %) jungen Menschen abraten, den Beruf zu ergreifen. Als häufigste Gründe hierfür werden die zu hohen Anforderungen und die Belastung (33 %), die negative Entwicklung der politischen Rahmenbedingungen (20 %) sowie das geringe gesellschaftliche Ansehen des Berufes (18 %) angeführt. Als zentraler Belastungsgrund wird von den befragten Lehrkräften mit Abstand am häufigsten die mangelnde Beachtung des Schulalltags bei politischen Entscheidungen benannt. Aber auch die Notwendigkeit, heterogene Klassen alleine zu unterrichten, und die als unrealistisch eingeschätzte Berechnung der Arbeitszeit für außerunterrichtliche Aufgaben werden als Bürde empfunden (ebd.).

**Mehr als jede:r 4. Lehrer:in ist mit dem Beruf unzufrieden, vor allem aufgrund zu hoher Anforderungen oder Belastung**

Die Schwierigkeiten der Lehrkräfteabdeckung in den beruflichen Schulen – insbesondere, aber nicht nur im gewerblich-technischen Bereich – werden häufig auf eine mangelnde Attraktivität und einen geringen Bekanntheitsgrad des grundständigen Studiums und des Berufsbildes zurückgeführt. So spiegelt sich das Profil der hohen Anforderungen an Lehrkräfte an beruflichen Schulen (**H2**) nicht im gesellschaftlichen Image des Berufes wider (Bertelsmann Stiftung, 2017; Lipsmeier, 2014). Vielmehr führt der geringe Bekanntheitsgrad des Lehramts für berufliche Schulen unter den Schulabgänger:innen dazu, dass sich Studierende mit dem Berufsziel Lehrkraft eher für ein allgemeinbildendes Lehramt entscheiden. Für den gewerblich-technischen Bereich spielt darüber hinaus das geschlechtsspezifische Berufswahlverhalten eine Rolle: Frauen, bei denen ein höheres Interesse an pädagogischer Arbeit mit Kindern und Jugendlichen besteht, interessieren sich dagegen weniger für den technischen Bereich, sodass in diesem Feld die Nachfrage der Frauen nach gewerblich-technischen Fachrichtungen sehr gering ist (Frommberger & Lange, 2018). Die mangelnde Anziehungskraft des Lehrerberufs im gewerblich-technischen Bereich ist zudem durch attraktivere Arbeitsmöglichkeiten in der freien Wirtschaft bedingt, wo höhere Gehälter und Aufstiegschancen in Aussicht stehen. Insgesamt zeigt sich damit, dass nicht nur Herausforderungen hinsichtlich der Erhöhung der Studienanfänger:innenzahl bestehen, sondern zusätzlich auch noch die Problematik der Bindung an den Lehrer:innenberuf.

### Ganztagspersonalbedarf für Kinder im Grundschulalter

**Ganztagspersonalbedarf von bis zu 65.600 Personen bis zum Schuljahr 2029/30 für Kinder im Grundschulalter**

Insgesamt ist davon auszugehen, dass der inzwischen beschlossene Rechtsanspruch auf ein Ganztagsangebot für Kinder im Grundschulalter ab dem Schuljahr 2026/27 den Ausbau weiterer Plätze – vor allem in Westdeutschland – zur Folge haben wird (Rauschenbach et al., 2021). Nach gegenwärtigem Erkenntnisstand entsteht bis 2029/30 ein Bedarf – je nach Szenario – zwischen 500.000 und 700.000 zusätzlichen Ganztagsplätzen (vgl. **D3**). Dieser zusätzliche Platzausbau würde auch einen weiteren Personalbedarf nach sich ziehen. Nach einer aktuellen Vorausberechnung, die sich im Anschluss an den vereinbarten Rechtsanspruch ergibt, ist für Westdeutschland auf der Grundlage verschiedener Szenarien von einem Personalbedarf zwischen 43.500 und 58.200 zusätzlichen Personen bis zum Schuljahr 2029/30 auszugehen, sofern man diesen Ganztagsangeboten einen Personalschlüssel von 1 : 10 zugrunde legt (ebd.); bei einem ungünstigeren Personalschlüssel würde der Personalbedarf entsprechend geringer ausfallen. In Ostdeutschland hingegen scheint der Personalbedarf für den Ausbau der zusätzlich benötigten ganztägigen Angebote für Kinder im Grundschulalter regional bereits in Teilen gedeckt zu sein, sodass lediglich noch ein Personalmehrbedarf bis zu 7.400 Personen zu erwarten ist (unter der Prämisse, dass hier ebenfalls ein Personalschlüssel von 1 : 10 umgesetzt würde). Dieser Personalmehrbedarf besteht bis zum Schuljahr 2029/30 vorwiegend in Berlin.

**Empirie zur Berufseinmündung fehlt für differenzierte Personalplanung im Ganztag**

In der Frage des ausstehenden Personalbedarfs für Ganztagsangebote für Kinder im Grundschulalter ist aber – ganz im Unterschied zu den Kindertagesbetreuungsangeboten für Kinder vor dem Schuleintritt – aufgrund fehlender Daten nicht abzuschätzen, wie viel Personal darüber hinaus temporär oder dauerhaft aussteigt, wie hoch also der Ersatzbedarf sein wird. Da zudem keine belastbaren Befunde zur Einmündung von Neuzugängen durch Ausbildung (**H2**) in die Ganztagsangebote für Kinder im Grundschulalter vorliegen – u. a. auch deshalb, weil gar nicht bekannt ist, welche Berufsgruppen und sonstige Personen gegenwärtig im Ganztag arbeiten (**H1**) –, lässt sich deren Anzahl auch nicht ins Verhältnis zu den Bedarfen setzen. Auch wenn die damit verbundene Größenordnung in den meisten Ländern vor dem Hintergrund der demografischen Entwicklung und der zunächst weiter steigenden Anzahl an Grundschulkindern nicht unterschätzt werden darf, wird – aufgrund des erst ab 2026/27 stufenweise wirksam werdenden Rechtsanspruchs und in Anbetracht der insgesamt breiteren Gruppe an infrage kommenden Personen mit unterschiedlichen Qualifikationsprofilen (im Vergleich zur Frühen Bildung) – das Personalproblem für die Angebote für Kinder im Grundschulalter aller Voraussicht nach nicht ganz so prekär werden wie in der Frühen Bildung. Allerdings können dabei auch die Arbeitsbedingungen und die Vergütung zu weichenstellenden Faktoren im Vergleich zu benachbarten Arbeitsfeldern werden, die dazu beitragen, wie viele neu ausgebildete Personen letztlich und längerfristig den Weg in die Ganztagsangebote finden. Auch in dieser Frage liegt eine zu klärende Herausforderung.

### Ausbildungspersonal für die Praxisphasen in der beruflichen Bildung

Analysen zum quantitativen Bedarf des Ausbildungspersonals für den praktischen Teil der beruflichen Ausbildung sind nicht vorhanden. Ob die abnehmende Anzahl an registrierten Ausbilder:innen in der dualen Ausbildung (**H1**) ein ernst zu nehmendes Problem darstellt (Faßhauer, 2017), ist schwer zu beurteilen, weil registrierte Ausbilder:innen nicht mit aktiven Ausbildenden gleichzusetzen sind. Auch für die

Gruppe der Praxisanleiter:innen, die in den vollzeitschulischen Ausbildungen die praktischen Unterweisungen übernehmen, liegen keine Berechnungen zum Personalbedarf vor. Die mit der Pflegeberufereform einhergehende Regelung, wonach mindestens 10 % der zu leistenden praktischen Ausbildungszeit in den gesundheitsbezogenen Einrichtungen von den Praxisanleiter:innen zu gestalten sind, dürfte jedoch auch hier zu einem steigenden Personalbedarf führen.

### Hochschule

Auf Personalbedarfsanalysen, wie sie etwa für Frühe Bildung oder die allgemeinbildenden und beruflichen Schulen vorliegen, kann im Bereich Hochschule nicht zurückgegriffen werden. Zwischen 2005 und 2020 entwickelte sich das aus Grundmitteln finanzierte Personalvolumen an den Hochschulen etwa parallel zur Anzahl der Studienanfänger:innen und der Studierenden (**Abb. H1-3**), sodass die Betreuungsrelationen relativ stabil blieben (vgl. Autorengruppe Bildungsberichterstattung, 2018, F3). Um die Betreuungsrelationen etwas zu verbessern, müsste bei voraussichtlich leicht zurückgehenden Studienanfänger:innenzahlen (vgl. **F3**; KMK, 2021a) der Personalbestand gehalten werden. Eine stärkere Verbesserung der Betreuungsrelationen ließe sich mit mehr Personal in der Lehre erreichen. Welche Auswirkungen eine auch nach der Corona-Pandemie stärkere Digitalisierung der Lehre auf den Personalbedarf und -bestand hat, ist nicht absehbar.

**Personalengpässe an Hochschulen zeichnen sich nicht ab**

Insgesamt zeichnet sich an den Hochschulen derzeit kein Personalengpass ab. Der Personalbedarf sollte auch bei einer weiteren Erhöhung der Stellenzahl, wie in den Jahren des Personalaufwuchses zwischen 2005 und 2020, gedeckt werden können. Denn Anzeichen für ein zurückgehendes Interesse an Stellen für den wissenschaftlichen Nachwuchs, der einen großen Teil der Lehre trägt, und an Professuren sind bisher nicht zu erkennen;[14] eine Pensionierungswelle bei den Professuren zeichnet sich im Großen und Ganzen ebenfalls nicht ab. Die Zahl der Habilitationen sowie der Professor:innen auf sogenannten Tenure-Track-Stellen[15] übersteigt die Zahl der Professor:innen, die in den nächsten Jahren das Pensionierungsalter erreichen werden. Besetzungsverfahren sind überwiegend erfolgreich (Johann & Neufeld, 2018).

Allerdings gibt es an Fachhochschulen aufgrund der besonderen Voraussetzungen (**H2**) teilweise Schwierigkeiten, die Professuren zu besetzen (Konsortium BuWiN, 2021, S. 54), insbesondere in einzelnen Fachrichtungen, etwa in den Ingenieurwissenschaften (In der Smitten et al., 2017). Um dem entgegenzuwirken, haben Bund und Länder ein Programm aufgelegt, das die Gewinnung und Personalentwicklung von Professor:innen an Fachhochschulen unterstützen soll (GWK, 2018). In neuen Fachrichtungen an den Hochschulen, die ihre akademischen und wissenschaftlichen Grundlagen ausbauen und festigen müssen, wie etwa den nichtärztlichen Gesundheitsberufen oder der Kindheitspädagogik, kann dennoch ein Mangel an wissenschaftlichem Nachwuchs den Ausbau der Fächer behindern.



**Großes Interesse von Promovierenden und Promovierten an Tätigkeit in der Wissenschaft**

Zu der im Vergleich mit anderen Teilarbeitsmärkten wenig angespannten Lage an den Hochschulen trägt bei, dass das Interesse an einer Tätigkeit in Hochschule und Wissenschaft sowohl unter Promovierenden als auch unter Promovierten hoch ist, obwohl die Aussichten auf eine dauerhafte Beschäftigung im Wissenschaftsbereich eher begrenzt sind und viele Beschäftigungsverhältnisse auch nach der Promotion weiterhin befristet bleiben (**H1**). Die meisten Promovierenden und Promovierten sehen sich zwar langfristig außerhalb des Wissenschaftsbereichs erwerbstätig, wobei es typische Unterschiede nach Fachrichtungen gibt (**Abb. H5-4**, BuWiN, 2021, S. 212–217).

*14 Bei zwischen 2018 und 2020 jährlich etwa 3.000 Berufungen auf Professuren, die zu je ca. 1.450 Ernennungen führen, kamen jährlich 70.000 bis 75.000 Bewerbungen auf eine Professur (GWK, 2021b, S. 35/87).*

*15 Personen auf einer Stelle mit Tenure Track sind zunächst befristet beschäftigt, können aber bei positiver Evaluierung am Ende der Laufzeit ohne neues Berufungsverfahren entfristet werden.*

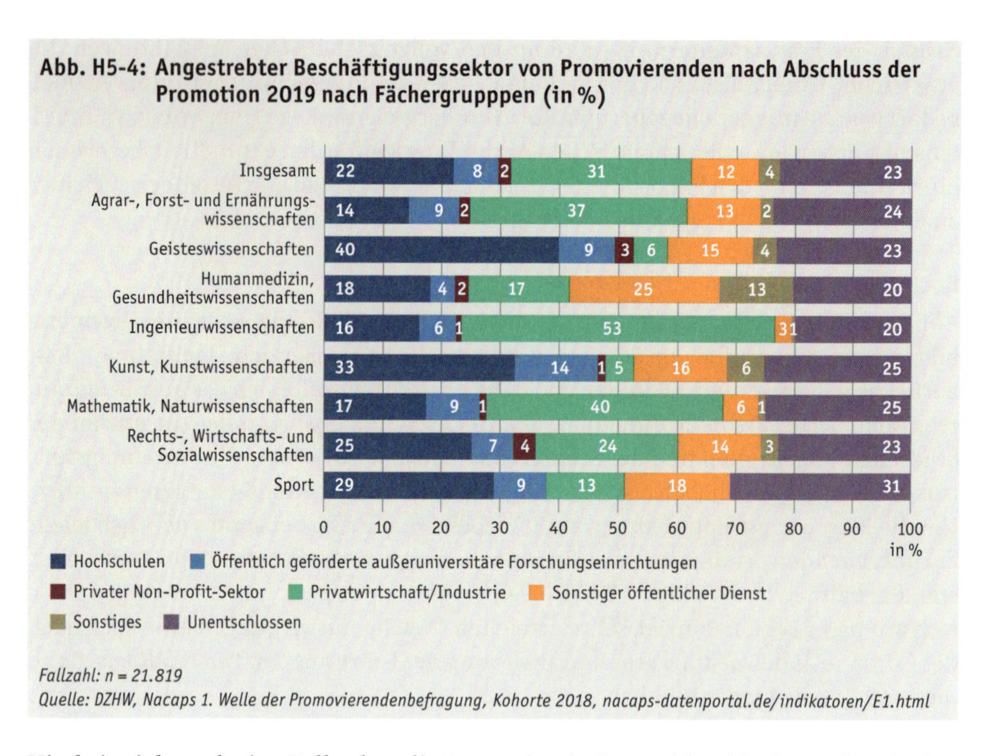


**Abb. H5-4: Angestrebter Beschäftigungssektor von Promovierenden nach Abschluss der Promotion 2019 nach Fächergrupppen (in %)**

*Fallzahl: n = 21.819*
*Quelle: DZHW, Nacaps 1. Welle der Promovierendenbefragung, Kohorte 2018, nacaps-datenportal.de/indikatoren/E1.html*

Hierbei spielt auch eine Rolle, dass die Promotion in Deutschland insbesondere in den MINT-Fachrichtungen und den Rechts-, Wirtschafts- und Sozialwissenschaften auch außerhalb von Hochschule und außeruniversitären Forschungseinrichtungen interessante Karriereoptionen und Ertragschancen eröffnet (König et al., 2021). Dennoch streben viele Nachwuchswissenschaftler:innen eine Tätigkeit in der Wissenschaft, an Hochschulen oder außeruniversitären Forschungseinrichtungen an. Unter den Promovierenden gaben 2019 etwa 30 % an, nach der Promotion eine Tätigkeit an der Hochschule (22 %) oder einer außeruniversitären Forschungseinrichtung (8 %) aufnehmen zu wollen (**Abb. H5-4**). Die an den Universitäten Promovierenden nennen zu einem Fünftel bereits eine Professur als Karriereziel; bei den Postdocs liegt dieser Anteil mit 43 % mehr als doppelt so hoch (Ambrasat & Heger 2021, S. 34; mit ähnlichen Ergebnissen auch Briedis et al., 2014; Nacaps Datenportal, https://nacaps-datenportal.de/; Sommer et al. 2022, S. 97–100).

Zur Attraktivität einer Tätigkeit an der Hochschule tragen neben der Forschung offenbar auch die Aufgaben in der Lehre bei. Trotz der unterschiedlichen Rahmenbedingungen, unter denen Professor:innen, das akademische Personal mit Schwerpunkt in der Lehre und der wissenschaftliche Nachwuchs in den Qualifizierungsphasen beschäftigt sind, zeigte sich in einer Studie, für die mehr als 1.000 Lehrende befragt wurden, dass „die befragten Lehrenden quer durch alle Personal- und Fächergruppen überwiegend zufrieden mit ihrer Lehre“ waren (Bloch et al., 2014, S. 220). Dazu trägt eine intrinsische, professionelle Lehrmotivation bei, die „Freude an der Lehre und Interesse an der Wissensvermittlung“ auszeichnet (ebd., S. 169), auch wenn die Lehre gerade für den befristet beschäftigten wissenschaftlichen Nachwuchs mit den Anforderungen an die Qualifizierungsarbeit kollidieren kann. Diese hohe Zufriedenheit mit der Lehrtätigkeit bestätigt sich in der Wissenschaftsbefragung 2019/20. Allerdings unterscheidet sich die Zufriedenheit mit anderen Aspekten der beruflichen Situation deutlich zwischen den Professor:innen auf der einen Seite und den Postdocs und den Promovierenden auf der anderen Seite. Insbesondere die Postdocs sind mit ihren – vielfach befristeten (**H1**) – beruflichen Aussichten deutlich unzufrieden (Ambrasat & Heger, 2021). Um das Verfolgen von Karriereperspektiven jenseits der Professur innerhalb und außerhalb der

Wissenschaft frühzeitig zu unterstützen, betreiben die Hochschulen zunehmend eine akademische Personalentwicklung (Burkhardt et al., 2020, S. 151–164).

### Weiterbildung

Bislang wird im Bereich der Weiterbildung allenfalls in Ansätzen und in Teilbereichen über zukünftige Personalbedarfe diskutiert. Dies ist Ausdruck der Tatsache, dass Weiterbildung im bildungsbereichsübergreifenden Vergleich spezifische marktliche Funktionsweisen aufweist, die angesichts weithin fehlender Regelungen für den Berufszugang und die Berufsausübung dazu führen, dass flexible Beschäftigungsverhältnisse typisch sind, die z.B. für die Lehrkräfte der Weiterbildung neben- und freiberufliche oder auch ehrenamtliche Tätigkeiten vorsehen (**H1**). Dadurch haben Weiterbildungseinrichtungen die Möglichkeit, Personalbedarfe je nach Nachfrage durch die Anpassung ihrer Erwartungen zu regeln, was nicht nur in Bereichen wie der kulturellen oder politischen Bildung, sondern auch in staatlich geförderten Integrationskursen geschieht.

**Personalbedarf aufgrund der Offenheit des Arbeitsmarktes der Weiterbildung bislang kaum quantifiziert**

Da der Personalbedarf und darauf gerichtete Strategien der Personalgewinnung – für die Einrichtungen wie für den 4. Bildungsbereich insgesamt – kaum präzise beurteilt und beschrieben werden können, berichten wir im Folgenden einige Befunde zum Berufszugang, zur Arbeitszufriedenheit sowie zu den Einkommensmöglichkeiten, die sich als Indikatoren für die Attraktivität dieses Beschäftigungsfeldes interpretieren lassen.

Einer Tätigkeit in der Weiterbildung nachzugehen wird in Befragungen nur selten als Berufswunsch angegeben. So stimmen im Rahmen des wb-personalmonitors nur 55 % der Weiterbildungsbeschäftigten der Aussage eher oder völlig zu, dass ihre aktuell ausgeübte Tätigkeit ihrem Berufswunsch entspricht (vgl. Autorengruppe wb-personalmonitor, 2016, S. 132). Deutlich häufiger ist ein Einstieg in die Weiterbildung mit anderen Motiven verbunden, etwa um Kenntnisse und Erfahrungen weiterzugeben oder aber weil die Tätigkeit zu den Lebensumständen passt (vgl. ebd.). Dies hängt zum einen damit zusammen, dass der Personalbestand und der Personalbedarf in der Weiterbildung deutlich größer ist als die Zahl der fachlich und pädagogisch einschlägig Qualifizierten. Daher existieren für die unterschiedlichen Tätigkeiten als Trainer:in, Weiterbildner:in, Weiterbildungsberater:in oder Programmplaner:in auch keine klar abgegrenzten Tätigkeitsprofile, für die man sich durch spezifische Ausbildungswege gezielt und exklusiv qualifizieren könnte (**H2**). Schließlich ist das berufliche Handlungsfeld sehr intransparent und für Neueinsteiger:innen schwer zu überblicken.

**Weiterbildung kein typisches Wunschberufsfeld**

Die Heterogenität der institutionellen Strukturen (vgl. **G1**) und der Beschäftigungsbedingungen kommt auch in disparaten Beurteilungen der Arbeits- und Beschäftigungssituation zum Ausdruck. Die Zufriedenheit mit der Beschäftigung fällt laut wb-personalmonitor insgesamt sehr hoch aus: 94 % der Erwerbstätigen sind eher oder sehr zufrieden mit ihrer Beschäftigung in der Weiterbildung. Die höchste Unzufriedenheit berichten Erwerbstätige in Bezug auf ihre Beschäftigungssicherheit, ihr Einkommen, ihre Arbeitszeit sowie ihre Weiterbildungsmöglichkeiten (vgl. ebd., S. 140). Besonders häufig geben befristet Beschäftigte große Unzufriedenheit in Bezug auf unterschiedliche tätigkeitsbezogene Dimensionen an, Ehrenamtliche insbesondere mit Verweis auf ihre unzureichende finanzielle Anerkennung im Vergleich zu Honorarkräften.

**Hohe Arbeitszufriedenheit, mit deutlichen Unterschieden zwischen verschiedenen Beschäftigtengruppen**

Betrachtet man sowohl objektive Indikatoren als auch subjektive Einschätzungen zu prekärer Beschäftigung, sind laut wb-personalmonitor immerhin rund 103.000 Beschäftigte im Haupterwerb, darunter 60.000 Honorarkräfte, von prekären Beschäftigungsbedingungen betroffen (vgl. Elias, 2018). Dies zeigte sich auch während der Corona-Pandemie durch Einkommensverluste von Honorarkräften, wenn Angebote nicht umgesetzt wurden und dies zu Existenzbedrohungen führte. Daraus erklärt sich

**Ausgeprägtes Prekariat unter Honorarkräften im Haupterwerb ...**

auch der Wunsch von einem Großteil (56 %) jener Honorarkräfte, die mit der Honorartätigkeit ihren Lebensunterhalt bestreiten, nach einer anderen Beschäftigungsform, insbesondere nach einer Festanstellung oder aber nach weiteren Honorartätigkeiten, um ihr Einkommen zu sichern (vgl. Autorengruppe wb-personalmonitor, 2016, S. 92). Bei einem vollzeitäquivalenten Bruttomedianeinkommen von 2.560 Euro im Jahr 2014 bestehen deutliche Unterschiede zwischen den Angestellten, zwischen Inhabern von Weiterbildungseinrichtungen sowie Beamt:innen (3.300 Euro) und den Selbstständigen im Haupterwerb (2.057 Euro) (ebd., S. 86). Ein externer Vergleich liefert weiteren Aufschluss: Im Jahr 2020 liegt laut Entgeltstatistik der Bundesagentur für Arbeit das vollzeitäquivalente Bruttomediankommen von sozialversicherungspflichtig Beschäftigten in der Weiterbildung mit 3.068 Euro deutlich unter dem Einkommen aller bundesweit sozialversicherungspflichtig Vollzeitbeschäftigten (3.427 Euro) (**Tab. H5-6web**). Andererseits können in der Weiterbildung jedoch auch sehr gute Einkommen erzielt werden, sowohl im selbstständigen Nebenerwerb als auch in abhängiger Beschäftigung oder bei Verbeamtung (vgl. Autorengruppe wb-personalmonitor, 2016, S. 86). Einschränkend muss zu den Informationen über Einkommensbedingungen in der Weiterbildung gesagt werden, dass ihre Bedeutung für die Attraktivität des Berufsfeldes erst dann beurteilt werden kann, wenn nicht nur das individuelle Einkommen, sondern auch das Haushaltseinkommen betrachtet wird.

**... und starke Einkommensunterschiede zwischen Beschäftigten**

Mittelfristig wird sich die Weiterbildung aufgrund der Altersstruktur mit dem bildungsbereichsübergreifend höchsten Anteil an über 50-Jährigen (**Tab. H1-15web**) Fragen des quantitativen Personalbedarfs stellen müssen, wenngleich die bislang bestehende Praxis, Personal durch Quereinstiege aus anderen Wirtschaftsbereichen zu rekrutieren, eine gute Ausgangslage für die Weiterbildung darstellt (Martin & Schrader, 2021). Zu erwarten ist, dass im Zuge dieses Prozesses auch formale Anforderungen an die fachlichen und pädagogischen Kompetenzen intensiver als bislang diskutiert werden. Auch der Bedarf an qualifiziertem pädagogischem Personal, das hauptberuflich in Weiterbildungseinrichtungen arbeitet, wird angesichts des bevorstehenden Generationswechsels zukünftig steigen. Einzelne Einrichtungen, etwa Volkshochschulen, denen während der Corona-Pandemie Lehrkräfte weggefallen sind, berichten bereits jetzt von Rekrutierungsproblemen. Damit deutet sich eine zusätzliche Herausforderung für die Weiterbildung an, die dieses Thema bislang vernachlässigen konnte.

**Fragen des Personalbedarfs und der Personalrekrutierung werden zukünftig an Bedeutung gewinnen**

# Herausforderungen

Die zentrale Bedeutung des Bildungspersonals für erfolgreiche Lern- und Bildungsprozesse ist in der Wissenschaft ebenso unstrittig wie in Politik und Praxis. So ist mit der Zunahme der gesellschaftlichen und individuellen Relevanz von Bildungsprozessen in den letzten 2 Jahrzehnten auch eine deutliche **Expansion der Anzahl an Beschäftigten im Bildungsbereich** zu beobachten. Inzwischen sind in Kindertageseinrichtungen und -tagespflege, an allgemeinbildenden und beruflichen Schulen sowie an Hochschulen 2,6 Millionen Menschen beschäftigt; das entspricht ca. 6 % aller Erwerbstätigen in Deutschland. Für die Weiterbildung kommen etwa 1 Million Beschäftigungsverhältnisse hinzu. Trotz Expansion wird aber auch deutlich, dass der Personalbedarf in einigen Bereichen schneller wuchs und wächst als das Angebot an Neuzugängen aus den entsprechenden Ausbildungswegen. Dadurch sind teils massive Personalengpässe entstanden – zuletzt vor allem im Bereich der Frühen Bildung und der Grundschule –, die sich aufgrund der gegenwärtigen Altersstruktur des berufstätigen Personals, aber auch angesichts bildungspolitisch herausfordender Zielsetzungen (z. B. Inklusion, Rechtsanspruch auf Ganztag oder Digitalisierung) weiter verschärfen werden.

Damit wird die **Personalgewinnung** im gesamten Bildungswesen in den nächsten 1 bis 2 Jahrzehnten allein mengenmäßig zu einer großen Herausforderung. Trotz enormer Zuwachsraten des pädagogisch tätigen Personals in der Frühen Bildung auf inzwischen 700.000 Beschäftigte sowie einer zeitgleichen Verdoppelung der Ausbildungskapazitäten für Erzieher:innen mangelt es aktuell deutlich an weiteren Fachkräften in der Frühen Bildung. An allgemeinbildenden Schulen werden bis 2030 rechnerisch voraussichtlich mindestens 17.300 und an beruflichen Schulen 13.200 Lehrkräfte fehlen. Besonders problematisch stellt sich die fachliche Absicherung des Unterrichts bereits seit Jahren an beruflichen Schulen in den Fachrichtungen Sozialpädagogik und Pflege sowie im gewerblich-technischen Bereich dar und wird auch in Zukunft mit Blick auf die Altersstruktur angespannt bleiben. Bei dem im Ganztag tätigen Personal ist mit Blick auf den geplanten Rechtsanspruch ebenfalls mit einem weiteren Personalbedarf von bis zu 65.600 Personen bis zum Schuljahr 2029/30 für Kinder im Grundschulalter zu rechnen. Demgegenüber ist die absehbare Personalsituation an den Hochschulen bei fachspezifischen Unterschieden weniger angespannt, auch weil für viele Nachwuchswissenschaftler:innen eine Beschäftigung im Wissenschaftsbereich bzw. an den Hochschulen trotz der (vielfach befristeten) Beschäftigungsbedingungen nach wie vor attraktiv ist. Auch in der Weiterbildung ist die Zahl der haupt-, neben- und freiberuflich Beschäftigten mit pädagogischen Aufgaben kontinuierlich gestiegen und der gestiegene Personalbedarf konnte aufgrund der flexiblen Beschäftigungsbedingungen bislang gedeckt werden. Hier zeichnen sich aber aktuell Engpässe z. B. bei der Gewinnung von Lehrkräften mit hinreichenden Kompetenzen in der Nutzung digitaler Lern- und Bildungsmedien ab.

Aufgrund der gestiegenen Bedarfe an pädagogischen Fachkräften wurden in nahezu allen Bildungsbereichen Ad-hoc-Regelungen für sogenannte **Quer- oder Seiteneinstiege** eröffnet. Die institutionelle Verankerung ist dabei ebenso vielfältig wie die (Nach-)Qualifizierungsmodalitäten und die pädagogischen Konzepte. Noch kaum evaluiert sind wiederum die Umsetzung und Wirkungen solcher Angebote für Quer- und Seiteneinsteigende. Dies scheint vor allem deshalb notwendig bzw. überfällig, da das Bildungswesen auch in Zukunft in all seinen Bereichen immer wieder qualifikationsbezogene Öffnungsstrategien entwickeln muss, um vor allem den nicht langfristig vorhersehbaren Bedarf an qualifiziertem pädagogischen Personal zu sichern, wie er in den letzten Jahren durch Geburtenanstiege, vermehrte Zuwanderung oder durch Ausweitungen pädagogischer Angebote (Kita für Kinder unter 3 Jahren, Inklusion, Ganztag) entstanden ist.

Die Tatsache, dass in einigen Bildungsbereichen und Regionen Personalmangel und Nachfrageüberhänge zusammenfallen (z. B. je nach Berufsgruppe, je nach Schulart o. Ä.), wirft die Frage nach geeigneten Qualifizierungsstrukturen auf, die künftig derartigen Passungsproblemen vorbeugen. Festzuhalten ist hier zunächst, dass der Expansionsprozess des Bildungspersonals – wenn auch nicht durchgehend – mit einer **wachsenden Akademisierung des Personalbestands** einhergeht. Diese Entwicklungen sind Folgen des Zusammenspiels von bildungspolitischen Entscheidungen, berufs-, studien- und laufbahnbezogenen Präferenzen der (zukünftigen) Beschäftigten, Rekrutierungsstrategien der Bildungsinstitutionen und der Interessenpolitik des Bildungspersonals. Zwischen den Bildungsbereichen stellt sich dieses Zusammenspiel gleichwohl sehr unterschiedlich dar. Insbesondere dort, wo etwa der Grad an Akademisierung der Beschäftigten vergleichsweise gering ist, wie in der Frühen Bildung oder in Teilbereichen der beruflichen Ausbildung und der Weiterbildung, sollte auch bildungspolitisch diskutiert werden, welcher Anteil und welcher Grad an Akademisierung hier gewollt ist und angestrebt werden sollte.

Gestützt werden könnten solche Diskussionen dadurch, dass **unterschiedliche Zugangswege und Rekrutierungspraxen** zum pädagogischen Arbeitsmarkt im Blick auf ihre Folgen für das pädagogische Handeln untersucht werden. Denn der Zugang in pädagogische Berufe erfolgt in unterschiedlichem Maße über standardisierte und reglementierte Qualifizierungswege – nicht nur zwischen den, sondern auch innerhalb der verschiedenen Bildungsbereiche: Das Spektrum reicht von niedrigschwelligen Nachweisen der Eignung oder einer bestimmten Fachexpertise ohne eine obligatorische pädagogische Qualifikation (wie z. B. in der Kindertagespflege oder in der Weiterbildung), über berufliche Bildungsabschlüsse (z. B. berufliche Assistenz- und Helferberufe wie Kinderpfleger:innen und Sozialassistent:innen einerseits und berufliche Fachkraftberufe wie Erzieher:innen oder betriebliche Ausbilder:innen und Praxisbegleiter:innen andererseits) bis hin zur alternativlosen Voraussetzung eines Hochschulexamens (z. B. Lehramtsausbildung für den Schuldienst). Im Unterschied zu der stark formalisierten Qualifizierung von Lehrkräften für allgemeinbildende und berufliche Schulen sind bei den pädagogisch Tätigen in Ausbildungsbetrieben und -einrichtungen, den Lehrenden an Hochschulen oder in der Weiterbildung das Fachwissen und die Berufserfahrung die Basis für die pädagogische Tätigkeit, die durch eine – nur teilweise verpflichtende – Teilnahme an pädagogischer Qualifizierung ergänzt wird.

Auch innerhalb einzelner Bildungsbereiche gibt es verschiedene Qualifikationsprofile, über deren Zusammenwirken bislang wenig fundiertes Wissen vorliegt: Die Zugangswege zur Frühen Bildung reichen etwa von einer berufsfachschulischen Ausbildung zur/zum Kinderpfleger:in über die fachschulische Ausbildung zur/zum staatlich geprüften Erzieher:in bis hin zu Hochschulabschlüssen wie der Kindheits- oder der Sozialpädagogik. Anders als bei Lehrkräften unterliegt das Personal in ganztägigen Angeboten – wenn überhaupt – nur teilweise einem Fachkräftegebot wie in der Frühen Bildung. Zudem ist das Thema Ganztag bislang in den einschlägigen Erstausbildungen nicht systematisch verankert. Inwiefern funktionale oder thematische Spezialisierungen innerhalb eines Bildungsbereichs oder Arbeitsfeldes eine angemessene Weiterentwicklung einer Qualifizierungsstrategie darstellen, um die unterschiedlichen Aufgaben im Arbeitsalltag besser zu bewältigen und auch attraktive Karrierewege im Bildungswesen zu ermöglichen, ist eine weitgehend offene, bislang kaum diskutierte Frage. Möglicherweise trägt eine stark versäulte Ausbildung und Aufgabenteilung weder den heutigen Anforderungen in den Bildungseinrichtungen noch dem wechselnden Personalbedarf ausreichend Rechnung, weil beides einen flexibleren Einsatz des vorhandenen oder neu zu gewinnenden Personals verlangt.

Auffallend ist die im Zuge der Expansion weiter voranschreitende **Feminisierung des Bildungspersonals** sowie der sich über alle Bildungsbereiche hinweg abzeichnende **hohe Anteil an Teilzeitbeschäftigungen**. In Zeiten von Personalknappheit könnte hier eine Ressource liegen. Es stellt sich aber auch die Frage nach den Voraussetzungen, unter denen die Erhöhung von Stundenanteilen überhaupt möglich werden kann. Teilzeitbeschäftigungen werden oft mit der Vereinbarkeit von Beruf und Familie begründet, sodass z. B. andere Arbeitszeit- sowie flexiblere Elternzeitmodelle in den Teams bzw. Kollegien der Bildungseinrichtungen hilfreich sein könnten. Zielführend wäre es in diesem Zusammenhang auch, wenn der in Politik und Gesellschaft spürbare Bedeutungszuwachs von Bildung auch in grundsätzlich größeren Personalkapazitäten Ausdruck finden würde, mit denen sich kurzfristige Bedarfsspitzen abfangen und zu anderen Zeiten verbesserte Betreuungsrelationen oder Qualitätsgewinne realisieren ließen. Langfristige Strategien der Personalsicherung und Personalbindung können vor allem in der Qualitätsverbesserung der Ausbildung (Erfolgsbedingungen) sowie in der Aufwertung und Erhöhung der Attraktivität pädagogischer Berufe (Beschäftigungsbedingungen) gesehen werden. Für große Teile des Bildungspersonals bestehen im Beruf kaum Aufstiegs- und Karrierechancen, die die Attraktivität der pädagogischen Berufe steigern und neues Nachwuchspotenzial erschließen könnten.

Mit Blick auf die **Professionalisierung des pädagogischen Personals** bilden Kompetenzraster, Bildungspläne oder vergleichbare Referenzrahmen inzwischen in allen Bildungsbereichen Orientierung für die einschlägigen – teils staatlich reglementierten, teils durch Träger- oder Berufsverbände geregelten – Qualifizierungswege. Inwieweit allerdings die alltägliche Praxis in der beruflichen Ausbildung oder in Studiengängen tatsächlich kompetenzorientiert ausgerichtet ist, lässt sich derzeit nicht beurteilen. Das betrifft die Frage der curricularen Verankerung kanonisierter Wissensbereiche, den gezielten Aufbau von Handlungskompetenzen und die systematische Verankerung von Praxiserfahrungen und ihrer Reflexion, deren Verschränkung als eine unverzichtbare Voraussetzung für den Aufbau professioneller Kompetenzen betrachtet wird.

Hinzu kommt, dass es bis heute an systematischen wissenschaftlichen Evaluationen der Qualifizierungswege mangelt. Dies sollte insbesondere dort eingeführt werden, wo der Zugang zu pädagogischen Berufen auf unterschiedlichen Qualifizierungswegen möglich ist. So haben empirische Studien im letzten Jahrzehnt z. B. durch die Weiterbildungsinitiative Frühpädagogische Fachkräfte (WiFF) des BMBF wichtige Einblicke in das Arbeitsfeld Kindertagesbetreuung und in die dafür benötigten Qualifikationen – Erstausbildungen ebenso wie Weiterbildungen – gegeben. Dennoch fehlt es bislang an umfassenderen empirischen Erkenntnissen zur Umsetzung von Kompetenzprofilen in der Aus- und Fortbildung sowie deren Folgen für das Handeln im pädagogischen Berufsalltag.

Wenn, wie etwa in der Lehrkräftebildung, Kompetenzraster oder entsprechende Referenzrahmen für das pädagogische Personal vorliegen, bedürfen diese einer kontinuierlichen, in den wissenschaftlichen Fachdiskurs eingebundenen Weiterentwicklung sowie einer **regelmäßigen Überprüfung**, inwiefern und unter welchen Bedingungen die angestrebten Ziele erreicht werden. Die Überprüfung des Erreichens der KMK-Bildungsstandards (für Schüler:innen) kann hier als Vorbild für ein entsprechend adaptiertes Monitoring zu ausgewählten pädagogischen Berufen dienen. Nicht nur für die Qualitätssicherung und -entwicklung, sondern auch für die Identifizierung von weitergehenden Aus- und Fortbildungsbedarfen würde dies hilfreiche Einblicke ermöglichen.

Vor diesem Hintergrund ist die kontinuierliche **Weiterqualifizierung des Personals** ein bedeutender Baustein für die langfristige Qualitätssicherung und -entwicklung von Bildung. Derzeit wissen wir jedoch wenig darüber, auf welche Art und Weise die Bedarfserschließung und Konzeptentwicklung realisiert werden und inwieweit die Erfahrungen der pädagogischen Praxis darin Eingang finden. Künftig sollte es stärker um systematisch erschlossene Qualifikationsbedarfe gehen, die in der täglichen pädagogischen Arbeit sichtbar werden und die sich in wissenschaftlich untermauerte Fortbildungskonzepte übersetzen lassen. Zu berücksichtigen ist dabei, dass unter den Bedingungen von Personalengpässen gegenwärtig auch die zeitlichen Freiräume für kontinuierliche Weiterbildung vielerorts zu fehlen scheinen. Insofern braucht es – auch aufgrund bislang mangelnder Transparenz – eine Verständigung darüber, wer auf welcher Basis mit welcher Verbindlichkeit festlegt, welche Fortbildungen von wem wahrgenommen werden (sollen oder müssen).

Bereichsübergreifend zeigt das Schwerpunktkapitel schließlich auch, dass sich die unstrittige Bedeutung des Bildungspersonals für erfolgreiche Lern- und Bildungsprozesse bislang nicht in einer darauf bezogenen Datenverfügbarkeit widerspiegelt. Eine letzte wichtige Herausforderung besteht demnach im Ausbau **verlässlicher und wiederkehrender Datenerhebungen** in der amtlichen Statistik einerseits und in einer sozialwissenschaftlichen, personalbezogenen Bildungsforschung – auch zu den Wirkungen angestrebter Bildungsverbesserungen – andererseits. Nationale und internationale Einzelstudien haben vor allem zum Schulbereich umfangreiches empirisches Wissen zu den erwarteten und vorliegenden Kompetenzen von Lehrkräften, zum Unterrichtsgeschehen und zu den Bedingungen erfolgreichen Lehrens und Lernens vorgelegt. Diese Forschung liefert damit allerdings nur punktuelle Einblicke und die Ergebnisse lassen sich nicht uneingeschränkt auf andere Bildungsbereiche und Personalgruppen übertragen. Teilweise fehlt es bereits an ganz grundlegenden Bestandsinformationen, etwa im Ganztag, in der beruflichen Ausbildung oder in der Weiterbildung. Verbesserungen sind hier fachlich wie politisch dringend geboten, um z. B. der zu erwartenden Dynamik bei dem im Ganztag tätigen Personal durch den beschlossenen Rechtsanspruch ab 2026 begegnen zu können.

Besonders bedeutsam und zugleich besonders begrenzt ist das empirische Wissen über die **Prozesse und die Ergebnisse pädagogischen Handelns**, d. h. vor allem über Kompetenzen des Personals und deren Bedeutung für die Interaktionsqualität mit den Lernenden. Hier fehlt es beispielsweise an repräsentativen, möglichst fortschreibbaren Studien. Während sich Deutschland z. B. im Bereich der Frühen Bildung 2024 bereits zum 2. Mal an der TALIS-Starting-Strong-Studie beteiligen wird, die international vergleichend wichtige Befunde zu den Rahmenbedingungen des Beschäftigungsfeldes als auch zu pädagogischen Praktiken im Kita-Alltag liefert, ist eine Teilnahme an der vergleichbaren OECD-Studie zum Lehrpersonal an Schulen nicht geplant. Ohne derartige Informationen zu Unterrichtspraktiken, Lehr-Lern-Umgebungen oder Formen der Zusammenarbeit sind auch in Zukunft nur begrenzt Hinweise für die Aus- und Fortbildung des Bildungspersonals, für verbesserte Rahmenbedingungen oder für die Verankerung einer entsprechenden Personalentwicklung in den Bildungsinstitutionen zu erwarten.

# Im Überblick

## Expansion des Personalbestands im letzten Jahrzehnt ...

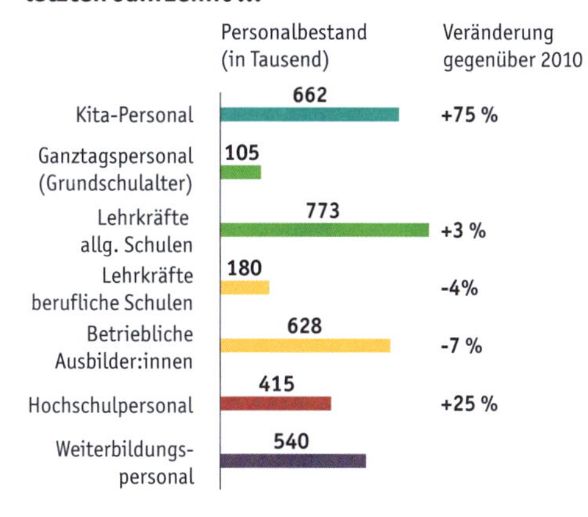


## ... bei großer Heterogenität der Zusammensetzung und Beschäftigungsbedingungen

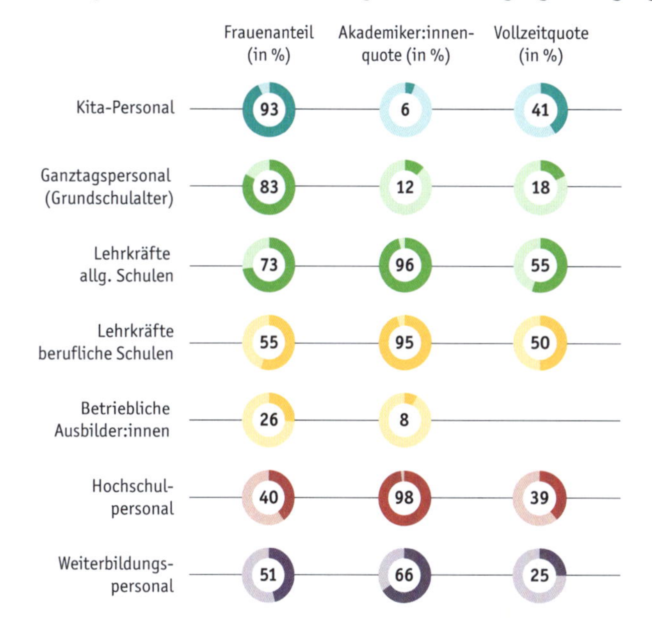


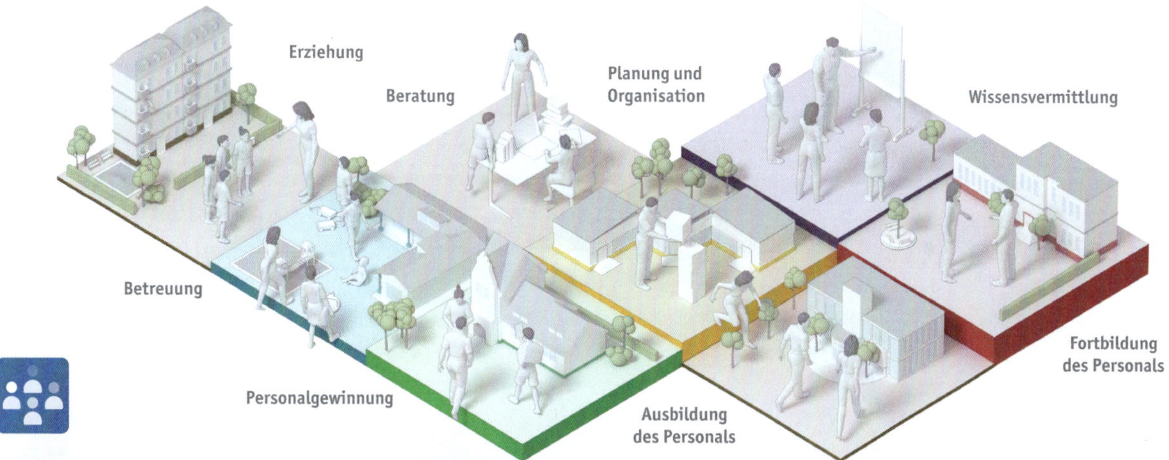


## Vielfältige pädagogische Berufe mit unterschiedlich stark reglementierten Zugangswegen

Pädagogische Berufsausbildung

Pädagogisches Studium

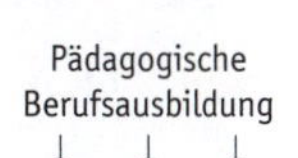

Ausbildende Fachkraft
Kinderpfleger:in Lehrbeauftragte:r
Berufsschullehrer:in
Wissenschaftliche:r Sozialassistent:in
Sprachlehrer:in
Mitarbeiter:in Erzieher:in
Ausbilder:in Professor:in
Grundschullehrer:in Coach
Kindheitspädagog:in Praxisanleiter:in
Weiterbildner:in

Fachausbildung oder -studium mit pädagogischer Weiterbildung

Fachausbildung oder -studium ohne pädagogische Weiterbildung

## Fortbildung von großer Bedeutung, jedoch kaum rechtliche Vorgaben

Teilnahmequoten an beruflicher Fortbildung im Jahr 2019 (in %)

- 32 Kita-Personal
- 21 Ganztagspersonal (Grundschulalter)
- 38 Grundschullehrkräfte
- 43 Sekundarschullehrkräfte
- 41 Berufsschullehrkräfte
- 35 Betriebliche Ausbilder:innen
- 22 Hochschulpersonal
- 25 Weiterbildungspersonal

## Personalengpässe verschärfen sich in einigen Bereichen

Bis zu **72.500** fehlende Fachkräfte in Kitas bis 2025

Bis zu **65.600** Fachkräfte für zusätzlich benötigte Plätze im Ganztag (Grundschulalter) bis 2029/30

Mindestens **17.300** fehlende Lehrkräfte an allgemeinbildenden Schulen bis 2030

Mindestens **13.200** fehlende Lehrkräfte an beruflichen Schulen bis 2030

# Bildungsverläufe, Kompetenzentwicklung und Erträge

I

Bildung ist ein lebenslanger Prozess, der in Abhängigkeit von Lebensphasen und Bildungsetappen unterschiedliche Formen annimmt, (Zwischen-)Erträge erzeugt und von verschiedenen Faktoren und Kontextmerkmalen beeinflusst wird. Das neu konzipierte Kapitel I fokussiert neben der bisherigen Ertragsperspektive auch Bildungsverläufe und Kompetenzentwicklungen und ergänzt den Bildungsbericht damit um eine individuelle und bildungsbereichsübergreifende Perspektive auf Bildungsprozesse, die in den auf institutionelle Gelegenheitsstrukturen ausgerichteten Kapiteln A bis G bisher nicht zur Geltung kommen kann. Als Datenbasis fungieren dabei – auch weil die Analyse von Bildungsverläufen, ihrer Heterogenität und ihren Effekten in Deutschland derzeit nicht mit amtlichen Daten erfolgen kann – primär längsschnittliche Individualdaten von Bildungsteilnehmenden (insbesondere auf Grundlage der Daten des Nationalen Bildungspanels, NEPS D). Die individuelle Verlaufsperspektive ermöglicht es, Schnittstellen und Übergänge zwischen Bildungsetappen in den Blick zu nehmen, denen als Weichensteller für den späteren Lebensverlauf besondere Bedeutung zukommt.

Bei der Analyse von Bildungsverläufen und Kompetenzentwicklungen ist es nur bedingt möglich, aktuelle politische Entwicklungen aufzugreifen. Stattdessen werden der kontinuierliche gesellschaftliche Wandlungsprozess und die Auswirkungen veränderter Rahmenbedingungen in den Blick genommen. Verläufe und Erträge ändern sich, etwa infolge einer zunehmenden Pluralisierung von Gesellschaft und Arbeitswelt. Damit verbunden sind Veränderungen von Lebensläufen und Biografien. Ein systematischer Blick hierauf kann dazu beitragen, Effekte politischer Maßnahmen und Entwicklungen im Bildungssystem vor dem Hintergrund institutioneller, gesellschaftlicher und demografischer Rahmenbedingungen einzuordnen und so zur Verbesserung des Bildungssystems beizutragen.

Innerhalb des komplexen Gefüges des Bildungsgeschehens ist für das Kapitel eine Auswahl von Themenbereichen, Schnittstellen, Blickrichtungen und Zusammenhängen erforderlich, deren Akzentuierung von Bericht zu Bericht variieren wird. Organisiert ist diese nach den Indikatoren: Bildungswege und -verläufe (**I1**), Kompetenzentwicklung im Lebensverlauf (**I2**), arbeitsmarktbezogene und monetäre Erträge (**I3**) und nichtmonetäre Erträge (**I4**). In **I1** werden typen- und kohortenspezifische Bildungswege und -verläufe für unterschiedliche Gruppen bis zu den ersten Jahren der Erwerbstätigkeit aufgezeigt. Daran anknüpfend gilt es in **I2**, Kompetenzentwicklungen im Lebensverlauf in den Blick zu nehmen. Hierbei werden unterschiedliche individuelle Entwicklungsverläufe für und zwischen unterschiedlichen Bildungsstufen und Übergängen dargestellt. Der Fokus liegt hier 2022 – wie auch im gesamten Kapitel – primär auf dem mathematischen Kompetenzbereich. **I3** nimmt dann arbeitsmarktbezogene Erträge in den Blick. Hierzu wird die Berichterstattung zur Erwerbsbeteiligung und zum Erwerbseinkommen fortgeführt. Gleichzeitig werden die Wirkungen früherer Kompetenzen, Bildungsabschlüsse sowie Einflüsse sozialer Hintergrundmerkmale auf spätere Arbeitsmarktplatzierungen untersucht, wiederum mit einem Fokus auf Mathematik und den MINT-Bereich. In Bezug auf die anschließenden Kennzahlen zu nichtmonetären Erträgen (**I4**) sind der Zusammenhang zwischen Kompetenzen und Lebenszufriedenheit von Schüler:innen und Erwachsenen zu analysieren und Zukunftserwartungen in der Corona-Pandemie zu betrachten.

Um sowohl Bildungsverläufe als auch Kompetenzentwicklungen über den Lebensverlauf aufzuzeigen und ihre Wirkungen zu analysieren, kommen deskriptive Kennwerte und komplexere Analysen zum Einsatz. Zudem werden die Rolle des Geschlechts, des Migrationshintergrunds und ggf. der Schulart oder des Leistungsniveaus als Differenzierungslinien betrachtet oder in den Analysen kontrolliert, um soziale Disparitäten in den Bildungsverläufen, Kompetenzentwicklungen und Erträgen abzubilden.

Neu im Bildungsbericht 2022

# Bildungswege und -verläufe

Bildungswege und -verläufe werden durch institutionelle Rahmenbedingungen geprägt. Im Zuge der zunehmenden Öffnung und Flexibilität im Bildungssystem haben sich die Möglichkeiten vergrößert, das Bildungswesen auf unterschiedliche Art zu durchlaufen. Hiermit war intendiert, Chancenungleichheiten an Übergangsstellen im Bildungssystem zu reduzieren und die Qualifizierung von Fachkräften zu verbessern. Die Konsequenzen der sich verändernden Rahmenbedingungen und Qualifizierungsanforderungen greift der Indikator auf, indem Bildungswege und -verläufe in ihrer sich wandelnden institutionellen Einbettung beschrieben werden. Hierfür ist die Vielfalt von Bildungsverläufen darzustellen, sind Einflussfaktoren auf diese differenziellen Verläufe herauszuarbeiten und Bildungsverläufe unterschiedlicher Kohorten über die Zeit zu vergleichen. Als Differenzierungslinien werden dabei akademische Leistungen (Kompetenzen) und die Merkmale Geschlecht und Migrationshintergrund in den Blick genommen. Zunächst werden typische Bildungsverlaufsmuster vom Sekundarbereich bis in den Arbeitsmarkt in Abhängigkeit von sozialen Hintergrundmerkmalen betrachtet. Anschließend gilt es, den Zusammenhang zwischen diesen Typen von Bildungsverlaufsmustern und schulischen Kompetenzen zu analysieren. Schließlich werden Ähnlichkeiten und Abweichungen in den Verläufen von Personen unterschiedlicher Geburtskohorten aufgezeigt, um die Wirkungen geänderter Rahmenbedingungen sichtbar zu machen. Dabei muss aufgrund der noch begrenzten Datenlage das Ende des Betrachtungszeitraums für diese Vergleiche auf das jüngere Erwachsenenalter beschränkt werden, im Wissen, dass damit wichtige spätere Übergangsschritte und Lernherausforderungen unberücksichtigt bleiben.

## Bildungsverlaufsmuster zwischen Sekundarbereich und Arbeitsmarkt

**Hohes Interesse an weiterführender Bildung nach dem Sekundarbereich I**

Das Ende der Schulzeit mit dem Übergang in die berufliche Ausbildung und den Arbeitsmarkt sind bedeutsame Schritte im Bildungs- und Lebensverlauf. Diese Statuspassage ist durch weitreichende Entscheidungen gekennzeichnet. Dabei werden biografische Weichen gestellt, die Lebensverläufe bis in das hohe Alter prägen und sich im Erwachsenenalter nur unter beträchtlichen Anstrengungen revidieren lassen. Welche Bildungspräferenzen und -verläufe weisen junge Erwachsene in Deutschland auf? Von den seit 2010 an der Startkohorte 4 der NEPS-Studie (D) teilnehmenden Schüler:innen der 9. Jahrgangsstufe (die nicht auf ein Gymnasium oder nicht auf eine Förderschule gehen) wollen über die Hälfte (67 %) weiter die Schule besuchen. Knapp 21 % der Schüler:innen äußern ein Interesse an der Aufnahme einer betrieblichen Ausbildung. Dieses Interesse tritt bei Hauptschüler:innen stärker auf (27 %) als bei Realschüler:innen (22 %) (Schnitzler und Granato, 2016, **Tab. I1-1web**).

Auch die Bildungsverläufe ehemaliger Neuntklässler:innen lassen sich mit den Daten der Startkohorte 4 des NEPS rekonstruieren. Ähnlich wie im Indikator **E4** wurden dabei Verlaufstypen über die Zeit gebildet. Hier wurden ein Zeitraum von 8 Jahren und zudem die für Neuntklässler:innen aus dem Jahr 2010 für Deutschland repräsentative Gesamtstichprobe berücksichtigt. Unter Einbeziehung der Information, welche Schule besucht und welcher Schulabschluss zunächst erworben wurde, lassen sich insgesamt 8 Typen mit spezifischen Verlaufsmustern (M) zwischen Schule, Ausbildung und Beruf identifizieren. Mit Blick auf die schulischen Bildungswege zeigt sich zunächst, dass die ersten 4 Typen durch Personen gekennzeichnet sind, deren höchster Schulabschuss maximal der Mittlere Schulabschluss ist, die anderen 4 Typen (5 bis 8) charakterisieren Verläufe von Personen mit einem Abschluss der (Fach-)Hochschulreife.

**Unterschiedliche Typen von Bildungsverläufen zwischen Schule, Ausbildung und Erwerbstätigkeit**

Die 8 charakteristischen Typen von Bildungsverläufen lassen sich folgendermaßen beschreiben: 1) *Instabiler Verlauf* mit unterschiedlichen kurzen Phasen nach dem Verlassen der Schule mit sehr unterschiedlichen Zuständen (z.B. abgebrochene Ausbildungen, Erwerbslosigkeit, Berufsvorbereitungsmaßnahmen). 2) *Aufstieg im schulischen Bildungsverlauf* (der Schulabschluss wird nach einer Unterbrechung nachgeholt). 3) *Ausbildungsverlauf mit Zwischenepisoden* zwischen Schule und Ausbildung (z.B. aufgrund von FSJ, freiwilligem Wehrdienst). 4) *Ausbildungsverlauf ohne Zwischenepisoden* mit einem direkten Übergang von der Schule in die duale Ausbildung oder (Berufs-) Fachschule. 5) *Akademischer Verlauf mit Zwischenepisoden* zwischen Schule und Studium (z.B. kurze Erwerbsepisode, FSJ). 6) *Akademischer Verlauf ohne Zwischenepisoden.* 7) *(Fach-) Hochschulreife mit Ausbildungsverlauf* (nach der Hochschulreife erfolgt z.B. eine duale Ausbildung). 8) *(Fach-)Hochschulreife mit heterogenen weiteren Verläufen*, bei denen die Hochschulreife erworben wird, sich zunächst aber keine weitere Bildungs- oder längere Erwerbsepisode anschließt.

**Ausbildungsverläufe mit Zwischenepisoden und akademische Verläufe mit Zwischenepisoden am häufigsten, ...**

Diese 8 Typen und ihre relative Häufigkeit zeigen, dass sich infolge der zunehmenden Öffnung und Flexibilisierung des Bildungssystems neben den vorhersehbaren Übergangs- und Verlaufsmustern wie dem *Akademischen Verlauf ohne Zwischenepisoden* oder dem *Ausbildungsverlauf ohne Zwischenepisoden* ein nennenswerter Anteil nicht geradliniger Übergangsverläufe nach der Schulzeit finden lässt (**Abb. I1-1**). Diese stellen sich entweder in Bezug auf die Berufseinmündung als instabil dar

**Abb. I1-1: Statusverteilungen im jeweiligen Typus von Bildungsverlaufsmustern ab der 9. Jahrgangsstufe* (in %)**

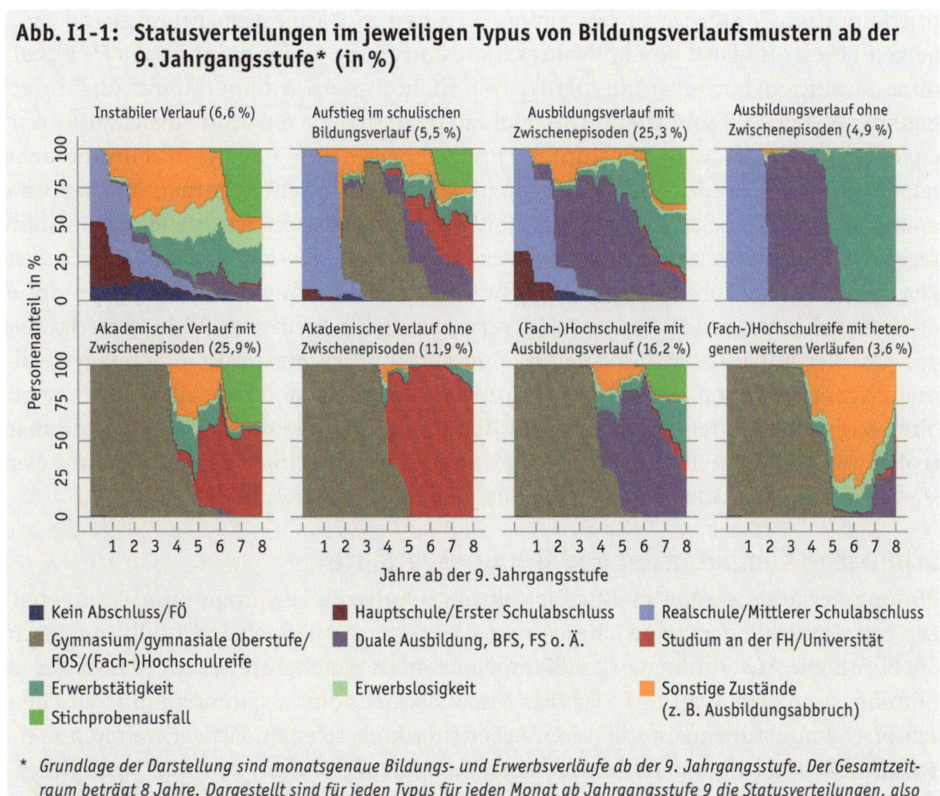


* *Grundlage der Darstellung sind monatsgenaue Bildungs- und Erwerbsverläufe ab der 9. Jahrgangsstufe. Der Gesamtzeitraum beträgt 8 Jahre. Dargestellt sind für jeden Typus für jeden Monat ab Jahrgangsstufe 9 die Statusverteilungen, also die relativen Personenanteile in den jeweiligen Zuständen (in %).*

*Lesebeispiel: Der Typus „Akademischer Verlauf ohne Zwischenepisoden" ist im Hinblick auf die Verteilung der Zustände im Zeitverlauf dadurch gekennzeichnet, dass nach einem Besuch des Gymnasiums (beigefarbene Fläche) die Mehrheit direkt im Anschluss ein Studium an einer Fachhochschule oder Universität (rote Fläche) aufnimmt. Diesen Verlauf zeigen 11,9 % aller Personen auf. Dem gegenüber steht z. B. der Typus „Instabiler Verlauf" mit mehreren unterschiedlichen Zuständen nach dem Verlassen der Schule.*

*Fallzahl: n = 7.258*

*Quelle: LIfBi, NEPS, Startkohorte 4, doi:10.5157/NEPS:SC4:11.0.0, ungewichtete Daten, eigene Berechnungen*

→ *Tab. I1-2web*

(*Instabiler Verlauf* sowie *[Fach-]Hochschulreife mit heterogenen weiteren Verläufen*) oder unterscheiden sich in zeitlicher Perspektive von den direkten Übergangsmustern (*Akademischer Verlauf mit Zwischenepisoden* und *Ausbildungsverlauf mit Zwischenepisoden*). Auch findet sich eine Gruppe (*Aufstieg im schulischen Bildungsverlauf*), die nach einem erstmalig erworbenen Schulabschluss und einer Übergangszeit von mindestens 6 Monaten einen weiteren Schulabschluss nachholt. Die Anteile der unterschiedlichen Verlaufstypen reichen von 3,6 % (*[Fach-]Hochschulreife mit heterogenen weiteren Verläufen*) über ca. 16 % (*[Fach-]Hochschulreife mit Ausbildungsverlauf*) bis zu fast 26 % beim *Akademischen Verlauf mit Zwischenepisoden*, wobei sich die Verlaufstypen *Ausbildungsverlauf mit Zwischenepisoden* und *Akademischer Verlauf mit Zwischenepisoden* am häufigsten zeigen und zusammen etwa die Hälfte aller Verläufe darstellen (**Tab. I1-2web**). Dass das Übergangsmuster *Akademischer Verlauf mit Zwischenepisoden* deutlich dominanter vertreten ist als das direkte Übergangsmuster *Akademischer Verlauf ohne Zwischenepisoden*, macht deutlich, dass ein indirekter Übergang ins Studium zum Regelfall geworden ist (vgl. **F2**).

**... aber auch nennenswerte Anteile nicht geradliniger Verläufe**

## Bildungsverläufe nach Geschlecht und Migrationshintergrund

**Instabile Bildungsverläufe besonders häufig bei Menschen mit Migrationshintergrund**

Bildungsverläufe werden von unterschiedlichen Personengruppen nicht gleich häufig durchlebt. In Bezug auf die Differenzierungslinien Geschlecht und Migrationshintergrund(G) (Personen, die selbst oder bei denen mindestens ein Elternteil im Ausland geboren wurde) zeigt sich folgendes Bild: 11 % der männlichen Personen mit Migrationshintergrund (weibliche Personen mit Migrationshintergrund: 8 %) zeigen einen *Instabilen Verlauf*, während dies nur auf 6 % der männlichen Personen ohne Migrationshintergrund zutrifft (weibliche Personen ohne Migrationshintergrund: 5 %; **Tab. I1-3web**). Dieser Unterschied ließe sich auch darauf zurückzuführen, dass Menschen mit Migrationshintergrund weniger häufig das Gymnasium besucht haben sowie aus Familien mit geringerem sozioökonomischen Status stammen und damit ungünstigere Startbedingungen aufweisen als Menschen ohne Migrationshintergrund. Auch der Anteil an *Akademischen Verläufen ohne Zwischenepisoden* ist zwischen Personen mit und ohne Migrationshintergrund unterschiedlich. Menschen ohne Migrationshintergrund weisen dabei vermehrt diese Form von Bildungsverläufen auf. Das Verlaufsmuster *Ausbildungsverlauf mit Zwischenepisoden* wird hingegen von männlichen Personen mit Migrationshintergrund (28 %) und männlichen Personen ohne Migrationshintergrund (29 %) ähnlich häufig wahrgenommen. Demgegenüber realisieren weibliche Personen mit und ohne Migrationshintergrund in ähnlicher Häufigkeit einen *Akademischen Verlauf mit Zwischenepisoden* (29 %).

## Schulische Kompetenzen und Bildungsverläufe

**Schulische Leistungen als Weichensteller**

Bildungsverläufe werden maßgeblich durch schulische Leistungen und Kompetenzen geprägt. Besonders beim Übergang in den Sekundarbereich, ins Studium oder in die berufliche Ausbildung wirken Kompetenzen als Weichensteller für den weiteren Bildungs- und Lebensverlauf. Darüber hinaus besteht ein Zusammenhang zwischen schulischen Leistungen und späteren Arbeitsmarktchancen und Erwerbseinkommen. So haben Schüler:innen mit geringen Lesekompetenzen relativ zu ihren besser lesenden Mitschüler:innen schlechtere Ausbildungschancen (Durda et al., 2020).

**Unterschiede in den nachschulischen Verlaufsmustern nach Kompetenz**

Die vorgestellten Verlaufsmuster des Übergangs von der Schule in die Ausbildung oder in das Studium zeigen Zusammenhänge mit schulischen Kompetenzen. Unter Kontrolle des Geschlechts, des Migrationshintergrunds und des sozioökonomischen Status der Eltern (HISEI(M)) lässt sich zeigen, dass die in Jahrgangsstufe 9 erhobenen Kompetenzen in Mathematik und Lesen mit deutlichen Unterschieden in der Wahrscheinlichkeit einhergehen, spezifischen Verlaufstypen anzugehören. Dies ist schon durch die Unterschiede in der besuchten Schulart zum Start der Betrachtung, die selbst auch in den Verlaufstyp mit eingeht, in hohem Maße zu erwarten (**Abb. I1-2, Tab. I1-4web**). Die hier gewählte Darstellung anhand von Average Marginal Effects (AME)Ⓜ gibt an, um wie viele Prozentpunkte sich die Wahrscheinlichkeit einer Person, einem Typ mit spezifischen Bildungsverlaufsmuster anzugehören, durchschnittlich verändern würde, wenn sie bei ansonsten gleichen Merkmalen eine höhere Kompetenz aufweisen würde (d. h. um eine Standardabweichung höher).

Die Analyse zeigt, dass für Personen mit höheren Mathematikkompetenzen die Wahrscheinlichkeit, zum Typ *Ausbildungsverlauf mit Zwischenepisoden* zu gehören, im Mittel signifikant um fast 10 Prozentpunkte sinkt. Mit hohen Lesekompetenzen sinkt die Wahrscheinlichkeit einer Person, zu diesem Verlaufstypen zu gehören, um ca. 7 Prozentpunkte. Demgegenüber steht der Typus des *Akademischen Verlaufs ohne Zwischenepisoden*. Hier liegt bei hoher Mathematikkompetenz auch die Wahrscheinlichkeit, dem Typus anzugehören, um ca. 6 Prozentpunkte höher (für die Lesekompetenz ca. 3 Prozentpunkte). Für die Verlaufstypen *(Fach-)Hochschulreife mit heterogenen weiteren Verläufen*, *Instabiler Verlauf*, *Aufstieg im schulischen Bildungsverlauf* und *Ausbildungsverlauf ohne Zwischenepisoden* lassen sich unter Kontrolle von Geschlecht, Migrationshintergrund und sozialem Status kaum Zusammenhänge mit schulischen Kompetenzen ausmachen. Zwischen den beiden betrachteten Kompetenzen finden sich leichte Unterschiede: Die Mathematikkompetenz scheint gegenüber der Lesekompetenz etwas stärker mit spezifischen Verlaufstypen in Verbindung zu stehen – sie trennt die Gruppen der unterschiedlichen Verlaufstypen ein wenig deutlicher.

**Zusammenhang zwischen mathematischen Kompetenzen und Bildungsverlaufsmustern etwas stärker als für Lesekompetenzen**

**Abb. I1-2: Mathematik- und Lesekompetenz und die Veränderung der Wahrscheinlichkeit einem spezifischen Typ von Bildungsverlaufsmustern anzugehören***

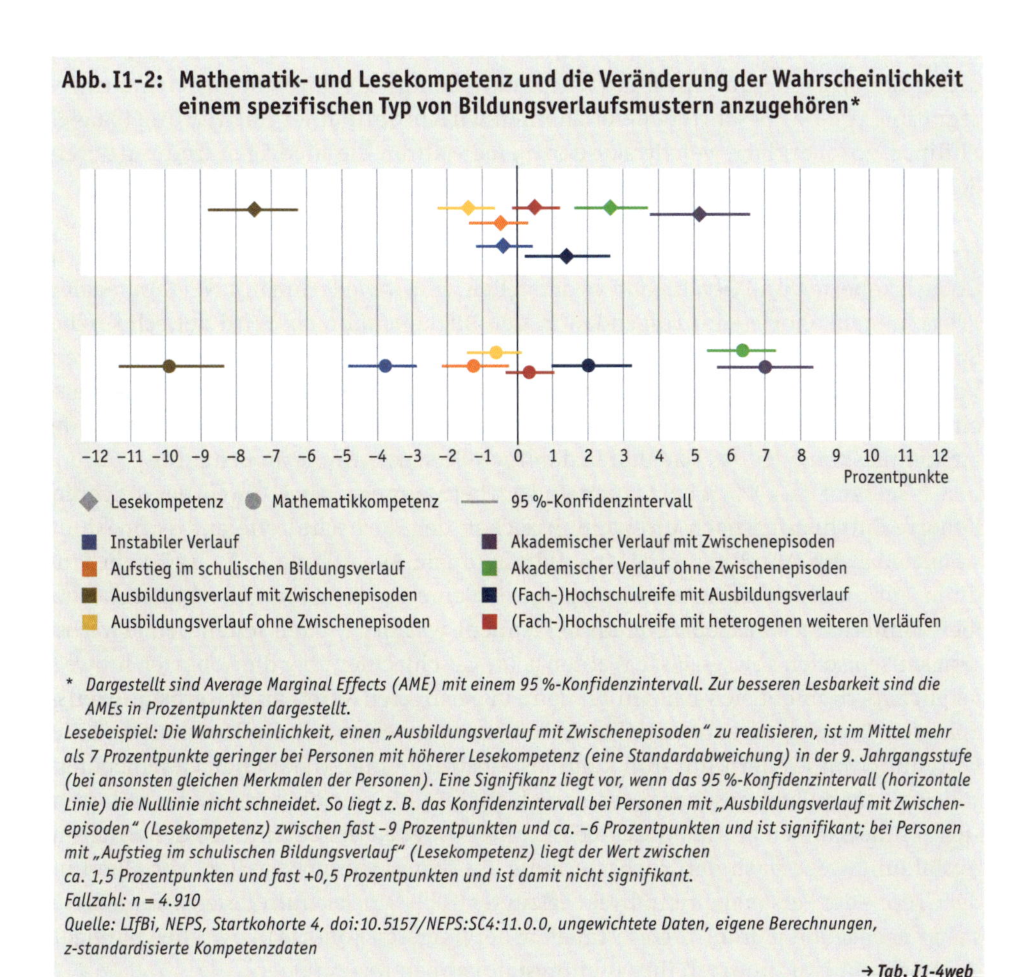


* *Dargestellt sind Average Marginal Effects (AME) mit einem 95 %-Konfidenzintervall. Zur besseren Lesbarkeit sind die AMEs in Prozentpunkten dargestellt.*

*Lesebeispiel: Die Wahrscheinlichkeit, einen „Ausbildungsverlauf mit Zwischenepisoden" zu realisieren, ist im Mittel mehr als 7 Prozentpunkte geringer bei Personen mit höherer Lesekompetenz (eine Standardabweichung) in der 9. Jahrgangsstufe (bei ansonsten gleichen Merkmalen der Personen). Eine Signifikanz liegt vor, wenn das 95 %-Konfidenzintervall (horizontale Linie) die Nulllinie nicht schneidet. So liegt z. B. das Konfidenzintervall bei Personen mit „Ausbildungsverlauf mit Zwischenepisoden" (Lesekompetenz) zwischen fast -9 Prozentpunkten und ca. -6 Prozentpunkten und ist signifikant; bei Personen mit „Aufstieg im schulischen Bildungsverlauf" (Lesekompetenz) liegt der Wert zwischen ca. 1,5 Prozentpunkten und fast +0,5 Prozentpunkten und ist damit nicht signifikant.*

*Fallzahl: n = 4.910*

*Quelle: LIfBi, NEPS, Startkohorte 4, doi:10.5157/NEPS:SC4:11.0.0, ungewichtete Daten, eigene Berechnungen, z-standardisierte Kompetenzdaten*

→ *Tab. I1-4web*

## Schul- und Ausbildungsverläufe unterschiedlicher Geburtskohorten

**Kohortenspezifische Veränderung in der erfolgreichen Arbeitsmarktintegration**

Voraussetzung für die Teilhabe am Erwerbsleben ist eine adäquate formale schulische und berufliche Qualifikation. Der Erwerb von Qualifikationen hat sich in den letzten Jahrzehnten verändert: Die Phase des Übergangs von der Ausbildung in die Arbeitswelt bei jüngeren ist im Vergleich zu älteren Schulabgangskohorten länger, vielfältiger und komplexer geworden. Besonders für spezifische Gruppen (z. B. Jugendliche mit Erstem Schulabschluss, ehemals Hauptschulabschluss) stellt der berufliche Übergang im Vergleich zu älteren Kohorten höhere Anforderungen.

Baas und Philipps (2019) haben die Übergänge anhand typischer Verlaufsmuster mit Daten der Erwachsenenkohorte der NEPS-Studie analysiert. Die Autorinnen verglichen die Ausbildungs- und Erwerbsverläufe (Zeitraum 10 Jahre) von jungen Erwachsenen mit maximal einem Ersten Schulabschluss (ehemals Hauptschulabschluss) oder einem Mittleren Schulabschluss. Sie zeigen, dass Jugendlichen in Westdeutschland, die von 1974 bis 1984 die Schule mit höchstens einem Ersten Schulabschluss verlassen haben, zu fast 58 % eine erfolgreiche Arbeitsmarktintegration gelungen ist (**Tab. I1-5web**). Dieser Anteil verringert sich über die Kohorten hinweg. So sinkt der Anteil auf ca. 48 % der Schulabgänger:innen in der Gruppe „1985 bis 1993" sowie auf ca. 25 % in der jüngsten Kohorte „1994 bis 2003". Demgegenüber stehen Jugendliche mit Mittlerem Schulabschluss. Der Anteil der Personen mit einem Verlauf, der in eine erfolgreiche Arbeitsmarktintegration mündet, liegt bei der ältesten Kohorte (1974 bis 1984) ebenfalls bei ca. 58 %. Auch hier sinkt der Anteil über die Kohorten (1985 bis 1993) auf ca. 52 % ab und liegt für die jüngste Schulabgangskohorte (1994 bis 2003) noch bei ca. 33 %. Damit weisen Jugendliche mit Mittlerem Schulabschluss im Vergleich zu solchen mit maximal Erstem Schulabschluss in dieser Kohorte eine um fast 8 Prozentpunkte höhere erfolgreiche Arbeitsmarktintegration auf. Das beschriebene Phänomen wird oft mit einer Entwertung (Baas & Philipps, 2019) erklärt, welche seit den 1970er-Jahren die niedrigen und mittleren Schulabschlüsse betrifft.

**Abnahme der Wertigkeit von Schulabschlüssen über die Zeit**

Wie sich unterschiedliche Statusverteilungen Ⓜ über einen Zeitraum von 25 Jahren vom Beginn der Schulzeit bis in das mittlere Erwachsenenalter bei verschiedenen Geburtskohorten und Geschlechtern darstellen, wird – wiederum mit NEPS-Daten der Erwachsenenkohorte – im Folgenden in den Blick genommen. Wird der schulische Statusverlauf der älteren Kohorte (geboren von 1954 bis 1956) mit einer jüngeren Kohorte verglichen (geboren von 1974 bis 1976), so hat die Hochschulreife für Letztere einen hohen Stellenwert (**Abb. I1-3**). Besonders bei Frauen haben die Hochschulreife am Gymnasium oder das Nachholen der (Fach-)Hochschulreife an Bedeutung gewonnen. Insgesamt ca. 3 % (4 % bei Frauen und 2 % bei Männern, **Tab. I1-6web**) der jüngeren Kohorte durchlaufen nach direktem Erreichen der Hochschulreife am Gymnasium unmittelbar im Anschluss eine Ausbildung (duale Ausbildung o. Ä.) und kein Studium. Für die ältere Geburtskohorte zeigt sich eine bessere Arbeitsmarktintegration (bei Männern noch ausgeprägter als bei Frauen), was sich an den selteneren Erwerbslosigkeitsepisoden ablesen lässt. Werden beide Geschlechter über die Kohorten hinweg verglichen, so findet sich bei den Frauen ein geringerer Anteil an Erwerbstätigkeitsepisoden. Dieser geringere Anteil weist auf eine vermehrte Zeit im Haushalt und die Betreuung von Kindern hin und kann als Ausdruck eines klassischen Geschlechterrollenverständnisses gesehen werden (vgl. auch **C1**). In der jüngeren Kohorte lassen sich Veränderungen bei den Geschlechterunterschieden in den Anteilen der weiteren Ausbildungswege nach der Hochschulreife am Gymnasium feststellen. Vor allem in der Gruppe der Personen mit indirekt erlangter (Fach-)Hochschulreife (z. B. wenn diese später nachgeholt wurde) nutzen Frauen in der jüngeren Kohorte inzwischen häufiger das Hochschulstudium, um ihre Bildungslaufbahnen fortzusetzen.

**Geschlechtsspezifische Unterschiede beim Nachholen der (Fach-)Hochschulreife**

**Abb. I1-3: Statusverteilungen nach Geburtskohorte und Geschlecht vom Schulbeginn bis ins mittlere Erwachsenenalter (in %)**

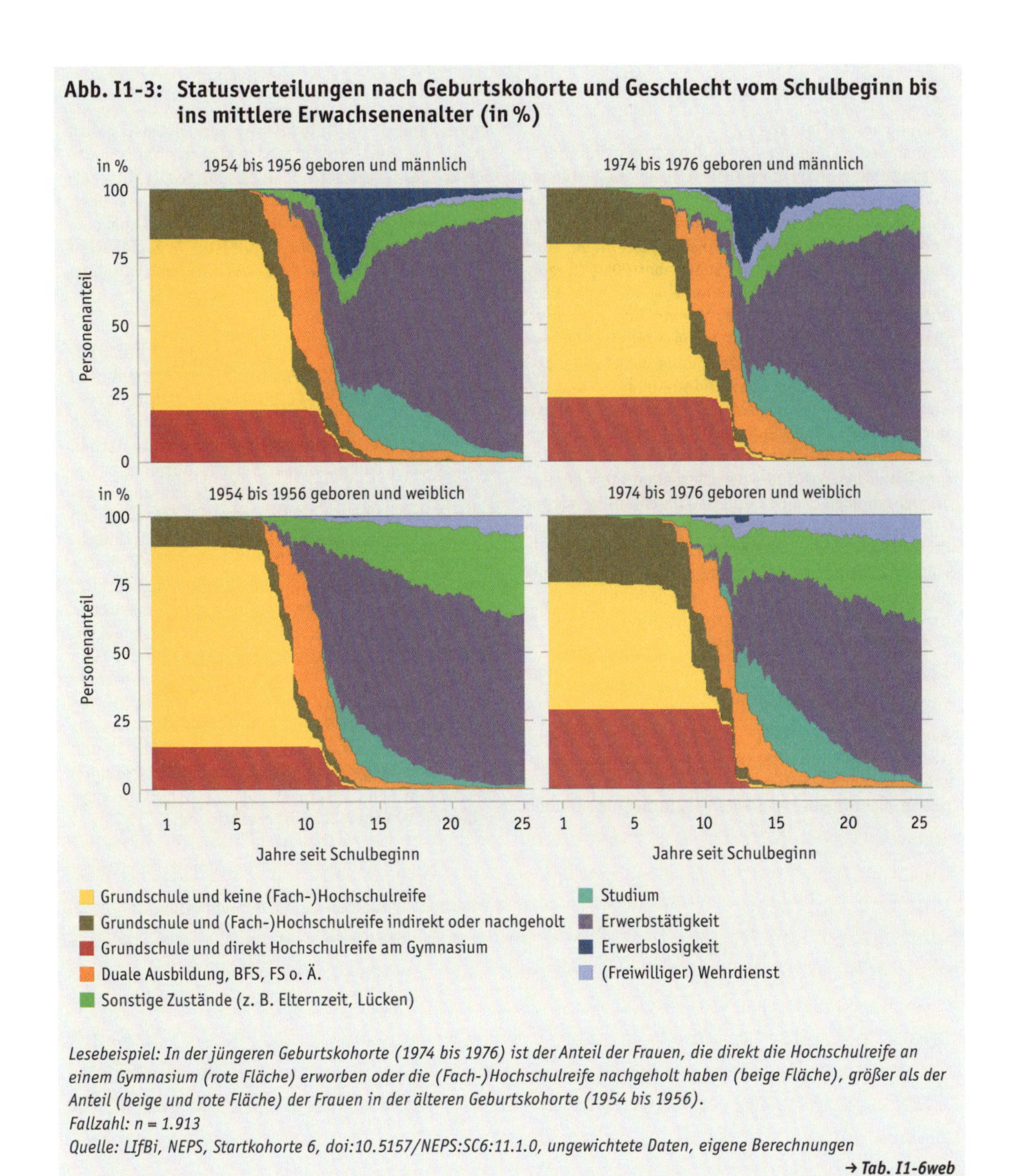


*Lesebeispiel: In der jüngeren Geburtskohorte (1974 bis 1976) ist der Anteil der Frauen, die direkt die Hochschulreife an einem Gymnasium (rote Fläche) erworben oder die (Fach-)Hochschulreife nachgeholt haben (beige Fläche), größer als der Anteil (beige und rote Fläche) der Frauen in der älteren Geburtskohorte (1954 bis 1956).*
*Fallzahl: n = 1.913*
*Quelle: LIfBi, NEPS, Startkohorte 6, doi:10.5157/NEPS:SC6:11.1.0, ungewichtete Daten, eigene Berechnungen*

**→ Tab. I1-6web**

## Methodische Erläuterungen

**Bildung von Verlaufstypen**
Grundlage der Bildung von Verlaufstypen sind individuelle Lebensverlaufsdaten, die Angaben zu Zuständen (z. B. in Schulart X, in Ausbildungstyp Z, Erwerbstätigkeit und -losigkeit usw.) und deren Dauer (Beginn und Ende) enthalten (sogenannte Episodendaten). Der Start der Betrachtung wurde auf September 2010 (Beginn Jahrgangsstufe 9 der Startkohorte 4) sowie das Ende auf August 2018 (Zeitraum: 96 Monate/8 Jahre) fixiert. Die Episodendaten wurden so aufbereitet, dass für jede Person zu jedem beobachteten Monat nur ein (Haupt-) Zustand vorlag. Aus der Aneinanderreihung der monatsgenauen Zustände ergibt sich für jede Person eine individuelle Sequenz. Nun wurden die Distanzen und die Ähnlichkeiten/Unähnlichkeiten im Hinblick auf die Abfolge und Dauer der Zustände zwischen allen individuellen Sequenzen mittels eines Optimal-Matching-Verfahrens errechnet und im Anschluss eine Clusteranalyse nach der Ward-Methode angewendet, um die Sequenzen in möglichst homogene Cluster zu gruppieren. Die dabei gewonnenen 14 statistisch hinreichenden Clusterlösungen wurden bewertet und zu 8 inhaltlichen Clustern oder Verlaufstypen zusammengefasst.

**HISEI**
Vgl. Glossar: *Soziale Herkunft.*

**Average Marginal Effect**
Average Marginal Effects (AME) sind statistische Maßzahlen zur Angabe von Wahrscheinlichkeitsveränderungen in nichtlinearen Modellen (z. B. bei logistischen Regressionen). „Sie [die AME; Anmerk. d. Verf.] geben an, um wie viele Prozentpunkte sich die Wahrscheinlichkeit des interessierenden Ereignisses im Mittel aller (gruppenspezifischen) Beobachtungen verändert, wenn sich die betreffende erklärende Variable um eine Einheit (marginal) erhöht. Damit ist u. E. zugleich ein anschaulicheres Maß für die Effektstärke von Variablen gegeben" (Auspurg & Hinz, 2011, S. 66).

**Statusverteilung**
Anhand einer Gruppierung nach Geschlecht und Kohorte wird der jeweilige Anteil von unterschiedlichen Statuszuständen (z. B. Ausbildung, Erwerbstätigkeit, Militär, Elternzeit) bis zu 25 Jahre nach Schulbeginn erfasst. Um die Vielfalt der ost- und westdeutschen Schulsysteme kohortenübergreifend gemeinsam betrachten zu können, wurden Schularten zusammengefasst. Zudem wurde die Information über den jeweiligen Schulabschluss (Allgemeine Hochschulreife, Fachhochschulreife, fachgebundene Hochschulreife, keine Hochschulreife) als Ergänzung und Abgrenzungsmerkmal der schulischen Verläufe verwendet. Daraus ergeben sich 3 schulische Teilverlaufstypen: 1. Grundschule mit direktem Übergang ins Gymnasium (bzw. POS-EOS) und dem Schulabschluss „Hochschulreife", 2. Grundschule und (Fach-)Hochschulreife über einen indirekten Weg (z. B. Realschule-FOS, BOS, Kolleg, Schulwechsel ans Gymnasium innerhalb des Sekundarbereichs I) und 3. Grundschule gefolgt von weiteren Sekundarschulen ohne einen Schulabschluss mit Hochschulreife oder anderer Hochschulzugangsberechtigung.

# Kompetenzentwicklung im Lebensverlauf

Neu im Bildungsbericht 2022

Kompetenzen und schulische Leistungen stellen Voraussetzungen und gleichzeitig Resultate von Lernprozessen in formalen, non-formalen und informellen Ⓖ Lernumwelten dar. Ihr Zustandekommen und ihre Entwicklung lassen sich als Ausdruck erfolgreicher Bildungsverläufe und -biografien sehen. Einem umfassenden Verständnis folgend führt der Kompetenzerwerb außer zu kognitiven Leistungen in schulischen Domänen (z. B. Mathematik, Deutsch, naturwissenschaftliche Fächer) auch zu fachübergreifenden Kompetenzen (z. B. Information-and-Communication-Technology-Literacy) und Indikatoren der Selbststeuerung und Selbstregulation sowie sozioemotionalen Fähigkeiten. In Deutschland sind Aussagen zur Kompetenz- und Leistungsentwicklung aufgrund von lückenhaft verfügbaren Daten bislang nur begrenzt möglich. Auf der Grundlage der NEPS-Daten Ⓓ können jedoch fach- und domänenbezogene Kompetenzentwicklungen in verschiedenen Bildungsetappen über mehrere Jahre als kumulative Prozesse abgebildet werden. Hierdurch lassen sich Analysen von Entwicklungsverläufen sowie mögliche Zusammenhänge zwischen Kompetenzen und späteren Bildungserträgen auf der Ebene des Individuums beobachten (Artelt et al., 2013).

Im Fokus des Indikators stehen die Bildungsetappen der Frühen Bildung Ⓖ und Schule. Dabei wird zuerst die Entwicklung zwischen dem Kindergarten- und dem Grundschulalter für Kinder unterschiedlicher Kompetenzprofile betrachtet. Anschließend rückt die Kompetenzentwicklung von der Grundschule bis in den Sekundarbereich I sowie vom Sekundarbereich I bis zur 12. Jahrgangsstufe bzw. bis zum jungen Erwachsenenalter in den Fokus. Bei der Kompetenzentwicklung in den frühen Bildungsetappen werden 2 Kompetenzdomänen berichtet: zum einen die mathematische Kompetenz, deren Vermittlung vorrangig im Rahmen formaler Bildung stattfindet; zum anderen der Wortschatz als Dimension der Sprachkompetenzen in Deutsch, dessen Erwerb besonders in den frühen Bildungsetappen bedeutsam ist. Bei der Kompetenzentwicklung in den späteren Bildungsetappen fokussieren die Analysen auf die mathematische Kompetenz. Zusätzlich werden Effekte der sozialen Herkunft Ⓖ auf die Kompetenzentwicklung mitberücksichtigt, um mögliche soziale Disparitäten aufzeigen zu können.

## Kompetenzen im mathematischen und sprachlichen Bereich vom Kindergarten bis zur Grundschule

Kompetenzen entwickeln sich bereits in der frühen Kindheit und ihr Erwerb setzt sich – als lebenslanges Lernen – über den Lebensverlauf als mehr oder weniger kumulativer Prozess fort. Die Zuwächse, aber auch der Verlust von Kompetenzen verlaufen allerdings nicht immer geradlinig und können über den Lebensverlauf variieren. Die schon in der frühen Kindheit erworbenen Vorläuferfähigkeiten bilden dabei den Grundstein für die spätere Kompetenzentwicklung. Dabei spielen sowohl häusliche (z. B. Vorlesen) als auch institutionelle Merkmale (z. B. Anregungsqualität im Kindergarten) eine wichtige Rolle.

Mit der NEPS-Kindergartenkohorte, die 2010 gestartet ist, werden ausgehend von Kompetenzprofilen im Kindergarten spätere Kompetenzzuwächse in der Grundschule näher beleuchtet. Auf der Grundlage der mathematischen und sprachlichen (Wortschatz-)Kompetenzen der knapp 400 Kinder[1] im Alter von 4 bis unter 6 Jahren bzw. von 5 bis unter 7 Jahren (2. bzw. 3. Kindergartenjahr) wurden über eine latente Profilanalyse Ⓜ zunächst Kompetenzprofile ermittelt. Dabei lassen sich 2 Profile unterschei-

*1 In der Analyse wurden nur Kinder mit vollständigen Informationen im Längsschnitt berücksichtigt. Das heißt, diese Kinder haben zu allen Messzeitpunkten an allen Kompetenztestungen teilgenommen.*

den: ein Profil mittlerer bis hoher Kompetenzen (87 %) und ein Profil, das sich durch niedrige Kompetenzen in beiden Bereichen (13 %) auszeichnet. Profile mit besonders unterschiedlichen Ausprägungen entweder im sprachlichen oder im mathematischen Bereich wurden nicht gefunden. Die beiden Profile unterscheiden sich lediglich im mittleren Niveau der Kompetenzen (**Tab. I2-1web**). Kinder mit einem Profil niedriger Kompetenzen zeigen im Mittel in beiden Leistungsbereichen niedrige Kompetenzniveaus (M = 33,4 Kompetenzpunkte im Bereich Wortschatz und 35,9 Kompetenzpunkte im mathematischen Bereich), während Kinder mit einem Profil mittlerer oder hoher Kompetenzen auch in beiden Bereichen über mittlere bis hohe Kompetenzen verfügen (M = 52,5 Wortschatz, M = 52,1 Mathematik).

**Frühe Kompetenzprofile in Mathematik und Sprache**

Für die Kinder dieser beiden Profile wurden anschließend ihre Kompetenzzuwächse Ⓜ bis zur 3. Jahrgangsstufe (Wortschatz) bzw. 4. Jahrgangsstufe (Mathematik) ermittelt und pro Kompetenzbereich nach niedrigen (bis Perzentil 33,3), mittleren (bis Perzentil 66,6) und hohen (über Perzentil 66,6) Zuwächsen unterschieden. Aus der Kombination dieser 3 Zuwächse pro Bereich ergeben sich 6 zahlenmäßig bedeutsame Gruppen von Veränderungsmustern. Unabhängig vom Ausgangsprofil aus dem Kindergartenalter zeigen dabei alle Kinder über den betrachteten Zeitraum von 4 bzw. 5 Jahren bedeutsame Kompetenzzuwächse. Von den Kindern mit einem niedrigen Ausgangsprofil im Kindergartenalter zeichnen sich etwa drei Viertel (76 %) bis zur 3. bzw. 4. Jahrgangsstufe in mindestens einem der Kompetenzbereiche durch hohe Zuwächse aus. Insgesamt 36 % aller Kinder mit einem Profil niedriger Kompetenzen im Kindergartenalter zeigen sogar in beiden Kompetenzbereichen hohe Zuwächse (**Abb. I2-1, Tab. I2-2web**). In mindestens einem Kompetenzbereich niedrige Zuwächse haben knapp 33 % der Kinder mit niedrigem Ausgangsprofil, allerdings zeigen nur insgesamt 4 % der Kinder in beiden Kompetenzbereichen geringe Zuwächse.

**36 % der Kinder mit niedrigem Kompetenzprofil holen auf**

**Abb. I2-1: Kompetenzzuwächse vom Kindergarten (4- bis unter 6- bzw. 5- bis unter 7-Jährige) bis zum Ende der Grundschule (3. bzw. 4. Jahrgangsstufe) für Kinder mit niedrigem sowie mittlerem bis hohem Kompetenzprofil (in %)**

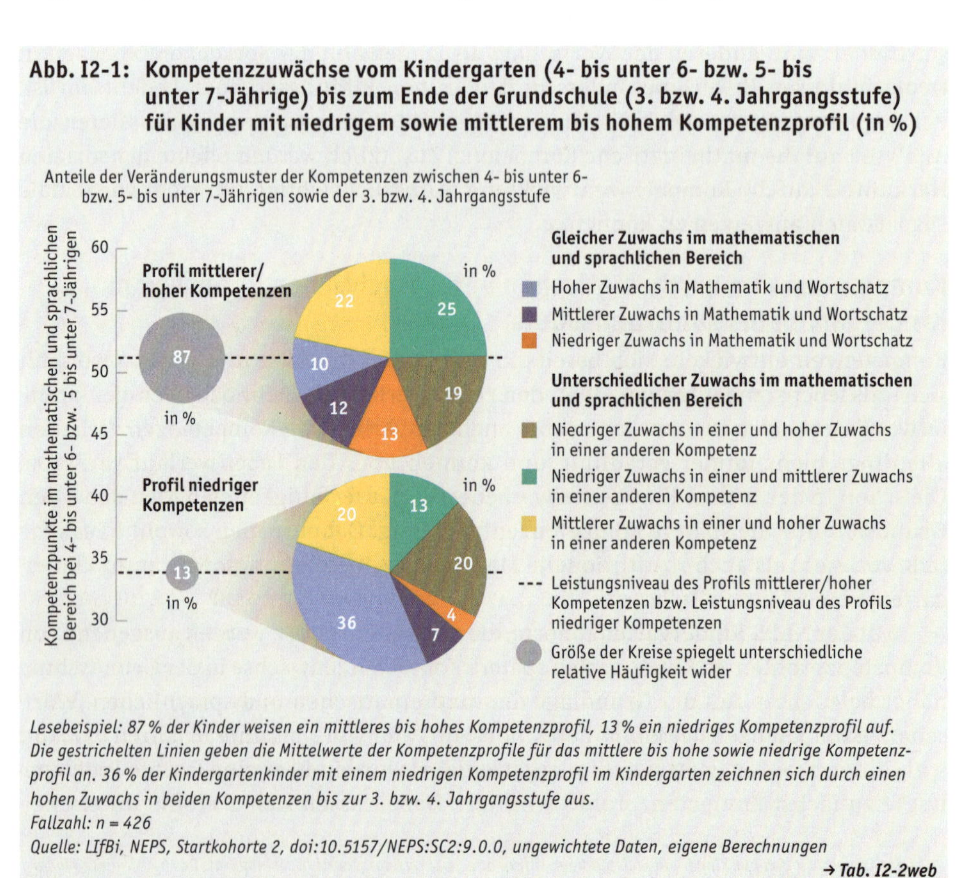


*Lesebeispiel: 87 % der Kinder weisen ein mittleres bis hohes Kompetenzprofil, 13 % ein niedriges Kompetenzprofil auf. Die gestrichelten Linien geben die Mittelwerte der Kompetenzprofile für das mittlere bis hohe sowie niedrige Kompetenzprofil an. 36 % der Kindergartenkinder mit einem niedrigen Kompetenzprofil im Kindergarten zeichnen sich durch einen hohen Zuwachs in beiden Kompetenzen bis zur 3. bzw. 4. Jahrgangsstufe aus.*
*Fallzahl: n = 426*
*Quelle: LIfBi, NEPS, Startkohorte 2, doi:10.5157/NEPS:SC2:9.0.0, ungewichtete Daten, eigene Berechnungen*
→ **Tab. I2-2web**

Für die Kinder mit einem mittleren bis hohen Ausgangsprofil im Kindergarten sieht das Bild etwas anders aus. Zwar zeigt auch rund die Hälfte (50 %) dieser Kinder bis zur 3. bzw. 4. Jahrgangsstufe in mindestens einem der Kompetenzbereiche hohe Zuwächse, aber bei nur 10 % aller Kinder mit einem Profil mittlerer bzw. hoher Kompetenzen im Kindergartenalter sind die Kompetenzen in beiden Bereichen stark gewachsen. In mindestens einem Kompetenzbereich lediglich geringe Zuwächse hat etwas mehr als die Hälfte (57 %) der Kinder mit mittlerem bis hohem Ausgangsprofil, insgesamt 13 % der Kinder mit einem Profil mittlerer bis hoher Kompetenzen im Kindergarten zeigen in beiden Kompetenzbereichen geringe Zuwächse.

Die Leistungszuwächse sind bei Kindern mit einem ursprünglich niedrigen Kompetenzprofil deutlicher ausgeprägt als bei Kindern, die schon im Kindergartenalter über hohe Kompetenzen verfügen. Die Befunde deuten darauf hin, dass insbesondere schwache Leistungen in den ersten Jahren in der Grundschule kompensiert werden, sodass Kinder mit einem niedrigen Kompetenzprofil in den Bereichen Mathematik und Wortschatz bis zur 3. bzw. 4. Jahrgangsstufe aufholen. Allerdings erreichen sie insgesamt gesehen nicht das Niveau der Gruppe der leistungsstarken Schüler:innen.

**Kompensation von schwachen Leistungen bis zum Ende der Grundschule**

## Kompetenzzuwächse in der Grundschule nach sozialer Herkunft

Dass die Ausprägung von Kompetenzen in Abhängigkeit von der sozialen Herkunft von Kindern variiert, wurde bereits in vielen Studien nachgewiesen. Bereits bei 3-Jährigen zeigen sich in den mathematischen und sprachlichen Kompetenzbereichen deutliche soziale Disparitäten in Abhängigkeit vom sozioökonomischen Status der Familien und diese frühen Unterschiede – insbesondere im sprachlichen Bereich – bleiben über die Zeit relativ stabil (Weinert et al., 2010). Auch mit den oben beschriebenen Kompetenzprofilen und Zuwachsmustern lässt sich der Einfluss der sozialen Herkunft auf Kompetenzzuwächse bis zum Ende der Grundschulzeit nachweisen. Zwischen Kindern aus Familien mit unterschiedlichem sozioökonomischen Status (HISEI Ⓜ, gruppiert in niedrig-mittel-hoch) zeigen sich unter Kontrolle von Geschlecht, Migrationshintergrund Ⓖ (d. h. das Kind selbst oder mindestens ein Elternteil wurde im Ausland geboren) sowie dem Kompetenzprofil aus der Kindergartenzeit signifikante Unterschiede in den Kompetenzzuwächsen für die Bereiche Mathematik und Wortschatz (**Tab. I2-3web**). Kinder aus Familien mit hohem Sozialstatus haben im Mittel die höchsten Zuwächse (M = 34,9) im Vergleich zu Kindern aus sozial schwächeren Familien (niedriger HISEI: M = 32,5; mittlerer HISEI: M = 33,4). In Abhängigkeit vom Migrationshintergrund der Kinder finden sich keine signifikanten Unterschiede im Kompetenzzuwachs. Die Unterschiede im Kompetenzzuwachs zwischen den Geschlechtern sind hingegen statistisch bedeutsam: Mädchen (M = 34,2) weisen bis zur Grundschulzeit einen höheren Kompetenzzuwachs auf als Jungen (M = 32,9).

**Kinder aus hoher HISEI-Gruppe haben höhere Kompetenzzuwächse**

**Kein Unterschied im Kompetenzzuwachs zwischen Kindern mit und ohne Migrationshintergrund**

**Mädchen mit höherem Kompetenzzuwachs als Jungen**

## Entwicklung mathematischer Kompetenzen von der Grundschulzeit bis ins junge Erwachsenenalter

Die oben berichteten Befunde zu den Kompetenzzuwächsen vom Kindergarten bis zur Grundschule verdeutlichen, dass die soziale Herkunft und das Geschlecht mit der Kompetenzentwicklung zusammenhängen. Gleichzeitig zeigen sich stärkere Leistungszuwächse bei Kindern, die mit einem eher niedrigen Ausgangsniveau im Kindergartenalter gestartet sind. Inwiefern sich diese Tendenzen auch in späteren Bildungsetappen finden lassen, ist ebenfalls mit NEPS-Daten der Kindergartenkohorte sowie der Schüler:innenkohorte im Sekundarbereich I (Start 2010 in der 5. Jahrgangsstufe) zu analysieren.

Die Entwicklung der mathematischen Kompetenzen der Schüler:innen wurde dabei vom Beginn der Grundschule bis Mitte des Sekundarbereichs I (1. bis zur

**Abb. I2-2: Kompetenzentwicklung und -zuwachs in Mathematik von der Grundschulzeit bis zum Sekundarbereich II bzw. bis zum jungen Erwachsenenalter***

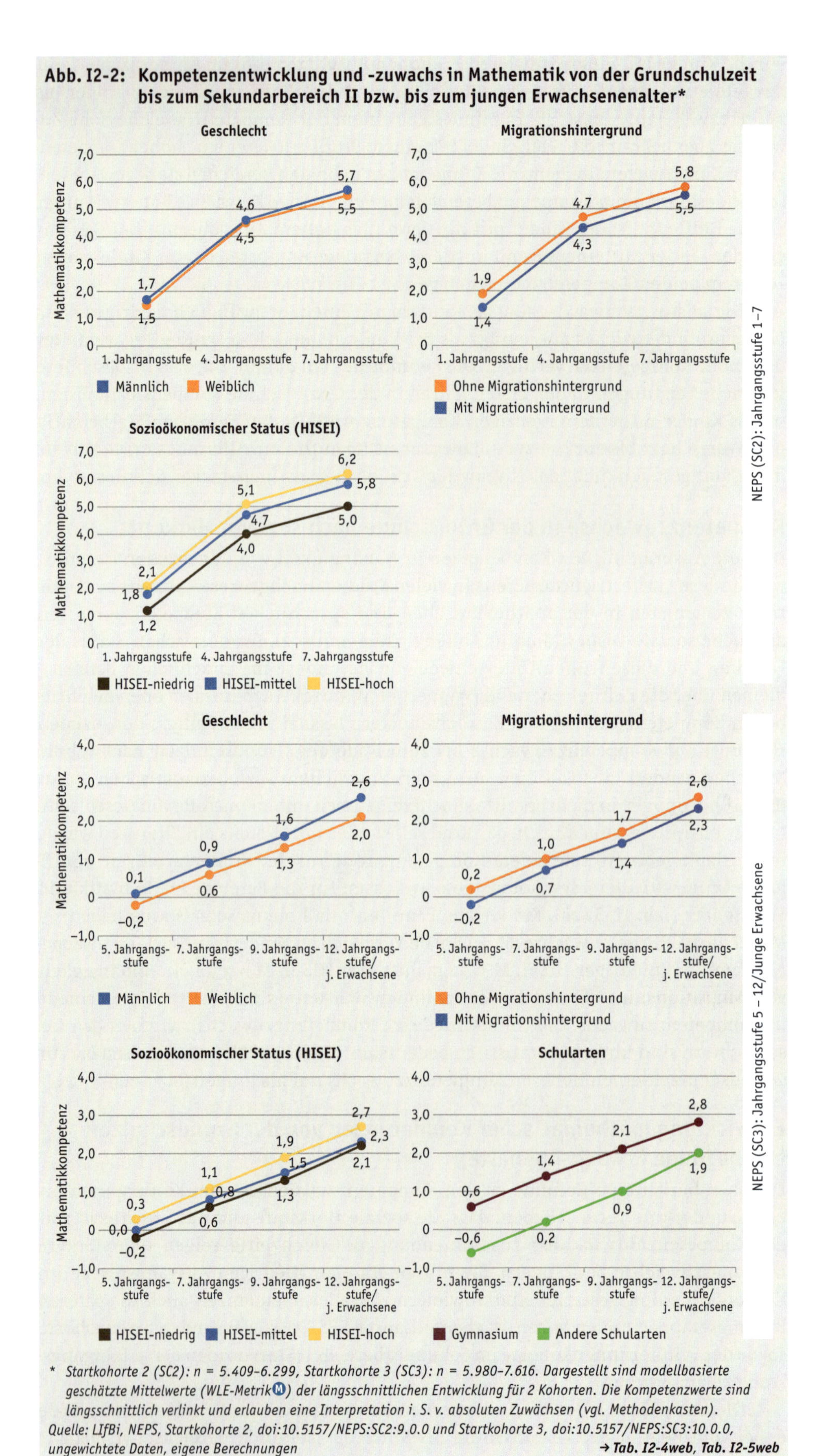


* *Startkohorte 2 (SC2): n = 5.409–6.299, Startkohorte 3 (SC3): n = 5.980–7.616. Dargestellt sind modellbasierte geschätzte Mittelwerte (WLE-Metrik Ⓜ) der längsschnittlichen Entwicklung für 2 Kohorten. Die Kompetenzwerte sind längsschnittlich verlinkt und erlauben eine Interpretation i. S. v. absoluten Zuwächsen (vgl. Methodenkasten).*

*Quelle: LIfBi, NEPS, Startkohorte 2, doi:10.5157/NEPS:SC2:9.0.0 und Startkohorte 3, doi:10.5157/NEPS:SC3:10.0.0, ungewichtete Daten, eigene Berechnungen*

**→ Tab. I2-4web, Tab. I2-5web**

7. Jahrgangsstufe) sowie ab der 5. bis zur 12. Jahrgangsstufe bzw. im jungen Erwachsenenalter (ca. 17 Jahre) getrennt für Geschlecht, sozioökonomischen Status (HISEI), Migrationshintergrund und Schulart (nur für die Schüler:innenkohorte im Sekundarbereich I) analysiert (**Abb. I2-2**). Die Schüler:innen zeigen dabei ein unterschiedliches Kompetenzniveau in Mathematik. Grundlage der Analyse sind Neighbor-Change-Modelle Ⓜ über 3 Messzeitpunkte im Falle der Kindergartenkohorte und 4 bei der Schüler:innenkohorte im Sekundarbereich I, bei denen jeweils allgemeine kognitive Grundfähigkeiten und die Schulregion (Ost-West) sowie die jeweils nicht als Gruppierungsvariable verwendeten Merkmale Geschlecht, HISEI oder Migrationshintergrund kontrolliert wurden. In die Analysen der Schüler:innenkohorte im Sekundarbereich I wurde zudem zusätzlich die Schulart (Gymnasium vs. andere Schularten) als Kontrollvariable aufgenommen.

**Anstieg der Mathematikkompetenzen von der Grundschule bis ins junge Erwachsenenalter**

Unabhängig von der Gruppenzugehörigkeit zeigen sich für alle Schüler:innen von der 1. bis zur 7. Jahrgangsstufe deutliche Anstiege in den mathematischen Kompetenzen (**Tab. I2-4web**). Der größte Zuwachs ist dabei innerhalb der Grundschulzeit (1. bis 4. Jahrgangsstufe) zu verzeichnen, von der 4. bis zur 7. Jahrgangsstufe ist der Zuwachs geringer. Der Zuwachs setzt sich im weiteren Schulverlauf weiter fort. Dabei zeichnen sich alle Schüler:innen von der 5. über die 7. und 9. Jahrgangsstufe bis zur 12. Jahrgangsstufe bzw. bis zum jungen Erwachsenenalter im Mittel durch bedeutsame Zuwächse in der Mathematikkompetenz aus (**Abb. I2-2, Tab. I2-5web**).

**Geschlechtsspezifische Unterschiede im Kompetenzzuwachs**

Mädchen starten zu Beginn der Grundschulzeit im Durchschnitt mit geringeren mathematischen Kompetenzen als Jungen, diesen Rückstand holen sie aber bis zur 4. Jahrgangsstufe auf (**Tab. I2-4web**). Diese Tendenz setzt sich im weiteren Schulverlauf allerdings nicht fort. Jungen verzeichnen ab der 4. Jahrgangsstufe tendenziell wieder etwas höhere Leistungszuwächse als Mädchen und weisen in der 7. Jahrgangsstufe im Durchschnitt bessere mathematische Kompetenzen auf als ihre Mitschülerinnen. Ab der 9. Jahrgangsstufe verstärkt sich diese Entwicklung, sodass die mathematischen Kompetenzen von Jungen signifikant stärker wachsen als die der Mädchen (**Tab. I2-7web**).

**Vergleichbare Zuwächse bei Schüler:innen mit und ohne Migrationshintergrund**

Auch Schüler:innen mit und ohne Migrationshintergrund beginnen die Schulzeit im Durchschnitt mit unterschiedlichen Mathematikkompetenzen (**Tab. I2-6web**). Im Laufe der Grundschulzeit unterscheiden sich die Zugewinne zwischen den beiden Gruppen kaum. Schüler:innen mit Migrationshintergrund zeigen Kompetenzzuwächse von der 1. bis zur 12. Jahrgangsstufe bzw. im jungen Erwachsenenalter; gleichzeitig bleiben sie durchschnittlich unter dem Niveau der Schüler:innen ohne Migrationshintergrund (**Tab. I2-7web**).

**Weiterhin geringes Kompetenzniveau bei Schüler:innen mit niedrigem HISEI**

Ein Unterschied in den Kompetenzen findet sich auch zu Beginn der Grundschulzeit beim sozioökonomischen Status der Familien (HISEI, gruppiert in niedrig-mittel-hoch). Schüler:innen aus Familien mit hohem Sozialstatus haben dabei die höchsten Kompetenzen, gefolgt von Schüler:innen aus Familien mit mittlerem und niedrigem Sozialstatus. Für den weiteren Kompetenzverlauf findet sich nur für die Schüler:innen aus Familien mit niedrigem Sozialstatus im Vergleich zu Schüler:innen aus Familien mit hohem Sozialstatus ein statistisch bedeutsamer höherer Kompetenzzuwachs über die Grundschulzeit hinweg (**Tab. I2-6web**). Im weiteren schulischen Verlauf haben Schüler:innen der 3 Gruppen parallele Muster der Kompetenzentwicklung. Dennoch verlaufen die Entwicklungen der 3 Gruppen auf unterschiedlichen Kompetenzniveaus, sodass Schüler:innen aus Familien mit niedrigen Sozialstatus am Ende der 12. Jahrgangsstufe bzw. im jungen Erwachsenenalter im Durchschnitt deutlich unter dem Niveau der Familien mit hohem Sozialstatus liegen.

Schüler:innen des Gymnasiums weisen durchschnittlich höhere Mathematikkompetenzen auf als Schüler:innen der anderen nichtgymnasialen Schularten

**Unterschiedliche Niveaus, aber vergleichbare Anstiege zwischen den Schularten**

(**Tab. I2-5web**). Die Leistungsentwicklung von Schüler:innen beider Gruppen verläuft zwischen der 5. und 9. Jahrgangsstufe auf unterschiedlichen Niveaus, aber im Anstieg vergleichbar. Zwischen der 9. und der 12. Jahrgangsstufe bzw. dem jungen Erwachsenenalter zeigt sich hingegen ein differenzielles Zuwachsmuster zuungunsten der Schüler:innen der Gymnasien (**Tab. I2-7web**). Trotz steilerem Verlauf bleibt das durchschnittliche Kompetenzniveau der ehemaligen Schüler:innen nichtgymnasialer Schularten aber unterhalb desjenigen der Schüler:innen des Gymnasiums. Bei der Interpretation dieses Befundes ist allerdings zu berücksichtigen, dass die NEPS-Tests zur Mathematik nicht an dem Schulstoff der gymnasialen Oberstufe orientiert sind, also kein an den Besuch der Oberstufe gebundenes Fachwissen abbilden. Gleichwohl machen sich die neuen Lernerfahrungen von Jugendlichen, die die Schule nach maximal Mittlerem Schulabschluss verlassen, positiv in ihren mathematischen Leistungen bemerkbar.

**Entwicklungsverläufe unterscheiden sich zwischen den Bildungsetappen**

Die analysierten Entwicklungsverläufe der mathematischen Kompetenzen unterscheiden sich zwischen den untersuchten Bildungsetappen und Gruppen. Es zeigen sich Niveau- und Verlaufsunterschiede: Bereits das untersuchte Ausgangsniveau der Kompetenzen unterscheidet sich, das Verlaufsmuster ist jedoch stark von Parallelität gekennzeichnet – eine Zunahme sozialer Disparitäten (aber auch ein deutlich steilerer Leistungszuwachs an Gymnasien) lässt sich nicht beobachten. Bei der Interpretation der Ergebnisse sind weitere Faktoren zu bedenken. Neben Kompositionseffekten bezüglich der Zusammensetzung der Schülerschaft (u. a. Becker et al., 2022) konnten Charakteristika der land- und schulartspezifischen Lehrpläne im Sinne differenzierter Lern- und Entwicklungsumwelten mit den hier dargestellten übergreifenden Analysen nicht berücksichtigt werden. Inwieweit Auswirkungen der Corona-Pandemie (z. B. Homeschooling, Schule ohne Präsenzbetrieb) langfristig auf das Kompetenzniveau und die spätere Kompetenzentwicklung wirken, ist noch offen. Aktuelle Studien deuten darauf hin (z. B. Ludewig et al., 2022b; Schult et al., 2021), dass Wechsel- und Distanzunterricht negative Auswirkungen auf die Kompetenzen von Jungen, leistungsschwachen Schüler:innen, Schüler:innen mit Migrationshintergrund sowie Schüler:innen aus Familien mit niedrigem sozioökonomischen Status oder geringem soziokulturellen Hintergrund haben.

## Methodische Erläuterungen

**Latente Profilanalyse**
Die latente Profilanalyse umfasst Methoden zur Analyse von Test- oder Itemprofilen. Profile lassen sich auf Individual- und Gruppenebene bestimmen. Dabei können sie anhand unterschiedlicher Profilmerkmale (z. B. Streuung von Kompetenzwerten) beschrieben werden. Die Verwendung einer latenten Profilanalyse ermöglicht das Finden von Subpopulationen, die sich in Test- bzw. Itemprofilen unterscheiden. Damit ist ein Vergleich unterschiedlicher Profile möglich (Wirtz, 2020).

**Kompetenzzuwächse: Verlinkung und Zuwächse von Kompetenzdaten**
In NEPS werden verschiedene Kompetenzen (z. B. Lesen, Mathematik) über den Lebensverlauf hinweg mit einer übergreifenden Rahmenkonzeption gemessen (vgl. Weinert et al., 2019). Die Kompetenztests sind dabei so konstruiert, dass sie eine genaue Einschätzung der jeweiligen Kompetenzen innerhalb jeder Altersgruppe wiedergeben. Um Entwicklungsverläufe zu untersuchen und Kompetenzen über verschiedene Messzeitpunkte nicht nur auf der Grundlage der kohärenten Rahmenkonzeption, sondern auch in den absoluten Veränderungen interpretierbar zu machen, wurden die verschiedenen Messungen auf eine gemeinsame Metrik/Skala gebracht. Hierzu werden in NEPS 2 besondere Testdesigns, Linkingmethoden und Skalierungsmodelle verwendet (vgl. Fischer et al., 2016). Die Verlinkung der Skalen über die Messzeitpunkte einer Startkohorte in NEPS ermöglicht eine vergleichende Interpretation der Kompetenzwerte und ihrer zeitlichen Veränderung. Der Wert der ersten Kompetenzerhebung pro Startkohorte (SC) in NEPS wurde auf den Wert 0 fixiert.

**HISEI**
Vgl. Glossar: *Soziale Herkunft.*

**Neighbor-Change-Modelle**
Bei Neighbor-Change-Modellen werden latente Modellierungen von Veränderungen über die Zeit berechnet (Steyer et al., 1997). Dabei ist die Veränderung zwischen unmittelbar aufeinanderfolgenden benachbarten Messzeitpunkten Gegenstand der Analyse. Hierzu werden für jede Person neben einem individuellen Ausgangswert verschiedene Veränderungswerte (z. B. Veränderungen zwischen der 1. und 4. Jahrgangsstufe sowie zwischen der 4. und 7. Jahrgangsstufe) geschätzt und im Anschluss miteinander verglichen.

Beim Umgang mit fehlenden Werten kommt das modellbasierte Verfahren „Full-Information-Maximum-Likelihood" (FIML) zum Einsatz. Bei der FIML-Methode werden keine fehlenden Werte imputiert, d. h. vervollständigt, sondern es erfolgt eine Schätzung der Populationsparameter und ihrer Standardfehler auf der Basis der beobachteten Daten. Dabei wird für alle nichtfehlenden und fehlenden Fälle ein Analysemodell auf der Basis von individuellen Werten spezifiziert. Die Wahrscheinlichkeit (Likelihood) des gesamten Modells ist dann das Produkt über die Ausprägungen der Wahrscheinlichkeit der einzelnen Fälle (Lüdtke et al., 2007).

**WLE (Weighted Likelihood Estimate)**
Der Weighted Likelihood Estimate (WLE) ist ein korrigierter Punktschätzer und gibt den wahrscheinlichsten Kompetenzwert eines Antwortmusters (z. B. die Lösungen in einem Mathematiktest) einer Person an (Pohl & Carstensen, 2012). Bei der Skalierung der Kompetenzausprägungen wird im Populationsmodell der Mittelwert der latenten Fähigkeiten zum 1. Messzeitpunkt auf 0 fixiert, sodass der mittlere WLE nahe 0 liegt. WLEs weisen ein Kontinuum von negativen (= niedriger Kompetenzwert) bis zu positiven (= hoher Kompetenzwert) Werten auf. Bei mehreren Messzeitpunkten werden WLEs verlinkt, d. h. auf einer gemeinsamen Metrik abgebildet.

Zuletzt im Bildungsbericht 2020 als I1 und I2

# Arbeitsmarktbezogene und monetäre Erträge

Entscheidende Weichen für Bildungsprozesse und Lebensverläufe werden durch die im Bildungssystem erworbenen Zertifikate und Kompetenzen gestellt, welche sich wiederum auf spätere arbeitsmarktbezogene und monetäre Erträge auswirken. Die Digitalisierung der Arbeitswelt sowie der technologische und demografische Wandel führen zunehmend zu einer Neuordnung der (Ausbildungs-)Berufe und zu einer erhöhten Nachfrage nach Fachkräften, insbesondere auch in den MINT-Berufen[2]. Gleichzeitig ist die Zahl der Neuzugänge in der dualen Ausbildung zurückgegangen (vgl. **E1**). Angesichts des Wandels der Arbeitswelt stellt sich auch die Frage nach der Verwertbarkeit von formalen Bildungsabschlüssen G und Kompetenzen in der Erwerbsbiografie.

Vor diesem Hintergrund werden im Indikator die Wirkungen von Bildung auf arbeitsmarktbezogene und monetäre Erträge und ihre Veränderungen über die Zeit betrachtet. Zu Beginn werden die Erwerbsbeteiligung und Lohndifferenzen bis zum Jahr 2019 nach Bildungsstand für verschiedene Altersgruppen sowie zwischen Männern und Frauen verglichen. Ein bedeutsamer Schritt in der Erwerbsbiografie ist der Übergang von der beruflichen Ausbildung in die Erwerbstätigkeit. Im Lichte der aktuellen Diskussion um erhöhte Fachkräftebedarfe im Bereich der MINT-Berufe wird anschließend ein besonderes Augenmerk auf den Erwerbseintritt in MINT-Bereiche in Abhängigkeit der Mathematikkompetenzen und der sozialen Herkunft G gelegt.

## Bildungsstand und Erwerbsbeteiligung

Eine hohe Erwerbsbeteiligung von Personen im erwerbsfähigen Alter ist vor dem Hintergrund der zukünftigen Herausforderungen des demografischen Wandels bedeutsam. Die Befunde aus **B4** zeigen, dass junge Personen (19- bis unter 25-Jährige) mit höheren Bildungsabschlüssen eher länger in ihre Bildung investieren und später in die Erwerbstätigkeit eintreten als Personen mit niedrigeren Bildungsabschlüssen. In Anknüpfung daran lässt sich die Erwerbsbeteiligung der Altersgruppen der 25- bis unter 65-Jährigen in Abhängigkeit des Geschlechts und des Bildungsabschlusses aufzeigen.

**Geschlechterunterschiede variieren nach Bildungsstand und nach Alter**

Über alle Bildungs- und Altersgruppen hinweg liegt im Jahr 2018 die Erwerbsbeteiligung der Männer über der der Frauen. Mit steigendem Bildungsstand fallen die geschlechterbezogenen Unterschiede in der Erwerbsbeteiligung aber tendenziell geringer aus (**Abb. I3-1**, **Tab. I3-1web**). Differenziert nach Altersgruppen zeigt sich ein besonders großer Geschlechtsunterschied in den niedrigen Bildungsgruppen (ISCED 1–2) bei den 25- bis unter 35-Jährigen sowie den 35- bis unter 45-Jährigen (**Abb. I3-2**, **Tab. I3-1web**). So weisen Frauen im Alter von 25 bis unter 35 Jahren mit einem Abschluss unterhalb des Sekundarbereichs II (ISCED 1–2) eine Erwerbsbeteiligung von 45 % auf; bei Männern liegt der Anteil dagegen bei 68 %. Diese Unterschiede sind auch mit der Familiengründung und der damit einhergehenden unterbrochenen Erwerbsbeteiligung verbunden. Auch werden in dieser Altersspanne besonders oft Bildungsabschlüsse nachgeholt oder Bildungsbiografien fortgesetzt (z. B. Masterabschlüsse), sodass Erwerbseintritte später erfolgen. In den Altersgruppen der 25- bis unter 35-Jährigen sowie der 35- bis unter 45-Jährigen zeigen Personen mit einem berufsorientierten Abschluss im Tertiärbereich (Meister-, Techniker- und gleichwertige Fachschulabschlüsse [ISCED 55, 65]) die höchste Erwerbsbeteiligung. Seit 2014 ist ein stärkerer Anstieg der Erwerbsbeteiligung von Personen mit formal niedrigeren im Vergleich zu formal höheren Bildungsabschlüssen zu verzeichnen (**Tab. I3-2web**). Obwohl sich Rahmenbedingungen zur Vereinbarkeit von

*2 Der Begriff MINT steht für Mathematik, Informatik, Naturwissenschaften und Technik. MINT umfasst eine Vielzahl unterschiedlicher Berufe, für deren Ausübung weitgehende technische, mathematische oder naturwissenschaftliche Kenntnisse oder Fertigkeiten notwendig sind.*

**Abb. I3-1: Erwerbsbeteiligung 2018 nach Geschlecht und Bildungsstand (ISCED) im Alter von 25 bis unter 65 Jahren (in %)**

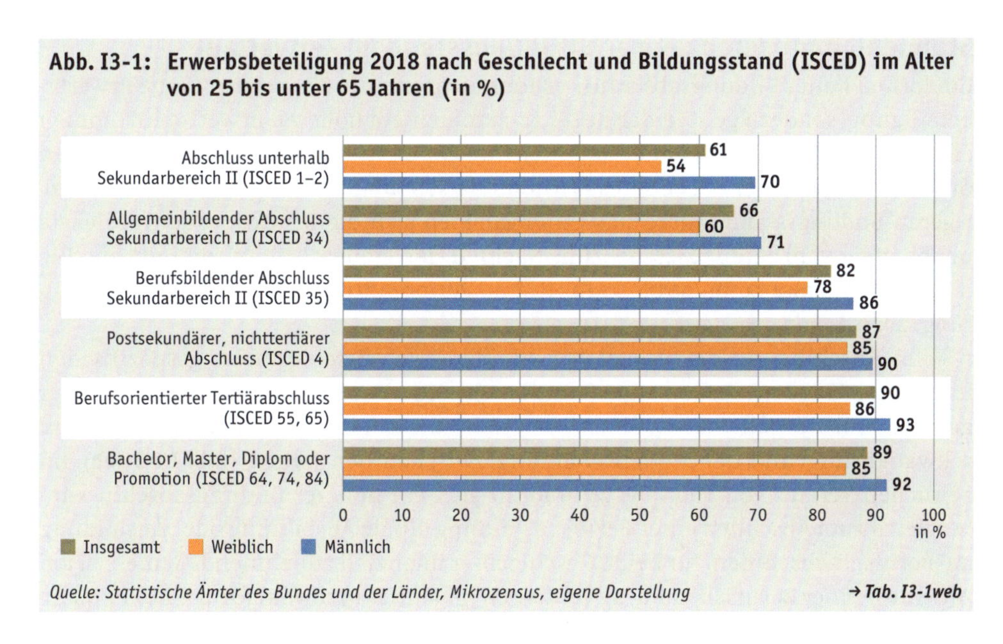


*Quelle: Statistische Ämter des Bundes und der Länder, Mikrozensus, eigene Darstellung* → *Tab. I3-1web*

Familie und Beruf verbessert haben sowie die Nachfrage in frauendominierten Berufen gestiegen ist (z. B. im Gesundheits- und Sozialbereich, vgl. Augurzky & Kolodziej, 2018), zeigen sich weiterhin geschlechtsspezifische Unterschiede in der Erwerbsbeteiligung. Hiervon sind besonders Frauen mit niedrigem Bildungsabschluss G betroffen.

**Abb. I3-2: Erwerbsbeteiligung 2018 nach Altersgruppen, Geschlecht und Bildungsstand (ISCED) (in %)**

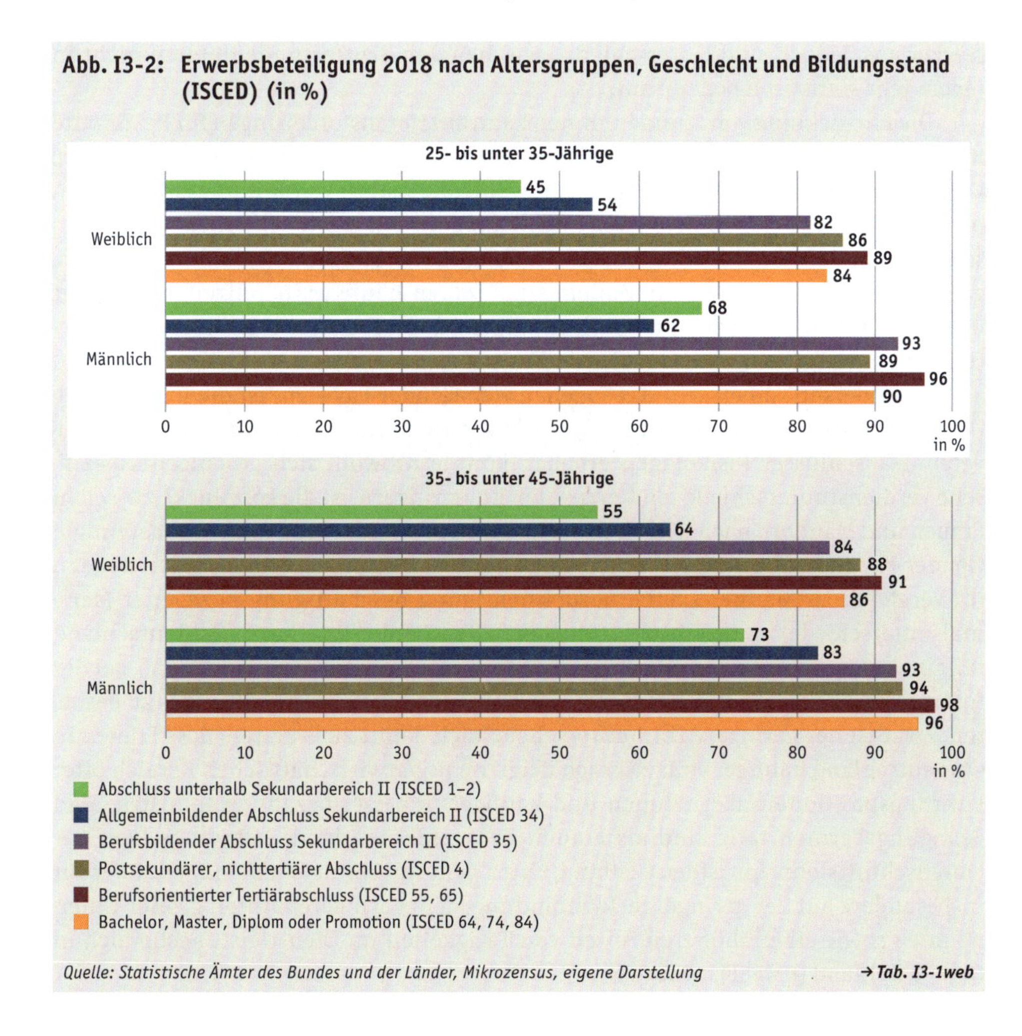


*Quelle: Statistische Ämter des Bundes und der Länder, Mikrozensus, eigene Darstellung* → *Tab. I3-1web*

### Stundenlohndifferenzen nach Bildungsstand im Zeitverlauf

Ein formal hoher Bildungsabschluss erhöht nicht nur die Chancen auf eine Erwerbsbeteiligung, sondern geht in der Regel auch mit einem höheren Erwerbseinkommen einher. Sowohl Frauen als auch Männer mit höherem Bildungsabschluss verfügen durchschnittlich über ein höheres Bruttomonatseinkommen als jene mit einem niedrigeren Bildungsstand. Allerdings unterscheiden sich die Bruttostundenverdienste unabhängig vom Bildungsstand zum Nachteil der Frauen (vgl. Autorengruppe Bildungsberichterstattung, 2018, S. 205ff. und Autorengruppe Bildungsberichterstattung, 2020, S. 309ff.).

Im Anschluss an die zuletzt berichteten Ergebnisse zu bildungsspezifischen Lohnunterschieden werden nun Stundenlohndifferenzen für Frauen und Männer getrennt für die Jahre 2000 bis 2019 berichtet. Der jährliche Bruttostundenlohn schwankt aufgrund der Modellschätzung zwischen den Jahren (**Tab. I3-3web**). Im zeitlichen Verlauf von 2000 bis 2019 lohnt sich ein höherer Bildungsabschluss im Vergleich zum Abschluss einer Berufsausbildung (duale Ausbildung oder Ausbildung an [Berufs-]Fachschulen) für beide Geschlechter finanziell zunehmend. Gemessen am Abschluss einer Berufsausbildung verdienen im Jahr 2019 sowohl formal höher qualifizierte Frauen als auch Männer mehr, während Personen ohne Ausbildungsabschluss weniger verdienen (**Abb. I3-3**, **Tab. I3-3web**). Für Frauen lohnt sich im Vergleich zum Abschluss einer Berufsausbildung ein Universitätsabschluss deutlich mehr als ein Fachhochschulabschluss. Bei Männern fallen die Lohnunterschiede zwischen einem Meister- oder vergleichbaren Abschluss (einschließlich Ausbildung an Berufsakademien und Beamt:innenausbildungen) und einem formal höheren Bildungsabschluss stärker aus. Jedoch sind Unterschiede zwischen den Bruttostundenlöhnen nicht in jedem Jahr statistisch bedeutsam.

**Im Trend höhere Stundenlohnsteigerung für Höhergebildete im Vergleich zu Personen mit Berufsausbildung**

Die Entwicklung von Stundenlöhnen kann auf Herausforderungen für bestimmte Bildungsgruppen hinweisen, wenn sich aufgezeigte Entwicklungen weiter fortsetzen. Dass Frauen und Männer finanziell unterschiedlich stark von Bildungsabschlüssen profitieren, lässt sich möglicherweise auch auf zum Teil geschlechtsspezifisch unterschiedliches Berufswahlverhalten, die Stellung im Beruf und weitere tätigkeitsbezogene Merkmale zurückführen. Zudem sind Frauen häufiger in Teilzeit beschäftigt und ihre Erwerbsverläufe sind häufiger aufgrund von Familiengründungen von Unterbrechungen gekennzeichnet (Schrenker & Zucco, 2020).

Besonders in Anbetracht des sogenannten Gender-Pay-Gaps ist die unterschiedliche Lohnentwicklung hervorzuheben, die vor allem für Frauen unterhalb des Universitätsabschlusses Risikolagen ergeben könnte: Obwohl sich geschlechtsspezifische Verdienstunterschiede tendenziell leicht verringern, ist die Lohnlücke zwischen Frauen und Männern nach wie vor groß. Im Jahr 2019 lag der sogenannte unbereinigte Gender-Pay-Gap (allgemeiner Unterschied im Bruttostundenverdienst aller Frauen im Vergleich zu Männern ohne Berücksichtigung beschäftigungsbezogener Merkmalsunterschiede) im Durchschnitt bei 20 %. Der Gender-Pay-Gap in Ostdeutschland fällt im Jahr 2019 mit 7 % deutlich geringer aus als in Westdeutschland (21 %). Bei der Interpretation dieses zunächst positiv erscheinenden Befunds ist Folgendes zu beachten: Zwar ist der geringere Lohnunterscheid auch damit zu erklären, dass Frauen in Ostdeutschland häufiger vollzeitbeschäftigt, im privatwirtschaftlichen Bereich öfter Führungspositionen übernehmen und häufiger in besser bezahlten Industrie- und Fertigungsberufen tätig sind als Frauen in Westdeutschland. Allerdings liegt der Durchschnittslohn in Ostdeutschland unter dem in Westdeutschland. Dies beruht insbesondere auf der geringeren Tarifbindung, dem geringeren Anteil großer Unternehmen sowie einem höheren Anteil von Tätigkeiten im Dienstleistungsbereich in Ostdeutschland (BMFSFJ, 2020c).

**Lohnlücke zwischen Männern und Frauen nach wie vor groß, besonders in Westdeutschland**

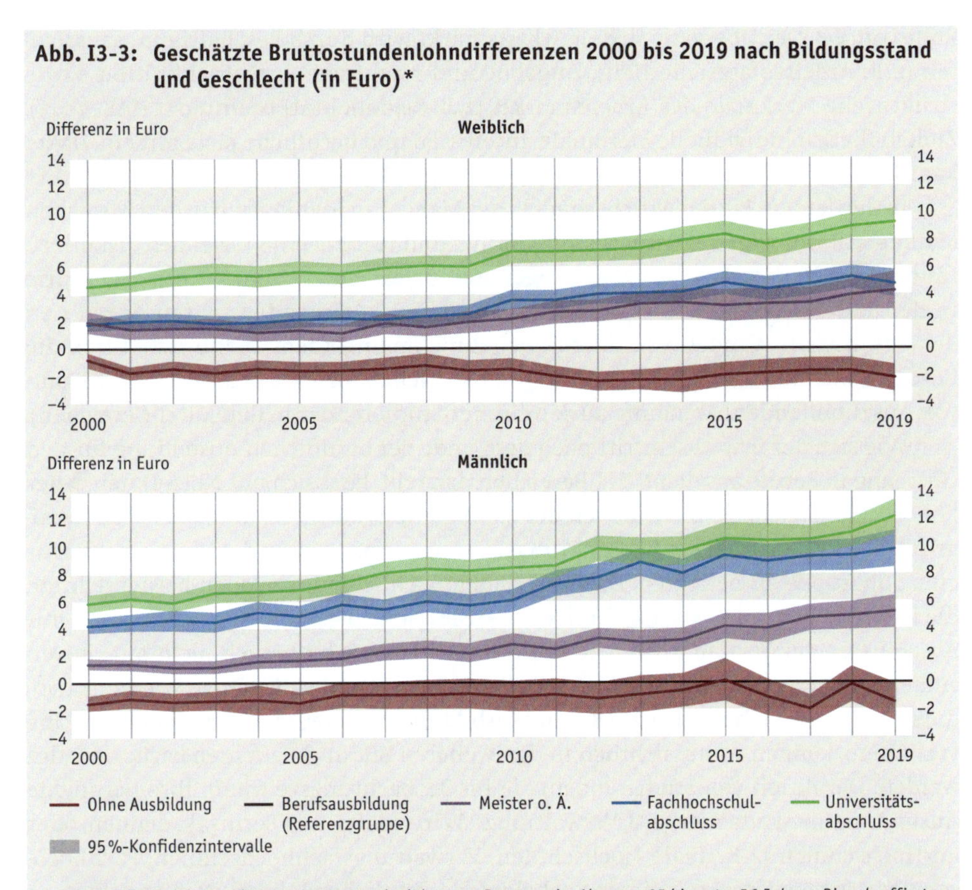


**Abb. I3-3: Geschätzte Bruttostundenlohndifferenzen 2000 bis 2019 nach Bildungsstand und Geschlecht (in Euro)***

* *Dargestellt sind die geschätzten Bruttostundenlöhne von Personen im Alter von 25 bis unter 56 Jahren. Die schraffierten Bereiche um die Linie stellen das 95 %-Konfidenzintervall dar.*

*Lesebeispiel: Im Jahr 2019 verdienen Frauen mit Universitätsabschluss durchschnittlich etwa 9,17 Euro in der Stunde mehr als Frauen mit einer abgeschlossenen Berufsausbildung, die im gleichen Jahr durchschnittlich 12,05 Euro verdienen (geschätzter Bruttostundenlohn).*

*Fallzahl: n = 119.044*

*Quelle: DIW Berlin, SOEP, Sonderauswertung durch das DZHW, eigene Darstellung und weitere Berechnungen in Anlehnung an Ordemann & Pfeiffer, 2021.* **→ Tab. I3-3web**

In der positiven Entwicklung der Erwerbsbeteiligung und des Erwerbseinkommens bis zum Jahr 2019 spiegeln sich zusammenfassend die insgesamt gute wirtschaftliche Lage sowie eine erhöhte Arbeitsmarktnachfrage in Deutschland wider. Auffallend sind die geschlechtsspezifischen Unterschiede in der Erwerbsbeteiligung, die Frauen mit niedrigem Bildungsstand besonders treffen.

Unterschiede in der Erwerbsbeteiligung spiegeln sich auch im Einkommen wider. Sollte sich sowohl der Trend der wachsenden Lohndifferenzen nach Bildungsstand weiter fortsetzen als auch die Differenz in den Löhnen für Frauen im Vergleich zu Männern fortbestehen, könnten sich insbesondere für Frauen vermehrt Risikolagen ergeben.

## Übergang von der beruflichen Ausbildung in den Arbeitsmarkt bei MINT-Berufen

Der Erwerbseintritt nach der beruflichen Ausbildung Ⓜ ist ein bedeutsamer Schritt im Bildungs- und Lebensverlauf. Für einen Großteil der Ausbildungsabsolvent:innen verläuft der Übergang in das erste Arbeitsverhältnis reibungslos (vgl. **E5**). Eine erfolgreiche Arbeitsmarktplatzierung ist von bis dahin getroffenen Bildungsentscheidungen und -chancen sowie erworbenen Kompetenzen und Bildungsabschlüssen bestimmt. Aber auch Rahmenbedingungen des Ausbildungsbetriebs spielen eine bedeutsame

Rolle (vgl. **E4**). Der Übergang in den Arbeitsmarkt wird durch Beschäftigungsaussichten (z. B. Arbeitsplatzsicherheit), Angebot und Nachfrage nach Fachkräften sowie strukturelle Merkmale des Arbeitsmarkts (z. B. Regionalität) beeinflusst (IAB, 2021). Zudem fließen individuelle Merkmale, Interessen und berufliche Ziele mit ein. Dabei kann sich der Übergang unterschiedlich gestalten (**I1**).

In den letzten Jahren wird besonders der Mangel an Fachkräften in den Bereichen Mathematik, Informatik, Naturwissenschaften und Technik (MINT) vielfach diskutiert. Laut dem MINT-Herbstreport 2021 (Anger et al., 2021) fehlen 2021 276.900 Fachkräfte in den MINT-Berufen. Dieser Mangel wird in den kommenden Jahren durch den demografischen Wandel vermutlich noch zunehmen. Zudem dürfte sich durch die Corona-Pandemie das Angebot an MINT-Fachkräften reduzieren (z. B. geringere Anzahl von Auszubildenden, Abnahme ausländischer Studierender in den MINT-Bereichen).

Wie sich der Erwerbseintritt nach dem Ende der beruflichen Ausbildung für den Übergang in Berufe aus den MINT-Bereichen darstellt, lässt sich mit NEPS-Daten D der Kohorte (SC4) nachzeichnen, die seit der 9. Jahrgangsstufe (2010) untersucht wird. Aufgrund der Begrenztheit des Beobachtungszeitraums (bis 2019) ist der Übergang nur für eine Subgruppe zu berichten. Dabei werden ausschließlich Personen berücksichtigt, die in einem Zeitraum von 10 Jahren eine Ausbildung abgeschlossen haben sowie mit Abschlüssen der Sekundarbereiche I und II nach dem Schulbesuch nicht auf Universitäten oder Fachhochschulen übergegangen sind. Erwerbsübergänge von Personen, die sich aktuell noch in einer Hochschulausbildung befinden (z. B. Studierende an Universitäten), können voraussichtlich in den weiteren Bildungsberichten berücksichtigt werden. Der Anteil von Studierenden, die im Beobachtungszeitraum ihre berufliche Ausbildung an Akademien (z. B. Verwaltungs-, Wirtschafts- und Berufsakademien) oder an Hochschulen (z. B. duale Hochschulen, Verwaltungsfachhochschulen, Fachhochschulen, Universitäten) mit einem Bachelor (oder ähnlichem Abschluss) abgeschlossen haben, ist in den Daten noch sehr gering (ca. 12 %). Dadurch sind Analysen nur bedingt möglich, sodass diese Personen für den vorliegenden Bericht ausgeschlossen wurden.

**Frauen gehen nach der Ausbildung seltener als Männer in einen Beruf im MINT-Bereich**

Auf Basis einer Ereignisdatenanalyse M wurde anhand einer kontrollierten Cox-Regression M der Übergang nach einer beruflichen Ausbildung (unabhängig von der fachlichen Ausrichtung) in eine Erwerbstätigkeit in einem MINT-Bereich innerhalb eines Zeitraums von bis zu 60 Monaten näher beleuchtet.[3] Unabhängig vom abgeschlossenen Ausbildungsberuf erfolgt für 30 % aller Ausbildungsabsolvent:innen bis zum Ende des Beobachtungszeitraums ein Erwerbseintritt in einen MINT-Bereich (z. B. in den Bereich der Chemie- und Pharmatechnik, Softwareentwicklung, technische Qualitätssicherung). Dabei ist dieser Erwerbseintritt von unterschiedlichen Merkmalen beeinflusst (**Abb. I3-4**). So haben Frauen eine um ca. 82 % geringere Chance eines Erwerbseintritts M in einen MINT-Bereich als Männer (**Tab. I3-4web**). Diese geringere Chance kann mit einer anderen Ausbildung im Unterschied zur anschließenden Berufswahl verbunden sein, sodass Frauen nach der Ausbildung in der Folge in andere Nicht-MINT-Bereiche wechseln.

**Je höher die Mathematikkompetenzen, desto größer die Chance eines Erwerbseintritts in den MINT-Bereich**

Mathematikkompetenzen am Ende der Schulpflicht (9. Jahrgangsstufe) üben einen signifikanten Einfluss auf den Erwerbsübertritt in einen MINT-Bereich aus. Personen mit mittleren Kompetenzen in Mathematik weisen eine um ca. 39 % höhere Chance auf, nach der beruflichen Ausbildung in eine Erwerbstätigkeit in einen MINT-Bereich überzutreten, als Personen mit niedrigen Kompetenzen. Diese Chance ist bei Personen mit hohen Kompetenzen sogar um 62 % größer als bei Personen mit niedrigen Kompetenzen. Auch die Art des erreichten Schulabschlusses bestimmt die Chancen eines Erwerbseintritts in einen MINT-Bereich. Die Aussichten sind für Personen

*3 Aufgrund der geringen Fallzahlen von Personen mit einem Erwerbseintritt in einen der MINT-Bereiche „Mathematik und Naturwissenschaften", „Informatik" oder „Technik" wurden diese zu einer dichotomen Variablen (MINT-Bereiche) zusammengefasst. Diese hat die Ausprägung „MINT-Bereich: ja/nein".*

**Abb. I3-4: Veränderung der Chancen unterschiedlicher Personengruppen auf einen Erwerbseintritt in einem MINT-Bereich nach der beruflichen Ausbildung (in %)**

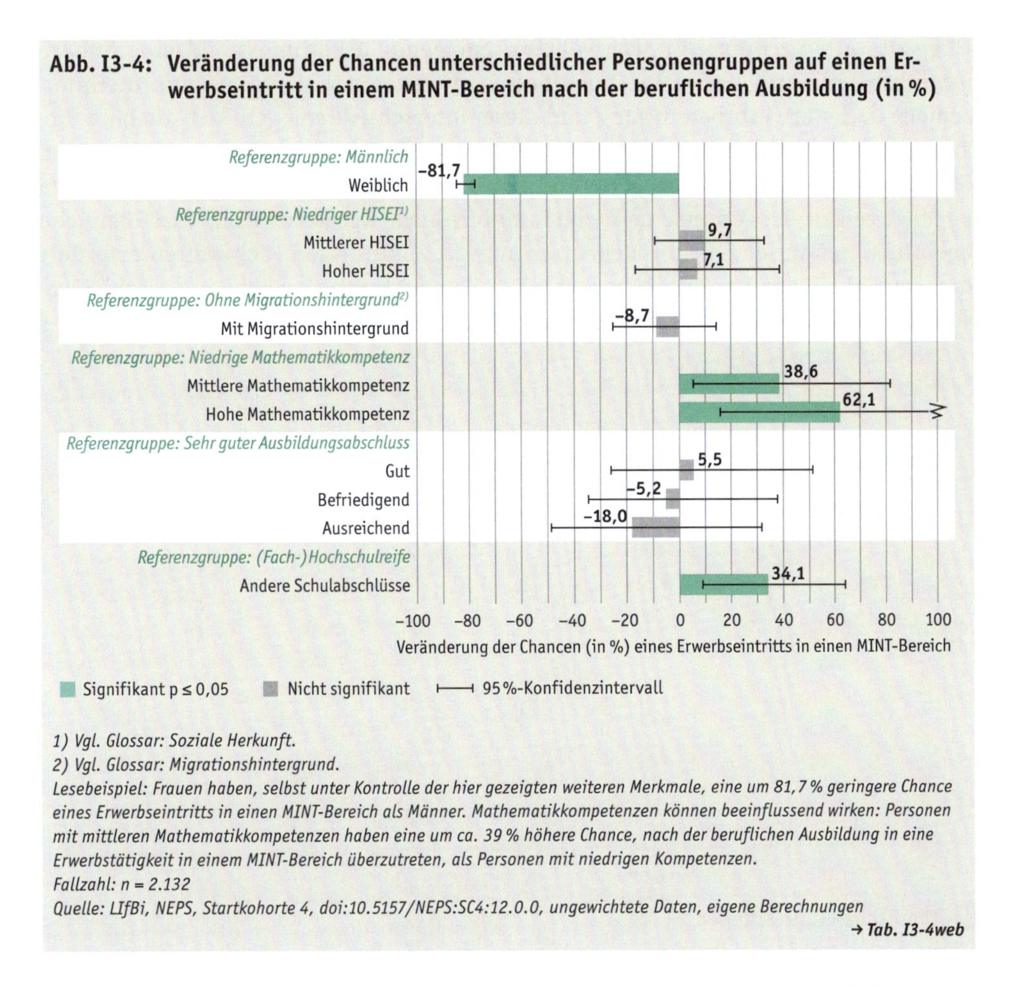


*1) Vgl. Glossar: Soziale Herkunft.*
*2) Vgl. Glossar: Migrationshintergrund.*
*Lesebeispiel: Frauen haben, selbst unter Kontrolle der hier gezeigten weiteren Merkmale, eine um 81,7 % geringere Chance eines Erwerbseintritts in einen MINT-Bereich als Männer. Mathematikkompetenzen können beeinflussend wirken: Personen mit mittleren Mathematikkompetenzen haben eine um ca. 39 % höhere Chance, nach der beruflichen Ausbildung in eine Erwerbstätigkeit in einem MINT-Bereich überzutreten, als Personen mit niedrigen Kompetenzen.*
*Fallzahl: n = 2.132*
*Quelle: LIfBi, NEPS, Startkohorte 4, doi:10.5157/NEPS:SC4:12.0.0, ungewichtete Daten, eigene Berechnungen*

→ *Tab. I3-4web*

**Personen ohne (Fach-)Hochschulreife nach einer Berufsausbildung häufiger in MINT-Berufen tätig**

ohne (Fach-)Hochschulreife im Vergleich zu Personen mit (Fach-)Hochschulreife um fast 34 % höher. Dieser Befund könnte auch darauf zurückzuführen sein, dass Personen mit einem höheren schulischen Bildungsabschluss die Berufsausbildung als Teil ihrer späteren Karriereplanung sehen und daher eine anschließende oder spätere Ausbildung an Hochschulen planen (z.B. ein naturwissenschaftliches Studium; Schneider, 2011).

Besonders bedeutsam für den Erwerbseintritt in MINT-Bereiche scheinen das Geschlecht, die Mathematikkompetenz und der Schulabschluss zu sein. Um einem (erwarteten) Fachkräftemangel in den MINT-Bereichen entgegenzuwirken, empfiehlt sich eine frühe Förderung der Mathematikkompetenzen, um besonders bei Mädchen bereits in der Schulzeit bessere mathematische Voraussetzungen zu schaffen. Damit Mädchen die Aufnahme eines Berufes in einem MINT-Bereich als erfolgversprechend einschätzen (z.B. Karrierechancen in Ingenieurberufen), ist auch die Stärkung ihres naturwissenschaftlichen und mathematischen Selbstkonzepts (Schütte et al., 2007) zentral. Trotz der Tendenz zur Akademisierung unterschiedlicher Ausbildungsberufe (vgl. Severing & Teichler, 2013) findet der Erwerbseintritt in MINT-Bereiche auch bei Personen mit Schulabschlüssen jenseits der (Fach-)Hochschulreife in Verbindung mit einer Ausbildung außerhalb von Hochschulen statt. Damit hat diese Gruppe bessere Chancen, in MINT-Bereiche überzutreten, und stellt also eine bedeutsame Ressource von Fachkräften in den MINT-Bereichen dar. Gleichzeitig haben auch Personen mit niedrigen Bildungsabschlüssen Erwerbsperspektiven in MINT-Berufen. Der Erwerbseintritt in MINT-Bereiche von Personen mit (Fach-)Hochschulreife und einer anschließenden Hochschulausbildung kann aus methodischen Gründen erst in den folgenden Jahren vertiefend betrachtet werden.

Über alle Altersgruppen hinweg geht mit steigendem Bildungsstand eine höhere Erwerbsbeteiligung einher. Dennoch bestehen weiter geschlechtsspezifische Unterschiede in der Erwerbsbeteiligung und diese Unterschiede spiegeln sich auch im Einkommen wider. Damit werden besonders bei Frauen vermehrt Risikolagen gestärkt, die dann möglicherweise zu weiteren sozialen Ungleichheiten führen. Die Befunde zu MINT zeigen, dass unterschiedliche Faktoren den Erwerbseintritt in MINT-Bereiche beeinflussen können. Für die Rekrutierung von zukünftigen Fachkräften erfordert dies sowohl eine frühe Förderung von MINT-Kompetenzen als auch eine geschlechtsspezifische Förderung von MINT-Berufen.

## Methodische Erläuterungen

**Erwerbseintritt nach der beruflichen Ausbildung**

Um ein Kriterium für einen Erwerbseintritt zu bestimmen, wurden Analysebedingungen formuliert: Der Erwerbseintritt kann erst erfolgen, wenn ein 1. berufsqualifizierender Abschluss oder eine weitere direkt daran anschließende Ausbildungsepisode (z. B. Fachschule) mit Abschluss vorliegt. Studentische Erwerbstätigkeiten, Praktika, Volontariate oder Referendariate werden nicht berücksichtigt, da sie „Überbrückungs- oder berufsvorbereitende Tätigkeiten" sind. Das Beobachtungszeitfenster enthält einen Zeitraum von maximal 60 Monaten nach dem 1. berufsqualifizierenden Abschluss. Aufgrund der Begrenztheit des Beobachtungszeitraums (bis 2019) kann der Übergang in die Erwerbstätigkeit für Personen mit (Fach-)Hochschulreife nur für jene berichtet werden, die im Anschluss an die Schule eine Ausbildung abgeschlossen haben. Weitere Übergänge (z. B. vom Hochschulstudium in den Beruf) lassen sich erst mit späteren Daten dieser NEPS-Kohorte beschreiben.

**Ereignisdatenanalyse**

Gegenstand der Ereignisdatenanalyse sind Ereignisse (z. B. Erwerbseintritt, Heirat), die sich zeitlich (exakt) verorten lassen und die durch einen Wechsel von einem diskreten Ausgangszustand zu einem anderen diskreten Zielzustand (z. B. erwerbstätig zu nichterwerbstätig) gekennzeichnet sind. Dabei sind die Verweildauer (= Zeit zwischen Ausgangszustand und Ereigniseintritt/Erreichen des Zielzustands oder der Zensierung) sowie das Risiko, „at risk" zu sein, bedeutsam. Beide Bedingungen bilden das „risk-set" (Kopp & Lois, 2012)

**Cox-Regression**

Das Cox-Regression-Modell (oder auch Cox-Proportional-Hazard-Modell) ist eine Methode zur Analyse von Ereignisdaten. Die Cox-Regression wird verwendet, wenn mehrere Einflussgrößen (z. B. Geschlecht, Alter) auf die abhängige Variable, hier: „Zeit bis zum Ereigniseintritt" (Hazard), analysiert werden sollen. Mit dem Modell ist es möglich, „den Hazard [...] für eine Person im Hinblick auf [...] ein interessantes Ereignis zu schätzen" (Ziegler et al., 2007, S. 42). Voraussetzung für eine Cox-Regression ist, dass Effekte bzw. das Hazard Ratio unterschiedlicher Variablen auf die abhängige Variable über die Zeit konstant sind. In den vorliegenden Cox-Regressionen wurden alle Analysevariablen (Geschlecht, sozioökonomischer Status der Familie [HISEI], Migrationshintergrund, Mathematikkompetenz, Ausbildungsnote und Schulabschluss) in die Modelle aufgenommen. Die Befunde berichten daher die Nettoeffekte.

**Chance eines Erwerbseintritts bzw. Hazard Ratio**

Die Hazard-Funktion h(t) beschreibt das bevorstehende Risiko bzw. hier vereinfachend die Chance, dass zu einem bestimmten Zeitpunkt ein Ereignis eintritt. Das Hazard Ratio ist ein Quotient aus der Hazard-Funktion $h_1(t)$ und $h_2(t)$ zweier Gruppen. Das Hazard Ratio – auch relatives Risiko/Chance genannt – gibt an, wie groß das Ereignisrisiko bzw. die Chance der einen Gruppe im Verhältnis zur anderen Gruppe ist. Dabei gilt: *Hazard Ratio* $> 1$: Ereignisrisiko bzw. Chance in Gruppe 2 ist größer als in Gruppe 1 (d. h., Ereignisse treten in Gruppe 2 schneller ein, der Prozess läuft schneller ab). *Hazard Ratio* $< 1$: Ereignisrisiko bzw. Chance in Gruppe 2 ist kleiner als in Gruppe 1. *Hazard Ratio* $\approx 1$: Ereignisrisiko bzw. Chance ist in beiden Gruppen gleich groß (Zwiener et al., 2011).

# Nichtmonetäre Erträge

Zuletzt im Bildungsbericht 2020 als I3

Neben den im vorangegangenen Indikator **I3** dargestellten arbeitsmarktbezogenen und monetären Erträgen hängt Bildung auch mit Erträgen zusammen, die nicht mit finanziellen oder erwerbsbezogenen Aspekten verbunden sind. Diese werden als nichtmonetäre Erträge von Bildung thematisiert. Nichtmonetäre Erträge erstrecken sich von der frühen Bildung bis ins hohe Erwachsenenalter und reichen von Aspekten der Selbstbestimmung, Gesundheit und Lebenszufriedenheit bis hin zur sozialen, politischen und gesellschaftlichen Teilhabe (vgl. Autorengruppe Bildungsberichterstattung, 2018, S. 191 ff.). Im Bildungsbericht 2022 werden 2 Aspekte berichtet: die Lebenszufriedenheit und Zukunftserwartungen bzw. Sorgen. Erstmalig werden in der Bildungsberichterstattung nichtmonetäre Bildungserträge von Schüler:innen in den Blick genommen. Kompetenzen stellen dabei außer dem formalen Bildungsstand G ebenfalls ein Ergebnis von Bildungsprozessen dar. Neu ist daher auch, dass neben der Betrachtung von formalen Bildungsabschlüssen auch erworbene und über den Lebensverlauf kumulierende Kompetenzen und nichtmonetäre Erträge berichtet werden.

Ausgehend von der hohen Bedeutung schulischer Kontexte für die Lebenszufriedenheit von Schüler:innen wird erstens der Zusammenhang zwischen schulischen Leistungen und Lebenszufriedenheit im Sekundarbereich I betrachtet. Kompetenzen spielen auch für die Handlungsfähigkeit im Erwachsenenalter eine bedeutende Rolle. Es ist daher zweitens zu untersuchen, inwiefern Mathematik- und Lesekompetenzen über formale Bildungsabschlüsse hinaus zur Lebenszufriedenheit im Erwachsenenalter beitragen. Die weiter anhaltende Corona-Pandemie geht und ging insbesondere zu Beginn mit großen Unsicherheiten, weitreichenden Veränderungen und Herausforderungen in der Lebens- und Arbeitswelt einher. Zum Abschluss werden daher Sorgen und Zukunftserwartungen Erwerbstätiger in Abhängigkeit des Bildungsstandes zu Beginn der Corona-Pandemie beleuchtet.

## Schulische Leistungen und Lebenszufriedenheit im Sekundarbereich I

Positive und zufriedenstellende Lernerfahrungen im Schulkontext sind eine wichtige Voraussetzung für die Lernbereitschaft über den gesamten Lebensverlauf. Das Ausmaß der Lebenszufriedenheit von Schüler:innen ist folglich ein wichtiger Bestandteil lebenslangen Lernens. Dabei wirken sich während der Schulzeit vor allem auch schulbezogene Ereignisse und Erfahrungen auf die Lebenszufriedenheit von Schüler:innen aus. In diesem Zusammenhang stellen sich 2 Fragen: Wie hoch ist die Lebenszufriedenheit von Schüler:innen, die verschiedene Schularten besuchen, und bestehen Unterschiede in der Lebenszufriedenheit in Abhängigkeit der schulischen Leistungsmerkmale Schulnoten und Kompetenzen?

Gymnasialschüler:innen sind zufriedener als Real- und Hauptschüler:innen, …

Anhand der Schüler:innenkohorte des NEPS D (Befragungsbeginn in der 5. Jahrgangsstufe im Jahr 2010) wurde die Lebenszufriedenheit von Schüler:innen der 5. bis 9. Jahrgangsstufe unter Kontrolle verschiedener Merkmale (z. B. Geschlecht, Alter, Migrationshintergrund G) ermittelt. Die durchschnittliche Lebenszufriedenheit von Schüler:innen im Sekundarbereich I liegt auf einer Skala von 0 (ganz und gar unzufrieden) bis 10 (ganz und gar zufrieden) bei 7,7 Punkten (**Tab. I4-1web**). Im Mittel nimmt die Lebenszufriedenheit aller Schüler:innen zwischen der 5. und 9. Jahrgangsstufe um 1 Skalenpunkt ab. Schüler:innen auf Gymnasien sind insgesamt zufriedener als Schüler:innen auf Real- und Hauptschulen. Im Verlauf des Sekundarbereichs I nähert sich die Lebenszufriedenheit von Schüler:innen aller Schularten an, wobei die Lebenszufriedenheit von Schüler:innen auf Gymnasien und Realschulen tendenziell sinkt und bei Hauptschüler:innen steigt. In der Jahrgangsstufe 9 liegt

… jedoch gleicht sich Lebenszufriedenheit im Verlauf des Sekundarbereichs I an die durchschnittliche Lebenszufriedenheit von Schüler:innen der Realschule bei 7,3, von Schüler:innen der Hauptschule bei 6,9 und von Schüler:innen des Gymnasiums bei 7,6 Skalenpunkten.

**Verbesserung der Schulnoten führt zu höherer Lebenszufriedenheit**

Wie beeinflussen schulische Leistungsmerkmale die Lebenszufriedenheit von Schüler:innen? Lettau (2021) hat für Schüler:innen von der 5. bis 9. Jahrgangsstufe untersucht, inwiefern eine Veränderung von Schulnoten sowie von Mathematikkompetenzen mit einer Verbesserung oder Verschlechterung der Lebenszufriedenheit einhergeht. Mit Daten des NEPS zeigt sich in einem Fixed-Effects-Panel-Regressionsmodell Ⓜ, dass eine Verbesserung der Schulnoten von der 5. bis 9. Jahrgangsstufe unter Kontrolle individueller und weiterer Merkmale (z.B. subjektive Gesundheit) signifikant mit einem Anstieg der Lebenszufriedenheit einhergeht (**Abb. I4-1, Tab. I4-2web**). Zudem zeigen Interaktionseffekte Ⓜ, dass sich Schüler:innen der Haupt-, Realschule und des Gymnasiums nicht signifikant in der Veränderung ihrer Lebenszufriedenheit in Abhängigkeit der Schulnoten unterscheiden (**Tab. I4-3web**).

**Zuwachs der Mathematikkompetenzen wirkt sich auf Lebenszufriedenheit wiederum schulartspezifisch aus**

Bezogen auf die Veränderung von Kompetenzen zeigt sich, dass sich die mittlere Veränderung der Lebenszufriedenheit in Abhängigkeit der Kompetenzzuwächse im Bereich mathematischer Kompetenzen zwischen den besuchten Schularten signifikant unterscheidet. Ein Zuwachs der Mathematikkompetenz zwischen der 5. bis 9. Jahrgangsstufe geht bei Schüler:innen auf Realschulen mit einer Abnahme der Lebenszufriedenheit im Vergleich zu Schüler:innen auf einem Gymnasium einher. Zuwächse der Lesekompetenz hingegen führen nicht zu einer höheren Lebenszufriedenheit (**Abb. I4-1, Tab. I4-2web** und **Tab. I4-3web**).

Mathematische Kompetenzentwicklungen im Sekundarbereich I haben einen geringeren Einfluss auf die Lebenszufriedenheit als die Entwicklung der Schulnoten. Die Veränderung der Lebenszufriedenheit in Abhängigkeit der schulischen Leistungen lässt sich als vergleichsweise hoch bewerten. Besonders ist die Rolle von Schulnoten als zentrales Rückmeldeinstrument hervorzuheben. Der Befund unterstreicht die Relevanz einer unterstützenden Begleitung von Schüler:innen in ihrem schulischen Erleben, des Besprechens von erzielten Schulleistungen, insbesondere bei negativem Feedback, und in der Folge das Aufzeigen von Verbesserungspotenzialen. Dagegen deuten die Unterschiede in den Kompetenzzuwächsen in Mathematik auf mögliche Passungsprobleme innerhalb der besuchten Schulart hin: Schüler:innen in der Realschule erleben bei einem Zuwachs ihrer Mathematikkompetenzen möglicherweise eine geringere Passung des Lernumfeldes zu ihren Kompetenzen und fühlen sich ggf. unterfordert. Eine Reflexion über die Wahl des besuchten Schulzweiges könnte helfen, langfristig die Zufriedenheit der Schüler:innen zu fördern. Zufriedene Schüler:innen sind eher bereit, lebenslang in ihre eigene Bildung zu investieren. Schüler:innen aller besuchten Schularten sollten daher in gleichem Maße von schulischen Leistungssteigerungen profitieren können, um die Grundlagen für lebenslange Lern- und Bildungsprozesse zu schaffen.

Die berichteten Ergebnisse sind nicht als kausaler Ursache-Wirkungs-Mechanismus zu interpretieren. So können gute schulische Leistungen zu einer höheren Lebenszufriedenheit führen. Umgekehrt können zufriedenere Schüler:innen aber auch bessere schulische Leistungen erzielen. Darüber hinaus ist nicht auszuschließen, dass weitere Merkmale die Lebenszufriedenheit positiv beeinflussen. Daher sind die Ergebnisse als Zusammenhänge zu interpretieren.

**Abb. I4-1: Effekte der Verbesserung der Schulnote und der Mathematikkompetenzzuwächse auf die mittlere Veränderung der Lebenszufriedenheit in der 5. bis 9. Jahrgangsstufe***

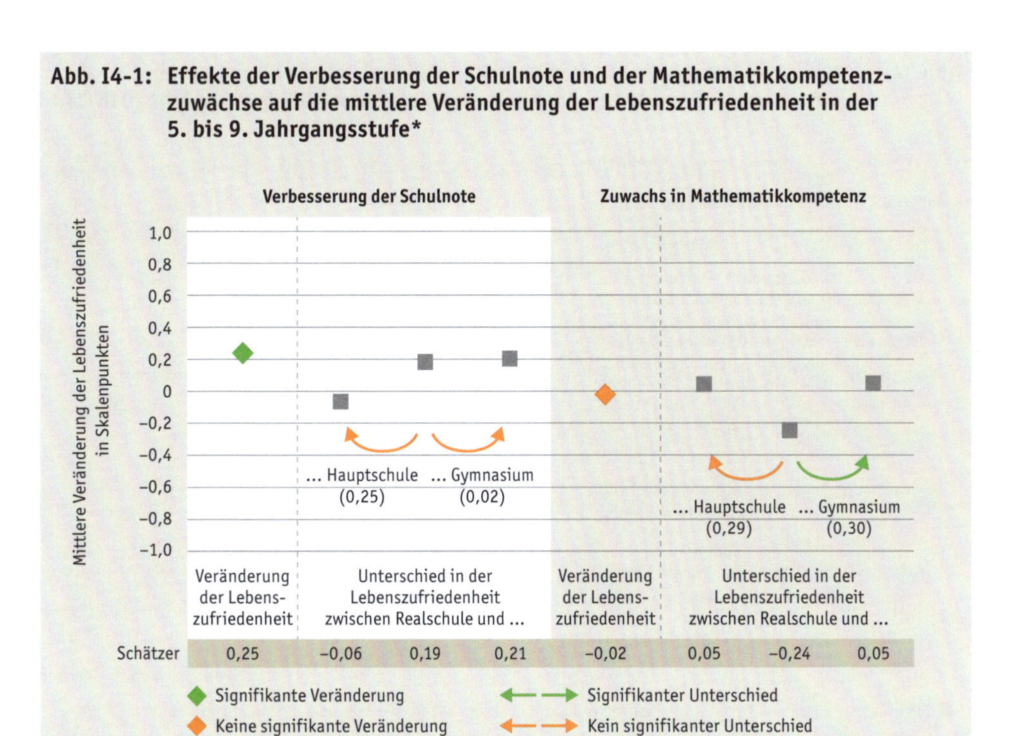


* *In der Abbildung sind 4 separate Modelle dargestellt. Rauten stellen die geschätzte mittlere Veränderung der Lebenszufriedenheit ohne eine Unterscheidung nach Schularten, Quadrate die geschätzten Unterschiede zwischen den Schularten dar. Grüne Rauten und Pfeile beschreiben signifikante Veränderungen bzw. Unterschiede, orange Rauten und Pfeile beschreiben nicht signifikante Veränderungen bzw. Unterschiede. Die subjektive Bewertung der Lebenszufriedenheit wurde auf einer Skala von 0 = ganz und gar unzufrieden bis 10 = ganz und gar zufrieden erfragt.*

*Lesebeispiel: Bei einer Verbesserung der durchschnittlichen Jahresabschlussschulnoten in Mathematik und Deutsch (linke Seite der Abb.) des jeweiligen Vorjahres um eine Schulnote erhöht sich die Lebenszufriedenheit von Schüler:innen zwischen der 5. und 9. Jahrgangsstufe über alle Schüler:innen hinweg signifikant um durchschnittlich 0,25 Skalenpunkte. Diese Erhöhung der Lebenszufriedenheit kann als vergleichsweise hoch eingeschätzt werden. Zwischen den Schularten zeigen sich bei einer Verbesserung der durchschnittlichen Jahresabschlussschulnoten keine signifikanten Unterschiede in der Lebenszufriedenheit. Bei einem Anstieg der Mathematikkompetenzen (rechte Seite der Abb.) um eine Einheit zeigt sich über alle Schüler:innen hinweg keine signifikante Veränderung der Lebenszufriedenheit, bei Schüler:innen der Realschule verringert sich die Lebenszufriedenheit im Vergleich zu Schüler:innen des Gymnasiums jedoch signifikant um durchschnittlich 0,3 Skalenpunkte.*

*Fallzahl: n = 3.045*

*Quelle: Lettau, 2021, NEPS, Startkohorte 3, eigene Darstellung* **→ Tab. I4-2web, Tab. I4-3web**

## Kompetenzen und Lebenszufriedenheit Erwachsener

Kompetenzen im Erwachsenenalter werden als Voraussetzung für eine erfolgreiche Teilhabe am kulturellen und gesellschaftlichen Leben gesehen. Da sie unterschiedliche Lebensbereiche betreffen, gelten insbesondere die Lesekompetenz und mathematische Kompetenzen als zentrale Basiskompetenzen.

**Je höher die Lesekompetenz, desto höher die Lebenszufriedenheit**

Zusammenhänge zwischen Kompetenzen und Lebenszufriedenheit Erwachsener im Alter von 29 bis unter 73 Jahren (M = 52,5 Jahre) lassen sich mit NEPS-Daten der Erwachsenenkohorte analysieren. Auf einer Skala von 0 (= ganz und gar unzufrieden) bis 10 (= ganz und gar zufrieden) liegt die selbsteingeschätzte Lebenszufriedenheit der Erwachsenen durchschnittlich bei 7,7 Skalenpunkten, was einer hohen Lebenszufriedenheit entspricht (**Tab. I4-4web**). Die mathematischen Kompetenzen weisen unter Berücksichtigung weiterer Merkmale keinen Zusammenhang mit der Lebenszufriedenheit Erwachsener auf. Die Lesekompetenz jedoch hängt mit der Lebenszufriedenheit zusammen: Eine gesteigerte Lesekompetenz geht mit einer höheren Lebenszufriedenheit einher (**Tab. I4-5web**). Eine besondere Rolle spielt der Bildungsstand: Ein höherer Bildungsabschluss weist einen engeren Zusammenhang mit der Lebenszufriedenheit Erwachsener auf als die Lesekompetenz (**Abb. I4-2**).

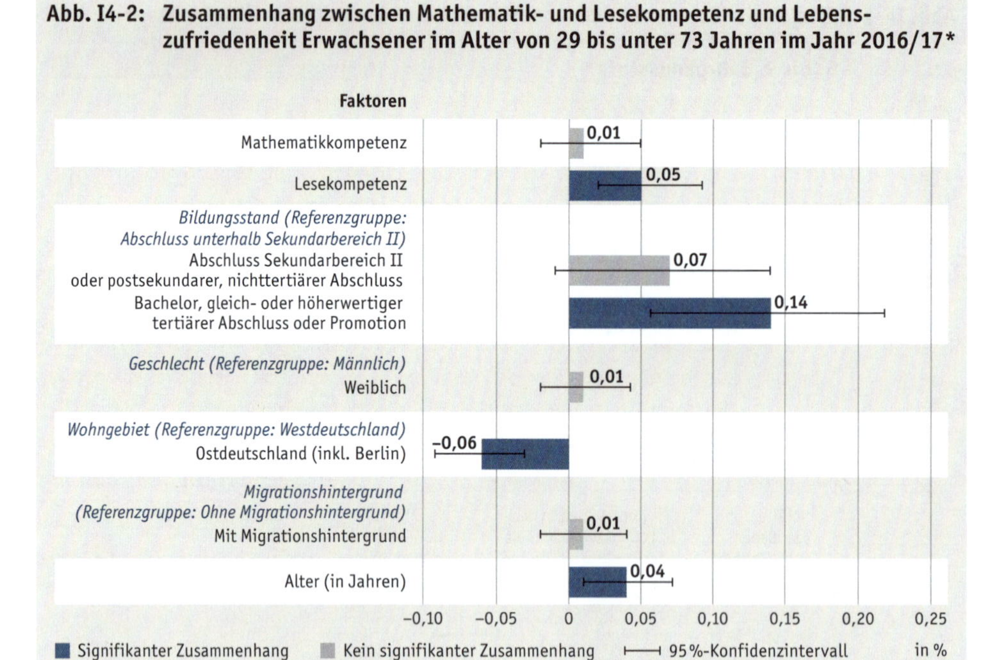


**Abb. I4-2: Zusammenhang zwischen Mathematik- und Lesekompetenz und Lebenszufriedenheit Erwachsener im Alter von 29 bis unter 73 Jahren im Jahr 2016/17***

* *Die subjektive Bewertung der Lebenszufriedenheit wurde auf einer Skala von 0 = ganz und gar unzufrieden bis 10 = ganz und gar zufrieden erfragt. Die Referenzgruppe ist die Gruppe, mit der verglichen wird.*

*Lesebeispiel: Die Länge der Balken gibt die Stärke des Zusammenhangs wieder: Je länger, desto stärker ist der Zusammenhang. Ein Bachelor-, gleich- oder höherwertiger tertiärer Bildungsabschluss oder eine Promotion weisen einen engeren Zusammenhang zur Lebenszufriedenheit Erwachsener auf als die Lesekompetenz.*

*Fallzahl: n = 4.350*

*Quelle: LIfBi, NEPS, Startkohorte 6, doi:10.5157/NEPS:SC6:12.1.0, ungewichtete Daten, eigene Berechnungen*

**→ Tab. I4-5web**

Aus verschiedenen Studien ist bekannt, dass sich das Ausmaß der Lebenszufriedenheit auf einem relativ stabilen Niveau bewegt und sich in der Regel nicht deutlich oder nur für eine begrenzte Zeit verändert (z. B. Eid & Diener, 2004). Lesekompetenz leistet dabei – neben Faktoren, die mit einem höheren Bildungsstand einhergehen – einen eigenständigen Beitrag zur Lebenszufriedenheit im Erwachsenenalter. Offenbar weist Lesekompetenz einen engeren Zusammenhang zur Lebenszufriedenheit auf als mathematische Kompetenz. Dies lässt sich möglicherweise darauf zurückführen, dass Lesekompetenz in einem größeren Ausmaß alltägliche und berufliche Lebensbereiche betrifft und mit dem Erleben von Erfolg einhergeht. Allerdings kann der Befund nicht kausal interpretiert werden, da der beschriebene Zusammenhang auch über Drittvariablen (höheres Einkommen, Gesundheit) vermittelt sein kann. Im direkten Vergleich ist die Lesekompetenz jedoch relevanter als die mathematische Kompetenz.

## Zukunftserwartungen und Sorgen während der Corona-Pandemie

Besonders zu Beginn der Corona-Pandemie haben Maßnahmen zur Eindämmung der Pandemie zu weitreichenden Veränderungen für Individuum, Wirtschaft und Gesellschaft geführt. Sorgen und Ängste um die eigene wirtschaftliche Lage können sich neben familialen Belastungen, gesundheitsbezogenen Befürchtungen und Einsamkeit ebenfalls negativ auf die psychische Gesundheit von Erwachsenen auswirken (Heisig et al., 2021).

**Insgesamt geringe negative Zukunftserwartungen**

Erwerbstätige waren und sind durch die Corona-Pandemie unterschiedlich stark betroffen. Sozioökonomische Unterschiede bestehen dabei u. a. entlang der geleisteten Arbeitsstunden, Kurzarbeit oder Vorgaben zum Homeoffice (Schröder et al., 2020). Mit

Fokus auf heterogene Lebenslagen von Erwerbstätigen untersuchten Kleinert et al. (2020) mit Daten des NEPS soziale Unterschiede in den zukünftigen Erwartungen und Sorgen zu Beginn der Corona-Pandemie. Junge Erwerbseinsteiger:innen ohne akademische Abschlüsse (ca. 24 Jahre) und Erwerbstätige im mittleren und höheren Alter (durchschnittlich 48 Jahre) erwarteten Mitte 2020 für die kommenden 6 Monate insgesamt in nur geringem Ausmaß einen Arbeitsplatzverlust, eine Einschränkung des Lebensstandards und/oder ernsthafte Geldprobleme (**Abb. I4-3**). Gleichzeitig hielten Erwerbseinsteiger:innen das Eintreten der genannten Ereignisse im Mittel tendenziell für wahrscheinlicher als Erwerbstätige mittleren und höheren Alters.

**Zukunftssorgen bei jungen Erwerbseinsteiger:innen tendenziell größer**

Tendenziell halten Personen mit maximal einem Ersten Schulabschluss (ehemals Hauptschulabschluss) oder mit Mittlerem Schulabschluss und Berufsausbildung einen Arbeitsplatzverlust, eine Einschränkung des Lebensstandards und ernsthafte Geldprobleme im Mittel für wahrscheinlicher als höhergebildete Personen (**Tab. I4-6web**). Ausnahmen zeigen sich bei Erwerbstätigen mittleren und höheren Alters: Höhergebildete Erwerbstätige halten eine Einschränkung ihres Lebensstandards im Mittel für wahrscheinlicher als solche mit maximal einem Ersten Schulabschluss oder Mittleren Schulabschluss und Berufsausbildung. Multivariate Analysen bestätigen die deskriptiv aufgezeigten Bildungsunterschiede: Erwerbstätige mit maximal einem Ersten Schulabschluss oder Mittleren Schulabschluss und Berufsausbildung halten tendenziell einen Arbeitsplatzverlust, eine Einschränkung des Lebensstandards und ernsthafte Geldprobleme für signifikant wahrscheinlicher als höhergebildete Erwerbstätige (**Tab. I4-7web**).

**Zukunftssorgen bei höhergebildeten Erwerbstätigen tendenziell geringer**

**Abb. I4-3: Zukunftserwartungen von jungen Erwerbseinsteiger:innen ohne Hochschulabschluss und Erwerbstätigen mittleren und höheren Alters nach Bildungsstand***

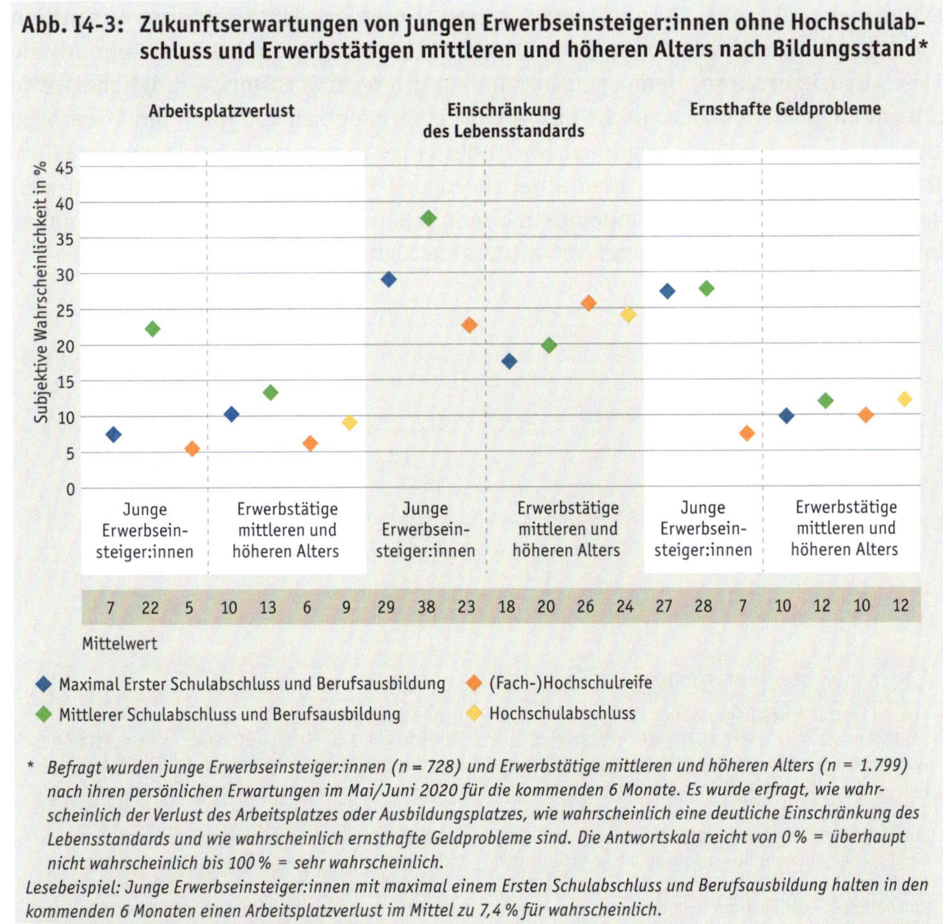


* *Befragt wurden junge Erwerbseinsteiger:innen (n = 728) und Erwerbstätige mittleren und höheren Alters (n = 1.799) nach ihren persönlichen Erwartungen im Mai/Juni 2020 für die kommenden 6 Monate. Es wurde erfragt, wie wahrscheinlich der Verlust des Arbeitsplatzes oder Ausbildungsplatzes, wie wahrscheinlich eine deutliche Einschränkung des Lebensstandards und wie wahrscheinlich ernsthafte Geldprobleme sind. Die Antwortskala reicht von 0 % = überhaupt nicht wahrscheinlich bis 100 % = sehr wahrscheinlich.*

*Lesebeispiel: Junge Erwerbseinsteiger:innen mit maximal einem Ersten Schulabschluss und Berufsausbildung halten in den kommenden 6 Monaten einen Arbeitsplatzverlust im Mittel zu 7,4 % für wahrscheinlich.*

*Quelle: Kleinert et al., 2020, eigene Darstellung*

*→ Tab. I4-6web*

Einschränkungen während der Corona-Pandemie, insbesondere während der Lockdowns, können auch jene Personen erfahren, die keinen Zugang zum Internet haben, das Internet nicht nutzen wollen oder über geringe digitale Kompetenzen verfügen. Von Personen, die das Internet nicht nutzen (9 %), fühlten sich 14 % während der Corona-Pandemie im Jahr 2021 von der Nutzung digitaler Möglichkeiten ausgeschlossen (z. B. Kommunikation mit Ärzt:innen). Obwohl die Internetnutzung in den letzten Jahren insgesamt zugenommen hat, bestehen auch im Jahr 2021 weiterhin zum Teil große bildungs- und altersspezifische Unterschiede. 2021 liegt der Anteil bei Personen ab dem 70. Lebensjahr, die das Internet nutzen, bei 64 % und bei Personen mit niedriger Bildung bei 76 % (Initiative D21 e. V., 2022).

**Sorgen um die Bildung der eigenen Kinder im Lockdown**

Neben Sorgen um die eigene Lebenssituation kann auch die Sorge um die Bildung der eigenen Kinder Eltern zusätzlich in einer Pandemie belasten. Diese Belastung war während der Corona-Pandemie besonders im Lockdown hoch: Während sich zu Beginn des Jahres 2021 ungefähr die Hälfte der Eltern große Sorgen um die Bildung und wirtschaftliche Zukunft ihrer Kinder machte, verringerten sich diese Sorgen bis zum Herbst 2021. Insbesondere sind Sorgen um die Bildung und die wirtschaftliche Zukunft der Kinder bei Eltern ohne Abschluss der Hochschulreife geringer geworden (Huebener et al., 2021; siehe auch FamilienMonitor_Corona, DIW, 2022).

Die Ergebnisse verdeutlichen, dass sich die Auswirkungen der Corona-Pandemie auch in Sorgen und Zukunftserwartungen widerspiegeln, die sich in Abhängigkeit des Bildungsstandes unterscheiden. Formal höhere Bildung scheint insbesondere zu Beginn der Corona-Pandemie eine Schutzwirkung gegen Zukunftssorgen zu haben. Im Verlauf der Pandemie scheinen sich allerdings einige Sorgen zum Teil zu verringern (Huebener et al., 2021). Die geringeren Sorgen älterer Erwerbstätiger sind vermutlich auf die im Vergleich zu den jüngeren Erwerbstätigen insgesamt bessere ökonomische Lage zurückzuführen. Demgegenüber haben ältere Erwerbstätige möglicherweise aber auch größere ökonomische Einbußen im Vergleich zu den jüngeren Erwerbstätigen zu erwarten (Hövermann, 2020). In der Folge negativer Zukunftssorgen könnten psychische und weitere gesundheitsbezogene Belastungen entstehen oder sich verstärken. In der Corona-Pandemie und möglichen anderen Krisen scheint es daher angebracht, Maßnahmen enger auf vulnerable Gruppen zuzuschneiden.



### Methodische Erläuterungen

**Fixed-Effects-Panel-Regression**
Panel-Regressionen mit fixen Effekten sind statistische Verfahren, die bei Längsschnittdaten angewendet werden. Fixed-Effects-Panel-Regressionen ermöglichen es, Einflüsse zeitstabiler Faktoren zu berücksichtigen, die mit den erklärenden Variablen in einem Zusammenhang stehen können. So ist es möglich, sich kausalen Aussagen über den Einfluss erklärender Faktoren (z. B. Kompetenzen) auf bestimmte Outcomes (z. B. Lebenszufriedenheit) anzunähern (Brüderl & Ludwig, 2015).

**Interaktionseffekte**
Mithilfe von Interaktionseffekten kann geprüft werden, ob ein Zusammenhang zwischen 2 Variablen (z. B. der Zusammenhang zwischen Kompetenzen und Lebenszufriedenheit) durch eine 3. Variable (z. B. Schulart) verändert oder beeinflusst wird. So lassen sich hier Unterschiede im Einfluss von Kompetenzen auf Lebenszufriedenheit zwischen verschiedenen Schularten miteinander vergleichen und statistisch absichern (Lohmann, 2010).

# Perspektiven

Bildungsverläufe gestalten sich zunehmend vielfältig und Bildungs-, Erwerbs- und Nacherwerbsphasen verteilen sich über weite Strecken des Lebensverlaufs. Phasen der Unterbrechungen von Bildungs- und Erwerbsphasen, das Nachholen von schulischen und beruflichen Abschlüssen, Weiterqualifizierungen und das Treffen und Revidieren von Bildungsentscheidungen in unterschiedlichen Phasen des Lebensverlaufs stellen Bildungssystem und -politik vor neue Aufgaben und Herausforderungen. Die Ausdifferenzierung unterschiedlicher Lebenspfade legt nahe, dass geradlinige Bildungsverläufe und eine „Normalerwerbsbiografie" keinen ausschließlichen Orientierungspunkt für bildungspolitisches Handeln und entsprechende Programme bieten können und dass hierbei starker ressortübergreifender Koordinierungsbedarf besteht. Bestrebungen zur Sicherung des gesellschaftlichen und individuellen Wohlstands und der Chancengleichheit im Bildungssystem müssen die Pluralisierung und Diversifizierung von Lebens- und Bildungsverläufen und Formen lebensbegleitenden Lernens berücksichtigen und verstärkt auch Orientierungswissen über Bildungswege und -möglichkeiten bereitstellen. Die Notwendigkeit entsprechender Maßnahmen wird gerade vor dem Hintergrund der Sollbruchstellen für Bildungsbiografien deutlich, die sich durch Flucht und Zuwanderung ergeben.

Die Flexibilisierung und Öffnung des Bildungssystems kann dabei einerseits als Erfolg angesehen werden, da sie in Bezug auf den Wechsel der Schulart und das Nachholen von Abschlüssen neue Möglichkeiten schafft und im stärkeren Maße individuelle Lebensgestaltung ermöglicht (**I1**). Andererseits gelingt es dem Bildungssystem weiterhin nur bedingt, den Zugang zu Bildung, Bildungswegen und -übergängen unabhängig vom Geschlecht, dem Migrationshintergrund oder der sozialen Herkunft zu gestalten. Soziale Ungleichheiten zeigen sich auch bei der Möglichkeit des Erwerbs von Kompetenzen und damit auch bei Bildungsabschlüssen und -zertifikaten.

Die empirisch aufgezeigten persistierenden Unterschiede im Kompetenzerwerb vom Kindergarten- bis zum jungen Erwachsenenalter (**I2**), insbesondere in Abhängigkeit vom sozioökonomischen Status, zeichnen insofern ein positives Bild, als die Unterschiede über die Zeit nicht zunehmen, die Leistungsschere sich also nicht weiter öffnet. Gleichwohl bleiben die über die Zeit bestehenden absoluten Unterschiede ein Problem. Als Ergebnis von Bildungsprozessen haben Kompetenzen für die Arbeitsmarktbeteiligung und die individuelle Lebensgestaltung hohe Relevanz. In dem Maße, in dem es nicht gelingt, die zum Teil schon im Kindergarten auftretenden Kompetenzunterschiede zu verringern, erhöht sich die Wahrscheinlichkeit persistierender Bildungsbenachteiligung über den gesamten Lebensverlauf, mit entsprechenden Effekten für monetäre und nichtmonetäre Erträge – etwa der Lebenszufriedenheit (**I4**). Vor dem Hintergrund der Ausdifferenzierung von Bildungswegen und -verläufen und unterschiedlicher Start- und Entwicklungsbedingungen gilt es, insbesondere die Entwicklungs- und Teilhabechancen benachteiligter Personengruppen zu verbessern. Inwieweit die Corona-Pandemie besonders für diese Personengruppen in Bezug auf Leistungsunterschiede sowie spätere Bildungswege Folgen haben wird, ist noch offen. Es ist aber zu erwarten, dass vor allem benachteiligte Personen langfristig von den Folgen der Corona-Pandemie im Bildungsbereich betroffen sein werden.

Mit Blick auf den Fachkräftebedarf in MINT-Berufen legen die berichteten Befunde nahe, dass die Förderung von mathematischen Kompetenzen und der entsprechenden Selbstwahrnehmung insbesondere für Mädchen und Frauen ein wichtiges Zukunftsthema darstellt, auch mit Blick auf die Verringerung sozialer Disparitäten (**I3**).

Wichtige bildungspolitische Aufgaben sind die Schaffung erfolgreicher Übergänge und gleicher Beteiligungschancen am Erwerbsleben. Gewachsen ist die Erwerbsbeteiligung bei Personen mit formal niedrigeren Bildungsabschlüssen. Angesichts zunehmender Lohnunterschiede zwischen formal niedrigeren und höheren Bildungsabschlüssen bei Frauen und Männern sowie der weiterhin deutlichen geschlechtsspezifischen Einkommensunterschiede kann jedoch insgesamt nur eine ernüchternde Bilanz gezogen werden (**I3**).

# Im Überblick

### Anstieg der Erwerbsbeteiligung von Personen mit niedrigem Bildungsabschluss

Erwerbsbeteiligung (in %)

Allgemeinbildender Abschluss des Sekundarbereichs II

### Frauen haben beim Erwerb der (Fach-)Hochschulreife aufgeholt

Erwerb der (Fach-)Hochschulreife (in %)

### Instabile Bildungsverläufe häufiger bei Schüler:innen mit Migrationshintergrund

Instabile Bildungsverläufe von 2010–2019 (in %)

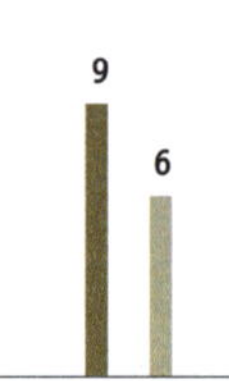


Instabile Verläufe mit nichtgymnasialem Schulbesuch und längerem Verbleib außerhalb des Bildungssystems, abgebrochene Ausbildungen oder Erwerbslosigkeit

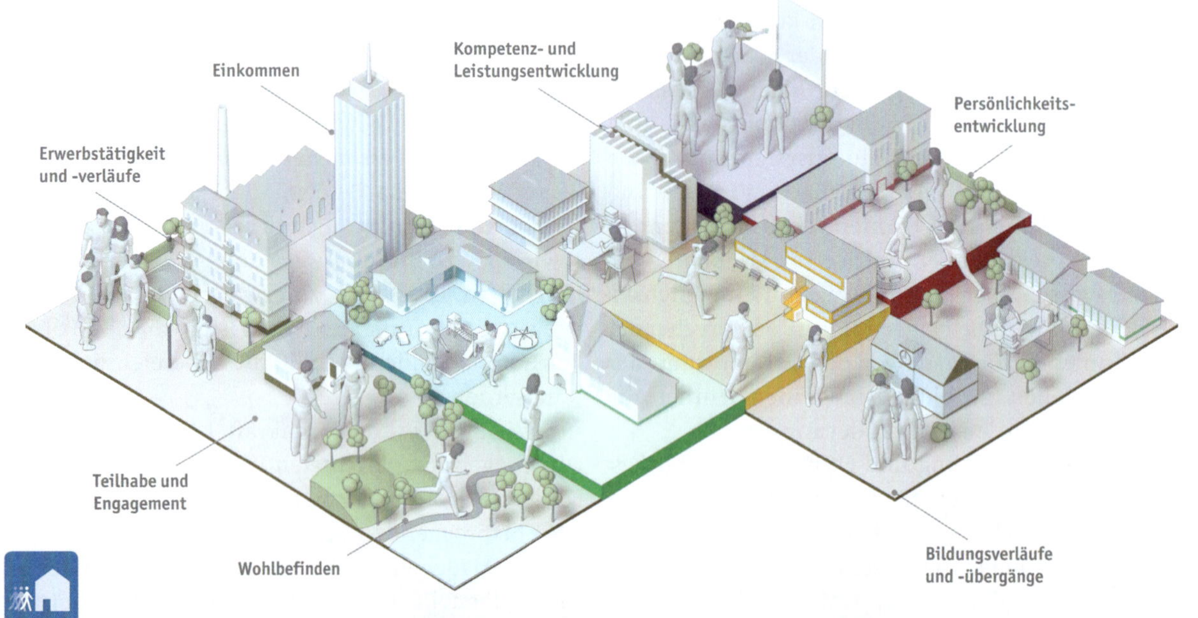


### Keine Leistungsschere in der Kompetenzentwicklung zwischen den Schularten

Kompetenzen (Mathematik) von der 5. Jahrgangsstufe (Jg.) bis zum jungen Erwachsenenalter

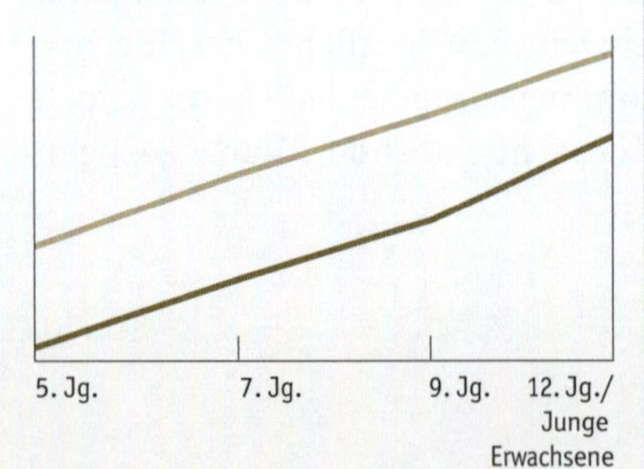

### Für Frauen lohnt sich ein Universitätsabschluss finanziell stärker als ein Fachhochschulabschluss

Differenz im durchschnittlichen Bruttostundenlohn 2019 in € im Vergleich zum Abschluss einer dualen Ausbildung bzw. (Berufs-)Fachschule (Schätzungen)

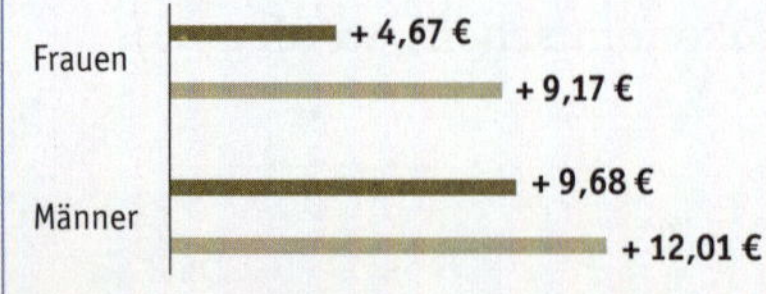

### Lebenszufriedenheit von Schüler:innen unterscheidet sich nach besuchter Schulart

Lebenszufriedenheit in der 9. Jahrgangsstufe (2014/2015) auf einer Skala von 0 (ganz und gar unzufrieden) bis 10 (ganz und gar zufrieden)

# Literaturverzeichnis

L


Adam, F., Foebker, S., Imani, D., Pfaffenbach, C., Weiss, G., & Wiegandt, C. C. (2019). Social contacts and networks of refugees in the arrival context-manifestations in a large city and in selected small and medium-sized towns. *Erdkunde*, 1, 31–46.

Aksoy, C. G., Poutvaara, P., & Schikora, F. (2021). *First Time Around: Local Conditions and Multidimensional Integration of Refugees*. Arbeitspapier, 361. Ifo.

Albrecht, G., Ernst, H., Westoff, G., & Zauritz, M. (2014). *Bildungskonzepte für heterogene Gruppen – Anregungen zum Umgang mit Vielfalt und Heterogenität in der beruflichen Bildung*. Bundesinstitut für Berufsbildung.

Alt, C., Anton, J., Gedon, B., Hubert, S., Hüsken, K., Lippert, K., & Schickle, V. (2020). *DJI-Kinderbetreuungsreport 2019. Inanspruchnahme und Bedarf aus Elternperspektive im Bundesländervergleich*. https://www.dji.de/fileadmin/user_upload/bibs2020/DJI-Kinderbetreuungsreport_2019.pdf. Zugriff: 09.05.2022.

Altermann, A., Lange, M., Menke, S., Rosendahl, J., Steinhauer R., & Weischenberg, J. (2018). *Bildungsberichterstattung Ganztagsschule NRW 2018*. https://www.forschungsverbund.tu-dortmund.de/fileadmin/user_upload/BiGa_2018_Webversion.pdf. Zugriff: 11.05.2022.

Ambrasat, J. & Heger, C. (2021). *Barometer für die Wissenschaft. Ergebnisse der Wissenschaftsbefragung 2019/20. Deutsches Zentrum für Hochschul- und Wissenschaftsforschung (DZHW)*. https://www.wb.dzhw.eu/downloads/wibef_barometer2020.pdf. Zugriff: 09.05.2022.

Anders, Y. (2012). *Modelle professioneller Kompetenzen für frühpädagogische Fachkräfte. Expertise zum Gutachten „Professionalisierung in der Frühpädagogik"*. https://www.aktionsrat-bildung.de/fileadmin/Dokumente/Expertise_Modelle_professioneller_Kompetenzen.pdf. Zugriff: 09.05.2022.

Anger, C., Kohlisch, E., & Plünnecke, A. (2021). *MINT-Herbstreport 2021*. Institut der deutschen Wirtschaft Köln.

Anton, J., Hubert, S., & Kuger, S. (2021). *Der Betreuungsbedarf bei U3- und U6-Kindern. DJI-Kinderbetreuungsreport 2020*. https://www.dji.de/fileadmin/user_upload/KiBS/DJI-Kinderbetreuungsreport_2020_Studie1.pdf. Zugriff: 09.05.2022.

Artelt, C., Weinert, S., & Carstensen, C. H. (2013). Assessing competencies across the lifespan within the German National Educational Panel Study (NEPS) – Editorial. *Journal for Educational Research Online*, 5(2), 5–14.

Artelt, C. & Kunter, M. (2019). Kompetenzen und berufliche Entwicklung von Lehrkräften. In D. Urhahne, M. Dresel & F. Fischer (Hrsg.), *Psychologie für den Lehrberuf* (S. 395–418). Springer.

AStA Uni Hamburg (2021). *Studieren und Corona*. https://www.asta.uni-hamburg.de/1-aktuelles/studieren-und-corona/umfrage-situation-der-studierenden-corona/auswertung-der-umfrage-corona.pdf. Zugriff: 18.05.2022.

Attig, M., Wolter, I., & Nusser, L. (2020). *Zufriedenheit in unruhigen Zeiten: Welche Rolle die Kommunikation zwischen Eltern und Schulen während der Schulschließungen gespielt hat*. NEPS Corona & Bildung – Bericht, 4. Leibniz-Institut für Bildungsverläufe.

Augurzky, B. & Kolodziej, I. (2018). *Fachkräftebedarf im Gesundheits- und Sozialwesen 2030: Gutachten im Auftrag des Sachverständigenrates zur Begutachtung der Gesamtwirtschaftlichen Entwicklung*. Arbeitspapier, 06. RWI.

Auspurg, K. & Hinz, T. (2011). Gruppenvergleiche bei Regressionen mit binären abhängigen Variablen. *Zeitschrift für Soziologie*, 40(1), 62–73.

Aust, K., & Hartz, S. (2018). *Ein Kompetenzmodell für die Hochschullehre. Neues Handbuch Hochschullehre.* https://www.nhhl-bibliothek.de/de/handbuch/. Zugriff: 09.05.2022.

Autorengruppe Bildungsberichterstattung (2006). *Bildung in Deutschland 2006. Ein indikatorengestützter Bericht mit einer Analyse zu Bildung und Migration.* W. Bertelsmann Verlag.

Autorengruppe Bildungsberichterstattung. (2018). *Bildung in Deutschland 2018. Ein indikatorengestützter Bericht mit einer Analyse zu Wirkungen und Erträgen von Bildung.* W. Bertelsmann Verlag.

Autorengruppe Bildungsberichterstattung (2020). *Bildung in Deutschland 2020. Ein indikatorengestützter Bericht mit einer Analyse zu Bildung in einer digitalisierten Welt.* wbv Media.

Autorengruppe Corona-KiTa-Studie (2020). *1. Quartalsbericht der Corona-KiTa-Studie (III/2020).* https://corona-kita-studie.de/quartalsberichte-der-corona-kita-studie. Zugriff: 11.05.2022.

Autorengruppe Corona-KiTa-Studie (2021a). *4. Quartalsbericht der Corona-KiTa-Studie (II/2021).* https://corona-kita-studie.de/quartalsberichte-der-corona-kita-studie. Zugriff: 11.05.2022.

Autorengruppe Corona-KiTa-Studie (2021b). *Monatsbericht der Corona-KiTa-Studie (03/2021).* https://www.corona-kita-studie.de/monatsberichte-der-corona-kita-studie. Zugriff: 11.05.2022.

Autorengruppe Corona-KiTa-Studie (2022). *Quartalsbericht II/2022 der Corona-KiTa-Studie.* https://corona-kita-studie.de/quartalsberichte-der-corona-kita-studie. Zugriff: 11.05.2022.

Autorengruppe Fachkräftebarometer (2017). *Fachkräftebarometer Frühe Bildung.* https://www.fachkraeftebarometer.de/fileadmin/Redaktion/Publikation_FKB2017/Fachkraeftebarometer_Fruehe_Bildung_2017_web.pdf. Zugriff: 09.05.2022.

Autorengruppe Fachkräftebarometer (2019). *Fachkräftebarometer Frühe Bildung.* https://www.fachkraeftebarometer.de/fileadmin/Redaktion/Publikation_FKB2019/Fachkraeftebarometer_Fruehe_Bildung_2019_web.pdf. Zugriff: 09.05.2022.

Autorengruppe Fachkräftebarometer (2021). *Fachkräftebarometer Frühe Bildung.* https://www.fachkraeftebarometer.de/fileadmin/Redaktion/Publikation_FKB2017/Publikation_FKB2021/WiFF_FKB_2021_web.pdf. Zugriff: 09.05.2022.

Autorengruppe Kinder- und Jugendhilfestatistik (2021). *Kinder- und Jugendhilfereport Extra 2021.* Forschungsverbund DJI/TU.

Autorengruppe wb-personalmonitor (2016): *Das Personal in der Weiterbildung. Arbeits- und Beschäftigungsbedingungen, Qualifikationen, Einstellungen zu Arbeit und Beruf.* Bertelsmann Verlag.

Baas, M. & Philipps, V. (2019). Über Ausbildung in Arbeit? Verläufe gering gebildeter Jugendlicher. In Forschungsverbund Sozioökonomische Berichterstattung (Hrsg.), *Berichterstattung zur sozioökonomischen Entwicklung in Deutschland* (S. 411–446). wbv Media.

Baas, M. (2021). Bildungsbeteiligung nach Migrationshintergrund: Der Einfluss von Zuwanderungsgeneration, Zuzugsalter und Zuzugsmotiven. *WISTA – Wirtschaft und Statistik*, 2, 111–125.

Backes-Haase, A., & Bathelt, M. (2016). Lernfeld-Innovation? Eine Bilanz nach 20 Jahren mit Fokus auf das Verhältnis von Fach- und Handlungssystematik. *Wirtschaft und Erziehung, 68*(4), 123–128.

Bader, S., Riedel, B., Seybel, C., & Turani, D. (Hrsg.) (2021). *Kita-Fachkräfte im internationalen Vergleich. Ergebnisse der OECD-Fachkräftebefragung 2018, Band II.* https://www.dji.de/fileadmin/user_upload/icec/Kita-Fachkr%C3%A4fte%20im%20internationalen%20Vergleich.pdf. Zugriff: 09.05.2022.

Baeriswyl, F., Wandeler, C., & Oswald, K. (2006). *Die Ausbildungskonzeptionen von betrieblichen Ausbildenden – Schlussbericht des Teilprojektes Freiburg. Qualitätsmerkmale und ihre Wirkung in der betrieblichen Bildung (QUWIBB).* https://doi.org/10.13140/RG.2.2.20902.01606.

Baethge, M. (2012). Kompetenzentwicklung und Beruflichkeit – auf dem Weg zur Professionalisierung der Dienstleistungsarbeit. In R. Reichwald, M. Frenz, S. Hermann & A. Schipanski (Hrsg.), *Zukunftsfeld Dienstleistungsarbeit: Professionalisierung – Wertschätzung – Interaktion* (S. 81–101). Gabler.

L

Baethge, M., & Schiersmann, C. (1998). Prozeßorientierte Weiterbildung – Perspektiven und Probleme eines neuen Paradigmas der Kompetenzentwicklung für die Arbeitswelt der Zukunft. In Projekt QUEM (Hrsg.), *Kompetenzentwicklung 1998 – Forschungsstand und Forschungsperspektiven* (S. 15–87). Waxmann.

BAG-BEK – Bundesarbeitsgemeinschaft Bildung und Erziehung in der Kindheit e.V. (2009). *Qualifikationsrahmen für BA-Studiengänge der Kindheitspädagogik/Bildung und Erziehung in der Kindheit.* https://www.bag-bek.de/fileadmin/user_upload/Tagungen/2009_11_Koeln/BAG-BEK-BA-QR-final030110.pdf. Zugriff: 11.05.2022.

Bahl, A. (2012). Ausbildendes Personal in der betrieblichen Bildung: Empirische Befunde und strukturelle Fragen zur Kompetenzentwicklung. In P. Ulmer, R. Weiß & A. Zöller (Hrsg.), *Berufliches Bildungspersonal – Forschungsfragen und Qualifizierungskonzepte* (S. 21–43). Bertelsmann.

Bahl, A., Blötz, U., Brandes, D., Lachmann, B., Schwerin, C., & Witz, E.-M. (2012). *Die Situation des ausbildenden Personals in der betrieblichen Bildung (SIAP), Abschlussbericht.* https://www.bibb.de/dienst/dapro/daprodocs/pdf/eb_22301.pdf. Zugriff: 09.05.2022.

Bahl, A., & Diettrich, A. (2008). *Die vielzitierte ‚neue Rolle' des Ausbildungspersonals – Diskussionslinien, Befunde und Desiderate.* https://www.bwpat.de/ht2008/ws25/bahl_diettrich_ws25-ht2008_spezial4.shtml. Zugriff: 09.05.2022.

BAMF – Bundesamt für Migration und Flüchtlinge (2015). *Konzept für einen bundesweiten Alphabetisierungskurs. Überarbeitete Neuauflage – Mai 2015.* BAMF.

BAMF – Bundesamt für Migration und Flüchtlinge (2020). *Bericht zur Statistik der Berufssprachkurse für das Jahr 2020 – September 2021.* BAMF.

Barlovic, I., Ullrich, D., & Wieland, C. (2021). *Ausbildungsperspektiven im zweiten Corona-Jahr – Eine repräsentative Befragung von Jugendlichen 2021.* Bertelsmann Stiftung.

Bauer, H. G., Burger, B., Buschmeyer, J., Dufter-Weis, A., Horn, K., & Kleestofer, N. (Hrsg.) (2016). *Lernprozessbegleitung in der Praxis – Beispiele aus Aus- und Weiterbildung.* Gesellschaft für Ausbildungsforschung und Berufsentwicklung.

Baumert, J. (2016). Leistungen, Leistungsfähigkeit und Leistungsgrenzen der empirischen Bildungsforschung. *Zeitschrift für Erziehungswissenschaften, 19*(S1), 215–253.

Baumert, J., & Kunter, M. (2006). Stichwort: Professionelle Kompetenzen von Lehrkräften. *Zeitschrift für Erziehungswissenschaft, 9*(4), 469–520.

Becker, G. S. (1985). Human Capital, Effort, and the Sexual Division of Labor. *Journal of Labor Economics, 3*(1), 33–58.

Becker, K., & Lörz, M. (2020). *Studieren während der Corona-Pandemie: Die finanzielle Situation von Studierenden und mögliche Auswirkungen auf das Studium.* DZHW-Brief, 9/2020. DZHW.

Becker, M., Kocaj, A., Jansen, M., Dumont, H., & Lüdtke, O. (2022). Class-average achievement and individual achievement development: Testing achievement composition and peer spillover effects using five German longitudinal studies. *Journal of Educational Psychology, 114*(1), 177–197.

Becker, R., & Hecken, A. E. (2008). Warum werden Arbeiterkinder vom Studium an Universitäten abgelenkt? Eine empirische Überprüfung der „Ablenkungsthese" von Müller und Pollak (2007) und ihrer Erweiterung durch Hillmert und Jacob (2003). *Kölner Zeitschrift für Soziologie und Sozialpsychologie, 60*(1), 3–29.

Becker, R., Haunberger, S., & Schubert, F. (2010). Studienfachwahl als Spezialfall der Ausbildungsentscheidung und Berufswahl. *Zeitschrift Für Arbeitsmarktforschung, 42*, 292–310.

Beher, K., & Walter, M. (2010). *Zehn Fragen – zehn Antworten zur Fort- und Weiterbildungslandschaft für frühpädagogische Fachkräfte. Werkstattbericht aus einer bundesweiten Befragung von Weiterbildungsanbietern.* https://www.weiterbildungsinitiative.de/fileadmin/Redaktion/Publikationen/WiFF_Studie_6_Walter_Beher.pdf?msclkid=eda9d6cad0fe11eca93d8bea147f2de7. Zugriff: 11.05.2022.

Behle, H. (2021). *Befragungen der Studierenden und der Lehrenden zur präsenzlosen Lehre („Corona-Befragungen"). Universität Hohenheim. WS 2020/21.* Universität Hohenheim.

Behörde für Schule und Berufsbildung. (2021). *Zweiter Corona-Lockdown hinterlässt deutliche Lernlücken.* https://www.hamburg.de/bsb/pressemitteilungen/15380326/2021-09-10-bsb-zweiter-corona-lockdown-hinterlaesst-deutliche-lernluecken/. Zugriff: 10.09.2021

Beicht, U., & Ulrich, J. G. (2009). The course of training and the transition to employment. A comparison of participants in in-company and school-based vocational training. *Berufsbildung in Wissenschaft und Praxis (BWP), Special Edition,* 27–31.

Bellmann, L., Gerner, H. D., & Leber, U. (2014). Firm-provided training during the great recession. *Jahrbücher für Nationalökonomie und Statistik,* 234(1), 5–22.

Bellmann, L., Fitzenberger, B., Gleiser, P., Kagerl, C., Koch, T., König, C., Leber, U., Pohlan, L., Roth, D., Schierholz, M., Stegmaier, J., & Aminian, A. (2020a). *Betriebliche Ausbildung trotz Erschwernissen in der Covid-19-Krise robuster als erwartet.* https://www.iab-forum.de/betriebliche-ausbildung-trotz-erschwernissen-in-der-covid-19-krise-robuster-als-erwartet/. Zugriff: 01.02.2022.

Bellmann, L., Gleiser, P., Kagerl, C., Koch, T., König, C., Kruppe, T., Lang, J., Leber, U., Pohlan, L., Roth, D., Schierholz, M., Stegmaier, J., & Aminian , A. (2020b). *Weiterbildung in der Covid-19-Pandemie stellt viele Betriebe vor Schwierigkeiten.* https://www.iab-forum.de/weiterbildung-in-der-covid-19-pandemie-stellt-viele-betriebe-vor-schwierigkeiten/. Zugriff: 16.08.2021.

Bellmann, L., Fitzenberger, B., Gleiser, P., Kagerl, C., Kleifgen, E., Koch, T., König, C., Leber, U., Pohland, L., Roth, Duncan., Schierholz, M., Stegmaier, J., & Aminian, A. (2021a). *Die Mehrheit der förderberechtigten Betriebe wird das Bundesprogramm „Ausbildungsplätze sichern" nutzen, Nürnberg.* https://www.iab-forum.de/die-mehrheit-der-foerderberechtigten-betriebe-wird-das-bundesprogramm-ausbildungsplaetze-sichern-nutzen/. Zugriff: 01.02.2022.

Bellmann, L., Kruppe, T., & Segert-Hess, N. (2021b). *Qualifizierung während Corona: Wie stark nutzen Betriebe Kurzarbeit für Weiterbildungen?.* https://www.iab-forum.de/qualifizierung-waehrend-corona-wie-stark-nutzen-betriebe-kurzarbeit-fuer-weiterbildungen/. Zugriff: 16.08.2021.

Bensch, S. (2020). Lehrer- und Anleiterqualifizierung in der Pflege. *BWP – Berufsbildung in Wissenschaft und Praxis,* 2, 17–21.

Berghoff, S., Horstmann, N., Hüsch, M., & Müller, K. (2021). *Studium und Lehre in Zeiten der Corona-Pandemie: Die Sicht von Studierenden und Lehrenden.* https://www.che.de/download/studium-lehre-corona/?ind=1615995342261&filename=Studium_und_Lehre_waehrend_der_Corona_Pandemie.pdf&wpdmdl=16864&refresh=6278f2477831a1652093511. Zugriff: 09.05.2022.

Berkes, J. & Peter, F. H. (2019). Wahl des Studienfachs hängt auch mit Persönlichkeitseigenschaften zusammen. *DIW Wochenbericht, 39/2019,* 715–722.

Bernhard, S. (2016). Berufliche Weiterbildung von Arbeitslosengeld-II-Empfängern. Langfristige Wirkungsanalysen. *Sozialer Fortschritt,* 65(7), 153–16.

Bertelsmann Stiftung, CHE Centrum für Hochschulentwicklung gGmbH, Deutsche Telekom Stiftung, & Stifterverband für die Deutsche Wissenschaft (Hrsg.) (2017). *Attraktiv und zukunftsorientiert?! – Lehrerbildung in den gewerblich-technischen Fächern für die beruflichen Schulen.*

Berth, F., Nürnberg, C., & Rauschenbach, T. (2013). *Gleich und doch nicht gleich. Der Deutsche Qualifikationsrahmen und seine Folgen für frühpädagogische Ausbildungen.* DJI-Fachforum Bildung und Erziehung, 10. Deutsches Jugendinstitut.

Besa, K.-S., Kochskämper, D., Lips, A., Schröer, W., & Severine, T. (2021). *Stu.diCo II – Die Corona Pandemie aus der Perspektive von Studierenden: Erste Ergebnisse der zweiten Erhebung aus der bundesweiten Studienreihe Stu.diCo.* Universitätsverlag Hildesheim.

Beuße, M. (2018). Zur Erklärung der Teilnahme an hochschuldidaktischer Weiterbildung. Eine empirische Überprüfung der Determinanten der Weiterbildungsabsicht von Hochschullehrenden basierend auf der Theorie des geplanten Verhaltens. *Zeitschrift für Erziehungswissenschaft,* 21, 1283–1312.

Beuße, M., Hartz, S., & Heil, K. (2016). *Bericht zur hochschulweiten Lehrendenbefragung*. Technische Universität Braunschweig, Institut für Erziehungswissenschaft, Abteilung Weiterbildung und Medien. https://www.tu-braunschweig.de/fileadmin/Redaktionsgruppen/Institute_Fakultaet_6/WBM/Forschung/abschlussberichthochschulweitebefragung.pdf. Zugriff: 12.05.2022.

BIBB – Bundesinstitut für Berufsbildung (2021). *Datenreport zum Berufsbildungsbericht 2021. Informationen und Analysen zur Entwicklung der beruflichen Bildung*. Bundesinstitut für Berufsbildung.

Biebeler, H. & Schreiber, D. (2020). *Ausbildung in Zeiten von Corona: Ergebnisse einer empirischen Studie zu Auswirkungen der Corona-Pandemie auf Ausbildungsbetriebe*. Diskussionspapier, 223. Bundesinstitut für Berufsbildung.

BJK – Bundesjugendkuratorium (2020). *Für einen Rechtsanspruch auf Ganztagsbetreuung für Kinder im Grundschulalter. Kinderrechte stärken. Bildungsqualität für alle gestalten. Stellungnahme des Bundesjugendkuratoriums*. https://bundesjugendkuratorium.de/data/pdf/press/BJK_2020_Rechtsanspruch_Ganztagsbetreuung.pdf. Zugriff: 11.05.2022.

bke – Bundeskonferenz für Erziehungsberatung e.V. (2021). *bke-Onlineberatung für Jugendliche und Eltern*. www.bke-beratung.de. Zugriff: 11.05.2022.

Blanck, J. M. (2020). *Übergänge nach der Schule als »zweite Chance«? Eine quantitative und qualitative Analyse der Ausbildungschancen von Schülerinnen und Schülern aus Förderschulen „Lernen"*. Beltz Juventa.

Bloch, R., Lathan, M., Mitterle, A., Trümpler, D., & Würmann, C. (2014). *Wer lehrt warum? Strukturen und Akteure der akademischen Lehre an deutschen Hochschulen*. AVA Akademische Verlagsanstalt (Hochschulforschung Halle-Wittenberg).

Blossfeld, H.-P. & Roßbach, H.-G. (Hrsg.) (2019). *Education as a lifelong process: The German National Educational Panel Study (NEPS)* (Edition ZfE 2. Aufl.). Springer VS.

BMBF – Bundesministerium für Bildung und Forschung (Hrsg.) (2013). *Handreichung für ausbildende Fachkräfte*. BMBF.

BMBF – Bundesministerium für Bildung und Forschung (2018). *Validierung non-formalen und informellen Lernens in Deutschland. Bericht zur Umsetzung der Empfehlung des Rates vom 20. Dezember 2012 zur Validierung nichtformalen und informellen Lernens*. https://op.europa.eu/de/publication-detail/-/publication/8b2f3b0a-4ffb-11e2-9294-01aa75ed71a1/language-de. Zugriff: 09.05.2022.

BMBF – Bundesministerium für Bildung und Forschung. (2021). *Weiterbildungsverhalten in Deutschland 2020. Ergebnisse des Adult Education Survey – AES Trendbericht*. https://www.bmbf.de/SharedDocs/Publikationen/de/bmbf/1/31690_AES-Trendbericht_2020.html. Zugriff: 18.05.2022.

BMFSFJ – Bundesministerium für Familie, Senioren, Frauen und Jugend (2020a). *16. Kinder- und Jugendbericht. Förderung demokratischer Bildung im Kindes- und Jugendalter*. https://www.bmfsfj.de/resource/blob/162232/27ac76 c3f5ca10b0e914700ee54060b2/16-kinder-und-jugendbericht-bundestagsdrucksache-data.pdf. Zugriff: 11.05.2022.

BMFSFJ – Bundesministerium für Familie, Senioren, Frauen und Jugend (2020b). *Gute-Kita-Bericht 2020. Monitoringbericht 2020 des Bundesministeriums*. https://www.bmfsfj.de/resource/blob/163400/2f655e00a1a5bbf84ee558a67a4db4ad/gute-kita-bericht-2020-data.pdf. Zugriff: 09.05.2022.

BMFSFJ – Bundesministerium für Familie, Senioren, Frauen und Jugend (2020c). *Auf dem Weg zur Entgeltgleichheit von Frauen und Männern – Daten, Ursachen, Maßnahmen*. BMFSFJ.

BMFSFJ – Bundesministerium für Familie, Senioren, Frauen und Jugend (2021). *Gute-KiTa-Bericht 2021. Monitoringbericht 2021 des Bundesministeriums für Familie, Senioren, Frauen und Jugend nach § 6 Absatz 2 des Gesetzes zur Weiterentwicklung der Qualität und zur Verbesserung der Teilhabe in Tageseinrichtungen und in der Kindertagespflege (KiTa-Qualitäts- und Teilhabeverbesserungsgesetz KiQuTG) für das Berichtsjahr 2020*. https://www.bmfsfj.de/resource/blob/190854/bc75f4d18c0a3235e9be28d1eacfd76a/gute-kita-bericht-2021-data.pdf. Zugriff: 14.04.2022.

Boekhoff, J. & Frauendrof, T. (2019). *Praxismentoring in der Erzieher*innenausbildung. Eine bundesweite Übersicht zu den landesrechtlichen Regelungen und Bedingungen am Lernort Praxis*. Katholische Hochschule für Sozialwesen.

Bolten, R. & Rott, K. J. (2018). Medienpädagogische Kompetenz: Anforderungen an Lehrende in der Erwachsenenbildung. Perspektiven der Praxis. *Medien-Pädagogik: Zeitschrift für Theorie und Praxis der Medienbildung, 30*, 137–153.

Bonnes, C., Leiser, C., Schmidt-Hertha, B., Rott, K.J., & Hochholdinger, S. (2020). The relationship between trainers' media-didactical competence and media-didactical self-efficacy, attitudes and use of digital media in training. *International Journal of Training and Development*, 24(1), 74–88.

Bonse-Rohmann, M. (2011). Neue Strukturen der Lehrerbildung in den beruflichen Fachrichtungen Gesundheit und Pflege. In M. Bonse-Rohmann & H. Burchert (Hrsg.), *Neue Bildungskonzepte für das Gesundheitswesen* (S. 9–27). Bertelsmann.

Bosse, E., Lübcke, M., Book, A., & Würmseer, G. (2020). *Hochschule@Corona. Befragungen von Hochschulleitungen zur (digitalen) Lehre*. HIS-HE:Medium, 7/2020. HIS – Institut für Hochschulentwicklung.

Braches-Chyrek, R. (2021). Die berufliche Fachrichtung „Schwerpunkt Sozialpädagogik". *Berufsbildung*, 190, 17–20.

Braun, E. & Hannover, B. (2009). Zum Zusammenhang zwischen Lehr-Orientierung und Lehr-Gestaltung von Hochschuldozierenden und subjektivem Kompetenzzuwachs bei Studierenden. In M. A. Meyer, M. Prenzel & S. Hellekamps (Hrsg.), *Perspektiven der Didaktik* (S. 277–291). VS Verlag für Sozialwissenschaften.

Breiter, A., Howe, F., & Härtel, M. (2018). Medien- und IT-Kompetenz des betrieblichen Ausbildungspersonals. *BWP – Berufsbildung in Wissenschaft und Praxis, 3*, 24–28.

Briedis, K., Jaksztat, S., Preßler, N., Schürmann, R., & Schwarzer, A. (2014). *Berufswunsch Wissenschaft?* https://www.dzhw.eu/pdf/pub_fh/fh-201408.pdf. Zugriff: 09.05.2022.

Brücker, H., Croisier, J., Kosyakova, Y., Kröger, H., Pietrantuono, G., Rother, N., & Schupp, J. (2019a). *Zweite Welle der IAB-BAMF-SOEP-Befragung: Geflüchtete machen Fortschritte bei Sprache und Beschäftigung*. IAB-Kurzbericht, 03/2019. IAB.

Brücker, H., Jaschke, P., & Kosyakova, Y. (2019b). *Integrating Refugees and Asylum Seekers Into the German Economy and Society: Empirical Evidence and Policy Objectives. Migration Policy Institute*. https://www.migrationpolicy.org/research/integrating-refugees-asylum-seekers-germany. Zugriff: 27.04.2020.

Brücker, H., Kosyakova, Y., & Schuß, E. (2020). *Fünf Jahre seit der Fluchtmigration 2015: Integration in Arbeitsmarkt und Bildungssystem macht weitere Fortschritte*. IAB-Kurzbericht, 04/2020. IAB.

Brüderl, J. & Ludwig, V. (2015). Fixed-effects panel regression. In H. Best & C. Wolf (Hrsg.), *The sage handbook of regression analysis and causal inference* (S. 327–357). Sage.

Brünner, K. (2012). Der Beitrag der „Ausbildung der Ausbilder" zur Professionalität des betrieblichen Ausbildungspersonals – Eine Evaluationsstudie der angebotenen Qualifizierungsmaßnahmen in Hessen und Thüringen. In O. Ulmer, R. Weiß & A. Zöller (Hrsg.), *Berufliches Bildungspersonal: Stellenwert, Entwicklungstendenzen und Perspektiven für die Forschung* (S. 237–255). Bertelsmann.

Brünner, K. (2014). *Aufgabenspektrum und Handlungsstrukturen des betrieblichen Ausbildungspersonals. Selbstwahrnehmung und Fremdattributierung im Kontext von Berufskonzept und Professionalisierung*. Eusl.

Brzinsky-Fay, C. (2022). NEET in Germany. Labour Market Entry Patterns and Gender Differences. In M. Levels, C. Brzinsky-Fay, C. Holmes, J. Jongbloed & H. Taki (Hrsg.), *Young People not in Employment, Education or Training during the Great Recession: Institutional Explanations for Cross-National Differences* (S. 56–86). Routledge.

Budig, M. J. & England, P. (2001). The Wage Penalty for Motherhood. *American Sociological Review, 66*(2), 204–225.

Bujard, M., Von den Driesch, E., Ruckdeschel, K., Laß, I., Thönnissen, C., Schumann, A., & Schneider, N. (2021). *Belastungen von Kindern, Jugendlichen und Eltern in der Corona-Pandemie*. BiB-Bevölkerungsstudien, 2/2021. Bundesinstitut für Bevölkerungsforschung.


L

Bundesagentur für Arbeit (2010). *Klassifikation der Berufe 2010. Systematisches Verzeichnis*. https://statistik.arbeitsagentur.de/DE/Navigation/Grundlagen/Klassifikationen/Klassifikation-der-Berufe/KldB2010/Systematik-Verzeichnisse/Systematik-Verzeichnisse-Nav.html. Zugriff: 11.05.2022.

Bundesagentur für Arbeit (2020). *Fachkräfteengpassanalyse*. Blickpunkt Arbeitsmarkt. Bundesagentur für Arbeit.

Bundesagentur für Arbeit (2022). *Bundesprogramm „Ausbildungsplätze sichern"*. Arbeitsmarkt kompakt, 03/2022. Bundesagentur für Arbeit.

Bundesregierung (2021). *Mehr Fortschritt wagen. Bündnis für Freiheit, Gerechtigkeit und Nachhaltigkeit. Koalitionsvertrag zwischen SPD, Bündnis 90/Die Grünen und FDP*. https://www.bundesregierung.de/resource/blob/974430/1990812/04221173eef9a6720059cc353d759a2b/2021-12-10-koav2021-data.pdf?download=1. Zugriff: 11.05.2022.

Burkhardt, A., Philipp, A., Rediger, P., & Schäfer, J.-H. (2020). *Personalstrukturenentwicklung und Personalentwicklung: Studie im Rahmen des Bundesberichts Wissenschaftlicher Nachwuchs (BuWiN)*. https://www.buwin.de/downloads/begleitstudien/studie-b1_buwin.pdf/download. Zugriff: 09.05.2022.

Busch, F. (2018). Occupational Devaluation Due to Feminization? Causal Mechanics, Effect Heterogeneity, and Evidence from the United States, 1960 to 2010. *Social Forces, 96*(3), 1351–1376.

Buschle, C. & Gruber, V. (2018). *Die Bedeutung von Weiterbildung für das Arbeitsfeld Kindertageseinrichtung: Eine Studie der Weiterbildungsinitiative Frühpädagogische Fachkräfte (WiFF)*. WiFF-Studien, 30. DJI.

BuWiN – Bundesbericht wissenschaftlicher Nachwuchs (2021). *Bundesbericht Wissenschaftlicher Nachwuchs 2021. Statistische Daten und Forschungsbefunde zu Promovierenden und Promovierten in Deutschland*. https://www.buwin.de/dateien/buwin-2021.pdf. Zugriff: 09.05.2022.

Bylinski, U. (2014). *Gestaltung individueller Wege in den Beruf. Eine Herausforderung an die pädagogische Professionalität*. https://www.bibb.de/veroeffentlichungen/de/publication/download/7215. Zugriff: 09.05.2022.

BZHL – Berliner Zentrum für Hochschullehre an der TU Berlin (2019). *Jahresbericht 2018. Gute Lehre für Berlin – Innovativ und nachhaltig*. https://www.bzhl.tu-berlin.de/fileadmin/f29_bzhl/Publikationen/Jahresberichte/BZHL_Jahresbericht_2018_Final.pdf. Zugriff: 09.05.2022.

Christ, J., Koscheck, S., Martin, A., Ohly, H., & Widany, S. (2020). *Digitalisierung. Ergebnisse der wbmonitor Umfrage 2019*. https://www.bibb.de/dienst/veroeffentlichungen/de/publication/download/16685. Zugriff: 12.05.2022.

Christ, J., Koscheck, S., Martin, A., Ohly, H., & Widany, S. (2021). *Auswirkungen der Coronapandemie auf Weiterbildungsanbieter. Ergebnisse der wbmonitor Umfrage 2020*. https://www.bibb.de/dienst/veroeffentlichungen/de/publication/download/17259. Zugriff: 09.05.2022.

Commission of the European Communities. (2007). *Action Plan on Adult Learning*. https://eur-lex.europa.eu/legal-content/DE/TXT/PDF/?uri=CELEX:52007DC0558&from=DE. Zugriff: 18.05.2022.

Cramer, C., Johannmeyer, K., & Drahmann, M. (Hrsg.) (2019). *Fortbildungen von Lehrerinnen und Lehrern in Baden-Württemberg*. Universität Tübingen, GEW.

Depping, D., Lücken, M., Musekamp, F., & Thonke, F. (2021). Kompetenzstände Hamburger Schüler*innen vor und während der Corona-Pandemie. In D. Fickermann & B. Edelstein (Hrsg.), *Schule während der Corona Pandemie* (DDS – Die Deutsche Schule: Beiheft 17, S. 51–79). Waxmann.

De Riese-Meyer, L. & Biffar, R. (2011). Kernelemente eines Kompetenzprofils für betriebliches Ausbildungspersonal. *BWP – Berufsbildung in Wissenschaft und Praxis, 6*, 26–29.

Deutscher Verband für Physiotherapie e. V. (2020). *Bundesländerregelungen zur Qualifikation von Lehrkräften in der Physiotherapieausbildung*. https://www.physio-deutschland.de/fileadmin/data/bund/Dateien_oeffentlich/Beruf_und_Bildung/Fort-_und_Weiterbildung/Bundesländerregelungen_zur_Qualifikation_von_Lehrkräften_an_Schulen_der_Physiotherapie_2020.pdf. Zugriff: 09.05.2022.

L

Deutscher Verein für öffentliche und private Fürsorge e.V. (2022). *Empfehlungen des Deutschen Vereins für eine qualifizierte Berufseinmündung in das Arbeitsfeld Kindertageseinrichtung und die Eröffnung von Karrierewegen.* https://www.deutscher-verein.de/de/uploads/empfehlungen-stellungnahmen/2022/dv-35-20_karrierewege-kindertagesbetreuung.pdf. Zugriff: 11.05.2022.

Deutscher Volkshochschulverband (2021). *Kursleiter*in an der Volkshochschule werden.* https://www.volkshochschule.de/kurswelt/kursleiter-werden/index.php. Zugriff: 09.05.2022.

DGB – Deutscher Gewerkschaftsbund, Abteilung Jugend und Jugendpolitik (2017). *Ausbildungsreport 2017.* https://jugend.dgb.de/meldungen/ausbildung/++co++17e7ad30-8226-11e7-83fc-525400d8729f/file/Ausbildungsreport-2017.pdf. Zugriff: 09.05.2022.

DGfE – Deutsche Gesellschaft für Erziehungswissenschaft (2007). *Kerncurriculum für konsekutive Bachelor- und Master-Studiengänge im Hauptfach Erziehungswissenschaft mit der Studienrichtung Pädagogik der Frühen Kindheit.* http://www.dgfe.de/fileadmin/OrdnerRedakteure/Stellungnahmen/2007_KC_PdfK_konsek.pdf. Zugriff: 11.05.2022.

dghd – Deutsche Gesellschaft für Hochschuldidaktik (2016). *Positionspapier 2020 zum Stand und zur Entwicklung der Hochschuldidaktik: Erarbeitet vom Vorstand der Deutschen Gesellschaft für Hochschuldidaktik dghd unter Berücksichtigung von Kommentaren der dghd-Mitglieder.*

Diefenbacher, S., Grgic, M., Neuberger, F., Maly-Motta, H., Spensberger, F., & Kuger, S. (im Erscheinen). Early childhood education and care provision and children's linguistic, motor, and socio-emotional needs during the Covid-19 pandemic: Results from a longitudinal multi-perspective study in Germany. *Early Child Development and Care.*

Diehl, C. & Schickhoff, B. (2021). Integration durch Erwerbsarbeit. Voraussetzungen, Herausforderungen und die Rolle der Kommunen. *APuZ, 6/2021*, 33–39.

Dielmann, G., Rehwinkel, I., & Weisbrod-Frey, H. (2020). *Berufliche Bildung im Gesundheitswesen Reformbedarfe und Handlungsvorschläge.* WISO-Diskurs, 06/2020. Friedrich Ebert Stiftung.

Diesner, I., Euler, D., Walzik, S., & Wilbers, K. (2004). *Abschlussbericht des Modellversuchsprogramms KOLIBRI „Kooperation der Lernorte in der beruflichen Bildung“. In Bund-Länder-Kommission für Bildungsplanung und Forschungsförderung, Heft 114.* http://www.blk-bonn.de/papers/heft114.pdf. Zugriff: 09.05.2022.

Diettrich, A. (2009). *Bildungspersonal in Schule und Betrieb zwischen Polyvalenzanforderungen und Professionalisierung.* http://www.bwpat.de/profil2/diettrich_profil2.pdf. Zugriff: 09.05.2022.

Diettrich, A. & Faßhauer, Kohl (2021). *Betriebliches Lernen gestalten – Konsequenzen von Digitalisierung und neuen Arbeitsformen für das betriebliche Bildungspersonal.* https://www.agbfn.de/dokumente/pdf/AGBFN-Forum_2019_CfP_Betriebliches_Bildungspersonal.pdf. Zugriff: 09.05.2022.

DIHK – Deutscher Industrie- und Handelskammertag (2015). *Licht und Schatten. DIHK Onlineumfrage zur Berufsschulsituation in den IHK-Regionen.* https://docplayer.org/44631712-Licht-und-schatten-dihk-onlineumfrage-zur-berufsschulsituation-in-den-ihk-regionen.html. Zugriff: 09.05.2022.

Diller, A. & Leu, H. R. (Hrsg.) (2010). *Wieviel Schule verträgt der Kindergarten? Annäherung zweier Lernwelten.* DJI-Fachforum Bildung und Erziehung, 7. DJI.

Diskowski, D. (2008). Bildungspläne für Kindertagesstätten – ein neues und unbegriffenes Steuerungsinstrument. In H.-G. Roßbach & H.-P. Blossfeld (Hrsg.), *Frühpädagogische Förderung in Institutionen. Zeitschrift für Erziehungswissenschaft* (Sonderheft 11, S. 47–61). VS Verlag.

DIW – Deutsches Institut für Wirtschaftsforschung (2022). *FamilienMonitor_Corona.* https://www.diw.de/de/diw_01.c.809410.de/familienmonitor_corona.html. Zugriff: 06.04.2022.

Dohmen, D. & Thomsen, M. (2018). *Prognose der Schüler*innenzahl und des Lehrkräftebedarfs an berufsbildenden Schulen in den Ländern bis 2030. Studie für Gewerkschaft Erziehung und Wissenschaft und Max-Traeger-Stiftung.* https://www.gew.de/fileadmin/media/publikationen/hv/GEW/GEW-Stiftungen/MTS_-_Gefoerderte_Projekte/2018-03_Bedarfanalyse-Schueler_innenzahl_web.pdf. Zugriff: 09.05.2022.

L

Driesner, I. & Arndt, M. (2020). Die Qualifizierung von Quer- und Seiteneinsteiger*innen. Konzepte und Lerngelegenheiten im bundesweiten Überblick. *Die Deutsche Schule, 4*, 414–427.

Dubowy, M., Ebert, S., Maurice, J., & Weinert, S. (2008). Sprachlich-kognitive Kompetenzen beim Eintritt in den Kindergarten. *Zeitschrift für Entwicklungspsychologie und Pädagogische Psychologie, 40*(3), 124–134.

Düx, W., Prein, G., Sass, E., & Tully, C. (2008). *Kompetenzerwerb im freiwilligen Engagement. Eine empirische Studie zum informellen Lernen im Jugendalter*. VS Verlag.

Dummert, S. & Umkehrer, M. (2021). *The Short-Run Effects of the Covid-19 Pandemic on Vocational Education in Germany*. IAB.

Dummert, S. & Umkehrer. M. (2022). *Auswirkungen der Covid-19-Pandemie nach dem ersten Lockdown 2020: Weniger Übernahmen nach einer betrieblichen Ausbildung*. IAB-Kurzbericht, 4. IAB.

Dunekacke, S., Jenßen, L., & Blömeke, S. (2015). Mathematikdidaktische Kompetenz von Erzieherinnen und Erziehern. Validierung des KomMa-Leistungstests durch die videogestützte Erhebung von Performanz. In S. Blömeke & O. Zlatkin-Troitschanskaia (Hrsg.), *Kompetenzen von Studierenden* (S. 80–99). Beltz Juventa.

Durda, T., Artelt, C., Lechner, C. M., Rammstedt, B., & Wicht, A. (2020). Proficiency level descriptors for low reading proficiency: An integrative process model. *International Review of Education, 66*(2/3), 211–233.

DVLfB – Deutscher Verein zur Förderung der Lehrerinnen- und Lehrerfortbildung (2018). *Recherchen für eine Bestandsaufnahme der Lehrkräftefortbildung in Deutschland. Ergebnisse des Projekts Qualitätsentwicklung in der Lehrkräftefortbildung. Teil 1*. DVLfB.

Deutscher Verein für öffentliche und private Fürsorge e. V. (Hrsg.) (2022). *Empfehlungen des Deutschen Vereins für eine qualifizierte Berufseinmündung in das Arbeitsfeld Kindertageseinrichtung und die Eröffnung von Karrierewegen*. https://www.deutscher-verein.de/de/uploads/empfehlungen-stellungnahmen/2022/dv-35-20_karrierewege-kindertagesbetreuung.pdf. Zugriff: 11.05.2022

Ebbinghaus, M. (2009). *Ideal und Realität betrieblicher Ausbildungsqualität. Sichtweisen ausbildender Betriebe. Wissenschaftliche Diskussionspapiere, 109*. http://www.bibb.de/dokumente_archiv/pdf/wd_109_ideal_und_realitaet_betrieblicher_ausbildungsqualitaet.pdf. Zugriff: 09.05.2022.

Ebbinghaus, M. (2011). Welche Rolle spielen berufliche und pädagogische Qualifikationen dafür, Mitarbeitern Ausbildungsaufgaben zu übertragen? Ergebnisse einer Betriebsbefragung. In U. Faßhauer, J. Aff, B. Fürstenau & E. Wuttke (Hrsg.), *Lehr-Lernforschung und Professionalisierung: Perspektiven der Berufsbildungsforschung* (S. 123–134). Barbara Budrich.

Ebner, C. & Ehlert, M. (2018). Weiterbilden und Weiterkommen? Non-formale berufliche Weiterbildung und Arbeitsmarktmobilität in Deutschland. *KZfSS Kölner Zeitschrift für Soziologie und Sozialpsychologie, 70*(2), 213–235.

Egetenmeyer, R. & Schüßler, I. (2012). Aktuelle Professionalisierungsansätze in der Erwachsenenbildung – bildungspolitische Einordnung und professionalitätsbezogene Systematik. In I. Sgier & S. Lattke (Hrsg.), *Professionalisierungsstrategien der Erwachsenenbildung in Europa. Entwicklungen und Ergebnisse aus Forschungsprojekten* (S. 17–34). Bertelsmann.

Ehlert, M. (2017). Who Benefits from Training Courses in Germany? Monetary Returns to Non-formal Further Education on a Segmented Labour Market. *European Sociological Review, 33*(3), 436–448.

Eickelmann, B., Bos, W., Gerick, J., Goldhammer, F., Schaumburg, H., Schwippert, K., Senkbeil, M., & Vahrenhold, J. (Hrsg.) (2019). *ICILS 2018 – Computer- und informationsbezogene Kompetenzen von Schülerinnen und Schülern im zweiten internationalen Vergleich und Kompetenzen im Bereich Computational Thinking*. https://www.waxmann.com/?eID=texte&pdf=4000Volltext.pdf&typ=zusatztext. Zugriff: 09.05.2022.

Eickelmann, B. & Gerick, J. (2020). Lernen mit digitalen Medien. Zielsetzungen in Zeiten von Corona und unter besonderer Berücksichtigung von sozialen Ungleichheiten. In D. Fickermann & B. Edelstein (Hrsg.) *„Langsamn vermisse ich die Schule...", Schule während und nach der Corona-Pandemie* (Die Deutsche Schule: Zeitschrift für Erziehungswissenschaft, Bildungspolitik und pädagogische Praxis: Beiheft, 16, S. 153–162). Waxmann.

Eid, M. & Diener, E. (2004). Global judgments of subjective well-being: Situational variability and long-term stability. *Social Indicators Research, 65*(3), 245–277.

Elias, A. (2018). Prekäre Beschäftigung in der Weiterbildung? Objektive und subjektive Bewertung der Beschäftigungsbedingungen von hauptberuflichen Weiterbildnern. In R. Dobischat, A. Elias & A. Rosendahl (Hrsg.), *Das Personal in der Weiterbildung* (S. 185–203). Springer VS.

Endberg, M. & Lorenz, R. (2017). Selbsteinschätzung medienbezogener Kompetenzen von Lehrpersonen der Sekundarstufe I im Bundesländervergleich und im Trend von 2016 bis 2017. In M. Lorenz, W. Bos, M. Endberg, B. Eickelmann, S. Grafe & J. Vahrenhold (Hrsg.), *Schule digital – der Länderindikator 2017. Schulische Medienbildung in der Sekundarstufe I mit besonderem Fokus auf MINT-Fächer im Bundesländervergleich und Trends von 2015 bis 2017* (S. 151–177). Waxmann.

Engelhardt, C. & Lörz, M. (2021). Auswirkungen von Studienkosten auf herkunftsspezifische Ungleichheiten bei der Studienaufnahme und der Studienfachwahl. *Kölner Zeitschrift für Soziologie und Sozialpsychologie, 73*, 285–305.

Erdsiek-Rave, U. & John-Ohnesorg, M. (2014). *Individuelle Förderung mit multiprofessionellen Teams.* Friedrich Ebert Stiftung.

Euler, D. (1999). Lernkooperation in der beruflichen Bildung. Stand und Perspektiven aus Sicht wirtschaftspädagogischer Forschung. In K. Harney & H.-E. Tenorth (Hrsg.), *Beruf und Berufsbildung. Situation, Reformperspektiven, Gestaltungsmöglichkeiten* (S. 249–272). Beltz.

Europäische Kommission & Eurostat. (2019). *Methodological manual on territorial typologies – 2018 edition.* Publications Office Eurostat.

Fabian, G. (2021). Aufnahme eines Masterstudiums nach dem Bachelorabschluss. In G. Fabian, C. Flöther & D. Reifenberg (Hrsg.), *Generation Hochschulabschluss: neue und alte Differenzierungen. Ergebnisse des Absolventenpanels 2017* (S. 97–110). Waxmann.

Falk, S. (2021). *Internationale Studierende an deutschen Hochschulen während der Corona-Pandemie.* IHF kompakt. Bayerisches Staatsinstitut für Hochschulforschung und Hochschulplanung.

Faßhauer, U. (2017). Betriebliches Bildungspersonal auf dem Weg der Professionalisierung? *Berufsbildung, 168*, 3–7.

Faßhauer, U. (2020). Lernortkooperation im Dualen System der Berufsbildung – implizite Normalität und hoher Entwicklungsbedarf. In R. Arnold, A. Lipsmeier & M. Rohs (Hrsg.), *Handbuch Berufsbildung* (S. 471–484). Springer VS.

Faßhauer, U. & Vogt, M. (2013). Professionalisierung des betrieblichen Bildungspersonals als eine Konsequenz der Akademisierung beruflicher Bildung. Begründung, Ziele und hochschuldidaktisches Konzept des „Trialen Modells". *bwp@ Berufs- und Wirtschaftspädagogik, 23*, 1–19.

FBTS – Fachbereichstag Soziale Arbeit (2016). *Qualifikationsrahmen Soziale Arbeit (QR SozArb).* https://www.fbts-ev.de/qualifikationsrahmen-soziale-arbeit. Zugriff: 11.05.2022.

Feller, G. (1998). Wurzeln der Berufsfachschulen: Entstehung schulischer Berufsausbildung im Kontext gesellschaftlicher Entwicklung. *Die berufsbildende Schule: Zeitschrift des Bundesverbandes der Lehrerinnen und Lehrer an Berufsbildenden Schulen, 50*(10), 292–296.

Fendel, T. & Schreyer, F. (2021). *Geflüchtete Frauen und ihre Teilhabe an Erwerbsarbeit.* WISO Direkt, 17/2021. Friedrich-Ebert-Stiftung.

Fendler, J. & Gläser-Zikuda, M. (2013). Angebot und Nachfrage hochschuldidaktischer Weiterbildung – eine Bestandsaufnahme an deutschen Hochschulen. *Empirische Pädagogik, 27*(2), 162–182.

Fischer, C. (2018). *Auf den Lehrer kommt es an?! Unterstützung für professionelles Handeln angesichts aktueller Herausforderungen.* Münstersche Gespräche zur Pädagogik, 34. Waxmann.

Fischer, L., Rohm, T., Gnambs, T., & Carstensen, C. H. (2016). *Linking the data of the competence tests.* NEPS Survey Paper, 1. LIfBi.

Frank, A., Kröger, A., Krume, J., & Meyer-Guckel, V. (2020). *Private Hochschulen. Entwicklungen im Spannungsfeld von akademischer und gesellschaftlicher Transformation.* Edition Stifterverband.


L

Freeman, S., Eddy, S. L., McDonough, M., Smith, M. K., Okoroafor, N., Jordt, H., & Wenderoth, M. P. (2014). Active learning increases student performance in science, engineering, and mathematics. *Proceedings of the National Academy of Sciences of the United States of America*, *111*(23), 8410–8415.

Friedrich-Schiller-Universität Jena (2021). *Gesamtauswertung der universitätsweiten Befragung zur digitalen Lehre (Befragung SoSe 2021)*. https://www.uni-jena.de/unijenamedia/universitaet/vp-studium/stql/gesamtauswertung-befragung-digitalelehre-sose2021.pdf?nonactive=1&suffix=pdf. Zugriff: 29.04.2022.

Friese, M. (2018). Berufliche und akademische Ausbildung für Care Berufe. Überblick und fachübergreifende Perspektiven der Professionalisierung. In M. Friese (Hrsg.). *Reformprojekt Care Work: Professionalisierung der beruflichen und akademischen Ausbildung. Berufsbildung, Arbeit und Innovation* (S. 17–44). wbv Media.

Fröhlich-Gildhoff, K., Nentwig-Gesemann, I., & Pietsch, S. (2011). *Kompetenzorientierung in der Qualifizierung frühpädagogischer Fachkräfte*. https://www.weiterbildungsinitiative.de/fileadmin/Redaktion/Publikationen/WiFF_Expertise_Nr_19_Froehlich_Gildhoff_ua_Internet__PDF.pdf. Zugriff: 09.05.2022.

Fröhlich-Gildhoff, K., Weltzien, D., Kirstein, N., Pietsch, S., & Rauh, K. (2014). *Expertise Kompetenzen früh-/kindheitspädagogischer Fachkräfte im Spannungsfeld von normativen Vorgaben und Praxis*. https://www.bmfsfj.de/resource/blob/86378/67fa30384a1ee8ad097938cbb6c66363/14-expertise-kindheitspaedagogische-fachkraefte-data.pdf. Zugriff: 02.09.2021.

Fröhlich-Gildhoff, K., Weltzien, D., & Strohmer, J. (2021). Unterstützungspotenziale für multiprofessionelle Teams in Kindertageseinrichtungen. Zentrale Erkenntnisse einer Längsschnittstudie in Baden-Württemberg. *Frühe Bildung*, *10*(1), 4–15.

Frommberger, D. & Lange, S. (2018). *Zur Ausbildung von Lehrkräften für berufsbildende Schulen. Befunde und Entwicklungsperspektiven*. https://www.econstor.eu/bitstream/10419/215990/1/hbs-fofoe-wp-060-2018.pdf. Zugriff: 09.05.2022.

Frommberger, D. & Lange, S. (2020). Professionalisierung des berufsschulischen Bildungspersonals – Status Quo und Reformansätze. In R. Arnold, A. Lipsmeier & M. Rohs (Hrsg.). *Handbuch Berufsbildung* (S. 519–531). Springer VS.

Fuchs-Rechlin, K., Kammermeyer, G., Roux, S., & Züchner, I. (Hrsg.) (2017). *Was kommt nach Ausbildung und Studium. Untersuchungen zum Übergang von Erzieherinnen und Kindheitspädagoginnen in den Arbeitsmarkt*. Springer VS.

Fuchs-Rechlin, K. & Mende, S. (2021). *Pluralisierung und Diversifizierung der Erzieherinnenausbildung: Vorschlag zu einer Systematisierung. Weiterbildungsinitiative Frühpädagogische Fachkräfte*. https://www.weiterbildungsinitiative.de/fileadmin/Redaktion/Publikationen/WEB_WiFF_Arbeitspapier_4.pdf. Zugriff: 11.05.2022.

Fuchs-Rechlin, K. & Rauschenbach, T. (2020). *Wie aus einer „Fachassistentin" eine „Fachkraft" wird – oder: Ist die Erzieherinnenausbildung noch zu retten?* Arbeitspapier, 2. Weiterbildungsinitiative Frühpädagogische Fachkräfte.

Galuschka, K. (2021). *Einstellungsvoraussetzungen für Lehrkräfte an Fachschulen für Sozialpädagogik. Eine Analyse bundeslandspezifischer Regelungen*. WiFF-Arbeitspapiere, 6. WiFF.

Gawronski, K., Kreisz, H., & Middendorf, L. (2017). Versuch einer Kreistypisierung für ein kommunales Bildungsmanagement. *WISTA – Wirtschaft und Statistik*, *3*, 76–87.

Geiger, K. (2019). *Personalgewinnung. Personalentwicklung. Personalbindung. Eine bundesweite Befragung von Kindertageseinrichtungen*. WiFF-Studien, 31. Weiterbildungsinitiative Frühpädagogische Fachkräfte.

Geis-Thöne, W. (2019). Sprachkenntnisse entscheidend für die Arbeitsmarktintegration. *IW-Trends – Vierteljahresschrift zur empirischen Wirtschaftsforschung*, *46*(3), 73–89.

Gensicke, M., Bechmann, S., Kohl, M., Schley, T., García-Würfling, I., & Härtel, M. (2020). *Digitale Medien in Betrieben – heute und morgen: eine Folgeuntersuchung*. Wissenschaftliche Diskussionspapiere, 220. Bundesinstitut für Berufsbildung.

Gessler, M. (2017). The Lack of Collaboration Between Companies and Schools in the German Dual Apprenticeship System: Historical Background and Recent Data. *International Journal for Research in Vocational Education and Training, 4*(2), 164–195.

GEW – Gewerkschaft Erziehung und Wissenschaft (2022). *Ausbildung der Erzieher:innen zukunftsfähig gestalten – Perspektiven öffnen! Diskussionsbeitrag der Gewerkschaft Erziehung und Wissenschaft.* https://www.gew.de/index.php?eID=dumpFile&t=f&f=120346&token=30703835fab0155248f66e33c3b549f1333fda87&sdownload=&n=2022-02-ErzieherInnenausbildung-GEW-Diskussionsbeitrag-web.pdf. Zugriff: 11.05.2022.

Gewinner, I. & Esser, M. (2021). Geschlechtsspezifische Studienfachwahl und kulturell bedingte (geschlechts-)stereotypische Einstellungen. *Career Service Papers, 18*(18), 25–44.

Giesecke, M. & Schuss, E. (2019). *Heterogeneity in marginal returns to language training of immigrants.* IAB-Discussion Paper, 19/2019. IAB.

Göbel, A., Cloos, P., & Hormann, O. (2021). Sprachförderliche Interaktionen von pädagogischen Fachkräften und Kindern im Alltag von Kindertageseinrichtungen. Ergebnisse der qualitativen Videoanalyse. In M. v. Salisch, O. Hormann, P. Cloos, K. Koch & C. Mähler (Hrsg.), *Fühlen Denken Sprechen* (S. 97–124). Waxmann.

Goodenow (1993). Classroom Belonging among Early Adolescent Students. *The Journal of Early Adolescence, 13*(1), 21–43.

Gorozidis, G. & Papaioannou, A. G. (2014). Teachers' motivation to participate in training and to implement innovations. *Teaching and Teacher Education, 39*, 1–11.

Graf, J. (2019). *WeiterbildungsSzene Deutschland 2019. Honorar- und Gehaltsstudie Trainer, Berater, Coachs.* managerSeminare Verlags GmbH.

Graf, J. (2021). *WeiterbildungsSzene Deutschland 2021. Themen und Trends in Training, Beratung, Coaching.* managerSeminare Verlags GmbH.

Grgic, M. (2020). Kollektive Professionalisierungsprozesse in der Frühen Bildung. – Entwicklung des Mandats, der Lizensierung und der beruflichen Mobilität im Zeitraum 1975 bis 2018 in Westdeutschland. *Kölner Zeitschrift für Soziologie und Sozialpsychologie, 72*, 187–227.

Grgic, M. & Friedrich, T. (im Erscheinen). Lizenz zur Multiprofessionalität in Zeiten des Fachkräftemangels? Professionstheoretische Einordnung „multiprofessioneller" Teams in Kindertageseinrichtungen vor dem Hintergrund der aktuellen Fachkräftekataloge in den Bundesländern. *Zeitschrift für Pädagogik.*

Grimm, R. & Hippel, A. v. (2010). *Qualitätsentwicklungskonzepte in der Weiterbildung Frühpädagogischer Fachkräfte. Weiterbildungsinitiative Frühpädagogische Fachkräfte.* WiFF Expertisen, 3. Weiterbildungsinitiative Frühpädagogische Fachkräfte.

Grollmann, P. & Ulmer, P. (2020). Betriebliches Bildungspersonal – Aufgaben und Qualifikation. In R. Arnold, R. A. Lipsmeier & M. Rohs (Hrsg.), *Handbuch Berufsbildung* (S. 533–545). Springer VS.

Grunow, D., Hofmeister, H., & Buchholz, S. (2006). Late 20th-Century Persistence and Decline of the Female Homemaker in Germany and the United States. *International Sociology, 21*(1), 101–131.

GWK – Gemeinsame Wissenschaftskonferenz (2018). *Vereinbarung zwischen Bund und Ländern gemäß Artikel 91 b Absatz 1 des Grundgesetzes über ein Programm zur Förderung der Gewinnung und Entwicklung von professoralem Personal an Fachhochschulen vom 26. November 2018.* https://www.gwk-bonn.de/fileadmin/Redaktion/Dokumente/Papers/Personal-FH.pdf. Zugriff: 24.03.2022.

GWK – Gemeinsame Wissenschaftskonferenz (2021a). *Verpflichtungserklärungen der Länder zur Umsetzung des Zukunftsvertrags Studium und Lehre stärken 2021 bis 2027.* https://www.gwk-bonn.de/themen/foerderung-von-hochschulen/hochschulpakt-zukunftsvertrag/zukunftsvertrag. Zugriff: 14.12.2021.

GWK – Gemeinsame Wissenschaftskonferenz (2021b). *Chancengleichheit in Wissenschaft und Forschung. 25. Fortschreibung des Datenmaterials (2019/20) zu Frauen in Hochschulen und außerhochschulischen Forschungseinrichtungen* (Materialien der GWK, Heft 75). Bonn.

L

Hachmeister, C.-D. & Grevers, J. (2019). *Die Vielfalt der Studiengänge 2019. Entwicklung des Studienangebots in Deutschland zwischen 2014 und 2019*. Im Blickpunkt, 10/2019. Centrum für Hochschulentwicklung.

Hahm, N. & Franke, K. (2020). Nachhaltigkeit durch Transfer: Beforschung der eigenen Lehre und hochschulübergreifende Lehrkooperationen. *Die Hochschullehre, 47*(6), 566–575.

Hahn, I. & Schöps, K. (2019). Bildungsunterschiede von Anfang an? Die Bedeutung von Struktur- und Prozessmerkmalen für die naturwissenschaftliche Kompetenz von Vorschulkindern mit und ohne Migrationshintergrund. *Frühe Bildung, 8*(1), 3–12.

Hakim, C. (2000). *Work-Lifestyle Choices in the 21st Century: Preference Theory*. Oxford University Press.

Hammerstein, S., König, C., Dreisörner, T., & Frey, A. (2021). Effects of COVID-19-Related School Closures on Student Achievement – A Systematic Review. *Frontiers in Psychology, 12*.

Hamre, B., Pianta, R., Burchinal, M., Field, S., LoCasale-Crouch, J., Downer, J., Howes, C., LaParo, K., & Scott-Little, C. (2012). A Course on Effective Teacher-Child Interactions: Effects on Teacher Beliefs, Knowledge, and Observed Practice. *American Educational Research Journal, 49*(1), 88–123.

Harney, K. (2008). Berufsbildung als Gegenstand der Schulforschung. In W. Helsper & J. Böhme (Hrsg.), *Handbuch der Schulforschung* (2. Aufl., S. 321–340). VS Verlag für Sozialwissenschaften.

Hattie, J. (2009). *Visible Learning. A Synthesis of Over 800 Meta-Analyses Relating to Achievement*. https://apprendre.auf.org/wp-content/opera/13-BF-References-et-biblio-RPT-2014/Visible%20Learning_A%20synthesis%20or%20over%20800%20Meta-analyses%20Relating%20to%20Achievement_Hattie%20J%202009%20...pdf. Zugriff: 09.05.2022.

Hattie, J. & Zierer, K. (2016). *Kenne deinen Einfluss! Visible Learning für die Unterrichtspraxis*. Schneider Verlag.

Hausmann, A.-C., Kleinert, C., & Leuze, K. (2015). „Entwertung von Frauenberufen oder Entwertung von Frauen im Beruf?". *Kölner Zeitschrift für Soziologie und Sozialpsychologie, 67*(2), 217–242.

Hauss, K., Kaulisch, M., Zinnbauer, M., Tesch, J., Fräßdorf, A., Hinze, S., & Hornbostel, S. (2012). *Promovierende im Profil: Wege, Strukturen und Rahmenbedingungen von Promotionen in Deutschland*. https://www.ssoar.info/ssoar/bitstream/handle/document/33480/ssoar-2012-hauss_et_al-Promovierende_im_Profil_Wege_Strukturen.pdf?sequence=1. Zugriff: 09.05.2022.

Heisig, J. P., König, C., & Löbl, S. (2021). Ängste, Sorgen und psychische Gesundheit in der Corona-Pandemie. In B. Bandura, A. Ducki, H. Schröder & M. Meyer (Hrsg.), *Fehlzeiten-Report 2021* (S. 149–161). Springer.

Hemming, K. & Tillmann, F. (im Erscheinen). Ausgebremst am Übergang? Corona und nachschulische Übergangswege von Jugendlichen in nicht-gymnasialen Bildungsgängen. *Zeitschrift für Pädagogik*, (3).

Henschel, S., Gentrup, S., Beck, L., & Stanat, P. (Hrsg.). (2018). *Projektatlas Evaluation: Erste Ergebnisse aus den BiSS-Evaluationsprojekten*. BiSS-Trägerkonsortium.

Henschel, S., Rjosk, C., Holtmann, M., & Stanat, P. (2019). Merkmale der Unterrichtsqualität im Fach Mathematik. In P. Stanat, S. Schipolowski, N. Mahler, S. Weirich & S. Henschel (Hrsg.), *IQB-Bildungstrend 2018: Mathematische und naturwissenschaftliche Kompetenzen am Ende der Sekundarstufe I im zweiten Ländervergleich* (S. 355–384). Waxmann.

Hermes, H., Lergetporer, P., Peter, F., & Wiederhold, S. (2021). *Behavioral Barriers and the Socioeconomic Gap in Child Care Enrollment*. Discussion Paper, 1970. DIW.

Herwartz-Emden, L. (2005). Grundschulkinder in kulturell heterogenen Schulklassen. In H.-O. Mühleisen, T. Stammen & M. Ungetüm (Hrsg.), *Anthropologie und kulturelle Identität* (S. 75–91). Berupner Kunstverlag.

Hesse, H.-G. & Göbel, K. (2007). Interkulturelle Kompetenz: Diskrepanz zwischen Bedeutung und begrifflicher Präzision. In E. Klieme & B. Beck, (Hrsg.), *Sprachliche Kompetenzen. Konzepte und Messung. DESI-Studie (Deutsch Englisch Schülerleistungen International)* (S. 256–272). Beltz.

Heublein, U., Richter, J., & Schmelzer, R. (2020). *Die Entwicklung der Studienabbruchquoten in Deutschland*. DZHW-Brief, 3/2020. DZHW.

Hillmert, S. & Weßling, K. (2014). Soziale Ungleichheit beim Zugang zu berufsqualifizierender Ausbildung. Das Zusammenspiel von sozioökonomischem Hintergrund, Migrationsstatus und schulischer Vorbildung. *Sozialer Fortschritt, 4–5*, 72–82.

Himmler, O. & Jäckle, R. (2018). Literacy and the migrant-native wage gap. *Review of Income and Wealth, 64*(3), 592–625.

Hötzel, W. (2017). Rechtliche, strukturelle und politische Rahmenbedingungen für zeit- und bedarfsgerechte Familienerholung grundlegend verbessern. In Bundesarbeitsgemeinschaft Familienerholung (Hrsg.), *Familienerholung – ein Recht auf Förderung. Potenziale einer zeitgemäßen Kinder- und Jugendhilfeleistung* (S. 77–90). Bundesarbeitsgemeinschaft Familienerholung.

Hövermann, A. (2020). *Soziale Lebenslagen, soziale Ungleichheit und Corona: Auswirkungen für Erwerbstätige: Eine Auswertung der HBS-Erwerbstätigenbefragung im April 2020*. Policy Brief, 44. WSI – Hans-Böckler-Stiftung.

Hofmann, S., Ansmann, M., Hemkes, B., König, M., Kutzner, P., Leo Joyce, S., Hofrath, C., Zöller, M., Büker, C., & Latteck, Ä.-D. (2020). *AusbildungPlus – Duales Studium in Zahlen 2019: Trends und Analysen*. Bundesinstitut für Berufsbildung.

Hofmann, Y., Salmen, N., Stürz, R. A., Schlude, A., Putfarken, H., Reimer, M., & Classe, F. (2021). *Die Pandemie als Treiber der digitalen Transformation der Hochschulen? Einschätzungen aus der Sicht von Lehrenden und Studierenden*. https://doi.org/10.35067/XYPQ-KN65. Zugriff: 09.05.2022.

Hofrath, C. & Zöller, M. (2020). Ausbildungen nach dem Pflegeberufsgesetz. *BWP – Berufsbildung in Wissenschaft und Praxis*, 2, 12–16.

Holtmann, A. C., Menze, L., & Solga, H. (2017). Persistent Disadvantages or New Opportunities? The Role of Agency and Structural Constraints for Low-Achieving Adolescents' School-to-Work Transitions. *Journal of Youth and Adolescence, 46*(10), 2091–2113.

HRK – Hochschulrektorenkonferenz (2021). *Statistische Daten zu Studienangeboten an Hochschulen in Deutschland. Studiengänge, Studierende, Absolventinnen und Absolventen. Wintersemester 2021/2022*. HRK.

HRK & KMK – Hochschulrektorenkonferenz & Kultusministerkonferenz. (2015). *Lehrerbildung für eine Schule der Vielfalt. Gemeinsame Empfehlungen von Hochschulrektorenkonferenz und Kultusministerkonferenz*. https://www.kmk.org/fileadmin/veroeffentlichungen_beschluesse/2015/2015_03_12-Schule-der-Vielfalt.pdf. Zugriff: 18.05.2022.

Huebener, M., Pape, A., Siegel, N. A., Spieß, K., & Wagner, G. G. (2021). *Zu Beginn von vierter Corona-Welle: Eltern bei geöffneten Kitas und Schulen zufriedener und mit weniger Sorgen*. DIW aktuell, 76. DIW Berlin.

Hüsch, M. (2020). *CHECK – Wirtschaftsstudiengänge – Studienbedingungen an deutschen Hochschulen während der Corona-Pandemie*. Centrum für Hochschulentwicklung.

Hüther, O. & Krücken, G. (2016). *Hochschulen Fragestellungen, Ergebnisse und Perspektiven der sozialwissenschaftlichen Hochschulforschung*. Springer VS.

Huntemann, H., Lux, T., Echarti, E., & Reichart, E. (2021). *Volkshochschul-Statistik. 58. Folge, Berichtsjahr 2019*. wbv Media.

Hußmann, A., Wendt, H., Bos, W., Bremerich-Vos, A., Kasper, D., Lankes, E.-M., McElvany, N., Stubbe, E. C., & Valtin, R (2017). *IGLU2016 Lesekompetenzen von Grundschulkindern in Deutschland im internationalen Vergleich*. Waxmann.

Huter, K., Runte, R., Müller, R., & Rothgang, H. (2017). *Gutachten im Auftrag der Senatorin für Bildung, Gesundheit und Verbraucherschutz in Bremen*. UBC-Zentrum für Sozialpolitik.

Imdorf, C. (2010). Wie Ausbildungsbetriebe soziale Ungleichheit reproduzieren: Der Ausschluss von Migrantenjugendlichen bei der Lehrlingsselektion. In H. H. Krüger, U. Rabe-Kleberg, R. T. Kramer & J. Budde (Hrsg.), *Bildungsungleichheit revisited: Bildung und soziale Ungleichheit vom Kindergarten bis zur Hochschule* (S. 263–278). Springer VS.

IAB – Institut für Arbeitsmarkt- und Berufsforschung (2021). *Zentrale Befunde zu aktuellen Arbeitsmarktthemen 2021/2022*. IAB-Broschüre, Institut für Arbeitsmarkt- und Berufsforschung.

IfBQ – Institut für Bildungsmonitoring und Qualitätsentwicklung (2022). *KERMIT im Kohortenvergleich. Vergleich der Ergebnisse von KERMIT 3, 5 und 7 aus dem Jahr 2021 mit früheren Erhebungen.* https://www.hamburg.de/contentblob/15935050/c293bb1a64c4e591bc58627a651bf8dd/data/ergebnisbericht-kermit.pdf. Zugriff: 18.05.2022.

In der Smitten, S., Sembritzki, T., & Thiele, L. (2017). Schwierigkeiten bei der Besetzung von Fachhochschulprofessuren. *Die Neue Hochschule, 5*, 26–30.

Initiative D21 e. V. (2022). *D21 Digital Index 2021/2022: Jährliches Lagebild zur Digitalen Gesellschaft.* https://initiatived21.de/d21-digital-index. Zugriff: 05.04.2022.

Jessen, J., Schmitz, S., Spieß, K., & Waights, S. (2018). Kita-Besuch hängt trotz ausgeweitetem Rechtsanspruch noch immer vom Familienhintergrund ab. *DIW Wochenbericht, 38*, 825–835.

Jessen, J., Spieß, C. K., & Wrohlich, K. (2021). Sorgearbeit während der Corona-Pandemie: Mütter übernehmen größeren Anteil – vor allem bei schon zuvor ungleicher Aufteilung. *DIW Wochenbericht, 9*, 131–140.

JFMK & KMK (2020). *Entwicklung und Ausbau einer kooperativen Ganztagsbildung in der Sekundarstufe I.* https://www.kmk.org/fileadmin/Dateien/veroeffentlichungen_beschluesse/2020/2020_06_18-KMK-JFMK-Ganztag-Sek-I.pdf. Zugriff: 11.05.2022.

Jörissen, J. (2021). Einflussfaktoren auf die Lehrentwicklung neuberufener Professorinnen und Professoren an Fachhochschulen – Ergebnisse einer Interviewstudie. In C. Bohndick, M. Bülow-Schramm, D. Paul & G. Reinmann (Hrsg.), *Hochschullehre im Spannungsfeld zwischen individueller und institutioneller Verantwortung* (S. 95–110). Springer Fachmedien Wiesbaden.

Johann, D. & Neufeld, J. (2018). *Zur Beurteilung der Bewerbungslage an deutschen Universitäten. Ergebnisse der DZHW-Wissenschaftlerbefragung.* DZHW-Brief, 1/2018. DZHW.

Jungbauer-Gans, M. & Gross, C. (2013). Determinants of Success in University Careers: Findings from the German Academic Labor Market. *Zeitschrift für Soziologie, 42*(1), 74–92.

Käpplinger, B., Kubsch, E. C., & Reuter, M. (2018). Millionenmarkt Qualitätsmanagement als Kontext einer „anderen" Professionalisierung?. In R. Dobischat, A. Elias & A. Rosendahl (Hrsg.), *Das Personal in der Weiterbildung* (S. 377–398). Springer VS.

Käpplinger, B. & Reuter, M. (2017). *Qualitätsmanagement in der Weiterbildung.* Wiso Diskurs, 15/2017. Friedrich-Ebert-Stiftung.

Kaiser, A.-K. & Fuchs-Rechlin, K. (2020). *Steuerung der Qualität oder Qualität der Steuerung? Die gesetzliche Rahmung der Kita-Fachberatung in den Bundesländern.* https://www.weiterbildungsinitiative.de/fileadmin/Redaktion/Publikationen/WiFF_Arbeitspapier_3_Fachberatung.pdf. Zugriff: 11.05.2022.

Kalicki, B., Spiekermann, N., & Uihlein, C. (2019). *Zukunft der sozialen Berufe – Fachspezialisierungen für Erzieherinnen: Ein Dossier auf der Grundlage von Ergebnissen der Weiterbildungsinitiative Frühpädagogische Fachkräfte (WiFF).* https://www.dji.de/fileadmin/user_upload/bibs2018/DJI-Dossier_Fachspezialisierungen.pdf. Zugriff: 09.05.2022.

Kartushina, N., Mani, N., Aktan-Erciyes, A., Alaslani, K., Aldrich, N. J., Almohammadi, A., & Mayor. J. (2022). COVID-19 first lockdown as a window into language acquisition: associations between caregiver-child activities and vocabulary gains. *Language Development Research, 2*(1), 1–36.

Kasrin, Z., Stockinger, B., & Tübbicke, S. (2021). *Aktive Arbeitsmarktpolitik für arbeitslose Geflüchtete im SGB II: Der Großteil der Maßnahmen erhöht den Arbeitsmarkterfolg.* IAB-Kurzbericht, 07/2021. IAB.

Kaufhold, M. & Weyland, U. (2015). Betriebliches Bildungspersonal im Humandienstleistungsbereich – Herausforderungen und Ansätze der Qualifizierung und Professionalisierung. In U. Weyland, M. Kaufhold, A. Nauerth & E. Rosowski (Hrsg.), *Berufsbildungsforschung im Gesundheitsbereich* (bwp@ Spezial, 10, S. 1–22). bwp@.

Kay, R., Eckhard, J., & Tissot, A. (2021). *Digitales Lehren und Lernen im Integrationskurs: Herausforderungen und Potenziale aus der Sicht der Lehrkräfte.* Arbeitspapier, 91. BAMF.

L

Kayed, T., Anton, J., & Kuger, S. (2022). *Der Betreuungsbedarf bei U3- und U6-Kindern. DJI-Kinderbetreuungsreport 2021*. https://www.dji.de/fileadmin/user_upload/KiBS/Kinderbetreuungsreport_2021_Studie1_Bedarfe_U3U6.pdf. Zugriff: 11.05.2022.

Kehrer, M. & Thillosen, A. (2021). Hochschulbildung nach Corona – ein Plädoyer für Vernetzung, Zusammenarbeit und Diskurs. In U. Dittler & C. Kreidl (Hrsg.), *Wie Corona die Hochschullehre verändert: Erfahrungen und Gedanken aus der Krise zum zukünftigen Einsatz von eLearning* (S. 51–70). Springer Fachmedien Wiesbaden.

Kemper, T. & Weishaupt, H. (2011). Zur Bildungsbeteiligung ausländischer Schüler an Förderschulen – unter besonderer Berücksichtigung der spezifischen Staatsangehörigkeit. *Zeitschrift für Heilpädagogik*, 62(10), 419–431.

Kerst, C., & Wolter, A. (Hrsg.) (im Erscheinen). *Studierfähigkeit beruflich Qualifizierter ohne schulische Studienberechtigung. Studienvoraussetzungen, Studienverläufe und Studienerfolg*. Springer VS.

Kieferle, C., Reichert-Garschhammer, E., & Schuster, A. (2017). Bund-Länder-Initiative „BiSS – Bildung und Sprache und Schrift". *IFP-Infodienst*, 22, 36–43.

Kielblock, S. & Gaiser, J. M. (2017). Professionenvielfalt an Ganztagsschulen. In S. Maschke, G. Schulz-Gade & L. Stecher (Hrsg.), *Jahrbuch Ganztagsschule 2017: Junge Geflüchtete in der Ganztagsschule: Integration gestalten – Bildung fördern – Chancen eröffnen* (S. 113–123). Debus Pädagogik.

Klaudy, E. K., Schütz, A., & Stöbe-Blossey, S. (2014). *Akademisierung der Ausbildung für die Kindertageseinrichtung. Zur Entwicklung kindheitspädagogischer Studiengänge. Institut Arbeit und Qualifikation an der Universität Duisburg-Essen. IAQ-Report, 2014-04*. https://duepublico2.uni-due.de/servlets/MCRFileNodeServlet/duepublico_derivate_00045086/IAQ-Report_2014_04.pdf. Zugriff: 09.05.2022.

Kleickmann, T. & Anders, Y. (2011). Lernen an der Universität. In M. Kunter, J. Baumert, W. Blum, U. Klusmann, S. Krauss & M. Neubrand (Hrsg.), *Professionelle Kompetenz von Lehrkräften. Ergebnisse des Forschungsprogramm COACTIV* (S. 305–316). Waxmann.

Kleimann, B. & Hückstädt, M. (2018). Auswahlkriterien in Berufungsverfahren: Universitäten und Fachhochschulen im Vergleich. *Beiträge zur Hochschulforschung*, 40(2), 20–41.

Kleinert, C., Bächmann, A.-C., & Zoch, G. (2020). *Schützt Bildung vor Erwerbsrisiken in der Corona-Krise?: Analysen auf Basis der NEPS-Startkohorten 2, 4, 5 und 6*. Arbeitspapier, 89. LIfBi.

Kleinert, C., Zoch, G., Vicari, B., & Ehlert, M. (2021). Work-related online learning during the COVID-19 pandemic in Germany. *Zeitschrift für Weiterbildungsforschung*, 44(3), 197–214.

Klemm, K. (2018). *Dringend gesucht: Berufsschullehrer. Die Entwicklung des Einstellungsbedarfs in den beruflichen Schulen in Deutschland zwischen 2016 und 2035*. https://www.bertelsmann-stiftung.de/fileadmin/files/BSt/Publikationen/GrauePublikationen/LL_Berufsschullehrerbedarf.pdf. Zugriff: 09.05.2022.

Klemm, K. (2020). *Lehrkräftemangel in den MINT-Fächern: Kein Ende in Sicht. Zur Bedarfs- und Angebotsentwicklung in den allgemeinbildenden Schulen der Sekundarstufe I und II am Beispiel Nordrhein-Westfalens*. https://www.telekom-stiftung.de/sites/default/files/mint-lehrkraeftebedarf-2020-ergebnisbericht.pdf. Zugriff: 09.05.2022.

Klemm, K. (2022). *Entwicklung von Lehrkräftebedarf und -angebot in Deutschland bis 2030*. https://www.vbe.de/fileadmin/user_upload/VBE/Service/Meinungsumfragen/22-02-02_Expertise-Lehrkraeftebedarf-Klemm_-_final.pdf. Zugriff: 09.05.2022.

Klemme, B. (2011). *Plädoyer für eine Akademisierung der Lehrerausbildung für therapeutische Berufe*. http://www.bwpat.de/ht2011/ft10/klemme_ft10-ht2011.pdf. Zugriff: 09.05.2022.

Klinkhammer, N., Kalicki, B., Kuger, S., Meiner-Teubner, C., Riedel, B., & Schacht, D. (Hrsg.) (2022). *ERiK-Forschungsbericht II. Befunde des indikatorengestützten Monitorings zum KiQuTG*. wbv Media.

Kluczniok, K. & Schmidt, T. (2021). Zur Bedeutung des pädagogischen Settings für die Interaktionsqualität von Kindern im Kindergarten. *Frühe Bildung*, 10(4), 214–223.

L

KMK – Ständige Konferenz der Kultusminister der Länder in der Bundesrepublik Deutschland (2007). *Handreichung für die Erarbeitung von Rahmenlehrplänen der Kultusministerkonferenz für den berufsbezogenen Unterricht in der Berufsschule und ihre Abstimmung mit Ausbildungsordnungen des Bundes für anerkannte Ausbildungsberufe.* https://www.kmk.org/fileadmin/veroeffentlichungen_beschluesse/2007/2007_09_01-Handreich-Rlpl-Berufsschule.pdf. Zugriff: 09.05.2022.

KMK – Ständige Konferenz der Kultusminister der Länder in der Bundesrepublik Deutschland (2017). *Kompetenzorientiertes Qualifikationsprofil für die Ausbildung von Erzieherinnen und Erziehern an Fachschulen und Fachakademien.* https://www.kmk.org/fileadmin/veroeffentlichungen_beschluesse/2011/2011_12_01-ErzieherInnen-QualiProfil.pdf. Zugriff: 11.05.2022.

KMK – Ständige Konferenz der Kultusminister der Länder in der Bundesrepublik Deutschland (2018). *Handreichung für die Erarbeitung von Rahmenlehrplänen der Kultusministerkonferenz für den berufsbezogenen Unterricht in der Berufsschule und ihre Abstimmung mit Ausbildungsordnungen des Bundes für anerkannte Ausbildungsberufe.* Sekretariat der Kultusministerkonferenz.

KMK – Ständige Konferenz der Kultusminister der Länder in der Bundesrepublik Deutschland (2019). *Standards für die Lehrerbildung: Bildungswissenschaften.* https://www.kmk.org/fileadmin/Dateien/veroeffentlichungen_beschluesse/2004/2004_12_16-Standards-Lehrerbildung-Bildungswissenschaften.pdf. Zugriff: 11.05.2022

KMK – Ständige Konferenz der Kultusminister der Länder in der Bundesrepublik Deutschland (2020a). *Ländergemeinsame Eckpunkte zur Fortbildung von Lehrkräften als ein Bestandteil ihrer Professionalisierung in der dritten Phase der Lehrerbildung. Beschluss der Kultusministerkonferenz vom 12.03.2020.* https://www.kmk.org/fileadmin/veroeffentlichungen_beschluesse/2020/2020_03_12-Fortbildung-Lehrkraefte.pdf. Zugriff: 11.05.2022.

KMK – Ständige Konferenz der Kultusminister der Länder in der Bundesrepublik Deutschland (2020b). *Kompetenzorientiertes Qualifikationsprofil für die Ausbildung sozialpädagogischer Assistenzkräfte an Berufsfachschulen.* https://www.beaonline.de/wp-content/uploads/2020/10/Qualifikationsrahmen-Fachschule.pdf. Zugriff: 09.05.2022.

KMK – Ständige Konferenz der Kultusminister der Länder in der Bundesrepublik Deutschland (2020c). *Lehrereinstellungsbedarf und -angebot in der Bundesrepublik Deutschland 2020–2030 – Zusammengefasste Modellrechnungen der Länder.* https://www.kmk.org/fileadmin/Dateien/pdf/Statistik/Dokumentationen/Dok_226_Bericht_LEB_LEA_2020.pdf. Zugriff: 11.05.2022.

KMK – Ständige Konferenz der Kultusminister der Länder in der Bundesrepublik Deutschland (2021a). *Definitionskatalog zur Schulstatistik 2022.* https://www.kmk.org/fileadmin/Dateien/pdf/Statistik/Dokumentationen/Defkat2022.pdf. Zugriff: 11.05.2022.

KMK – Ständige Konferenz der Kultusminister der Länder in der Bundesrepublik Deutschland (2021b). *Vorausberechnung der Studienanfänger- und Studierendenzahlen 2021 bis 2030. Statistische Veröffentlichungen der Kultusministerkonferenz, Dokumentation Nr. 229.* https://www.kmk.org/fileadmin/Dateien/pdf/Statistik/Dokumentationen/Dok229_VB_Studienanfaenger-Studierende.pdf. Zugriff: 09.05.2022.

KMK – Ständige Konferenz der Kultusminister der Länder in der Bundesrepublik Deutschland (2021c). *Anerkennung und Mobilität.* https://www.kmk.org/themen/allgemeinbildende-schulen/lehrkraefte/anerkennung-der-abschluesse.html. Zugriff: 03.09.2021.

KMK & JFMK (2010). *Weiterentwicklung der Aus-, Fort- und Weiterbildung von Erzieherinnen und Erziehern – Gemeinsamer Orientierungsrahmen „Bildung und Erziehung in der Kindheit".* https://www.kmk.org/fileadmin/veroeffentlichungen_beschluesse/2010/2010_09_16-Ausbildung-Erzieher-KMK-JFMK.pdf. Zugriff: 11.05.2022.

König, A. (2007). Dialogisch-entwickelnde Interaktionsprozesse als Ausgangspunkt für die Bildungsarbeit im Kindergarten. In *Bildungsforschung,* 4(1), 1–21.

König, A. & Friedrich, T. (2015). *Qualität durch Weiterbildung.* Beltz Juventa.

König, A., Kratz, J., Stadler, K., & Uihlein, C. (2018). *Aktuelle Entwicklungen in der Ausbildung von Erzieherinnen und Erziehern an Fachschulen für Sozialpädagogik.* https://www.weiterbildungsinitiative.de/fileadmin/Redaktion/Publikationen/old_uploads/media/WiFF_Studie_29_Koenig_Kratz_Stadler_Uihlein.pdf. Zugriff: 11.05.2022.

König, A., Reitzner, B., Gessler, A., & Kovacevic (2019). Möglichkeiten der Bildungsmobilität. Von der Erzieherin zur Kindheitspädagogin. In B. Hemkes, K. Wilbers & M. Heister (Hrsg.) *Durchlässigkeit zwischen beruflicher und hochschulischer Bildung* (S. 250–265). BiBB.

König, J., Otto, A., Bünstorf, G., Briedis, K., Cordua, F., & Schirmer, H. (2021). *Karriereentscheidungen und Karriereverläufe Promovierter – zur Multifunktionalität der Promotion. Studien im Rahmen des Bundesberichts Wissenschaftlicher Nachwuchs (BuWiN). International Centre for Higher Education Research; Regionales Forschungsnetz; Deutsches Zentrum für Hochschul- und Wissenschaftsforschung (DZHW).* https://www.buwin.de/downloads/begleitstudien/studie-b3_buwin.pdf. Zugriff: 09.05.2022.

Kopp, J. & Lois, D. (2012). Ein Ausblick auf fortgeschrittene statistische Analyseverfahren. In J. Kopp & D. Lois (Hrsg.), *Sozialwissenschaftliche Datenanalyse* (S. 183–206). VS Verlag für Sozialwissenschaften.

Kracke, N., Middendorff, E., & Buck, D. (2018). *Beteiligung an Hochschulbildung, Chancen(un)gleichheit in Deutschland.* DZHW-Brief, 3/2018. DZHW.

Kraft, S., Seitter, W., & Kollewe, L. M. (2009). *Professionalitätsentwicklung des Weiterbildungspersonals.* wbv Media.

Krauss, S., Neubrand, M., Blum, W., Baumert, J., Brunner, M., Kunter, M., & Jordan, A. (2008). Die Untersuchung des professionellen Wissens deutscher Mathematik-Lehrerinnen und -Lehrer im Rahmen der COACTIV-Studie. *Journal für Mathematik-Didaktik,* 29, 233–258.

Krauss, S., Blum, W., Brunner, M., Neubrand, M., Baumert, J., & Kunter, M. (2011). Konzeptualisierung und Testkonstruktion zum fachbezogenen Professionswissen von Mathematiklehrkräften. In M. Kunter, J. Baumert, W. Blum, U. Klusmann, S. Krauss & M. Neubrand (Hrsg.), *Professionelle Kompetenz von Lehrkräften. Ergebnisse des Forschungsprogramms COACTIV* (S. 135–162). Waxmann.

Kreidl, C. & Dittler, U. (2021). Die Corona-Lehre: Wahrnehmung der Studierenden. In U. Dittler & C. Kreidl (Hrsg.), *Wie Corona die Hochschullehre verändert: Erfahrungen und Gedanken aus der Krise zum zukünftigen Einsatz von eLearning* (S. 15–35). Springer Fachmedien Wiesbaden.

Kreyenfeld, M. & Zinn, S. (2021). Coronavirus and care: How the coronavirus crisis affected fathers' involvement in Germany. *Demographic Research, 44,* 99–124.

Kristen, C. (2005). *School choice and ethnic school segregation. Primary school selection in Germany.* Internationale Hochschulschriften, Band 437. Waxmann.

Kruppe, T. & Baumann, M. (2019). *Weiterbildungsbeteiligung, formale Qualifikation, Kompetenzausstattung und Persönlichkeitsmerkmale.* IAB-Forschungsbericht, 1/2019. IAB.

Kruppe, T. & Osiander, C. (2020). *Kurzarbeit im Juni 2020: Rückgang auf sehr hohem Niveau.* https://www.iab-forum.de/kurzarbeit-im-juni-2020-rueckgang-auf-sehr-hohem-niveau/. Zugriff: 16.08.2021.

Kuger, S., Marcus, J., & Spieß, C. K. (2019). Day care quality and changes in the home learning environment of children. *Education Economics, 27(3),* S. 265–286.

Kunter, M., Baumert, J., Blum, W., Klusmann, U., Krauss, S., & Neubrand, M. (2011). *Professionelle Kompetenz von Lehrkräften. Ergebnisse des Forschungsprogramm COACTIV.* Waxmann.

Kunter, M., Klusmann, U., & Baumert, J. (2009). Professionelle Kompetenz von Mathematiklehrkräften: Das COACTIV-Modell. In O. Zlatkin-Troitschanskaia, K. Beck, D. Sembill, R. Nickolaus & R. Mulder (Hrsg.), *Lehrprofessionalität – Bedingungen, Genese, Wirkungen und ihre Messung* (S. 153–165). Beltz.

Kunter, M. & Voss, T. (2011). Das Modell der Unterrichtsqualität in COACTIV: Eine multikriteriale Analyse. In K. Kunter, J. Baumert, W. Blum, U. Klusmann, S. Krauss & M. Neubrand (Hrsg.), *Professionelle Kompetenz von Lehrkräften: Ergebnisse des Forschungsprogramms COACTIV* (S. 85–113). Waxmann.

Kuschel, J., Richter, D., & Lazarides, R. (2020). Wie relevant ist die gesetzliche Fortbildungsverpflichtung für Lehrkräfte? Eine empirische Untersuchung zur Fortbildungsteilnahme in verschiedenen deutschen Bundesländern. *Zeitschrift für Bildungsforschung, 10,* 211–229.

Kutscher, N. & Bischof, J. (2020). *Ergebnisse der wissenschaftlichen Begleitung des Projekts „Medienbildung in der Kita". Abschlussbericht zum NRW-Modellprojekt.* https://www.kita.nrw.de/system/files/media/document/file/ericht%20MKFFI_Medienbildung%20in%20oder%20Kita_UzK_0.pdf. Zugriff: 11.05.2022.

Lang, J. (2022). Employment effects of language training for unemployed immigrants. *Journal of Population Economics, 35*(2), 719–754.

Lehrl, S., Kuger, S., & Anders, Y. (2014). Soziale Disparitäten beim Zugang zu Kindergartenqualität und differenzielle Konsequenzen für die vorschulische mathematische Entwicklung. *Unterrichtswissenschaft, 42*(2), 132–151.

Lepper, C., Stang, J., Rieser, S., & McElvany, N. (2020). *Wie nehmen Grundschulkinder die Qualität ihres Unterrichts wahr? Ergebnisse aus TIMSS2015.* Technische Universität Dortmund.

Lerner, D. & Luiz, T. (2019). Nah an der Realität. Lernen mit virtuellen Patienten. *intensiv – Fachzeitschrift für Intensivpflege, 27*(5), 64–69.

Lettau, J. (2021). The impact of children's academic competencies and school grades on their life satisfaction: What really matters? *Child Indicators Research, 14*, 2171–2195.

Leuze, K. & Strauß, S. (2016). Why Do Occupations Dominated by Women Pay Less? How 'Female-typical' Work Tasks and Working-Time Arrangements Affect the Gender Wage Gap Among Higher Education Graduates. *Work, Employment and Society, 30*(5), 802–820.

Limberger, J., Lorenzen, A., Wirth, C., Strohmer, J., & Fröhlich-Gildhoff, K. (2021). Entwicklung und Überprüfung von Erhebungsinstrumenten zur Erfassung der Fachkompetenz (angehender) frühpädagogischer Fachkräfte. *Frühe Bildung, 10*(2), 97–105.

Lin, Y.-C. & Magnuson, K. (2018). Classroom quality and children's academic skills in childcare centers: Understanding the role of teacher qualifications. *Early Childhood Research Quarterly, 42*, 215–227.

Lipsmeier, A. (2014). Bachelorlehrer – eine Radikalkur zur Behebung des Gewerbelehrermangels als letzte Therapie nach ernüchternder Diagnose. *Die berufsbildende Schule, 66*(7/8), 252–255.

Lockl, K., Attig, M., Nusser, L., & Wolter, I. (2021). *Lernen im Lockdown: Welche Voraussetzungen helfen Schülerinnen und Schülern?* NEPS Corona & Bildung – Bericht, 5. Leibniz-Institut für Bildungsverläufe.

Lörz, M. (2012). Mechanismen sozialer Ungleichheit beim Übergang ins Studium: Prozesse der Status- und Kulturreproduktion. In R. Becker & H. Solga (Hrsg.), *Soziologische Bildungsforschung* (S. 302–324). SpringerLink.

Lörz, M., Marczuk, A., Zimmer, L., Multrus, F., & Buchholz, S. (2020). *Studieren unter Corona-Bedingungen: Studierende bewerten das erste Digitalsemester.* DZHW-Brief, 5/2020. DZHW.

Lörz, M. & Neugebauer, M. (2019). Durchlässigkeit zwischen Fachhochschule und Universität am Übergang vom Bachelor- zum Masterstudium. In M. Lörz & H. Quast (Hrsg.), *Bildungs- und Berufsverläufe mit Bachelor und Master* (S. 129–156). Springer Fachmedien Wiesbaden.

Lohmann, H. (2010). Nicht-Linearität und Nicht-Additivität in der multiplen Regression: Interaktionseffekte, Polynome und Splines. In C. Wolf & H. Best (Hrsg.), *Handbuch der sozialwissenschaftlichen Datenanalyse* (S. 677–706). VS Verlag für Sozialwissenschaften.

Lorenz, R., Bos, W., Endberg, M., Eickelmann, B., Grafe, S., & Vahrenhold J. (Hrsg.), *Schule digital – der Länderindikator 2017.* https://www.waxmann.com/index.php?eID=download&buchnr=3699. Zugriff: 09.05.2022.

Lorenzen, A., Limberger, J., Wirth, C., Strohmer, J., & Fröhlich-Gildhoff, K. (2020). *Individuelle kompetenzorientierte Feedbacks als Methode der Professionalisierungsbegleitung frühpädagogischer Fachkräfte – Projekt „InKoFeed"-. Wissenschaftlicher Abschlussbericht.* http://www.zfkj.de/images/WissAbschlussbericht_InKoFeed_2020.pdf Zugriff: 11.05.2022.

Ludewig, U., Schlitter, T., Lorenz, R., Kleinkorres, R., Schaufelberger, R., Frey, A., & McElvany, N. (2022a). *Die COVID-19 Pandemie und Lesekompetenz von Viertklässler*innen. Ergebnisse der IFS-Schulpanelstudie 2016–2021.* https://ifs.ep.tu-dortmund.de/storages/ifs-ep/r/Downloads_allgemein/COVID19-Pandemie_und_Lesekompetenz__IFS-Schulpanelstudie__pass.pdf. Zugriff: 08.04.2022.

Ludewig, U., Kleinkorres, R., Schaufelberger, R., Schlitter, T., Lorenz, R., König, C., Frey, A., & McElvany, N. (2022b). COVID-19 pandemic and student reading achievement – findings from a school panel study. *PsyArXiv*. doi: https://doi.org/10.31234/osf.io/hrzae. Zugriff: 18.05.2022.

Lübcke, M., Bosse, E., Book, A., & Wannemacher, K. (2022). *Zukunftskonzepte in Sicht? Auswirkungen der Corona-Pandemie auf die strategische Hochschulentwicklung*. Arbeitspapier, 63. Hochschulforum Digitalisierung.

Lübeck, D. (2009). *Lehransätze in der Hochschule*. Dissertation, Freie Universität Berlin.

Lübeck, D. (2010). Wird fachspezifisch unterschiedlich gelehrt? Empirische Befunde zu hochschulischen Lehransätzen in verschiedenen Fachdisziplinen. *Zeitschrift für Hochschulentwicklung*, 5(2), 7–24.

Lüdtke, O., Robitzsch, A., Trautwein, U., & Köller, O. (2007). Umgang mit fehlenden Werten in der psychologischen Forschung. Probleme und Lösungen. *Psychologische Rundschau*, 58(2), 103–117.

Lundgreen, P. (2008). *Berufliche Schulen und Hochschulen in der Bundesrepublik Deutschland: 1949–2001*. Vandenhoeck & Ruprecht.

Maaz, K. & Kühne, S. (2018). Indikatorengestützte Bildungsberichterstattung. In: R. Tippelt, B. Schmidt-Hertha, *Handbuch Bildungsforschung*. Band 1, 4. vollständig überarbeitete Auflage (S. 375–396) Springer VS.

Maaz, K. & Ordemann, J. (2019). Bildungsprozesse im Lebensverlauf: Der kontinuierliche Erwerb von allgemeinbildenden Bildungsabschlüssen. In G. Quenzel & K. Hurrelmann (Hrsg.), *Handbuch Bildungsarmut* (S. 435–465). Springer VS.

Maier, T. (2020). *Auswirkungen der „Corona-Krise“ auf die duale Berufsausbildung. Risiken, Konsequenzen und Handlungsnotwendigkeiten*. Bundesinstitut für Berufsbildung.

Makles, A. M., Schneider, K., & Terlinden, B. (2019). Schulische Segregation und Schulwahl. Eine Analyse mit den Daten der Bremer Schülerindividualstatistik. In D. Fickermann & H. Weishaupt (Hrsg.), *Bildungsforschung mit Daten der amtlichen Statistik* (S. 176–196). Waxmann.

Mannig, M., Garvis, S., Fleming, C., & Wong, G. (2017). *The relationship between teacher qualification and the quality of the early childhood education and care environment*. https://files.eric.ed.gov/fulltext/ED573516.pdf. Zugriff: 11.05.2022.

Martin, A. & Rüber, I. E. (2016). Die Weiterbildungsbeteiligung von Geringqualifizierten im internationalen Vergleich – Eine Mehrebenenanalyse. *Zeitschrift für Weiterbildungsforschung-Report*, 39(2), 149–169.

Martin, A. & Schrader, J. (2021). Personal in der Weiterbildung. In S. Widany, J. Christ, N. Echarti & E. Reichart (Hrsg.), *Trends der Weiterbildung. DIE-Trendanalyse 2021*. wbv Media.

Martin, A., Schrader, J., & Schoemann, K. (2022). *Deutscher Weiterbildungsatlas 2019: Kreise und kreisfreie Städte im Längsschnitt*. wbv Media.

Marx, C., Goeze, A., & Schrader, J. (2014). Adult education teachers' pedagogical-psychological knowledge. Potential elements and test development. In S. Lattke & W. Jütte (Hrsg.), *Professionalisation of adult educators. International and comparative perspectives* (S. 165–182). Peter Lang Edition.

Marx, C., Goeze, A., Voss, T., Hoehne, V., Klotz, V. K., & Schrader, J. (2017). Pädagogisch-psychologisches Wissen von Lehrkräften aus Schule und Erwachsenenbildung: Entwicklung und Erprobung eines Testinstruments. *Zeitschrift für Erziehungswissenschaft*, 20(1), 165–200.

Marx, C., Goeze, A., Kelava, A., & Schrader, J. (2018). Lehrkräfte in der Erwachsenen- und Weiterbildung – Zusammenhänge zwischen Vorbildung und Erfahrung mit dem Wissen über Lehr-Lernmethoden und -konzepte. *Zeitschrift für Weiterbildungsforschung*, 41(1), 57–77.

Mashburn, A. J., Pianta, R. C., Hamre, B. K., Downer, J. T., Barabin, O. A., Bryant, D., Burchinal, M., Early, D. M., & Howes, C. (2008). Measures of Classroom Quality in Prekindergarten and Children's Development of Academic, Language, and Social Skills. *Child Development, 79*(3), 732–749.

Mentges, H. & Spangenberg, H. (2020). Migrationsspezifische Unterschiede bei der Studienfachwahl. In M. Jungbauer-Gans & A. Gottburgsen (Hrsg.), *Migration, Mobilität und Soziale Ungleichheit in der Hochschulbildung* (S. 59–79). Springer VS.

Meyer, J., Leuze, K., & Strauss, S. (2021). Individual Achievement, Person-Major Fit, or Social Expectations: Why Do Students Switch Majors in German Higher Education? *Research in Higher Education, 63*, 222–247.

Middendorff, E., Apolinarski, B., Becker, K., Bornkessel, P., Brandt, T., Heißenberg, S., & Poskowsky, J. (2017). *Die wirtschaftliche und soziale Lage der Studierenden in Deutschland 2016*. BMBF.

Middendorff, E., Apolinarski, B., Poskowsky, J., Kandulla, M., & Netz, N. (2013). *Die wirtschaftliche und soziale Lage der Studierenden in Deutschland 2012*. BMBF.

Ministerium für Gesundheit, Arbeit und Soziales des Landes Nordrhein-Westfalen (2019). *Landesberichterstattung Gesundheitsberufe Nordrhein-Westfalen 2019. Situation der Ausbildung und Beschäftigung*. Ministerium für Gesundheit, Arbeit und Soziales des Landes Nordrhein-Westfalen.

Mischo, C. (2016). Professionalisierung kindheitspädagogischer Fachkräfte: das Projekt „Ausbildung und Verlauf von Erzieherinnen-Merkmalen AVE". In C. Gräsel & K. Trempler (Hrsg.), *Entwicklung von Professionalität pädagogischen Personals* (S. 93–112). Springer VS.

Mischo, C. (2017). Information zu zentralen Ergebnissen des Projekts „Ausbildung und Verlauf von Erzieherinnen-Merkmalen (AVE)". *Frühe Bildung, 6*(3), 172–175.

Mischo, C., Wolstein, K., & Peters, S. (2020). Professionelle Wahrnehmung und Fachkraft-Kind-Interaktion von KiTa-Fachkräften. *Zeitschrift für Pädagogische Psychologie* (2020), 1–15.

Mishra, P. & Koehler, M. J. (2006). Technological Pedagogical Content Knowledg: A Framework for Teacher Knowledge. *Teachers College Record, 108*(6), 1017–1054.

Möhring, K., Naumann, E., Reifenscheid, M., Blom, A. G., Wenz, A., Rettig, T., Lehrer, R., Krieger, U., Juhl, S., Friedel, S., Fikel, M., Cornesse, C. (2020): Die Mannheimer Corona-Studie: Schwerpunktbericht zu Erwerbstätigkeit und Kinderbetreuung. https://madoc.bib.uni-mannheim.de/55139/1/2020-04-05_Schwerpunktbericht_Erwerbstaetigkeit_und_Kinderbetreuung.pdf. Zugriff: 31.10.2021

Morris-Lange, S., Lokhande, M., & Ho Dac, H.-M. (2021). *Flüchtlingsintegration und Fachkräftemigration: Welche Rolle spielen Hochschulen? Begleitstudie zu den DAAD-Programmen Integra und PROFI*. DAAD.

Mpfs – Medienpädagogischer Forschungsverbund Südwest (2021). *JIM 2021. Jugend-Information-Medien. Basisuntersuchung zum Medienumgang 12- bis 19-Jähriger in Deutschland Stuttgart*. https://www.mpfs.de/fileadmin/files/Studien/JIM/2021/JIM-Studie_2021_barrierefrei.pdf. Zugriff: 18.05.2022.

Mühlmann, T. (2021). Kinder- und Jugendarbeit 2019 – am Vorabend der Pandemie. *KomDat, 21*(1), 11–15.

Müller, N. & Wenzelmann, F. (2020). Berufliche Weiterbildung – Teilnahme und Abstinenz. *ZfW, 43*, 47–73.

Müller, W. & Pollak, R. (2007). Weshalb gibt es so wenige Arbeiterkinder in Deutschlands Universitäten? In R. Becker (Hrsg.), *Bildung als Privileg: Erklärungen und Befunde zu den Ursachen der Bildungsungleichheit* (2. Aufl., S. 303–342). VS Verlag für Sozialwissenschaften.

Multrus, F., Majer, S., Bargel, T., & Schmidt, M. (2017). *Studiensituation und studentische Orientierungen. 13. Studierendensurvey an Universitäten und Fachhochschulen*. https://www.soziologie.uni-konstanz.de/typo3temp/secure_downloads/101284/0/8f0c2b692bb060753bead044da8dfd2a4eb3a54e/Studierendensurvey_Ausgabe_13_Hauptbericht.pdf. Zugriff: 09.05.2022.

Mußmann, F., Hardwig, T., Riethmüller, M., & Klötzer, S. (2021). *Digitalisierung im Schulsystem 2021: Arbeitszeit, Arbeitsbedingungen, Rahmenbedingungen und Perspektiven von Lehrkräften in Deutschland*. https://kooperationsstelle.uni-goettingen.de/projekte/digitalisierung-im-schulsystem-2021-abschluss. Zugriff: 18.05.2022.

Nationale Agentur im DAAD (2021). *Erasmus-+Jahresbericht 2020*. DAAD.

Netzwerk hdw-NRW (2020). *8. Rechenschaftsbericht des Netzwerkes Hochschuldidaktische Weiterbildung Nordrhein-Westfalen*. https://www.hdw-nrw.de/multimedia/HDW/Webseite/Rechenschaftsberichte/hdw_Jahresbericht_2019-p-135748.pdf. Zugriff: 09.05.2022.

Neuberger, F., Grgic, M., Diefenbacher, S., Spensberger, F., Lehfeld. A.-S., Buchholz, U., Haas, W., Kalicki, B., & Kuger, S. (2022a). *COVID-19 infections in day care centres in Germany: Social and organisational determinants of infections in children and staff in the second and third wave of the pandemic*. https://doi.org/10.1186/s12889-021-12470-5. Zugriff: 11.05.2022.

Neuberger, F., Grgic, M., Buchholz, U., Maly-Motta, H., Fackler, S., Lehfeld, A., Haas, W., Kalicki, B., & Kuger, S. (2022b). *Delta and Omicron: Protective measures and SARS-CoV-2 infections in day care centres in Germany in the 4th and 5th wave of the pandemic 2021/2022*. SSRN Electronic Journal, Preprint.

Neugebauer, M. & Weiss, F. (2017). *Does a Bachelor's Degree pay off? Labor Market Outcomes of Academic versus Vocational Education after Bologna*. Discussion Paper, 2017/11. Freie Universität Berlin, School of Business & Economics.

NICHD ECCRN – NICHD Early Child Care Research Network (2002). Child-Care Structure – Process – Outcome: Direct and indirect effects of child-care quality on young children's development. *Psychological Science, 13*(3), 199–206.

Nickel, S. & Thiele, A.-L. (2022). *CHECK – Studienberechtigung über den schulischen und beruflichen Weg – Daten, Fakten und Handlungsbedarf*. https://www.che.de/download/check-studienberechtigung/?ind=1646901869238&filename=CHECK-Studienberechtigung.pdf&wpdmdl=21625&refresh=626bc58ddfbc31651230093. Zugriff: 29.04.2022.

Nickel, S., Pfeiffer, I., Fischer, A., Hüsch, M., Kiepenheuer-Drechsler, B., Lauterbach, N., Reum, N., Thiele, A.-L., & Ulrich, S. (2022). *Duales Studium: Umsetzungsmodelle und Entwicklungsbedarfe*. https://www.bmbf.de/SharedDocs/Publikationen/de/bmbf/4/677798_duales_studium_kurzbericht.pdf?__blob=publicationFile&v=7. Zugriff: 29.04.2022.

Nickolaus, R. (2010). Einflüsse der Methodenwahl auf die Kompetenz- und Motivationsentwicklung – eine Übersicht zu Ergebnissen empirischer Untersuchungen. *Lernen und Lehren, 25*(98), 56–61.

Nida-Rümelin, J. (2014). *Der Akademisierungswahn. Zur Krise akademischer und beruflicher Bildung*. Körber-Stiftung.

Nieding, I. & Klaudy, K. E. (2020). Digitalisierung in der frühen Bildung. Der Umgang mit digitalen Medien im Spannungsfeld zwischen Schutzraum und Schlüsselkompetenz. In A. Wilmers, C. Anda, C. Keller & M. Rittberger (Hrsg.), *Bildung im digitalen Wandel. Die Bedeutung für das pädagogische Personal und für die Aus- und Fortbildung* (S. 31–56). Waxmann.

Niehues, W., Rother, N., & Siegert, M. (2021). *Vierte Welle der IAB-BAMF-SOEP-Befragung: Spracherwerb und soziale Kontakte schreiten bei Geflüchteten voran*. BAMF-Kurzanalyse, 04/2021. BAMF.

Nikelski, A., Kaufhold, M., Marzinzik, K., & Rolf, A. (2013). *Abschlussbericht: Evaluation der hochschuldidaktischen Qualifizierungsangebote für neuberufene Professorinnen und Professoren (hdw nrw)*. https://www.hdw-nrw.de/multimedia/HDW/Webseite/Evaluationsstudie.pdf. Zugriff: 09.05.2022.

Nittel, D. (2004). Die ‚Veralltäglichung' pädagogischen Wissens – im Horizont von Profession, Professionalisierung und Professionalität. *Zeitschrift für Pädagogik, 50*(3), 342–357.

Nusser, L., Wolter, I., Attig, M., & Fackler, S. (2021). Die Schulschließungen aus Sicht der Eltern. Ergebnisse des längsschnittlichen Nationalen Bildungspanels und seiner Covid-19-Zusatzbefragung. In D. Fickermann & B. Edelstein (Hrsg.), *Schule während der Corona-Pandemie. Neue Ergebnisse und Überblick über ein dynamisches Forschungsfeld* (S. 33–50). Waxmann.

Oberhuemer, P. (2012). *Fort- und Weiterbildung frühpädagogischer Fachkräfte im europäischen Vergleich*. WiFF-Studie, 17. DJI.

Oberhuemer, P. & Schreyer I. (2010). *Kita-Fachpersonal in Europa. Ausbildungen und Professionsprofile*. Barbara Budrich.

OECD (2019a). *TALIS Starting Strong 2018 Technical Report*. https://www.oecd.org/education/talis/TALIS-Starting-Strong-2018-Technical-Report.pdf. Zugriff: 11.05.2022.

OECD (2019b). *Benchmarking Higher Education System Performance, Higher Education*. OECD Publishing.

OECD (2020). *Bildung auf einen Blick. OECD-Indikatoren*. wbv Media.

OECD (2021). *The state of higher education: One year into the COVID-19 pandemic*. OECD Publishing.

Olszenka, N. & Meiner-Teubner, C. (2020). Kindertagesbetreuung. In S. Lochner & A. Jähnert (Hrsg.), *DJI-Kinder und Jugendmigrationsreport 2020 – Datenanalyse zur Situation junger Menschen in Deutschland* (S. 94–106). wbv Media.

Ordemann, J. & Pfeiffer, F. (2021). *The evolution of educational wage differentials for women and men, from 1996 to 2019*. Discussion Paper, 21-066. ZEW.

Ostermann, K. F. (2000). Students' Need for Belonging in the School Community. *Review of Educational Research, 70*(3), 323–367.

Pätzold, G. & Walden, G. (1999). *Lernortkooperationen. Stand und Perspektiven*. W. Bertelsmann Verlag.

Pätzold, G. (2013). Betriebliches Bildungspersonal. Anforderungen, Selbstverständnis und Qualifizierungsnotwendigkeiten im Rückblick auf das vergangene Jahrhundert. *BWP – Berufsbildung in Wissenschaft und Praxis, 3*, 44–47.

Paschke, E. (2012). *Ausbildungsreport Pflegeberufe 2012. Ver.di-Vereinte Dienstleistungsgewerkschaft*. https://www.verdi.de/++file++512f26b36f6844094a000028/download/pflegereport2012final.pdf. Zugriff: 09.05.2022.

Pasternack, P., Baumgarth, B., Burkhardt, A., Paschke, S., & Thielemann, N. (2017). *Drei Phasen: Die Debatte zur Qualitätsentwicklung in der Lehrer_innenbildung*. GEW-Materialien aus Hochschule und Forschung, 124. Bertelsmann Verlag.

Peter, F. H. & Spieß, K. (2015). Kinder mit Migrationshintergrund in Kindertageseinrichtungen und Horten. Unterschiede zwischen den Gruppen nicht vernachlässigen. *DIW-Wochenbericht, 1–2/2015*, 12–22.

Petersen, T. & Saporta, I. (2004). The Opportunity Structure for Discrimination. *American Journal of Sociology, 109*(4), 852–901.

Pettigrew T. F. & Tropp, L. R. (2006). A Meta-Analytic Test of Intergroup Contact Theory. *Journal of Personality and Social Psychology, 90*(5), 751–783.

Peucker, C., Pluto, L., & van Santen, E. (2017). *Situation und Perspektiven von Kindertageseinrichtungen. Empirische Befunde*. Beltz Juventa.

Pfeifer, A. & Legrum-Khaled, N. (2021). *Befragung zum Studium unter Pandemiebedingungen: Sommersemester 2021*. https://www.sek.kit.edu/downloads/QM/131221_Pandemie_und_Studium_Web.pdf. Zugriff: 29.04.2022.

Pianta, R., Howes, C., Burchinal, M., Bryant, D., Clifford, R., & Early, D. (2005). Features of prekindergarten programs, classrooms, and teachers: do they predict observed classroom quality and child-teacher interactions? *Applied Developmental Science, 9*, 144–159.

Pohl, S. & Carstensen, C. H. (2012). *NEPS Technical Report – Scaling the data of the competence tests*. NEPS Survey Papers, 14. Otto-Friedrich-Universität Bamberg.

Porcher, C. & Trampe, K. (2021). Das berufliche Lehramtsstudium in Deutschland. Eine Typologie von Studienmodellen. *Berufsbildung, 190*, 13–16.

Projektgruppe „Healthy Campus Mainz – gesund studieren" (2021). Zehn Thesen zur Situation von Studierenden in Deutschland während der SARS-CoV-2-Pandemie. *Zeitschrift für Medizinische Prävention, 2021*(3).

Protsch, P. (2014). *Segmentierte Ausbildungsmärkte: berufliche Chancen von Hauptschülerinnen und Hauptschülern im Wandel*. Budrich UniPress.

Quast, H., Mentges, H., & Buchholz, S. (im Erscheinen). Atypische Bildungsverläufe: Warum verzichten Studienberechtigte aus weniger privilegierten Familien trotz Hochschulreife immer noch häufiger auf ein Studium? In S. Buchholz, J. Ordemann & F. Peter (Hrsg.), *Vielfalt von Bildungsverläufen*. Springer.

Rauschenbach, T. (2021). Ausbildung sozialer Berufe. In R. Amthor, B. Goldbergm & P. Hansbauer (Hrsg.), *Wörterbuch Soziale Arbeit* (S. 100–106). Belz Juventa.

Rauschenbach, T., Meiner-Teubner, C., Böwing-Schmalnbrock, M., & Olszenka, N. (2020). *Plätze. Personal. Finanzen. Bedarfsorientierte Vorausberechnungen für die Kindertages- und Grundschulbetreuung bis 2030. Teil 1: Kinder vor dem Schuleintritt.* https://www.forschungsverbund.tu-dortmund.de/fileadmin/user_upload/Plaetze._Personal._Finanzen._Teil_1.pdf. Zugriff: 09.05.2022.

Rauschenbach, T., Meiner-Teubner, C., Böwing-Schmalenbrock, M., & Olszenka, N. (2021). *Plätze. Personal. Finanzen. Bedarfsorientierte Vorausberechnungen für die Kindertages- und Grundschulbetreuung bis 2030. Teil 2: Ganztägige Angebote für Kinder im Grundschulalter.* https://www.forschungsverbund.tu-dortmund.de/fileadmin/user_upload/Plaetze._Personal._Finanzen._Teil_2_revidiert.pdf. Zugriff: 09.05.2022.

Ravens-Sieberer, U., Kaman, A., Otto, C., Adedeji, A., Napp, A.-K., Becker, M., Black-Stellmacher, U., Löffler, C., Schlack, R., Hölling, H., Devine, J., Erhart, M., & Hurrelmann, K. (2021). Seelische Gesundheit und psychische Belastungen von Kindern und Jugendlichen in der ersten Welle der COVID-19-Pandemie – Ergebnisse der COPSY-Studie. *Bundesgesundheitsblatt, 64*, 1512–1521.

Reiber, K. E., Winter, M., & Mosbacher-Strumpf, S. (2015). *Berufseinstieg in die Pflegepädagogik: eine empirische Analyse von beruflichem Verbleib und Anforderungen.* Jacobs.

Reiber, K. (2021). *Qualifikation der Lehrenden für die berufliche Fachrichtung Pflege – ein langer Weg zur Meisterklasse.* http://denk-doch-mal.de/wp/karin-reiber-qualifikation-der-lehrenden-fuer-die-berufliche-fachrichtung-pflege-ein-langer-weg-zur-meisterklasse/. Zugriff: 07.05.2022.

Reiber, K., Weyland, U., & Wittmann, E. (2019). Professionalisierung des schulischen Bildungspersonals in den Gesundheits- und Pflegeberufen – Zwischenfazit eines berufs- und wirtschaftspädagogischen Sonderweges. In E. Wittmann, D. Frommberger & U. Weyland (Hrsg.), *Jahrbuch der berufs- und wirtschaftspädagogischen Forschung 2019* (S. 45–58). Barbara Budrich.

Reichart, E., Huntemann, H., & Lux, T. (2018). *Volkshochschul-Statistik. 56. Folge, Berichtsjahr 2017.* wbv Media.

Reichwald, R., Schipanski, A., & Pößl, A. (2012). Professionalisierung von Dienstleistungsarbeit und Innovationsfähigkeit in der Dienstleistungswirtschaft. In M. Frenz, S. Hermann & A. Schipanski (Hrsg.), *Zukunftsfeld Dienstleistungsarbeit: Professionalisierung – Wertschätzung – Interaktion* (S. 19–43). Gabler.

Reim, J. (2021). *Inanspruchnahme von Beratungs- und sonstigen Unterstützungsangeboten für Eltern und Kinder.* DJI Verlag.

Reiss, K., Weis, M., Kieme, E., & Köller, Olaf (Hrsg.) (2019). *PISA 2018: Grundbildung im internationalen Vergleich.* Waxmann.

Retz, E. (2012). *Kurzevaluation der Einrichtungen der Familienerholung.* DJI.

Reyhing, Y., Frei, D., Burkhardt, C., & Perren, S. (2019). Die Bedeutung situativer Charakteristiken und struktureller Rahmenbedingungen für die Qualität der unterstützenden Fachkraft-Kind-Interaktion in Kindertagesstätten. *Zeitschrift für Pädagogische Psychologie, 33*(1), 33–47.

Richter, D., Stanat, P., & Pant, H. A (2014). Die Rolle der Lehrkraft für die Unterrichtsqualität und den Lernerfolg von Schülerinnen und Schülern. *Zeitschrift für Pädagogik Jahrgang, 60*(2), 181–183.

Richter, D. & Schellenbach-Zell, J. (2016). *Fort- und Weiterbildung von Lehrkräften in Schleswig-Holstein: Ergebnisse einer Befragung im Jahr 2016.* https://www.schleswig-holstein.de/DE/Landesregierung/IQSH/Organisation/Material/berichtLehrerfortbildungSH-2016.html. Zugriff: 16.05.2022.

Richter, E. & Richter, D. (2020). Fort- und Weiterbildung von Lehrpersonen. In C. Cramer, J. König, M. Rothland & S. Blömeke (Hrsg.), *Handbuch Lehrerinnen- und Lehrerbildung* (S. 345–353). utb.

Richter, E., Richter, D., & Marx, A. (2020). Was hindert Lehrkräfte an Fortbildungen teilzunehmen: Eine empirische Untersuchung der Teilnahmebarrieren von Lehrkräften der Sekundarstufe I in Deutschland. *Zeitschrift für Erziehungswissenschaften, 21*, 1021–1043.

Richter, M., Baethge-Kinsky, V., Kerst, C., & Seeber, S. (2022). Zum Wandel von Ausbildung und Studium in nicht-ärztlichen Gesundheitsberufen. Eine berufsgruppenspezifische Analyse. In L. Bullmann, H. Ertl, C. Gerhards & P. F. E. Sloane (Hrsg.), *Zeitschrift für Berufs- und Wirtschaftspädagogik* (Betriebliche Berufsbildungsforschung: Beiheft, S. 117–148). Franz Steiner Verlag.

Rindermann, H. (2016). Lehrveranstaltungsevaluation an Hochschulen. In D. Großmann & T. Wolbring (Hrsg.), *Evaluation von Studium und Lehre. Grundlagen, methodische Herausforderungen und Lösungsansätze* (S. 227–262). Springer VS.

Robert Bosch Stiftung (2008). *Frühpädagogik studieren – ein Orientierungsrahmen für Hochschulen*. Robert Bosch Stiftung.

Robert Bosch Stiftung (2021). *Das Deutsche Schulbarometer Spezial Corona-Krise: Folgebefragung*, forsa Politik- und Sozialforschung GmbH. https://deutsches-schulportal.de/unterricht/lehrer-umfrage-deutsches-schulbarometer-spezial-corona-krise-folgebefragung/. Zugriff: 18.05.2022.

Rohrbach-Schmidt, D. & Uhly, A. (2015). Determinanten vorzeitiger Lösungen von Ausbildungsverträgen und berufliche Segmentierung im dualen System. Eine Mehrebenenanalyse auf Basis der Berufsbildungsstatistik. *Kölner Zeitschrift für Soziologie und Sozialpsychologie, 67*(1), 105–135.

Rohrbach-Schmidt, D. & Uhly, A. (2016). Betriebliches Vertragslösungsgeschehen in der dualen Berufsausbildung. Eine Analyse des BiBB Betriebspanels zu Qualifizierung und Kompetenzentwicklung. *Empirische Pädagogik: Zeitschrift zu Theorie und Praxis erziehungswissenschaftlicher Forschung, 30*(3), 372–401.

Roth, T. & Klein, O. (2018). Effekte politischer Reformen auf die außerfamiliäre frühkindliche Betreuungsbeteiligung von Kindern mit und ohne Migrationshintergrund. *Kölner Zeitschrift für Soziologie und Sozialpsychologie, 70*, 449–467.

Rothland, M., Cramer, C., & Terhart, E. (2018). Forschung zum Lehrerberuf und zur Lehrerbildung. In R. Tippelt & B. Schmidt-Herta (Hrsg.), *Handbuch Bildungsforschung* (S. 1011–1034). Springer Fachmedien.

Ruhose, J., Thomsen, S. L., & Weilage, I. (2019). The benefits of adult learning: Work-related training, social capital, and earnings. *Economics of Education Review*, 72, 166–186.

Sälzle, S., Vogt, L., Blank, J., Bleicher, A., Scholz, I., Karossa, N., Stratmann, R., & D´Souza, T. (2021). *Entwicklungspfade für Hochschule und Lehre nach der Corona-Pandemie: Eine qualitative Studie mit Hochschulleitungen, Lehrenden und Studierenden*. Tectum.

SAG-SH – Serviceagentur ganztägig lernen Schleswig-Holstein (2021). *Zertifikatskurs „Qualifizierung pädagogischer Mitarbeiter/-innen an Ganztagsschulen“*. https://sag-sh.de/qualifizierung/paedagogische-mitarbeitende. Zugriff: 11.05.2022.

Saks, N. & Giar, K. (2022). *Kreistypisierung für ein kommunales Bildungsmanagement – Aktualisierung der Ergebnisse 2021*. http://www.transferinitiative.de/media/content/DLR_Kreistypisierung_Aktualisierung2022.pdf. Zugriff am 30.05.2022.

Salikutluk, Z. & Menke, K. (2021). Gendered integration? How recently arrived male and female refugees fare on the German labour market. *Journal of Family Research*, 33(2), 284–321.

Salmhofer, G. (2012). „Professionell ist die Lehre, wenn die Studierenden etwas lernen ...“: Überlegungen und Strategien zur Professionalisierung der Hochschullehre am Beispiel der Universität Graz. In R. Egger & M. Merkt (Hrsg.), *Lernwelt Universität: Entwicklung von Lehrkompetenz in der Hochschullehre* (S. 124–141). Springer VS.

Sauerwein, M., Lossen, K. Theis, D., Rollett, W., & Fischer, N. (2018). Zur Bedeutung des Besuchs von Ganztagsschulangeboten für das prosoziale Verhalten von Schülerinnen und Schülern – Ergebnisse der Studie zur Entwicklung von Ganztagsschulen. In M. Schüpbach & L. Frei (Hrsg.), *Tagesschulen* (S. 269–288). Springer VS Verlag.

Schachner, M. K., Schwarzenthal, M., van de Vijver, F. J. R., & Noak, P. (2019) How All Students Can Belong and Achieve: Effects oft he Cultural Diversity Climate Among Students of Immigrant and Nonimmigrant Background in Germany. *Journal of Educational Psychology, 111*(4), 703–716.

L

Schacht, D., Gedon, B, Gilg, J., Klug, C., & Kuger, S. (2021). *EriK Methodological Report I. Target Populations, Sampling Frames and Sampling Designs of the ERiK-Surveys 2020*. wbv Media.

Schaper, N., Schlömer, T., & Paechter, M. (2012). Editorial: Kompetenzen, Kompetenzorientierung und Employability in der Hochschule. *Zeitschrift Für Hochschulentwicklung, 7*(4), I–X.

Scheiter, K. (2021). Lernen und Lehren mit digitalen Medien: Eine Standortbestimmung. *Zeitschrift für Erziehungswissenschaft, 24*(5), 1039–1060.

Schelle, R. (2020). Der Sozialraum und seine Bedeutung für die Qualität im Elementarbereich. *Zeitschrift für Grundschulforschung, 13*, 179–192.

Schelle, R., Friederich, T., & Buschle, C. (2020). Qualität in der Kita. Mögliche Impulse eines interaktionistischen Professionalitätsverständnisses. Ein Diskussionsbeitrag. *Diskurs Kindheits- und Jugendforschung, 15*(2), 199–216.

Schindler, S. (2014). *Wege zur Studienberechtigung – Wege ins Studium? Eine Analyse sozialer Inklusions- und Ablenkungsprozesse*. Springer VS.

Schindler, S. & Reimer, D. (2010). Primäre und sekundäre Effekte der sozialen Herkunft beim Übergang in die Hochschulbildung. *Kölner Zeitschrift für Soziologie und Sozialpsychologie, 62*(4), 623–653.

Schley, T., Kohl, M., Diettrich, A., & Hauenstein, T. (2020). *Die Akzeptanz des Fortbildungsabschlusses „Geprüfte Berufspädagogin / Geprüfter Berufspädagoge". Studie im Rahmen der Berufsbildungsforschungsinitiative des BMBF*. Forschungsinstitut Betriebliche Bildung.

Schmidt, U., Heinzelmann, S., Altfeld, S., Faaß, M., da Costa André, K., & Schulze, K. (2016). *Evaluation des Bund-Länder-Programms für bessere Studienbedingungen und mehr Qualität in der Lehre (Qualitätspakt Lehre). Abschlussbericht – über die erste Förderphase 2011–2016. Auftraggeber: Bundesministerium für Bildung und Forschung.* https://www.zq.uni-mainz.de/files/2020/10/Band_23_Evaluation-des-Bund-Laender-Programms-fuer-bessere-Studienbedingungen-und-mehr-Qualitaet-in-der-Lehre-Qualitaetspakt-Lehre-.pdf. Zugriff: 09.05.2022.

Schmidt, U., Heinzelmann, S., Andersson, M., Besch, C., Schulze, K., & Weselowski, A.-K. (2018). *Evaluation des Bund-Länder-Programms für bessere Studienbedingungen und mehr Qualität in der Lehre (Qualitätspakt Lehre). Abschlussbericht – über den Evaluationszeitraum 2013–2018. Auftraggeber: Bundesministerium für Bildung und Forschung.* https://www.qualitaetspakt-lehre.de/files/Ergebnisbericht_Evaluation_QPL_ZQ_Prognos_2018%20-%20barrierefrei.pdf. Zugriff: 09.05.2022

Schmidt, U., Heinzelmann, S., Andersson, M., Besch, C., & Schulze, K. (2020). *Evaluation des Bund-Länder-Programms für bessere Studienbedingungen und mehr Qualität in der Lehre (Qualitätspakt Lehre). Abschlussbericht – über den gesamten Förderzeitraum 2011–2020. Auftraggeber: Bundesministerium für Bildung und Forschung.* https://www.bmbf.de/SharedDocs/ExterneLinks/de/bmbf/a-z/q/qualitaetspakt-lehre-de/files_abschlussbericht_evaluation_qpl_2020_pdf_9ea4059f33_pub.pdf?__blob=publicationFile&v=3. Zugriff: 09.05.2022.

Schneider, C. (2011). Der Eintritt junger Menschen in das Erwerbsleben. *WISTA, 11*, 1097–1103.

Schneider, D. (2019). *Rekrutierungserfahrungen und -strategien von KursleiterInnen und TrainerInnen: über den Zugang in und die Zusammenarbeit mit Bildungsorganisationen*. wbv Media.

Schneider, H., Franke, B., Woisch, A., & Spangenberg, H. (2017). *Erwerb der Hochschulreife und nachschulische Übergänge von Studienberechtigten: Studienberechtigte 2015 ein halbes Jahr vor und nach Schulabschluss*. Bericht Forum Hochschule, 4/2017. DZHW.

Schneider, M. & Preckel, F. (2017). Variables Associated with Achievement in Higher Education: A Systematic Review of Meta-analyses. *Psychological Bulletin, 143*(6), 565–600.

Schnitzler, A. & Granato, M. (2016). Duale Ausbildung oder weiter zur Schule? *Berufsbildung in Wissenschaft und Praxis, 45*(3), 10–14.

Schrader, J. (2010). Fortbildung von Lehrenden der Erwachsenenbildung: Notwendig? Sinnvoll? Möglich? In J. Schrader, R. Hohmann & S. Hartz (Hrsg.), *Mediengestützte Fallarbeit: Konzepte, Erfahrungen und Befunde zur Kompetenzentwicklung von Erwachsenenbildnern* (S. 25–68). Bertelsmann.

Schrader, J. (2019). Institutionelle Rahmenbedingungen, Anbieter, Angebote und Lehr-Lernprozesse der Erwachsenen- und Weiterbildung. In O. Köller, M. Hasselhorn, F. W. Hesse, K. Maaz, J. Schrader, H. Solga, C. K. Spieß & K. Zimmer (Hrsg.), *Das Bildungswesen in Deutschland: Bestand und Potenziale* (S. 701–724). utb.

Schrader, J. & Loreit, F. (2018). Professionalisierung bei Lehrkräften der Erwachsenen- und Weiterbildung: Individuelle und kollektive Perspektiven. In A. Martin, S. Lencer, J. Schrader, S. Koscheck, H. Ohly, R. Dobischat, A. Elias & A. Rosendahl (Hrsg.), *Das Personal in der Weiterbildung* (S. 283–308). Bertelsmann.

Schrader, J. & Martin, A. (2021). Weiterbildungsanbieter in Deutschland: Befunde aus dem DIE-Weiterbildungskataster. *Zeitschrift für Weiterbildungsforschung, 44*(3), S. 333–360.

Schrader, J., Anders, Y., & Richter, D. (2019). Fortbildung des pädagogischen Personals in der frühen Bildung, der Schule und der Erwachsenen- und Weiterbildung. In O. Köller, M. Hasselhorn, F. W. Hesse, K. Maaz, J. Schrader, H. Solga, K. Spieß & Zimmer (Hrsg.), *Das Bildungswesen in Deutschland. Bestand und Potenziale* (S. 775–808). utb.

Schrenker, A. & Zucco, A. (2020). Gender Pay Gap steigt ab dem Alter von 30 Jahren stark an. *DIW Wochenbericht, 10/2020*, 137–145.

Schröder, C., Entringer, T., Goebel, J., Grabka, M. M., Graeber, D., Kroh, M., Kröger, H., Kühne, S., Liebig, S., Schupp, J., Seebauer, J., & Zinn, S. (2020). Erwerbstätige sind vor dem Covid-19-Virus nicht alle gleich. *SOEPpapers on Multidisciplinary Panel Data Research*, 1080. DIW.

Schubert, G., Eggert, S., Lohr, A., Oberlinner, A., Jochim, V., & Brüggen, N. (2018). *Digitale Medien in Kindertageseinrichtungen: Medienerzieherisches Handeln und Erziehungspartnerschaft. Perspektiven des pädagogischen Personals. Zweiter Bericht der Teilstudie „Mobile Medien und Internet im Kindesalter – Fokus Kindertageseinrichtungen" im Rahmen von MoFam – Mobile Medien in der Familie*. JFF.

Schüpbach, M., Jutzi, M., & Thomann, K. (2012). *Expertise zur Kooperation in verschiedenen Kooperationsfeldern: Eine qualitative Studie zu den Bedingungen gelingeder multiprofessioneller Kooperation in zehn Tagesschulen*. Universität Bern.

Schütte, K., Frenzel, A. C., Asseburg, R., & Pekrun, R. (2007). Schülermerkmale, naturwissenschaftliche Kompetenz und Berufserwartung. In M. Prenzel, C. Artelt, J. Baumert, W. Blum, M. Hammann, E. Klieme & R. Pekrun (Hrsg.), *PISA 2006. Die Ergebnisse der dritten internationalen Vergleichsstudie* (S. 125–146). Waxmann.

Schuhegger, L., Hundegger, V., & Lipowski (Hrsg.) (2020). *Qualität in der Kindertagespflege. Qualifizierungshandbuch (QHB) für die Bildung, Erziehung und Betreuung von Kindern unter drei*. Friedrich Verlag.

Schult, J., Mahler, N., Fauth, B., & Lindner, M. (2021). *Did Students Learn Less During the COVID-19-Pandemic? Reading and Mathematics Competencies Before and After the First Pandemic Wave*. https://psyarxiv.com/pqtgf/. Zugriff: 18.05.2022.

Schurz, K., & Holtgräwe, M. (2017). Welche hochschuldidaktischen Qualifizierungswünsche haben Lehrende an einer Fachhochschule? Eine Bedarfsstudie. *Personal- und Organisationsentwicklung in Einrichtungen der Lehre und Forschung, 4*, 94–99.

Schwippert, K., Kasper, D., Köller, O., McElvany, N., Selter C., Steffensky, M., & Wendt, H. (Hrsg.) (2020). *TIMSS 2019: Mathematische und naturwissenschaftliche Kompetenzen von Grundschulkindern in Deutschland im internationalen Vergleich*. Waxmann.

Seifried, J. & Sembill, D. (2010). Empirische Erkenntnisse zum handlungsorientierten Lernen in der kaufmännischen Bildung. *Lernen und Lehren, 25*(98), 61–67.

Seifried, J. & Wuttke, E. (2015). Was wissen und können (angehende) Lehrkräfte an kaufmännischen Schulen? Empirische Befunde zur Modellierung und Messung der professionellen Kompetenz von Lehrkräften. *Empirische Pädagogik, 1*, 125–145.

Seifried, J. & Wuttke, E. (2017). Weiterentwicklung professioneller Kompetenzen von Lehrkräften an beruflichen Schulen. In B. Bonz, H. Schanz & J. Seifried (Hrsg.), *Berufsbildung vor neuen Herausforderungen. Wandel von Arbeit und Wirtschaft* (S. 177–194). Schneider Verlag Hohengehren.

Seifried, J. & Weyland, U. (2021). Schulische Formen der Berufsbildung. In T. Hascher, T.-S. Idel & W. Helfer (Hrsg.), *Handbuch Schulforschung* (S. 1–18). Springer Verlag.

Sektion Berufs- und Wirtschaftspädagogik der DGfE (2014). *Basiscurriculum für das universitäre Studienfach Berufs- und Wirtschaftspädagogik im Rahmen berufs- und wirtschaftspädagogischer Studiengänge.* https://www.dgfe.de/fileadmin/OrdnerRedakteure/Sektionen/Sek07_BerWiP/2014_Basiscurriculum_BWP.pdf. Zugriff: 09.05.2022.

Senkbeil, M., Ihme, J. M., & Schöber, C. (2020). Schulische Medienkompetenzförderung in einer digitalen Welt: Über welche digitalen Kompetenzen verfügen angehende Lehrkräfte? *Psychologie in Erziehung und Unterricht, 68*(1), 4–22.

Servicestelle Lehrbeauftragtenpool (2015). *Lehren an Hochschulen. Informationsschrift für Lehrbeauftragte, Januar 2015. Herausgegeben von der Servicestelle Lehrbeauftragte, einem Verbundprojekt der Hochschule Bonn-Rhein-Sieg, der Hochschule Niederrhein, der Fachhochschule Düsseldorf und der Hochschulen Rhein-Waal. Sankt-Augustin, Düsseldorf, Krefeld und Kleve.* https://www.hochschule-rhein-waal.de/sites/default/files/documents/2015/03/05/slbp_lehren-an-hochschulen_final_2.pdf. Zugriff: 09.05.2022.

Severing, E. & Teichler, U. (2013). Akademisierung der Berufswelt?: Verberuflichung der Hochschulen? In E. Severing & U. Teichler (Hrsg.), *Akademisierung der Berufswelt?* (S. 7–18). Bertelsmann.

Shulman, L. S. (1986). Those Who Understand: Knowledge Growth in Teachung. *Educational Researcher, 15*(2), 4–14.

Simpson, E. H. (1949). Measurement of diversity. *Nature, 163*, 688.

SINUS (2020). *Kindertagesbetreuung & Pflege – attraktive Berufe? Forschungsbericht zu quantitativer und qualitativer Forschung mit Jugendlichen und jungen Erwachsenen im Altern von 14 bis 20 Jahren.* https://docplayer.org/206797715-Kindertagesbetreuung-pflege-attraktive-berufe.html. Zugriff: 09.05.2022.

Sirries, S., Böhm, A., Brücker, H., & Kosyakova, Y. (2016). Auf der Flucht – Motive und Kosten. In H. Brücker, N. Rother & J. Schupp (Hrsg.), *IAB-BAMF-SOEP-Befragung von Geflüchteten: Überblick und erste Ergebnisse. Forschungsbericht 29, Nürnberg* (S. 22–29). BAMF.

Smidt, W. & Schmidt, T. (2012). Die Umsetzung frühpädagogischer Bildungspläne: eine Übersicht über empirische Studien. *Zeitschrift für Sozialpädagogik, 3*, 244–258.

Solga, H. & Pfahl, L. (2009). Doing Gender im technisch-naturwissenschaftlichen Bereich. In J. Milberg (Hrsg.), *Förderung des Nachwuchses in Technik und Naturwissenschaft* (S. 155–218). Springer.

Sommer, J., Jongmanns, G., Book, A., & Rennert, C. (2022). *Evaluation des novellierten Wissenschaftszeitvertragsgesetzes.* https://his-he.de/wp-content/uploads/2022/05/Bericht-WissZeitVG_220517.pdf. Zugriff: 18.05.2022.

Spieß, C. K. & Westermaier, G. F. (2016). Zufriedenheit und Arbeitsbelastung von Erzieherinnen. *DIW Wochenbericht, 43*, 1023–1034.

StäwiKo – Ständige wissenschaftliche Kommission der KMK (2021). *Pandemiebedingte Lernrückstände aufholen – Unterstützungsmaßnahmen fokussieren, verknüpfen und evaluieren.* https://www.ipn.uni-kiel.de/de/das-ipn/archiv/StawiKoStellungnahme_PandemiebedingteLernruckstandeaufholen.pdf. Zugriff: 09.12.2021.

Stalder, B., & Schmid, E. (2016). *Chancen und Risiken von Lehrvertragsauflösungen – differenziert betrachtet. Lehrvertragsauflösung und Ausbildungserfolg – kein Widerspruch. Wege und Umwege zum Berufsabschluss.* Hep Verlag AG.

Stanat, P., Schipolowski, S., Mahler, N., Weirich, S., & Henschel, S. (Hrsg.) (2019). *IQB-Bildungstrend 2018. Mathematische und naturwissenschaftliche Kompetenzen am Ende der Sekundarstufe I im zweiten Ländervergleich.* Waxmann.


L

Statistik der Bundesagentur für Arbeit (2021). *Pädagogisches Personal in der Kinderbetreuung und -erziehung.* https://statistik.arbeitsagentur.de/DE/Statischer-Content/Statistiken/Themen-im-Fokus/Berufe/Generische-Publikationen/AM-kompakt-Kinderbetreuung-erziehung.pdf?__blob=publicationFile&v=7. Zugriff: 11.05.2022.

Statistisches Bundesamt (2020). *Privatschulen in Deutschland – Fakten und Hintergründe.* https://www.destatis.de/DE/Themen/Gesellschaft-Umwelt/Bildung-Forschung-Kultur/Schulen/Publikationen/Downloads-Schulen/privatschulen-deutschland-dossier-2020.pdf?__blob=publicationFile. Zugriff: 11.05.2022.

Statistisches Bundesamt (2021a). *Bildungsfinanzbericht 2021.* Statistisches Bundesamt.

Statistisches Bundesamt (2021b). *Studienverlaufsstatistik 2020.* Statistisches Bundesamt.

Steffensky, M., Anders, Y., Barenthien, J., Hardy, I., Leuchter, M., Oppermann, E., Taskinen, P., & Ziegler, T. (2018). Early Steps into Science – EASI Science. Wirkungen früher naturwissenschaftlicher Bildungsangebote auf die naturwissenschaftlichen Kompetenzen von Fachkräften und Kindern. In Stiftung Haus der Kleinen Forscher (Hrsg.), *Wirkungen naturwissenschaftlicher Bildungsangebote auf pädagogische Fachkräfte und Kinder* (S. 50–134). Barbara Budrich.

Steiner, C. (2010). Multiprofessionell Arbeiten im Ganztag: Ideal, Illusion oder Realität? *Der pädagogische Blick, 18*(1), 22–36.

StEG-Konsortium (Hrsg.) (2019). *Ganztagsschule 2017/2018. Deskriptive Befunde einer bundesweiten Befragung.* https://www.dipf.de/de/forschung/pdf-forschung/llib/bericht-ganztagsschulen-2017-2018. Zugriff: 11.05.2022.

Steinmetz, S., Wrase, M., Helbig, M., & Döttinger, I. (2021). *Die Umsetzung schulischer Inklusion nach der UN-Behindertenrechtskonvention in den deutschen Bundesländern.* Nomos.

Steyer, R., Eid, M., & Schwenkmezger, P. (1997). Modeling true intraindividual change: True change as a latent variable. *Methods of Psychological Research, 2*(1), 21–33.

Stifterverband (2020). *Hochschulbarometer Sonderbefragung April 2020.* Stifterverband.

Stips, F. & Kis-Katos, K. (2020). The impact of co-national networks on asylum seekers' employment: Quasi-experimental evidence from Germany. *PloS one*, 15(8).

Strauch, A., Lencer, S., Bosche, B., Gladkova, V., Schneider, M., & Trevino-Eberhard, D. (2019). *GRETA – kompetent handeln in Training, Kurs & Seminar. Das GRETA-Kompetenzmodell.* https://www.die-bonn.de/docs/handreichung_km_2019.pdf. Zugriff: 09.05.2022.

Strauch, A., Bosche, B., & Lencer, S. (2021). Ein Referenzmodell für Kompetenzen Lehrender in der Erwachsenen- und Weiterbildung. Modellentwicklung zwischen Wissenschaft und Praxis. *Weiterbildung*, (2), 28–31.

Suchodoletz, A. von, Fasche, A., Gunzenhauser, C., & Hamre, B. K. (2014). A typical morning in preschool: Observations of teacher-child interactions in German preschools. *Early Childhood Research Quarterly*, 29, 509–519.

SVR – Sachverständigenrat Deutscher Stiftungen für Integration und Migration (2015). *Zugangstor Hochschule. Internationale Studierende als Fachkräfte von morgen gewinnen. Studie des SVR-Forschungsbereichs 2-2015.* SVR.

Sylva, K., Melhuish, E., Sammons, P., Siraj-Blatchford, I., & Taggart, B. (2004). *The Effective Provision of Pre-School Education (EPPE) Project: Final Report.* https://discovery.ucl.ac.uk/id/eprint/10005308/1/EPPE12Sylva2004Effective.pdf. Zugriff: 09.05.2022.

Terhart, E. (2014). Standards für die Lehrerbildung: Bildungswissenschaften – nach zehn Jahren. *Die Deutsche Schule, 4*, 300–323.

Thomsen, S. L. & Weilage, I. (2021). Scaling up and Crowding out: How German Adult Education Centers Adapted Course Offers to Refugee Integration. *Adult Education Quarterly.*

Tietze, W., Becker-Stoll, F., Bensel, J., Eckhardt, A. G., Haug-Schnabel, G., & Kalicki, B. (2013). *NUBBEK – Nationale Untersuchung zur Bildung, Betreuung und Erziehung in der frühen Kindheit. Fragestellungen und Ergebnisse im Überblick*. https://www.nifbe.de/pdf_show.php?id=117. Zugriff: 09.05.2022.

Tillmann, K. (2020). Weiteres pädagogisch tätiges Personal an Ganztagsschulen. In P. Bollweg, K. Buchna, T. Coelen & H.-U. Otto (Hrsg.), *Handbuch Ganztagsbildung* (S. 1377–1394). Springer Verlag.

Tillmann, K., Sauerwein, M., Hannemann, J., Decristan, J., Sossen, K., & Holtappels, H. G. (2018). Förderung der Lesekompetenz durch Teilnahme an Ganztagsangeboten? – Ergebnisse der Studie zur Entwicklung von Ganztagsschulen. In M. Schüpbach & L. Frei (Hrsg.), *Tagesschulen* (S. 289–307). Springer VS Verlag.

Tissot, A., Croisier, J., Pietrantuono, G., Baier, A., Ninke, L., Rother, N., & Babka von Gostomski, C. (2019). *Zwischenbericht I zum Forschungsprojekt „Evaluation der Integrationskurse (EvIk)": Erste Analysen und Erkenntnisse*. Forschungsbericht, 33. BAMF.

Tissot, A. (2020). *Hürden beim Zugang zum Integrationskurs. Alltagserfahrungen geflüchteter Frauen mit Kleinkindern. Ausgabe 03|2021 der Kurzanalysen des Forschungszentrums Migration, Integration und Asyl des Bundesamtes für Migration und Flüchtlinge*. https://www.ssoar.info/ssoar/bitstream/handle/document/73266/ssoar-2021-tissot_et_al-Hurden_beim_Zugang_zum_Integrationskurs.pdf?sequence=1&isAllowed=y&lnkname=ssoar-2021-tissot_et_al-Hurden_beim_Zugang_zum_Integrationskurs.pdf. Zugriff: 09.05.2022.

TMWWDG – Ministerium für Wirtschaft, Wissenschaft und Digitale Gesellschaft Thüringen (o. J.). *Leitlinien zur Hochschulentwicklung in Thüringen bis 2025*. https://wirtschaft.thueringen.de/fileadmin/th6/wissenschaft/Hochschulentwicklung/leitlinien_hep_2025.pdf. Zugriff: 09.05.2022.

Tracy, R. & Thoma, D. (2012). *Schlussbericht des Vorhabens SprachKoPF. Sprachliche Kompetenzen pädagogischer Fachkräfte*. https://doi.org/10.2314/GBV:780023420. Zugriff: 09.05.2022.

Tramm, T. & Naeve-Stoß, N. (2020). Curricula für die berufliche Bildung – Lernfeldstruktur zwischen Situations- und Fächerorientierung. In R. Arnold, A. Lipsmeier & M. Rohs (Hrsg.), *Handbuch Berufsbildung* (S. 308–324). Springer Verlag.

Trautwein, C. & Merkt, M. (2012). Zur Lehre befähigt? Akademische Lehrkompetenz darstellen und einschätzen. In R. Egger & M. Merkt (Hrsg.), *Lernwelt Universität: Entwicklung von Lehrkompetenz in der Hochschullehre* (S. 83–100). VS Verlag für Sozialwissenschaften.

Trautwein, C. & Merkt, M. (2013). Akademische Lehrkompetenz und Entwicklungsprozesse Lehrender. *Beiträge zur Hochschulforschung, 35*(3), 50–72.

Ulrich, I. (2016). *Gute Lehre in der Hochschule*. https://doi.org/10.1007/978-3-658-11922-5. Zugriff: 09.05.2022.

Ulrich, L. & Müller, M. (2022). Förderung der kindlichen Entwicklung, Gesundheit, Ernährung und Bewegung. In N. Klinkhammer, B. Kalicki, S. Kuger, C. Meiner-Teubner, B. Riedel, D. Schacht & T. Rauschenbach (Hrsg.), *ERiK-Forschungsbericht I. Konzeption und Befunde des indikatorengestützten Monitorings zum KiQuTG* (S. 145–164). wbv Media.

Umkehrer, M. (2020). *Wiedereinsteig nach Langzeitarbeitslosigkeit: Welche Arbeitsverhältnisse sind stabil, welche nicht?* IAB-Kurzbericht, 15/2020. IAB.

Verband Bildung und Erziehung (2016). *Zufriedenheit im Lehrerberuf. Ergebnisse einer repräsentativen Lehrerbefragung*. https://www.vbe.de/fileadmin/user_upload/VBE/Service/Meinungsumfragen/2016_02_11_Berufszufriedenheit_Auswertung.pdf. Zugriff: 09.05.2022.

Ver.di (2021). *Eckpunkte für eine Neugestaltung der Erzieherinnen- und Erzieherausbildung*. https://www.verdi.de/++file++6184f44384ed428f6270b912/download/2021_11_05_Anlage%20Eckpunktepapier%20Erzieherinnenausbildung.pdf. Zugriff: 11.05.2022.

Viernickel, S. & Fuchs-Rechlin, K. (2015). Fachkraft-Kind-Relationen und Gruppengrößen in Kindertageseinrichtungen. Grundlagen, Analysen, Berechnungsmodell. In S. Viernickel, K. Fuchs-Rechlin & P. Strehmel (Hrsg.), *Qualität für alle. Wissenschaftlich begründete Standards für die Kindertagesbetreuung* (S. 11–130). Herder Verlag.

Vodafone Stiftung (2020). *Schule auf Distanz*. https://www.fachportal-paedagogik.de/literatur/vollanzeige.html?FId=1184476. Zugriff: 18.05.2022.

Von Hippel, A. (2011). Fortbildung in pädagogischen Berufen – zentrale Themen, Gemeinsamkeiten und Unterschiede der Fortbildung in Elementarbereich, Schule und Weiterbildung. In W. Helsper & R. Tippelt (Hrsg.), *Pädagogische Professionalität* (S. 248–267). Beltz.

Voss, T., Kunter, M., Seiz, J., Hoehne, V., & Baumert, J. (2014). Die Bedeutung des pädagogisch-psychologischen Wissens von angehenden Lehrkräften für die Unterrichtsqualität. *Zeitschrift für Pädagogik, 2*, 184–200.

Wadepohl, H. & Mackowiak, K. (2016). Beziehungsgestaltung und deren Bedeutung für die Unterstützung von kindlichen Lernprozessen im Freispiel. *Frühe Bildung, 5*(1), 22–30.

Wagner, J. (2012). Herausforderungen und Qualifikationsbedarf des betrieblichen Bildungspersonals – Ergebnisse einer explorativen Studie. In P. Ulmer, R. Weiß, & A. Zöller (Hrsg.), *Berufliches Bildungspersonal – Forschungsfragen und Qualifizierungskonzepte. Berichte zur beruflichen Bildung, Schriftenreihe des BIBB* (S. 45–57). wbv Media.

Walkenhorst, U. & Bartels, A. (2021). Das neue Pflegeberufegesetz. Konsequenzen und Veränderungen für die Qualifizierung der Lehrkräfte. *Berufsbildung, 1090*, 20–22.

Webler, W.-D. (2013). Was bedeutet die Fähigkeit, „professionell" an Hochschulen zu lehren? Ein konstitutives Element des Berufsbildes der Hochschullehrer/innen. *Personal- und Organisationsentwicklung in Einrichtungen der Lehre und Forschung, 8*(1), 10–15.

Weinert, S., Artelt, C., Prenzel, M., Senkbeil, M., Ehmke, T., Carstensen, C. H., & Lockl, K. (2019). Development of competencies across the life course. In H.-P. Blossfeld & H.-G. Roßbach (Hrsg.), *Education as a lifelong process. The German National Educational Panel Study (NEPS)* (S. 57–81). Springer VS.

Weinert, S., Ebert, S., & Dubowy, M. (2010). Kompetenzen und soziale Disparitäten im Vorschulalter. *Zeitschrift für Grundschulforschung, 3*(1), 32–45.

Weiß, R. (2018). Bildungsökonomie und Finanzierung von Weiterbildung. In R. Tippelt & A. von Hippel (Hrsg.), *Handbuch Erwachsenenbildung/Weiterbildung* (6. Aufl., S. 565–586). Springer Fachmedien Wiesbaden.

Weltzien, D., Fröhlich-Gildhoff, K., Wadepohl, H., & Mackowiak, K. (2017). Interaktionsgestaltung im familiären und frühpädagogischen Kontext. Einleitung. In H. Wadepohl, K. Mackowiak, K. Froehlich-Gildhoff & D. Weltzien (Hrsg.), *Interaktionsgestaltung in Familie und Kindertagesbetreuung* (S. 1–26). Springer.

Weltzien, D., Hoffer, R., Hohagen, J., Kassel, L., & Wirth, C. (2021). *Expertise zur praxisintegrierten Ausbildung. Überblick, Perspektiven und Gelingensbedingungen*. Evangelische Hochschule Freiburg.

Weltzien, D. & Viernickel, S. (2021). Kompetenzorientierte Personalentwicklung in heterogenen Teams systematisch untersuchen und fördern. *Frühe Bildung, 10*(2), 106–108.

Wenger, F., Buchmann, J., Drexl, D., & Tiedemann, C. (2022). Qualifizierte Fachkräfte. In N. Klinkhammer, B. Kalicki, S. Kuger, C. Meiner-Teubner, B. Riedel, B. & D. Schacht (Hrsg.), *ERiK-Forschungsbericht II. Befunde des indikatorengestützten Monitorings zum KiQuTG*. wbv Media.

Wesselborg, B. (2021). Kooperatives Lernen als didaktischer Ansatz für interprofessionelle Ausbildungsangebote in den Gesundheitsberufen. In E. Wittmann, D. Frommberger & U. Weyland (Hrsg.), *Jahrbuch der berufs- und wirtschaftspädagogischen Forschung 2021* (S. 53–66). Verlag Barbara Budrich.

Weyland, U. & Klemme, B. (2013). *Qualifizierung des betrieblichen Ausbildungspersonals – aktuelle Herausforderungen für therapeutische Gesundheitsberufe*. http://www.bwpat.de/ht2013/ft10/weyland_klemme_ft10-ht2013.pdf. Zugriff: 09.05.2022.

Weyland, U. & Koschel, W. (2021). Qualifizierung von Praxisanleiter*innen in den Gesundheitsfachberufen. *DENK-doch-MAL.de Das Online-Magazin*. http://denk-doch-mal.de/wp/ulrike-weyland-wilhelm-koschel-qualifizierung-von-praxisanleiterinnen-in-den-gesundheitsfachberufen/. Zugriff: 09.05.2022.

L

Widmann, M., Dögerl, M., Perković, A., Tannigel, J., & Rascher, S. (o. J.). *Studieren in Zeiten von Corona: Wintersemester 2020/2021.* https://www.hs-fulda.de/fileadmin/user_upload/FB_SK/MAHRS/Studierendenprojekte/Studieren_in_Zeiten_von_Corona_Paper.pdf. Zugriff: 29.04.2022.

Wieschke, J., Kopecny, S., Reimer, M., Falk, S., Müller, C., Heidrich, S., Petrova, V., & Satilmis, S. (2017). *Bildungswege und Berufseinstiege bayerischer Absolventen des Jahrgangs 2014. Ergebnisse des bayerischen Absolventenpanels (BAP).* IHF.

WiFF (2021). *Weiterbildung von Fach- und Leitungskräften in Kitas. Erste Ergebnisse der WiFF-Weiterbildungsstudie 2020.* Vortrag Dezember 2021. DJI.

Wildgruber, A. & Kottmair, A. (2021). *QuiHo – Qualität im Hort. Leitungsbefragung in bayrischen Tageseinrichtungen für Schulkinder.* https://www.ifp.bayern.de/imperia/md/content/stmas/ifp/projektbericht_37_qualitat_im_hort.pdf. Zugriff: 09.05.2022.

Wildgruber, A., Wertfein, M., Wirts, C., Kammermeier, M., & Danay, E. (2016). Situative Unterschiede der Interaktionsqualität im Verlauf des Kindergartenalltags. *Frühe Bildung, 5*(4), 206–213.

Winde, M., Werner, S. D., Gumbmann, B., Hieronimus, S. (2020). *Hochschulen, Corona und jetzt? Stifterverband.* Future Skills – Diskussionspapier, 4. Stifterverband.

Wirtz, M. A. (2020). *Dorsch – Lexikon der Psychologie.* Hogrefe.

Wissenschaftsrat (2008). *Empfehlungen zur Qualitätsverbesserung von Lehre und Studium. Drs. 8639-08.* https://www.wissenschaftsrat.de/download/archiv/8639-08.pdf?. blob=publicationFile&v=1. Zugriff: 09.05.2022.

Wissenschaftsrat (2017). *Strategien für die Hochschullehre. Positionspapier. Drs. 6190-17.* https://www.wissenschaftsrat.de/download/archiv/6190-17.pdf. Zugriff: 09.05.2022.

Wissenschaftsrat (2018). *Institutionelle Akkreditierung nicht-staatlicher Hochschulen durch den Wissenschaftsrat 2001 bis 2018.* Wissenschaftsrat.

Wößmann, L., Freundl, V., Grewenig, E., Lergetporer, P., Werner, K., & Zierow, L. (2021). Bildung erneut im Lockdown: Wie verbrachten Schulkinder die Schulschließungen Anfang 2021? *ifo Schnelldienst, 21*(5), 36–52.

Wolf, H. (2016). *Exit statt Voice: Vorzeitige Lösung von Ausbildungsverträgen in der dualen Berufsausbildung. Eine Studie des Soziologischen Forschungsinstituts Göttingen. Endbericht.* https://www.wissensatlas-bildung.de/publikation/pdf/exit-statt-voice-vorzeitige-loesung-von-ausbildungsvertraegen-in-der-dualen-berufsausbildung/. Zugriff: 09.05.2022.

Wolter, A. (2015). *Hochschulexpansion: Wachsende Teilhabe oder Akademisierungswahn?.* http://www.bpb.de/gesellschaft/bildung/zukunft-bildung/200104/teilhabe-oder-akademisierungswahn. Zugriff: 18.05.2022.

Wolter, A. (2016). Die Heterogenität beruflich Qualifizierter im Hochschulstudium. Aktuelle Forschungsergebnisse zur Teilnahme an Hochschulweiterbildung. *Hochschule und Weiterbildung, 1-2016*, 9–19.

Wolter, A. (2017). The Expansion and Structural Change of Postsecondary Education in Germany. In P. G. Altbach, L. Reisberg & H. de Wit (Hrsg.), *Responding to Massification: Differentiation in Postsecondary Education Worldwide* (S. 100–109). Körber-Stiftung.

Wolter, A., Dahm, G., Kamm, C., Kerst, C., & Otto, A. (2015). Nicht-traditionelle Studierende in Deutschland: Werdegänge und Studienmotivation. In U. Elsholz (Hrsg.), *Beruflich Qualifizierte im Studium: Analysen und Konzepte zum Dritten Bildungsweg* (S. 11–33). Bertelsmann.

Wuttke, E. & Seifried, J. (2016). Formen, Funktionen und Effekte sprachlicher Instruktion und Interaktion am Beispiel von Fragen und Feedback. In J. Kilian, B. Brouër & D. Lüttenberg (Hrsg.). *Handbuch Sprache in der Bildung* (S. 346–361). de Gruyter.

Zawacki-Richter, O. (2020). Halb zog sie ihn, halb sank er hin ...: Covid-19 als Chance für die Digitalisierung von Studium und Lehre? *Das Hochschulwesen (HSW), 68*(4+5), 101–108.

Zentralverband des Deutschen Handwerks (2021). *Betriebsbefragung zur Corona-Pandemie.* https://www.zdh.de/fileadmin/Oeffentlich/Wirschaft_Energie_Umwelt/Themen/Umfragen/Sonderumfragen/20210903_Auswertung_Corona_KW_34_final.pdf. Zugriff: 29.03.2022.

Ziegler, A., Lange, S., & Bender, R. (2007). Überlebenszeitanalyse: Die Cox-Regression. *Deutsche Medizinische Wochenschrift*, *132*, 42–44.

Zierer, K. (2021). Effects of Pandemic-Related School Closures on Pupils' Performance and Learning in Selected Countries: A Rapid Review. *Educational Science*, *11*(6), 252.

Zimmer, L. M., Lörz, M., & Marczuk, A. (2021). *Studieren unter Corona-Bedingungen: Vulnerable Studierendengruppen im Fokus: Zum Stressempfinden vulnerabler Studierendengruppen.* Hannover: DZHW-Brief, 2/2021. DZHW.

Zschirnt, E. (2019). Evidence of hiring discrimination against the second generation: Results from a correspondence test in the Swiss labour market. *Journal of International Migration and Integration*, *21*, 563–585.

Zwiener, I., Blettner, M., & Hommel, G. (2011). Überlebenszeitanalyse. *Deutsches Ärzteblatt international*, *108*(10), 163–169.

L